Über dieses Buch

Dieses umfassend und sorgfältig recherchierte Werk, an dem Ernest Bornemann vierzig Jahre lang gearbeitet hat, beschreibt die Konterrevolution der Männer gegen die frauenrechtlichen Gesellschaftsstrukturen der Alten Welt, gegen die gesellschaftliche und sexuelle Gleichberechtigung.
Borneman gibt dem Kampf der modernen Frauenbewegung entscheidende Impulse. Er stellt die frauenrechtliche Kultur der Vorgeschichte dar und vermittelt seinen Leserinnnen damit die Erkenntnis dessen, was sie waren: Schöpferinnen einer der besten und gerechtesten Gesellschaftsordnungen, die es je in der Geschichte der Menschheit gegeben hat. Er zeigt, wie sich das Patriarchat überhaupt etablieren konnte und erläutert Strategien und Techniken zu seinem Sturz. – Seine Leser fordert Borneman auf, über ihr männliches Selbstverständnis nachzudenken und den Frauenkampf solidarisch zu unterstützen.
In dem Nachwort, das die Taschenbuchausgabe des »Kapitals der Frauenbewegung« ergänzt, setzt sich der Autor mit der heftigen, nicht immer sachlichen Kritik an seinem Buch auseinander und verdeutlicht, wie er dazu kam, sich »der Sache der Frau« anzunehmen.

Der Autor

1915 in Berlin als Ernst Julius Wilhelm Bornemann geboren, 1947 in Kanada unter dem jetzigen Namen eingebürgert; 1933 bis 1939 Studium in England, 1951 bis 1953 in Amerika, bei Vere Gordon Childe, Bronislaw Malinowski, Melville J. Herskovits, Wilhelm Reich und Géza Róheim. Mitglied der Deutschen Gesellschaft für Sexualforschung, Lehrauftrag über Soziale Kulturpsychopathologie an der Universität Salzburg.
Publikationen: ›Lexikon der Liebe‹; ›Sex im Volksmund‹; ›Studien zur Befreiung des Kindes‹ (bisher drei Bände); ›Psychoanalyse des Geldes‹; ›Die Ur-Szene‹ (S. Fischer Verlag 1977).

Ernest Borneman

Das Patriarchat

Ursprung und Zukunft unseres Gesellschaftssystems

Mit einem Nachwort zur Taschenbuchausgabe

Fischer
Taschenbuch
Verlag

Fischer Taschenbuch Verlag
Oktober 1979
Umschlagentwurf: Jan Buchholz/Reni Hinsch
Fischer Taschenbuch Verlag GmbH, Frankfurt am Main
Lizenzausgabe mit freundlicher Genehmigung
des S. Fischer Verlages GmbH, Frankfurt am Main

Satz: Georg Wagner, Nördlingen
Druck und Bindung: Clausen & Bosse, Leck
Printed in Germany
1480-ISBN-3-596-23416-6

Inhalt

Das Patriarchat ist den Frauen gewidmet. Es soll der Frauenbewegung dienen, wie *Das Kapital* der Arbeiterbewegung gedient hat: als Analyse der Vergangenheit, als Schlüssel zur Zukunft, als Waffe im täglichen Kampf der Gegenwart.

Mater semper certa est,
etiamsi vulgo conceperit.
Pater vero is est quem nuptiae demonstrant.

Paulus, Dig. 2, 4, 5.

Vorwort

Der Terminus »Patriarchat« gilt in der bürgerlichen Ethnologie unserer Tage als veraltet und verpönt. Ich benutze ihn, um mich bereits im Titel des Buches von ihr zu distanzieren. Das Buch setzt meine Arbeiten über die Gentilgesellschaften der europäischen Vorzeit und ihren Einfluß auf die Sexualordnung der Griechen und Römer mit der ausführlichsten Studie matrilinearer, matrilokaler Kulturen der Alten Welt und ihrer patrilinearen, patrilokalen Nachfolger fort, die meines Wissens bisher unternommen worden ist. Meine Leser mögen mir verzeihen, wenn ich hier noch einmal in gründlicherer Form auf die Themen zurückkomme, die ich in den zwei Bänden meiner *Studien zur Befreiung der Frau* bereits angesprochen habe.

Diese beiden Bände, *Sexualgeschichte Griechenlands vom Paläolithikum bis zum Hellenismus* und *Sexualgeschichte Italiens vom Paläolithikum bis zum Ende des Römischen Reichs,* waren als Paralleluntersuchungen zu den fünf Bänden meiner *Studien zur Befreiung des Kindes gedacht,* die seit 1973 in jährlichen Abständen in der Schweiz erscheinen. Obgleich sie vor mehr als fünf Jahren an einen deutschen Verlag abgeliefert worden sind, hat sich ihr Erscheinen aus verlagsinternen Gründen verzögert. Der Verlag wollte sie ursprünglich als Teil einer 24bändigen Reihe über »Die Völker der Erde« herausbringen, aber wegen wirtschaftlicher Schwierigkeiten ist das Projekt nach dem neunten Band abgebrochen worden. Mein »Rom«-Band wurde nie gedruckt, mein »Griechenland«-Buch erschien in gekürzter Form und mit einer 117seitigen Einleitung von fremder Hand. Fußnoten wurden gestrichen, bibliographische Angaben sind vom Verlag drastisch reduziert worden. Um diese Verluste zu kompensieren, habe ich versucht, die gestrichenen Quellen in den griechischen Teil des vorliegenden Werkes einzuarbeiten, aber das ergab bis zu fünf bibliographische Anmerkungen pro Zeile und hätte dazu geführt, daß die Fußnoten oft länger gewesen wären als der Text, den sie belegen sollten. Ein solches Buch wäre schon im optischen Sinne unlesbar gewesen, und deshalb haben wir uns entschlossen, den Großteil der Quellen ans Ende des Buches zu verlegen; nicht als alphabetisch geordnete Bibliographie, sondern in der Reihenfolge der Themen, die im Buch behandelt werden.

Von diesen Themen ist die Ergreifung der Macht über Frau und Kind durch den Mann das weitaus wichtigste: Sie war in ihren Auswirkungen bedeutsamer als die Wende vom Zeitalter der Sklaverei zu dem des Feudalismus, oder die vom Feudalismus zur bürgerlichen Gesellschaft. Alles was auf diesen späteren Stufen der Entwicklung geschah, stand unter dem Schatten jener früheren Geschehnisse, mit denen sich dieses Buch beschäftigt: der »neolithischen Revolution«, ihrer Vorgeschichte und ihrer Folgen. Diese Folgen – Privateigentum, Klassengesellschaft, Erniedrigung der Frau, Unterdrückung des Kindes – haben nicht nur die »hydraulischen« Kulturen Mesopotamiens und Ägyptens, nicht nur die Sklavenökonomien Griechenlands und Roms, sondern auch den Charakter des Feudalismus maßgeblich geprägt.

Der Begriff der neolithischen Revolution stammt von meinem Lehrer, dem australischen Vorgeschichtsforscher Vere Gordon Childe, und ist im sozialen und ökonomischen Sinne mehr als berechtigt, umschreibt in sexueller Hinsicht aber eher eine Konterrevolution, einen konspirativen Aufstand der Männer, eine Art Ur-Putsch. Ähnliche Entwicklungen haben sich natürlich auch in anderen Teilen der Welt vollzogen, aber die Geschehnisse in Hellas und Rom sind von besonderer Bedeutung, weil sie das spätere Wirken und Denken jener europäischen Raubvölker geformt haben, die vom fünfzehnten Jahrhundert unserer Zeit an zur Plage der Menschheit geworden sind, indem sie fast die gesamte nichteuropäische Welt erobert, kolonisiert und ausgebeutet haben. Die neolithische Revolution, die sich in den Regionen der späteren griechischen und römischen Kultur abspielte, hat also nachträglich noch 4500 bis 5500 Jahre lang das Schicksal des ganzen Erdballs beeinflußt.

Das Bedeutsame hieran ist, daß die Unterdrückungsmethoden der europäischen Männer nicht nur das Weltbild der Unterdrücker, sondern auch das der Unterdrückten geprägt haben. Denn das Trauma dessen, wogegen man sich wehrt, kann tiefere Folgen haben als die Sehnsucht nach dem, was man erstrebt. Überall auf der Welt, bei den »jungen« Nationen ebenso wie bei den ehemaligen Kolonialvölkern, ja sogar bei den Frauen beider Völkergruppen, hat sich das Bild der Frau als zweitklassiges Wesen so tief eingeprägt, daß die wenigen Frauen, die es als falsch erkannt haben, oft von ihren eigenen Geschlechtsgenossinnen als »Mänaden« empfunden wurden: als »Mannweiber«, als frustrierte Wesen, die »nur einen richtigen Mann brauchen, um wieder normal zu werden«. Und doch nimmt diese ganze Entwicklung einen Zeitraum von weniger als 6000 Jahren ein: ein kaum wahrnehmbares Quentchen in der Entwicklungsgeschichte unserer Gattung, eine kurzlebige Reaktion, die bald hinter uns liegen und unseren Nachfahren kaum noch verständlich sein wird.

Die Spaltung einer einst klassenlosen Stammesgesellschaft in Meister und Sklaven, Reiche und Arme, Adlige und Gemeine, Unterdrücker und Unterdrückte ist in unzähligen Schriften untersucht worden. Die Entwicklung des Privateigentums aus einer anfangs eigentumslosen, später auf Gemeinschaftseigentum aufgebauten Stammesordnung, die Aufspaltung einer einst integren Gesellschaft der Gleichen und Gleichberechtigten in eine demoralisierte und demoralisierende Klassengesellschaft, das krebsartige Wuchern des Staatsapparats, die Herausbildung des »Rechtsstaats«, der sich nur mit Hilfe von Militär, Polizei und Gefängnissen erhalten kann – all dies ist zur Genüge beschrieben worden. Aber das Kernstadium dieses Prozesses, die eigentliche Machtergreifung des Mannes, die Zerschlagung der neolithischen Frauensippen und der erste Aufbau des Vaterrechts ist bisher so gut wie nirgends dokumentiert worden.

Das Buch ist weder ein Werk der Vorzeitforschung noch der Altphilologie, weder der neueren Evolutionstheorie im Sinne von E. R. Service und M. D. Sahlins (*Evolution and Culture,* Ann Arbor 1968; *Cultural Evolutionism,* New York 1971; *Stone Age Economics*, Chicago 1972) noch der ökonomischen Anthropologie im angelsächsischen Sinne, obgleich es sich dank meinen langen Studien in England und Amerika unweigerlich aller vier Disziplinen bedient. Es gliedert sich vielmehr in die junge Wissenschaft der historischen Sexualanthropologie ein und wird mit all seinen Fehlern und Mängeln hoffentlich als Test dessen gelten dürfen, was heute auf diesem Gebiete getan und nicht getan werden kann. Die wenigen Lehrstühle der Sexualwissenschaft sind heute von Medizinern, Soziologen und Psychoanalytikern besetzt. Die Gruppe jener Historiker und Ethnologen, die seit Jahrzehnten eine Lehrdisziplin der historisch und ethnologisch ausgerichteten Sexualwissenschaft angestrebt haben, ist klein, aber sie ist im Wachsen begriffen. Ich denke vor allem an jene Forschungsgruppe, die sich im Jahre 1961 bei der Plenarsitzung der *American Anthropological Association* in Philadelphia herauskristallisiert und im Jahre 1971 ihren ersten Forschungsbericht vorgelegt hat (*Human Sexual Behavior*, Basic Books, New York). An der methodologischen Orientierung dieser Gruppe habe ich manches auszusetzen. Aber sie stellt trotz aller Schwächen die erste formelle Anerkennung jener Forschungsarbeiten dar, die mit Morgans klassifikatorischem System begannen und über Malinowskis Sexualstudien sogenannter mutterrechtlicher Gesellschaften zu den vorbildlichen Arbeiten des schweizerischen Teams Parin, Morgenthaler und Matthey geführt haben (*Die Weißen denken zu viel*, Zürich 1963; *Fürchte deinen Nächsten wie dich selbst*, Frankfurt am Main 1971).
Im Mai 1965 fand im Rahmen des Kongresses der *Central States Anthropological Society* in Lexington, Kentucky, das erste Symposium über Sexualanthropologie statt. Teilnehmer waren John C. Messenger, Milton Altschuler, Paul H. Gebhard, Donald S. Marshall, Harold K. Schneider und Robert C. Suggs. Das sogenannte *Kinsey Institut*, eigentlich *The Institute for Sex Research at Indiana University*, nahm die Arbeiten dieser Gruppe unter seine Fittiche und veröffentlichte ihren ersten Arbeitsbericht als Teil seiner Monographienreihe. Daß ich als einstiger Schüler des psychoanalytisch ausgebildeten Ethnologen Géza Róheim zumindest mit den *Bestrebungen* einer solchen Gruppe sympathisiere, brauche ich kaum zu betonen. Aber als späterer Schüler zweier sozialistischer Altertumswissenschaftler, des Archäologen V. G. Childe und des Altphilologen George Thomson, erscheinen mir diese Bestrebungen gleichzeitig auch viel zu bescheiden, viel zu sehr auf die Tradition des autoritären Lehrbetriebes bürgerlicher Provenienz bezogen.
Vielleicht liegt der Grund darin, daß das Quellenmaterial nicht auf eine einzige wissenschaftliche Disziplin begrenzt ist. Man muß es in mühsamer interdisziplinärer Arbeit aus den Bereichen der Paläonthologie, der Archäologie, der Ethnologie, der Vor- und Frühgeschichte, der griechischen und römischen Sprachforschung herausklauben. Ob mir das gelungen ist, kann nur der Leser entscheiden. Aber daß dies zumindest den bisher weitestrei-

chenden *Versuch* der Sexualanalyse einer Vorzeitkultur und ihrer geschichtlichen Folgen darstellt, steht außer Zweifel. Das mag allerdings eine Angelegenheit des Einäugigen im Lande der Blinden sein, denn es gibt keine Wissenschaft, in deren Namen mehr Scharlatanerie betrieben worden ist als in dem der Sexualwissenschaft. Die Anzahl der Sexualwerke, die sich – an den Maßstäben anderer Disziplinen gemessen – wissenschaftlich nennen können, ist verschwindend klein. Selbst bei den Autoren, die in anderen Disziplinen Bedeutendes geleistet haben, findet man Entgleisungen, sobald sie sich dem heiklen Thema der Sexualität zuwenden. Dies gilt besonders für die Steckenpferde, die so mancher Akademiker zu Tode geritten hat, nachdem er sich in die Arena der Erotik gewagt hatte. So sind fast alle Arbeiten über die Homoerotik der Griechen und Römer von Homoerotikern verfaßt worden. Für sie war die Geschichte der Griechen und Römer also ein Vorwand, um ihren Neigungen ein historisches Alibi zu verschaffen. Dies ist, hoffe ich, in der vorliegenden Studie nirgends geschehen.
Es ist sicherlich kein Zufall, daß gerade Marxisten, die in mancher Hinsicht die besten Arbeiten zur Vor- und Frühgeschichte geliefert haben, vor einer Sexualanalyse dieser Zeiten zurückgewichen sind, denn die bürgerliche Sexualwissenschaft hat solchen Studien einen schlechten Namen gegeben. Andererseits haben sich Marx und Engels besonders intensiv mit dieser Frage befaßt, was manche ihrer Interpreten eine Zeitlang am liebsten vertuscht hätten. So haben die Schriftgelehrten mit bezeichnender Fehlleistung fast ein Jahrhundert lang »Lebensverhältnisse« statt »Liebesverhältnisse« in die Handschrift der *Deutschen Ideologie* hineingelesen. Erst in dem Probeband der Marx-Engels-Gesamtausgabe, die der Dietz Verlag im Juli 1972 einer ausgewählten Gruppe von Fachleuten zustellte, fand man den tatsächlichen Wortlaut des Vorwurfs, den Marx gegen Feuerbach erhoben hatte: daß Feuerbach sich vor der Aufgabe gedrückt habe, eine »Kritik der jetzigen Liebesverhältnisse« vorzunehmen. Bald danach folgt der Satz: »Soweit Feuerbach Materialist ist, kommt die Geschichte bei ihm nicht vor, und soweit er die Geschichte in Betracht zieht, ist er kein Materialist.« Was Marx also von uns verlangt hat, ist eine historisch-materialistische Kritik der Entwicklung menschlicher Liebesverhältnisse. Das habe ich in der vorliegenden Arbeit nachzuholen versucht.
Mir geht es um die Verankerung sexualwissenschaftlicher Angaben in der Klassenstruktur, der sie entstammen. Auch in dem vorliegenden Bande, der sich zum großen Teil mit sexuellen Phänomenen befaßt, die vor der Bildung der Klassengesellschaft entstanden sind, habe ich versucht, den sexuellen Überbau möglichst auf seine gesellschaftliche Basis zurückzuführen. Nur der soziale und ökonomische Nachweis, daß die Frau beim Ursprung unserer Kultur eine dem Manne zumindest ebenbürtige Rolle gespielt hat, kann der Frauenbewegung unserer Tage das Argument liefern, das sie benötigt, wenn sie helfen will, das patriarchalische System abzuschaffen und damit die Grundlage einer freien Gesellschaft mit wirklicher Gleichberechtigung der Geschlechter zu legen. In meinen Studien zur Sexualanthropologie (alphabetisch geordnet unter dem Titel *Lexikon der Liebe*, München 1968; Frankfurt, Hamburg, Stuttgart 1970), meiner philologischen Studie *Sex im*

Volksmund (Reinbek b. Hamburg 1971), meiner Libidotheorie des Eigentums *Psychoanalyse des Geldes* (Frankfurt am Main 1973), und den drei Bänden meiner psychoanalytischen Deutung des sexuellen Gehalts der Reime, Lieder, Sprüche und Verse deutschsprachiger Großstadtkinder (Olten und Freiburg 1973–1976) habe ich deshalb versucht, meine eigenen Perspektiven einer radikalen Sexualanthropologie vorzustellen.

Da ich den größten Teil meiner griechischen und lateinischen Quellen bereits in den beiden Vorstudien über das Sexualverhalten der Griechen und Römer veröffentlicht habe, beschränke ich mich in der Bibliographie auf eine klassifizierte Angabe der nichtgriechischen und nichtlateinischen Werke, die ich benutzt habe. Aus dem gleichen Grunde habe ich es auch unterlassen, die üblichen griechischen und lateinischen Fachausdrücke des Stammes- und Sippensystems zu verwenden. Ich sage »Stamm« statt *Phyle* oder *Tribus*, »Bruderschaft« statt *Phratrie* oder *Curie*, und »Sippe« statt *Genos* oder *Gens*, aus analogen Gründen endlich auch deutsche statt griechischer Buchstaben, wobei ich das griechische *ksi* nicht mit x, sondern mit ks buchstabiert habe. Die Zahl derjenigen, die heute bürgerliche Schulen verlassen, ohne Griechisch oder Latein gelernt zu haben, wächst jedes Jahr. Es wäre deshalb eine Form der intellektuellen Arroganz, vom Leser zu erwarten, daß er zu jener Minderheit der Privilegierten gehöre, deren Eltern es sich leisten konnten, ihren Kindern alte Sprachen beibringen zu lassen. Ich selber bin armer Leute Kind, habe nie eine Gelegenheit gehabt, in meiner Schulzeit Altsprachen zu lernen, und mußte mir beide Sprachen mühselig als Erwachsener beibringen. Deshalb weiß ich, wovon ich spreche.

Weiterhin zur Terminologie des Buches: Ich benutze die Worte *matristisch* und *patristisch*, um Gesellschaftsordnungen zu kennzeichnen, die eine Betonung des mütterlichen oder väterlichen Elements aufweisen. So auch *Matrismus* und *Matristik*, um die inkorrekten Ausdrücke »Matriarchat« und »Mutterrecht« soweit wie möglich zu vermeiden. *Matriarchat* ist inkorrekt, weil die griechische Sprachwurzel *archos,* »Herrscher«, andeutet, daß hier die Mutter *herrscht.* Das tut sie aber gemeinhin nicht. Alle jene Kulturen, die Lewis Henry Morgan, der Popularisator dieses Ausdrucks, in seinen Werken beschreibt, zeichnen sich gerade dadurch aus, daß die Mütter ihre latente Macht im Gefüge der Sippe oder des Stammes *nicht* zur Beherrschung ihrer Gatten, Väter und Söhne verwenden. Eben darin liegt der charakteristische Unterschied zum Patriarchat, das ein echtes Herrschaftssystem ist.

Ähnlich steht es mit dem von Johann Jakob Bachofen geprägten Ausdruck »Mutterrecht«, denn der Kernpunkt jener Kulturen, die er »mutterrechtlich« nennt, ist gerade der, daß sie präjuristischen Ursprungs sind: ihr Gesellschaftssystem stammt aus der Ära vor der Konstituierung des menschlichen Rechts. Das Recht – dies ist eine Kernthese des vorliegenden Buches – geht auf einen historischen Urakt zurück: die Negation der Natur. Der natürliche Vorgang, der hier negiert wird, ist die Geburt. Die Frau weiß stets, daß das Kind, welches sie soeben geboren hat, ihr eigenes ist; der Mann dagegen kann seiner Vaterschaft nie sicher sein. Das Patriarchat konstituiert sich mit der Deklaration des Mannes, daß dieser Zustand hiermit aufzuhören habe:

»Da die Frau uns bis in alle Ewigkeit überlegen wäre, wenn ein solcher Zustand weiter bestünde, verbiete ich ihn hiermit. Dieses Verbot nenne ich: das Recht.«

Recht ist also im historischen Sinne das, was die Natur negiert und deshalb mit einem stets wachsenden Apparat von Gesetzgebern und Gesetzen, Richtern und Richtsprüchen, Polizisten und polizeilichen Maßnahmen, Gefängniswärtern und Gefängnissen, Strafbehörden und Strafen erzwungen werden muß. Deshalb stellt der Ausdruck »Mutterrecht« auch einen Widerspruch in sich selbst dar. In matristischen Gesellschaftsordnungen kann es noch gar kein »Recht« geben, weil es noch keine Überschüsse gibt. Niemand zerbricht sich den Kopf, wem das Kind »gehört«, solange das Kind noch nicht als Eigentum empfunden wird. In Begriffen des Eigentums lernt der Mensch aber erst dann zu denken, wenn seine Nahrungsmittelerzeugung so weit fortgeschritten ist, daß sie einen Überschuß produziert. Erst der Nahrungsüberschuß ermöglicht die Akkumulation von Eigentum, erst die Akkumulation von Eigentum ermöglicht dessen Vererbung, und erst die Vererbung von Eigentum erfordert die Feststellung der Vaterschaft. Dies aber ist genau der historische Punkt, der die Machtübernahme des Patriarchats kennzeichnet.

Daß solche Überlegungen weitgehend heuristischen Charakter tragen, versteht sich von selbst, denn niemand weiß, was der vorgeschichtliche Mensch tatsächlich gedacht hat. In diesem Sinne soll hier auch unterstrichen werden, was dem Fachkollegen selbstverständlich sein wird: daß trotz größter Sorgfalt der Quellenforschung ein bestimmter Teil des Buches – fast alles, was sich mit der Sozialstruktur, den Eigentumsverhältnissen, dem Sexualleben und dem Glauben des vorgeschichtlichen Menschen befaßt – den Charakter eines Denkmodells trägt und nur als Arbeitshypothese gelten kann. Dieser Teil beruht einerseits auf meinen eigenwilligen Interpretationen der Vorzeitfunde, andererseits auf rückwärts extrapolierten Evolutionskurven. Dabei soll nicht verschwiegen werden, daß beide Praktiken heftig umstritten sind, vor allem von denen, die den Auftrag des Vorgeschichtsforschers auf das Sammeln und Katalogisieren von Knochenfunden und Artefakten beschränken möchten und jeden Versuch der sozialen Deutung solcher Funde für Aberwitz halten. Selbst die Suche nach Entwicklungstendenzen vorgeschichtlicher Kulturen ist bei manchen Kollegen suspekt. Die Evolutionstheorie, die unter Genetikern und Deszendenzforschern kaum noch Feinde hat, wird von bürgerlichen Ethnologen (mit der lobenswerten Ausnahme von E. R. Service, M. D. Sahlins und ihren Schülern) nach wie vor bekämpft. Während die generelle Evolution, die Entwicklung der Arten, fest im System der Naturwissenschaft verankert ist, gibt es noch immer Geschichts- und Vorgeschichtsforscher, die das Konzept der spezifischen Evolution, der Entwicklung sozialer Formen, als unwissenschaftlich ablehnen, weil es keiner Experimentalanalyse zugänglich ist. Diese Logik, bestechend wie sie im ersten Augenblick zu sein scheint, ist aber defekt, weil die Grenzen zwischen genereller und spezifischer Evolution fließend sind, so daß selbst die Trennung zwischen diesen Kategorien kaum noch haltbar ist.

Trotzdem stand die bürgerliche Frühzeitforschung bis vor rund zehn Jahren

noch völlig unter dem kalten Stern der sogenannten Empirie und des angeblichenPragmatismus. Die großen Evolutionstheoretiker des achtzehnten und neunzehnten Jahrhunderts waren teils vergessen, teils verpönt. Die neue Generation von »reinen Pragmatikern« lehnte jede Arbeit in Bibliotheken und Museen als »Schreibtischethnologie« oder »Menschheitsstudium aus der Entfernung« ab, erhob »Feldarbeit« (Expeditionen und Ausgrabungen) zum Fetisch und sprach herablassend von den großen Evolutionswissenschaftlern des neunzehnten Jahrhunderts, ohne diese Giganten (ich denke unter anderen an Lamettrie, D'Holbach, Helvetius, Morgan, Bastian, Bachofen, Lippert, Frazer) vollständig und im Urtext gelesen zu haben. Statt dessen las man spätere Zusammenfassungen, Deutungen, Kommentare, deren verächtliche Besserwisserei nur dem bewußt war, der sich die Zeit genommen hatte, die Väter selber zu lesen.
Gegen Mitte des Jahrhunderts war die Reaktion gegen jeden Versuch der Einordnung von Forschungsdaten in ein evolutionäres Modell so tief eingerissen, daß kein Archäologe es sich leisten konnte, vor den Kollegen zuzugeben, daß er überhaupt zu denken vermochte. Karl J. Narr baute seine *Urgeschichte der Kultur* (Stuttgart 1961), ein in jeder anderen Hinsicht ganz vorzügliches kleines Werk, auf der Didaktik auf, dem Leser einzuhämmern, es gäbe keine beweisbare Kontinuität in der Urgeschichte; allen Fortschrittstheorien müsse man deshalb mit größtem Mißtrauen begegnen. Das Studium der Urgeschichte hatte sich also auf das Niveau des Altsteinzeitmenschen zurückgezogen: auf die Aneignung, auf das primitive Sammeln. Jeder Versuch, zur Produktion und damit zur eigentlichen Kultur vorzustoßen, galt als unwissenschaftlich. Die Forscher hamsterten Fakten und Daten, ohne die geringsten Vorstellungen zu haben, was man mit dem gesammelten Material anfangen solle. Und all das nicht etwa aus Dummheit oder Faulheit, sondern aus der Überzeugung, daß das normale Streben der Naturwissenschaft nach Gesetzlichkeit und Theorie eines Archäologen oder Prähistorikers unwürdig sei. Damit sank die Vor- und Frühgeschichtsforschung zur Sklavin des Zufalls herab. Denn ohne Hypothese, ohne Modell können wir nicht denken. Der Zweck der Forschung ist nicht der, sich der Erstellung von Denkmodellen zu entziehen, weil man fürchtet, sie könnten falsch sein, sondern Modelle aufzustellen, damit sie falsifiziert werden können. In der Geschichte der Wissenschaft hat es sich stets als fruchtbarer erwiesen, falsche Theorien aufzustellen als gar keine.
Natürlich bin ich mir nur allzu bewußt, daß mein Versuch, der Angst vor Denkmodellen zu entgehen, in jenen Teilen des Buches, die mehr als provokatorische Fragen denn als belegbare Aussagen gelten wollen, zum anderen Extrem geführt hat, und bitte meine Kollegen deshalb bei der Lektüre dieser Stellen um das übliche *in dubio pro reo.* Mittlerweile hat meine Überzeugung, daß es mit der »reinen Pragmatik« nicht weitergehen kann, aber auch in China, in der UdSSR und den Volksrepubliken Unterstützung gefunden. Dort buddelt man zwar nicht weniger fleißig, aber das ganze Ausgraben und Katalogisieren gilt doch nur als Vorarbeit zu der eigentlichen Aufgabe des Vorzeitforschers: aus den Fakten schlüssige Folgerungen über die Gesetzlichkeit der historischen Entwicklung zu ziehen.

Daß sich die bürgerliche Vor- und Frühzeitforschung so intensiv gegen den »Evolutionismus« gewehrt und ihn immer wieder als Rückfall ins neunzehnte Jahrhundert bezeichnet hat, mag sich unter anderem daraus erklären, daß die »Evolutionisten« nahezu alles, was das Bürgertum als ewige Werte betrachtet, eindeutig in die Entwicklungsgeschichte der Gesellschaft eingeordnet haben, manches davon mit so rezenten Daten, daß der Anspruch, es handle sich um »natürliche« Werte der menschlichen Gesellschaft, höchst suspekt geworden ist: das Privateigentum, das Profitmotiv, das Leistungsprinzip, die hierarchische Struktur der Gesellschaft, die Autorität des Vaters, die angeborene Minderwertigkeit der Frau.

Die Mißdeutung soziologischer Aspekte der Vorgeschichte läßt sich nicht mit der mangelnden Fähigkeit dieses oder jenes Wissenschaftlers erklären, sondern erinnert an die ständige Mißinterpretation der präkolumbianischen Kulturen Amerikas durch Gesandte der europäischen Könige, die in jedem frei gewählten Häuptling einen Feudalherrn und in jedem seiner freien Stammesgenossen einen Vasallen zu sehen vermeinten. Das Konzept eines sich selbst verwaltenden Gemeinwesens ohne Privateigentum, ohne Herrscher, ohne Bürokratie, ohne Trennung in Exekutive und Legislative, ja ohne gesetzgebende und ausführende Organe irgendwelcher Art ist dem heutigen Wissenschaftler, der in einer Klassengesellschaft aufgewachsen ist, offenbar ebenso schwer begreiflich, wie es den Vertretern des Feudalismus einst gewesen ist.

Wie arbeitet eine evolutionäre Vor- und Frühzeitforschung? Woher wissen wir, was vor der Erfindung der Schrift gewesen ist, und woher wissen wir, wann es geschah? Vor allem durch die systematische Erschließung von Bodendenkmälern und anderen Funden, vornehmlich durch Ausgrabungen, Höhlenforschung, Meeres- und Seebodenerschließung, wobei uns Schichten- und Formenkunde (Stratigraphie und Typologie) oft erste Anhalte bieten, die Funde nach Alter und Kulturstufen zu ordnen. Dabei liefert die Chorologie, die Wissenschaft von der geographischen Verbreitung der Funde, einen Schlüssel zur räumlichen Verteilung der Kulturen. Mit Hilfe der Warvenforschung (Geochronologie) und der C-14-Methode (Radiokarbondatierung) können wir dann die ungefähren Daten der Funde festlegen. Warven sind die farbigen Tonsedimente, welche die Halte- und Rückzugsphasen der Gletscher markieren. Die Datierung der in ihnen gefundenen Gegenstände ergibt sich also aus unserem nicht immer ganz sicheren Wissen der Eiszeitbewegungen. Die C-14-Datierung beruht dagegen auf der Erkenntnis, daß alle Organismen, so lange sie am Leben sind, Kohlenstoff speichern, und zwar zwei verschiedene Arten in einem festen Verhältnis zueinander – normales C-12 aus irdischen Quellen und radioaktives C-14 aus kosmischen Strahlungen. Sobald der Organismus zu leben aufgehört hat, beginnt das C-14 zu zerfallen, so daß man dann aus dem Verhältnis des verbliebenen C-12 und des teilzerfallenen C-14 das genaue Alter des Organismus berechnen kann. Diese Methode ist von dem amerikanischen Chemiker Willard F. Libby 1949 entwickelt und von seinen Kollegen Charles Wesley Ferguson und Hans E. Suess in den 60er Jahren noch einmal überprüft und verfeinert worden, so daß sie heute als nahezu fehlerfrei gelten

kann. Hinzu kommt die Pollenanalyse, die eine Rekonstruktion eines großen Teils des vorgeschichtlichen Pflanzenwuchses und Klimas ermöglicht. Da der Blütenstaub sich außerordentlich lange erhält und eine Deutung seines gattungsmäßigen Ursprungs erlaubt, stellt er nicht nur ein gutes Mittel dar, um festzustellen, was wann gewachsen ist, sondern auch wovon sich der vorgeschichtliche Mensch unter anderem ernährt haben mag. Die Dendrochronologie, die Jahresringbestimmung, läßt uns an den hölzernen Werkzeugen und den Balken der ersten menschlichen Gebäude erkennen, aus welchem Zeitalter sie stammen, denn das Klima einer jeden Region hinterläßt in den Jahresringen eine unverkennbare Struktur, die sich in allen anderen Bäumen der gleichen Region wiederholt.
An den Skelettfunden, den Gräbern, den Beigaben der Toten und anderen Resten der menschlichen Wohnstätten, aus Geräten, Waffen, Werkzeugen, Schmuck- und Kunstgegenständen, aus Höhlenbildern und Artefakten können wir mit ziemlicher Sicherheit erkennen, wie diese Menschen gelebt und in welchen gesellschaftlichen, ökonomischen und sexuellen Beziehungen sie zueinander gestanden haben. Wo eine größere Anzahl von Funden vorliegt, aus denen man den Fortschritt einer bestimmten Völkergruppe erkennt, kann man auch rückwärtige Folgerungen über den früheren Zustand dieser Kultur ziehen, selbst wenn keine Funde aus dieser früheren Zeit vorliegen.
Die physische Anthropologie, die Vermessung von Knochen- und Schädelresten, vermittelt Erkenntnisse über ethnische Zugehörigkeit, Lebensweise, Gesundheit und Krankheit des Vorzeitmenschen. Die Daktyloskopie, das vergleichende Studium von Fingerabdrücken auf alten Geräten, liefert uns weitere Erkenntnisse über die ethnische Zugehörigkeit der Menschen, die diese Geräte hergestellt und benutzt haben. Sie beruht auf dem Umstand, daß die Schlingen-, Wirbel- und Bogenmuster bei verschiedenen Volksstämmen sehr verschieden sind. Beim Studium der Funde aus Kreta und der von Kretern erbauten, aber von Griechen eroberten Städte hat man zum Beispiel entdeckt, daß die Abdrücke aus der minoischen Zeit Kretas vier Prozent Bögen, 42 Prozent Schlingen und 54 Prozent Wirbel aufzeigten, während die rund tausend Jahre späteren Abdrücke zu 20 Prozent Bögen, zu 65 Prozent Schlingen und zu 15 Prozent Wirbel aufwiesen.
Die vergleichende Sprachforschung erlaubt uns gewisse Vermutungen, welche sprachlich erkennbaren Gruppen einst bestimmte Regionen bewohnt haben. Finden wir im alten Griechenland beispielsweise eine Anzahl von Ortsnamen, die auf -nth enden, zum Beispiel Korinth, und wissen wir, daß dies eine im Griechischen unbekannte Endung ist, so können wir schließen, daß diese Orte von vorgriechischen Siedlern gegründet worden sind. Suchen wir nun nach Sprachen, in denen solche Endungen geläufig sind, so ergibt sich die Möglichkeit, daß Menschen dieser Sprachgruppe die Ortschaften gegründet haben. Ähnlich können wir gewisse Daten in der Völkerwanderung der Vorgeschichte philologisch ermitteln. Entdecken wir beispielsweise, daß es in den verschiedenen »indogermanischen« Sprachen nahezu identische Worte für Rinder, Kühe, Ochsen, Schafe, Ziegen und Schweine gibt, während das Vokabular der Bodenbearbeitung bei jedem der indoeuropäischen Völker anders ist, so können wir vermuten, daß sich diese Völker

nach der Erreichung der Hirtenstufe, aber vor der Herausbildung der Pflugkultur voneinander getrennt haben.
Durch Elimination späterer Hinzufügungen und Verfälschungen erlaubt uns die vergleichende Mythenforschung manchmal, an den zeitlichen und regionalen Ursprung des Geschehnisses heranzukommen, dem der Mythos seinen Ursprung verdankt. Die Literaturforschung erlaubt sowohl sprachliche wie auch inhaltliche Rückschlüsse über Geschehnisse auf zwei verschiedenen zeitlichen Ebenen, von denen die eine lange vor der Erfindung der Schrift liegen mag. Beschreibt ein griechischer Autor beispielsweise die Geschehnisse der Vorgeschichte seines Volkes, so können wir aus dem Vergleich mit anderen Beschreibungen derselben Ereignisse sowohl Schlüsse über die Zeit ziehen, in der die Ereignisse stattgefunden haben, wie über die, in der sie aufgezeichnet worden sind: die Unterschiede der Darstellung spiegeln die Zustände der Zeit des Autors wider. Schließlich bietet uns die Kunstgeschichte durch vergleichendes Studium der Form von Werkzeugen, Waffen, Hausrat (vor allem Töpfereiprodukten) und ihrer Verzierungen die Möglichkeit, sowohl den Ursprung wie die Verbreitung der Völkerstämme zu ermitteln, die diese Gegenstände erzeugt haben.
Alle diese Methoden sind bei der Erarbeitung des vorliegenden Textes benutzt worden. Manche Vorgeschichtsforscher haben sich zusätzlich auch der Technik der vergleichenden Ethnologie bedient, welche Beispiele aus der Welt später lebender Völker zur Illustration vermuteter Aspekte ausgestorbener Kulturen heranzieht. Ich hege gewisse Zweifel an der Legitimität dieser Methode und beschränke mich deshalb auf ein Minimum solcher Beispiele. Trotzdem möchte ich aber Forscher wie Morgan und Thomson verteidigen, die sich dieser Technik gern und oft bedient haben. Denn der gegen sie erhobene Einwand, daß die zeitliche Distanz solche Vergleiche irrelevant mache, scheint mir unzulässig zu sein, weil Zeit ein relativer Faktor ist. Setze ich die Ereignisse der Erdgeschichte auf eine zeitgetreue Skala, so nimmt die gesamte menschliche Geschichte, einschließlich jenes vorgeschichtlichen Kapitels, mit dem ich mich hier befasse, einen verschwindend kleinen Raum am obersten Ende der Skala ein. Die Gemeinsamkeiten, die uns mit dem Vorzeitmenschen verbinden, sind unvergleichlich viel größer als die Unterschiede, die uns von ihm trennen. Und die Unterschiede, die ihn wiederum von seinen biologischen Vorfahren trennen, sind unvergleichlich viel größer als die Gemeinsamkeiten, die ihn mit ihnen verbinden. Also sind Analogien zwischen dem *homo sapiens* der Vorzeit und dem der Gegenwart weitaus berechtigter als zwischen Mensch und Tier. Akzeptieren wir die dubiosen Rückschlüsse von tierischem auf menschliches Benehmen, die der bürgerlichen Verhaltensforschung ihre gegenwärtige Popularität verschafft haben, so müssen wir der vergleichenden Ethnologie, die sehr viel sorgfältiger vorgeht, ein ähnliches Recht einräumen.
In meiner Methode, aus archäologischen Daten soziologische Schlüsse zu ziehen, schließe ich mich der Arbeitsweise meines Lehrers Vere Gordon Childe an, die er 1951 in seinem Werk *Social Evolution* (deutsch 1968) ausgiebig beschrieben hat. Aber ich will hier noch einmal betonen, was ich am Anfang dieser Einführung bereits habe anklingen lassen: Mir geht es

nicht darum, den zahllosen Textbüchern der Vorgeschichtsforschung ein weiteres Exemplar hinzuzufügen, sondern um die Veränderung der Gesellschaft, in der ich lebe.

Was *Das Kapital* für die Arbeiterbewegung getan hat, soll *Das Patriarchat* der Frauenbewegung liefern: eine historische Perspektive, eine wissenschaftliche Orientierung, eine Waffe im täglichen Kampf. Wie Marx und Engels die Möglichkeiten einer klassenlosen Gesellschaft der Zukunft erst dadurch glaubhaft machen konnten, daß sie alles verfügbare Material über die klassenlosen Gesellschaften der Vergangenheit zusammentrugen, so hoffe ich, daß die Zusammenstellung nahezu allen Materials, das heute über die matristischen Gesellschaftsordnungen der Vorgeschichte besteht, zur Klärung der Frage beitragen mag, wie denn eine nichtpatriarchalische Gesellschaftsordnung der Zukunft nun eigentlich aussehen mag.

Daß sie auf völlig anderer ökonomischer Ebene als ihre Vorgängerinnen aufgebaut werden muß, versteht sich von selbst. Denn während die vorpatriarchalischen Kulturen fast ausnahmslos Subsistenzgesellschaften waren, kann sich eine nachpatriarchalische Gesellschaftsordnung nur auf einer hochindustrialisierten Planwirtschaft aufbauen. Erst die Vergesellschaftung der Produktionsmittel erlaubt die Freisetzung der industriellen Produktivkräfte, und erst diese erlaubt die Freisetzung der schöpferischen Kräfte des Individuums. So wie der Besitzanspruch des einen Geschlechts über das andere erst mit dem Besitzanspruch des einen Individuums auf die Produkte der Arbeit des anderen begann, so können Eifersucht und sexuelle Ausbeutung erst dann beseitigt werden, wenn der Gedanke an die Rechtmäßigkeit des Privatbesitzes in seinen Grundfesten erschüttert ist. Worte wie »mein Mann«, »meine Frau«, »meine Geliebte«, die fast jeder benutzt, ohne sich des Besitzanspruchs gewahr zu sein, der aus ihnen spricht, enthüllen den verhängnisvollen Einfluß, den die Geschichte des Privateigentums auf unser sexuelles Denken ausgeübt hat.

Da das Buch Jahrzehnte vor den Anfängen der heutigen Emanzipationsbewegung der Frau begonnen wurde, unterscheidet es sich maßgeblich in Methodik und Thematik von den Werken, die aus dieser Bewegung hervorgegangen sind, so zum Beispiel von Betty Friedans *Der Weiblichkeitswahn* und Kate Milletts *Sexus und Herrschaft,* aber es dient emphatisch den gleichen Zielen und ordnet sich ihren Forderungen unter. Der Unterschied liegt vor allem darin, daß *Women's Lib* sich mit Recht der dringendsten Frage der Gegenwart, der Befreiung vom Patriarchat, gewidmet hat, während es mir darauf ankam, historisch zu dokumentieren, wie das Patriarchat zustande kam und wie es überhaupt möglich wurde, alle bis dahin herrschenden Systeme der gesellschaftlichen und sexuellen Gleichberechtigung so »erfolgreich« zu zerschlagen. Während *Women's Lib* sich vor allem mit dem Unrecht befaßt, das der Mann heute der Frau antut, befasse ich mich in den Kapiteln 1, 2 und 8 vor allem mit der Gerechtigkeit, welche die Frau dem Manne erwies, als sie der wichtigere Sozialpartner war. Während *Women's Lib* die Schwächen der Gesellschaftsform aufzeigt, in der Frauen von Männern beherrscht werden, beabsichtige ich, die Stärke jener Gesellschaftsordnung unter Beweis zu stellen, in der es der Frau durchaus möglich gewesen wäre, den Mann zu beherrschen; nur tat sie es nicht, und da liegt des Pudels Kern.

Der bemerkenswerteste Aspekt dieser Phase der Sozialentwicklung ist natürlich die Tatsache, daß nicht nur manche Laien, sondern auch die meisten »Gebildeten« meinen, eine solche Phase habe es nie gegeben, da es sie nie gegeben haben könne. Dieses Buch ist deshalb vor allem als *aide-mémoire* gemeint, als eine Gedächtnisstütze für all jene, die entweder vergessen oder verdrängt haben, wie es damals war. Da der patriarchalische Imperialismus sich nicht nur der Gehirne der Männer, sondern auch der der Frauen bemächtigt hat, ist es vielleicht der deprimierendste und beschämendste Aspekt einer solchen Untersuchung, daß man dabei auf Frauen stößt, die so korrumpiert worden sind, daß sie allen Ernstes verkünden, es sei »natürlich«, daß der Mann die Frau beherrsche: es sei »immer so gewesen«. Einer solchen Ignoranz das Handwerk zu legen, ist das Ziel dieses Buches.

Wieso stellt sich nun ausgerechnet ein *Mann* ein solches Ziel? Weil die Frau nicht das Unmögliche von sich selber fordern kann: das vieltausendjährige Reich des Mannes über den Haufen zu werfen, ohne eine alternative Form der Gesellschaftsordnung anbieten zu können. Erst wenn sie im Besitz aller verfügbaren Informationen über die matristischen Gesellschaftssysteme der Vergangenheit ist, kann die Frau hoffen, ihren adäquaten Beitrag zur Verbesserung der Gesellschaft zu leisten. Gerade hierüber gab es bisher, dank der halb bewußten, halb unbewußten Unterschlagungsmethoden männlicher Ethnologen und Vorgeschichtsforscher, aber so gut wie keine veröffentlichten Informationen.

Zweitens benötigt die Befreiungsbewegung der Frau präzises Informationsmaterial über die Strategie und Taktik, mit der es dem Patriarchat gelang, die ihr vorausgegangenen matristischen Gesellschaften zu zerschlagen. Denn wenn diese Methoden einst praktikabel waren, um eine der besten Gesellschaftsordnungen zu zerstören, die es je in der Geschichte der Menschheit gegeben hat, dann sind sie möglicherweise auch heute noch von Nutzen, um eines der schlechtesten Sozialsysteme der Menschheitsgeschichte zu beseitigen. Mit der Strategie, Taktik und Logistik der Machtergreifung des Patriarchats befassen sich die Kapitel 3 bis 7 dieses Buches. Auch dies mit gutem Grunde. Denn aus allem Informationsmaterial, das ich aus den Quellen der Vergangenheit herausfiltern konnte, geht eines mit unausweichlicher Klarheit hervor: kein Geschlecht kann sich von der Tyrannei des anderen befreien, ohne dieses gleichzeitig mitzubefreien.

Wieso schreibe ich also als Mann eine solche Fibel, die der Frau die Instrumente zum Sturz meines eigenen Geschlechts liefert? Weil ich kein anderes Mittel zur Befreiung des Mannes kenne. Der entsetzliche »Kampf der Geschlechter«, den das Patriarchat als »naturgegeben« und »unabänderlich« betrachtet, wird entweder mit der Zerstörung der Menschheit oder mit dem Verzicht auf diesen Kampf enden: mit dem Verzicht auf die Geschlechtlichkeit überhaupt.

Ebensowenig, wie die Geschichte mit dem Triumph einer Klasse über die andere enden kann, kann sie mit dem Triumph des einen Geschlechts über das andere enden. Entweder befreien wir uns von der Tyrannei der Klassen

und damit gleichzeitig von der der Geschlechter oder wir fallen zurück in die tierische Vergangenheit, aus der wir gekommen sind. Der klassenlosen Gesellschaft der Zukunft entspricht die geschlechtslose Zukunft unserer Spezies. Die eine ist nicht ohne die andere erzielbar.
Mit dieser Perspektive – so weit gespannt, daß nur wenige Leser bereit sein werden, mir dahin zu folgen – befaßt sich das letzte Kapitel des Buches: der Befreiung der Menschheit von der Geschlechtlichkeit als solcher. Aber fern, wie sie dem Auge des Laien auch scheinen mag, der Sexualanthropologe kann sich ihr nicht entziehen. Alles, was wir über die gesetzmäßige Entwicklung der menschlichen Geschlechtlichkeit wissen, deutet auf diesen Brennpunkt hin.

London, Edinburgh, Cambridge, Ottawa,
Paris, Frankfurt, Scharten 1933 bis 1973. Psychologisches Institut der Universität Salzburg 1974 bis 1975

Ernest Borneman

I
Der Ursprung

> Der Umsturz des Mutterrechts war die weltgeschichtliche Niederlage des weiblichen Geschlechts.
>
> *Friedrich Engels*

1

In drei Stellen des Alten Testamentes, sowohl in der hebräischen Urfassung wie in der syrischen Übersetzung und der griechischen Septuaginta, taucht ein obskures Wort aus der awestischen Sprache, einem frühpersischen Idiom, auf: *pairidaēza,* »Paradies«, der Name des verschollenen Ortes, wo der Mensch glücklich war.

Der Mythos von dem verlorenen Glück und dem verschollenen Land ist nicht auf hebräische, persische, syrische und griechische Quellen beschränkt, sondern ist Teil eines regionalen Mythenblocks, der sich von den Küsten des Mittelmeeres bis ins Herz Vorderasiens erstreckt. Die bedeutendsten Mythologen, Sprachwissenschaftler und Religionsforscher unserer Zeit sind heute darüber einig, daß der »Garten Eden« weder im Zweistromland, wie man im neunzehnten Jahrhundert meinte, noch überhaupt an irgendeinem spezifischen Ort lag, sondern eine bestimmte Form des Zusammenlebens beschreibt, die einst in dieser ganzen Region existiert haben mag.

Die Sumerer sprechen von einem Land, in dem der Mensch vor den Zeiten der Sintflut wunschlos und zufrieden gelebt habe. Gilgamesch, der babylonische Held, fand diese glückliche Welt im Laufe seiner Wanderungen, verlor aber die magische Blume, die dort wuchs, und konnte deshalb nie seinen Weg zurückfinden. Die Juden verbanden ihren Glauben an das Kommen des Messias mit der Hoffnung, daß er die Tugenden zurückbringen werde, die der Mensch in jener verschollenen Zeit besessen hatte. Sicherlich ist es kein Zufall, daß Karl Marx, Erbe einer langen Tradition rabbinischen Wissens, seine Geschichtsphilosophie auf dem Gedanken aufbaute, der Mensch müsse eines Tages die Tugenden jener vergangenen Zeit wiedererlangen: von der klassenlosen Gesellschaft der Vorgeschichte zur klassenlosen Gesellschaft der Zukunft.

Was waren nun die Tugenden jener verschollenen Welt? Das Seltsame an den Mythen vom Goldenen Zeitalter ist, daß sie sich nicht mit einem Schlaraffenland, einem Land des Reichtums und des Überflusses beschäftigen, was doch bei der großen Armut der Völker des Altertums zu erwarten gewesen wäre, sondern eher mit einer Welt der Genügsamkeit: zeitlos, beständig, gleichmütig, bedürfnisfrei, anspruchslos und bescheiden, aber auch rücksichtsvoll und würdig; eine Welt ohne Eigenart, aber auch ohne Eigenwilligkeit; ohne Individualität, aber auch ohne Einzelgängerei; eine Existenz frei von Eigentum, aber auch von Habgier und Diebstahl: »Die Menschen waren damals friedlich und sahen alles mit dem gleichen Auge an.«

Die Tugenden, die uns aus diesen Mythen ansprechen, sind also nicht die der Persönlichkeit, denn diese gab es noch nicht, weil die gegenseitige Abhängigkeit so groß war, daß niemand den Gedanken der persönlichen Selbständigkeit fassen konnte. Es war eine Gesellschaft von Ebenbürtigen, aber auch von so engen Blutsverwandten, daß sich das Ich noch nicht völlig vom Du spalten konnte; eine Welt frei von Stand, Rang und Kaste, aber auch frei von Strebsamkeit; eine Welt ohne Leidenschaft, aber auch ohne Einsamkeit; ohne Abweichung, aber auch ohne Alleinsein; ohne Sehnsucht, aber auch ohne Ehrgeiz; ohne Selbstsucht, aber auch ohne Geltungsdrang.

Es gab keine Anmaßung, aber auch keine Unterwürfigkeit; keine Überhebung, aber auch keine Untertänigkeit; keinen Dünkel, aber auch keinen Knechtsinn; keinen Hochmut, aber auch keine Liebedienerei; keine Willkür, aber auch keine Willfährigkeit. Die Tugenden waren Freundschaft, Verläßlichkeit, Aufrichtigkeit, Offenheit, aber auch diese nur in dem Sinne, daß sich niemand der Möglichkeit einer Alternative bewußt war. Es war keine glückliche Welt, denn auch Glück versteht sich nur als Antithese zum Unglück, und Unglück war noch nicht ins Bewußtsein dieser weithin undifferenzierten *Communitas* eingedrungen. Deshalb gab es weder Macht noch Machtanspruch, weder Ordnung noch Unterordnung, weder Befehl noch Gehorsam.

Es war eine ungeteilte Welt, frei von Armen und Reichen, Gläubigern und Schuldnern, Ausbeutern und Ausgebeuteten. Es war die Insel der Seligen, frei von Geiz, aber auch von Verschwendung. Es war das Hyperboräerland, frei von Geben und Nehmen. Es war der Garten der Hesperiden, frei von Neid, aber auch frei von allem, was Grund zum Neid geben konnte.

Wenn dies eine rückwärts projizierte Utopie war, wie manche Forscher meinen, dann war es schon eine sehr seltsame Utopie: ein Wunschtraum, der in keiner Weise den Wünschen der Menschen des Altertums entsprach. War es aber kein Wunschtraum, dann war es wahrscheinlich eine Erinnerung, der man sich trotz ihres negativen Gehalts nicht entziehen konnte, eine Erinnerung von so zwingender Beharrlichkeit, daß sie noch Tausende von Jahren später einen großen Teil der Mythologie dieses ganzen Erdteils beherrschte. Was lag ihr zugrunde und wodurch wurde sie schließlich verdrängt?

Zugrunde lag ihr das freie, fast sorglose Leben der alten Wildbeuter. In der letzten Interstadialperiode zwischen den Eiszeiten Würm I und Würm II erstreckte sich eine gewaltige Fläche offenen fruchtbaren Landes mit gemäßigter Temperatur von der Ägäis bis zum Hindukusch. Beeren-, früchte-, pilz- und kleintiersammelnde Frauen mit ihren primitiv jagenden Männern durchschweiften dieses weit offene Land, frei und unbehindert. Wenn ihre Nahrung knapp wurde, zogen sie einfach weiter. Die Welt schien ihnen unbegrenzt und unermeßlich fruchtbar.

Dann kam die Katastrophe. In sechs Stadien, die wir noch heute nachzeichnen können, begann die letzte Phase der Eiszeit und danach eine völlig neue Welt:

1. Die Temperatur stieg. Das fruchtbare Strauch- und Waldgebiet mit gemäßigtem Klima spaltete sich in Wüsten und Tundren auf der einen Seite, Urwälder und Dschungel auf der anderen. Zwischen Wüsten und Tundren wucherten grüne Oasen und dschungelartige Uferbette. In diesen Grünbecken begannen sich die überlebenden Tierarten zu konzentrieren, so daß auch die Menschen gezwungen waren, ihre Jagd- und Sammelgründe hierhin zu verlegen. Aber hier konnte man nicht mehr unbegrenzt weiterwandern, wenn das Revier abgegrast war, denn diese Reviere waren trotz ihrer Fruchtbarkeit begrenzt. So lernten die einstigen Nomaden, Pflanzen zu kultivieren, statt sie einzusammeln, und Tiere zu züchten, statt sie zu jagen.
2. Die seßhaft gewordenen Nomaden versammelten sich in größeren Gruppen zur leichteren Zusammenarbeit bei Ackerbau und Viehzucht. So entstand das Dorf. Wuchs die Dorfbevölkerung zu sehr für den verfügbaren Boden an, so gründete sie eine Kolonie in dem nächsten noch urbaren Revier. Auf diese Weise verbreitete sich die Landwirtschaft über Vorderasien, Südosteuropa und den ganzen Mittelmeerraum.
3. In den großen alluvialen Flußtälern Ägyptens und Mesopotamiens entwickelten sich die ersten Städte. Sie waren nicht nur größer als die Dörfer, sondern besaßen auch eine andere Ökonomie: den Handel. Sie tauschten ihre Überschüsse gegen Metalle und andere Materialien aus, die sie zwar benötigten, aber nicht im eigenen Revier besaßen. Dadurch wurden sie in gewisser Weise von ihrer Umgebung abhängig, die ländliche Umgebung aber noch mehr von der Stadt. Die Autarkie, die Selbständigkeit der ursprünglichen Nomaden und Feldbauern, die bis dahin auch die Freiheit der Dörfer gewährleistet hatte, war nun ein für allemal dahin.
4. Die Metalle begannen den Handel zu dominieren – Gold und Silber für Schmuckgegenstände, vor allem aber Kupfer, Zinn und Eisen für Werkzeuge und Waffen. Die Inseln, die den Metallhandel beherrschten, vor allem Kreta und die Kykladen, in geringerem Maße aber auch Zypern, die Heimat des Kupfers, wurden zu den führenden Kulturzentren in der Ägäis. Ihre Beziehungen zu den Handelsstädten am Nil, Euphrat und Tigris gaben ihnen eine Welterfahrung, eine kulturelle Überlegenheit, die das ägäische Festland erst Jahrtausende später aufholte.
5. Gleichzeitig aber begann die Abhängigkeit von der Ware, jene ans Süchtige grenzende Unselbständigkeit des Menschen, die ihn lieber auf seine Freiheit verzichten ließ als auf die Krücken der Zivilisation. Es bildete sich eine Klassengesellschaft, in welcher der Unterdrückte sich oft lieber unterdrücken ließ, als die Hoffnung aufzugeben, eines Tages selbst in die Reihen der Unterdrücker aufzurücken. Dies war das Patriarchat.
6. Parallel zu dieser ökonomischen Entwicklung und sozusagen als ihr sexueller Überbau vollzog sich eine stufenweise Veränderung der menschlichen Paarungssitten, die vor allem durch eine graduelle Verschärfung des Inzestverbots gekennzeichnet wurde.

Aus den Mythen der Ägäis und ihres vorderasiatischen Hinterlandes läßt sich als Gemeinnenner der Erinnerungen an das verlorene Paradies der Vorzeit eine ganz bestimmte, von den späteren Wunschträumen der Menschheit sofort unterscheidbare Form des Geschlechtslebens rekonstruieren: eine noch nicht völlig genitalisierte, noch nicht auf die Dominanz der Geschlechtsteile ausgerichtete Sexualität; eine amorphe, alles Warme, Lebendige, Pulsierende umfassende Zärtlichkeit, ein friedliches Streicheln und Kosen, das völlig im Gegensatz zum späteren Kampf der Geschlechter steht; eine Blutsbrüderschaft und Blutsschwesterschaft, die wir, da wir sie nie erfahren haben, kaum beschreiben können und die offenbar schon den Griechen nicht mehr verständlich war.
Die Erinnerung, wenn es eine ist, knüpft sich offenbar einerseits an das Gefühl völliger Geborgenheit in einer Gemeinschaft, die den Durchbruch zum Bewußtsein der Individualität, des Andersseins, des Separatseins und damit des Alleinseins noch nicht vollzogen hatte; andererseits können wir eine Sexualität spüren, die noch nicht auf die Polarität der Geschlechter fixiert ist, sondern den anderen Menschen, unabhängig von seinem Geschlecht, als wärmendes, tröstendes Geschöpf sucht. Die Beziehung ähnelte offensichtlich mehr der zwischen Mutter und Kind als der heutigen zwischen Mann und Frau, und dies aus dem simplen Grunde, daß die Barriere des Ödipuskomplexes noch nicht existierte. Die Kausalverbindung zwischen Paarung und Befruchtung war noch nicht bewußt geworden. Das Kind kannte zwar seine Mutter, nicht aber seinen Vater, und konnte folglich auch nicht auf ihn eifersüchtig sein. Es war also eine Sexualität, die nicht im Koitus zu enden brauchte, sondern sich schon am Körperkontakt, am Händehalten, am Umarmen und Umarmtwerden, am Brustkontakt und Brustsaugen befriedigte; eine Sexualität vor allem, die nicht auf die Ausschließlichkeit des Verhältnisses zweier Menschen ausgerichtet war und deshalb auch nicht die Gemeinschaft mit allen anderen von sich wies.

2

Was die Bibel als Sündenfall beschreibt, war die menschliche Entdeckung des eigenen Ichs als etwas von der Gemeinschaft Unterschiedenes. Mit dem Bewußtsein des Ichs beginnt die Inzestschranke, und mit der Inzestschranke beginnt das Denken in menschlichen Klassen. Denn die Vorstellung, daß es jemanden gebe, mit dem man sich *nicht* paaren dürfe, setzt ein hohes Maß von Ich-Bewußtsein voraus: Tiere kennen kein Inzesttabu. Wer sich nur mit A, nicht aber mit B paaren will, teilt die Menschheit in zwei Klassen ein: die obere, die attraktiv ist, und die untere, die tabuiert wird. Damit sind die Grundlagen der menschlichen Hierarchie, aber auch der gegenseitigen Ausbeutung gelegt.
Der Prägnanz halber habe ich das hier in ahistorischer Form beschrieben. In Wahrheit verlief die Chronologie in umgekehrter Richtung: Durch Arbeitsteilung und Aneignung der ersten Überschüsse erfolgte die Spaltung der Urgesellschaft in Klassen, und erst die Klassenspaltung führte zu jener

Spaltung der Psyche, von der die bürgerliche Psychologie annimmt, sie stelle das Kennzeichen des Menschen im Gegensatz zum Tier dar und qualifiziere ihn erst durch die Entwicklung des Bewußtseins zum »Kulturträger«.
Das ist unhistorisch gedacht, denn bei den Wildbeutern gab es weder eine »Kultur« noch einen Unterschied der Klassen und deshalb auch keine Ausbeutung des einen Geschlechts durch das andere. Das war der Grund ihrer Wunschlosigkeit, aber auch ihrer Zufriedenheit. Mit der Inzestschranke beginnt der menschliche Fortschritt, gleichzeitig aber auch die Unzufriedenheit und die stetig wachsende Anzahl der Wünsche. Das menschliche Wissen wächst wie ein Apfel: Je größer er wird, desto größer wird auch die Zahl seiner Berührungspunkte mit dem Unbekannten. Ähnlich steht es mit den Wünschen, die die Klassengesellschaft erzeugt: je größer die Leistung der Produktionsmittel, desto weiter hinkt sie hinter der Erfüllung der Wünsche zurück. Das liegt nicht an der Natur der menschlichen Wünsche, sondern an der der Klassen.

3

Wenn wir die Menschheitsgeschichte nicht auf dem absurden Zufall aufbauen wollen, daß die erste Frau, die sich irgendwo auf der Welt durch irgendeine Mutation aus ihren tierischen Vorfahren herausgebildet hat, durch einen ebenso großen Zufall auf den ersten Mann stößt, der sich ebenfalls – und das auch noch ausgerechnet zur gleichen Zeit – durch eine Mutation aus einem anderen Primatenstamm entwickelt hat, so müssen wir annehmen, daß die ersten Menschen, die sich irgendwo gebildet haben, durch Inzucht entstanden sind. Ob und wie lange die Praktik der Paarung zwischen Mutter und Sohn, Vater und Tochter, Bruder und Schwester andauerte, weiß niemand. Aber daß unsere Evolution als Gattung so begonnen hat, steht außer Zweifel.
Wie und weshalb die Paarungsverbote zwischen Geschwistern und zwischen Eltern und Kindern entstanden sind, weiß ebenfalls niemand. Aber daß sie durch eine bestimmte Entwicklung gefördert worden sind, steht außer Zweifel. Irgendwann hat sich jede der verschiedenen Urhorden, die zu verschiedenen Zeiten in verschiedenen Teilen der Erde entstanden sind, gespalten, weil keine wild lebende Horde, weder eine tierische noch eine menschliche, sich ernähren kann, wenn sie ein bestimmtes Größenmaß überschreitet. Zwischen den gespaltenen Horden müssen sich dann die sexuellen Beziehungen so eingespielt haben, daß man es vorzog, sich den Partner in der anderen Horde zu suchen. Die Vorteile liegen auf der Hand: Inzucht gefährdet die Horde, weil sie zu groß wird, um sich ernähren zu können. Das Inzuchtverbot dagegen erschwert die Paarung und hält die Horde dadurch klein und lebensfähig. Gleichzeitig lernt der Mensch durch exogame Paarung neue Gegenden kennen, muß feindliche Tiere auf dem Wege dorthin abwehren, neue Nahrungsmittel finden, sich nach Spuren und Sternen orientieren. Das schärft seine Intelligenz und stärkt seine Unabhängigkeit.

Lewis Henry Morgan (1818 bis 1881), der amerikanische Rechtswissenschaftler, der durch seine Tätigkeit für einen amerikanischen Indianerstamm zum Ethnologen und durch seine Entdeckung des klassifikatorischen Verwandtschaftssystems zum Vater der Sexualanthropologie wurde, meint, daß die Einschränkung der Paarungsfreiheit zuerst zu einem Tabu des Geschlechtsverkehrs außerhalb der eigenen Generation geführt habe: Man durfte also mit allen Gleichaltrigen, einschließlich der eigenen Geschwister, nicht aber mit der Generation der Eltern oder Kinder, also auch nicht mit den eigenen Eltern und den eigenen Kindern verkehren.

Als nächstes erfolgte der Ausschluß aller Mitglieder der eigenen Sippe, womit die Blutsverwandten der Mutter gemeint waren, denn daß man auch mit dem Vater blutsverwandt war, hatte man noch nicht entdeckt. Es gab nun also zwei Kategorien von Inzestverboten: eins, das sich in Altersbegriffen bewegte, und ein anderes, das mit Abstammungskategorien operierte. Auf die »Blutsverwandtschaftsehe«, das lockere Zusammenleben von leiblichen und kollateralen Schwestern mit ihren Brüdern, folgte also durch weitere Einengung des Blutsverwandtschaftsbegriffes eine »Ehe« solcher Schwestern mit Männern, die *nicht* untereinander verwandt waren.

Als die Monogamie schließlich in der Region südlich der Donau auftaucht, war sie noch so frei, daß wir nach heutigen Maßstäben kaum von Ehe sprechen können. Zwar lebte ein einziger Mann eine Zeitlang mit einer einzigen Frau zusammen, aber beide lebten mit anderen solchen Paaren in großen Gemeinschaftshütten, in denen die Kinder aller Paare gemeinschaftlich versorgt wurden und einander auch als Geschwister betrachteten. Die Frau hatte in diesem Stadium noch weitgehende Rechte über ihren Körper und nahm sich Liebhaber oder wechselte ihren »Ehepartner«, sooft sie wollte. Sie konnte dies tun, weil der Mann zu dieser Zeit den vom Rinde gezogenen Pflug noch nicht entdeckt hatte, die Frau dagegen die Felder mit einem eigens von ihr erfundenen Instrument, der Hacke, bebaute und dadurch den größten Teil der Nahrung erzeugte. Der jagende, fischende, fallenstellende Mann war ihr wegen seines geringen Beitrags zur Nahrungsbeschaffung so verpflichtet, daß er sich nicht gut gegen ihre sexuelle Freiheit wehren konnte.

In der Geschichte jener Regionen, mit denen wir uns in diesem Buch befassen, Griechenland, Rom und ihren Hinterländern, war die Monogamie, die lebenslängliche Einehe mit strikter Verpflichtung der Frau zur außerehelichen Enthaltsamkeit, also eine historische Schöpfung des Mannes, die seiner Machtergreifung sexuelle Geltung verleihen sollte. Eine Einehe mit Verpflichtung des Mannes, keine außerehelichen Verhältnisse zu betreiben, hat es in der Geschichte beider Regionen bis zum Mittelalter nicht gegeben.

Der Grund, weshalb bis zu dieser Zeit nur der Mann, nie aber die Frau für die Einehe eingetreten war, ist bereits im Vorwort erwähnt worden: Nur so konnte er hoffen, daß die Kinder seiner Frau auch seine Kinder seien. Die Frau dagegen wußte stets, welches Kind das ihre war und hatte deshalb keinen Grund, den ausschließlichen Besitz des Ehepartners zu fordern. Wenn Frauen sich in späteren Zeiten zu Fürsprechern der restriktiven Monogamie gemacht haben, so taten sie es entweder, weil sie vom Manne ernährt werden wollten, also ihre Versorgung höher bewerteten als ihr Recht und ihre Freiheit, oder weil sie, ohne es zu wissen, gegen ihre eigenen Interessen verstoßen hatten. Beides geschah um so häufiger, je mehr die Erinnerung an die matristischen Verhältnisse in Vergessenheit geriet, denn es ist schwer, dem Patriarchat zu widerstehen, wenn man sich nicht einmal mehr der *Möglichkeit* des Matriarchats bewußt ist. Andererseits stellt die ganze Geschichte Griechenlands und Roms ein einziges überwältigendes Zeugnis der negativen Auswirkungen des Patriarchats dar: Wo dem Drängen des Mannes nach einer Eheform mit Verpflichtung der weiblichen »Treue« stattgegeben wurde, hat dies stets der Frau geschadet.

4

Morgans Vorstellung, daß wir etwas über die Paarungssitten vergangener Kulturen aus dem Vokabular entnehmen können, mit dem sie ihre Verwandten bezeichneten, baute sich auf der Entdeckung auf, daß es sowohl in nichteuropäischen Kulturen der Gegenwart wie auch in den europäischen Kulturen der Vorzeit völlig andere Methoden der Verwandtschaftsbezeichnung gibt als die, mit denen wir vertraut sind und die wir deshalb als selbstverständlich betrachten. Während wir beispielsweise von der Position des Individuums ausgehen, sind sich andere Systeme, vor allem diejenigen, die bisher noch nicht durch das Stadium der Monogamie gegangen sind, der Eigenständigkeit des Individuums noch nicht bewußt und denken deshalb in Kategorien von Personen, nicht in Begriffen der einzelnen Persönlichkeit. So werden nicht nur die eigenen Brüder, sondern auch die Söhne der Brüder des Vaters als Brüder bezeichnet; nicht nur die eigene Mutter, sondern auch deren Schwestern werden als »Mutter« angesprochen.
Morgan nannte dieses System »klassifikatorisch« im Gegensatz zu unserem, das er als »beschreibend« oder »deskriptiv« bezeichnete, wobei der Ausdruck »klassifikatorisch« insofern irreführend ist, als er den Eindruck vermittelt, es handle sich bei diesem System um eine Einteilung der Menschen in »Klassen«. Genau das tut das klassifikatorische System aber nicht, denn es stammt aus einer Zeit vor der Herausbildung der Klassengesellschaft. Was es wirklich widerspiegelt, ist die Sippengesellschaft. Während das westliche, das deskriptive System die Aussonderung des Individuums aus seiner natürlichen Gemeinschaft, der Sippe, und die Verpflanzung in eine unnatürliche Gruppe, die Klasse, ausdrückt, beschreibt das archaische, das klassifikatorische System das vorindividualistische Denken in Gruppen von Blutsverwandten. Das deskriptive System legt also die Beziehung zwischen Ich und Du fest, das klassifikatorische System die zwischen Wir und Ihr.
Morgan ging nun von der richtigen Beobachtung aus, daß die Sprache sich langsamer ändert als die Sitten, so daß wir aus dem Sprachgebrauch derjenigen Kulturen, bei denen sich ein klassifikatorisches System der Verwandtschaftsbezeichnungen erhalten hat, folgern können, wie diese Gesellschaften sich einst gepaart haben. Bei Morgan heißt das: welche »Eheformen« sie

früher gehabt haben, zum Beispiel »Gruppenehen«, bei denen alle Brüder der einen Sippe mit allen Schwestern der anderen Sippe »verheiratet« waren. Aber erstens sind die Begriffe »Heirat« und »Ehe«, die aus der monogamen Zeit stammen, nicht übertragbar in eine vormonogame oder nichtmonogame Gesellschaftsordnung, und zweitens ging Morgan einen Schritt zu weit, als er aus den Paarungstabus, die sich zweifellos im Sprachgebrauch widerspiegeln, die Folgerung zog, daß all das, was nicht verboten war, auch praktiziert wurde und daß alles, was praktiziert wurde, den Status einer eheartigen Institution hatte. Beide Folgerungen sind falsch, aber das bedeutet nicht, wie die Mehrzahl der bürgerlichen Ethnologen unserer Zeit vorgibt, daß die Verwandtschaftsbezeichnungen überhaupt keine Schlüsse über die Sexualsitten zuließen oder gar, wie Lévi-Strauss meint, daß die Verwandtschaftsterminologie nur metaphorischen Charakter hat.

5

Wir haben hier vielleicht den Punkt erreicht, an dem wir uns die grundsätzliche Frage stellen sollten, wieso denn der Mensch, dessen anatomisches System große Promiskuität ermöglicht, nicht nur in der Alten Welt, sondern auch in fast allen anderen Kulturen ein einschränkendes Paarungssystem angestrebt hat. Die Erklärung, daß Inzest notwendigerweise eugenisch schädlich sein müsse, wird keinen Tierzüchter, geschweige denn den Humanbiologen überzeugen. Auch die Hypothese, daß alle Formen der Paarungsbegrenzung nur Vorfahren der Einehe seien und der Versorgung des ehelichen Nachwuchses dienen, ist nicht stichhaltig. Jede Gesellschaft kann ihre Kinder versorgen, ohne wissen zu müssen, welches Kind welchen Vater hat. Der wirkliche Zweck der Monogamie ist also nicht die Versorgung des Kindes, sondern die Vererbung des väterlichen Privatbesitzes.
Man erkennt die Dinge manchmal am deutlichsten, wenn man erst einmal definiert, was sie *nicht* sind. So ist die bedeutungsvollste Negation der Ehe zweifellos der Ehebruch. Als das Konzept des Ehebruchs zuerst in der Geschichte der westlichen Welt auftauchte, bedeutete es aber etwas ganz anderes als heute, nämlich eine Form des Diebstahls. Die Gattin, die sich mit einem anderen Manne paarte, konnte von ihm geschwängert werden. Merkte der Gatte das nicht, so zog er einen Bastard heran, der ihn beerbte, das heißt: bestahl. Denn erben durfte nach patriarchalischem Usus nur der leibliche Sohn. Die Paarungsbeschränkung verfolgt also zwei Zwecke. Erstens zwingt sie den Menschen aus der Isolierung der inzestuösen Sippe hinaus in die weite Welt. Er muß seinen Partner anderswo suchen, und diese Suche führt zur Weltoffenheit, zur Berührung der Kulturen, zum Fortschritt. Zweitens führt die Herausbildung des Eigentums über den Umweg des Erbrechts zur erzwungenen »Treue« der Frau. Erst die Erfindung der chemischen Antikonzeptionsmittel befreit sie in begrenztem Maße von dieser erzwungenen Karenz. Darin liegt aber noch keine Legitimierung der Paarungsfreiheit; eine solche Legitimierung kann erst dann erfolgen, wenn Paarung und Vermehrung grundsätzlich getrennt werden. Mit dieser Frage befaßt sich der letzte Teil unseres Buches.

II
Die Mütter der Alten Welt

> Die erste Teilung der Arbeit ist die von Mann und Weib zur Kindererzeugung.
>
> *Karl Marx*

> Der erste Klassengegensatz, der in der Geschichte auftritt, fällt zusammen mit der Entwicklung des Antagonismus von Mann und Weib in der Einzelehe, und die erste Klassenunterdrückung mit der des weiblichen Geschlechts durch das männliche.
>
> *Friedrich Engels*

1

Die Alte Welt im weitesten Sinne des Wortes umfaßt ganz Asien, Afrika und Europa. Aber das ist ein irreales Konzept, denn die Einwohner dieser alten Welt kannten kaum ihre nächsten Nachbarn, geschweige denn die Bewohner anderer Erdteile. In meinem Gebrauch des Wortes beschränke ich mich deshalb auf jene »Wiege der Kultur«, die sich von der Donau, dem Schwarzen Meer und dem Kaukasus südlich bis zum Mittelmeer und dem Persischen Golf erstreckt. Dabei konzentriere ich mich auf eine noch engere Region: das östliche Mittelmeer, seine Inseln und sein Hinterland. Dies ist die Heimat des sogenannten Matriarchats oder Mutterrechts, eines zweifelhaft benannten Systems der gesellschaftlichen Organisation, das sich vor allem in den folgenden zwei Aspekten von dem heute fast überall in der Welt verbreiteten Vaterrecht oder Patriarchat unterscheidet:

1. Es führt die Abstammung des Menschen ausschließlich auf seine Mutter zurück und verfolgt alle Verwandtschaftsgrade in mütterlicher Linie. Dies nennt man *matrilineare Deszendenz.* Unser gegenwärtiges System ist dagegen *bilinear:* Wir leiten unsere Abstammung sowohl von unserem Vater wie von unserer Mutter ab; in den Standesämtern werden beide Zweige der Familie geführt. An der Tatsache, daß wir unsere Nachnamen meist von unserem Vater, nur selten von unserer Mutter übernehmen. erkennen wir, daß unser System früher *patrilinear* gewesen ist und auch heute noch sein Schwergewicht von der väterlichen Seite bezieht.
2. Das Matriarchat war *matrilokal.* Das heißt: Der Mann siedelte sich im Hause oder bei der Sippe seiner Frau an. Verglichen hiermit ist unser System *neolokal.* Das heißt: Sobald sich das junge Paar eine eigene Wohnung leisten kann, zieht es von den Eltern oder Schwiegereltern fort

und gründet einen *neuen* Haushalt. Aus verschiedenen Kennzeichen können wir aber entnehmen, daß unser System seinerzeit *patrilokal* gewesen ist. Das heißt: Das neuvermählte Paar zog früher in den Haushalt der Großfamilie des Gatten und seines Vaters, wie es noch heute bei manchen Bauern üblich ist. Die Frage der *Maritalresidenz,* des Ortes, wo man sich ansiedelt, wenn man heiratet, ist von weitaus größerer Bedeutung, als es scheinen mag.

2

Als C. W. Ceram 1949 sein populärwissenschaftliches Buch *Götter, Gräber und Gelehrte* veröffentlichte, galt das dritte vorchristliche Jahrtausend als die fernste Zeit, aus der Spuren zivilisierter Menschen überliefert worden waren. Mit jeder neuen Entdeckung, jedem neuen Fund, jeder verbesserten Datierung sind die Geschehnisse der Ur- und Vorzeit seitdem weiter in die Vergangenheit zurückzuverfolgen. Man könnte es in epigrammatischer Form so ausdrücken, daß jedes Jahr unserer eigenen Geschichte uns um einige Jahrtausende weiter in die Geschichte der Vorzeit zurückführt. Die Evolutionswissenschaftler glauben jetzt, daß die Abspaltung des Menschen von seinen tierischen Vorfahren vor nicht weniger als fünf Millionen Jahren stattgefunden hat. Erste Spuren menschlicher Werkzeuge liegen in unserer Region rund 800 000 bis 600 000 Jahre zurück. Das war die Zeit, die man in Europa das frühe Altpaläolithikum, die untere Altsteinzeit, nennt; in Begriffen der Eiszeitforschung: das mittlere Pleistozän. Hier, an der Wiege der Kultur, gab es zu dieser Zeit natürlich keine Gletscher. Im Gegenteil, wegen der Kälte, die im Norden herrschte, war dieses heute zum großen Teil von Wüste bedeckte Land Teil der gemäßigten Zone, und darin liegt einer der Gründe, weshalb sich die Zivilisation hier früher als irgendwo im Herzen des damals noch kalten Mitteleuropa bilden konnte.
Deshalb begannen in diesem Teil der Alten Welt alle Perioden der vorgeschichtlichen Entwicklung auch Tausende von Jahren früher als in Europa. Werkzeugbenutzende Jäger lassen sich hier bereits 80 000 Jahre vor unserer Zeit verfolgen, die ersten festen Siedlungen vor 10 000 Jahren, komplette Städte vor 9000, Bronze vor 6000, Eisen vor 5000 Jahren. Vor rund 40 000 Jahren standen jedem einzelnen Menschen in dieser Region rund 50 Quadratkilometer zur Verfügung, die Besiedlung war also unvorstellbar dünn. Nach Beginn der Landwirtschaft verhundertfachte sich die Bevölkerung in kürzester Zeit. Weizen, Gerste, Linsen und Felderbsen wurden angebaut. Palmen-, Äpfel- und Mandelplantagen wurden angelegt. Schafe und Ziegen, Schweine und Rinder wurden gezähmt. Es gab zweistöckige Häuser, Webstühle, Töpferscheiben, Keramik, Bildhauerei, Malerei, genähte Kleider, Schmuck aus Karneol, Jaspis und Perlmutter. Nach Entdeckung der Bewässerung vervielfachten sich die Erträge erneut und damit auch die Menschen. Der Handel breitete sich aus bis nach China und Indien auf der einen Seite, bis nach Spanien, Schottland, Irland und Skandinavien auf der anderen. Tausende von Menschen arbeiteten in organisierter Form an

komplizierten Bewässerungssystemen, Spezialisten betrieben Geometrie, Medizin, Astronomie, Mathematik. Wie war dieser Durchbruch in so kurzer Zeit nach einem so langen Anlauf möglich? Was brachte ihn hervor? Mit welchem Preis wurde er bezahlt?

Zur Beantwortung dieser Fragen stehen uns drei Hauptquellen zur Verfügung:

1. Die archäologischen Funde auf der Balkanhalbinsel, dem ägäischen Archipel und dem Festland Vorderasiens.
2. Die Mythen Griechenlands, Roms und Vorderasiens, deren Entschlüsselung oft verläßliche Einblicke in vorzeitliche Geschehnisse ermöglicht.
3. Die schriftlichen Berichte der früheren Hochkulturen – die sumerische und ägyptische Bilderschrift, die ägyptische Buchstabenschrift des Alten Reiches, die syrische und phönizische Konsonantenschrift des 13. und 12. vorzeitlichen Jahrhunderts, und schließlich die griechischen und phrygischen Schriften vom 8. vorzeitlichen Jahrhundert an.

Da wir uns mit den Mythen in einem anderen Buch auseinandersetzen werden, gehen wir in dem vorliegenden Werk nur beiläufig auf sie ein. Wir sind also hauptsächlich auf Funde und Schriftquellen angewiesen. Bei den Funden soll unser Augenmerk vor allem auf die Produktionsformen gerichtet sein, denn sie bestimmen nach unserer Erfahrung weitgehend die Formen des Geschlechtslebens.

3

Die Vorzeitforschung benennt die Entwicklungsstadien früherer Kulturen nach den Orten, an denen die ersten Funde einer jeweiligen Kultur gemacht worden sind. Da viele der ersten Ausgrabungen von französischen Forschern betrieben worden sind, tragen diese Frühkulturen meist französische Namen. Das bedeutet aber nicht, daß Menschen dieser Kulturstufe nur in Frankreich gelebt haben oder daß alle Menschen, die auf dieser Kulturstufe standen, dem gleichen »Volk« angehört haben. Im Gegenteil, die Namen früherer Kulturen bezeichnen weder regionale noch ethnische Gruppen, sondern weisen nur auf bestimmte Stufen der technischen, ökonomischen und sozialen Entwicklung hin. So bezeichnen wir beispielsweise alle Kulturen, die nur vom Nahrungssammeln leben, als altsteinzeitlich, einerlei, in welcher Periode der Vorgeschichte sie existiert haben. Die meisten Kulturen, die eine Arbeitsteilung zwischen Sammeln, Jagen und Fischen praktizieren, nennen wir mittelsteinzeitlich, und die meisten, die den Boden bebauen und Viehzucht betreiben, bezeichnen wir als jungsteinzeitlich. Obgleich die Wurzeln der Stadtkulturen im Neolithikum und vielleicht sogar noch früher liegen, ist es üblich, sie in die verschiedenen Stadien der Metallzeit (Kupfer-, Bronze-, Eisenzeit) einzuordnen.

Eine der Schwächen der archäologischen Klassifizierung solcher Kulturen ist also die, daß sie keine für den ganzen Erdball gültige Datierung ermöglicht. Im großen ganzen ging die Entwicklung in Vorderasien früher vonstatten als auf den Mittelmeerinseln und früher auf den Inseln als auf dem europäischen Festlande. Aber auch hier gibt es regionale Ausnahmen. Um die extreme Ungleichmäßigkeit der vorgeschichtlichen Entwicklung zu verstehen, müssen wir uns noch einmal klarmachen, wie unfaßbar dünn besiedelt die Erde damals war, wie eng zusammengeballt dagegen eine jede der winzigen Menschengruppen innerhalb dieser großen Leere hauste, wie gering die Mobilität dieser Gruppen war und wie selten sie zusammentrafen. Es ist durchaus möglich, in mancher Hinsicht sogar wahrscheinlich, daß viele dieser Gruppen generationenlang angenommen haben, sie seien die einzigen Wesen ihrer Art auf der ganzen Erde. Fast alle Entdeckungen und Erfindungen der frühen Menschheit sind wahrscheinlich in verschiedenen Teilen der Welt unabhängig voneinander gemacht und wieder vergessen, erneut gemacht und zum zweiten Male vergessen worden, ehe sie endlich zum Gemeinbesitz der ganzen Menschheit geworden sind.

Es wäre also unhaltbar, hier behaupten zu wollen, daß sich in allen Teilen der Alten Welt die vorgeschichtliche Entwicklung gleich oder auch nur ähnlich abgespielt habe. Trotzdem lassen sich aus dem eben zitierten und im folgenden aufgeführten Forschungsmaterial gewisse Gemeinnenner herausarbeiten, und mit diesen Gemeinsamkeiten, begrenzt, wie sie sind, haben wir es im vorliegenden Buche zu tun. Dabei müssen wir kurz die fachlichen Bezeichnungen der europäischen Kulturen erwähnen, die wir in der folgenden Entwicklungsgeschichte der Balkanhalbinsel zusammengefaßt haben: *Abbévillien, Acheuléen* und *Micoquien,* die man gemeinhin als Kernsteinkulturen bezeichnet; *Levalloisien* und *Tayacien,* deren Geräte durch Bearbeitung der Steinspäne hergestellt worden sind und deshalb Abschlagkulturen genannt werden; *Périgordien, Aurignacien, Solutréen* und *Magdalénien,* deren Werkzeuge (Steinklingen) durch Bearbeitung der Abschläge entstanden sind, die aber bereits auch Knochenwerkzeuge, Speerschleudern und Harpunen benutzten. Diese neun Kulturen fallen in den Bereich der Altsteinzeit, des Paläolithikums, und nehmen einen Zeitraum von etwa 600 000 Jahren ein.

Die Mittelsteinzeit, das Mesolithikum, wird auf der Balkanhalbinsel und in Vorderasien vor allem durch Verkleinerung der Werkzeugsteine (Mikrolithen) und deren Zusammensetzung in hochspezialisierten Werkzeugen gekennzeichnet: *Tardenoisien, Azilien, Swiderien.* Dieses Zeitalter dauerte in Vorderasien vom 10. bis zum 5. vorchristlichen Jahrtausend und in Europa etwa vom 9. bis zum 4. Jahrtausend vor unserer Zeitrechnung (v. u. Z.). Die Jungsteinzeit, die Geburtszeit des Vaterrechts, tritt uns auf der Balkanhalbinsel und ihrem Hinterland vor allem in den Funden von Argissa Magula, Bubanj, Butmir, Cucuteni, Dimini, Gumeltzina, Larissa, Lengyel, Lepenske Vir, Nea Nikomedeia, Otzaki, Sesklo, Starčevo, Tartaria und Vinča entgegen. Hier treffen Kultureinflüsse sehr verschiedener Art zusammen: von der Donau her die Donaukulturen I-III, Stichbandkeramik, Boien- und Hinkelsteinkultur, aus Ostungarn die Bodrogkereszturkultur, vom Mittelmeer die Cardialkultur, von der Adria die Ausläufer der Megalithkultur, aus Westeuropa die Glockenbecherkultur, vom Schwarzen Meer und dessen Steppenhinterland die Tripolje-, Usatowa-, Ockergrab-, Schnurkeramik- und Streitaxtkulturen. Dieses Zeitalter dauert in Vorder-

asien vom 5. bis zum 2. vorchristlichen Jahrtausend und in Europa von etwa 4000 bis etwa 1800 v. u. Z. In einzelnen vorderasiatischen Siedlungen können wir aber bereits im 9. und 8. vorzeitlichen Jahrtausend neolithische Anzeichen feststellen.
Mit der Erfindung der Töpferei zieht man eine künstliche Datierungslinie quer durch die Jungsteinzeit und teilt alle diese europäischen Kulturen des Neolithikums in vorkeramische und keramische ein. Auch bei vorderasiatischen Kulturen hat man dies versucht, aber der Wert einer keramischen Aufteilung in primitive und fortgeschrittene Kulturen ist dort zweifelhaft, weil wir hier zu einem Zeitpunkt, wo noch keine Keramik vorliegt, bereits Steinschliffarbeiten von fortgeschrittener Perfektion vorfinden, zum Beispiel Schalen und Krüge, die aus einem einzigen Steinblock herausgeschliffen worden sind, bis ihre Wände so dünn und so durchscheinend wie Milchglas wurden.
Die vorderasiatischen Kulturstufen, die wir in unserer Darstellung der Gemeinsamkeiten westlicher und östlicher Evolution erfassen wollen, sind das altsteinzeitliche *Acheuléen* im Süden Vorderasiens bis hinauf nach Mittelanatolien und Afghanistan (primitive Faustkeile im Norden, schlanke, sorgfältig retuschierte Faustkeile des entwickelten Acheuléens im Süden), das altsteinzeitliche *Ost-Micoquien* in Israel und Syrien (feine, regelmäßig geformte Faustkeile), das altsteinzeitliche *Levallois-Moustérien* in den Küstengebieten und den südlichen Inlandsteppen (feingearbeitete Abschlaggeräte, am Berg Karmel auch rohere Faustkeile), das *Zagros-Moustérien* im nördlichen Irak und westlichen Iran (schlanke, einseitig retuschierte Spitzen, allgemeine Verkleinerung der Artefakte), das altsteinzeitliche *Tayacien* in Syrien (Abschlaggeräte), das *Jabrudien* in Syrien und auf den nördlichen Steppen (Winkelschaber), das *Prä-Augnacien* in Israel und Syrien (ältestes Vorkommen jungpaläolithischer Industrien), das jungpaläolithische *Èmirien* in Israel und Syrien (Durchgangsstufe vom Protolithikum zum Miolithikum, dem westeuropäischen Chatelperronien vergleichbar: Emireh-Spitzen, Handspitzen, Schildkernschaber und -kratzer, prismatische Kernsteine, gekrümmte Bohrer und Klingen, Dick- und Kernkratzer), das jungpaläolithische *Baradostien* im südlichen Kurdistan (Schicht C der Schanidarhöhle: Emireh-Spitzen, Noailles-Stichel, Bogenstichel), im mittleren Jungpaläolithikum das *Antélien* in Israel und Syrien (Dick- und Kernkratzer, konische Kratzer, Kielkratzer, Kremser Spitzen, Bogenstichel), im jüngeren Jungpaläolithikum das *Atlitien* (Klingen mit abgestumpftem Rücken), danach im gleichen Raum das *Kébarien* (Mikrolithen, kleine Gravetten und Klingen mit abgestumpftem Rücken und retuschiertem Schrägende), das *Nébékien* in Syrien (mikrolithische Dreiecke und Trapeze, die an das nordafrikanische Capsien erinnern), das mesolithische *Zarzien* im südlichen Kurdistan (mikrolithische Gravette-Spitzen, eingeschnürte Klingen, Kerbspitzen, Sichelklingen mit Knochenschäftung, Steine mit eingeschliffener Rille, Mahl- und Reibsteine, steinerne Mörser und Stößel), das mesolithische *Campignien* in Syrien und Israel (Kernbeile und trapezförmige Steingeräte mit Querschneide), das mesolithische *Natoufien* in Südwestsyrien, Libanon, Israel und Westjordanien (Mikrolithen, Steinsicheln, überschliffene Steingefäße, Klein-

plastiken, regelmäßige Ernte wildwachsender Pflanzen), die neolithische *El-Ghassul-Kultur* in Israel (Gartenbau mit Bewässerung, steinerne Kistengräber, Menhire, Häuser mit Stuckfresken), die neolothische *Tahun-Kultur* in der gleichen Region (Anfänge der Vorratswirtschaft), die jungsteinzeitliche *Hassuna-Kultur* in Syrien, Südostanatolien und dem nordöstlichen Irak (Vorratswirtschaft, Haustierzucht, Getreideanbau, Spinnwirtel, Mattenflechterei, Töpferei), die chalkolithische *Halaf-Kultur* am Tigris, in Südostanatolien, Syrien und Armenien (gleichzeitige Verwendung von Stein- und Kupferwerkzeugen, bemalte Keramik, Tonstempel, ummauerte Siedlungen), die *Obed-Kultur* zwischen dem Persischen Golf und dem Hochland östlich des Tigris (Bewässerungswirtschaft, geometrische Keramik, Kupferguß, Schmuck aus Gold und Silber), die *Uruk-Kultur* im östlichen Zweistromland (Uruk XI-IV), die uns bereits an die Anfänge der Stadtkultur heranführt (großflächige Irrigation, Tempelbau, Kupferlegierungen, Anfänge der Schrift) und schließlich die *Dschemdet-Nasr-Kultur* Mesopotamiens (pyramidenförmige Stufentürme, Fayence, Anfänge der Buchführung).

Aus den veröffentlichten Berichten über diese Fundstätten lassen sich bestimmte Stufen der Entwicklung interpolieren. Nicht alle Stufen sind in allen Regionen der Alten Welt zu finden, auch war die Reihenfolge nicht überall die gleiche, aber der Gemeinnenner der Entwicklungsgeschichte, der kausale Nexus, der das vorzeitliche Gewebe der Alten Welt zusammenhält, war der folgende: Bis zur letzten Eiszeit (Würm I-III) ist weder eine typisch europäische noch eine typisch vorderasiatische Kultur feststellbar. Der Norden Europas, genau wie der Asiens, war mit Gletschern bedeckt. Südlich der Gletscherzone verlief durch ganz Europa und Asien ein breiter Streifen von Tundren und Steppen mit riesigen Herden von Großsäugetieren – Mammuts, Bisons, Rentiere, wollhaarige Nashörner –, die dem altsteinzeitlichen Menschen eine nicht allzu schwierige Beute boten. Aber die hochentwickelten, völlig auf die Großwildjagd spezialisierten Kulturen der Eiszeit verfielen, als die Gletscher zu schmelzen begannen. Die Eiszeitjäger folgten den Tieren bis in den hohen Norden hinein und gingen dort unter. Neue Kulturen bildeten sich im Süden. Aus ihnen entwickelte sich die Viehzucht, und aus der Viehzucht das Patriarchat.

Wir dürfen uns diese Entwicklung aber nicht als eine lineare Kontinuität vorstellen, denn die Eiszeit war keine kontinuierliche Kältezeit, sondern eine Periode außerordentlicher Temperaturschwankungen. Das Bemerkenswerte an ihr ist nicht, daß sie den Fortschritt der Menschheit durch Kälte behinderte, sondern im Gegenteil: daß der Fortschritt, den die Menschen angesichts der Herausforderungen einer schwierigen Umwelt gemacht hatten, jedesmal wieder von neuem zunichte wurde, wenn das Klima sich »besserte« und alle die mühselig erlernten Anpassungstechniken nutzlos machte. Die Fachwelt spricht deshalb auch niemals von einer einzigen »Eiszeit«, sondern von sechs Kaltzeiten und fünf Warmzeiten. Jede der Kaltzeiten, besonders aber die letzte, wird wiederum in eine Anzahl von »Interstadialen«, warmen Zwischeneisstadien, aufgeteilt. Während der wärmsten Warmzeiten schmolz fast alles Eis der Erde, so daß der Meeresspiegel anstieg und die Siedlungen vieler Kaltzeitkulturen ertränkte. Umgekehrt verwandelten

sich während der kältesten der Kaltzeiten riesige Wassermengen in Eis, so daß der Meeresspiegel um mehr als hundert Meter sank und Landverbindungen herstellte, über die gewaltige Völkerwanderungen hin und her fluteten, so zum Beispiel die der Indianer von Asien nach Amerika. Gleichzeitig verschob sich die Vegetationsgrenze nach Süden, um aber bei der ersten Schmelzzeit sofort wieder nach Norden zurückzuweichen.
Soweit wir feststellen können, hat keine der früheren Menschheitskulturen diese Schwankungen überlebt. Erst mit der letzten Glazialzeit beginnt eine kontinuierliche Entwicklung mancher Kulturen. Mittlerweile jedoch verschwanden nicht nur, wie wir bereits gesehen haben, die Kaltzonenkulturen der Großwildjäger, als das Wetter »besser« wurde, sondern auch manche der Warmzonenkulturen, als sich Wälder in Wüsten verwandelten. Ungeheure Staubmassen, die sich durch Frostzerklüftung aufgetürmt hatten, wurden vom Wind aus vegetationslosen Gegenden fortgetragen, bis sie den ersten Strauch und Grasbewuchs fanden. Dort blieben sie hängen und bildeten gigantische Lößdecken, in denen sich die charakteristischen Lößkulturen der Vorzeit ansiedelten. Unterdessen rückten die Wälder weiter nach Süden. Wo einst dichter Wald wuchs, war nun vegetationsarme Tundra, und wo früher Steppen gelegen hatten, wuchs jetzt Wald. Dabei stellte es sich heraus, daß die Waldmenschen sich nicht der Tundra anpassen konnten und die Steppenmenschen nicht den Anforderungen des Waldes gewachsen waren. Alles, was diese Frühkulturen in jahrtausendelanger, ingeniöser Anpassung an die herrschende Landschaft gelernt hatten, wurde vernichtet, als das Wetter sich änderte.
Dies und nur dies erklärt die verhältnismäßige Kurzlebigkeit der Vorzeitkulturen und den Mangel an Kontinuität, den frühere Forscher mit der typischen Trugschlußlogik des Patriarchats als Ausmerzung der einen »Rasse« durch die andere zu erklären versucht haben, also durch jenes Mittel, dem das Patriarchat seinen eigenen Aufstieg verdankte: den Krieg. Aber Kriege gab es in der Vorzeit überhaupt nicht. Da der Vorzeitmensch nicht in Begriffen von Eigentum und Territorium dachte (beide Begriffe bildeten sich erst mit dem Ackerbau und der Viehzucht heraus), kam es auch nie zu kriegerischen Zusammenstößen zwischen zwei Kulturen. Trotz der mangelnden Kontinuität der einzelnen Vorzeitkulturen können wir aber von einer unmißverständlichen Evolution der Alten Welt mit ganz eindeutigen Beziehungen zwischen der ökonomischen Basis und dem kulturellen Überbau einer jeden Stufe der gesellschaftlichen Entwicklung sprechen. Eben dies ist das Kennzeichen einer wissenschaftlichen, nach Gesetzlichkeit forschenden Vorzeitkunde im Gegensatz zu der partikularistischen, jede Evolution verneinenden Urgeschichtsforschung der bürgerlichen Welt, die an die Stelle der natürlichen Entwicklung der menschlichen Gesellschaft einen mysteriösen »Schöpfungsakt« setzt und jeden Versuch, die Gesetzmäßigkeiten der menschlichen Entwicklung aufzuspüren, als eine Art Sünde wider den Heiligen Geist, als eine Herabsetzung des Menschen zum Tier betrachtet. So schreibt beispielsweise Karl J. Narr:
»Wer den Menschen im Grunde nur als ein – wenn auch höher entwickeltes – Tier unter anderen Tieren sieht, wird vieles anders verstehen als jemand,

der die Sonderstellung des Menschen hervorhebt und ernst nimmt. Herrscht auch heute eine weitgehend einhellige Meinung darüber, daß am Beginn der Menschheitsgeschichte ein Hervorgehen aus der Tierwelt steht, so ist es doch etwas anderes, ob man darin ein rein natürliches Geschehen erblickt oder etwa einen Schöpfungsakt hineinnimmt... Wo unter dem Einfluß der Entwicklungslehre die Menschwerdung als rein natürlicher Aufstieg aus dem Tierischen gesehen wird, liegt es nahe, für den Anfang der Menschheit eine Epoche der Religionslosigkeit zu postulieren. Wer dagegen wenigstens die geistige Menschwerdung als Folge eines Schöpfungsaktes versteht, wird eher anderen Lösungen zuneigen... Gewiß gab es schon früher Philosopheme und universal- und naturgeschichtliche Konzeptionen, die sich den Entwicklungsgedanken zu eigen gemacht hatten: Durchbruch und Aufschwung solcher Art, daß man geradezu von einer Entwicklungsgläubigkeit sprechen darf, erlebten diese Lehren aber erst kurz nach der Mitte des vorigen Jahrhunderts, vor allem seit dem Erscheinen von Ch. Darwins Hauptwerk *Über die Entstehung der Arten.* Zwar war die Frage der Entwicklung des Menschen aus tierischen Vorfahren von Darwin zunächst noch vorsichtig ausgeklammert worden, doch stand sie in der weiteren Diskussion sogleich im Vordergrund. Das beschränkte sich keineswegs auf gelehrte Zirkel oder auf wissenschaftliche Fragen, sondern bewegte sehr weite Kreise überhaupt... Auch wo man sich darüber klar ist, daß sich inzwischen die Quellenlage geändert hat, und man sich bemüht, neue archäologische und ethnologische Erkenntnisse einzubauen, wird doch das evolutionistische Grundschema weitgehend beibehalten. Das ist keineswegs nur im Lehrgebäude des Historischen Materialismus so, sondern Morgans Schema wird unter anderem von angesehenen englischen Urgeschichtsforschern (zumal V. G. Childe) als Grundlage der Periodengliederung benutzt. Zweifellos ist es überhaupt mehr oder weniger unbewußt und unformuliert in wesentlichen Teilen zum geistigen Besitz ›der Gebildeten‹ geworden und vielfach geblieben... So spielt es vielfach auch als etwas schon Selbstverständliches, das keiner Begründung bedarf, in die Deutung archäologischer Quellen hinein, obwohl die moderne Ethnologie es längst in ein Trümmerfeld verwandelt hat« (*Urgeschichte der Kultur,* Stuttgart 1961, S. 6–11).

»Man weiß nicht, ob man lachen oder weinen soll«, pflegte Gordon Childe zu sagen, wenn er solche Sachen las. Denn wenn irgend etwas in der modernen Archäologie tatsächlich in ein »Trümmerfeld« verwandelt worden ist, dann die Archäologie der Akquisition, jene Form der bürgerlichen Vorgeschichtsforschung, die sich Fakten aneignet, wie der Unternehmer sich den Mehrwert der Arbeit seiner Angestellten aneignet – ohne sich Gedanken über die Legitimität eines solchen Verfahrens zu machen. Auf jeden, der nicht nur von einem »Schöpfungsakt« faselt, sondern die ethischen Prämissen der großen Religionen ernst nimmt, muß es jedoch zutiefst peinlich wirken, wenn ein Prähistoriker versucht, mit der Vorgeschichtsforschung Geld zu verdienen, ohne die Gesetzmäßigkeit einer solchen Forschung anzuerkennen, ja ohne sich auch nur zu bemühen, sie aufzuspüren. Das ist ein unerträglicher moralischer Widerspruch, denn entweder akzeptiert man die Kausalität der Geschehnisse und damit ihren evolutionären Charakter, oder man sollte sich in gutem Gewissen von der Geschichtsforschung zurückziehen und mit einem anderen Beruf Geld verdienen. Geschichte ist Evolution, oder sie ist nichts. Geschichtsforschung ist Evolutionsforschung, oder sie ist sinnlose Dokumentation des Sinnlosen.

4

Im Altpaläolithikum, das wir von etwa 800 000/600 000 bis etwa 100 000 v. u. Z. ansetzen können, tauchen die ersten menschlichen Wesen in der Alten Welt auf. Es waren kleinere Horden von Neandertaloiden, die sich ausschließlich vom Sammeln ihrer Nahrung ernährten, also noch nicht jagten. Sie aßen Knollen, Wurzeln, Schoten, Samen, Pilze, Früchte, Beeren, Nüsse, wilden Honig, Würmer, Schnecken, Vogeleier, Kerbtiere, Kleintiere und an den Küsten Muscheln, Krebse, Fische. Im Gegensatz zu der populären Vorstellung vom »Höhlenmenschen« lebten diese Wildbeuter der Alten Welt im Freien und benutzten wahrscheinlich als einzigen Wetterschutz eine Art Windschirm aus geflochtenen Zweigen und Blättern. Irgendwann in der alten Steinzeit erfolgte die wichtigste Entdeckung dieser Ära, die Erzeugung und Zähmung des Feuers, denn selbst die frühesten Fundstellen der Alten Welt zeigen bereits Reste von Asche und Holzkohle. Als einziges Werkzeug besaß der altpaläolithische Wildbeuter wahrscheinlich neben hölzernen Keulen einen steinernen Faustkeil, der als Allzweckwerkzeug diente – zum Schlagen, Stoßen, Stampfen, Schneiden und Schleudern. Man bezeichnet solche rein aneignenden Gesellschaften als »ältere Wildbeuter der Vorjägerstufe«, denn es gab noch keine Jagd, da es noch keine Jagdinstrumente gab. Auch Fallen und Fischnetze waren noch nicht bekannt. Da aus diesem Grunde keine Arbeitsteilung der Geschlechter existierte, gab es auch keine Vorherrschaft des einen oder anderen Geschlechts. Die Führung der Horde lag jedoch mit großer Wahrscheinlichkeit in der Hand von Frauen, denn da Rudel wilder Tiere, im Gegensatz zu der im Patriarchat verbreiteten Ansicht, vorwiegend von einem weiblichen Leittier geführt werden, können wir annehmen, daß auch diese menschlichen Rudel von Frauen geleitet wurden. Die frühesten Menschenskelette, die man gefunden hat, zeigen nur minimale Größenunterschiede zwischen Männern und Frauen. Auch deuten die fast identischen Durchmesser der Knochen darauf hin, daß beide Geschlechter die gleiche Arbeit zu leisten hatten und daß die männliche Partnerwahl sich aus guten Gründen noch nicht auf einen kleineren, weniger muskulösen, mit mehr Fett bedeckten Frauentypus spezialisiert hatte.

Überhaupt ist es eine der beachtlichsten Erkenntnisse der Paläoanthropologie, daß die Geschlechter sich um so mehr ähneln, je älter die Funde sind; mit anderen Worten: daß die Größenunterschiede zwischen Mann und Frau nicht »von Natur her« oder »von Anfang an« da waren, sondern erst Folgen der gesellschaftlichen Entwicklung sind: Folgen der Arbeitsteilung und der sich aus ihr entwickelnden Zuchtwahl. Erst nach Einführung der Arbeitsteilung beginnt die Polarisierung der Geschlechtsunterschiede. Aber selbst hier nimmt die Entwicklung nicht von vornherein Kurs auf eine etwaige Vorherrschaft des Mannes, sondern begeht viele Jahrtausende lang die umgekehrte Richtung. Erst das Patriarchat, in dem die Frau zum erstenmal zum sexuellen Objekt des Mannes wird, führt durch physische Entlastung der Frau zur Unterentwicklung des weiblichen Körpers und zur immer stärkeren Betonung der sekundären Geschlechtsmerkmale.

Die Paarungsverhältnisse dieser Wildbeuter können weder mit dem Wort »Ehe« noch mit dem Begriff »Promiskuität« erklärt werden, denn die Paarungsgemeinschaft einer Wildbeuterin mit einem oder mehreren Männern hatte eine andere ökonomische und soziale Basis. Ebenso simplifizierend wäre der Gebrauch solcher Vokabeln wie »Frauengemeinschaft« oder »Weibergemeinschaft«, die während des neunzehnten Jahrhunderts üblich waren. Treffender wäre schon das Wort »Männergemeinschaft«, aber auch dies wäre falsch, weil beide Begriffe implizieren, daß das »herrschende« Geschlecht sich einen Harem aus Mitgliedern des anderen Geschlechts zugelegt hätte. Es gab aber noch kein herrschendes Geschlecht – das Verhältnis der Geschlechter zueinander war wahrscheinlich ausgeglichener als zu irgendeiner späteren Zeit der Menschheitsgeschichte –, und außerdem setzen solche Begriffe voraus, daß es in jener unspezifizierten Zeit der Vorgeschichte, in der diese mysteriösen Weibergemeinschaften existiert haben sollen, eine überwältigende Mehrheit von Frauen gegeben habe. Da die Skelettfunde aber keinen Zweifel darüber lassen, daß das Zahlenverhältnis der Geschlechter auch in allen uns bekannten Stadien der Vorgeschichte ebenso ausgeglichen war wie heute, stellen die Paarungsverhältnisse der altpaläolithischen Wildbeuter eher eine Form sexueller Isonomie dar als jenes wilde Herumvögeln menschlicher Gockel in ihrem prähistorischen Hühnerhof, das die bürgerlichen Vorzeittheoretiker des neunzehnten Jahrhunderts mit so bezeichnender Mischung von Abscheu und Neid beschrieben haben.

Einen solchen »Urzustand« des menschlichen Sexuallebens hat es nie gegeben. Da der Körper der Frau, im Gegensatz zu dem des Mannes, aber einer nahezu unbegrenzten Anzahl von Orgasmen fähig ist (hierüber mehr im Schlußkapitel), müssen wir es als selbstverständlich erachten, daß die Frau vor der Machtergreifung des Mannes sich zu gewissen Jahreszeiten mit so vielen Männern gepaart hat, wie sie zu diesem Zweck finden konnte. Der umgekehrte Vorgang dagegen ist nur auf einer weit späteren Stufe der gesellschaftlichen Entwicklung denkbar, nämlich einem Patriarchat mit so großen Nahrungsüberschüssen, daß ein einzelner Mann einer herrschenden Klasse sich mehrere Frauen leisten konnte. Zu jener armen Zeit dagegen, in der die Menschen ihre ganze Kraft aufbieten mußten, um sich vor dem Hungertod zu bewahren, kann der Geschlechtsverkehr nicht die Rolle gespielt haben, die wir ihm einräumen, wenn wir genug zu essen haben.

Koitus findet beim Menschen in allen Gesellschaftsordnungen um so häufiger statt, je höher der Lebensstandard und je geringer die Zeit ist, die der Mensch zum Erwerb seines Lebensunterhaltes benötigt. Je niedriger das ökonomische Niveau und je zeitraubender der Erwerb der Nahrung, desto seltener der Geschlechtsverkehr. Die puritanische Vorstellung, daß der

Mensch »zum Tier« wird, wenn er sich keine restriktiven Sexualgesetze auferlegt, widerspricht der zoologischen Erfahrung mit den höheren Primaten, die bekanntlich weniger Geschlechtsverkehr als von Arbeit freigestellte Menschen betreiben.

5

Im Mittelpaläolithikum, der zweiten Stufe der Älteren Steinzeit, die wir von etwa 100 000 bis etwa 50 000 v. u. Z. ansetzen können, werden die Fundorte reichlicher und die Funde ergiebiger, weil die Bewohner der Alten Welt in dieser Zeit zum erstenmal den Schutz von Höhlen und überhängenden Felsen zu suchen begannen. Dort haben sich die Überreste von Werkzeugen und Nahrungsmitteln besser erhalten als in den offenen Lagerstellen des Altpaläolithikums. Zwar gab es noch immer keine festen Wohnsitze, aber selbst kurzfristig bewohnte Lager vermitteln uns schon einen besseren Einblick als die der Urnomaden der Unteren Steinzeit. Wir können keine Spuren der Kleidung finden, die von diesen Menschen getragen wurde, aber verschiedene Beweise lassen uns vermuten, daß sie ihre Körper bemalten und auch ihre Toten färbten.
Wie bei ihren altsteinzeitlichen Vorfahren handelte es sich wahrscheinlich auch bei diesen jüngeren Wildbeutern um Neandertaloiden, vielleicht aber auch schon um Neanthropinen, denn ihre Werkzeuge weisen einen beachtlichen Fortschritt auf. Dem Faustkeil, der für ihre Vorgänger typisch war, begegnen wir jetzt schon seltener. Außerdem ist er kleiner und bedeutend gröber, woraus man schließen kann, daß dieses Allzweckwerkzeug bereits durch spezialisierte Instrumente ersetzt worden ist: durch Handspitzen, Steinklingen, steinerne Schaber, Kratzer, Bohrer und Stichel. Auch finden wir bereits kleine aus Knochen, Geweih und Elfenbein zugespitzte Werkzeuge vor.
Auf einer Vielfalt von Einzeldaten können wir die Vermutung aufbauen, daß es sich bei jeder Horde um kleinere Sippen von nicht mehr als dreißig Müttern mit ihren Männern, Kindern und den überlebenden Verwandten der Mütter handelte. Da die Sippe niemals wissen konnte, welche ihrer Kinder von welchen Vätern stammte und der kausale Nexus zwischen Paarung und Zeugung möglicherweise noch nicht bekannt war, folgte die Sippe wahrscheinlich dem einzig möglichen System und setzte die Abstammung in mütterlicher Folge fest. Dieses Prinzip der Matrilinearität gab der Frau und Mutter unweigerlich einen höheren Status als dem Manne. Die Erinnerung an eine Ahnfrau, die Gründerin der Sippe, von der alle Frauen und Kinder abstammen, begann sich offenbar sehr früh zu einem Kult der Urmutter, der frühesten Form der Religion in der Alten Welt, zu entwickeln.
Als Mitglieder der Sippe galten nur diejenigen, die von der Urmutter abstammten. Die »eingeheirateten« Männer, einerlei wie lange sie bei der Sippe wohnten, lebten, jagten und fischten, blieben wahrscheinlich Mitglieder einer anderen Sippe, nämlich der ihrer eigenen Mütter. Ein solches System nennt man matrilokale Exogamie. Bürgerliche Vorzeitforscher

haben geltend gemacht, daß man zu einer Zeit, da es noch keinen festen Wohnsitz gab, unmöglich von Matrilokalität sprechen kann, aber das ist ein unsinniger Einwand, denn die Sippe, einerlei wo sie lebte, stellte ja in sich selbst einen Fixpunkt dar. Das »Einheiraten« der Männer anderer Sippen und das »Ausheiraten« der eigenen Söhne in andere Sippen hatte die Wirkung, beide Sippen sehr schnell über einen verhältnismäßig großen Raum zu verbreiten, und hat zweifellos maßgeblich dazu beigetragen, diese Frühbewohner der Alten Welt in alle Richtungen des damaligen Universums hinauszukatapultieren. Ob sich die Mitglieder dieser mittelpaläolithischen Sippen eines solchen Ziels bewußt waren, ist selbstverständlich zu bezweifeln. Lévi-Strauss' oft wiederholte Überzeugung, daß die menschliche Ehe ursprünglich nicht der Versorgung der Kinder, sondern dem Erwerb nutzvoller Verwandter gedient habe, scheint mir deshalb ein wenig suspekt; nicht weil sie einen Zustand erfindet, der nicht besteht, sondern weil sie Ursache mit Wirkung vertauscht: *post hoc, ergo propter hoc.*

In dieser Zeit entwickelte sich auch die erste Arbeitsteilung. Während die Frauen weiterhin das Sammeln von vegetabiler Nahrung und Kleintieren verfolgten, begannen die Männer sich mehr und mehr dem Fallenstellen und der Jagd zu widmen. Die bürgerliche Vorzeitforschung, unterstützt von einigen, wenn auch nicht allen bürgerlichen Ethnologen, hat die Behauptung aufgestellt, daß dies »immer« so gewesen sei, weil die relative Unbeweglichkeit der Frau während der Schwangerschaft und der Stillperiode sie »von Natur her« zur passiveren Rolle verdamme. Selbst als Nahrungssammler sei die Frau deshalb dem Manne unterlegen, von der Jagd ganz zu schweigen, und wo es um die Beweglichkeit einer Nomadenschar gehe, sei die Frau stets eine Behinderung gewesen und habe deshalb den Mann am Ende zur Seßhaftigkeit gezwungen.

An dieser Theorie stimmt nichts. Wer jemals als Ethnologe unter nomadischen Wildbeutern gelebt hat, weiß daß die Frauen nie hinter dem Trupp zurückbleiben, daß sie auf der Wanderschaft gebären, nach spätestens einer Stunde wieder weiterwandern und die Kinder stets auf der Wanderschaft nähren. Bei den Jägervölkern Sibiriens reitet die Frau genau wie der Mann, jagt wie er die ganze Schwangerschaft hindurch und zeigt sich in keiner Hinsicht schwächer oder unbeholfener als der Mann. Der ganze Mythos der schwachen Frau, die wer weiß wieviel Zeit brauche, um sich zu schonen, ist eine Erfindung des Mannes; genauer: des Patriarchats. Erst seit der Mann den Typus der »weiblichen«, gebrechlichen, schonungsbedürftigen, in allem benachteiligten Frau durch Zuchtwahl und ideologische Verbrämung geschaffen hat, hat die Frau tatsächlich Schwierigkeiten beim Gebären und benötigt einen »Mutterschutz«, der von jedem weiblichen Mitglied einer mutterrechtlichen Gemeinschaft als das erkannt worden wäre, was er in Wahrheit ist: eine Bevormundung und keine Wohlfahrtsinstitution. Oder bestenfalls ein Trostsprüchlein für die Benachteiligte, nachdem man sie systematisch benachteiligt hat.

Jedenfalls fand die Arbeitsteilung zwischen dem jagenden Mann und der nahrungsammelnden Frau nicht plötzlich statt, sondern über viele Jahrhunderte, wahrscheinlich über einige Jahrtausende hinweg. Fast überall in der Alten Welt, sowohl im asiatischen wie im europäischen Teil, spielte noch die Frau jahrtausendelang als Jägerin eine nahezu gleichbedeutende, in manchen Regionen sogar eine führende Rolle. Die Mythen von der »Herrin der Tiere«, der Jagdgöttin der Alten Welt, sind so zahlreich und so weit verbreitet, daß sie keinen Zweifel über ihren Wahrheitskern zulassen. Die Analogien mit heutigen Jägerstämmen bestätigen dies. Der russische Vorzeitforscher M. O. Koswen schreibt: »Es gibt Nachrichten darüber, daß bei einigen bereits entwickelten Stämmen die Frauen neben den Männern noch sehr aktiv an der Jagd beteiligt waren. Diese Beobachtung wurde bei den mongolischen Völkerschaften und den Völkern Kaukasiens gemacht. Bei einigen nordamerikanischen Indianern gab es noch vor kurzem Frauen, die als ausgezeichnete Jägerinnen bis an ihr Lebensende berühmt waren. Der englische Ethnograph Becker, der einen der Negerstämme Zentralafrikas beschreibt, erzählt, daß dort die Frau fast der Kamerad des Mannes ist; der Mann behandelt sie wie seinesgleichen, und beide jagen oft gemeinsam. Es kommt aber auch vor, daß die Frau sich allein auf die Jagd begibt, während der Mann zu Hause bleibt und das Kind wartet. Oft jagen Bruder und Schwester zusammen und führen mitunter ausgedehnte Expeditionen durch« (*Abriß der Geschichte und Kultur der Urgesellschaft,* Moskau 1953; deutsch 1957, S. 70 f.).

Einer der Gründe, weshalb die Frau als Jägerin am Anfang der Mittleren Altsteinzeit noch eine so bedeutende Rolle spielte, war die Notwendigkeit, alle verfügbaren Arbeitskräfte zur gemeinsamen Beteiligung an der Jagd heranzuziehen, denn diese jüngeren Wildbeuter jagten nicht individuell, sondern kollektiv. Mit großer Wahrscheinlichkeit verdankt die Menschheit ihre frühe Sozialentwicklung der Existenz von Großwild, das von keinem Einzelmenschen erlegt werden konnte. Nur durch kollektive Tätigkeit der ganzen Horde konnte sich der einzelne vor dem Hungertod bewahren. So wurde die Notwendigkeit, Handlungen zu koordinieren, einerseits zur Mutter der menschlichen Gesellschaft, andererseits zum wichtigsten Denkanstoß.

In diese Zeit fällt wahrscheinlich auch die Entdeckung des Kochens und Grillens. Bis dahin hatte das Feuer nur als Heizung gedient. Daß es Insekten und wilde Tiere fernhielt, war eine Entdeckung, die nur als Nebenprodukt des eigentlichen Zwecks, den Menschen in der Nacht und im Winter warm zu halten, gemacht worden war. Nun entdeckte man, daß Fleisch sich am Spieß braten ließ und daß heiße Steine in präparierten Tiermägen zum Kochen benutzt werden konnten. Da es noch keine Töpfe gab und Lederbeutel erst in der Mittelsteinzeit aufkamen, nimmt man also an, daß die Mägen der erlegten Großtiere die ersten »Kochtöpfe« hergaben. In Vorderasien waren dies vor allem Löwen, Leoparden, Bären und Auerochsen; erst später, als die Männer einzeln zu jagen gelernt hatten, wurden Wildesel, Wildschafe, Wildziegen, Gazellen, Hirsche, Rehe, Hyänen, Füchse, Hasen und Vögel zur häufigeren Jagdbeute. Diese Tiere wurden aber erst mit den später erfundenen Werkzeugen der Einzeljagd – Pfeil und Bogen, Speerschleuder usw. – erlegt. Mittlerweile jagten die Horden gemeinsam mit Fallgruben, Fanggehegen, Schlingen, Netzen, Ködern und Lockpfeifen.

»Welchen Entwicklungsgrad die Jagd auch annehmen mochte, so blieb sie jedoch nirgends der einzige Produktionszweig. Reine Jägervölker hat es niemals gegeben. Wie bedeutend die Jagd in einem bestimmten Entwicklungsstadium oder in einer bestimmten Gesellschaft auch gewesen sein mag, so war sie doch immer mit anderen Produktionszweigen verbunden. Wo besonders günstige Bedingungen bestanden, insbesondere in waldreichen Gegenden, entwickelte sich die Jagd intensiver und behielt länger ihre Bedeutung. In anderen Gegenden wiederum konnte sich die Jagd aus Mangel an geeigneten Tieren überhaupt nicht entwickeln« (M. O. Koswen, a.a.O., S. 69).

Der Jäger des Mittleren Altpaläolithikums führte ein äußerst prekäres Leben. Hätten die Frauen nicht gleichzeitig Nahrung gesammelt, wäre die Horde zweifellos oft verhungert. Nun ist es aber in allen menschlichen Kulturen so, daß der soziale Status und nicht zuletzt das Recht der Paarungswahl bei dem Sexualpartner liegt, der den größeren Teil der Nahrung herbeischafft. Es kann deshalb kaum Zweifel darüber geben, daß die Frau im Mittelpaläolithikum der sexuell dominante Partner war. Da es aber noch kein Privateigentum gab, bedeutete diese sexuelle Priorität, im Gegensatz zur späteren patriarchalischen Dominanz des Mannes, keine Ausbeutung des anderen Geschlechts, sondern nur das primäre Recht der Partnerwahl und das ausschlaggebende Stimmrecht bei der Frage, wo man leben wollte. Wurde ein junges Mädchen geschlechtsreif, so ging es zu einer der anderen Sippen und suchte sich einen Mann aus. Stimmte er zu, so brachte sie ihn zurück zu ihrer eigenen Sippe. Die Frau hatte also stets das Recht, zu bestimmen, bei welcher Sippe das Paar leben wollte, und diese Wahl fiel stets auf die Sippe ihrer eigenen Mutter.

Was wir von dem Sexualleben dieser Menschen der mittleren Altsteinzeit wissen, hängt vor allem mit den Anfängen der Arbeitsteilung zwischen den Geschlechtern zusammen. »Die sinnvolle Arbeitsteilung in der Wirtschaft, wo die Männer die Jagd, die Frauen das Sammeln besorgen, schafft ein ideales Zusammenwirken der Geschlechter, das nur selten jenen feindseligen Antagonismus der späteren Kulturen, eine einseitige Geschlechtersuprematie, aufkommen läßt« (Hermann Baumann, *Das doppelte Geschlecht,* Berlin 1955, S. 40 f.).

»Ihren Namen hat die Sammelstufe daher, daß sie an Lebens-, Kleidungs- und Wohnmitteln nur das sammelt, sucht und aufnimmt, was die Natur aus sich spontan produziert und darbietet, mit der Arbeitsteilung, daß der Mann den größeren Teil animalischer Lebensmittel auf der Jagd, die Frau die vegetabilischen Lebensmittel und einen Teil der Kleintiere durch Sammeln und Kleinfischerei besorgt. Diese Art der Lebensmittelbeschaffung bringt es von selbst mit sich, daß der Lebensraum ein weiter und großer sein muß; denn so viel produziert die Natur im allgemeinen nicht, daß Menschengruppen, wie sie da zusammenleben, auf einem engen, festen Raum ausreichende Nahrung finden wurden ... Diese Grundtatsache muß bei Beurteilung der Urkulturen immer im Auge behalten werden, weil sie auf ihre Eigentumsverhältnisse stärkstens einwirkt. Sie bewirkt schon rein räumlich genommen eine gewisse Weite und Größe auch des Geistes, der nicht

›an die Scholle‹, an enge Grenzen gebunden ist. Auch zeitlich verursacht sie eine solche Weite und Freiheit des Geistes, allerdings gewissermaßen umgekehrt, da der Mensch sich hier nicht um lange Zeiträume zu sorgen braucht, sondern gewiß ist, jeden Tag den Tisch gedeckt zu finden. Die Einengung, ja Fesselung des Geistes, die auf höheren Kulturstufen mit dem Eigentum nur zu oft sich entwickelt, ist hier noch nicht vorhanden. Auch der Eigentumsbegriff selbst ist hier von noch viel loserem, freierem und weiterem Charakter, und deshalb stößt und verwundet er die Menschen auch nicht so« (Wilhelm Schmidt, *Das Eigentum in den Urkulturen,* Münster 1937, S. 41 f.).

Ich bin, wie ich eingangs bereits sagte, kein großer Freund der vergleichenden Methode, welche die Vorgänge einer verblichenen Kultur dadurch zu erhellen versucht, daß sie diese mit analogen Aspekten eines heute existierenden Gesellschaftssystems illustriert. Aber es ist zweifellos wahr, daß ähnliche Produktionsbedingungen ähnliche Gesellschaftsformen erzeugen. Die heutigen Wildbeutervölker, von denen es immer noch eine beachtliche Anzahl gibt, unterscheiden sich zwar maßgeblich von ihren vorgeschichtlichen Brüdern, weil sie längst in Berührung mit Industriekulturen geraten und dadurch strukturell verändert worden sind, aber es mag trotzdem sinnvoll sein, zum realistischen Verständnis des mittleren Paläolithikums das Beispiel einiger ökonomisch analogen Kulturen unserer Zeit heranzuziehen. So leben manche Kongo-Pygmäen noch heute in nomadischen Sippengruppen, gemeinsam nach Kleingetier und pflanzlicher Nahrung suchend. Ihre wandernde Lebensweise verbietet es, komplizierte Geräte und gewichtige Werkzeuge bei der Nahrungssuche mit sich herumzutragen. Aus diesem Grunde können sie auch keine Vorräte anlegen. Die kurzfristige Planung, die aus dieser Lebensform entspringt und sie prägt, ist aber ganz und gar nicht »primitiv«, denn sie erfordert eine wohlerwogene Berücksichtigung des sogenannten Risikomoments. Keine der Sippen zieht ziellos im Busch umher; jede richtet ihre Nahrungssuche nach den jahreszeitlich wechselnden Vorkommen von Wild und Früchten ein; jede besitzt ihr eigenes Schweifgebiet, das mit den anderen Sippen ausgehandelt worden ist.

Jagdwerkzeuge sind die »Kapitalgüter« der Männer, Grabstock und Korb die der Frauen. Beide Geschlechter gemeinsam besitzen große Netze zur Treibjagd. Auch an allen anderen Werkzeugen, an Schmuck und an Kleidung gibt es individuellen Besitz, aber es gibt keinerlei Eigentum, weder an Boden noch an irgendeiner anderen Kategorie, die Mehrwert erzeugen könnte. Deshalb besteht auch absolute Gleichberechtigung, sowohl innerhalb der Sippenordnung wie zwischen den Geschlechtern. Da auch hier die Frau gemeinhin mehr an Nahrung sammelt, als der Mann erjagt, genießt sie hohes Ansehen; sie ist die Hüterin des Feuers, und sie erbaut jeden Abend den Windschutz oder (wenn die Sippe längere Zeit an einem Ort verbringt) die Hütte. Deshalb gehört die Hütte auch stets ihr. Erfüllt der Mann seine Pflicht nicht, so hat die Frau das Recht, ihm den Zugang zur Hütte oder zum Windschutz zu verweigern.

Die Kinder folgen von frühester Jugend an den Beschäftigungen ihrer Eltern. Die kleinen Mädchen erlernen alle Tätigkeiten ihrer Mütter, die kleinen Jungen alle ihrer Väter. Sobald das Kind beweist, daß es die Pflichten eines Erwachsenen erfüllen kann, gilt es auch als erwachsen und genießt alle Rechte der Erwachsenen. Der Respekt, den diese Nomaden ihren Kindern zeigen, ist mustergültig. Nie würde ein Pygmäe ein Kind schlagen oder jene Form der ökonomischen Nötigung benutzen, die die bürgerliche Welt als Erziehung versteht. Nie würde er zu seinem Sohn sagen: »Solange du von mir *lebst,* tust du, was *ich* will«, denn daß die Sippe ihre Mitglieder ernährt, ist so selbstverständlich, wie daß jedes Mitglied sein möglichstes tut, zu der Ernährung der andern beizutragen. Daraus aber eine Gehorsamspflicht abzuleiten, wäre undenkbar.

Die Krämermentalität unserer Kultur ist unbekannt, denn dies ist keine »Leistungsgesellschaft«, in der jeder soviel erhält, wie er leistet, sondern eine freie, matristisch denkende und fühlende Welt, in der jeder den anderen versorgt, wie eine Mutter ihre Kinder versorgt: nicht als Entgelt für eine Leistung des Kindes, sondern weil es selbstverständlich ist, daß die Alten und die Jungen von der Gemeinschaft versorgt werden. Der besonders fähige Jäger oder Werkzeugmacher wird bewundert und geehrt, aber er erhält weder Privilegien noch Sonderrechte noch Machtpositionen irgendwelcher Art. Da es kein Vermögen gibt, gibt es auch keine Vermögensunterschiede, und da es keine »Autorität« gibt, gibt es auch keine Hierarchie. Der Sippensprecher (oft eine Frau, früher *stets* die Sippenälteste) ist ein *primus inter pares,* ein Erster unter Gleichen, nicht weniger, aber auch nicht mehr.

Gleiche Rechte bedingen gleiche Pflichten: alle Sippenmitglieder haften kollektiv für jede Untat eines der Ihren. Jedes Mitglied einer Sippe hat die absolute Pflicht, allen anderen Mitgliedern zu helfen. Jeder muß jedem beistehen. Kranke und Arbeitsunfähige werden genau wie Kinder und Alte von den Arbeitsfähigen ernährt und beschützt. Alle Beute wird gleichmäßig verteilt, und zwar nach dem Schlüssel der Dringlichkeit, nicht nach dem der Leistung. Der Kranke und der Alte, der Junge und der Schwache bekommen die besten Stücke, nicht der Jäger, der das Wild erlegt hat: Jeder nach seinen Fähigkeiten, jedem nach seinen Bedürfnissen.

Das hohe sittliche Niveau der Pygmäen hat alle Forscher beeindruckt, die sich je mit ihnen befaßt haben. Aber diese ungewöhnlich hohe Ethik, die von keinem »Kulturvolk« je erreicht worden ist, darf nicht als »rassisches« Produkt des Pygmäenstammes gedeutet werden, sondern ist das organische Produkt ihrer Lebensweise, vor allem der Abwesenheit von Privateigentum, das zur Ausbeutung anderer dienen könnte, andererseits aber auch der Tatsache, daß es keinen Ansporn zur Sonderleistung, zur Übertrumpfung des anderen, zur Herabsetzung des Nachbarn, zum Beweis der eigenen Überlegenheit gibt. Wo keine Ausbeutung herrscht, besteht auch kein Grund zu jener systematischen Zerstörung des Ichs der anderen, die das Merkmal des Patriarchats ist. Auch ist die Bescheidenheit der Bedürfnisse der Pygmäen kein Beweis ihrer »Primitivität«, sondern die Folge einer wohlerwogenen Entscheidung. Da es keinen Überschuß gibt, gibt es auch keine »Spezialisten«, und eben dies bewahrt die Gesellschaft vor Neid, Eifersucht und gemeinschaftsschädigendem Selbstinteresse.

Nicht unähnlich liegen die Verhältnisse bei anderen matristischen Wildbeu-

tern unserer Tage, so den Semang auf Malakka, den Aëta der Philippinen, den Negritos der Andamanen, den Kubu Südsumatras, den Pûnan-Penan Borneos, den Yumbri in Thailand und Laos, den Kadar in Cochin, den Chenchu im östlichen Dekkan, den Uthlu Birhor in Orissa, den Tasmaniern und Südostaustraliern, den Botokuden Brasiliens, den Guayaki in Paraguay, den Sirionó in Bolivien und in begrenztem Maße auch bei den Schoschonen, Paiute und Feuerland-Indianern. Nirgends gibt es Lohnarbeit, nirgends Sklaverei, nirgends Ausbeutung, nirgends Ungleichheit der Geschlechter. Von den Wedda, einem ceylonesischen Pygmoidenstamm, schreiben C. G. und B. Seligman: »Jeder Wedda hilft so gerne allen anderen Mitgliedern seiner Gemeinschaft und teilt jegliches Wild, das er tötet und jeglichen Honig, den er gesammelt, in so großzügiger Weise, daß es schwer ist, darin Regel und Gesetz zu erkennen« (*The Veddas,* Cambridge 1911, S. 66). Da es kein Eigentum gibt, gibt es auch bei keinem dieser Völker irgendeine Form von Diebstahl. Geliehene Gegenstände werden stets prompt zurückgegeben.
»Diese allgemeine Gebefreudigkeit in bezug auf die Lebensmittel schwindet auf den späteren Kulturstufen weithin, und es kommt zu zahlreichen Fällen, wo die einen im Überfluß von Lebensmitteln schwelgen, und andere in völligem Mangel derselben dahinsterben« (Wilhelm Schmidt a.a.O., S. 326 f.).

6

Im Jungpaläolithikum, der oberen Altsteinzeit (von manchen Forschern auch Miolithikum oder Leptolithikum genannt) wurde die wildbeuterische Kultur der Neandertaloiden und ihrer neanthropinen Nachfolger überall in der Alten Welt von höheren Jägern und Fischern abgelöst. Diese Entwicklung begann rund 50 000 Jahre vor unserer Zeitrechnung und endet mit dem Pleistozän, der Eiszeit, etwa 10 000 v. u. Z. in Vorderasien und rund 2000 Jahre später in Europa. Ein wichtiges Datum innerhalb dieser Zeitspanne, das Aussterben der Neandertaloiden, liegt zwischen 40 000 und 30 000 v. u. Z. und teilt das Jungpaläolithikum in eine paläanthropine und eine neanthropine Stufe.
Zweifellos haben Neandertaler und direkte Vorfahren der gegenwärtigen Menschen jedoch in vielen Teilen der Alten Welt Seite an Seite gelebt und keine sehr maßgeblichen Kulturunterschiede aufgewiesen. Die höheren Jäger und Fischer, die an ihre Stelle traten, unterschieden sich eher quantitativ als qualitativ von ihren Vorgängern. Nach wie vor blieb die Nahrungsbeschaffung rein aneignend. Nirgends finden wir Spuren, daß sie zur Produktion übergegangen wäre. Aber es ist doch bereits eine gewisse Akkumulation feststellbar, die durch Spezialisierung des Geräteinventars (Geweihbeile, Steinklingen, Nähnadeln – also genähte Kleidung) und Differenzierung der Tätigkeit möglich wurde. Ein gewaltiger Durchbruch in der Jagdtechnik fand statt, neue Jagdwerkzeuge wurden erfunden, die Nahrungsversorgung besserte sich. Da dies vor allem das Werk der Män-

ner war, erlebte die Position der Frau ihre erste Herabsetzung in der Menschheitsgeschichte. Was sie als Nahrungssammlerin zum Haushalt beigesteuert hatte – bis dahin mehr als zwei Drittel – sank nun auf weniger als ein Drittel und machte ihre Tätigkeit deshalb relativ unwichtiger, als sie im Älteren und Mittleren Paläolithikum gewesen war.
Dies brachte eine gewisse Einbuße der Rechte mit sich, die sie bis dahin besessen hatte. Andererseits blieb die Gesellschaftsordnung nach wir vor matristisch und matrilokal. Mit wachsendem Verständnis des Zusammenhangs zwischen Paarung und Zeugung wuchs auch das Bewußtsein der matrilinearen Deszendenz. Da die verbesserte Nahrungsversorgung einen dramatischen Anstieg der Bevölkerung ermöglichte, erweiterten sich die nomadischen Sippen zu größeren Gruppen, denen man schon den Status eines Stammes zuschreiben kann. Zwar lebten diese höheren Jäger nach wie vor in kleinen Sippeneinheiten, aber bei besonderen Gelegenheiten, so zum Beispiel bei größeren Treibjagden, fanden sich offenbar größere Gruppen zusammen.
Auch die Kultstätten lassen vermuten, daß größere Einheiten sich bei bestimmten Riten des Mutterkults ein oder zwei Mal im Jahre versammelten. Aus solchen Jagd- und Kultgruppen sind jene eigentümlichen Bindeglieder zwischen der Sippe und dem Stamm entstanden, die wir noch Jahrtausende später bei den Griechen als Phratrien und den Römern als Curien wiederfinden. Bei Indianern und subarktischen Jägervölkern können wir die Herausbildung solcher Brüder- und Schwesterschaften sehr deutlich verfolgen. Eine derartige Einheit mag sich, wie bei den Mackenzie-Indianern in Kanada, mit denen ich gearbeitet habe, um die jährliche Bisonjagd bilden, oder sie kann sich, wie Morgan es bei den Irokesen beobachtet hat, als Verwaltungsinstanz herausbilden: als Mittelding zwischen der kompakten Ortssippe und dem weit verstreuten Stamm.
All das beruht auf dem Fortschritt der Produktionsmittel und ist ohne ihn undenkbar. Der Durchbruch erfolgte an sieben Fronten:

1. Neue Materialien wurden entdeckt und beherrscht: Horn, Knochen, Fischbein und Holz, das letzte vor allem zum Schäften von Werkzeugen und Waffen.
2. Die Steinbearbeitung erlebte einen geradezu dramatischen Aufschwung. Zum einfachen Behauen oder Spalten des Rohmaterials gesellte sich jetzt das Abdrücken und Retuschieren, das dem Werkzeug eine präzisere Form gab. So gelang es, aus Feuersteinabschlägen dünne, messerscharfe Klingen und nadelscharfe Spitzen herzustellen.
3. Unter den Jagdgeräten wird vor allem die Fernwaffe zu einer bis dahin nie erträumten Perfektion herausgebildet: das Wurfholz, ein rotierendes, flugfähiges Holzstück, das vor allem bei der Jagd auf Vögel, Kleinwild und Fische benutzt wurde; der Wurfspieß mit Spitze aus Stein, Knochen, Horn oder Fischbein und gefiedertem Ende; der Speer mit Spitze aus Stein oder Geweih und scharfen Widerhaken; die Speerschleuder, welche die Hebelwirkung des Arms gewaltig verstärkte und dem Speer eine ungeheure Durchschlagskraft verschaffte; Pfeil und Bogen, in Europa nicht vor 14 000 v. u. Z. zu finden, in Vorderasien aber schon bedeutend früher;

Harpune mit ablösbarer Spitze und Widerhaken; Angel und Fischnetz; Angelhaken aus Knochen, Angelschnur aus Gedärmen.

4. Neue Werkzeuge wurden entdeckt, deren volle Auswirkungen erst im nächsten Stadium der Entwicklung spürbar wurden: geschäftete Messer, Schaber, Äxte, Beile; Ahle und Pfriem aus Knochen; feine Nadeln mit Öhr aus Gräten, Knochen oder Geweih, die die Vermutung zulassen, daß diese Jungpaläolithiker bereits genähte Kleidung trugen; Schalenlampen aus Stein.
5. Zu der Jagd gesellte sich jetzt in wachsendem Maße an den Ufern der Flüsse und Seen, an den Küsten des Meeres und der Binnenmeere die Fischerei.
6. Die Treibjagd wurde mit Hilfe des Feuers zu größerer Effektivität gebracht. Die Tiere wurden mit getragenen Feuerbränden über Felsklippen gehetzt, so daß sie zu Tode stürzten und nicht mehr einzeln vom Menschen erlegt zu werden brauchten.
7. Die Jäger entdeckten, daß sie sich durch Verkleidung leichter an das Wild heranschleichen konnten. Sie stülpten sich Tierköpfe oder Tierfelle über und hatten vermutlich auch bereits die Kunst erlernt, den Geruch der Tiere zu übernehmen, indem sie sich mit der Losung und dem Extrakt der Sexualdrüsen bestrichen. Auch Lockpfeifen wurden offenbar in diesem Zeitalter erfolgreich weiterentwickelt.

In dieser Zeit begannen sich aber auch die ersten sozialen Spannungen in der Menschheitsgeschichte zu entwickeln, weil die verbesserten Jagdinstrumente zum erstenmal die Möglichkeit der Einzeljagd mit sich brachten. Bis dahin hatte die Sippe gemeinsam jagen oder verhungern müssen. Hieraus hatte sich das Gesetz ergeben, daß der Jäger sich niemals die Beute aneignete, sondern sie stets zur Verteilung heimbrachte. Solange die Jagdtechnik auf einem so niedrigen Stande wie dem des Mittelpaläolithikums gestanden hatte, mußte also sowohl »Produktion« wie Konsum kollektiv geregelt werden. Sobald die verbesserten Jagdinstrumente aber die Einzeljagd ermöglichten, geriet die individuelle »Produktionsweise« in Konflikt mit der Tradition des kollektiven Konsums. Aus diesem Widerspruch sollte sich im Laufe der Jahrtausende einerseits das Privateigentum, andererseits die Familie, und schließlich die Klassengesellschaft in der Alten Welt entwikkeln.

Während des Mittelpaläolithikums und in den ersten Jahrtausenden des Jungpaläolithikums war jedoch vorerst noch einzig und allein die matrilokale, matrilineare Sippe Trägerin des Besitzes. Sie und sie allein trug Sorge dafür, daß alle Mitglieder ihre Lebensmittel erhielten. Das einzelne Sippenmitglied konnte hier also noch gar nicht zum Besitzer der Lebensmittel oder der zur Erlangung der Nahrung erforderlichen Produktionsmittel werden. Aus diesem Grund besaß der einzelne auch noch kein vollständiges Bewußtsein des eigenen Ichs und begriff sich deshalb noch nicht als eine Identität separat von seiner Sippe. Darin lag sowohl der Grund seiner Zufriedenheit wie auch der seines Verantwortungsbewußtseins den anderen gegenüber. Niemand arbeitete mehr als nötig, aber auch niemand weniger.

»Dies bewirkt nun erstens, daß auch an keinem Tag mehr als dieses

Quantum Arbeit geleistet wird, und zwar das ganze Jahr hindurch, so daß aus dieser beständig und ruhig wiederkehrenden Lebensordnung ein gewisser ruhiger Rhythmus auch in der Seele sich festsetzt; zweitens, daß keine Vorräte angelegt werden, da an jedem Tag frische, also bessere, geeignetere Kost vorhanden ist; drittens, daß jedenfalls von daher keine Ursache da ist, in den Besitz anderer hineinzugreifen und sich davon etwas anzueignen, da ja für alle genügend gesorgt ist. Dieses alles gibt . . . dieser Kultur etwas Weites, Hohes, Ruhiges, Unbesorgtes und erleichtert schon dadurch auch das Teilnehmen und das Mitwirken . . . Es fehlt die Engherzigkeit, Hast und Sorge bei dem eigenen Eigentumserwerb und der Haß und Neid gegenüber dem Eigentum der anderen«, weil es weder eigenes Eigentum noch anderes Eigentum *gibt* (Wilhelm Schmidt, *Das Eigentum in den Urkulturen,* S. 106 f.).

Von der Mitte des Jungpaläolithikums an finden wir jedoch auf manchen Speerspitzen aus Knochen oder Elfenbein Markierungen, die möglicherweise andeuten, daß der Besitzer dieses Speers Besitzrechte an dem von ihm erlegten Wild geltend machte oder daß er zumindest den vom Speer getroffenen Teil des Tieres für sich in Anspruch nahm. Falls das so ist, so haben wir hier den Anfang des Privatbesitzes an den Produktionsmitteln und damit den Anfang des Privateigentums. Aber da sich aus diesem Eigentum noch jahrtausendelang keine Ausbeutung anderer Sippenmitglieder ableiten ließ – Ausbeutung sollte sich erst aus dem Privateigentum an Boden, an Vieh und an Sklaven ergeben –, blieb dieser erste Schatten des Unglücks, das die Menschheit mit dem Eigentum, dem Patriarchat und der Klassengesellschaft befallen sollte, vorläufig ohne große Folgen.

Der zweite große Durchbruch des Jungpaläolithikums, fast so bedeutend wie der Fortschritt der Lebensmittelversorgung, war die Errichtung von Wohnbauten – zeltförmige Überdachungen aus Häuten und Fellen über Holzgerüsten, Verschläge und Wände in natürlichen Höhlen, Reisighütten mit eingetieften Erdarbeiten. Aus verschiedenen Gründen vermutet man, daß diese ersten »Dächer über dem Kopf« von Frauen erbaut wurden und auch jahrtausendelang das Privileg der Frauen blieben (wie heute noch bei den meisten nomadischen Wildbeutern). »Der Hausbau ist in den Frühstufen der Urgesellschaft, d. h. im ersten und zweiten Stadium der Geschichte des Hausbaus, Sache der Frau. Sie trägt auch beim Weiterwandern die Behausung« (M. O. Koswen, a.a.O., S. 96).

Es gibt keinen Zweifel darüber, daß diese ersten Wohnbauten nicht etwa einer »Familie« dienten, denn Familien gab es noch nicht, sondern einer Sippe, und daß die Bauten um so größer wurden, je ertragreicher die Nahrungsversorgung wurde: je reichlicher die Nahrung, desto zahlreicher der Nachwuchs. Die ersten künstlich errichteten Bauten waren deshalb kaum größer als 4,5 x 5,5 Meter. Später finden wir Gemeinschaftshütten (Kostienki IV; vierte Schicht der paläolithischen Siedlung Kostienki am Don unterhalb von Woronesch) mit acht Herden in einer einzigen Grube von 34 Meter Länge und 5,6 Meter Breite. In Timonowka waren Behausungen mit 10 x 5 Meter Grundfläche paarweise zusammengefaßt, wobei jedes Paar nur einen einzigen Herd besaß – unmißverständliche Beweise eines Sippensystems mit Gemeinschaftsversorgung. In den Boden eingelassene Vorratskammern in jedem Haus lassen darauf schließen, daß die aufbewahrten Nahrungsmittel dem ganzen Haushalt gemeinsam gehörten. Es gab also noch keine Sippeneinheiten jenes Typs, den wir später im Neolithikum entdecken werden und aus dem sich die patriarchalische Familie dann wiederum gebildet haben muß.

Aus der Analogie mit späteren Nomadenstämmen können wir mit gewisser Wahrscheinlichkeit schließen, daß alle Sippenmitglieder am gemeinsamen Haushalt mitwirkten und alle Hausarbeiten teilten. Wer aus irgendeinem Grunde fortzog, zum Beispiel ein junger Mann, der sich einer Frau halber einer anderen Sippe anschloß, verzichtete damit auf seinen Anteil am Gemeinschaftshaus. Er konnte nicht über ihn verfügen, als ob es sein Eigentum wäre. In diesem Sinne kann man auch nicht vom Gemeinschaftsbesitz aller am Gemeinschaftshaus sprechen, denn eigentlich bestand nur ein gemeinsames Nutzrecht, die Vorform jenes individuellen Nutzrechtes des Frühneolithikums, das von bürgerlichen Altertums- und Vorgeschichtsforschern so oft als Privateigentum mißverstanden worden ist.

In der Ägäis wurden hauptsächlich die Küsten besiedelt, weil das Meer als Nahrungsquelle diente, aber auch die Ufer der Flüsse, Bäche und Seen, da Fische und andere Wasserwesen in wachsendem Maße der menschlichen Nahrung dienten. In Vorderasien suchte man nach Quellen, Oasen, kühlen Berggipfeln und schattigen Regionen, blieb aber auch wie in Europa vor allem an den Ufern der Flüsse hängen. Erste Bestrebungen zur Seßhaftigkeit lassen sich dort feststellen, wo die Nahrungsversorgung besonders reichhaltig war, so daß man erst nach Jahren weiterzuziehen brauchte. Später finden wir im ägäischen Raum große Häuser von runder oder ovaler Form, oft mit mehr als 300 Quadratmeter Bodenfläche, aufgeteilt in etwa zehn Räume, die den Sippen als Gemeinschaftshallen dienten. Auch die Begräbnisstellen – kastenförmige Steingräber auf den kykladischen Inseln, runde Gewölbe in Kreta – waren Gemeinschaftsgräber und können als spätere Fortsetzung des paläolithischen Sippenkonzepts des kollektiven Lebens und Weiterlebens betrachtet werden.

Obgleich das Jungpaläolithikum bereits strikte Inzestverbote kannte und praktizierte, war es doch noch nicht zur Einehe vorgestoßen, weil die Nahrungsversorgung den Luxus des Einzelhaushaltes vorerst noch nicht gestattete. Man bezeichnet deshalb die Kultur des Jungpaläolithikums auch als die der »sich entfaltenden Sippengemeinschaft«. In jeder Siedlung gehörten die Frauen alle zur gleichen Sippe, die Männer alle zu anderen Sippen. Die Frauen waren sozusagen zu Hause und hatten deshalb auch das Recht und die Pflicht, Haus oder Hütte, Zelt oder Schutzdach zu errichten. Die Männer dagegen, selbst wenn sie seit Jahren mit der einen oder anderen Frau lebten, blieben lebenslang nur Gäste der Sippe. Koswen nennt diesen Zustand »Matriarchat« (a.a.O., S. 118), obgleich man ganz gewiß nicht von einer »Herrschaft« der Mütter sprechen kann. Im Gegenteil, die jungpaläolithische Gesellschaft wurde sozial und ökonomisch eher vom Manne als von der Frau motiviert. Aber aus zahlreichen Beweisstücken können wir schließen, daß die Männer dieser Zeit ihre Frauen als magische Wesen verehrten.

Da man zum erstenmal in der menschlichen Geschichte so viele Kinder versorgen konnte, wie geboren wurden, entwickelte der Mensch einen Kult der Fruchtbarkeit, der sich in zahllosen Frauenfiguren, meist mit gewaltig stilisierten Brüsten, Hüften und Becken, niederschlug. Man kann ohne Übertreibung sagen, daß die Darstellung des menschlichen Körpers in der Skulptur dem Frauenkult des Jungpaläolithikums entsprang.
Die großartigen Höhlengemälde von Altamira und Lascaux fallen auch in die gleiche Zeit, liegen aber außerhalb der von uns hier analysierten Region und sind wahrscheinlich auch ein wenig später als die ersten Frauenplastiken des Jungpaläolithikums. Eines jedoch ist sicher: beide Arten der Darstellung benutzen eine Form, die den Menschen des zwanzigsten Jahrhunderts besonders beeindruckt, weil sie eine geradezu raffinierte, alles Nebensächliche zielstrebig abstrahierende Technik zu benutzen scheint. Aber das ist wieder einmal eine rückprojizierende Interpretation, die völlig an dem tatsächlichen Verhältnis zwischen der sozialen Basis der jungpaläolithischen Gesellschaft und ihrem kulturellen Überbau vorbeigeht. Denn hier herrscht nicht etwa, wie einige bürgerliche Kunsthistoriker vermeint haben, eine urbane Gabe des abstrakten Denkens, die sich in einer bewußt abstrahierenden Technik niedergeschlagen hat, sondern einfach die Denkwelt einer Sippenordnung, in der das Bewußtsein der Individualität noch nicht existierte. Es gibt in der Kunstgeschichte der Alten Welt kein »Porträt«, keine realistische Darstellung eines Individuums, vor dem Durchbruch der neolithischen Welt mit ihrem Herausschälen des einzelnen aus der Gemeinde. Erst der von der Gemeinschaftsarbeit freigestellte Häuptling, Führer, König, Pharao wird als Individuum faßbar. Deshalb stellt auch die Narmer-Palette, das Porträt des ersten Königs der Ägypter im vierten vorgeschichtlichen Jahrtausend, den ersten Durchbruch der realistisch gesehenen Persönlichkeit dar. Was aber bedeuten die »Venusstatuetten«, die man in so vielen jungpaläolithischen Siedlungen vorfindet?
Die erhaltenen Figuren sind aus Stein, Elfenbein, Knochen, Geweih, Ton oder Rötel gefertigt. Der größte Teil, der wahrscheinlich aus Holz geschnitzt war, ist verlorengegangen. Fast überall wie bei der »Venus von Willendorf« ist das Gesicht leer. Nicht der geringste Versuch der Individualisierung wird unternommen. Dagegen werden nicht nur die spezifisch weiblichen Eigenschaften betont, sondern alles, was nicht mit der Paarung, dem Gebären und dem Nähren zu tun hat, wird fortgelassen oder verkleinert: Brüste, Schenkel, Hüften, Becken, Vulva werden hervorgehoben; Kopf, Arme, Füße werden vernachlässigt. Im Körperausdruck wird das Mütterliche, das Gebären und Nähren, ebenfalls herausgearbeitet. Manche Figuren werden völlig auf Brüste oder Vulva reduziert, sind also nichts als Darstellung primärer oder sekundärer Geschlechtsmerkmale der Frau.
Anderen Figuren werden Tierplastiken beigeordnet, oder die Frau selber wird mit einem Tierkopf versehen, als ob man sie als Mutter der Tiere oder Tiergöttin betrachtet habe. Und tatsächlich überlebt in manchen Regionen bis zum heutigen Tag unter den Jägervölkern das Konzept einer Herrin der Tiere, unter den Fischervölkern und den Seehundjägern der Glaube an eine Beschützerin der Seetiere, eine Meeresmutter, eine magische Frau, die

dem Fischer das Netz und dem Trapper die Fallen füllt, eine Jagdgöttin, die dafür sorgt, daß das Wild sich vermehrt, gesund bleibt und nicht abwandert. Ihr Kult reicht bis in die Zeiten des Ackerbaus und der Viehzucht hinein. Sie heißt »Große Frau«, »Alte Frau«, »Erdmutter«, »Kornmutter«, »Tiermutter«, »Namenlose« oder »die nicht heiraten wollte«. In ihr überlebt der kultische und rituelle Überbau der matristischen Gesellschaftsordnung noch weit in ein Produktionsstadium hinein, in welchem die soziale Basis, der Besitz der Produktionsmittel, längst vaterrechtlich organisiert ist. Überall vertritt sie noch bis ins späte Patriarchat hinein die chthonische, irdische, materielle Welt der Mütter (Mater = Materie) im Kampf der Töchter und Söhne gegen die Tyrannei der Väter und ihrer himmlischen Beschützer. Die Vatergötter und ihre himmlischen Söhne verkünden stets, daß ihr Reich nicht von dieser Welt sei und vertrösten die Unterdrückten auf ein besseres Jenseits. Das Reich der Mütter dagegen ist stets von dieser Welt.
Die Tatsache, daß die Mutterstatuetten anfangs in den Zelten und Hütten, später in den Wandnischen der Wohnbauten und schließlich im Zentrum von Kultstätten auftauchen, läßt vermuten, daß eine anfängliche Ahnenverehrung der Sippenmutter allmählich in einen Kult der Frau als Erzeugerin der menschlichen Fruchtbarkeit und schließlich als Beschützerin der Fruchtbarkeit von Pflanzen und Tieren überging. Ein wichtiges Stadium, das von der bürgerlichen Vorgeschichtsforschung besonders vernachlässigt worden ist, stellt hier die Funktion der Muttergottheit als Helferin der paläolithischen Frau dar: als Göttin der Sammlerkultur und damit wahrscheinlich als erste Gottheit der menschlichen Entwicklung.
Die bürgerliche Religionsforschung hat meist behauptet, daß das Konzept einer Beschützerin des Pflanzenwuchses erst der Zeit der Seßhaftigkeit und des Ackerbaus, also des Patriarchats, entspringen könne, aber marxistische Ethnologen lassen keinen Zweifel darüber zu, daß gerade bei den primitivsten Wildbeutern, wo kaum gejagt und fast nur pflanzliche Nahrung gesammelt wird, der Glaube an eine Vegetationsgottheit, die den Pflanzenwuchs hervorruft und den gläubigen Menschen zu der Nahrung führt, besonders aktiv ist. Am Ende der langen Dynastie solcher Fruchtbarkeitsgöttinnen stand der Kult der Großen Mutter, der in zahllosen örtlichen Varianten die ganze Alte Welt bis zum Beginn des Patriarchats beherrschte und in manchen Regionen noch tief bis in die Zeit des Vaterrechts hineinreicht.

7

Das Mesolithikum, die Mittlere Steinzeit, die man in Europa von etwa 8000 bis etwa 4000/3000 v. u. Z. und in Vorderasien von etwa 10 000 bis etwa 6000/5000 ansetzen kann, ist von der bürgerlichen Vorgeschichtsforschung seit geraumer Zeit als eine Periode des Rückschritts, der Verarmung und des Verfalls betrachtet worden; sozusagen als das Mittelalter der Vorgeschichte, als eine Zeit des Dämmerschlafs zwischen den Kunstwerken des Jungpaläolithikums und der Machtübernahme des Patriarchats im Neolithikum. Manche Forscher sprechen deshalb von einem Epipaläolithikum und degradieren damit die Mittelsteinzeit zu einem Anhängsel des Paläolithikums, einer

Art Blinddarm der Altsteinzeit. Hans-Georg Bandi meint zum Beispiel, »daß im allgemeinen die Tradition des ausgehenden Jungpaläolithikums weiterwirkte, daß es sich um eine *Fortdauer des spezialisierten Jägertums* der vorausgehenden Epoche handelte«, daß aber »der kraftvolle Lebenswille jungpaläolithischer Bevölkerungen mehr und mehr einem kümmerlichen Dahinvegetieren wich; man könnte von *›sterbendem Jungpaläolithikum‹* sprechen« (*Handbuch der Urgeschichte,* Bern und München 1966, S. 344 f).

Die zweifelhaften Aspekte dieser Beobachtung entspringen der Tatsache, daß Bandi, wie fast alle bürgerlichen Urgeschichtsforscher, den Anfang des Mesolithikums mit dem Ende der Eiszeit gleichsetzt, also eine ökologische Startmarke der Mittelsteinzeit festlegt. Statt nun aber auch eine ökologische Ziellinie zu ziehen, legt er das Ende des Mesolithikums fest, indem er aporetisch sagt: Es hört auf, wo das Neolithikum anfängt. Da das Neolithikum von der bürgerlichen Forschung nun aber gemeinhin als eine Zeit des kulturellen Aufschwungs definiert wird, muß das Mesolithikum unweigerlich als eine Zeit des Tiefstands erscheinen. Umgekehrt ausgedrückt: Wenn das Mesolithikum nicht als Periode des Tiefstands definiert wird, kann das Neolithikum nicht mehr als Aufschwung gelten. Und da das Neolithikum vom Bürgertum gemeinhin als Machtergreifung des Patriarchats und damit als Anfang der menschlichen Geschichte empfunden wird, muß es als eine Zeit des dramatischen Aufstiegs dargestellt werden.

In Wahrheit war weder der Anfang des Neolithikums sehr erfolgreich noch das Ende des Mesolithikums völlig erfolglos. Es ist wahr, daß ein großer Teil dieser Epoche von den Auswirkungen der Warmzeit geprägt wurde, die dem Ende der Eiszeit folgte. Im Norden starben die hochspezialisierten Mammut- und Rentierjäger aus, als das Klima wärmer wurde, denn sie konnten sich nicht der veränderten Fauna anpassen. Wenig später geschah das gleiche in den gemäßigten Zonen; die Tundren der Kaltzeit verwandelten sich in Wälder; die Bewohner der Tundren fühlten sich von den Bäumen eingeengt; ihre Jagdinstrumente, die für das offene Land geschaffen waren, wurden im Walde nutzlos. Schließlich wiederholte sich ein ähnlicher Prozeß im Süden: die Wälder verwandelten sich in Wüsten, die Waldbewohner starben oder wanderten aus. Einige jedoch siedelten sich auf den Flanken der immer noch grünen Flußtäler des Euphrat und Tigris, im kühlen Klima der Berge an, gut versorgt mit Quellwasser, und errichteten hier in 400 bis 1400 Meter Höhe die ersten modernen Wohnbauten: runde Einzelhäuser aus Lehmziegeln mit Kegeldächern aus Schilf.

Im Gegensatz zu den meisten Teilen Europas, wo sowohl die Höhlenmalerei wie die Skulptur ausstarb, entwickelte sich hier auch die Kleinplastik weiter (Mutteridole und Tierfiguren). Es war also in vielen Teilen der Alten Welt eine Zeit des Zerfalls, in anderen jedoch eine Zeit des Aufbaus. Zieht man eine Bilanz der großen Änderungen, so war es eher eine Zeit des Fortschritts als des Niedergangs, denn:

1. Die Jagd auf Großtiere ging zwar zurück.
2. Die Treibjagd und alle anderen Formen des kollektiven Jagens gingen ebenfalls zurück.

3. Überall, außer in Afrika, Spanien und Vorderasien, ging die Kunst ein.
4. Zahllose Kulturen in der Alten Welt starben aus oder verfielen.

Aber die gleiche Zeit brachte auch:

1. Die Erfindung des Schlittens und des Boots.
2. Die Entwicklung besserer Fischereigeräte: Reusen, Korbfallen, Netze, Netzsenker, Harpunen, feinere Angelhaken.
3. Die Entwicklung verbesserter Instrumente zur Jagd auf Kleintiere: Wurfkeulen, gefiederte Pfeile mit Nadelspitzen; konische Spitzen, die das Fell der Pelztiere kaum verletzten; Verbesserung des Bogens als Jagdwerkzeug; Entwicklung des querschneidigen Pfeilkopfs, der selbst einen Auerochsen mit einem einzigen Schuß erlegen konnte.
4. Entwicklung von Kernbeilen und Spaltern aus Feuerstein.
5. Entwicklung einer wirksamen Zimmermannsausrüstung von Walzenbeilen, Spitzhauen, Meißeln, Stemmeisen und mit dem Scheibenbeil geschärften Hohlmeißeln.
6. Spezialisierung der Werkzeuge durch Entdeckung der Mikrolithen, winziger, messerscharfer Megalithen, die sich in beliebiger Form und Anzahl zu Werkzeugen und Waffen aller Art zusammensetzen ließen. Diese Entdeckung wurde wahrscheinlich in Afrika gemacht und entspricht in ihrer Bedeutung dem Prozeß der Miniaturisierung im Zeitalter der Elektronik.
7. Zunahme der Jagd auf Kleinwild und Vögel.
8. Zunahme der Einzeljagd.
9. Zunahme der Fischerei und der Versorgung mit Mollusken.
10. Domestikation des Hundes und Dressur von Hunden als Jagdgehilfen.
11. Erzielung erster Nahrungsüberschüsse.
12. Anfang der Vorratswirtschaft.
13. Anfang des Tauschhandels.

All dies führte zu einer Stärkung der Position des Mannes und einer Schwächung der weiblichen Stellung, denn je ertragreicher Jagd und Fischfang wurden, die sich mittlerweile zu Domänen des Mannes entwickelt hatten, desto weniger wog der Beitrag, den die Frau als Nahrungssammlerin zu leisten vermochte. Gleichzeitig wurde die Position der Frau durch die Erzielung von Nahrungsüberschüssen, die der Mann einbrachte, durch die Entdeckung der Vorratswirtschaft, die seine Domäne erweiterte, und schließlich durch die Anfänge des Tauschhandels, der sein Monopol blieb, maßgeblich geschwächt.

Je erfolgreicher die Werkzeuge des Mannes wurden, desto mehr lernte er sie zu schätzen und desto größer wurde sein Stolz an dem Werk seiner Hände. Vom Mesolithikum an finden wir die Lieblingswaffen und -werkzeuge des Mannes deshalb auch oft in seinem Grab. Die Sippe hatte offenbar zu akzeptieren begonnen, daß der Mann nicht nur ein Nutzrecht an seinen Werkzeugen und Waffen hatte, sondern sie auch tatsächlich *besaß,* und zwar so endgültig, daß sie ihm auch noch nach seinem Tode gehörten. Der Gedanke des Privateigentums entwickelte sich also in direktem Verhältnis zur Effektivität der Produktionsmittel und in genauem Maß der Leistung des Individuums. Die Sippengesellschaft hielt diesen Spannungen vorläufig noch stand, aber der Gedanke, daß der besonders fähige Werkzeugmacher für seine Leistung belohnt werden sollte, indem man ihm erlaubte, seine Werkzeuge mit ins Grab zu nehmen, verletzte die Prinzipien der Sippengemeinschaft in zwei Aspekten: Erstens wurde der Gemeinschaftsbesitz der Sippe beraubt, indem ihm die besten Werkzeuge entzogen wurden; zweitens konstituierte das Leistungsprinzip einen grundsätzlichen Bruch mit dem Leitprinzip der mütterlichen Sippe: der gleichmäßigen Versorgung aller Sippenmitglieder ohne Ansehen ihrer Leistung. Wie die Mutter ihre Kinder nährt, ohne zu fragen, welcher Säugling mehr »leistet«, so mußte die Sippe ihre Mitglieder versorgen, ohne den einen oder anderen zu bevorzugen. Sobald das Leistungsprinzip der proportionellen Entlohnung für geleistete Arbeit an die Stelle der gleichen Versorgung aller trat, brach die Sippe zusammen, als ob ein Krebs sie befallen hätte.

Der Anfang vom Ende kam mit dem Anspruch der Verwandten, daß man die Werkzeuge des Toten, statt sie ihm ins Grab mitzugeben, ihnen überlassen solle. Aus diesem unerwarteten Winkel, der Entwicklung des Erbrechts, sollte Generationen später das Patriarchat erwachsen, jener Todfeind der Sippenordnung, der das ganze soziale und ethische Gefüge der Vorzeitkultur in wenigen Jahrhunderten zerstörte. Im späten Mesolithikum gehörte der Großteil aller Besitztümer jedoch nach wie vor der Sippe. Privatbesitz beschränkte sich auf Werkzeuge, Waffen, Kleidung und Schmuck. Die Zweckentfremdung solcher Besitztümer als Grabbeigaben wurde noch nicht als Diebstahl an der Gemeinschaft empfunden. Auch als die Verwandten gegen Ende der Mittelsteinzeit zum erstenmal einen Anspruch auf den Besitz ihrer Toten erhoben, wurde dies offenbar noch nicht als Enteignung der Sippe betrachtet, denn die Sippenmütter, die Hüterinnen der alten Ordnung, waren vor allem darauf erpicht, daß die matrilineare Deszendenz nicht verletzt wurde. Und da diese auch in den Anfängen des Erbrechts gewahrt blieb, setzte sich die Vererbung in matrilinearer Folge durch. Starb eine Frau, so erbten ihre Kinder, nicht aber ihr Mann. Starb ein Mann, so erbten seine Brüder und Schwestern, ja sogar die Brüder seiner Mutter und seiner Schwester, nicht aber seine eigenen Kinder.

Gegen Ende des Mesolithikums ergibt sich also das folgende Bild: Was man selber hergestellt hatte, am eigenen Körper trug (Kleidung und Schmuck) und allein betätigen konnte (kleinere Werkzeuge, kleinere Jagd- und Fischinstrumente) war Privatbesitz. Was man gemeinsam ausbeutete, erjagte, erzeugte oder bewohnte (Jagd- und Fischreviere, gemeinschaftlich benutzte Jagd- und Fischereigeräte, gemeinschaftlich benutzte Boote, Werkzeuge und Wohngebäude), blieb Sippeneigentum. Das erste konnte in mütterlicher Folge vererbt werden. Das zweite blieb unveräußerlicher Besitz der Sippe.

Obgleich die Sippe intakt blieb und die Position der Frau in keiner Weise gefährdet schien, trug die Einführung des Erbrechts den Keim der Sippenzerstörung in sich. Denn wenn sich Besitz überhaupt über den Tod des Besitzenden hinaus vermachen ließ, dann war vorauszusehen, daß die Väter früher oder später verlangen würden, auch ihre Söhne sollten erbberechtigt sein. Von dem Augenblick an, wo dies gestattet wurde, war das matrilineare

System aber zerschlagen und die Frau rechtlos geworden. Es gab nur noch eine Möglichkeit, die Situation der Frau zu retten: die Übernahme der Produktionsmittel. Die Frau mußte sich zum zweiten Male jenen ökonomischen Status erwerben, der ihr einst die maßgebliche Position in der Sippe verschafft hatte. Das war aber nicht leicht, denn die aneignende Nahrungsversorgung durch Jagd und Fischerei hatte die absolute Grenze ihrer technologischen Möglichkeiten erreicht. Es gab nur noch einen Weg, die Versorgung zu verbessern: den Durchbruch von der Aneignung zur Produktion. Genau das aber sollte der Frau im nächsten Stadium der Menschheitsgeschichte gelingen: die Entdeckung der Landwirtschaft.

8

Die Vorgeschichtsforschung teilt das Neolithikum, die Neuere Steinzeit, genau wie die Ältere, in drei Phasen auf: das Alt-, Mittel- und Jung- oder Vollneolithikum. Diese Perioden der Kulturentwicklung können zeitlich nicht festgelegt werden, weil sie im Gegensatz zu den Etappen der Eiszeit weder klimatisch noch ökologisch definierbar sind, sondern nur Phasen des ökonomischen, technischen, sozialen und kulturellen Fortschritts bezeichnen, die in der einen Gegend sehr früh, in der anderen viel später begonnen haben und auch zu ganz verschiedenen Zeiten in die nächste Phase übergingen. Die Wurzeln der neolithischen Revolution reichen, wie wir gesehen haben, bis tief ins Mesolithikum zurück, während ihre Auswirkungen über die Bronze- und Eisenzeit hinweg bis in die Gegenwart hineinführen. Der einzige ökologische Faktor, der zur Begrenzung des Neolithikums herangezogen werden könnte, ist das optimale Klima gewisser Phasen des Frühneolithikums (etwa 6000 bis 4000), das in der Geschichte der Menschheit einmalig ist, weil es ein wenig wärmer als heute, jedoch offenbar nirgends in der Alten Welt so warm war, daß die Entwicklung der Kultur beeinträchtigt wurde.
Das Altneolithikum ist die Zeit des Seßhaftwerdens der nomadischen Jäger und Fischer, die Übergangszeit von der bewußten Verwertung wildwachsender Nutzpflanzen zum Gartenbau mit Vorratswirtschaft. Die wichtigsten Schritte fanden gegen 8500 v. u. Z. in Vorderasien statt. Ihre Resultate filterten dann im Laufe der folgenden Jahrtausende auf dem Landweg über die Dardanellen und auf dem Seeweg über die Mittelmeerinseln nach Europa ein. Über die einst heiß umstrittene Tatsache, daß die gesamte europäische Landwirtschaft das Produkt asiatischer Einwanderer ist, gibt es heute kaum noch Meinungsverschiedenheiten.
»Diese Pionier-Kolonisten sind durch drei oder vier Kulturen vertreten: die Starčevo-Kultur auf der Balkanhalbinsel und rings um die Karpaten; die ihr verwandte Cardial-Kultur an den Küsten und auf den Inseln des zentralen und westlichen Mittelmeers; die Donau-Kultur der Löß-Länder Mitteleuropas und eine etwas mehr hypothetische westliche Kultur auf der Iberischen Halbinsel und im atlantischen Europa. Sie zeigen alle eine bemerkenswerte Einheitlichkeit in den weiten, von ihnen eingenommenen Gebieten. In keiner dieser ungeheuren Provinzen können die Niederlassungen gleichzeitig erfolgt sein, und eine streng chronologische Entsprechung zwischen den

verschiedenen Kulturen ist ebensowenig wahrscheinlich. Wenn wir sie dem ›Früh-Neolithikum‹ zuschreiben, so bezeichnet dieser Ausdruck eher die Stufe der Kolonisation als eine bestimmte Periode der Weltzeit. Soweit sie überhaupt zeitlich begrenzt werden soll, muß das sehr großzügig geschehen. Für Mitteleuropa schlagen die Radiokarbon-Datierungen einen Spielraum von 1500 Jahren vor, etwa zwischen 4200 und 2700 v. Chr. Für die übrigen Gebiete können noch keine vergleichbaren Schätzungen gemacht werden.« Hackbauern und frühe Pflanzer, die durch diese Kultur charakterisiert werden, »sind auf der griechischen Halbinsel sowohl an der Westküste (auf Leukas) wie auch in Thessalien und wahrscheinlich auch an der ganzen Nordküste des Ägäischen Meeres bis Gallipoli feststellbar. Von dort erstrecken sich Siedlungen quer über die Balkankette hinweg nach Mazedonien und nach Bulgarien bis zur Donau. Nördlich der Donau lassen sich ihre Spuren die Theiß hinauf bis zum Körös und in Transsylvanien bis zu den Quellen des Maros und des Oltu verfolgen, während sie östlich der Karpaten nordwärts bis zu den Quellen des Seret und Pruth und des mittleren Dnjestr festgestellt worden sind« (V. Gordon Childe, *Vorgeschichte der europäischen Kultur,* Reinbek 1960, S. 36 f.)
Der entscheidende Zug dieser Entwicklung ist jedoch nicht, daß sie in Asien begann und von asiatischen Immigranten nach Europa eingeführt worden ist, sondern daß sie fast ausschließlich das Werk von Frauen war: »Schon seit langem ist die Meinung geäußert worden, daß die Frau die Erfinderin des Bodenbaus war. Das ist durchaus wahrscheinlich. Allem Anschein nach entwickelte sich der Bodenbau unmittelbar aus der Sammelwirtschaft, die, wie wir wissen, das spezielle Betätigungsfeld der Frau geworden war. Wir sahen bereits, daß für die entwickelte Sammelwirtschaft eine gewisse Pflege der in der Natur gedeihenden eßbaren Pflanzen und die Sorge für ihre Vermehrung charakteristisch war. Es kann deshalb mit großer Wahrscheinlichkeit angenommen werden, daß die Frau den Bodenbau erfand, da sie die Wachstumsbedingungen und das Reifen der wilden Pflanzen beobachtete. Diese Beobachtungsgabe würde der Frau zur Ehre gereichen, denn die Beobachtungsgabe ist die Mutter der Erfindung« (M. O. Koswen, a.a.O., S. 72).
»Die Beschaffung vegetabilischer Kost, die am ehesten zu einer näheren Kenntnis der Pflanzen und einer Beobachtung ihres Wachstums und ihrer Lebensbedingungen führte, war bei sammlerischer Wirtschaft Aufgabe der Frauen, und es wird daher auch die Meinung vertreten, daß der Übergang zum Anbau eine weibliche Kulturleistung gewesen sei. Zumindest ist einfacher Pflanzenanbau weithin Sache der Frauen, und diese Bedeutungssteigerung der weiblichen Wirtschaftssphäre wird als die Wurzel des unter dem Namen Mutterrecht zusammengefaßten Komplexes von Bräuchen und Einrichtungen angesehen ... Wenn auch nicht alle Pflanzenvölker mutterrechtliche Züge aufweisen, so ist doch eine starke Affinität zu dieser Wirtschafts- und Kulturform nicht zu verkennen und weist wohl auf wurzelhafte Zusammenhänge hin« (Karl J. Narr, a.a.O., S. 233 f.). Wenn Früchte, Stauden, Wurzeln, Knollen, Zerealien und Leguminosen gesammelt, nach Hause gebracht und dort verzehrt werden, wird früher oder später aus den wegge-

worfenen Kernen, Wurzeln, Samen etwas Neues wachsen. Das kann der aufmerksamen Sammlerin der Vorzeit kaum entgangen sein. Man kann deshalb annehmen, daß vielerorts zu verschiedenen Zeiten von verschiedenen Frauen die Entdeckung gemacht worden ist, man könne nahezu alle pflanzliche Nahrung, die man bis dahin mühselig gesammelt hatte, von nun an ebensogut anbauen. Eine solche Entdeckung setzt aber bereits Seßhaftigkeit voraus, und ehe die Sippen seßhaft wurden, müssen sie durch verschiedene Stadien des eingeschränkten Nomadentums und der Halbseßhaftigkeit hindurchgegangen sein.

Diese Stadien sind durch die Kultivierung wildwachsender Nutzpflanzen gekennzeichnet, also durch eine Erntewirtschaft ohne Anbau, wie wir sie heute noch bei verschiedenen Völkerstämmen erkennen, die sich im Übergangsstadium vom Wildbeutertum zur Landwirtschaft befinden, so zum Beispiel in der Sago-Kultur der Frauen Melanesiens, der Kultivierung von wilden Yams- und Lilienwurzeln bei den Australierinnen oder der Kultur des Wasserreises bei den Frauen der Ojibwa-Indianer. Die Indianerfrauen des Great Basin fördern die Ernte wildwachsender Knollenfrüchte und Wildgräser, indem sie im Frühjahr den Spiegel der Gewässer durch Dämme erhöhen und in der Trockenzeit das Wasser durch Kanäle auf die wildwachsenden Pflanzen lenken. Da in jenen Teilen Vorderasiens, in denen die Landwirtschaft zur Zeit des Altneolithikums begann, ganz ähnliche Verhältnisse geherrscht haben, kann man annehmen, daß die Landwirtschaft in genau dieser Form von den Frauen jener Ära entdeckt worden ist.

In den wasserführenden Wadis wachsen noch heute die wilden Vorfahren des Weizens. Man kann sie ohne Schwierigkeiten kultivieren, indem man die Wasserzufuhr reguliert. Das gleiche gilt für die dort ansässigen Leguminosen. Mit großer Wahrscheinlichkeit fand der bedeutsame Schritt von der Kultivation zum Anbau zuerst bei Stauden, Wurzel- und Knollenpflanzen und dann erst bei Zerealien statt, denn die Vermehrung durch Stecklinge ist einfacher als durch Säen und wurde offenbar um einige Jahrtausende früher entdeckt. Jedenfalls stammen aber auch alle wilden Vorfahren der ersten in Europa angepflanzten Halmgetreide aus Vorderasien. Die wilde Unterart des Einkorns wächst von der Krim über Kurdistan und Israel bis nach Anatolien. Wildemmer stammt aus Kurdistan, Libanon und Nord-Israel. Die Wildgerste wächst von Nord-Afghanistan und Nord-Iran bis nach Nord-Mesopotamien, Syrien, Israel und Anatolien. Die im Getreide kultivierten drei Wildgrasarten treten also gemeinsam in Kurdistan, Libanon, Syrien und Nord-Israel auf. Dies muß das Heimatland aller heute in Europa verwandten Getreidearten sein. Nach den weitestreichenden Untersuchungen unserer Zeit wurde der systematische Getreideanbau im 7. Jahrtausend v. u. Z. von Vorderasien nach Europa eingeführt, und zwar zuerst Einkorn, dann Emmer und schließlich Zweizeilgerste. Im Mittelneolithikum folgten dann Sechszeilgerste, Nacktweizen, Gemeiner Weizen, Grannenweizen und Zwergweizen. Dies ist das Ergebnis einer Analyse buchstäblich aller bis zum Jahre 1968 veröffentlichten und unveröffentlichten Fundberichte Europas und Vorderasiens (Jacqueline Murray, *The First European Agriculture*, Edinburgh 1970, S. 110).

Das erste Instrument, das den Weg vom Sammeln zum Anpflanzen vorbereitete, war der Grabstock, eines der ältesten Werkzeuge der Menschheit und von jeher das wichtigste Attribut der Nahrungssammlerin. Gordon Childe pflegte es »das Zepter der Frau« zu nennen. Mit dem Grabstock holte die Frau wildwachsende Wurzeln, Knollen, Stauden, aber auch Kleintiere, Würmer, Pilze aus dem Boden, und mit dem Grabstock begann sie ohne jeden Zweifel die ersten Erdlöcher zum Einsetzen der Pflanzen zu graben. Man nennt dieses erste Stadium der Landwirtschaft deshalb auch Grabstockbau »Wir sprechen, wenn wir von dieser Wirtschaftsform zu reden pflegen, vom Grabstockbau und nennen die Kultur diejenige der Pflanzer (obwohl es richtiger wäre, sie als die der Pflanzerinnen zu bezeichnen). Es scheint die Annahme am nächsten zu liegen, daß die Welt der Pflanzer zumeist den tropischen und subtropischen Gebieten angehörte; wenn man vom Knollenstockbau redete, meinte man das auch. Ich möchte jedoch hinzufügen, daß die pflanzerische Welt sich aus der tropischen bis in die gemäßigte Zone ausgebreitet hat, daß sie auch in der europäischen Vorzeit eine Rolle spielte; man kann das bereits daran erkennen, daß die nördlichen Pflanzerfrüchte: Hirse, Mohn und Kohl sowie der Flachs bei uns schon in den neolithischen Siedlungen nachzuweisen sind – und daß sie bis auf die heutigen Tage Gartenfrüchte blieben, Früchte, um deren Anbau sich allein die Frau bemüht... Wenn nun die Frau es war, welche den Pflanzenbau erfand und durch ihre Tätigkeit auf dem neugebildeten ›Acker‹ die Pflanzenerträgnisse hervorbrachte, so ist es klar, daß nach dem ganzen Rechtsbewußtsein, wie es bis dahin herrschte, die Verfügung über diese Erträgnisse ihr zustand« (W.-E. Peuckert, *Ehe,* Hamburg 1955, S. 83 ff).
Peuckert irrt, wenn er von »Rechtsbewußtsein« spricht, denn das Recht im heutigen Sinne des Wortes ist, wie wir eingangs erklärten, ein Produkt des Patriarchats. Die matristische Gesellschaftsordnung wog nicht ab wie Justitia mit der Waage, sondern handelte ihren Mitgliedern gegenüber, wie eine Mutter sich ihren Kindern gegenüber verhält: Sie nährte und versorgte, ohne sich durch Leistungen oder Untaten beeinflussen zu lassen. Deshalb irrt Peuckert auch, wenn er meint, die Frauen hätten sich den Zugewinn des Grabstockbaus angeeignet. Ein solches Verhalten wäre in der Sippengesellschaft undenkbar gewesen. Aber das Ansehen der Frau wuchs in direktem Verhältnis zu dem Beitrag, den sie erbrachte, und dieses Ansehen wuchs sprunghaft weiter an, als ihr der nächste Durchbruch gelang: die Erfindung der Hacke und des Hackbaus. Dies war die eigentliche Geburt der Landwirtschaft, und sie war ohne Zweifel das Werk der neolithischen Frauen.

Ein solcher Durchbruch in der Evolution der menschlichen Gesellschaft kann nicht mehr als evolutionär bezeichnet werden: er war revolutionär. Hier haben wir eine jener plötzlichen Beschleunigungen der Geschichte, einen jener quantitativen Sprünge, die man in der Genetik »Mutation« nennt. Daß diese Mutation der menschlichen Geschichte das Werk der Frau und nicht des Mannes war, ist sicherlich kein Zufall, denn alle die ökonomischen und sozialen Kräfte, die den Mann zu dem gemacht haben, was er noch heute ist (aber nicht ewig sein wird, denn auch er ist wandelbar), haben

die aneignenden Aspekte seines Organismus auf Kosten seiner schöpferischen Kräfte gefördert.
Die Frau als Gebärende ist die Urproduzentin. Als Nährende ist sie die Mutter der Zivilisation. Der Mann dagegen ist durch die Jahrtausende seiner Beschäftigung als Jäger und Fischer zum Ausbeuter der Natur, zum Raubtier par excellence geworden und wird noch Tausende von Jahren benötigen, ehe er jenes Maß an Zivilisation erreicht hat, das sich die Frau während der gleichen Zeit als Hüterin der Wärme, Erbauerin des Hauses, Beschützerin der Nachkommenschaft und Produzentin der Nahrung erworben hat.
Wir können die Geschichte der Landwirtschaft und den Anteil, den die Frau an ihr gehabt hat, zwar nirgends in einer einzigen Ausgrabungsstätte der Alten Welt belegen, aber wir können die verschiedenen Stufen, die schließlich zum Ackerbau geführt haben, ganz eindeutig verfolgen, indem wir die örtlichen Funde in ein chronologisches Schema einordnen: »In der Urzeit gab es kein fertiges Feld. Von den unfruchtbaren, trockenen Wüsten abgesehen, war das ganze Land entweder mit Wald oder Gestrüpp bedeckt, oder es bestand aus überschwemmten, sumpfigen Niederungen. Der bewachsene Boden mußte gesäubert und vorbereitet werden, was jedoch mit viel Mühe verbunden war, zumal es an entsprechenden Werkzeugen mangelte. Sumpf- und Schlammland hingegen boten fertige, fruchtbare Stellen für die Aussaat von Pflanzensamen. Es ist daher durchaus wahrscheinlich, daß der Bodenbau in einigen Gegenden gerade an solchen sumpfigen Stellen entwickelt wurde. Nicht umsonst gelten Sumpf oder Schlamm in der Folklore verschiedener Völker als Symbol der Fruchtbarkeit« (M. O. Koswen, a.a.O., S. 72f.). Wie wir bereits gesehen haben, war dies die Urform der Kultivierung, lange bevor der Anbau entdeckt worden war. Durch Zuführung und Ableitung des Sumpfwassers wurden die ersten Knollen, Stauden und Zerealien kultiviert, wie es noch heute in Südostasien geschieht.
Die nächste Stufe war der »trockene« Anbau, wie wir ihn in den Niederlassungen der Levante, in Hassunan und Djarmo finden. Dort waren die Regenfälle zwar dürftig, aber doch ausreichend, um eine Ernte sicherzustellen. Dieser Bodenbau ohne Kanalsystem erwies sich, nachdem die Schwierigkeiten des Prozesses überwunden worden waren, als bedeutend progressiver als der »feuchte« und wurde schließlich zur Hauptnahrungsquelle für die Masse der Menschen. »Aber die Schwierigkeiten, die überwunden werden mußten, waren sehr groß. Frei liegende Stellen waren zum Anbau ungeeignet, da die Aussaat weggeweht wurde. Man mußte also Stellen aussuchen, die in natürlicher Weise vor dem Wind geschützt waren. Zur Bebauung aber mußten die benötigten Parzellen erst von wilden Pflanzen gesäubert werden. Am günstigsten war es, eine solche Fläche in einem Wald anzulegen, wo sie durch Bäume natürlichen Schutz erhielt. Die den Sammlern und Jägern bekannte Methode, trockenes Gras und Holz zu verbrennen, legte den Gedanken nahe, den Wald anzuzünden und die abgebrannten Stellen zu besäen. Allerdings war es nicht immer leicht, den Wald anzuzünden; andererseits war das Feuer ein gefährliches Element, das, einmal entfacht, keine Grenzen kannte und den Menschen selbst bedrohte. Es ergab sich also die

Aufgabe, im Walde nur die benötigte Fläche abzubrennen, und zwar dort, wo es am günstigsten schien ... Dabei machte man zugleich die wichtige Entdeckung, daß die nach dem Verbrennen zurückbleibende Asche ein guter Dünger war. So entstand die Brandrodungswirtschaft, die zur Hauptform der Bodenbearbeitung in der Urgesellschaft wurde und die bei einigen Stämmen und Völkerschaften auch heute noch verbreitet ist« (M. O. Koswen, a.a.O., S. 73 f.).

In der bürgerlichen Ethnologie herrscht seit geraumer Zeit die Ansicht (die auch von der bürgerlichen Vorzeitforschung übernommen worden ist), daß die Brandrodungswirtschaft »primitiv« sei, weil sie wenig Mühe mache und deshalb auch von Frauen bewältigt werden könne. In Wahrheit war es ein komplizierter Prozeß, der die Zusammenarbeit eines eingespielten Teams erfordert, und gerade hier war es, wo auch die Männer und Kinder den Frauen zu Hilfe kamen: »Vor allem war das Fällen der Bäume mit dem Steinbeil durchaus nicht leicht, obgleich die primitiven Bodenbauern, wie Beobachtungen zeigen, darin eine ausgezeichnete Geschicklichkeit erlangten. Es wurde deshalb oft nur der niedrige Wald abgeholzt, die großen Bäume aber blieben stehen, bis sie nach dem Brand austrockneten und von selbst umfielen. Wenn der ganze geschlagene Wald trocken geworden war, wurde er niedergebrannt. Dann säuberte man den Boden von nicht verbrannten Holzstücken und ebnete ihn ein, wobei auch die Asche gleichmäßig verstreut wurde. Ein wichtiger Arbeitsvorgang war ferner das Auflokkern des Bodens. Darauf folgte die Aussaat, die vor Anbruch der Regenzeit durchgeführt wurde. Die besäte Fläche bedurfte der Pflege, Vor allem war es notwendig, sie einzuzäunen, um sie vor dem Zerstampfen durch die wilden Tiere zu schützen. Die schlimmsten Feinde der Saat waren die großen Herdentiere. Eine Herde Elefanten oder Wildschweine konnte, wie ein Wirbelsturm, die bestellte Parzelle in wenigen Minuten vernichten. Nach dem Aufkeimen der Saat wurde die weitere Pflege des Feldes, besonders das Jäten, notwendig. Beim Aufgehen der Saat wurde der Schutz des Feldes vor den wilden Tieren noch dringlicher, denn diese kamen jetzt, um die jungen Schößlinge zu fressen. Uralte Feinde des bestellten Feldes sind auch die Vögel. Die Bewachung der Saat vor Kleintieren und Vögeln übertrug man gewöhnlich den Kindern, die mit Schreien und Lärmen die ungebetenen Gäste davonjagten ... Unter günstigsten klimatischen Bedingungen, besonders natürlich in den Tropen, liefert eine neu angelegte Anbaufläche einige Jahre hindurch eine reiche Ernte. Danach ist der Boden jedoch erschöpft und kann bei einer so primitiven Bearbeitung nichts mehr hervorbringen. Dazu kommt, daß sich, besonders bei wärmerem Klima, mit dem Wachsen der Saat, die nur noch geringe Erträge bringt, auch das Unkraut schneller vermehrt. Der Kampf gegen das Unkraut ist schwierig, und die heutigen zurückgebliebenen Stämme von Bodenbauern ziehen es vor, lieber eine neue Fläche urbar zu machen, als eine alte vom Unkraut zu reinigen. So ist das Brandrodungssystem notwendigerweise mit einem öfteren Wechsel und der wiederholten Urbarmachung eines neuen Feldes verbunden. Die verlassene Ackerfläche verwildert mehr oder weniger rasch, und je nach den örtlichen Bedingungen kehrt man nach einer längeren oder kürzeren Reihe von

Jahren wieder zu ihr zurück. In Nordeuropa waren dazu 40 bis 60 Jahre erforderlich, in den tropischen Ländern bedeutend weniger« (M. O. Koswen, a.a.O., S. 74 ff.).
Diese Stufe der landwirtschaftlichen Entwicklung nennt man »Ortswechselwirtschaft« oder »Verlegung des Feldbaus«. Pflanzersippen, die solche Ortswechselwirtschaft betrieben, waren sehr beweglich, jedenfalls noch beweglicher als Nahrungssammler in günstigen Gebieten. Der dauernde Bedarf an jungfräulichem Boden, zusammen mit dem Zwang, für die Kinder der Sippe neues Land zu finden, war die Ursache der ungeheuer schnellen und weiten Verbreitung von Weizen und Gerste. Die Sippenmütter mit ihren Männern und Kindern hatten schon um 4000 v. u. Z. die mittlere Elbe erreicht, und die Ausgrabungsergebnisse bezeugen, daß sich ihre Ansiedlungen in dichter Folge gleichmäßig über das ganze Gebiet ihrer Wanderungen erstreckten, stets aber nur für kurze Zeit bewohnt waren.
Genau wie die Brandrodung, so erfordert auch der nomadisierende Hackbau die Zusammenarbeit der ganzen Sippe. Zwar betreibt die Frau das Auflockern des Bodens und das Säen, also die eigentliche Bepflanzung, aber die Männer fällen die Bäume und brennen das Kleinholz ab. »Bei den heutigen Hackbodenbauern schließen sich zur Bearbeitung ihres Feldes gewöhnlich einige Verwandtschaftsgruppen zusammen. Dabei erhalten sowohl Männer als Frauen, Greise und Kinder eine den jeweiligen Kräften und Fähigkeiten entsprechende Arbeit zugeteilt. Das Fällen der Bäume übernehmen die Männer, während die Frauen häufig die Sträucher abholzen. Die Säuberung der abgeholzten Bodenfläche erledigen Mann und Frau gemeinsam, während das Abbrennen wiederum den Männern obliegt. Das Einebnen und Lockern des Bodens mit dem Stock oder der Hacke besorgt die Frau, der auch die Kinder dabei helfen. Oftmals wird der Boden einfach mit den Händen aufgelockert, und zwar so sorgfältig, wie es nicht einmal eine Maschine fertigbringt. Das Säen übernehmen Männer und Frauen gemeinsam. Der Mann geht voran und macht mit dem Stock Löcher, die Frau folgt ihm und legt den Samen, den sie einer geflochtenen Tasche entnimmt, und glättet anschließend das Erdreich mit den Händen. Die später folgenden Arbeitsgänge – die Pflege der Saat und die Einbringung der Ernte – sind meistens ausschließlich Sache der Frauen. Beim entwickelten Hackbau beteiligen sich also beide Geschlechter, wobei der überwiegende Anteil der ständigen Arbeiten auf den Schultern der Frau ruht« (M. O. Koswen, a.a.O., S. 75 f.).
Die ersten Starčevo-Sippen, die den Einkornweizen und die Hirse aus Asien über den südlichen Balkan nach Europa brachten, betrieben eine solche Form des nomadischen Hackbaus. Ihre Siedlungen bestanden deshalb nur aus kleinen, eng aneinandergebauten Hütten, die offenbar nur für kurze Zeiten bewohnt gewesen sind. Die Zahl der Sippeneinheiten pro Siedlung blieb auf höchstens zwanzig beschränkt. Als der Hackbau jedoch ertragreicher wurde, wuchs auch die Anzahl der Sippenmitglieder, die man versorgen konnte, und damit auch die Anzahl der Häuser in jeder Siedlung. Auf der ersten Stufe der Donau-Kultur führte dies bereits soweit, daß die Männer sich völlig von ihren Frauen ernähren ließen und keinerlei Jagd oder Fisch-

fang mehr betrieben. Nirgends in diesen ihren Siedlungen finden wir Jagdausrüstungen. Der Wildstand ihrer Wohnsitze wurde völlig vernachlässigt. So gut wie keine Wildknochen haben sich in ihren Dörfern erhalten.

Die Frauen dagegen bauten Einkorn-, Emmer-, Hexaploid-Weizen und Gerste zusammen mit Bohnen, Erbsen, Linsen und Flachs an. Sie säten ihr Getreide auf Waldflecken aus, die nach wie vor mit Feuer gerodet und mit Hacken bebaut wurden. Nach wie vor zogen sie weiter, nachdem der Boden erschöpft war. Aber mittlerweile hatten sie gelernt, den Boden für mehr als eine Ernte zu erhalten. Jetzt erntete man bereits von jeder Fläche drei oder vier Mal. Sobald alles in bequemer Fußgänger-Entfernung vom Dorf liegende Land endgültig erschöpft war, wurde die Siedlung verlegt. Aber langsam lernte man, jedes der Felder so lange fruchtbar zu halten, bis der erste der im Umkreise liegenden Äcker bereits wieder bebaubar war. Man brauchte das Dorf dann nicht mehr zu verlegen. Der Anfang der Fruchtwechselwirtschaft war gemacht worden und damit der Durchbruch zum Mittelneolithikum, mit dem sich der nächste Abschnitt unserer Arbeit befaßt.

Die Donau-Kultur I/II, die diesem Durchbruch zur Fruchtfolge den Weg bahnte, ist die bestbekannte im neolithischen Europa. »Sie nahm ein ungeheures Gebiet ein, das vom Bakony-Wald in Ungarn und den Vag-Nitra-Tälern in der Slowakei nordwärts bis zur Maas in Holland, dem Rand der Moränen der letzten Eiszeit in Deutschland und bis zur Ostseeküste östlich der Oder und von der belgischen Meuse bis zur oberen Weichsel und von dort um die Nordabhänge der Karpaten herum bis zum Dnjestr und dem oberen Pruth reichte. Die Donauraum-Siedlungen erstreckten sich natürlich nicht lückenlos über dieses Gebiet; sie beschränkten sich streng auf die mit Löß bedeckten Tiefländer und Talabhänge, ausgenommen das Gebiet zwischen Oder und Weichsel« (V. G. Childe, a.a.O., S. 41).

Auf der Donau-Stufe II und in den Starčevo-Dörfern südlich des Balkangebirges hatte die Fruchtwechselwirtschaft bereits zu größeren Siedlungen mit dauerhafterem Charakter geführt. Sie bestanden aus geräumigen, festen, oft wiederholt auf derselben Stelle aufgebauten Häusern, bis die Baustellen zu künstlichen Hügeln geworden waren, die man im arabischen Sprachgebrauch Vorderasiens »Tells« nennt. Anfangs hatte man offenbar versucht, die Felder so zu bepflanzen, daß zu jeder Jahreszeit irgend etwas Eßbares abfiel. Aber irgendwann entdeckten diese Hackbauern die Möglichkeit der Vorratswirtschaft und begannen Aufbewahrungsbauten zu errichten, die Vorläufer der heutigen Silos.

Die ältesten gesicherten Hackbausiedlungen stammen aus dem 7. Jahrtausend v. u. Z. und liegen im heutigen Anatolien, Israel und Kurdistan. Von hier aus verbreiteten sie sich nach Ober-Mesopotamien, Südwest-Iran und Thessalien aus. Ein gutes Beispiel ist Tschatal Hüyük, eine neolithische Niederlassung im Gebiet der heutigen Südtürkei, die von 6800 bis etwa 5900 ständig bewohnt war. Sie bestand anfangs aus lose gruppierten Lehmziegelhäusern, die jeweils bei einer Vergrößerung der Sippe erweitert wurden, bis alle Zwischenräume zwischen den ehemals weit voneinander entfernt gebauten Häusern ausgefüllt waren: aus einer lockeren Dorfgemeinschaft war eine

Stadt geworden. Da viele der Häuser im Laufe der Jahrhunderte zerfallen waren, hatte man aus den alten Lehmziegeln neue Bauten errichtet, so daß auch hier ein gigantischer Tell entstanden war.
Die Ziegel bestanden aus feuchtem Lehm und Häcksel, waren mit Hilfe eines hölzernen Rahmens geformt, an der Sonne getrocknet, mit Lehmmörtel vermauert und sowohl außen wie innen mit Lehm verputzt worden. Die Dächer waren flach und bestanden aus Holzbohlen mit darüber geschichteten Matten und Rohrbündeln, die mit Stampflehm abgedichtet worden waren. An der Südseite eines jeden Hauses lag ein Wohnraum mit Herd und Backofen. Ein L-förmiges, gemauertes Ecksofa diente zum Sitzen und Schlafen. Nebenräume dienten offenbar den Kindern und Speicher den Vorräten eines jeden Haushalts. Daraus kann man entnehmen, daß die Sippenordnung hier schon weitgehend dezentralisiert war und die einzelnen Sippeneinheiten bereits ein gewisses Maß an Autonomie erreicht hatten. Von Familie zu sprechen wäre verfrüht, denn die Familie ist eine vaterrechtliche Institution, und die Anwesenheit kultischer Mutteridole bezeugt, daß dies eine noch grundsätzlich matristisch orientierte Siedlung war.
Obgleich Tschatal Hüyük eine der frühesten neolithischen Siedlungen ist, stellt sie doch bereits einen hoch entwickelten Typus dar und läßt vermuten, daß andere, noch nicht gefundene Siedlungen im gleichen Raum die eigentlichen Bindeglieder zwischen der Älteren und der Mittleren Steinzeit darstellen. Da die kulturelle Entwicklung in Europa viel langsamer verlief, finden wir dort eine Anzahl zwar später gebauter, aber in ihrem Typus weitaus früherer Siedlungen des Neolithikums, so die westlichen Ausläufer der Tripolje- und Starčevo-Kulturen. Hier sind die Sippeneinheiten noch kaum voneinander getrennt, die ganze Architektur wird von dem Geist der Sippe und des Gemeinschaftsbesitzes getragen. In der Tripolje-Kultur der Ukraine wurden, wie bei den matristischen Indianern, deren Sippengemeinschaft Morgan so großartig beschrieben hat, Langhäuser benutzt, in denen die ganze Sippe gemeinsam lebte. Ein Dorf pflegte aus 30 bis 45 Langhäusern zu bestehen, die sich strahlenförmig um einen runden Platz von 200 bis 500 Meter Durchmesser gruppierten. Jedes Haus diente einer Sippeneinheit von rund 20 Personen, so daß die gesamte Siedlung rund 600 bis 900 Bewohner barg, eine beachtliche Anzahl, die auf eine mehr als genügende Nahrungsmittelversorgung schließen läßt.
Die Donau-I-Kultur lebte unter noch einfacheren Umständen – in Dörfern von höchstens 20 Langhäusern. »Das waren geräumige Giebelbauten mit Mauern aus gespaltenen jungen Bäumen und Flechtwerk, mit Lehmbewurf und von starken Pfosten getragen. Die Ausmaße dieser Langhäuser schwankten zwischen einer Breite von 5 bis 6 Metern und einer Länge von 9 bis 39 Metern, bei einem Durchschnitt von 21 Metern. Obgleich diese Gebäude zweifellos auch als Ställe und Kornspeicher gedient haben, muß der menschliche Haushalt etwas größer als eine ›natürliche Familie‹ – etwa eine Sippe oder ein kleiner Stammesverband – gewesen sein. Ein Dorf muß demnach wenigstens 200 Seelen umfaßt haben; 600 mag der Wirklichkeit näher kommen. Beide Zahlen aber würden einen ganz umwälzenden Bevölkerungszuwachs bedeuten für eine Gegend mit unendlichen Wäldern, in

denen früher nur wenige kleine Jägerhorden gehaust hatten« (V. Gordon Childe, a.a.O., S. 41 f.).
Der Stammesverband lebte nicht notwendigerweise in einer einzigen solchen Siedlung, sondern verteilte sich oft über eine Anzahl von Dörfern dieser Größe. Umfangreiche Arbeiten, zum Beispiel die Rodungen, die wir beschrieben haben, brachten manchmal den ganzen Stammesverband zusammen. In einzelnen Fällen wurden auch andere landwirtschaftliche Tätigkeiten bis zur Ernteeinbringung von der ganzen Stammesgruppe gemeinsam durchgeführt. Der Ernteertrag wurde dann auf alle Sippeneinheiten entsprechend ihrer zahlenmäßigen Größe aufgeteilt. Dabei wurde stets ein Teil der Ernte als gemeinschaftlicher Vorrat reserviert und diente als Fonds für den Notfall oder auch zur Hilfeleistung an einzelne, in Not geratene Mütter und ihre Abhängigen.
Danach bearbeitete jede Sippeneinheit das ihr zugewiesene Stück Land für sich allein. Eine solche Einheit bestand aus einer Mutter, ihren Kindern, ihren Eltern (insofern diese noch lebten) und den Männern, die sich ihr und ihren Töchtern angeschlossen hatten. Es war eine eng verbundene Wirtschaftszelle, eine ökonomische sowohl wie auch eine verwandtschaftliche Einheit. Die Verwandschaft bestand allerdings nicht im heutigen Sinne, denn in jedem solchen Haushalt waren mehrere Sippen vertreten. Großmutter, Mutter und Kinder gehörten der gleichen Sippe an; Großvater, Vater und die Männer der Töchter gehörten zu anderen Sippen. Der gesamte Besitz der Sippe, mit Ausnahme der rein persönlichen Gegenstände, war Kollektivgut. An der Spitze einer jeden Sippeneinheit stand die jeweils älteste Frau, die den Arbeitseinsatz aller anderen leitete. Unter ihrer Führung wurde die Nahrung für die ganze Gruppe auf einem Gemeinschaftsherd, oder, wenn es mehrere gab, auf ihrem eigenen, dem Herd der Ältesten, zubereitet. So führten gemeinsame Arbeit und gemeinsame Ländereien unweigerlich zu gemeinsamer Haushaltsführung.
Die Landzuweisung an die einzelnen Sippeneinheiten fand jährlich statt. Jede Einheit erhielt soviel Land, wie zur Ernährung ihrer Mitglieder nötig war. Da die Mitgliedschaft sich durch Geburt und Tod änderte, mußte das Land jedes Jahr von neuem verteilt werden. Der spätere Versuch des Vaterrechts, diese jährliche Landverteilung einzuschränken oder den »verdienten« Mitgliedern mehr Land zuzuweisen als den anderen, hat zu einem der langwierigsten und blutigsten Sozialkämpfe in der Geschichte der Menschheit geführt. Bürgerliche Geschichtsforscher haben die kollektive Natur dieses Landbesitzes zu verneinen versucht und die jährliche Aufteilung des Landes als Beweis der Existenz von Privateigentum an Boden ausgelegt. Hiervon stimmt nichts, und die einsichtigen bürgerlichen Forscher haben dies auch nie verneint. Wilhelm Schmidt sagt, daß »es in der Urkultur ein eigentliches Bodeneigentum nicht gibt; denn daß die Einzelpersönlichkeit dort niemals Bodeneigentum besitzt, ist eine der sichersten Tatsachen der Ethnologie« (a.a.O., S. 288). P. G. Vinogradoff schreibt: »Es scheint kaum etwas auf dem Gebiet des archaischen Rechts gesicherter zu sein als die Theorie, daß der Boden ursprünglich Gruppen- und kein Individualbesitz gewesen und seine Aneignung durch Einzelpersonen das Ergebnis eines

langsam verlaufenen Entwicklungsprozesses gewesen ist« (*The Growth of the Manor,* London 1905, S. 18).

Die Frage des Bodeneigentums hat für den Nomaden keine Realität, denn einerlei, ob er Jäger oder Sammler, Hirt oder ortswechselwirtschaftlicher Hackbauer ist, das Land wird bald wieder verlassen und hat deshalb nur transitorischen Status. Auch die Hütte bedeutet kein auf permanentem Landbesitz errichtetes Heim, sondern nur eine stabilere Form des Zelts, ein kurzfristig errichtetes Dach über dem Kopf, das morgen wieder verlassen werden wird. Beide haben nur insofern Bedeutung für den Nomaden, als er das Nutzrecht eines sich regelmäßig verschiebenden Stück Landes zum Sammeln oder Jagen, zum Weiden oder Bearbeiten benötigt. Die Abwesenheit eines Begriffs des Bodeneigentums auf den früheren Stufen zeigt sich auch darin, daß das Territorium nur zum Schutz gegen wilde Tiere mit Zäunen oder Grenzsteinen markiert wird. Für alle anderen Zwecke machen natürliche Merkzeichen wie Bäume, Höhenzüge, Flüsse, Sümpfe die Grenzen des Nutzrechts deutlich.

In zwei weiteren Punkten läßt sich die Eigentümlichkeit des Bodenbesitzes der Sippengesellschaft aufzeigen: Erstens darf sein Träger nicht kleiner sein als die Sippe, die von ihm lebt, und zweitens gab es über diesen Besitz keine bewaffneten Auseinandersetzungen, »da ein Krieg zur Eroberung neuen Landgebietes bei diesen Völkern etwas Unbekanntes und wohl auch psychologisch Unverständliches ist« (Wilhelm Schmidt, a.a.O., S. 291). Zusammenfassend: Es gab kein Bodeneigentum, sondern nur einen Bodenbesitz, und dieser war kollektiv. Er wurde jährlich von der größeren kollektiven Einheit (der Gesamtsippe oder Stammesgruppe) der kleineren kollektiven Einheit (einer Mutter mit ihrem Anhang) zugewiesen. Es gab weder individuelles Bodeneigentum noch individuellen Bodenbesitz.

Deshalb gab es auch kein Erbrecht an Grund und Boden. Die Waffen und Werkzeuge eines verstorbenen Mannes wurden in diesem Stadium der Sippenentwicklung in der folgenden Sequenz vergeben: Zuerst kamen die Söhne seiner Schwester, dann die Brüder seiner Mutter, dann seine eigenen Brüder. Dies waren die Grade der Blutsverwandtschaft nach matrilinearer Deszendenz. Seine eigenen Söhne erbten nichts, da sie nicht als blutsverwandt galten. Starb eine Frau, so wurden ihre Kochgeräte, ihr Grabstock, ihre Hacke, ihre Kleider und ihr Schmuck in der folgenden Sequenz verteilt: Töchter, Schwestern, Schwestern der Mutter. Meist bewahrten die Erwachsenen diese Gegenstände aber nur so lange auf, bis die jüngeren Sippenmitglieder sie benötigten. Ein persönliches Erbrecht gab es noch immer nicht. Es gab nur dessen Gegenteil: ein Verbot, diese Dinge an Nichtmitglieder der Sippe zu verschenken.

Wurde eine Sippeneinheit zu groß für den Wohnraum eines Langhauses, so zog die jeweils jüngste Tochter mit ihren Männern und Kindern aus und baute ein neues Haus. Wurde die Anzahl der Langhäuser zu groß, um von dem zur Verfügung stehenden Land zu leben, so spaltete sich die Dorfgemeinschaft in genau der gleichen Weise: die jüngsten Sippeneinheiten zogen fort und erbauten ein neues Dorf. Dabei blieben die Frauen aber meist in Verbindung miteinander und bildeten sogenannte »Schwesterschaften«, weil sie sich als Töchter der gleichen Urmutter betrachteten. Später taten sich die Männer in ähnlicher Weise zusammen und formten Bruderschaften. Bei den Griechen, die dieses System übernahmen, hieß die Schwesterschaft *homaimosyne,* nach dem Worte *homaimos,* das sowohl »Schwester« wie »blutsverwandt« bedeutet. Die Bruderschaft hieß *phratria,* nach dem alten Worte *phrater,* »Bruder«.

Diese Schwester- und Bruderschaften waren keine administrativen Einheiten, sondern Kultverbände, die aus ehemaligen Arbeitsgemeinschaften entstanden waren. Wo immer ein größeres Kontingent von Mitgliedern der gleichen Sippe oder verwandter Sippen erforderlich war, um eine größere Gemeinschaftsarbeit zu erledigen, zum Beispiel beim Roden größerer Flächen, bei großen Treibjagden oder beim Fischfang mit großen Netzen, da war es meist die Schwester- oder Bruderschaft, welche die Arbeitskräfte lieferte. Aber auch beim Bau von Kultstätten der Großen Mutter oder bei ihren Gottesdiensten fanden sich solche Schwester- und Bruderschaften zusammen.

Je ertragreicher die Produktionsmittel wurden, desto größer wurden die Schwester- und Bruderschaften, denn sie spiegelten die Geburtsrate wider. Wurden solche Verbände zu groß, um noch Verbindung miteinander aufrechtzuerhalten, so spalteten sie sich wiederum in genau der gleichen Weise, wie es die Sippeneinheiten und die Dörfer taten: Eine komplette Schwester- oder Bruderschaft wanderte aus und gründete eine Reihe neuer Dörfer. Diese Dorfbewohner, die sich immer noch als Nachfahren der gleichen Stammutter betrachteten, blieben in enger Verbindung miteinander, da sie den gleichen Dialekt sprachen und durch enge Blutbande miteinander verknüpft waren. Ebenso wie Mitglieder der gleichen Sippe sich nicht miteinander paaren durften, also exogam waren, so übernahmen auch die Schwesterschaften das gleiche Inzestverbot: jede Schwester mußte ihre Männer bei einer anderen Sippe als der ihrigen oder einer anderen Bruderschaft als der ihrer Brüder suchen. Das Resultat war, daß sich aus einer Bruderschaft und einer Schwesterschaft oft eine größere Einheit bildete, die durch zahllose Wechselpaarungen miteinander verbunden war. Diese größeren Einheiten waren die »Stämme« der Alten Welt.

Aber auch da hörte der Spaltungs- und Verbindungsprozeß der Sippengesellschaft noch nicht auf, denn wenn die Stämme zu groß geworden waren, spalteten sie sich ihrerseits auf und bildeten Stammesbündnisse, und wenn drei oder mehr Stämme ein solches Bündnis geschlossen hatten, können wir von einem »Volk« sprechen. Fast jedes der griechischen Völker war in einer solchen Form entstanden. Zum Beispiel hatten sich je 30 der attischen Sippen zu Bruderschaften, je drei der Bruderschaften zu Stämmen, und vier der Stämme zu einem Volk zusammengeschlossen, das sich in üblicher matrilinearer Weise nach einer Urmutter, in diesem Falle der Göttin Athene, »Athener« nannte. Ähnlich leiteten die Lapithen in Thessalien ihre Abstammung von der Tochter des Flußgottes Peneiros ab. Es stellt den ganzen Prozeß der Stammesbildung auf den Kopf, wenn man sagt, wie es in den bürgerlichen Geschichtsbüchern heißt, daß das athenische Volk aus vier Stämmen bestand, von denen jeder in drei Bruderschaften und jede Bruderschaft in 30 Sippen »aufgeteilt« gewesen sei, denn das setzt bürgerliche Methoden der Verwaltung voraus, die es damals noch nicht gab. Niemand teilte die Stämme in Verwaltungseinheiten auf. Das kam erst später, als die Sippengesellschaft längst zusammengebrochen war. Solange sie intakt war, kann man dagegen nie von einer Aufteilung sprechen, sondern muß immer auf etwas Gewachsenes hinweisen.

Jeder der vier athenischen Stämme, der Geleonten, Hopleten, Aegirokeer und Argadeer, war also aus blutsverwandten Sippen gewachsen, wie die Äste und Zweige eines Baumes aus gemeinsamen Wurzeln stammen. Ebenso war es in Sparta. Die Spartiaten, die mit ihren Sklaven, den Heloten, und ihrem Mittelstand, den Periöken, nicht blutsverwandt waren und diese auch nicht als Teil ihres Volkes betrachteten, waren aus matrilinearen Sippen entstanden. Die Sippen hatten sich geteilt, als sie zu groß wurden, danach aber Bruderschaften miteinander gebildet, die sie *obai* nannten. Die *obai* hatten sich wiederum gespalten, als sie zu groß für ihr Territorium geworden waren, und als dieser Spaltungsprozeß rund zehn *obai* erreicht hatte, hatten diese sich zu einem Stamm zusammengeschlossen. Der gleiche Prozeß war in allen drei dorischen Stämmen, den Hylleern, Pamphylern und Dymanen, erfolgt.

Alle zur gleichen Zeit lebenden Mitglieder einer Bruderschaft vermeinten deshalb, ob dies nun wirklich stimmte oder nicht, eine gemeinsame Urmutter (oder nach dem Umschwung zum Vaterrecht, einen gemeinsamen Urvater) zu besitzen. Grote (*Geschichte Griechenlands,* Band II, Seite 47) sagt zum Beispiel: »Alle zu derselben Zeit lebenden Glieder der Phratrie des Hekatäus hatten einen gemeinschaftlichen Gott zum Ahnen im sechzehnten Grade.« Der ganze Stamm geht also auf eine einzige Sippe zurück, die sich ihrerseits von einer einzigen Stammutter (später: einem einzigen Stammvater) ableitet. Das Bild der Sippengesellschaft ist ein Stammbaum mit Abstammungsfolge durch die Mutter (später: durch den Vater). Das bürgerliche Bild eines Volkes, das zu organisatorischen Zwecken in größere Einheiten (Stämme), kleinere Einheiten (Phratrien) und noch kleinere Einheiten (Sippen) aufgeteilt worden ist, entspricht der Denkwelt der politischen, nicht der der Sippengesellschaft.

Es ist also nicht so, wie manche Ethnologen gefolgert haben, daß die alte Stammesgesellschaft sich aus administrativen Gründen in Schwesterschaften, Bruderschaften, Sippen und »Familien« aufgespalten hätte, sondern genau umgekehrt: Erst kam die Sippe, dann kam die Schwesterschaft, dann die Bruderschaft und dann erst der Stamm. Aus Stammesbünden entstand das griechische Volk. Jede Einheit behielt das ihr angestammte Gemeinschaftsland, so daß es überall Sippenland, Bruderschaftsland und Stammesland nebeneinander gab. Das einzige, was es nicht gab, war Land und Vieh als Privateigentum. Das entstand erst beim eigentlichen Landbau, das heißt nachdem sich zum Hackbau die Pflugkultur und Viehzucht gesellt hatten: »Solange kein Landbau bestand, mußten die Herden naturgemäß das gemeinsame Eigentum mehrerer Personen sein, die in einer Gruppe, auf der Grundlage der Verwandtschaft, zur Erwerbung des Lebensunterhalts vereinigt waren« (Morgan, a.a.O., S. 468).

Jede Sippe besaß das Recht auf bestimmte Namen, so daß der Privatname stets auch aussagte, zu welcher Sippe sein Besitzer gehörte. Der Sippenname gab Sippenrechte, wie ein heutiger Paß Bürgerrechte gibt. Der typische Sippenname der Griechen trug zum Beispiel die Endung *-idas,* die auf dem Element *-id-* beruhte, einer weiblichen Form. Daraus folgt, daß in ältester Zeit auch bei den Griechen die Sippen matristisch organisiert und von Frauen geleitet waren. Jeder Haushalt, wie wir gesehen haben, stand unter der Leitung der ältesten Frau, aber sie herrschte niemals als Matriarch, sondern stützte sich stets auf die Meinung anderer alter Frauen der Sippe, die einen Sippenrat bildeten. Der Sippenrat wählte den Stammesrat. Der Stammesrat wählte die Stammessprecherin, denn es gibt heute kaum Zweifel darüber, daß »bei entwickeltem Matriarchat« auch der Stamm stets »von einer Frau geleitet wird« (M. O. Koswen, a.a.O, S. 123). Plutarch sagt, daß in Athen die Frauen noch bis 300 v. u. Z. bei großen öffentlichen Prozessen die Entscheidung bestimmen.
Obgleich auf dieser Stufe die führenden Rollen in der Stammes- und Sippengesellschaft von Frauen besetzt waren, bevormundeten sie niemals ihre Männer. Eben das ist der maßgebliche Unterschied zwischen jener fälschlich als »Matriarchat« bezeichneten Ordnung der Mütter und dem späteren Patriarchat, das tatsächlich eine *Herrschaft* der Väter darstellte. Bei den Müttern besaßen alle Erwachsenen gleiche Rechte und gleiche Stimmrechte. Die Wahl der Sippensprecherin mußte stets von den anderen Sippen in ihrer Gesamtheit bestätigt werden. Männer und Frauen hatten das gleiche Wahlrecht. Auch hatten bei jeder Ratsversammlung sowohl die Sprecher der Bruderschaften wie auch die individuellen männlichen Sippenmitglieder jederzeit das Recht, ihre Meinung zu äußern und Anträge zu stellen. Da keiner der Sprecherinnen oder Sprecher in irgendeiner Weise entlohnt wurde, Privilegien erhielt oder unabwählbar war, gab es mit Ausnahme der Intelligenz, die man offensichtlich besitzen mußte, keinen Unterschied zwischen Führern und Geführten und deshalb auch keinen Grund, weshalb der Gewählte mehr Recht auf seine Meinung haben sollte als der Nichtgewählte.
Alle Wahlprinzipien der Stammesgesellschaft zielten auf die Erlangung von Einstimmigkeit hin. Das Prinzip der Mehrheiten und Minderheiten, des Stimmenzählens und der Abstimmung im heutigen Sinne war noch nicht erfunden. Die Aufgabe einer jeden Versammlung war deshalb eine Diskussion, die zu einer Meinung führte. Die Meinung mußte stets einstimmig sein. Das galt für den Sippenrat, den Bruderschaftsrat, den Stammesrat und selbst den Rat der Stammesbrüder. War die Entscheidung des Rats aber einmal gefallen, so befolgte die Gemeinde, die ihn gewählt hatte, die Entscheidung mit absoluter Verbindlichkeit. In diesem Sinne war die Sippenorganisation eines der bestfunktionierenden demokratischen Systeme aller Zeiten.
Keine der Sippensprecherinnen besaß irgendwelche Zwangsmittel. Ihre Macht beruhte ausschließlich auf der freiwilligen Zustimmung der Sippe, die ihre Sprecherin jederzeit abwählen konnte, andererseits aber auch das ausführende Organ ihrer Entscheidungen war. Dieses Prinzip der absoluten Ebenbürtigkeit aller Mitglieder einer Sippe wurde auf die größeren

Einheiten der Schwesterschaft, der Bruderschaft, des Stammes und des Bundes verschiedener Stämme übertragen. Die vier Prinzipien, auf denen diese ganze Stammespyramide ruhte, waren:

1. Blutsverwandtschaft
2. Matrilineare Deszendenz
3. Gemeinschaftsbesitz
4. Gleichberechtigung der Geschlechter.

Es gab weder Beamte noch Polizisten, weder Richter noch Gefängnisse, weder Adel noch Militär. Es gab keine Armen und keine Reichen, keine Arbeitgeber und keine Arbeitnehmer, keine Klassen, kurzum: keine öffentliche Gewalt irgendwelcher Art außerhalb der Gesamtheit der Stammesmitglieder und deshalb auch keinen Staat. Die Zerstörung dieses Systems durch die Griechen, gefolgt von der griechischen Entdeckung des Staates als Macht neben und über Sippe und Stamm, stellt den Inhalt der griechischen Geschichte und damit unserer nächsten Kapitel dar.

9

Wir haben uns mit dieser Beschreibung weit über das Frühneolithikum hinausbegeben und kommen nun zum Mittelneolithikum zurück. Dies war, wie wir gesehen haben, das Zeitalter der Fruchtwechselwirtschaft, die zum ersten Male größere Dorfgemeinschaften ernähren konnte und damit den Prozeß der Urbanisierung einleitete. Wir finden dieses Stadium in Vorderasien bei der Ubaid- und Halafien-Kultur und auf der Balkanhalbinsel bei den fortgeschrittensten Starčevo-Bauern. Überall erkennt man an den größeren Dörfern, daß Mittel gefunden wurden, um diese Menschen zu ernähren, und das war nur durch Fruchtwechselwirtschaft denkbar.

Auch das Handwerk breitete sich dank den größeren Ernten aus, da diese nun die Freistellung einiger Spezialisten von der Feldarbeit erlaubten. Schließlich wird das Mittelneolithikum durch die Ausbreitung des Tauschhandels gekennzeichnet. Innerhalb der Starčevo-Provinz sind solche Handelsbeziehungen »durch die in der ganzen Gegend verbreiteten, aus den Schalen der *Spondylus gaederopi,* einer Mittelmeermuschel, hergestellten Schmuckstücke und durch den Transport von ungarischem oder transsylvanischem Obsidian nach Dörfern am Pruth und Dnjestr einwandfrei bezeugt« (V. Gordon Childe, a.a.O., S. 38). Schließlich finden wir in dieser Zeit die ersten »privaten« Gemälde, farbige, freskenartige Wandbilder in den Häusern von Tschatal Hüyük, die als die ältesten der Geschichte gelten. Kernpunkt der ganzen Entwicklung und einziges verläßliches Anzeichen des entwickelten Mittelneolithikums ist und bleibt jedoch die Produktion, der Durchbruch von der Feldwechselwirtschaft zur Fruchtwechselwirtschaft.

Die bürgerliche Vorgeschichtsforschung hat allerdings versucht, einen weiteren Faktor zur Kennzeichnung des Mittelneolithikums heranzuziehen, die Keramik, und hat die Jungsteinzeit somit in eine vorkeramische und eine keramische Stufe aufzuteilen versucht. Das schien anfangs auch manchen marxistischen Forschern sinnvoll, denn Keramik ist ja eine handwerkliche Tätigkeit und mag uns deshalb Aufschlüsse über die Entwicklung der Produktionsmittel geben. Aber da Keramik bestenfalls als eine Sekundärproduktion gelten kann, und vor allem weil die bürgerliche Forschung mit Keramik meistens nur Vasen und Töpfe, nicht aber Ziegel, Klinker und andere feuerfeste Baustoffe meint, haben sich diese Schlüsse als unzuverlässig erwiesen. Vasen und Töpfe sind Konsumartikel, und aus Konsumartikeln kann man sich zwar einen oberflächlichen Eindruck von den Lebensverhältnissen ihrer Benutzer bilden, aber dieser Eindruck wird stets aus einer Anzahl unzusammenhängender Data bestehen und kann deshalb nichts Grundsätzliches aussagen. Das Bild einer Epoche mit ihren kausalen Zusammenhängen kann sich niemals aus der Analyse ihres Konsums, sondern nur aus dem ihrer Produktion ergeben, denn auf ihr baut sich alles andere auf. Sie ist die Basis. Der Konsum, wie alle anderen Aspekte der Kultur, ist nur ein Überbau.

Wenn man, wie es manche bürgerlichen Forscher versucht haben, das Frühneolithikum als jenes Zeitalter definiert, in dem die Menschen von behauenen Werkzeugen zu überschliffenen und polierten Geräten übergegangen sind, und dann das Mittelneolithikum mit der Erfindung der Töpferei und Keramik in Verbindung bringt, gerät man in das Dilemma, einige der fortgeschrittensten neolithischen Gesellschaften Vorderasiens als frühneolithisch oder gar mesolithisch anzusehen, weil sie noch keine keramischen Töpfe, dagegen aber gebrannte Lehmziegel und Tonplastiken besitzen und sich im übrigen mit steinernen Töpfen behelfen, die zwar sorgfältig überschliffen, manchmal aber nicht einmal poliert sind.

Die Erklärung liegt wahrscheinlich darin, daß man in Vorderasien früher seßhaft wurde, weil die Landwirtschaft früher begann, und deshalb nach wie vor die sehr schönen Steingeräte benutzte, deren einziger Nachteil der war, daß sie zuviel wogen und sich deshalb schwer transportieren ließen. Für seßhafte Bauern war das kein Einwand, für Nomaden dagegen ein geradezu unüberwindliches Problem. Deshalb finden wir in Europa bei verhältnismäßig unentwickelten Völkern bereits keramische Töpfe, während wir in Vorderasien bei hochentwickelten Kulturen noch Steintöpfe vorfinden. Als Indiz der Kulturstufe oder gar der Technologie ist Keramik also völlig nutzlos.

Andererseits ist Keramik von äußerster Wichtigkeit, weil man erst in letzter Zeit aus den Fingerabdrücken der ersten Töpfer entdeckt hat, daß es Töpferinnen gewesen sein müssen (um 6400 v. u. Z. in Südwest-Anatolien). Diese Entdeckung führte zu der Vermutung, die sich mittlerweile bestätigt hat, daß ein großer Teil der vorgeschichtlichen Werkzeuge von Frauen erfunden worden ist. Im Widerspruch zu der unter heutigen Männern herrschenden Ansicht, daß der Mann »von Natur« größere technische Begabung als die Frau besitze und die technische Entwicklung der Menschheit deshalb allein das Werk der Männer sei, stellt es sich immer mehr heraus, daß gerade diejenigen Werkzeuge der Vorzeit, auf denen sich Jahrtausende später das industrielle Zeitalter aufbauen sollte, Erfindungen der Frau waren. Wir haben bereits vom Grabstock und der Hacke gesprochen und werden auf beide noch einmal zurückkommen. Aber auch Spinnwirtel, Spinnrad und Webstuhl, auf denen sich die ganze spätere Textilindustrie aufbaut, sind weibliche Erfindungen, genau wie die Rohstoffe der Textilproduktion, vor allem Flachs und Baumwolle, zuerst von Frauen kultiviert und angepflanzt worden sind. Der Mann hat später vieles verbessert, aber der intellektuelle Durchbruch, die schöpferische Leistung, die eigentliche Kreativität kam niemals vom Mann, sondern naturgemäß von der Schöpferin des Lebens, der Urproduzentin: der Frau und Mutter. Und eben weil sie solcher Leistungen fähig war, benötigte sie niemals jenen Kult der Leistung, jene Krücke, die sich als Bein ausgibt: die Leistungsgesellschaft. Diese Ideologisierung des Wettbewerbs, des Kampfs, des Krieges, der Selbstherrlichkeit auf Kosten anderer, der Aufwertung des Ichs durch Abwertung der anderen: sie war tatsächlich das Werk der Männer.

Man unterschätze indessen nicht die Denkarbeit, die »Leistung«, die zur Entwicklung der Töpferei geführt hat, denn zum ersten Male in der menschlichen Geschichte wurden hier anorganische Substanzen einer chemischen Metamorphose unterzogen. Sand oder anderes Material mußte dem Ton beigemischt werden, ehe er sich formen ließ. Die Wärme des Ofens und die Feuchtigkeit des Materials mußten aufeinander abgestimmt werden. Notfalls mußte man den Ton magern oder schlemmen. Aus der ungelagerten Formscheibe, auf der man anfangs den Tonklumpen hin- und hergeschoben hatte, mußte eine Drehscheibe entwickelt werden. Erst auf der vom Fuß getriebenen, frei rotierenden Scheibe ließ sich der Ton ziehend bearbeiten. Das nahm wahrscheinlich Jahrhunderte in Anspruch, bis es endlich klappte.

Auch die Entwicklung des Grabstocks und der Hacke war nicht so einfach, wie es uns heute scheinen mag, wenn wir diese primitiven Werkzeuge betrachten. Der ursprüngliche Grabstock war, wie schon der Name sagt, ein einfacher, zum Graben zugespitzter Stab. Später wurde das zugespitzte Ende im Feuer gehärtet, noch später erhielt es eine steinerne Spitze. Manchmal gab man dem Werkzeug aber auch ein plattes Ende, und daraus entwickelten sich Spaten und Schaufel, möglicherweise auch die Hacke. In ihrer elementarsten Form bestand sie aus einem Schößling mit kurzem Astende, in ihrer entwickelten Form aus einem Holzstab mit angebundener oder eingefügter Klinge aus Stein, Knochen oder Muscheln. Bei den Starčevo-Bauern und anderen ehemaligen Jägern finden wir auch eine aus Hirschgeweihen gefertigte Hacke. Schließlich sollten wir unter den von der Frau erfundenen Werkzeugen des Neolithikums auch die steinerne Sichel erwähnen, mit der man anfangs Wildgräser und später Getreide schnitt.

Bürgerliche Vorgeschichtsforscher haben ihren marxistischen Kollegen verschiedentlich vorgeworfen, sie erhöben die Sequenz der Produktionsstadien zum Fetisch, indem sie die Entstehung der städtischen Revolution aus dem Bauerntum, des Bauerntums aus dem Hackbau, und des Hackbaus aus dem Nahrungssammeln zum Schema gemacht hätten und dabei vorgäben, alle menschlichen Gesellschaften seien so entstanden. Dieser Vorwurf ist unberechtigt, denn erstens befassen wir uns hier mit einem spezifischen Prozeß in einer spezifischen Region der Geschichte des griechischen Patriarchats und seiner Ursprünge in einem spezifischen Raum Eurasiens, und zweitens hat kein Marxist je bestritten, daß die Sequenz der Ereignisse in anderen Regionen anders gewesen sei. Aber eines ist sicher: »Die günstigsten Bedingungen für den Fortbestand des Matriarchats konnten nur in einem raschen Übergang vom Sammeln von Früchten zum Feldbau bestehen. Das sind aber gleichzeitig auch die optimalen Bedingungen für die Entwicklung der Zivilisation« (George Thomson, a.a.O., S. 114).

Wie wir später sehen werden, nahm die Entwicklungsgeschichte bei manchen Griechenstämmen einen völlig anderen Kurs: aus nomadischen Jägern wurden nomadische Hirten, aus Wanderhirten seßhafte Hirten, aus seßhaften Hirten viehzüchtende Bauern. Bei einer solchen Reihenfolge kann weder ein Matriarchat entstehen, noch sind dies günstige Bedingungen für die Entwicklung einer Hochkultur. Diese konnte sich erst dadurch entwikkeln, daß die Griechen die matristischen Kulturen eroberten und dabei weitgehend assimilierten. Die Stadien der Entwicklung vom »Matriarchat« zum Patriarchat lassen sich in den folgenden Stufen darstellen:

1. *Direkte matrilineare Folge:* von der Mutter auf die Tochter.
2. *Indirekte matrilineare Folge, erstes Stadium:* vom Mutterbruder auf den Schwestersohn. Die Rechte der Frau werden auf ihren Bruder übertragen, den nächsten Verwandten in matrilinearer Folge.
3. *Indirekte matrilineare Folge, zweites Stadium:* vom Schwiegervater auf den Schwiegersohn. Die Rechte der Frau werden nicht mehr auf ihren nächsten Blutsverwandten, sondern auf ihren Gatten übertragen.
4. *Patrilineare Folge:* vom Vater auf den Sohn. Die Mutter wird ausgeschaltet.

Auch diejenigen griechischen Stämme, wie die Dorer, die ihre matrilineare Struktur weitgehend bewahrt hatten, gingen von Sprecherinnen zu Sprechern, und von Sprechern zu Heerführern über, nachdem es sich herausgestellt hatte, daß sie sich nur mit kriegerischen Mitteln gegen die aggressiven Vaterrechtler behaupten konnten. Wir greifen der historischen Entwicklung vor, aber um die Kontinuität zu wahren, sei hier bereits darauf hingewiesen, daß fast alle matristischen Kulturen der Alten Welt, denen die Griechen bei ihrem Marsch nach Westen und Süden begegneten, unbewaffnet waren und das Konzept der Wehrdörfer und ummauerten Städte noch nicht kannten. Die matristische Ordnung stammt aus einer Zeit, in der es noch keine Kriege gab. Sie trägt deshalb in ihrer ganzen Struktur die Kennzeichen einer verteidigungsunfähigen Gesellschaft. Versucht sie sich zu verteidigen, so finden tiefgreifende strukturelle Verschiebungen statt, die der Gesellschaft ihre Elastizität rauben, sie von der Arbeit anderer abhängig machen und die Verwundbarkeit von außen nach innen verlegen. Dies geschah besonders deutlich in Sparta: je stärker Sparta nach außen wurde, um so schwächer wurde es seinen eigenen Heloten und Periöken gegenüber.

Die matristischen Siedlungen des Neolithikums waren frei von Verteidigungsanlagen. Finden wir bei einer neolithischen Stadt, wie bei Jericho, bereits Wehrmauern und Wachttürme, so können wir schließen, daß die matristische Ordnung sich bereits im Verfall befindet: »Thermi auf Lesbos, Phylakopi auf Melos und alle bekannten minoischen Orte kamen in frühägäischen Zeiten ohne Verteidigungsanlage aus« (V. G. Childe, a.a.O.,

S. 85). Auch die Donau-Bauern waren waffenlos. Alle ihre »Waffen« waren gegen Tiere, nicht gegen Menschen gerichtet. Die Dörfer waren zum Schutz vor wilden Tieren, nicht vor Menschen eingezäunt. Deshalb hatte die Einführung der Wehrpflicht nicht nur sippeninterne Gründe, sondern wurde von der Notwendigkeit geprägt, die noch matristischen Stämme gegen die bereits zum Patriarchat übergegangenen, vor allem aber gegen die von vornherein patristischen Stämme, also jene, die sich aus Wanderhirten und Viehzüchtern entwickelt hatten, zu verteidigen.
So bildeten sich unter dem vereinten Druck innerer ökonomischer Verhältnisse und äußerer Spannungen aus einer bis dahin völlig gleichberechtigten Gesellschaft die ersten Ansätze einer Hierarchie, und zwar einer Hierarchie zur Verteidigung der Sippe und des Stammes gegen den bewaffneten Druck vaterrechtlich organisierter Sippen und Stämme. Bei den Griechen wurde die Sippensprecherin vom Sippensprecher und dieser vom *archon* abgelöst. Aus der Schwesterschaftssprecherin wurde der Bruderschaftssprecher und aus ihm der *phratriarchos.* Aus der Stammessprecherin wurde der Stammessprecher und aus ihm der Heerführer, der *basileus.* Es war der Anfang jener Hierarchie, die am Ende das ganze Stammessystem zerschlagen sollte. Die freie Wahl des Sprechers oder Häuptlings wurde immer weiter eingeengt, bis sie zum erblichen Posten wurde, zum Grundstein des Adels und damit der Klassengesellschaft. Man kann diese Entwicklung sehr deutlich bei den Griechen verfolgen, wo sie in vier großen Sprüngen stattfand:

1. Häuptling frei gewählt und absetzbar. Häuptlingswürde nicht vererblich.
2. Häuptling frei gewählt und absetzbar, aber auch erblich, wenn keine neue Wahl vom Stamm gefordert wird. Nur der Schwestersohn oder der jüngere Bruder kann die Häuptlingswürde erben, also matrilineare Erbfolge.
3. Häuptling frei gewählt und absetzbar, aber auch erblich, wenn keine neuc Wahl von den Stammesmitgliedern verlangt wird. Nur der Sohn des Häuptlings kann die Würde erben, also patrilineare Folge.
4. Häuptlingswürde patrilinear erblich.

Über die Tatsache, daß die matristischen Sippengesellschaften fast frei von Rangordnungen, Hierarchien und Klassen waren, gibt es keine Zweifel. Im ganzen Donaukulturkreis finden wir beispielsweise keine Anzeichen von Rangunterschieden. Deshalb folgert Gordon Childe auch aus dieser Tatsache, daß hier »eine matrilineare Erbfolge geherrscht haben muß« (a.a.O., S. 43). Vor allem schließt er aus der kollektiven Bestattung der Toten und der Abwesenheit jeglicher Rangunterschiede in den Gräbern, daß die ganze früh-ägäische Kultur matristisch organisiert war: »In keinem der früh-ägäischen Friedhöfe konnte man jedoch irgendwelche auf Rangunterschiede hinweisende Verschiedenheiten im Grabbau oder in der Bestattungsart feststellen, noch ist der Unterschied der Grabbeigaben irgendwo so bedeutend, daß sie auf eine Ungleichheit des Standes schließen lassen. Die Gräber des Ägäischen Kreises deuten auf keine Klassentrennung der Gesellschaft hin, wie sie dieselben Denkmäler am Nil so klar widerspiegeln« (V. Gordon Childe, a.a.O., S. 87).

Auch im westlichen Mittelmeerraum, auf den wir zu sprechen kommen werden, wenn wir die matristische Vorgeschichte der römischen Kultur behandeln, gab es keinerlei Rangunterschiede, keine Hierarchie, keine Heeresführung, keine Klassengesellschaft: »Die Begräbnisse waren überall kollektiv, und die Gräber waren wie am östlichen Mittelmeer zu kleinen Friedhöfen zusammengelegt« (V. Gordon Childe, a.a.O., S. 94).

Im Gegensatz zu der bürgerlichen Meinung, daß Athen durch die Einführung der sogenannten Demokratie einen bedeutsamen Fortschritt in der menschlichen Geschichte erzielt habe, stellen die patriarchalischen Verfassungen der griechischen Stadtstaaten, vor allem aber die Athens, einen gewaltigen Rückschritt in der Geschichte der Gleichberechtigung dar. Wenn mit »Demokratie« das Recht gemeint ist, in offener Abstimmung und völliger Gleichberechtigung der Geschlechter alle gemeinsamen Fragen zu entscheiden, ohne Unterschied von arm und reich, in völliger Abwesenheit jeglicher Privilegien jederzeit abwählbare Repräsentanten zu wählen, die ihrerseits keinerlei Macht außerhalb der ihnen zugesprochenen Verantwortung besitzen und keine Bezahlung erhalten, dann besteht die Geschichte der griechischen Stadtstaaten eher in einem Verfall der Volksherrschaft als in ihrem Aufbau. Es *gab* demokratische Institutionen, aber es gab sie in der vorathenischen Frühgeschichte, im Gentilsystem der klassenlosen, matrilinearen, matrilokalen Stammesgesellschaft. Von dieser Gesellschaftsordnung finden wir zur Zeit der griechischen Stadtstaaten nur noch kümmerliche Reste in Sparta, Korinth und anderen spätmatristischen Kulturen, nicht aber im sklavenhaltenden, frauenunterdrückenden, vaterrechtlichen Athen, das nicht ohne Grund eine Tyrannis nach der anderen erlebte.

Betrachtet man die Selbstverwaltung der alten matristischen Kulturen und vergleicht sie mit den Hierarchien der Griechen, besonders auf dem Gebiete der Justiz, so wird einem der Unterschied zwischen mütterlicher und väterlicher Organisation besonders klar. In den alten Sippengesellschaften schuldeten alle Mitglieder der Sippe einander Hilfe, Schutz und Beistand. Wer einen Menschen angriff, griff damit dessen Sippe an. Nehmen wir einmal den schlimmsten Fall an, der sich in der Sippengesellschaft vorstellen läßt: ein Mitglied der Sippe A tötet ein Mitglied der Sippe B. Beide gehören natürlich nicht nur zu verschiedenen Sippen, sondern auch zu verschiedenen Bruderschaften, sind also so entfernt miteinander verwandt, daß sie einander kaum noch als Verwandte betrachten können. Nach einer solchen Tat pflegte die Sippe des Ermordeten zusammenzukommen, um zu beraten, was man tun müsse, um die Sache zu sühnen. Die Sippe des Schuldigen hielt ebenfalls eine Beratung ab und war dabei stets bestrebt, weiteres Blutvergießen zu verhindern. Zu diesem Zweck bot sie der anderen Sippe eine gemeinsam verfaßte Entschuldigung der gesamten Sippe und ein von allen Sippenmitgliedern gemeinsam gestiftetes Sühnegeschenk an. Lehnte die andere Sippe dies ab, so ging der Vorgang zur nächsten Instanz: Nun berieten die Bruderschaften des Toten und des Schuldigen und versuchten durch größere Geschenke auf höherer Ebene zu einem Einvernehmen zu gelangen. Waren die beiden Betroffenen wichtige Frauen oder Männer, so konnnte der Vorgang bis vor die höchste Instanz, den Stammesrat, gehen. War dann

immer noch kein Einvernehmen zu erreichen, so wurde mit Einverständnis der Sippen, der Bruderschaften und des Stammesrats ein Mitglied der Sippe des Getöteten beauftragt, den Täter zu töten.
Da dies nur mit Zustimmung seiner Sippe geschehen konnte, gab es keine Möglichkeit der Rückvergeltung. Es gab aber auch keine Bürokratie des Rechts, keinen Berufsrichter, keinen Berufshenker, kein Gefängnis, keine Polizei, keinen *Apparat* der Ermittlung, Fahndung, Rechtsprechung und Strafvollstreckung. Zu den Funktionen der Bruderschaft gehörte nicht nur die Verfolgung von Verbrechen, sondern auch ihr organisches Gegenstück, die Reinigung des Verbrechers, jene Befreiung von Schuld, die in unserer gegenwärtigen Rechtsprechung fehlt und diese dadurch so unmenschlich macht. Zwar gilt die Tat bei uns als »gesühnt«, nachdem der Täter seine Strafe gezahlt oder abgesessen hat, aber diese Rechtsposition ist niemals ins Bewußtsein des Volkes eingedrungen. Der »Verbrecher« bleibt bei uns lebenslänglich ein Verbrecher, der »Zuchthäusler« wird noch heute so genannt, obgleich wir keine Zuchthäuser mehr haben. Kriminalität gilt in der patriarchalischen Gesellschaft als Kennzeichen einer Gruppe von Parias, den »Kriminellen«, von denen sich der »normale« Bürger grundsätzlich unterscheidet.
Unser Rechtsbewußtsein spiegelt also die Klassengesellschaft mit einer ins Absurde übertriebenen Logik wider: Hier die herrschende Klasse der anständigen Menschen, dort die halb bewunderte, halb gefürchtete Klasse der Kriminellen. Und obgleich sich auch das bürgerliche Bewußtsein nicht völlig der Wahrnehmung verschließt, daß man aus der herrschenden Klasse der Anständigen nur allzu leicht in die Unterwelt der Kriminellen absinken und durch gewisse Edelverbrechen, vor allem Finanzmanipulationen, auch aus ihr emporsteigen kann, widerstrebt es der Mentalität des Bürgertums, das Konzept der Reinigung zu akzeptieren. Deshalb widersteht auch der katholische Gedanke der Beichte und Absolution zutiefst der puritanischen Logik, aus der das Bürgertum entstanden ist. »Die Katholiken machen sich's zu leicht«, heißt es nicht nur unter Protestanten, sondern auch unter jenen Bürgern, die sich als aufgeklärt und frei von religiösen Vorurteilen betrachten.
Aber gerade im Konzept der Absolution, gegen das Luther sich mit besonderer Zielstrebigkeit wandte, liegt jener «marianische« Teil des Katholizismus, der noch aus den archaischen Mutterreligionen stammt. Wo es ein Vergehen gegen die Gemeinschaft gibt, da ist Befreiung von der Last des Vergehens wichtiger als Strafe. Denn Strafe ist eine vaterrechtliche Erfindung: sie ist aggressiv, sie ist phallisch, sie will Schmerz verursachen. Sühne dagegen ist frei von Aggression, sie ist eine selbstauferlegte Buße für ein selbsterkanntes Vergehen. Wo der Täter sich der Schuld bewußt ist und sie sühnen will, muß die Gemeinschaft das Recht haben, ihn von der Schuld zu befreien. Aber selbst diese Logik ist bereits vom Vaterrecht berührt. In der matristischen Gesellschaft dachte man nicht in Begriffen eines Rechts auf Schuldbefreiung, sondern einer Pflicht, diese zu leisten, wo sie erbeten wurde. Und darin liegt die größere Humanität des Mutterrechts.
Stellen wir nun einmal systematisch die Rechte und Pflichten der Sippenge-

sellschaft zusammen, so ergibt sich eine Struktur, die allein durch die Abwesenheit dessen, was beim Patriarchat besonders verwerflich ist, und durch die Anwesenheit dessen, was beim Patriarchat fehlt, den Beweis liefert, was die Menschheit verloren hat, als sie sich von der Sippengesellschaft abwandte:

1. Gleiches Recht für Männer und Frauen.
2. Recht auf Sippenmitgliedschaft durch Abstammung von einer Mutter, die Sippenmitglied ist.
3. Das Recht auf einen Sippennamen, der Sippenrechte verleiht, wie heute Staatsbürgerschaft Bürgerrechte gibt. Benennung des Kindes nach der Mutter.
4. Das Recht, bei der gemeinsamen Sippenversammlung gleichberechtigt zu stimmen.
5. Das Recht, in freier, offener Wahl als Sippensprecher gewählt zu werden. Damit verbunden aber auch die Pflicht, eine jederzeitige Abwahl zu akzeptieren.
6. Das Recht, in einem gemeinsamen Sippengrab beerdigt zu werden.
7. Kein Recht der Paarung mit anderen Sippenmitgliedern, denn das wäre Blutschande.
8. Kein Recht der Adoption, denn nur Blutsverwandte konnten Sippenmitglieder sein.
9. Kein individuelles Jagd-, Fisch- oder Sammelrecht.
10. Kein individuelles Recht auf Bodenbesitz.
11. Kein Recht auf individuelle Vererbung. Erben konnte nur die Sippe, die das Erbe dann nach matrilinearen Deszendenzregeln verteilte.
12. Primat der Tochter gegenüber dem Sohn.
13. Primat der Schwester gegenüber dem Bruder.
14. Primat der Jüngsten unter den Kindern einer jeden Mutter. Im Gegensatz zu dem patriarchalischen Primat des ältesten Sohnes galt bei allen matristischen Sippengesellschaften das Primat der jüngsten Tochter. Die Auszeichnung der Jüngstgeburt »knüpft die Fortdauer des Lebens an denjenigen Zweig des Mutterstammes an, der, weil zuletzt entstanden, auch zuletzt von dem Tode erreicht werden wird« (Johann Jakob Bachofen, *Gesammelte Werke*, Basel 1948, Band II, S. 19).
15. Die Pflicht, anderen Sippenmitgliedern Hilfe, Beistand, Rechtsprechung und Sühne zukommen zu lassen.
16. Die Pflicht, alle Entscheidungen der Sippe zu befolgen.

Während der Übergangszeit zum Vaterrecht änderten sich einige dieser Rechte und Pflichten:

1. Die Erbberechtigung ging von der Sippe auf die Tochter über.
2. Gleichzeitig wurde die Tochter ihrer Mutter gegenüber alimentationspflichtig.
3. Daraus erwuchs aber auch für die Tochter die Pflicht der Elokation (Ausstattung) und Dotierung ihrer Brüder.
4. Das Verbot der Paarung innerhalb der Sippe wurde für verwaiste Töchter und Erbinnen aufgehoben, damit ihr Besitz innerhalb der Sippe bleibe.

5. Einführung des Adoptionsrechts. Dies gehörte anfangs noch der Sippe in ihrer Gesamtheit und fand durch einen Ritus statt, in welchem der Adoptierte starb und neu geboren wurde. Durch den Tod starb er als Mitglied seiner alten Sippe, durch die Wiedergeburt wurde er zum Sohne der ihn adoptierenden Sippenmutter. So wurde auch Orest nach der Ermordung seiner Mutter rituell wiedergeboren (George Thomson, *Frühgeschichte Griechenlands und der Ägäis,* übers. v. Hans-Georg Heidenreich, Berlin 1960, S. 113). Nach wie vor hatte kein Individuum das Recht, ein anderes Individuum zu adoptieren, aber selbst wenn die Sippe als Ganzes sich das Privileg vorbehielt, einen Fremden einzubürgern, so stellte das Einbürgerungsrecht als solches doch bereits eine nie wiedergutzumachende Verletzung der früheren Sippentraditionen dar. Es erlaubte, gemeinsam mit dem Recht auf Privateigentum und dessen Vererbung, den Männern später, das Recht der Frau zu brechen und damit das Zeitalter des Patriarchats einzuleiten.

Die sexuellen Implikationen eines solchen Systems sind so eindeutig, daß man sie kaum zu beschreiben braucht. Trotzdem muß einiges gesagt werden, weil die bürgerliche Vorgeschichtsforschung das ganze Thema in geradezu unverantwortlicher Weise vernachlässigt oder mißdeutet hat. Für den Bürger drückt Monogamie Ordnung und Sittlichkeit aus, weil nur durch Einehe die Illusion des Vaters erzeugt werden kann, die Kinder seiner Frau seien auch die seinen. Wenn er nun erfährt, in den matristischen Sippengesellschaften der Vorzeit habe es weder eine Ehe im gegenwärtigen Sinne noch ein ausschließliches Zusammenleben einer einzigen Frau mit einem einzigen Manne gegeben, so folgert er, daß diese Gesellschaften unsittlich gewesen seien und in »ungeordneten Verhältnissen« gelebt hätten. Genau das kann man aber selbst beim schlechtesten Willen den matristischen Gesellschaften nicht vorwerfen. Kaum irgendwann und irgendwo hat es Gesellschaftsordnungen mit höherer Moral gegeben. Da die Mutter sowieso stets wußte, welches Kind von ihr selber stammte, benötigte sie, allerdings im Gegensatz zum Vater, niemals die Institution der Einehe. Monogamie drückt Männerherrschaft aus, selbst wo matrilineare Deszendenz besteht, denn nur der Mann hat ein Interesse daran, daß »seine« Frau sich ausschließlich mit ihm paare. Es gibt dagegen keinen erdenklichen moralischen Grund, weshalb eine Frau ein Interesse daran haben solle, daß der Mann, mit dem sie lebt, sich mit niemand anderem paaren möge; es gibt nur den harten ökonomischen Grund, daß sie ihm »treu« sein muß, wenn sie von ihm ernährt werden will. Solange sie aber selber den Löwenanteil an allen Lebensnotwendigkeiten erzeugt, ist sie von diesem Motiv glücklicherweise frei.

Deshalb stellt auch, wie wir bereits sagten, das ganze Gerede der bürgerlichen Vorgeschichtsforscher des 19. Jahrhunderts von den »Weibergemeinschaften« der »Urzeit« ein Mißverständnis des Kräfteverhältnisses in diesen Sippengesellschaften dar. Wo die Frau der ökonomisch stärkere Partner ist, da sucht sie sich auch ihre Partner aus. Es bestand also eher eine »Männergemeinschaft«, aber auch dies wäre eine aus unserer Zeit retrojizierte Vorstellung, weil Polygamie nur dort herrschen kann, wo es eine herrschende Klasse gibt, die sich das Privileg der multiplen Ehe leisten kann.

Wo die Anzahl der Männer und Frauen gleich ist – und das war bei den Sippengesellschaften der Fall –, da würde die »Ehe« einer einzigen Frau mit mehreren Männern bedeuten, daß andere Frauen ohne Männer ausgingen. Das wäre aber bei der völlig gleichgestellten Position aller Frauen der Sippengesellschaft ein undenkbarer Zustand.

Wie die Dinge in Wirklichkeit aussahen, läßt sich vielleicht am besten klären, wenn man eine vergleichbare Ökonomie unserer Tage heranzieht, die der kanadischen Eskimos, die zwar ganz und gar nicht in einer Sippengemeinschaft leben, nicht einmal matrilineare Deszendenz besitzen, wo die Frau aber eine so wichtige ökonomische Rolle spielt, daß der Mann unweigerlich verhungern würde, wenn er keine Frau hätte. Bürgerliche Forscher haben diese Kultur deshalb als »monogam« dargestellt; da man bei den Eskimos aber keine eheliche »Treue« fand, hat man sich aus der Schlinge zu ziehen versucht, indem man angab, es gäbe einen Zustand angeblicher »Gastprostitution«, die dem Ehemann erlaube, einem anderen Manne von Zeit zu Zeit seine Frau zur Verfügung zu stellen.

Ich habe eine Zeitlang unter kanadischen Eskimos gelebt und dadurch gelernt, wie anders die Dinge in Wirklichkeit aussehen. Die Eskimofrau hat sich durch Jahrhunderte harter Arbeit, unter anderem durch die Herstellung einer der besten Arbeitskleidungen, die der Mensch je entdeckt hat, das Recht erworben, mit jedem Manne zu schlafen, den sie schätzt. Kommt nun ein Fremder zu ihrem Iglu (es ist stets *ihr* Iglu, nie seiner), so ist es selbstverständlich, daß sie mit ihm schläft, wenn er ihr gefällt. Nicht der Ehemann ist es also, der dem Gast seine Frau anbietet, sondern die Gastgeberin, die sich den Gast aussucht. Nicht er hat das Recht, sie zu besitzen, sondern sie hat das Recht, ihn zu besitzen. Hier von »Prostitution« zu sprechen, ist geradezu närrisch und zeigt wieder einmal, wie weit die bürgerliche Gesellschaft zu gehen bereit ist, um andere Gesellschaftsordnungen, die ihr gefährlich erscheinen, mehr oder weniger unbewußt zu verleumden.

Hierher gehört auch die Legende vom »Frauentausch« der Eskimos. Rüdiger Schott, ein Forscher, den ich sonst sehr schätze, hat einmal ganz beiläufig in einem für ihn offenbar nebensächlichen Satz geschrieben: »Der Frauentausch unter Freunden war gang und gäbe.« Das ist das übliche Mißverständnis des Patristen in einer matristischen Gemeinschaft. Schott geht ganz automatisch von der Prämisse aus, daß der Mann der dominante Partner sei und deshalb seine Frau beliebig »tauschen« könne. Dabei spielt auch die bürgerliche Illusion mit, daß der Mann stets die aktive Sexualität besitze und die Frau bestenfalls zustimme. In matristischen Gesellschaften dagegen sind die Geschlechter nicht nur gleich *berechtigt*, sondern gleich *mächtig*, weil sie in so hohem Maße voneinander abhängig sind, daß eine Zurückweisung des anderen Geschlechts alle beide zum Verhungern brächte. Das patristische Konzept der Frau als duldende Person, die den Geschlechtsakt als eine Form höherer Gewalt über sich ergehen läßt, ist einer Eskimofrau so unverständlich, daß man die größten Schwierigkeiten hat, es ihr auch nur als Möglichkeit klarzumachen. Bei Eskimos, die keine Gelegenheit gehabt haben, die Sexualverhältnisse der Europäer, Kanadier oder Amerikaner kennenzulernen, ruft jede Beschreibung dieser Verhält-

nisse deshalb stets Stürme von Gelächter hervor. Nicht weil sie sich über uns lustig machen wollen, sondern weil ihnen die ganze Situation so absurd vorkommt, daß sie sie nur als Witz auffassen können. Und das gilt sowohl für den Eskimomann wie für die Eskimofrau.
Gehen wir nach diesem Beispiel noch einmal zu der vorgeschichtlichen Sippengesellschaft zurück, und zwar zu einer Phase, die vor der neolithischen liegt, der Zeit der Arbeitsteilung zwischen einer sammelnden Frau und einem jagenden oder fischenden Mann. Hatte die Frau sich aus einer der benachbarten Sippen einen Mann ausgesucht, der ihr gefiel, so holte sie ihn sich auf dieser Stufe noch nicht einmal zu sich, wie das später in den matrilokalen Phasen üblich war, sondern jeder von ihnen blieb im Haushalt seiner Mutter. Die Geschlechtsbeziehungen hatten die Form von gegenseitigen Besuchen; anfangs waren die der Frau bei dem Manne, später die des Mannes bei der Frau häufiger. Die Form der Geschlechtsbeziehungen war also »dislokal«. Da der Mann bei dislokaler Ansiedlung nur für die Sippe seiner Mutter zu arbeiten brauchte, hatte er es natürlich leichter als in dem späteren Stadium der matrilokalen Ordnung, wo er ins Haus seiner Schwiegermutter zog und dann zumindest eine Zeitlang »für zwei Häuser« arbeiten mußte. Er erhielt von ihrer Sippe ein Stück des Gemeinschaftshauses zugewiesen, jagte zusammen mit den Männern ihrer Sippe und erhielt einen Anteil an ihrer gemeinsamen Beute. Scheiterte die »Ehe« aber, oder zog der Mann aus irgendeinem anderen Grunde wieder fort, so verblieben ihm nur seine Kleider und die Werkzeuge, die er mitgebracht oder während seines Aufenthaltes bei der Sippe seiner Frau hergestellt hatte.
Hieraus erwuchs die Notwendigkeit, die Frau anständig zu behandeln: »Die Beziehungen zwischen den ›Eheleuten‹ sind kameradschaftlich und natürlich; von einem schlechten Verhalten des Mannes seiner Frau gegenüber kann im Matriarchat keine Rede sein. Falls sich der Mann irgend etwas Derartiges herausnimmt, genügt das, um die ›Ehe‹ unverzüglich zu trennen. Dem Manne droht außerdem noch die Rache seitens der Angehörigen der beleidigten Frau« (M. O. Koswen, a.a.O., S. 122). War die Frau mit dem Manne ihrer Wahl unzufrieden, so machte sie ihm also klar, daß er seine Habseligkeiten packen und sich entfernen möge. Ihm blieb dann nichts anderes übrig, als sich zu trollen.
Da die Frau als Landwirtin mehr Nahrungsmittel beisteuerte als der Mann beim Jagen, genoß sie einen höheren Status als in späteren Stadien der Gesellschaft. Und da der Vorgang des Gebärens und der zyklischen Übereinstimmung zwischen Mondphasen und Menstruation dem Manne unheimlich und rätselhaft vorkam, erhob er die Frau zur Göttin. Der Kult dieser Mutterreligionen des Hackbaustadiums kulminierte jedes Jahr im Erntefest und bestand darin, daß die zahllosen Verbote, die während der übrigen Zeit des Jahres galten, an diesen Festtagen demonstrativ aufgehoben wurden. Hierbei war die Aufhebung des Inzestverbots zwischen Mutter und Sohn der wichtigste Ritus. Ein Inzestverbot zwischen Vater und Tochter konnte es natürlich nicht geben, solange der Vater nicht sicher war, welches der jungen Mädchen von ihm selber stammte.
Die rituelle Aufhebung des Inzestverbots am Tage der Großen Mutter stellt

also einerseits die ägäische Urform der heiligen Orgie, andererseits den Prototyp aller späteren Narrenfeste, Rauhnächte, Fastnachtsfeiern und Karnevalsbräuche dar (rituelle Völlerei und Sauferei, unfugstiftende Umzüge und Plündereien, obszöne Lieder, Verse, Sprüche und Gesten, straflose Verächtlichmachung der Obrigkeit, Vertauschung der Position von Herr und Diener, Vertauschung der Kleidung von Mann und Frau, sexuelle Freiheit unter dem Schutz der Anonymität, Maskierung, Maskenball, Partnertausch unter Eheleuten, Aufhebung der Paarungsschranken zwischen Altersgruppen, Blutsverwandten und feindlichen Sippen). Der Kernakt des Festes war die kultische Feier der Paarung der Großen Mutter mit ihrem Sohn, eigentlich ein Akt der Selbstbefruchtung, denn man konnte kaum annehmen, daß die Muttergöttin sich mit einem Manne paaren könne, der nicht von ihr selber gezeugt und damit ebenbürtig sei.
Diese »heilige Hochzeit«, welche die Griechen später *hieros gamos* nannten, erscheint in den frühgeschichtlichen Kulturen der Ägäis als symbolische Paarung zwischen einer Hohenpriesterin und ihrem göttlichen Gemahl, dem Hohenpriester, oder zwischen der Priesterin und den Männern des Volkes. Die Muttergöttin entwickelte sich also aus einer Hausgottheit, der Ahnfrau der Sippe, in eine Tempelgottheit mit einer Hierarchie von Priesterinnen, Priestern und Tempeldienerinnen. Diese Hierarchisierung spiegelt getreulich die gesellschaftliche Stratifikation wider, die sich aus der wachsenden Ergiebigkeit der Produktionsmittel, der Spezialisierung der Arbeit und der Erzielung jener Überschüsse bildete, von denen die Priesterkaste lebte.
Wir können den Prozeß dieser allmählichen Herausbildung einer Klassengesellschaft sehr deutlich an der Zeitfolge der Mutteridole der Alten Welt verfolgen. In Tschatal Hüyük finden wir in den Schichten des 8. bis 6. Jahrtausends v. u. Z. vor allem kleine Ahnenbilder aus Lehm, zum Teil in Reihen nebeneinander gesetzte Frauenbrüste, Stuckreliefs von Frauen in Gebärstellung, aber auch schon Wandgemälde, in denen eine übergroße, gottartige Frauengestalt erscheint. In Jericho finden wir kleine Mutteridole in den obersten Fundlagen. Zahlreich sind die Frauenfigürchen von Tepe Sarab in Südkurdistan. In Djarmo sind große Mengen leicht gebrannter Tonfiguren zu finden, darunter vor allem sitzende, nackte Frauen. Auch in Hassunan finden wir Frauenfigürchen aus gebranntem Ton. Neben den Rundbauten der Halaf-Gruppe hat man Frauenfiguren entdeckt, die möglicherweise Grabbeigaben sein können. Manche hocken in der damals üblichen Gebärstellung, andere sitzen und haben die Hände über den Brüsten gefaltet. Die Gesichter sind völlig ausdruckslos, so daß man sofort merkt: Dies sind keine lebenden Wesen, sondern Göttinnen. Manche sind auf violinartige Formen reduziert, andere kann man nur als kurzschriftartige Darstellung des Gebärens und Nährens deuten. In der südlichen Obed-Gruppe, herrschen dagegen stehende Frauen mit strahlenartiger Frisur vor, wie die späteren Schlangenhauptfiguren Kretas. Manche halten auf dem Arm ein Kind, das sie nähren. Die Sexualmerkmale sind kräftig eingeritzt.
Ganz ähnliche, kaum von ihren orientalischen Schwestern unterscheidbare Mutteridole finden wir auch in Osteuropa – bei den Donaukulturen I und II, bei den Sesklo- und Vinča-Stämmen, bei den Starčevo-Bauern und in

den Tripolje-Langhäusern. Während aber die Aufstellung der Figuren innerhalb der Gemeinschaftshäuser sowie die kreuzförmigen Bodenerhebungen, auf denen die Figürchen standen, ganz deutlich den häuslichen Charakter dieses Kults belegen, finden wir außerhalb der Mauern von Troja I bereits eine Frauenstele mit dem Gesicht einer Eule, die möglicherweise Ansätze eines Tempelkults zeigt, und ganz ähnliche Stelen finden sich noch weitaus später in Südfrankreich. Auf den kykladischen Inseln und in den ligurischen Gräbern finden wir Statuetten der Muttergöttin, die den Übergang zum Tempelkult andeuten, obgleich sie noch außerhalb von Tempeln, meist in der Nähe von Gräbern gefunden worden sind. Kalksteinidole aus sardinischen Gräbern sehen wie spätere Kopien dieser Kykladengöttinnen aus. Stark stilisierte Bilder der Muttergöttin, auf Vorderbeinknochen von Pferden gemalt oder auf Schieferplatten eingeritzt, finden wir bis nach Spanien und Portugal hin verbreitet. Der Mutterkult muß also bereits vor Anfang der eigentlichen Mutterreligion das ganze Mittelmeerbecken und sein Hinterland erfaßt haben. Es ist bezeichnend, daß die eigentlichen Mutterreligionen, mit denen wir uns in einem späteren Buch befassen werden, bereits in die Zeit des Vaterrechts hineinspielen, denn der Nahrungsüberschuß, der erforderlich war, um eine Priesterkaste zu ernähren, konnte nur mit Hilfe des Pflugs erzielt werden. Und der Pflug, selbst wo er von matristischen Kulturen übernommen worden ist, bezeugt grundsätzlich einen Triumph des Mannes. Daß man auch noch nach der Herausbildung einer von Männern beherrschten Kultur weibliche Götter verehrte, ist nicht verwunderlich: Man verehrt das, was man liebt.
Aus diesem Grunde stellen auch die meisten phallischen Idole keine Beweise für die Existenz männlicher Vorherrschaft dar, sondern sind fast überall im Mittelmeerbecken und seinem Hinterlande weibliche Liebesbezeugungen an das Organ, das ihnen Freude und Nachwuchs gab. Wie in Indien Lingam und Yoni zusammengehören, so auch in Europa Vulva und Phallos. Einen männerrechtlichen Fruchtbarkeitskult hat es weder hier noch dort jemals gegeben. Wo ein Fruchtbarkeitskult besteht, einerlei ob er das männliche oder weibliche Sexualorgan verehrt, stellt er stets den Beweis einer matristischen Sozialstruktur dar.

10

Während wir im Frühen und Mittleren Neolithikum noch bedeutende Ähnlichkeiten zwischen der vorderasiatischen und der osteuropäischen Kulturentwicklung finden können (mit der einzigen Einschränkung, daß alle Entwicklungsstufen in Asien früher als auf dem ägäischen Archipel, und auf dem Archipel früher als auf der Balkanhalbinsel einsetzen), beginnt mit dem Späten Neolithikum eine völlig neue Entwicklung in Asien, die von keiner europäischen Kultur jemals übernommen worden ist: die sogenannte »asiatische Produktionsweise«. Da die Wurzeln dieser Evolution bis tief ins Frühneolithikum zurückreichen, setzt die bürgerliche Vorgeschichtsforschung diese »Hochkulturen« gern vor dem Spätneolithikum an, aber wenn die

Aufteilung der Kulturen irgendeinen Sinn außer formeller Zahlenreiterei haben soll, dann läßt sich das Spätneolithikum sowohl in Europa wie in Asien nur als die beginnende Kultur der Städte definieren. Und da die Hochkulturen, einerlei wie weit ihre Wurzeln auch zurückreichen mögen, alle über die Kupfer-Steinzeit bis in die hohe Bronzezeit hineinreichen, scheint es angebracht, die Spätsteinzeit als Kernphase ihrer Entwicklung zu bezeichnen.

Wegen der großen Trockenheit der Wüsten einerseits und wegen der großen Wassermengen in den Flußtälern andererseits, ergab sich in bestimmten Teilen Asiens die Notwendigkeit der Kanalisierung. An den Ufern der großen Ströme – Nil, Euphrat, Tigris, Indus, Jangtsekiang – wurden gewaltige Eindämmungs- und Bewässerungsarbeiten notwendig. Diese Dämme und Kanäle erforderten einerseits die Zusammenarbeit einer großen Anzahl von Gemeinden, andererseits die Herausbildung einer Klasse von Spezialisten (Landvermessern, Ingenieuren, Handwerkern) und schließlich eine Finanzwirtschaft, die durch Handel jene Baumaterialien beschaffte, die nicht örtlich verfügbar waren. Hieraus entstand eine Klassengesellschaft mit einem von Priestern geleiteten Beamtenstand und einem Gottkönig an der Spitze, der die Fruchtbarkeit des gewaltigen Bewässerungssystems verbürgen sollte.

Das Kennzeichen dieser »hydraulischen Kulturen« ist nun, daß sich die neue Herrscherklasse, ganz im Gegensatz zu den Methoden der europäischen Klassenherrschaft, auf die wir in den folgenden Kapiteln eingehen werden, den Grund und Boden *nicht* aneignete. Die Gemeinden blieben Kollektiveigentümer des Landes. Da das Land aber ohne die Bewässerungsanlagen so gut wie nutzlos war, benötigte die herrschende Klasse auch gar keinen Grundbesitz: ihr genügte das Verfügungsrecht über die Bewässerungsanlagen. Obgleich sie sich in den Städten Haussklaven hielt, führte sie also auf dem Lande vorerst keine Sklaverei ein. Nominell waren die Bauern frei; nominell gehörte ihnen das Land, das sie bearbeiteten. Aber in der Praxis waren sie völlig von der Bewässerung (das heißt: von der herrschenden Klasse) abhängig und wären ohne sie verhungert.

Um das System zu erhalten, erhoben die Behörden Steuern, die in der Form von Arbeitsleistungen und landwirtschaftlichen Erzeugnissen eingezogen wurden. Diese Abgaben waren hoch, aber es ist ein bemerkenswerter Aspekt des Systems, daß diese abhängigen Bauern trotz ihrer hohen Abgaben immer noch besser lebten als irgendwelche freien Bauern jener Zeit in irgendeinem anderen Teil der Alten Welt. Das System war also das weitaus fortschrittlichste seines Zeitalters. Im Gegensatz zu den neuen herrschenden Klassen, die sich beispielsweise in Griechenland herausbildeten, mischten sich die asiatischen Herrscher auch nicht in die Sippenstruktur und die Deszendenzordnung der Bauern ein. Die Struktur blieb matrilinear und matrilokal, was sich in der Anbetung einer Großen Mutter auswirkte. Diese Muttergöttinnen – Isis in Ägypten, Ischtar in Ninive, Inanna in Uruk, Anat in Ugarit, Derketo in Askalon – lieferten selbst noch in der komplizierten Gesellschaftsstruktur der Hochkulturen den ideologischen Kitt, der die alte mutterrechtliche Sippenordnung eine Zeitlang zusammenhielt.

Aber manches an der ethischen Struktur der alten Mutterkulte änderte sich. Die Verwandlung eines Sippenkultes in eine Staatsreligion, die Erhebung einer bekannten Ahnmutter, um deren Figur sich persönliche Erinnerungen und Anekdoten rankten, zu einer entfernt thronenden Göttin, schlug sich in vielen bedeutsamen Aspekten des Mutterkultes nieder. »Einige archäologische Zeugnisse können wir um das 4. Jahrtausend v. Chr. auch in mitteleuropäischen Fundgruppen erfassen, die wesentlich von einer orientalischen Kulturtrift frühagrarischer Art geprägt und abhängig sind: Kannibalismus und Kopfjagd, Beisetzung von Schädeln, Menschenopfer, zumal auch Opferung von Kindern und Jugendlichen, Körperzerstückelung und Verstümmelung, vornehmlich Zahnausschlagen, Opferung von Jungschweinen, das sind die wichtigsten archäologischen Zeugnisse eines Rituals, das sich wohl mit dem ethnologisch herausgearbeiteten religiösen Weltbild einer agrarischen Kulturschicht verbinden und durch dieses verstehen läßt. Tod und Zeugung, Vergehen und Wiedererstehen der Menschen, der Tiere und der Pflanzen sind dabei die zentralen Motive. Nutzpflanzen und Fortpflanzung stehen in einem engen Zusammenhang und sind Geschenke eines göttlichen Urzeitwesens, das als erstes den Tod – und zwar gewaltsam – erleiden muß. Die Wiederholung dieses mythischen Urzeitgeschehens in Kulthandlungen ist notwendig zur Erhaltung der so gestifteten Seinsordnung. Das geopferte Wesen selbst wird dabei mit dem göttlichen Urzeitwesen identisch, sowohl ein menschliches Opfer wie daneben auch als Ersatz das Schweineopfer: zumal Jungschweine und junge Mädchen – so merkwürdig uns das auf den ersten Blick anmuten mag – hier gleichwertig nebeneinander stehen. Tötung und Opferung des Schweines verraten aber so engen Zusammenhang mit dem ganzen Ritual und dem dahinterstehenden Weltbild, daß man eher zu der Annahme neigen möchte, daß sie ursprünglich schon zusammengehörten: das könnte uns eine Andeutung sein, daß diese Züge nicht der allerältesten Pflanzerschicht angehören, wenn wir der Theorie folgen, daß die Schweinehaltung erst jüngeren Horizonten zuzuschreiben ist; [...] Das Schwein ist identisch mit dem Urzeitwesen, einem göttlichen Mädchen, aus dessen Fleisch die menschlichen Nahrungsmittel hervorgehen und dessen Opferung kultisch wiederholt werden muß, um die so geschaffene Weltordnung zu erhalten, Menschen- wie Schweine-Opfer werden auch in Gruben gestoßen oder in Schluchten geworfen, und das Opfer fördert das Gedeihen der Feldfrüchte. Tötung als Voraussetzung für alles Zeugen und Fortpflanzen ist in Verbindung mit einer Bedeutung des Kopfes als dem Sitz besonderer Kräfte auch ein Motiv der Kopfjagd, die nach manchen Mythen von einem Urzeitwesen (z. B. einem Schweine-Dema) eingesetzt ist und als deren Anlässe vornehmlich Reifefeiern und Totenfeste zu nennen sind. Auch der Kopf des Urzeitwesens selbst spielt eine wichtige Rolle, und entsprechend wird der Schädel des Opfers ausgegraben und gesondert beigesetzt. Teile des zeremoniell getöteten Menschen oder des Schweineopfers werden von den Opfernden verzehrt, andere Teile beigesetzt. Gegessen wird damit das Urzeitwesen selbst, aus dem ja die menschlichen Nahrungsmittel hervorgegangen sind. Von Bedeutung ist aber bei allem das Tötungsritual und der Vorgang des Tötens selbst...« (Karl J. Narr, a.a.O., S. 236 f.).

Was einst großzügig, mütterlich, verzeihend, lebensstiftend aus den Wurzeln einer klassenlosen, freien, gerechten Sippengesellschaft gewachsen war, hatte sich unter dem Einfluß der Klassenspaltung in ein grausames, zerstörerisches, gegen sich selbst gerichtetes Kultsystem verwandelt. Aus Eros war Thanatos geworden. Der Mensch hatte für seinen ökonomischen Fortschritt den Preis der ethischen Verwahrlosung gezahlt. Genauer: die Herrscher hatten den Beherrschten die Rechnung präsentiert. So finden wir in Tschatal Hüyük bereits unverkennbare Anzeichen des Privateigentums: Pfropfen und Siegel auf Gefäßen und Flaschen, die rund 2500 Jahre älter als die Pyramiden sind. In Jericho ging der Privatbesitz sogar schon weiter: erste Anzeichen einer Freistellung mancher Bürger von der Urproduktion sind unverkennbar. Es entwickelt sich offenbar bereits eine herrschende Klasse, und da eine solche Klasse stets mehr zu verlieren hat als eine klassenlose Gesellschaft, beginnt mit ihr auch der Krieg: rund vier Hektar Land sind von den Herrschern Jerichos mit einer steinernen Mauer und Wachttürmen umgeben worden. Was hieran neu ist und einen grundsätzlichen Umschwung andeutet, ist nicht nur die entwickelte Bautechnik und das Format der Stadt, sondern die Tatsache, daß sich diese Menschen offenbar im Kampf mit anderen Menschen befanden und ihr Eigentum gewaltsam verteidigen mußten. Genauer: daß die Beherrschten kämpfen mußten, um das Eigentum der Herrscher zu erhalten. Das ist ein für die Sippengesellschaft unverständliches Konzept und bezeugt, daß die Sippenordnung sich bereits im Verfall befand.

Der Reichtum der wenigen konnte nur mit der Arbeit der vielen erkauft werden. Dies waren, zumindest anfangs, keine Sklaven, sondern nominell freie Bauern. Aber durch Eroberungskriege wurden die Bauern von Sklaven abgelöst. Und nachdem das Konzept der Sklaverei einmal entdeckt worden war, verwandelten sich auch die Beziehungen zwischen den Beherrschern des Irrigationssystems und den Bauern, die von ihm lebten, in Beziehungen zwischen Herren und Sklaven. Wo anfangs nur Bewässerungssysteme erbaut wurden und der Bauer deshalb zumindest die Illusion haben konnte, daß dies alles zu seinem eigenen Nutzen geschehe, zog man ihn bald zum Bau riesiger Wehrbauten, Paläste, Tempel, Verwaltungs- und Vorratsgebäude heran. Allein an der Tempelterrasse von Uruk haben rund 1500 Menschen fünf Jahre lang mindestens zehn Stunden pro Tag gearbeitet. Das läßt sich nicht mehr als gemeinnützige Tätigkeit einer freien Stammesgesellschaft deuten, sondern ist ohne Zweifel Zwangsarbeit.

Fassen wir nun die strukturellen Kennzeichen der asiatischen Produktionsweise, auf der alle vorgeschichtlichen Hochkulturen des Ostens und ihre geschichtlichen Nachfolger beruhen, tabellarisch zusammen, so ergibt sich ein grundsätzlich anderes Bild als das der patriarchalischen Gesellschaftsordnungen der Griechen und Römer, mit denen wir uns von nun an beschäftigen wollen:

1. Rapide Vergrößerung der Siedlungen durch verbesserte Bodenbewirtschaftung.
2. Rapide Erweiterung der Vorratswirtschaft.
3. Rapide Erweiterung des Handels.

4. Spezialisierung der Tätigkeiten: Heranbildung von Handwerkern, Bauarbeitern, Landvermessern, Ingenieuren, Architekten.
5. Herausbildung einer herrschenden Klasse.
6. Entwicklung des Geldes.
7. Herausbildung verzinslichen Leihkapitals.
8. Herausbildung der Finanzwirtschaft.
9. Herausbildung der Wehrwirtschaft.
10. Herausbildung des Staats als separates Instrument außerhalb und über den Klassen, gleichzeitig aber auch als Werkzeug der herrschenden Klasse zur Ausbeutung und Kontrolle der anderen Klassen.
11. Herauslösung großer Anzahlen von Bauern aus der Urproduktion und Eingliederung dieser Menschen in den Staatsapparat.
12. Zwangsarbeit als systematisches Produktionssystem.
13. Errichtung großer Bewässerungs-, Verteidigungs- und Tempelbauten.
14. Kein Privateigentum der herrschenden Klasse an Grund und Boden, sondern erpreßte Arbeit durch Kontrolle der Bewässerung.
15. Herausbildung der Schrift als Mittel zur Planung der Bauarbeiten, zur Registrierung der erforderlichen Materialien und zur Errechnung der Kosten.
16. Herausbildung einer Bürokratie von schreibkundigen Beamten.
17. Entmachtung der Frau durch Zerstörung der klassenlosen Sippengesellschaft der Mütter.
18. Überleben der matrilinearen Deszendenz als uxorische Machtfolge des herrschenden Geschlechts: die Macht vererbt sich in weiblicher Folge. Wer Herrscher sein will, muß die Tochter des Herrschers heiraten. Deshalb in Ägypten Einführung der Geschwisterhe bei der Herrscherfamilie, damit der Sohn des Herrschers Herrscher werden kann: er kann dies nur, indem er seine Schwester heiratet.
19. Verwandlung eines Hauskults der Urmutter in einen Tempelkult der Großen Mutter.
20. Verwandlung der Ahnmutter in eine Göttin.
21. Verfall des Fruchtbarkeitskults in einen hierarchischen Todeskult.
22. Verwandlung des Stammessprechers in einen König mit göttlichem Status.
23. Herausbildung einer Priesterkaste.

11

Die Entwicklung der Hochkulturen in Ägypten und Mesopotamien wäre ohne Erfindung der Metallwirtschaft unmöglich gewesen. Ihre Geschichte reicht deshalb über das Neolithikum in das Chalkolithikum (Kupfer-Steinzeit) und die Bronzezeit hinein. Im Chalkolithikum treten zum erstenmal natürliches Kupfer und Blei gleichzeitig mit den bis dahin benutzten Stein- und Tongeräten auf. Die Kupfer-Steinzeit läßt sich also ebensowenig wie die Jüngere Steinzeit zeitlich definieren. Die Anfänge der Metallverarbeitung liegen in verschiedenen Gegenden zu so verschiedenen Zeiten, daß in

manchen Regionen bereits entwickelter Kupferguß herrschte, während in anderen noch die primitivsten Steingeräte benutzt wurden.
Am Anfang wurden alle Metalle ausschließlich auf kaltem Wege bearbeitet, und zwar mit Hilfe eines Steinhammers. »Für den urgeschichtlichen Menschen war dieses Material offensichtlich nichts anderes als eine Steinart. Es war jedoch weicher, so daß man es durch Schlagen formen konnte. Nicht umsonst nannten die Irokesen das Kupfer den ›roten Stein‹. Der urgeschichtliche Mensch verstand es noch nicht, diese gediegenen Metalle zu schmelzen. Alle diese Rohstoffe waren außerdem eine Seltenheit. Gold und Silber wurden nur in kleinen Stückchen aufgefunden und waren auch zu weich. Verhältnismäßig weich war auch das gediegene Kupfer. Daher konnte die ursprüngliche Bearbeitung der gediegenen Metalle auf kaltem Wege nur einen sehr begrenzten Umfang annehmen und keinen bedeutenden Einfluß auf die Entwicklung der Technik ausüben« (M. O. Koswen, a.a.O., S. 179).
Die ältesten Metallgegenstände stammen aus der Wende vom 7. zum 6. Jahrtausend (um 6400 in Südwest-Anatolien) und bestanden aus Rohkupfer, das anfangs kalt gehämmert, später nach vorherigem Erhitzen bearbeitet wurde. Anfangs wurde das Erz im Holzfeuer zusammengeschmolzen, später gegossen. In Kleinasien und Nordmesopotamien begann der Kupferguß bereits gegen Mitte des 6. Jahrtausends v. u. Z., im übrigen Vorderasien gegen Ende des 5. Jahrtausends, in Europa erst in der zweiten Hälfte des 4. Jahrtausends v. u. Z. Im 4. Jahrtausend benutzten die Sumerer eine Mischung von Kupfer und etwa zehn Prozent Antimon, die sogenannte Antimonbronze, mit der die Bronzezeit beginnt. Es vergingen aber noch mindestens tausend Jahre, bis man um 2700 v. u. Z. in Südmesopotamien die eigentliche Bronze perfektioniert hatte, eine Mischung von 3 bis 12 Prozent Zinn zu 88 bis 97 Prozent Kupfer. Diese Legierung zeichnete sich durch wesentliche Vorzüge gegenüber reinem Kupfer und Antimonbronze aus. Sie war härter und hatte trotzdem eine niedrigere Schmelztemperatur, 800 bis 1000° C gegenüber Kupfer, das erst bei 1050 bis 1330° C schmilzt. Ihre Beständigkeit war größer, ihre Schmiedbarkeit leichter, ihre Ränder waren schärfer und sie füllle die Form besser aus als Kupfer.
Die frühesten »echten« Bronzegeräte stammen aus der Periode um 2700 v. u. Z. und wurden im Königsfriedhof von Ur gefunden. Nach Europa drang die Bronze erst rund 200 Jahre später vor. Im ägäischen Raum finden wir die ersten Bronzewaffen gegen Mitte des 3. vorgeschichtlichen Jahrtausends: »Die regelmäßige Verwendung von Kupfer und Bronze setzte das Vorhandensein einer kleinen Schar von vollbeschäftigten Spezialisten voraus, die befreit waren von aller Arbeit in Landwirtschaft, Fischerei und Jagd und ihre ganze Zeit dem Fördern und Schmelzen von Erzen, dem Transport der Ausbeute durch Wüsten und Wälder, der Verarbeitung des Metalls durch Gießen und Schmieden zu Werkzeugen, Waffen, Gefäßen oder Schmuckstücken widmen konnten. Fördern, Schmelzen und Gießen stellten bei weitem feinere, schwierigere und exaktere Arbeiten dar als irgendeines der gewöhnlichen, von neolithischen Bauern verrichteten häuslichen Geschäfte – selbst als das Fördern und Spalten von Feuersteinklumpen oder der Bruch

handgroßer Felsstücke zur Herstellung von Äxten oder Handmühlen. Es war ein den ganzen Menschen in Anspruch nehmender Hauptberuf. Die so Beschäftigten konnten nur unter der Voraussetzung ihre Tätigkeit ausüben, daß sie mit Nahrungsmitteln versorgt wurden, welche die Bauern und Fischer erzeugten, von denen sie selbst herkamen. Ja, sie mußten sogar eines großzügigen Entgelts sicher sein, wollte man sie dazu verlocken, die Sicherheit der Selbstversorgung mit dem zum Leben Notwendigen aufzugeben« (V. Gordon Childe, a.a.O., S. 63).

»Es ist für die städtische Revolution charakteristisch, daß die großen Alluvialtäler, die allein den Überschuß liefern konnten, der für die extensive Metallbearbeitung erforderlich ist, von Natur aus keine mineralischen Reichtümer bargen. Die Metalle mußten importiert werden: Kupfer aus dem Iran, Armenien, Syrien und der Halbinsel Sinai, Zinn aus dem Iran und Syrien, Gold aus Armenien und Nubien, Silber und Blei aus Kappadokien. Der Handel war eben der Lebensnerv der neuen Produktionsweise und zog durch seine Ausweitung einen immer größeren Kreis jungsteinzeitlicher Dörfer und Bergstämme in die Bahn der Zivilisation. Um das Jahr 3000 v. d. Z. hatte sich die Verwendung des Kupfers über den ganzen Mittleren Osten verbreitet, ohne jedoch überall Eingang gefunden zu haben. Sogar in Mesopotamien blieb der Bronzepreis hoch, und in Ägypten arbeiteten die Bauern während der ganzen Bronzezeit mit Holz- und Steingeräten. In entlegeneren Gebieten konnten sich nur die Häuptlinge das neue Metall leisten, und sie verwandten es für Schwerter, nicht für Pflugscharen. Selbst dort, wo es reichhaltig vorhanden war, scheint die Bevölkerung es für vorteilhafter gehalten zu haben, den Rohstoff zu exportieren, anstatt eine örtliche Industrie zu entwickeln. Daher waren die ersten städtischen Gemeinschaften, die außerhalb Mesopotamiens und Ägyptens entstanden, ursprünglich Handelsniederlassungen. Kanes in Makedonien beispielsweise wurde von mesopotamischen Kaufleuten gegründet, die mit den örtlichen Stämmen Handel trieben, unter anderem auch mit den Hethitern, die die Bergwerke des Tauros kontrollierten. Ähnlich lagen die Dinge in Syrien, wo eine ganze Reihe von Städten, darunter Byblos und Ugarit, auf der Grundlage riesiger Vorräte erstklassigen Holzes und reicher Kupfer- und Zinnlager einen blühenden Handel mit Ägypten entfalteten, sich später zu bedeutenden Stadtstaaten ausweiteten und den Hauptanteil des Verkehrs zwischen Ägypten, Mesopotamien und Anatolien in Händen hatten« (George Thomson, a.a.O., S. 4 f.).

Die ersten Kaufleute, die von Ugarit aus nach Europa segelten, wollten zweifellos dort Kupfer verkaufen. Statt dessen stießen sie in Zypern auf die größten Kupfervorräte der damals bekannten Ägäis. Sie entwickelten diese Vorräte und segelten weiter nach Kreta, einer ideal gelegenen Insel in gleicher Entfernung von Syrien und Ägypten, »quer vor dem Eingang zum Ägäischen Becken, jenem beispiellosen Amphitheater aus Inseln und Bergen, das über geschützte Buchten und gewundene Täler in die Gebirge des Balkans und weiter bis zur Donau und nach Mitteleuropa hinausführt« (Thomson, a.a.O., S. 5). Die ältesten bekannten Ansiedler waren Ägypter aus dem Delta. Zu ihnen gesellten sich nun diese anatolischen Kaufleute und errichteten die erste und einzige vorderasiatische Hochkultur auf europäischem Boden, zwar keine »hydraulische« Kultur, da Kreta keine Bewässerung benötigte, und deshalb auch keine Kultur nach asiatischer Produktionsweise, aber doch eine matristische Theokratie völlig unbekannter Art in der bisherigen Geschichte Europas: die eigentliche Mutter der europäischen Kultur.

Nach den mythischen Gottkönigen der Insel, die sich »Minos« nannten (ähnlich wie der ägyptische König sich als »Pharao« bezeichnete), teilt die Forschung die Geschichte Kretas in eine »frühminoische« (etwa 2900 bis 2200 v. u. Z.), eine »mittelminoische« (2200 bis 1600) und eine »spätminoische« Periode (1600 bis 1200) auf. »Während der frühminoischen Periode, in der die Metallbearbeitung aufkam, war der Handel hauptsächlich auf Ägypten und die Kykladen gerichtet. Die Entwicklung der Städte blieb auf den Osten und Süden der Insel beschränkt. In der mittelminoischen Periode (2200 bis 1600 v. d. Z.), die durch die Entwicklung der Bronzetechnik gekennzeichnet ist, beobachten wir eine ständige Vermehrung der Bevölkerung, verstärkten Handel mit Ägypten und direkten Verkehr mit Syrien. Einige Zeit nach dem Jahre 1700 v. d. Z., als der Osten infolge der Eroberung Babyloniens durch die Kassiten aus den Fugen geraten war, brachen die Verbindungen mit Syrien ab, und die minoischen Fürsten suchten neue Geschäftsverbindungen in der Ägäis. Sie verstärkten ihre Beziehungen zu den Kykladen und errichteten in der argeiischen Ebene und in Zentralgriechenland Niederlassungen. Diese Entwicklung verschaffte Knossos, der minoischen Hauptstadt, die Führung. In der spätminoischen Periode (1600 bis 1200 v. d. Z.) festigten die Fürsten von Knossos ihre Herrschaft über die Insel durch die Anlage eines Straßennetzes, das durch Festungen gesichert wurde, und dehnten ihr Imperium in Übersee auf die Kykladen, Argolis und Attika, vielleicht auch auf Sizilien aus« (Thomson, a.a.O., S. 7).

Schon ehe man von »Königen« sprechen kann, hatten Ortshäuptlinge in Knossos und Mallia im nördlichen Mittelkreta, und in Phaistos und Hagia Triadha im Süden, genug Reichtum und Macht in ihren Händen konzentriert, um sich Residenzen bauen zu lassen, die an ägyptische und mesopotamische Motive anklingen. Hieraus können wir schließen, daß Kreta bis mindestens 2000 v. u. Z. noch unter asiatischem und nordafrikanischem Einfluß stand.

Das Geheimnis des kretischen Reichtums war der Zinnhandel. Ein großer Teil dieses zur Bronzeherstellung unerläßlichen Metalls kam von der Pyrenäenhalbinsel. Kreta kontrollierte den Transport des Metalls und hielt dadurch den Schlüssel zur wichtigsten Produktion der vorderasiatischen Länder in der Hand. Ein beträchtlicher Teil der Zufuhr wurde auf Kreta selbst zu Bronze verarbeitet. Kupfer lieferte das benachbarte Zypern (von dem auch das Wort »Kupfer«, *kypros,* stammt). Als Resultat erlebte Kreta einen im Altertum einmaligen Aufschwung der Wirtschaft und Technik. Vor allem blühte die Metallurgie, aber auch Keramik, Textilindustrie, Steinschneiden und Holzverarbeitung erreichten einen bis dahin am Mittelmeer unbekannten Hochstand. Die Überreste von Häfen mit Werften und

Dockanlagen bezeugen einen Schiffbau höchster Ordnung. Deshalb ist es auch kaum überraschend, daß man kretische Waren, vor allem Vasen und Bronzeartikel, selbst in China gefunden hat.
Es mag sehr wohl möglich gewesen sein, daß die eben erwähnten Häuptlinge in Mittelkreta durch ihren ausschließlichen Zutritt zu den so geschaffenen ägyptischen und mesopotamischen Märkten in den Stand gesetzt wurden, sich zu königlichem Rang zu erheben. »Zweifellos scheinen auch die architektonischen Formen ihrer Paläste in Knossos und Mallia, Phaestos und Hagia Triadha einem Tempel angemessener als einer Residenz, als wären die Könige wie Götter angebetet oder zumindest als die einzigen Vermittler zwischen ihren Gefolgsleuten und den göttlichen Mächten verehrt worden. Doch unter den feierlichen Empfangsräumen erinnern Magazine voll mächtiger, einst mit Wein und Öl gefüllter Krüge und Werkstätten eher an die Faktoreien fürstlicher Kaufleute. In der Tat wurden um 1850 v. Chr. auch nachweislich Erzeugnisse kretischer Palastwerkstätten nach Ägypten und der Levante ausgeführt. Die wirtschaftliche Basis der Macht eines minoischen Königs würde danach in einer monopolistischen Aneignung des Überseehandels mit Ägypten und Vorderasien bestanden haben. Der Gewinn aus diesem Handel war natürlich eine Beteiligung am orientalischen Überschuß. Als solcher diente er nicht nur als Kapital für den Ausbau einer spezialisierten Landwirtschaft und den Unterhalt von Berufshandwerkern; er machte auch die Gewinner unabhängig von den Geschenken und Tributen, die ein Barbarenhäuptling traditionsgemäß von seinen Gefolgsleuten empfängt« (V. Gordon Childe, a.a.O., S. 121).
In früherer Zeit muß es auf Kreta eine Reihe kleiner Stadtstaaten gegeben haben, die sich allmählich zu einem sklavenhaltenden Reich mit seinem Zentrum, der Stadt Knossos, vereinigt hatten. Zu den Kolonien dieses Reiches gehörten andere ägäische Inseln und Städte im Süden der Balkanhalbinsel. Sie wurden von kretischen Statthaltern verwaltet, die von der unterworfenen Bevölkerung Tribut eintrieben. Dies erforderte ein hochentwickeltes administratives System, eine voll entwickelte Handschrift, eine einheitliche Finanzordnung und eine etablierte Bürokratie. Die Beamten unterschieden sich nach Rängen (Chef, Inspektor, Schatzmeister, Kontrolleur usw.) und benutzten Amtssiegel. Kupferbarren in Form einer Doppelaxt galten als Einheitswährung. Eine komplizierte Schrift, Linear A, die bis zum heutigen Tage nicht völlig entziffert ist, entwickelte sich aus einer früheren Spiralschrift. Beide Schriften sind mit großer Wahrscheinlichkeit nicht indogermanisch (erst die zweite Linearschrift, Linear B, die sich nach der Eroberung der Insel durch die Griechen herausbildete, zeigt indogermanische Elemente). Ein Netz gepflasterter Straßen verband die Städte und gestattete eine schnelle Versorgung mit Nahrungsmitteln.
Obgleich Glaube und Mythologie der Insel um diese Zeit noch Überreste der alten Mutterreligionen zeigten und auch im Sozialrecht noch matriarchalische Formen überlebten, war von der Stammesgesellschaft, die einst das Mutterrecht hervorgebracht hatte, so gut wie nichts übriggeblieben. Weder in den Häusern noch in den Gräbern finden wir Anzeichen eines überlebenden Stammeskollektivismus. Im Gegenteil, die meisten Häuser

sind nur für Einzelfamilien geeignet. Auch Grabstätten sind manchmal Familiengrüfte, meist aber Einzelgräber. Unterschiede in der Ausführung und Kostbarkeit der Grabstätten bezeugen die Entwicklung einer Klassengesellschaft. Das gleiche Bild zeigt die Architektur. Obgleich die meisten Häuser Einfamiliengebäude sind, reicht die Vielfalt von kleinen, rechtwinkeligen Einzimmerhäusern der Armen bis zu den mehrstöckigen Privathäusern des Adels und den Palästen der Herrscher.

Der Palast zu Knossos, genau wie der zu Troja, zeigt verschiedene Bauten, die im Laufe der Jahrhunderte, vielleicht Jahrtausende, übereinander errichtet worden sind. Es ist also ebenso falsch, von einem einzigen Knossos wie von einem einzigen Troja zu sprechen. Während der Zeit, von der wir hier schreiben, entstand ein dreistöckiger Kolossalbau, der eine Fläche von etwa zwei Hektar einnahm und dem König als Residenz diente. Er enthielt mehrere hundert Prunk-, Wohn- und Wirtschaftsgebäude, die um einen Innenhof gruppiert waren. In der unteren Etage befanden sich die königlichen Kanzleien und Schatzkammern, 18 Vorratskammern mit gewaltigen Fässern sowie die Werkstätten der königlichen Handwerker. Erhalten ist auch die Bühne eines Hoftheaters für 500 Zuschauer. Palast und Adelshäuser, auch ein großer Teil der Landwirtschaft, waren mit Wasserleitungen und Kanalisation ausgerüstet. Von der Entwicklung einer langfristig angelegten Agrikultur sprechen wohlerhaltene, gewaltige Tongefäße zur Aufbewahrung von Korn, Wein und Olivenöl.

In Anlehnung an die ägyptischen und babylonischen Theokratien jener Jahre scheint auch das kretische Staatswesen von Königspriestern geleitet worden zu sein. Die Priesterkaste, die sich offenbar noch nicht eindeutig vom Adel abgespalten hatte, predigte die Anbetung der Großen Mutter, der Ahnfrau der Götter. Aber schon begann sich in ihre Herrschaft der Dienst ihres Gemahls zu drängen, der meist in Stiergestalt dargestellt wurde. Der Mythos vom Minotauros, dem Stier des Minos, der dessen Labyrinth bewachte, geht zweifellos auf tatsächliche Ereignisse während des Kampfes zwischen mutter- und vaterrechtlichen Priestergruppen zurück.

Gegen Ende des Mittleren Reiches rebellierten Volk und Sklaven gleichzeitig in Ägypten und auf Kreta. Die Königspaläste in Knossos, Phaistos und anderen Städten wurden zerstört und in Brand gesteckt. Von dieser Rebellion, der größten Sozialkrise des frühen Altertums, die beinahe zu einer völligen Umgestaltung der Alten Welt geführt hätte, hat sich Kreta nie ganz erholen können.

In einem Sinne unterschied sich die kretische Kultur maßgeblich sowohl von den mesopotamischen und ägyptischen Kulturen, denen sie sich bewußt nachgebildet hatte, wie von der primitiven, matristischen Kultur der kykladischen Inseln, mit der wir diesen Abriß der »mutterrechtlichen«, »matriarchalischen« Kulturen der Alten Welt beschließen wollen: In den Hochkulturen Vorderasiens und Nordafrikas erhielt sich die dominante Position der Frau nur innerhalb der herrschenden Klasse. Ägypterinnen wie Kleopatra haben bis in spätrömische Zeiten hinein ein Maß an Unabhängigkeit bewiesen, das weder in Rom noch in Griechenland denkbar gewesen wäre. Aber bei den arbeitenden, ausgebeuteten Schichten Ägyptens und Vorderasiens

führte die Klassengesellschaft zur Zerschlagung der Sippenordnung und damit zu jener Unterjochung der Frau, die bis zum heutigen Tage in gerade diesem Teil der Welt grausamer und rückschrittlicher ist als selbst im bürgerlichen Patriarchat unserer Tage. Im Gegensatz hierzu blieb auf den kykladischen Inseln, wo sich eine matristische Sippengesellschaft bis ins Neolithikum hinein erhalten hatte, die Frau der dominante Partner, bis die Griechen diese Inseln eroberten und das Reich der Mütter zerschlugen.
Kreta nimmt einen ganz eigentümlichen, in der menschlichen Geschichte einmaligen Platz zwischen diesen Gesellschaftsordnungen ein, weil wir hier trotz einer ausgesprochenen Klassengesellschaft bei allen Klassen eine Vorherrschaft der Frau und Mutter bis spät in die Zeiten der griechischen Eroberung der Insel verfolgen können. Da wir noch allzu wenig über die Produktionsformen und die Sozialstruktur der Kreter wissen, bleibt dieses Phänomen vorerst weitgehend ungeklärt. Auf den von Evans ausgegrabenen Fresken, Gemmen und Siegeln sehen wir Frauen bei fast allen Arbeiten, die in anderen Kulturen von Männern ausgeübt wurden. Die bürgerliche Legende, daß nur die Frauen der herrschenden Klasse Kretas gewisse Freiheiten besessen hätten, weil sie Luxusgeschöpfe gewesen seien und nur dem Spiel und der Erotik gelebt hätten, wird von Bildern widerlegt, die Frauen als Bauern, Fischer, Jäger, Weber und Töpfer zeigen. Ob jene anderen Bilder, die Frauen als Wagenlenker, Stierkämpfer, Akrobaten und Boxer darstellen, den Sport der Reichen oder eine Kaste berufsmäßiger Unterhaltungskünstler zeigen, mag vorläufig noch schwer beweisbar sein. Aber eins ist sicher: in keiner europäischen Gesellschaft der Vor- oder Frühgeschichte hat die Frau eine solche Eleganz gezeigt. Nun mag Eleganz durchaus ein Privileg der herrschenden Klasse sein und damit ein hoher Preis, den der Arme für die Kultur der Reichen zahlt. Aber insofern wir uns überhaupt ein Bild von der kretischen Kultur machen können, so scheint es, daß auch die ausgebeuteten Klassen in unerwartet hohem Maße an einer alles durchdringenden Ästhetik teilnahmen, an einem Sinn für künstlerische Gestaltung des Alltagslebens, der selbst von den Griechen bewundert wurde. Und wenn wir bedenken, daß die Griechen eine solche Ästhetisierung des Alltagslebens als Privileg des Mannes anstrebten, muß ihr Respekt für eine so ausgesprochene Kultur der *Frau* als hohes Lob gelten.

12

Die Kykladen sind eine Inselreihe, die das mittelgriechische Gebirge über die Ägäische See nach Kleinasien fortsetzt. Tatsächlich haben sie den frühesten Seefahrern auf dem Wege von Anatolien zur Balkanhalbinsel und von ihr zurück nach Asien als Stütz- und Orientierungspunkte gedient und stellen die wichtigste frühgeschichtliche Handelsroute zwischen der griechischen und der asiatischen Welt dar. Aber lange bevor die Griechen nach Europa einwanderten, hatten die früheren Bewohner dieser Inseln (man zögert, sie »Ur«-Einwohner zu nennen) ihre eigene Kultur entwickelt, die in fast jeder Hinsicht genau das ist, was man von ihr erwarten würde: ein

Bindeglied und eine Synthese zwischen den vorgeschichtlichen Gesellschaftssystemen der beiden Kontinente.
Als das Chalkolithikum schon längst in Vorderasien herrschte, benutzten die Hackbauern der Kykladen noch Steinwerkzeuge, allerdings besonders hoch entwickelte Geräte, zum Beispiel aus Obsidian, einem Stein, der für die meisten Steinzeitkulturen zu hart gewesen wäre. Auf der Kykladeninsel Melos war der Obsidian dagegen zuhause, und hier führte der Obsidianhandel zum Bau einer der ersten europäischen Städte mit geraden Straßen und guten Befestigungsmauern, der Stadt Philakopoi. Neben dem Stein begann man in dieser Epoche (etwa 3000 bis 2300 v. u. Z.) aber auch schon Metall zu verarbeiten, zuerst Kupfer, dann Bronze und schließlich Gold. Tongeräte wurden ohne Anwendung von Töpferscheiben hergestellt und mit eingeritzten geometrischen Mustern versehen. Die Technik der Bemalung oder Färbung des Tons hatte man noch nicht entdeckt.
Die Menschen lebten vom Feldbau, der Kleinviehzucht und dem Fischfang. Privateigentum entwickelte sich erst gegen Ende des Chalkolithikums. Bis dahin wohnte man gemeinsam in großen Häusern von runder oder ovaler Form, oft mit mehr als 300 Quadratmetern Bodenfläche, aufgeteilt in etwa zehn Räume, die den Sippen als Gemeinschaftsräume dienten. Auch die Begräbnisstätten – Kuppelgräber auf Inseln wie Syros – waren Gemeinschaftsgräber und enthielten bis zu tausend Tote. Marmorne Frauenidole bezeugen einen Kult der fruchtbaren Mutter. Die Erbauer und Bewohner dieser Siedlungen waren wahrscheinlich keine Indogermanen, sondern Angehörige jener Frühbevölkerung des Mittelmeeres, deren letzte Überlebende wir in den Basken finden. Die Griechen selber glaubten, daß diese Völker, die sie Karer oder Leleger nannten, aus Kleinasien eingewandert seien und vor ihnen den ganzen Bereich des Ägäischen Meeres besiedelt hätten.
Unter »Pelasgern« verstand Homer die Ureinwohner Thessaliens; spätere griechische Autoren meinten damit aber die Ureinwohner ganz Griechenlands, denn überall, selbst auf der Burg von Athen, gab es sogenannte »pelasgische Mauern«. Unter »Karern« verstand Thukydides die Ureinwohner der ägäischen Inseln, besonders der Kykladen, die später nach Kleinasien zurückgetrieben worden seien und dort lange eine mutterrechtliche Gesellschaftsordnung beibehalten hätten. »Leleger« nannte man die Hörigen der Karer. Man hielt sie für die ältesten aller Urvölker der Ägäis. Tatsächlich sind die Namen gewisser Berge, Flüsse und Orte des alten Hellas – zum Beispiel Parnassos, Korinthos, Larissa – mit keiner europäischen Sprache, außer dem Baskischen und dem Albanischen zu koordinieren.

13

Zwischen 3000/2600 und 1800 v. u. Z. wurden fast alle Regionen der Ägäis und ihres Hinterlandes von neuen, offenbar aus Vorderasien stammenden Völkern unterwandert. Ihre Kulturen nennt die Vorgeschichtsforschung *frühtroadisch* in der Troas, ihrem Hinterland bis nach Mysien hinein, und auf den Inseln Lesbos, Lemnos und Gallipoli; *frühthrakisch* im Tal der Maritza; *frühmakedonisch* in Makedonien und dem binnenländischen Thessalien; *frühhelladisch* im thessalischen Küstengebiet, in Zentralgriechenland, Attika, auf dem Peloponnes und am Golf von Korinth bis Leukas und Ithaka; *frühzypriotisch* auf Zypern, der Kupferinsel; *frühminoisch,* wie wir gesehen haben, in Kreta, und *frühkykladisch* auf den Inseln.

Alle diese Begriffe stammen aus der bürgerlichen Vorgeschichtsforschung und bedeuten so gut wie nichts, weil sie sich zum großen Teil auf Keramik stützen, und Keramik, wie wir gezeigt haben, ist ein unbrauchbares Indiz der Kulturstufe. Nutzvoller sind schon die Mythen der Griechen, aber auch sie haben selbstverständlich nur begrenzte Validität. Stellen wir aber einmal, was von keinem bürgerlichen Gräzisten je versucht worden ist, die mythologischen Überlieferungen der Griechen über die Voreinwohner ihres Landes und deren Nachbarn alphabetisch zusammen, so ergibt sich das folgende Bild: Die sogenannten *Abanter* waren offenbar autochthone Einwohner Euboias. Das berühmte Geschlecht der *Danaiden* repräsentiert ohne jeden Zweifel die von den Griechen auch nicht näher interpretierten Einwohner der Argolis. Vor ihnen wohnten nach griechischen Überlieferungen in der gleichen Region aber bereits die »Pelasger«, die wir schon erwähnt haben und von denen wir bald Genaueres zu sagen haben werden. Die Danaiden leiteten ihre Ahnen von Danaos ab, der aus Chemmis, einer Stadt am oberen Nil stammte. Er floh mit seinen fünfzig Töchtern in einem selbstgebauten Boot nach Hellas, weil die fünfzig Söhne seines Bruders Ägyptos sie zur Ehe zwingen wollten. In Argos nahm der König Pelasgos sie gastlich auf. Dieser Mythos stellt zweifellos die Flucht eines vorgriechischen, wahrscheinlich mit den Eteokretern verwandten Volksstammes aus Ägypten nach Griechenland und dessen Verschmelzung mit den pelasgischen Siedlern von Argos dar. Die homerischen *Dardaner* erscheinen geschichtlich um 1290 v. u. Z. als Bundesgenossen (ägyptisch Drdn) des Hethiterkönigs Muwatalli in der Schlacht bei Kadesch, wo Ramses II. den Hethitern unterlag. Sie waren albanische Indoeuropäer und können als Vorhut der Seevölker bezeichnet werden. Sie besaßen Pferde, benutzten Brandbestattung und waren wahrscheinlich eine Oberschicht der griechischen Ilier. Die *Harachoten* waren indogermanische Iranier aus dem östlichen Afghanistan und lebten am Fluß Etymandros.

Die *Kadmeier* waren Protophoinikier, die in der mittelminoischen Zeit (zwischen 2000 und 1500) aus Kreta in die Balkanhalbinsel einwanderten und sich in Boiotien ansiedelten. Die *Kaukoner* waren Indogermanen, die vom Schwarzen Meer her nach Elis und Ostgriechenland eingewandert sind. In der Ilias werden sie als Verbündete der Trojaner erwähnt. Die *Kephallener* waren eine aus Kadmeiern und Lelegern (über diese mehr im nächsten Absatz) gemischte Sippengruppe, die sich nach ihrer Vertreibung aus der Ägäis an den Meerbusen von Korinth zurückzog und dort ihren Unterhalt als Seeräuber fristete. Die *Kissier* waren Indogermanen, die vor den Griechen aus der Gegend des heutigen Kisseh (des damaligen Kissa) nach Makedonien eingewandert waren und sich dort angesiedelt hatten. Die *Lapithen* waren frühgriechische Einwanderer, möglicherweise mit den Stiftern der

indogermanischen Dimini-Kultur im östlichen Thessalien identisch, und brachten vielleicht als erste die griechische Sprache auf den Peloponnes.
Die *Leleger* gehören zu den wenigen echten »Ureinwohnern« des späteren Griechenland und können als Väter der sogenannten frühhelladischen Kultur gelten, die von den einwandernden Pelasgern im mittelhelladischen Stadium abgelöst wurde. Wir finden sie vor allem im Epirus, in Akarnien, Aitolien, Lokris und Megaris, aber in der griechischen Legende gelten sie auch als Gründer der Städte Hermione, Epidauros und Pylos. Der erste »König« von Pylos hieß Pylas. Sein Onkel hieß Lelex, und dies war auch der Name des ersten »Königs« von Sparta, dessen früheste Bewohner als Leleger beschrieben werden. *Lokrer* nannten die Griechen die »Ureinwohner« der Landschaft Lokris. Es waren offenbar matristisch orientierte Leleger. Die *Minyer* waren Luvier oder Pelasger, jedenfalls Indogermanen, die um 1900 v. u. Z. aus Nordwestanatolien über die kykladische Inselkette nach Thessalien und Mittelgriechenland einwanderten und die frühhelladische Kultur der Leleger zu zerstören halfen. Ihre unverkennbare Keramik hat leicht verfolgbare Spuren von Kleinasien bis nach Südgriechenland hinterlassen.
Die *Neleiden* waren Frühgriechen, die sich entlang der Westküste Messeniens niederließen und die Leleger von dort vertrieben. Als die Dorer in den Peloponnes einbrachen, flohen die Neleiden nach Attika und gründeten dort einige der stolzesten Sippen Athens: die Alkmaioniden, Peisistratiden und Kotriden. Die bereits mehrmals erwähnten *Pelasger* waren Indogermanen, die aus dem Kaukasus über das Schwarze Meer, die Propontis, Thrakien, Makedonien und Thessalien nach Nord- und Mittelgiechenland eingewandert sind. Sie waren mit den Seevölkern verwandt, die zwischen 1413 und 1165 v. u. Z. aus dem Schwarzen Meer eindrangen und über die Ägäis bis nach Phoinikien, Ägypten und Libyen gelangten. Die Griechen betrachteten die Pelasger als erste Einwohner Boiotiens, Attikas, der Argolis, Arkadiens und des späten Achaia auf dem Peloponnes. Ihr Kulturzentrum blieb jedoch die thessalische Ebene, die auch noch von den Griechen Pelasgikon Argos oder Pelasgiotis genannt wurde. In Dodona stand noch in griechischer Zeit der Altar des Zeus Pelasgios. Zweifellos waren die Pelasger die eigentlichen Väter der mittelhelladischen Kultur, die man vor kurzem noch als griechisch betrachtet hatte. Sie waren es, die die minyische Keramik aus Orchomenos mit nach Süden brachten.
Die eben erwähnten *Seevölker* werden nicht von den Griechen, jedoch ausführlich in den Amarnabriefen, Tontafeln mit babylonischer Keilschrift, erwähnt. Sie waren der südlichste Ausläufer der großen ägäischen Völkerwanderung des 2. Jahrtausends v. u. Z., zu der auch die Griechen gehörten. In den ägyptischen Schriften der 19. Dynastie werden sie als ernste Gefahr für das Reich erwähnt. Unter Ramses II. traten sie als Alliierte der Ägypter auf. Sie überwältigten das Hethiterreich und setzten zur Zeit Ramses III. zum Angriff auf Ägypten an. Die *Taphier* von Akarnien waren phoinikische Einwanderer. Die *Teleboier* Akarniens waren vor ihnen da und stellten wahrscheinlich eine Mischung von Lelegern und Kadmeiern dar.
Die *Tyroiden,* Nachkommen der Tyro und des Gottes Poseidon, werden von

den Griechen stets getrennt von den Neleiden genannt, obgleich Tyro die Mutter des Neleus ist. Es waren in Wirklichkeit minoisierte Griechen, die in Orchomenos mit den Pelasgern und Minyern zusammengetroffen waren und mit ihnen gemeinsam die minyische Keramik verbreitet hatten. Wir finden ihre Spuren von Thessalien und Korinth bis hinab nach Messenien mit Spuren in Elis, der Argolis und Arkadien. Die *Tyrrhener* waren die Vorfahren der Etrusker, die sich in Thessalien angesiedelt hatten. Man findet ihre Spuren auch in Akte, Attika und der Argolis. Die *Xanthier* waren matristisch organisierte Ureinwohner Thrakiens.

Damit haben wir die wichtigsten der von den Griechen erwähnten vorgriechischen Bevölkerungen der Balkanhalbinsel zu entschlüsseln versucht. Wenn unsere ethnische und regionale Deutung korrekt ist, dann sind nur die Abanter, Leleger, Lokrer, Myrmidonen und Xanthier tatsächlich autochthon, und von diesen sind die ersten und die letzten drei wahrscheinlich auch lelegische Stämme. Die Kaukoner, Kissier, Minyer, Pelasger und Seevölker sind dagegen keine »Ureinwohner«, sondern vorgriechische Einwanderer mit indogermanischer Sprache. Die Lapithen, Neleiden und Tyroiden sind Frühgriechen. Die Danaiden waren nordafrikanische, mit den Ägyptern und den Eteokretern verwandte Einwanderer. Die Kadmeier und Taphier waren phoinikische Siedler. Die Kephallener und Teleboier waren Mischbevölkerungen teils lelegischen, teils phoinikischen Ursprungs. Als einziger Hinweis auf eine vorindogermanische, nichtägyptische und nichtphoinikische Urbevölkerung mediterranen Ursprungs verbleiben uns auf dem griechischen Festlande also nur die Leleger.

Auf den später von den Griechen besiedelten Inseln ergibt sich, wenn man das gesamte Korpus der griechischen Mythologie durchsiebt, das folgende Bild:

CHIOS: Leleger, Karer (über diese unten mehr), Pelasger, Kaukoner (Kult der Artemis Kaukasis).

DELOS: Karer.

IMBROS: Pelasger, Tyrrhener.

KOS: Karer (der alte Name der Insel war Karis).

KRETA: Urbevölkerung mediterranen Typs. Darüber eine Schicht von »Eteokretern« (»echten Kretern«, d. h. Einwanderern aus Nordafrika. Ägypten und Vorderasien). Darüber eine frühgriechische (»achaische«) Schicht und über dieser eine spätere griechische (»dorische«) Schicht.

KYKLADEN: Karer, Lapithen.

LEMNOS: Pelasger.

LESBOS: Pelasger.

LEUKAS: Leleger, Teleboier.

RHODOS: Lapithen.

SAMOS: Leleger, Pelasger.

SAMOTHRAKE: Pelasger.

SERIPHOS: Lapithen.

TROAS: Kaukoner.

ZYPERN: Pelasger, Phoiniker.

Die griechischen Hinweise auf vorderasiatische Bevölkerungen der vorgriechischen Zeit setzen erst lange nach den großen Kulturen von Sumer, Akkad, Assur und Babylon ein. Von den Hethitern und Luviern finden wir in den griechischen Quellen keine Spur. Für die Griechen bestand Vorderasien aus den Reichen der Lyder, Lyker, Perser, Phoiniker, Phryger und Syrer. Aus der dunklen Vergangenheit ragten neben den bereits erwähnten Kaukonern in Paphlagonien und der Troas, den Kissiern und Minyern in der Troas, den Pelasgern in der Troas und in Lydien, den Tyrrhenern in Lydien und einigen wenigen anderen nur die *Karer* in die Gegenwart hinein. Griechische Überlieferung wähnt ihre Heimat an der Südwestküste Anatoliens und auf den Kykladen. Zweifellos war die frühkykladische Kultur das Werk der Karer, die mittelkykladische das der Pelasger. Der alte Name für Kos war, wie gesagt, Karis. In Chios gab es eine Stadt namens Karides. Aber auch auf dem griechischen Festlande haben die Karer ihre Spuren hinterlassen. Die Akropolis von Megara hieß noch in dorischer Zeit Karia. In Boiotien und Attika gab es einen Kult des Zeus Karios. Der Kernpunkt dieser Zusammenstellung ist nun der: Die Griechen betrachteten die gesamte »Urbevölkerung« einschließlich der indogermanischen, vor ihnen aus dem Kaukasus eingewanderten Stämme als »mutterrechtlich«. Von jedem dieser Völker gibt es eine griechische Überlieferung, die sie als matrilokal und/oder matrilinear bezeichnet. Dies erlaubt einen von zwei Schlüssen oder vielleicht auch alle beide: Entweder standen nicht nur die autochthonen Pflanzervölker der Alten Welt, sondern auch noch manche der indogermanischen Hirtenvölker, die vor den Griechen eingewandert waren, auf der »mutterrechtlichen« Entwicklungsstufe, oder sie hatten sich unter dem Einfluß dieser ägäischen Völker der matrilokalen, matrilinearen Ordnung der Ägäis angeschlossen. Die Mehrheit der Gräzisten neigt zu der zweiten Ansicht. Ich neige zur ersten. Fast alle archäologischen Funde der Alten Welt scheinen mir meine Deutung zu bestätigen.
Eins ist jedenfalls sicher: die sieben wichtigsten Kulturen, auf welche die Griechen bei ihrem Einmarsch stießen – die mitteltroadische in Anatolien, die mittelthrakische und mittelmakedonische im Nordosten der Balkanhalbinsel, die frühhelladische in Zentralgriechenland, die mittelkykladische auf den Inseln, die mittelminoische auf Kreta und die mittelzypriotische auf Kypros –, trugen trotz ihrer sehr unterschiedlichen Produktionsweise und trotz ihres sehr voneinander abweichenden Entwicklungsstadiums den gemeinsamen Nenner einer matristischen Tradition, die selbst dort ihre Spuren hinterlassen hatte, wo die Abstammung nicht mehr in matrilinearer Folge stattfand. Auch waren Religion und Mythologie aller sieben Kulturen zur Zeit der Einwanderung der griechischen Stämme noch immer dem Kult einer Muttergöttin gewidmet. Ein drittes Kennzeichen der meisten, wenn auch nicht aller vorgriechischen Kulturen der Ägäis war ihre relative Friedfertigkeit. Knossos, Hagia Triadha, Mallia, Palai Kastron, Gurnia und zahllose andere Dörfer und Städte auf den Kykladen, in Kreta und auf dem Festland waren weitgehend unbefestigt. Erst nach dem Auftauchen der Griechen finden wir die sogenannten Zyklopenmauern, Befestigungsanlagen einer kriegerisch ausgerüsteten Männergesellschaft.

III
Die Väter der Neuen Welt

Da Hirtenstämme sich im allgemeinen auf ständiger Wanderschaft befinden, sind sie auch schnell bei der Hand, ihren Reichtum durch Viehraub oder Kriegszüge zu vermehren; weil die Kriegführung nun Angelegenheit der Männer ist, verstärkt sich damit auch die dieser Wirtschaftsweise inhärente Tendenz, den Reichtum in deren Händen zu konzentrieren.

George Thomson

1

Die »Indogermanen« gehören zu jenen kriegerischen Nomadenvölkern der Steppe, die den Kurs aller Ackerbaukulturen an ihren Grenzen maßgeblich beeinflußt haben, indem sie immer wieder aus ihren Weideländern herausgebrochen sind und die Ackerbaukulturen Europas, Asiens und Nordafrikas erobert haben. Im Gegensatz zu Bauern, deren Blick immer auf das nahe Ziel des eigenen Stück Landes gerichtet ist, werden solche Völker meist von dem weiten Horizont der Steppen geprägt. Sie sind beweglich, vermögen in großen strategischen Konzepten zu denken und haben deshalb oft die Verteidigungsmaßnahmen ihrer seßhaften Gegner mit militärischer Brillanz zerschlagen. Aber es gibt in der Geschichte der Menschheit kein einziges Beispiel eines Hirtenstaats, der solchen Eroberungen gefolgt wäre. Die Reiche der Hunnen und Mongolen zerfielen in kürzester Zeit. Die Hyksos, kriegerische Wanderhirten, die das Reich der 14. Dynastie in Ägypten zerschlugen, überlebten knappe hundert Jahre, und auch dies nur durch weitgehende Angleichung an die Ökonomie der Ägypter. Auch die Griechen überlebten nur, indem sie sich der Ökonomie der von ihnen eroberten Ackerbauvölker anpaßten, ihre Produktionsformen übernahmen und ihre Kultur assimilierten. Nirgends auf der Welt ist von Indogermanen eine primäre Hochkultur gegründet worden. Alle »indogermanischen« Kulturen beruhen auf einem militärischen Eroberungszug, gefolgt von einer weitgehenden Akkulturation, in der, nach erfolgter Seßhaftigkeit, mehr von der Kultur des Eroberten als von der eigenen übrigblieb. Stets und überall haben sich die Hirtenkulturen nur halten können, indem sie das Produktionsprinzip des Unterlegenen, den Ackerbau, übernommen haben. Dies war auch in Griechenland der Fall.

Die Heimat der »indoeuropäischen« Stämme lag zwischen Aralsee und Hindukusch, in der heutigen Kirgisensteppe Westkasakstans. Gegen Mitte des 3. Jahrtausends vor unserer Zeitrechnung begannen diese Völker in sieben großen Strömen nach Osten, Westen und Süden zu fluten. Ostwärts nach China zogen die Tocharer, südostwärts nach Indien die Urarier, südwärts die Iraner, Meder, Mitanni, Saker und Armener. Westwärts nach Ost-, Mittel-, Nord- und Westeuropa wanderten die Slawen, Balten, Kelten und Germanen. Südwestwärts nach Vorderasien bewegten sich die Hethiter, Luvier, Phryger, Sarmaten, Skythen und Kurden. In die Balkanhalbinsel und ihr Hinterland zogen die Kimmerer, Albaner, Thraker und Griechen. Nach Italien wanderten die Illyrer, Veneter und Italiker. Über Griechenland, Kreta und Zypern nach Palästina und Ägypten segelten die Seevölker, Scherden und Philister.
Der größte Teil dieser Völker bestand aus Wanderhirten, die vaterrechtlich organisiert waren. Einige Stämme jedoch (darunter auch die griechischen Dorer) befanden sich noch auf der Stufe des »Mutterrechts«, während andere gerade auf der Übergangsstufe vom »Mutter-« zum »Vaterrecht« standen. Alle Stämme waren jedoch noch in Sippen organisiert und kannten zur Zeit ihres Einmarsches nach Europa noch keinerlei Privateigentum an Grund und Boden. Privateigentum an Vieh hatte sich jedoch bereits bei einigen Stämmen zu bilden begonnen. Sie züchteten Rinder, Schafe, Ziegen und Schweine, die später einwandernden Stämme auch bereits Pferde. Ihre erste Vorhut war mit steinernen Streitäxten und steinbespitzten Pfeilen ausgerüstet. Deshalb nannte man sie auch »Streitaxtvölker« oder wegen der typischen Muster ihrer Töpfereien (eingepreßten Schnurdekorationen) »Schnurkeramiker«. Die Mythologie und der Ritus einiger dieser Stämme fußten noch auf der mutterrechtlichen Dualität einer Mondgöttin mit ihrem Sohn, während andere bereits zu deren Inversion, dem Kult eines Sonnengottes mit seiner Tochter, übergegangen waren (Vater Lichthimmel mit seiner Tochter, der Morgenröte).
Wir dürfen uns diese Stämme weder als Siedler noch als organisierten Heerhaufen vorstellen, sondern müssen eher an Horden beutesuchender Männer denken, die oft ohne Frauen ihres eigenen Stammes, anfangs zu Fuß, später zu Pferde, im Falle der Seevölker auch in selbstgebauten Booten, nach den Überschüssen der Hochkulturen und des sich entwickelnden Ackerbaus fahndeten. Ihr Ziel war Vieh, Frauen, Sklaven. Dazu Gold, Silber, Bronze, Schmuck und Waffen. Ihre Wanderung war das Resultat der neolithischen Revolution, denn nur wo es einen Überschuß gab, konnten diese Land- und Seeräuber sich ernähren. Im Mesolithikum, der Mittleren Steinzeit, wäre eine solche Völkerwanderung nicht nur sinnlos, sondern geradezu selbstmörderisch gewesen, denn die Nahrungssammler, Jäger, Fischer und frühen Hackbauern besaßen kaum genug, um sich selber zu ernähren. Erst das dumpfe Echo des gewaltigen wirtschaftlichen Durchbruchs, der mit der Bewässerung, der Vorratswirtschaft, der Arbeitsteilung und der ganzen neuen Stadtkultur begonnen hatte, veranlaßte diese asiatischen Wanderhir-

ten, sich mit ihren Herden und Waffen auf den langen Marsch zur Eroberung der Welt zu begeben.
Eine beachtliche Zahl bürgerlicher Altertumsforscher, darunter einige der angesehensten, die man beim schlechtesten Willen nicht als Vorläufer der Apologeten des Dritten Reichs bezeichnen kann, haben die Ansicht vertreten, daß die Indogermanen so »erfolgreich« gewesen seien, weil sie eben von Natur her ein Herrenvolk waren – weniger »verweichlicht« als die mutterrechtlichen Völker, weniger dem Luxus ergeben als die Hamitosemiten, tapferer und disziplinierter als die »Asiaten« – kurzum: richtige *Männer*. In verquaster Sprache umschreiben diese Lobesworte gewisse Zustände, die tatsächlich bestanden; aber sie erklären nichts, weil sie die Gründe der indogermanischen Stammesstruktur, oder zumindest die der Griechen, unerklärt lassen.
Der tatsächliche Kern des »Andersseins« der Indogermanen lag darin, daß ihre Stammesevolution und deren ökonomische Basis einen völlig anderen Weg genommen hatte als die der Sippen und Stämme, mit denen wir uns bisher befaßt haben. Die Lebensumstände der Kirgisensteppe erforderten andere Anpassungsmethoden als die des Balkans, der ägäischen Inseln und des größten Teils Vorderasiens. In dieser tierreichen, vegetationsarmen Steppe währte das Stadium des reinen Nahrungssammelns viel kürzer, erlaubte der Frau einen viel geringeren Anteil an der Nahrungsversorgung, erforderte eine viel frühere Spezialisierung auf die reine Jagd, gab dem Manne deshalb eine frühere und stärkere Position in der Sippe, zwang ihn viel früher als in anderen Teilen der Welt, wo die Frauen mittlerweile den Hackbau entdeckt hatten, die gejagten Tiere zu domestizieren, und führte deshalb statt über die übliche agrarische Stufe direkt vom nomadischen Jägerstadium zum nomadischen Hirtentum.
Wir können den Zeitpunkt der Aufspaltung der Indoeuropäer in Stämme und Sprachfamilien sehr deutlich an den Bezeichnungen der Herdentiere erkennen, die im Sanskrit, im Persischen und im Griechischen ähnliche Wortwurzeln besitzen. Dagegen fehlen gemeinsame Vokabeln für fast alle Begriffe des Ackerbaus. Daraus geht hervor, daß die große Wanderung *nach* der Domestizierung der Haustiere, aber *vor* der Entwicklung des Ackerbaus erfolgt sein muß.
Mit den Stämmen, die Europa westlich und nördlich der Donau eroberten, haben wir hier ebensowenig zu tun wie mit denen, die Indien besetzten und den von Pferden gezogenen Streitwagen bis nach China führten. Uns interessieren hier nur diejenigen Stämme, die ihre Spuren in Vorderasien, Griechenland und Italien hinterlassen haben. Verläßliche Daten ihrer Wanderungen gibt es kaum. Wir wissen, daß die Luvier bereits vor 2600 v. u. Z. über den Bosporus nach Kleinasien kamen. Um 2300 finden wir Spuren der Hethiter in Anatolien, etwa zur gleichen Zeit im gleichen Gebiet die ersten Spuren der Griechen. Von 2200 an lassen sich die ersten Griechen auf der Balkanhalbinsel verfolgen. Um 1650 erobern die Mittani Persien. Genau kennen wir aus den ägyptischen Staatsakten die Ankunft der Seevölker am Schwarzen Meer (1413 v. u. Z.). Im Jahre 1184 erreichten sie Ägypten. Aus diesen Daten kann man gut erkennen, mit welcher Geschwindigkeit sich

solche Wanderungen fortbewegten. Seit 1210 lassen sich mit Sicherheit die Phryger und Thraker in Anatolien belegen. Gegen 1200 tauchten die sogenannten Dorer auf.

Das sind mangelhafte Daten, aber sie vermögen uns einen ungefähren Eindruck der Zeitspanne zu geben, in der die Ackerbauvölker Europas und Vorderasiens zum erstenmal mit diesen vaterrechtlichen Viehzüchtern in Berührung kamen. Es ist verschiedentlich vorgeschlagen worden, die Megalith- oder Menhir-Kultur des Neolithikums mit den Indoeuropäern und diese mit der Verbreitung der sogenannten Trichterbechervölker zu identifizieren. Zwar läßt sich der Weg der Steinstelen tatsächlich von Vorderasien (Syrien und Israel) über den Mittelmeerraum (Malta) bis in den hohen Norden Europas verfolgen, aber die These ist aus verschiedenen Gründen zweifelhaft. Dagegen deckt sich die Ausbreitung der sogenannten Ockergrabkultur (Bestattung der Toten in mit Ockerstaub bedeckten Gruben) aus den südrussisch-kasakstanischen Steppen zeitlich (2600 bis 1900) und räumlich (nach Westen, Süden und Südwesten) in so hohem Maße mit den vermuteten Wanderungen der Indoeuropäer, daß viele Autoritäten heute dazu neigen, die beiden Kulturen gleichzusetzen.

»Auf den Grassteppen, die sich von den Ausläufern des Kaukasus und der unteren Wolga rings um das Schwarze Meer bis zur Dobrudscha und dem benachbarten Waldland bis zum Norden ausbreiten, sind die frühesten, bis jetzt bekanntgewordenen nahrungerzeugenden Stämme durch Gruppen von Erdhügeln vertreten, die Schachtgräber (russisch *yamy*) überdecken und dicht mit rotem Ocker besprengte Skelette enthalten. Die auf diese Weise bezeugte Kultur wird als Ocker-Grab-Kultur bezeichnet; russische Archäologen haben ihre Entwicklung durch drei Hauptperioden verfolgt – früh, mittel- und spätpontische oder Kuban-Kultur. (Die Bezeichnung Kuban-Kultur bezieht sich, genau genommen, auf eine besondere Abart der Ocker-Grab-Kultur an den nördlichen Abhängen des Kaukasus, wo die frühe Periode in eine erste [I] und zweite [II] unterteilt werden kann)... Das pontische Steppenvolk war nur ein östlicher Zweig lose zusammenhängender wandernder Hirtengemeinschaften, zwischen denen nachweislich ein fruchtbarer Verkehr bestand, wenn man auch über dessen Richtung streiten kann. So könnte zum Beispiel behauptet werden, daß die bei Alaca Hüyük und die in den Schachtgräbern von Mykene bestatteten Könige von unserem Steppenvolk abstammen und für die Einführung der indoeuropäischen Sprachen, hier also den Hethitischen und Griechischen, in Anatolien und Griechenland verantwortlich seien und, daß ferner die verschiedenen Streitaxt-Völker im Norden und Nordwesten, die Vorfahren der Kelten, Teutonen und Slawen gewesen sein könnten, Abkömmlinge der Ocker-Grab-Stämme waren« (V. Gordon Childe, a.a.O., S. 109 bis 112.)

Zum ersten Male begegnen wir den Ockergrableuten auf der Balkanhalbinsel in der Form der thessalischen Dimini-Kultur, die ihre Vorläufer bis nach Korinth vorschickte. Sie waren die Väter der griechischen Megaron-Architektur, die einen rechteckigen Grundriß mit offener Vorhalle an der Schmalseite benutzte und in radikalem Gegensatz zu der meist runden oder ovalen Hausform der ägäischen Ackerbausippen stand. In den Mythen und

Historien der Griechen tauchen sie als »Minyer«, »Lapithen« und »Tyroiden« auf. Alle vier Völker, ob sie nun tatsächlich identisch sind oder nicht, bewohnten jedenfalls zur gleichen Zeit (2900 bis 2500) die gleiche Region Griechenlands, die heute Drakhmani heißt. In den meisten ihrer neuen Siedlungen – Dimini, Sesklo, Thebai, Zerelia, Larissa, Tsangli – verdrängten ihre befestigten Rechteckhäuser und männlichen Kultidole die unbefestigten Rundhütten und weiblichen Kultstatuetten der frühneolithischen Sesklo-Kultur (etwa 5000 bis etwa 2900 v. u. Z.), die wahrscheinlich von vorderasiatischen Einwanderern der Hassunan-Halafien-Tradition gegründet worden war.
Eines ist jedenfalls auch hier sicher: die Griechen waren weder die einzigen noch die ersten Indoeuropäer, die in die Balkanhalbinsel einwanderten und sich mit den dort ansässigen Ackerbauvölkern paarten. Eine beachtliche Anzahl jener Stämme, die man noch bis vor kurzem als »Ureinwohner« Griechenlands betrachtet hatte, haben sich entweder als frühere Vorposten der großen indoeuropäischen Wanderung oder als Völker herausgestellt, die sich bereits mit den matristischen Aborigines vermischt hatten. Diese waren zum großen Teil hamitosemitischen Ursprungs. Die Kultur der Griechen ist also keineswegs eine indogermanische, sondern eine von einer dünnen indogermanischen Schicht überlagerte Mittelmeerkultur asiatischen und afrikanischen Ursprungs. Davon zeugt das Material sowohl der Linguistik wie der Archäologie. Bereits im Jahre 1896 stellte der deutsche Sprachforscher P. Kretschmer fest, daß es in der griechischen Sprache eine Anzahl von Wörtern gäbe, die auf *-nt(h)-* und *-s(s)-* enden. Korinth, Hyazinth, Labyrinth, Zypress, Narziss sind moderne Fassungen jener vorgriechischen Wörter, von denen wir hier sprechen. Sowohl die Endungen wie die Wortstämme fehlen in anderen indoeuropäischen Sprachen und lassen sich nicht aus dem Griechischen erklären. Kretschmer wies darauf hin, daß viele Ortsnamen mit den gleichen Wurzeln und ähnlichen Endungen dagegen in Kleinasien vorkommen und daß man deshalb annehmen müsse, auf dem Territorium des heutigen Griechenland habe einst ein Volk gelebt, das aus Kleinasien eingewandert sei und nicht zur indoeuropäischen Familie gehört habe.

3

»Die ältesten griechischen Stammesniederlassungen waren nur vorübergehend besiedelt. Sie mögen ein oder mehrere Jahre oder gar eine ganze Generation lang bewohnt gewesen sein, doch früher oder später war der Stamm gezwungen, weiterzuziehen. Es leuchtet ein, daß sich bei einem derartig häufigen Wechsel des Wohnsitzes auch die Struktur eines nomadischen Stammeslagers fortgesetzt reproduzieren mußte; denn abgesehen davon, daß die Ansiedlung festere Formen angenommen hatte, stellte sie nach wie vor nichts anderes als ein Lager dar« (George Thomson, a.a.O., S. 296).
Das Lager spiegelte die Struktur des Stammes getreulich wider. Der Lagerplatz wurde nach der Anzahl der vertretenen Bruderschaften symmetrisch

aufgeteilt, und innerhalb einer jeden Bruderschaft hatten die Sippen ihre eigenen Zelte oder Hütten. Wenn Frauen einen Teil des Hirtenstammes bildeten (was immer seltener wurde, je weiter sich die Hirten von ihren einstigen Weideflächen entfernten), so drückte sich die Exogamievorschrift meist so aus, daß man sagte, die Frau müsse aus dem »anderen Viertel« (oder dem »anderen Achtel«, je nach der Anzahl der vertretenen Sippen) kommen. Wie es bei Jägersippen üblich ist, gab es auch bei den aus Jägersippen entstandenen Hirtenstämmen keinerlei Privateigentum an Grund und Boden, denn das Weideland, genau wie das Wildrevier, mußte selbstverständlich allen Sippenmitgliedern in gleichem Maße zur Verfügung stehen, da die ganze Sippe ja von der gemeinsamen Sippenherde lebte.

Die Sippenstruktur war also anfangs der Struktur der Jägersippen, die wir bereits kennengelernt haben, außerordentlich ähnlich. Nur prägte sich innerhalb der Sippe sehr viel früher eine gewisse Dominanz des Mannes aus, da er die Hauptarbeit leistete. Andererseits war gerade bei Hirtensippen das Bewußtsein des Gemeinbesitzes aller Dinge und der Zugehörigkeit zu einem Bund gleichgeborener und gleichwertiger Männer besonders ausgeprägt. Wenn zwei Mitglieder eines größeren Hirtenstammes, die einander nie im Leben gesehen hatten, weil die Weideländer ihrer respektiven Sippen viele Tagereisen voneinander entfernt lagen, einander doch einmal begegneten, so galt ihre erste Frage stets dem Namen der Sippe des anderen und die zweite dem Verwandtschaftsgrad, der sie verband. Genau wie dies heute noch bei Stammesgesellschaften in allen Teilen der Welt geschieht, waren auch die Frühgriechen in der Lage, Verwandtschaftsverhältnisse von geradezu haarsträubender Kompliziertheit im Kopf zu behalten und die Verwandtschaftsgrade, die alle Mitglieder eines Stammes von vielen Tausenden von Mitgliedern miteinander verknüpften, sofort in bezug auf den eigenen Status zu deuten. Es ist natürlich eine allgemeine Kennzeichnung von Völkern, die keine Schrift benutzen, daß ihr Gedächtnis besser als das der schreibenden Völker ist, aber bei den Hirtenstämmen ist dies in ganz besonders hohem Maße der Fall. So hatte noch bis in die Zeit des klassischen Hellas fast jeder traditionsliebende Grieche die Namen seiner sämtlichen Vorfahren über mehr als zehn Generationen im Kopf und konnte sie bei jeder Gelegenheit herunterrasseln wie ein heutiges Schulkind das Abc oder Einmaleins.

Größere Herden können niemals von einem einzelnen, auch nicht von der kleinen Sippeneinheit, die gemeinhin in einem Zelt oder einer Hütte zusammenlebte, gehütet werden; besonders nicht, wenn sich die Herde auf Wanderschaft befindet. Man denke an die Zahl von Hirten, die noch heute bei der Rentierwanderung erforderlich ist. Im Gegensatz zum Gemeinschaftsbesitz an Grund und Boden, der die Ackerbaustämme bis tief ins Neolithikum zu engen Sippen- und Stammeseinheiten mit absoluter Gleichheit aller Mitglieder verband, konnte sich der Gemeinschaftsbesitz an Vieh aber sozusagen von selbst vermehren, und diese Entdeckung hat bei allen Hirtenvölkern früher oder später zu dem Gedanken geführt, daß man sich durch andere Mittel als durch die Arbeit der eigenen Hände Besitz erwerben könne.

Die vaterrechtliche Sippenstruktur, die sich sehr früh aus der Dominanz des

Mannes als Nahrungserzeuger gebildet hatte, legte dem Vater den Gedanken nahe, seine Söhne, die ja bei patrilinearer Deszendenz zu seiner eigenen Sippe gehören, auch nach seinem Tode zu versorgen. Je erfolgreicher er als Viehzüchter wurde, je besser es ihm gelang aus jedem Muttertier möglichst viele Junge herauszuschlagen, desto stärker fühlte er, daß seine Fähigkeiten auch seinen Kindern zugute kommen sollten, und zwar um so mehr, je größer diese Fähigkeiten waren. Viehzucht erweckt in viel höherem Maße als Ackerbau den Gedanken der *Leistung.* Viehzucht lenkt die Gedanken aber auch in viel höherem Maße auf die *Vererbung,* denn ein Acker kann nur begrenzt aufgeteilt werden: wenn die Teile zu klein werden, verlieren sie ihren Wert als Ackerland. Bei Bauern tauchte der Gedanke der Vererbung des Landes also erst sehr spät auf, bei Viehzüchtern der Gedanke der Aufteilung einer Herde aber sehr früh, denn fast jede Sippe besaß mehr Vieh als Kinder, so daß auf jedes Kind stets genug Vieh kam, um darauf wieder eine neue Herde aufzubauen. So ergab sich aus der eigentümlichen Kombination von Selbstvermehrung der Haustiere + Aufteilbarkeit der Herde + patrilinearer Deszendenz der Gedanke des Erbrechts.

Was hier vererbt wurde, war aber eine grundsätzlich andere Art des Besitzes als der an Kleidern, Schmuck und einfachen Werkzeugen, denn während diese nur dem Privatvergnügen oder der Gemeinschaftstätigkeit der Individuen dienten, erzeugte jener einen Mehrwert. Und mit der Entdeckung der mehrwerterzeugenden Produktionsmittel verwandelte sich Privatbesitz in Privateigentum, und Aneignung von Naturprodukten in Ausbeutung anderer Menschen. Wenn die Selbsterkenntnis des Individuums als etwas von der Gemeinschaft Separates und ihr potentiell Entgegengesetztes der erste Sündenfall war, dann war die Entdeckung des Privateigentums der endgültige Verlust der Gnade, denn mit ihm begann die Ausbeutung des einen Menschen durch den anderen und die Spaltung der Gesellschaft in einander unterdrückende Klassen.

4

Es besteht kein Zweifel darüber, daß das Vieh und nicht der Boden das erste Objekt des Privateigentums war und daß die Viehzüchter, nicht die Ackerbauern, die Erfinder der Ausbeutung waren. Vieh kann sich, genau wie Geld, vermehren: es bringt Zinsen in Form von Jungen. Bis zum heutigen Tage hat das Wort »Vieh« in zahllosen Sprachen die Bedeutung von »Geld« oder »Währung«. Im Lateinischen leitet sich *pecunia,* »Geld«, von *pecus,* »Vieh«, ab. Die indische Währungseinheit, die Rupie, hat ihre Wurzel in dem Sanskrit-Wort *rupa,* »Vieh«. In der Kiewer Rus sind die Worte für »Geld« und »Vieh« identisch, ebenso »Schatz« und »Viehmagd«, »Tierliebe« und »Gewinnsucht«. Damit zerstörte die Viehzucht die ökonomische Basis der Sippengesellschaft mit ihren hohen ethischen Ansprüchen auf Gemeinschaftsordnung und Gemeinschaftsbesitz. Korruption, Habgier und Geiz traten zum erstenmal in der Gesellschaft auf und begannen die Sippenordnung zu zernagen.

Wahrscheinlich begann der Prozeß der Domestikation mit der Einzäunung einer wilden Herde durch Jägersippen des Mesolithikums: »Vielleicht schützten die Menschen z. B. dauernd eine Herde und bemühten sich mit ihrer Hilfe oder nur einzelnen Locktieren, die Beute aus anderen Herden zu erlangen« (Bohuslav Klima, *Die materielle Kultur des europäischen Jungpaläolithikums,* Handbuch der Urgeschichte, Band I, Bern 1966, S. 267). Zweifellos führte die Jagd zur Tierzähmung, und zweifellos war die Viehzucht fast überall Männerarbeit. Aber sie konnte sich trotzdem nicht überall entwickeln, wo es Jäger gab, denn sie ist nur möglich unter gewissen ökologischen Bedingungen; sie erfordert zum Beispiel Weideland. Es war daher natürlich, daß sie in den Steppengebieten erfunden und dort auch vorwiegend betrieben wurde. Zwar stammen die frühesten Haustierfunde aus Mittelpalästina, aber dies liegt daran, daß man dort intensivere Ausgrabungen betrieben hat als irgendwo anders, während man in den Steppen keinerlei Anhaltspunkte für Ausgrabungen hat, vor allem beim Studium von Wanderhirten, die keine Massengräber benutzen, da sie niemals lange genug ansässig sind, um größere Zahlen von Toten zu hinterlassen.
Als erstes wurde wahrscheinlich die Wildziege domestiziert, dann das Wildschaf der Grassteppen und fast gleichzeitig der Hund, denn Schafzucht und Schäferhunde gehören zusammen. Schweine treten zum erstenmal im spätneolithischen Anatolien auf. Wo und wann das Rind zum ersten Male gezüchtet wurde, ist umstritten, aber hier führen die Spuren eher nach Vorderasien als ins Steppenland. Jedenfalls muß man zwischen Tierhaltung durch Abrichtung und Tierzucht durch Zähmung unterscheiden. Der russische Vorgeschichtsforscher Krichevskij hat überzeugend bewiesen, daß eine Wirtschaft, die sich auf Jagd und Viehzucht spezialisierte, für Europa die ergiebigste Form der Nahrungserzeugung mit neolithischen Werkzeugen darstellte. Trotzdem wurden gerade diese Hirtenvölker, die mit relativ geringer Arbeitsleistung relativ ergiebige Nahrungsversorgung betrieben, zu den gefürchtetsten Räubern der Vor- und Frühgeschichte. Das hing unter anderem mit der Stehlbarkeit des Viehs zusammen, denn während Ackerland nur durch Eroberung gestohlen werden kann, benötigt der Viehdieb keine permanente Landnahme: er kommt bei Nacht, ordnet das gestohlene Tier in seine eigene Herde ein und zieht weiter. Ehe die Eigentumsbezeichnung durch Brandmarkung erfunden wurde, war der Nachweis eines solchen Diebstahls fast unmöglich.
So führte also die Entwicklung des Privateigentums an Vieh auch gleichzeitig zum Viehdiebstahl und damit zum Diebstahl als solchem, denn in der matristischen Sippengesellschaft mit ihrem unveräußerlichen Gemeinschaftsbesitz gab es keinen Diebstahl, weil niemand durch Aneignung mehr zu gewinnen hatte, als er bereits besaß. Viehdiebstahl wiederum gewöhnte den Hirten an den Gedanken des Diebstahls anderer Güter. So wurden gerade die wohlhabenden Hirtenstämme zu den Raubvölkern des Neolithikums. Die spätere Geschichte der Indoeuropäer, der »weißen Herrenvölker«, geht zum Teil auf diese neolithische Tradition zurück. Das Patriarchat

ist also nicht nur ein System der Abstammungsordnung, der Verwandtschaftsbezeichnung, der Sexualregelung und des Erbrechts, sondern auch eine Ideologie des Diebstahls, eine als Moral verkleidete Rechtfertigung der Freibeuterei, eine Glorifizierung des bewaffneten Überfalls und der Aneignung fremden Besitzes. Wer das Patriarchat verstehen will, darf nie seinen Ursprung im Raub vergessen.
Wo die Güter Gemeinbesitz sind, wie bei den matrilokalen, matrilinearen Sippengesellschaften der Alten Welt, da besitzt auch niemand den anderen. Weder besitzt der Mann die Frau noch die Frau den Mann. Selbst die Kinder sind frei, weil sie noch nicht als »Besitz« der Eltern empfunden werden. Sobald der Mann aber das Privateigentum entdeckt hat – und dies ist nun einmal das unbestreitbare »Verdienst« des Mannes –, da beginnt er auch, Frau und Kinder als »seine« Frau und »seine« Kinder zu betrachten. Der Mensch wird zum Eigentum. Die Verdinglichung der Humanität beginnt, und damit die Feindschaft der Geschlechter. Nicht daß die Griechen ihre Frauen unterjochten, sondern daß sie durch diese Unterjochung sich selbst ihrer Freiheit beraubten, ist die Tragödie des griechischen Patriarchats: »Von Anfang bis zu Ende herrschte bei den griechischen Männern ein Egoismus oder eine ausgesuchte Selbstsucht, welche dahin führte, die Achtung vor den Frauen in einer Weise zu verringern, wie man es unter Wilden kaum findet«, schrieb Lewis H. Morgan bereits im Jahre 1876 (*Die Urgesellschaft,* zweite deutsche Auflage, Stuttgart 1908, S. 400). So bringt erst die »Kultur« jene Mißachtung der Frauen, die unter Barbaren unbekannt ist.

6

Vergleichen wir die Siedlungen der neolithischen Welt miteinander, so fällt uns, ganz unabhängig von Rasse, Sprache und Ökonomie der Einwohner, sofort der Unterschied zwischen befestigten und unbefestigten Ortschaften auf. Da wir überall in der Alten Welt Kulturen verschiedenen Fortschritts nebeneinander finden, besagt die Größe der Ortschaft nur wenig über ihr Alter. Die Befestigungen dagegen verraten eindeutig, ob eine solche Siedlung vaterrechtlich oder mutterrechtlich organisiert ist, ob sie bereits mit patriarchalischen Stämmen in Berührung gekommen oder noch verschont geblieben ist. Die Stadien der Bauernsiedlungen können in vereinfachter Form so dargestellt werden: Einzelgehöft einer Kleinsippe, Sippendorf, Siedlung einer Großsippe, Siedlung einer Schwester- oder Bruderschaft, Siedlung eines Stammes, Sammelsiedlung (Stammesbund) mit Stadtcharakter. All diese Ansiedlungen weisen sich allein dadurch bereits als Heime matrilokaler, matrilinearer Sippen und Stämme aus, daß sie keine Befestigungen besitzen und bis dahin noch keinen Grund gehabt haben, sich gegen patrilokale, patrilineare Sippen oder Stämme zu verteidigen. Sobald wir aber Befestigungen vorfinden, seien es auch nur Bauerndörfer mit Fluchtfestung, können wir mit Sicherheit schließen, daß die Bewohner entweder bereits auf patrilineare Stämme gestoßen waren und sich gegen sie verteidigen mußten oder daß sie selber bereits zum Patriarchat übergegangen waren. Die Zitadellenstadt, die Festungsstadt und die Festungsstadt mit Zitadelle ist überall, selbst im mutterrechtlichen Ägypten und Mesopotamien, das Produkt vaterrechtlicher Entwicklungen. Die von Morgan geprägte und von Gordon Childe übernommene Unterscheidung zwischen »Barbarei« und »Zivilisation« ist durch diese Entdeckung weitgehend in Frage gestellt worden. Noch zu meiner Studienzeit hätte es geradezu ketzerisch gewirkt, wenn man angezweifelt hätte, daß die Griechen, als sie in die Balkanhalbinsel einfielen, ein »zivilisiertes« Volk gewesen seien. Als selbstverständlich galt es dagegen, daß die »Ureinwohner« der Halbinsel »Barbaren« waren. Mit Hilfe der im Jahre 1969 von Colin Renfrew entwickelten Revisionswerte des Karbon-C-14-Datierungsverfahrens ergab es sich jedoch, daß die »Barbaren« bereits Kupfergeräte besaßen, als die Griechen noch steinerne Streitäxte benutzten. Es mag deshalb durchaus nicht paradox sein, wenn man heute postulieren wolle, der Übergang von der Barbarei zur Zivilisation sei durch die Einführung des Krieges gekennzeichnet.

Childe wies bereits 1951 in seinem wichtigen Werk *Social Evolution* (deutsch 1968) darauf hin, daß unter Wissenschaftlern völlige Übereinstimmung bestehe, Kriege zwischen vorgeschichtlichen Stämmen von Nahrungssammlern oder einfachen Hackbauern – zur Erlangung von Sammel- und Jagdrechten oder von Land zur Urbarmachung – seien so gut wie unbekannt. Bauern mit gemischter Landwirtschaft, vor allem aber Hirtenvölker, seien dagegen oft darauf angewiesen, zum Erwerb von Vieh oder Sklaven Kriege vom Zaun zu brechen. Deshalb »nehmen die positiven Zeugnisse für Krieg im vorgeschichtlichen Europa erst in der Zeit zu, als die Viehzucht in der Landwirtschaft an Bedeutung gewann« (*Soziale Evolution,* Frankfurt am Main 1968, S. 75 f.).

»Da Hirtenstämme sich im allgemeinen auf ständiger Wanderschaft befinden, sind sie auch schnell bei der Hand, ihren Reichtum durch Viehraub oder Kriegszüge zu vermehren; weil die Kriegsführung nun Angelegenheit der Männer ist, verstärkt sich damit auch die dieser Wirtschaftsweise inhärente Tendenz, den Reichtum in deren Händen zu konzentrieren. Diese kühnen, ruhelosen Stämme plündern ein Gebiet nach dem anderen, töten die Männer und führen die Frauen als bewegliche Habe mit sich fort und lassen sich schließlich auf einem für den Feldbau geeigneten Landstrich nieder, machen sich die einheimische Bevölkerung tributpflichtig – das ist der erste Schritt zu deren Leibeigenschaft. Diesem Ursprung entstammten die Kassiten, die Babylon überrannten, ferner die Hyksoskönige Ägyptens und die achaiischen Plünderer, die das minoische Kreta annektierten. Mit dem Besitz des Pferdes, des schnellsten aller zähmbaren Tiere, verfügten die indogermanischen Nomadenvölker noch über einen weiteren Aktivposten. Nicht wegen irgendeiner angeborenen Überlegenheit konnten sie ihre Sprache auf einem derart großen Gebiet durchsetzen, sondern einfach dank der besonderen Verbindung sozialer und historischer Umstände, die es ihnen ermöglichten, die seßhaften Ackerbaukulturen des Nahen Ostens zu unterwerfen und zu assimilieren. Für die erfolgreiche Kriegführung ist ein einheitlicher Oberbefehl unerläßlich, daher besitzen diese Stämme ein Militärkönigtum. Nach einem glücklich verlaufenen Feldzuge wurde dem König und seinen Unterhäuptlingen der Löwenanteil sowohl an der beweglichen als auch der unbeweglichen Beute zuerkannt« (George Thomson, a.a.O., S. 244). »Plünderer der Städte« war ein homerischen Helden beigelegter Ehrentitel. Die *Ilias* beschreibt die Plünderung von Küstenstädten in Kleinasien. Die *Odyssee* liefert unter anderem die Beschreibung eines griechischen Raubüberfalls auf das ägyptische Delta. Beute war das Motiv all dieser »glorreichen« Feldzüge, und Beute ist auch der Grund der weitgehenden Klassenspaltung, die dieses Volk der einst Gleichen bald in eine Reihe von Klassenkämpfen stürzen sollte, die der Sippen- und Stammesgesellschaft unbegreiflich waren.

»Ungezügelte, aber kraftvolle Eindringlinge unterjochen und assimilieren eine überlegene Kultur und verursachen dadurch eine ökonomische und soziale Umwälzung, die gekennzeichnet ist durch die Anhäufung von Reichtümern in der Hand einer willensstarken Kriegerkaste, welche, zerrissen von mörderischen Auseinandersetzungen um die Thron- und Erbfolge, aus ihren Stammesbindungen herausbricht und mit raschem Schritt den Weg des gewalttätigen, selbstherrlichen Individualismus beschreitet – eine zwar glänzende, doch nicht minder kurze Karriere, da die Errungenschaften dieses Volkes auf dem Schwert und nicht auf der Entwicklung der Produktivkräfte beruhen« (George Thomson, a.a.O., S. 348 bis 349).

Der Reichtum dieser achaiischen »Fürsten« bestand nach wie vor in dem Umfang ihrer Herden. Als der Räuberführer Agamemnon den »Helden« Achilleus zu überreden versucht, an dem geplanten Raubzug gegen Troja teilzunehmen, schreit der Held dem Fürsten ins Gesicht: »Warum soll ich gegen die Trojaner zu Feld ziehen? *Mein* Vieh haben sie mir nicht davongetrieben!« Vieh, Gold, Waffen, Sklaven und Sklavinnen waren die Ziele der Raubzüge, genau wie der Diebstahl von Vieh, Gold, Waffen, Sklaven und Sklavinnen das Motiv zum Rachefeldzug war. Am Ende eines jeden Raubzuges wurde diese Beute je nach Maß der »Heldentaten« der Teilnehmer aufgeteilt. So geschah es nach der Plünderung der mysischen Stadt Thebe, daß die Achaier auch die Sklavinnen aufteilten. Es »verteilten die Söhne Achaias die Beute redlich und behielten die Tochter des Chryses dem Atriden Agamemnon vor«. Als er später aus unvorhergesehenen Gründen die Sklavin zurückgeben muß, verlangt er natürlich eine Entschädigung, wird aber von Achilleus darauf hingewiesen, daß es dafür zu spät sei:

Wie denn nur fänden die Gabe die hochgemuten Achaier?
Nirgends wissen wir doch vorrätige Beutegeschenke.
Was wir geraubt aus verwüsteten Städten, ist lange vergeben,
Unbillig wär es den Leuten, dies wieder zusammenzuholen.
Gib nur dem Gott das Mädchen zurück, wir andern Achaier
Werden's dir dreifach und vierfach ersetzen, wenn Zeus es uns endlich
Gnädig verleihe, das mauergewaltige Troja zu plündern.

Die Plünderung Trojas, nicht etwa die Heimholung Helenas, war also tatsächlicher Grund des »Trojanischen Kriegs«, der kein Krieg, sondern ein Raubzug war. »Das Hauptziel des Krieges in dieser Etappe ist der Raub, die Form, in der er gewöhnlich geführt wurde, der Überfall. An wertvollem

Besitz wurde, was irgend möglich war, weggetragen, das übrige vernichtet; das Vieh wurde fortgetrieben und die Gefangenen in die Sklaverei überführt... Wurde der Feind nicht völlig vernichtet, so legte man dem Besiegten Tribute auf; zum Eintreiben derselben bestimmte man oft irgend jemand aus der Oberschicht des Stammes oder aus dem Gefolge. Mit dem Anwachsen der Bevölkerung kommt zu dem Raub von Gütern auch noch die Eroberung fremden Bodens. So kam es vor, daß die Besiegten vertrieben und an ihrer Stelle unterworfene oder fremde Sippen angesiedelt wurden« (M. O. Koswen, a.a.O., S. 206).

Genau wie Agamemnon den Achilleus durch Versprechungen reichlicher Beute zur Teilnahme an seinem Raubzug zu überreden versucht, so versuchen die Sippensprecher von Aitolien den Melegros dadurch zum Mitkämpfer zu gewinnen, daß sie ihm Grundeigentum im fruchtbarsten Teil ihres Landes anbieten. Derartige Reservate wurden *teménea* genannt, d. h. Grundstücke, die aus der sippeneigenen Ackerfläche, also aus dem Gemeinbesitz, »herausgeschnitten« *(témno)* oder »ausgesondert« *(exhairéo)* worden waren. Das *témenos* war also die Keimzelle des landwirtschaftlichen Privateigentums, das sich im Schoße der Stammesgesellschaft herausbildete.

Dem gleichen Verrat an den Rechten der Gemeinschaft zugunsten des Heerführers begegnen wir auch bei der Teilung der Beute. Die Verteilung wird auf ähnliche Weise vorgenommen und stellt einen durch das Los herbeigeführten *dasmós* dar: wie der »König« schon ein besonderes Landgut erhielt, so empfing er auch bei der Beuteteilung ein besonderes »Privilegium« *(géras)* oder eine »Belohnung« *(timḗ),* die von der allgemeinen Auslosung ausgenommen war.

Der auf diese Weise akkumulierte Reichtum brachte natürlich Ungleichheiten, die das gesamte Gefüge der patriarchalischen Gesellschaft erschütterten und von Anfang an ein Merkmal ihrer inneren Widersprüche darstellten. Odysseus brüstet sich beispielsweise damit, auf neun Raubzügen der Anführer gewesen zu sein und jedesmal mehr Beute erworben zu haben, als ihm Rechtens zustand. Schon gegen Ende des 16. vorgeschichtlichen Jahrhunderts hatte sich die Klassenspaltung bei den Griechen deshalb bereits so weit entwickelt, daß die *basilei,* die Führer der Raubzüge, zu einer Art herrschender Klasse geworden waren.

Hier enthüllt sich eines der eisernen Gesetze jeder Klassengesellschaft: Wo die technische Möglichkeit besteht, einen Überschuß zu erzielen, da können wir sicher sein, daß er erzielt wird. Und wenn er einmal da ist, können wir mit gleicher Sicherheit annehmen, daß sich eine neue Klasse bilden wird, die ihn arrogiert. Der Überschuß kommt niemals der Klasse zu, die ihn erzeugt, sondern wird stets von der neuen Klasse, die sich aus der Spezialisierung der Arbeit entwickelt, mit Beschlag belegt. Die physische Arbeit wurde auch bei den Griechen von den Bauern geleistet, die in vielen Fällen unterjochte Mitglieder der alten Ackerbaustämme, in anderen Regionen aber Nachkommen der eingewanderten Hirtenstämme waren. Ihr Mehrwert, einerlei ob dies nun »echte Griechen« oder Nachkommen der vorgriechischen Stämme waren, floß nie den Bauern zu, sondern kam vom frühesten Anfang der griechischen Gesellschaft an den »Spezialisten« zugute. Das waren anfangs die

Heerführer und »Helden«, später die Landbesitzer (das heißt: die Nachkommen der mit ehemaligem Gemeinschaftsland bezahlten Raubritter), und schließlich die herrschende Klasse der Stadtstaaten: die Schiffsmagnaten, Händler, Waffenfabrikanten und Besitzer von Fabriken (Ergasterien).

7

Es gibt zwei Theorien über den Einmarsch der Griechen in die Balkanhalbinsel – entweder kamen sie aus dem Donaubecken und marschierten das Tal des Axios (Vardar) hinab, oder sie kamen von der Adria her und wanderten nach Epeiros ein. In beiden Fällen muß ihnen die reiche, vom Peneios und seinen Zuflüssen bewässerte Ebene als erstes Ziel vorgeschwebt haben, denn von dieser Ebene sprach man wie von dem Paradies. In ihrer Mythologie erwähnen die Griechen vier Stämme, die Hellas besiedelt hätten: die Achaier, Aioler, Ioner und Dorer. Die Achaier seien zuerst gekommen, und zwar nach Thessalien, die Dorer ein wenig später nach Epirus. Die Achaier seien von Thessalien nach Mittelgriechenland (Aitolien, Lokris, Phokis, Boiotien, Attika) und Südgriechenland (Achaia, Argolis, Messenien) weitergewandert, die Ioner hätten gleichzeitig Euboia und das Grenzgebiet zwischen Lakonien und Argolis besetzt. Um 1150 seien die Dorer aus Epirus nach Süden vorgerückt und hätten die anderen beiden Stämme aus Argolis, Lakonien und Messenien vertrieben, hätten einen Teil der Küste des südlichen Kleinasiens besetzt (Doris) und die Inseln des Ägäischen Meeres erobert (Kythera, Thera, Rhodos, Kreta). Von Korinth und Lakonien aus hätten sie Niederlassungen in Westgriechenland, auf Sizilien und in Unteritalien gegründet. Die Ioner seien dabei zum großen Teil auf andere Inseln des Ägäischen Meeres und die mittlere Westküste Kleinasiens ausgewichen (Ionien), während die Aioler an die nördliche Westküste Kleinasiens geflüchtet seien (Aiolis).

Von dieser Mythologie stimmt manches mit den Tatsachen überein. Aber aus keinem Bericht der Griechen oder irgendeines anderen Volkes können wir entnehmen, wie ihre Ankunft auf die friedlichen Ackerbaustämme mit ihrer vertrauensvollen, jeglichem Verdacht der Überrumpelung fernen Tradition der Mütterlichkeit und Fürsorge gewirkt haben muß. Man denkt unwillkürlich an die ersten Begegnungen zwischen den mutterrechtlichen Azteken und den Raubrittern des Cortez, aber der Vergleich hinkt in mehr als einer Hinsicht. Andererseits hatten die Spanier eines mit den ersten Griechen gemein: sie führten keine Frauen mit sich. Die Frauen der Ackerbaustämme dienten den Griechen deshalb in ähnlicher Hinsicht wie die Frauen der eroberten Azteken den Spaniern: es waren doppelt verachtenswerte Geschöpfe; erstens weil sie zum Volksstamm der Unterlegenen gehörten; zweitens weil sie, wie das bei erobernden Truppen ja üblich ist, nur zur hastigen Befriedigung der Lust herhalten mußten. Man vergewaltigte sie, weil man seit langem keine Frauen gehabt hatte, aber man benutzte sie gleichzeitig als stellvertretende Objekte der Verachtung. Denn daß diese Bauernvölker sich nicht einmal *wehrten,* wenn man sie angriff, schien den

Griechen der Inbegriff des Schandhaften, des Verachtenswerten, des Unmännlichen.
Der Schock dieses ersten Kontakts zwischen Mutter- und Vaterrechtlern hinterließ bei beiden untilgbare Spuren; bei den Bauernstämmen den Eindruck, daß diese Eindringlinge genau das waren, was die Griechen später alle anderen nannten: Barbaren; bei den Griechen dagegen eine traumatische Unfähigkeit, die Frau je als ebenbürtiges Wesen zu betrachten. Eine eigentümliche Mischung von sexueller Abhängigkeit und menschlicher Verachtung, gekuppelt mit dem schlechten Gewissen, das man diesem fremdartigen Wesen gegenüber empfand, weil man eben doch intim mit ihm verkehrt hatte – all das prägte das Sexualleben der Griechen noch Tausende von Jahren lang.
Der wichtigste Unterschied in der Mentalität der griechischen Stämme, wie sie sich nach der Besiedlung der Balkanhalbinsel, der Kykladen und Anatoliens herausbildete, geht wahrscheinlich zurück auf den Unterschied zwischen diesen frühen Einwanderern, den sogenannten Achaiern, die keine Frauen ihrer eigenen Sippen mitbrachten, und den späteren Einwanderungswellen, vor allem den Dorern, die ihre Frauen mitbrachten und deshalb nicht an jener charakteristischen Frauenverachtung krankten, die die attischen Ioner noch Jahrhunderte später zeigten. Ein zweiter Grund mag darin liegen, daß die meisten der griechischen Sippen nie durch das Stadium des Mutterrechts hindurchgegangen waren, während andere sich noch in diesem Stadium befanden und wiederum andere, zum Beispiel die Ioner, das vaterrechtliche Stadium gerade erreicht hatten und deshalb mit besonderer Empfindlichkeit gegen alle Überbleibsel mutterrechtlichen Denkens bei den Ackerbaustämmen reagierten, während die Dorer, die noch auf der Stufe des Mutterrechts standen, keine Schwierigkeiten hatten, sich mit anderen mutterrechtlichen Stämmen, zum Beispiel mit den Kretern, zu einigen.
Das Maß der Vermischung einwandernder griechischer Stämme mit den Frauen der Ackerbauvölker, die das Land vor ihnen besiedelt hatten, ist bisher sehr ungenügend erforscht worden. Es gibt vorerst nur Grund zur Annahme, daß die Paarungen besonders zahlreich in Arkadien, Aiolien und Boiotien gewesen sind. Daß diese Paarungen in Wahrheit Vergewaltigungen waren, geht unter anderem aus der Tatsache hervor, daß Herodot, der ja Karer und nicht Grieche war, also aus der unterdrückten »Urbevölkerung« der Balkanhalbinsel stammte, darauf bestand, daß die Frauen seines Stammes noch viele Jahre später sich geweigert hätten, mit griechischen Männern an einem Tisch zu sitzen, ja sie auch nur beim Namen zu nennen, und dies selbst dann, wenn man sie zum Beischlaf oder gar zur Ehe gezwungen hatte. Morgan hat einmal gesagt, als er von der Behandlung dieser Frauen durch die Griechen sprach, daß »Menschen, die keine Rücksicht auf die elterlichen, ehelichen oder persönlichen Rechte ihrer Feinde nahmen, unmöglich zu irgendeinem hohen Begriff der Rechte ihrer eigenen Frauen gelangen konnten«. Und da liegt in der Tat der Kernpunkt des sexuellen Problems der Griechen, mit dem wir uns später befassen wollen.

Als die Griechen auf ihrem langen Marsch nach Süden vorrückten, gelang es ihnen zwar überall, die Ackerbaustämme zu unterwerfen, aber da deren Siedlungen weitaus besser gebaut waren als irgend etwas, das die Griechen selber erbauen konnten, übernahmen sie überall auch deren Städte. Je näher sie aber der Südküste kamen, um so öfter stießen sie auf Kolonien einer völlig anders organisierten Gesellschaft: der Hochkultur der Kreter. Nun dürfen wir auch diese Kultur nicht außerhalb ihrer eigenen Ära sehen, denn was den kaum aus der Steinzeit entwichenen Griechen wie ein Wunder vorkam, die mutterrechtliche Burgwirtschaft Kretas (und hier können wir tatsächlich von Mutter*recht* sprechen, denn dies war ein *Staat* und keine Sippengesellschaft), war bestenfalls ein schwacher Abklatsch der Wasserbaukulturen Ägyptens und Mesopotamiens. Auch was die Griechen dann mit kretischen Baumeistern errichteten, die »Paläste« von Mykene, Tiryns, Asine, Argos und Pylos, waren nur kleine Burgen – Hütten im Vergleich mit den Palästen von Ur, Mari, Babylon und dem ägyptischen Theben. Obgleich die jungen, unverbrauchten Griechen also auch hier den Sieg über die kretischen Kolonisten mit ihren allzu langen, allzu verwundbaren Versorgungslinien davontrugen, stellte sich die Kultur der Besiegten überall als die stärkere heraus.

Von der erfahrenen Berufskaste der kretischen Schreiber ließen sich die mykenischen Griechen, die nie eine Schrift besessen hatten, die sogenannte Linearschrift-B (nach dem Vorbild der kretischen Linearschrift-A) zusammenbasteln. Dies war kaum mehr als eine Übersetzung bereits bestehender Schriftzeichen in die griechische Sprache. Von kretischen Baumeistern ließen sie sich Häuser errichten. Von kretischen Schiffbauern ließen sie sich Schiffe bauen. Von kretischen Kaufleuten erlernten sie die ersten Rudimente des Handels. Aber »im dreizehnten und zwölften Jahrhundert scheinen die Träger der mykenischen Kultur eher wie Mordbrenner und entwurzelte Banden und nicht wie ehrliche Kaufleute aufgetreten zu sein« (George Thomson, a.a.O., S. 316).

Um 1400 v. u. Z. setzten die Mykener dann zum Angriff auf die Kultur an, der sie ihren eigenen Aufstieg verdankten. Sie eroberten Kreta und zerstörten den Palast von Knossos. Dies geschah zu einer Zeit, als die Herrschaft der damals größten Macht Kleinasiens, der Hethiter, eine Krise erlebte und so ein Vakuum im ägäischen Raum erzeugte. Um 1200 v. u. Z., als das hethitische Reich endgültig unter dem Druck der sogenannten »Seevölker« zusammenbrach, begannen die Griechen auch einige Inseln und Teile der Nordostküste des Ägäischen Meeres zu besiedeln. Wir müssen uns die Anlagen dieser griechischen Einwanderer als isolierte Siedlungen viehzüchtender Seeräuber vorstellen, deren Führungsschicht weniger als Grundeigentümer, denn als Freibeuter tätig war. Ihre Untertanen setzten sich aus zwei sehr verschiedenen Gruppen zusammen: erstens aus den unterjochten Ackerbauern der Umgebung, die ihnen teils als Nahrungslieferanten, teils als Sklaven dienten; zweitens aus ihren eigenen Stammesgenossen, die keine Vasallen waren, da die Vorherrschaft der Stammesführer nicht auf Landbe-

sitz, sondern auf Vieh beruhte. Und bei Hirtenstämmen herrschte trotz gewisser ökonomischer Unterschiede im Besitz größerer oder kleinerer Herden ein hohes Maß an männlicher Gleichberechtigung. Wir sehen das sehr deutlich bei Homer, dessen »Könige« sowohl von den Ansprüchen anderer »Fürsten« wie von den Stammes- und Sippenräten abhängig sind.
Was zum Verständnis dieser »Könige« und ihrer Burgen wichtig ist, ist der begrenzte Machtbereich der einzelnen Burg. Es waren winzige Inseln in einem Meer uneroberter Landstriche. Zwar fraßen die Herden der Griechen das Land im Umkreis der Burgen langsam auf, denn dies war kein geeignetes Weideland, aber sie drangen auch nicht sehr weit über den Radius ihres Weidelandes hinaus. Generationenlang blieben sie nahezu völlig von den Bauern des Inlandes isoliert. Ihre Oberherrschaft baute sich auf Aneignung der technischen Kenntnisse Kretas auf, aber während Kreta eine weitgehend unbewaffnete Handelsmacht war, verwandelten die Griechen alle technologischen Errungenschaften der Inselkultur in Angriffswaffen: Streitwagen, bronzene Schwerter, Degen, Rüstungen, Helme. Sie taten nichts für die Verbesserung der Produktion und unterlagen deshalb bald einer neuen Welle von griechischen Einwanderern, die ihnen von Norden nachgeflutet war. Dies waren die Dorer, die kriegerischsten der griechischen Stämme, die mit ihren Eisenwaffen den mit Bronze gewappneten Rittern Mykenes technisch weit überlegen waren.
Sie waren um 1200 v. u. Z. aus ihrem ersten Siedlungsgebiet an der griechisch-albanischen Grenze nach Süden ausgebrochen, hatten Argolis, Messenien und Lakonien erobert und waren nun auf dem Weg, ihren eigenen Staat im Tal des Eurotas zu gründen: Sparta. Das Ende der griechisch-mykenischen Kultur, die grundsätzlich eine Kultur der Bronzezeit gewesen war, kam also mit der Verbreitung des Eisens. Zwar finden wir in den Burgen der mykenischen Zeit bereits einige Eisenartikel, aber erstens sind sie aus meteorischem Erz gefertigt und zweitens handelt es sich fast ausschließlich um Schmuck. Die frühesten Eisenfunde griechischer Produktion stammen aus Malthi-Dorion, aus dem Herzen der dorischen Region, aber die Überlegenheit der Dorer beruhte mindestens ebensosehr auf soziologischer wie auf technologischer Basis: »Die Dorer verdankten ihre Überlegenheit nicht allein dem Eisen, obgleich es billiger war als Bronze, sondern auch der Tatsache, daß es, weil sie noch auf der Stammesgrundlage organisiert waren, jedem einfachen Krieger ebenso zur Verfügung stand wie den Anführern. Es war kein Klassenmonopol. Daher fällt das Ende der Bronzezeit mit bedeutenden Veränderungen in der Struktur der griechischen Gesellschaft zusammen« (George Thomson, a.a.O., S. 8).
Als einer der wenigen mutterrechtlichen Stämme der Hellenen assimilierten die Dorer die mutterrechtliche Kultur Kretas mit größerer Leichtigkeit, als dies den vaterrechtlichen Griechen Mykenes je gelungen war. Sie übernahmen unter vielen anderen Dingen auch die Technik des Rundbaus, die im Mittelmeerraum fast stets ein Kennzeichen matristischer Orientierung ist. Die anderen griechischen Stämme jedoch entwickelten und vervollkommneten den rechteckigen Megaron-Grundriß. Wir können noch heute mit nahezu geometrischer Genauigkeit den Fortschritt des Männerrechts in

Griechenland an dem Vordringen der Megaron-Architektur verfolgen. Wo Rundbauten, Ovalbauten oder bienenkorbartige Apsidenhäuser existieren, da besaß die Frau wahrscheinlich noch gewisse Rechte. Wo die Megaron-Architektur dominiert, da herrschte der Mann.

9

Es wäre jedoch verfehlt, die Erniedrigung der Frau und die Machtergreifung des Mannes im ägäischen Raum ausschließlich auf den Einfall der Griechen und anderer Indogermanen zurückzuführen. Eine solche Erklärung entspräche der bürgerlichen Logik, daß alle geschichtlichen Veränderungen, die sich nicht anders erklären lassen, Resultate von Invasionen, Kriegen oder Machtergreifungen fremder »Herrenschichten« seien. In Wahrheit ist es aber höchst unwahrscheinlich, daß den Griechen die Eroberung der Halbinsel und die Zerschlagung des matrilinearen, matrilokalen Sippensystems gelungen wäre, wenn nicht ein anderes Ereignis dieser Eroberung den Weg bereitet hätte: die Erfindung des Pflugs.

Überall auf der Welt wird bis zum heutigen Tage der Hackbau von der Frau verrichtet. Überall auf der Welt wird die Pflugkultur vom Manne betrieben. Es besteht deshalb unter Vorgeschichtsforschern aller Richtungen kaum ein Zweifel darüber, daß der Pflug die Erfindung des Mannes ist und daß die Machtergreifung des Mannes im Neolithikum auf das veränderte ökonomische Gleichgewicht von Mann und Frau zurückzuführen ist. Russische Forscher neigen noch immer zu der Ansicht, daß die Entdeckung der Pflugschar mehr oder weniger zufällig sei und auf das Schleifen der Hacke über das Feld zurückgeführt werden könne: »Der Mensch brauchte nur die Hacke umzudrehen, sie mit einem langen Stiel zu versehen und an dessen Ende das Tier zu befestigen. So entstand eine Art des Pfluges« (M. O. Koswen, a.a.O., S. 85). Das würde die Erfindung des Pflugs zum Werk der Frau machen, was zwar nicht ausgeschlossen ist, aber eine schwerwiegende funktionelle Veränderung des Gerätes, eine Wendung vom Einzel-Einstich zum Furchenziehen, vor allem aber eine Umkehr der Arbeitsrichtung bedeutet und kaum der extrem traditionellen Denkform aller landwirtschaftlichen Kulturen entspräche.

Es ist daher wahrscheinlich, daß die Erfindung des Pfluges das Werk einer Gruppe war, die bisher so gut wie nichts mit dem Hackbau zu tun hatte und deshalb über ein offeneres Auge verfügte: das Werk der Männer. Und da das Zeitalter des Pflugs zwar in manchen Gegenden durch den mit Schulterriemen gezogenen Handpflug, in anderen durch den mit Stirnriemen gezogenen Furchenpflug eingeleitet, in wieder anderen Regionen jedoch von Anfang an durch den vom Rind gezogenen Pflug gekennzeichnet wird, liegt die Vermutung nahe, daß nur eine Menschengruppe, die mit der Viehzucht vertraut war, diese bedeutsame Erfindung gemacht haben kann: die rinderzüchtenden Männer. Die Rinderzucht war aber nicht das Werk der nomadischen Steppenjäger, sondern der Hackbauern Vorderasiens. Sie begann in Südwest-Anatolien, Nordwest-Syrien und im Nordost-Iran.

Bei den Bandkeramikern des Mesolithikums finden wir bereits merkwürdige plättbolzenähnliche Steinkeile mit Durchbohrungen, die von manchen Forschern als Urform der Pflugschar gedeutet worden sind. Der vom Rinde mit Hilfe eines Stirnstranges gezogene Furchenpflug löste zumindest in Südmesopotamien den alten Handpflug schon in der zweiten Hälfte des 5. Jahrtausends v. u. Z. ab. Die ältesten Schriften in Sumer und Elam sprechen von einem zweisterzigen Pflug mit zweiteiligem gekrümmtem Pflugbaum, dem sogenannten Krümmel. Im ausgehenden 3. Jahrtausend v. u. Z. können wir die Verbreitung des Pflugs von Vorderasien nach Skandinavien auf den Spuren einer balkanisch-donauländischen Einwanderung verfolgen, offenbar eines einsterzigen Sohlpflugs mit Krümmel. Die megalithischen Dorfkulturen waren wahrscheinlich bereits im Besitz eines hölzernen Pflugs. Der berühmte Pflug von Walle (Ostfriesland) ist ein echter, mittelländischer Krümmelpflug. Die Pollenanalyse zeigt ein früh-neolithisches, fast noch mesolithisches Alter. Es könnte durchaus der Pflug der westeuropäischen Megalithiker gewesen sein, zumal noch heute diese Form ungefähr die Verbreitung dieser Kultur außerhalb der Mittelmeerzone umschreibt.

»Alle Bauern der frühägäischen Zeit waren fast mit Sicherheit vom Ackerbau mit der Hacke zum Pflügen der Felder mit dem durch Ochsen gezogenen Pflug fortgeschritten« (V. G. Childe, a.a.O., S. 82). Der wichtigste Aspekt des vom Rinde gezogenen Pflugs ist nun aber der, daß der Mensch durch die vom Rinderdung erzeugte Verbesserung des Pflanzenwuchses wahrscheinlich zum erstenmal auf den Gedanken der Düngung gekommen ist, und mit der Düngung beginnt der eigentliche Wohlstand des Neolithikums: »Die intensive Bodenbearbeitung mit dem Pflug wie auch die Düngung ermöglichen eine umfangreichere Entwicklung der Getreidekulturen. Außerdem verlangen auch einzelne Getreidearten selbst eine große Bodenfläche. Mit der Entwicklung des Pflugbaus ist die Entstehung einer ständig zu diesem Zweck genutzten Bodenparzelle verbunden ... Der Pflugbau steht in bezug auf seinen Nutzeffekt und seine wirtschaftlichen Ergebnisse unvergleichlich höher als der Hackbau und ist bedeutend produktiver. Der Pflug-, Acker- oder Feldbau oder, wie wir ihn jetzt nennen können, der Getreideanbau, bot dem Menschen eine ständige und ausgiebige Nahrungsquelle. Die Getreidekörner lassen sich gut aufbewahren und ermöglichen das Anlegen von Nahrungsmittelvorräten. Von nun an wird das Getreide zum Hauptnahrungsmittel eines großen Teiles der Menschheit und bleibt es für lange Zeit. Dabei hat auch das Nebenprodukt des Getreideanbaus, das Stroh, das in verschiedener Weise verwendet wurde, eine gewisse kulturhistorische Bedeutung« (M. O. Koswen, a.a.O., S. 87).

»Als dann der von Rindern gezogene Pflug eingeführt wurde, ging auch der Ackerbau in die Hände der Männer über. Aus diesem Wechsel in den Beziehungen der beiden Geschlechter zu der Produktionsweise erklärt sich das Aufkommen der Vaterfolge« (George Thomson, a.a.O., S. 19). Der Pflugbau hatte jedoch geographisch eine äußerst beschränkte Verbreitung und existierte anfangs nur in ganz wenigen Gebieten Asiens, Europas und Nordafrikas. »Selbst zur Zeit des Übergangs zum Pflugbau blieb in waldreichen, wenig bevölkerten Gegenden das Brandrodungssystem erhalten«

(M. O. Koswen, a.a.O., S. 86). Noch zur Zeit Hesiods war der griechische Pflug primitiver als die Hacke, die aus Bronze oder gar Eisen war, während der Pflug, einschließlich der Pflugschar, nur aus Holz bestand.

Dies bedeutet zwar, daß der Pflug dem Manne die Vorherrschaft in der Nahrungsversorgung und damit auch im sexuellen Verhältnis gab, daß diese Dominanz anfangs jedoch sehr gering war und sich bei den nichtgriechischen Völkern der Ägäis außerordentlich langsam und in vielen widersprüchlichen Stufen aufbaute. Das Land blieb noch viele Generationen lang in den Händen der Sippe und des Stammes. Aber die größere Produktivität des Pflugs gegenüber der Hacke gab dem individuellen Bauern eine gewisse Autonomie gegenüber der Sippe, die beim Hackbau noch fast alle Tätigkeiten gemeinsam auszuüben hatte, und hieraus ergab sich eine wachsende Autonomie des einzelnen gegenüber der Gemeinschaft, des Gehöftes gegenüber dem Dorf und der häuslichen Sippeneinheit gegenüber der Gesamtsippe.

Das hatte sowohl ökonomische wie sexuelle Folgen. Während früher, bei dem Zusammenleben vieler Frauen mit vielen Männern in den großen Sippenhäusern, nur die Mutterschaft der Kinder, nie aber ihre Vaterschaft nachweisbar war, wurde nun bei dem Zusammenleben kleinerer Sippeneinheiten, oft nur eines einzigen Mannes mit einer einzigen Frau (und natürlich seinen Eltern und Kindern), der Nachweis der Vaterschaft leichter. Aus dieser Möglichkeit erwuchs dann organisch die Abstammungsfolge durch den Vater. So entstand die patrilineare, patrilokale Sippe der Ägäis, die fast überall nach der Einwanderung der Griechen die matrilineare, matrilokale Stammesgesellschaft zu ersetzen begann. Die Wirtschaftsordnung dieser vaterrechtlichen Sippen und Stämme beruhte nach wie vor auf dem kollektiven Besitz an Boden und an den wichtigsten Produktionsmitteln. In persönlichem Besitz befanden sich, wie schon bei den matrilinearen Stämmen, nur Gegenstände des eigenen Bedarfs. Sowohl Produktion wie Konsumtion waren kollektiv.

Aber innerhalb dieser Gemeinschaftsordnung differenzierte sich die häusliche Sippeneinheit und wurde dadurch sowohl zum wichtigsten Produzenten wie zum Hauptkonsumenten einer Stammesgesellschaft, die im wesentlichen eine geschlossene Naturalwirtschaft führte. Diese häuslichen Sippeneinheiten wuchsen bald zu selbständigen ökonomischen Kräften heran und gewannen eine zunehmende Bedeutung innerhalb der Sippe. Ihre Verwaltung baute sich anfangs noch nach matrilinearer Tradition auf strikt demokratischer Grundlage auf. Ihr Oberhaupt war jedoch stets ein Mann, der sogenannte »Älteste«, der nicht notwendigerweise der an Jahren älteste Mann zu sein brauchte, sondern einfach als »Ältester« gewählt worden war. Seine Funktion bestand in der Planung der landwirtschaftlichen Tätigkeit, wobei er sich jedoch stark auf die Meinungen aller anderen Erwachsenen stützen mußte. Die matristische Tradition lebte noch insofern fort, als er stets eine gewählte »Älteste« zur Seite hatte, die ebensoviel und ebensowenig Einfluß auf den Haushalt ausübte wie er auf die Feldwirtschaft. Das heißt: auch sie mußte sich dem Rat der andern Frauen beugen.

Je kinderreicher ein solcher Haushalt wurde, je mehr Söhne unter dem glei-

chen Dach wohnten und sich Frauen holten, desto schwieriger wurde seine Organisation. Der alte Ausspruch: »Das Feuer reicht nicht für alle« drückt die Schwierigkeiten der gleichzeitigen Versorgung aller Haushaltsmitglieder aus. Hier stand also die alte Tradition des Sippenhauses mit der neuen Tradition der Paarungsehe im Widerspruch. Deshalb wohnte diesen Sippeneinheiten die Neigung inne, sich immer wieder von neuem in kleinere Haushalte aufzuspalten. Jede sich aussondernde Einheit erhielt dann, insofern die Mittel dies erlaubten, ein eigenes, neben dem Haupthaus liegendes Wohngebäude und führte ihre eigene Hauswirtschaft. Eine solche Hauswirtschaft läßt sich am besten mit dem griechischen Wort »Patronymie« bezeichnen.
Das Kennzeichen der Patronymie ist der gemeinsame Name, der sich aus dem Eigennamen des Urahnen und einer sogenannten patronymischen Beifügung zusammensetzte, wobei die Beifügung meist nichts anderes als »Kind von ...«, »Nachkomme von ...« oder »Sohn des ...« bedeutete. Hierher gehört also das griechische *ides* genau wie das römische *ani.* Diese Patronymien wurden dann zu Ortsnamen, weil die Dörfer oft den Namen der in ihnen herrschenden Patronymie übernahmen.
Die Gesamtheit aller Patronymien bildete die Sippe, die Gesamtheit aller Sippen den Stamm, die Gesamtheit aller Stämme den Stammesbund. Die ganze Pyramide ruhte auf den Grundlagen der Blutsverwandtschaft, der Gleichheit aller erwachsenen Männer und der Gemeinsamkeit allen Landbesitzes. Bodenbesitz und Nutzung waren so geregelt, daß weniger genutzte Ländereien, also Wald, minderwertiges Land und Gewässer der gesamten Sippe zur Nutzung überlassen blieben, während die besseren Ländereien, vor allem die Äcker, an die Patronymien aufgeteilt wurden. Je zahlreicher die Patronymien wurden, desto häufiger wurde das Land geteilt. Dieses Doppelprinzip des gemeinsamen Landeigentums der Sippe und der regelmäßigen Neuaufteilung nach der Anzahl der zu versorgenden Haushalte war die Grundlage aller patrilokalen Sippengesellschaften der Ägäis. Auch die Griechen übernahmen es, nachdem sie seßhaft geworden waren.
Die griechischen Worte *nómos* und *moîra* gehen hierauf zurück. Beide bedeuteten ursprünglich »Teilung« oder »Anteil«. Aber während das Ackerland stets ausgelost wurde, damit niemand sich durch Willkür benachteiligt fühlen möge, wurde das Weideland zu einem Zeitpunkt, als die Viehwirtschaft bereits das alte Gemeinschaftseigentum zu zersetzen begonnen hatte, stets von dem Besitzer größerer Herden in Anspruch genommen. *Moîra* ist deshalb der Anteil des Ackerlandes, der durch Verlosung an eine Patronymie vergeben wurde; *nómos* ist der Teil des Weidelandes, der dem Viehbesitzer dank seiner Macht zugefallen ist. »Beide Begriffe wurzelten im Leben des Stammes; während aber der Begriff *moîra* schon zurücktrat, gelangte die Vorstellung vom *nómos* erst viel später im demokratischen Stadtstaat zur vollen Blüte. Der Niedergang der *moîra* und der Aufstieg des *nómos* entsprechen den Übergang vom matristischen Stamm zum patriarchalischen Staat« (George Thomson, a.a.O., S. 291).
Vorerst wurde das den Patronymien zur Verfügung gestellte Sippenland jedoch von allen gemeinsam bearbeitet. Nur die Ernte wurde an die einzelnen Patronymien aufgeteilt. Jede Patronymie hatte ihre eigene Selbst-

verwaltung, ihre regelmäßige Versammlung und ihr gewähltes Oberhaupt. Alle Mitglieder waren durch ihre gegenseitige Unterstützung miteinander verbunden. Seit der Einmarsch der Griechen die Ackerbaustämme zur Verteidigung gezwungen hatte, diente die Patronymie auch als militärische Macht, und zwar als kleinste Einheit der Verteidigung des Stammes. Schließlich bildeten alle Angehörigen einer Patronymie eine ideologische Einheit: sie waren sich ihrer nahen Verwandtschaft bewußt und fühlten sich alle als Nachkommen ein und desselben Ahnen, als »von einem Feuer gebrannt«, als »Flammen eines einzigen Feuers«.
Die Verwaltung der patrilinearen Sippe trug, wie ihre matrilineare Urform, anfänglich auch den gleichen demokratischen Charakter. Sie wurde von einem gewählten, jederzeit abwählbaren Sippenältesten geführt. Die Ältesten der Patronymien bildeten den Sippenrat. Jedoch hatten auch alle anderen erwachsenen Männer der Sippe Einfluß auf die öffentlichen Angelegenheiten. Besonders wichtige Fragen wurden stets auf Versammlungen der ganzen Sippe zur Sprache gebracht. Überbleibsel der matristischen Orientierung kamen darin zum Ausdruck, daß auch die Frauen anfangs noch einen gewissen Einfluß behielten. Mit der Herauskristallisierung des Privateigentums, auf das wir gleich zu sprechen kommen werden, wurde dieser Einfluß aber systematisch abgebaut.
Der Abbau erfolgte bereits während der letzten Stadien der mutterrechtlichen Gesellschaft. Anfangs fungierte die Frau als Sprecherin der Sippe, dann ging das Amt auf ihren Bruder über und vererbte sich (stets mit der Einschränkung, daß der Träger des Amts abwählbar war) auf den nächsten Bruder, oder vom Onkel auf den Neffen. Das heißt, die Frau bildete noch immer das Zwischenglied der Nachfolge, denn die Wählbarkeit des Anwärters hing von der Sippe seiner Mutter ab, die ihm seine Verbindung mit der Sippe und mit deren verstorbenem Sprecher verlieh. Sobald diese Sippenverbindung über die uterine Linie verlorenging, ging auch die Wählbarkeit des Anwärters verloren. Damit war die Sippenordnung aber noch nicht abgeschafft, denn die meisten Grundsätze der alten Ordnung blieben vorläufig auch noch in der neuen erhalten.
Wer die Bräuche der Sippe verletzte, wurde durch Spott, Ermahnung und Verweis zur Ordnung gerufen. Gerichte, Gefängnisse, Polizisten, Strafen gab es noch immer nicht. Gegen Ungehorsame gab es nur ein Mittel: Verstoß aus der Sippe. Gegen Tötung blieb immer noch das einzige Mittel: Tötung des Töters durch ein beauftragtes Mitglied der Sippe des Getöteten.
Das wesentliche Merkmal der patrilokalen, patrilinearen Sippe war die Autorität der alten Männer. Aber selbst sie besaßen bis tief in die Zeit der Griechen kein Machtmittel, um ihre Autorität durchzusetzen. Es gab keine Herrscher und keine Beherrschten, zumindest nicht unter den Männern, und es gab keine Möglichkeit der Ausbeutung des einen Sippenmitglieds durch das andere. Diese Möglichkeit begann erst mit der Einführung des Privateigentums, und das Privateigentum kam, genau wie bei den Griechen, durch die Einführung des Viehs in die Landwirtschaft zustande, also durch die Umwandlung des reinen Ackerbaus in gemischte Landwirtschaft.

Wo das Vieh bereits bei matrilokalen Sippengesellschaften der alten Ägäis auftaucht, zerstört es fast sofort die alte Ordnung, die auf Gemeinschaftsbesitz und matrilinearer Deszendenz beruhte. Es zerstörte nicht nur das Prinzip des Gemeinschaftseigentums, sondern auch das der Gleichberechtigung der Geschlechter. Wenn der Mann seine Herden vererben wollte, mußte er erst einmal das Verbot der Vererbung an Nichtmitglieder der Sippe aufheben. Denn da die Kinder des Herdenbesitzers nicht seiner eigenen Sippe, sondern der seiner Frau angehörten, konnte er ihnen nichts vererben, bis er das Recht der Vererbung an Außenstehende durchgesetzt hatte.
Einer der wichtigsten Aspekte dieses Erbrechts war das Konzept des »Agnaten«, einer Person, die durch Geburt oder Adoption dem Vater unterstellt war. Während es in der matrilinearen Sippe nur »Kognaten«, Blutsverwandte, gab, warf das Vaterrecht also zum ersten Male Blutsverwandte, Adoptierte und alle anderen, die aus irgendwelchen Gründen der Macht des Vaters unterstanden, in den gleichen Topf. Damit war das Sippenprinzip der Blutsverwandtschaft negiert. Die Ausdehnung des Prinzips, nach welchem die Agnaten die übrigen Sippengenossen ausschlossen, führte nach und nach zur Ausschließung der Agnaten und zum ausschließlichen Erbrecht der Söhne, die dann die Verpflichtung übernahmen, ihre Schwestern zu erhalten und ihnen bei der Heirat den ihnen gebührenden Teil auszuhändigen. Waren keine Söhne vorhanden, so erbten die Töchter zu gleichen Teilen. Hatte der Verstorbene weder Söhne noch Töchter, so ging der Nachlaß auf die agnatische Verwandtschaft über, und erst wenn es auch keine Agnaten mehr gab, erbten die anderen Sippenmitglieder. Dies war der Status des griechischen Rechts zur Zeit Solons.
Vom Standpunkt der Frau war der ernsteste Aspekt dieses neuen Zustands die Entdeckung, daß sie nun nicht mehr heiraten konnte, wen sie wollte. Denn bis dahin stand ihr jedes Mitglied jeder Bruderschaft, jeden Stammes und jeder Sippe mit der einzigen, unbedeutenden Ausnahme der Muttersippe zur Verfügung. Erbte die Tochter nun aber von ihrem Vater, so fand sie plötzlich, daß ihr dieses neue Vermögen zum Verhängnis wurde. Denn da das Ererbte in der Sippe bleiben mußte, konnte sie von nun an nur noch Mitglieder der eigenen Sippe heiraten. Der winzige Teil der Welt, der ihr bis dahin als Sexualpartner verboten war, wurde nun plötzlich zu der gesamten Welt, aus der sie sich einen Partner wählen mußte (Isaios 6, 14). Daß damit das jahrtausendealte Gebot der Exogamie, der Außenheirat, durchbrochen wurde, muß undenkbare Gewissensprobleme ausgelöst haben und erklärt jene weitverbreitete Neurose, die uns als einer der bezeichnendsten Aspekte der solonischen Gesellschaft auffällt.
Umgekehrt bedeutete die Existenz einer Erbtochter eine dauernde Versuchung für die verheirateten Agnaten, ihre eigenen Frauen zu verstoßen, um die reiche Verwandte zu heiraten (Isaios 3, 64). Protomachos (im *Eubulides* des Demosthenes) ist ein Beispiel eines solchen Mannes, der seine Frau nach langjähriger Ehe aus rein finanziellen Gründen hinauswarf, um seine reiche, jüngere Verwandte zu heiraten. Die Frau war zwar ein Lockvogel für

Erbschleicher geworden, aber sie war keine eigentliche Erbin, sondern »lediglich ein Anhängsel des Anwesens« (George Thomson, a.a.O., S. 102). Gleichzeitig bewirkte die Abstammungsfolge in männlicher Linie, daß die Kinder der Frau von ihrer eigenen Sippe in die des Vaters übergingen. Dadurch verlor sie nicht nur ihre Kinder, sondern auch ihre kognatischen Rechte, ohne dafür einen Ersatz zu erhalten.
Die Struktur dieses vaterrechtlichen Deszendenzsystems ist unmißverständlich bäuerlichen Ursprungs, weil es mit absoluter Traditionsgläubigkeit das alte matristische System übernimmt und nur die Vorzeichen vertauscht. Wir haben es nicht mit einem revolutionären neuen System zu tun, sondern mit einem Spiegelbild des alten Systems. Aber in dieser Seitenverkehrung steckt mehr, als die Väter des Vaterrechts eigentlich gewollt hatten. Denn ein Erbrecht, das die Erbfolge auf jene Verwandten beschränkt, die ihre Abkunft ausschließlich durch männliche Individuen auf einen gemeinsamen Vorfahren zurückverfolgen können, den sie mit dem Erblasser gemeinsam haben, zerstört die ganze alte Ordnung, indem es an die Stelle der Sippe etwas völlig Neues stellt: die Familie. Die Familie aber ist die Antithese der Sippe.
Einige der bedeutendsten Geschichtsforscher, darunter Grote, Niebuhr und Mommsen, haben die Ansicht vertreten, daß es bereits unter den Vorgängern der homerischen Griechen so etwas wie eine »Familie« gegeben und daß sich die griechische Geschichte gar auf der Entwicklung dieser Institution aufgebaut habe. Das ist aber eine Rückprojektion aus der bürgerlichen Welt in ein völlig anders geartetes Zeitalter. Generationen von Historikern (von Schulkindern ganz zu schweigen) haben hierdurch ein falsches Bild der ägäischen Frühgeschichte erhalten. Denn da Vater und Mutter sowohl bei den Griechen wie bei allen anderen Sippengesellschaften der Ägäis zu verschiedenen Sippen gehörten, konnte es noch gar keine Familie geben. Und da der Vater zumindest bei den matrilokalen Ägäern als Sippenfremder galt, gab es nur geringen Zusammenhalt zwischen Vätern und Kindern. In den großen Sippenhäusern, in denen die Mütter ihre festgelegten Quartiere mit ihren Männern teilten, solange sie mit ihnen lebten, konnte sich noch gar kein Bewußtsein einer Gemeinschaft von Vater, Mutter und Kindern bilden, denn die Kinder gehörten zur Muttersippe und hatten viel engere Verbindungen zu den Geschwistern der Mutter und deren Kindern als zu ihrem Vater, den sie meist gar nicht als solchen erkannten.
Der Übergang vom sogenannten Matriarchat zum Patriarchat und besonders von der patrilinearen Sippe zur patrilinearen Familie, stellte einen überaus komplizierten und langwierigen Prozeß dar, in welchem sich Überreste des »Matriarchats« hartnäckig erhielten. Während die Frau durch den neuen Vorgang der Ehe in die Sippe des Gatten überging, blieb dieser oft noch Mitglied der mütterlichen Sippe. Ja mehr noch: auch die Kinder gehörten manchmal noch zu ihrer mütterlichen Sippe. Infolgedessen wechselten sie, obwohl sie nach dem neuen Deszendenzsystem in die Sippe ihres Vaters geboren waren, zu ihrem Onkel, dem Bruder ihrer Mutter, über. Unter diesen Umständen hatte die »Familie« der Übergangszeit eine ganz eigentümliche Zusammensetzung: sie bestand aus Männern und deren Frau-

en, nicht aber aus deren Kindern, da diese ihrem Onkel gehörten, dafür aber aus Neffen und Nichten, da diese sich im gleichen Verhältnis zu dem Familienvater befanden wie dessen Kinder zu dem Bruder seiner Frau.

Die Naivität, mit der selbst die großen Historiker sich über diese Tatsachen hinweggesetzt haben, ist der Geschichtsforschung erst durch die Arbeit der Ethnologen bewußt geworden, weil diese gelernt hatten, niemals Aspekte ihrer eigenen Kultur in andere Kulturen hineinzuprojizieren. Naturgemäß stand an der Spitze einer solchen Sippeneinheit der Übergangszeit bereits oft der älteste Mann. Aber auch die verheiratete Frau trennte sich bei weitem nicht sofort und nicht völlig von ihrer Sippe. Im Gegenteil, sie unterhielt besonders in den ersten Jahren eine enge Verbindung zu ihr. Das drückte sich unter anderem darin aus, daß sie oft auf gewisse Zeit zu ihrer Sippe zurückkehrte, wo auch stets die Geburt eines Kindes stattfinden mußte. Erst nach der Geburt kehrte sie ins Haus ihres Mannes zurück und blieb auch danach noch einige Zeit dort. Während dieses postnatalen Aufenthaltes bewahrte sie jedoch eine weitgehende Selbständigkeit und Isolierung, hatte ihre gesonderte Unterkunft und verkehrte nicht sexuell mit ihrem Gatten.

Erst nachdem das Vaterrecht die Kinder voll in die Sippe des Vaters eingegliedert hatte, konnte der Übergang zur eigentlichen Familie erfolgen, denn nur dadurch war die Mutter genügend von ihren Kindern und das Kind genügend von seiner Mutter entfremdet worden. Was mit dem Ziel der Erzeugung von Kindern unbestrittener Vaterschaft begonnen hatte, war nun zur Quelle autoritärer Gesinnung geworden. Denn erst die Kombination von Pflugbau und Viehwirtschaft konnte jene Überschüsse erzielen, auf denen sich einerseits die Herrschaft des Mannes über Frau und Kind, andererseits die Herrschaft einer Klasse über die andere aufbaute. Wenn die Gesellschaft nicht an der Klassenspaltung zerbrechen wollte, mußte sie eine Autorität schaffen, die einerseits über den Klassen stand, andererseits aber auch den Willen der herrschenden Klasse erfüllte: dies war der *Staat*; und die Institution, die Respekt für den Staat und Gehorsam gegenüber seinen Organen zu vermitteln hatte, war die *Familie.* Darin bestand ihre historische Funktion.

Indem sie das Kind zum Respekt für seine Eltern erzog, erzeugte sie Respekt für »seinen« Staat. Indem sie dem Kind Gehorsam abverlangte, erzeugte sie Gehorsam den Organen des Staats gegenüber. Im Gegensatz zu den erzieherischen Organen der Sippenordnung, die das Kind möglichst früh selbständig zu machen suchten, erzeugte die Familie lebenslängliche Abhängigkeit von der Autorität. Im Gegensatz zu der Sippe, die dem Kinde stets in kollektiver Form gegenübertrat und dadurch jede Bindung an eine einzelne Autoritätsperson verhinderte, erzeugte die Familie Autoritätsfurcht. Im Gegensatz zur Sippe, die keinen Strafapparat kannte, erzog die Familie das Kind zur Furcht vor Strafe. Im Gegensatz zur Sippe, die kein Privateigentum kannte, erzeugte die Familie Abhängigkeit vom Eigentum des Vaters, dem man gehorchen mußte, wenn man ihn beerben wollte. Im Gegensatz zur Sippe, die alle Mitglieder gleichmäßig versorgte und bedachte, erzog die Familie ihre Kinder nach dem Prinzip der »Gerechtigkeit«: das Kind erhielt nur soviel Liebe, wie es »verdiente«. Jede Handlung des Kindes wurde auf

die Waagschale gelegt; es erhielt »Belohnung« oder Strafe in direktem Verhältnis zu seinen »Leistungen«.
So stellt die Familie ein grundsätzlich negatives, zerstörendes Instrument dar, das Angst an die Stelle von Liebe, Abhängigkeit an die Stelle von Selbständigkeit, Rechthaberei an die Stelle von Großzügigkeit, Konsum an die Stelle von Produktion setzte. Es war der größte moralische Verfall in der bisherigen Geschichte der Verwandtschaftsorganisation.

11

Die widerspruchsvolle Situation, die durch die Verwandlung der patrilinearen Sippe in die patrilineare Familie entstanden war, wurde schließlich durch den Verfall der Sippe, durch ihre Aufteilung in Familien und durch die Teilung des gesamten Sippeneigentums entschieden. Da die materiellen Güter nun Privateigentum geworden waren, wurde es aber auch die Frau. Von nun an mußte der Mann sie kaufen, wenn er sie haben wollte. Zwar hatte es schon vorher bei manchen Sippen die Einrichtung eines Brautpreises gegeben, aber es war ein Preis, den die Sippe des Bräutigams an die Sippe der Braut zahlte, um den Verlust auszugleichen, den ihr der Verzicht auf die Arbeitskraft der Braut bereitet hatte. Es war also eine Transaktion zwischen Sippen, nicht zwischen Einzelpersonen, kein Kauf, sondern eine Entschädigung. Das Mädchen blieb nach der Transaktion genauso frei, wie es vorher gewesen war.
Das änderte sich nun. Da der Brautkauf nicht mehr zwischen Sippen, sondern zwischen Privatpersonen stattfand, artete er in eine Deklaration der Unfreiheit der Frau aus. Sie entging zwar durch Heirat der Herrschaft des Vaters, aber dabei wurde sie nicht frei, sondern wechselte nur den Besitzer. Die Tatsache, daß sie damit zur Ware geworden war, änderte ihr Sexualleben. Im matrilinearen Stadium, in dem die Frau noch frei über ihren Körper verfügen konnte, hatte sie das auch getan, und kein Mann, weder Vater noch Gatte, hatte einen Grund, sich darüber zu beklagen. Im Gegenteil, die Freizügigkeit der matrilinearen Gesellschaft hatte beiden Geschlechtern nicht nur größere sexuelle Befriedigung, sondern auch größeren Selbstrespekt verschafft. Nun aber, seitdem die Frau zum Eigentum des Mannes geworden war, wurden Freizügigkeit als Verschwendung und Ehebruch als Diebstahl empfunden. Eifersucht tauchte zum erstenmal in der Geschichte der griechischen Stammesgesellschaft auf. Denn Eifersucht ist keine eigentlich sexuelle Regung, sondern nur die sexuelle Form des Anspruches auf Privateigentum und die Angst vor dessen Verlust.
Dies war ein Wendepunkt in der Sexualgeschichte. Man kann ihn von einer anderen Warte aus noch deutlicher erkennen. Zur Zeit, als die Gesellschaftsordnung der Protogriechen noch matrilinear gewesen war, hatte die Tochter zur Sippe der Mutter gehört. Während der Übergangszeit zur patrilinearen Ordnung hatte sie zur Vatersippe gehört. Mittlerweile hatte sich die Stellung des Vaters als *paterfamilias* aber so gefestigt, daß es nicht mehr seine Sippe, sondern er selber war, dem die Tochter nun »gehörte«. Aus Zugehörigkeit

war Eigentum geworden. Der Wendepunkt wurde durch jenes Stadium gekennzeichnet, in dem der Ehemann sich erst durch Zahlung des Brautpreises das Recht auf die aus der Ehe entspringenden Kinder erwarb.
Diese Tatsache spiegelte sich deutlich in den neuen Hochzeitszeremonien wider, die bis in spätgriechische Zeiten weiterbestanden. Der Brautwerber erschien als Käufer, die Braut als Ware. Die Brautschau war eine Besichtigung der Ware durch den Agenten des Käufers. Der Akt der Eheschließung war ein Handelsvertrag. Der Brautvater war verpflichtet, bei der Besichtigung alle Mängel des Mädchens bekanntzugeben. Verschwieg er sie, so konnte die Ehe für nichtig erklärt werden. »Guten Abend, ihr Brautwerber«, sagte noch bis vor kurzer Zeit bei den Belorussen, den engen Verwandten der alten Griechen, der Brautvater bei der Brautschau, »ich führe euch eine Ware vor, die nicht blind, nicht lahm ist, Gott möge mir eine solche bescheren!«
Neben dem Kauf mit sofortiger Zahlung entstand aus der neuen Familiensituation auch der Brautkauf auf Raten, wobei zu einer bestimmten Zeit, meist nach der Zahlung der Hälfte, der Bräutigam das Recht auf sexuelle Beziehungen erhielt, die Braut jedoch erst nach Zahlung der zweiten Hälfte in seinen Besitz überging. Eine dritte Form war der Erwerb der Frau durch Landarbeit auf dem Hofe des Schwiegervaters. Wie Jakob in der Bibel sieben Jahre um Rahel diente (29. Mose 29), so diente auch mancher Grieche sieben Jahre auf dem Hofe seines Schwiegervaters, ehe er die Braut mit nach Hause nehmen durfte. Hier vermischte sich ein Überbleibsel der alten Institution matrilokaler Ansiedlung mit der neuen Institution des Privateigentums. Die Inflation des Brautpreises führte dann zur Neueinführung der fast vergessenen Einrichtung des Brautraubs, der allerdings meist mit Zustimmung der Entführten stattfand.

12

Die bürgerliche Altertumswissenschaft hat immer wieder versucht, sich dem überwältigenden Gewicht dieser kaum bestreitbaren Fakten zu entziehen, indem sie die Bedeutung matrilinearer Sippen in der griechischen Geschichte herabzusetzen gesucht hat. Anfangs hieß es, die These matrilinearer Sippen- und Stammesverbände sei ein Hirngespinst, später beschränkte man sich darauf, zu bestreiten, daß es bei den *Griechen* jemals solche Organisationsformen gegeben habe. Aber auch das brach zusammen, als George Thomson, damals Professor für Altertumswissenschaft an der Universität Birmingham und Fellow von *King's College,* Oxford, den unwiderlegbaren Beweis des matrilinearen Ursprungs der *gene,* der griechischen Sippen, erbrachte. Das griechische Wort für »Sippe«, *genos,* geht wie das römische *gens* auf eine gemeinsame Wurzel zurück, die »Blutsverwandtschaft« ausdrückt. Beide Worte enthalten dasselbe Element wie *gignomai* im Griechischen und *gigno* im Latein, was »erzeugen« bedeutet. Auch die erst in letzter Zeit entdeckte Sprachwurzel der mutterrechtlichen Schwesterschaft, die noch älter als die Bruderschaft, *phratria,* der Griechen ist, geht auf die Wurzel *homaimos* zurück, die sowohl »Schwester« wie »blutsverwandt« bedeutet. Alles was mit der Sippe, der Bruderschaft und dem Stamm zusammenhängt, bezeichnet also sowohl bei den Griechen wie bei den Römern nicht etwa organisatorische, verwaltungstechnische Einheiten, sondern blutsverwandtschaftliche Grade, ursprünglich in mütterlicher, später in väterlicher Abstammungsfolge.

Die normale Grundform des *genos*-Namens beruht auf dem Urbestandteil *-ida,* der eine Erweiterung des Suffixes *-id* durch das Suffix *-a* darstellt. Beide Suffixe sind weiblich. In den Dialekten Nordgriechenlands werden die *genos*-Namen auch weiblich dekliniert. So war der *genos*-Name, den man in geschichtlicher Zeit ausschließlich für Männer gebrauchte, in vorgeschichtlicher Zeit das Privileg der Frau. Denn wäre zu der Zeit, als sich der Gebrauch der grammatischen Geschlechter gerade einbürgerte, die Blutsbindung patrilinear aufgefaßt worden, müßte die Stammeseinheit als Stammvater personifiziert worden sein. Da sie aber offenbar als Stammutter personifiziert wurde, muß die Deszendenz zu jener Zeit matrilinear gewesen sein.

»Man nehme den Stammbaum der Kodridai, dem Solon und Platon angehörten. Er erstreckt sich über zweiunddreißig Generationen, vom vierzehnten Jahrhundert bis zum vierten. In den ersten drei wird in fast jedem Falle der Name der Frau vermerkt, auch in der vierten trifft das in mehreren Fällen zu. Nach der vierten Generation findet sich aber bis in die dreißigste keine einzige Frau. Einige dieser ältesten Namen sind bloße Benennungen, denen keinerlei wirkliche Bedeutung zukommt. Sie müssen aber einst mehr dargestellt haben, sonst hätten sie sich nicht derart tief in der Tradition verwurzeln können. Die größte Schwierigkeit erwächst uns bei der Deutung dieser prähistorischen Stammbäume aus der Tatsache, daß sie, bevor sie auf uns gelangten, in einer Periode weitergereicht wurden, in der der Anteil der Frau bei der Festlegung der Erbfolge und der Abkunft nicht mehr verstanden wurde« (George Thomson, a.a.O., S. 144 f.).

Da der Umschwung von der weiblichen zur männlichen Deszendenz auch eine Umbenennung der Sippen erforderte, die Sippe aber ursprünglich stets von einer Urmutter abstammte, deren Gatte unbekannt war, erfanden die Sippenältesten zur Zeit des Übergangs von der Matrilinearität zur Patrilinearität das durchaus logische System, ihren Ursprung einem Gott zuzuschreiben, der sich mit der Urmutter gepaart habe. Dann ließ sich die patrilineare Deszendenz sehr einfach von dem Sohne ableiten, der aus dieser »Ehe« entstanden war. So führte die griechische Sippe, die sich bis dahin von ihrer Urmutter Chione abgeleitet hatte, zur vaterrechtlichen Zeit eine einstige Paarung der Sippengründerin mit Poseidon ein, aus der dann Eumolpos, der neue Sippenvater, entsprungen sei. Statt sich Chioniden zu nennen, nannten sie sich von nun an also Eumolpiden.

13

Es ist eines der am besten vertuschten, am sorgfältigsten verschwiegenen Kapitel der europäischen Geschichte, daß der erste Versuch der Machtergreifung des Patriarchats nicht nur mißlang, sondern zu dem katastrophal-

sten Rückschlag führte, der uns überhaupt aus der Geschichte Europas bekannt ist. Auf die kurze Blüte der mykenischen Kultur, die kaum mehr als eine Abschöpfung des Mehrwerts der Kreter war, folgte die lange Nacht des griechischen Mittelalters, ein Rückfall in die Steinzeit, ein halbes Jahrtausend des Verfalls aller Institutionen. Alles, was die Griechen bei ihrem ersten Ansturm auf die Macht von den Bauernstämmen und den Hochkulturen gelernt hatten, vergaßen sie wieder. Das geschriebene Wort verschwand. Tausend Jahre nach Erfindung der Schrift herrschte nun wieder Analphabetentum. Die Kunst der steinernen Architektur starb aus. Die Griechen begannen noch einmal mit primitivsten Werkzeugen Lehm- und Holzhütten zu errichten. Bronze und Eisen verschwanden. Die längst erfundene eiserne Pflugschar starb aus. Hesiod, wie wir gesehen haben, kannte noch im 8. vorgeschichtlichen Jahrhundert, mehr als tausend Jahre nach Einwanderung der Griechen, nichts anderes als die einfachste Form des hölzernen Pflugs. Alle von den matrilinearen Stämmen Vorderasiens, Kretas und der Kykladen gemachten Fortschritte der Nahrungsproduktion verschwanden auf dem griechischen Festland, als ob sie nie gemacht worden wären. In der ganzen Geschichte der Menschheit gibt es kaum ein vergleichbares Beispiel so totaler Niederlage eines neuen Gesellschaftssystems wie die des ersten Anlaufes des Patriarchats in Hellas.
Nilsson hat diese Zeit »die ärmste und finsterste Epoche in der ganzen griechischen Geschichte mit der einzigen Ausnahme der Steinzeit« genannt und dabei noch reichlich untertrieben, denn den steinzeitlichen Einwohnern der Balkanhalbinsel ging es unvergleichlich viel besser als den Griechen – von ihren Opfern ganz zu schweigen (M. P. Nilsson, *Homer and Micenæ,* London 1933, S. 246). Die Welt der letzten vorgriechischen Kultur auf der Halbinsel, das sogenannte Frühhelladikum, hatte noch beachtliche Leistungen gezeigt, zum Beispiel in dem Kuppelgrab von Tiryns, dem Haus der Kacheln von Lerna, in subtiler Keramik und hervorragenden Metallarbeiten, aber all das kam zu einem jähen Ende, als die Griechen einmarschierten. Das Mittelhelladikum, die erste Epoche der Griechenherrschaft, erwies sich als primitivste Dorfwirtschaft mit Häusern aus Lehm und winzigen Kistengräbern, die den Toten zusammenquetschten, als ob man die Mühe gescheut hätte, ein wenig mehr Erde auszuheben, Die Grabbeigaben, im Frühhelladikum oft schon aus Bronze, werden mit jeder Generation der Griechen ärmlicher. Bald ist alles nur noch aus Holz, und schließlich finden wir nichts als tönerne Imitationen von Geräten, die man einst aus edlen Materialien hergestellt hatte.
Auch die von den Lebenden benutzten Geräte werden von Generation zu Generation gröber. Steinzeitliche Materialien wie Feuerstein, Knochen und Horn treten an die Stelle von Metall. Die Architektur verfällt. Nur in einzelnen Distrikten überlebt die Kunst des Mauerns: in Attika, Argolis, Thessalien. Im ganzen Rest Griechenlands vermag man nur noch Hütten aus Holz oder Lehmziegeln zu errichten. Wo die Kreter und die von ihnen ausgebildeten Griechen zu mykenischer Zeit noch Bauwerke aus behauenem Marmor, aus polierten Quadern, aus gesägtem Kalkstein errichtet hatten, starb jetzt die mit Schmirgel ausgelegte Bronzesäge, genau wie die

Instrumente zur Bearbeitung von Quadern, einfach aus. Selbst die einfachste Form der Eisenerzverarbeitung verschwand im 11. Jahrhundert, als ob das Patriarchat jegliche Erinnerung an die Schmiedekunst der Vergangenheit verloren hätte. Mindestens ein halbes Jahrtausend lang hinkte das vaterrechtliche Griechenland hinter den mutterrechtlichen Eisenkulturen Mesopotamiens und Ugarits her. Bis ins 5. vorgeschichtliche Jahrhundert benutzten die Griechen noch immer mehr Bronze als Eisen für ihre Pfeil- und Speerspitzen. Eiserne Schwerter, Dolche und Rüstungen, wie sie jeder Dorer beim Einmarsch in die Argolis besessen hatte, waren hundert Jahre später schon zur größten Rarität geworden.

So verschwand auch die raffiniert geschneiderte Kleidung der Kreter, die geknöpfte und genähte Kleidung der Mykener geriet in Vergessenheit, man verlernte sowohl das Nähen wie das Knöpfen, ja selbst das Zuschneiden, bis sich die Griechen am Ende auf ungeschnittene, ungenähte, knopflose Tücher als einzige Kleidung beschränken mußten. Selbst die Jäger der Steinzeit mit ihren sorgfältig genähten Fellanzügen waren besser gekleidet als diese Pioniere des Vaterrechts. Finstere Zeiten im wahrsten Sinne des Wortes: selbst die Kenntnis von Kerzen, Leuchtern und Lampen starb aus. Das einzige Licht, das diesen fast ins Höhlenstadium zurückgefallenen Menschen noch blieb, war das Herdfeuer.

Alle Formen der Produktion sanken auf das Niveau der steinzeitlichen Naturalwirtschaft zurück. Die hochentwickelte Landwirtschaft der Kreter geriet in Vergessenheit. Handwerker, die sich in Kreta bereits als separate Klasse herausgebildet hatten, wurden, arbeitslos, kehrten aufs Land zurück und wurden wieder Bauern. Verkehr und Handel schliefen ein.

Fast drei Jahrhunderte lang, von etwa 1200 bis gegen 900 v. u. Z., verschwand Griechenland nicht nur von der ökonomischen Landkarte Europas, sondern schied überhaupt aus als Kulturregion. A. M. Snodgrass, der eines der sorgfältigsten Bücher über diese Epoche geschrieben hat, sagt deshalb auch: »Wenn es allein eine Sache der schwindenden *Qualität* der Materialien wäre, könnte man noch argumentieren, daß dies so sei, weil Griechenland nicht mehr von Mykenern beherrscht war; aber wenn wir gleichzeitig eine so drastisch schwindende *Quantität* der Funde bemerken, daß wir an eine Einbuße von drei Vierteln der gesamten Bevölkerung denken müssen, wird es unmöglich, noch daran zu glauben, daß der alte Wohlstand bewahrt worden wäre ... die griechische Bevölkerung des 11. Jahrhunderts war kleiner als die des vorigen Jahrtausends. Zu keiner späteren Zeit der Antike war sie so gering ... Die Vorstellung, daß viele Teile Griechenlands, besonders die Inseln, eine Zeitlang völlig entvölkert waren, sollte uns nicht so schockieren, daß wir sie für unmöglich halten« (*The Dark Age of Greece,* Edinburgh 1971, S. 367).

Dies ist der Kernpunkt der ganzen Tragödie: die Griechen starben aus, weil die ägäischen Bauern ausstarben. Eine Verödung ohnegleichen setzte ein. Fast überall begann die Verkümmerung bereits gegen Ende des 12. Jahrhunderts und führte im 11. Jahrhundert zu Geisterstädten wie im späteren Klondyke. In Lefkandi wird ein angefangener Bau der Stadt halbfertig aufgegeben. Asine wird einfach verlassen, weil niemand sich dort ernähren konnte.

Überprüft man alle verfügbaren Berichte über Ausgrabungen in der höchstentwickelten Region Südgriechenlands, so entdeckt man folgende Schrumpfung:
Siedlungen des 13. Jahrhunderts ca. 330;
Siedlungen des 12. Jahrhunderts ca. 130;
Siedlungen des 11. Jahrhunderts ca. 40.
Im Messenien und Lakonien begann die Entvölkerung bereits um 1200. Im westlichen Attika beginnt die Verödung nur wenige Jahrzehnte später. Von 1025 an waren Attika und ein großer Teil des übrigen Griechenlands nahezu völlig von der Umwelt isoliert. Wie erklärt sich das alles?

14

Bürgerliche Geschichtsforscher haben mit der üblichen Logik, daß bedeutsame Geschehnisse stets das Resultat von Kriegen seien, die Vermutung geäußert, »niedere«, möglicherweise »nichtgriechische« oder »nichtindogermanische« Stämme hätten Griechenland erobert, besetzt und jahrhundertelang unterdrückt. Der Haken aber war, daß von dem erobernden, besetzenden und unterdrückenden Volk jede Spur fehlte. In den gesamten 450 Jahren, in denen der totale Verfall Griechenlands stattfand, finden wir weder Spuren großflächiger Zerstörung noch Anzeichen einer neuen »Herrenschicht« mit neuartigen Waffen, Werkzeugen, Bauten oder Gräbern. Es ist aber undenkbar, daß ein barbarischer Stamm ganz Griechenland 400 bis 500 Jahre lang besetzt, unterdrückt und in tiefste Barbarei zurückversetzt hat, ohne daß man irgendwelche Spuren dieser Besetzung vorfinden könne.
Als nächstes wurde die These einer Invasion vom Meer her postuliert, die dadurch das Fehlen jeglicher Spuren des Feindes erklären sollte, daß er sich per Schiff wieder davongemacht habe. Aber der Verfall der griechischen Ökonomie ist keineswegs auf die Küstenstriche beschränkt, sondern reicht bis ins Herz des Inlandes, wo keine maritime Macht gewirkt haben kann.
Als drittes wurde die Theorie einer Naturkatastrophe proklamiert, die Griechenland vier bis fünf Jahrhunderte zurückgeworfen habe. Aber eine Katastrophe solchen Ausmaßes hätte auch die schriftbenutzenden Völker des Mittelmeeres berührt. Es ist unvorstellbar, daß sie stattgefunden hat, ohne daß die Ägypter, Hethiter, Phönizier etwas davon gemerkt und berichtet hätten.
Schließlich stellte man die These eines Aufstandes der indigenen Bauernstämme gegen ihre griechischen Oberherren auf, aber sie scheiterte daran, daß man keinerlei Erfolge einer solchen Revolution entdecken konnte. Das ganze Gerüst ist also eine Fiktion. Die tatsächlichen Ursachen des Verfalls sehen ganz anders aus.
Einer der Hauptgründe lag in der Schwierigkeit, die Mitglieder einer freien Sippengesellschaft zur unfreien Arbeit zu bewegen. Um Sklaven aus ihnen zu machen, gab es nicht genug Griechen. Oder präziser gesagt: Nur in ganz begrenzten Regionen, wo die Griechen eine permanente Miliz unter Waffen

hatten, wie später in Sparta, war es möglich, die indigenen Ackerbaustämme durch Zwang zur Arbeit zu bewegen. Mit dem eigentümlichen Freiheitswillen, den wir bei einer sozial und ökonomisch ganz ähnlich gearteten Bevölkerung, den Indianern und Indios, Jahrtausende später beobachten können, zogen sie es vor, lieber auszusterben, als für den Eroberer in erniedrigender Form tätig zu werden. So begann also der gewaltige Bevölkerungsschwund, den sich bürgerliche Altertumsforscher einfach nicht erklären können, weil ihnen das Benehmen der Mitglieder einer freien Sippengesellschaft so widersinnig erscheint, daß sie es nicht für möglich halten. Hätte Morgan uns nicht die außerordentliche strukturelle Ähnlichkeit der antiken und der indianischen Stammesgesellschaft vor Augen gehalten, und hätten wir nicht das freiwillige Aussterben der Indianer in unserer eigenen geschichtlichen Zeit erlebt, wäre die Erklärung der Entvölkerung Griechenlands in der nachmykenischen Zeit auch nicht so überzeugend.

Wie Linguet schon 1767 in seiner *Théorie des lois civiles* beobachtet hat, »erscheinen dem hungrigen Armen die Lebensmittel erst in der höher entwickelten Gesellschaft als ein genügendes Äquivalent seiner Freiheit, aber in einer Gesellschaft, die am Beginn ihrer Entwicklung steht, würde dieser ungleiche Tausch dem freien Menschen grauenhaft erscheinen.« Das ist einleuchtend, aber auch der Gedanke eines jahrhundertelangen Gebärstreiks der Frauen ist nicht von der Hand zu weisen. Die *Lysistrata* des Aristophanes ist sicher mehr als ein Phantasieprodukt. Zwischen den Zeilen der Komödie vibriert das unüberhörbare Echo einer traumatischen Erinnerung. Solche schweigenden Rebellionen mit den einzigen Waffen, die den Frauen noch verblieben waren, müssen in diesem Zeitalter mehr als einmal aufgeflammt sein.

Der dritte Grund war ein rein ökonomischer. Die Griechen waren an die unerschöpflichen Weideländer der Steppen gewöhnt. Generationen von Wanderhirten hatten die Erfahrung gemacht, daß man bloß weiterzuziehen brauchte, wenn ein Fleck abgegrast war. Als sie nun in das winzige, überall von Meer und Bergen eingeengte, von Buchten, Klüften und Steilhängen zerfurchte Griechenland kamen, ging ihnen erst spät auf, daß sie nicht nur das Land, sondern sich selber ruinierten, wenn sie ihren Tieren erlaubten, alles kahlzufressen, was ihnen zur Verfügung stand. Auch der allzu spät eingeschlagene Pfad eines systematischen Getreideanbaus in Thessalien, Attika und Argolis erwies sich als Irrweg. Griechenland war ebensowenig eine Getreidekammer, wie es ein Weideland war. Der einzige Ausweg, nämlich das anzubauen, was dort besser wuchs als anderswo, und dies gegen das auszutauschen, was man nicht ökonomisch anbauen konnte, kam in letzter Minute: nur wenige Jahre vor dem völligen Aussterben der Bevölkerung.

In gewisser Weise lassen sich die ökonomischen und kulturellen Folgen des Einfalls der Griechen in die Balkanhalbinsel mit den Folgen späterer Einfälle anderer Reitervölker der Steppen in andere Teile Europas vergleichen. Denn auch die Hunnen, Awaren, Petschenegen, Magyaren und Mongolen verursachten überall in Europa, wo sie zur Macht kamen, einen lang andauernden, schwerwiegenden Zerfall der Landwirtschaft. Es war nicht die militärische Niederlage, und es war auch nicht allein der Verlust an Menschen, der das ökonomische Chaos in den besetzten Gebieten auslöste; es war vielmehr die Unfähigkeit dieser Reitervölker, mit dem Ackerbau der eroberten Gebiete fertigzuwerden und sich selber, geschweige denn die eroberten Bevölkerungen, mit Nahrung zu versorgen. Genau das gleiche geschah auf der Balkanhalbinsel, als die Griechen versuchten, dieser zur Viehzucht weitgehend ungeeigneten Region des matristisch organisierten Ackerbaus eine patriarchalische Hirtenkultur aufzuzwingen.

Es ist eine alte Erfahrung der landwirtschaftlichen Kontinuität, daß der Übergang vom Nahrungssammeln zum Nahrungsanbau und vom Nahrungsanbau zur Hochkultur mit Bewässerungswirtschaft ohne große Umwälzungen erfolgen kann. Auch der Übergang vom Jagen zum Züchten von Tieren klappt meist ohne schwerwiegende Störungen der Ökonomie. Aber der Übergang vom Wanderhirtentum zum seßhaften Bauernstand ist einer der schwierigsten Prozesse der menschlichen Anpassung. Er dauerte bei den Griechen fast 1200 Jahre, von denen die Zeit zwischen dem 13. und dem 8. Jahrhundert die schwerste war. Die Schwierigkeiten der Anpassung lagen nicht nur in der Technologie der Landwirtschaft, sondern vor allem in der Tatsache, daß sich die historische Vorherrschaft des Mannes bei der Viehzucht einfach nicht mit der historisch gewachsenen Dominanz der Frau beim Feldbau vereinbaren ließ. Bis es den Griechen gelang, die letzten Reste weiblicher Vorherrschaft in der Nahrungsproduktion zu zerschlagen, verging mehr als ein halbes Jahrtausend. Die Opfer, die diese Zeit sowohl von der einheimischen Landbevölkerung wie von den griechischen Einwanderern erforderte, sind einmalig in der Geschichte des Westens und stellen eine Anklage gegen das patriarchalische System dar, die selbst dreitausend Jahre später nicht leicht aus der Welt zu schaffen ist.

Die Griechen begannen erst dann eine praktikable Ökonomie zu entwickeln, als sie entdeckten, daß sie weder von der Viehzucht, noch vom Getreideanbau leben konnten, sondern nur vom Export, und zwar vom Export der hochspezialisierten Produkte einer völlig seßhaften Landwirtschaft und einer von Handwerkern belieferten Exportindustrie. Weder mit nomadischer Viehzucht noch mit jenem halb seßhaften Feldbau, den die Griechen als erste Stufe ihrer Konversion zum Bauerntum versucht hatten, konnten sie sich ernähren. Die Wechselfeldwirtschaft entsprach am ehesten noch ihrer nomadischen Lebensweise, und sie war auch die einfachste Form des Ackerbaus, die man als Hirt erlernen konnte. Feldbauern dieser Art sind ja oft noch Halbnomaden, indem sie jedes Jahr ein neues Feld bebauen und nach der Ernte weiterziehen. Aber Obstbauern, Weinbauern und vor allem Olivenbauern benötigen viele Jahre absoluter Seßhaftigkeit, ehe sie auch nur beginnen können, die Früchte ihrer Arbeit zu ernten. Diese Anpassung fiel den Griechen besonders schwer und erforderte Jahrhunderte der langsamen Umstellung auf eine ihnen völlig fremde Ökonomie. Der Nachdruck, mit dem Hesiod noch um 700 v. u. Z. seine Landsleute antreibt, überhaupt ihren Boden zu bearbeiten, läßt uns vermuten, daß die Griechen selbst in dieser späten Zeit, sondern noch immer nicht klar verstanden, wie man mit den Problemen einer ihnen nach wie vor fremden Tätigkeit fertig werden sollte.

Der Kernpunkt der griechischen Ökonomie ist auch gleichzeitig der Kernpunkt der griechischen Kultur: die Einstellung des griechischen Mannes zur Arbeit. Um diesen Punkt dreht sich alles, auch der gesamte Komplex des Sexualverhaltens. Hirtenvölker, und besonders solche, die auf dem Wege vom nomadischen Jäger über das Stadium des Wanderhirten zum schweifenden Freibeuter, zum »Plünderer der Städte« geworden sind, haben stets und überall eine tiefe Verachtung für die Arbeit der Hände gehabt. Wenn Aischylos in den *Hiketiden* von Theseus sagt, er habe mit eigener Hand im Schweiße seines Angesichtes die Toten vom Schlachtfeld getragen, so erwähnt er dies nicht etwa als gute Tat, sondern als einen Akt der Selbsterniedrigung, welcher der Erklärung und Entschuldigung bedarf. Körperliche Arbeit war nun einmal Sache der Knechte; wer sie freiwillig verrichtete, entwürdigte sich.

Der freie Mann gewann seine Freiheit mit dem Schwert; die Arbeit mit der Waffe war die einzige Arbeit, die er verrichten durfte. Damit erwarb er sich aber auch das Recht auf Genuß. Und Genuß galt, im Gegensatz zu der späteren christlichen Auffassung, als etwas Lauteres und Erhebendes. »Genießen und Wohlleben ist Sache der Freien, denn dies erhebt und läutert die Seelen. Arbeit dagegen ist Sache der Sklaven und niederen Wesen, daher verkümmern diese auch in ihrer Natur.« Das schrieb der Platon-Schüler Herakleides Pontikos im vierten Jahrhundert v. u. Z. Die Versklavung anderer Menschen wurde also nicht etwa als ein notwendiges Übel, sondern ganz im Gegenteil als eine ehrenhafte Tat betrachtet, da sie den edlen Menschen vor der entehrenden Arbeit freisetzte. Die Versklavung anderer Menschen war nicht nur das *Recht* des »Plünderers der Städte«, sondern seine moralische *Pflicht.* Wie Gott im Ersten Buch Moses den Menschen als jenes Geschöpf konzipiert, das da herrschen solle über die ganze Erde und über alles Gewürm, das auf Erden kriecht, so verstand der Grieche der herrschenden Klasse seine Mission auf Erden als die der Herrschaft über die Minderwertigen, die von Natur her Unfreien: die Frauen, die Sklaven und die Nichtgriechen.

Ein Teil dieser Herrenlogik erklärt sich natürlich aus der einfachen Tatsache, daß die ersten Sklaven der Griechen die unterjochten Ackerbauern der Balkanhalbinsel gewesen waren, die durch eben diese Niederlage ihre Ehre verloren hatten. Ein anderer Teil, und vielleicht der wichtigere, entsprang der Erfahrung, daß es noch im Jägerstadium allzu viele Münder zu Stopfen und allzu wenig Nahrung gegeben hatte. Seit dem Übergang zur Viehzucht, seit der Entdeckung, daß das Vieh sich von selber vermehrte, gab es genug Nahrung, aber fast niemals genug Arbeitskräfte, um das sich vermehrende Vieh zu betreuen. Weder die Sippe noch der Stamm vermehrte sich schnell genug, um die wachsenden Herden zu hüten.

Als die Griechen auf ihren langen Marsch, auf ihren Raubzug zur Plünderung der Städte gingen, suchten sie also nicht nur Schätze, sondern auch Sklaven, die ihnen die Arbeit abnehmen konnten. Daß die Herden bald den ganzen Peloponnes abgegrast hatten, daß sie sich dann nicht mehr so schnell

vermehrten wie vorher, ist eine andere Geschichte. Denn nachdem man sich in den Zeiten der ersten Euphorie daran gewöhnt hatte, Sklaven zu machen, war es schwer, je wieder zur Arbeit zurückzufinden. Die Eroberung der Halbinsel war mit solcher Leichtigkeit vonstatten gegangen, der erste Gewinn des Beutezuges so riesig gewesen, daß man sich kaum vorstellen konnte, es würde je anders kommen.
Als man sich nach dem halben Jahrtausend des Niedergangs langsam wieder aufzurappeln begann, als die Ökonomie Griechenlands endlich fest auf Wein, Oliven und Feigen stand, als der Export zu rollen begann und die Städte wieder aus ihrem Dornröschenschlaf erwachten, hatte sich die Tradition der Sklaverei so tief eingebürgert, daß sich niemand mehr von ihr trennen wollte. Ja mehr noch: der Gedanke, je ohne Sklaven leben zu können, war unvorstellbar geworden.

16

Die *polis,* der Stadtstaat der Griechen, war also von Anfang an ein Sklavenstaat. Er stand nicht nur im grundsätzlichen und unüberbrückbaren Gegensatz zur Sippengesellschaft der alten Ackerbauvölker, sondern auch zu der der Griechen. Er versklavte nicht nur diese, sondern auch jene. Sobald die ländliche Gesellschaft der Sippen und Stämme urbanisiert wurde, spaltete sie sich auf in Reiche und Arme, Freie und Unfreie. Es stellte sich vom frühesten Anfang der Urbanisierung Griechenlands an heraus, daß es unmöglich war, eine *polis*, eine *politische* Gesellschaft, auf der Grundlage der Stammes- und Sippengesellschaft aufzubauen. Der Stamm fußte auf einem spezifischen *Verwandtschaftsverhältnis* seiner Mitglieder, einerlei wo diese auch leben mochten. Die Stadt dagegen fußte auf einem spezifischen *Territorium,* einerlei wer darin auch leben mochte. Der Stamm drückt ein *zeitliches* Verhältnis aus: die Lebensspanne der Generationen, die das jüngste Stammesmitglied mit der Urmutter, der Stammesgründerin, verband. Die Stadt drückte ein *räumliches* Verhältnis aus: das Gebiet, das von ihren Bewohnern beherrscht wurde. Diese beiden Systeme waren unvereinbar.
Wenn eine Sippe, ein Stamm oder ein Stammesbund seßhaft geworden war, so wurde das Land, wie wir gesehen haben, in regelmäßigen Abständen an die einzelnen Sippeneinheiten aufgeteilt. Ein solches Stück Land hieß bei manchen Stämmen *moîra,* bei anderen *témenos,* bei wieder anderen *dêmos.* »Bei Homer bezeichnet *dêmos* sowohl eine Strecke bebauten Landes, als auch die darauf lebende Bevölkerung. Es bedeutet eigentlich ›Teilung‹ und ist mit dem Wort *dasmós* verwandt, das regelmäßig auf die Aufteilung oder Zuweisung von Boden angewendet wurde« (George Thomson, a.a.O., S. 271). So entstand beispielsweise Mantineia aus fünf Demen, Patria aus sieben, Dyme, Tegea und Heraia je aus acht, Athen gar aus hundert. Das Wort »Demokratie«, das von der bürgerlichen Gesellschaft ständig so mißdeutet wird, als bedeute es »Volksherrschaft«, war also einfach ein regionales System der Verwaltung, im Gegensatz zu dem bis dahin üblichen System der Verwaltung durch Sippen, Bruderschaften und Stämme.

Der Übergang wurde so geregelt, daß man einer Gruppe von Sippensiedlungen, also einer bestimmten Anzahl von Demen, den Namen »Ortsstamm« gab, als ob das Wort einen örtlich angesiedelten Stamm beschriebe. In Wahrheit beschrieb es aber nicht den Stamm, sondern den Raum, in dem der Stamm lebte, stellte also eine stammesfremde Ausdrucksform dar. In Attika formten jeweils zehn Demen einen solchen »Ortsstamm«. Die zehn Ortsstämme zusammen bildeten den Stammessitz, die Stadt Athen. Ähnlich wurden andere Begriffe der Stammesverwaltung in regionale Begriffe umgedeutet. An die Stelle des Sippensprechers oder Sippenältesten trat der Ortssprecher, der Demarch. Andere Ortsbegriffe wurden eingeführt, um an die Stelle des Stammessprechers oder Stammesältesten, des Sippen- und Stammesrates, der Sippen- und Stammesversammlung zu treten. Aus der Stammesversammlung wurde die *agorá,* die städtische Volksversammlung. Aus dem Stammesrat wurde die *bulé,* der Stadtrat. Aus dem Stammessprecher wurde der *árchon,* der höchste Beamte der Stadt. Dadurch wurde natürlich die eigentliche Stammeshierarchie, das Zusammenspiel von Sippen- und Stammessprechern, Sippen- und Stammesräten, Sippen- und Stammesversammlungen entmachtet. Zwei parallele Verwaltungsstränge waren widersinnig und störten einander auf allen Ebenen. Einer mußte nachgeben, und das war der Stamm.
Jedes Sippenmitglied mußte sich in das Register des Demos eintragen, in welchem es zur Zeit des ersten Zensus lebte. Dadurch wurden die Beziehungen des einzelnen, die bis dahin ausschließlich zu seiner Sippe und seinem Sexualpartner und dessen Sippe bestanden hatten, in Beziehungen zu seinen zufälligen Nachbarn verwandelt.
An die Stelle der organisch gewachsenen Einheit traten Willkür und Zufall. Durch seine Eintragung ins Gemeinderegister erhielt der neue Bürger zwar Stimmrecht und Staatsangehörigkeit, aber er verpflichtete sich durch diese Eintragung auch zur Steuerzahlung und zum Militärdienst – beides Neuerungen, die es im Stammesdenken nie gegeben hatte. Denn wo es kein Eigentum gab, da konnte es auch keine Steuern geben, und wo kein Staatsapparat bestand, da bestand auch keine Notwendigkeit, ihn zu finanzieren. Wo der Stamm in seiner Gesamtheit das wehrfähige Korpus darstellte, benötigte man weder ein Heer, noch bedurfte man der Wehrdienstpflicht. Wo es keine Seßhaftigkeit gab, da gab es auch keinen Landbesitz, und wo es keinen Landbesitz gab, konnte es zu keinen territorialen Kriegen kommen. So erzeugte die Wehrdienstpflicht genau das, was sie verhindern sollte: den Krieg. Denn was existiert, will stets benutzt werden. Gab es erst einmal ein Heer, so konnte man sicher sein, daß es auch bald Krieg geben würde.
In einer Reihe schier endloser Kriege, die das griechische Volk so ausbluteten, daß es am Ende widerstandlos in die Hände der Römer fiel, zeigte sich eindeutig, wohin das Patriarchat führen mußte. Der größte Teil der matrilinearen Institutionen ging dabei ein, denn nur wenigen Stämmen, wie den Spartanern, gelang es, die matristische Ordnung beizubehalten und gleichzeitig den gewaltigen Umschwung von einer grundsätzlich antimartialischen Stammesorganisation zu einer reinen Heeresordnung durchzuführen. Jahrhundertelang nach dem Zusammenbruch der Sippenordnung geschah es

aber auch bei den vaterrechtlichen Stämmen noch manchmal, daß man die Truppen nach Sippen, Bruderschaften und Stämmen ordnete, wenn man in den Krieg zog. So riet Nestor dem Agamemnon, die Truppen nach Phratrien und Stämmen aufzustellen, so daß jede Bruderschaft der anderen, jeder Stamm dem anderen Stamme beistehen könne (*Ilias* II 362). Daß die Bruderschaften sich ihrerseits nach Sippen organisieren würden, brauchte Nestor nicht zu sagen: das verstand sich von selbst.

Mit der Kriegführung trat auch ein neues Amt auf, das es in Friedenszeiten nie gegeben hatte: das des Heerführers oder *Basileus*. Aus diesen Heerführern bildete sich sowohl der Adel der Griechen wie ihr Großgrundbesitz, denn für jeden erfolgreichen Feldzug erhielt der Führer ein Stück Land. So verstärkte sich die Ungleichheit des Besitzes, die mit der Zerrüttung der Sippengesellschaft eingesetzt hatte. Daraus entstand das Gesetz, daß jeder, der sich in einem Demos ansiedeln wollte, nicht nur seinen Sippennamen, sondern auch sein Privateigentum angeben mußte. Der griechische Mythos schreibt einen der wichtigsten Schritte in dieser Verwandlung einer eigentumslosen Sippengesellschaft in einen sorgfältig nach Eigentum organisierten Stadtstaat dem Theseus zu, der das Volk, ohne Rücksicht auf die Sippenordnung, in drei Klassen aufgeteilt habe: die »Wohlgeborenen« *(Eupatriden)*, die »Bauern« *(Geomoren)*, und die »Handwerker« *(Demiurgen)*. Die Eupatriden rekrutierten sich fast ausschließlich aus den Heerführern, ihren Nachkommen und ihren Sippen. Eines der ersten Gesetze, das sie in Athen durchdrückten, war das Recht des Landkaufs – ein Recht, das der Stammesgesellschaft nicht nur fremd war, sondern auch unweigerlich ihre letzten Reste zerstören mußte.

Solon schlug bewußt in diese Kerbe, als er um 594 v. u. Z. in Athen zum Archon gewählt worden war. Er ordnete an, die Athener nicht mehr nach Berufen, sondern nach Einkommensklassen aufzuteilen und ihnen Rechte und Pflichten im Verhältnis zu ihrer Finanzstärke zuzuweisen. Dadurch verloren nicht nur die Armen, sondern auch die Frauen ihr Stimmrecht, denn sie besaßen meist kein Eigentum. So geschah es Stufe für Stufe, daß die einst frei gewählten und jederzeit abwählbaren Sprecher des Volkes nur noch aus den Reihen der Männer, und zwar der reichen Männer, gezogen werden durften. Das einzige Recht, das die Armen noch besaßen, blieb den Frauen versagt: das Recht der Meinungsäußerung.

Die Griechen waren zweifellos die ersten Europäer, die den Unterschied zwischen Machtausübung und Meinungsäußerung systematisch kultivierten. Die öffentliche Diskussion städtischer Angelegenheiten diente weniger der Regelung dieser Fragen, als der Abführung sozialer Spannungen. Die Volksversammlung diente dem Zweck, dem Volk die Möglichkeit zu bieten, sich den Ärger von der Leber zu reden. Auch schmeichelte man dem Volk, indem man dem Redner, wenn er seine Worte klug wählte, Beifall zollte und damit seinen Groll besänftigte. Dies führte im Laufe der Jahrhunderte immer mehr dazu, daß das eigentliche Anliegen des Redners zum Nebenprodukt seiner Rhetorik wurde. Es war eher eine Art Gruppentherapie sozialer Neurosen als eine Institution zur Veränderung der Gesellschaft. Das administrative System der griechischen Stadtstaaten klappte deshalb auch nur so lange, wie die Städte klein genug waren, um jedem Bürger die Möglichkeit zu geben, die Ohren aller anderen Bürger zu erreichen. Sobald die *polis* so groß wurde, daß die Männer in der Volksversammlung einander weder von Namen noch von Angesicht kannten, brach das ganze System zusammen. Es war buchstäblich auf die Reichweite der menschlichen Stimme aufgebaut. Wurde der Marktplatz zu groß, um dem Redner zu erlauben, von allen stimmberechtigten Männern gehört zu werden, war das Ende der sogenannten Demokratie gekommen.

17

Als die Klasse der Besitzenden sich zum ersten Male von der großen Masse ihrer ehemaligen Stammesmitglieder abzuspalten begann, in dem langen Interregnum zwischen der ersten Olympiade (776 v. u. Z.) und der Gesetzgebung des Kleisthenes (509 v. u. Z.), war sie also mit der Lösung eines historischen Problems ohnegleichen in der Geschichte Europas beschäftigt. Ihre Aufgabe bestand in nichts Geringerem als einer Umwälzung der Stammesordnung, die vor allem darin bestand, eine weitgehend eigentumslose in eine Eigentumsgesellschaft zu verwandeln, einer verwaltungslosen, sich selbst verwaltenden Körperschaft eine Verwaltung zu geben, einem Volk, das nie eine berufsmäßige Fahndung, Ermittlung, Rechtsprechung oder Strafvollstreckung gekannt hatte, einen Rechtsapparat aufzuzwingen, aber auch den Status der Frau und der Kinder völlig neu zu definieren. »Mit einem Wort«, wie Morgan es ausgedrückt hat, »sie waren bestrebt, einen *Staat* zu gründen, den ersten in der Entwicklung der Arier, und ihn auf die Grundlage eines Territoriums zu stellen, wie es der Staat seitdem bis auf den heutigen Tag besessen hat« (*Die Urgesellschaft,* zweite Auflage, 1908, S. 183).
Die Aufgabe bestand darin, die zufällig in einer gegebenen Region lebenden Mitglieder der Stammesgesellschaft dort festzuhalten, die Grenzen ihrer bisher flexiblen Jagd-, Weide- und Ackerländer festzulegen, das System der Sippen- und Stammesloyalitäten zu zerschlagen und an seine Stelle ein System der regionalen Loyalitäten zu setzen – eine Form des Denkens, die nicht nur den Griechen fremd war, sondern der Mentalität aller Stammesgesellschaften grundsätzlich widerspricht. »Es ist unmöglich, eine politische Gesellschaft oder einen Staat zu gründen, der die Sippen zur Grundlage hat. Ein Staat muß auf Landgebiet und nicht auf Personen beruhen, auf dem Stadtbezirk als der Einheit eines politischen Systems, und nicht auf der Sippe, welche die Einheit eines gesellschaftlichen Systems ist« (Morgan, a.a.O., S. 102 f.). Die Geschichte der griechischen Stadtstaaten, der *poleis,* ist also die Geschichte des Verfalls der alten Sippenordnung und des Aufbaus einer von ihr getrennten und gegen sie gerichteten Gewalt: des Staates. Die Stärke der Stammesordnung lag in ihrer dezentralisierten Form der Selbstbetreuung. Die Stadt aber verlangte eine zentralisierte, über und neben den Einwohnern stehende Verwaltung: einen Beamtenapparat.
Der Keim des Verfalls der Stammesordnung lag bereits in der städtischen

Ansiedlung der Sippen. Dazu kam der Zustrom stammesfremder Städter: Händler, Matrosen, Gastwirte, Lohnarbeiter, auf die die Stadt angewiesen war und deren Status deshalb gesetzlich festgelegt werden mußte. Die Solonische Verfassung war die erste, die solchen Nichtmitgliedern der griechischen Sippen einen rechtlichen Status gab. Bis zum Zeitalter der Städte war derjenige, der zu keiner ortsansässigen Sippe gehörte, rechtlos. Von nun an mußte man aber nicht nur nützlichen Fremden, sondern auch Griechen, die durch den Zusammenbruch der Stammesordnung von ihren alten Sippen und Stämmen losgesprengt worden waren, die Möglichkeit der Ansiedlung bieten. Und das konnte man nur, indem man ihnen Bürgerrechte gab. Dies führte nun seinerseits aber dazu, daß mehr Fremde zuwanderten, als die Mitglieder der Stammesverbände, welche die Stadt gegründet hatten, an Nachwuchs erzeugen konnten. Hierdurch wurde der Prozentsatz der Einwohner, der seinen Stammbaum auf die Stadtgründer zurückführen konnte, immer kleiner. Vereinfacht ausgedrückt bedeutete dies, daß der Adel der griechischen Städte nichts anderes war als jene Nachfahren der Sippen- und Stammesmitglieder, die reich genug geworden waren, um Ehen mit wohlhabenden Fremden ausschlagen zu können. Es fehlte nur noch eins: eine Einrichtung, die die Spaltung der Sippengesellschaft in Klassen legitimierte und den Status einer jeden Klasse, der Armen und der Reichen, gesetzlich festlegte; eine Einrichtung, die das neu erworbene Privateigentum gegen die sippenrechtliche Tradition des Gemeinschaftsbesitzes sicherstellte und diese Tradition zerstörte. Eine solche Einrichtung wurde erfunden; es war der Staat.

Das Kennzeichen des Staats, wie ihn die Griechen verstanden, war aber nun nicht, daß die Städte, wie in Ägypten und Mesopotamien, Hauptstädte von Ländern waren, sondern selbständige Gebilde, die allein durch ihre größere Wirtschaftskraft das umliegende Land beherrschten. Wer sich an dieser Dominanz beteiligen wollte, mußte in die Stadt kommen. Es gab keine Möglichkeit, die Stadt vom Lande her zu beeinflussen. So entstanden die sämtlichen Institutionen, die das Bürgertum später als »Demokratie« bezeichnete, aus dem Versuch der städtischen Oligarchen, das umliegende Land zu beherrschen. Die Organisationsformen der alten Sippengesellschaft wurden nominell beibehalten, aber faktisch zweckentfremdet. Der Dichter Hesiod, der gegen Ende des 8. (Anfang des 7. Jahrhunderts) lebte, beschreibt diese Entwicklung sehr genau in seinem Buch *Werke und Tage*, das den Existenzkampf eines verarmten Bauern gegen Großgrundbesitzer und Wucherer schildert. Ganz Boiotien, sagt er, sei in der Macht von dreißig Großgrundbesitzern, ehemaligen Heerführern, die man mit Land belohnt hatte und die er nun »Menschen von Eisen« nennt. Da er einen Aufstand der Armen für hoffnungslos hält, droht er den »königlichen Schmarotzern« nur mit göttlicher Vergeltung, dem Zorn der Himmlischen, die den Schuldigen für Gewalttat und Rechtsbeugung bestrafen.

Dies bezeugt die Existenz eines voll entwickelten Rechtssystems, andererseits aber auch dessen Korruption, denn Hesiod fürchtet, daß das Unrecht auch im Himmel triumphiert. Deshalb stellt er in seinem anderen Werk, der *Theogonie* (Entstehung der Götter), den Zeus auch als Himmelstyrann dar, der den Beschützer der Menschheit, Prometheus, aufs grausamste martert. Himmel und Erde scheinen ihm eine einzige Verschwörung gegen die Menschheit: »Voll ist rings vom Bösen die Erd', und voll auch die Meeresflut.« Aristoteles, der später die beste Geschichte dieser Ära schrieb, sagt in der *Verfassung von Athen:* Die Armen leisteten zusammen mit ihren Frauen und Kindern den Reichen Sklavendienste. Sie hießen *pelátai* oder *hektḗmoroi,* »Sechstler«, weil sie fünf Sechstel des Ertrages an Grundbesitzer abliefern mußten. Gelang das nicht, so fielen sie in Schuldsklaverei. »Dieser Frondienst war für das Volk das Drückendste und Bitterste an den Verfassungszuständen, jedoch nicht der einzige Grund zur Unzufriedenheit: es hatte, wie man nicht anders sagen kann, überhaupt keine Rechte . . .«

Da die Sippenorganisation dem Bauern nicht mehr helfen konnte, sank sie zum Kultverein, zur rituellen Genossenschaft herab, wie das auch später in Rom geschah. Privater Landbesitz war der Sippenordnung genauso unverständlich wie Geld. Deshalb machte die Erfindung der Grundschuld, des Pfandscheins und der Hypothek jeden Versuch der Sippen, ihre Mitglieder nach dem alten Prinzip der gegenseitigen Hilfe vor Enteignung zu schützen, sehr schnell zunichte. Wer nicht proletarisiert wurde, fiel in Schuldsklaverei. Die *hóroi,* Grenzsteine, die Solon angeblich beseitigen ließ, »waren auf den verpfändeten Grundstücken aufgestellt und enthielten inschriftlich die Bedingungen, unter denen die Eigentümer auf ihrem Besitz verbleiben durften. Falls die *hektḗmoroi* ihren Verpflichtungen nicht nachkommen konnten, war es erlaubt, sie in die Sklaverei zu verkaufen. Mit anderen Worten, der Boden war unveräußerlich, und so hatten sie ihre Person als Sicherheitsgarantie verpfändet. Es ist nicht schwer, sich vorzustellen, wie derartige Bedingungen in der fraglichen Zeit entstehen konnten, wenn die Sklaverei, wie es wahrscheinlich der Fall war, noch in den Anfängen steckte und Mangel an Arbeitskräften bestand« (George Thomson, a.a.O., S. 523).

Die Homerischen Epen sprechen von den *thêteus,* den Mitgliedern der alten Dorfgemeinschaft, die beim Verfall der alten Sippengesellschaft ihre Landanteile an die Stammesältesten verloren hatten. Sie wurden deren Sklaven, führten aber mit ihren Herren, als ehemalige Mitglieder des gleichen Stammes, nach wie vor ein gemeinschaftliches Leben ohne allzu große Unterdrückung. So wäscht die Tochter des *basileus* Alkinoos, die »weißarmige« Nausikaa, gemeinsam mit den Sklavinnen am frühen Morgen die Wäsche am Meeresstrand. Und so wird der Schweinehirt Eumaios zum engsten Vertrauten des Königs von Ithaka.

Trotzdem müssen wir in diesem patriarchalischen System der Haussklaverei die Keimzelle jener organisierten Sklavenwirtschaft sehen, auf der die ganze Ökonomie des klassischen Hellas aufgebaut war, eine Ökonomie, von der Aristoteles sagte, sie beruhe auf »beseeltem Eigentum«. Diese Ökonomie konnte sich unmöglich aus dem winzigen Menschenreservoir der patriarchalischen Haussklaverei rekrutieren. Mit dem Aufstieg der Stadtstaaten entstanden deshalb Probleme der Nahrungsversorgung, des Haus- und Schiffsbaus, des Hafen- und Dockbetriebs, der Erz- und Salzminen, der Warenversorgung und der Verwaltung, die die natürliche Vermehrungsfähigkeit der Haus- und Feldsklaven völlig überstiegen.

Das Kernproblem aller Sklavensysteme ist ja bekanntlich ihre Unfähigkeit, sich selber zu reproduzieren. Nirgends auf der Welt, bei keinem uns bekannten System der Sklaverei, haben sich die Sklaven jemals in genügender Anzahl vermehrt. Stets und überall mußte das Reservoir der Sklaven immer wieder von neuem aufgefüllt werden. Da die interne Sklavenversorgung aber nicht mehr genug Sklaven lieferte, mußte man von Beginn der Stadtstaaten an Sklaven aus dem Ausland importieren. Das heißt: man mußte sie entweder kaufen oder stehlen. Zwischen diesen beiden Formen des Sklavenerwerbs bestanden aber kaum größere Unterschiede als zwischen Händlern und Piraten, denn der Handel lief oft darauf hinaus, die Handelspartner auszuplündern, mitzunehmen und als Sklaven zu verkaufen. Seeleute, die im Augenblick keine Aufträge hatten, betätigten sich oft als Seeräuber, deren wichtigste Beute Menschen waren.
Thukydides berichtet deshalb auch, daß die ersten Ansiedlungen in Griechenland aus eben diesem Grunde nicht, wie es später der Fall war, an der Küste, sondern im Innern des Landes lagen, weil sie dort vor dem Zugriff von Piraten sicherer waren. Seine Feststellung kann man durch Gegenüberstellung der ältesten Ortschaften – Theben, Orchomenos, Athen und Mykene – mit den späteren Siedlungen Hermoine, Epidauros und dem messenischen Pylos illustrieren. Doch auch die Seeräuberei war ein Saisongeschäft. Im Winter fuhren keine Schiffe, die man berauben konnte. So bildete sich bald aus arbeitslosen Matrosen, Ruderern, Dockern, Tagelöhnern und Gelegenheitsarbeitern ein städtisches Proletariat, das sich im Laufe der Zeit durch ein Lumpenproletariat von Huren, Zuhältern, Kupplern, Schiebern, Schleppern und Krüppeln (vor allem verletzte und deshalb arbeitslose Seeleute) vergrößerte.
Diese Armen hausten in Hütten oder Verschlägen, die direkt an Mauern, Höhlen oder Felsen angebaut waren. Die Wände bestanden aus Holz oder Kieselstein vermischt mit Lehm. Der Fußboden, wenn es überhaupt einen gab, war aus geglättetem Stein. Klein, wie diese Elendsquartiere waren, meist nur ein paar Schritte lang und breit, dienten sie doch auch noch Untermietern als Nachtlager. Und zwar baute man zu diesem Zweck unter dem Dach eine Art Hängeboden, der nur mit einer Leiter erreichbar war.
Die griechische Mentalität jener Jahre, wie die der meisten patristischen Gesellschaftsordnungen, war intensiv auf Leistung ausgerichtet. Für die Armen und Kranken hatte man wenig Sympathie, da man meinte, die Götter müßten wohl einen Grund gehabt haben, sie so schlecht zu behandeln. Deswegen brachte man auch anfangs den Handwerkern, deren Erzeugnisse man durchaus schätzte, persönlich wenig Achtung entgegen. Wenn es den Handwerkern schlecht ging, schob man auch das den Göttern zu und meinte, daß sich eben der meisten Handwerke noch keine Gottheit angenommen habe. Schmiede, die unter dem Schutz des Hephaistos standen, machten hier eine Ausnahme. Aber je neuer ein Handwerk war, das heißt je weniger Zeit das Patriarchat gehabt hatte, das Handwerk mit einer Mythologie zu umgeben, um so selbstverständlicher schien es dem Patriarchat, daß dieses Handwerk ja schon deshalb nicht florieren konnte, weil es keinen Gott gab, der sich seiner annahm. Sobald aber ein Handwerk wirk-

lich florierte, unterstellte man es prompt der einen oder anderen Gottheit oder erfand gar neue Schutzgottheiten dafür.

Einer der Gründe, weshalb die Griechen anfangs auch so wenig Respekt für ihre Künstler hatten, war, daß die griechische Kunst zum großen Teil von asiatischen Sklaven stammte. So waren zum Beispiel fast alle Vasenmaler Sklaven oder Freigelassene. Aber auch die ersten Bildhauer griechischer Abstammung erhielten kaum einen Bruchteil der Hochachtung, die das Patriarchat seinen Epikern und Dramatikern zollte, denn diese »arbeiteten« ja nicht, sondern waren eben »Denker«, während die Bildhauer, die im Schweiße ihres Angesichts mit Hammer, Meißel und riesigen Steinblöcken arbeiteten, den Patriarchen wie Irrsinnige vorkamen, die freiwillig das Los des Sklaven auf sich genommen hatten. Das Denken dieser Patriarchen wurde weitgehend von der Aristokratie bestimmt, die sich in den Gründerjahren der Städte als die Träger der griechischen Kultur betrachtete. Ihre Überzeugung, daß nur das Kriegshandwerk ein ehrenhaftes Handwerk sei, flößte ihnen nicht nur Verachtung für Sklaven und Bauern, Handwerker und Händler ein, sondern auch für jene neu aufstrebende Schicht der Unternehmer, die bald zu den eigentlichen Herren der Städte werden sollten. Dies waren die Besitzer von handwerklichen Großbetrieben, die Werkzeuge, Waffen, Schiffe und Häuser bauten. Je tiefer die aristokratischen Großgrundbesitzer ihre bäuerlichen Pächter in Schulden trieben, um so größer wurde die Anzahl verarmter Bauern, die in die Städte zogen und sich bei dieser neuen Unternehmerklasse verdingten. Die »demokratische« Partei setzte sich anfangs fast ausschließlich aus diesen Unternehmern und ihren Abhängigen zusammen, und je mächtiger sie wurde, desto mehr nahm die Macht der Aristokratie ab.

18

Die Größe der Stadtstaaten war sehr unterschiedlich. So hatte Attika rund 2300 Quadratkilometer, Argos 1400 Quadratkilometer, Korinth 880 Quadratkilometer, während 22 Stadtstaaten die begrenzten 1650 Quadratkilometer von Phokis teilen mußten, also durchschnittlich nur 75 Quadratkilometer groß waren. Langsam begannen diese neuen Stadtstaaten nun aber, die umliegenden Landkreise unter ihre Gewalt zu bringen. Diesen Verschmelzungsprozeß nannten die Griechen *synoikismos,* »Zusammenwohnen«. Damit wurden die Poleis zu Konzentrationspunkten des gesamten Wirtschaftslebens der sie umgebenden Gebiete. Ein neuer Handwerkerstand bildete sich heraus, der Waffen, Textilien, Keramik, Schmuck und andere Gebrauchsgegenstände herstellte. Hieraus ergab sich einerseits die Notwendigkeit, diese Artikel im Ausland abzusetzen, andererseits erforderte die sinkende Zahl der Landarbeiter und die wachsende Zahl der Stadtbewohner die Einfuhr von Nahrungsmitteln. So entstand die dringende Notwendigkeit, Kolonien im Ausland zu gründen, die einerseits als Absatzmärkte, andererseits als Lieferanten von Nahrungsmitteln dienen konnten. Schließlich, als dritte Kraft, die zur Expansion des Patriarchats führte, kam die Sklaverei

selbst hinzu. Denn auf dem Lande, wo die Bauern immer mehr durch Sklaven ersetzt wurden, verhinderte die Sklaverei die produktive Beschäftigung des Bevölkerungsüberschusses und zwang ihn zur Auswanderung.
Dies führte zu einer Serie nicht enden wollender Kriege zwischen den patriarchalischen Stadtstaaten und zwischen diesen und ihren Nachbarn. Es führte aber auch im Innern zu einem wachsenden Konflikt zwischen Sklaven und freien Lohnarbeitern; oder genauer gesagt: zwischen den Besitzern der Sklaven und den politischen Vertretern der Lohnarbeiter. Die ersten offenen Konflikte entwickelten sich im Korinth des Periander (627 bis 587), wo der bahnbrechende Fall eintrat, daß die Sklaverei zum erstenmal in der Geschichte eingeschränkt wurde, damit sie nicht die Löhne der Theten unterbot. Dies war die Zeit der höchsten ökonomischen Entwicklung Korinths im archaischen Griechenland, eine Zeit, deren revolutionärer Charakter sich in der ganzen Regierungsgeschichte der Kypseliden niederschlug, der einzigen großen »mutterrechtlichen« Kultur Griechenlands außerhalb Spartas. Korinthische Kolonien sprossen in dieser Zeit überall in der Ägäis hervor, Kunst und Wissenschaft blühten, sexuelle Freiheit durch nahezu komplette Gleichberechtigung der Frau erinnerte daran, daß Korinth keine indogermanische, sondern eine indigene Stadt war, deren Name aus keiner griechischen Sprache kam und deren Tradition mehr mit den mutterrechtlichen Kulturen Kleinasiens als mit der patriarchalischen Welt der Athener zu tun hatte.
Aber auch hier, wie in allen griechischen Städten, bildete sich eine breite Skala von Freiheit, Halbfreiheit und eingeschränkter Freiheit bis zur völligen Unfreiheit heraus, deren Kompliziertheit uns erst in den letzten Jahrzehnten der Altertumsforschung klargeworden ist. Wir haben gelernt, zwischen exogenen Sklaven und versklavten Schuldnern zu unterscheiden, zwischen Eroberten, Ausgesetzten, durch Piraterie Versklavten und durch Leibeigenschaft Hörigen. Wir glauben heute, daß die Gymneten von Argos und die Korynephoren von Sikyon zwar persönlich frei waren, aber keine bürgerlichen Rechte besaßen. Die Heloten von Sparta, die Klaroten und Mnoiten Kretas, die Penesten Thessaliens und die Maryandyner von Herakleia waren Kollektivsklaven, Nachkommen »mutterrechtlicher« Ackerbaustämme, die in einem Zustand feudaler Hörigkeit gehalten wurden, jedoch mit dem tragischen Unterschied, daß sie, im Gegensatz zum Leibeigenen des Mittelalters, nicht einmal zur Rechtsgemeinschaft des Volkes gehörten.
Auch die erleuchtetsten Geister der Griechen, die Philosophen, die von der Gleichheit der freien Bürger aller griechischen Städte überzeugt waren, fanden es wohlbegründet, daß es andere Menschen gab, Nichtgriechen und Nichtbürger, die in rechtloser Stellung Knechtsdienste verrichteten. Das immer wieder in neuen Worten formulierte Ideal des Bürgers der *polis* war: genug Geld zu haben, um ein politisch aktives Leben zu führen, sich an schönen Dingen zu ergötzen, mit den Philosophen in den Wandelgängen der Hochschulen zu diskutieren, den rhetorischen Künsten der großen Redner zu lauschen und sich mit Hetären oder Knaben zu vergnügen, ohne dabei lästiger Leidenschaft zu verfallen. Dieses Ideal drückt trotz gewisser Absurditäten eine bestimmte Art des fortschrittlichen Denkens aus. Denn trotz des

weitaus höheren ökonomischen Niveaus der sogenannten »hydraulischen Kulturen«, der auf Bewässerungsanlagen aufgebauten Priesterstaaten Ägyptens und Mesopotamiens, stellte die griechische *polis* mit ihrem Konzept des freien Bürgers, der in freier Wahl sein eigenes Schicksal entscheidet, doch eine gewisse Erweiterung des menschlichen Bewußtseins dar. Die ihr inhärente Absurdität war, daß der freie Bürger eben nur eine winzige Minderheit in jener unfreien Mehrheit bildete, von der er lebte und die ihm seine Freiheit überhaupt erst ermöglichte.

IV
Das Patriarchat in Hellas: Die soziale Basis

Der erste, der ein Stück Land umzäunte und sich in den Sinn kommen ließ, zu sagen: Dieses ist mein! und der einfältige Leute fand, die ihm glaubten, der war der wahre Stifter der bürgerlichen Gesellschaft.

Jean-Jacques Rousseau

Die Eigentumsidee bildete sich im menschlichen Geiste nur sehr langsam aus und blieb durch ungeheure Zeiträume im Werden begriffen und schwach ... Ihr Übergewicht als Begierde über alle anderen Begierden kennzeichnet den Beginn der Zivilisation.

Lewis Henry Morgan

1

Die griechische Zeitrechnung beginnt mit dem Jahr 1, der ersten Olympiade, die 776 v. u. Z. stattfand. Diese Zeitrechnung ist natürlich genauso willkürlich wie unsere, aber sie gibt uns einen guten Eindruck dessen, was die Griechen als »vorgeschichtlich« (das heißt: matriarchalisch oder mutterrechtlich) und »geschichtlich« (das heißt: patriarchalisch oder vaterrechtlich) betrachteten. Die große Niederlage des Patriarchats, der Fehlansatz der submykenischen Ära, die Zeit der Hungersnot, des Rückschlags, der Verödung und des Sterbens liegt vor dem Anfang der Geschichte. Auch die ersten tastenden Versuche, sich aus der Misere zu retten, werden noch nicht als geschichtlich, als vaterrechtlich, anerkannt. Kein Wunder, denn diese Versuche bestanden darin, bei den verachteten mutterrechtlichen Völkern Vorderasiens Nachhilfeunterricht in den rudimentären Künsten des Überlebens einzuholen. Wenn wir die Flüsse Hermos und Maiandros im heutigen Anatolien als Orientierungspunkte benutzen, so ließe sich vereinfachend sagen, daß die mutterrechtlichen Myser und Phryger damals nördlich des Hermos, die mutterrechtlichen Karer und Lyker südlich des Maiandros, die mutterrechtlichen Lyder zwischen den beiden Flüssen lebten. Aiolische Flüchtlinge – Flüchtlinge verfolgt vom Hunger – wandten sich nun hilfesuchend an die Phryger, dorische Hilfsexpeditionen zogen ratsuchend zu den Lykern und Karern, Ioner suchten Hilfe bei den Lydern.

Unter dem Einfluß ihrer mutterrechtlichen Nachbarn entwickelten diese Auslandsgriechen bald eine freiere, tolerantere Gesellschaftsordnung als die

Daheimgebliebenen, die sich erst viel später aus dem Provinzialismus der finsteren Zeiten lösten und erst dann die weltoffene Kultur des perikleischen Athen entwickelten, als die attischen Seefahrer mit anderen Völkern in Verbindung getreten waren, vor allem aber den Kontakt mit ihren Übersee-brüdern erneuert hatten. Nur wenige Historiker haben den rückwirkenden Einfluß der Überseegriechen auf die griechischen Stadtstaaten genügend gewürdigt, und das gilt nicht nur für den Einfluß Ioniens auf Athen, sondern auch für den Einfluß Aioliens auf die in Thessalien und Boiotien verbliebenen Aioler.

Vor allem genossen die Frauen in den Kolonien ein weitaus größeres Maß an Freiheit und Autorität. Es ist sicher kein Zufall, daß die bedeutendsten Frauen Griechenlands, unter ihnen Sappho und Aspasia, nicht in Griechenland selbst, sondern fast ausnahmslos in den kleinasiatischen Kolonien und den ägäischen Inseln aufgewachsen waren. In mindestens drei der zwölf ionischen Kolonialstädte – in Chios, Klazomenai und Ephesos – wuchsen die Mädchen, ähnlich wie bei den mutterrechtlichen Dorern, gemeinsam mit den Knaben auf und übten sich nackt mit ihnen im Wettlauf und Ringkampf. Im Gegensatz zu den Heimatgriechen speisten die Frauen der Übersee-Joner stets mit ihren Männern gemeinsam, eine Sitte, die sie von den Karern übernommen hatten.

Es war der Einfluß dieser von den matristischen, kosmopolitischen Kulturen ihrer asiatischen Gastländer geprägten Auslandsgriechen, der das muffige, provinzielle, rückständige Hellas der Vaterrechtler langsam zivilisierte und zu dem machte, was wir heute unter dem »klassischen« Griechenland verstehen. Von den Lykern und Syrern, nicht wie man früher angenommen hatte, von Phoinikern, übernahmen die Griechen gegen Mitte des 8. Jahrhunderts das Alphabet und erlernten von neuem die Kunst des Schreibens (R. D. Barnett, *Cambridge Ancient History,* 1. Ausgabe, 2. Band, Kapitel 30, Faszikel 56, 1957, S. 20). Wenn wir in Griechenland zum erstenmal seit der mykenischen Zeit wieder eine humane, realistische Kunst finden, so ist sie das Werk orientalischer Künstler. Genau wie diese am Anfang der griechischen Bronze- und Elfenbeinskulpturen gestanden hatten, genau wie sie die Väter der Terrakotta-Figurinen waren, die das Bild der Großen Mutter in den Jahrhunderten des Patriarchats am Leben hielten, so waren sie auch die Geburtshelfer der attischen Vasenmalerei.

Auch die Tatsache, daß die *poleis,* die ersten Stadtstaaten der Griechen, sich entlang der Ostküste entwickelten, bezeugt die Abhängigkeit der griechischen Renaissance des neunten Jahrhunderts von mutterrechtlichen Einflüssen aus Klein- und Vorderasien. Der Aufstieg Athens, der erste erfolgreiche Versuch, sich aus der Hungersnot durch eigene Kraft zu retten, war das Resultat der Informationen, welche die Übersee-Ioner nach Attika zurückgesandt hatten.

Griechische Kolonien entstanden nun auf fast allen Inseln des Mittelmeers, entlang der italienischen und sizilianischen Küste (darunter Neapel, Tarent und Syrakus), hinauf bis zur französischen und spanischen Südküste (Marseille), entlang der Küste Nordafrikas von Libyen (Kyrene) bis Ägypten (Naukratis), an der Süd-, West- und Nordküste der heutigen Türkei, ins

Gebiet des Schwarzen Meeres hinein und den Dnestr, Bug, Dnepr und Don hinauf ins heutige Rußland.
Kolonisten fand man leicht, denn die verarmte Landbevölkerung, die in den Städten keine Arbeit finden konnte, drängte ins Ausland. Das zeitigte nicht nur materielle Fortschritte, denn überall entwickelte sich das Kulturleben in den Kolonien schneller als in der Heimatstadt. Durch ihre tägliche Berührung mit fremden Kulturen, ihre Aufgabe, etwas völlig Neues zu schaffen, wurden die Kolonien noch jahrhundertelang zu Lehrmeistern der Mutterstädte. Ihrer weltoffenen Lebensweise entsprach der Stadttyp, den sie schufen. Alles war geräumig und frei in der Ebene nach genauem Plan aufgebaut, mit geraden breiten Straßen, die sich im rechten Winkel schnitten, mit Bauten von ungeahnter Größe und Kühnheit (der Zeustempel in Akragas, der Poseidontempel in Paestum). Das Verfahren, Standbilder aus Metall zu gießen, das die Kolonisten in Vorderasien gelernt hatten, wurde für die Entwicklung der griechischen Plastik von weittragender Bedeutung.
Auch die Währung der Griechen kam aus den Kolonien, wo man das orientalische System, große Beträge in 100 Drachmen = 1 Mine (60 Minen = 1 Talent) auszudrücken, übernommen hatte, obgleich es derartige Münzeinheiten in Griechenland gar nicht gab. Metallgeld war ebenfalls ein Produkt des Kolonialismus. Ägina führte es ein, andere Städte folgten mit Silberdrachmen und Kupferobolen. Ägina hatte die Schildkröte als Wappentier, Korinth den Pegasos, Athen die Eule.

2

Die dorischen Wanderungen und der Anfang der griechischen Kolonisation Kleinasiens sind also die wichtigsten Ereignisse der Geschichte des vorklassischen Hellas. Die Zeitspanne zwischen diesen beiden Ereignissen wird von manchen Gräzisten als »homerisches Zeitalter« bezeichnet, ein gefährlicher Terminus technicus, weil er im Sprachgebrauch verschiedener Autoritäten verschiedene Bedeutungen hat. Dem einen bedeutet er die Epoche, in der die homerischen Epen verfaßt worden sind, dem anderen jedoch die Ära, mit der sich diese Epen befassen. Denn obgleich die Länge der Zeit zwischen den Ereignissen und der schriftlichen Niederlegung umstritten ist, so ist doch eins sicher: die Verse stammen nicht aus der Zeit des Trojanischen Krieges und auch nicht aus den Jahrzehnten, mit denen die *Odyssee* sich beschäftigt. Es ist also wichtig, in den folgenden Seiten sehr sorgfältig die sozialen, ökonomischen und sexuellen Zustände der Zeit des Trojanischen Krieges von der des Autors Homer zu unterscheiden.
Ob es überhaupt einen Autor namens Homer gegeben hat, ist ebenfalls umstritten. Wenn er gelebt hat, dann wahrscheinlich im 8. Jahrhundert in der Gegend des heutigen Izmir. Jedenfalls zirkulierten vom 10. Jahrhundert an unter den kleinasiatischen Griechen viele Volkslieder, die die Geschehnisse des sogenannten Trojanischen Krieges und seiner Folgen besangen. Jeder der Aoiden, der griechischen Volkssänger, fügte den alten Versen neue Varianten hinzu, so daß im Laufe der Jahrhunderte ein kompliziertes Netz

von Mythen, Sagen und historischen Erinnerungen zusammengeknüpft wurde, dessen Einzelheiten oft den Einzelheiten anderer Varianten widersprachen.

Nach antiken Angaben fand der Trojanische Krieg von 1194 bis 1184 v. u. Z. statt. Die Neuzeit dagegen hat lange daran gezweifelt, ob er überhaupt stattgefunden hat. Schliemanns Ausgrabungen in Troja (1870 bis 1882) und vor allem die Untersuchungen seines Mitarbeiters Wilhelm Dörpfeld (1853 bis 1940) haben jedoch dazu geführt, daß man die Ereignisse heute zum großen Teil als historisch betrachtet. Sie stellen wahrscheinlich eine Zusammenfügung der Geschichte der Seevölker und ihres Ausbruchs aus dem Schwarzen Meer nach Kleinasien mit den Tatsachen der griechischen Besiedlung der Dardanellen dar. Daß die Ereignisse zur mykenischen Zeit stattfanden und noch die Herrschaft der Mykener über die Dorer widerspiegeln, geht unter anderem aus der Überlieferung hervor, nach der nicht etwa der Spartaner Menelaos, der den ganzen Krieg angestiftet hatte, sondern der Mykener Agamemnon oberster Feldherr der Griechen war.

Gegen Ende des 9. oder Anfang des 8. Jahrhunderts v. u. Z. begann nun ein Dichter, vielleicht aber auch eine Gruppe von Aoiden, die Sagen und Mythen der mykenischen Zeit zu sammeln und in zwei gigantischen Werken zusammenzufassen, der *Ilias* und der *Odyssee.* Hier sind die Ereignisse der Vergangenheit nur noch vage wie durch Schleier erkennbar. Vieles ist verzerrt, verändert, nachempfunden, von Ereignissen späterer Jahre überlagert, mit der eigenen Umwelt verquickt – etwa als ob ein Maler des spanischen Barocks eine biblische Szene malt, Joseph und Potiphar dabei aber in spanische Moden des 17. Jahrhunderts kleidet und sie vor dem Hintergrund eines Barockschlößchens plaziert. Schwerter und Speerköpfe werden stets als aus Bronze bestehend, handwerkliche Geräte dagegen als eisern beschrieben. Eine Zeit, in der diese beiden Metalle gleichzeitig für diese Zwecke verwendet worden sind, hat es aber nie gegeben. Homer hat also die eisernen Geräte seiner eigenen Zeit beibehalten, der Altertümelei wegen aber seinen Helden bronzene Waffen verliehen.

Daß menschliche Wesen jemals Paläste von der Größe und Pracht Mykenes erbaut haben konnten, war den Zeitgenossen Homers schon nicht mehr vorstellbar. In ihren Versen lebten deshalb nur noch Zyklopen, einäugige Riesen, welche die Quadern von Mykene und Tiryns aufgestapelt hatten. Die Reste der »Zyklopenmauern«, die noch im 2. nachchristlichen Jahrhundert Pausanias beeindruckten, wirkten lähmend auf die Griechen der homerischen Zeit, die bis ins 8. Jahrhundert die Kunst des Steinbaus noch nicht wiedererlernt hatten. Von den Zeiten, in denen mykenische Seeleute noch das ganze östliche Mittelmeer durchstreift hatten, blieben in den Gesängen der Aoiden nur noch dunkle Erinnerungen zurück, die sich in den übermenschlichen Erlebnissen des Odysseus niederschlugen. Die Zeit des Trojanischen Krieges zeichnet sich als eine Epoche götterähnlicher Helden ab. Und so ist eigentlich die ganze griechische Mythologie nur als eine Reflexion des großen Vergessens zu verstehen: als eine Art historischer Amnesie, welche die Zeit des Rückschlags widerspiegelt und die alles, was vor jener Zeit liegt, in dem magischen Licht des Übermenschlichen erscheinen läßt.

Die meisten Interpreten der »Heldenzeit« haben geflissentlich übersehen, in welchem Maße damals noch das Mutterrecht überlebte. Wenn Odysseus in der Fremde Schutz und Hilfe sucht, so ist es stets die Königin, die ihm seine Bitte gewährt, nie der König, der nur dekorative Funktion besitzt; nicht er, sondern die Königin hat die Entscheidungsgewalt. Wenn Odysseus ins Land der Phaiaken verschlagen wird, spricht niemand von Alkinoos, dem König, sondern nur von seiner Frau, denn sie wird:

. . . von Herzen geehret und wird es noch heute
Von ihren lieben Kindern und von Alkinoos selber,
Auch von den Leuten, die sie wie eine Göttin betrachten
Und sie so begrüßen, so oft sie die Straßen durchwandert.

Sie und nicht der König schlichtet Zwist und Hader:

. . . schlichtet sie Zwist, ja selbst den Hader der Männer,
Denn wenn sie dir im Herzen freundlich gewogen,
O, dann hoffe getrost, die Deinen wiederzusehen . . .

Nausikaa erteilt Odysseus deshalb den Rat, sich nicht ihrem Vater, sondern ihrer Mutter zu Füßen zu werfen:

. . . Und bist du dann innen im Hofe,
So durcheile den Saal, zu meiner Mutter zu kommen.
Drinnen sitzt sie am Herd im hellen Glanze des Feuers,
Wie ein Wunder zu schaun, und spinnt die purpurnen Fäden,
An die Säule gelehnt, und hinter ihr sitzen die Mägde.
Neben ihr steht ein Thron für meinen Vater, den König,
Wo er mit Wein sich labt und sitzt wie einer der Götter.
Schreite an ihm vorbei und umfasse mit flehenden Händen
Unserer Mutter Knie, damit du die Stunde der Heimkehr
Schneller sähest und froh, und wohnest du auch in der Ferne.

Die matrilineare, matrilokale, exogame Form der frühgriechischen Gesellschaft läßt sich aus zahllosen Mythen, Sagen und Legenden erhärten. Die sagenhaften Könige der athenischen Frühzeit, deren Namen wahrscheinlich ganze Sippen verkörpern, so Kekrops und Amphiktyon, erwarben den Thron, indem sie Frauen des herrschenden Geschlechts heirateten (Pausanias I, 2, 6). Die Krone vererbte sich stets in weiblicher Folge. Deshalb stammt auch der Name des Landes Attika von seiner Urmutter Attis ab. Die Sippenmitglieder nannten einander *homogalaktes,* »von der gleichen Milch Genährte«, also Söhne der gleichen Mutter. Auch das attische Wort *adelphos,* »Bruder«, hat die gleiche Etymologie. Es leitet sich von *delphys,* »Gebärmutter«, ab und bedeutet also: »der gleichen Gebärmutter entstammend«. Die patrilinearen Gegenstücke dieser Worte sind: »Söhne des gleichen Vaters« und »dem gleichen Samen entsprungen«, zeigen also eine andere Denkform, eine andere Art des Bewußtseins auf.

Die ganze Geschichte der »Heldenzeit« ist eine Geschichte junger Männer, die ihre Heimat und ihre Sippe verlassen, um in einem anderen Lande, bei einer anderen Sippe ihr Glück zu suchen. Je tapferer sie sind, desto höher steigen sie auf. Aber ihr Aufstieg wird stets damit begründet, daß sie die Tochter oder Witwe des Königs heiraten. Der König selber ist nur ein Attribut der Königin. Er trägt die Krone, aber er trägt sie nur dank seiner

Frau oder Mutter. Deshalb muß der Held, um seine Würdigkeit zu beweisen, viele Proben bestehen, ehe er die Königstochter als Belohnung erhält. Auch in zahllosen nordischen Märchen herrscht das gleiche Motiv. Stets ist der Haushalt, in den der wandernde Held hineinheiratet, matrilokal: wo die Königin, die Mutter der Prinzessin lebt, da siedelt sich auch der Held an. Nie ist der Haushalt patrilokal, denn das würde bedeuten, die Königstochter habe dem Helden in sein eigenes Land zu folgen. Täte sie das, so wäre der ganze Sinn dieser Heldenlegenden dahin. Denn wenn der Held schon von Anfang an eine Krone besitzt und sich im Ausland nur eine Braut holt, dann ist er kein großer Held: er verdankt seinen Aufstieg nicht seinem Mut, sondern einfach der Tatsache, daß er seines Vaters Sohn ist und ihn beerbt hat.

Die sogenannte Heldenzeit der Griechen ist also ganz eindeutig die Übergangszeit vom Mutter- zum Vaterrecht. Der Held kann überhaupt kein Held sein, wo es kein Mutterrecht mehr gibt, denn im Vaterrecht reduzieren sich alle Kämpfe auf die Erhaltung des bereits Erworbenen oder Ererbten. Es sind Rechtsstreitereien und Machtkämpfe. Sie drehen sich nicht mehr um den Beweis von Mut, sondern um Besitz und Eigentum. Es sind die Händel der Händler, nicht mehr die Mutproben der Helden. Die Heldenzeit steckt aber andererseits auch nicht mehr gänzlich im Mutterrecht, denn der Gedanke des *agón,* des Wettbewerbs, der die ganze Heldenzeit und ihr Denken beherrscht, stammt eindeutig aus dem Vaterrecht, aus der Denkwelt der Wanderhirten und der nomadischen Reitervölker, bei denen er das wachsende Bewußtsein des Privateigentums ausdrückt.

Der Kampf um die Königstochter war anfangs der Zweikampf der Bewerber, der nur mit dem Tod des einen beendet werden konnte. Später wurde aus dem Kampf ein Wettrennen oder ein Wagenrennen. (Schließlich wurde die körperliche Aufgabe durch die geistige ersetzt: An die Stelle des Wettkampfes trat die Lösung eines Rätsels). Odysseus erwarb Penelope und damit die Herrschaft über Ithaka, indem er all seine Nebenbuhler in einem von ihrem Vater veranstalteten Wettlauf aus dem Felde schlug. Die Freier der Penelope, die durch diese Heirat den Thron des Landes erwerben wollen, müssen sich im Bogenschießen messen: Wer den Bogen des Odysseus spannen und einen Pfeil durch alle Äxte hindurchschießen kann, soll nicht nur Penelope, sondern auch die Herrschaft über Ithaka erlangen. Daß Odysseus dann die Verlierer auch noch erschießt, ist ganz in der Tradition des Kampfes um Leben und Tod.

Danaos veranstaltet ein Wettrennen für die Freier seiner Töchter, die je nach ihrer sportlichen Leistung die jüngste oder die älteste Tochter und damit den kleineren oder größeren Anteil des Königreiches erhalten. Pelops, Sohn des Königs Tantalos, erwirbt die Herrschaft über Pisa, indem er ein Wagenrennen gewinnt, dessen Preis die Königstochter Hippodameia ist (Diodoros IV, 73, Hyginus *Fabulae* 82 bis 84, Servius, über Virgil, Georg. III, 7). Sein Sohn Atreus zog nach Mykene und wurde dessen Herrscher (Thukydides I, 9, Strabo VIII, 6, 19). Menelaos, Sohn des Atreus, wanderte nach Sparta aus, heiratete Helena, die Tochter des Königs, und erhielt durch sie den Thron des Landes (Apollodoros III, 10, 8): »Es bedurfte mehr als nur der

schönen Larve Helenas, um die tausend Schiffe zu Wasser zu bringen. Paris hatte noch andere Schätze geraubt. Da der Reichtum stets bei der Frau verblieb, waren die Kämpfe um schöne Damen Kämpfe um harte Münzen« (George Thomson, op. cit., S. 352). Agamemnon, der ältere Bruder des Menelaos, hatte die Krone von Lakedaimon erworben, indem er die Königstochter Klytaimestra geheiratet hatte (Schol. zu Euripides *Orestes* 46, Pindar Pyth. XI, 31 f., Pausanias III, 19, 6).
Die Männer der Sippe des Aiakos »zogen von frühesten Zeiten an in die Fremde« (Pausanias II, 29, 4). Aiakos selber lebte in Aigina. Sein Sohn Telamon wanderte nach Salamis aus, heiratete die Tochter des Königs und wurde Herrscher der Insel (Diodoros Sikulos IV, 72, 7). Telamons Sohn Teuker wanderte von Salamis nach Zypern aus, heiratete die Tochter des dortigen Herrschers und folgte seinem Schwiegervater auf den Thron (J. Tzetzes, Scholar zu Lykophron 450. Vergleiche Pausanias II, 29, 4). Ein anderer Sohn des Aiakos, Peleos, wanderte nach Thessalien aus, heiratete die Tochter des Herrschers von Phthia und empfing ein Drittel des Königreichs von ihr. Achilleus, Sohn des Peleos, zog nach Skyros, heiratete die Tochter des Königs, zeugte mit ihr den Neoptolemos, der seinerseits nach Epiros auswanderte und das dortige Königsgeschlecht gründete (Apollodoros III, 13, 8, Hyginus *Fabulae* 96, Pausanias I, 11, 1 ff., Justin XVII, 3). Ein ähnliches Beispiel bietet uns das Geschlecht des Oineos, eines aitolischen Herrschers, dessen Sohn Tydeos nach Argos auswanderte und die Tochter des Königs heiratete (Apollodoros I, 8, 5). Sein Sohn Diomedes zog nach Daunia in Italien, heiratete die Tochter des dortigen Herrschers und erhielt einen Teil seines Reiches (Antoninus Liberalis *Transform.* 37, Ovid *Metam.* XIV, 459 ff., 510 ff. Vergl. Virgil *Aen.* XI, 243 ff.).
Aber ebensogut wie die Tochter des Herrschers kann der eingewanderte Held auch dessen Witwe heiraten und dadurch die Krone erwerben. Aigisthos tat das in Mykene. Oder er kann den König töten und dessen Witwe heiraten, wie Oedipus es tat, aber er kann nie durch Ermordung des Herrschers zur Macht kommen, wenn die Herrscherin ihn nicht als Ehemann akzeptiert. Solche Fälle von Königsmord und Witwenheirat finden wir besonders oft im matrilinearen Lydien, wo Gyges den König Kandaules tötete und durch Ehe mit dessen Witwe König wurde. Später tötete Spermos den lydischen König Kadys und wurde durch Heirat mit dessen Witwe König des Landes. Auch die für die späteren, männerrechtlichen Griechen völlig unverständliche, unendlich beschämende Geschichte von der Unterwerfung des tapfersten Helden, des unbesiegbaren Herakles, unter die Frauenherrschaft der Königin Omphale von Lydien, wird nur dann verständlich, wenn wir wissen, daß die Herrschaft in jenen Jahren weder durch Mut noch durch Kraft, weder durch Mord noch durch politische Manipulation, sondern allein durch Einheirat in die Sippe der Herrscherin erworben werden konnte. Frauen erwarben die Macht, indem sie sie erbten; Männer, indem sie die herrschenden Frauen heirateten. Manipulieren konnten sie die Macht nur, indem sie die Machthaberinnen manipulierten. Wenn man im Zeitalter der absoluten Monarchie von Bettgäßchenpolitik sprach und damit meinte, daß die Frau nur dann zur Macht kommen konnte, wenn

sie den Herrscher im Bett beherrschte, so ließe sich über das Zeitalter der mutterrechtlichen »Helden« Griechenlands mit gleicher Berechtigung sagen, daß sie trotz all ihrer Muskelkraft nur dadurch zur Macht gelangten, daß sie die Herrscherinnen auch im Bett beherrschten.
Ausdrücklich weist Homer darauf hin, daß die Frauen, so zum Beispiel die Königin Arete, in der Zeit des Odysseus mehr geehrt worden seien als die Frauen seiner eigenen Zeit (*Od,* VII, 66). Auch hatte die Frau im homerischen Zeitalter weitaus größere Freiheit als im klassischen Athen. Hekuba, Andromache und all die anderen Trojanerinnen, von Helena ganz zu schweigen, spazierten beliebig durch die Stadt und sprachen ungehindert mit den Kriegern. Zwar wurden die Frauen der höheren Schichten stets von mindestens einer Dienerin begleitet, aber diese waren keine Tugendwächterinnen, sondern eben nur Bedienstete. Nausikaa ging sogar allein an den Strand, wo sie badete und Ball spielte. Dies wäre später, im Athen des Perikles, undenkbar gewesen.
Daß die Frauen in der Heldenzeit ein weitaus größeres Maß an Freiheit genossen als in späteren Jahrhunderten, geht auch aus den Legenden der großen Jägerinnen hervor, die aus dieser Zeit stammen: Artemis, Kallisto, Atalante, die Amazonen. Die Tatsache, daß junge Mädchen sich im Wettkampf mit jungen Männern maßen, später nur noch in Sparta üblich, geht besonders deutlich aus dem Atalante-Motiv hervor.
Als Bestätigung der Erkenntnis, daß es mit der Frau in Griechenland bis ins 4. Jahrhundert v. u. Z. stetig bergab ging und dann auch nur für bestimmte Frauen der herrschenden Klasse eine kleine Besserung eintrat, kann man verallgemeinernd sagen, daß es der Frau des Herrschers in der homerischen Zeit zwar noch weitaus besser ging als im späteren Zeitalter der sogenannten Demokratie, daß sie es aber nirgends außer bei den Dorern so gut hatte wie in der vorgriechischen Zeit. Schon bei Homer speist die Frau niemals mit ihrem Ehemann zusammen. Langsam wird sie aus allen tätigen Bereichen ins Haus zurückgedrängt und dort isoliert. Sie erhält Räume zugewiesen, die Gynaikonitis, die wie orientalische Frauengemächer von der Welt abgeschlossen sind, und wird an Macht selbst dem unmündigen Sohn unterstellt. So weist Telemachos seine Mutter Penelope in Anwesenheit ihrer Freier scharf zurück: »Gehe nun heim, besorge deine Geschäfte, Spindel und Webstuhl, und treib in bescheidener Arbeit deine Mägde zum Fleiß! Die Rede gebühret den Männern, und vor allem mir, denn mein ist die Herrschaft im Hause!«
So wird Penelope zum Mündel ihres Sohnes und ihres Vaters, denn wenn Antinoos, der Sprecher der Freier, von Penelope verlangt, daß sie sich nun endlich entscheiden möge, wendet er sich nicht direkt an sie, sondern an ihren Sohn: »Sende die Mutter hinweg und befehle ihr, daß sie zum Manne nehme, wer ihr gefällt und wen der Vater ihr wählt!« Also hat sie zwar noch ein begrenztes Maß an Entscheidung über die Wahl ihres zukünftigen Gatten, aber der wichtigste Teil liegt bei ihrem Vater, dessen Vormundschaft sie in Abwesenheit ihres Gatten und in Vermutung seines Todes untersteht.
Von den Frauen der Ärmeren wissen wir wenig, denn Homer spricht nicht

von ihnen. Wenn man aber bedenkt, daß er das Leben der Bauern, Viehzüchter, Jäger, Hirten und Fischer so sorgfältig beschreibt, ohne je deren Frauen zu erwähnen, könnten wir folgern, daß er der später dem Perikles zugeschriebenen Überzeugung war, die besten Frauen seien diejenigen, von denen man nicht spreche. Also die gehorsamen, eingeschüchterten Frauen, die schweigend ihren Haushalt versorgten, sich nie beklagten und nie nach Gleichberechtigung strebten.

3

Das Land war noch nirgends in Privatbesitz übergegangen, aber einzelne Stücke des Gemeinschaftsbodens waren von Stämmen und Sippen bereits an die Priester und die Verwaltungsorgane abgetreten worden – nicht als Besitz, sondern nur als Nutzrecht, aber dies genügte, um die einst ungeteilte Gesellschaft der Gleichen in eine Klassengesellschaft zu spalten. Die Sippenhäuser mit ihrem kommunalen Haushalt blieben vorläufig auch noch erhalten. Neben den Gemeinschaftshäusern der Sippen gab es aber bereits mächtige Paläste, als deren Eigentümer man Stammesälteste annehmen muß, die sich durch Viehzucht, Ackerbau und Ausbeutung anderer Stammesmitglieder eine Sonderstellung erkämpft hatten. Besonders grandios sind die Bauten dieser Uraristokratie in Troja II – eine starke Festung mit gigantischen Mauern, steinerner Brustwehr aus Rohziegeln, das Ganze gitterförmig mit Holzbalken durchzogen.
Die Kolonisation führte also zu einem mächtigen Aufschwung sowohl in den Überseestädten wie in den griechischen Poleis und damit zu einer Reihe revolutionärer Umwälzungen. Einerseits wurden die Konflikte zwischen der alten Landaristokratie und der neuen städtischen Oligarchie immer schärfer, andererseits begann das Handwerk einen immer größeren Einfluß auf das städtische Leben auszuüben, endlich wurde die Verarmung mancher ländlicher und städtischer Schichten so groß, daß die alten, zum größten Teil noch aus der Stammes- und Sippengesellschaft übernommenen Administrationsformen unter der gesellschaftlichen Spannung barsten und neue Verwaltungssysteme erforderten.
Erbitterte Kämpfe sozialer Gruppen gab es in dieser Zeit in Korinth, Megara, Sikyon, Argos, Milet, Lesbos und Samos. Ganze Bevölkerungsgruppen wurden aus der Heimat verjagt, das Vermögen der Anführer unterlegener Parteien konfisziert und sie selbst hingerichtet. Besonders in den ionischen Städten wurden diese Geschehnisse zu einer alltäglichen Erscheinung. Wo die verarmten Bauern und Handwerker über die Aristokraten und Oligarchen siegten, ging die Macht meist in die Hände eines Volkstribuns über, den die Griechen *Tyrannos* nannten. Dieses Wort hat im deutschen Volksgebrauch einen völlig anderen Klang als in den Ohren des griechischen Volkes jener Jahre. Das hat damit etwas zu tun, daß fast alle griechischen Autoren, die über diese Zustände geschrieben haben, entweder für die Aristokratie oder die Oligarchie eingenommen waren, da es für Philosophen, Historiker oder Dichter in jenen Jahren keine andere Existenzmög-

lichkeit gab, als von Mäzenen ernährt zu werden. Das Bild, das wir von der Tyrannis haben, und die Vorstellungen, die sich mit ihm verbinden, müssen also von Grund auf revidiert werden, wenn wir den tatsächlichen Sozialumständen jener Epoche gerecht werden wollen.

Die Tyrannen machten wenig Umstände mit dem Adel, verteilten seinen Landbesitz unter die Armen und schufen günstige Bedingungen für Handwerk und Handel. Gleichzeitig förderten sie aber auch die Entwicklung der Sklavenwirtschaft durch Masseneinfuhr von Sklaven aus dem Ausland. So legte Periandros, der Tyrann von Korinth, vorzügliche Häfen an und versuchte, einen Kanal durch die Korinthische Landenge graben zu lassen, um den gesamten Transithandel zwischen dem Ägäischen und dem Ionischen Meer über Korinth zu leiten. Polykrates, der Tyrann von Samos, ließ eine riesige Hafenmole errichten, zu deren Bau eine Wasserleitung von mehr als einem Kilometer Länge führte, und versuchte als erster Grieche eine Seemacht aufzubauen. An seinem Hofe lebten berühmte Männer, darunter der Dichter Anakreon und der Arzt Demokedes von Kroton. Den Philosophen Pythagoras sandte er ins Ausland, weil er mit dessen Verteidigung des Adels nicht übereinstimmen konnte.

4

Der Bevölkerungszuwachs, der sich mit dem endgültigen Triumph des Patriarchats und der Entwicklung der Stadtkultur verband, zeigte sich auch in der Neubesiedlung jener Landstriche, die während des halben Jahrhunderts der Verödung nahezu völlig entvölkert worden waren: Achaia, Elis, Phokis und Lokris. Ein zweites Resultat der Lösung des landwirtschaftlichen Problems war der Ausbruch zwischengriechischer Streitereien, darunter der Lelantische und der erste Messenische Krieg. Da wir uns in diesem Buch mit der Geschichte des Patriarchats und nicht mit der des Krieges befassen, interessiert uns die Kriegsgeschichte nur insofern, als sie die relative Position der Geschlechter zueinander veränderte.

Dabei ist es aber unerläßlich, uns stets vor Augen zu halten, daß die Einwohner der meisten griechischen Stadtstaaten, von der Landbevölkerung ganz zu schweigen, zwischen dem Beginn der Perserkriege im Jahre 500 und der Aufrichtung der römischen Herrschaft über Mittel- und Südgriechenland im Jahre 146 v. u. Z. nie zur Ruhe gekommen sind. Das Zeitalter ist fast eine ununterbrochene Reihe von Kriegen. Den Frieden in dieser Epoche als Norm und den Krieg als Ausnahme zu betrachten, wäre verfehlt. Eher stimmt das Gegenteil: Der Krieg war die Norm und die kurzen Zeiten des Friedens, in denen das klassische Hellas blühte, waren winzige Inseln in einem Meer von Feindseligkeiten. Wenn Thukydides Schule machte, indem er die beiden Peloponnesischen Kriege zum ersten Male als eine Einheit betrachtete, dann wäre es heute, mit allem, was wir seitdem gelernt haben, an der Zeit, die gesamte Kriegsgeschichte Griechenlands in gleicher Weise als Geschichte eines einzigen Krieges zu betrachten.

Diese Kriege entstanden, ohne Ausnahme, aus der Notwendigkeit, Sklaven zu erwerben. Die Entlastung der Landwirtschaft und der Grundstoffproduktion durch wachsende Verwendung von Sklaven zog die ehemals dort tätigen freien Arbeitskräfte in die Städte, wo sie Handwerk und Handel zu neuem Aufschwung verhalfen. Dies führte, wie wir gesehen haben, zu der Suche nach neuen Rohstoffquellen und Absatzmärkten, zu der Gründung von ausländischen Kolonien, zu Spannungen zwischen diesen Kolonien, zu Reibereien zwischen ihnen und den angrenzenden Gastländern, und so endlich zu Kriegen zwischen der Mutterstadt und den anderen Handelsmächten. Der Krieg forderte Opfer, deren Arbeitskraft nur durch Sklaven ersetzt werden konnte. Dies führte zur verstärkten Nachfrage nach Sklaven. Und so zog die Sklaverei allmählich alle Mittelmeervölker und ihre Verbündeten in den Krieg.

Die wichtigste Militärmacht, die den Griechen im Wege stand, waren die Perser. Die wichtigste Handelsmacht, die mit ihnen konkurrierte, waren die Phoiniker. Als sich Perser und Phoiniker unter Dareios I. (521 bis 485) miteinander verbündeten, blieb den Griechen keine andere Wahl als zurückzuschlagen. Auch ein Teil der Handels- und Gewerbekreise, in den Griechenstädten Kleinasiens sympathisierte mit den Persern, da sie an den reichen Orientmärkten interessiert waren. Wir müssen uns, im Zeitalter des Nationalismus, stets davor hüten, unsere Vorstellungen von nationaler Einheit und »Volkstreue« in ein Zeitalter hineinzuprojizieren, in dem diese Ideen völlig unbekannt waren. Die Bewohner eines griechischen Stadtstaates betrachteten diese Stadt, nicht aber den Rest Griechenlands, als ihre Heimat. Alle anderen waren Fremde; ob dies nun die Bewohner anderer griechischer Städte oder anderer Länder waren, machte keinen großen Unterschied. So dürfen wir auch die Bündnisse griechischer Städte mit Persern, Phoinikern oder anderen Völkern nicht als Verrat an der griechischen Nation betrachten, denn eine griechische Nation gab es noch nicht.

Das Perserreich des 6. Jahrhunderts erstreckte sich von Indien bis zum Ägäischen Meer und vom Kaukasus bis Ägypten. Es war ein durch Eroberungen gewaltsam zusammengebrachtes Konglomerat lose miteinander verbundener, verschiedenartiger Völker auf sehr verschiedenartigem Entwicklungsstand und mit weit auseinandergehenden Interessen. Unmittelbares Interesse an den Eroberungen hatten vor allem der persische Adel, die Heerführer und die Beamten, die in den besetzten Gebieten die Verwaltung leiteten. Aber auch der Handel, der Rohmaterialien und Absatzmärkte brauchte, das Handwerk, das in gleicher Weise an Rohstoffen und Märkten interessiert war, und vor allem Landwirtschaft und Manufaktur, die Arbeitskräfte benötigten, drangen auf stets weitere Expansion des persischen Reiches.

Mit dem Vormarsch Dareios' I. gegen die Skythen begann 513 der persische Einfall in Europa. Obgleich er mißlang, führte er doch dazu, daß die Perser sich am Hellespont und in Thrakien festsetzten und damit den Griechen die Zufuhr von Getreide und Holz aus dem nördlichen Schwarzmeergebiet abschnitten. Dies machte sich bald in einem Verfall des Lebensstandards in großen Teilen Griechenlands fühlbar. Der ganze Handel, der bis dahin in den Händen Athens, Megaras und der kleinasiatischen Kolonien Griechenlands gelegen hatte, fiel nun den Phoinikern zu. Gleichzeitig eroberten die Perser Samos, Chios und andere Inseln und schoben damit auch den Handelsbeziehungen zwischen den kleinasiatischen Inseln und Griechenland einen Riegel vor. So mußte es zu jenem Krieg kommen, der eine Anzahl unkoordinierter, neureicher griechischer Städte in eine Weltmacht verwandelte.

Der Krieg dauerte ein halbes Jahrhundert, 500 bis 449, und endete mit der Niederlage Persiens. Die Massen der athenischen Bevölkerung fürchteten die Perser weniger als Fremde denn als Aristokraten und Monarchisten. Sie betrachteten demzufolge den Krieg gegen die Perser als Volkskrieg zur Erhaltung der demokratischen Privilegien, die sie sich so mühselig erstritten hatten. Daraus erklärt sich die starke patriotische Begeisterung der Athener, die zum Motor des Widerstands ganz Griechenlands werden sollte. So bauten sie in zwei Jahren allein mehr als hundert Schiffe, befestigten den Hafen von Peiraieus und steckten alle Einnahmen der Silberminen, die bis dahin unter das Volk verteilt worden waren, in den Krieg.

Die Anzahl der Truppen und Schiffe war für damalige Verhältnisse atemberaubend. Herodot spricht auf persischer Seite allein von 5 287 320 Menschen. Die technischen Vorbereitungen waren erstaunlich. Um ihrer Flotte freie Fahrt zu sichern und das gefährliche Athos-Vorgebirge zu meiden, bauten die Perser einen Kanal zwischen der Halbinsel Akte und dem Festland. Der äußerst kunstvolle Bau wurde von hervorragenden Ingenieuren aus Ägypten und Phoinikien geleitet. Er war breit genug, um zwei Kriegsschiffe nebeneinander fahren zu lassen. Über die Flüsse Thrakiens und den Hellespont wurden Pontonbrücken geschlagen. Riesige Proviantlager wurden angelegt.

Angst vor dem Angriff der Perser veranlaßte die Griechen, zum ersten Male in ihrer Geschichte eine gemeinsame Front zu bilden. Im Herbst 481 versammelten sich auf dem Isthmos Vertreter der meisten Stadtstaaten und gründeten den griechischen Bund, dem 30 Staaten beitraten. Später gründete Athen mit den Griechenstädten Kleinasiens und den griechischen Inseln den Delischen Bund, der hauptsächlich eine Marineallianz war.

Anfangs waren die Perser überwältigend erfolgreich. An der Spitze seines Landheers besetzte der Perserkönig Xerxes ganz Boiotien und Attika. Das Land wurde aufs grausamste verheert. Die persischen Söldner vergewaltigten alle Frauen, die sie finden konnten, kastrierten die Männer, zündeten die Ernten und Vorräte der Griechen an. Athen wurde niedergebrannt. Das gleiche geschah im Jahre 479 zum zweiten Mal. Dann begannen die allzu lang ausgedehnten Versorgungslinien der Perser zu zerreißen. Die Griechen erzielten einen Sieg nach dem anderen. In Susa, der Hauptstadt der Perser, wurde 449 der Friedensvertrag unterzeichnet. Als Ergebnis lagen die befreiten Gebiete Kleinasiens mit ihren Reichtümern und der ganze Bereich des Ägäischen und des Schwarzen Meeres den Griechen offen. Die orientalischen Kaufleute wurden hier völlig verdrängt. Dadurch erreichte Griechenland in der zweiten Hälfte des 5. Jahrhunderts seine höchste politische und kulturelle Blüte.

Der Preis war allerdings nicht klein. Nach dem Fall Athens lag die Stadt völlig in Trümmern. In weniger als einem Monat bauten die Athener – Männer, Frauen und Kinder – in einer einmaligen Kraftanstrengung als erstes die Stadtmauer von 9 Kilometer Länge, 6 Meter Breite und 3,50 Meter Höhe wieder auf. Ähnliche Leistungen wurden in fast allen Poleis vollbracht. Trotzdem war die Verwüstung der Städte und Felder, der Verlust an Menschenleben, an Vieh und an Naturbeständen (ganze Wälder waren abgeholzt worden, um Schiffe zu bauen) so groß, daß man den Neubeginn mit dem »Wirtschaftswunder« der letzten Nachkriegszeit vergleichen muß.

Das Ausmaß des Krieges wird nur dann klar, wenn wir uns im Gegensatz zu der gerafften Darstellung der Perserkriege, die wir oben gegeben haben, die Tatsache vor Augen halten, daß ja während der ganzen Zeit Kleinkriege innerhalb des griechischen Lagers stattfanden. Sparta hatte im 5. Jahrhundert alle peloponnesischen Staaten außer Argos und Achaia hinter sich in dem sogenannten Peloponnesischen Bund vereint. Im Jahre 460 trat Megara aus dem Bund aus und ging zu Athen über. Sparta sandte Truppen. Gestützt auf Megara, griff Athen Korinth, seinen wichtigsten Handelskonkurrenten, an und besiegte ihn. 457 wurde Athen vernichtend von den Spartanern geschlagen. Trotzdem kämpften die Athener weiter und eroberten ganz Boiotien. Ihre Erfolge verdankten sie ihrer Flotte, die den Spartanern in den Rücken fiel. Es wurde deutlich, daß eine Seemacht trotz der Niederlage eines Heeres überleben und sogar Eroberungen machen konnte. Insgesamt dauerte der Krieg im Korinthischen Meerbusen von 459 bis 445.

Gleichzeitig mit dem Krieg gegen die Korinther und Spartaner kämpften die Athener von 461 bis 454 in Ägypten, das sich gegen die persische Oberhoheit erhoben hatte. Auf Bitten des Libyers Inaros, der den Aufstand leitete, sandte Athen 200 Schiffe zur Unterstützung. Sie drangen durch die Flußarme des Nildeltas vor und belagerten gemeinsam mit den aufständischen Ägyptern Memphis. Doch der Feldzug endete mit einer Katastrophe. Die gesamte Flotte ging mit 35 000 Mann verloren. Um sich nach dieser Niederlage den Rücken zu decken, mußten die Athener mit dem Peloponnesischen Bund einen Waffenstillstand auf fünf Jahre abschließen.

Prompt fünf Jahre später fing der Krieg wieder an. Boiotien, Euboia, Lokris und Phokis erhoben sich gegen die Athener. Die Spartaner drangen in Attika ein und richteten große Verheerungen an, so daß Athen zum zweiten Mal klein beigeben und wiederum einen Waffenstillstand mit dem Peloponnesischen Bund schließen mußte, dieses Mal auf volle 30 Jahre. Dies geschah im Jahre 445, nur vier Jahre nach Ende des persischen Krieges.

Athens Verluste waren weitaus höher, als man denken würde, denn der Delische Bund, den Athen während der Perserkriege mit den anderen Seestädten Griechenlands geschlossen hatte, war um 460 zu einer Hegemonie Athens über die anderen Verbündeten und zu einem Instrument zu deren Ausbeutung geworden. Die Inseln Naxos und Thasos wollten austreten; Athen verhinderte dies mit Waffengewalt, denn der athenische Staat verfügte ungehindert über die Beiträge der Verbündeten und wollte diese Einkommensquellen nicht verlieren. Im Jahre 454 stahl Athen die Bundeskasse, die vertragsgemäß auf der Insel Delos deponiert worden war, und brachte sie

nach Athen. Dies führte zu den oben beschriebenen Aufständen der anderen Mitglieder. Kleinkriege Athens mit Samos, Sinope, Nymphai, Zakynthos, Kephallenia, Segesta, Leontinoi, Rhegion, Neapolis, Korkyra folgten, alle mit dem Zweck, Bundesgenossen zu finden, die den Seeweg zu den Übersee-märkten decken und neue Märkte verschaffen konnten.
Im Jahre 431 brach der Krieg zwischen Athen und Sparta von neuem aus. Er dauerte bis 404, also fast 30 Jahre, erfaßte mit geringen Ausnahmen die gesamte griechische Welt und zog darüber hinaus Makedonien, Thrakien und Persien in den Konflikt. Anlaß des Krieges war die wachsende Macht der Handelsstädte Korinth und Megara, die den immer wichtigeren Handel mit dem Westen, vor allem mit Italien und Sizilien, in geringerem Maße aber auch mit Frankreich und Spanien, den Athenern wegzunehmen drohten. Als Korinth an den Peloponnesischen Bund appellierte, die Tyrannis der Athener zu brechen, trat Sparta in den Krieg ein. Athen hatte sich entschieden, den Kampf ausschließlich zur See zu führen, um seine finanzielle und maritime Übermacht in die Waagschale zu werfen. Das bedeutete aber, Attika selber unverteidigt zu lassen, Vieh und Frauen auf die Inseln zu schicken und die Männer ganz Attikas zur Verteidigung Athens dort zusammenzuziehen. Der Plan war in gewissem Maße erfolgreich, denn die athenische Flotte siegte überall. Mittlerweile drangen die Feinde jedoch nach Attika ein und verwüsteten das Land. Als die in Athen zusammengezogenen Bauern mit eigenen Augen sahen, was auf ihren Feldern geschah, revoltierten sie gegen die Strategie ihrer Herrscher, stürzten die Regierung und halfen dem Aristokraten Nikias zur Macht, der mit der spartanischen Aristokratie sympathisierte und mit ihr im Jahre 421 Frieden schloß.

5

Wir haben hier eine komplizierte Kriegshandlung mit vielen blutigen Schlachten vereinfacht, um die Grundtendenzen herauszuheben. Eine dieser Tendenzen, die in vieler Hinsicht dem gegenwärtigen kalten Krieg zwischen Ost und West ähnelt, war eine Verquickung von horizontalen und vertikalen Triebkräften: Athen unterstützte bei allen Gegnern die Demokraten, Sparta stets die Aristokraten. Überall erfolgten deshalb hinter dem Rücken der Gegner und innerhalb der eigenen Reihen Aufstände und Regierungsbildungen, die den Kampf in ganz anderer Richtung entschieden, als die Strategen ihn geplant hatten. Sklaven, Heloten, Handwerker und Kaufleute erhoben sich gegen die Spartaner, Aristokraten erhoben sich gegen die Athener.
Im Jahre 415 appellierten die demokratischen Kräfte Siziliens an die Athener, ihnen Hilfe gegen die mit Sparta befreundete größte Stadt Siziliens, Syrakus, zu leihen. Die Athener sandten zwei riesige Flotten mit mehr als 200 Kampf- und nahezu 100 Versorgungsschiffen nach Sizilien. Sparta und die anderen Städte des Peloponnesischen Bundes sandten an die 50 000 Truppen. Eingekreist, verbrannten die Athener ihre Schiffe und versuchten einen Ausbruch über die Überlandroute. Dies mißlang. Flotte und Heer wurden vernichtet, die überlebenden Athener wurden zu Sklaven gemacht

und mußten in den Steinbrüchen arbeiten, während man die athenischen Heerführer hinrichten ließ (413).
Gleichzeitig besetzten die Spartaner Attika, verwüsteten das Land von neuem, erzeugten Hungersnöte in Athen, schlossen mit den Persern ein Bündnis zum Bau einer Kriegsflotte und besiegten die Athener vernichtend am Hellespont (405). Athen verlor seine gesamte Flotte. Die neue spartanische Flotte segelte nach Athen, belagerte die Stadt und zwang die durch Krankheit und Hungersnot dezimierte Bevölkerung im Jahre 404 zur Kapitulation. Die Friedensbedingungen waren nicht nur militärischer, sondern auch politischer Natur. Athen verpflichtete sich, keine Flotte mehr zu bauen, alle Befestigungsanlagen abzubauen, die Verbindungsmauern mit dem Hafen Peireieus zu schleifen, den Seebund aufzulösen – und die Demokratie zu beseitigen.

6

Athen war nun gebrochen und Sparta war uneingeschränkter Herr über ganz Griechenland. Dieses Anwachsen der spartanischen Macht begann ihren Verbündeten, den Persern, Angst zu machen. Sie nahmen Verbindung mit Athen auf und halfen den Athenern, ihre Festungswälle wiederaufzubauen. Damit begann der sogenannte Korinthische Krieg (395 bis 387), in dem sich Persien, Athen, Argos, Korinth und Theben einerseits, Sparta und die peloponnesischen Städte andererseits gegenüberstanden, und der mit einem völlig überraschenden neuen Bündnis der Perser mit Sparta und dem Abfall von Athen und seinen Bundesgenossen endete. Alle griechischen Städte Kleinasiens und die Inseln Zypern und Klazomenai fielen an Persien. Athen behielt Lemnos, Skyros und Imbros. Alle anderen Städte und Inseln Griechenlands wurden nominell als autonom deklariert, gerieten in der Praxis aber wieder unter Spartas Herrschaft. Plutarch schrieb: »Es war eine Schmach und ein Verrat Griechenlands, ... dessen Vollziehung für die Überwundenen schimpflicher als irgendein Krieg sein mußte« (*Artaxerxes* 21).
Im Jahre 382 griff Sparta den letzten Widersacher von einiger Macht und Selbständigkeit, die Handelsstadt Theben, an und eroberte sie durch Verrat der dortigen Aristokraten, die nun ein Terrorregime ohnegleichen begannen. Aber drei Jahre später drang ein Trupp nach Athen geflüchteter thebanischer Demokraten als Tänzerinnen verkleidet in das Heerlager der Spartaner, erschlug die Führer und übernahm die Macht. Spartas Versuch, die Stadt zurückzugewinnen, schlug fehl. Gestärkt durch den demokratischen Umschwung, forderte Theben die Anerkennung seines Anspruchs auf Boiotien. Sparta lehnte ab und sandte seine Hauptstreitkräfte nach Boiotien. Aber Theben hatte aus den Peloponnesischen Kriegen gelernt, überall Bürgerwehren aufzubauen, insbesondere in den ländlichen Gegenden. In der Schlacht bei Leuktra (371) wurde das »unüberwindliche« Spartanerheer vernichtend geschlagen. Die Thebaner drangen nach Lakonien und Messenien ein, gaben den Heloten ihre Freiheit und halfen ihnen, ihren eigenen Staat aufzubauen.

Zu dieser Zeit begann sich um Athen erneut ein Bund von Seestädten zusammenzuschließen. Im Jahre 378 schloß man den sogenannten Zweiten Attischen Seebund. Im Gegensatz zum ersten Bund, der fast 200 Mitglieder hatte, bestand dieser nur aus rund 70. Andererseits war er weitaus freier als der erste und stellte ein echtes Bündnis, keine Hegemonie Athens dar. Sparta griff den Bund zu Wasser und zu Lande an, machte aber keine Fortschritte und mußte sich 371 einem unter persischer Leitung zustande gekommenen Friedensvertrag beugen, der alles so beließ, wie es vor diesem unnötigsten aller griechischen Bruderkriege gewesen war.
Bald danach zerfiel der Bund wieder. Chios, Rhodos, Kos traten aus. Wieder versuchte Athen, sie durch Waffengewalt zurückzugewinnen, und wieder mißlang der Versuch. Im Jahre 355 hörte auch der Zweite Seebund zu existieren auf. Der Aufstieg Thebens machte Athen in mancher Weise mehr Sorgen als das letzte Aufflackern der spartanischen Macht, denn während die Kämpfe mit Sparta eigentlich nur Projektionen des inneren Kampfes zwischen Aristokratie und Demokratie waren, gab es mit Theben ernste Handelskonflikte. Nicht nur daß Theben im Westhandel stärker als Athen war, sondern Theben hatte auch nach dem Zerfall des Peloponnesischen Bundes dem bis dahin ziemlich rückständigen Arkadien geholfen, eine neue Großstadt, Megalopolis, zu bauen, die als Satellit Thebens nun den Außenhandel Athens noch mehr einzuschränken drohte. So kam es im Jahre 362 bei Mantineia in Arkadien zum Kampf zwischen Athen und Theben. Zwar gewann Theben die Schlacht, aber Athen bewegte Thebens Bundesgenossen in Mittelgriechenland zum Abfall. Damit war Thebens Macht gebrochen und Athens weiterer Aufstieg gesichert.

7

Durch die jahrhundertelange Lähmung Griechenlands wurden in den nicht vom Krieg zerstörten, nicht dezimierten Randgebieten neue Kräfte freigesetzt. Vor allem in Makedonien, dem waldreichen Bergland nördlich Griechenlands, das sich bis zum 5. Jahrhundert v. u. Z. hauptsächlich von Pferdezucht, Viehzucht und Ackerbau ernährt hatte, begann sich im 4. Jahrhundert eine starke Militärmacht zu bilden. Jeder Teil Makedoniens verfügte über eine eigene, nach Stämmen gegliederte Landwehr. Philipp II., König von Makedonien (359 bis 336), begann Mitte des 4. Jahrhundert diese Landwehren mit ihren Führungskadern unter seiner Oberhoheit in der Hauptstadt Pella zu vereinigen. Er hatte als junger Mann drei Jahre lang als Geisel im Haus des besten griechischen Strategen des Jahrhunderts, Epameinondas von Theben, gelebt und viel von ihm gelernt. Nach dem Vorbild der thebanischen Schlachtordnung begann er nun ein makedonisches Heer auszubilden. Alle Makedonier wurden wehrpflichtig gemacht. Die Krieger wurden mit Schwertern und Spießen, *Sarissen,* bewaffnet, die bis zu fünf Meter lang waren. Sie wurden auf die Schultern der Vordermänner gelegt und ragten aus der 16-Reihen-starken Phalanx heraus, so daß das Ganze wie ein Stachelpanzer wirkte, wie eine Art antiker Tankbrigade.

Auf ebenem Gelände erhielt die Phalanx Flankenschutz durch schwerbewaffnete Reiterei und erzielte dadurch unvergleichliche Stoßkraft.
Im Jahre 354 drang diese Armee aus dem Norden nach Thessalien ein und eroberte es fast ohne Widerstand. Fünf Jahre später unterwarf Philipp die bedeutendste Handelsstadt der nördlichen Ägäis, Olynthos, und wurde damit zum Konkurrenten Athens. 346 griff er zum ersten Male in Mittelgriechenland ein. Schon rüsteten Athen und Theben gemeinsam zum Kriege gegen ihn, als er sich nach Nordosten zurückzog und Skythien angriff, ein undurchsichtiges Manöver, das die Griechen verblüffte. Doch sieben Jahre später, durch beachtliche Siege über die Skythen bereichert und mit einem weitaus größeren Heer als in den 40er Jahren, griff er die vereinten Heere der Athener und Thebaner bei Chaironeia in Boiotien an und besiegte sie. Sein linker Flügel unter Leitung seines 18jährigen Sohns Alexander zeichnete sich dabei besonders aus.
Dieser Sieg und der darauffolgende allgriechische Kongreß in Korinth legten den Grundstein zu einer lang dauernden makedonischen Hegemonie in Griechenland. Nachdem Philipp im Jahre 336 ermordet worden war, kam Alexander »der Große« zur Macht (336 bis 323). Ob er den Mord inspiriert hat, ist umstritten. Jedenfalls ist die Geschwindigkeit und Grausamkeit, mit der er sofort nach dem Tode seines Vaters sämtliche Kronprätendenten umbrachte, bezeichnend für seinen absoluten Willen zur Macht. In zehn Jahren eroberte er eines der größten Reiche der Menschheitsgeschichte – vom Ägäischen Meer bis zum Indusbecken, von der Libyschen Wüste bis zum Kaspischen Meeer. Das Ausmaß seiner Eroberungen und die kurze Zeit, in der sie erreicht wurden, aber auch sein eigentümliches Sexualleben machten einen unauslöschlichen Eindruck auf seine Zeitgenossen. Aus seiner Liebe zu seinem Jugendfreund Hephaistion, den er seinen Patroklos nannte, hat er nie ein Geheimnis gemacht. All seine angeblichen Affären mit Frauen sind gescheitert. Ob die Ehen mit Roxane und Stateira jemals vollzogen worden sind, bleibt zweifelhaft. Andererseits zeigt seine eigentümliche Beziehung zu der Karerkönigin Ada, von der er sich adoptieren ließ, sowohl inzestuöse Neigungen wie eine ausgesprochene Mutterbindung.
Alexander war als Grieche erzogen worden, Aristoteles war sein Lehrer gewesen. Hieraus erklärt sich sein Versuch, die orientalische Welt zu hellenisieren, und seine lebenslängliche Unterstützung künstlerischer und wissenschaftlicher Mitarbeiter. Als er 335 eine Revolte der Thebaner niederschlug und dabei mit charakteristischer Grausamkeit die ganze Stadt niederbrannte, ließ er nur Pindars Haus stehen. Auf all seinen Feldzügen begleiteten ihn Philosophen und Historiker, die alles niederschrieben, was sie sahen. Daraus erklärt sich die außerordentliche »Publicity«, die seinem Leben und seinen Taten zugute kam.
Alexander begann seine Kampagnen, indem er sich zuerst Rückendeckung verschaffte. Er schlug die Aufstände griechischer, thrakischer und illyrischer Bevölkerungen nieder, wandte sich dann gegen Persien, schlug die Perser am Granikos, zog weiter nach Syrien, zerschlug eine zweite persische Armee bei Issos, marschierte nach Syrien und Ägypten, wurde in beiden Ländern als Befreier von persischer Unterdrückung empfangen, eroberte Phoinikien und

Mesopotamien, machte Babylon zur Hauptstadt seines Reiches, zog nach Osten, eroberte Samarkand, marschierte weiter nach Indien und erreichte die Grenze seiner Macht im Jahre 326 nicht durch Widerstand seiner Feinde, sondern durch Aufstand seiner Truppen, die nach Hause wollten. Nach dreitägigem Schmollen befahl er den Rückzug. Drei Jahre später, kurz nach dem Tode seines Geliebten Hephaistion, der ihn überall als Feldherr begleitet hatte, starb er an Malaria.

8

Alexanders größte Leistung war die Synthese östlicher und westlicher Kultur. In Ägypten ließ er sich zum Pharao ernennen, in Persien zum König der Perser. Seine Ehen mit Roxane, der Tochter des baktrischen Herrschers, und Stateira, der Tochter des Perserkönigs Dareios II., dienten nicht nur der Stärkung seiner Macht, sondern auch als Beispiel solcher ost-westlichen Verbindungen. Bei dem fünftägigen Vermählungsfest in Susa, der Perserhauptstadt, »stiftete« er 10 000 Ehen zwischen seinen Soldaten und Perserinnen. Er trug persische Kleidung, gab Griechen und Asiaten überall komplette Religionsfreiheit, wohnte überall den Gottesdiensten der Gastländer bei, ließ die Perser Griechisch und die Griechen Persisch lernen. Die Aufteilung der Macht bestand darin, daß die Makedonier den militärischen Schutz, die Perser die innere Verwaltung, die Griechen die kulturelle Leitung des Staates übernahmen. Überall legte er Städte an, die den Namen Alexandria trugen und nicht nur als Stützpunkte, sondern vor allem auch als Lehrzentren (Bibliothek von Alexandria) dienen sollten.
Die eigentümliche Mischung von obsessivem Machtstreben, sadistischer Grausamkeit, großer Sinnlichkeit und weicher, ganz »unmännlicher« Physiognomie, stellt das unverkennbare Syndrom einer ganz bestimmten Form von Homosexualität dar, bei der eine ungewöhnlich starke Libido teils sublimiert, teils kompensiert, teils frei ausgelebt wird. Er unterdrückte jede Kritik mit zwanghafter Aggressivität, ermordete mit eigener Hand den alten Parmenion, den Ratgeber seines Vaters, dessen Sohn Philotas und seinen engen Freund Kleitos. Dieser Widerspruch zwischen großer diplomatischer Fähigkeit, wo keine persönlichen Spannungen bestanden, und völliger Unfähigkeit, die gleiche Diplomatie dort walten zu lassen, wo er persönlich verwickelt war, enthüllt trotz der ungewöhnlichen Erfolge des Mannes ein außerordentlich hohes Maß an Unsicherheit und Labilität.

9

Kurzlebig, unsicher und labil wie er selber war auch Alexanders Reich. Da er keinen Sohn hinterlassen hatte, begannen sofort die Kämpfe um sein Erbe, aus denen sich nach rund 20 Jahren drei separate Reiche und drei Herrscherfamilien entwickelten: in Makedonien die *Antigoniden,* die sich von Antigonos, dem einäugigen Feldherrn Alexanders, ableiteten; in Syrien

die *Seleukiden,* die auf Seleukos, den Satrapen von Babylon, einen anderen Heerführer Alexanders, zurückgingen; und in Ägypten die *Ptolemäer,* Nachkommen des ehemaligen Leibwächters Alexanders, Ptolemaios Lagu, deren Regime bis zur römischen Eroberung (30 v. u. Z.) andauerte und als letzte Ptolemäerin die Königin Kleopatra hinterließ. Bei den Ptolemäern und Seleukiden zeigte sich die gleiche Verflechtung orientalischer und griechischer Elemente. Es waren zentralisierte Monarchien orientalischen Typs, doch die herrschende Schicht bestand aus Griechen, Makedoniern und dem einheimischen, hellenisierten Adel, der mit seinen Vorrechten der Bevölkerung schroff gegenüberstand. Die hellenistischen Herrscher schufen durch diese Ausbeutung und durch Raubkriege die materielle Grundlage, auf der sich ein luxuriöses Sexual- und Kulturleben entfaltete. Dazu kam als vierte Großmacht das Reich *Pergamon,* das den größten Teil des nordwestlichen Kleinasiens einnahm und den anderen drei Staaten in intellektueller und kultureller Hinsicht überlegen war.
Zwischen den ersten drei dieser Staaten einerseits und zwischen Makedonien und Griechenland andererseits gab es fast ununterbrochene Kämpfe von Alexanders Tod bis zur Eroberung all dieser Reiche durch die Römer. Die Ptolemäer verfolgten das Ziel, die Grenzen ihres Reiches im östlichen Mittelmeer, vor allem im Becken des Ägäischen Meeres, zu sichern und ihre Macht bis nach Phoinikien und Syrien auszudehnen, den Gebieten, über die die Handelswege zur See und zu Lande nach dem Osten führten. Dabei stießen sie häufig mit den Antigoniden und Seleukiden zusammen. Bis zum Ende des 3. Jahrhunderts verteidigten sie ihre Interessen erfolgreich und wurden die stärkste Macht im südöstlichen Mittelmeerraum. Doch im 2. Jahrhundert v. u. Z. verlor Ägypten durch den Verfall seiner Produktionsmittel seine führende Stellung in der hellenistischen Welt. Sie endete mit dem Selbstmord Kleopatras und der Einverleibung Ägyptens ins Römische Reich.
Das Seleukidenreich nahm seine größte territoriale Ausdehnung unter seinem Gründer ein – von Kleinasien bis nach Indien, Syrien und Phoinikien. Doch schon unter seinen Nachfolgern begann der Verfall. Baktrien und Parthien fielen ab. Einem langen Krieg mit dem Ptolemäerreich machten die Römer ein Ende, als sie im Jahre 190 v. u. Z. Syrien eroberten. Im Jahre 64 machten die Römer das ganze Seleukidenreich zu einer römischen Provinz. Zwischen dem Antigonidenreich und den Griechen begann ein Kampf, der bis zum Einmarsch der Römer andauerte. Mittlerweile hatten auch die Seleukiden den Makedoniern im Jahre 286 eine Niederlage bereitet. Da die Antigoniden auch ständig im Kampf mit den nördlichen und östlichen Stämmen ihres Reiches lagen, verblutete Makedonien langsam, so daß es den Römern, die gegen Ende des 3. Jahrhunderts auf die Balkanhalbinsel vorzudringen begannen, nur noch begrenzten Widerstand entgegensetzen konnte. Nach langem Kampf wurde Makedonien deshalb im Jahre 148 römische Provinz. Auch Pergamon, der letzte der vier Bruchteile des alexandrinischen Reiches, erlebte im Jahre 122 das gleiche Schicksal: unter dem Namen *Provinz Asia* wurde es dem Römischen Reich einverleibt.

10

Nach dem Tode Alexanders hatten die Griechen neue Hoffnung gefaßt, die makedonische Herrschaft abzuwerfen. Athen erhob sich an der Spitze eines gesamtgriechischen Aufstandes gegen Makedonien. Daraus entwickelte sich der Lamische Krieg (323 bis 322), nach der Stadt Lamia in Thessalien benannt, in deren Mauern der Stadthalter Makedoniens, Antipatros, belagert wurde. Der Krieg versprach zu Anfang einen griechischen Erfolg, endete aber mit einem Sieg Makedoniens. Wer an der antimakedonischen Bewegung teilgenommen hatte, wurde hart bestraft. Makedoniens Hegemonie wurde wiederaufgerichtet.
Um die Mitte des 3. Jahrhunderts versuchten es die Griechen von neuem, diesmal unter der Führung des Atheners Chremonides (deshalb auch Chremonideischer Krieg genannt). Wie alle früheren Versuche, endete auch dieser mit einer Niederlage der Griechen. Was danach noch von der Welt der Griechen überlebte, setzte sich in kultureller Form innerhalb des Römerreiches durch. Der jahrhundertelange, fast pausenlose, sowohl innen- wie außenpolitische Kampf der Griechen hatte sie als politische Macht vernichtet. Dies erlaubte den Römern eine fast mühelose Machtergreifung. Haß und Feindschaft zwischen Griechen und Griechen gingen auch nach der römischen Einwanderung so weit, daß jede der griechischen *poleis* bereit war, den Römern gegen die anderen *poleis* beizustehen. Der römische Feldherr Titus Quinctius Flaminius, ein geschickter Diplomat, nutzte einerseits diese innergriechischen Zwiste klug aus, bemühte sich andererseits aber auch, die Eroberung Griechenlands als »Befreiung von den Makedoniern« darzustellen. Sein Sieg war deshalb voraussehbar. Damit wurde die Geschichte Griechenlands zur Geschichte Roms.

11

Thukydides hat die Folge der Kriege als Grund der »Verweichlichung« des Patriarchats bezeichnet, eine nur scheinbar paradoxe Formulierung, denn was der Historiker meinte, hatte Hand und Fuß: »Die plötzlichen Eigentumsveränderungen, die auftraten, wenn die Reichen umkamen und die Verarmten ihren Besitz erbten, ermutigten den Bürger, sich offen jenen Vernügungen hinzugeben, die er früher verborgen hatte. Da der Besitz und sogar das Leben selbst sich als von so kurzer Dauer herausgestellt hatten, begann man, die sofort verfügbaren Freuden vorzuziehen und sinnlichen Genuß als das einzige zu betrachten, das sich noch lohnte« (II, 53).
Andererseits stärkte der Zerfall der männlichen Hierarchie die Position der Frau. Da die Männer jahrelang, manchmal Jahrzehnte hindurch im Feldlager waren, mußten die Frauen immer mehr männliche Aufgaben übernehmen. Das war hart, aber es gab ihnen auch ein Maß an Unabhängigkeit, das die griechische Frau seit dem 10. Jahrhundert v. u. Z. nicht mehr besessen hatte. Die Emanzipationsbewegung der Aspasia hätte sich ohne den Zerfall der heilen Männerwelt des klassischen Athen mit dem Tode dieser außeror-

dentlichen Frau erschöpft. Aber große soziale Bewegungen werden eben nicht von Individuen gemacht. Im Gegenteil, die großen Individuen werden von den sozialen Umständen getragen, denen sie ihrerseits Ausdruck geben. Daß die Männer das freiere Benehmen ihrer Frauen als »skandalös« betrachteten und in Athen sogar einen Magistrat einsetzten, der das Benehmen der Frauen beaufsichtigen sollte, ist kaum überraschend. Statt den Frauen für ihre Hilfe dankbar zu sein, hat das Patriarchat solche Hilfeleistungen fast stets als Angriff auf seine Machtposition und Einschränkung seiner Rechte betrachtet.

12

Der große Ausnahmefall, der alle Verallgemeinerungen über das alte Hellas unmöglich macht, ist Sparta. In Sparta war alles anders. Deshalb werden wir uns im nächsten Kapitel noch einmal mit dem sexuellen Überbau dieses Staates befassen. Hier sei nur kurz auf die Evolution der Basis hingewiesen. Die Dorer, die im dritten Jahrtausend v. u. Z. vom Nordosten her nach Epirus, dem heutigen Albanien, eingewandert und gegen 1150 über die Korinthische Landenge nach Lakonien vorgedrungen waren, gründeten hier im 9. Jahrhundert die Siedlung Lakedaimon, die anfangs aus vier, später aus fünf Dörfern bestand und von den Nichtdorern Sparta genannt wurde.

Es war kein Stadtstaat im Sinne von Athen, Korinth oder Theben, sondern ein Militärlager. Die ungewöhnlich komplizierte, selbst für andere griechische Stämme kaum verständliche Struktur dieser Siedlung erklärt sich daraus, daß sie sich auf einer nahezu perfekt erhaltenen matrilinearen Stammesform aufbaute, die durch Eroberung der Ackerbauern Lakoniens und Messeniens und einiger bereits voll entwickelter Handwerker- und Handelsstädte, vor allem aber durch den Zwang des militärischen Wettbewerbs mit anderen, vaterrechtlich organisierten griechischen Stämmen dazu veranlaßt worden war, die alten Stammesbeziehungen zwar innerhalb ihrer eigenen Reihen beizubehalten, im Verhältnis zu den unterjochten Ackerbauern und den halbunterjochten Handwerkern und Händlern der lakonischen Städte aber ein modernes Dreiklassensystem zu errichten, in welchem die Spartiaten die Funktion einer herrschenden, ausbeutenden Klasse ausübten.

Diese Struktur wurde noch widersprüchlicher dadurch, daß die ausbeutende Herrscherklasse der Spartiaten sich aus militärischen Gründen eine eiserne Disziplin der freiwilligen Armut auferlegte, so daß die von ihnen Unterdrückten und Ausgebeuteten oft besser lebten als die Unterdrücker und Ausbeuter selber. Die Spartiaten betrachteten Arbeit als Schande und untersagten deshalb allen Stammesmitgliedern, unter Androhung des Ausschlusses aus der Stammesgemeinschaft, jegliche Erwerbstätigkeit. Sie durften kein Geld besitzen, keinen Handel treiben, kein Handwerk ausüben und keine Produktionsmittel besitzen, waren also im strikten Sinne des Wortes keine Unternehmer, keine Manipulatoren von Privateigentum. Ihre Stammesstruktur war insofern perfekt erhalten geblieben, als jedes Privateigentum an Land untersagt war. Das gesamte eroberte Land unterstand dem Stamm in

Form von Sippenanteilen, sogenannten *kleroi* von je 20 Hektar. Da die Sippen niemals das Maximum von 10 000 überstiegen, wurde der spartanische Landbesitz nie größer als 200 000 Hektar.
Die Felder wurden von den Nachkommen der eroberten Ackerbauvölker bearbeitet, den *heilotes,* »Heloten«, die man als Staatssklaven bezeichnen könnte, wenn sie nicht ein hohes Maß an ökonomischer Freiheit besessen hätten. Sie bauten an, was sie wollten, lieferten 50 Prozent des Ertrags an die Besitzer des ihnen zur Pflege überlassenen Sippenanteils ab, waren nicht militärdienstpflichtig und erhielten ihr eigenes Sippen- und Stammessystem. Nur in Kreta, in Thessalien und in Herakleia gab es ähnliche Formen der Staatssklaverei – in Kreta die Klaroten und Mnoiten, in Thessalien die Penesten, in Herakleia die Maryandyner. Die Gymneten von Argos und die Korynephoren vor Sikyon, die man früher auch als Kollektivsklaven betrachtet hat, waren zwar ebenfalls unterjochte Abkömmlinge der alten mutterrechtlichen Ackerbaustämme und besaßen deshalb keine Bürgerrechte, waren aber persönlich frei.
Dies ist zumindest meine Deutung. Sie ist nicht unumstritten. George Thomson meint beispielsweise, daß wir kein Recht hätten, von Sklaverei zu sprechen, da die Dorer, als sie die Eurotas-Ebene erobert hatten, die einheimische Bevölkerung im Besitz ihres Landes gelassen und ihr erlaubt hätten, in ihren angestammten Dörfern zu bleiben (op. cit., S. 261). Dies würde bedeuten, daß wir hier eine Form der asiatischen Produktionsweise hätten: Die herrschende Klasse eignete sich den Boden nicht an, sondern machte die Bauern nur von sich abhängig. In Mesopotamien und Ägypten wurde diese Abhängigkeit durch Kontrolle der Bewässerungsanlage erzeugt. In Sparta geschah es durch militärische Kontrolle.
Da das Zahlenverhältnis zwischen Spartiaten und Heloten zu keiner Zeit weniger als 1:5 betrug und gegen Mitte des 3. Jahrhunderts sogar 1:100 erreichte, kann man sich vorstellen, wie schwer es gewesen sein muß, diese Herrschaft aufrechtzuerhalten. Es ist von größter Wichtigkeit in der Geschichte Spartas, daß die einzige Schlacht, die die Spartiaten in rund 300 Jahren verloren hatten, nicht gegen ein fremdes Volk, sondern gegen die Heloten von Arkadien gefochten worden war. Ein spartanisches Heer war nach Tegea in Arkadien vorgestoßen, um einen Aufstand der dortigen Heloten niederzuschlagen. Es führte bereits Fesseln für die Sklaven mit, da die Spartiaten gar nicht erwarteten, daß es zu einem ernsten Kampf kommen würde. Statt dessen wurden sie vernichtend geschlagen und mußten nun, mit ihren eigenen Ketten gefesselt, die Felder ihrer ehemaligen Sklaven selber als Sklaven bearbeiten. Von diesem Trauma hat sich die spartanische Geschichte nie wieder erholt. Danach war Sparta zu allem bereit, solange es nur die Niederhaltung der Sklaven im eigenen Lande garantierte. Die Schlacht von Leuktra, in der Sparta nach 109 Jahren ununterbrochener Siege den Thebanern unterlag, ist nur aus der Furcht der Spartiaten erklärbar, daß hinter ihrem Rücken ein neuer Sklavenaufstand ausbrechen könne. Sie ließen deshalb zu viele Kräfte zur Aufrechterhaltung des inneren *status quo* daheim, um in der Ferne noch siegen zu können.

Sparta ist weder in seiner ökonomischen Struktur noch in seinem sozialen Aufbau verständlich, wenn man, wie es die bürgerliche Altertumswissenschaft noch heute tut, die militärische Ausrichtung des Staats als eine Verteidigung nach außen betrachtet. In Wahrheit diente das ganze System aber der Verteidigung nach innen, der Ausbeutung einer riesigen Mehrheit von unfreien Bauern, denen die Spartiaten jedes Jahr von neuem den Krieg erklärten. Geheimabteilungen der dorischen Jugend spürten jedem Aufstandsversuch systematisch nach und ermordeten alle Heloten, die auch nur den Ruf der Intelligenz und Selbständigkeit besaßen. Während des Peloponnesischen Krieges boten sie den wehrdienstwilligen Heloten ihre Freiheit an, akzeptierten die 2000 kräftigsten, führten sie mit geschmücktem Haupt in den Tempel und brachten sie dann um; dies alles nach der Logik, daß »die, welche den Anspruch auf Freiheit erheben würden, auch kühn genug sein könnten, sich gegen ihre Herren zu erheben«.
Jeder erwachsene Spartiat war verpflichtet, sich lebenslänglich und in seiner gesamten Zeit dem Kriegsdienst zu widmen. Jeder Mann von 20 bis 60 Jahren mußte täglich zu Wehrdienstübungen auf dem Manöverplatz erscheinen. Niemand durfte nach einer bestimmten Nachtstunde außerhalb der Baracken sein, also auch nicht bei seiner Frau oder seinen Kindern. Alle Männer lebten und aßen zusammen in ihren Baracken. Da das Heer aus der Gesamtheit der erwachsenen Spartiaten bestand und da diese Erwachsenen zu jeder Tages- und Nachtzeit kriegsbereit waren, galt die Truppe als unbesiegbar. Sie hatte jedenfalls die Pflicht, entweder zu siegen oder zu sterben. Wer nach einer verlorenen Schlacht lebendig nach Hause kam, galt als tot und wurde unter Verlesung der Totenurkunde aus der Gemeinschaft der Spartiaten ausgestoßen.
All das klingt barbarisch, und trotzdem war es erfüllt von inneren Widersprüchen, die das Leben aller Beteiligten, der Ausbeuter sowohl wie der Ausgebeuteten, in manchen Aspekten angenehmer und erträglicher machten als im athenischen Patriarchat. So mischten sich die Spartiaten beispielsweise niemals in das Privatleben ihrer Bauern ein. Unter Männern und Frauen beider Klassen herrschte sexuelle Freizügigkeit. Zwar durften sich die Klassen nicht miteinander paaren (auf eine Ausnahme kommen wir im nächsten Kapitel zu sprechen), aber innerhalb einer jeden Klasse herrschte Paarungsfreiheit nach eigener Stammestradition.
Handwerk und Handel lagen in den Händen der *perioikoi,* »Periöken« (wörtlich: »Umwohner«), den Bürgern der kleinen Städte Lakoniens und Messeniens, die frei waren und volle Selbstverwaltung, nicht aber volle Bürgerrechte besaßen. Sie zahlten den Spartiaten Tribut und waren militärdienstpflichtig, standen aber im Heer separat von den Spartiaten. Daß sich unter diesen Umständen nur die primitivste Form von Handel und Handwerk ausbreiten konnte, versteht sich von selbst. Als Zahlungsmittel dienten zu einer Zeit, als ganz Griechenland bereits handliche Münzen benutzte, noch eiserne Barren. Kein Handelsschiff kam je in einen spartanischen Hafen. Die Staatskasse lebte fast ausschließlich von den spärlichen Abgaben der Heloten und Periöken.
Trotzdem galt Sparta als stärkste Militärmacht Griechenlands. Wir bewegen

uns wieder in das Gebiet extremer Widersprüchlichkeiten, wenn wir daran erinnern, daß die spartanischen Hopliten, die mit Panzer, Schild, Helm und Speer ausgerüsteten »Schwerbewaffneten«, zwar die beste Infanterie in Griechenland lieferten, aber weder von Belagerungstechnik noch von der Seefahrt auch nur das geringste verstanden und deshalb auf diesen Gebieten besonders verletzlich waren. Wie die meisten mutterrechtlichen Stämme besaß auch Sparta bis in späthellenische Zeit keine Stadtmauer, keine Befestigung, sondern lag flach und unverteidigt in der Eurotas-Ebene.

Die politische Ordnung der Spartiaten war von der gleichen Widersprüchlichkeit gezeichnet. Einerseits verfügten sie innerhalb ihrer eigenen Reihen über größere Gleichheit, Brüderlichkeit und Freiheit als irgendein anderer griechischer Stamm. Andererseits war ihr völlig auf die Verhinderung individuellen Machtmißbrauchs gerichtetes System unfähig, sozialen Änderungen nachzugeben. Es war starr, konservativ, aristokratisch und übte im gesamten Griechenland einen lähmenden Einfluß aus. Die Spartiaten nannten sich selber *homoioi*, die »Gleichen«, und stellten tatsächlich innerhalb ihrer eigenen Reihen eine klassenlose Gesellschaft dar. Die fünf *ephoroi*, »Aufseher«, wurden jährlich gewählt, und zwar ausdrücklich so, daß die Mächtigeren nicht zur Wahl gestellt wurden. Die sogenannten »Könige« Spartas waren Heerführer, und zwar stets zwei, so daß kein einziger je die Macht ergreifen konnte und beide alle Entscheidungen gemeinsam fassen mußten. Die Ephoren waren die tatsächlichen Leiter des Staatswesens. In ihrer Hand lagen die auswärtigen Beziehungen; sie konnten alle Magistrate bis zu den »Königen« hinauf suspendieren und vor Gericht stellen. Jeden Monat nahmen sie ihren »Königen« erneut den Eid ab, nach den Gesetzen zu regieren, und schworen ihrerseits im Namen der Gemeinde, das Königtum nicht zu verkürzen. Allein hieraus geht bereits hervor, daß das »Königtum« kein Königtum, sondern das nach Stammestraditionen errichtete System des abwählbaren Stammessprechers war. Hier waren die Sprecher zweier Stämme bei der Bildung des Stammesbundes übereingekommen, stets gemeinsam für beide Stämme zu sprechen. Ihnen standen die alten Institutionen der Stammesversammlung (*apella*) und des Stammesrats (*gerusie*) zur Seite.

Der Widerspruch, daß ein System, welches ein Maximum an innerer Freiheit besaß, diese Freiheit nach außen zu verhindern suchte, erwuchs natürlich aus der Tatsache, daß es unproduktiv war. In keiner griechischen Landschaft entwickelten sich die Produktionsmittel langsamer; ja sie entwickelten sich in Sparta eigentlich überhaupt nicht. Deshalb unterstützte Sparta alle reaktionären, unproduktiven Bewegungen in ganz Hellas und versuchte im Interesse der eigenen Hegemonie, jedwede Einigungsversuche anderer Griechenstaaten zu hintertreiben. Damit verhinderte es wiederum jede politische Neuerung innerhalb des eigenen Systems. Dieser Circulus vitiosus diente anderen griechischen Poleis als warnendes Beispiel.

Nur ganz selten geschah es, daß ein Führer der Spartiaten durch besondere Umstände aus der provinzlerischen Denkwelt seiner Schicht herausgerissen und mit den sozialen Geschehnissen anderer Völker konfrontiert wurde. Dies geschah gegen Ende des persischen Krieges, als Pausanias, der Führer der Spartiaten, an der Spitze der vereinten griechischen Heere die Perser bei Plataiai besiegte und nun mit der Aufgabe betraut wurde, die boiotischen Fürsten, die mit den Persern paktiert hatten, umzubringen. Zum ersten Male hatte ein Spartiat die Pflicht, fast die Gesamtheit seiner eigenen Klasse in einem anderen Lande umzubringen. Um zu erfahren, wieso man ihn zu dieser für ihn unfaßbaren Aufgabe bewegen wollte, mußte er sich mit dem Leben der Armen und Unterdrückten Boiotiens beschäftigen und erhielt so seine erste sozialkundliche Lektion, die offenbar einen traumatischen Eindruck hinterließ.

Jedenfalls übernahm er sofort nach seiner Rückkehr die Führung der Opposition gegen die Konservativen Spartas, versprach den Heloten und Periöken die Freiheit, falls sie ihn in einem Aufstand gegen das traditionelle Herrschaftssystem Spartas unterstützten, und wurde prompt von seinen Gegnern des Hochverrats bezichtigt, und zwar nicht der Aufforderung zur Revolution, deren er schuldig war, sondern des geheimen Paktierens mit den Persern, dessen er völlig unschuldig war. Doch genügte die Anschuldigung, um die Unterstützung anderer Städte gegen ihn zu erhalten. Man trieb ihn in den Tempel der Athene Chalkioikos und ließ ihn dort verhungern. Doch blieb sein Aufruf an die Heloten nicht ohne Echo: vier Jahre nach seinem Tode (468) erhoben sich die Heloten, vereinten sich mit den Periöken und den geknechteten Bauern Messeniens und hielten das beste Heer Griechenlands zehn Jahre lang in Schach (sogenannter Dritter Messenischer Krieg).

Obgleich Sparta im Jahre 404 erfolgreich aus dem Bruderkrieg mit Athen hervorgegangen war, kann man von diesem Sieg her den eigentlichen Niedergang der Spartiaten verfolgen. Denn Sparta war nicht nur durch ungeheure Menschenverluste ausgeblutet, sondern auch durch den Zerfall des aristokratischen Systems, das ja zum großen Teil auf Landbesitz aufgebaut war. Verlor ein Spartiat sein Land, so verlor er damit auch den größten Teil seiner Bürgerrechte. Er wurde Mitglied einer neuen Zwischenschicht, der *hypomeiones,* der »weniger Wenigen«, und verlor seine Vollwertigkeit als Krieger und damit eigentlich seine Ehre. Da der Krieg aber überall den Landbesitz geschädigt hatte, wuchs die Klasse der Hypomeiones so schnell in den Jahrzehnten nach Kriegsende, daß sie sich mit den Heloten, Periöken und Neodamoden (Neubürgern) vereinte und die Macht zu erreichen versuchte. Ihr Führer Kinadon wurde verhaftet und hingerichtet. Fast alle Beteiligten wurden grausam bestraft. Durch die zahllosen Todesurteile wurde Sparta weiter geschwächt.

Als die Spartaner 371 versuchten, die kräftige junge Demokratie zu zerschlagen, die sich nach athenischem Vorbild in Theben gebildet hatte, besiegten die thebanischen Demokraten das »unüberwindliche« Heer Spartas bei Leuktra, marschierten nach Lakonien ein und gaben den Heloten die Unabhängigkeit. Obgleich Sparta noch jahrhundertelang weiterlebte, war der Rest seiner Existenz nur noch ein Dahinvegetieren. Mit dem Ende der eindeutigen Klassenstruktur – hie Spartiaten, hie Heloten – zerfiel das ganze Staatsgebilde.

Bezeichnend für den Verfall war die Einführung des Privateigentums. Den

Anstoß dazu hatte das Gesetz des Epitadeos (398) gegeben, nach dem jeder über seinen Landanteil testamentarisch frei verfügen konnte und *de facto* auch ein Verkauf desselben möglich wurde. Damit war der Gemeinschaftsordnung Spartas der Todesstoß versetzt. Auf der einen Seite konzentrierte sich der Land- und Mobilbesitz nun in der Hand von rund 100 Sippen des begüterten Adels, auf der anderen Seite standen Landvertreibung, Proletarisierung und Verschuldung der übrigen Spartiaten. Unter den Königen Agis IV. (245 bis 241) und Kleomens III. (235 bis 219) wurde ein letzter Versuch unternommen, das Rad der Geschichte zurückzudrehen und Sparta in die Welt des Lykurgos (um 880 v. u. Z.) zurückzuversetzen. Der Versuch mißlang, weil die Gegenreformatoren sich vor der dringendsten Aufgabe, der Befreiung der Sklaven und der Besserung der Lebensverhältnisse der Heloten, gedrückt hatten.
An die Spitze dieser unterdrückten Kräfte trat im Jahre 207 der Tyrann Nabis. Er gab den Periöken und Heloten das Bürgerrecht, vertrieb die Großgrundbesitzer und verteilte ihr Land. Nach 15jähriger Regierung wurde er im Jahre 192 ermordet. Seine Reformen wurden aufgehoben, und damit ging die letzte Hoffnung dahin, Sparta noch zu retten. Mit der Ermordung des Nabis endet die Geschichte Spartas als unabhängiger Stadtstaat. Die Stadt wurde in den Achaiischen Bund, eine Gründung der Antigoniden, gezwungen und verlor dadurch ihre Selbständigkeit.

13

Im Gegensatz zu Sparta, dessen Sozialordnung sich im Laufe von sechs Jahrhunderten kaum änderte, zeigte Athen die tragische Metamorphose einer Sippenordnung in eine Sklavenwirtschaft, gleichzeitig aber auch den Aufstieg in eine Kulturgesellschaft höchster Ordnung, die nur auf der Grundlage einer von jeder anderen Arbeit freigestellten Klasse von Intellektuellen (Dichtern, Philosophen, Wissenschaftlern und Künstlern) möglich war. An der Geschichte Athens kann man besonders deutlich den Verfall des Stammesadels, die Bildung einer Oligarchie, die Korruption der gesellschaftlichen Moral durch Abhängigkeit von einer Sklavenökonomie und den Zerfall der Sexualethik durch systematische Unterdrückung der Frau verfolgen.
Attika, das Hinterland Athens, bestand aus einer Halbinsel mit einer Gesamtfläche von weniger als 2600 Quadratkilometern. Hier lebten die Achaier, die gegen Ende des 12. Jahrhunderts vor den Dorern aus Argolis zurückgewichen waren, nach Sippen getrennt in befestigten Siedlungen – Zentren von Sippenverbänden, Bruderschaften und Stämmen. Mit der Entwicklung des Handels nahm die gesellschaftliche Ordnung einen nicht mehr stammesgegliederten, sondern territorialen Charakter an. Allmählich vereinigte sich ganz Attika zu einem Bund mit dem gemeinsamen Zentrum in der größten Siedlung – Athen.
Da Handel und Handwerk sich wegen der neuen, durch keine Traditionen beschränkten Gesellschaftsbedingungen viel schneller entwickelten als die

Landwirtschaft, erzielten die Händler und Handwerker bald ein Einkommen, das in keiner Weise mehr der beschränkten politischen Macht entsprach, die der Adel ihnen zuwies. Sie setzten sich deshalb an die Spitze der bis dahin unorganisierten Widerstandsbewegung von Bauern und Fremden und nahmen, wie Aristoteles sagt, an den Auseinandersetzungen zwischen »Adel und Volk« in immer aktiverer Form teil.
Um 630 machte sich der Olympiasieger Kylon, ein Schwiegersohn des Tyrannen Theagenes von Megara, zum Sprecher der Volksbewegung und versuchte, eine eigene Tyrannis zu errichten. Aber die Bauern waren noch nicht organisiert. Sie wurden erschlagen, und ihre Nachkommen beschränkten ihre Forderungen deshalb auf einen Punkt, auf den sich die meisten Athener einigen konnten: die Schaffung eines einheitlichen, öffentlichen, geschriebenen Gesetzes, das die Beziehungen der Klassen zueinander eindeutig festlegen sollte. Im Jahre 621 v. u. Z. erhielt der Richter Drakon den Auftrag, ein solches Gesetz zu verfassen. Die resultierenden »drakonischen Gesetze« befriedigten niemand, da sie in mancher Hinsicht noch härter als die mündlich überlieferten Rechtsordnungen waren. Doch die Tatsache, daß es nun überhaupt ein öffentliches, verbindliches Gesetz gab, stellt sozialgeschichtlich einen bedeutenden Fortschritt dar. Daß es die gesellschaftlichen Spannungen nicht zu bannen vermochte, war selbstverständlich, denn das wäre nur einer Sozialrevolution möglich gewesen. Statt dessen entschloß sich die Regierung Athens nach weiteren 27 Jahren nahezu täglicher Unruhen, dem berühmtesten Dichter und Denker der Stadt, Solon, den Auftrag zu geben, tiefgreifende Reformen auf sozialem und politischem Gebiet durchzuführen. Da er einerseits einer alten Adelsfamilie angehörte, andererseits aber völlig verarmt war und die Oligarchen wegen ihres Geizes und ihrer Gewinnsucht in seinen Schriften angegriffen hatte, schien er beiden Parteien als Kompromißlösung annehmbar.
Er begann seine Amtstätigkeit mit einer Finanzreform. Die Schuldsteine wurden von den Feldern entfernt, die Schuldsklaven erhielten ihre Freiheit, diejenigen, die bereits ins Ausland verkauft worden waren, wurden auf Staatskosten ausgelöst. Diese und andere Maßnahmen dienten der Wiederherstellung eines freien Bauerntums. Andere Gesetze sollten Handwerk und Handel stärken. Sie ordneten an, daß ein Sohn seinem Vater den Lebensunterhalt verweigern konnte, wenn dieser ihn kein Handwerk erlernen ließ. Er reformierte das Wahlsystem, indem er die bereits bestehende Klassenstruktur der Gesellschaft formell anerkannte und jeder Klasse spezifische Rechte gab. Er beteiligte das Volk an der Rechtsprechung, indem er für Straf- und Zivilprozesse Geschworenenkollegien ernannte.
Dies war zweifellos die fortschrittlichste Verfassung, die es Anfang des 6. Jahrhunderts irgendwo in Europa gab. Andererseits war Solon eben doch selbst ein Adelssproß und setzte sich deshalb in vieler Hinsicht zwischen die Stühle der Armen und Reichen. Er befreite die Besitzer mobilen Eigentums nicht von ihren Schulden. Er ließ den Rückhalt des Adels, den großen Landbesitz, unangetastet. Er widerstand der Forderung des Volkes nach einer allgemeinen Aufteilung des Bodens. Er ließ die alten Sippenorganisationen intakt, obgleich sie längst ihren Zweck verloren hatten und nur noch

hindernd auf die Entwicklung der Sklavenökonomie wirkten. Aristoteles schrieb: »Das Volk hatte auf eine allgemeine Güterteilung gerechnet, während die Adligen vorausgesetzt hatten, er werde die alte Ordnung der Dinge belassen oder doch nur unwesentlich abändern.« Wohlgemeint und klug erdacht, wie die Reformen waren, verfehlten sie also ihren langfristigen Zweck.

In einem Sinne jedoch waren sie bahnbrechend: im Erbrecht. Bis zur Zeit Solons hatte es im griechischen Recht keine Möglichkeit der testamentarischen Verfügung gegeben; nicht etwa weil irgend jemand ein solches Recht bestritt, sondern einfach weil das Konzept des Privateigentums noch nicht über den Gedanken der Weiterreichung an den nächsten Blutsverwandten hinausgekommen war. Sowohl in der matrilinearen wie in der patrilinearen Sippe und nun auch in der neuen Idee der Patronymie galt das Gesetz der Blutsverwandtschaft; die einen berechneten es in dieser Deszendenzfolge, die anderen in jener, aber der Gedanke der freien Verfügung von Besitz war ein Produkt der Stadt mit ihren neuen Formen des Handels, der Lohnarbeit und der Ausbeutung.

Die Solonischen Gesetze gestatteten nun zum ersten Male in der abendländischen Geschichte einem Manne, auch über seinen Tod hinaus noch verbindlich über sein Eigentum zu entscheiden. Das setzte ein hochentwickeltes Bewußtsein des Eigentums voraus – ein Bewußtsein, das der Stammesgesellschaft völlig fremd war und erst aus den ökonomischen Bedingungen der Stadt hervorgehen konnte. Wenn jemand vor der Zeit Solons kinderlos starb, so fiel sein Vermögen seinen Sippengenossen zu, und dabei blieb es auch noch nach der Zeit Solons, wenn der Verstorbene sich nicht jener neuen solonischen Institution, des »Letzten Willens«, bedient hatte. Als Solon dem Besitzer von Eigentum gestattete, hierüber letztwillig zu verfügen, wenn er keine Kinder hatte, schlug er also den ersten Nagel in den Sarg seiner eigenen Klasse. Denn der Adel war der letzte Erbe der Stammesgesellschaft, die Stammesgesellschaft war auf Kollektiveigentum aufgebaut, und Kollektiveigentum ließ sich nicht mit testamentarischer Vererbung von Privateigentum vereinigen. »Wir sehen: Der Mensch beherrscht nicht das Eigentum, sondern das Eigentum beherrscht ihn und macht sich zu seinem Herrn« (Bebel, *Die Frau und der Sozialismus,* 60. Auflage, Berlin 1964, S. 58).

14

Im Jahre 589, knapp fünf Jahre nach Beginn der Reformen, konnte nicht einmal mehr die Wahl des ersten Archon, des höchsten Beamten Athens, zustande kommen. Vier Jahre später geschah das gleiche noch einmal. Zwei Jahre danach erfolgte dann prompt der erste Versuch, eine Tyrannis zu errichten. Der Ruf nach dem starken Mann war immer lauter geworden und der Archon Damasias glaubte ihn im Jahre 583 erfüllen zu können. Der Versuch mißlang, aber 23 Jahre später gelang der zweite Versuch dem Peisistratos als Führer einer radikaldemokratischen Partei, die die Interessen der

landarmen Bauern und städtischen Tagelöhner vertrat. Zweimal wurde er gestürzt, und zweimal gelang es ihm von neuem, die Macht zu erringen. Er schlug den Stammesadel rücksichtslos nieder. Viele der großen Güter wurden konfisziert, viele Großgrundbesitzer verhaftet oder verbannt. Zwar erfüllte auch Peisistratos nicht die Forderung nach restloser Aufteilung des Landes, aber er setzte die Abgaben der Armen herab und erhöhte die Steuern der Reichen. Um Arbeit zu schaffen, begann er ein riesiges Bauprojekt: Wasserleitungen, Bewässerungskanäle, Zisternen, Tempel, Straßen, Schiffe. Durch den Bau einer Handelsflotte legte er die Grundlage Athens als Handels- und Kolonialmacht. Aus ganz Griechenland holte er Dichter, Denker, Bildhauer und Schauspieler. So wurde Athen zum Mittelpunkt des hellenischen Kulturlebens. Einer Gruppe von Gelehrten gab er den Auftrag, die verstreuten Teile der *Ilias* und der *Odyssee,* die damals hauptsächlich im ionischen Kleinasien zirkulierten, zu sammeln, die Texte der verschiedenen Handschriften zu koordinieren und einen gesäuberten, einheitlichen Text herzustellen. Für das Volk fanden zweimal im Jahre zu Ehren des Bauerngottes Dionysos Feiern statt, die großen und kleinen Dionysien, aus denen im Laufe der Jahrhunderte das griechische Drama und die griechische Komödie entstanden. Für all dies schuf er eine ökonomische Grundlage, indem er das Produktionssystem der Sklaverei systematisch ausbaute und Sklaven in großer Anzahl aus dem Auslande importierte.
Seine Söhne versuchten die Tyrannis fortzusetzen, aber der eine, Hipparchos, wurde 514 ermordet, und der andere, Hippias, wurde 510 aus Athen verbannt. Obgleich keiner von beiden das Format seines Vaters hatte, wurde ihre Niederlage doch vor allem von außenpolitischen Ereignissen bestimmt. Die Perser unterwarfen Kleinasien und Ägypten, besetzten die Meerengen, die zum Pontus führten (513) und schnitten damit die athenische Tyrannis vom Meer ab. Von der anderen Seite übte Sparta einen ständig wachsenden Druck aus, indem es die Aristokratie in ihrem Kampf gegen die Tyrannis unterstützte und den aus Athen vertriebenen Adligen Zuflucht gewährte. Unter ihrem Einfluß schloß Sparta mit den aristokratischen Regierungen von Boiotien und Euboia ein Militärbündnis und eroberte Athen. Zwei Jahre lang regierte eine aristokratische Oligarchie unter Leitung des Emigranten Isagoras mit Hilfe einer spartanischen Garnison. Dann schlug das athenische Volk zurück, vertrieb die Spartaner, eroberte Euboia, teilte das Land der euboischen Aristokraten unter athenischen Bauern auf und setzte den Demokraten Kleisthenes als ersten Archon ein.
Er gehörte der wohlhabenden Oberschicht sklavenhaltender Händler an und hatte deshalb kein Interesse daran, die ökonomischen Bedingungen der Masse auf Kosten seiner eigenen Klasse zu verbessern. Aber er verstand es mit großem Geschick, allen Klassen die Illusion größerer Freiheit zu geben, indem er ihnen Möglichkeiten der Meinungsäußerung zur Verfügung stellte, die sich zwar politisch, nicht aber ökonomisch auswirkten. Die Opfer der Reformen des Kleisthenes waren die Sklaven, die noch härter arbeiten mußten und noch weniger Rechte erhielten; die Metöken, Fremdarbeiter ohne Bürgerrechte, die von nun an ein höheres Kopfgeld zahlen mußten; und die Frauen, die weitere Rechte verloren.

Der Gegensatz zwischen Athen und Sparta rankte sich einerseits um die Begriffe Demokratie und Aristokratie, andererseits um die Schlagworte *eunomia* und *isonomia.* Das erste war die »gute«, die alte, die traditionelle Ordnung der Landbesitzer, des Adels und der Konservativen. Das zweite war die neue »Ordnung der Gleichen«, der nach Macht strebenden neuen Klassen, die sich von diesem Leitwort eine Angleichung ihrer Stände an die des alten Adels erhofften und dabei die Unterstützung der Handwerker, Lohnarbeiter und des Lumpenproletariats suchten. In diesem Sinne war Isonomie also praktisch gleich mit dem, was wir heute »Demokratie« nennen. Was die Griechen »Demokratie« nannten, war etwas anderes. Es war erstens, wie wir gesehen haben, ein nach *demen,* nach Gemeinden organisiertes Verwaltungssystem, und es war zweitens ein System der Machtergreifung, das den neuen Ständen in ganz Griechenland die Regierungsgewalt geben sollte, ohne den Gegner zu Gewaltmaßnahmen zu provozieren. Dies war das System der »freien« öffentlichen Wahl mit gleicher Stimmberechtigung aller Bürger.
Wenn die anderen aber die Mehrheit hatten, wie konnte man bei freier Wahl verhindern, daß man überstimmt wurde? Sehr einfach: indem man erstens die öffentlichen Versammlungen so legte, daß die anderen nicht teilnehmen konnten; indem man zweitens die Definition des freien Bürgers so ausdeutete, daß nur die »verläßlichen« Bürger wählen konnten; und drittens, indem man die Einbürgerung so regelte, daß nur diejenigen Bürgerrechte erwerben konnten, die für die »Demokraten« stimmen würden. So wurde die Ekklesia, die Volksversammlung, auf den Pnyx, einen Hügel in Athen, gelegt, und zwar am frühen Morgen, so daß die Kleinbauern, die ihre eigenen Felder zu besorgen hatten, nicht beiwohnen konnten und die Großbauern, trotz der Tatsache, daß sie ihre Felder nicht selber bearbeiteten, den langen Anreiseweg scheuten. Nur wer bereit war, in die Stadt zu ziehen, konnte sich am politischen Leben der Stadt beteiligen. Wer aber erst einmal seine ländliche Residenz aufgegeben und sich mit der Stadt zu assoziieren begonnen hatte, neigte natürlich dazu, die Städter ein wenig freundlicher zu behandeln, als er es bis dahin aus der Perspektive der ländlichen Tradition getan hatte.
Die Zahl der Anwesenden überstieg deshalb kaum je 3000 von rund 35 000 stimmberechtigten Bürgern. Demokratie, die »Herrschaft des Volkes«, entpuppte sich in der Praxis als Herrschaft derjenigen, die das Geld und die Zeit hatten, sich der Politik zu widmen: als Herrschaft jener Klasse, die das System erfunden hatte. Wer seinen Lebensunterhalt verdienen mußte, also nicht nur Kleinbauern, sondern auch Handwerker und Arbeiter, war von den Geschäften der Regierung *de facto* ausgeschlossen. Als freier Bürger besaß er zwar das Stimmrecht, aber ausüben konnte er es nicht, weil er einfach nicht die Zeit dafür hatte.
Obendrein wurde das Stimmrecht so eingeschränkt, daß viele Funktionen, zum Beispiel die des Geschworenen, nur den Wohlhabenden offenstanden: Wer Schulden hatte, besaß nur beschränktes Wahlrecht. Ein wohlhabender Ausländer dagegen, der sich für die Demokraten ausgesprochen und ihnen

vielleicht noch Geld gespendet hatte, konnte stets auf ihre Unterstützung bei einem Antrag auf Einbürgerung rechnen. Auf diese Weise gelang es den demokratischen Parteien in vielen Städten, eine schwankende Mehrheit zu erzielen, die sich im Kampf gegen die Bauern und Aristokraten auf die ärmeren Stadtbewohner und im Kampf gegen diese Armen jedoch auch oft auf die Kleinbauern und den linken Flügel der Aristokratie stützen konnte.

Wer waren nun diese ärmeren Städter? Es waren vor allem jene Handwerker, die sich keine Sklaven leisten konnten. Die neuen Zweige des Handwerks, die im 5. und 4. Jahrhundert besonders zu wachsen begannen, waren Schiffsbau, Weberei, Töpferei, Straßenbau und Medizinherstellung, besonders das Salbenherstellen. In den Großstädten, zum Beispiel in Athen, gab es ganze Viertel, in denen vornehmlich Handwerker bestimmter Gattungen lebten und arbeiteten, zum Beispiel Kerameikos, das Viertel der Töpfer, oder Melite, das Viertel der Zuckerbäcker. Andere Handwerker, die einen neuen Aufschwung erlebten, waren Bergleute, Maurer, Zimmerleute, Hufschmiede, Kupferschmiede, Goldschmiede, Nadler, Seiler, Leineweber, Schneider, Gerber, Schuster, Sattler, Färber, aber auch Maler und Bildhauer, die genau wie Elfenbeinschnitzer, Steinmetzen und Emaillierer als Handwerker und nicht als Künstler betrachtet wurden.

Manche Städte waren berühmt für bestimmte Spezialitäten ihrer Produktion. So Athen und Korinth durch Metallwaren, besonders Waffen und Möbel, Gewebe und Tongeschirr. Die bemalten Vasen aus Korinth wurden schon im 8. Jahrhundert v. u. Z. zu Ausfuhrzwecken hergestellt und gelangten bis nach Etrurien. In Keramikbetrieben waren neben den Töpfern auch Maler tätig, die das Geschirr mit Bildern versahen. Im 5. Jahrhundert begann man in Athen, die berühmten rotfigurigen Vasen herzustellen, bei denen zur Grundierung ein schwarzer Lack von großer Haltbarkeit Verwendung fand. Die Tonwaren erhielten Stempel des Besitzers der Werkstatt, in der sie hergestellt worden waren, und des zuständigen *astynomos,* des Stadtaufsehers, der den normalen Fassungsraum der Gefäße (Amphoren) bestätigte.

Das Anwachsen des Handwerks stärkte die Sklavenhalterklassen, die sich mit Gewerbe und Handel befaßten: Besitzer von Hafen- und Lageranlagen, Reeder, Kaufleute, Geldverleiher. In den großen Handelsstädten saßen hinter ihren Tischen, den *trapeza,* die Wechsler und Wucherer, *Trapeziten,* die sich mit Bankgeschäften und Versicherung befaßten. Sie nahmen Geld auf laufende Rechnung, tätigten Überweisungen, übernahmen Aufträge für Zahlungen aller Art, versicherten Schiffsladungen, verliehen Geld. Die Darlehenszinsen waren hoch, von 18 bis 36 Prozent.

In Athen importierte man Getreide, Vieh, Salzfleisch, Gewürze. Zum Austausch für den Import exportierte man Olivenöl, Weinbeeren, Honig, Honiggebäck, Gewebe, Keramik, Metallwaren, Silber, Blei und Marmor. Der Außenhandel warf gewaltige Gewinne ab, bis zu 100 Prozent per Schiffsladung. Schon im 5. Jahrhundert v. u. Z. hatte sich in Athen der Transitverkehr entwickelt, das heißt, die Waren wurden zum Peiraieus geschickt und von dort zum Verkauf außerhalb Attikas weitergeleitet. Daher gehörte

zu einer Handels- und Gewerbestadt auch unbedingt ein gut ausgestatteter Hafen mit dem dazugehörigen, gut eingearbeiteten Personal. Genau das hatte Athen vorzuweisen.
Die peiraiesche Halbinsel bildete drei Häfen. Zwei davon dienten Kriegsschiffen, der dritte, an den Magazine und Lagerhäusern angrenzten, hieß *Emporion* und war dem Handel gewidmet. Hier gab es auch einen Musterbasar mit Kaufbörse, *Deigma* (Ausstellung) genannt. Alle drei Häfen waren von Mauern umgeben, ebenso wie die Siedlung Peiraieus selbst, die mit dem elf Kilometer entfernten Athen durch riesige Schutzmauern verbunden war. Ähnlich waren Korinth, Ephesos, Delos, Rhodos, Syrakus ausgestattet.
In diesen neuen Häfen der griechischen Welt begann sich nun ein neues Proletariat von Schauerleuten, Werftarbeitern, Hafenangestellten, Ruderern und Matrosen zu entwickeln – das »Schiffsgesindel«, wie ihre politischen Gegner es bezeichneten. Um eben dieses Schiffsgesindel bemühten sich die Demokraten besonders intensiv, wenn sie Stimmen gegen die Landbevölkerung suchten. Gleichzeitig hatten sie aber panische Angst, daß dieses erste Proletariat der europäischen Geschichte eines Tages selber die Macht verlangen könne. Die Politik aller demokratischen Parteien der griechischen Stadtstaaten lief also darauf hinaus, manchmal mit Hilfe der Handwerker und Arbeiter die Aristokraten und Großbauern auszumanövrieren, manchmal aber auch mit Hilfe der Kleinbauern und des linken Flügels der Aristokratie – meist mit denjenigen Aristokraten, die in die Städte gezogen waren – das Stadtvolk niederzuhalten.
Ein solches Taktieren und Paktieren war ein Novum in der politischen Geschichte der Menschheit. Man darf deshalb dem städtischen Mittelstand des 6. und 5. Jahrhunderts trotz der Erkenntnis seiner materiellen Motive nicht aberkennen, daß er eine Form der politischen Administration entdeckt hat, die bis zum heutigen Tage praktiziert wird. Um ein solches System einzuführen, mußten revolutionäre Änderungen der Gesellschaft und des gesellschaftlichen Bewußtseins vorgenommen werden. Notwendig war vor allem die Loslösung des Individuums aus der Sippe und damit die Erweckung des Bewußtseins des Menschen als Individuum. Notwendig war aber auch ein System, das die Entscheidungen freier Menschen in gesellschaftlich wirksame Taten umsetzen konnte. Hierzu gehörte eine schriftliche Verfassung, der eine Mehrheit zustimmen konnte, und um diese Mehrheit zu erlangen, mußte die Verfassung eine Trenung der legislativen von den exekutiven Organen einführen und mußte diese wiederum von der Rechtsprechung unabhängig machen: Dies war das Prinzip der Gewaltentrennung, eines der größten Durchbrüche in der Geschichte des gesellschaftlichen Bewußtseins.
Notwendig war endlich die politische Partei, ein Instrument, das in dieser Form nirgends vor dem 6. Jahrhundert und nirgends außerhalb der griechischen Stadtstaaten bekannt war. Die Funktion der Partei war die, bestimmte ökonomische Interessengemeinschaften zu vertreten, ohne diesen Vertretungsanspruch eindeutig zu formulieren. Ja, man kann es geradezu als Prinzip der griechischen Partei bezeichnen, sich stets als etwas zu deklarieren, was man nicht ist. Jede Partei gab vor, das *ganze* Volk zu vertreten, und

konzentrierte ihre Werbung darauf, die eigenen Interessen zu verschweigen und die Interessen derjenigen Klassen, deren Stimmen sie haben wollte, als die ihrigen zu verkünden. Jede Partei bezeichnete sich als die »Mitte« und die anderen als rechte oder linke Abweichler. Das mag zynisch klingen, aber es ist in der Tat die einzige Möglichkeit, in einer Eigentumsgesellschaft zur Macht zu kommen. Es gibt bis auf den heutigen Tag keine erfolgreiche Partei der menschlichen Geschichte, die dieses Prinzip nicht befolgt hätte. Nur sozialistische Parteien stehen außerhalb dieses Systems, insofern sie keine Eigentumsparteien sind, sondern ausdrücklich die Abschaffung des Privateigentums verlangen.

16

In Athen wurde das erste Stadium dieses Prozesses der Bildung neuer politischer Organe mit den Reformen des Kleisthenes im Jahre 506 v. u. Z. abgeschlossen. Aber was sich in den hundert Jahren dieser politischen Entwicklung in Attika abgespielt hatte, war nicht einmalig: Ähnliche Prozesse hatten in Korinth, Ägina, Megara und Milet stattgefunden. In ganz Griechenland hatten sich die Bauern in diesem Jahrhundert mit den Händlern und Handwerkern der Städte einigen müssen, um gemeinsam die Macht des Stammesadels zu brechen. Die kleineren Bauern waren vernichtet worden und in der amorphen Masse der Sklaven untergegangen. Die Großbauern waren in den Adel aufgestiegen. Die Mehrheit der Bauern dagegen hatte ihre Stellung als freie Produzenten bewahrt und war durch Ankauf von Arbeitskräften in die Klasse der Sklavenhalter aufgestiegen.

Was sich im Athen des 7. und 6. Jahrhunderts v. u. Z. ereignet hatte, war also nicht allein das Werk eines Drakon, eines Solon, eines Peisistratos oder Kleisthenes gewesen, sondern war das Resultat eines intensiven Klassenkampfs, der überall Männer von großem Format hervorgebracht hatte. Diesen Männern gebührt das historische Verdienst, ein logisches und präzises Instrument zum Abbau der ländlichen Stammesgesellschaft und zum Aufbau einer neuartigen Stadtökonomie geschaffen zu haben. Sie waren die ausführenden Organe eines historischen Prozesses, der von nun an ganz Griechenland mit der einzigen Ausnahme von Sparta in die gleiche ökonomische Richtung trieb.

Während der Perserkriege beschleunigte sich das Tempo dieses Prozesses (500 bis 449). In Boiotien wurde die Macht des Stammesadels gebrochen und eine oligarchische Regierung eingesetzt. In Argos übernahmen die sogenannten Demokraten die Macht. In Syrakus wurde die Tyrannis gestürzt und eine demokratische Ordnung hergestellt. Auch in anderen Randgebieten Griechenlands – in Herakleia, am Pontos und in den Griechenstädten der Schwarzmeerküste – trat zu dieser Zeit die Demokratie an die Stelle der Aristokratie. Die Außenpolitik der Demokraten war überall expansiv und aggressiv. Die Entwicklung von Handel und Industrie verlangte einen erweiterten Machtbereich der Heimatstadt. Das bedeutete Eroberung fremder Gebiete und Häfen, Gründung neuer Kolonien, Krieg gegen alle Mächte, die diesen Zielen im Wege standen. Das Resultat dieser geradezu unvermeidlichen Auswirkung des Patriarchats haben wir bereits verfolgt: die völlige Ausblutung Griechenlands.

Das Proletariat der Städte, das die Bemühungen der Demokraten anfangs überall unterstützt hatte, wandte sich aus berechtigter Furcht vor dem Kriege nun von ihnen ab. In Athen gewann deshalb in den 70er Jahren des 5. Jahrhunderts die Agrarpartei zum ersten Male mit Hilfe der Stadtbevölkerung die Obermacht. Themistokles, der Führer der Demokraten, wurde ins Ausland verbannt (471) und starb dort. Kimon, seinen Gegner, traf das gleiche Schicksal: auch er wurde zum Exil verdammt. Nun geschah aber etwas von allen Unerwartetes. Ephialtes, ein Mann, der nach Aristoteles »in dem Ruf der Unbestechlichkeit und der Gerechtigkeitsliebe – auch in politischen Dingen – stand«, also kein eigentlicher Politiker im athenischen Sinne, wurde an die Spitze des radikalen Flügels der Demokraten geschwemmt, kam zur Macht im Jahre 462, klagte viele Amtspersonen, darunter auch Mitglieder seiner eigenen Partei, der Korruption an, änderte das ganze Administrations- und Wahlsystem, so daß ein größerer Teil der Macht in die Hände des Volkes geriet, und reformierte Rechtsprechung und Strafordnung. Dies war das fortschrittlichste Regime, das sich bis zu dieser Zeit in der ganzen Geschichte Griechenlands gebildet hatte. Die Anhänger des Adels fusionierten deshalb mit dem rechten Flügel der Demokraten, verfolgten Ephialtes mit beispiellosem Haß und ermordeten ihn im Jahre 461.

Da die demokratische Partei in Athen hauptsächlich auf wirtschaftliche Expansion gerichtet war, verfolgte sie eine Politik des aktiven Schiffsbaus und nannte sich »Seepartei«. Die Großgrundbesitzer, der alte Adel und ein Teil der Bauern unterstützten dagegen die Konservativen, die sich »Agrarpartei« nannten. Ephialtes' Nachfolger standen nun bezeichnenderweise den Aristokraten näher als dem Volk und unterließen deshalb eine Verfolgung der Mörder. Der Tod des Ephialtes kam ihnen gelegen, denn sie wollten den Perikles an die Macht bringen, eine schillernde Persönlichkeit von großer Intelligenz, aber geringerem Sozialbewußtsein als Ephialtes. Im Jahre 444 wurde er mit Unterstützung der demokratischen Mitte zum Regierungschef gewählt und behielt diesen Posten 14 Jahre lang. Unter seinem Regime erreichte das kulturelle Leben der Griechen seinen Höhepunkt. Athen wurde zum Kulturzentrum der ganzen griechischen Welt, zum Treffpunkt von Philosophen, Historikern, Mathematikern, Musikern, Dichtern und Künstlern aus allen griechischen Staaten. Hier lebten die Philosophen Anaxagoras aus Klazomenai im kleinasiatischen Ionien, Demokrit und Protagoras aus Abdera in Thrakien, Georgias aus Leontinoi in Sizilien. Herodot von Halikarnassos, der »Vater der Geschichtsschreibung«, erwarb hier das Bürgerrecht. Thukydides, der bedeutendste Historiker seines Zeitalters, schrieb hier. Der Dichter Pindar und der Bildhauer Myron, beide aus Boiotien, arbeiteten hier an ihren Werken. Dazu kamen gebürtige Athener und ihre Nachkommen: die Philosophen Sokrates, Platon, Aristoteles; die Dramatiker Aischylos, Sophokles, Euripides und Aristophanes; und Pheidias, der berühmteste Bildhauer seiner Zeit.

Das Paradox der Hochkultur Athens im 5. Jahrhundert v. u. Z. liegt darin, daß sie einerseits eine der ersten echten Volkskulturen war, andererseits aber den größten Teil des Volkes unbeteiligt ließ. Das kulturelle Leben war zwar nicht mehr das Reservat einer dünnen Oberschicht, sondern eine Angelegenheit der großen Masse aller Freien. Diese Freien erhielten aber ihre Existenzmittel vornehmlich durch die Arbeit der Sklaven und konnten sich nur deshalb um diese Kultur kümmern, weil ihre Frauen ihnen die Arbeit im Haushalt und bei der Erziehung der Kleinkinder abnahmen. Die Frauen waren aber ebenso rechtlos wie die Sklaven und ebensowenig an der Schöpfung der kulturellen Werte oder deren Nutznießung beteiligt. Die schöpferischen Kräfte Griechenlands waren daher nicht auf eine Verbesserung der Produktivkräfte, sondern auf Kunst und abstraktes Denken ausgerichtet – und selbst dies nur, insofern es den freien Männern zugute kam.
Sie feierten jährlich an die 60 öffentliche Feste, die von Musikern, Schauspielern, Dichtern, Dramatikern, Malern und Bildhauern betreut wurden. Sie nahmen an zahllosen Kulthandlungen teil, die in Gebäuden von bester architektonischer Form stattfanden und mit den bedeutendsten Skulpturen ihres Kulturkreises ausgestattet waren. Infolge der großzügigen, vom Staat geleiteten Bautätigkeit wurde Athen eine der schönsten Städte Griechenlands. Die Akropolis wurde neu ausgebaut und in ein künstlerisches Zentrum verwandelt. Die Propyläen, das alte Festungstor der Akropolis, wurden in eine offene Halle mit dorischen Säulen umgebaut, die in ihrer Perfektion ihresgleichen suchte. Zu beiden Seiten verliefen geschlossene Galerien, deren Wände mit Darstellungen aus der Vergangenheit Athens geschmückt waren. Innerhalb der Akropolis wurden auf dem umbauten Raum Rasenflächen angelegt und Bäume gepflanzt. Dazwischen standen Statuen aus Marmor oder Bronze. Auf hohem Postament stand links der Propyläen die Statue der Athene Promachos, der Schutzgöttin der Stadt, in Rüstung und Helm, Speer in der Hand. Auf seine glänzende Spitze hielten die Seeleute Kurs, die den Peiraieus ansteuern wollten.
Das wichtigste Bauwerk der Akropolis war der Parthenon, der Tempel der Athene, von Iktinos und Kallikrates in einer Mischung aus dorischen und ionischen Elementen entworfen. Der dorische Stil, in seiner Schlichtheit und monumentalen Ruhe, galt als aristokratisch. Der bewegtere ionische Stil entsprach mehr dem Geschmack der städtischen Geschäftswelt. Nach ionischer Sitte brachte man an den Giebelseiten und am Fries Gruppen in Vollplastik und Basrelief an, die zum Teil von Pheidias stammten. Von ihm stammte auch das riesige Standbild der Göttin im Tempelinneren, aus Elfenbein geschnitzt und mit Kleidern aus Gold bedeckt. Diese Kleider waren abnehmbar, so daß sie im Notfalle eingeschmolzen und zu Münzen verarbeitet werden konnten. So lag auch hier, wie in so vielen anderen Aspekten der griechischen Kultur, das Göttliche eng beim Praktischen. Die Statue war mehr als 14 Meter hoch. Die Nike in der rechten Hand der Göttin hatte Menschengröße.
Außer dem Parthenon standen auf der Akropolis das Erechtheion, der

Tempel des attischen Stammvaters Erechtheus, und der kleine Nike-Tempel, beide im ionischen Stil erbaut. Das Erechtheion wurde auf den Grundmauern eines alten Athene-Tempels errichtet und enthielt mehrere heilige Stätten: Altäre der Athene, des Poseidon und des Erechtheus, außerdem das Grab des Königs Kekrops und die Stelle, an der der Meergott Poseidon mit seinem Dreizack den Fels gespalten haben sollte. Es war ein rechteckiger Kapellenbau mit ionischer Säulenstellung und Eingang von Osten. Die Korenhalle, deren Gebälk von sechs Karyatiden, Säulen in Mädchengestalt, getragen wurde, enthielt das Kekrops-Grab. Am Nordende stand die Halle mit dem Poseidon-Mal. Der Nike-Tempel stand rechts vom Aufgang, noch vor den Propyläen, auf einer eigenen Bastion. Auf der Balustrade dieser Bastion lief ein Relief, das Bilder der beflügelten Siegesgöttin enthielt. Am Südostabhang der Akropolis befand sich dann das Odeion, in dem musikalische Wettbewerbe abgehalten wurden.

18

Die bildenden Künste des 5. und 4. Jahrhunderts knüpften an Kritios und Nesiotes an, die gegen Ende des 6. Jahrhunderts die Grundlagen des klassischen Stils gelegt hatten. Ihnen folgten Myron, Polykleitos, Pheidias und sein Schüler Alkamenes, und im 4. Jahrhundert Kephisodotos, Lysippos, Skopas und Praxiteles. Myron, ein attischer Bronzegießer um 460 v. u. Z., versuchte als erster die Darstellung starker körperlicher und seelischer Bewegungen, Polykleitos, Autor eines der ersten Lehrbücher der Ästhetik, *Kanon,* arbeitete meist in Gold und Elfenbein. Pheidias, in Athen gegen Anfang des 5. Jahrhunderts geboren, galt auch für das spätere Altertum als größter aller Bildhauer. Er arbeitete in Bronze, Marmor und Goldelfenbein und starb gegen 430. Alkamenes, den manche seiner Zeitgenossen noch höher schätzten als seinen Lehrer Pheidias, schuf Götterbilder aus Marmor, Bronze, Gold und Elfenbein. Sein Hermes Propylaios stand auf der Akropolis. Kephisodotos aus Attika, Lysippos aus Sikyon, Skopas aus Ephesus und Praxiteles aus Süditalien waren Zeitgenossen Alexanders des Großen. Lysippos durchbrach den klassischen Stil und versuchte, durch Verkleinerung des Kopfes und Verengung der Körperbreite seine Modelle schlanker und größer scheinen zu lassen. Alexander machte ihn zu seinem Hofkünstler und weigerte sich, irgendeinem anderen Bildhauer Modell zu stehen. Ein Merkmal seiner nackten Männerstatuen ist, daß sie nicht mehr mit ihrem vollen Gewicht auf der Erde ruhen, sondern sich in einem Zustand der Schwerelosigkeit zu bewegen scheinen. Durch Hervorstrecken der Arme oder Beine gab er seinen Skulpturen eine bis dahin unbekannte plastische Tiefe. Skopas war sowohl Architekt wie Bildhauer. Seine Figuren berühren uns als ernster, nachdenklicher, gewichtiger als die von Lysippos und Praxiteles, dessen Werk von der Philosophie des Sophismus beeinflußt war und Götter deshalb in weitaus menschlicherer Form darstellte, als es bisher üblich gewesen war. Er arbeitete fast ausschließlich in Marmor und erzielte eine für seine Zeit verblüffende Naturähnlichkeit.

Zugleich mit der Bildhauerei entwickelte sich die Architektur in Hellas. Oft waren die großen Architekten auch Bildhauer, und die großen Bildhauer auch Architekten. Tempel und öffentliche Bauten wurden oft einem einzigen Künstler in Auftrag gegeben, der sich dann seine Mitarbeiter aussuchte. Der aristokratische, klassische Stil, gekennzeichnet durch Ruhe und Massigkeit, hieß »dorisch«. Die Bauform, die sich in den ionischen Handelsstädten zwischen dem 6. und 5. Jahrhundert herausbildete, der »ionische« Stil, war leichter und beschwingter. Die Säulen sind schlanker und tragen auf den Kapitellen zierliche Voluten als Schmuck. Im 4. Jahrhundert entwickelte sich unter dem Einfluß der Händlerklasse ein noch dekorativerer, prunkhaft verzierter Stil, der nach der Handelsstadt Korinth »korinthisch« genannt wurde. Diese Formen waren keine Zufälle. Sie spiegelten die ökonomische Struktur ihres Zeitalters getreulich wider.
Hinter Perikles, dem Vater des »klassischen« Athen, stand nicht mehr das Schiffsgesindel des Ephialtes; hinter ihm stand die breite Schicht des neuen Mittelstandes: alle, die an einer expansiven Handelspolitik interessiert waren, selbst wenn diese zum Krieg führen sollte. Gegen ihn sprach das Proletariat auf der einen Seite, die Aristokratie auf der anderen. Denn die einen fürchteten den Krieg, die anderen sympathisierten mit der Führerschicht des Gegners: der Aristokratie Persiens und Spartas. Perikles taktierte klug, indem er dem Adel viele Geschenke machte, die ihn nichts kosteten, dem Volk dagegen konkrete Vorteile anbot. So führte er zum ersten Male eine staatliche Vergütung für gewählte Politiker ein, so daß auch die Ärmeren politische Ämter ausüben konnten. Er verteilte Land an Bedürftige und schrieb öffentliche Arbeiten aus, die nicht nur Künstler und Bildhauer, sondern auch Steinmetzen und Bauarbeiter zu seinen Freunden machten. Er teilte Geld für Theaterbesuche aus, verschenkte Getreide und stärkte die Macht der Ekklesia, der Volksversammlung. Militärische Führer wurden direkt von der Ekklesia gewählt und mußten sich in kurzen Abständen zur Neuwahl stellen. Damit fiel die Gefahr militärischer Entscheidungen ohne Volkszustimmung weitgehend fort, und gleichzeitig wurde die Gefahr der Militärdiktatur gebannt. Auf ähnlichem Wege wurden all jene Ämter kontrolliert, die besonders der Bestechung unterlagen.
Die Seepartei war aber innerhalb ihrer eigenen Reihen nach wie vor gespalten. Der Gerbermeister Kleon, der sich als Nachfolger des Ephialtes betrachtete, verlangte Spesenerhöhung für Beamte und trat gleichzeitig für eine aggressive Außenpolitik ein, vor allem Sparta und Persien gegenüber, die er als Reaktionäre bezeichnete. Der konservative Flügel der Partei verlangte dagegen Frieden mit Sparta und lehnte jede weitere »Verwöhnung« des Volkes ab. Schließlich einigten sie sich miteinander gegen Perikles und erhielten hierbei sogar die Unterstützung der Agrarpartei. Statt Perikles direkt anzugreifen, beschuldigten sie anfangs nur seine besten Freunde. Dem Bildhauer Pheidias warf man Veruntreuung von Elfenbein und Gold bei der Ausschmückung des Parthenon vor, dem Philosophen Anaxagoras Gottlosigkeit, und der Aspasia, der Geliebten des Perikles, Unzucht. Kleon trat als Ankläger auf und beschuldigte Perikles, den Krieg mit Sparta aus persönlichen Motiven, das heißt zur Bereicherung durch

Kriegsgewinn, anzustreben. Die Agrarpartei griff ihn vor allem deshalb an, weil sein strategischer Plan die Preisgabe der Landbevölkerung bedeutete. In Wahrheit fürchtete Perikles, als Vertreter der wohlhabenden Händlerklasse, vor allem die Konkurrenz der Handelsstädte Korinth und Megara, die mit Sparta paktierten. Sein Kriegsplan erkannte sehr richtig, daß Athen zu schwach war, Sparta in einer Landschlacht zu begegnen, daß Sparta aber von der See aus verwundbar war. Also schlug er vor, den Krieg ausschließlich zur See zu führen, selbst auf das Risiko hin, daß der Feind nach Attika einmarschieren sollte.

Dies geschah prompt. Unter Führung des Spartanerkönigs Archidamos fielen Spartas Verbündete sengend und brennend in Athens Landbezirke ein. Es war Hochsommer, das Getreide stand reif auf den Feldern. Der eingedrungende Feind vernichtete die Ernte, holzte Oliven und Weinstöcke ab, plünderte die Bauernhäuser, vergewaltigte die Frauen, und ließ auch die Kinder nicht unverschont, denn Kinder galten gerade in dieser Blütezeit der athenischen Kultur als beliebte Sexualobjekte.

Auf Perikles' Rat war die Landbevölkerung in die Stadt geflüchtet und hatte das Vieh auf die Inseln gebracht. Aber nicht alle waren dem Rat gefolgt – Bauern verlassen nur ungern ihr Land –, so daß nun diejenigen, die sich in Athen versammelt hatten, von der Akropolis aus sehen konnten, wie ihre Heimstätten verwüstet wurden. Außerdem brach in der überfüllten Stadt, wo die Flüchtlinge in Zelten, Tempeln und Festungstürmen kampierten, die Pest aus. Die Menschen starben massenweise auf den Straßen, die Stadt füllte sich mit Leichen, die man nicht rechtzeitig beerdigen konnte. Der ganze Zorn richtete sich gegen Perikles, dem man die Schuld an allem gab. Die Landleute drohten mit Aufstand, wenn er nicht den Krieg beendete. Er weigerte sich und appellierte an ihren Patriotismus, aber ohne Erfolg, denn im Jahre 430 wurde er nach 15jähriger Amtszeit gestürzt und wegen schlechter Verwaltung staatlicher Mittel vor Gericht gestellt. Ein Jahr später starb er an der Pest.

Zwei Jahre darauf folgte ihm Kleon ins Amt des obersten Strategen. Als Führer der Agrarpartei stand ihm der wohlhabende, aristokratische Sklavenbesitzer Nikias gegenüber. Kleon führte den Krieg gegen Sparta noch aggressiver, als Perikles es getan hatte. Im Jahre 422 fiel er in der Schlacht von Amphipolis. Nikias kam zur Macht und schloß Frieden mit Sparta. In der zu dieser Zeit geschriebenen Komödie *Der Friede* preist Aristophanes die Freude, die diesen Entschluß begrüßte. Anstelle des »verfluchten« Speers nimmt jeder wieder die Hacke zur Hand und bearbeitet seinen Weinberg oder Olivenhain. Die athenischen Demokraten hatten die Interessen ihrer Bauern nicht beachtet. Das war der Hauptgrund für ihre Niederlage in dieser ersten Phase der peloponnesischen Bruderkriege.

Die Friedensbegeisterung dauerte nicht lange. In Athen gab es zu viele Bürger, die ihre Vermögensverhältnisse im Kriege verbessert hatten und deshalb auf eine Fortsetzung des Kampfes drangen. Alkibiades, ein Verwandter des Perikles, der nun die Führung der Demokraten übernahm, machte Stimmung für einen Angriff auf die kornreichen Länder des westlichen Mittelmeers – Sizilien, Italien, Phoinikien. Dieser Plan fand die

Zustimmung der Kriegsgewinnler. Als er katastrophal fehlschlug und das ganze Heer und die gesamte Flotte Athens dabei verloren gingen, fiel die Herrschaft wieder der Agrarpartei zu. Die Spartaner widerstanden jetzt aber jedem Friedensangebot, besetzten Attika, raubten und plünderten das Land leer, legten das Wirtschaftsleben lahm, verbündeten sich mit den Persern, bauten mit deren Finanzhilfe eine eigene Flotte und verursachten so den völligen Zerfall der Demokratischen Bewegung. In Athen tauchten Geheimbündler auf, die geschworen hatten, jeden Demokraten umzubringen. Im Jahre 411 gelang es ihnen, einen oligarchischen Umschwung herbeizuführen. Eine extrem reaktionäre, streng patriarchalische Verfassung wurde eingeführt, die »Ordnung der Väter«. Die Besoldung der politischen Ämter wurde aufgehoben, so daß nur noch die Wohlhabenden an die Regierung herankommen konnten. Die Verfolgung der Demokraten war so grausam, daß das Volk nach vier Monaten rebellierte und Alkibiades aus dem Exil zurückrief.

Zwar stellte er die Demokratie wieder her, aber gleichzeitig begann er den Krieg von neuem. Die Spartaner ihrerseits übernahmen nun die oligarchischen Geheimbünde als eine fünfte Kolonne innerhalb Athens, stürzten Alkibiades und vertrieben ihn nach Persien, wo er auf Betreiben Spartas umgebracht wurde. Wieder kam im Jahre 404 nach weiteren Niederlagen Athens dort die Oligarchie zur Macht. Das Regime der »30 Tyrannen« begann, das den Staat ohne Rücksicht auf irgendwelche Gesetze regierte und erbarmungslosen Terror ausübte. Wahre Treibjagden richteten sich gegen jeden Bürger, von dem man annahm, daß er auch nur potentieller Gegner des Regimes werden könne. Beschuldigungen waren gefürchtete Mittel zur Einziehung des Vermögens des Beschuldigten und der Bereicherung des Beschuldigers. Die Zahl der wahlberechtigten Bürger wurde auf 3000 beschränkt. Jeder, der nicht zu diesen 3000 gehörte, konnte hingerichtet werden.

Aber wie es in solchen Formen der Diktatur oft geht, brach bald innerhalb des Lagers der Tyrannen Streit aus. Sie versuchten sich gegenseitig aus der Liste der 3000 streichen zu lassen und brachten einander um. Nach acht Monaten marschierten die Demokraten, die nach Theben geflüchtet waren, in Attika ein und stellten im Jahre 401 die demokratische Verfassung Athens wieder her.

19

Der häufige Wechsel von Regierungen, die sich täglich verändernde Welt, dies alles spiegelte sich in der Philosophie der Griechen dieses Zeitalters wider. »Alles fließt«, schrieb Heraklit, »alles entsteht im Kampf.« Auch die Tatsache, daß der Mensch nun sein eigenes Schicksal zu kontrollieren begann und nicht mehr Spielball der Götter zu sein schien, spiegelte sich im Werk Heraklits: »Die Welt, eine und dieselbe aus allem, hat keiner der Götter gemacht.« Protagoras ging noch weiter und sagte, er könne von den Göttern weder behaupten, daß sie vorhanden seien, noch daß es keine gebe.

Wenig später tauchte in seiner Philosophie gar der revolutionäre Gedanke auf, daß selbst Sklaven Menschen seien; alle Menschen, sogar Frauen, seien vor dem Gesetz gleichzustellen.
Es ist kein Zufall, daß das Wort Philosophie (»Liebe zur Weisheit«) aus dem Griechischen kommt, denn diese Art des unverbindlichen, spekulativen Denkens über Natur und Menschheit ist die Tätigkeit einer von produktiver Arbeit freigestellten Intelligenz. Schon im Alten Orient, in Babylonien und Ägypten, hatte es Mathematik, Astronomie und rudimentäre Formen der Naturwissenschaft gegeben – meist als Geheimlehre der Priester. Die Griechen dagegen strebten etwas weniger Organisches an – eine Synthese von Dichtung und Wissenschaft, deren stilistische Form ebenso bestechend wie ihre Aussage sein sollte. Dies war die Philosophie. Die eigentliche wissenschaftliche Arbeit der griechischen Philosophen ist deshalb eher Nebenentwicklung als Hauptzweck gewesen, und diejenigen Philosophen, deren naturwissenschaftliche Leistung uns heute am bedeutendsten erscheint, waren nicht immer die, welche die Griechen am höchsten schätzten: Anaximenes (585 bis 528), der als erster die Theorie der unendlichen Materie aufstellte und mit dem Versuch, die Abstammung des Menschen vom Tiere nachzuweisen, Darwins Evolutionslehre vorwegnahm; Heraklit (Ende des 6. Jahrhunderts v. u. Z.), der die Dialektik der Natur nachwies; Demokrit (etwa 460 bis 370), der Erfinder der Atomlehre; die Sophisten des 5. Jahrhunderts, die aus Demokrits soziologischen Ansätzen die Grundlage der wissenschaftlichen Soziologie entwickelten; Epikur (341 bis 270), der »größte Aufklärer des Altertums«; Euklid (um 300 v. u. Z.), der Vater der Geometrie; Archimedes (um 287 v. u. Z.), der Begründer der Mechanik; Apollonios (um 200 v. u. Z.), der Erfinder der Zahlentheorie; Eratosthenes (275 bis 195), der Direktor der Bibliothek in Alexandria, der als erster die Triangulation zur Erdvermessung benutzte; Aristarchos (320 bis 250), der Entdecker des heliozentrischen Weltbildes, der die Größe und Entfernungen der Planeten fast genau berechnete; die späte Stoa mit ihrer Entdeckung des Menschen als Kosmopoliten und ihrer Erkenntnis des Sklaven als Ebenbürtigen.
Aber dies sind die Ausnahmen. Die Regel sah anders aus. Durch alle Hauptrichtungen der griechischen Philosophie läuft als wichtigster Einfluß der Kampf zwischen Aristokratie, dem sterbenden Gentiladel, und Timokratie, der neuen Machtschicht von Händlern und Fabrikanten. Im Weltbild des Adels und seiner ideologischen Anhänger erscheint die Menschheit stets als gespalten zwischen der Aristokratie der Wissenden und der großen Masse der Unwissenden. Früh macht sich deshalb bereits eine Tendenz zum elitären Geheimwissen, anfangs sogar zum aktiven Geheimbund der »Eingeweihten«, bemerkbar. Wir können dies ganz besonders deutlich bei den Pythagoreern finden, die sich von einer beachtlich hoch entwickelten Mathematiklehre immer tiefer in den Irrgarten der Zahlenmystik begaben und am Ende die Zahl zum göttlichen Wesen über die Welt erhoben, zum Symbol der aristokratischen Gesellschaftsordnung. Um 500 v. u. Z. machte ihre aristokratisch-konservative Politik sie bei den bürgerlichen Massen so unbeliebt, daß man wiederholt ihre Gebetshäuser verbrannte. Der Gründer der

Lehre, Pythagoras (etwa 580 bis 500) war von seinem Geburtsort, der Insel Samos, nach der süditalienischen Kolonie Kroton geflohen, als die Aristokratie durch Polykrates von Samos gestürzt worden war. Kroton schien ihm sicher, weil es als reaktionärste Kolonie Griechenlands galt. Aber auch dort kam nach einer Weile die Demokratie zur Macht. Daraufhin bildete Pythagoras aus seinen Schülern und Anhängern einen Geheimbund, der sich über ganz Hellas verbreitete und den unversöhnlichen Kampf gegen die Demokratie zum Ziel hatte. Um 500 v. u. Z. waren die Pythagoreer beim Volk so verhaßt geworden, daß man wieder einmal eines ihrer Versammlungshäuser in Brand steckte. Pythagoras soll dabei ums Leben gekommen sein.

Wenn es eine »offizielle« Schule des klassischen Athen gab, dann war es die der Sophisten, die als erste eine Art Gesellschaftswissenschaft propagierte und die Philosophie aus dem Kämmerlein hinaus auf den Marktplatz trug. Mit ihrer Bestrebung, Beweise und Gegenbeweise politischer Argumente wissenschaftlich zu gestalten, legte sie das Fundament der Logik. Einzelne Sophisten gingen mit ihrer Kritik der Gesellschaft bis zum Skeptizismus und der Infragestellung jedweder Sittengesetze. Ihnen widersprach die sokratische Schule, die vor allem von der Agrarpartei gedeckt, ja geradezu als eine Kampfideologie im Streit mit den Demokraten benutzt wurde. Dies war der eigentliche Grund der Hinrichtung des Sokrates während des demokratischen Regimes des Jahres 399 v. u. Z.

Ebenso wie die demokratischen Philosophen jener Zeit bewußt eine weltliche Orientierung anstrebten, entwickelte die mit der Aristokratie sympathisierende Philosophie den Gedanken einer überweltlichen, nur einer Aristokratie des Geistes zugänglichen Welt. Ihr Führer war der Sokratesschüler Platon (427 bis 347), der die Meinung vertrat, nur vollkommene Menschen könnten der Wahrheit nahekommen. Deshalb sei es Aufgabe des Staates, eine solche Aristokratie des Geistes heranzuziehen und ihr alle Macht zu übertragen. Die weltlichen Mittel zur Erhaltung dieser Aristokratie sollten von der arbeitenden Masse beschafft werden, da diese sowieso nicht der Erkenntnis fähig und deshalb nur zur Arbeit geeignet sei. Der »Idealstaat« Platons war also eigentlich ein gesäubertes Ebenbild der spartanischen Gesellschaftsordnung, mit der Platon als Aristokrat sympathisierte. Sicher ist es kein Zufall, daß Platon der Neffe des Kritias, des Oberhaupts der Dreißig Tyrannen, des reaktionärsten Regimes in der Geschichte Athens, war und daß sein Ruf als »Vater des Idealismus« auf den Gedanken zurückgeht, so wie sich der Adel vom Volk abhebt, so erhebe sich die Idee über die Materie.

Schüler Platons war Aristoteles (384 bis 322), der die perfekte philosophische Apologetik der Sklavenhaltergesellschaft schrieb. Ohne Sklaven, argumentierte er, könne keine Kulturgesellschaft bestehen. Der Sklave sei die beste Art des Eigentums und das vollkommenste aller Werkzeuge. Zu den »rechtmäßigen« Formen des Staats zählt er die Aristokratie, zu den »entarteten« die Demokratie. Besondere Aufmerksamkeit widmet er der Revolution und bespricht mit allen Einzelheiten die Mittel zu ihrer Verhütung. In seinem Idealstaat herrscht die Landwirtschaft, ganz im Sinne der Agrarpartei, während die arbeitende Masse nicht einmal Bürgerrechte hat.

Aus all diesen Idealisierungen des Gegners sprach die Verzweiflung über die Niederlage der eigenen Stadt, die man der demokratischen Regierungsform zuschrieb. Angeekelt von den vielen Kriegsgewinnlern, die trotz der Niederlage ihrer Stadt reich geworden waren, folgerten viele Athener, daß eine Partei, die diese Menschen unterstützte und von ihnen unterstützt wurde, nichts taugen könne. Überall im besiegten, kranken Athen bauten sich Getreidehändler, Lieferanten und Wucherer neue Prunkhäuser in jenem bereits erwähnten Barockstil der Antike, den man »korinthisch« nannte. Seine prunkhaft dekorativen Elemente verärgerten die Anhänger des klassischen Stils ebenso wie die Sitten dieser Neureichen. Auf der anderen Seite der gesellschaftlichen Skala konzentrierte sich in der Stadt die Masse der ruinierten Kleinbauern. »Nur ein Gedanke beherrscht sie«, schrieb Isokrates (436 bis 338). »Wo bekomme ich mein täglich Brot her?« So mußte es früher oder später zu dem Aufstand kommen, den Aristoteles befürchtet hatte.
Er begann in Korinth im Jahre 392. Scharen von landlosen Bauern und anderen Kriegsopfern erhoben sich gegen die Adligen, töteten Reiche und Aristokraten und verkündeten eine neue Ordnung. Die Unruhe verbreitete sich nach Argos, wo die Aufständischen etwa 1400 Wohlhabende mit Knüppeln erschlugen. Nach dem Worte *Skytalon,* »Knüppel«, nannte sich diese Bewegung *Skytalismus.* Bald verbreitete sie sich über den ganzen Peloponnes. Die herrschende Klasse schlug mit aller Kraft zurück und wurde der Bewegung nach einigen Jahren Herr. Der folgende Terror war besonders hart in Theben, wo Ismenias, der Vorkämpfer der thebanischen Demokratie, ihr zum Opfer fiel.
Als die Makedonier aus den Bruderkriegen der Griechen Gewinn zogen und ihre Hegemonie über ganz Griechenland ausdehnten, gaben sie deshalb überall das Versprechen ab, die Interessen der Wohlhabenden zu schützen. Das Privateigentum sollte unantastbar sein. Landverteidigung, Schuldenerlaß und Befreiung von Sklaven wurde verboten.
In der nun folgenden Welt Alexanders des Großen drückte am deutlichsten die Philosophie der Kyniker die Widersprüche der gesellschaftlichen Lage aus. Einerseits erreichte in ihren Lehren die Gesellschaftskritik die höchste und aggressivste Stufe in der Geschichte der griechischen Philosophie. Andererseits schlossen sie aus der vernichtenden Niederlage, die jeder Versuch des Aufstandes gefunden hatte, daß es nur einen Ausweg gebe: völlige Verachtung der Gesellschaft und Rückzug in völlige Anspruchslosigkeit – eine Bewegung, die sich in vieler Hinsicht mit dem Underground unserer Zeit und den Bestrebungen der Hippies vergleichen läßt. Der Begründer der kynischen Schule war Antisthenes (etwa 440 bis 366), ein »ungesetzlich Geborener«. Was er und seine Anhänger lehrten (die bekanntesten waren Diogenes und sein Schüler Krates, beide Zeitgenossen Alexanders), fand großen Anklang bei den breiten Volksmassen, sowohl bei Freien wie bei Sklaven. Die Kyniker verspotteten die Jagd nach Reichtum, Luxus und politischer Macht, lehnten jeden Anspruch des Staates auf die Persönlichkeit des Individuums ab und verzichteten auf alle überflüssigen Utensi-

lien. Als Diogenes entdeckte, daß er ohne Eßschale immer noch essen konnte, zerschlug er sie, seinen einzigen Besitz. Er lebte nackt in einem Faß, weshalb ihn seine Feinde *kyon,* »Hund«, nannten. Daraus entstand als Spottname seiner Lehre das Wort *Kynismus* (im deutschen Sprachgebrauch mit ganz falschen Anklängen als »Zynismus« bekannt).

Droysen hat jene Periode der griechischen Kultur, die mit Alexander dem Großen (336 bis 323) begann und mit Augustus (31 v. u. Z. bis 14 u. Z.) endete, »Hellenismus« benannt. Er verstand darunter die Durchdringung anderer Kulturen mit griechischem Kulturgut und das Einsickern orientalischer Kulturelemente in den europäischen, insbesondere den griechischen Kulturkreis. Wie alle anderen Kulturbewegungen bleibt auch der Hellenismus unverständlich, wenn wir ihn nicht im Zusammehang mit den wirtschaftlichen, gesellschaftlichen und politischen Strömungen sehen, die dieses Zeitalter kennzeichneten und seine Kultur prägten, im Zusammenhang vor allem mit der wachsenden Bedeutung Vorderasiens und Ägyptens, die dazu führte, daß sich die Handelswege nach Südosten verlagerten und neue Zentren entstanden, die den Handel in ihre Hände nahmen – Alexandria, Rhodos, Pergamon. Die Verarmung in den griechischen Stadtstaaten, die hierdurch einen großen Teil ihres bisherigen Einkommens verloren, führte zu immer heftigeren Zusammenstößen zwischen arm und reich. All dies verurteilte gerade die höchstentwickelten Poleis dazu, eine immer kleinere Rolle innerhalb des Alexandrinischen Reichs zu spielen.

Im Gegensatz dazu erwiesen sich rückständigere Staaten, in denen die inneren Gegensätze noch nicht so stark zum Ausdruck kamen, als lebensfähiger und standhafter – so das Ptolemäerreich in Ägypten, das Reich der Seleukiden in Vorderasien, das Antigonidenreich in Makedonien, das Königreich Pergamon und vor allem Rom. Selbst das kleine Inselreich Rhodos schnitt hierbei besser ab als das große Athen. Zwischen Kleinasien, Syrien, Ägypten und den griechischen Inseln gelegen, wurde es zum wichtigsten Vermittler zwischen den hellenistischen Handelszentren. Die einzige Konkurrenz, Tyros in Phoinikien, war von Alexander zerstört worden. An seiner Stelle entwickelte sich Rhodos nun im 3. Jahrhundert zum Handelsknotenpunkt im Transitverkehr. Die wichtigsten Umschlagprodukte waren Getreide, Wein und Sklaven. Der Warenumschlag war größer als in den größten Häfen Griechenlands zur Zeit ihrer Blüte. Neben Handel betrieb Rhodos ausgedehnte Geldgeschäfte. Selbst die Könige anderer Länder nahmen hier Anleihen auf. Da Rhodos völlig vom freien Handel abhängig war, bemühten sich seine Staatsmänner und Juristen um Schaffung eines internationalen Handelsrechts und leisteten besonders wichtige Beiträge zur maritimen Rechtsprechung des Altertums.

Wie im Westen, so lösten auch im Osten die neuen hellenistischen Städte überall die alten Metropolen ab. Antiochia übernahm die einstigen Funktionen von Sidon, Tyros und Babylon. Alexandria ersetzte Memphis und Theben. Pergamon übernahm den Handel und einen großen Teil des Gewerbes von Ephesos und Milet. Der äußere Anblick der neuen Städte zeugte von einer hochentwickelten Planungstechnik. Oft waren mehrere ältere Siedlungen zu einer neuen von großem Umfang zusammenge-

schmolzen. Dabei wurden zentrale Plätze und Häuserviertel mit staatlichen und öffentlichen Gebäuden neu errichtet. Wasserleitungen, Springbrunnen, Badebassins wurden mit öffentlichen Mitteln gebaut. Riesige Theater für Zehntausende von Zuschauern entstanden. Gymnasien von höchster funktioneller Durchdachtheit fanden bis zur Neuzeit kein Ebenbild. Museen und Bibliotheken wandten sich direkt an die Masse, stellten aber gleichzeitig Studienplätze für die berühmtesten Wissenschaftler des Zeitalters dar. Im Museum von Alexandria erhielten die Gelehrten von den Ptolemäerkönigen fürstliche Gehälter und freie Verpflegung. Wie es in Athen üblich gewesen war, unterrichteten sie in Säulenhallen und schattigen Alleen. In der Bibliothek zu Alexandria wurden Hunderttausende von Handschriften aufbewahrt. Zahlreiche Gelehrte waren damit beschäftigt, die alten Handschriften des Westens und Ostens zu kopieren und zu übersetzen. Die Bibliothek von Pergamon übertraf in mancher Hinsicht noch die alexandrinische, aber als Stadt galt Alexandria für unübertroffen im ganzen hellenistischen Reich.
Von zwei Fernverkehrsstraßen durchschnitten, bestand die Stadt aus breiten, geraden Straßen von bis zu sechs Kilometer Länge. Pflasterung, Wasserleitung, Straßenbeleuchtung, Parks, Säulenhallen, Theater, Pferderennbahnen und Stadien zeugen vom wohlgeordneten Leben der reichen Bürgerschaft. Durch besondere Pracht zeichnete sich der Teil aus, in dem die Königspaläste der Ptolemäer lagen. Er nahm rund ein Drittel des ganzen Stadtgeländes ein und vergrößerte sich stets, da jeder König sich einen neuen Palast bauen ließ, um in der Prunkentfaltung seinen Vorgänger zu übertreffen. Gärten, Gehege mit exotischen Tieren, Bäder und Gemächer für den Hofstaat grenzten an die Paläste an und bildeten mit ihnen zusammen den geschlossenen Bereich der königlichen Residenz.
Alexandrias wirtschaftliche Bedeutung zeigte sich am deutlichsten in seinen beiden hervorragend angelegten Häfen. Ihre größte Sehenswürdigkeit war der Leuchtturm auf einem Fels der Insel Pharos. Es war ein gewaltiger Bau von 200 Meter Höhe, mit weißem Marmor verkleidet. An seiner Spitze zündete man nachts ein Holzfeuer an, das, reflektiert von Metallspiegeln, weithin leuchtete. Seefahrzeuge erreichten eine solche Größe, daß mehrere tausend Menschen darin Platz hatten. Die Räume im Oberdeck, für die privilegierten Schichten bestimmt, waren luxuriös ausgestattet und boten den Passagieren mancherlei Unterhaltung, deren sich selbst moderne Passagierschiffe nicht zu schämen brauchten.
In der Kriegstechnik nahmen die mechanisierten Angriffs- und Belagerungsgeräte die wichtigste Stelle ein. Katapulte und sogenannte »Ballisten« schleuderten Wurfspieße und Steinkugeln, bis zu 32 Kilo schwer, über große Entfernungen. Demetrios Polioketes, König von Makedonien, benutzte bereits 305/304 bei der Belagerung von Rhodos mehrstöckige fahrbare Türme, bis zu 50 Meter hoch, denen nur wenige Befestigungen widerstanden. Den hohen Ansprüchen der hellenistischen Technik folgte die Wissenschaft. Es ist kein Zufall, daß Euklid, Archimedes, Apollonios, Eratosthenes und Aristarchos alle in dieser Zeit lebten und die Grundlagen der modernen Wissenschaft legten. Auch die Medizin begann zum erstenmal systematisch mit Sezierung und Narkose zu arbeiten.

Genau wie man im klassischen Hellas die Philosophie gefördert und die Wissenschaft vernachlässigt hatte, förderte man nun die Naturwissenschaft und vernachlässigte die Philosophie. Mit Ausnahme von Epikur und den Stoikern hat die hellenistische Zeit keinen Philosophen von Format hervorgebracht. Ebenso war die schöngeistige Literatur zwar sehr umfangreich, doch mit einzelnen Ausnahmen nicht von hohem Wert. Große Verbreitung fand die Lyrik, die zum ersten Male intensiv das Thema des stadtmüden Menschen auf der Suche nach der »unverdorbenen« Natur anschlug. Hauptzentrum dieser Richtung war Alexandria, wo die Lyriker aus allen Ländern der hellenistischen Welt zusammenströmten. Theokrit aus Sizilien, der größte Dichter des 3. Jahrhunderts v. u. Z., verbrachte hier einen Teil seines Lebens. Er schrieb Lieder, Elegien, Iamben, Epigramme, vor allem aber bukolische Idylle, die den Reiz des Landlebens preisen.
Die bildende Kunst des Hellenismus wurde einerseits vom Hang zum Monumentalen (Gigantomachie von Pergamon, 120 Meter langer Altar; Koloß von Rhodos, 30 Meter hoch, aus Bronze gegossen) und andererseits vom Manierismus bestimmt. Das Prunkhafte, Dekorative, aber auch das Verzerrte, Gequälte, Leidenschaftliche beherrschte die künstlerische Landschaft (Laokoon-Gruppe).
Die hellenistische Kultur zog fast die gesamte fortgeschrittene Menschheit der Mittelmeergebiete vom 3. bis 2. Jahrhundert v. u. Z. in ihren Bann. Sie wirkte auch in den folgenden Jahrhunderten weiter, als das Zentrum des politischen Lebens sich nach Rom und von dort aus weiter nach Westen verlagerte. Allmählich sich wandelnd, blieb sie in den Ländern des Vorderen Orients auch in der folgenden Epoche der Menschheitsgeschichte, dem Mittelalter, am Leben. Zu dieser Zeit wurde sie, in abgewandelter Form, von den Völkern des Orients, an deren Spitze die Araber standen, übernommen. Das befähigte die Araber, längere Zeit hindurch die kulturelle Hegemonie in der europäisch-asiatischen Welt auszuüben.

21

Der kennzeichnende Aspekt des Zeitalters war das wachsende Mißtrauen gegen einige der grundsätzlichen Prämissen des Patriarchats, vor allem der Autorität, der Leistung, der »natürlichen« Überlegenheit des Mannes, der »natürlichen« Unterschiede der Menschen (zum Beispiel zwischen »geborenen« Sklaven und »geborenen« Herren), der Notwendigkeit, berechtigte Wünsche im Interesse des Staates zu unterdrücken, vor allem aber gegenüber der »natürlichen« Überlegenheit der städtischen Gesellschaft. So tauchte dann auch prompt der Verdacht auf, daß der ökonomische Fortschritt mit einem zu hohen Preise bezahlt worden war.
Wir erwähnten bereits, daß die Lyrik zum ersten Male in der Geschichte der Menschheit das Thema des stadtmüden Menschen auf der Suche nach der »unverdorbenen« Natur berührt hatte. Das ist eine Tatsache von kaum zu überschätzender Bedeutung. Sie besagt, daß nur wenige Jahrhunderte nach dem Triumph der neolithischen Revolution ihre Errungenschaften von den

sensibelsten Mitgliedern der westlichen Gesellschaft in Frage gestellt wurden. Wie die Legenden vom verlorenen Paradies bereits bekundet hatten, ist der Zweifel an dem Kurs, den die Menschheit – zumindest die der Alten Welt – eingeschlagen hatte, also fast so alt wie dieser Kurs selbst.

V
Das Patriarchat in Hellas: Der sexuelle Überbau

Nicht ist die Mutter ihres Kindes Zeugerin,
Sie hegt und trägt das auferweckte Leben nur:
Es zeugt der Vater ...
Denn Vater kann man ohne Mutter sein. Beweis
Ist dort die eigne Tochter des Olympiers Zeus,
Die nimmer eines Mutterschoßes Dunkel barg ...
Aischylos

1 Soziale Basis und sexueller Überbau

Wir haben nun die ökonomische und soziale *Basis* des griechischen Patriarchats zu belegen versucht und wollen uns jetzt ihrem sexuellen *Überbau* zuwenden. Die bürgerliche Sexualwissenschaft hat dieses Thema nicht besser behandelt als die bürgerliche Geschichtswissenschaft. Was es an bürgerlichen Schriften über das Sexualleben der Antike gibt, besteht aus drei Hauptgruppen: 1. Bücher, die die »saftigen« Stellen der griechischen und römischen Autoren zusammentragen, um den Leser aufzugeilen; 2. Werke homoerotischer Autoren, die in offener oder verschlüsselter Form Bestätigung ihrer eigenen Neigung suchen, indem sie zitieren, wie »anders« die Alten über dieses Thema dachten; 3. Werke sadomasochistischer Autoren, die für sich und andere ihrer eigenen Neigung das Material der Antike über sexuelle Grausamkeiten (besonders Bestrafung von Sklaven und Sklavinnen) zusammengetragen haben.

Ich will nicht bestreiten, daß es einige sprachwissenschaftliche, mythologische und psychoanalytische Studien des Sexuallebens der Antike gibt, von denen ich profitiert habe. Aber der überwältigende Teil des Materials, das ich durchkämmen mußte, um zumindest sicher zu sein, daß ich keine wichtigen Informationsquellen verpaßt hatte, war Kolportage: Sammelsurien inkohärenten Materials – manchmal, wie bei Licht, beachtlichen Ausmaßes –, aber doch eben nur Kolportage, weil überall das einzige fehlt, was diese Bücher zu wissenschaftlichen Werken gemacht hätte: die Erklärung, *wieso* sich die Griechen in dieser oder jener sexuellen Hinsicht anders als andere Völker verhielten.

Wer allein das Pittoreske des griechischen Sexuallebens hervorkehrt und es

mit der Faszination des Exotischen präsentiert, geht an der Hauptaufgabe des Sexualwissenschaftlers vorbei: an der Suche nach den *Gründen* des Sexualverhaltens. Hier kann nur die sorgfältige, mühsame Analyse der gesellschaftlichen Basis des Sexuallebens (vor allem die Untersuchung der *Evolution* dieser Basis und ihrer stetigen Veränderungen) die oft unbewußten Motive des sexuellen Verhaltens aufdecken. Erst wenn sich das Sexualverhalten der Griechen aus der geschichtlichen Entwicklung ihrer Ökonomie erklären läßt, haben wir den Beweis, daß der Forscher ernste Arbeit geleistet hat. Alles andere ist bürgerliche Oberflächlichkeit.
Ich beginne diese Untersuchung mit den sexuellen Aspekten der Sklaverei, weil sie mir die wichtigsten, die traumatischsten des griechischen Sexuallebens zu sein scheinen. Das patriarchalische Konzept von der »Freiheit des Individuums«, an dessen Illusionen wir bis zum heutigen Tage leiden, stammte von der Freiheit des Steppennomaden ab, seine Familie unbehindert auszubeuten. Denn im Gegensatz zu den Bürgern der orientalischen Despotien, denen es im materiellen Sinne besser ging als den meisten Griechen der fünf Jahrhunderte zwischen 1300 und 800 v. u. Z., empfand der Grieche sich als Gleichberechtigter unter Gleichberechtigten, als Ebenbürtiger unter Ebenbürtigen. Und da er das, als diese indoeuropäischen Hirtenvölker sich auf ihren langen Marsch zur Eroberung der Ägäis begeben hatten, tatsächlich gewesen war, vermeinte er, es auch noch zu sein, nachdem sein Volk in Griechenland seßhaft geworden war. Daß seine Freiheit bereits in Asien nur auf Kosten seiner Frau und Kinder möglich gewesen war und daß sie nun nur auf Kosten seiner Sklaven möglich wurde, beunruhigte ihn nicht, weil er sich dieses Zustands überhaupt nicht bewußt war. Frau und Kinder waren Teil seiner selbst: sie wurden nicht als separate Individuen empfunden; der Sklave andererseits war nur ein *Ding,* eine Arbeitskraft auf dem Niveau der Ochsen, und wurde deshalb nicht als ausgebeutet empfunden, da er überhaupt nicht als menschliches Wesen ins Bewußtsein des »freien« Griechen eintrat. Und so geschah es also, daß diese Griechen, die tiefste Verachtung für die Unfreiheit der Bauern Ägyptens und Mesopotamiens empfanden, ihre Familien und Sklaven intensiver ausbeuteten als die orientalischen Despoten ihre wehrlosesten Feldbauern.

2 Patriarchat und Sklaverei

Die ersten Sklaven des Patriarchats waren die Ackerbauern in der Umgebung jener kretischen Kolonien im Südzipfel der Balkanhalbinsel, die von der Vorhut der Achaier erobert worden waren. Da diese Bauern sich aber nicht schnell genug vermehrten, um genügend Nahrungsüberschuß für die Griechen zu erzeugen, waren diese gezwungen, andere Quellen der Arbeitskraft anzuzapfen. Die erste war der Krieg, der in diesen Jahren weniger der Landeroberung als dem Menschenraub diente. Meist wurden die Männer getötet, die Frauen und Kinder jedoch mitgeschleppt. Die zweite Quelle war der Sklavenhandel. Die dritte war nicht etwa Schuldversklavung, denn die begann erst mit der Entwicklung der *Poleis,* sondern die natürliche Fortpflanzung, und zwar nicht die der Ackerbauern, sondern die der eigens zu diesem Zweck angeschafften Sklaven und Sklavinnen.

Da Sklaverei nicht als Strafe, sondern als das normale Los des Schwächeren betrachtet wurde, gab es keinen Grund, den Sklaven ihren Geschlechtsverkehr zu verbieten. Im Gegenteil, es lag im Interesse des Besitzers, daß seine Sklaven so viele Nachkommen wie möglich hinterließen, denn all diese potentiellen Arbeitskräfte gehörten ja ihm. Nur durfte das Gebären und Kinderaufziehen natürlich nicht auf Kosten der Arbeitsleistung gehen. Die Zahl der Kinder in den Wohnquartieren der Palastsklavinnen von Mykene, Pylos und Tiryns war deshalb kaum kleiner als die der Frauen.

Schließlich paarten die Griechen selber sich fast ausschließlich mit Sklavinnen, da ihnen nur wenige andere Frauen zur Verfügung standen. Ob Tritsch recht hatte, als er diese Verbindungen »Ehe« nannte, will ich dahingestellt sein lassen. Aber er hatte sicher nicht unrecht, als er von der Dauerhaftigkeit mancher dieser Verhältnisse sprach und unter Beweis stellte, daß die Töchter solcher Verhältnisse (über die Söhne wissen wir nichts) unfrei blieben. Im Gegensatz zu dem späteren kretischen Recht (Gesetz von Gortyn, um 475 v. u. Z. niedergeschrieben), wonach das Kind frei war, wenn es im Hause eines freien Vaters lebte, waren die Töchter der Griechen von Mykene, Pylos und Tiryns also Sklavinnen.

Die Kargheit der Information über das Sexualleben nicht nur der Sklaven, sondern aller unteren Stände Griechenlands wird bezeichnenderweise gerade von denjenigen bürgerlichen Forschern besonders beklagt, die sich die Erforschung dieser Stände zur Aufgabe gemacht haben. Joseph Vogt, der das größte westdeutsche Forschungsprojekt der Nachkriegszeit über den Status der Sklaverei im Alten Hellas ins Leben gerufen hat, sagt deshalb in seiner Arbeit *Von der Gleichwertigkeit der Geschlechter bei den Griechen* (Veröffentlichungen der Akademie der Wissenschaften und der Literatur in Mainz, Abhandlungen der Geistes- und Sozialwissenschaftlichen Klasse, Jahrgang 1960, Nr. 2): »Es wird kaum zu sprechen sein von den kleinen Leuten, von Bauern und Fischern, Handwerkern und Krämern, kurz von jenen Armen, wie Aristoteles sagt, die keine Sklaven haben, so daß den Frauen das Recht zufällt, allein auszugehen, und die Männer als Begleiter nur ihre Frauen und Kinder zur Verfügung haben.«

Wir müssen sehr deutlich unterscheiden zwischen den geschundenen Sklaven der Bergwerke und Steinbrüche, den Feldsklaven, Handwerkssklaven, Staatssklaven und Haussklaven, zwischen der Sklaverei des Mannes und der der Frau. Die Gruppe, die im ökonomischen Sinne die unwichtigste von allen war, ist für das Thema dieses Buches eine der wichtigsten: die Frauen, die als Mätressen ihrer Besitzer gekauft wurden, sich ihre Freiheit erschmeichelten oder erkauften, und als Hetären einen bleibenden Einfluß auf das Kulturleben ganzer Generationen ausübten; aber auch die Knaben und Männer, die in ähnlicher Weise als Sexualpartner päderastischer oder homosexueller Männer gekauft wurden, stadtbekannte Karrieren als *eromenoi* und *erastai* machten oder ihre Dienste als freie oder halbfreie Kinäden anboten.

Dies ist besonders interessant, weil es einen so drastischen Bruch mit den Solonischen Gesetzen bedeutet. Denn Solon (640 bis 561) hatte den Geschlechtsverkehr zwischen männlichen Bürgern und männlichen Sklaven unter Androhung der schwersten Strafen untersagt, da er homosexuellen Verkehr nicht, wie in der bürgerlichen Welt, als schandbar, sondern im Gegenteil als die einzig ehrenhafte Form des Geschlechtsverkehrs innerhalb der herrschenden Klasse betrachtete und eben deshalb verlangte, daß er nur zwischen Edlen stattfände. Eines der schwersten Vergehen, dessen ein Sklave sich zur solonischen Zeit schuldig machen konnte, war also der Verkehr mit einem freien Athener. Denn von einem Sklaven konnte der Bürger nichts als Niedrigkeit, Feigheit und Sklavensinn in den After gespritzt bekommen. Deshalb war den Sklaven auch der Zutritt zu den Palaistren, den Ringschulen, verwehrt, da man dort nackt übte und die meisten Beziehungen zwischen Männern und Knaben hier angeknüpft wurden.

Im Laufe der Zeit geschah es aber, daß die gesamte Prostitution in den griechischen Stadtstaaten in die Hände der Sklaven, der ehemaligen Sklaven und ihrer Kuppler geriet, und zwar sowohl die heterosexuelle als auch die homosexuelle Prostitution. Während man bei dem homosexuellen Verkehr aus »Liebe« noch weiterhin die Fiktion aufrechterhielt, daß er nur zwischen »Edlen«, also zwischen Männern und Knaben der Aristokratie, stattfinden dürfe, hatte man sich im bezahlten Verkehr längst daran gewöhnt, daß der Partner des Kunden fast stets ein Sklave oder ehemaliger Sklave war. Damit brach aber das Ethos der Herrenklasse zusammen. Denn wenn man die »Unedlen« zur Befriedigung des eigenen Geschlechtstriebs benötigte und ihnen hierfür sogar Geld bezahlte, konnten sie nicht gar so unedel sein. In den Bordellstraßen der griechischen Städte wurde also der Anspruch der Herrenrasse auf ihr Herrenrecht zu allererst begraben.

Aber schon Jahrhunderte früher, spätestens zur homerischen Zeit, hatte die Fassade zu bröckeln begonnen. Denn überall in der *Ilias* und der *Odyssee* lesen wir von sexuellen Beziehungen zwischen Griechen und Nichtgriechinnen, zwischen »Helden« und Sklavinnen. Fast jeder der wackeren Kämpfer hat zusätzlich zu der Ehefrau, die er zu Hause gelassen hat, mindestens eine Sklavin, mit der er sein Lager teilt. Agamemnon, der Oberfeldherr, hat einen ganzen Harem solcher Frauen. Wenn Achill verärgert ist, bietet ihm Agamemnon gleich sieben Sklavinnen auf einmal an. Wenn Kalchas, der Hohepriester, dagegen von Agamemnon verlangt, daß er eine seiner Sklavinnen, Chryseis, als Sühneopfer an deren Vater zurückgebe, damit die Plage, die das griechische Heer verwüstet, endlich aufhöre, holt sich Agamemnon zum Trost die Mätresse des Achill, Briseis. »Unglücklich ging das Mädchen mit ihm«, sagt Homer.

Es ist bezeichnend für den Mangel an Respekt und Verantwortung, den die Griechen diesen Mädchen gegenüber empfanden, daß selbst Homer, der ihr Schicksal beschreibt, kaum Zeit findet, sie als menschliche Wesen darzustellen. Die eine sei hübsch, die andere weniger hübsch gewesen, ist alles, was wir erfahren. Selbst die namenlosen Sklavinnen, die nicht mehr jung genug sind, um als Mätressen ihrer Herren zu dienen, haben mehr Profil, zum

Beispiel die Sikelerin des Laertes, die Kornmahlerin aus dem Hause des Odysseus und, in der *Ilias,* die greise Spinnerin der Helena. Es ist, als ob aus den Zeiten des Mutterrechts doch so viel von dem alten Respekt für die Mutter übriggeblieben sei, daß der Dichter seine Verachtung für das Sklaventum und sein mangelndes Interesse an der Individualität der Frau überwindet. Deshalb bleiben uns aus dem Heer von homerischen Sklavinnen eigentlich nur die älteren Frauen im Gedächtnis, besonders die Ammen. Man fühlt sich vorversetzt in die Zeit der »black mammy« einer anderen Sklavenkultur. Stets ist es das mütterliche Wesen, das aus der Reihe der üblichen Sklavinnen herausragt und als Mensch vom Dichter wahrgenommen wird. Geht es dagegen um schöne, junge Sklavinnen, so verliert der Dichter kaum Zeit, sie uns als Charaktere vorzustellen. Selbst Melantho, deren Jugend und Schönheit ausdrücklich vom Dichter gepriesen werden und der er mehr Platz als seinen anderen jungen Sklavinnen einräumt, verblaßt am Ende, so daß ihr Schicksal uns kaum noch berührt. Trotzdem lohnt es sich, diese Figur zu analysieren, weil sie uns viel über die Beziehungen zwischen der Sklavin und ihrem Herrn sagt.
Nach den Worten des Dichters behandelt Penelope Melantho gut, zieht sie auf, schenkt ihr Spielzeug und kann es doch nicht verhindern, daß sie mit einem ihrer eigenen Freier, Eurymachos, zu Bett geht. Ihr Konflikt mit Odysseus beginnt damit, daß er, als Fremdling verkleidet, die Sklavinnen aus dem Megaron zu Penelope schickt. Die über die Einmischung des Fremdlings mit Recht aufgebrachte Melantho schlägt vor, er solle selbst weggehen und in der Schmiede schlafen. Odysseus droht ihr, sich bei Telemachos zu beschweren, dem Sohn des Hauses, der »sie auf der Stelle in Stücke hauen werde«. Melantho beugt sich, aber wenn sie Odysseus später in den Gemächern der Penelope findet, bemerkt sie schnippisch, daß es sich nicht gehöre, den Frauen nachts nachzulaufen. Penelope sagt verärgert, daß sie Odysseus eingeladen habe und daß Melantho das auch selber wisse.
Man könnte denken, daß all dies doch eine gewisse Toleranz der Herrin gegenüber der Sklavin und eine gewisse Freiheit der Sklavin bedeute, ihre Meinung zu sagen. Das stimmt, aber es drückt eher Gleichgültigkeit als Toleranz aus. Homer führt nicht einen einzigen Fall an, in dem Melantho ungehorsam gegen Penelope gewesen wäre. Ein solches Vergehen erscheint ihm offenbar überhaupt nicht möglich. Der estnische Altertumsforscher J. A. Lencman sagt hierzu: »So beruht der Tadel an Melantho auf der Anschauung, daß eine Sklavin, zudem eine, die im Hause selbst geboren wurde, kein menschliches Wesen mit den Wünschen ist, die allen Menschen eigen sind, sondern ein Besitzgegenstand, der nicht die geringsten Rechte auf eine wie auch immer beschaffene Selbständigkeit besitzt ...«
Wenn Odysseus sie am Ende umbringen läßt, so ist es nicht, weil sie ihm widersprochen oder mit dem Freier seiner Frau ein Verhältnis unterhalten hätte, sondern weil sie seinen Feinden Dienste geleistet hat. Lencman sagt: »Nicht umsonst wird das Strafgericht über sie nicht durch Odysseus persönlich, sondern durch seine Untergebenen ausgeführt; die persönliche Einmischung im vorliegenden Fall hätte den Helden des Epos nur erniedrigen können. Eine solche Denkart setzt eine tief eingewurzelte Verachtung für die

Sklaven voraus« (*Die Sklaverei im mykenischen und homerischen Griechenland,* Wiesbaden, 1966, S. 298).

Nach der Eroberung einer Stadt wurden die Frauen versteigert. So entwikkelte sich die Sklavin zur Ware. In dem *Ajax* des Sophokles kaufen die Griechen bei der Überfahrt nach Lemnos Wein ein und bezahlen ihn mit Sklavinnen. Der Hauptumschlagplatz für Sklavinnen war Delos, wo die Anzahl der angebotenen Frauen sogar den *perikoles* genannten Markt in Athen überstieg. In beiden Märkten wurden die Kaufgeschäfte getätigt, als handle es sich um Rinder oder Gäule. Die Käufer griffen den Mädchen zwischen die Beine, um zu prüfen, ob sie noch Jungfrauen seien, betasteten die Brüste auf ihre Festigkeit, öffneten den Mund, um zu sehen, ob noch alle Zähne da seien, und ließen sich von den Händlern Zertifikate geben, daß die Ware gesund sei und im Falle von nachträglich entdeckten Schäden zurückgegeben werden könne.

Hatte der Mann erst einmal seine Ware gekauft, konnte er mit ihr machen, was er wollte. Über die sexuell demoralisierenden Effekte der Sklaverei ist viel geschrieben worden. Hier sei nur gesagt, daß die stillschweigende Erlaubnis, mit einer Frau alles machen zu dürfen, ohne daß sie selber dabei etwas zu empfinden brauche und ohne daß sie sich gegen Praktiken wehren kann, die ihr zuwider sind, eine Förderung von seelischer Kälte, Verdinglichung und Sadismus darstellt. Aber selbst wo ein Mann diesen Versuchungen widerstand und die Sklavin »nur« für »normale« Zwecke gebrauchte, war der korrumpierende Einfluß eines solchen Verhältnisses überall bemerkbar. Besonders übel wirkte er sich auf die Beziehungen zur Ehefrau aus, denn die meisten Männer, die Sklavinnen zum Geschlechtsverkehr kauften, waren bereits verheiratet.

In der Anklageschrift gegen die Hetäre Neaira sagt Pseudo-Demosthenes: »Wir haben die Hetären zum Vergnügen, die Nebenfrauen zu unserer täglichen Versorgung, die Ehefrauen zur Erzeugung rechtmäßiger Kinder.« Er hätte hinzufügen sollen: »Und für unsere kleinen Seitensprünge im eigenen Hause haben wir unsere Sklavinnen.« Denn es gab kaum einen Haushalt der herrschenden Klasse, in dem nicht zumindest eine Sklavin von dem Hausherrn oder seinen Söhnen als Bettgenossin benutzt wurde. Gingen aus einer solchen Verbindung Kinder hervor, so galt das als um so besser, denn sie vermehrten ja das Besitztum des Herrn: Es war billiger, Sklavinnen zu beschlafen, als neue Sklaven zu kaufen (Xen. *oik.* IX, 5).

In dem berühmten Eid des Hippokrates gelobt der Arzt, sich des Geschlechtsverkehrs mit Patienten, Frauen und Männern, Freien und Sklaven zu enthalten. Daraus geht hervor, daß es bei anderen Ärzten nicht unüblich war, die Gelegenheiten, die ihre Tätigkeit ihnen bot, zum Geschlechtsverkehr auszunutzen. Daß dies bei der Behandlung freier Patienten nicht geschehen sollte, leuchtete den Patienten ein. Daß der Arzt aber nicht einmal mit Sklaven und Sklavinnen, die von den Griechen als ihre prädestinierten Sexualobjekte betrachtet wurden, koitieren sollte, lief der Moral jener Zeit zuwider. Denn was selbst dem Ärmsten, der sich nur eine einzige Sklavin leisten konnte, erlaubt war, sollte dem Arzt doch eigentlich von selbst, also aus reiner Dankbarkeit gewährt werden. Hier stand Hippokrates mit seiner Gleichsetzung von Herr und Sklave also ganz allein. Weder die Frau des Arztes noch die irgendeines anderen Mannes, der ein Verhältnis mit seiner Sklavin unterhielt, hatte das Recht des Einspruchs. Aber sie konnte ihm natürlich die Hölle heiß machen. Und obgleich die Griechen der herrschenden Klasse keine Einwände gegen männliche Promiskuität hatten, verspotteten sie gern die ehelichen Folgen der Promiskuität. Plutarch gibt uns hierfür das Beispiel des Philosophen Gorgias (etwa 483 bis 375), der in Olympia eine großartige Rede über die Eintracht der Hellenen hielt, aber doch niemanden überzeugte, da er die täglichen Szenen zwischen seiner Frau und seiner Sklavin nicht zu schlichten vermochte.

In jenen Schichten der athenischen Aristokratie, in denen Ehebruch eher zur Norm als zur Ausnahme gehörte, dienten Sklaven und Sklavinnen nicht nur als Sexualpartner der Eheleute, sondern auch als deren Vertraute, als Alibi, als Überbringer von Nachrichten, als Hersteller sexueller Artikel, zum Beispiel von Masturbations- und Empfängnisverhütungsgeräten. Dies gab den Sklaven ein gewisses Maß an Kontrolle über ihre Herren, führte zu Erpressung und Bestechung und untergrub die Disziplin der vaterrechtlichen Gesellschaft. Wie es in einem solchen Haushalt aussieht, wo die Ehefrau ein Verhältnis mit einem ihrer Sklaven hat, den sie dann im Bett mit einer ihrer Sklavinnen findet, hat Herondas in der fünften seiner Miniamben geschildert. Ich zitiere die Übersetzung von Crusius. Bitinna ist die düpierte Herrin. Pyrriës ist ihr Sklavenaufseher. Gastron ist der Sklave, mit dem sie schläft. Amphytaie ist die Sklavin, mit der sie ihn gerade erwischt hat. Er steht mit entblößten Genitalien da. Bitinna zeigt mit ihrem Finger auf das sich senkende Glied.

Bitinna
He, sag mal, Gastron, ist das Dings da schon
So übersättigt, daß es dir nicht genügt,
Dich in meinem Bett zu tummeln, sondern daß du
Der Tochter Menons, Amphytaie, nachstellst?

Gastron
Ich, Amphytaie, der Tochter Menons? Hab ich
Die Frau auch nur gesehn? Mit den Haaren ziehst du
Den ganzen Tag Scheingründe herbei, Bitinna!
Ein Sklave bin ich, brauche mich, wie du willst,
Aber sauge mir nicht Tag und Nacht das Blut aus!

Bitinna
Oho! Was für ein Maul du auch noch hast!
Kydilla, wo ist Pyrriës? Ruf ihn her.

Pyrriës
Was gibt's?

Bitinna
Du sollst den binden. Stehst du noch?
Das Brunnenseil vom Eimer rasch gelöst!
zu Gastron
Bei Gott, wenn ich dich nicht zücht'ge zum Exempel
Fürs ganze Land, nimm an, ich sei kein Weib.
Einem Phryger ist das eben besser. Ich,
Ich selber, Gastron, bin an allem schuld,

Die ich dich zum Menschen unter Menschen machte.
Doch fehlt' ich damals auch – jetzt wirst du nimmer
In Bitinna eine Närrin finden, wie du
Dir einzubilden scheinst.
zu Pyrriës, der mit dem Seil herbeikommt
Bringst du es endlich?
Zieh ihm die Jacke vom Leib und binde ihn!

GASTRON
Nein, nein, kniefällig, Bitinna, bitt' ich dich.

BITTINA
Die Jacke vom Leibe, sag ich. Merken sollst du,
Daß du ein Sklave bist und ich drei Minen
Für dich erlegte. Verflucht sei jener Tag,
Der dich hierher geführt hat! – Pyrriës,
Nimm dich in acht. Ich sehe wohl, du tust
Dort alles eher als binden. Zusammen schnür ihm
Die Ellenbogen, zersäge sie mit dem Strick!

GASTRON
Bitinna, verzeih mir dies Vergehen!
Ich bin ein Mensch und habe gefehlt: doch wenn du
Je wieder mich dabei ertappst, daß ich
Was tue, das dir mißfällt, brandmarke mich.
Er blickt sie flehend an

BITINNA
Wirf Amphytaie solche Blicke zu,
Nicht mir! Mit der wälzt du dich ja herum,
Und mich traktierst du wie 'ne Fußmatte.

PYRRIËS
Die Fesseln sitzen.

BITTINA
Gib doch dem verdammten Kerl 'nen Lappen, Sklavin,
Das Schamgemächt zu bergen. So splitternackt
Darf er sich auf dem Markt nicht sehen lassen.

An einem anderen Ort, dem Kapitel über Sadismus und Masochismus im Patriarchat, habe ich auf die besonderen Formen des Geschlechtsverkehrs hingewiesen, die sich zwischen Herrn und Sklavin oder zwischen Herrin und Sklaven entwickeln müssen, wenn Leidenschaft so zwischen Lust und Rache, zwischen Hörigkeit und Strafe hin- und herpendelt. Hier sei nur erwähnt, daß das ohnehin komplizierte Verhältnis zwischen Herren und Sklaven noch weiter dadurch kompliziert wurde, daß jeder Grieche, der kein Geld mehr hatte, das zweifelhafte Recht besaß, sich selber als Sklave zu verkaufen, und daß Väter und Mütter, die in Schulden geraten waren, nur allzuoft ihre Kinder in die Sklaverei verkauften, was zu einem regen Interesse am Geschlechtsverkehr mit Minderjährigen führte.
Im sexualwissenschaftlichen Sinne könnte man den Sklaven des griechischen Patriarchats sowohl als Fetisch wie als Antifetisch der herrschenden Klasse bezeichnen. Da sowohl Fetischismus wie Antifetischismus stets Produkte der Entfremdung sind, wird derjenige Mensch meist zum Antifetisch, auf den die größte Verachtung der Gruppe fällt. Bei den Griechen waren dies die Sklaven. Da Fetischismus und Antifetischismus aber so eng verkup-

pelt sind wie Liebe und Haß, wurden die Frauen der Sklaven in dem gleichen Maße fetischisiert, wie deren Männer als Antifetisch wirkten. Der griechische Hetärenkult wird also nur dann verständlich, wenn wir uns daran erinnern, daß sich sowohl die Hetären wie die Prostituierten fast ausschließlich aus den Reihen der Sklaven rekrutierten. Was den Griechen an seinen Prostituierten und Hetären reizte, war einerseits der Geschmack des *Verbotenen,* andererseits, daß es hier eben keine Verbote gab: Mit seinen Sklaven konnte man alles machen, was man wollte.

Ich spreche trotzdem vom Geschmack des Verbotenen, weil der Geschlechtsverkehr mit den *männlichen* Sklaven jahrhundertelang so schwer bestraft wurde, wie die Griechen überhaupt zu strafen vermochten, und zwar bezeichnenderweise nicht nur der heterosexuelle Verkehr zwischen Sklaven und den *Frauen* der herrschenden Klassen, sondern auch der homosexuelle Verkehr zwischen Sklaven und den *Männern* der herrschenden Klasse. Sowohl die Beziehungen zwischen Herren und Sklavinnen wie die zwischen Herrinnen und Sklaven, von denen zwischen griechischen Päderasten und den Knaben der Sklaven ganz zu schweigen, waren also jahrhundertelang in höchstem Maße erotisiert. Besonders in Athen herrschte zwischen diesen Gruppen eine knisternde Spannung, die sich jederzeit in orgienhaften Paarungen, ebensogut aber auch in orgienhaften Züchtigungen mit stark sadomasochistischem Charakter entladen konnte.

3 Patriarchat und Frau

Die bürgerliche Geschichtsforschung hat weitgehend unterschlagen, in welch hohem Maße die patriarchalische Auffassung von der Frau bis zum heutigen Tage von der Frühgeschichte der Griechen geprägt worden ist.

Das Verhältnis zwischen einer erobernden Truppe und den Frauen des eroberten Volkes steht fast überall unter dem Schatten gegenseitiger Verachtung. Wo Vergewaltigung die Norm ist, können wir kaum hoffen, gegenseitiges Verständnis oder gegenseitigen Respekt vorzufinden. Als die Griechen in die Balkanhalbinsel einfielen und sich die Frauen der Ackerbauvölker aneigneten, kam aber ein erschwerender Faktor hinzu: sie machten die Frauen zu Sklaven. Wir haben bereits erwähnt, daß die Unfähigkeit des patriachalischen Griechen, die Frau als ebenbürtiges Wesen wahrzunehmen, auf diese traumatische Erniedrigung zurückgehen mag.

Andererseits hinterließen aber auch die Jahrhunderte der nomadischen Lebensführung, des Zusammenlebens von Männern mit Männern, ihre Spuren. Da die Tugenden, die diesen Nomaden während der entscheidenden Epoche ihrer Geschichte Erfolg gebracht hatten, Jugend und Kraft waren, wurde der Körper des kräftigen jungen Mannes zur Schlüsselfigur, die noch Jahrhunderte später einen gewissen Schlüsselreiz beim Manne auslöste. Auf die eigentümlichen Rollen, die Päderastie und Homosexualität in der Evolution des griechischen Patriarchats gespielt haben, wird noch zurückzukommen sein. Hier soll nur der Ursprung der griechischen Misogynie erklärt

werden, jene charakteristische Mischung von Frauenangst und Frauenhaß, die sowohl das Bild Griechenlands wie das des Patriarchats geformt hat. Überblicken wir die Perspektive des halben Jahrtausends von Homer bis zu Alexander, so finden wir kaum irgendwo in der Weltgeschichte eine konsequentere Ablehnung der Frau als hier bei den Vätern unserer Kultur. »Nichts ist scheußlicher doch, nichts unverschämter auf Erden als das Weib«, sagt Homer (*Od.* XI 427). Als der Kyniker Diogenes eine Frau an einem Ölbaum erhängt sah, rief er aus: »Mögen doch alle Bäume solche Früchte tragen!« Aphrodites wichtigste Gaben an die Frau seien »ihr Gequatsche, ihr Grinsen und ihre Tricks«, sagt Hesiod. Und an anderem Orte: »Laß dich nie vom Weib, dem arschrollenden, bezirzen, und auch nicht durch ihr schmeichelndes Geschwätz, das dich nur einfangen will!«
Einen breiten Raum nimmt in seiner wichtigsten Schrift, der *Theogonie,* die Erzählung von der Erschaffung der Frau ein (570 bis 612). Nachdem schon vorher (512) einmal kurz angedeutet worden ist, daß alles Elend durch sie in die Welt gekommen sei, gibt ihm nun die Geschichte von der Geburt der Pandora ausgiebige Gelegenheit, seine Überzeugung zu begründen, daß die Begriffe »Frau« und »Elend« identisch seien. Pandora wird von dem Schmiedgott Hephaistos, dem Ehemann der Aphrodite, aus Erde in Gestalt einer »sittsamen Jungfrau« gebildet und von den anderen Göttern mit allen erdenklichen Attributen der Schönheit ausgerüstet. Hesiod gibt zu, daß sie »ein Wunder zu schauen« sei, aber er kann an nichts anderes denken, als daß sie ja eben doch nur eine Frau und deshalb verhängnisvoll sei. Sie ist ein Unheil (570), ein schönes Unheil (585), ein raffinierter Trug, dem die Menschen erliegen (589).
Pandora wird zur Stammutter aller anderen Frauen, »und so kam das verderbliche Geschlecht der Weiber in die Welt, ein großes Übel für die Männer« (591). Hermes stattet sie mit »hündisch-schamloser Gesinnung und verschlagenem Sinne« aus (67), »mit Lug und Trug und schmeichelnd-betörender Rede« (78). Dann wird sie auf die Erde geschickt, wo sie von Epimetheus, dem törichten Bruder des klugen Prometheus, aufgenommen wird, der nicht ahnt, was er für ein Unheil damit heraufbeschwört (83 bis 89). Pandora öffnet die berühmte »Büchse«, aus der nun alles Elend und Leid auf die Menschen herausströmt, die doch bis dahin so glücklich gelebt hatten (90 ff.):

Von ihr stammt des Verderbens Geschlecht, die Scharen der Weiber,
Die zu gewaltigem Leid für sterbliche Männer geworden.

Ebenso wie bei Hesiod erscheint auch bei Platon die Frau nicht nur als späteres, sondern auch als minderwertiges Werk des göttlichen Schöpfungsaktes. Ursprünglich steckten nach Platon alle Seelen in männlichen Körpern. Diejenigen, die ihr Leben auf Erden ohne Tadel verbrachten, durften zu den Fixsternen zurückkehren, von denen sie gekommen waren. Die Seele aber, die es hierin fehlen ließ, mußte durch eine zweite Geburt wieder auf die Erde zurück, und zwar diesmal als Frau. Benahm sie sich dort allzu sinnlich, so wurde sie um eine weitere Stufe degradiert: sie wurde zum drittenmal geboren, diesmal als Tier.

»Wenn es ein Gott ist, der die Frau erfand, wo immer er sei, er wisse, daß er der unselige Urheber des höchsten Übels ist«, sagt Thukydides. Dazu soll Susarion, der erste attische Komödiendichter, gesagt haben, die Frauen seien ein Unheil, ohne das man allerdings keinen Haushalt gründen könne. Ebenso sagt Menander:

Ein bös' Gewächs im Leben ist das Weib;
als nöt'ges Übel aber kaufen wir es doch!

Man beachte: »kaufen«! Hier spricht am deutlichsten der Verfall des mutterrechtlichen Ethos in der Ära der Krämer. Ähnlich sehnt sich Euripides nach einer Welt, in der der Mann Kindersamen für Gold und Silber kaufen könne, damit er sich die Mühe der Paarung erspare. Und an anderer Stelle:

Ein Mittel gegen schlimme Frauen hat noch nie
Jemand erfunden: solch ein Übel sind die Frauen!

Und wieder Euripides:

Stets sind die Weiber hinderlich dem Wohlergehn
Der Männer, daß zum Schlimmer'n es sich wenden muß.

Oder Menander:

Drei Übel gibt's: Das Meer, das Feuer und das Weib!

An anderer Stelle:

Voll Übel eine Bürde ist dem Mann das Weib.

Der gleiche:

Ein Leid, das stets uns beiwohnt, ist das Weib.

Derselbe an anderem Ort:

Von Weibern nur stammt alles Übel, alles Leid.

Und zusammenfassend:

Wo Weiber sind, sind alle Übel beieinand'!

In der *Anthologia Graeca* (Appendix III, 192):

Das erste aller Übel aber ist das Weib ...

Bei Hesiod:

So hat Zeus die Weiber den Männern als Plage geschickt,
voll von bösen Plänen.

Bei Semonides:

Da sie nichts können als nur fressen,
sind sie den Männern das größte aller Übel.

Wie eine Zwangsvorstellung kehrt die Klage wieder, daß die Frauen einer guten Tat unfähig seien. Euripides läßt eine Frau von ihrem eigenen Geschlecht sagen:

Zu Edlem sind wir Weiber nicht im Stand, doch Schlechtigkeit,
Die setzen wir am schlau'sten leicht ins Werk.

Oder:

... Geboren sind wir ja
Als Weiber, zwar zu Edlem Unbefähigtste,
Doch allem Bösen schlau'ste Ränkeschmiedinnen!

Sokrates pflegte zu sagen, aus drei Gründen sei er dem Schicksal dankbar:

Erstens, weil er als Mensch auf die Welt gekommen sei und nicht als Tier. Zweitens, weil er als Mann geboren wurde und nicht als Frau. Drittens, weil er Grieche sei und nicht ein Barbar (FHG II, 334, 1 aus schol. Aristoph. pax 363; weitere Belege bei Müller). Hermippos gibt an, daß Thales, der erste ionische Naturphilosoph, bereits um 600 vor unserer Zeitrechnung das gleiche gesagt habe.

Alexandros von Aphrodisias unterschied die Männer als »Menschen« *(anthropoi)* ausdrücklich von den Frauen, die nicht Menschen, sondern Weiber seien *(gynaikes)*. Aristides, der Redner, betrachtete die Frau als in jeder Hinsicht unvollkommener als den Mann. Aristoteles sah in ihr einen unvollkommenen Organismus, eigentlich einen unfertigen, unvollendeten Menschen. Philo betrachtete sie als von Natur aus untertan und »mehr zum Leiden als zum Wirken bestimmt«.

Platon läßt den Sokrates fragen, ob im ganzen betrachtet die Männer oder die Frauen die vernünftigeren seien, was natürlich für die Männer entschieden wird. Weiter ist nach Platon das weibliche Geschlecht als das schwächere auch weit hinterhältiger denn das männliche. Der Arzt Hippokrates schließt hieraus: »Die Frau bedarf eines Zuchtmeisters, denn sie hat von Natur das Zügellose an sich, so daß sie, wenn sie nicht täglich ausgerodet wird wie die Bäume, zu üppig ins Kraut schießt.« Ähnlich nennt der Komödiendichter Platon die Frau »ein frevelnd Ding und voller Zügellosigkeit«.

Die Physiognomen, die vorgaben, den Charakter eines jeden Menschen aus seinen Gesichtszügen, Gesten und Bewegungen lesen zu können, deuteten den Mann wie folgt: »Er ist heftig, angriffslustig, uneingedenk des Hasses, freimütig, offen, stumpft nicht ab und läßt sich weder durch Scharfsinn noch List umgarnen, strebt nach dem Sieg durch Tüchtigkeit und ist großherzig.« Von der Frau dagegen heißt es: »Ihr Charakter ist raffiniert, zornig, haßmütig, aber auch ... neidisch, Anstrengungen nicht gewachsen, ... verschlagen, bitter, kopflos, flüchtig und feige.« Aristoteles meinte, die Frauen seien träger als die Männer, schwerer beweglich, aber leichter zu hintergehen, schneller niedergeschlagen und verzweifelt, mehr zu Tränen geneigt, mißvergnügter, neidischer, weniger zum Verzeihen und mehr zum Schmähen geneigt, lügenhafter, unverschämter und streitsüchtiger als die Männer. Semonides von Amorgos meinte, die Frau sei verschlagen wie die Füchsin, neugierig und frech wie die Hündin, wetterwendisch und unzuverlässig wie das Meer, geil und sich jedem hingebend wie die Eselsstute, diebisch und genußsüchtig wie die Katze, putzsüchtig wie die Stute.

Für jede dieser der Griechin angelasteten Untugenden findet sich ein Grieche als Zeuge. Polemon nennt die Frauen »frech, verschlagen, treulos und betrügerisch«.

Menander klagt:

Wie ohne Treu' ist doch des Weib's Natur!

Antiphanes, ähnlich:

Dem Weib trau' ich nur einen einz'gen Punkt:
Daß nach dem Tod es nicht von neuem leben wird.
In allem andern trau' ich nicht, bis daß es stirbt.

Und an anderer Stelle:

Dem Weib vertraue nie dein Leben an!

Und:

Bei Weibern kannst du niemals Treue seh'n!

Ähnlich schon Hesiod:

Wer einem Weibe traut, der schenkt dem Räuber Vertrauen.

Aristophanes sagt: »... kein Gezücht auf Erden ist so schamlos wie die Weiber.« Ein anderer Komödiendichter, Alexis, sagt ähnlich: »Es gibt kein schamloseres Tier als das Weib.«

Oft wird die Eifersucht der Frau getadelt, so von Menander: »Des Weibes Eifern steckt das ganze Haus in Brand.« Selbst das Benehmen der Göttinnen wird durch Eifersucht gekennzeichnet. Kore, die Gattin des Hades-Pluton, zertritt aus Eifersucht seine Geliebte Minthe, die er, um sie zu verbergen, in die gleichnamige Pflanze verwandelt hatte. Oinone, die frühere Geliebte des Paris, erweckt ihn vom Tode, läßt ihn aber gleich wieder sterben, als er erwachend den Namen der Helena flüstert. Ino wird aus Eifersucht auf die Sklavin Antiphera wahnsinnig und vergeht sich an ihrem eigenen Sohn.

Wenn wir erfahren, daß die Frau nicht einmal sexuell attraktiv, sondern eher abstoßend, häßlich und schmutzig sei, fragen wir uns natürlich, wieso der Grieche sie denn überhaupt noch als Sexualpartnerin benötigte. »Häßlich wie die Äffin, schmutzig wie die Sau« nannte Semonides von Amorgos die Griechin. »Vergoldet Schmutz und Dreck – das ist das Weib!« sagte Menander. »Mistloch«, »Schamzeigerin«, »Gliedschüttlerin« nennt Hippias die Frau. Aus dieser grundsätzlich antifemininen Tendenz des griechischen Männerdenkens, nicht aus mangelnder Reinlichkeit der Griechin, läßt sich auch das Wort *kikke* verstehen, das den angeblichen Gestank der weiblichen Genitalien bezeichnen sollte.

Karkinos, wie so oft, schießt den Vogel ab, indem er zusammenfaßt (Fr. III, N 3):

O Zeus, was soll die Weiber man noch schmäh'n?
Genügt doch völlig schon dies Wort: Ein Weib!

Vor den Frauen, die den Mann »nur ausdörren und ihn einem traurigen Alter überliefern«, warnt Hesiod (703 ff.): »In bescheidenes Leben wollen sie sich nicht schicken, alles muß aus dem vollen gehen, und so gleichen sie den Drohnen, die selbst keine Arbeit verrichten und nur die Mühe anderer in ihren Bauch ernten ... Wer also der Ehe entgeht und den schändlichen Werken der Weiber und nicht heiratet, der hält sein Hab und Gut zusammen. Wer aber solch verderbliches Geschöpf zu sich nimmt, dessen Leben ist eine beständige Plage und das Leid ist unerträglich« (591 bis 612).

Wenn der griechische Mann die griechische Frau auf diese Weise der Habsucht und Verschwendungslust bezichtigte, war er sich nirgends bewußt, daß das, was er ihr vorwarf, ja das unvermeidliche Resultat der ökonomischen Bevormundung war, zu der er sie verdammt hatte. Wenn Menander sagt: »Das Weib umschmeichelt dich, nur daß es ›was erhält‹«, so hätte jede Griechin seiner Zeit, sei sie Gattin, Sklavin oder Hetäre, ihn mit gutem Recht fragen können: »Wie soll ich denn sonst irgend etwas erhalten? Welch' andere Möglichkeit gebt ihr mir?« Und wenn Menander an anderer Stelle sagt: »Durch Weiber wird auch großer Reichtum schnell zu nichts«, so fühlt man sich versucht zu fragen: »Wozu erwirbst du deinen Reichtum, wenn du ihn nicht für das ausgeben willst, wonach es dich verlangt? Verlangst du aber nicht nach der Frau, dann hast du keinen Grund, dich über sie zu beklagen.«

Amüsant, wenn sie nicht so traurig wäre, ist die Vorstellung, daß die Frau »nutzlos« sei. Bei Menander:

... und Nutzen bringen will das Weib nun einmal nicht.

Bei Euripides:

Denn solch' Gezücht nährt weder Land noch Ozean!

Die Tatsache, daß der griechische Mann seine Gefährtin ja ausdrücklich ihres Nutzens beraubt hatte, indem er ihre einstmalige Einheit als Mutter, Mitarbeiterin und Geliebte aufgespalten und einige Frauen nun zu Zuchttieren und Dienstmädchen, andere zu Prostituierten und Hetären erniedrigt hatte, diese Tatsache hatte er so erfolgreich aus seinem Bewußtsein verdrängt, daß er ihr die Nutzlosigkeit, zu der er sie selber verdammt hatte, nun als eine Art Erbmangel anlastete. Nur ganz wenige Griechen waren fähig, die Situation in dieser Perspektive zu sehen. Euripides kam ihr ein einziges Mal nahe in den folgenden meisterhaften Zeilen der *Medea*:

Kein Wesen ist unsel'ger, als wir Frauen sind,
Denn durch unmäß'ge Schätze müssen wir zuerst
Den Mann erkaufen und 'nen unumschränkten Herrn
Des Leib's empfangen – ein Übel über jenes arg!
Der Mann – wenn drinnen ihn etwas verdrossen hat –
Kann doch hinausgeh'n, stillen seines Herzens Gram,
Zu einem Busen- oder Jugendfreund gewandt;
Dem Weib bleibt nur der Blick ins eigne Herz!

Theodor Hopfner sagt in seinem vorzüglich recherchierten, aber soziologisch mangelhaften Werk *Das Sexualleben der Griechen und Römer* (Prag 1938): »Im Allgemeinen erscheint so das Weib als minderwertig, und zwar sowohl in körperlicher als auch in seelisch-moralischer Beziehung, woraus sich auch die Zurückdrängung der Frau im öffentlichen Leben, ja auch im geistig gesellschaftlichen Leben ergab, obwohl auch wieder diese Zurückdrängung unleugbare Minderwertigkeit beim weiblichen Geschlechte erzeugen mußte.« Das Argument ist nicht gerade falsch, aber es setzt zu spät ein: Es beginnt mit dem zweiten Glied der logischen Kette. Denn *wieso* drängte der Grieche die Frau zurück? Nicht weil sie wirklich minderwertig war und auch nicht weil er sie als minderwertig betrachtete, sondern genau im Gegenteil: Weil er ihre *Überlegenheit* fürchtete und weil die Jahrhunderte der Unterdrückung, zu denen er sie verurteilt hatte, sein schlechtes Gewissen und damit seine Angst vor ihrer Rache verstärken mußte.

Man denke nur an die Panik, die er vor den Genitalien der Frau empfand. Überall in der griechischen Folklore tritt uns das Schreckbild der »gezahnten Vagina«, der kastrierenden Scheide entgegen. Ein wichtiger Teil der griechischen Analerotik, mit der wir uns später befassen werden, entsprang der Furcht vor der Vulva und der Substitution des Analverkehrs für den Koitus. Geschlechtsverkehr mit einer Frau galt als schwächend, mit einem Knaben als stärkend. Athleten durften, wie heute noch, vor Wettkämpfen nicht mit einer Frau koitieren, weil der Verlust von Sperma als Verlust von »Manneskraft« galt – ein Aberglaube, der in vaterrechtlichen Gesellschaften nicht auszurotten ist und geradezu als Kennzeichen vaterrechtlicher Mentalität gewertet werden kann. Bei den Griechen ging dies so weit, daß selbst die Schauspieler den Koitus vermieden, weil man ihm den Verfall der Stimme anlastete. Manche Schauspieler trugen deshalb Heftel, die den Penis abklammerten, so daß sie weder koitieren noch masturbieren konnten. Auch die Kitharoeden, die Zitherspieler, enthielten sich des Geschlechtsverkehrs, um sich ihre Technik zu erhalten. Ja, selbst die großen attischen Redner glaubten, daß ihre Stimme sich durch allzu häufigen Geschlechtsverkehr in eine Kastraten- oder Frauenstimme verwandeln könne; allerdings nur, wenn der Geschlechtsverkehr mit einer Frau stattfand. Hieraus erklärte man sich die besonders häufige Päderastie unter Rednern, obgleich gerade ihnen die Verführung von Knaben besonders streng untersagt war.

Aus dem gleichen Grunde wurden auch die weiblichen »Ausdünstungen« von den Männern mit an Terror grenzender Panik betrachtet. Menstrualblut galt als lebensgefährlich. Man sagte ihm nach, daß nahezu alles, was hiermit in Berührung käme, zum Tode verdammt sei: Bienenstöcke sterben aus, Ameisen laufen davon, Hunde werden toll, Pferde abortieren, die Raute vertrocknet, der Nußbaum verliert seine Nüsse, Gurken und Kürbisse welken, Weinstöcke gehen ein, Setzlinge sterben ab, Gartenpflanzen verdorren, Obst fällt ab, der Most wird sauer, das Leinen schwarz, der Spiegel matt, das Messer stumpf, das Eisen rostig, das Elfenbein braun. Der Neuplatoniker Heraiskos gab vor, stets Kopfschmerzen zu bekommen, wenn er eine Menstruierende auch nur sprechen hörte. Priester und Opferdiener verloren ihre Amtsfähigkeit, wenn sie eine Menstruierende berührten.

Von den Wöchnerinnen in Altgriechenland glaubte das Patriarchat, sie seien genauso befleckt wie jemand, der fremdes Blut vergossen oder einen Leichnam berührt hat. In Eleusis blieben alle, die sich einer Wöchnerin genähert hatten, so lange von der Teilnahme an den Mysterien ausgeschlossen, bis sie sich einer Reinigung unterzogen hatten. In Hesiods *Werken und Tagen* werden alle Männer davor gewarnt, sich in demselben Wasser zu waschen, das bereits von einer Frau benutzt wurde. Aus Inschriften erfahren wir, daß für eine Reihe von Tagen nach der Menstruation und der Entbindung keine Frau einen Tempel betreten durfte, und dann auch nur, nachdem sie sich durch ein Bad gereinigt hatte.

Die Panik, in der die männerrechtliche Gesellschaft Athens lebte, geht auch aus jenem Paragraphen der Gesetze Solons hervor, der da anordnet, daß Verpflichtungen nichtig seien, wenn sie unter dem Einfluß von Frauen zustande gekommen waren. Der dänische Psychoanalytiker Thorkil Vanggaard meint mit erschütternder Naivität, dies bewiese genau das Gegenteil, nämlich die Gleichberechtigung der Athenerin des 7. bis 6. Jahrhunderts; denn wenn sie nicht gleichberechtigt gewesen wäre, hätte es ja keinen Grund gegeben, ihren Einfluß zu beschränken. Das ist, als ob man die Nürnberger

Gesetze zum Beweis der Gleichberechtigung der Juden im nationalsozialistischen Deutschland zitiert. In Wirklichkeit sah die Sache so aus: Da die Verpflichtungen, die unter dem Einfluß einer Frau zustande gekommen waren, als nichtig galten, galt auch der Mann, der unter den Einfluß einer Frau geriet, als nichtig, als »Nichtmann«, als »Frauenknecht« *(katagynaiós)*, als »Frauensklave« oder »Pantoffelheld« *(gynaikodulos)*.

Die Erfindung des Privateigentums und die Übertragung dieses Konzepts auf menschliche Wesen, vor allem auf Sklaven, Frauen und Kinder, hatte zu jener charakteristischen Angst vor dem Verlust des Eigentums geführt, die man als Neurose des Patriarchats bezeichnen kann. So sprach aus den Solonischen Gesetzen vor allem die Angst des Atheners, daß seine Frau ihn nahezu zwangsläufig betrügen müsse, wenn sie nicht völlig von ihm abhängig sei. Jeder Spaziergang der Frau wurde als kaschierter Versuch eines Stelldicheins gedeutet, jeder Einkauf als möglicher Einkauf von Gift, mit dem sie ihren Mann umbringen wolle. Solon legte deshalb gesetzlich fest, daß Frauen, wenn der Ehemann ihnen überhaupt erlaubte, das Haus jemals zu verlassen, dies nur bei Beerdigungen und religiösen Festlichkeiten dürften, und selbst dann nur, wenn die Frau nicht mehr als drei Kleidungsstücke und nicht mehr Nahrung mitnähme, als sie für einen Obolos kaufen könne.

Auf der Straße mußte sie verschleiert und in der einfachsten Kleidung gehen. Wie selten es aber war, daß sie überhaupt ausging, geht daraus hervor, daß selbst bei der Niederlage von Chaironeia, die vielen Ehemännern und Vätern das Leben kostete, die Athenerinnen nicht wagten, auf die Straße zu gehen, um zu erfahren wer überlebt hatte. Daß manche Ehefrauen und Töchter an ihre Haustüren gegangen waren, um Passanten um Nachricht zu bitten, empfand man als ihrer und der Stadt unwürdig. Hypereides sagt, die Athenerin habe erst dann freien Ausgang, wenn sie in solch fortgeschrittenem Alter sei, daß der auf der Straße ihr Begegnende nicht fragte, wessen Gattin, sondern wessen Mutter das wohl sei (Stob. LXXIV, 33). Ja selbst der gesellschaftliche Verkehr zwischen Frauen war beschränkt, denn wie wir von Euripides erfahren, duldete kein »vernünftiger« Mann, daß seine Frau von anderen Frauen besucht würde, da diese »die Lehrmeisterinnen alles Schlechten« seien (*Androm.* 925).

»Es gereicht der Frau zum Tadel, nicht von selber und unaufgefordert im Hause zu bleiben«, sagt Euripides (*Troad.* 642). Saß eine Frau beim Fenster, beispielsweise zum Spinnen oder Weben, wozu sie ja Licht benötigte, so war es ihre Pflicht, aufzustehen und sich ins Innere des Hauses zurückzuziehen, sobald ein Mann auf der Straße vorbeikam (Arist. *Thesm.* 797). Die Frauengemächer wurden mit Wachs versiegelt oder mit spartanischen dreizackigen Schlüsseln verschlossen. Die Schlösser waren von innen nicht zu öffnen. Im Falle von Feuer verbrannten die Frauen deshalb oft. Molossische Haushunde, »Vogelscheuchen für Ehebrecher« genannt, sollten dem Familienvater die »Treue« seiner Gattin sichern (Arist. *Thesm.* 415 bis 428).

»Niemand hätte Perikles Vorwürfe gemacht, hätte er sich mit Knaben abgegeben oder seine erste Frau grausam behandelt. Aber die Leute betrachteten es als einen Skandal, daß er seine zweite Frau als menschliches Wesen behandelte, sie in seinen eigenen Gemächern unterbrachte, statt sie in die *gynecea* einzusperren, und obendrein von seinen Freunden erwartete, daß sie ihre Frauen mitbringen sollten, wenn sie ihn besuchten« (Marie Delcourt, *Péricles,* Paris 1939, S. 77).

Es ist von etymologischem Interesse, daß das griechische Wort für Frau, *gyne,* eigentlich »die Gebärende« bedeutet. Denn der Grieche des patristischen Zeitalters sah in der Frau vor allem die Mutter seiner Söhne und schätzte sie nur insofern, als sie sein eigenes Geschlecht fortsetzte. Daß er sexuell von ihr abhängig war, empfand er oft als Schande. Vom Dank für die Erfüllung seiner sexuellen Wünsche hören wir nur selten. Öfter schon liest man Worte des Dankes für einen gut geführten Haushalt. Grundsätzlich aber galt, daß die Frau um so besser war, je weniger man von ihr außerhalb des Haushalts sah oder hörte.

Während des 5. Jahrhunderts v. u. Z. sah die Athenerin ihren Ehemann kaum jemals außerhalb des Schlafzimmers. Nur bei Familienfesten aß die Frau mit ihm zusammen. Der Mann speiste meist unter Männern, in einer Art Klub *(thiasos).* Wenn er Freunde in sein Haus einlud, war die Frau nicht zugelassen, sondern blieb in den Frauengemächern. Daß sie ihren Mann nicht begleitete, wenn er von Freunden eingeladen wurde, versteht sich von selbst. Sie teilte wohl sein Bett, wenn er es verlangte, aber niemals seinen Tisch und seine Geselligkeiten. Sie sprach ihn nicht mit seinem Namen an, sondern als »Herr«. Der in Sardes (Lydien) geborene Dichter Alkman gab in der zweiten Hälfte des 7. Jahrhunderts v. u. Z. den griechischen Männern den Rat, die Frauen gar nicht erst zu Worte kommen zu lassen, da sie nur unzufrieden würden, wenn man ihnen die Gelegenheit gebe, den Mund aufzumachen: »Vielsprech heiße der Mann und die Frau heiße: Immerzufrieden!«

Ein anderes Beispiel geradezu provozierender Bevormundung der Athenerin war die Institution des Gynaikonomen, des Frauenbeaufsichtigers, der darüber zu wachen hatte, daß sich die Frauen der Stadt keinen »Ausschweifungen« hingaben und nicht zu »verschwenderisch« lebten. Erst wenn man sich das Undenkbare vorstellt, nämlich die Institution einer athenischen Beamtin, die darauf aufpaßt, daß die Männer der Stadt sparsam lebten und keine Hetären berührten, wird einem die ganze Arroganz des athenischen Staatsdenkens in allen Fragen des Sexuallebens klar (C. Wehrli, *Les gynéconomes,* MH 19, 1962, 33 bis 38).

Selbst in ihrer Beziehung zu den Göttern, in ihrem Recht auf den Schutz der Gottheit und auf Teilnahme an Gottesdiensten, war die Frau benachteiligt. Denn ebenso wie der Triumph des Patriarchats sich im Sieg der männlichen Gottheiten über die Göttinnen der alten Mutterkulte widerspiegelte, trieb der Kult der Vatergötter die Frau immer mehr von der Position der Priesterin in den Laienstand und von der Teilnahme am Gottesdienst zur Mitwirkenden in dienender Stellung zurück. Während die bakchischen Orgien die Priorität der Frau beibehielten, trugen die Thesmophorien, die Frauenfeste zu Ehren der Demeter, bereits den Stempel der Erniedrigung, eben *weil* sie Frauenfeste waren. Jede Form der Absonderung, sei sie erzwungen oder freiwillig, bedeutet stets einen Verzicht auf gleiches Recht

und auf *Wirkung.* Indem sie das Herbstfest der Aussaat (denn das war der ursprüngliche Sinn der Thesmophorien) zu ihrem Geheimkult machten, gaben die Frauen also ihr Recht auf Beeinflussung der Männer im gemeinsamen Gottesdienst auf. In wie hohem Maße allerdings die Segregation der Thesmophorien vom Manne erzwungen, statt von der Frau erwünscht war, steht noch immer in Zweifel. Außer Zweifel ist jedoch, daß die Ekstase das feminine Element der alten Orgienkulte darstellte und daß die Eindämmung der Ekstase und die Veramtlichung des Dionysoskultes den Triumph des maskulinen über das feminine Element widerspiegelte. Auch die Mysterien in Eleusis, eindeutige Überreste der alten Mutterreligion, wurden vom athenischen Staat übernommen und gerieten damit unter männliche Kontrolle. Selbst in den Kulten der Sippe und des Geschlechts, der letzten Hochburg der Frau, verstand der athenische Staat, die Frau zurückzudrängen, indem er das Konzept der Familie, also der vom Manne gelenkten Einheit, immer mehr zuungunsten der alten Sippenkulte hervorkehrte.
Da die griechische Frau gesetzlich nicht als dem Manne ebenbürtig anerkannt wurde, mußte sie zeitlebens einen Vormund *(kyrios)* haben, einerlei wie alt sie und wie jung er war. Die Kyrieia schloß die Verfügung über Hand und Vermögen der Frau ein, war aber nicht zwingend mit ihr identisch. Als Rechtsobjekt konnte die Frau daher nicht Geschäfte abwickeln, testieren oder überhaupt im Prozeß auftreten. Sie besaß kein Vermögen, erbte nicht und hatte keinen rechtlichen Anspruch auf eine Mitgift. Als Erbtochter fiel sie zusammen mit dem Nachlaß, »sozusagen als Teil desselben« *(Lexikon der Antike,* unter »Frau«) an den nächsten männlichen Verwandten. Zu ihrem Schutz gab es allein eine von jedem beliebigen zu erhebende Klage wegen *graphe kakoseos,* »Schlechtbehandlung«.
»Politische Rechte standen den Frauen in keinem der griechischen Staaten zu« (*Lexikon der Alten Welt* unter »Frau«). Sie besaß zwar ein potentielles Bürgerrecht, das sie in legitimer Ehe ihren Söhnen weiterreichte; seine Ausübung blieb aber immer an die Wehrfähigkeit geknüpft. Und da sie als Frau keine Wehrfähigkeit besaß, konnte sie auch kein volles Bürgerrecht beanspruchen. Sie war bestenfalls eine Art Behälter, in dem die Wehrfähigkeit von dem Vater auf den Sohn transportiert wurde.
Da die Töchter ebenfalls keine Wehrfähigkeit besaßen, erbten sie auch kein Bürgerrecht. Von ihren Müttern, wenn diese nicht selber Analphabeten waren, lernten sie bestenfalls die Rudimente des Lesens und Schreibens, dazu Kochen, Weben, Spinnen, Flicken, Säubern. Die Mädchen der herrschenden Klasse lernten vielleicht noch ein wenig Musik dazu, damit hatte es sich aber auch. Mehr wäre nach der Meinung der Männer zuviel gewesen. Die Absurdität der männlichen Einstellung zur Erziehung der Frau läßt sich am besten an dem Zirkelschluß darstellen, der selbst von den großen Philosophen der klassischen Zeit vertreten wurde. Gerade die Väter der Logik, die Männer der Stoa und des Neuplatonismus, haben sich hier besonders schandhafte Blößen gegeben. Der Gemeinnenner zahlloser Aussagen griechischer Philosophen über die Minderwertigkeit der Frau liegt in dem Syllogismus, daß Frauen minderwertig seien, weil sie weder das Feingefühl, noch die Tugend der Männer besäßen. Deshalb seien sie auch nicht der Erziehung

würdig, die man den Knaben angedeihen ließ. Da es aber gerade diese Erziehung war, die dem Knaben ästhetisches Feingefühl und ethisches Denken beibringen sollte, lief die männliche Logik darauf hinaus, daß die Frauen minderwertig seien, weil sie keine Erziehung hatten, und daß man ihnen keine Erziehung zu geben brauche, da sie minderwertig seien.
Im *Schiedsgericht* sagte Menander:

Schwer ist, o Pamphile, für eine freie Frau
Der Kampf mit einer Hetäre. Hat sie doch mehr List,
Mehr Wissen, schämt sich nicht und schmeichelt mehr.

Der Schwerpunkt liegt hier auf dem Wort »Wissen«. Menander mag erotisches Wissen gemeint haben, aber ich bezweifle es. Der Kernpunkt des Arguments ist jedenfalls die wirtschaftliche Abhängigkeit der griechischen Frau von ihrem Mann und von den männerrechtlichen Institutionen der *poleis,* der Stadtstaaten. Hätte es eine Möglichkeit der ökonomischen Emanzipation gegeben, so wäre die rechtliche und politische Emanzipation von selber gefolgt. Aber eben die *ökonomische* Befreiung war so gut wie blockiert.

4 Patriarchat und Ehe

Eine der beliebtesten Thesen der Prähistoriker des neunzehnten Jahrhunderts, daß es in der Vorzeit ein universelles Stadium der sexuellen Promiskuität gegeben habe, wird heute weder von Archäologen noch von Ethnologen akzeptiert. Daß die Einehe aber auf der Balkanhalbinsel, in der Ägäis und an der Westküste Kleinasiens ein sehr spätes Stadium der Paarungsordnung darstellt, steht sei den neuesten Forschungsarbeiten russischer und anderer marxistischer Vorgeschichtler außer Zweifel. Auch sind die athenischen Berichte, daß vor der Zeit der ersten Könige in Attika keine Ehe, sondern nur ein freies Zusammenleben der Geschlechter existiert habe, nicht leicht aus der Welt zu schaffen; vor allem weil die Kirchenhistoriker in ihrem Versuch, diese Berichte als falsch zu erweisen, widerwillig zu der Überzeugung gekommen sind, daß sie wahr sein müssen. Nicht nur Klearch und Charax, sondern auch Suidas, Justin und Johann von Antiochia (von Gräzisten wie Tzetzes ganz zu schweigen) sind sich einig, daß es in Athen vor der Königszeit keine Ehe gegeben habe. Erst Kekrops, der Gründer der Akropolis, habe um 1066 v. u. Z. die Einehe eingeführt (Klearchos von Soloi zitiert von Athenaios XIII, 2, 555d; Charax von Pergamon in *Fragmenta Historicorum Graecorum* III 638; Suidas *Kekrops;* Justin II 6,7; Johannes von Antiochia *Fragmenta Historicorum Graecorum* IV, 547; J. Tzetzes Scholiast zu Lykophron III; id. Chiliades V, 650 bis 665).
Vor Kekrops »hatte es keine Ehe gegeben; der Geschlechtsverkehr war ungebunden, so daß weder Söhne ihre Väter noch Väter ihre Söhne kannten«. Das bedeutet: die Frau hatte das Recht, sich innerhalb der Sippenordnung mit jedem Manne zu paaren, mit dem es ihr beliebte. Dieses Recht tritt uns sehr deutlich in dem Mythos von den Töchtern des Danaos entgegen, die

von ihren Vettern zur Ehe gezwungen wurden und deshalb ihre Gatten noch in der Hochzeitsnacht umbrachten. In der vaterrechtlichen Zeit wurde dieser mutterrechtlich einwandfreien Tat eine Strafe hinzugefügt, die eine bezeichnende Verdrehung darstellt: die Töchter mußten ständig Wasser in ein durchlöchertes Faß schöpfen. Dies ist aber eine Strafe, die in mutterrechtlicher Zeit nur Männern zukam, und zwar den Verächtern der alten Mutterreligion. Ihre Symbolik klingt an das Mißlingen der Schwängerung an und drückt die Angst des Mannes aus, daß sein Same verlorengehe, einerlei wie oft er seine Frau begattet.

Im ersten Kapitel haben wir uns bereits mit der Vorgeschichte der Ehe befaßt. Hier sei deshalb nur kurz wiederholt, daß das erste Inzestverbot dasjenige zwischen den Generationen war: Innerhalb einer jeden Sippe verkehrten die Elterngeneration, die Generation der Kinder und die Generation der Kinder dieser Kinder frei untereinander, aber Verkehr zwischen den Generationen war untersagt. Die zweite Einschränkung betraf den Verkehr zwischen Brüdern und Schwestern, und erst nach zahllosen Stadien geradezu mathematisch komplizierter Inzestverbote erreichten die Griechen die Stufe der Monogamie. Die bürgerliche Vorstellung, daß gewisse Formen der Mehrehe, zum Beispiel sororale Polygynie, bei der mehrere Schwestern mit dem gleichen Mann verkehren, oder fraternale Polyandrie, bei der mehrere Brüder mit derselben Frau leben, Verfallserscheinungen der Einehe oder Resultate der Unkenntnis dieser höheren Kulturstufe seien, ist falsch.

Das Gegenteil ist der Fall: Die Einehe ist fast stets eine Schrumpfform der Mehrehe. Kaum irgendwo, und ganz gewiß nicht bei den Griechen, finden wir Beispiele einer zur Mehrehe aufgeblasenen Einehe. So ist sororale Polygynie fast stets das Resultat hoher Kindbettsterblichkeit. Um die verwaisten Kinder zu versorgen, bedarf der Haushalt einer zweiten Frau, die einspringen kann, wenn die erste stirbt; und das ist dann am besten die Schwester, weil so das Sippeneigentum in der Sippe bleibt. Ähnlich dient fraternale Polyandrie dem Zusammenhalt des Sippeneigentums. Beides sind Formen der mutterrechtlichen Ehe. Beide gehen davon aus, daß das Eigentum der mütterlichen Sippe gehört und nicht zersplittert werden darf. Der Polygamie in diesem frühen Stadium der Nahrungsmittelversorgung sexuelle Motive zu unterstellen, ist verfehlt, weil damit Maßstäbe der bürgerlichen Welt in eine Ökonomie hineinverlegt werden, in der es so geringen Überschuß gab, daß Mann und Frau einander vor allem zur gegenseitigen Nahrungsmittelversorgung benötigten. Sexuelles Denken taucht auf dieser Stufe der Minimalwirtschaft überhaupt noch nicht auf. Um so wichtiger sind die ökonomischen Faktoren. Die Pflicht zur Fruchtbarkeit, einer der wenigen kategorischen Imperative des Mutterrechts, ist nicht etwa als Lust an der Paarung zu verstehen, sondern als Aufgabe, Kinder zu erzeugen, die einen ernähren können, wenn man zu alt und schwach wird, um sich selber zu versorgen.

Aus der Entwicklung der Inzestschranken können wir sehr deutlich die Entwicklung gesellschaftlicher Systeme, besonders aber der Abstammungslehre folgern. Denn das Inzest-Tabu zwischen den Generationen begann mit dem Verbot der Paarung zwischen Mutter und Sohn und erzielte seine stärkste Wirkung im Verbot der Paarung von Vater und Tochter. Diese Reihenfolge spiegelt die Entwicklung der patriarchalischen aus der matristischen Ordnung wider. Denn da zur matristischen Zeit der Vater entweder unbekannt war oder als Fremder zur Sippe der Mutter kam und dort nur als Gast geduldet war, entwickelte sich ein viel engeres Verhältnis zwischen Mutter und Sohn als zwischen Gatte und Gattin. Die Gefahr des Inzests zwischen Mutter und Sohn war also in solchen Gesellschaftsordnungen außerordentlich groß und wurde auch noch dadurch bestärkt, daß fast alle Mutterreligionen ihre Theogonie mit einer Urmutter beginnen, die durch Parthenogenese einen Sohn hervorbringt und sich dann mit ihm paart, um den Rest des Pantheons zu zeugen. Wenn also selbst die Götter den Beischlaf zwischen Mutter und Sohn erlaubten, weshalb dann nicht die Menschen?

Die Antwort war bereits sehr früh in der Geschichte der Alten Welt erarbeitet worden: Weil inzestuös aufgebaute Sippen rückständig bleiben; da sie keine Beziehungen zu anderen Sippen benötigen, bleiben sie vom Rest der Welt isoliert und machen deshalb weder wirtschaftliche noch kulturelle Fortschritte. Also errichtete die mutterrechtliche Gesellschaft als erste Inzestschranke das Verbot der Paarung zwischen Mutter und Sohn. Und in sehr ähnlicher Form, aus analogen Gründen, errichtete die vaterrechtliche Gesellschaft das Verbot der Paarung zwischen Vater und Tochter.

Wir müssen hierbei sehr deutlich zwischen den Beweggründen unterscheiden, die das eine Geschlecht zur Endogamie, das andere zur Exogamie veranlassen. Beim Manne deutet die Neigung zur Exogamie stets eine Fixierung auf das Bild der Mutter an, denn wo keine übermäßige Mutterbindung vorliegt, gibt es keinen Grund, die sexuellen Auswirkungen dieser Bindung durch Inzestschranken einzudämmen. Umgekehrt deutet das Bestreben der Frau, Endogamie zu unterbinden, stets eine gewisse Fixierung auf das Bild des Sohnes an, denn wo keine übermäßige Sohnesbindung vorliegt, gibt es auch keinen Grund, diese Bindung durch ein exogames System zu verhindern. Die endogamen Bestrebungen eines vaterrechtlichen Systems entspringen dagegen der männlichen Eifersucht: Der Mann will seine Frau und Tochter möglichst nahe haben, so daß er sie überwachen kann. Seine Eifersucht enthüllt sich damit als eine andere Form der Mutterbindung: er klammert sich an das weibliche Geschlecht. Umgekehrt enthüllt das endogame Denken in mutterrechtlichen Gesellschaften stets eine Form der übermäßigen Vaterbindung: die Frau klammert sich an das männliche Geschlecht, will den Sohn nicht gehen lassen, ist auf andere Frauen eifersüchtig. Eifersucht ist deshalb sowohl das Syndrom der Endogamie wie das der patriarchalischen Ordnung. Inzest dagegen ist nicht nur das Syndrom der Exogamie, sondern auch des Matriarchats.

Aber diese komplizierten, oft von Sippe zu Sippe verschiedenen Paarungsschranken wurden immer wieder von ökonomischen Beweggründen durchbrochen, verändert und ersetzt, vor allem von dem Wunsch, das Sippenvermögen nicht zu zersplittern. Diesen Wunsch teilte der Staat als Exkutivorgan der patriarchalischen Ordnung und bestimmte deshalb, daß die Tochter, die das Vermögen ihrer Eltern erbte, den nächsten ledigen Verwandten heiraten müsse, einerlei, ob sie wolle oder nicht. Aus den gleichen Gründen waren selbst Geschwisterehen in den reichen Familien nicht selten, wie das Beispiel des Atheners Kimon (etwa 400 bis 449) zeigt, der das riesige Vermögen seines Vaters Miltiades erbte und seine Schwester Elpinike heiratete, um es ungeteilt zu bewahren. Im Jahre 451 v. u. Z. wurden Stiefgeschwisterehen in Athen ausdrücklich legalisiert, solange die Geschwister denselben Vater, nicht aber dieselbe Mutter hatten.

Da die ökonomischen Motive die sexuellen Neigungen in so komplizierter und oft widersprüchlicher Weise überlagerten, ist es kaum überraschend, daß die griechischen Autoren zu den verschiedenen Formen des Inzests widersprüchliche Stellungen einnahmen, hier den Inzest verteidigend, ja geradezu lobpreisend, dort ihn verdammend, zum Anlaß der politischen und ethischen Verteufelung machend. Zeus, der Vater der Götter, ist nicht nur Ehemann, sondern auch Bruder seiner Gattin Hera. Iakchos, der Sohn des Zeus und der Hera, heiratet seine eigene Schwester Kore. Die sechs Söhne des Aiolos heiraten bei Homer ungestraft und mit absoluter Selbstverständlichkeit ihre sechs Schwestern, aber wenn Euripides das gleiche Thema einige Jahrhunderte später aufgreift und nur einen einzigen der Brüder, Makareos, mit einer einzigen Schwester, der Kanake, verkehren läßt, bricht in Athen ein solcher Sturm der Entrüstung aus, daß Euripides das Stück zurückziehen und neu bearbeiten muß. Bestraft wird auch Demophon, König von Athen, für den Beischlaf mit seiner Schwester Phyllis, Byblis für den mit ihrem Bruder Kaunos, Mausolos für den mit seiner Schwester Artemisia, Leukippe für den mit ihrem Bruder, Leukippos für den mit seiner Schwester.

Wenn aber Poseidon seine Schwester Demeter vergewaltigt, trifft ihn keine Strafe, und wenn Ptolemaios II (285 bis 247) seine Schwester Arsinoe heiratet, wird nicht er, sondern sein Kritiker, der Autor Sotades, dafür bestraft, daß er es gewagt hat, den König mit den Worten anzuklagen: »In unerlaubtes Loch triebst du den Nagel ein!« Ptolemaios läßt den Dichter lebendig in einen bleiernen Behälter einschließen und ins Meer versenken. Dazu muß allerdings gesagt werden, daß die makedonische Königsfamilie der Ptolemaier, als sie die Herrschaft über Ägypten errang, den Usus der Geschwisterheirat von den alten Pharaonen übernommen hatte, weil die ägyptische Krone stets mutterrechtlich vererbt wurde und selbst der Bruder der großen Kleopatra VII nur dadurch Pharao werden konnte, daß er seine Schwester heiratete. Die Königswürde vererbte sich in weiblicher Folge von der Mutter auf die Tochter; König konnte nur werden, wer Mutter oder Tochter heiratete.

Auch Platon teilte die Ansicht, daß die Geschwisterehe das »natürliche Gesetz« sei, und meinte, dies sei auch von der delphischen Pythia bestätigt worden. Kein Wunder, denn die delphischen Priesterinnen dachten stets mutterrechtlich. Die Toleranz der Griechen für Ehen zwischen Halbgeschwistern, die den gleichen Vater hatten, mag sich also zumindest teilweise aus der Tatsache ableiten, daß nach dem mutterrechtlichen Empfinden der ganzen Alten Welt solche Geschwister zu verschiedenen Sippen gehörten und deshalb heiraten durften. Jedes Kind galt als nur mit seiner Mutter blutsverwandt, und da die Ehepartner hier verschiedene Mütter hatten, galten sie nicht als blutsverwandt. »Mein Großvater«, sagte Euxithius, »heiratete meine Schwester, da sie zu ihm nicht Schwester von derselben Mutter war« (Demosthenes, *Rede gegen Eubulides*).

Der Widerspruch in der griechischen Auffassung der verbotenen und erlaubten Paarungsgrade entsteht also einerseits aus der inhärenten Widersprüchlichkeit der beiden Abstammungssysteme – hier matrilineare, dort patrilineare Deszendenz –, andererseits aber auch aus dem historischen Widerspruch zwischen einer auf Gemeinschaftseigentum aufgebauten Sippenordnung, sei diese nun mutter- oder vaterrechtlich, und der auf Privateigentum aufgebauten Gesellschaftsordnung der *poleis*. Aus dieser doppelten Unvereinbarkeit erklärt sich auch die sehr unterschiedliche Haltung verschiedener griechischer Autoren zur Frage der Paarung zwischen Mutter und Sohn. Wenn Ödipus seine Mutter Iokaste heiratet, so wird seine Bestrafung zum Kernpunkt der Auseinandersetzung zwischen der patri- und der matrilinearen Ordnung. Wenn Periander von Korinth, der fortschrittlichste Staatsmann seiner Zeit, mit seiner Mutter koitiert, wird er von allen griechischen Stadtstaaten verdammt. Wenn aber die Göttinnen mit ihren Söhnen koitieren, kräht kein Hahn danach. Im Gegenteil, man hat das Gefühl, daß die Griechen hier ihre sexuellen Wunschträume in den Olymp projizierten. wo sie straflos von den Göttern realisiert werden konnten, während sie die gleichen Wünsche, die sie so mühselig in sich selber unterdrücken mußten, mit einer Wut, die dieser Mühsal entsprach, bei allen Sterblichen verfolgten, die den Mut hatten, solche Wünsche hier auf Erden wahrzumachen.

Umgekehrt ist es kaum verwunderlich, daß die Griechen zur vaterrechtlichen Zeit mehr über die Vater-Tochter-Paarung als über irgendeine andere Form des Inzests nachgedacht haben. So war Adonis die Frucht der inzestuösen Verbindung seines Großvaters mit seiner Mutter. Er war der Sohn des Theias, des Königs von Assyrien, und seiner Tochter Smyrna, auf die Aphrodite eifersüchtig war, weil man ihr nachsagte, sie sei schöner als die Göttin der Liebe. Aphrodite strafte sie, indem sie ihr eine unstillbare Leidenschaft für ihren Vater einflößte. Dieser Leidenschaft entsproß Adonis, in den Aphrodite sich dann selbst sterblich verliebte. Ähnliche Tragikomödien spannen die Griechen um die Verhältnisse des Mykerinos mit seiner Tochter, der Harpalyke mit ihrem Vater Klymenos, des Piasos mit seiner Tochter Larissa, der Skylla mit ihrem Vater Minos, des Kinyras mit seiner Tochter Myrrha. Hierüber Ovid in *Metam.* X, 298 bis 518:

Die anderen Tiere vereinen
Ohne Bedenken sich doch. Die Kuh läßt ruhig den Vater
Ihren Rücken bespringen. Der Hengst nimmt die Tochter zur Gattin.
Schafen gesellt sich der Bock, die er selber erzeugte, der Vogel
Läßt sich befruchten von dem, durch den er selber entstanden.
Glücklich, wem solches erlaubt. Und nur die Sorgfalt der Menschen
Gab so üble Gesetze. Nur neidische Rechte verweigern,
Was der Natur genehm. Doch sagt man, es gäbe ja Völker,
Wo sich die Mutter dem Sohn und die Tochter dem eigenen Vater
Hingibt, und doppelte Lust noch so die Innigkeit steigert.

Weh mir, daß ich nicht auch daselbst geboren und hier nun
Leide die Ungunst des Ortes! . . .
So auf dem Lager der Unzucht empfängt der Erzeuger sein eigen
Fleisch und die Mädchenscheu und ihr Zagen sucht er zu dämpfen,
Nennt sie vielleicht auch Tochter des Alters wegen und sie ihn
Vater darauf, damit auch Namen der Blutschuld nicht fehlen.
Schwanger vom Vater verläßt sie die Kammer und trägt den verruchten
Samen im schandbaren Schoß und mit ihm die Frucht ihrer Untat.
Folgende Nacht erneut sie die Tat und endet auch dann nicht.

Der athenische Redner Lysias, um 445 geboren, erzählt von Alkibiades eine Anekdote, in der sich Triolismus und Inzest seltsam mischen. In Abydos, am Hellespont, hätte Alkibiades gemeinsam mit seinem Freund Axiochos ein Mädchen namens Medontis geheiratet. »Darauf wurde ihnen eine Tochter geboren, von der sie sagten, sie wüßten nicht, wer der Vater sei. Als die Tochter heranwuchs, wohnten sie auch dieser bei. Wenn sie Alkibiades im Bette hatte, sagte er, es sei die Tochter des Axiochos, und wenn Axiochos mit ihr schlief, nannte er sie: Tochter des Alkibiades.«
Was die Griechen an den mutterrechtlichen Gesellschaftsordnungen Vorderasiens immer besonders verächtlich gefunden hatten, die sexuelle Toleranz, die Freiheit der Frau, mit ihrem Bruder oder Vater zu koitieren, erschien nun, gerade zur Zeit der gepriesenen Klassik, als erzwungene Duldung solcher Praktiken sogar in der Hochburg des Vaterrechts, im patriarchalischen Athen; und zwar nicht aus neugewonnener Toleranz, sondern unter dem Druck ökonomischer Verhältnisse. Wir wollen die Evolution dieser Verhältnisse und ihren Einfluß auf die Ehegesetze Athens noch einmal kurz rekonstruieren.
In der friedlichen Gesellschaft des Mutterrechts, in der die Anzahl der Männer noch nicht durch Kriege dezimiert worden war, die Frauen dagegen den Großteil der Arbeit verrichteten, starben sie früher als die Männer. Es gab also stets einen Männerüberschuß oder, um es konkreter auszudrücken, einen Frauenmangel. Hieraus erwuchs die Notwendigkeit des Wettbewerbs um die Frau, mit dem wir uns im vorigen Kapitel befaßt haben. Die patriarchalischen Hochzeitsriten der Griechen bewahrten einen Anklang an diese mutterrechtlichen Zeremonien, denn auch die Hochzeit entsprang ja einem Initiationsritus: der Zulassung zu einer älteren Gruppe mit mehr Sexualrechten. Hieraus wurde auf der Entwicklungsstufe des Mutterrechts die Zulassung des Mannes zur Sippe der Frau, und auf der Stufe des Vaterrechts die Zulassung der Frau zur Sippe des Mannes. Dieser Übergang wurde unter anderem durch das Anlegen der Kleidung des anderen Geschlechts gekennzeichnet. So trug die Braut im halb-mutter-, halb-vaterrechtlichen Sparta am Hochzeitstage Männerschuhe, männliche Kleidung und kurzgeschorenes Haar. Aus dem vaterrechtlichen Argos wissen wir, daß die Braut sich im Hochzeitsbett einen falschen Bart umband. Umgekehrt wissen wir aus dem mutterrechtlichen Kos, daß der Bräutigam die Braut dort in weiblicher Kleidung im Hochzeitsgemach erwartete.
Die Zulassung der Frau zur Sippe oder Phratrie (Bruderschaft) des Mannes hatte natürlich vor allem ökonomische Motive. Da die vaterrechtlich organi-

sierten Griechenstämme, vor allem die attischen Ioner mit ihrer Angst vor einer Wiederkehr des Mutterrechts, ihre Frauen völlig entmachtet und sogar unter Kuratel (*kyria*) gestellt hatten, konnte keine Frau ohne Erlaubnis ihres *kyrios,* ihres Vormunds, heiraten. Dies war, wie wir gesehen haben, meist ihr Vater und im Falle seines Todes ihr nächster männlicher Verwandter. Erbte sie das Vermögen ihres Vaters, war es die Pflicht des nächsten männlichen Verwandten, die Ehe mit ihr einzugehen, einerlei, ob sie ihn wollte oder nicht. Da er ja auch als Ehemann mit beliebig vielen Frauen schlafen konnte, war diese erzwungene Heirat ganz und gar keine Tragödie für ihn; im Gegenteil, da griechische Ehen sowieso nur aus ökonomischen Motiven geschlossen wurden, war er nur allzu froh, eine Erbtochter zur Frau zu bekommen. Für sie dagegen sah die Sache anders aus.

Da ihr, wie wir gleich sehen werden, jeglicher außereheliche Geschlechtsverkehr untersagt war, bedeutete die erzwungen Heirat mit dem Vormund ein lebenslängliches Verhängnis. So war die Athenerin beispielsweise gezwungen, ihren eigenen Onkel zu heiraten, wenn sie ein einziges Kind war. In anderen Städten Griechenlands, die weniger unter dem Einfluß des Vaterrechts standen, hatte das Mädchen manchmal die Möglichkeit, in einem solchen Falle ihre Einwilligung zu versagen, mußte dann aber einen Teil ihres Vermögens dem Onkel überlassen.

Die Angst vor der Zersplitterung des Sippenbesitzes (später: des Familienbesitzes) bestimmte nahezu alle Ehegesetze der Griechen, mit Ausnahme der Dorer. In der ersten Hälfte des 5. Jahrhunderts genügten diese Gesetze aber in manchen Städten nicht mehr, um die Zersplitterung zu verhindern. In Athen zum Beispiel sahen sich Konservative und Liberale, Adlige und Bürgerliche, die einander sonst in jeder Hinsicht befehdeten, plötzlich im gleichen Boot, weil ihre Söhne Liebesverhältnisse mit Nichtbürgerinnen und Töchtern von Nichtbürgern angeknüpft hatten. Da diese Mädchen keine Bürgerrechte besaßen, brauchten sie sich auch nicht den bürgerlichen Sitten, so zum Beispiel dem absoluten Verbot des vorehelichen Geschlechtsverkehrs, zu fügen.

Bei den Bürgern Athens war die Bestrafung einer im Geschlechtsverkehr ertappten unverheirateten Tochter dagegen so hart, daß Aischines berichtet, einer der Bürger, der gemerkt hatte, daß seine Tochter »ihre jungfräuliche Blüte nicht sittsam bis zur Hochzeit bewahrt hatte«, habe diese mitsamt einem wilden Pferde in einer öden Behausung vermauert und Hungers sterben lassen (Aisch. *Tim.* 182-3). Die offizielle Bezeichnung des athenischen Ehemanns war deshalb *parthenios aner,* »der eine Jungfrau geheiratet hat«. Da die Töchter der Nichtbürger von dem Verbot des vorehelichen Geschlechtsverkehrs frei waren, stellten sie natürlich besonders gesuchte Gespielinnen der Bürgersöhne dar; andererseits suchten die Metökentöchter diese Liebschaften nicht nur aus rein erotischen Motiven, denn durch Heirat mit einem Bürgersohn erwarben sie das Bürgerrecht. Manchmal, wenn die Metökentochter viel Geld in die Ehe brachte, hatten die Eltern des Bürgersohnes auch nichts gegen solche Ehen einzuwenden. Wo aber die Eltern des Sohnes wohlhabender als die des Mädchens waren, stellte eine solche Ehe die Gefahr einer Zersplitterung des Vermögens der Vaterfamilie dar und

mußte deshalb mit aller staatlichen Macht verhindert werden. Im Jahre 451 v. u. Z. gab Perikles dem Druck einer Allianz von konservativen und liberalen Kräften nach und erließ ein Gesetz, das die Ehe von Bürgersöhnen nur dann als rechtskräftig anerkannte, wenn auch die Gattin Tochter eines Vollbürgers war. War sie die Tochter eines Metöken, so galt die Verbindung als Konkubinat: die Kinder hatten keinen Erbanspruch.
Altertumsforscher des neunzehnten Jahrhunderts und der NS-Zeit haben dieses Gesetz als einen Versuch dargestellt, »das griechische Blut rein zu erhalten« und »die Rassenvermischung zu verhindern«. Das ist ein Mißverständnis, denn die Metöken waren ebenso gute Griechen wie die Athener. Da es weder das Konzept einer griechischen Nation noch das einer griechischen Rasse gab, galt aber jeder Grieche, der Nichtbürger eines Stadtstaates war, als Fremder. Daß das Motiv des Gesetzes nicht eugenischer, sondern ökonomischer Natur war, geht auch daraus hervor, daß es gleichzeitig eine Anzahl von »eugenischen« Hindernissen ausdrücklich aus dem Wege räumte: eine ganze Reihe von Inzestverboten wurde, wie wir gesehen haben, jetzt unter dem Druck der ökonomischen Verhältnisse aufgehoben. Wenn Kimon nun seine Schwester Elpinike heiratete, so mag das zwar auch sexuelle Gründe gehabt haben, aber das wichtigste Motiv war Elpinikes Mitgift, die der Vatersippe verlorengegangen wäre, wenn sie jemand anderen geheiratet hätte. Denn nach athenischem Recht blieb die Mitgift stets Eigentum des Vaters; brach die Ehe entzwei, mußte der Ehemann die empfangene Mitgift an den Schwiegervater zurückzahlen. Dies war schon in homerischen Zeiten so (*Od.* II, 132). Deshalb bestand der athenische Ehevertrag auch nicht aus einer Abmachung zwischen den Ehepartnern selber, sondern zwischen dem Vormund der Braut und dem Bräutigam. Die offizielle Formel der Eheschließung lautete:

VORMUND
Ich gebe dir dieses Mädchen, damit sie dir legitime Kinder geben möge.
BRÄUTIGAM
Ich nehme sie.
VORMUND
Ich füge eine Mitgift von . . . hinzu.
BRÄUTIGAM
Ich nehme auch dies mit Dank an.

Niemals wurde das Mädchen nach seinem eigenen Willen befragt. In den meisten Fällen wurde nicht einmal ihr Name erwähnt. Wenn der Brautführer sie zum Haus ihres künftigen Gatten geleitet hatte, aß sie ein Stück Kuchen und einen Apfel. Damit wurde ausgedrückt, daß der Ehemann sie von nun an versorgen würde. Sie gab ihm von dieser Nahrung nichts ab, denn das hätte möglicherweise gegenseitige Zuneigung ausgedrückt, und Zuneigung gehörte nicht zu den Verpflichtungen der Ehefrau. »Auch in Familie und Ehe mußte sich die griechische Frau des klassischen Zeitalters mit einer untergeordneten Stellung abfinden. Die feierliche Form der Eheschließung kannte die Frau gar nicht als handelnde Person . . . Der Vater bestimmte den Bräutigam für die Tochter, persönliche Neigung spielte dabei so gut wie keine Rolle, wohl aber die Standesgemäßheit und die Höhe der Mitgift . . .

ebenso war man sich darin einig, daß die Ehe lediglich der Erzeugung rechtmäßiger Kinder und der Gewinnung einer verläßlichen Hausverwaltung diente« (Vogt, *Von der Gleichwertigkeit der Geschlechter in der bürgerlichen Gesellschaft der Griechen,* S. 215 f.).
Xenophon läßt in seinem Werk *Die Einkünfte* den Isomachos zu seiner Frau sagen: »Verstehst du jetzt, wieso ich dich geheiratet habe und wieso deine Eltern unserer Verbindung zugestimmt haben? Wir hätten leicht jemand anders finden können, um mein Bett mit mir zu teilen. Ich glaube, du verstehst das sehr gut. Aber nachdem wir die Sache überdacht haben, ich in meinem und deine Eltern in deinem Interesse, und nachdem wir alle anderen Kandidaten nach ihrer Eignung für den Haushalt und die Kinderversorgung abgewogen hatten, wählte ich dich und deine Eltern mich zweifellos aus einer großen Anzahl anderer.«
Daß die Griechen des 7. Jahrhunderts v. u. Z. ihre Frauen noch vollkommen als persönliches Eigentum betrachteten, geht aus dem wohlgemeinten Wort des Hesiod hervor: »Ein gutes Weib ist ein köstlicher Besitz.« Daß er schnell hinzufügt, die schlimmste Plage sei allerdings ein böses Weib, das im Hause herumschmarotze und selbst einen begüterten Mann arm mache, ist um so bezeichnender, als wir hier erkennen, daß der griechische Bauer seine Frau ausschließlich vom Standpunkt ihres ökonomischen Nutzens oder Nachteils beurteilte (*Werke und Tage,* S. 701 ff.). Deshalb empfiehlt er auch dem heiratswilligen jungen Mann: »Beschaffe dir zuerst einmal ein Haus, eine Frau und einen Ochsen. Kaufe die Frau, heirate sie nicht. Dann kannst du sie dazu bringen, den Pflug zu bedienen, falls nötig« (ebd., S. 405 bis 406). Er meint also: Kaufe dir eine Sklavin. Wenn sie etwas taugt, kannst du sie immer noch heiraten. Wenn nicht, heirate erst, nachdem du deinen Haushalt mit Hilfe von Sklavenarbeit aufgebaut hast. Daß die Behauptung, griechische Ehen seien ausschließlich aus ökonomischen Motiven geschlossen worden, nicht übertrieben ist und nur auf Sparta nicht zutrifft, geht auch aus Diodors Beobachtung hervor, daß Neigungsheiraten innerhalb des Bürgertums so gut wie niemals vorkamen und daß die wenigen, die aufgetaucht seien, stets unglücklich geendet hätten (XIX, 33, 2).
Der berühmte Gräzist Wilhelm Müller kam nach langjährigem Studium aller Quellen zu der Überzeugung, es werde in keiner griechischen Quelle berichtet, daß irgendein Athener je eine freigeborene Frau geliebt und aus Liebe geheiratet habe. Zwar habe es Leidenschaft gegeben, aber nie habe solche Leidenschaft zur Heirat geführt. Andererseits habe es Ehen gegeben, aber niemals solche, die aus Leidenschaft geschlossen worden seien – zumindest niemals bei den Athenern, den Vätern des Patriarchats (Müller, *Die Dorer,* Teil II, S. 281).
Die Eltern bestimmten, wer wen heiraten sollte, und der Gatte hatte meist keinen Grund zur Klage, denn verkrüppelte, kranke oder mit körperlich abstoßenden Eigenschaften behaftete Mädchen wurden sowieso nicht als Ehematerial betrachtet. Daß zwei gesunde, geschlechtsreife Menschen miteinander koitieren und gesunden Nachwuchs zeugen würden, schien den Griechen selbstverständlich. Der Zweck einer Verlobung war also nicht der, besonders geeignete Partner auszusuchen, sondern die Mitgift festzulegen.

Bei allen griechischen Stämmen, besonders deutlich aber bei den Dorern, gingen die Hochzeitssitten auf den archaischen Brauch des Brautraubs zurück. Selbst wenn die Einzelheiten der Heirat bereits sorgfältig zwischen den Eltern abgesprochen worden waren, galt es als sittsam, daß der Bräutigam die Braut »entführte«. Erst von der geglückten Entführung an galt die Gattin als *despoina,* als »Herrin«. Plutarch beschreibt die Sache so: »Die Verheiratung selbst geschah auf die Art, daß jeder sich eine Jungfrau raubte, nicht aber eine kleine, unmannbare, sondern eine solche, die völlig erwachsen und heiratsfähig war. Die sogenannte Brautdienerin nahm die Geraubte in Empfang, schor ihr den ganzen Kopf kahl ab, zog ihr ein männliches Gewand und Schuhe an, legte sie auf eine Streu und ließ sie im Finstern allein. Der Bräutigam schlich sich dann, nicht betrunken, nicht durch Schwelgerei entkräftet, sondern in völliger Nüchternheit und nachdem er, wie immer, mit seinen Tischgenossen gespeist hatte, heimlich zu ihr, löste ihr den Gürtel und trug sie aufs Bett. Wenn er eine kurze Zeit mit ihr zugebracht hatte, ging er wieder sittsam weg, um an dem gewöhnlichen Orte in Gesellschaft anderer junger Männer zu schlafen. Ebenso hielt er es auch in der Folge. Den Tag brachte er unter seinen Kameraden hin, schlief des Nachts bei ihnen und besuchte seine Braut nur heimlich und mit größter Behutsamkeit, indem er sich schämte und besorgte, es möchte ihn jemand in ihrem Hause bemerken. Doch war die Braut selbst dazu behilflich und wußte es immer so einzurichten, daß sie zur rechten Zeit und unbemerkt zusammenkommen konnten. Dies taten sie nicht etwa auf kurze Zeit, sondern manchem waren schon Kinder geboren worden, ehe er seine Frau bei Tage gesehen hatte. Eine solche Zusammenkunft diente nicht allein zur Übung in der Enthaltsamkeit und Mäßigkeit, sondern sie förderte auch die Fruchtbarkeit und bewirkte, daß sie sich immer mit neuer und verjüngter Liebe umarmten, daß sie, anstatt durch zu häufigen Genuß gesättigt und entkräftet zu werden, gleichsam einen Zunder der wechselseitigen Liebe und Zuneigung zurückließen.«
Andere griechische Hochzeitsbräuche gingen auf das spätere Stadium zurück, in dem die Braut nicht mehr geraubt, sondern gekauft wurde. Aristoteles weist darauf hin, daß bei Homer bereits der Mann den Eltern die Braut abkauft: Er zahlt die *hedna,* die Brautgeschenke, die meist in Rindern oder Naturalien bestanden, später aber auch Geld und Sklaven einbegriffen (*de re publ.* II 8 p. 1260. Bei Homer: *Od.* I 277; II, 196; *Il.* VI, 394; IX, 144). Die spätere Sitte, daß der Brautwagen, auf dem die Mitgift der Braut zum Hause des Bräutigams gebracht wurde, sofort nach der Ankunft verbrannt werden mußte, zeigt die Scham des Mannes, die Frau nicht gekauft zu haben, sondern statt dessen von ihren Eltern gekauft worden zu sein. Mit Recht weist Lehrs darauf hin, daß die Griechen überhaupt keinen Ausdruck für »Braut« hatten (*pop. Aufs.* 92), weil ihnen der ganze Vorgang der Heirat peinlich war.
Waren die gesetzlichen Formalitäten erfüllt, so fand im Hause des Brautvaters eine bescheidene Zeremonie statt, die man *ta proteleia,* »die Vorfeier«, nannte und die sich nicht, wie manche Gräzisten meinen, als Verlobungsfeier übersetzen läßt. Die Zeit zwischen der Vorfeier und der Hochzeit war

kurz, da das Problem des Sichaneinandergewöhnens nicht anerkannt wurde. Der Abschied der Braut von ihrer Kindheit wurde durch das Opfer ihres Kinderspielzeugs symbolisiert. Das Hochzeitsmahl wurde ebenfalls vom Brautvater gegeben. Während sonst die Frauen den Mahlzeiten der Männer fernbleiben mußten, war es ihnen beim Hochzeitsessen ausnahmsweise vergönnt, dabei zu sein; aber selbst bei dieser feierlichen Gelegenheit mußten sie an getrennten Tischen essen.

Wenn der Bräutigam nach der Feier in die Kammer eingetreten war, begann das *epithalamion,* das Lied vor dem Brautgemach, das meist die ganze Nacht hindurch dauerte. Der antike Kommentator des Theokrit sagt: »Das *epithalamion* singt man, damit das Schreien der Jungfrau, während sie von ihrem Manne vergewaltigt wird, nicht gehört werde, sondern in dem Gesange der Mädchen untergehe« (*carm.* 18).

Am nächsten Morgen wurden die Neuvermählten durch ein Ständchen geweckt und mit Geschenken begrüßt. An diesem Tage fand ein Mahl im Hause des Vaters des jungen Ehemanns statt, an dem bezeichnenderweise die Braut schon nicht mehr teilnehmen durfte: Von jetzt an war sie nicht mehr Ebenbürtige, sondern Untergebene ihres Gatten. »Die uns geläufige Vorstellung, daß der Mann in der Ehe immerfort die doppelte Haltung des Besitzenden und des Werbenden bewahren sollte, haben diese Hellenen von sich gewiesen. Der Ehefrau gegenüber waren sie Besitzbürger, ihre Reize als Werbende verschenkten sie außerhalb des Hauses und unterhalb des Standes« (Vogt, *Gleichwertigkeit,* S. 218). Aristophanes übertreibt sicher nicht, wenn er andeutet, wie oft die Griechin sich ihrem Manne fügte, ohne dabei etwas zu empfinden (*Lysistrata* 227):

Doch sucht zu zwingen er die Widerstrebende,
Verdrießlich füg' ich mich und bleibe dabei kalt.

Die einzige Gelegenheit, bei welcher der Gesetzgeber von dem Gatten verlangte, daß er der Frau beiwohnen *müsse* (dreimal im Monat), war, wenn ihr Vater gestorben war, ohne männliche Erben zu hinterlassen. Der Zweck des Gebots (Solon) war also nicht etwa der, die Frau zufriedenzustellen, sondern einen Sohn zu zeugen, der das Familieneigentum erben konnte. Zwar hatte sie das Recht, bei dem Archon wegen »Nichterfüllung der Pflichten« zu klagen (Aristoteles, *Staatsverfassung der Athener* 56; Alkiphr. I, 6), aber auch dies galt nur dann, wenn der Ehemann sich weigerte, Kinder zu zeugen; es war also nicht etwa eine Klage auf Erfüllung der ehelichen, sondern der staatlichen Pflicht.

Kluge Frauen waren zwar als Hetären, nicht aber als Gattinnen erwünscht, weil der Mann sich ihnen gegenüber unsicher fühlte. Nur die ganz Großen, wie Perikles, besaßen jene Reife, die zur Ehe mit einer geistig Gleichwertigen erforderlich ist. Xenophon feierte die Tugend der Frauen und galt deshalb bereits als Feminist, aber die Tugend, die er pries, war niemals die Selbständigkeit der Frau, sondern nur die Pflichterfüllung der Mutter und Hausfrau. Die vielen Grabstatuen athenischer Frauen des 5. und 4. Jahrhunderts bezeugen zweifellos einen gewissen Respekt der Ehemänner für ihre zu früh verblichenen Gattinnen, aber auch hier spricht nur der Dank für gute Haushaltsführung, Geduld, Zähigkeit im Kampf gegen Krankheit oder Armut, Treue gegenüber den Söhnen und Töchtern, und vielleicht auch – aber dies schon seltener, weil es als selbstverständlich galt – Treue dem Ehemann gegenüber. Das war alles. Von Liebe, von Dank für empfangene sexuelle Freuden finden wir ebenso wenig wie von Achtung vor Intelligenz.

Aristoteles meinte zwar, die Ehe solle nicht nur eine Verbindung zum Zweck der Kinderzeugung, sondern die Vereinigung zweier einander zugeneigter und in Zärtlichkeit verbundener Personen sein, die den moralischen Ansprüchen der Gesellschaft genüge, aber im gleichen Absatz spricht er davon, daß solche Verbindungen sich »sogar« auf Tugend aufbauen könnten, falls beide Partner »ehrlich« seien (*Nikom. Ethik* VIII, 12, 7). Dieses »sogar« bezeugt, wie weit selbst die weisesten der griechischen Denker in dieser manischen Männerwelt vom Gedanken einer Gleichberechtigung der Geschlechter entfernt geblieben sind.

Wir erwähnten bereits, daß die griechischen Frauen durch harte Arbeit und zu viele Geburten schneller alterten und früher starben als die Männer. Deshalb galt es in Griechenland als selbstverständlich, daß bei jeder erfolgreichen Verbindung die Frau jünger sein müsse als der Mann. Euripides sagt: »Es ist ein großes Übel, zwei Gleichaltrige aneinanderzuketten, denn weit länger bleibt die Kraft der Männer, während die Blüte der weiblichen Jugend schnell vergeht.« Hesiod empfahl deshalb als günstigstes Heiratsalter des Mannes die dreißiger Jahre, und Solon stimmte ihm zu, indem er die Spanne zwischen dem 28. und 35. Jahr ansetzte. In der Praxis dagegen heirateten die Griechen überall, außer in Sparta, weitaus früher, meist mit 18. Die Frau sollte nach Hesiod nicht älter als 16, also mindestens vierzehn Jahre jünger als ihr Gatte sein. In Wirklichkeit heirateten die meisten Griechinnen zwischen dem 12. und 15. Jahr, waren also selten mehr als drei bis sechs Jahre jünger als ihre Männer. Nur in Sparta heirateten beide Geschlechter später, die Mädchen meist nicht vor dem 24. Jahr. Zwischen dem 12. und dem 24. Jahr hatte die junge Spartiatin dagegen aber auch völlige sexuelle Freiheit.

Wenn ein Mädchen außerhalb Spartas mit 18 Jahren noch nicht verheiratet war, gerieten die Eltern genau wie heute in Panik; *gameteon*! hieß das Gebot: »Man muß heiraten!« Und wenn es keinen *opyioles,* keinen heiratslustigen jungen Mann gab, dann mußte man die Tochter verheiraten, *gamizein* oder *gamiskein.* Ob das Mädchen wollte oder nicht, ob sie *philogamos,* »heiratslustig« war oder nicht, sie mußte sich »verheiraten lassen«, *gamizesthai.* Konnte der Vater seine heiratsfähige Tochter nicht an den Mann bringen, ging er zu einer *promnestria,* einer Heiratsvermittlerin, die allerdings meist auch als Kupplerin tätig war. Auch gab es die *paranymphoi,* die Heiratsvermittler, die sich als berufsmäßige Brautführer verdingten. Sehr oft gelang ihnen ihre Aufgabe, weil sie grundsätzlich nur darin bestand, für das Erbgut des Brautvaters einen Abnehmer zu finden; gegenseitige Sympathie der Brautleute oder gar Liebe stand nicht zur Diskussion.

Öfter als auf alte Jungfern stößt man in der Antike deshalb auf Nebenfrauen eines verheirateten Mannes oder auf Doppelehen. In Sparta waren Doppelehen weder für Männer noch für Frauen verboten, da alles, was dem Nachwuchs der Spartiaten diente, erlaubt war und vom Staate begünstigt wurde. Aber auch in Athen war die Institution der *digamia*, der Doppelehe, nicht selten. Sie war zwar nicht legal, aber man machte ein Auge zu und dachte an die Männer der Heldenzeit, die alle Nebenfrauen gehabt hatten. König Priamos, rühmt sich ja bekanntlich bei Homer, daß er fünfzig Söhne gezeugt habe, neunzehn mit seiner Ehefrau Hekate, den Rest »mit Nebenfrauen in der Wohnung«. Von Agamemnon sagt Thersites in der *Ilias*, daß ihm die Achaier aus jeder eroberten Stadt eine Nebenfrau geschenkt hätten. Überhaupt hat in der *Ilias* jeder Mann mit Ausnahme von Menelaos mindestens eine Nebenfrau. Istros zählt in den *Attischen Geschichten* die Nebenfrauen des Theseus auf und unterscheidet dabei diejenigen, die er sich aus Liebe zugelegt, und die, welche er als Siegesbeute erworben habe.

In der homerischen Zeit waren Nebenfrauen durchaus legal, sie blieben aber aus rein ökonomischen Gründen den Wohlhabenden vorbehalten. Daß die Institution der Nebenfrau mindestens bis ins 4. Jahrhundert v. u. Z. bestanden haben muß, geht unter anderem aus einem Gesetz hervor, das Demosthenes (384 bis 322) anführt und in dem Mutter, Gattin, Schwester, Tochter und Nebenfrau in einem Atem genannt werden. »Demetrios Phalereus, Hieronymos von Rhodos, Aristoxenos und Aristoteles – wenn nämlich das ihm zugeschriebene Buch *Über Vornehmheit* echt ist –, sie alle erzählen. daß Myrto, eine Enkelin des Aristides, vom weisen Sokrates in sein Haus aufgenommen worden sei. Er habe zwar schon eine andere Frau gehabt, habe die Myrto aber aufgenommen, weil sie Witwe war und in ihrer Armut des Nötigsten ermangelte. Gegen die Ansicht dieser Männer hat Panaitios in seinem Buche über Sokrates ausführlich Stellung genommen« (FHG II, 280, 28 aus Cyrill. C. Jul. VI, 208). Kein Wunder, daß die vielgeschmähte Xanthippe, die erste Frau des weisen Sokrates, manchmal die Geduld mit ihm verlor. Aber wenn sie ihn vielleicht zuviel anschnauzte, würdigte er sie meist überhaupt keines Wortes. Und das geschah in den meisten Haushalten der Philosophen. Auf die Frage des Sokrates, ob es jemanden gebe, mit dem er weniger spreche als mit seiner Frau, gestand Kritobulos, es gebe nicht viele.

Daß das Verhältnis der Eheleute zueinander nicht ganz so friedlich war, wie es die griechischen Männer (und nur von diesen stammt ja unser Wissen über die griechische Ehe) wahrhaben wollten, geht daraus hervor, daß die Ehekontrakte unter anderem von der Frau verlangten, sie dürfe ihrem Mann nicht die Hoden zerquetschen. Dieses Zerquetschen der Hoden scheint die bevorzugte Waffe der griechischen Frau im Ehekampf gewesen zu sein. Die Tatsache, daß die Griechen hierfür ein eigenes Wort hatten, *orchipedein* oder *orchipedon eklein*, bezeugt, wie häufig sich die Männer dieser Form des weiblichen Karategriffs zu erwehren hatten.

Wie in allen betont patristischen Gesellschaftsformen fühlte sich auch im alten Hellas der Mann dauernd in seiner »ehelichen Ehre« bedroht. Da die Frau als Besitz empfunden wurde, galt Ehebruch als Diebstahl. Der bestohlene Ehemann hatte das Recht, sich an dem Dieb entweder durch Entmannung oder durch Todesstrafe zu rächen. Lysias (etwa 450 bis 380) berichtet, daß Euphiletos, der den Erathostenes mit seiner Frau im Bett überrascht hatte, folgendes sagte: »Als ich meinem Begleiter die Tür des Schlafgemaches aufgestoßen hatte, sahen wir, die wir zuerst eindrangen, ihn noch neben meiner Frau im Bette, die anderen sahen ihn nackt auf dem Lager stehen. Ich aber stieß ihn herab, band ihm beide Arme auf dem Rücken zusammen und fragte ihn, warum er die Ehre meines Hauses verletzte. Er gab sein Unrecht zu, bat mich aber flehentlich, ihn nicht zu töten, sondern Geld anzunehmen. Darauf erwiderte ich: ›Nicht ich werde dich töten, sondern das Staatsgesetz.‹« (Lysias *de caede Erat.* 24). Diese Gesetzestreue des Euphiletos wird von Lysias aber ausdrücklich als eine besondere Großzügigkeit zitiert. Normalerweise fackelte der Grieche, der einen anderen Mann im Bett seiner Frau fand, nicht lange mit dem Gesetz, sondern schnitt ihm entweder Glied und Hoden ab, oder brachte ihn auf der Stelle um. Wo es um seine »Ehre« ging, stand der Athener noch im klassischen Zeitalter auf dem Niveau der Blutrache.

Trotz allem war Ehebruch in den griechischen Stadtstaaten nicht nur bekannt, sondern überaus häufig, von Geschlechtsverkehr mit Sklaven oder Sklavinnen ganz zu schweigen. Dieser zählte aber nicht als Ehebruch, da Sklaven, wie wir bereits gesehen haben, nicht als vollwertige Menschen betrachtet wurden. Es war das Privileg des Ehemannes, mit seinen Sklavinnen zu koitieren. Aber die Ehefrau, die mit einem Sklaven koitierte, machte sich der Todesstrafe schuldig.

Nachts durfte die Frau deshalb nach den Solonischen Gesetzen nur dann in einem Wagen fahren, wenn drinnen eine Laterne brannte, so daß jeder sehen konnte, in wessen Begleitung sie war (Plut. *Sol.* 21). Aber:

So schwer ist keine Mauer, ist kein Schatz,
Nichts auf der Welt zu hüten, als ein Weib (Euripides).

Die Gattin schützt Magenweh, Bauchgrimmen, einen Gang auf den Abtritt vor, um zum Liebhaber hinauszuschlüpfen, spottet Aristophanes. Wenn kein anderer da ist, besorgt es ein Knecht oder Maultiertreiber. Kommt der Gatte nach Hause, kaut die Frau Knoblauchstengel, ihm zu beweisen, daß sie allein gewesen sei. Sie geht mit dem Mantel, unter dem der Liebhaber steckt, hinaus, und draußen verschwindet dann der Liebhaber (Aristophanes *Thesmophoriazusen* 479 bis 501):

. . . nun hatt' ich auch von früher her
'nen Freund, der im siebenten Jahr es schon versucht' mit mir.
Der kam und raschelte voller Begier an unserer Tür.
Sogleich verstand ich's; heimlich wollt' ich hinab zu ihm.
Mein Mann darauf, der fragt: »Wo willst du hin? Wohin?«
»Ich habe, Liebster, im Bauche solches Knurrn und Ziehn,
Ich will zum Abtritt noch einmal hinab.« – »So geh!«
Drauf rührt' er mir'n Trank aus Wacholder und Schneckenklee,
Doch ich, nachdem ich die Angel der Tür geölt,
Ging zu meinem Liebsten und ward, vorn aufgestützt
An dem Lorbeerbaum, beim Gassenapoll! von ihm gespritzt!

Begräbnisse naher Verwandter gehörten zu den wenigen Gelegenheiten, die einer Griechin das unbegleitete Ausgehen erlaubten, und wurden deshalb oft sprichwörtlich zu Seitensprüngen verwandt. Andere Gelegenheiten waren der Einkauf und der Gottesdienst, aber selbst hier versuchte der Gatte meist, der Frau eine Sklavin mitzuschicken. War die Ärmste dann am Ziel ihrer Wünsche, geschah es oft, wie wir an anderer Stelle berichten werden, daß der Geliebte durch die Spannungen und Ängste des Verfahrens impotent wurde und die Frau unverrichteter Sache wieder nach Hause gehen mußte. Philodemos läßt eine solche Frau klagen:

Mitten in finsterer Nacht verließ ich das Lager des Gatten,
Stahl mich heimlich zu dir, frierend und regendurchnäßt.
Und nun sitzen wir müßig und faul. Wollen wir nicht endlich
Zum Werke nun gehn, wie sich's für Liebende ziemt?

Die beim Ehebruch ertappte Frau durfte, laut Aischines (389 bis 314), keinen Schmuck mehr tragen und die öffentlichen Tempel nicht mehr besuchen, »damit sie nicht unschuldige Frauen verderbe«. Als Gesetzgeber fügt Aischines nun hinzu: »Wenn sie aber doch hingeht oder sich schmückt, so soll der erste beste ihr die Kleider vom Leibe reißen und ihr den Schmuck nehmen und sie schlagen, aber nicht töten oder zum Krüppel machen, so daß er ein solches Weib ehrlos mache und ihr die Lust am Leben nehme« (*Tim.* 182 bis 183).

Eine Zivilisation, die sich in so hohem Maße von innen her bedroht fühlt, kann unmöglich als gesund gelten. Im Gegenteil, wenn die männliche »Ehre« nur dadurch gerettet werden konnte, daß man der Frau die Lust am Leben nahm, dann stand diese Ehre auf sehr schwachen Füßen. Die ausgesprochen voyeuristische, betont sexuelle Form der Bestrafung »ehebrecherischer« Frauen deutet auch darauf hin, daß der Grieche sich der Griechin gegenüber unsicher fühlte. So erzählt Plutarch, daß man in Kyme die Ehebrecherin auf den Markt schleppte und sie auf einem dazu bestimmten Stein allen Blicken ausstellte. Später ließ man sie auf einem Esel (nackt?) durch die ganze Stadt reiten. Der Ritt endete mit nochmaliger Schaustellung auf dem Stein. Auch blieb ihr fortan der entehrende Name »Eselreiterin« (*quaest. gr.* 2). In Lepreon in Elis mußte die Ehebrecherin während elf Tagen auf dem Markt ohne Gürtel und in durchscheinendem Hemde am Pranger stehen und blieb ehrlos (Herod. Pol. 14).

Bezeichnend für die eheliche Doppelmoral der Griechen ist die Sage von Kephalos und Prokris, die Sophokles und Hyginus behandelt haben: der Mann darf die Treue seiner Frau erproben; die Frau, welche die Treue ihres Mannes erproben will, muß dafür mit ihrem Leben büßen. Kephalos, der Sohn des Phokerkönigs Deion, beschließt die Treue seiner Gattin Prokris zu erproben, indem er ohne Erklärung acht Jahre lang fortbleibt. Was sie in dieser Zeit erduldet, wie schwer ihr das Alleinsein auch fallen mag, wie sie sich überhaupt die Abwesenheit ihres Mannes erklären soll – all das bewegt den Gatten nicht. Als er dann nach all den Jahren verkleidet zurückkehrt und sie erfolgreich verführt, ist er wütend, weil sie sich einem »Fremden hingegeben hat« und tötet sie, indem er vorgibt, sie bei der Jagd für ein Reh gehalten zu haben. Zwar wird er für die Tat vom Areopag verurteilt, kommt aber mit dem Leben davon, wird sogar nach dem Siege über die Taphier von den Göttern belohnt und gründet das Geschlecht der Kephallenier. Wenn man bedenkt, daß ihm dieser Sieg nur mit Hilfe des unentrinnbaren Hundes

Lailaps gelingt, den er seiner gemordeten Gattin gestohlen hat, so wirkt die Doppelmoral des hellenischen Patriarchats hier selbst über den Tod der geplagten Frau hinaus und belohnt den Täter noch nachträglich für die Tat.

In der *Oresteia* wird Klytaimestras Plädoyer, ihr Ehebruch mit Aigisthos sei dadurch gerechtfertigt, daß Agamemnon, ihr Gatte, sie seinerseits mit Kassandra und Chryseis betrogen habe, energisch zurückgewiesen. Denn was dem Manne gestattet sei, könne der Frau niemals verziehen werden. Und warum nicht? Nicht etwa weil es eine andere Moral für Frauen gebe, sondern weil es um das Erbrecht, also um Eigentum, gehe. Das Wichtige beim Ehebruch sei nicht etwa der Akt des Geschlechtsverkehrs, sondern die Möglichkeit der Kindesunterschiebung. Der Ehemann, der mit der Frau eines anderen Mannes schläft, macht sich diesem gegenüber schuldig, denn wenn er mit ihr Söhne zeugt, stiehlt er das Erbe des anderen Mannes. Nicht schuldig aber macht er sich seiner eigenen Frau gegenüber, denn ihr entsteht aus seinem Seitensprung kein Verlust. Wenn sie dagegen mit einem anderen Mann koitiert, so ist sie schuldig. Denn aus ihrem Verkehr mit diesem Manne können Söhne entstehen, die den Gatten unrechtmäßig beerben; unrechtmäßig, da sie ja nicht seine Söhne, sondern die des anderen Mannes sind. Apollon spricht mit der Unfehlbarkeit des Gottes, wenn er den Unterschied zwischen Mann und Frau mit der genetischen Theorie begründet, daß die Frau bei der Erzeugung des Kindes nur Hüterin des ihr anvertrauten Samens sei. Deutlicher läßt sich die Theorie des Vaterrechts kaum ausdrükken.

Die bereits erwähnte Tatsache, daß der Grieche die Gattin als sein Eigentum betrachtete und hieraus sein Recht auf Rache nahm, geht aus dem griechischen Wort für Ehebruch, *gamoklopia,* hervor, denn es bedeutet nicht etwa »Bruch der Ehe«, sondern »Diebstahl der Gattin«. Die Ehe wurde also nicht als staatlich begünstigte Institution gebrochen, sondern als privates Besitzverhältnis verletzt. Stets ist die Frau Eigentum des Mannes. Er kann sie töten, er kann sie verschenken, er darf sie im Falle eines Ehebruchs umbringen. Sie aber darf sich nicht einmal über seinen Ehebruch beklagen. In den *Trachinierinnen,* einer der bedeutendsten Tragödien des Sophokles, versucht Deianeira, die liebevolle, duldsame Frau des Herakles, nachdem er die schöne Sklavin Iole als Konkubine in ihr Haus gebracht hat, seine Liebe wiederzugewinnen, indem sie einen Liebestrank für ihn zubereitet. Der Trank jedoch ist zu stark und droht ihn zu töten. Joseph Vogt kommentiert die Folgen in diesen Worten: »Unfähig, die Schmach zu ertragen, daß ein Weib ihn hingerafft, verlangt er vom Sohn, daß er ihm die Mutter zum Erwürgen in die Hände liefert, damit er sehen kann, was den Sohn mehr schmerzt: das entstellte Bild des Vaters oder die mit Recht getötete Mutter (*Trachinierinnen* 1062 ff.). Und nach der Meldung, daß Deianeira durch eigene Hand gestorben, zwingt er dem Sohn die eigene Geliebte Iole als Gattin auf: der Befehl des Vaters muß über die Treue zur toten Mutter gehen (*Trachinierinnen* 1216 ff.). Deianeira ist wie weggewischt, Iole ist ein Gefäß, das weitergegeben wird; im großen Tun folgt der Mann auf den Mann, darüber zerbrechen die Frauen« (a.a.O., S. 224).

Odysseus beging Ehebruch mit Kallidike, Kalypso und Kirke, hinterließ in verschiedenen Orten seine »Gesäten«, seine unehelichen Kinder, aber tötete die Männer, die seine Frau im guten Glauben, daß er längst tot sei, heiraten wollten, und glaubte obendrein, er habe damit eine große Heldentat vollbracht. Mit den Liebschaften des Mannes hatte die Frau sich abzufinden, sie selber aber durfte nicht einmal heiraten, solange sie keinen Todesbeweis ihres Gatten hatte, selbst wenn dieser zwanzig Jahre lang verschollen war. Eine Ehefrau wie die Komodia des Kratinos, die ihren Mann wegen seiner Nebenfrau Methe und seiner verschiedenen Knabenlieben vor Gericht schleppt, muß hinnehmen, daß der Richter nicht nur ihre Klage abweist, sondern obendrein noch meint, es läge nicht einmal *kakosis,* »schlechte Behandlung« vor. Und dies, obgleich das Gesetz der Frau ausdrücklich erlaubte, sich von ihm loszusagen, wenn er mit einem Manne geschlechtlich verkehrt hatte (Diogenes Laertius IV, 17).

In den meisten griechischen Stadtstaaten war Scheidung erlaubt und fand nicht selten statt. Scheidungsgründe waren vor allem Kinderlosigkeit und Unverträglichkeit. In beiden Fällen war es die Frau, die fast stets als Schuldige betrachtet wurde. Der Mann konnte sich von seiner Frau scheiden lassen, indem er sie einfach verstieß. Aber eine Frau konnte ihren Mann nicht verlassen, ohne bei einem Magistrat einen Antrag zu stellen, in welchem sie die Gründe der Scheidung nennen mußte. Einerlei wie schuldig der Ehemann war, die Kinder blieben stets bei ihm. Und so war diese Regelung denn auch der eigentliche Grund, weshalb so viele griechische Frauen die schlimmsten Demütigungen ertrugen, ohne einen Scheidungsantrag zu stellen. Jede Scheidung stellte die Frau vor das Dilemma: entweder Ehemann und Kinder – oder nichts.

Auch gab der Ehebruch des Mannes der Ehefrau noch lange kein Recht auf Scheidung. Der Ehebruch der Frau gab jedoch dem Ehemann nicht nur ein Recht auf Scheidung, sondern verpflichtete ihn dazu, die Scheidung einzureichen. Tat er dies nicht, so verlor er seine Bürgerrechte. So heißt es deshalb auch im Sprachgebrauch der Griechen, daß der Mann seine Frau »fortschikke«, die Frau jedoch den Mann »verlasse«. Alles, was er zu tun hatte, war in Gegenwart von Zeugen die drei Worte auszusprechen: »Ich verstoße dich!« Dann wurde die Frau mit ihrer Mitgift ins Haus ihres Vaters zurückgeschickt.

Aber diese Rückgabe der Mitgift bedeutete ganz und gar nicht, daß der Ehemann damit sein Unrecht kundtat oder gar finanzielle Gutmachung zu leisten versuchte, sondern ganz im Gegenteil: es war eine Sache unter Männern. Da der Vater der Frau das Geld für die Mitgift aufgebracht hatte, mußte er es beim Scheitern der Ehe auch wieder zurückhaben. Die Frau aber erhielt weder vor noch nach der Ehe den geringsten Teil der Mitgift. Hipparete, die Frau des Alkibiades, stellte einen Antrag auf Scheidung. Ganz Athen stimmte zu, daß sie recht hatte. Aber da Alkibiades selber den Antrag ablehnte, konnte er nicht gewährt werden. Und warum lehnte er ihn ab? Nicht etwa, weil er sie noch liebte, sondern weil er im Falle einer Scheidung ihre Mitgift an ihren Vater hätte zurückgeben müssen.

Nur wenn der Ehemann *vor* seiner Frau starb und auf beiden Seiten keine männlichen Erben vorhanden waren, fiel die Mitgift an die Witwe. Außerdem erhielt sie die Hälfte der gemeinsamen Errungenschaft, wenn die Ehe kinderlos geblieben war. Charles Seltman sagt ohne Quellenangabe in seinem Werk *Women in Antiquity,* daß im Griechenland des 9. und 8. Jahrhunderts die Sitte von der Witwe verlangt habe, in der Begräbnisprozession nackt zu gehen, um damit kundzutun, daß sie alles verloren habe. Heiratete eine Witwe zum zweiten Male, durfte sie nicht am Hochzeitszug teilnehmen, sondern mußte im Hause des künftigen Gatten allein auf die Ankunft des Wagens warten, der ihre Mitgift brachte.

5 Geschlechtsverkehr im Patriarchat

Die griechische Sprache vergleicht den Geschlechtsverkehr in vielen Metaphern und Katachresen mit dem Krieg. Im Vers 894 des *Friede* nennt Aristophanes den Verkehr *klinopale,* »Bettkampf«: Man ficht auf der Erde, ringt auf allen vieren, duelliert von der Seite und fällt am Ende vor dem anderen in die Knie. Dies mag spielerisch, poetisch, sogar lustig klingen, sagt aber in Wahrheit viel über die gespannten Beziehungen zwischen den Geschlechtern aus. Tatsächlich war der »Kampf der Geschlechter« kaum jemals in einer westlichen Kultur so aggressiv wie in jenen Gründerjahren des Vaterrechts, da die Erinnerungen an den früheren Zustand des Mutterrechts bei beiden Geschlechtern nur noch allzu lebendig waren. Daß der Koitus oft mit dem Beibringen einer Wunde verglichen wurde und ein erstaunlich großer Anteil des nicht gerade kleinen griechischen Vokabulars des Koitus den Verkehr als verwundend, vergewaltigend, niederschmetternd, verletzend bezeichnet, bestätigt dies. Von den Synonymen für »koitieren« bedeuten *aischynein:* »entehren«, »schänden«; *diakopeuein:* »zerhauen«, »klaffende Wunden beibringen«; *diamerizein:* »zerteilen«, »zerstückeln«; *diaphtheirein:* »zu Grunde richten«, »verwüsten«; *spodein:* »ausklopfen«, »stoßen«, »verhauen«. Daß die Griechen den Kampf der Geschlechter als eine Art Wettstreit betrachteten, geht aus dem Wort *pankratiazein* hervor, das sich von dem Pankration, den großen Wettspielen der Griechen, ableitete.

Auch die Tatsache, daß gewisse Wörter nur ins Sexualvokabular der Frauen, andere nur in das der Männer gehörten, ist bezeichnend. Ich habe bereits das Hauptwort *diamerismos* (wörtlich: »Zerteilung« oder »Zerstückelung«) erwähnt, das man benutzte, um das erzwungene Spreizen der Frauenschenkel zu beschreiben. Zwei andere Synonyme für »koitieren«, die nie von einem Manne, sondern nur in bezug auf die Frau verwendet wurden, waren *katagein meteora,* »die Beine hochheben«, und *thoriskesthai,* »Samen aufnehmen«. Ebenso bezeichnend ist es, daß man das Adverb *aidemos,* »sittsam«, nie auf den Mann, sondern nur auf die Frau anwandte. Denn sie hatte schamvoll und sittsam zu sein; der Mann dagegen konnte sich nahezu alles erlauben. So weit hat es selbst die bürgerliche Doppelmoral unserer Tage nie gebracht.

Einerseits beschimpften die Griechen ihre Frauen als geil und unersättlich, andererseits beklagten sie sich über ihre Frigidität. *Priapeia XXVI* beschreibt die Frauen als »vögelnde Katzen, geiler als im Frühling die Spatzen«. Das Wort *machlos,* »geil«, wurde nur auf Frauen verwandt, ebenso das Wort *kapran,* »geile Menschen betreffend«, das sich von *kapraina,* »läufige Sau«, ableitete. *Anaphrodisia* bedeutete niemals »mangelnde Potenz«, sondern stets »Frigidität«, bezog sich also ebenfalls nur auf die Frau, und zwar auf die *chione,* »die Kalte« (von *chion,* »kalt«). Kein Wunder, denn wie ich an anderer Stelle bereits erwähnt habe, war die einzige Situation, in welcher der Grieche verpflichtet war, seiner Gattin beizuwohnen, der Tod des Schwiegervaters vor Geburt eines männlichen Erbfolgers. In diesem Falle war der Gatte nach verschiedenen Stadtgesetzen verpflichtet, so häufig wie möglich mit seiner Frau zu koitieren, damit sie einen Sohn produziere, der das Familieneigentum erben könne.

Die griechischen Ärzte waren sich der Tatsache bewußt, daß die Frau nach der Menopause eine Art zweiter Jugend erlebt, zumindest was ihr Bedürfnis nach sexueller Befriedigung anbelangt. Ein bekanntes Sprichwort hieß: »Die Greisin geilt wieder«, denn wenn eine Ehefrau ihr Klimakterium erreicht hatte, war sie meist so erschöpft, verbittert und frustriert, daß der Mann sie als Greisin empfand. In verschiedenen Komödien, so der *Ananeumene* des Philemon, wird diese Tatsache als komisch dargestellt: Die Frau über 50, die noch befriedigt werden will, wurde von den Ehemännern als Witzfigur betrachtet.

Eine der unvermeidlichen Reaktionen des weiblichen Organismus auf die Entwürdigung und Frustration, der sie in allen Zweigen ihres Lebens unterworfen war, die sogenannte Hysterie, entnimmt nicht nur ihren Namen aus dem Altgriechischen (*gynaikes hysterikai:* »gebärmutterkranke Frauen«), sondern stellt ein spezifisches Syndrom des griechischen Patriarchats dar. Nach Angaben der griechischen Ärzte lagen die Patientinnen wochen- oder monatelang mit minimalem Puls bewußtlos und apathisch herum. Andere waren bei Bewußtsein und konnten sich bewegen, aber sie atmeten kaum. Bei einem Fall, den Herakleides Pontikos beschreibt, lag die Patientin ohne feststellbaren Puls und Atmung da: »Sie unterschied sich von einer Toten nur dadurch, daß ihre mittlere Körperpartie noch etwas Wärme aufwies.«

Bei Plutarch lesen wir folgendes: »Die milesischen Jungfrauen wurden einst von einem schrecklichen und sonderbaren Übel befallen, ohne daß man irgendeinen Grund dafür auffinden konnte. Man vermutete zunächst, daß die vergiftete und verpestete Luft diese Veränderung und Verrücktheit des Verstandes in ihnen hervorgebracht habe. Bei allen nämlich zeigte sich plötzlich ein Verlangen zu sterben und eine unsinnige Neigung, sich zu erhängen. Viele erhängten sich auch tatsächlich. Die Worte und Tränen der Eltern und das Zureden der Freunde half nichts, sie täuschten sogar bei ihrem Selbstmorde alle Wachsamkeit und Schlauheit der Wächter.«

Wenn »Frigidität« und »Hysterie« die Sexualängste der griechischen Frau im Zeitalter des Patriarchats kennzeichnen, dann ist »Impotenz« die charakteristische Sexualangst des patriarchalischen Mannes. Was niemanden in einer mutterrechtlichen, nicht auf Leistung bezogenen Gesellschaftsordnung interessiert – wie oft der Mann »kann« und wie groß sein Penis ist –, stellte

die Kernfrage des patriarchalischen Sexuallebens dar – zumindest in den Augen des Mannes der herrschenden Klasse. Die gesamte griechische Literatur der Sexualität ist eine Literatur der Potenz. Der Koitus hieß *erga,* »Leistung«; die Manneskraft hieß *myelos* (eigentlich: »Rückenmark«); *gonikos* war »zeugungsfähig«, deshalb auch *gonime* (»Zeugungsader«) für Penis. Aus der gleichen Logik ergeben sich zwei weitere Synonyme für Penis: *morion andros gonimon* (»männliches Zeugungsglied«) und *stoma paidopoion* (»knabenzeugender Körperteil«).
Die Anzahl der Wörter, die Länge und Erektionsfähigkeit des Penis beschreiben, war im Griechischen weitaus größer als in der Gegenwart. Für die feinsten Schattierungen gab es spezielle Wörter. Selbst für die unbewußte Erektion, die im Traume eintritt und zur Pollution führt, hatten die Griechen ein eigenes Wort: *skindaros* (von *skindarion,* »Fisch«). Eine Erektion haben hieß *styesthai,* eine große Erektion haben dagegen *styesthai triembolon* (»wie ein dreifacher Schiffsrammsporn«). Das Glied erigieren hieß *orthian,* (»aufrichten«). Die durch Reiben erzeugte Erektion dagegen hieß *anaphlan* oder *anamalatein,* wonach der, welcher eine Erektion hatte, *anapephlasmenos* hieß. *Orthiazon,* von *orthian,* aufrichten, war gleichzeitig ein Hinweis auf *orthiaz,* den Segelmast, bedeutete also: »Mann mit einer Erektion wie ein Schiffsmast«. Selbst so feine Einzelheiten wie das Zurückziehen der Vorhaut zum Entblößen der Eichel spiegeln sich im Sprachgebrauch wider: *apotylun,* das eigentlich das Hartwerden von Früchten bezeichnet, deren Schale man entfernt hat. Die normale Erektion hieß *styma* oder *syntonia,* das erigierte Glied *histos* (»Mastbaum«) oder *ithyphallos* (»gerader Phallos«). Das zweite Wort wurde als Beiname mancher Götter benutzt, vor allem des Dionysos.
Die lobenden Koseworte, die den Mann mit großem Penis bezeichneten, entstammen teils dem Vokabular der Päderasten, teils dem der Hetären, denn die griechische Hausfrau und Gattin benutzte solche Vokabeln nicht. Den Mann mit großem Schwanz nannten die Hetären und Päderasten *peoides* oder *peodes,* was von *peos* (»Schwanz«) und *oidan* (»schwellen«) abgeleitet ist und wörtlich »Schwellschwanz« bedeutet. *Posthon* (wörtlich: »Vorhautmann«) hieß der Mann mit großer Vorhaut, denn die Griechen betrachteten das Präputium als höchste Zierde des Mannes und sahen in der orientalischen Sitte der Beschneidung eine Form der Kastration. Deshalb nannten sie den Juden *kolobos* (»Verstümmelter«), *aposesyrmenos* (»Abgeschundener«) oder noch am höflichsten *leipodermos* (»Enthäuteter«).
Koseworte dagegen waren: *smordon* (»Gliedermann«), *monobelos* (»Einspießiger«, von *monos,* »einmalig«, und *belos,* »Spieß«), *triembolos* (»dreifachgroßer Rammsporn«), von *tri,* »drei«, und *embolos,* »Schiffsrammsporn«), *triphales* oder *triphallos* (»dreifachgroßer Schwänzling«, von *tri,* »drei«, und *phallos*), *orthagoras* (»Steifling«) oder *psolos* (von *psole,* »Erektion«). Die dazugehörigen Adjektive waren *eumezos* (»mit schönem Glied«), *androsathon* (»mannesgliedrig«), *lastauros* (»stiergliedrig«), *makrokaulos* (»langstielig«), *orthophallikos* (»geradgliedrig«), *psoleis* (»steifgliedrig«). Es ist bezeichnend, daß unter den Vokabeln, die den Penis bezeichnen sollten, eine unverhältnismäßig große Anzahl ist, die entweder

tierische Kraft oder verwundende Fähigkeit ausdrücken sollen; also einerseits animalische Potenz, andererseits Waffenkraft. Zur ersten Gruppe gehören *hippo* (»Hengst«), *tauros* (»Stier«), *kyon* (»Hund«) und *sathe* (»Fischotter«); zur zweiten *kentron* (»Stachel«), *keras* (»Horn«, »Geweih«) und *phales* (»Pflock«, »Keil«).

Als Sitz der Männlichkeit betrachteten die Griechen jedoch nicht den Penis, sondern die Hoden: *didimoi* (»Zwillinge«), *kokkoi* (»Beeren«), *kyamoi* (»Bohnen«), *orches* (»Oliven«), *sphairidia* (»Kügelchen«). Der sonst so trockene Arzt Galenos wird lyrisch, wenn er von der »Dynamik« des männlichen Samens spricht: »Der Same macht die Männer warm, gelenkig, haarig, tiefstimmig, hochgemut, stark im Denken und Handeln.« Daher hieß ein richtiger Mann *enorches aner,* »Hodenmann«. Ein besonders potenter Mann war ein *lapidorchas,* »Hodenkönig«. Das männliche Jungvolk nannte man *enorches laos,* »das mit Hoden versehene Volk«. Das bevorzugte Wort für »männlich« war *enorcha,* »hodig«, während man das Synonym *arsena,* »männlich«, von *arsenein,* »befeuchten«, ableitete, da der Mann sich ja dadurch auszeichnete, daß er die Frau »befeuchtet«, d. h. befruchtet. Ebenso leitet sich *posis,* »Gatte«, von *potizein,* »tränken«, und *pater,* »Vater«, von *opater, opeirin,* »säen« ab. Jedenfalls waren dies beliebte Ansichten der griechischen Etymologen.

Die Vergötterung der Hoden spricht auch daraus, daß die Götter stets unkastrierte Opfertiere verlangten. Nur den Toten brachte man kastrierte Opfer dar, da sie dem schwachen, leblosen, zeugungsunfähigen Zustand der Toten entsprachen. Bei Eidopfern mußte der Schwörende auf die ausgeschnittenen Hoden der Opfertiere treten, um zu bezeugen, daß er bei einem Meineid seine Virilität opfere. Die Strafe für einen solchen Meineid wurde von den Göttern gesandt und war die furchtbarste, die sich ein Mann der herrschenden Klasse vorstellen konnte: *orchipede,* »Impotenz«. Der Impotente hieß *loluros, kothuros* (»dem der Schwanz beschnitten ist«), *lakkoscheas* (»Lochsack«) oder *ophis* (»Schlappschwanz«).

Platon setzte die geschlechtliche Vollkraft für das männliche Geschlecht auf das 30. bis 50., für das weibliche auf das 20. bis 40. Jahr an, während bei Aristoteles die Blüte des männlichen Körpers auf das 30. bis 35. Lebensjahr fiel. Galenos, der bedeutendste griechische Arzt des 2. Jahrhunderts u. Z., setzte die Akme, die Spitze des schöpferischen Lebens, mit 30 bis 40 Jahren an, glaubte aber, daß ein Mann mit 35 bereits physisch verblüht war. Das mag etwas mit der sehr viel früheren Sterblichkeit im Altertum zu tun haben, bezieht sich aber auch ganz gewiß auf den hochentwickelten Sinn der Griechen für das Ästhetische, der den menschlichen Körper im Stadium der ersten Reife als den einzig schönen betrachtete und den Verfall der menschlichen Schönheit schon vom zweiten Jahrzehnt des Lebens an wahrnahm.

Den weniger potenten Mann betrachteten die Griechen als *gynnis,* »weibisch«, und dieses Attribut gaben sie sogar Alexander dem Großen, über dessen militärische Leistungen es keinen Zweifel gab. Derartig Schwachpotente nannten sie auch *nothuroi,* »Trägschwänzige«. Selbst für das Haus eines solchen Mannes besaßen die Griechen ein eigenes Wort, *astytos oikos,*

»erektionsloses Haus«. Philodemos klagt in der *Anthologia Palatina* (IX, 30): »Früher konnte ich fünfmal, ja mit mancher gar neunmal das Werk der Aphrodite vollbringen. Jetzt kriege ich es während der liebelangen Nacht kaum einmal fertig, und auch das nur mit knapper Not. Oft stirbt mir der Priap auf halbem Wege ab, noch vorm Erreichen des Ziels. O, wie wird's mir erst im Alter ergehen!«

Selbst Zeus, der Göttervater, dem alles möglich ist, wird in seiner Potenz als menschlich begrenzt aufgefaßt. Als er zwei Tage und zwei Nächte lang mit Alkmene koitiert hat und immer noch gern weitermachen möchte, obgleich er nicht mehr kann, hält er einfach die Zeit still, indem er die Sonne einen Tag lang nicht aufgehen läßt. So verschafft er sich, ohne Potenzmittel, einen dritten Tag der Liebe. Vielleicht ist es bezeichnend für die griechische Auffassung von der Frau, daß Alkmene, die nun drei Tage und drei Nächte lang mit Zeus geackert hat, ganz im Gegensatz zu ihm auch am vierten Tag noch immer nicht erschöpft ist und deshalb mit ihrem Ehemann Amphitryon weitermacht. Resultat: neun Monate später gebar sie Zwillinge – von Zeus den Herakles, von Amphitryon den Iphikles. Nur Herakles selber, der eben in jeder Hinsicht übernatürliche Kräfte besitzt, kriegt es später fertig, in einer Nacht fünfzig Frauen zu befriedigen. Das bedeutet (in einer Arbeitszeit von acht Stunden und 20 Minuten) rund zehn Minuten pro Frau – eine Leistung, die die Griechen als einmaligen Rekord betrachteten und als »dreizehnte Arbeit« des Herakles in die Geschichte einbrachten.

Aus der patriarchalischen Angst vor der Impotenz erklärt sich die geradezu riesige Literatur der Griechen über Potenzzauber, Liebesmittel, Aphrodisiaka und ähnliches. In einer sonst von Aberglauben verhältnismäßig freien Kultur nimmt dieses Kapitel einen ganz unverhältnismäßig großen Platz ein. Ich spreche hier nicht von der »Liebesmassage«, der Masturbationstechnik, die in vielen griechischen Tempeln als Mittel gegen Impotenz praktiziert wurde, und auch nicht von der Lektüre geilmachender Bücher (zum Beispiel der *Rhodischen Geschichten* des Philippos von Amphipolis, des Herodianos und des Iamblichos), die der Arzt Aitios als Therapie empfahl, sondern einerseits von den »medizinischen« Potenzmitteln, andererseits von den Zauberkuren.

Zu den Potenzmitteln gehörten die Hoden fast aller eßbaren Tiere, vor allem die der Stiere, Böcke, Widder, Eber, Hengste, Esel, Füchse, Hasen, Biber, Dachse, Hähne und Adler, der Oktopus (*phlebos tropoter,* »Stärker des Glieds«, genannt), Eier, Honig, aber auch Malvensaft, in Ziegenmilch eingelegtes Knabenkraut, Cyclaminus (Saubart), Habrotonum (Stabwurz), das Mark des Granatapfelbaumzweigs, Kichererbsen, Knoblauch, Rettich, Euzomon, Kostwurz, Safran, Sesam, Lein, Zaunwinde, Golddistel, Panax, Taubenkraut, Lilienwurz, Skiron, Bertramwurz, Byronia, Polei, Betonie, Katananke, Reseda, Labkraut, Sonnenwende, Judenkirsche, Zypressenkraut, Wolfsmilch, Drachenwurz, Hirnkraut, Wanderzuckerwurzel, Leporina, Mandragora, Charisia.

Zusätzlich zu den Aphrodisiaka und »geilmachenden Speisen« kannten die Griechen auch spezifische Erektionsmittel, *dynameis stytikas.* Chrysippos in *De pulchro et voluptate* (bei Athen. I, p. 9 C) erwähnt ein solches Mittel

namens *lastausokakkabon,* das sich allerdings nur ein sehr reicher Mann (*plutaks*) leisten konnte. Die älteste hierauf bezügliche Stelle befindet sich bei Euripides, wo Medea dem greisen Ägeus sagt, daß sie Heilkräuter kenne, die geeignet seien, ihm zu dem fehlenden Kindersegen zu verhelfen. Auch gab es Mittel, um eine möglichst häufige Wiederholung des Koitus zu bewirken, wie Satureia (Pfefferkraut) oder zerstoßenen, mit Nesselsamen gemischten Pfeffer oder alten Wein, dem man zerriebenes Pyrethrum beigefügt hatte, das sich schon durch seinen Namen als ein »das Liebesfeuer anfachendes« Kraut zu erkennen gab.
Die Zwiebel wird unter den alten Reizmitteln am häufigsten genannt; neben Steckmuscheln, Krabben, Schnecken, Schweinefleisch, zumal von den Extremitäten und dem Rüssel, wird sie von dem Komödiendichter Alexis als besonders wirksam erwähnt. Diphilos sagt: »Die Zwiebeln sind schwer verdaulich, aber nahrhaft und gut für den Magen, sie sind zum Reinigen geeignet, schwächen das Augenlicht, reizen aber sehr zur Wollust. Daher das Sprichwort: ›Nichts nützt die Zwiebel, wenn du keinen Penis hast‹. Am meisten werden die sinnlichen Begierden durch die sogenannten Königszwiebeln angestachelt, die von allen die besten sind.«
Ein anderer Komödiendichter, Platon (nicht mit dem Philosophen zu verwechseln), persifliert einmal ein *Das Gastmahl* betiteltes Gedicht des Philoxenos. Darin heißt es: »Iß möglichst viel Zwiebeln, die du in glühender Asche gebraten und mit Brühe getränkt hast, denn das richtet das Glied des Mannes auf ... Die Seebarbe aber bringt keine Stärkung des Gliedes, denn sie ist der jungfräulichen Artemis Geschöpf, und dieser sind die Erektionen verhaßt.«
Die Reizmittel hat Galenos zusammengestellt. Er nennt sie Versteifungsmittel des Penis und empfiehlt neben verschiedenen Pflanzensamen unter anderem auch die Einreibung des Gliedes mit unmittelbar nach einem Koitus gelassenem Stierharn. Ebenso werden in der *Naturgeschichte* des Plinius zahlreiche potenzstärkende Mittel genannt.
In den griechischen Zauberpapyri sind uns zahlreiche Rezepte erhalten, die eine Kräftigung der Geschlechtsteile bezwecken. Ein solches lautet: »Nimm 50 Pinienapfelkerne in zwei Gläser Wein, tu geriebenen Pfeffer dazu und trinke das, dann wirst du oft koitieren können.« Ein anderes: »Wenn du recht kräftige Erektionen haben willst, mische Honig mit geriebenem Pfeffer und bestreiche damit deine Fußsohlen.«
Das beste Bild des griechischen Geschlechtsverkehrs, sowohl in Hinblick auf das, was zwischen den Geschlechtern stattfand, wie auf die sexuellen Wunschträume und Frustrationen der Griechen, liefern uns die Mythen und die dichterischen Darstellungen des Geschlechtslebens ihrer Götter. Denn im Gegensatz zu der jüdisch-christlichen Konvention der göttlichen Asexualität, waren die griechischen Götter nicht nur sexuell tätig, sondern betrieben Ehebruch, Notzucht, Erschleichung des Beischlafs und nahezu jedes andere »Sittlichkeitsverbrechen« – und dies mit einer solchen Aggressivität, daß wir es nicht einfach als Toleranz der Griechen für das Verhalten ihrer Götter betrachten können, sondern es als eine Mischung von Wunschtraum und Frustration verstehen müssen.

Bei den Juden hat Gott der Vater weder Frau noch Mutter. Bei den Christen hat Er einen Sohn, aber Maria gebiert ihn nach unbefleckter Empfängnis. Bei den Griechen dagegen taten die Götter all das, was die Menschen gern getan hätten. Es gibt keine Form der sogenannten Perversion, die nicht von diesem oder jenem griechischen Gott begangen wurde. Vergewaltigung ist eher die Regel als die Ausnahme. So wie im Kriege alles erlaubt ist, solange es zum Sieg verhilft, ist auch im Geschlechtsverkehr alles erlaubt, um durch Täuschung zum Erfolg zu gelangen. Die Götter verkleiden sich als Ehemänner der Frauen, die sie zu besitzen suchen. Sie machen sich schöner, als sie sind. Sie treten als Frauen oder Tiere auf. Kein Mittel ist ihnen zu billig, um ihre Befriedigung zu erlangen. Promiskuität und ständige Geilheit wird als selbstverständlich betrachtet. Nur wenige der Götter kümmern sich um die Kinder, die sie wie Abfall bei den irdischen Frauen hinterlassen.
Daß fast alle Götter und Göttinnen selber unehelich sind, besagt dagegen nichts gegen ihre Ehemoral, denn sie stammen ja aus einer Zeit, in der es auch bei den Menschen noch keine Einehe gab. Wo wir bei den Göttern eheliche Verhältnisse vorfinden, können wir mit Sicherheit darauf schließen, daß diese Götter oder zumindest ihre ehelichen Beziehungen aus späteren Zeiten stammen. Es sind, wie Aischylos sie nannte, die »jungen Götter«. Bei ihnen taucht auch zum erstenmal das Phänomen der Eifersucht auf, das in mutterrechtlichen Zeiten unbekannt war. Das Verhältnis zwischen Zeus und der ewig eifersüchtigen Hera, oder zwischen Poseidon und seiner nörgelnden, keifenden Gattin Amphitrite, zeigt unverkennbare Züge der vaterrechtlichen Ordnung, in der selbst die Frau von jener sexuellen Besitzsucht angesteckt worden ist, die der Mann in das Verhältnis der Geschlechter hineingetragen hat. Hera und Amphitrite verfolgen nicht nur die Geliebten ihrer Gatten mit einer manischen Rachsucht, sondern zeigen auch in ihrem nichtsexuellen Leben einen Neid, der sie sofort als Kreaturen der Ära des Privateigentums erkennen läßt. Hierher gehören auch die Mythen von der Athene, die auf die irdische Arachne so eifersüchtig ist, daß sie sie mit der Lade eines Webstuhls niederschlägt, und von der Leto, die selbst nur zwei Kinder besitzt und deshalb die zwölf Kinder der sterblichen Niobe umbringen läßt. Ähnlich auch die Nymphe Echenais, die sich in den Sohn des Hermes verliebt und ihn mit Blindheit schlägt, als er sich mit einer sterblichen Frau paaren will. Dies wäre bei einer mutterrechtlichen Göttin, die sich gern und oft paarte, aber weder Liebe noch Eifersucht kannte, undenkbar gewesen.
Eine Aufzählung der Affären griechischer Götter würde ein separates Buch füllen. Ich gebe einige wenige Beispiele, um eher den Tonus des Sexualverhaltens dieser Wunschbilder griechischer Männer als Einzelheiten der Mythen darzustellen. Apollon, abgesehen von seinen zahllosen päderastischen Abenteuern, verführt die Koronis (Sohn Asklepios), die Kyrene (Sohn Aristaios), die Rhoio (Sohn Arios) und die Dryope (Sohn Amphissos). Die Nymphe Daphne kann sich nur dadurch vor Vergewaltigung retten, daß sie sich in einen Lorbeerbaum verwandelt. Ares betrügt den Gott Hephaistos mit dessen Gattin und zeugt fünf Kinder mit ihr. Er verführt die Kyrene, die bereits Opfer des Apollon gewesen ist (Sohn Diomedes), und die sterbliche

Pelopia (Sohn Kyknos). Weitere Folgen seiner Affären sind Lykaon, Euneos, Penthesilea und die übrigen Amazonen.
Der Windgott Boreas raubt die sterbliche Oreithyia und zeugt zwei Söhne mit ihr. Dionysos verführt Ariadne (Söhne Oinopion, Staphylos, Thoas). Halirrhothios, Sohn des Poseidon, vergewaltigt Alkippe, Tochter des Ares. Als Hephaistos die Athene verfolgt, um sie zu vergewaltigen, spritzt er seinen Samen auf die Erde, woraus Erechtheos, der Stammvater der Athener, erwächst. Hermes verführt die sterbliche Herse (Sohn Kephalos). Orion vergewaltigt Frau und Tochter seines Gastfreundes Oinopion. Pan verführt Selene, Syrinx und Pitys. Aus Eifersucht läßt er die Nymphe Echo, die sich ihm verweigert, von Hirten zerreißen. Poseidon verführt die Skylla (Sohn Triton), die von seiner Gemahlin Amphitrite deshalb in ein Ungeheuer verwandelt wird. Außerdem hat er von der Tyro den Neleus und Pelias, von der Aithra den Theseus, von Amymone den Nauplios und von anderen Göttinnen eine seltsame Sammlung von halbmenschlichen, halbtierischen Kindern.
Zeus verführt die Ägina in Gestalt eines Adlers, als Stier die Europa, als Schlange die Persephone, als Schwan die Leda, als Ameise die Kleitoria. In lesbischer Liebe, verkleidet als Artemis, verführt er die Nymphe Kallisto. Seine eigene Enkelin, die Tochter seines Sohns Hephaistos, vergewaltigt er. Mit der Frau des Amphitryon, Alkmene, begeht er Ehebruch. Aus seinen Verbindungen mit anderen Frauen gehen hervor: Amphion und Zethos (Mutter Antiope), Perseus (Mutter Danae), Dardanos und Iasion (Mutter Elektra), Epaphos (Mutter Io), Sarpedon (Mutter Laodameia), Argos und Pelasgos (Mutter Niobe), Tantalos (Mutter Plute), Dionysos (Mutter Semele), Lakedaimon (Mutter Taygete). Von den Göttinnen Demeter, Dione, Eurynome, Leto, Metis, Mnemosyne und Themis hat er den Apollon, die Persephone, Aphrodite, Artemis, Athene, die Chariten, Musen, Horen und Moiren. Wenn er Hera sagen will, wie attraktiv sie doch sei, prahlt er mit all den anderen Frauen, die sich ihm hingegeben haben.
Ich habe bereits darauf hingewiesen, daß das beherrschende Syndrom des männlichen Sexualverhaltens im patriarchalischen Hellas auf die Gründerjahre des Patriarchats zurückgeht, in denen die Griechen als Eroberer auf die Frauen der Eroberten hinabzusehen gelernt hatten. Auch den Nachfahren der Eroberer blieb die Frau, was sie seinen Vorfahren gewesen war: Kriegsbeute, Sklavin, Mitglied eines stammesfremden, verachteten, unterjochten Teils der menschlichen Familie, ein Körper, mit dem man sich hastig und lieblos paarte, ein Ding zum Vergewaltigen, ein Ding, das einem zu dienen hatte, sei es als Hetäre, sei es als Haushälterin. Manches davon ist bis auf unsere Zeit in patriarchalischen Gesellschaftsordnungen hängengeblieben. Aber bei den Griechen erreichte das Phänomen extreme, geradezu zwanghafte, jedenfalls eindeutig neurotische Formen.
Da die einzigen Wesen, die der Grieche als ebenbürtig betrachten konnte, nun einmal Männer waren, und da die Tugend, die seinen Vorfahren zum Triumph über die alten Ackerbauvölker der Ägäis verholfen hatte, nun einmal Jugend war, mußte der Körper des jungen Mannes nicht nur als sexuelles, sondern auch als ästhetisches Ideal herhalten. Dies ist ein unbehaarter

noch halbwegs mädchenhafter Typus, ein androgynes Ideal, eine Art Hermaphrodit, aber eine ganz bestimmte Art: niemals ein Mann mit Vulva, sondern stets eine Frau mit Penis. Die ganze griechische Kunst bleibt unverständlich, wenn man sie nicht als Versuch der Bewältigung dieses Problems betrachtet.

Wo wir in der Kunstgeschichte der Ägäis, so zum Beispiel in den frühen Formen der kykladischen und minoischen Kunst, eine Herausarbeitung der Gegensätze zwischen Mann und Frau finden, können wir mit Sicherheit sagen, daß es sich hier nicht um griechische, um sondern »helladische», »semitische«, jedenfalls nicht männerrechtliche Kunstformen handelt. Die Kunst der Hellenen zeigt von ihren frühesten Anfängen an eine genau gegenläufige Tendenz: die größtmögliche Annäherung der Geschlechtsmerkmale, ein Schönheitsideal, das die Einordnung des weiblichen in die Größenmaße des männlichen Körpers anstrebt. Manche Kunstforscher, zum Beispiel H. Lechat, haben behauptet, die griechischen Frauenskulpturen seien »Männer mit weiblichen Gesichtern und Genitalien«, zumindest die *korai* (Mädchen) und die Göttinnen des Parthenon, die sich anatomisch nicht von den Göttern unterschieden (P. Hertzt). Die *kouroi* (Jünglinge) haben tatsächlich ungewöhnlich schlanke Taillen, ausgebildete Brustmuskeln und Hinterbacken, während die *korai* schmale Hüften, kaum ausgebildete Taillen und kleine, weit voneinander getrennte Brüste aufzeigen. Die Gesichter sind so ähnlich, daß die bedeutendsten Archäologen in der Zuordnung von Köpfen und Gliedern zu Torsi wiederholt Fehler gemacht haben, männliche Köpfe als weibliche verkennend und umgekehrt.

Oft läßt uns bei den archaischen Statuen nur Kleidung und Frisur erraten, ob es sich um eine Frau oder einen Mann handelt. »Das Gesicht trägt den gleichen, sexuell unbestimmbaren Ausdruck, der Leib ist ephebenhaft schlank, die Arme sind mädchenhaft fein geformt, auch wenn die Inschriften uns darüber belehren, daß dies Bildwerk ein Hermes und jenes eine Aphrodite darstellen soll. Und noch in der klassischen Epoche, als die Kunst aufs Große und Pathetische ausgeht, wird das Sexuelle bis zur Unkenntlichkeit neutralisiert. Apollo, der leierspielende Gott im langen Gewand, der Anführer im Reigen der Musen, unterscheidet sich so wenig durch Männlichkeit von den Frauengestalten, die ihn umgeben, daß die Archäologie der Biologie zu Hilfe kommen muß.« (Richard Lewinsohn: *Eine Weltgeschichte der Sexualität,* Reinbek 1956, S. 44.)

Der französische Anatom Dr. Paul Richer hat eine große Anzahl griechischer Statuen von der archaischen bis zur alexandrinischen Zeit untersucht und dabei die Entdeckung gemacht, daß die griechischen Bildhauer entweder systematisch auf eine Norm hingearbeitet haben, die genau zwischen Mann und Frau liegt, oder Körperteile, die weder primäre noch sekundäre Geschlechtsmerkmale, aber bei Mann und Frau doch verschieden sind (Schultern, Taille, Leisten, Hals, Gesäß) systematisch von einem anderen als dem dargestellten Geschlecht entlehnt haben, um jenen subtilen Eindruck der sexuellen Ambiguität zu vermitteln, der das wichtigste Kennzeichen der griechischen Kunst ist (Dr. Paul Richer, *Le nu dans l'art,* Vol. V: *L'art grec,* 1926, S. 291–306). Der Eindruck einer bewußten Ambivalenz

wird auch dadurch bestärkt, daß griechische Maler und Bildhauer geradezu einen Fetisch daraus machen, Männer und Frauen gleich groß darzustellen. Da die Ausgrabungen eindeutig bewiesen haben, daß bei den alten Griechen die Unterschiede der Körpergröße zwischen den Geschlechtern genau den unsrigen entsprechen, stellt der Versuch, die Geschlechter im Bild gleich groß darzustellen, einen weiteren Beweis dafür dar, daß sexuelle Ambiguität ein ästhetisches, vielleicht auch ein sexuelles Ideal war. Dieses Ideal fand seinen höchsten Ausdruck in den zahllosen Statuen des Hermaphroditos, die Gymnasien, Bäder und Privathäuser des klassischen und nachklassischen Hellas zierten. Es ist eine ganz bestimmte Form der Bisexualität, die hier angestrebt wird. In den weiblichen Geschlechtsteilen sah der Grieche nur fehlende, in den männlichen dagegen die Potenzierung aller Reize. Darum ist selbst der Anus des Mannes »edler« als die Vulva der Frau. Hatten die Götter, nach Meinung der Griechen, das Genital der Frau ästhetisch vernachlässigt, so oblag es dem Menschen, in diesem Falle meist dem Bildhauer, die Glutäen beider Geschlechter so zu modellieren, daß sie den Blickfang des Ganzen darstellten. Das ist bei den Frauengestalten weniger auffällig, da die Frau ja von der Natur her stärker entwickelte Glutäen als der Mann hat. Bei den Jünglingsstatuen der Griechen jedoch beeindruckt uns als erstes die überaus starke Modellierung der Hinterpartien, nicht nur in ihrer ans Weibliche anklingenden Größenordnung, sondern vor allem in der Durcharbeitung der Muskulatur, die wir niemals im lebenden Menschen finden. Die Besessenheit der Griechen mit dem Analverkehr, eine Libidofixierung, die wir keineswegs bei allen homosexuellen Kulturen finden, drückt sich hier ganz eindeutig im ästhetischen Ideal aus.
In diesem Zusammenhang ist es auch wichtig, darauf hinzuweisen, wie spät sich in der Kunst des klassischen Griechenlands überhaupt die ersten Frauenstatuen durchsetzen. Mir ist keine nackte Frauenstatue von Bedeutung vor der Aphrodite von Knidos, einer Arbeit des Praxiteles, bekannt, mit der möglichen Ausnahme der sogenannten esquilinischen Venus, die aber schwer zu datieren ist und mir trotz der gegenteiligen Beweisversuche ein nachpraxiteleisches Werk zu sein scheint. Jean Charbonneaux sagt: »Der weibliche Akt war keine Neuheit in der griechischen Kunst vor Praxiteles. Er blieb jedoch selten während des 6. und 5. Jahrhunderts, vor allem in der Skulptur. Diese Tatsache ist um so bezeichnender im Hinblick auf die außerordentliche Häufigkeit des männlichen Akts.« Die Inschrift *kalos* (schöner Knabe) taucht auf hunderten von Vasenbildern auf. Die Inschrift *kale* (schönes Mädchen) ist dagegen sehr selten.
Jedenfalls ist es unmöglich, die griechische Homosexualität allein aus dem ökonomischen und sozialen Unterbau jener Jahrzehnte zu entwickeln, in denen sie ihren Höhepunkt erreichte. Sicherlich gibt es konkrete Gründe für die Genese eines solchen ästhetischen Bewußtseins, und zweifellos sind diese Gründe in den Produktionsmodi der griechischen Gesellschaft und ihren Auswirkungen auf die Libidostruktur zu suchen. Aber hier ist noch viel Arbeit zu leisten. Außer dem marxistischen Altertumswissenschaftler George Thomson und dem psychoanalytisch geschulten Autorenteam L. Pierce Clark und Herbert R. Cross haben sich nur wenige Forscher mit

dieser Frage befaßt. Eines jedoch ist sicher: die Frau wurde nur insofern akzeptiert, als sie männliche Organe besaß. Deshalb die Verachtung der Vulva, deshalb der ästhetische Widerwille gegen ihre Reize, deshalb die Sexualisierung des Afters und der Glutäen.

Die sexuelle Ambivalenz des griechischen Patriarchats ist außerordentlich aufschlußreich. Einerseits konnten die Griechen niemals ihre Misogynie, ihre tief verwurzelte Frauenverachtung überwinden. Andererseits konnten sie sich aber trotz aller homosexuellen Versuche niemals ganz von der sexuellen Abhängigkeit befreien, die sie der Frau gegenüber empfanden. Der Kompromiß bestand in der heterosexuellen Pedikatio, im Analverkehr mit der Frau. Der Prozentsatz der bildlichen Darstellungen solcher analerotischer Praktiken im griechischen Altertum ist außerordentlich hoch. Selbst wenn wir voraussetzen, daß es bei den Griechen geringere Einwände gegen die Darstellung des Geschlechtsverkehrs als in den christlich beeinflußten Kulturen gegeben hat, besticht doch das Verhältnis der analen zu den genitalen Praktiken, das bei den Griechen viel höher als in der späteren Pornographie ist. Man denke an Tafel 34 der *Griechischen Vasenmalerei,* die gleich zwei Gruppen beim Analkoitus darstellt, oder an den Boden jener Tonschale in der Leningrader Eremitage, die einen der Hunderte von heterosexuellen Analakten in der griechischen Kunst vorführt.

Auch in der Literatur der Griechen finden wir immer wieder Beschreibungen der Schönheit der weiblichen Glutäen, viel seltener dagegen Beschreibungen der weiblichen Brüste und so gut wie gar keine Beschreibungen der weiblichen Genitalien. In der *Lysistrata* des Aristophanes ruft der Lakonier begeistert aus: »Ganz unsagbar schön ist ihr Popo!«, und im *Frieden* sagt der Knecht: »Das Mädchen ist gebadet, schön und blank ist ihr Popo!« (*Lysistr.* 1148. *Pax* 868). Rufinos erzählt (*Anth. Pal.* V, 34):

Drei Popos hatt' ich heute zu richten; sie wählten mich selber.
Nackt präsentierten sie sich, blitzten in strahlendem Glanz:
Numero eins, der lachte entzückend mit rundesten Grübchen,
Leuchtend in schimmerndem Weiß lugten die Backen empor.
Doch bei dem zweiten zerteilte den Schnee ein purpurner Streifen.
Wie eine Rose fürwahr, nein, in noch schönerem Rot!
Aber der dritte, der wallte wie Milch in leichtem Gewoge,
Ganz aus sich selber heraus wackelt' das üppige Fleisch.
Hätte der Richter der Göttinnen solche Popochen gesehen,
Wahrlich, was vorne noch war, hätt' er zu schaun nicht begehrt!

Von Alkiphrons *Hetärenbrief* »Megara an Bakchis« zitiere ich zwei Übersetzungen, beide von Wilhelm Plankl:

Zwischen Thryallis und Myrrhine war ein ernsthafter Streit darüber ausgebrochen, welche die schöneren und graziöseren vier Buchstaben zeigen könne. Zuerst löste Myrrhine ihren Gürtel – die seidene Unterwäsche behielt sie an –, und unter dieser wiegte sie ihre Hüften hin und her, daß sie zitterten wie dicke, fette Milch. Dabei sah sie nach rückwärts, auf die Bewegungen ihrer Hinterbacken. Sie seufzte auf, als ob sie in Liebesekstase wäre, so daß ich wahrlich – bei Aphrodite – selber ganz weg war. Aber auch Thryallis war nicht prüde, sondern übertraf Myrrhine noch an Ungeniertheit. Sie rief: »Ich will in keinem auch noch so dünnen Gewand streiten und nicht spröde tun, sondern ganz nackt wie im Ringkampf. Denn der Kampf duldet keine Ausreden.« Sie streifte ihre Kleider ab, bog die Hüften ein wenig seitwärts und sagte: »Schau dir diese Farbe an, wie tadellos, Myrrhine, wie fleckenlos, wie rein diese rosigen Hüften – und da den Übergang zu den Schenkeln, weder zu dick noch zu mager, auf den Hügeln die Grübchen! Beim Zeus, sie wackeln nicht wie die der Myrrhine!« Und dabei lachte sie mutwillig und schwang ihr Hinterteil, daß die Bewegung in einem Fluß über die Hüften rann, bis alle Beifall klatschten und den Sieg der Thryallis zuerkannten.

Nun der gleiche Text in einer freien Übersetzung:

Was uns am meisten Spaß machte, war ein Spiel zwischen Thryallis und Myrrhine darüber, welche von beiden den schönsten und zartesten Popo habe. Zuerst nun löste Myrrhine ihren Gürtel und stand im seidenen Hemd da, durch das man ihren wogenden Popo hindurchschimmern sah, der wie Gelatine oder erstarrende Milch erzitterte. Dabei blickte sie über die Schultern nach hinten auf die Bewegung ihres Popos. Gleichzeitig stöhnte sie leise, als wenn sie das Werk der Wollust vollführte, so daß ich mich vor Staunen nicht fassen konnte.

Doch Thryallis erklärte sich noch nicht für besiegt, sie trat ohne Scheu hervor und sagte: »Ich kämpfe nicht hinter einem Schleier. Ich will so wie bei einer gymnastischen Übung erscheinen; dieser Kampf läßt keinerlei Bekleidung zu!« Mit diesen Worten läßt sie ihre Tunika fallen, so daß sie ganz nackt vor uns steht, und spricht zu ihrer schönen Rivalin gewendet: »Betrachte, o Myrrhina, diese Schwellung der Lenden, die Weiße und Feinheit dieser Haut und diese Rosenblätter, welche die Hand der Wollust auf ihre zierlichen Umrisse hingestreut hat, die ohne Dürftigkeit und Übertreibung gezeichnet sind; bei ihrem schnellen Spiel, bei ihren wollüstigen Zuckungen haben diese beiden Halbkugeln nicht das Zittern derjenigen der Myrrhina, ihre Bewegung gleicht dem süßen Rauschen der Wogen.« Allmählich verdoppelte Thryallis die lüsternen Zusammenziehungen mit solcher Behendigkeit, daß ein allgemeiner Beifall ihr die Ehren des Sieges zuerkannte.

Die Verehrung des schönen Hinterns ging so weit, daß die Griechen eine Göttin erfanden, die *Aphrodite Kallipygos,* von deren Ursprung uns sowohl Kerkidas wie Athenaios erzählen (XII, 554c). Nicht weit von der Stadt Syrakus habe ein armer Bauer zwei Töchter gehabt, die man in der Stadt selber die *Kallipygoi,* die Schönhintrigen, nannte, da sie arm wie die Bettelmäuse, aber von der Göttin Aphrodite mit den schönsten Popos in ganz Sizilien ausgerüstet gewesen seien. Nur wetteiferten sie so oft miteinander, daß man sie dauernd nackt auf der Straße fand, einander ihre schönen Popos zeigend und jeden Passanten um Bestätigung bittend, wer denn nun den schöneren habe. Zwei Brüder aus der Stadt waren so von den schönen Hintern bezaubert, daß der Ältere die Ältere, der Jüngere die Jüngere heiratete. Da beide Brüder reich waren, stifteten die Mädchen der Aphrodite einen Tempel, und zwar dem schönen Hintern der Liebesgöttin. So, meint Athenaios, sei die Aphrodite sowohl zu ihrem Namen wie zu ihrem Tempel in Syrakus gekommen.

Nach Machon (bei Athenaios XII, 579 f.) war der König Demetrios so von dem Popo der Hetäre Melite, die man wegen der Schönheit dieses Körperteils *Mania Kallipygos* nannte, angetan, daß er ihr alle Schätze der Welt anbot, wenn sie ihn nur einmal anal mit ihr koitieren ließe. Sie verlangte aber nur ein kleines Geschenk, zog sich aus und brachte ihn dann so zum Lachen, daß er nichts mehr tun konnte. Denn als sie ihm ihren nackten Hintern zudrehte, zitierte sie einen Vers aus der *Elektra* des Sophokles: »Sohn Agamemnons, jetzt steht dir auch dieser Weg offen!«

Es ist sicherlich kein Zufall, daß man sich von jenen Hetären, die wegen ihrer Schlagfertigkeit berühmt und gefürchtet waren, besonders viele Anekdoten im Zusammenhang mit dem Analverkehr erzählt. So sagte die Gnathainion einst zu ihrem Freund Andronikos, als dieser sich darüber beschwerte, sie habe ihn nie von hinten hereingelassen, während sie einem schmutzigen Grobschmied dieses Privileg gleich fünfmal gestattet habe: »Eben deshalb. Sonst hätte er mir nur an den Busen gefaßt!«

Demophon, der Geliebte des Sophokles, bat die witzige Hetäre Nike einmal, mit ihr so verkehren zu dürfen, wie er es mit Sophokles gewöhnt war. Lachend sagte sie: »Na, schön. Dann kannst du ja, was du von mir empfängst, an Sophokles weitergeben« (Athenaios XIII, 582 f.). Einen ähnlichen Hinweis auf den »Kot am Stecken« gab die ebenso witzige Gnathaina einem jungen Mann aus Pontos, indem sie den griechischen Ausdruck für »defäzieren« benutzte: »die Säue auf die Weide treiben«. »Was, ausgerechnet jetzt willst du ins Hinterland«, sagte sie, »wo ich gerade meine Schweine auf die Weide treiben will?« (Athenaios XIII, 580 f.).

Lukian beschreibt, wie selbst das Gesäß einer Statue den griechischen Patriarchen begeistern konnte. »Als Kallikrates an dem Standbild der Göttin jenen Körperteil entdeckte, den Männer seiner Art an den Knaben so schätzen, rief er begeistert aus: ›Beim Herakles, welch ein Ebenmaß des Hinterns, wie die Bäckchen zur Umarmung locken, könnte ich nur damit meine Hände füllen! Wie köstlich runden sich die Halbkugeln, weder zu mager noch zu fett! Wie süß die Grübchen einen anlachen, man kann es kaum beschreiben! Und dann die herrlichen Schenkel, wie perfekt sie zu den schönen Beinen herabführen!‹ So rief Kallikrates in seiner Begeisterung aus. Charikles aber wäre von dem überwältigenden Anblick beinahe erstarrt. Nur der feuchte, verlangende Blick seiner Augen bezeugte seine Leidenschaft« (Lukian, *amor.* 12).

Wichtig an dieser Darstellung ist, daß Kallikrates sich für die Statue begeistert, weil er als Knabenliebhaber nur *einen* Körperteil schätzen kann: den, den die Frau mit dem Knaben gemein hat. Diese Ambiguität geht auf eine lange Tradition in der griechischen Literatur zurück. Schon Hesiod beschrieb die analen Reize der Frau, indem er den Mann ausdrücklich vor ihnen warnte. Was er an der Frau fürchtete, war also genau das, was er am Knaben schätzte. Aus der gleichen Ambiguität heraus schreibt auch Aristophanes, wenn er im *Plutos* den Geiz der korinthischen Huren anprangert (149 f.):

Die korinthischen Dirnen ferner, wie man erzählt,
Vergönnen dem armen Schlucker, der für sie entbrennt,

Nicht einen Blick. Sobald jedoch ein Reicher kommt,
So drehen sie ihren Hintern flugs nach ihm herum.

Was uns in der Beschreibung aufhorchen läßt, ist ganz und gar nicht das, was Aristophanes zu belegen versuchte, den Geiz der Hetären, sondern etwas ganz anderes, was ihm so selbstverständlich war, daß er es nicht zu erklären brauchte: die Tatsache, daß seine Zeitgenossen nicht auf die Brüste der Frau reagierten und auch nicht auf ihre Genitalien, sondern nur auf ihre Glutäen. Heute zeigt die Prostituierte entweder ihre Brüste oder zieht ihren Rock vorne hoch, wenn sie einen Kunden anlocken will; im alten Griechenland dagegen, wie wir aus zahllosen Vasenbildern erkennen, drehte sie stets dem Mann den Rücken zu und entblößte ihren Popo.

In wie hohem Maße die Griechen den Analverkehr mit der Frau als Ersatz für das Pedizieren eines Mannes betrachteten, geht ebenfalls aus den folgenden Zitaten hervor. »Wenn du dich nach Knabenliebe sehnst, so weiß ich ein Mittel, mit dem du deine Leidenschaft befriedigen kannst: Drehe die schönarschige Menophila um und du wirst glauben, den Knaben Menophilos in den Armen zu halten!« (Markos Argentarios, *Anthol. Pal.* V, 116, 5 f.). Martial deutete das Verhältnis zwischen Achilles und seiner Konkubine Briseis so, daß der größte Held der *Ilias* sie nur als Ersatz für den Hintern seines Freundes Patroklos betrachtete (11, 43, 9 f.):

Wenn Briseis auch oft ihm willig gewährte den Hintern,
Zog ihr den zarten Freund Aiakos' Enkel doch vor.

Photios zitiert Aristarchos als Zeuge, daß auch Theseus, der andere große Held der Griechen, mit Helena nur anal verkehrt habe: »wie mit einem Knaben« (FHG UU 106, 2 aus Photios *Lex*).

Dioskorides preist die kallipygischen Reize seiner Doris und bestätigt ihr, daß sie den Analverkehr (*Anth. Pal.* V, 54) »beinahe« so gut betrieben habe wie ein Knabe. Andererseits rationalisiert er seine Neigungen, indem er meint, der Analverkehr sei besonders gut für empfindliche oder schwangere Frauen, da der normale Koitus ihnen den Bauch aufblähe. »Statt dessen drehe das Mädchen herum und erfreue dich an ihren rosigen Backen, indem du sie als knabenhafte Aphrodite behandelst!« (*Anth. Pal.* V, 53). Ebenfalls als Rationalisierungen müssen wir, glaube ich, jene Legenden betrachten, daß man in Sparta vor der Hochzeit nur anal verkehrt habe, damit kein Nachwuchs entstünde (Hagnon bei Athen. 13, 602e), und daß die griechischen Frauen auch in der Hochzeitsnacht lieber anal verkehrt hätten, als entjungfert zu werden, da das erste weniger weh täte als das zweite. So jener Vers in *Priapeia* III, in dem der Gott Priapos beschreibt, wie

... in der Hochzeitsnacht die Braut dem geilen Gatten
Zitternd den Hintern bietet, vor Angst er könne sie sonstwie verwunden.

»Geil« war bei den Griechen ganz und gar kein Schimpfwort, sondern im Gegenteil: ein Beweis der Virilität. Wenn der Autor also vom »geilen Gatten« spricht, so drückt er nicht etwa Mißbilligung, sondern Freude daran aus, daß der Anblick des Hinterns den Mann so potent macht. Der Hintern wurde von den Griechen deshalb nicht nur auf Statuen, sondern auch im

Alltagsleben so deutlich wie möglich hervorgekehrt. Dazu diente unter anderem die Gesäßbinde, *opisthosphendone*, die im Gegensatz zu unserem Hüfthalter das Gesäß eher hervorheben als verbergen sollte. Bezeichnenderweise hatte die Brustbinde der Griechen, wiederum im Gegensatz zur heutigen Funktion des Büstenhalters, den Zweck, die Brust *kleiner* erscheinen zu lassen. Denn wo das Ideal der Knabe ist, da versucht man all jene Körperteile der Frau zu unterdrücken, die sie von dem Knaben unterscheiden. Man unterstreicht dagegen all jene Teile, die sie mit dem Knaben gemein hat. Deshalb sagt Alexis auch: »Die, die nicht genug Rundung hinten hat, legt ein geheimes Polster ein, so daß alle von der Schönheit ihres Hinterns bezaubert sind« (fr. 98 Kock Athen. XIII, 568a). Und deshalb drückte das Wort *apygos,* »ohne Hinterbacken«, sowohl bei Frauen wie bei Knaben das Äußerste an Reizlosigkeit aus.

Hatte aber ein Knabe der herrschenden Schichten Athens ein wirklich schönes, weißes Hinterteil, so konnte er damit rechnen, nahezu jede gesellschaftliche Position zu erlangen: rund 280 Jahre lang trafen die Athener die Auswahl ihrer führenden Männer fast ausschließlich aus den Reihen ihrer ehemaligen Bettgefährten. Da sie selber oft im Freien und deshalb von der Sonne gebräunt waren, galt ihnen besonders der mädchenhafte, der nicht behaarte und nicht gebräunte Hintern als Ideal. Alexis spricht von dem »weißen Arsch« der Knaben, Kallias von dem »weißen Gesäß« der Lieblingsknaben des Melanthios, Dioskorides von den »milchfarbenen Hinterbacken« des Sosarchos, Strattis von dem schönen Hintern des Chrysippos, Eubulos von dem »schönen und großen Hintern« des Kallistratos. Wenn ein Knabenliebhaber wie Straton betont, daß er mehr am Gesicht als am Hintern seiner Lieblinge interessiert sei, so bezeugt gerade seine Betonung des Ungewöhnlichen dieser Neigung, wie sehr die anderen Autoren anal fixiert gewesen sein müssen:

Wenn einen Knaben ich seh', einen schönen, genügt mir das Antlitz,
Und ich wend' mich nicht um, um ihn von hinten zu schaun!
So betrachten wir auch der Götter Bilder und Tempel,
Staunen sie von vorn an, nicht auch den hinteren Bau.

Daß dies zumindest nicht immer stimmt, haben wir bereits aus der Bewunderung des Kallikrates für den Hintern der Aphrodite gesehen. Daß aber auch die Götter selber nach Meinung der Griechen anal zu verkehren pflegten, geht aus einer unendlichen Vielfalt von Sagen, Mythen und poetischen Darstellungen hervor. So erzählt Philippos, daß ein Sterblicher, der am Verhungern war und Priapos mit einem Korb voller Feigen erblickte, den Gott gebeten habe, ihm etwas zu essen zu geben. Der Gott antwortete: »Nimm und gib!« Darauf der Sterbliche: »Was, du als Gott verlangst Geld?« »Nein«, antwortete Priapos, »nicht Geld, sondern deine eigene Feige!« Womit, im umgangssprachlichen Griechisch, der Anus des Sterblichen gemeint war.

Der Spitzname des Dionysos war *glutes,* »Glutäer«, wegen seiner analerotischen Neigungen. Auf der berühmten Phineosschale, einst in Würzburg, kehrt Silen dem Dionysos, sich über die Schulter nach ihm umblickend, sein üppiges Hinterteil herausfordernd zu. Daß Zeus, der Vater aller Götter, den

Jüngling Ganymed raubte, weil sein Hintern ihn bezauberte, ist bekannt. Weniger bekannt ist jene Stelle bei Dioskorides, wo er berichtet, daß Eros, um Zeus von Ganymed hinwegzulocken, dem Knaben Sosarchos eigenhändig aus Milch und Männermark einen Hintern von so unwiderstehlicher Schönheit geformt habe, daß Zeus den Ganymed an seinen Vater zurückgab und sich von nun an mit Sosarchos vergnügte (*Anth. Pal.* XII, 37).

Und wie die Götter, so die Helden. Der Spitzname des Herakles war *melampygos*, »Schwarzarsch«. Als die Kerkopen, obszöne Zwergfiguren der griechischen Mythologie, ihn eines Tages im Schlaf zu berauben versucht hatten, ergriff der Held sie, band sie zusammen und warf sie über seine Schultern, so daß sie Zeit und Muße hatten, seine gewaltigen, schwarz behaarten Gesäßbacken zu bewundern. Ihre Betrachtungen über dieses Thema gehören zu den beliebtesten Motiven der griechischen Literatur. Besonders attraktiv fanden die Patriarchen bei beiden Geschlechtern die Popogrübchen, die sie *gelasinoi* nannten (von *gelao*, »ich lache«), also wie bei uns: »Lachgrübchen«. Und weil die Patriarchen offenbar von allen Körperbewegungen das Schaukeln mit den Hüften und das Rotieren des Gesäßes am faszinierendsten empfanden, prägten sie zahllose Ausdrücke hierfür, darunter die Verben *katapygizein, periproktian, salakonizein, salakoneuesthai, saleuesthai, sauloproktian.* Alle sechs Worte bedeuteten sowohl: »beim Analkoitus mit dem Gesäß wackeln«, wie auch: »beim Gehen durch Wackelbewegungen Sexualinteresse erwecken«. Auch besaßen die Griechen einen Tanz namens *kallabis*, bei dem die Hinterbacken mit den Händen gespreizt wurden, so daß man, sich gegenseitig einladend, einander das offene Loch präsentierte.

Wenn Straton seinen Geliebten auffordert, ihm als *meriones* zu dienen, so weist er damit nicht nur auf die Zuneigung des vor Troja kämpfenden Helden Idomeneos zu seinem Diener Meriones hin, sondern leitet den Namen des Freundes auch von *meros*, »Mittelpunkt«, »Anus«, ab und bittet ihn also, ihm den Analverkehr zu gestatten. Die gleichen Töne schlägt Anakreon an, wenn er sagt: »So gewähre mir, Freund, als Weihetrunk die schlanken Beine« (fr. 66). Es gab sogar ein Zeitwort, das man mit »Hinterschau halten« übersetzen könnte und das eigentlich nichts anderes bedeutet als: »sich den Arsch eines anderen ansehen«: *proktoterein.* Auf das Wort *kallipygos*, »schönarschig«, sind wir schon als Titel der Aphrodite gestoßen. Es gibt aber auch das schon von Hesiod bevorzugte Wort *pygostolos*, »den Arsch schmückend« (was an das *crisare* der Römer anklingt) und den Ausdruck *eupygia*, »Schönheit des Hinterns«. Bezeichnend und für uns kaum nachempfindbar ist das Wort *pyksagathos*, das etwa »arschtapfer« bedeutet und einen Zusammenhang zwischen Mut und Analverkehr herzustellen versucht, der uns auch in dem Konzept der Heiligen Schar der Thebaner, jener ausschließlich aus homosexuellen Freundespaaren bestehenden Stoßtruppe, entgegentritt, einer Truppe, die eben wegen ihrer Homosexualität als unbesiegbar galt. Ähnlich auch das Wort *proktosophos*, »arschklug«, das man benutzte, um die Pupenjungen der Philosophen zu kennzeichnen.

Für den Anus gab es eine Unzahl von Worten, in ihrer Vielfalt bezeichnend für die Neigungen der herrschenden Klasse: *bothros* (wörtlich: »Loch«,

»Grube«, »Graben«), *proktos* (»Steiß«), *lakkos* (»Loch«), *kysos* (»Hintern«), *trogle* (»Höhle»), *tauros* (»Stier«). Der Afterschließmuskel war *daktylios, sphigtes dactylos* oder, wie heute, *sphinkter*. Der wichtigste Teil der Analsphäre war jedoch die *paidika mere* (Lukian, *Erotes*, 14), das »Knabenkränzlein«, die »Rosenknospe«. Auf dem Grabstein des Antiphilos steht: »Ziehe mir das Gewand nicht aus, sondern schau mich an, wie ich bin: eine Statue, tot, aus Marmor und Holz. Wenn du aber trotzdem die nackte Liebe des Antiphilos begehrst, wirst du sie finden: eine Rosenknospe am Dornenstrauch« (*Anth. Graec.* XII, 40).

Daß die Griechen, zumindest die herrschende Klasse der Athener, zwei bis drei Jahrhunderte lang den Analverkehr so darzustellen versuchten, als sei er »besser«, »edler«, ja sogar »tugendhafter« als der Koitus, geht aus Hunderten von Zeilen hervor. Hier sei nur auf jenes Epigramm des Straton (*Anth. Graec.* XII, 245) hingewiesen, in dem der Autor einen geradezu rührenden Glauben an den Fortschritt des Menschen gegenüber seinen tierischen Vorfahren zutage legt: »Die unvernünftigen Lebewesen vögeln bloß. Wir, die Vernünftigen, haben vor ihnen voraus, daß wir das Arschficken erfanden. Diejenigen, die immer noch den Frauen dienen, haben den blöden Tieren nichts mehr voraus.«

Deshalb wendet sich Straton in einem anderen Epigramm auch unumwunden der Sache zu: »Früher hatten wir gegenseitige Küsse und was sonst dem Liebeswerk vorangeht, denn du warst noch ein Kind, Diphilos. Jetzt aber bitte ich um den Knabenkranz, der später nicht mehr da sein wird. Alles nämlich zu seiner Zeit!« (*Anth. Graec.* XII, 251).

Die Unzahl solcher Epigramme und vergleichbarer Verse, Lieder und Inschriften stellt einen weitaus höheren Prozentsatz der uns bekannten griechischen Literatur dar als den der Pornographie aller Art innerhalb unserer gegenwärtigen bürgerlichen Zivilisation. Allein die Tatsache, daß die Griechen für diese Kategorie der Literatur eine Anzahl von kennzeichnenden Ausdrücken geprägt haben (*paidika*, päderastische Dichtungen; *paidikos logos*, Liebesgedicht auf einen Knaben; *musa paidika*, die Muse der Päderastie) zeigt, wie weit der Kult der päderastischen Analerotik in gewissen Schichten verbreitet gewesen sein muß. So gab es auch die Ausdrücke *kinaidologos* und *kinaidographos*, »Pupenverherrlicher«, »Schriftsteller, der nur über Strichjungen schreibt«, und das entsprechende Verb *kinaidographein*, »über Pupenjungen schreiben«. Ähnlich auch das Hauptwort *kysolesches*, »Arschredner«, »Mann, der immer nur vom Hintern spricht«.

Wenn wir überhaupt willig sind, die Heterosexualität als Norm zu betrachten, dann bleibt uns kaum etwas anderes übrig, als eine Kultur, die selbst in ihrer Umgangssprache ein so hohes Maß von Analerotik zutage legt, sowohl im klinischen wie im soziologischen Sinne als »anomal« zu betrachten. Allein die Ausdrücke für Pediko, »Arschficker«, gehen in die Hunderte. Als Beispiel: *alphestes*, »Mann, der Knaben nachläuft« (von dem Namen eines Seefisches, der hinter einem herschwimmt. Athen. 7, 281 f.); *arsenikoites*, einer, der mit Männern koitiert«; *kambyses*, »der den After vollstopft«; *katadaktylos*, »Arschbefingerer«; *klysma*, »Klistier«; *kollopodioktes*, »Strichjungenverfolger«; *kreagra*, »Fleischzange«; *lakatapygon*, »Steißling«, »Arschling«; *philopygistes,* »Arschfickerfreund«; *pygistes,* »Arschficker«.

Ähnlich die Zeitworte für pedizieren: *empnein, eispnein,* »anhauchen«; *gynaikun,* »zur Frau machen«; *katelunein,* »unterkriegen«; *oryssein, oryttein,* »graben«, »durchbohren«; *pygizein,* »arschficken«; *paidotribein,* »Knaben reiben«. Von den Ausdrücken für Pedikatio ist besonders bezeichnend in seiner Anmaßung das Wort *pragma,* »das Ausgerichtete«, »die Tat«, »das Vollbrachte«, das den Anschein zu geben versucht, hier sei, im Gegensatz zum Koitus, etwas Heldenhaftes, Einmaliges aber auch Praktisches geschehen (unser Ausdruck »Pragmatismus« leitet sich von der gleichen Wurzel ab). Andere Synonyme: *arrenokoitia, arsenokoitia,* »Männerkoitus«; *arrenomixia, arsenomixia,* »Männervermischung«; *katapygosyne,* »Steißdarbietung«; *pygisma,* »Arschfick«.

In Athen gab es ein Sprichwort, das die Päderasten gern mit einer kleinen Änderung zitierten: »Auch wenn der Fischer schläft, fangen sich Fische in der Reuse.« Statt des griechischen Wortes für »Reuse« substituierten sie das ähnlich klingende Wort für »Anus«, so daß das Sprichwort nun lautet: »Selbst wenn der Fischer schläft, fängt er Fische mit dem Arsch.« Das galt dem Pathicus, dem »Prellbock«, dem Manne oder Knaben, der seinen Hintern dem Vergnügen des Pediko zur Verfügung stellte. Nun sagt es wahrscheinlich mehr über die unbewußte Bewertung des Analverkehrs bei den Griechen aus, als diese gern wahrgehabt hätten, wenn man darauf hinweist, daß in den Witzen, den Schmähreden und den Schimpfworten der Griechen ein gewaltiger Unterschied zwischen dem aktiven Pediko und seinem passiven Partner bestand. Wäre der Analverkehr tatsächlich um so viel männlicher, tugendhafter und ästhetischer als der heterosexuelle Koitus aufgefaßt worden, dann hätte man auch hier beide Partner mit dem gleichen Maß gemessen. Denn, so hofft man, sie waren doch zumindest Freunde und respektierten einander, selbst wenn man in diesem Stadium der europäischen Geschichte noch nicht von »Liebe« im heutigen Sinne sprechen kann.

Aber nein, nichts Derartiges. Der Mann, der heute noch mit aller Überredungskunst des Griechen um das »Knabenkränzlein« des Geliebten flehte, verspottete ihn am Tag danach mit dem Hohn des Aktiven, des Überlegenen, des Mannes, der auf den Passiven wie auf eine Frau hinabsieht. Das spiegelt sich sehr deutlich in dem gesamten Vokabular der passiven Päderastie wider, das im Gegensatz zu dem der aktiven Pedikatio ausgesprochen abwertend ist. Der Pathicus hieß *aischropathes,* »Schmutzerdulder«; *anandros* oder *androgynos,* »Mannweib« oder »Weibmann«; *batalos* oder *battalos,* »der sich besteigen läßt«; *chamaitypos,* »Straßenjunge« oder »Strichjunge«; *gynnis,* »Weibling«; *katapygon, katapygosynos,* »der den Steiß darbietet«; *kollops,* »Herumgewirbelter«, »der, dessen Arsch man dreht«; *logalios,* »Knochenwürfel« (weil man seinen Hintern wie einen Würfel hin- und herrollte); *malakos,* »Verweichlichter«; *proktos,* »Hintern«; *rhyton, rhytion,* »Geschirr«; *sphinktes,* »der den Sphinkter zur Verfügung stellt«; *thelydrias,* »Weibling«.

Eine gewisse Unsicherheit der Griechen dem Phänomen der passiven Anal-

erotik gegenüber geht auch daraus hervor, daß sie sich nie erklären konnten, worin das mögliche Vergnügen bestand, das der Pathicus empfand oder zumindest empfinden sollte. In den *prolemata,* einem griechischen Medizinbuch, wird in IV, 26 erklärt, der Pathicus müsse seine Samengefäße wohl im Anus statt in den Hoden haben. Selbst Aristoteles schloß sich dieser Ansicht an, weil er mit dem Problem in keiner anderen Weise fertig werden konnte. Deshalb galt der Pathicus auch als eine dunkle, nicht klar einzuordnende Figur, der man einerseits sexuell hörig war, die man aber andererseits auch verachtete. Wenn Aristophanes in den *Fröschen* (423 bis 427) den Kleisthenes nach seinem Geliebten Sebinos schreien und sich dabei die Haare am After ausrupfen läßt, um sein Gesäß attraktiver zu machen, so lachten die Griechen, statt sich der Tragik solcher Szenen bewußt zu sein.
Fast alle Zeitworte, die sich mit der passiven Form des Analverkehrs befassen, sind im Gegensatz zu denen, die die aktive Form bezeichnen, verachtend und abwertend: *gonypetein,* »auf die Knie sinken«; *gynaikizein,* »sich zur Frau machen«; *gynaikopathein,* »sich wie eine Frau hingeben«; *gynaikothenai, gynaikusthai,* »sich zur Frau machen lassen«; *hypokynein, hypokyptein,* »sich niederbücken«; *kollopezein,* »sich herumwirbeln lassen«; *paschein, paschetian,* »an Arschgeilheit leiden«. So auch die Hauptworte: *aischropatheia,* »Schmutzertragung«; *nosos theleia,* »Sucht nach Weiblichkeit«. Ein Teil der Abwertung mag sich aus der Tatsache ergeben, daß diese Worte sich auch auf die päderastische Prostitution bezogen: *kataproktos, katapygos,* »der sich anal prostituiert«; *katapygizein,* »den Hintern wie ein Strichjunge drehen«. Aber wenn die Knabenliebe, wie ihre Verfechter uns immer wieder versichern, wirklich die hehre, die reinere, die nicht von weiblicher Untugend befleckte Liebe war, wieso dann diese ständige Assoziation mit der Käuflichkeit?
Ein anderer Aspekt der Abwertung des passiven Partners mag auch darin gelegen haben, daß das Schönheitsideal der päderastischen Griechen niemals der Mann, sondern stets nur der Knabe war. Mit den ersten Körperhaaren verschwand der Reiz des Knaben. Meleagros in Epigramm XII, 41 der *Anthologia Graeca:* »Nicht besinge ich mehr den Thron als schön, noch den Apollodoros, einst ein blendendes Feuer, jetzt nur noch eine kohlende Fackel. Jetzt ziehe ich die Liebe zum Mädchen vor. Das Arschficken der Päderasten mit behaarten Hintern mag den Sodomiten, den ziegenbespringenden Hirten liegen, nicht mir!« So warnt auch Alkaios seinen Lieblingsknaben Nikandros: »Dein Schenkel, Nikandros, beginnt von Haaren zu starren. Hüte dich, daß nicht auch dein Hintern das gleiche Geschick erleidet, ohne daß du es merkst. Dann wirst du erst erkennen, wie dir die Freunde entschwinden! So kümmere dich also um deine unwiederbringliche Jugend!« (*Anth. Graec.* XII, 30). Über allen päderastischen Verhältnissen hing also das Damoklesschwert der Kurzfristigkeit. Eine lebenslängliche Liebe zwischen Mann und Knabe war undenkbar.
Endlich müssen wir auf das eingehen, was selbst die griechischen Päderasten weder vor sich selber noch vor anderen verbergen konnten: daß der Anus eben nicht für den Koitus geschaffen ist. Die Häufigkeit solcher Worte wie *syke, sykea* (Feigwarze am After) und *sykidaphoros,* »Feigwärziger« oder

vielleicht auch »Hämorrhoidenkranker« zeigt uns eine der Folgen, welche die Griechen im Analverkehr sahen. Eine andere war die Ausweitung des Afters. Aristophanes läßt in den *Wolken* den Gerechten seinem Sohne den Koitus »in der alten Manier« empfehlen:

Stets hast du dann, Sohn,
Vollkräftige Brust, frischblühende Farb',
Breitschultrigen Wuchs,
Hübsch großes Gesäß, hübsch kleines Geschöß!
Doch wenn du es treibst in der neuen Manier,
Bald hast du dann auch
Bleichsüchtige Farb', schmalschultrigen Wuchs,
Schwindsüchtige Brust, stets Munddiarrhöe,
Gar kleines Gesäß, gar großes Geschöß,
Psephismen ohn' End'!

In den *Thesmophoriazusen* des Aristophanes fragt Mnesilochos den Euripides: »Wer ist Agathon?« Euripides antwortet: »Gewiß hast du ihn schon gebraucht, du weißt's nur nicht!« Womit er darauf hinweisen will, daß Agathon sich nur anal gebrauchen läßt, so daß viele derer, die ihn pediziert haben, nie sein Gesicht zu sehen bekommen haben. Einen »hinten wohl beschlagenen Mann« nennt Aristophanes ihn deshalb.

Sehr ähnlich fragt Kallias: »Woran erkenne ich also die Pupenjungen des Melanthios?« Antwort: »An ihren ausgeweiteten Ärschen!« (fr. 11).

Vers 69 der *Priapeia* spricht offen von den Fäkalien und warnt den Prellbock vor dem Gewicht des Gliedes, das er in sich aufnehmen soll:

... so betrachte mich, Dieb, und werd' dir bewußt,
Was der Schwanz wiegt, den du dann auskacken mußt!

Der alte Forberg (Friedrich Carl Forberg, 1770 bis 1848), der ein ganz vorzüglicher Kommentator dieser Dinge war, schrieb hierüber: »Weil man, wenn man einen Kaktus im Freien pflanzt, sich bückt, geschah es, daß man von Leuten, die sich päderastieren ließen, sagte, sie schissen, und zwar schissen sie Schwänze, wie es denn wirklich so aussehen kann, als wäre das im Hintern des Prellbocks hinein- und herausgleitende Glied ein Exkrement« (*Hermaphroditos,* 236 bis 237, Fußnote).

Der Spitzname der Athener bei den anderen Griechen war *hypolisboi,* »abgewetzte Hintern«, was die Athener selber der Tatsache zugute schrieben, daß sie als seefahrende Männer ihr Gesäß auf der Ruderbank abwetzten, was in Wahrheit aber auf die analen Praktiken der Attiker zurückging. Einer der wenigen Athener, die dies zugaben, war Aristophanes, der in Vers 137 der *Lysistrata* schrieb: »... denn arschgefickt ist unser ganzes Volk!« In seinen *Wolken* weist der Ungerechte dem Gerechten nach, daß nahezu jeder prominente Athener entweder ein Steißling sei oder zumindest vormals pediziert habe (Vers 1083 ff.):

So sag mir denn: Die Redner jetzt, die waren einst –?
Steißlinge!
Allerdings! Sodann die Schauspieldichter waren einst –?
Steißlinge!
Allerliebst! Sodann die Staatsmänner?
Auch Steißlinge!

Auch hier im Publikum sind mehr, zähl nach, von welcher Art?
Sogleich!
Was zählst du raus?
Bei allen Göttern! Unendlich mehr Steißlinge sind's! Von jenem dort weiß ich's genau. Von dem dort auch! Von diesem Dichtgelockten ganz bestimmt!

Zur Zeit des Alkibiades wurden die Feldherren Athens so von ihren Pupenjungen beherrscht, daß der Dramatiker Eupolis in seinen *Demoi* die Bürger zum Protest aufrief gegen »die oft bestiegenen Knaben, die alles, was sie an Feldherrnkunst besitzen, zwischen ihren Hinterbacken tragen« (Eupol. fr. 100). Die Tradition der Pedikatio ging nach Meinung der Athener bis in die Heldenzeit zurück. Eubolos (164 bis 215) sagt in fr. 120, 4 der *Comicorum Atticorum fragmenta* (ed. Theodor Knopf, Leipzig 1884) von den Helden vor Troja: »Aber keiner von ihnen hatte eine Hure zur Verfügung, sondern sie liebten sich gegenseitig zehn Jahre lang. Es war für sie ein bitterer Feldzug. Eine Stadt nur eroberten sie, und als sie abzogen, klafften ihre Hintern weiter auseinander als die Tore der eroberten Stadt.«
Trotz der Erkenntnis, daß die Pedikatio bis in die frühesten Anfänge ihrer Geschichte zurückgeht, versuchten die Griechen aber immer wieder mit der ihnen eigenen Ambivalenz zu beweisen, daß die Sache ihnen völlig fremd sei, nur von Fremden praktiziert werde und bestimmt auch fremdländischen Ursprungs sei. Hier sei kurz auf einige der etymologischen Versuche hingewiesen, mit denen besonders die Athener die »fremdrassige« Herkunft des Analverkehrs zu bekunden suchten. Um den Begriff »pedicare« auszudrükken, benutzten sie vorzugsweise die Zeitworte: *chalkidizein,* »chalkidisieren« (nach der Stadt Chalkis in Euboia); *phikidizein,* »phikidisieren« (nach der Stadt Phikis); *siphniazein,* »siphnisieren« (nach der Insel Siphnos im Ägäischen Meer, wo nach Meinung der Athener nicht nur der Analkoitus, sondern auch die Analmasturbation herstammte); *lakonizein,* »lakonisieren«, sich wie die Lakonier, d. h. wie die Spartaner benehmen. Den Pediko nannten die Athener auch *kydon,* nach dem Kydonen, einem kretischen Volksstamm, bei dem der König Minos von Kreta den Analkoitus eingeführt haben sollte, um die Überbevölkerung der Insel zu verhindern (Arist. *De re publ.* 2, 10. p. 1272 Bekker). Als Synonym für das Wort »pediziert« benutzten die Athener auch den Ausdruck *eutresios,* nach dem boiotischen Ort Eutresis und dem arkadischen Gau des gleichen Namens. Hieraus ergaben sich natürlich endlose Möglichkeiten des Wortspiels. Wollte man einen Mann der Pedikatio bezichtigen, so nannte man ihn einen Eutresier oder Lakonier, einen Einwohner von Chalkis, Siphnos oder Phikis, und wurde man dann zur Rechenschaft gezogen, so sagte man einfach, man habe doch nur geographisch gesprochen und sich dabei nichts gedacht. Auch den Einwohnern von Klazomenai, einer Stadt am hermäischen Meerbusen, sagten die Athener nach, sie betrieben ausschließlich Analverkehr, aber der Ausdruck »Klazomener« für »Päderast« war offenbar weit seltener als die anderen.
Der rechtliche Status der Pedikatio war ebenso zwiespältig wie ihre moralische Position im Gesellschaftsleben der Griechen. In Athen gab es »Hinternbesichtiger« mit offiziellem Status; dort durften Pedikatoren theoretisch

auch nicht Redner werden, obgleich im klassischen Athen gerade die Redner als Päderasten bekannt waren. In den *Rittern* des Aristophanes rühmt sich Kleon, den Hurern das Handwerk gelegt zu haben. Worauf der Wursthändler Agorakritos antwortete: »Ein sauberes Amt, als Hinternbesichtiger den Hurern das Handwerk zu legen – aus Neid, um zu verhindern, daß sie Redner werden!« Dem Demos schenkte der dankbare Wursthändler dann auch prompt einen »unverschnittenen Knaben« (*Ritter,* 876 bis 880, 1385).

Eine der athenischen Strafen für Ehebruch war das Absengen der Afterhaare mit glühenden Kohlen und das Hineintreiben eines Rettichs oder einer Meeräsche in den Anus, eine Prozedur, die eine so ausgesprochen analerotische Orientierung aufweist, daß sie allein genügen sollte, um die Richtung der Libido bei den Gesetzgebern, den Männern der herrschenden Klasse, festzulegen.

Wer einen ertappten Ehebrecher, aber auch einen Pathicus, verhöhnen wollte, streckte bei geballter Faust den Mittelfinger nach ihm aus. Der Mittelfinger hieß *katapygos,* »der Schmutzige«, und die Geste hieß *skimalizein,* ein Wort aus der griechischen Bauernsprache, das dort bedeutete: den Finger in den After einer Henne stecken, um zu sehen, ob sie lege; *skimalizein* bedeutete deshalb auch: »anal masturbieren«, eine Tätigkeit, welche die Athener, wie wir gesehen haben, gern den Einwohnern der Insel Siphnos zuschrieben und die sie deshalb *siphniazein,* »siphnisieren«, nannten. Auch das Verb *katadaktylizein,* das wir bereits in anderem Sinne kennengelernt haben, bedeutete meist: »anal masturbieren«, und zwar sowohl einen anderen wie sich selbst. *Katadaktylos* hieß deshalb der »Arschbefingerer«. Andere Zeitworte, die diese Tätigkeit ausdrückten, waren: *skintharizein, skantharizein, skinthizein, skindareuein,* »jemandem den Hintern streicheln«, »jemanden anal masturbieren«. Auch hierüber gab es viele Wortspiele, so zum Beispiel den Ausdruck *proktopenteteris,* was so viel wie »Arschfünfer« bedeutete und auf der Analogie zwischen den fünf Fingern einer den Popo streichelnden Hand und den Isthmischen Festspielen, die alle fünf Jahre stattfanden, aufgebaut war. Man braucht wohl kaum zu wiederholen, daß eine Sprache, die solche Ausdrücke enthält, eine außerordentlich hohe Frequenz der von ihnen wiedergegebenen Sexualpraktiken beweist.

Aber nicht nur in ihren Sexualpraktiken spiegelte sich die Analerotik der Griechen wider; auch die Witze über Fäkalien und Darmwind, die wir so außerordentlich oft in der Literatur der alten Griechen finden, deuten, wie jede Form des Humors, auf bestimmte Sexualneigungen hin. Bereits in den homerischen Hymnen finden wir eine gewisse Fixierung auf diese Themen. So schildert Homer besonders liebevoll, wie der Gott Hermes sich plötzlich auf die Arme stützt und einen Wind fahren läßt, »des Bauches duldender Diener, den ruchlosen Boten« (*Hom. hymn.* 3, 295 ff.). Ein Papyros aus Oxyrhynchos befaßt sich mit der Befreiung der Hetäre Charition durch den Freund ihres Bruders, einer Art menschlicher Kanone, der alle Feinde durch Furzsalven davontreibt. In einem Epigramm des Nikarchos spielt der Dichter mit den im Griechischen ähnlich klingenden Wörtern »Furz« und

»König«, indem er sagt, beide seien nützlich, wenn man sie gehen lasse, könnten aber sehr schädlich werden, wenn man versuche, sie zurückzuhalten (*Anth. Pal.* XI, 395). Die verschiedenen Synonyme für »Furz«, »Furzen« und »Furzer« sind in den Bühnenstücken so häufig, daß man diese Art des analerotischen Humors nur im Zusammenhang mit den erschlafften Afterschließmuskeln der passiven Pedikatoren verstehen kann.
In dem Bruchstück einer Komödie des Aristophanes belehrt Sokrates den Strepsiades über ein profundes Problem der Philosophie: den Stuhlgang. Viele Zeilen lang wird mit eindrucksvoller Onomatopöie Darmwind und Defäkation beschrieben. Und in den *Fröschen* des gleichen Autors macht sich gar ein Gott, Dionysos, in die »Hosen« und muß von Xanthion mit einem Schwamm abgewischt werden. Meist wischten sich die Griechen allerdings mit Kies ab. Ein Sprichwort besagte: »Wenn sie rauh sind, genügen drei Kieselsteine. Sind sie glatt, braucht man vier.« In den *Freunden* des Eupolis prahlt Alkibiades mit seinen »Neuerfindungen«, dem Analverkehr und dem Nachttopf. Und in der Tat scheint dieser vielseitige Mann zumindest die öffentliche Benutzung eines solchen Topfs beim Gelage eingeführt zu haben.
Ob die Angewohnheit der Griechen, ihre Abtritte so anzulegen, daß die Defäzierenden gruppenweise zusammensaßen, technologische oder sexuelle Gründe hatte, ist heute schwerlich zu beantworten. Jedenfalls stoßen Ausgrabungen nicht nur auf dem griechischen Festlande, sondern auch auf den ägäischen Inseln und in den anatolischen Siedlungen der Griechen immer wieder auf solche Wasserklosetts wie das in Ephesos, das von dem Österreichischen Archäologischen Institut entdeckt wurde und von zwölf in einem Kreis sitzenden Personen gleichzeitig benutzt werden konnte. Aus all diesen Dingen spricht ein Analfetischismus und eine Auffassung der Vagina als Antifetisch, die in ihrem Zusammenwirken eine ausgesprochene Misogynie verraten.
Es ist bezeichnend für diese nahezu universelle Misogynie der herrschenden Klassen Griechenlands vom 8. Jahrhunderts bis in die Klassik hinein, daß sie sich zwar manchmal über die Fellatio lustig machten, nie aber von ihr mit der an Ekel grenzenden Verachtung sprachen, die sie für den Cunnilinctus und die Cunnilingi reservierten. Der Unterschied ist besonders frappant in dem Epigramm des Ammianos (*Anth. Pal.* XI, 221), in dem er den Fellator in Schutz nimmt, weil dessen Leckerei ja am männlichen Glied (»Rohr«) stattfindet, dem Cunnilingus aber seinen Haß ausspricht, weil dieser eben nicht nur am Penis, sondern auch an der Vulva leckt:

Nicht deswegen hasse ich dich, weil du am Rohr leckst,
Sondern weil du es tust auch ohne Rohr!

In Vers 1284 der *Ritter* sagt Aristophanes von dem Ariphrades:

Seine eigene Zunge schändet er in ekelhafter Lust.
Gierig leckt er züngelnd eklen Schleim in Hurenhäusern auf.
Mit dem Abschaum wüster Wollust, pfui, beschmiert er sich den Bart ...

Dies ist nicht mehr der Aristophanes der leichten Hand, der große Ironiker, der das Tun und Lassen seiner Landsleute mit amüsierter Distanz darstellt, sondern jemand, der ganz offenbar unter einer Zwangsvorstellung leidet. Und in der Tat hat der Haß, mit dem er den armen Ariphrades von einem Stück zum anderen verfolgt, etwas Paranoides an sich. Im *Frieden* (Vers 885) sagt er von ihm:

Aufleckend ihre Brühe, schlürft und schluckt er sie . . .

In den *Wespen* (Vers 1280):

Eigener, natürlicher Gewandtheit nur verdankt er's,
Daß er im Puff die Zunge so geschickt zu brauchen weiß . . .

Und um seine Abscheu noch deutlicher zu machen, fügt Aristophanes hinzu, daß er nie aus einem Becher trinken werde, aus dem Ariphrades vorher getrunken habe (*Ritter,* 1288 bis 1289):

Keiner, der so argen Frevler nicht verabscheut inniglich,
Möge jemals mit uns trinken von desselben Bechers Rand!

Was liegt hier vor? Was bewegt den Aristophanes nun wirklich? Ohne jeden Zweifel die Überzeugung, daß es eines Mannes unwürdig sei, einer Frau Befriedigung zu verschaffen, indem man sich wie ein Sklave vor ihr niederbückt und ihre Sekretionen in sich aufnimmt. Die Frau war für Aristophanes, wie für jeden Griechen seiner Zeit, ausdrücklich dazu da, dem Manne zu dienen und *ihm* sexuellen Gewinn zu verschaffen. Drehte ein Mann die Sache um und verhalf einer *Frau* zu ihrem Orgasmus, so war das ein Verrat am ganzen männlichen Geschlecht. Den Scheidenlecker traf der Vorwurf des Pantoffelhelden, des verweichlichten Mannes, also in viel akuterer Form als den Homosexuellen oder den Päderasten, die als durchaus vollwertige Männer betrachtet wurden, eben *weil* sie sich mit Männern, also mit Ebenbürtigen paarten. Deshalb auch der Unterschied zwischen der Fellatio als erlaubter, und dem Cunnilinctus als verpönter Sexualpraktik. Wie verhaßt den Griechen das Scheidenlecken war, geht bereits aus der Semantik des Vokabulars hervor, das sie für diese Tätigkeit geprägt haben. Von solchen Ausdrücken wie *glottodephein, glottopoiein, glottodepsein, glottostrophein, leichazein, leichein, lesbizein, lesbiazein, perilalein, phoinikizein, saphrophagein,* die alle *cunnilingere* bedeuten, sind nur diejenigen wertfrei, die gleichzeitig auch den Akt des Fellierens beschreiben. Die anderen sind entweder beschimpfender Art oder deuten an, daß eine so schandhafte Tätigkeit nur von Fremden ausgeführt werden kann: *lesbizein* und *lesbiazein,* »aus Lesbos kommen«, »Lesbier sein«; *phoinikizein,* »aus Phönizien kommen«, »Phönizier sein«. Abwertend sind: *perilalein,* »schwatzen«, »wie eine Frau schwatzen«, »um die Sache herumreden«; *saphrophagein,* »Schmutz fressen«; *lymainesthai glottan aischrais hedonais,* »die Zunge in schimpflicher Lust schänden«.

Ganz ähnlich auch das Vokabular für »Scheidenlecker«: *glossargos,* »der Geschwätzige«; *kysoniptes,* »Scheidenwäscher«; und natürlich *lesbiazon,* »Lesbier«, und *phoinikistes,* »Phönizier«. Die wertfreien Ausdrücke (*glottopoion,* »Zungenlecker«; *leichon,* »Lecker«) können bezeichnenderweise auch *fellator* bedeuten. Die Körperstellung des *cunnilingus* verglich man mit der des Hundes, der die Hündin beleckt: *skylax,* da die Praktik als etwas Hündisches, Unterwürfiges, der dominierenden Position des Mannes

Abträgliches empfunden wurde. Es spricht also auch aus diesem Vokabular eine ausgesprochene Verachtung der Frau, ja geradezu ein Haß, der ans Pathologische grenzt.

Von diesem patriarchalischen Sadismus ist auch die ganze griechische Mythologie erfüllt. Laomedon läßt die Hesione an einen Felsen ketten, um sie einem wilden Tier auszuliefern. Homer schildert, wie Zeus seine Frau Hera aufhängt und ihr an jeden Fuß einen Amboß bindet – eine sadistische Vorstellung von geradezu textbuchhafter Pertinenz. Und da die Götter nicht etwa den Menschen, sondern die Menschen ihre Götter schufen, sagen diese Szenen viel über die Vorstellungswelt der Griechen zu gerade jener Zeit aus, als sie sich von den Mythen ihrer mutterrechtlichen Vergangenheit zu befreien versuchten, um ihr eigens patristisches Pantheon zu bilden: Es sind die Mythen vom Triumph des Mannes über die Frau, die Sagen von der blutigen Rache der Männerrechtler an den »Verrätern«, den männlichen Anhängern des Mutterrechts.

Die Schicksale des Sisyphos und des Tantalos sind von einer so ausgeklügelten Grausamkeit, daß man sie nicht mit der üblichen Ausrede abtun kann, Mythen und Märchen seien nun einmal grausam, weil sie aus einer grausamen Entwicklungsstufe der Menschheit stammten. Denn dann stellt sich die Frage, welche Entwicklungsstufe das denn gewesen sein soll und *weshalb* sie so grausam gewesen sei. Hier geht es um die Jahre der Befreiung von einer vorhergegangenen Kultur, deren Helden man in Schurken, deren Götter man in Teufel, deren Priester man in Hexen und Dämonen verwandeln muß, um ihren Einfluß zu überwinden. Es ist bezeichnend, daß fast alle Sagenfiguren der Griechen, die mit besonders harten und bitteren Strafen bedacht werden, gleichzeitig die klügsten und weisesten Menschen ihrer Zeit sind – Tantalos, König von Sipylos im mutterrechtlichen Phrygien, klügster Herrscher seiner Zeit; Sisyphos, König von Ephyra, »der Klügste der Klugen«; Prometheus, der eigentliche Erschaffer des Menschen, Förderer der Künste, Lehrer der Wissenschaften. Es ging um die Beseitigung der Elite einer vorgriechischen oder zumindest vorpatristischen Kultur, und die Strafen entsprachen der Furcht, die man vor diesen titanischen Figuren empfand.

Der griechische Sadomasochismus trägt also das Kennzeichen einer gewissen Sublimation: er ist weniger individueller als kollektiver Art; er hat sich mit beachtlichem Erfolg die Illusion verschafft, einer guten Sache zu dienen. Dies schlägt sich auch in dem Komplementärphänomen der Abwesenheit sadomasochistischer Vorstellungen nieder: alles hat sich ins Nichtsexuelle, ins Allgemeine verlagert. Nur in der päderastischen Obsession mit den schmerzbereitenden Aspekten des Analverkehrs finden wir ein Element der Algolagnie, das uns aufhorchen läßt. Auch die Vielfalt der Riten und Kulte, bei denen Geißelung, Kastration oder Tötung stattfand, wird dem erfahrenen Sexualwissenschaftler manches über das Geschlechtsleben der Griechen sagen, das er nicht aus der erotischen Literatur der Hellenen lernen kann. Hierher gehört endlich auch der Block jener Mythen, bei den Griechen ein beachtlich großer, die einen Gott oder Helden in weiblicher Kleidung weibliche Dienste verrichten lassen. Aber auch hier zeigt sich das gemeinsame Merkmal all dieser griechischen Sexualvorstellungen: sie erscheinen hauptsächlich als entpersönlichte, entsexualisierte Aspekte der Algolagnie. Im Gegensatz zu diesen teils verdrängten, teils sublimierten Sexualvorstellungen in Mythos, Ritus und Kult sind die sadomasochistischen Handlungen des Alltagslebens vergleichsweise harmlos. Daß die Griechen bereits die potenzsteigernde Wirkung der Geißelung, besonders die mit Brennesseln, entdeckt hatten, sagt mehr über die Qualität ihrer Ärtze als über pathologischen Masochismus aus. Wenn die Priesterin Oinothea dem impotenten Eukolpios seine Potenz zurückgibt, taucht sie einen ledernen Phallos in Pfeffer und führt ihn in den Anus des Patienten ein. Dann peitscht sie alle Teile unterhalb des Nabels mit Brennesseln. Der berühmte »Gürtel der Aphrodite« war ein lederner Riemen. Satyros fragt in seiner *Sammlung alter Sagen:* »Warum sind all diese bezaubernden Liebreize gerade in den Riemen der Aphrodite hineingegerbt? Weil die Verliebten Prügel verdienen!« Die griechische Komödie war geradezu auf dem Humor der unverdienten Tracht Prügel aufgebaut, genau wie wir uns kaum eine attische Komödie ohne Darmwind und Kot vorstellen können. Aber dies sind Aspekte einer lebhaften Analerotik, mit der wir uns an anderem Orte befassen. Es sind keine sadomasochistischen Elemente.

Eine der ganz wenigen eindeutig sadomasochistischen Szenen aus der Sexualgeschichte der Griechen ist der Bericht, daß die berühmte Hetäre Gnathaina, bei der die Blüte der griechischen Philosophie verkehrte, sich stets die Teller von ihren Gästen sauberlecken und danach durch Zweikampf entscheiden ließ, welcher der Gäste mit ihr zu Bett gehen durfte. Das ist eindeutig sexueller Sadomasochismus. Als ein Kunde der Hetäre Kallistion weiszumachen suchte, die Striemen auf seinem Rücken seien die Spuren verschütteter heißer Brühe, sagte sie: »Ochsenziemerbrühe, was?« Dies wurde ein geflügeltes Wort in Athen.

Natürlich gab es aber auch in der griechischen Sexualgeschichte eine Anzahl von Neurotikern, deren Sadismus nicht sexuell kompensiert werden konnte. Denn beim Sadomasochismus, wie bei allen sexuellen Neigungen, ist es ja das Kennzeichen der Kompensation, daß sie uns erlaubt, unsere Wünsche mit Hilfe eines sexuellen Partners, der das gleiche will, in verhältnismäßig harmloser Weise auszuleben und so die Umwelt vor den sozialgefährdenden Aspekten unserer Wünsche zu bewahren. Da gab es den hochneurotischen Philosophen Peregrinos Proteos, der sich selber öffentlich auf sein nacktes Gesäß zu schlagen pflegte und sich am Ende während der Olympischen Spiele des Jahres 165 lebendig verbrennen ließ. Da gab es den Tyrannen Phalaris von Agrigentum, der den Müttern die Säuglinge von der Brust riß, um sie zu töten. Da sprach man auch von dem thrakischen König Kotys, der seiner Frau ein Messer in die Vulva steckte und ihr damit den Leib bis zum Nabel aufschlitzte. Und da erzählte man von Dionysios dem Jüngeren, er habe Tauben den jeweils linken Flügel abgeschnitten und dann nackten Mädchen befohlen, die verstümmelten Tiere einzufangen. Dabei hätten die Mädchen jeweils nur eine Sandale tragen dürfen, so daß sie ebenso getaumelt wären wie die Vögel. Zur Strafe hätten die Väter der Mädchen Frau und Töchter des Dionysos vergewaltigt, ihnen Nadeln unter die Fingernägel

getrieben und sie dann grausam umgebracht (Klearch, bei Athen, 541c)., Strab. VI, 259).
Aber solche Szenen sind bei den Griechen verhältnismäßig selten. Was uns dagegen nachdenklich stimmen muß, ist die Gefühllosigkeit der Griechen ihren Sklaven gegenüber und die Neigung, sie bei dem kleinsten Verstoß mit äußerster Härte zu bestrafen. Hier liegt ein Syndrom vor, das noch mancher Erklärung bedarf und sich ganz gewiß nicht mit dem üblichen Hinweis, die Griechen hätten eben noch nicht gelernt, Sklaven überhaupt als menschliche Wesen wahrzunehmen, aus der Welt schaffen läßt. Instrumente zur »Züchtigung« der Sklaven durften in keinem wohlausgerüsteten Haushalt der herrschenden Klasse fehlen. Das ging von der Narthexstaude über den gewöhnlichen Rohrstock und die Karbatsche, *hystrichis* genannt, bis zu dem Lederriemen, *imas* oder *rhytes*, dem Farrenwadel und der Geißel, *mastika astragalote*, in deren Stränge Knoten eingeknüpft waren, um die Schläge schmerzhaft zu machen. Die Bestrafung trug den Namen *mastigias* und die Tätigkeit eines solchen »Hilfsmittels« hieß *tizein* oder *mastigun*. Der Herr machte von dem Privileg, seinen Sklaven schlagen und foltern zu dürfen, reichlich Gebrauch. An Sklaven vorgenommene Exekutionen waren etwas so Alltägliches, daß Aristophanes in seinen *Fröschen* den Sklaven Xanthius zu Aiakos sagen läßt, er sei ihm *homomartigias*, »schlägeverbrüdert«, oder, wie E. Schink übersetzt, »zwischen ihnen beiden bestehe eine Prügelvetternschaft«. Man peitschte dem »ungehorsamen« Sklaven die Geschlechtsteile, man flocht flüchtige Sklaven aufs Rad, man schmiedete ihnen Ketten um die Füße und legte ihnen Handschellen an; sie mußten Halsringe tragen und wurden gebrandmarkt; man steckte sie in die Mühlen oder in die Minen, man zwang sie auf die Ruderbänke der Kriegsgaleeren und Kauffahrteischiffe. Alexander der Große unterhielt sich während seines Aufenthaltes in Asien einmal damit, einen Sklaven mit Naphtha zu begießen und dann anzuzünden. Und weder Plutarch noch Strabo, die dies aufzeichnen, finden ein Wort des Tadels für den Täter.

6 Patriarchat und Prostitution

Mit Ausnahme der sogenannten Tempelprostitution sind die Erscheinungsformen der käuflichen Sexualbefriedigung im patriarchalischen Hellas identisch mit denen der bürgerlichen Welt unserer Tage. Die griechische Bewertung der Käuflichkeit des Sexus weicht jedoch in drei Aspekten maßgeblich von der bürgerlichen ab: Erstens genoß die Prostitution in manchen griechischen Städten staatliche Sanktion; zweitens besaß sie mancherorts rituelle, kultische oder religiöse Funktion; drittens nahmen die obersten Schichten der Prostituiertenhierarchie einen sozialen Status ein, den wir weder vor- noch nachher in irgendeiner anderen europäischen Gesellschaftsordnung finden. Nur der japanische Feudalismus weist eine vergleichbare Institution auf: die Geisha-Kultur.
Ehe wir uns den Erscheinungsformen dieses Phänomens in Athen und

anderen griechischen Stadtstaaten zuwenden, muß jedoch erklärt werden, wieso es in einem dieser *poleis,* Sparta, offenbar keine Prostitution gab: Erstens weil fast alles Eigentum im Gemeinschaftsbesitz der Sippen war (was eine athenische Hetäre pro Jahr verdiente, besaß nicht einmal der König von Sparta an veräußerlichem Privateigentum); zweitens aber auch, weil die nahezu vollkommene Gleichberechtigung der Geschlechter bezahlten Verkehr unnötig machte. Im Gegensatz hierzu war es gerade der Mangel an Gleichberechtigung, der die Prostitution in Athen notwendig machte. Denn da den athenischen Mädchen vorehelicher Verkehr unter Androhung schwerster Strafen verboten war, blieb den unverheirateten Männern nichts anderes übrig als Päderastie, Verführung verheirateter Frauen, Verkehr mit den Frauen und Töchtern der Metöken oder Verkehr mit Prostituierten. Die gleichen vier Auswege suchten aber auch die verheirateten Athener, weil sie im Verkehr mit ihren zu Gebärmaschinen und Dienstmägden erniedrigten Gattinnen keine Befriedigung finden konnten.

Die Behauptung, daß die ersten Bordelle in Athen eingerichtet worden seien, um ausländische Seeleute und andere Fremde davon abzuhalten, sich an athenischen Frauen zu vergehen, beruht deshalb auf dem nachträglichen Versuch der Bereinigung eigener Motive. Daß um 600 v. u. Z. tatsächlich ein außerordentlicher Zustrom fremder Händler und Schiffahrer stattgefunden hat, steht jedoch außer Zweifel. Nach Angaben von Philemon und Nikander (zitiert von Athenaios in *Deiphnos* XIII 569d) führte Solon im Jahre 594 aus diesem Grunde die ersten lizenzierten Bordelle ein, in denen staatlich überwachte Prostituierte den Fremden und Matrosen zur Verfügung standen. Die Häuser lagen, wie Pollux (*Onomast.* lib. XI, c. 5, 34) berichtet, im Hafen und im Kerameikos, dem Töpferviertel; ihnen stand ein Puffvater *(pornoboskos* oder *pornotrophos)* vor. Auch die Wirtshäuser im Hafen verfügten über Prostituierte, meist ausländische Sklavinnen.

So kam es, daß nach einer Weile selbst die freien Athenerinnen, die in diesen Wirtshäusern arbeiteten, meist Witwen oder Töchter verarmter Kleinbauern, als Sklavinnen galten (Lysias Orat. I in *Theomnestum*) und von beamteten Hurenaufsehern, *agoranomoi,* registriert wurden. Auch der Höchst- und Mindestlohn wurde von diesen Beamten je nach Aussehen, Alter und sozialer Position des Mädchens festgelegt. Dieser Lohn hieß *misthoma, diagramma* oder *empole.* Ihren Gewerbeschein erhielten sowohl Puffväter wie Schankwirte und auch die Mädchen selber gegen eine staatliche Abgabe, den Hurenzins oder *telos pornikon,* der jährlich an den Hurenzinspächter, *pornotelones,* gezahlt werden mußte. Man sieht: ein beachtlich gut organisiertes Geschäft. Nach Harpokration (Lexikon X, rhetor) und Eusthatios (comment. in Homeri *Iliad.* XIX, 282 p. 1185) hat Solon aus diesem Hurenzins in Athen einen Tempel der Aphrodithe Pandemos, der dem ganzen Volke als Hure zur Verfügung stehenden Liebesgöttin, errichten lassen; eine Verquickung von Sex, Geschäft und Religion, die unter späteren Geschlechtern viel Verwirrung gestiftet hat.

Der Komödiendichter Philemon widmete Solon zum Andenken an diese Tat die folgenden Zeilen (Athen. XIII, 569d, CAF II, 479):

Du warst es, der von allen Sterblichen zuerst
Dies wahrhaft nützlich und soziale Werk getan.
Du sahst die ganze Stadt erfüllt von Manneskraft,
Du sahst des Jünglings kraftgeschwollnen Schwanz!
Damit nun dieser Manneskräfte Überschuß
Gefahr nicht bringe rechtlich ehelichem Bett,
Erschufst du Frauenhäuser, wo nun jedermann
Ein Mädchen findet, opferwillig und bereit.
Ganz nackend steht sie da, und alles kannst du sehn.
Nimm an, dir stört der Mannestrieb die Seelenruh,
Dann zahlst du einen Groschen Eintritt, und ohn' Ziererei
Und Ausflucht, daß dies und das an dir ihr nicht gefällt,
Macht sie's dir prompt, was du auch willst – und wie du's willst!

Die griechischen Gesetze zur Kontrolle der Prostitution unterschieden sich natürlich von Stadt zu Stadt, aber sie hatten eines gemein: Nirgends war die Prostitution als solche verboten. Das hatte gute Gründe, und diese sind eng mit der väterlichen Macht im Patriarchat verknüpft. Herodot sagt, daß zu seiner Zeit jeder verarmte Vater das Recht hatte, seine Tochter in die Prostitution zu verkaufen (I, 93). Aristippos meint, der Verkehr mit einer Prostituierten sei ebensowenig zu beanstanden, wie in einem Hause zu wohnen, in dem schon viele gewohnt hätten, oder auf einem Schiff zu fahren, auf dem schon Tausende gefahren wären (Diog. Laert. II, 8, 74). Man sieht: die Frau als Ding.

In zahllosen Schriften warnen die Griechen vor den Versuchungen und Gefahren des Ehebruchs und preisen statt dessen die Prostitution als ideale Lösung des Sexualproblems. »Wer verstohlen nach verbotenem Bette ausspäht, ist der nicht von allen Menschen der unglücklichste?« fragt das Lustspiel *Nannion* und meint damit das Bett der verheirateten Frau. Statt dessen solle der Mann doch ins Frauenhaus gehen, wo er »die Mädchen nackt und willig« haben könne. Ebenso Xenarchos in seiner Komödie *Der Fünfkampf:* »Schreckliches, Schreckliches und nicht mehr Erträgliches tun in unserer Stadt die jungen Leute!« Und damit meint er den Ehebruch. Erstens sei das doch strafbar, zweitens gefährlich und obendrein nicht einmal sehr befriedigend, da die meisten Ehefrauen nichts von der Liebe verstünden. Dagegen die Bordellmädchen, die wüßten, wie man's macht: »Man kann sie anschauen, wie sie mit entblößten Brüsten in Florgewändern der Reihe nach aufgestellt sich in der Sonne vorführen. Jeder kann sich die aussuchen, die ihm am besten gefällt – eine Dünne, eine Dicke, eine Runde, eine Lange, eine Krumme, eine Gerade, eine Junge, eine Alte, eine Unreife, eine Reife! Dabei braucht er keine Leiter anzustellen, um heimlich einzusteigen, braucht sich nicht durch die Dachluke einzuschleichen oder im Misthaufen zu verbergen!«

Und doch gab es Verbote, aber weniger für die Prostituierten als für ihre Kunden. Zu Aristophanes' Zeiten (um 400 v. u. Z.) war es athenischen Amtsträgern verboten, Wirtshäuser und Absteigequartiere zu benutzen. Hypereides (390 bis 322) berichtet noch ein halbes Jahrhundert später: »Wenn ein Stadtabgeordneter in einem Wirtshaus auch nur ein einziges Mal aufgetaucht wäre, hätten ihn seine Kollegen nicht mehr im Stadtrat geduldet.« Das mag stimmen, aber was er durfte, war: mit einer Hetäre leben. Hier springt einem wieder einmal der Klassencharakter der griechischen Gesellschaft ins Auge. Wirtshäuser sind verboten, Straßenmädchen sind verpönt, aber Hetären sind erlaubt. Wer waren nun die Hetären, und in welcher Weise unterschieden sie sich von den anderen Prostituierten?

Sie waren fast ausnahmslos ehemalige Sklavinnen, die sich freigekauft hatten, oder Töchter von Nichtbürgern, die durch die Protektion eines wohlhabenden Bürgers oder gar durch Heirat mit ihm jene Rechte zu erwerben suchten, die ihnen von Geburt her versagt waren. Da ein solches Ziel nicht nur Schönheit und sexuelles Talent, sondern auch Intelligenz, Zähigkeit und Willenskraft erforderte, gehörten die Hetären zu den bemerkenswertesten Frauen ihrer Zeit. Schulen und Universitäten standen ihnen erst von der Mitte des 5. Jahrhunderts v. u. Z. an zur Verfügung, ihre Erziehung war deshalb fast stets autodidaktisch. Sie galten vor allem als die Gespielinnen der Künstler, Dichter und Philosophen und erwarben sich durch ihren Umgang mit diesen Intellektuellen der griechischen Gesellschaft ein Wissen und oft auch einen Witz, den nur wenige ihrer anderen Kunden besaßen. Obgleich dies sicher nicht die Norm war, geschah es doch sehr oft, daß eine von reichen Männern ausgehaltene Hetäre ihrerseits einen jungen Maler, Bildhauer oder Dramatiker unterstützte.

Der Durchbruch der griechischen Bildhauerei von der Darstellung des männlichen Körpers zu der der Frau fand zweifellos durch den Einfluß der Hetären auf die Künstler statt. Fast alle weiblichen Götterstatuen der Griechen, vor allem natürlich die Aphroditen des 5. und 4. Jahrhunderts, sind berühmten Hetären nachgebildet. So haben sich Praxiteles und Apelles in fast all ihren Frauenbildnissen die Hetären Phryne, Kampaspe, Pankaste und Kratina zum Modell genommen. Zahllose Vasenmaler haben die Brust der älteren Lais als Vorbild benutzt. In mancher Hinsicht ähnelt der Kult der Hetären also dem der Kurtisanen der Renaissance, den Salons des 18. und der Boheme des 19. Jahrhunderts, wo eine ähnliche Verquickung von Konversation, Kunst und Erotik stattfand. Aber die gesellschaftliche Sanktion der Hetäre ging während des 5. und 4. Jahrhunderts v. u. Z. noch weit über die Toleranz hinaus, die man den Mätressen der Neuzeit entgegenbrachte.

Das Wort *hetaira* taucht in der griechischen Literatur zum ersten Male bei Sappho (um 600 v. u. Z.) auf und bedeutet bei ihr »Gespielin«, »Gefährtin«, »Geliebte«. Die Griechen der klassischen Zeit unterschieden zwischen den *pezai hetairai,* den niedrigen Dirnen (von *pezos,* »was sich nicht vom Boden abhebt«) und den *hetairai musikai,* den von den Musen gesegneten Hetären, die singen, tanzen, Musikinstrumente spielen und brillant konversieren konnten. Sie arbeiteten als Callgirls und kamen in die Häuser der unverheirateten Männer, wurden zu den Gastmählern der verheirateten Männer eingeladen, wurden von zwei bis drei wohlhabenden Männern, die sich ihre Günste teilten, gemeinsam ausgehalten oder lebten als Mätressen eines einzelnen Mannes, dem sie meist auch treu blieben, bis er sie verließ.

Manche berühmten Männer finanzierten gleichzeitig drei oder mehr Hetären, so zum Beispiel der Redner Hypereides, der in Athen die Myrrhine, in

Eleusis die Phila, am Peiraieus die Aristagora unterhielt. Als sein Sohn Glaukos sich über diese Geldverschwendung beschwerte, verstieß ihn Hypereides (FHG II, 492, 12 aus Athen. XIII, 590c; Plut. *vit. decem. orat* 849d). Es ist bezeichnend für die Begünstigung der Wohlhabenden, daß die Prostituiertensteuer, die selbst von den ärmsten Straßenmädchen zu zahlen war, den teuersten Hetären erlassen wurde, wenn sie ins Haus eines reichen Bürgers einzogen und dort als dessen Konkubine *(pallake, pallakis, pallakidion, pallax)* oder Nebenfrau *(nothon lektron)* lebten. Die Institution der Nebenehe *(pallakeia, pallakia, pallakisma)* ist bereits an anderer Stelle erwähnt worden; hier soll nur hinzugefügt werden, daß die Nebenfrauen fast immer Hetären waren. Aus der Hetärensprache stammen deshalb auch die Verben *pallakeusthai tina* (sich eine Zweitfrau halten) und *tini* (eines Mannes Zweitfrau sein).

Aus der fälschlich dem Demosthenes zugeschriebenen Rede gegen Neaira erhält man das typische Bild einer Hetärenlaufbahn. Neaira wurde von einer berufsmäßigen Kupplerin namens Nikarete, einer ehemaligen Sklavin, die später einen Koch heiratete und sich freikaufte, zusammen mit sechs anderen kleinen Mädchen von frühester Kindheit an als Prostituierte ausgebildet. Nikarete kaufte die Kinder auf dem Sklavenmarkt oder holte sie sich vom Altar des Mitleids, wo verarmte Eltern ihre neugeborenen oder Mütter ihre vom Gatten nicht anerkannten Kleinkinder aussetzten. Sie gab die Kinder als ihre Töchter aus und berechnete den Männern, die mit ihnen schlafen wollten, den Preis für Geschlechtsverkehr mit freien Bürgerinnen, der weitaus höher als der für den Verkehr mit Sklavinnen war. Nachdem sie mit den sieben Mädchen ein kleines Vermögen verdient hatte, verkaufte sie sie zusammen auf dem Sklavenmarkt und wurde eine reiche Frau.

Eines der anderen Mädchen wurde von dem Redner Lysias gekauft, der sich so in sie verliebte, daß er sie in die Eleusinischen Mysterien einweihte, ein unerhörtes Vergehen gegen die Heiligkeit dieses Kults, der keinem Sklaven offenstand. Neaira selber wurde von zwei Männern gemeinsam für den Preis von dreißig Minen (rund 30 000 DM in heutiger Währung) gekauft und konnte später, als ihre beiden Liebhaber heirateten, mit Hilfe des Atheners Phrynion ihre eigene Freiheit erkaufen. Aber nach einem Streit zwischen den beiden floh sie, nun als freie Frau, mit vier Kindern nach Megara. Dort fiel sie in die Hände eines Zuhälters namens Stephanos, der sie und ihre Kinder zum Geschlechtsverkehr anbot, um die Freier danach zu erpressen. Es gelang ihr aber, aus dieser Zwangslage herauszukommen, indem sie ihre Tochter Phano mit einem Athener verkuppelte, der später zum höchsten Amt in der *polis* aufstieg. Dadurch wurde Phano zur »Jahreskönigin« und nahm an den höchsten und geheimsten Riten der Stadt teil.

In manchen Hetärenfamilien war der Beruf also sozusagen erblich. Die Hetäre Lais war die Tochter der Hetäre Timandra, Agathokleia war die Tochter der Oinanthe, Niko war die Mutter der Pythias; die Mutter und Tochter der Korone, die ältere und jüngere Nannion, waren gleichzeitig als Hetären tätig; die ältere nannte man deshalb *thete,* »Großmutter«. In den Hetärendialogen des Lukian und den Miniamben des Herondias finden wir stets, daß die Mutter die Tochter für ihr Gewerbe ausbildet. Man hatte sogar einen Namen für den Ausbilder von Hetären, *pornodidaskalos,* und kein geringerer als Sokrates betätigte sich unter anderem in dieser Funktion, wie wir aus dem *Memorabilia* des Xenophon (III, 11) erfahren. Auch die Schwester der Hetäre Philemation war eine berühmte Dirnenausbilderin. Ihr Grundsatz war: »Ihr begehrt Schönheit, ich Geld. Befriedigen wir gegenseitig unser Verlangen, das nennt man Geschäft!« (Aristenaitos I, 14). Athenaios meint, auch die Aspasia sei eine Dirnenausbilderin gewesen, aber ich halte dies für ein Mißverständnis (Athen. XII, 533c-d).

Die Geldgier und Habsucht der Hetären wird in vielen Beobachtungen der Griechen erwähnt. Die Preise der Berühmtesten, zum Beispiel der Phryne und Gnathaina in Athen, oder der Lais in Korinth, waren erstaunlich hoch. Der Erlös ganzer Schiffsladungen, durch die man in den griechischen Handelsstädten ja vor allem reich wurde, ging oft für eine einzige Nacht mit einer dieser Frauen dahin. Im Kerameikos, dem Töpferviertel in Athen, gab es eine Art Hetärenbörse, wo die höchsten Angebote für die Gunst bestimmter Hetären täglich vermerkt wurden. Alkiphron legt der Hetäre Petale die Worte in den Mund: »Wir brauchen schöne Kleider, Gold und Schmuck und Dienerinnen; das sind wir einfach unserem Stande schuldig. Leider besitze ich kein ererbtes Landgut, auch habe ich keinen Anteil an Silberbergwerken. Ich bin von meinen geringen Verdiensten abhängig, von den oft beseufzten Gaben meiner Liebhaber« (I, 36). Noch schärfer ist der Brief der Hetäre Philumene an Kriton: »Warum bemühst du dich mit langen Briefen? Ich brauche fünfzig Goldstücke, keine Briefe. Wenn du mich also liebst, dann gib. Wenn du aber kein Geld mehr hast, dann belästige mich nicht mehr. Damit Gott befohlen!« (Alkiphr. I, 40).

Um den Lebensstil der Hetären darzustellen, gebe ich in alphabetischer Reihenfolge einige biographische Notizen über die berühmtesten Frauen ihres Fachs. *Abrotonon* war die Mutter des Themistokles (Athen. XIII, 576c), Führer der Athener im zweiten und dritten Perserzug (490 und 480 v. u. Z.) und Archon von 493 bis 492. *Archianassa* war Platons Geliebte. Sie kam aus Kolophon, trug den Spitznamen Ulrike und war nicht mehr jung, als er auf ihre Runzeln Verse schrieb und fragte, welch lodernde Glut erst die Armen ergriffen haben müsse, die sich ihr genähert hatten, als sie noch jung gewesen war (Diog. Laert. III, 23). *Archedike* aus Naukratis wird von Athenaios wegen ihrer Schönheit erwähnt. *Archippe* war die Geliebte des Sophokles, *Aristagora* die des Hypereides.

Aspasia war zweifellos die bedeutendste dieser Frauen. Obgleich wir an anderem Orte bereits Teile ihrer Lebensgeschichte zusammengetragen haben, sei hier noch einmal kurz auf die Höhepunkte ihres Lebens hingewiesen. Sie wurde um 469 v. u. Z. in Milet als Tochter des Axiochos geboren. Ihr Jugendfreund, der Architekt Hippodamos, holte sie nach Athen, wo Perikles sich in sie verliebte. Obgleich sie rund dreißig Jahre jünger war, betrachtete er sich als ihr Schüler, denn nach ihrer Ankunft in Athen hatte sich ein Kreis von Philosophen um sie gebildet, der besonderen Respekt in Athen erweckte, weil selbst Sokrates zu ihren Füßen saß und von ihr zu lernen suchte. Die Tatsache, daß eine Frau nicht nur attraktiv, sondern auch klug war und mehr Bildung besaß als die meisten Männer, rief im vaterrechtlichen Athen eine solche Verbitterung hervor, daß man mit allen Mitteln versuchte, Aspasia und ihre Freunde zu vernichten. So wurde sie unter anderem der Gotteslästerung und der Kuppelei bezichtigt. Perikles' politische Gegner liierten sich mit den Neidern der Aspasia und setzten das Gerücht in Umlauf, sie habe den Krieg zwischen Samos und Athen angestiftet, um dadurch ihrer Vaterstadt Milet zu helfen. Um beim Volke Unterstützung gegen sie zu mobilisieren, appellierten die Reaktionäre an den Lokalpatriotismus der Athener und stellten es als Schande dar, daß eine Fremde das politische Schicksal der Stadt beeinflusse, eine Frau aus dem »sittenlosen« Ionien, eine »milesische Hure«. Ihre Ehe mit Perikles wurde als Konkubinat dargestellt. Sokrates, der in ihren bisexuellen Neigungen das Spiegelbild seiner eigenen Homoerotik sah, verteidigte sie vor Gericht. Wenn wir Platon glauben dürfen, hielt sie zum Dank die Leichenrede an seinem Grab.

Nach dem Tode des Perikles, der verfrüht und zermürbt von den Angriffen seiner Feinde im Jahre 429 starb, heiratete sie den Lysikles und verhalf auch ihm zu einer beachtlichen Laufbahn. Sie war zweifellos die bedeutendste Frau ihres Jahrhunderts. Ob sie eine Hetäre war, oder ob man ihr aus Verbitterung über ihren Erfolg den Ruf der Hetäre angedichtet hat, ist bis zum heutigen Tage umstritten. *Aspasia* nannte sich auch zum Gedenken an die Frau des Perikles die aus Phokaia stammende Hetäre Milto, die den König von Persien, Kyros den Jüngeren, liebte. Sie begleitete ihn auf seinem Feldzug gegen Artaxerxes und fiel nach dem Siege des letzteren bei Kunaxa im Jahre 401 als Beute an Artaxerxes Memnon, der sich gleichfalls so in sie verliebte, daß es zwischen ihm und seinem Sohn Dareios über sie zum Bruch kam. Dareios putschte gegen seinen Vater und verlor dabei Milto, das Königreich und sein eigenes Leben. Die Legende besagt, daß sie nach dem Tode des Dareios Priesterin der Muttergöttin Anaitis wurde.

Belestiche oder *Bilistiche* aus Argos nahm eine Ausnahmestellung unter den großen Hetären ein, weil sie keine Sklavin und auch keine Nichtgriechin war, sondern aus dem »edelsten Geschlecht der Griechen«, dem der Atriden, kam, dem auch Agamemnon und Menelaos entstammten. *Chrysilla* war Perikles' Freundin, bevor er Aspasia kennenlernte. *Doricha* aus Naukratis war die Geliebte eines Pharao. Strabo erzählt die folgende Legende von ihr: Während sie einstmals badete, entführte ein Adler eine ihrer winzigen Sandalen nach Memphis, wo sie dem Pharao, der gerade im Freien Gericht hielt, in den Schoß fiel. Entzückt von der Zierlichkeit des Fußes, ließ er in ganz Ägypten nach der Besitzerin der Sandale suchen. So wurde sie die Geliebte des Königs. Berühmter noch als durch ihre Liaison mit dem Herrscher von Ägypten wurde sie durch ihre langjährige Liebschaft mit Charaxos, dem Bruder der Sappho, der vierundvierzig war, als er sie kennenlernte. Er war ein Weinhändler, der jährlich zweimal von Lesbos nach Naukratis segelte, um dort seine Schiffsladung meistbietend zu versteigern. Als er seiner Schwester mitteilte, er wolle die Doricha heiraten, antwortete sie mit einem Gedicht, von dem die Zeilen erhalten sind:

. . . mit der du in unsteter Liebe verbunden bist,
Und du hältst auch das noch für schön, was doch öffentliches Eigentum ist!

Eine Zeitlang gelang es der Sappho, Doricha dem Bruder abspenstig zu machen. Als er jedoch zum zweiten Male zu Doricha nach Naukratis zurückkehrte, schrieb Sappho ein Gedicht an Aphrodite, dessen folgende vier Zeilen erhalten sind:

Kypris, dich soll er gnadenlos finden,
Daß Doricha nicht mehr mit Reden prahle,
Er habe zum zweiten Male zur langersehnten
Liebe zurückgefunden!

Der Grund der Verbitterung der Dichterin war die Zersplitterung des Familieneigentums, die stattgefunden hätte, wenn Charaxos Doricha geheiratet hätte. So schrieb sie ein Gedicht mit einer Fußnote in Prosa, das viel über alle drei Beteiligten aussagt:

Kypris und ihr, Töchter des Nereus, bringt mir
Unversehrt den Bruder zur Heimat zurück!
Wonach das Herz ihm verlangt,
Das gebet ihm!

Was er einst gesündigt, gesühnet sei es,
Daß er seinen Freunden zur Freude lebe
Und zum Gram den Feinden. Niemals wieder
Sei er uns niemand!

Seiner Schwester mög' er den Glanz
Der Ehre wiedergeben. Die erlebte Schande
Sei gelöscht: Trauer, Ärger, alles,
Was er mir antat.

Und möge er, wenn er eine Gattin wünscht, unter den anständigen Frauen eine finden. Was aber dich betrifft, du niedrige, hinterlistige Hündin du, so pack dich, die Nase im Dreck, und jage anderswo nach einem Herrn!

Arthur Weigall, der Biograph der Sappho, erklärt diese verbitterte Fußnote mit dem Alter der Dichterin, die jetzt an die fünfzig war und sich dem Klimakterium näherte: »In den Jahren des Alterns wurde sie zunehmend besorgter um ihren guten Ruf, und die beschämende Vorstellung, eine Sklavin zur Schwägerin zu bekommen, peinigte sie. Sie dachte und fühlte aristokratisch, ja sogar konventionell, wenn es um gesellschaftliches Ansehen ging, und sie erwartete von ihrem Bruder, daß er seine Leidenschaft der Konvention unterordnete« (*Sappho auf Lesbos,* List Taschenbuch Nr. 292, S. 136 f.). Weigalls Bezeichnung der Doricha als Slavin ist interessant, denn sie zeigt, daß die Freigelassene selbst in den Gedanken des Historikers immer noch als Unfreie weiterlebt. Tatsächlich war sie eine Thrakerin, die in ihrer Kindheit nach Samos verkauft worden war. Dort hatte der Kaufmann Jadmon sie erworben, der übrigens auch der Besitzer des Fabeldichters Aesop war. Als sie sechzehn war, kaufte der griechische Händler Xanthes sie dem Jadmon ab, um sie als Hetäre in der milesischen Kolonie Naukratis ins Geschäft zu bringen. Von ihm kaufte der Pharao sie, und als er ihrer überdrüssig wurde, schenkte er ihr die Freiheit und dazu ein großes Haus in Naukratis. Charaxos hatte sie bereits um 580 in Samos kennengelernt, als sie noch dem Jadmon gehörte, und sie nie vergessen. Ob er sie je geheiratet hat, ist heute nicht mehr festzustellen (Eustath. Epist. IV; Hdt. II 135; Oxyrhynchos Pap. 1231 I, 1 und 7; Athen. XIII, 596b).

Glykera war die Geliebte des Dichters Menander. Harpalos, der ehemalige Schatzmeister Alexanders des Großen, lernte sie in Megara kennen und entführte sie nach Tarsos, wo er ihr die Königsburg zur Verfügung stellte und sie als Königin verehren ließ. Als man sich weigerte, sie zu bekränzen, sagte er, auch er wolle keinen Kranz tragen, wenn man ihn seiner Königin versage. In der syrischen Stadt Rhossos ließ er ihr noch zu ihren Lebzeiten eine bronzene Bildsäule errichten (Athen. XIII, 595d). *Gnathaina,* die vor allem wegen ihrer Schlagfertigkeit bekannt war, sagte einmal, als einer ihrer Kunden ihr als einziges Geschenk eine Flasche Wein brachte und obendrein stolz verkündete, er sei sechzehn Jahre alt: »Für sein Alter ist er aber noch reichlich klein.« Da das griechische Wort für »klein« auch »wenig« bedeutete, wurde dies ein geflügeltes Wort unter den Hetären Athens. Wie in so vielen Hetärenfamilien, setzte ihre Enkelin *Gnathainon* das Gewerbe der Großmutter fort. Als ein fast Neunzigjähriger die beiden zusammen beim Kronosfest in Athen sah und die Großmutter nach ihrem Preise fragte, sagte sie: »Tausend Drachmen«. Das war dem alten Herrn ein wenig zu viel. »Gut«, sagte Gnathaina, »gib mir, was du willst. Ich weiß ja doch ganz genau, daß du meiner Enkelin das Doppelte geben wirst!« Bei beiden Frauen, vor allem aber bei der Großmutter, verkehrten die Philosophen Athens. Um deren Sitten zu parodieren, hatte sie die bereits erwähnten Tischgesetze eingeführt, deren beachtlichste die waren, daß die Gäste nach dem Essen die Teller ablecken und mit den Fäusten untereinander ausmachen mußten, wer mir ihr zu Bett gehen dürfe. »Und diese fanden es keineswegs unter ihrer Würde, täglich wie brünstige Hirsche aufeinander loszugehen und rücksichtslose Hiebe auf ihre philosophischen Glatzen auszuteilen« (Georg Friedrich Collas, *Der Flagellantismus im Altertum,* Leipzig 1932, S. 241 f.).

Herpyllis war die Geliebte des Aristoteles und die Mutter seines Sohnes. Athenaios schreibt: »Aristoteles erzeugte mit der Hetäre Herpyllis seinen Sohn Nikomachos und liebte sie bis zu seinem Tode, da, wie Hermippos sagt, die Bedürfnisse des Philosophen bei ihr das nötige Entgegenkommen gefunden hätten« (XIII, 589c; FHG III, 46). Dies deutet auf gewisse sexuelle Abweichungen des Aristoteles hin, deren genaue Beschaffenheit uns nicht überliefert ist. *Kallistrate,* eine Hetäre aus Lesbos, wird von Athenaios erwähnt (V, 220 f.). *Kallixena* war eine der Geliebten Alexanders des Großen. *Kampaspe* war eine andere Geliebte des Alexander. Plinius schreibt (35, 10; 36, 12; 35, 86): »Als Alexander befahl, Apelles solle eine der liebsten unter seinen Kebsweibern, die Kampaspe hieß, ihrer herrlichen Figur halber nackt malen, und dabei merkte, Apelles habe sich bis über beide Ohren in sie verliebt, da gab er sie ihm zum Geschenk.« Athenaios meint, sie habe ihm später Modell zur koischen Aphrodite gestanden. Er meint auch, Praxiteles habe die Aphrodite von Knidos nach seiner Geliebten, der Hetäre *Kratina,* gebildet (XIII, 590 f., 591a).

Kyrene war eine athenische Hetäre, die wegen ihrer großen sexuellen Fähigkeiten den Beinamen Dodekamechanos, »Zwölfkünstlerin« oder »Zwölfmechanikerin«, erhielt (Aristoph. *Ran.* 1327). *Lagiska* war die Geliebte des Philosophen Isokrates. Die ältere *Lais* stammte aus Korinth, lebte um 400 v. u. Z. und war ebenso wegen ihrer Schönheit wie wegen ihrer Habgier berühmt. Zu ihren Verehrern gehörten die Philosophen Diogenes, Begründer der kynischen Schule, und Aristippos (etwa 435 bis 360), Schüler des Sokrates und Vater des Hedonismus. Nach den Worten des Properz hatte ganz Griechenland »vor ihrer Tür geschmachtet« (II, 6, 1 f.). Ihre »schwellende Brust, kydonischen Äpfeln gleich« (Aristainetos I, Ep. 1), diente vielen Malern zum Vorbild (Athen, XIII, 588e). Um ihn zu ärgern, sagte man dem Aristippos einmal, die Lais liebe ihn nicht. »Das macht mir gar nichts«, antwortete er. »Fisch und Wein lieben mich auch nicht. Trotzdem bereiten sie mir Freude!« Ein anderes Mal beantwortete er eine ähnliche Neckerei mit dem Satz: »Ich habe die Lais, nicht sie mich!« Als sein Hausverwalter ihm Vorwürfe machte, weil er so viel Geld für sie ausgebe, während der Kyniker Diogenes, der jeden Besitz verachtete, die Günste der Lais gratis erhielt, antwortete Aristippos: »Ich bezahle sie, damit sie mir Genuß verschafft und nicht, damit sie einem anderen keinen bereitet« (Athen. XII, 544d, XIII, 588e). Als Lais älter wurde, opferte sie der Aphrodite ihren Spiegel, weil, wie sie sagte, er nicht mehr ihr wahres Gesicht, sondern das einer fremden Frau zeige (Anth. Pal. VI, 1; Auson. Epigr. 55). Trotzdem sei sie ihrem Gewerbe bis ins hohe Alter nachgegangen, sagt Philetairos, und sei sogar während des Aktes gestorben (Athen. XIII, 570 f. und 587c).

Die jüngere *Lais* war in Hykkara auf Sizilien als Tochter der Timandra, der Geliebten des Alkibiades, geboren. Um 330 lernte sie Apelles, den Hofmaler Alexanders des Großen, kennen, der sie verschiedentlich als Aphrodite darstellte. Er hatte sie beim Wasserschöpfen am Brunnen entdeckt und zu seinen Freunden mit nach Hause genommen. Als diese sich über ihn lustig machten, weil er ein Kind, das noch keinem Manne von Nutzen sein könne, statt einer Hetäre, an der sich alle erfreuen könnten, nach Hause gebracht habe, antwortete er: »Wartet nur, ich werde schon noch eine aus ihr machen!« (Athen. XIII, 588c). Später wurde sie die Geliebte des athenischen Redners Hypereides (389 bis 322), des Schülers Platons und Isokrates'. Die Legende behauptet, sie sei um 320 in Thessalien von Frauen, die auf ihre Schönheit neidisch gewesen seien, erschlagen worden (Pausan. II, 2, 4; Plut. Amor. cap. 21, p. 768a; Athen. XIII, 589b. Ihre Grabschrift in App. Anth. Pal 342).

Lamia, die Geliebte des Generals Demetrios Poliorketes (um 300 v. u. Z.), war ursprünglich Flötenspielerin gewesen. Nachdem er Athen erobert hatte, erbaute er ihr auf der Akropolis einen Tempel der »Aphrodite Lamia«. Als er einmal eine Botschaft an Lysimachos sandte, der ihn später aus Makedonien vertrieb, fielen seinem Botschafter die tiefen Wunden auf, die der Makedonier an Hals und Brust trug. »Dies sind die Bisse eines Löwen«, sagte Lysimachos stolz. »Habt ihr in euren Bergen auch Löwen?« »Nein«, antwortete der Gesandte, »aber Löwinnen. Unsere Lamia beißt genauso!« (Plut. *Dem.* cap. 27). Lamias Reichtum war so stadtbekannt wie ihre

Schlagfertigkeit. Der Stadt Sikyon schenkte sie nach einem Erdbeben genug Geld, um die Gemäldegalerie wieder aufzubauen. Plutarch zitiert ihr Kommentar zu einem Gerichtsfall, in welchem eine Hetäre einen jungen Mann verklagt hatte, ihr den gewohnten Lohn zu zahlen, weil er von ihr geträumt und im Traum seine Befriedigung erfahren habe. Der Richter urteilte, daß der Jüngling ihr das Geld bringen müsse, sie es aber nicht nehmen, sondern nur ihre Hände nach dem Schatten des Geldes ausstrecken dürfe. Denn da der Beklagte nur den Schatten der Klägerin erhalten habe, könne auch die Klägerin nur den Schatten der Entlohnung verlangen. Lamia wies diesen salomonischen Spruch als ungerecht zurück, da der Jüngling seine Befriedigung durch den Traum, die Hetäre aber nicht die ihre durch das Geld erhalten habe (*Demetr.* 27). Diese Bemerkung wurde in Athen viel zitiert; wegen der Klugheit der Lamia vergab man ihr ihren Geiz.

Leaina war die Geliebte des Tyrannenmörders Harmodios. Als sie von dem Bruder des Ermordeten gefangengenommen und gefoltert wurde, starb sie auf der Folter, ohne Harmodios zu verraten (Athen. 596d). Die Hetäre *Leme* war die Geliebte des Redners Stratokles (ebd.). *Leontion* war die schriftstellernde Geliebte des Philosophen Epikur. *Metaneira* teilte ihre Günste zwischen den großen Rednern Lysias und Isokrates. *Myrrhine* war die Geliebte des Hypereides. *Nannion* trug den Spitznamen »Maske«, weil sie ein schön geschnittenes Gesicht, aber eine ärmliche Figur hatte, die sie allerdings durch besonders prächtige Kleider zu verbergen wußte. *Nanno* war die Geliebte des Mimnermos. *Nikarete* aus Megara war eine Schülerin des Philosophen Stilpon. Sie gehörte zu den wenigen Hetären, die aus adliger Familie kamen und sich nicht den Weg von der Sklavin zur Erfolgsfrau zu erkämpfen brauchten. Die Hetäre *Niko* hatte bereits eine als Hetäre arbeitende Tochter namens Pythias, als sich Demophon, der Geliebte des Sophokles, der sonst für weibliche Reize unempfänglich war, wegen ihres reizvollen Hinterns um sie bemühte. Da sie einen Kaufmann namens Thallos (Zweig) durch ihren Geiz zugrunde gerichtet hatte, nannte man sie Aix (Ziege): sie habe ihn, sagte man, sozusagen aufgefressen.

Die Hetäre *Penkaste* war ein Modell des Malers Apelles. Hieronymus von Syrakus heiratete die Hetäre *Peitho,* die ein Bordell besaß. *Phila* war eine der Geliebten des Hypereides. Berühmter als all diese war *Phryne,* deren eigentlicher Name Mnesarete war, »die sich an die Tugend erinnert«. Sie stammte aus der boiotischen Stadt Thespiai und ließ sich in Athen nieder, wo sich die Bildhauer und Maler ihrer annahmen, vor allem Praxiteles und Apelles, denen sie als Modell diente. Als sie Praxiteles einmal fragte, welches er für sein bestes Werk hielt und er ihr ausweichend antwortete, befahl sie einem Sklaven, während Praxiteles das nächste Mal bei ihr schlief, atemlos hereinzukommen, um zu verkünden, sein Atelier stünde in Flammen. Als der Bildhauer sich als erstes an die Rettung seiner Erosstatue machte, erbat sie diese von ihm und vermachte sie ihrer Heimatstadt. Dort baute man einen Tempel um die Statue herum und machte Thespiai hierdurch zu einem Wallfahrtsort für ganz Griechenland. Die Stadt bedankte sich bei ihrer Gönnerin, indem sie bei Praxiteles ein goldverziertes Standbild der Phryne bestellte. Auf einer Säule aus pentelischem Marmor wurde es in Delphi zwischen den

Standbildern der Könige Archidamos und Philippos II. errichtet. Einer ihrer ehemaligen Liebhaber, den sie zurückgewiesen hatte, erhob später Klage, sie habe in einem Tempel koitiert. Da die Sache offenbar wahr war, stand es schlecht um sie. Da riß ihr Verteidiger, der berühmte Redner Hypereides, ihr plötzlich die Kleider vom Leib. Hierdurch kamen die Richter zur Überzeugung, eine Frau von solcher Schönheit müsse wohl eine Priesterin der Aphrodite sein und dürfe deshalb im Tempel die heilige Hochzeit vollziehen. Ein anders Mal legte sie, die im öffentlichen Leben eher prüde als lasziv war, bei der Poseidonfeier ihre Kleider ab und schritt mit offenem Haar ins Meer, was offenbar niemand vergessen hat, der dabei wàr, denn wir besitzen gleichlautende Berichte verschiedener Zuschauer.

Trotzdem war sie eben doch nur eine Hetäre. Folgendes erzählt Machon in seinen *Chrien* (Athenaios XIII, 583c):

Einst suchte Moirichos der thespischen Phryne Gunst,
Und da sie eine Mine begehrte, antwortete er:
So viel? Hast du nicht einem Fremdling für halbes Geld,
Für zwei Goldstücke, neulich gleiche Gunst erzeigt?
Schön, sagte sie. Warte auch du, bis einmal ich wiederum
Recht geil bin: dann nehm' ich mit diesem Preise vorlieb!

An einem anderen Ort erzählt Machon die Geschichte von einem Freier, der ihren Preis ablehnte: »Versuch erst mal, wie sich's mit mir liebt. Wenn du dann den Preis nicht von selber bezahlst, verstehst du nichts von der Liebe und bist sowieso am falschen Ort« (Ath. XIII, 582c). Im Gegensatz zu den meisten anderen Hetären wurde Phrynes Leben weniger vom Geld als von der Sucht nach Ruhm bestimmt: Sie war willig, nahezu alles zu tun, was ihr Unsterblichkeit verleihen konnte. Daß Praxiteles die knidische Aphrodite nach ihrem Körper geformt haben soll, ist so oft von den Alten erwähnt worden, daß ich ihren Ruhm wohl kaum erschüttere, wenn ich sage, daß es keine sehr gute Statue ist. Bezeichnend für Phryne ist es, daß sie sich erbot, die zerstörten Festungsmauern von Theben aus ihren eigenen Ersparnissen wieder aufbauen zu lassen, wenn die Thebaner versprochen hätten, eine Inschrift anzubringen: ZERSTÖRT VON ALEXANDER, DEM EROBERER. AUFGEBAUT VON PHRYNE, DER HETÄRE.

Pythionike, der Mätresse des Harpalos, gelang, was der berühmteren Phryne versagt blieb: Sie erhielt ein Denkmal, das ihren Ruhm noch Hunderte von Jahren weiter verkündete. Sie war als Magd der Flötenspielerin Bakchis nach Athen gekommen. Dort hatte Harpalos, ehemaliger Statthalter Alexanders des Großen, sie kennengelernt. Nach ihrem Tode erbaute er nicht weit von Eleusis, dem höchsten Heiligtum der Griechen, ein gigantisches Grabmal in Form eines Tempels der »Pythionike Aphrodite«, was noch Hunderte von Jahren später als Gotteslästerung empfunden wurde.

Plangon aus Milet unterschied sich von den meisten ihrer Kolleginnen durch Großmut und völligen Mangel an Geldgier. Deshalb nannten ihre Landsleute sie Pasiphile, »Freundin des Besitzes der anderen«. Archilochos preist sie in einem Epigramm, in welchem er ihre Freier als Krähen, sie aber als einen Feigenbaum beschreibt, der die Krähen ernährt.

Rhodopis gehörte zu jener Gruppe von Hetären, denen ihr Nachruf wich-

tiger war als ihr Ruf. Sie spendete dem Heiligtum in Delphi einen Obelisk mit ihrem Namen. Herodot bezweifelt diese Geschichte und weist darauf hin, daß das Wort *obeliskos* im Griechischen auch Bratspieß bedeutet, und meint deshalb, alles, was Rhodopis dem Heiligtum gestiftet habe, seien Bratspieße, und da man nicht gewußt habe, was man damit anfangen solle, habe man sie hinter einem Altar verborgen (II, 135). Athenaios erklärt die suspekte Legende, die Dichterin *Sappho* habe sich in ihren späten Jahren in einen »schönen Jüngling« namens Phaon verliebt, mit dem Hinweis, daß es eine Hetäre des gleichen Namens gegeben habe, die die Geliebte dieses Phaon gewesen sei (XIII, 596d). Nymphis bestätigt diese Fassung in seiner *Umseglung Asiens* (FHG III, 16).
Eine der berühmtesten Hetären aller Zeiten war die Athenerin *Thais,* die im Jahre 331 v. u. Z., nach der Schlacht von Gaugamela, Alexanders Geliebte wurde, nach seinem Tode Ptolemaios I., den König von Ägypten, heiratete und damit zur Stammutter eines der mächtigsten Geschlechter des Altertums wurde, der Ptolemäer, dem auch Kleopatra entstammte. *Theodota,* war, wie wir wissen, eine athenische Hetäre, von der Alkibiades und Sokrates fasziniert waren. Xenophon erzählt in seinen *Erinnerungen an Sokrates:* »Als jemand behauptete, die Theodota sei über alle Maßen schön und würde als Modell von den Künstlern allen anderen Frauen bevorzugt, sagte der Meister: ›Dann müssen wir hin und dieses Wunder der Natur begutachten. Wollt ihr nicht gleich mit?‹« Xenophon erzählt dann, Sokrates sei so von ihr beeindruckt gewesen, daß er sich als Berater beim Einfangen wohlhabender Freier zur Verfügung gestellt habe. Dieses Gespräch ist psychologisch bedeutsam, weil es uns vermitteln kann, wie leicht es der Theodota fällt, den großen Sokrates, der sexuell nur wenig an Frauen interessiert ist, um ihren kleinen Finger zu wickeln, indem sie ihn ausdrücklich nicht als Philosophen und nicht als Päderasten, sondern als einen »normalen« Mann behandelt und ihm dadurch mehr schmeichelt als all seine Jünger (Xen. mem. III, 11, 1 zitiert von Athen. XIII, 588d). *Theoris* war die Geliebte des Sophokles, *Timandra* die des Alkibiades, woraus man sieht, daß selbst die berühmtesten Päderasten in dem Sinne bisexuell waren, daß sie auch mit einigen wenigen Frauen, meist erfahrenen Hetären, befriedigende Verhältnisse unterhalten konnten.
Die Tatsache, daß so viele der Freunde und Geliebten großer Hetären berühmte Dichter, Schriftsteller, Dramatiker und Philosophen waren, hat zu einer gewaltigen Hetärenliteratur geführt. Wir wissen über kaum einen Bereich des hellenischen Lebens so gut Bescheid wie über das dieser Frauen. »Die Vasenbilder erzählen davon, die Dichter rühmen die Schönheit und den Witz der Kurtisanen, im Lustspiel sehen wir die Hetäre zur idealen Geliebten werden. Wie aus einer natürlichen Affinität zwischen Literaten und Hetären entsteht ein Schrifttum, das uns für die Zeit von Alkibiades bis Demetrios Poliorketes, ein Jahrhundert besonderer Erotomanie, die Abfolge der großen Lebedamen so sorgfältig bewahrt hat wie die Sukzession der Magistrate und fürstlichen Häuser« (Vogt, *Gleichwertigkeit,* 218).
Die älteste Nachricht über diese Literaturform weist in vorgeschichtliche Zeit zurück. Suidas behauptet nämlich, daß eine ehemalige Sklavin der

Helena, Astyanassa, die erste griechische Hetäre gewesen sei und »als erste die verschiedenen Stellungen beim Beischlaf erfand und auch ein Buch über die erotischen Stellungen schrieb« (Suidas sub *Astyanassa*). Noch frühere Hetären finden wir jedoch in der Sage von der Neleustochter Peiro, der man den Spitznamen *Elegeis* (*elegeiein,* »huren«) gab, von der Ailian (v. H. III, 42) erzählt, sie liefe, von der Aphrodite angesteckt, nackt im Peloponnes umher (*Elegeis* nach Et. M. 152, 50 und 57).

In historische Zeiten kommen wir mit der Hetäre *Philainis,* die das erste Lehrbuch der Liebe geschrieben haben soll. Pseudo-Lukian meint jedoch, ein gewisser Polykrates aus Athen habe ihr das Buch unterschoben, um ihren Ruf zu ruinieren (Athen. VIII 335b; Lukian apophr. 24; pseudoluk. 24). Die nächste Hetäre, die ihre Spuren in der Literatur hinterlassen hat, war *Elephantis,* deren Lehrbuch der Liebe verlorengegangen ist, aber von vielen Autoren der Antike erwähnt und zitiert wird (Mart. XII, 43, 4; Suet, Tib. 43; Carm. Priap. 4). Bei Athenaios sagt einer der Sprecher zu einem Sophisten: »Du hast beständig solche Bücher bei dir wie die, welche Aristophanes, Apollodoros, Ammonios, Antiphanes und Gorgias über die Hetären von Athen geschrieben haben. Eine schöne Belesenheit ist das! Du kommst mir vor wie Amasis aus Elis, von dem Theophrast in seinem *Erotikos* sagt, er sei . . . in einer Linie mit Aristeides, Pausias und Nikophantes« (Athen. XIII, 567a; Theophr. erot. fr. 108).

Hier haben wir also einen ganzen Namenskatalog der Autoren von Hetärenliteratur. Das meiste davon ist verlorengegangen. Aristophanes ist nicht der berühmte Komödiendichter, sondern war (etwa 220 v. u. Z. in Byzanz geboren) als Leiter der Bibliothek von Alexandria der bedeutendste Philologe seiner Zeit. Daß er offenbar auch Hetärenbücher geschrieben hat, ist beachtlich. Athenaios schreibt, es habe laut Aristophanes in seiner Zeit 135 Hetären in Athen gegeben (VI, 241 und XIII, 583e). Apollodoros, der bedeutendste Gelehrte des 2. Jahrhunderts v. u. Z., geruhte, wenn Athenaios recht hat, ebenfalls über die Hetären von Athen zu schreiben. Auch sein Buch ist verlorengegangen. Ammonios aus Alexandria (175 bis 242) war der Begründer des Neoplatonismus. Antiphanes ist ein häufiger Name; wahrscheinlich meint Athenaios hier den Komödiendichter des 4. Jahrhunderts v. u. Z. Auch Autoren mit Namen Gorgias sind nicht selten. Keines der erwähnten Hetärenbücher ist erhalten.

Überliefert sind dagegen Teile der *Chrien* des Machon, der *Hetärengespräche* des Lukian, der *Hetärenbriefe* des Alkiphron, der *Erotischen Briefe* des Aristainetos, der *Miniamben* des Herondas. Außerdem war die Hetäre *Klepsydra* Heldin eines Lustspiels des Eubulos, die Hetäre *Korianno* Titelfigur einer Komödie des Pherekrates, *Anteia* Heldin einer Komödie des Eunikos, *Thalatta* des Diokles, *Opera* des Alexis, und *Phanion* des Menander, der auch ein verlorengegangenes Stück über die *Thais* geschrieben hat. Oben habe ich bereits auf die verschiedenen Hetären hingewiesen, die ihren Namen auf Denkmälern und Grabstätten verewigt haben. Hier bleibt nur noch hinzuzufügen, daß das Grabmal des lydischen Königs Alyattes (610 bis 560) auf fünf phallischen Säulen den Anteil der Geldgaben aufzeichnet, den die Lyder zum Bau des Denkmals beisteuerten. Die Säulen sind noch

heute erhalten und zeigen, daß der größte Teil des Geldes von den lydischen Hetären aufgebracht worden ist.
Der *Kalirrhoe* hat ein Mann namens Thomas einen Grabstein mit der folgenden Inschrift gesetzt: EINE HETÄRE WAR ICH IN BYZANZ UND GAB ALLEN ALLES VON MIR FÜR GELD. ICH BIN DIE IN ALLEN KÜNSTEN DER LIEBE ERFAHRENE KALIRRHOE. VON SEHNSUCHT GEPEITSCHT HAT THOMAS MIR DIESE GRABSCHRIFT GESETZT, AUFZEIGEND DIE LEIDENSCHAFT SEINES HERZENS: WIE WACHS SCHMOLZ IHM DAS HERZ DAHIN (Agath. Schol. in Anth. Plan. 80).
Die Tatsache, daß manche Liebhaber großer Hetären ihnen Statuen in den Tempeln setzten, hat uns bereits mit der engen Verbindung zwischen Prostitution und Ritus im griechischen Patriarchat bekannt gemacht. Das *deikterion,* Solons erstes Staatsbordell in Athen, war, wie die Tempel der Stadt, unverletzlich: Es stand unter dem Schutze der öffentlichen Gewalt, genau wie die Tempel der Römer und die Kirchen im Mittelalter als Sanktuarien dienten. Bis etwa hundertfünfzig Jahre vor unserer Zeitrechnung war ja auch der Tempel in Jerusalem das Asyl der Freudenmädchen. Es war aber trotzdem für die Kirchenväter unverständlich, weshalb die Griechen ihren Göttern Beinamen aus der Prostitution zulegten, so zum Beispiel der Aphrodite die Beinamen *Hetaira* (»Hetäre«), *Porne* (»Hure«), *Pandemos* (»Allerweltshure«), *Peribaso* (»Straßenmädchen«), *Trymalitis* (von *trymalia,* »Loch«, »Scheide«), was sich umgangssprachlich als »die gefickte Aphrodite« übersetzen läßt.
Diese Beinamen waren aber auch bereits für manche Griechen nicht mehr annehmbar, denn sie stammten aus der Zeit der Muttergottheiten, wo Fruchtbarkeit und Sexualität gleichgestellt wurden, so daß der Gottesdienst oft zum Geschlechtsverkehr und der Geschlechtsverkehr oft zum Gottesdienst wurde. Hierbei ist das im Deutschen übliche Wort »Tempelprostitution« leider sehr mißverständlich, denn der grundsätzliche Unterschied zwischen dem Fruchtbarkeitskult und der Prostitution ist ja eben der, daß dieser der Gottheit, jene dem Gelderwerb dient. Wenn während der Übergangszeit von der einen Form zur anderen Geld die Hände wechselte, dann war es nicht für die Frau, sondern für den Tempel bestimmt. Erst zur Zeit des Verfalls diente der Lohn zur Finanzierung der Aussteuer. Herodot, Strabo und Lukian, die solche Zeremonien beschrieben haben, sind darüber einig, daß die Höhe der gezahlten Summe nichts mit dem Akt der Prostitution zu tun hatte, da die Frau sowieso mit jedem mitgehen mußte, der ihr eine Münze in den Schoß warf, einerlei wie gering diese auch war. Nach mütterlicher Form gab die Frau dem Gast oft mehr, als er ihr gegeben hatte, denn im Mutterrecht gibt es ja weder ein Prinzip der »gerechten« Entlohnung noch irgendein anderes Verhältnis zwischen »Leistung« und »Belohnung« (Luk. *Dea Syria* VI).
Der Ritus der Tempelprostitution ist mit Sicherheit nicht griechischen Ursprungs. Obwohl wir ihn auch in Korinth, Kalydon und am Alphaios finden, ist er doch mehr auf den Inseln zuhause, die von dem vorgriechischen und kleinasiatischen Kulturen geprägt worden sind: auf Aigina, Kreta, Kythera, Kos und vor allem auf Zypern. Die Hauptstätten des Kults waren

im Bereich der heutigen Türkei und des heutigen Syriens, Libanons, Irans und Iraks: in Abydos am Hellespont, den heutigen Dardanellen; in Acilisene an der Grenze zwischen dem heutigen Armenien und der Türkei; in Komana, südlich vom Schwarzen Meer; in Babylon, nicht weit vom heutigen Bagdad; in Byblos, dem heutigen Dschebeil im Libanon; in Ephesos, dem heutigen Izmir; in Hierapolis, dem heutigen Tambuk-Kalesi in Syrien. Vergleichen wir die Tempelprostitution in all diesen Städten, so stellen sich drei Erscheinungsformen heraus:

1. *Hieros Gamos:* Paarung zwischen Priester und Priesterin, zwischen Priesterin und Gläubigem oder zwischen Priester und gläubiger Frau. *Zweck:* Fruchtbarmachung durch mimetische Magie. Durch den Ritus der Paarung will man Fruchtbarkeit der Gläubigen und ihrer Felder und Tiere erlangen. *Verbreitung:* Hellas, Magna Graecia, Vorderasien.
2. *Apotropäische Prostitution* (*apotropein,* »Unheil abwehren«): einmalige Hingabe der unverheirateten Frau vor der Eheschließung. *Zweck:* Sühne der Fruchtbarkeitsverweigerung. Da die Frau durch den Eintritt in die Ehe gegen das Gebot der Göttin verstößt, jede Frau müsse der Fruchtbarkeit halber allen Männern zur Verfügung stehen, muß sie sich in einem symbolischen Opferakt dem ersten besten Mann hingeben, der sie haben will. *Verbreitung:* Babylon, Byblos, Hierapolis, Paphos auf Zypern.
3. *Hierodulenpaarung:* Paarung zwischen dem Gläubigen und der Dienerin der Gottheit. *Zweck:* Erkenntnis der Gottheit durch Aufgabe des Ichs. Wie der katholische Priester durch Entgegennahme der Beichte und Auferlegung von Buße Absolution erteilt, also als Mittler zwischen Gott und Mensch handelt, konnten bestimmte Tempeldienerinnen, die man *hieroduloi,* »Gottesbräute«, nannte, durch die Darbringung ihres Körpers die Verbindung mit der Gottheit herstellen. Der Orgasmus des Gläubigen, der Augenblick der Selbstaufgabe, galt als der Moment der Erkenntnis, in dem die Göttin sich enthüllte. Die Gottesbraut nahm nicht an der Ekstase teil: sie war nur Instrument der Göttin. Ihre Hingabe war nicht Befriedigung eigener Lust, sondern Opfer des Körpers im Dienste der Gottheit. *Verbreitung:* Korinth, Kalydon in Aitolien, Abydos, Komana, Ephesos, die Inseln Aigina, Kythera, Zypern und Kos, Eryx auf Sizilien.

Die »Heilige Hochzeit«, *Hieros Gamos,* ist zweifellos der älteste dieser Bräuche. In Athen verband sich Dionysos jährlich einmal in »heiliger Ehe« mit der Frau des *archon basileus,* des priesterlichen Nachfolgers der alten athenischen Könige. Es war also die rituelle Paarung zwischen dem Dionysospriester und der Gattin des Gottkönigs, der Urform des Königtums. Das älteste Prosadokument der Griechen ist die Beschreibung der Heiligen Hochzeit des Zeus durch Pheredykes von Syros (Grenfell-Hunt, *Greek.pap.* ser. II, Oxford 1897, Nr. 11). Die Sage von der Paarung des Zeus und der Io umschreibt das Ereignis einer solchen Fruchtbarkeitspaarung. Io war eine Herapriesterin in Argos. Zeus verliebte sich in sie. Aus Eifersucht verwandelte Hera sie in eine Kuh, die von dem »allessehenden« Hirten Argos betreut wurde. »Allessehend« ist aber ein Attribut des Zeus, so daß der Hirt zweifellos Zeus selber war, der ihr durch Handauflegen gleichzeitig ihre menschliche Gestalt und ein Kind gab. Nach Apollodor trug der Hirt ein

Stierfell. George Thomson meint mit Recht, daß dieser Mythos auf einer Heiligen Hochzeit beruhe, in der die Herapriesterin Braut und der Zeuspriester Bräutigam gewesen sei. Zweck der Paarung sei die Vermehrung der Herden gewesen.

J. G. Frazer hat die überzeugende These geprägt, daß die Töchter der frühen Gottkönige, in deren Händen die Thronfolge lag, stets auch Priesterinnen gewesen seien, so daß die Einheirat des Fremden, der dadurch König wurde, nicht nur eine weltliche, sondern auch eine sakrale Zeremonie gewesen sei. Denn durch die Befruchtung der Königstochter befruchtete er auch die Göttin, deren irdische Statthalterin sie war. So entstand das Konzept der Heiligen Hochzeit, der Hochzeit zwischen Mensch und Gott, und der mimetischen Magie, die durch Befruchtung der Göttin die Fruchtbarkeit der Felder und Herden bewirkt. Koitus als Fruchtbarmachung, als Heilung von Impotenz und Sterilität, sind Konzepte, welche die Griechen von den vorgriechischen Einwohnern der Ägäis übernommen haben. In den Mythen von Asklepios und Trophonios, den heilenden Göttern, finden wir späte Beispiele einer *unio mystica* mit den Patienten, die sie wegen Impotenz, und den Patientinnen, die sie wegen Unfruchtbarkeit konsultierten. Der Gott wohnte den Frauen dann im Schlaf als Schlange bei, die Tempeldiener oder -dienerinnen masturbierten die Männer (Hippokrates *epid.* VI, 5, 15; Plinius *nat. hist.* XXVIII, 44 und 83). Aristophanes beschreibt diese Therapie (durch Masturbation und anderes) im Tempel des Amphiaraos zu Oropos (Amphiaraos fr.). Bei dem uralten, hochheiligen Traumorakel des Trophonios in der boiotischen Stadt Lebadeia wurde der Auskunftsuchende von Knaben mit Öl gesalbt und masturbiert (Paus. IX, 39, 7). Man denke auch an die Heilung des impotenten Enkolpios durch die Priesterinnen Proselenos und Oinotheia, die bei Petronius die gleiche Technik benutzen. Blasphemisch, wie sie manchen Leser berühren mag, läßt sich doch die Tatsache kaum verbergen, daß der Symbolismus der Heiligen Hochzeit als Verbindung zwischen Gott und Mensch eine Vorstufe des christlichen Konzepts der Ehe als Sakrament und Ebenbild der mystischen Union zwischen Christ und Kirche darstellt.

Die apotropäische Prostitution existierte in ihrer reinsten Form im assyrischen Babylonien, wo Herodot sie wie folgt beschreibt: »Einmal im Leben muß sich jede einheimische Frau im Tempelbezirk der Aphrodite niedersetzen und sich einem Fremden zur Verfügung stellen. Die stolzen, reichen Frauen, die sonst nichts mit der Masse gemein haben wollen, fahren in geschlossenen Wagen mit verdeckten Fenstern, gefolgt von ihren Sklavinnen, ins Heiligtum. Dort aber machen sie es wie die Armen, die da schon mit einem Kranz aus Stricken auf dem Kopf herumsitzen. Andere kommen, wieder andere gehen. Vor und hinter einer jeden, und rechts und links von ihr, läßt man offene Pfade, so daß die Fremden bequem hindurchgehen können, um ihre Wahl zu treffen. Wenn eine Frau sich einmal hingesetzt hat, dann steht sie nicht mehr auf, bis einer der Fremden ihr zum Zeichen seiner Wahl eine Münze in den Schoß geworfen hat, so daß sie sich mit ihm außerhalb des Heiligtums vereinige. Dabei spricht er nichts anderes als die Worte: ›Ich fordere dich auf im Namen der Mylitta.‹ Mylitta nennen sie die Liebesgöttin in Assyrien. Die Höhe des Preises bestimmt der Käufer. Er wird nie zurückgewiesen, denn das ist vom Gesetz verboten. Das Geld gehört nicht der Frau, sondern der Gottheit. Sie muß dem ersten folgen, der da kommt. Wenn sie sich dem Fremden hingegeben und dadurch die heilige Pflicht gegenüber der Göttin erfüllt hat, kehrt sie nach Hause zurück und ist nie wieder käuflich, einerlei wieviel man ihr auch bieten mag. Die schönen Frauen mit guten Figuren werden natürlich zuerst gewählt, die häßlichen müssen manchmal lange warten, ehe sie das Gesetz erfüllen können – manche drei, andere sogar vier Jahre« (Herodot I, 199; ähnlich Strabo XVI, 745). Das Buch Baruch bestätigt nahezu jedes Wort dieser Beschreibung: »Die Weiber aber der Chaldäer sitzen mit Stricken angetan an den Wegen und räuchern mit Kleie. Wenn nun eine derselben von einem Vorübergehenden weggezogen und beschlafen wird, so verhöhnt sie ihre Nachbarin, daß sie nicht auch wie sie selbst gewürdigt wurde, daß ihr der Gurt zerrissen werde« (Baruch VI, 42). Die Stricke, die beide Autoren erwähnen, sind das Symbol der Bindung an die Göttin, das Zeichen der Unterwerfung unter ihren Willen.

Herodot fügt der obigen Beschreibung den Satz hinzu: »Auch in manchen Orten der Insel Zypern besteht ein ähnliches Gesetz.« Dies wird von vielen Autoren der Antike bestätigt. Laktanz wehrt sich gegen diese Erkenntnis, weil sie ihm unsittlich erscheint, bestätigt aber, daß die Alten den Brauch wohl korrekt beschrieben haben (I, 17). Lukian beschreibt die gleiche Sitte in Byblos: »An einem Tage müssen sie sich prostituieren. Zu diesem Markte haben nur Fremde Zutritt, und der Erlös fließt nicht den Frauen, sondern dem Aphroditentempel zu« (*Dea Syria* VI). Strabo beschreibt den Ritus in Acilisene: »... auch die Angesehensten im Lande geben ihre jungfräulichen Töchter preis, und das Gesetz gebietet, daß sie sich erst verheiraten, nachdem sie im Dienste der Göttin gestanden haben, ohne daß irgendeine Frau sie deshalb verschmähte. Dabei benehmen sie sich so liebenswürdig gegen ihre Entjungferer, daß sie ihnen sogar Gastfreundschaft gewähren und ihnen manchmal größere Geschenke geben, als sie selber empfangen haben ...« (XII, 532).

Bachofen kommentiert: »Dem Naturgesetz des Stoffes ist eheliche Verbindung fremd und geradezu feindlich. Der Ehe Ausschließlichkeit beeinträchtigt das Recht der Mutter Erde ... Darum muß das Weib, das in die Ehe eintritt, durch eine Periode freien Hetärismus die verletzte Naturmutter versöhnen und die Keuschheit des Matrimoniums durch vorgängige Unkeuschheit erkaufen. Der Hetärismus der Brautnacht, wie wir ihn bei den augilischen und balearischen Frauen und bei den Thrakerinnen finden, beruht auf dieser Idee. Er ist ein Opfer an die stoffliche Naturmutter, um diese mit der späteren ehelichen Keuschheit zu versöhnen. Darum wird dem Bräutigam erst zuletzt die Ehre zuteil. Um das Weib dauernd zu besitzen, muß es der Mann erst anderen überlassen« (*Gesammelte Werke,* Bd. II; *Das Mutterrecht,* S. 111).

Wie viele andere Aspekte der mutterrechtlichen Ordnung, vertrug sich auch diese Sitte schlecht mit den vaterrechtlichen Bräuchen der Griechen. Statt von ihren eigenen Frauen zu verlangen, sie sollten sich von fremden

Männern entjungfern lassen, überließen sie es deshalb an vielen der Orte, wo die mutterrechtlichen Ehebräuche noch florierten, den Frauen der Urbevölkerung, von dem Recht der vorehelichen Preisgabe Gebrauch zu machen. Dies geschah in Korinth und stellt dadurch ein vorzügliches Beispiel der Umwandlung apotropäischer in hierodulische Paarung dar. Denn einer der ältesten Tempel der Alten Muttergöttin befand sich auf dem Akrokorinthos, dem Berg, der Korinth beschattet. Der Name der Stadt ist ja bekanntlich vorgriechischen Ursprungs und belegt das Alter der heiligen Stätte.

Als die Griechen sich nun aber im Laufe der Jahrhunderte mit der korinthischen Urbevölkerung vermischt hatten, ersetzten sie die Gottesbräute durch ausländische Sklavinnen, die sie zum Dienste der Götter kauften. Verkauf an die Gottheit stellte ja bekanntlich eine der Durchgangsformen zwischen Sklaverei und Freisetzung dar. Dies waren die sogenannten Tempelsklavinnen von Korinth, von denen Strabo, Pausanias, Gellius und Horaz berichten. Pindar widmete eine seiner Oden den hundert Tempelsklavinnen, die Xenophon nach seinem Sieg bei den Olympischen Spielen dem Heiligtum geweiht hatte. Ein ähnliches Heiligtum befand sich auf dem Berge Eryx im dorischen Teil von Sizilien. Strabo besuchte es etwa 30 v. u. Z. und stellte mit Bedauern fest, daß es zwar noch existierte, aber weniger »heilige Leiber« enthielt als in früheren Zeiten (Strab. VI, 272; Diod. Sic. IV, 83).

Abschließend und zusammenfassend sollte man also sagen: Das Wort »Tempelprostitution« ist eine Fehlbezeichnung. Prostitution ist Preisgabe des eigenen Körpers für Entgelt. Was in den Tempeln geschah, war etwas anderes: ein ritueller Akt, ursprünglich mit einer Opfergabe verbunden. Eine Opfergabe ist aber kein Hurensold. Erst in der Verfallszeit des Mutterrechts und unter dem Einfluß des Vaterrechts verwandelte sich die rituelle, sakrale in eine bezahlte, säkulare Prostitution.

7 Kindheit und Jugend im Patriarchat

Während das Mutterrecht die Frau als das einzig wichtige Wesen bei der Fortpflanzung des Menschen betrachtete und dem Manne anfangs überhaupt keinen Anteil hieran, später nur den des Anstoßgebers zubilligte, stellte das Vaterrecht diesen Glauben auf den Kopf, indem es die Zeugung als das einzig Wichtige, das Austragen und Gebären dagegen nur als Sache der Geduld darstellte. Die Frau war der Behälter, in dem das Sperma aufbewahrt wurde, bis es sich zum geburtsreifen Kinde entwickelt hatte. Selbst Aristoteles gab vor, allen Ernstes zu glauben, das einzige, was die Frau dem Geburtsprozeß beizusteuern habe, sei Menstrualblut. Das griechische Wort für »zeugen« war deshalb *paidosporein,* »Kinder säen«, denn der Mann tat die eigentliche Arbeit des Säens; die Frau war nur der Boden, in welchem die Saat heranwuchs.

Trotzdem gab man zu, daß gewisse Koitalpositionen der Empfängis zuträglicher seien als andere. Nach Lukrez IV, 1256 ff., der hier einen griechischen Text widergibt, glaubten die Griechen

. . . es könne
Besser empfangen die Frau, wenn der Mann sie begattet in der Art
wie die vierfüßigen Tiere, bei hängender Brust und gehobenen
Schenkeln, so fände der Same sich leicht zu verborgenem Orte.

Ebenso glaubte man, man könne Knaben zeugen, wenn der Saft des gemeinen Flohkrauts *polygonum persicaria,* das die Griechen *krataiogonos* nannten, vierzig Tage lang vor der Zeugung von den Eltern dreimal am Tage eingenommen wurde. Man beachte: Nicht von dem Manne allein, sondern von *beiden* Eltern mußte das Kraut genommen werden, damit es wirke. Man wußte also sehr wohl, worum es ging; man gab nur vor, es nicht zu wissen. Sehr deutlich wird dies in dem umgekehrten Falle, wo man »böswillige Frauen« verdächtigte, vierzig Tage lang insgeheim den Saft des Phyllon, von den Griechen *thelygonon* genannt, einzunehmen und ihn dem Gatten heimlich ins Essen einzumischen, damit das kommende Kind *kein* Knabe, sondern ein Mädchen werden würde. Wem das allerdings nützen sollte, ist fraglich, denn der Grieche konnte seine Frau fortschicken, wenn sie ihm nur Töchter gebar. In einem solchen Falle hatte er auch das Recht, mit einer Konkubine Söhne zu zeugen. Dies tat Menelaos, weil Helena ihm nur Töchter geboren hatte. Homer erwähnt es, als ob das damals üblich gewesen sei.

All das traf aber nur auf die Reichen zu; bei den Armen war es nahezu umgekehrt, denn sie konnten sich oft überhaupt keine Kinder leisten. Vor allem bei den verarmten Kleinbauern im Sog der schnell wachsenden *poleis* galten vom 7. Jahrhundert an Töchter und zweite Söhne als Katastrophen. Ein erster Sohn, der den Hof übernehmen und den Vater im Alter ernähren sollte, war alles, was man sich leisten konnte. Man praktizierte deshalb, so gut man es konnte, Empfängnisverhütung durch *coitus interruptus,* einer der Hauptgründe der permanenten Frustration der Armen im griechischen Altertum. Und wenn die Sache danebenging, was nur allzu oft geschah, versuchte man sich mit einem von drei Notmitteln zu helfen: Abtreibung, Kindesaussetzung, oder Verkauf der Kinder in die Sklaverei. Friedrich Engels schrieb im Jahre 1884: »Verkauf der Kinder durch den Vater – das war die erste Frucht des Vaterrechts und der Monogamie!« (*Ursprung der Familie . . .,* Berlin 1953, S. 111).

Unterbrach die Frau die Schwangerschaft ohne Einwilligung des Vaters, so setzte sie sich der Gefahr aus, wegen Tötung bestraft zu werden. Der Mann aber konnte die Abtreibung erzwingen – in jenen Jahren häufig mit dem Resultat, daß die Frau dabei starb. So blieb der Frau oft kein anderer Ausweg als die heimliche Aussetzung des Kindes. War man auf dem Lande, so setzte man das Kind in einem großen Tonkrug aus, hoffend daß kinderlose und nicht allzu arme Leute das Kind noch vor dem Verhungern retten und aufziehen würden. Deshalb gab man ihm auch eine Halskette, einen Ring oder ein Amulett mit, an denen es dann später erkannt werden konnte.

Befand man sich in der Stadt, so gab es zwei Alternativen: Man konnte das Kind, wie in Athen, am Altar des Mitleids niederlegen, denn dort suchten kinderlose Ehefrauen und Mütter, die bisher nur Töchter geboren hatten, oft nach einem Neugeborenen, das sie als eigenen Sohn ausgeben konnten; oder man verkaufte das Kind direkt an eine solche Frau. Aristophanes sieht in beiden Situationen nur die Lügenhaftigkeit der Frau, die das Kind ihrem Manne unterschiebt. Ihm entgehen sowohl die Gründe, die sie dazu treiben, wie das grausame Schicksal der anderen Frau, die ihr eigenes Kind hierzu hergeben muß. In den *Thesmophoriazusen* läßt er den mit allen Tricks vertrauten Mnesilochos berichten, er wisse von einer Frau,

> . . . die neun ganze Tage lang
> In schweren Wehen lag, bis man ein Knäblein ihr gekauft.
> Während der blöde Gatte noch nach Borax läuft und Mutterkorn,
> Bringt eine Kupplerin heimlich im Topf das fremde Kind
> Mit Wachs im Mund, damit's nicht schreien kann.
> Kaum hat das Weib den Topf gebracht, schreit die Frau schon:
> »Lieber Mann, geh jetzt, schnell! Gleich kommt das Kind, mich quält's im Bauch!«
> Im Bauch des Topfes quält es sich, das Kleine. Er aber,
> Genasführter Mann, lief glücklich weg. Da nahm das Weib
> Dem Kindlein aus dem Mund das Wachs, nun schreit's!
> Da rennt die Kupplerin dem Manne nach und ruft:
> »Zurück komm jetzt, 's ist schon da, ein wahrer Löwe,
> Glied für Glied dein Sohn, selbst das Schwänzlein gleicht
> Dem deinen schon! Ein wahrer Eichelpeserich!«

Nicht immer ging die Sache so gut aus. Oft wurde die Frau beim verzweifelten Versuch der Unterschiebung ertappt und verstoßen. Aber nicht nur Armut, sondern auch ein anderes, noch tragischeres Schicksal zwang die Mutter oft dazu, ihr Kind auszusetzen oder vom Vater töten zu lassen – wenn es verkrüppelt geboren wurde. In Sparta erfolgte die Aussetzung in diesem Falle durch Staatsgesetz, in Athen überließ man dem Vater die Entscheidung. Das Resultat war, daß zwar manche Söhne, aber keine Töchter mit dem Leben davonkamen, denn kein Mann hätte eine verkrüppelte Frau geheiratet. Aristoteles meint deshalb, wenn das Gesetz gegen die Aussetzung von Kindern sei, müsse es auch die Zahl der erlaubten oder erforderlichen Kinder festlegen. Bei zusätzlichen Schwangerschaften sei staatlich abzutreiben, »noch ehe die Frucht Leben und Empfindung erhalte« (*Pol.* VII, 14, 10).

Man glaubte, die Geburt in kniender Stellung sei am gesündesten. Deshalb stellte man die geburtshelfenden Gottheiten Hera, Hekate, Eileithyia und Kurotrophos oft in dieser Stellung dar, zum Beispiel die Eileithyia von Tegea. Der interessanteste Fall dieser Art ist Kurotrophos, eine bisexuelle Gottheit, deren Name eigentlich bedeutet: »knabenernährend«. Dies war eine jener doppelgeschlechtlichen Fruchtbarkeitsgottheiten der mutterrechtlichen Zeit, deren Namen die Griechen borgten, um ihn anderen Gottheiten anzuhängen. So sprach man zum Beispiel von einer Artemis Kurotrophos, einer Gaia Kurotrophos, einer Demeter Kurotrophos oder einer Hekate Kurotrophos, aber auch von einem Dionysos Kurotrophos und einem Asklepios Kurotrophos. Diese Gottheiten sollten Mutter und Kind vor den kinderraubenden Dämonen Gello, Lamia und Strinx schützen. Um das Haus vor diesen und anderen bösen Einflüssen zu bewahren, wurde es während der Schwangerschaft mit Pech bestrichen.

Da die Vaterrechtler teils bewußt, teils aus Angst vor der Rache der Muttergöttinnen, die Legende von der Unreinheit der Frau verbreitet hatten, galt die Schwangere nicht nur als gefährdet, sondern auch als gefährlich. Einer der grausamsten Aspekte dieser Angst vor der Frau war der Keil, den der Mann zwischen Mutter und Kind trieb, indem er verkündete, das Kind müsse sofort nach der Geburt von der Befleckung durch die Mutter befreit werden. Dies wurde durch Waschungen der Mutter und des Kindes erreicht, und auch dadurch, daß man die Mutter zwang, Kohle zu essen.
Um das Kind zu beschützen, wurde es gleich nach der Geburt in enge Wickeltücher verpackt, die ihm keinerlei Bewegungsfreiheit ließen. Der lebenslange Einfluß solcher Wickelpackungen ist von verschiedenen Psychologen und Psychoanalytikern behandelt worden, allerdings mit so unterschiedlichen Auslegungen, daß ich hier nur auf den möglichen Einfluß dieser Sitte hinweisen will, ohne ihn weiter zu deuten.
Nicht jedem Kind war das Leben garantiert, nachdem es einmal heil aus dem Mutterleibe hervorgegangen war. Es konnte, wir wir gesehen haben, getötet, ausgesetzt, verkauft oder versklavt werden. Die Entscheidung über all diese Dinge stand allein dem Vater zu. Er konnte das Kind aber auch als sein eigenes anerkennen und ihm dadurch eine legitime Existenz geben, oder er konnte es ablehnen und damit zu einem Schattendasein außerhalb der bürgerlichen Gesellschaft der Freien verdammen. Denn auch hier hatte das griechische Vaterrecht sich wohlweislich von dem mutterrechtlichen Brauch getrennt, daß der Ehekontrakt als solcher den Nachwuchs legitimierte. Statt dessen führten die Griechen den Brauch ein, dem Vater nach der Geburt fünf bis zehn Tage Bedenkzeit zu geben, um dann zu entscheiden, ob er das Kind anerkennen wolle oder nicht. Weigerte er sich, so galt das Kind als unehelich. Erkannte er es an, so wurde es feierlich um den Herd des Hauses herumgetragen. Dies war die *amphidromia,* das »Umlauffest« (schol. Plat. Theait. 160 E). War es ein Knabe, wurde ein Ölzweig an die Haustür genagelt; war es ein Mädchen, eine Wollbinde.
Wie leicht es der Mann hatte, seine Vaterschaft abzuleugnen, geht aus der Antwort hervor, die der Philosoph Aristippos seiner Bettgenossin gab, als sie ihm mitteilte, sie sei schwanger: »Woher willst du das wissen? Weißt du, wenn du durch eine Dornenhecke kriechst, welcher Dorn dich gepiekt hat?« (Diog. Leartes II, 8, 81). Aber auch die Frau konnte mit der Unehelichkeit sehr leicht fertig werden, wenn sie zu einer der Familien des höheren Adels gehörte. Es war eine akzeptierte Redewendung in solchen Kreisen, daß ein unverheiratetes Mädchen, wenn es ein Kind bekam, zu sagen pflegte, ein Gott habe sie besucht. Deshalb ist in der griechischen Mythologie auch die Zahl jener Halbgötter, deren Mütter sterbliche Frauen waren, unvergleichlich größer als die, deren Väter sterblich waren. Denn der Mann brauchte nicht vorzugeben, daß das außereheliche Kind von einer Göttin stamme; die Frau dagegen konnte keinen besseren Euphemismus finden als den des »göttlichen Sämanns«. Als Orithyia, Tochter des Königs Erechteus von Athen, im Laufe der Jahre mit zwei Söhnen und zwei Töchtern niederkam, verkündete der König, der Nordwind sei der Schwängerer. Und da man den

Wind Boreas nannte, hießen die Söhne Boreaden und erhielten von Zeus Flügel, um es ihrem Vater gleichzutun.
Stammte der Euphemismus des göttlichen Vaters noch ganz aus matrilokaler, matrilinearer Zeit, so entsprang der Brauch der Adoption völlig dem Vaterrecht, denn er wurde getragen von der Annahme »geistiger« Zeugung, von der Fiktion mutterloser Geburt, von der Substitution des Buchstabens des Rechts für den physischen Vorgang der Schwangerschaft. In keiner mutterrechtlichen Gesellschaft gibt es eine Adoption; erst die vaterrechtlichen Griechen führten dieses Konzept in das europäische Rechtsdenken ein. Hierfür gab es zwei Gründe: Erstens, einem kinderlosen Mann oder einem Vater von Töchtern einen männlichen Erben zu verschaffen; zweitens, den geliebten Knaben eines Päderasten finanziell an den Liebhaber zu binden und ihm eine sichere Zukunft zukommen zu lassen. Das adoptierte »Kind« war also in der Praxis des griechischen Patriarchats kaum je ein Kind, sondern fast stets ein Knabe oder gar ein reifer Mann. Wuchs ein Kind im Hause eines verheirateten Mannes auf, so war es zwar nicht notwendigerweise sein eigenes Kind – es konnte unterschoben oder von einem anderen Mann gezeugt sein –, aber adoptiert war es mit großer Wahrscheinlichkeit nicht.
Die ersten Lebensjahre verbrachte das Kind zumeist im Elternhaus, wo die Mutter ausschließlich für seine Erziehung verantwortlich war. Da sie aber selber nichts gelernt hatte, oft nicht einmal lesen oder schreiben konnte, war das Wissen des Kindes bis zum 12. Lebensjahr, wenn der Vater meist die Erziehung des Sohnes übernahm, äußerst gering. Selbst dann lernte der Sohn nur wenig hinzu, denn es gehörte zu den Schattenseiten der Demokratie, daß der athenische Staatsbürger zwar einen außerordentlich großen Teil seiner Zeit den Staatsgeschäften freiwillig und unbezahlt zur Verfügung stellte, daß diese Tätigkeit ihm aber auch so gut wie keine Zeit für seine Frau und Kinder übrigließ. So hielt man sich dann meist, wenn man sich dies leisten konnte, einen Sklaven zur Erziehung der Söhne. Da aber auch der Sklave meist ungebildet war, fanden die Päderasten ein weit offenes Feld, als sie zum ersten Male, wahrscheinlich im 7. Jahrhundert vor unserer Zeit, die These aufstellten, daß es die Pflicht des Mannes sei, den Knaben durch »Liebe« zu erziehen. Der Dichter Theognis aus Megara, der im sechsten Jahrhundert v. u. Z. lebte, sagte zu dem Knaben Kyrnos: »Es ist zu deinem Besten, Kyrnos, daß ich die folgenden Regeln für dich niederlege, genauso wie ich sie in meiner Jugend von bedeutenden Männern empfangen habe« (V, 27, 28). Hieraus müssen wir schließen, daß diese Form der Ausbildung mindestens noch eine weitere Generation und möglicherweise mehrere Generationen zurückreicht.
Der eigentümlichste Aspekt der patriarchalischen Erziehung im alten Hellas ist also die enge Verknüpfung mit der Päderastie. Nach den bürgerlichen Vorstellungen unserer Zeit steht hier alles auf dem Kopf. Genau das, was das Bürgertum den Päderasten vorwirft, daß sie den Knaben »verderben«, stellte für das Patriarchat den Zweck der Erziehung dar. Es galt, vor allem bei den Dorern, in geringerem Maße aber auch bei allen anderen griechischen Stämmen, vom 6. bis zum 3. Jahrhundert (und vielleicht noch länger)

als Pflicht der herrschenden Klasse, daß jedes erwachsene männliche Mitglied sich eines von ihm auserwählten Knaben seiner Klasse annehme und diesen vom Ende der Pubertät bis zur Vollendung der Reife betreue. Unter Betreuung wurde sowohl die philosophische, ethische und religiöse Ausbildung wie die Leibeserziehung verstanden.

Aus der Vorstellung, daß geistige Erziehung nicht ohne körperliche Bildung stattfinden könne und daß der Zweck der Ausbildung nicht nur Klugheit oder Stärke, sondern vor allem Ebenmaß und Ausgeglichenheit aller Fähigkeiten sei, erwuchs die Überzeugung, daß die Sinne des Menschen ebenso systematisch ausgebildet werden müßten wie seine Intelligenz und seine Muskeln. Damit wurde die Heranbildung der Liebesfähigkeit neben der Entwicklung des ästhetischen Bewußtseins zu einer der Hauptaufgaben der Erziehung. Da die Griechen mit ihrer starken dialektischen Fähigkeit an die Einheit von Theorie und Praxis glaubten, erschien ihnen die Ausbildung der Sinne nur durch die Praxis des Geschlechtsverkehrs möglich. Also ergab sich eine Form der Erziehung, bei der Geschlechtsverkehr zwischen Erzieher und Zögling nicht nur erlaubt, sondern *verlangt* wurde. In manchen Stadtstaaten, besonders in Sparta, galt es deshalb für den Mann als Pflichtverletzung, wenn er keinen Jüngeren heranzog, und für den Knaben als Schande, wenn er nicht der liebenden Sorgfalt eines Mannes gewürdigt wurde.

Als Sokrates die Regeln der Akademie niederlegte, machte er die Knabenliebe nicht nur zum Grundprinzip seiner Erziehungsmethode, sondern hielt sich auch an sie in der Wahl seiner Nachfolger. Platons Schüler und Nachfolger, Alexis und Dion, waren seine Geliebten. Diejenigen, die seinem Neffen Speusippos als Leiter der Akademie folgten, wurden nach dem Prinzip der päderastischen Adoption ausgewählt. Xenokrates war der Geliebte des Polemon, der seinerseits den Krates liebte und erzog. Auch die Stoiker folgten dem Beispiel ihres Gründers Zeno und legten eine Art von päderastischer Erbfolge in der Führerschaft ihrer Schule fest.

Man vergesse nicht, daß das griechische *gymnasion* eine Institution der Freikörperkultur (*gymnos* = nackt) und daß der sinnliche Reiz der nackten Knabenkörper ein bewußtes und kalkuliertes Element der griechischen Erziehung war: eben jener Kitt, der den Knaben so eng an den Lehrer binden sollte, daß Erziehung eine libidinöse Aktivität für beide Beteiligten wurde; eine Formel, die zweifellos sinnvoll und praktikabel gewesen wäre, wenn man sie nicht auf homosexuelle Beziehungen beschränkt hätte.

Denn das Gymnasium bestand ja nicht nur aus einem Sportplatz, sondern enthielt auch ein *peristyl,* einen von Säulengängen umgebenen Platz, wo sich, um Hans Licht zu zitieren, »Philosophen, Rhetoren, Dichter und alle die zahlreichen Freunde männlicher Schönheit zur Unterhaltung zusammenzufinden pflegten«. Da Licht selber Homoerotiker war, mag es der Objektivität halber vonnutzen sein, zu zitieren, weshalb sich nach seiner Meinung »die Griechen zu dem schönheitsfreudigsten Volke entwickeln mußten, das jemals auf Erden wandelte«. Nämlich weil man hier die »Schönheit der durch die regelmäßigen Leibesübungen auf das harmonischste entfalteten Knaben-, Jünglings- und Manneskörper« zu sehen bekam. »Man wird zumindest zugeben, daß dort irdische Schönheit ihre höch-

sten Triumphe feierte ... erfüllt von dem frohen Knabenlachen der sich dort in der nackten Pracht ihrer geschmeidigen Glieder tummelnden männlichen Jugend ...« (*Sittengeschichte Griechenlands,* Bd. I, S. 101).
Als Frau oder auch als heterosexueller Mann mag man sich fragen, wieso man sich nur dann zum schönheitsfreudigsten Volke der Erde entwickelt, wenn man die Sportplätze, wie Licht das so schön nennt, »frauenfrei« hält. Oder weshalb irdische Schönheit ausgerechnet unter Päderasten ihre höchsten Triumphe feiern soll. Aber Licht hat sicher insofern recht, als die Mehrzahl der Zuschauer in den Gymnasien seine Meinung teilte. Einer der wenigen, die sich trotz ihrer eigenen päderastischen Neigungen in diesem Treibhaus der Päderastie doch nicht ganz wohl fühlten, war Platon, der zu den gaffenden Männern sagte: »Zieh dich aus und turne mit, oder mach, daß du fortkommst!« (*Theat.* 169). Andere jedoch kamen, um sich aufzugeilen. So in einem Stück des Damoxenos (CAF III, 353 bei Athen. I, 15b):

Ein Knabe warf den Ball,
An Jahren mocht' er siebzehn sein ...
So oft uns streifte dieses Knaben Blick,
Beim Werfen oder Fangen seines Balls,
Laut jauchzten wir: Wie ist der Knabe schön!
Ein Schönheitswunder! Niemals hört' ich je,
Noch sah ich früher solcher Anmut Reiz.
Um Schlimmerem zu entgehen, eilt' ich fort,
Und ach! Schon krankt in Liebe mir das Herz

In *Anth. Pal.* XII, 34 erklärt Automedon von Kyzikos, wieso er die Turnlehrer (*paidotribes,* wörtlich: »Knabenreiber«) beneidet:

Gestern war ich zu Gast bei Demetrios. Sportlehrer ist er
Und der glücklichste Mann unter dem Menschengeschlecht.
Ein Junge lag ihm im Schoß, ein anderer über der Schulter,
Einer brachte ihm Trank, der andre das Essen herbei.
Wahrlich, ein hübsches Quartett! Und ich neckte ihn scherzend und sagte:
»Treibst du auch während der Nacht, Freund, mit den Jungen noch Sport?«

Straton erzählte ähnlich in *Anth. Pal.* XII, 222 von einem Turnlehrer, der einen Knaben von hinten auf die Knie gedrückt hatte und gerade im Begriff war, ihn zu masturbieren, als der Vater des Knaben hereinkam. Da mußte der Lehrer vorgeben, er sei mit einer gymnastischen Übung beschäftigt. Der Vater, in diesen Dingen nicht unerfahren, sieht alles, sagt aber nichts außer: »Erstick mir den Jungen nur nicht!«

Bequem lehrte einmal ein
Turnlehrer einen Knaben, indem er sich
Aufs Knie niederließ und
Übte den in die Mitte Genommenen, indem er
Mit der Hand die Hoden befühlte. Jener umklammerte
Ihn schnell mit den Füßen und bog ihn zurück, indem er
Ihm mit der Hand die Kehle umfaßte. Lächelnd sagte der Vater,
Mit dem Knabenkampf selber nicht unbekannt:
»Hör auf, Lehrer, du erstickst mir das Bürschchen sonst!«

In *Anth. Pal.* XII, 206 gibt Straton einen Dialog zwischen zwei Turnlehrern über die korrekte Form des »Knabenkampfs«, aus dem deutlich wird, daß den meisten Turnlehrern ihre Tätigkeit nur ein Vorwand zur Päderastie war:

Diophantes

Wenn du etwas vom Ringkampf verstündest, griffest du in der Mitte an!
Niederkniend verbändest du vorwärtsstoßend und erobertest!

Kyros

Du verstehst nichts, Diophantes, das Ganze klappt nicht.
Der wirkliche Knabenkampf ist anders!

Diophantes

Bewege dich und bleibe, Kyros, und halte den Hineinstoßenden aus!
Zuerst mußt du lernen, mit einem anderen zu üben, statt es mit dir selber zu tun!

Bereits Solon, selber Päderast und vielleicht deshalb um so vertrauter mit diesen Dingen, verbot den Turnlehrern, die Knaben einzuölen, weil dies eine Versuchung zur Ausübung des Analverkehrs sei. Trotzdem ging es in den athenischen Gymnasien, Palästren und Bädern nach wie vor wie in einem Männerpuff zu. Ein moderner Homoerotiker, der die folgenden Zeilen unter einem Pseudonym geschrieben hat, beschreibt den Eintritt in ein athenisches Männerbad: »Schon im ersten Raum, in dem die Kleider abgelegt wurden, und, einem Sklaven oder dem Pförtner des Bades anvertraut, liegen blieben, begannen Männer und Jünglinge den Geist im Gespräch zu tummeln und beobachteten der Glieder schönes und harmonisches Wachstum bei leichtem Spiel mit Hanteln und ähnlichen Geräten. Künstler, Maler und Bildhauer gewannen hier das Formgefühl für die Bildnisse ihrer Götter und Heroen, und wenn ›ein Schöner‹, wie Sokrates in Platons Gesprächen sagte, hereinkam, drängten sich alle an ihn heran, um in naher Berührung ein wenig von seiner frischerblühten Körperlichkeit zu genießen.«

Es galt als Regel, man mochte nun ein Wasser- oder Schwitzbad nehmen, sich unmittelbar darauf mit kaltem Wasser begießen zu lassen. Auf den Strom der Rede dies Übergießen als Gleichnis anwendend, gedenkt seiner Platon im *Staat* und Lukian bringt später dieselbe Metapher. Dieses Begießen geschah durch den Bademeister, der dazu Gehilfen hatte, meist junge Burschen, die vielfach als Lustknaben angesprochen wurden.

Aristophanes beklagt in den *Wolken* (V, 963 ff.) den Verfall der Sitten im Bad und im Ringhof. Indem er beschreibt, wie es in der Vergangenheit dort zuging, vermittelt er uns einen guten Einblick in die Zustände seiner eigenen Zeit, wo offenbar selbst der Körperabdruck im Sand, den der Hintern eines Knaben hinterlassen hat, zu Begierden Anlaß gibt:

In den Ringhof dann, wenn die Knaben zu ruhn in den Sand hin saßen, so mußten
Sie die Bein' ausstrecken, um schamhaft nichts die draußen erblicken zu lassen.
Und standen sie auf, so verwischten sie gleich in dem Sande die Spur, zu verhindern,
Daß Liebenden nicht der Natur Abbild unreine Begierden erregte.
Dann salbte da auch kein Knabe sich je bis über den Nabel hinunter.
Es umblühte darum ein gekräuselter Flaum ihm die Scham wie ein reifender Pfirsich.
Nie drängten sie sich mit dem süßen Begirr sehnsüchtigen kosenden Flüsterns,
Mit dem buhlenden Blick lustschmachtender Glut an den Liebenden, preis sich zu geben.

Die sogenannte Leibeserziehung der Griechen zeigt uns, wie eng das Patriarchat einerseits mit der Homosexualität, andererseits mit dem Leistungsgedanken verknüpft ist. Wer noch immer vermeint, Leistung sei notwendigerweise etwas Gutes, hat sich nicht mit der Entstehungsgeschichte dieses Gedankens befaßt, denn in kaum einem anderen Aspekt des Patriarchats deckt sich der Schein einer Tugend so nahtlos mit der Praxis einer Untugend. Schon Homer sagt in der *Ilias* (VI, 208), der Sinn des Lebens sei »immer der erste zu sein und überlegen den anderen«. Daß dieser scheinbar so löbliche Gedanke einerseits zu Arroganz, zum Strebertum, zur Überheblichkeit, andererseits zum Neid, zum Krieg, zur Zerstörung der Mitmenschen führen muß, hat uns erst die Geschichte des Patriarchats gezeigt. Leistung ist oft Wettbewerb, und Wettbewerb ist oft der Versuch, dem anderen zu beweisen, daß er minderwertig ist. Unter dem Vorwand, daß es aus jedem das Beste heraushole, holt das Leistungsprinzip aus jedem das Schlechteste heraus, macht jeden zum Feind aller anderen, setzt Mensch gegen Mensch, kehrt das uns Trennende hervor, statt das uns Vereinende anzuregen.

In der Geschichte des Patriarchats hatte das Leistungsprinzip eine präzise Funktion: es war die Ideologie eines von produktiver Arbeit freigestellten Raubvolkes, das sich als herrschende Klasse konstituiert hatte und diese Herrschaft zu verlieren fürchtete, wenn es nicht täglich beweisen konnte, daß es stets »überlegen den anderen« sei. Es war der intellektuelle Überbau einer bestimmten ökonomischen Basis: der Sklaverei, aber mit ihr verband sich bereits die Entdeckung, daß man mit Handel mehr Geld verdienen konnte als durch Ackerbau, also das Prinzip des Konkurrenzkampfs, des ökonomischen Wettbewerbs, das der Kapitalismus später zum ideologischen Kern seiner Rechtfertigung erhob. Bei den Griechen führte die Überlegung, daß man »immer der erste« sein müsse, zu dem Gedanken des *agon,* des Wettbewerbs, der sich einerseits in den Olympischen Spielen, anderseits in den Theaterwettbewerben, den Ausscheidungskämpfen der Musiker und in dem philosophischen Prinzip der »Eristik«, der »Streitkunst«, niederschlug.

Es führt also eine direkte Linie von den ersten Raubkriegen der Griechen zu dem Gedanken der Olympiade und von ihm zur Päderastie, denn die Logik, daß man überall der erste sein müsse, bedingte auch, daß man den Kampf unter sich austrug: Frauen, als zweitrangige Wesen, waren nicht zugelassen. Pausanias meint ja bekanntlich, man habe diejenigen, die sich trotz des Verbots eingeschlichen hätten, vom Felsen Typaion hinabgestoßen. Das Resultat war natürlich eine wachsende Homoerotisierung der Olympiaden, bis man am Ende »Leibeserziehung« mit päderastischer Erziehung gleichsetzen mußte.

8 Patriarchat und Homosexualität

Da die Griechen Angst vor der Frau hatten und sie als gefährlich betrachteten, versagten sie ihr den Zugang zu den meisten Gottesdiensten. Das führte einerseits zur weiteren Isolierung der Frauen, förderte andererseits aber auch das Überleben der alten Frauenkulte. Denn da die Frauen nun von den Festen der Männer ausgeschlossen waren, mußten sie ihre eigenen Kulte bilden, und das ging nur, indem man die fast verblichenen Erinnerungen der Großen Mutter und ihrer Riten anknüpfte. In vielen Orten besonders aber am Kithairon und am Parnaß, auf den ägäischen Inseln und in den griechischen Kolonien Kleinasiens, fanden jedes zweite Jahr nächtliche Feiern statt, an denen nur Frauen und Mädchen teilnehmen durften. Sie gingen nackt unter Hirschfellen und trugen ihr Haar aufgelöst. Fast stets kulminierten die Riten in einer kultischen Gruppenpaarung der Frauen untereinander.

Ähnlich waren fast alle Feste der Demeter Frauenfeste, bei denen Männer entweder ganz ausgeschlossen waren (wie in Pellene am Peloponnes, in Aigilia, und auf der Insel Kos), zeitweilig abwesend sein mußten, oder eine den Frauen demonstrativ untergeordnete Rolle spielten. Bei dem Fest der Demeter Mysia in Pellene war nicht nur Männern, sondern auch männlichen Tieren der Zutritt verboten. Verirrte sich ein solches Tier auf den Festplatz, so wurde es von den Frauen rituell geschlachtet.

Einige dieser Feste, zum Beispiel die Oleien in Orchomenos, die Thyiaden in Delphi, die Dionysiaden in Sparta, die Dymainen am Berge Tygetos, die Lenaien in Ionien, vor allem aber die Thesmophorien, die Feste der gesetzgebenden Göttinnen, die im Saatmonat in ganz Griechenland stattfanden, gehen nachweislich auf die frühesten Mutterkulte der vorgriechischen Einwohner zurück. Herodot sagt von den Thesmophorien, sie seien bereits bei der pelasgischen Urbevölkerung bekannt gewesen. Neun Tage vor dem Fest mußten die Teilnehmerinnen sich bereits jeden Verkehrs mit Männern enthalten. Am ersten Tage des Festes fand gegenseitige Geißelung mit Ruten und gleichgeschlechtlicher Verkehr statt. Am zweiten Tage wurde nackt im Meer gebadet, am dritten wurde getanzt. Der vierte Tag war ein Fasttag. Der fünfte hieß *kaligeneia,* »Erzeugung schöner Kinder«, und war dem Gedanken der Parthenogenese, der Jungfernzeugung, gewidmet, aus dem die Christen später die Idee der unbefleckten Empfängnis entwickelten.

Nur gegen diesen kultischen Hintergrund wird Sappho (etwa 612 bis etwa 557) verständlich. Sie war Leiterin eines *thiasos,* eines Kultvereins, in Mytilene, Hauptstadt der Insel Lesbos, die der Sage nach von den Amazonen gegründet und nach deren Königin benannt worden war. Von den anderen Mitgliedern des *thiasos* sind uns die Namen der Anagora, Anaktoria, Atthis, Eranna, Euneika, Gongyla, Gyrinna, Klais, Kydno, Megara, Mnasidika, Nossis und Telesippa überliefert. Mit ihnen und ihrer Insel verknüpft unsere heutige Sprache den Gedanken der weiblichen Homosexualität. Wir sprechen von »sapphischer« oder »lesbischer« Liebe, wenn wir an gleichgeschlechtliche Neigungen zwischen Frauen denken. Aber Sappho war weder »sapphisch« noch »lesbisch«: sie war bisexuell, mit einer starken Neigung zum Triolismus. Man denke an Verse wie diese:

Und wir Mädchen verbringen die
Ganze Nacht an dieser Tür und singen
Von Liebe zwischen euch, du
Reich gesegneter Bräutigam, und du,
Braut, mit der veilchenduftenden
Brust . . .

Oder dies:

Ach! Mutter, nicht mehr kann ich
Am Gewebe wirken! Kypris, die schlanke,
Überfiel mich mit Sehnsucht nach
Dem Knaben!

Sappho war mit Kerkidas verheiratet, hatte in ihrer Jugend ein auch literarisch bedeutsames Verhältnis mit dem Dichter Alkaios, der einige seiner schönsten Verse an sie gerichtet hat, und läßt uns durch all ihre Gedichte, die sie ihren Gefährtinnen gewidmet hat, sehr deutlich die Figuren der Männer erkennen, die diese Mädchen liebten und von ihnen geliebt wurden. Ich benutze hier im Gegensatz zum Großteil dieses Buches bewußt das Wort »Liebe«, denn in diesen Versen, auf dieser amazonischen Insel, finden wir tatsächlich zum ersten Mal in der abendländischen Geschichte die Überzeugung, daß erst die Pflicht, den anderen glücklich zu machen, Reife in das Spiel der Sinne hineinträgt. Die Erkenntnis, daß nur völlige Gleichberechtigung und gegenseitiger Respekt Liebe ermöglicht, ist nirgends zuvor in der Dichtung des Westens zu finden. Sie stellt deshalb einen revolutionären Durchbruch nicht nur in der Lyrik, sondern auch in der Soziologie, im Bewußtsein der Gleichheit der Geschlechter dar. Da die männerrechtliche Gesellschaftsordnung der Griechen aber bereits die mutterrechtliche Isonomie der Geschlechter zerschlagen hatte, war eine sexuelle Gleichberechtigung nur noch innerhalb des einen oder anderen Geschlechts möglich. Sapphos Form der Liebe stellt also weniger ein homoerotisches Syndrom als den einzig möglichen Weg dar, auf dem eine heterosexuell veranlagte Frau in jenem Stadium der griechischen Geschichte einen gleichberechtigten Sexualpartner finden konnte.

Die Tatsache, daß die Liebe zuerst als ein homosexuelles Phänomen ins Bewußtsein der Griechen eindrang, hat unabsehbare Folgen in der ganzen kulturellen Entwicklung der westlichen Welt gehabt. Denn der wichtigste Einfluß der Sappho war der auf Sokrates und die Akademie. Man kann das nicht nur in den großen Zügen der Didaktik dieser beiden bedeutenden Griechen, sondern sogar in kleinen Phrasen, Satzfetzen und Denkformen wahrnehmen, die Sokrates von Sappho entlehnt hat. »Heil dir und Segen, des Polynax Töchterlein«, sagt Sappho ironisch zu einer Jüngerin. »Heil dir, mein Ion«, sagt Sokrates zu einem Jünger. »Du schienest mir ein kleines Kind noch zu sein, ohne Anmut«, sagt Sappho zu einer Geliebten, indem sie ihre ersten Eindrücke von der anderen beschreibt. In fast identischen Worten spricht Sokrates von seinem ersten Zusammentreffen mit Alkibiades. Sappho nennt den Eros einen Redekünstler, Sokrates nennt ihn einen Sophisten. Sappho sagt zu Klais: »Laß nicht in dem Haus, das den Musen dient, Klage schallen, es ziemt sich nicht!« Ähnlich spricht Sokrates, wenn er Xanthippe zur Einsicht bringen will.

Wenn Platons Bericht verläßlich ist, dann bewunderte Sokrates nicht nur die Dichtkunst der Sappho, sondern bildete die Akademie nach dem Modell des sapphischen Thiasos. Das bedeutet aber auch, daß Platon seine pädagogischen Vorstellungen nicht, wie die bürgerliche Gräzistik vermeint, von der päderastischen Didaktik der Spartiaten, sondern von Sappho auf dem

Umwege über Sokrates übernommen hat. Denn auf Lesbos und nicht in Sparta begann der Gedanke, daß Wissen nur durch affektive Beziehungen zwischen dem Lehrenden und dem Lernenden vermittelt werden könne. Es ist Sapphos historisches Verdienst, das Prinzip des Thiasos, des Kultvereins, in das einer schulischen Institution verwandelt zu haben. So wurde aus Kult Pädagogik und aus Ritus Didaktik.

Diesen Gedanken übernahm Sokrates, übertrug ihn vom weiblichen auf das männliche Geschlecht und prägte ihn Platon ein: »Gründe eine Schule, in der der jeweilige Leiter der Geliebte seines Vorgängers ist.« Als Platon im Jahre 387 vor unserer Zeitrechnung ein Stück Land beim Haine des Heros Akademos kaufte und dort eine Schule gründete, die er »Akademie« nannte, führte er also nicht nur die Weisungen des Sokrates, sondern auch die Tradition der Sappho fort. Wie Sappho die Leitung ihrer Schule an ihre Geliebten Gorgo und Andromeda weitergegeben hatte, so gab Platon die Akademie nun an seine Geliebten Alexis und Dion weiter. Und so geht die ganze abendländische Tradition der Erziehung via Sappho, Sokrates und Platon auf die kultische Homosexualität der Griechen zurück.

Als Kaiser Justinian im Jahre 529 unserer Zeit die Akademie nach acht Jahrhunderten ununterbrochener Tätigkeit auflöste und die letzten Mitglieder der Akademie in den Orient auswanderten, legten sie dort den Grundstein der arabischen Philosophie, die dann ihrerseits das Christentum befruchten sollte. Da die Renaissance mit ihren Platonstudien die akademische Tradition von neuem belebte, können wir von einer nahezu ununterbrochenen Wirkung der Sappho bis in die Gegenwart hinein sprechen. Wenn die homosexuelle Note in der europäischen Erziehungstradition dem bürgerlichen Establishment jemals bewußt geworden ist (was bei dem hohen Maß an Verdrängung, das die europäische Pädagogik beherrscht, natürlich selten genug geschehen ist), dann ist sie aber prompt als Einbildung zurückgewiesen worden.

Das mag nicht nur an der bürgerlichen Verleugnung der Homosexualität liegen, sondern auch an der Erkenntnis, daß es schließlich doch einen gewissen Unterschied zwischen Sappho und Sokrates, zwischen den Theorien des frauenrechtlichen Thiasos und denen der männerrechtlichen Akademie gibt. Denn während Sokrates und Platon trotz der Achtung, die sie der Diotima und der Aspasia entgegenbrachten, doch immer wieder in die Zwillingsversuchungen der Frauenfeindschaft und des Lobs der Päderastie als einer »edleren« Form des Geschlechtsverkehrs abglitten, finden wir bei Sappho weder Männerfeindschaft noch jemals die Versuchung, weibliche Homosexualität als eine der Heterosexualität überlegene Form der Geschlechterbeziehungen darzustellen.

Die frauenrechtlichen Gesellschaftsordnungen der Vorgeschichte haben dem Manne niemals sexuelle oder soziale Gleichberechtigung versagt, die männerrechtliche Gesellschaft der Griechen aber versagte der Frau nicht nur ihre soziale, sondern auch ihre sexuelle Gleichberechtigung. In diesem Sinne stellt die homophile Männergesellschaft, wie Sokrates und Platon sie immer wieder idealisiert und ideologisiert haben, nur noch eine Potenzierung der restriktiven Wünsche des heterosexuellen Patriarchats dar. Das impliziert nun aber auch folgendes: Wir dürfen die griechische Päderastie nicht als eine sexuelle »Abweichung« im Sinne der Individualpsychologie werten, sondern müssen sie als ein soziologisches Phänomen erkennen. Mehr noch: als ein Klassenphänomen, das in Athen den Zugang zu den führenden Positionen im Staatswesen, der Wirtschaft, der Philosophie und der Künste regelte.

Die bürgerliche Deutung der hellenischen Päderastie als einer »Dekadenzerscheinung«, die durch die Perserkriege aus dem Orient nach Europa eingeschleppt und durch Alexanders Homosexualität im ganzen hellenistischen Reich »legalisiert« worden sei, läßt sich nicht aufrechterhalten. Im Gegenteil, mit dem wachsenden Wissen, das uns die Geschichtsforschung der letzten Jahrzehnte gebracht hat, wächst auch die Wahrscheinlichkeit, daß die besondere Form der Päderastie, die sich aus dem Zusammenprall der einstmals nomadischen, gerade zum Vaterrecht übergetretenen Griechen mit den mutterrechtlich orientierten Ureinwohnern der Balkanhalbinsel, der Ägäis und der Westküste Kleinasiens entwickelt hat, tief im Klassensystem der resultierenden Mischbevölkerung verankert ist und den sexuellen Überbau spezifischer Produktionsverhältnisse bestimmt hat.

Die eigenen Theorien der Griechen über den Ursprung der Homosexualität in ihrer Welt sind äußerst widersprüchlich, reflektieren aber auch sehr deutlich die unterschiedlichen sozialen Standpunkte der Autoren, die sich zu diesem Thema geäußert haben. Aristoteles, der für alles rationale Erklärungen zu finden suchte, konnte nur daran denken, daß die Päderastie auf einer Insel entstanden sein müsse, damit dort keine Überbevölkerung entstünde. Er meinte deshalb, König Minos habe sie in Kreta offiziell angeordnet und von dort hätten die Griechen sie übernommen. Timaios, der rund vierzig Jahre später lebte, schloß sich Aristoteles an und sagte kategorisch: »Die Päderastie wurde in Griechenland zuerst von den Kretern eingeführt.« Apollodor, der bedeutendste griechische Gelehrte des 2. Jahrhunderts v. u. Z., meinte dagegen, der Sänger Thamyris habe die Knabenliebe in Thrakien »erfunden«, nachdem er den Knaben Hyakinthos (in den sich der Gott Apoll später verliebte) zum ersten Mal gesehen habe (Apoll. I, 16).

Ebenso kategorisch äußert Herodot (I, 135), der von Karern abstammte, um 484 in Halikarnassos geboren war, von 444 bis zu seinem Tode um 425 in Athen lebte und vorher ausgedehnte Reisen durch Kleinasien, Syrien, Babylonien, Thrakien, Nordafrika, Italien und Sizilien gemacht hatte, die Ansicht, daß weder die Kreter noch die Thraker die Knabenliebe nach Griechenland gebracht hätten, sondern daß sie ein eigenständiges griechisches Erzeugnis sei, welches die Griechen ihrerseits dann nach Persien eingeschleppt hätten. Plutarch, um 46 in Chaironeia geboren, in Athen aufgewachsen, als Gesandter in Rom und als Prokurator in Achaia tätig, widersprach Herodot verärgert in seiner Arbeit *Über Herodots Boshaftigkeit* (XIII), indem er fragte: »Wie können die Perser den Griechen diese Unkeuschheit verdanken, wenn alle Geschichtsschreiber darüber einig sind, daß es bei ihnen Eunuchen gab, noch bevor sie ans griechische Meer kamen?«

Aristophanes behauptet in den berühmten Versen 663 ff. der *Wolken*, daß die Päderastie zwar vor seiner Zeit (etwa 445 bis etwa 386 v. u. Z.) bestanden haben mag, damals aber noch nicht jene Treibhausatmosphäre in den Gymnasien angenommen habe, deren Auswirkungen er tadelnd mit der »reineren« Moral der vorangegangenen Generation, dem Zeitalter der »Helden von Marathon«, vergleicht. Xenophon (430 bis 354) sagt, daß in seiner Generation eheähnliche Institutionen zwischen Männern in Boiotien bestanden hätten (*rep. Lac.*, 213). Und in der Tat finden wir weder bei den Boiotiern noch bei den Eleern irgendwelche Anzeichen, daß bei ihnen jemals eine Bestrafung der Päderastie stattgefunden hätte. In Megara gab es zur Zeit Xenophons einen Tempel der Aphrodite Praxis, der bisexuellen Liebesgöttin, zu der Päderasten von nah und fern pilgerten, um ihre Freundschaften segnen zu lassen. Die »Ehe« der Freunde Chariton und Melanippos wurde sogar vom delphischen Orakel heilig gesprochen. Eine ähnliche, der Männerehe gewidmete Institution, bestand auf der Insel Thera, im Ephebeion (»Jünglingstempel«) des Apollon Karneios, des Widdergottes Apoll.

So wie die Hochzeitszeremonien in verschiedenen Teilen Griechenlands die äußere Form eines rituellen Brautraubs beibehielten, gab es bei den Dorern und den ihnen verwandten Eleern auch eine symbolische Form des Knabenraubs, mit der ein eheartiges Verhältnis zwischen einem Mann und einem Knaben eingeleitet wurde. Ephoros aus Kyme berichtet in seiner von Strabon zitierten Geschichte der Griechen, daß die Dorer nach ihrer Eroberung der Insel Kreta im 11. Jahrhundert v. u. Z. diese Sitte dort eingeführt und zu ihrer Rechtfertigung angegeben hätten, der mythische König Minos habe den Knaben Ganymed bereits in dieser Weise geraubt. »Nicht durch Überredung gewinnen sie den Geliebten«, sagt Ephoros, »sondern durch Raub. Der Liebhaber sagt es den Verwandten drei oder mehr Tage vorher, daß er den Raub ausführen wolle. Es wäre für sie die größte Schande, den Knaben zu verbergen oder den Plan zu vereiteln, da sie dadurch eingestehen würden, der Knabe sei des Liebhabers unwürdig. So versammeln sie sich, wenn der Räuber im Rang dem Jüngling ebenbürtig ist oder über ihm steht, und widersetzen sich nur der Form halber, den Liebhaber ein wenig verfolgend, wie es die Sitte verlangt. Im übrigen lassen sie die Entführung mit Freude geschehen. Ist jedoch der Liebhaber des Jünglings nicht wert, so entreißen sie ihm ihn. Sobald der Jüngling den Männersaal des Räubers betreten hat, hört die Verfolgung auf. Für der Liebe wert halten sie nicht etwa den schönen, sondern den mutigen und sittsamen Knaben. Nachdem der Liebhaber den Knaben freundlich aufgenommen und beschenkt hat, entführt er ihn an irgendeinen Ort des Landes. Ihm folgen alle, die beim Raub zugegen gewesen sind. Zwei Monate lang – länger den Jüngling zu behalten ist nicht gestattet – ergötzt man sich, dann kehren alle in die Stadt zurück. Jetzt erhält der Jüngling ein Kriegskleid, einen Ochsen, einen Becher und wird entlassen. Diese Geschenke befiehlt das Gesetz, aber noch andere kostbare Gaben kommen hinzu, so daß der hohen Kosten wegen auch die Verwandten Gaben beisteuern. Den Ochsen opfert der Knabe dem Zeus und dann bewirtet er seine Begleiter. Schließlich äußert er sich über die Liebeskunst des Entführers, ob er ihn befriedigt habe oder nicht. Das Gesetz

gestattet dem Knaben, sich Genugtuung zu verschaffen und den Liebhaber sofort zu verlassen, wenn ihm während des Raubes Gewalt angetan worden ist. Für schöne Jünglinge aus vornehmem Hause ist es eine Schande, keine Liebhaber zu finden, weil dies bedeutet, sie seien nicht tapfer oder sittsam genug. Die ›Heimgeführten‹ dagegen, so nennt man die Geraubten, werden überall bevorzugt. Bei Wettbewerben und im Theater haben sie Ehrenplätze. Zur Auszeichnung vor allen anderen gestattet man ihnen, das von dem Liebhaber geschenkte Ehrenkleid zu tragen. Auch wenn sie bereits erwachsen sind, tragen sie ein besonderes Gewand, das sie als ›Herrliche‹ auszeichnet« (Ephoros bei Strab., X, 483 f.).
Auch nach Korinth und Theben brachten die Dorer die gleiche Sitte. Plutarch erzählt von einem Fall, der nicht ganz der Regel nach verlief. »Aktaion, der Sohn des Melissos, war der schönste und sittsamste Knabe seiner Generation, so daß ihn viele begehrten, am meisten aber Archias, der sein Geschlecht bis auf die Herakliden zurückführte und wegen seines Reichtums und seiner Macht unter den Korinthern hervorragte. Da nun der Knabe sich nicht überreden ließ, beschloß er, ihn mit Gewalt zu rauben. Er zog also an der Spitze einer Schar von Freunden und Sklaven vor das Haus des Melissos und versuchte, den Knaben zu entführen. Der Vater und seine Freunde leisteten aber erbitterten Widerstand, auch die Nachbarn liefen zur Hilfe herbei, und während bei dem Kampfe der beiden Parteien der Junge hin- und hergerissen wurde, ward er tödlich verletzt und starb. Der Vater aber hob die Leiche des Knaben auf, trug sie auf den Stadtplatz und zeigte sie den Korinthern, indem er von ihnen verlangte, die zu bestrafen, die das getan hatten. Die aber hatten zwar Mitleid mit ihm, blieben aber sonst untätig.« Der verbitterte Vater stürzte sich, nachdem er die Götter zur Rache aufgefordert hatte, von einem Felsen ins Meer. »Bald darauf kam Mißernte und Hungersnot über die Stadt. Das Orakel erklärte, das sei der Zorn des Poseidon, der sich nicht beruhigen werde, bis der Tod des Aktaion gesühnt sei. Als Archias das hörte, denn er war selbst einer der zum Orakel gesandten Männer, kehrte er nicht wieder nach Korinth zurück, sondern flüchtete nach Sizilien, wo er seinerseits von seinem Lustknaben Telephos ermordet wurde« (*Plut. amat.* narr., II, 772 f.).
In Theben führten die Dorer den Ritus des Knabenraubs auf König Laios zurück, der den Chrysippos entführt hatte. Pelops, der Vater des Knaben, verfluchte den Laios, der in Erfüllung des Fluches später von seinem eigenen Sohn getötet wurde. Die bürgerlichen Altertumsforscher haben sowohl im Falle des Knaben Aktaion wie in dem des Chrysippos angenommen, daß der Fluch wegen des päderastischen Verkehrs erfolgt sei. In Wahrheit jedoch ging es darum, daß die Entführer das Vaterrecht verletzt hatten, indem sie die Knaben ohne Zustimmung der Väter mitgenommen hatten. Wir begegnen der gleichen Rechtsverletzung auf höherer Ebene, wenn Zeus, der Vater der männerrechtlichen Götter, sich in den Knaben Ganymed, den Sohn des Königs Tros, verliebt und ihn in den Olymp entführt. Auch hier muß Zeus dem Vater des Knaben nachträglich eine schwere Sühne leisten; nicht etwa, weil er mit dem Knaben homosexuell verkehrt hatte, sondern wiederum weil er es unterlassen hatte, den Vater vorher um Erlaubnis zu

bitten. Knabenliebe ist erlaubt. Aber da der Sohn seit der Einführung des Privateigentums in die einst auf Gemeinbesitz aufgebaute Gesellschaft der Griechen das uneingeschränkte Privateigentum des Vaters geworden ist, muß der Knabenliebhaber, ehe er die Dienste des Knaben in Anspruch nehmen darf, dem Vater eine Abfindung zahlen. Das gilt sowohl für die Sterblichen als auch für die Götter.

Trotzdem nahmen die Götter in der Hierarchie der Knabenliebe eine besondere Stellung ein. Denn obgleich das Pantheon der Griechen auf fast jeder Stufe der sozialen Entwicklung ein getreues Abbild der griechischen Gesellschaft hergab, sah sich die Gesellschaft in diesem Bild doch wie in einem Vergrößerungsspiegel: Alles, was ihr da entgegenblickte, hatte plötzlich die Macht der absoluten Autorität. Selbst die Gesetze, die sie den Göttern in den Mund gelegt hatten, kamen nun mit mythisch verstärktem Echo vom Olymp zurück. Statt der Duldung der Päderastie, die man den Göttern nahegelegt hatte, antworteten die Götter mit sehr seltsamen Forderungen: Forderungen nach päderastischen Göttern, nach Schutzgottheiten der Päderasten, nach päderastischen Riten, päderastischen Kulten, päderastischen Festen.

Rudolf Beyer hat bereits im Jahre 1910 eine Monographie über die homoerotischen Tätigkeiten der griechischen Götter verfaßt (II, 205 ff.). Eine der ausführlichsten Darstellungen des Themas finden wir bei dem Kirchenvater Clemens Alexandrinus (*hom.* V, 15). Das mythologische Schulbuch des Hyginus enthält ganze Kapitel mit den Namen der homoerotischen Götter und ihrer menschlichen Geliebten. Ebenso enthalten die *Erotes* des Phanokles lange Listen von Knaben und ihren göttlichen Liebhabern. Aber alle haben die Frage offengelassen, *wieso* sich diese Mythologie der Homosexualität gebildet hat. Nehmen wir uns einige der homoerotischen Götter in alphabetischer Reihenfolge vor.

Adonis, der Sohn des Kinyras und dessen Tochter Myrrha, verkehrte sowohl mit Aphrodite wie mit Dionysos, war also im heutigen Sinne »bisexuell«. Für die Griechen gab es keinen entsprechenden Begriff, weil sie es als selbstverständlich erachteten, daß jeder normale Mensch sowohl mit seinem eigenen wie mit dem anderen Geschlecht verkehren wolle. Platon aus Athen, der »Komiker«, dessen dichterische Tätigkeit von etwa 415 bis 390 reichte, sagt in seinem *Adonis* (Fr. 3):

O Kinyras, König der Kyprier, der Männer mit behaartem Hintern,
Ein Knabe ward dir geboren, der schönste aller Sterblichen.
Zwei Gottheiten aber werden ihn vernichten: die eine gerudert werdend
Mit geheimnisvollen Rudern, die andere selber rudernd.

Die beiden Gottheiten sind natürlich Aphrodite, die »gerudert wird mit geheimnisvollem Ruder« (d. h. mit dem Penis des Adonis), und Dionysos, der ihn »selber rudert« (also anal mit ihm verkehrt).

Anteros, der Gott der Gegenliebe, war der Sohn des Ares und der Aphrodite, Bruder des Eros und Gott der »Bruderliebe«, d. h. der Homosexualität. In Athen war sein Altar dort errichtet, wo Timagoras von der Akropolis gesprungen war, weil sein Lieblingsknabe Meles dies als Beweis seiner Liebe von ihm verlangt hatte (Paus. VI, 23, 3).

Aphroditos war die Aphrodite der Homosexuellen. Seine Heiligtümer standen in Pamphilien und auf Zypern. Er war bärtig, trug aber weibliche Kleidung. Auch seine Anbeter trugen beim Gottesdienst Frauenkleidung (Macr. *Sat.* III, 8, 2 f. Hesych. s. v.).
Apollon, der beliebteste der griechischen Götter, hatte neben seinen vielen Frauenliebschaften rund zwanzig homosexuelle Affären, die Rudolf Beyer in seiner Abhandlung über die homoerotischen Fabeln der Griechen gewissenhaft aufgezählt hat. Neben Hermes und Herakles galt er deshalb als Schutzgott der Päderasten. Sein Standbild fehlte in keinem griechischen Gymnasium. In Sparta, Thera und Kyrene wurde er als Apollon Karneios, als Widdergott, verehrt. »Unter Anrufung des delphischen Apollon vollzog ich, Krimon, hier mit einem Knaben, dem Sohn des Bathykles, den Liebesakt.« Solche Inschriften findet man in großer Zahl in Ephebeion, dem der Knabenliebe gewidmeten Tempel auf der Insel Thera (Santorin) im Ägäischen Meer. Die größte Zahl dieser in Stein gehauenen Inschriften entstand im 7. Jahrhundert v. u. Z., als die Dorer sowohl Kreta als auch Thera beherrschten. Wir haben es also mit einem dorischen Kult zu tun. Aus verschiedenen Anzeichen wird eindeutig erkenntlich, daß es sich nicht um die amoureusen Inschriften homosexueller Paare handelt, sondern tatsächlich um einen religiösen Ritus, denn die Inschriften benutzen nicht das Verb *beinein,* was »kopulieren« bedeutet hätte, sondern das Wort *ophein,* was sich nur auf den rituellen Geschlechtsverkehr, sei es zwischen Priestern und Frauen, oder zwischen Priesterinnen und Männern, bezieht (im Attischen: *opyein,* »nach dem Gesetz verkehren«). Zweitens wird der Knabe weder mit seinem Namen noch mit seinem Kosenamen, sondern mit dem seines Vaters angesprochen: eine Form, die nur bei rituellen Gelegenheiten verwandt wurde.
Die griechischen Autoren erwähnen Apollons eigene Affären mit Admetos, Amyklas, Branchos, Hyakinthos, Hylas, Hymenaios, Karnos, Kinyras, Kyparissos, Melampos, Oileos, Orpheus, Paros, Phorbas, Potnios, Troilos, Tymnios, Zakynthos. Admetos diente sowohl dem Apoll wie dem Herakles als Lustknabe. Ein anderer Knabe, Hyakinthos, der sowohl dem Apoll wie dem Windgott Zephyros diente, wurde von diesem aus Eifersucht getötet. Während Apoll sich mit dem Knaben beim Diskuswerfen übte, sandte Zephyros einen plötzlichen Westwind, der den Diskus des Gottes vom Felsen abprallen und den Knaben töten ließ. Zu seinem Angedenken feierte man in Amyklai und in anderen Orten Lakoniens, in Argos, Thera, Kos und Kyrene das homosexuelle Fest der Hyakinthia. Am ersten Tage brachte man der Erinnerung des »schönen Knaben« phallische Opfergaben dar. Am zweiten Tage traten Knaben auf, die, wie Athenaios sagt, »in hochgeschürztem Chiton die Kithara schlagen«. Andere, dem Apoll gewidmete päderastische Feste waren die Gymnopaidia, der »Nacktknabentanz« in Sparta, die Agetoria in Lakonien, die Apellai in Delphi und im Rest des dorisch-aiolischen Gebietes, die Apollonia in Delos, Delphi und Grynaion in der südlichen Aiolis, die Daphnephoria in Theben und Athen, die Delia in Delos, die Pyanepsia in Attika. Auch den Knaben, mit denen er nicht geschlafen hatte, half Apoll. Als der schöne Knabe Kyknos von seinem

Liebhaber Phylios verlassen wurde, verwandelte Apoll ihn in einen immer glücklichen Schwan. Als ein Besucher des Schatzhauses der Spinaten in Delphi sich so in das Marmorbild eines Knaben verliebte, daß er mit ihm zu koitieren und ihm danach einen Kranz aufs Haupt zu setzen versuchte, wollten alle ihn wegen Gotteslästerung verurteilen. Nur Apoll selber plädierte für Freispruch, da der Angeklagte den Preis, nämlich den Kranz, bezahlt habe (Athen. XIII, 606b).

Attis erscheint in Attika als Liebhaber des Knaben Agdistis (mit dem er in Phrygien identisch ist). Als er sich in die Tochter des Königs Midas verliebt, kastriert ihn der eifersüchtige Agdistis. In dieser Form wurde der Mythos zum Geheimkult der Päderasten in Peiraieus und verbreitete sich von dort nach Rhamnos, Lesbos und ins Pantikapeion. Nach seiner Kastration trug Attis Frauenkleidung. Dies taten auch seine Anbeter während des Attisfestes.

Der Heilgott Asklepios liebte den Knaben Hippolytos (Clem. Al. *hom* V, 15). Bakchos-Dionysos, der Gott des Weins, ist auch in mancher Hinsicht der Gott der Knabenliebe. In den *Dionysika* des Nonnos nimmt seine Affäre mit dem Knaben Ampelos einen breiten Raum ein. Bezeichnend für die Verbreitung der Päderastie unter den Göttern ist die Tatsache, daß Dionysos während seines Idylls mit dem Knaben nur eine Sorge hat: daß Zeus, der Vater der Götter und der eigene Vater des Dionysos, ihm den Knaben stehlen könne, da er schöner sei als Ganymed, den Zeus bereits in den Olymp entführt hatte. Zwischen Rom und Florenz fand man eine Marmorgruppe des Dionysos und Ampelos, die heute im Britischen Museum in London steht. Andere Knaben des Dionysos waren Achilles, Adonis, Hermaphroditos, Hymenaios und Laonis. Ein interessantes Abenteuer hatte er mit Prosymnos, der ihm versprach, ihm die Geheimnisse der Unterwelt zu zeigen, wenn er sich ihm später anal zur Verfügung stelle. Dionysos stimmte zu. Als er aber aus der Unterwelt zurückkam, fand er Prosymnos tot. Darauf schnitzte er sich ein künstliches Glied aus Holz und führte es in seinen After ein, um auch dem Toten gegenüber nicht vertragsbrüchig zu werden. Die Griechen meinten, daß der Brauch, hölzerne Phallen an allen Dionysosfesten herumzutragen, auf dieses Geschehnis zurückzuführen sei.

Fast alle Statuen des Dionysos zeigen ihn als Tunte, als den weiblichen Typus des Homosexuellen. In der frühesten orphischen Kosmogonie taucht er als androgynes Produkt des Ureis auf. In dem olympischen Pantheon erscheint er als Knabe in Frauenkleidung. Später naht er sich den Minyerinnen in Frauenkleidung. Aischylos fragt: »Was trägst du da für seltsame Kleidung?« Er meint damit die schwere ionische Robe, die nur den Unterarm frei läßt. Euripides nennt ihn »den effeminierten Fremden«. Seine Beinamen sind bezeichnend: Dionysos Androgynos, Dionysos Pseudanor, Dionysos Choiropsolas, Dionysos Erikepaios, Dionysos Protogonos. Plato nennt ihn *androgynos,* weil er den Beischlaf als Mann ausführte, sich aber auch anal als Frau gebrauchen ließ. Als *pseudanor,* »den man fälschlich für einen Mann hält«, verehrte man ihn in Makedonien. Der makedonische König Argaios setzte ihm ein Denkmal, auf dem er als dicker Mann mit großem Bauch und prallen Frauenbrüsten, jedoch mit erigiertem Penis zu sehen war. Auch Diodor beschreibt ihn ganz und gar nicht als männlich; im Gegenteil, er habe einen weibischen Körper gehabt. Im boiotischen Sikyon nannte man ihn *choiropsalas* oder *choirothlips,* was nach dem Heiligen Klemens und anderen Kirchenvätern bedeutet haben soll, er habe gern an den Scheiden der Frauen manipuliert. Das ist aber eine gänzlich falsche Deutung, denn die »Scheide«, *choiros,* von der hier die Rede ist, ist sein eigener After. Die orphische Kosmogonie beschreibt ihn dann auch prompt als selbstzeugende Gottheit *(protogonos)* mit einem schwanzartigen Penis, mit dem er seinen eigenen After befruchtet.

Das Motiv des als Frau verkleideten Mannes taucht in fast all den ihm gewidmeten Festen auf: den Anthesterien in Athen und dem ganzen ionischen Bereich, den Askolien (ländlichen Dionysien), den eigentlichen Dionysien in Athen, Eleusis und anderen ionischen Städten, den Lenaien in Attika, Naxos, Teos, Andros und Mykonos, den Oschophorien in Athen und Phaleron, den Peireien im Peireios. Bei den Dionysien trugen die Phallosträger weibliche Kleidung. Bei den Anthesterien, die zwar dem Dionysos gewidmet waren, aber nominell den Sieg von Marathon feierten, beschwerte sich Apollonios von Tyana darüber, daß die *krokotoi,* die safranfarbigen Frauenkleider und Frauenschleier der Männer, eine Beleidigung der Helden seien, welche die Perser besiegt hatten. Selbst die Askolien, die ländlichen Dionysosfeiern, hatten stark päderastische Aspekte. Nackte Knaben hüpften auf einem prall gefüllten, mit Öl schlüpfrig gemachten Sack von einem Bein auf das andere, dem Zuschauer »Stellungen« vorführend, wie er sie sonst nur im Knabenpuff zu sehen bekam.

Nach einem Fragment des Epimenides aus Kreta (fr. 11) wurden die Dioskuren, Kastor und Pollux (Polydeukes), die Söhne des Zeus und der Leda, als homosexuell und doppelgeschlechtlich aufgefaßt. Die ihnen gewidmeten Feste in Sparta, Delphi, Kyrene und dem Rest des dorischen Bereichs, wurden jedenfalls von homosexuellen Freundespaaren besucht, die dort um Segnung ihres Verhältnisses baten.

Erikepaios, ein Gott der orphischen Kosmogonie, manchmal mit Dionysos, oft aber auch mit Zeus identifiziert, galt als Gottheit des Analverkehrs. Man schrieb ihm einen rüsselartigen Schwanz zu, mit dem er in seinem eigenen Anus koitieren konnte.

Eros war nicht nur der Gott der Liebe, sondern auch der Knabenliebe. Ihm war in Athen am Eingange der Akademie von Charmos, dem Liebhaber des Hippias, ein Altar gesetzt worden, zu dem die Päderasten von ganz Attika pilgerten (Paus. I, 30, 1; Athen. XIII, 609d). Auch in Theben galt er als Schutzgottheit der Päderastie und wurde in dieser Funktion besonders von der Heiligen Schar, der homosexuellen Stoßtruppe der Thebaner, verehrt. Bei dem Erosfest in Thespiai fand ein Wettbewerb statt, der das beste päderastische Lied des Jahres mit einem Preis krönte (Plut. *amat.* I; Paus. IX, 31, 3; Athen. XIII, 601a).

Helios, der Sonnengott, hatte laut Hesiod (fr. 15) ein homosexuelles Verhältnis mit Orion, dem boiotischen Sterngott. Bezeichnend ist auch, daß Orion als Kennzeichen die Doppelaxt, oft das Symbol der Bisexualität, führt.

Hephaistos, der hinkende Schmiedgott, Ehemann der Aphrodite, wurde oft als Knabenliebhaber bezeichnet. Zu seinen Partnern gehörten Peleus, der einzige Sterbliche, der eine Unsterbliche heiratete, und Orion, der boiotische Jagdgott, der später in die Sterne versetzt wurde (Clem. Al. *hom.* V, 15).
Hermaphroditos war nicht nur ein »Hermaphrodit«, sondern auch ein Anhänger der Männerliebe. Oft finden wir ihn im Verkehr mit Pan, Eros und den Satyrn. Manchmal zieht ihm Eros das Gewand hoch, so daß wir seinen erigierten Penis sehen, manchmal betrachten geile Satyrn seine Reize. Manchmal umschlingen sie ihn oder koitieren ihn anal. An anderer Stelle haben wir bereits darauf hingewiesen, daß die doppelgeschlechtliche griechische Gottheit niemals ein Mann mit Vagina, sondern stets eine Frau mit Penis ist. Dies hat seine Gründe in der hermaphroditischen Figur als Wunschfigur der Päderasten, die den Busen, den Penis und den After schön, die Vulva aber häßlich fanden. Das Zentrum des Hermaphroditenkults kults war im attischen Gau Alopeke. Am 4. und 7. Monatstag pflegte man dort die Hausstatuen des Hermaphroditos zu bekränzen, denn diese Tage galten als besonders glücklich für die Knabenliebe.
Hermes, der Vater des Hermaphroditos, verkehrte nicht nur heterosexuell mit Aphrodite und zahllosen anderen Frauen, sondern ist vor allem wegen seiner homosexuellen Abenteuer bekannt. Zu seinen Lustknaben gehörten Chryses, Kadmos, Odryses, Perseus und Therses. Bei den kretischen Hermesfeiern trugen die Männer Frauenkleidung und wurden von den Frauen mit Ruten um den Hermesaltar herum getrieben.
Hypnos, der Schlafgott, trieb es mit Endymion. Der auf Chios geborene Lyriker Likymnios behandelt dieses Thema sehr lustig, indem er den Gott dauernd bei der Knabenliebe einschlafen läßt und am Ende von dem Knaben verlangt, daß dieser, damit der ältere potent bleiben könne, ihm beim Verkehr die Augen aufhalte (fr. 3 bei Athen. XIII, 564c).
Da die griechischen Gastmähler und Gelage nur von Männern für Männer gegeben wurden (Ehefrauen waren ausgeschlossen, nur Hetären waren manchmal zugelassen), ist es kaum verwunderlich, daß auch der Gott der Gastfreundschaft, Komos, als Päderast galt. Bei den nächtlichen Umzügen, die man nach dem Gotte ebenfalls *komos* nannte, trugen die Männer deshalb oft Frauenkleidung.
Konisalos war eine doppelgeschlechtliche attische Gottheit, ähnlich dem Orthanes und dem Tychon, die stets ithyphallisch, d. h. mit erigiertem Glied, gleichzeitig aber auch mit Frauenbrüsten dargestellt wurde.
Kronos, der Sohn des Uranos, der seinen Vater kastrierte und seine Söhne auffraß, galt selbst in Athen und Olympia, seinen Hauptkultstätten, als nicht ganz normal. Beim Kronosfest trugen die Männer Frauenkleidung.
Eine hermaphroditische Gottheit war Leukippos, zu dessen Ehren man in Phaistos auf Kreta das Fest der Apodysia oder Apodyteria, wörtlich: das »Entkleidungsfest« feierte. Leukippos war ursprünglich ein Mädchen gewesen, das damals Leukippe hieß. Da sie sich in ein anderes Mädchen verliebt hatte, flehte sie die Göttin Leto (Latona) um einen Penis an. Die Statue des Leukippos trug deshalb Mädchenkleidung, besaß aber einen meist erigierten Penis (Anton. Lib. 17).

Narkissos, der Gott der Selbstliebe, galt als homsexuell, da er ja in sich selber sein eigenes Geschlecht liebte. Oft machte man sich darüber lustig, daß er nur deshalb unglücklich war, weil er nicht erkannt hatte, daß das, was er eigentlich wollte, sein »Ebenbild«, d. h. ein anderer Jüngling sei. So Ausonius in Epigramm 97:

Schmachtest du nach anderen, Narcissus, du könntest besitzen!
Jetzt, wo du selbst dich besitzt, fehlet dir jeder Genuß.

Orion, der Sterngott, unterhielt päderastische Verhältnisse mit Helios, dem Sonnengott, und Hephaistos, dem Gatten der Aphrodite.

Orpheus, der große Sänger, der in Thrakien als Gott galt und durch die Lehre seiner Apostel, der Orphiker, zum wichtigsten Religionsstifter in der griechischen Geschichte wurde, galt auch als Erfinder der Knabenliebe (Ovid *met.* X, 83 ff.). Er sei von den Mänaden, den thrakischen Frauen, kastriert und zerrissen worden, weil er ihnen die Männer entfremdet habe (Phanokl. nach Stob. *flor.* 64, 14; Luc. *adv. ind.* 11; Ovid *met.* XI, 50 ff.). Phanokles schildert die Liebe des Orpheus zu dem Knaben Kalais mit vielen erotischen Einzelheiten.

Orthanes war ein doppelgeschlechtlicher Gott in Attika (Strab. XIII, 588), ähnlich dem Tychon und dem Konisalos. Er hatte Frauenbrüste, trug oft Frauenkleidung, besaß aber auch einen meist erigierten Penis.

Auch der »große Gott Pan« war hermaphroditisch und wurde, wie Dionysos und Hermaphroditos, oft im Geschlechtsverkehr mit den Satyrn dargestellt.

Der Gott Phales, der eigentlich eine Personifizierung des Phallos ist, wird fast stets als homosexuell dargestellt. Aristophanes nennt ihn in den *Acharnern* (263, 276) »Knabenschänder«.

Phanes, der orphische Gott, oft mit Eros, Dionysos, Phaeton, Antauges und Eubuleus identifiziert, galt als bisexuell und hat, genau wie Priapos in manchen Darstellungen, seinen Penis über den Hinterbacken: der After dient ihm als Vulva, um sich selber zu begatten (*Orphica,* ed. Abel, fr. 62; 6, 9; 56, 4; 69, 1. Nonnos Dion. XIV, 187; Paus. IX, 31, 2).

Poseidon liebte nicht nur Pelops, den Helden, nach dem der Peloponnes benannt war, sondern auch den doppelgeschlechtlichen Kaineus, den Sohn des Königs der Lapithen, den man als Mädchen auch Kainis nannte. Als Pelops, zum Manne geworden, einmal die Hilfe des Poseidon benötigte, rief er ihn an, indem er sich ausdrücklich auf die Lustbefriedigung berief, die er dem Gotte einst gegeben hatte: »Höre mich, Poseidon, wenn jemals du Freude durch meine Liebe erfuhrst und durch die süßen Gaben . . .« (Pindar, *Olympia,* I). In der Familie des Pelops lief das päderastische Motiv übrigens noch Generationen weiter, denn der Sohn des Pelops, Chrysippos, wurde von Laios, dem König von Theben, zur Knabenliebe verführt.

Priapos ist, wie Phales, eigentlich kaum mehr als eine Verkörperung des Phallos und hat im übrigen fast alle Eigenschaften seines Vaters Dionysos geerbt. Auch er ist bisexuell, hat zwar einen gewaltigen Penis aber auch Frauenbrüste und verkehrt per anum mit den Satyrn und mit Hermaphroditen. Seine Liebe zu dem Knaben Daphnis finden wir bei Theokrit (I, 18 mit schol.) und bei Tibull (I,4).

Protogonos, der selbstzeugende Urgott der Orphiker, wurde, wie Phales und Erikepaios, als Analerotiker verstanden, der seinen Penis in seinen eigenen After stecken und so homosexuell mit sich selber koitieren konnte.
Auch die Satyrn wurden von den Griechen als bisexuell aufgefaßt, denn es schien den Alten selbstverständlich, daß sie als Verkörperungen der Geilheit nicht nur mit Frauen, sondern vor allem mit Knaben koitieren wollten.
Trophonios, der dem Asklepios gleichgestellte Heilgott der Boiotier, galt ebenfalls als doppelgeschlechtlich. Beim Traumorakel des Trophonios wurde der Auskunftsuchende von Knaben mit Öl gesalbt und masturbiert.
Tychon war eine zweigeschlechtliche attische Gottheit, die ähnlich wie Orthanes und Konisalos mit erigiertem Penis und Frauenbrüsten dargestellt wurde.
Zephyros, der Gott des Westwinds, verkehrte mit den Knaben Hyakinthos und Kyparissos. Es ist vielleicht kennzeichnend für die Kurzlebigkeit der Knabenliebe, daß Eros, nachdem Zephyros, halb aus Versehen, halb aus Eifersucht den Knaben Hyakinthos getötet hat, ihm rät, die Sache nicht zu ernst zu nehmen und Trost bei einem anderen Knaben zu suchen: »Das einzige Heilmittel einer alten Liebe ist eine neue. Suche dir darum einen noch prächtigeren Knaben!« (Nonnos IV, 105 ff.).
Selbst Zeus, der Gottvater, der Herrscher des Olymp, höchster der griechischen Götter, wird in zahllosen Schriften als Päderast geschildert. Daß er nicht nur Knaben liebt, sondern sie auch raubt, vergeben ihm die Väter der Knaben nicht; er muß dem Tros für den Raub des Ganymed und dem Tantalos für den Raub des Pelops (den er seinem Bruder Poseidon stiehlt) Strafe zahlen. Lukian sagt in seinem *Charidemos:* »Sobald Zeus zu den schönen Jünglingen auf die Erde herabsteigt, wird er auf einmal so sanft und mild und gefällig, daß er immer damit anfängt, den Zeus abzulegen, und aus Besorgnis, seinen Geliebten in seiner eigenen Gestalt nicht angenehm genug zu sein, irgendeine andere annimmt, und zwar immer eine so schöne, daß er gewiß sein kann, alle, die ihn erblicken, an sich zu ziehen.« Er betrügt die Sterblichen also selbst in seiner Erscheinung.
Teils wegen seiner homosexuellen Neigungen, teils aber auch, weil er dadurch von den alten Muttergöttinnen unabhängig wird, schildern die Orphiker Zeus stets als selbstzeugend, als sich selbst befruchtend. Und da dies bei den orphischen Göttern immer in analerotischer Weise geschah, nämlich indem der Penis des Gottes den eigenen Leib begattet, wurde er als doppelgeschlechtlich dargestellt: als Zeus Protogonos oder Zeus Erikepaios. »Zeus ist männlich, Zeus ist die unsterbliche Frau!« heißt es in einer der orphischen Hymnen. Eine andere Hymne nennt ihn *metropator,* »Muttervater«. In Karien stellte man ihn als bärtigen Mann mit sechs Frauenbrüsten dar. In Labranda, nahe der karischen Hauptstadt Mylassa, wo man ihn als Zeus Labrandeus anbetete, ist er kahlköpfig und hat vier Frauenbrüste. In der Hand hält er das Symbol der Doppelgeschlechtlichkeit, die Doppelaxt, die Herakles, der selber doppelgeschlechtlich war, der doppelgeschlechtlichen Amazone Hippolyte entrungen und dem Mannweib Omphale gegeben hatte. Gyges, der den letzten König der Lydier tötete, brachte die Axt nach Karien. Nun trägt sie der karische Zeus.

Die Verschmelzung der orphischen, selbstzeugenden Gottheiten mit den bisexuellen Göttern späterer Generation zeigt sich in der nachträglichen Einbeziehung der archaischen Symbole (Doppelaxt) in das olympische Pantheon. Zeus stellt in dieser Hinsicht den Versuch der vaterrechtlichen Gesellschaft dar, den selbstzeugenden Müttern der vorgriechischen Kosmogonie den selbstzeugenden Vater der olympischen Familie entgegenzustellen. So kann er ohne Mithilfe einer Mutter aus seinem Haupt die mutterlose Göttin Athene erzeugen, die dann auch prompt die Schutzgöttin der Hochburg des Vaterrechts, der Stadt Athen, wird. Als Zeus Meilichios, der sanfte, süße, liebliche Gott, war er der Beschützer der Männerfreundschaft. Die Diasien, die Freundschaftsfeste Attikas, waren ihm in dieser Funktion gewidmet.
Andere, der Knabenliebe geweihte Feste, waren die Diokleia in Megara, die Eleutheria in Samos, und in Athen das jährliche Fest zum Andenken an das homosexuelle Liebespaar Harmodios und Aristogeiton, die den Tyrannen Hipparchos im Jahre 514 v. u. Z. ermordet hatten. Ganz ähnlich waren die Diokleien in Megara, die jedes Jahr zur Frühlingszeit zum Andenken an den Feldherrn Diokles abgehalten wurden. Er war während der Verteidigung seiner Vaterstadt für seinen Geliebten eingesprungen und hatte dessen Körper mit dem seinigen gedeckt. Zur Erinnerung an seinen Opfertod fand jeden Frühling ein Wettbewerb von Jünglingen im Küssen statt, von dem Theokrit schreibt:

Im Frühling um sein Grab in jedem Jahr
Kämpft um den Preis im Kuß die junge Schar.
Wer Lippe da am süßesten auf Lippe drückt,
Kehrt kranzgeschmückt zur Mutter heim beglückt.

Man beachte: zur Mutter! Klarer kann die Ödipus-Situation kaum ausgedrückt werden! Ähnlich die Eleutheria in Samos, die jährlich zur Befreiung der Stadt durch ein männliches Liebespaar gefeiert wurde.
In Sparta fand jedes Jahr eine Prozession zum Berge Taygetos statt, bei der die Männer Frauenkleidung trugen. Beim Hybriskafest in Argos trugen die Männer den weiblichen Peplos und den Frauenschleier, Krokotos. Wenn die Prozession, welche die Eleusinischen Mysterien einleitete, die Brücke von Kephisa passierte, wurde sie von einem Mann in Frauenkleidung empfangen. Die homosexuellen Obertöne dieser transvestitischen Bräuche sprechen für sich selbst. Schwieriger zu erklären ist das Phänomen der weiblichen Schutzgöttin der Päderastie.
Aphrodite, Artemis, Athene, Hera, Kotys, Kybele, Leto – Göttinnen der verschiedensten Art und der verschiedensten geographischen Herkunft –, haben alle zu verschiedenen Zeiten an verschiedenen Orten als Schutzgötter der Päderastie gedient. In Megara beteten die Päderasten zu Aphrodite Praxis, in Thessalien zur Aphrodite Anosia. Bei den Anosien, dem Fest der Aphrodite Anosia, trennten sich Männer und Frauen und feierten, jede Gruppe für sich, mit erotischen Geißelungen der Göttin gewidmete Orgien (Athen. XIII, 589a; schol. Aristot. *plut,* 179; Plut. *amat.,* 767 f.). Straton ruft in einem Gedicht die aus dem Meere auftauchende Aphrodite an, um sie mit dem aus der Badewanne auftauchenden Penis seines Geliebten zu vergleichen.

Artemis wurde vor allem in Lakonien als Schutzgöttin der Knabenliebe angerufen. Am Altar der Artemis Orthia in Sparta wurden die Epheben jedes Jahr bis aufs Blut ausgepeitscht. Hans Licht leitet ihren Namen von *orthos,* »aufrechtstehend«, ab und meint, daß sich dies auf die Erektion bezog, die sich bei der Flagellation bildete. Pausanias sagt, die Priesterin der Artemis habe dabei zugesehen, das Kultbild der Göttin im Arm. Seltsamerweise sei dieses manchmal leicht, manchmal sehr schwer geworden, so daß die Priesterin es kaum noch habe tragen können. Die Flagellanten hätten daraus entnommen, welche der Knaben man schwer bestrafen und welchen man nur leichte Schläge geben solle (Paus. III, 16, 7 ff.; II, 24, 5). In ihrer Funktion als Artemis Korythalia habe die Göttin dagegen verlangt, daß die *korittoi,* die »Hornstößer«, die phallischen Männer beim Fest der Tithenidia, Frauenkleidung und Frauenmasken zu tragen hätten. Auch bei den Artemisia, den eigentlichen Artemisfesten in Lakonien, hätten die Männer stets Frauenkleidung tragen müssen.
Im Monat Pyanepsion (November/Dezember) feierte man in Athen das Fest der Oschophoria, benannt nach den *oschoi,* den mit Trauben behangenen Weinranken, die als Symbol der männlichen Genitalien galten. Nun ist hierbei bemerkenswert, daß die *oschoi* von Athen zum Kultbild der Athena Skiras in Phaleron getragen wurden, und daß die Träger Frauenkleidung tragen mußten (Plut. Thes. 22 f.). Selbst Hera, die Göttin des heimischen Herdes, diente als Schutzgöttin der Päderastie. Der Dichter Anakreon ließ von Polykrates eine Statue seines Lieblingsknaben Bathyllos im Heratempel zu Samos errichten, die Apuleius noch gesehen und beschrieben hat (Max. Tyr. XXXVII, 439; Hor. *epod.* 14, 9; Apul. *flor.* II, 15). Bei den Heraien, den Festen zu Ehren der Hera in Samos, trugen die Männer lange weiße Roben, goldene Haarnetze, Frauenarmbänder und Frauenhalsketten.
Die thrakische Göttin Kotys oder Kotytto galt als die eigentliche Schutzgöttin der Päderastie. Ihre Priester, die *baptai* (»Täufer«), vollzogen nackt mit ihren nackten Gläubigen die Taufe. Nach der Taufe legten sie Frauenkleidung, Perücken und goldene Haarnetze an, schminkten sich, verlängerten sich die Augenbrauen mit Kienruß, tranken aus Gläsern in Phallosform (Juvenal II, 91 bis 101), tanzten miteinander und vollzogen in Gruppen den Analverkehr. Alkibiades war ein Kotyspriester, aber als der Dichter Eupolis ihn deshalb angriff und Alkibiades den Eupolis ertränkte, wagte niemand, Anklage gegen ihn zu erheben. (Fragmente des Eupolis Textes bei Kock, *comici* I, 273 ff. Siehe auch Licht in *Anthropophyteia* VII, 134 ff.; Calv. *enc.* 865; *epist.* 44; Dekk. *an. gr.* 246. Suid. und Hesych. s. v. Kotys; Hor. *epod.* XVII, 56; Verg. *cat.* V, 19).
Die phrygische Göttin Kybele oder Kybebe wurde bereits in archaischer Zeit von den Griechen angebetet und seit dem 5. Jahrhundert v. u. Z. in ganz Griechenland als *meter megale,* Große Mutter, verehrt. In Athen gehörte ihr Tempel, das Metroon, zum Staatskult. In Anlehnung an den ionischen Namen der Göttin, Kybebe, tauften die Ionier ihre Priester *kybeboi,* wovon sie auch den Ausdruck *kybebis* (»Eunuch«, »Beschnittener«) ableiteten, denn man sagte, ihre Ablehnung des weiblichen Geschlechts ginge so weit, daß sie sich die Glieder abschnitten und sich nur noch anal von anderen

Männern koitieren ließen. Die Phrygier nannten diese Priester nach dem Flusse Gallos, der durch das Heiligtum der Göttin in Pessinus floß, *galloi.* Zu Ephesos nannte man solche Kastratenpriester *megabyrzi,* in anderen Landstrichen *metragyrtoi,* »Bettler der Mutter«. Wenn ein solcher Priester sich nicht nur zeugungsunfähig, sondern tatsächlich gliedlos gemacht hatte, sprachen die Griechen von *kartzimoi,* »Gliedlosen«. Trotzdem galten diese Männer, die ja keinen eigentlichen Geschlechtsverkehr mehr ausüben konnten, als Homsexuelle (Pseudo-Lukian in *Lucius,* 35 ff.), die »ganz offensichtlich zu homosexuellen Zwecken entmannt worden sind« (Justin in *Apol.* I, 27).

Leto, die ehemalige Gattin des Zeus (vor seiner Hochzeit mit Hera), Mutter des Apoll und der Artemis, galt in Phaistos auf Kreta als Schutzgöttin der Päderastie. Bei ihren Festen trugen die Männer Frauenkleidung.

Eine Erklärung, weshalb weibliche Gottheiten die männliche Homosexualität schützen sollten, läßt sich mit modernen, logischen Denkformen nicht finden. Aber zwei grundsätzliche Unterschiede zwischen den Motiven der vater- und mutterrechtlichen Gottheiten lassen sich herausschälen: Während die Götter von dem Manne verlangen, er solle sich von der Frau frei machen, also eine Art sexueller Autonomie anstreben, verlangen die Göttinnen, er solle sich zur Frau machen, indem er sich anal koitieren lasse, und er solle seine Unterordnung unter das Regime der Mütter kundtun, indem er zumindest an den Festtagen der Göttinnen Frauenkleidung anlege. Die Zwänge, die den Griechen zur Päderastie führten, waren also außerordentlich komplex und wirkten von nahezu entgegengesetzten Seiten, deshalb aber mit um so stärkerer Kraft auf ihn ein.

Daß es in Wahrheit die Priester und Priesterinnen waren, die da sprachen, und nicht die Götter und Göttinen, war nur wenigen Griechen bewußt. Da die Priesterkaste aber sehr spezifische soziale Interessen vertrat, wirkten sich die ökonomischen Gründe in einer Vergötterung der Päderastie aus. Wir haben bereits von dem Erbe der nomadischen Zeit gesprochen, in der die Griechen als bewaffnete Männerhorde vom Schwarzen Meer her nach Griechenland einbrachen, die Ureinwohner des Landes unterjochten, ihre Frauen vergewaltigten und aus diesem traumatischen Erlebnis ihr sexuelles Ideal entwickelten: das des Jünglings der eigenen Rasse. Denn Frauen kannten sie nur als Fremde, als Opfer kurzfristiger, liebloser Paarungen. Scham über die eigene Hörigkeit gegenüber der Frau verband sich mit Verachtung gegenüber dem Geschlecht, dem man hörig war. So wurde die Überwindung der sexuellen Abhängigkeit von der Frau zu einer Art ethischer Stammespflicht. Solche traumatischen Erlebnisse haben aber trotz ihrer Schockwirkung, die sich durch Legenden, Mythen und Maximen von Generation auf Generation »vererbt«, nur begrenzte Lebensdauer und hätten sich auch bei den Griechen sicherlich im Laufe der Jahrhunderte erschöpft, wenn nicht gewisse soziale und ökonomische Einflüsse wirksam gewesen wären, den ursprünglichen Erfahrungsschock in jeder Generation von neuem fühlbar zu machen.

Alle Gesellschaftsordnungen, in denen das eine oder andere Geschlecht eine herrschende Rolle spielt, tendieren zur Homosexualität, einerlei ob das männliche oder das weibliche Geschlecht herrscht. Bei den Aiolern der Insel Lesbos hatte die feministisch ausgerichtete Gesellschaftsordnung durch ihre Wertschätzung der Frau als stärkerem Geschlecht eine Tendenz zur weiblichen Homosexualität verursacht. Umgekehrt rief die stark patristisch ausgerichtete Gesellschaftsordnung der Ioner, besonders der Athener, eine homosexuelle Tendenz des Mannes hervor und unterstützte dadurch die alten päderastischen Neigungen der Gründerjahre des ionischen Reiches. Da sich Kinder aber fast immer an dem dominanten Elternteil orientieren, erzeugen Gesellschaftsordnungen, in denen das eine oder andere Geschlecht dominiert, aber auch stets Homosexualität in dem *unterdrückten* Geschlecht. In einer männerrechtlichen Gesellschaft orientiert sich die Frau an dem Mann und lernt seine sexuellen Attribute auch im eigenen Geschlecht zu schätzen. In einer frauenrechtlichen Gesellschaft orientiert sich der Mann an der Frau und schätzt ihre sexuellen Attribute auch im männlichen Geschlecht. Nur diejenigen Gesellschaften, in denen eine weitgehende Gleichberechtigung herrscht, erlauben jenes Maß von sexueller Sicherheit, in dem eine gesunde Heterosexualität wächst und gedeiht.

Eine solche Gesellschaft gab es aber in ganz Griechenland nicht. Obgleich die Situation bei den Dorern völlig anders war als bei den Ionern, finden wir aus nahezu diametral entgegengesetzten Gründen bei beiden Stämmen eine ähnliche Neigung zur Päderastie. Wie wir in den Kapiteln über die Stellung der Ehefrau und die Erziehung des Mädchens bei den herrschenden Klassen Griechenlands gesehen haben, war dieses Bild von allen griechischen Stadtstaaten am düstersten dort, wo die Männer am stolzesten auf ihre eigene Kultur waren: bei den Athenern. Da er die Frau nicht als ebenbürtig empfand, gab der Athener ihr auch keine ebenbürtige Erziehung; da er ihr keine ebenbürtige Erziehung gegeben hatte, langweilte sie ihn; und da sie ihn langweilte, flüchtete er zu Hetären, die zumindest ein Minimum an Erziehung genossen hatten.

Aber die Hetären erlaubten ihm trotz ihrer geistigen und körperlichen Reize niemals, darüber hinwegzukommen, daß sie ja eben doch käufliche Frauen waren. Wenn er also nicht um seines Geldes, sondern um seiner selbst willen geliebt werden wollte, blieb ihm nichts anderes übrig, als zu dem alten Sexualideal seiner Vorfahren zurückzukehren: zu dem Knaben, dem er nicht nur Liebe, sondern auch Wissen schenken konnte.

Ganz anders war die Situation bei den Dorern, dem einzigen griechischen Stamm, der bis zu seinem Zerfall mutterrechtlich orientiert blieb. Dort genossen zwar die Frauen unvergleichlich viel höheres Ansehen als bei den Ionern, hatten größere soziale, politische und sexuelle Freiheit, litten aber genau wie die Athenerinnen darunter, daß ihnen so gut wie keine Erziehung gewährt wurde. Hier war der Mangel an Erziehung aber nicht das Resultat des Versuches, die Frau in Unwissenheit zu halten; er entsprang vielmehr dem niedrigeren Entwicklungsstadium der Produktionsmittel, das den Männern keine sehr viel bessere Ausbildung als den Frauen erlaubte. Was den Männern auf diesem ökonomischen Niveau an Erziehung zukam, war eher eine Kombination von Waffentraining und moralischer Unterweisung als eine Vermittlung von Wissen. Der Unterschied war jedoch von äußerster

Intensität, da die Spartiaten vermeinten, Erziehung sei eine Form der totalen Hingabe: Sie könne nur dann funktionieren, wenn der eine sich ganz dem Lernen, der andere völlig dem Lehren hingebe.
Von diesem Konzept der totalen gegenseitigen Hingabe führte nur ein winziger Schritt zu dem der Paarung. Es gab keinen logischen Grund, weshalb diese Paarung homoerotisch sein mußte. Der einzige Grund war der bereits erwähnte: die begrenzten Mittel, die Sparta der Erziehung zur Verfügung stellen konnte. Hieraus, und nur hieraus, ergab sich die Notwendigkeit, daß Knaben und nicht Mädchen erzogen wurden, und daß die Lehrer Männer und nicht Frauen waren. Ganz gewiß lag in der dorischen Päderastie keine Geringschätzung der Frau; eher das Gegenteil, denn die Erziehung stand völlig im Bann des Mutterrechts. Das heißt: während die Ioner den Knaben als Produkt des Vaters und Symbol des Mannes betrachteten, sahen die Dorer ihn als Produkt der Mutter und Symbol der Frau. Die didaktische Logik der Spartiaten lenkte ihr Augenmerk auf den Lernenden, nicht auf den Lehrenden. Während wir in den päderastischen Epigrammen, Versen und Liedern der Athener stets das Phallische betont finden, stets das Gejammer des Älteren vernehmen, der Jüngere solle ihn doch befriedigen, lenkt der Spartiat sein Augenmerk immer auf den Jüngeren und fragt sich, ob dieser wohl auch genug lerne. Die athenische Päderastie ist also grundsätzlich phallisch, die spartanische grundsätzlich kunnisch. Alles kommt auf den Empfangenden, den Quasiweiblichen an. Wichtig ist nicht der Orgasmus des »männlichen« Partners, sondern die *arete,* die Weisheit, die Tugend, die Ehre, die der Akt im Körper des »weiblichen« Partners hervorbringt. Die Benutzung des Knabenkörpers als empfangendes Organ war eine Huldigung der Frau, ein Versuch, ihr ebenbürtig zu werden, indem man ihre Funktion mimetisch übernahm. Der Körper des Schülers sollte gebären: *arete* sollte aus ihm wachsen.
Sicherlich ist der wichtigste Unterschied zwischen der dorischen und der heutigen bürgerlichen Auffassung des erlaubten Verhältnisses zwischen Lehrer und Schüler nicht so sehr, daß die bürgerliche Gesellschaft sexuelle Beziehungen zwischen ihnen verbietet, während die dorische sie erlaubte, sondern, daß der bürgerliche Lehrer glaubt, er verliere seine »Autorität«, wenn er sich dem Schüler gegenüber jemals »schwach« zeige. Er kann sich nicht vorstellen, daß der Schüler ihn noch »respektieren« könne, wenn er sich vor ihm »bloßgestellt« habe.
In dieser Hinsicht waren die Dorer also gesünder als wir. Denn eine Gesellschaft wie die bürgerliche, die in der Hingabe eine »Schwäche«, eine »Bloßstellung« sieht, ist eine schwache Gesellschaft, die eine Bloßstellung mit gutem Grund befürchten muß.
Die dorische Klassengesellschaft, trotz ihres niedrigen Produktionsstandes, war hier stärker, weil sie die Hingabe als das verstand, was sie ist: eine Gabe. Die Dorer, die keinen Grund kannten, sich des Geschlechtsverkehrs zu schämen, sahen deshalb auch in der Hingabe des Älteren an den Jüngeren keinen Grund, weshalb danach der eine den anderen nicht mehr respektieren solle. Und dies um so weniger, weil bei einem solchen Verhältnis die Abhängigkeit des Älteren von dem Jüngeren weitaus größer war als die des Jüngeren vom

Älteren. Der Lehrer mußte jede Handlung vermeiden, derer er sich vor dem Schüler zu schämen hätte. Dazu gehörte vor allem Lüge, Unaufrichtigkeit und Feigheit. Umgekehrt war der Lehrer für jede Lüge, Unaufrichtigkeit und Feigheit des Schülers verantwortlich und wurde hierfür bestraft. Dies wiederum gab dem Schüler die Verantwortung, aufrecht, ehrlich und tapfer zu sein, damit sein Lehrer nicht seinethalben bestraft werde.

Nichts spiegelt das, was die Spartiaten als Zeichen ihrer Aristokratie, ihrer moralischen Überlegenheit empfanden, so deutlich wider wie diese pädagogischen Überlegungen. Wenn der athenische Adel sich von der Masse des Volkes zu unterscheiden suchte, diente ihm deshalb das konservative Sparta nicht nur in seiner politischen Konstitution als Vorbild, sondern vor allem in seiner Pädagogik. Ein solcher Versuch der ionischen Aristokratie, die didaktische Päderastie der Spartiaten zu übernehmen, war aber von vornherein zum Scheitern verurteilt, weil die Deszendenzsysteme der beiden Gesellschaftsordnungen verschieden waren. Was im mutterrechtlichen Sparta aus dem Respekt vor der Mutter entstanden war, aus dem Versuch, es ihr gleichzutun, konnte im vaterrechtlichen Athen nur zur Karikatur werden. Was in Sparta aus Moral erwachsen war, wurde in Athen zum Kult der »Schönheit«. In Sparta war der Schüler *agathos,* »edel«; in Athen war der Knabe *kalos,* »schön«. In dieser ästhetisierenden Zersetzung der matristischen Moral zeichnet sich der Unterschied zwischen der kultischen, didaktischen Päderastie der Spartiaten und der säkularen, hedonistischen Knabenliebe der Athener sehr deutlich ab.

Plutarch projiziert athenische Denkformen in die Geschichte Spartas hinein, wenn er in seinem *Leben des Lykurg* vermeint, dieser mythische Gesetzgeber der Spartaner habe die Päderastie als Pflicht des Staatsbürgers bestimmt: »Niemand kann ein tüchtiger Bürger sein, der nicht einen Freund im Bette hat.« Der Knabe wiederum wurde, nach Plutarch, für nichtsnutzig erklärt, wenn er keine Anstrengungen machte, einen ehrenwerten Liebhaber zu finden. Ailianos behauptet sogar, die Ephoren hätten Knaben bestraft, die sich geweigert hätten, nach einem Liebhaber Ausschau zu halten. Das ist alles höchst unwahrscheinlich, weil die Päderastie in Sparta niemals jenes ethischen Umhangs bedurfte, mit dem die Athener immer wieder ihre Blöße zu verdecken suchten. In einer mutterrechtlichen Gesellschaftsordnung ist die Päderastie niemals Pflicht, sondern gilt als Erweiterung des Rahmens der Heterosexualität. Sie steht nicht im Gegensatz zu ihr, sondern ergänzt sie, indem sie auch im Knaben jene Elemente zu finden sucht, die man in der Frau schätzt. Das ist das diametrale Gegenteil der athenischen Päderastie, die ihre Ethik davon ableitete, daß der Mann ein besseres, ein edleres Wesen sei als die Frau.

Die bürgerliche Altertumsforschung hat immer wieder den Versuch gemacht, Athen und Sparta über einen Kamm zu scheren und die Päderastie in Griechenland so zu behandeln, als ob sie überall die gleichen Ursachen gehabt hätte. So wird immer wieder behauptet, daß die Ehe der alten Griechen durchaus funktioniert habe, daß die Frau keineswegs unterdrückt worden sei, und daß die Homosexualität, welche auch immer ihre Gründe gewesen sein mögen, zumindest nicht aus der Verachtung des Mannes für

die Frau und auch nicht aus seiner Langeweile am heimischen Herd entsprungen sei. Eine solche Verneinung trifft zwar durchaus auf Sparta zu, nicht aber auf Athen. Trotzdem verwendet ein Wissenschaftler von Format wie A. W. Gomme in seinen *Essays in History and Literature* (Oxford 1937) viele Seiten, um zu beweisen, daß *die Griechin* nicht unterdrückt worden sei, ohne uns klarzumachen, um *welche* Griechin es sich handelt – in welcher Stadt, zu welcher Zeit, in welcher Gesellschaftsschicht? Ähnlich H. D. Kitto in einem Buch von mehr als 250 Seiten (*The Greeks,* Chikago 1964), in dem volle 16 Seiten dazu dienen, das Absurde zu behaupten: »die Griechin« sei durchaus glücklich, zufrieden und weitgehend gleichberechtigt gewesen. Kittos Arbeit kulminiert in dem erstaunlichen Satz: »Die meisten Männer sind zwar an Frauen interessiert, die meisten Frauen aber nur an sich selber.« Woraus wir offenbar folgern sollen, daß es gleichgültig sei, ob der Mann die Frau befriedige, solange sie nur ihn befriedigt.
Diese Beispiele patristischer Arroganz bürgerlicher Geschichtswissenschaftler lassen sich beliebig häufen. Daß Altertumsforscher solche altväterlichen Ansichten vertreten, kann vielleicht ihrer Unkenntnis der Sexualwissenschaft zugute geschrieben werden, aber 1969 erschien in Kopenhagen das Werk eines Psychoanalytikers, Thorkil Vanggaard, *Phallos* (deutsch von Herbert Drube, München 1971), das in seiner dümmlichen Patristik allen Unsinn übersteigt, der bisher über dieses Thema von der bürgerlichen Altertumsforschung verzapft worden ist. Auf Seite 44 steht da: »Es ist unbedingt nötig, sich von dem Vorurteil zu lösen, das immer wieder mit erstaunlicher Borniertheit in der philologischen, historischen und psychiatrischen Literatur zum Ausdruck kommt, daß sich nämlich in Hellas die Männer untereinander liebten, weil die Frauen für sie nichts Begehrenswertes hatten, unwissend und kulturlos, wie sie waren ... Diese Ansicht ist gänzlich unhaltbar. Zunächst üben ja Frauen nicht durch ihren Intellekt oder durch ausgezeichnete Leistungen im öffentlichen Leben einen erotischen Reiz auf Männer aus. Nicht die Bedeutung einer Frau im geistigen oder politischen Bereich, sondern ihre sonstigen Qualitäten, die nichts zu tun haben mit philosophisch-spekulativem Denken und dialektischer Gewandtheit, machen sie für den Mann begehrenswert. Und das gilt selbst für die Frauen, die sich auf geistigem oder politischem Gebiet hervortun.«
Ins Deutsche übersetzt heißt das: die Frau regiert den Mann im Bett. Andere Qualitäten, die sie haben mag, sind für die Ehe nutzlos. Daß ein Arzt in allem Ernst von dem Zusammenleben zweier Menschen sprechen kann, als ob es aus 24stündiger Kopulation bestehe, zeigt wieder einmal, wie tief die Psychoanalyse im Patrismus verankert ist. Vanggaard wirft übrigens Fruchtbarkeitsbräuche, Homosexualität und analerotischen Sadismus in den gleichen Topf und nennt den Brei, den er da kocht, »Phallizismus«, naiv annehmend, daß der Phallos, da er ja Körperteil des Mannes sei, wohl auch Symbol seiner Herrschaft sein müsse. Das Gegenteil ist natürlich der Fall. Phallizismus stammt aus mutterrechtlicher Zeit und stellt das dar, was der *Frau* Vergnügen macht. Anzunehmen, daß der Mann sich selber Standbilder in Form von Phallen errichte, ist so absurd, als ob Frauen sich Standbilder in Form von Scheiden errichteten. Im dravidischen Indien, wo der Phallos-

kult seinen Höhepunkt erreichte, war der Kult des Lingam, des männlichen Gliedes, stets mit dem der Yoni, der Scheide, verbunden: die Männer beteten die Scheide an, die Frauen den Penis.

Aristoteles, den man wirklich kaum als Feminist einstufen kann, war sich jedenfalls im Gegensatz zu Gomme, Kitto und Vanggaard durchaus darüber klar, daß der außereheliche Verkehr mit Knaben auf die gleichen Wurzeln zurückging wie der mit Hetären: die Langeweile, die der Ehemann in der Gegenwart einer ungebildeten Gattin empfand. Zum Schutz des Familienlebens und des Staates befürwortete Aristoteles deshalb eine bessere Ausbildung der Frau (*Politik* 1260b, 15; 1269b, 17).

Der Altertumswissenschaftler George Thomson pflegte Generationen von Studenten mit dem Paradoxon zu schockieren, daß die griechische Homosexualität das Produkt der Demokratie gewesen sei: In keiner anderen menschlichen Gesellschaft, auch nicht in der Haremskultur des Orients und schon ganz gewiß nicht im autoritären Sparta, habe der Status der Frau einen solchen Tiefpunkt erlebt wie im demokratischen Athen. Und wie sei das zustande gekommen? Im Kantischen Sinne, als Antinomie: Genau das, was den Athenischen Stadtstaat so bemerkenswert mache, das Heranziehen des freien Bürgers zur Mitverantwortung an allen Taten der Gemeinschaft, habe ihm keine freie Zeit für seine Familie gelassen. Der bürgerliche Athener, zum Beispiel der Handwerker, der einerseits seinen Lebensunterhalt verdienen und andererseits zahllose Funktionen in der Verwaltung seiner Stadt übernehmen mußte, sei fast nie zu Hause gewesen. Niemals habe er Zeit gefunden, mit seiner Frau oder seinen Kindern zusammen zu speisen. Daß der Zweck der hellenischen Frau ausschließlich der gewesen sei, Söhne zu gebären, die den Vater ernähren konnten, wenn er gebrechlich wurde, das wisse ja sowieso jeder. Daß die Frau ihm den Haushalt geführt und manchmal als Bettgenossin gedient habe, sei von dem Manne als Erfüllung einer selbstverständlichen Pflicht betrachtet worden, für die der Frau weder Dankbarkeit noch Liebe gebühre. All dies sei ja weidlich bekannt. Aber daß diese Entfremdung zwischen Mann und Frau die unweigerliche Folge der Pflichterfüllung des Staatsbürgers gewesen sei, wäre wohl weniger bekannt. Der ökonomische Unterbau des Stadtstaates sei eben noch nicht weit genug gediehen, um so hohe politische Ansprüche an die Zeit des Bürgers zu gestatten. Was in der Stammesgesellschaft noch möglich gewesen sei, politische Verwaltung ohne Beamtentum, sei im Zeitalter des Stadtstaates eben nicht mehr möglich gewesen. Auch dies sei eine Antinomie: entweder oder. Entweder man regiere sich selbst – das sei aber nur im Stadium der Gentilgemeinschaft möglich –, oder man müsse eine Berufsverwaltung aufbauen, sonst würden die Männer schwul und die Frauen lesbisch.

Als einer der Studenten einmal entgegnete, daß diese Logik auf der Hypothese aufgebaut sei, die Verwaltung müsse auschließlich von Männern betrieben werden, sagte Thomson, eben das sei der Kernpunkt: vaterrechtliche Gesellschaftsordnungen trügen den Kern der Homosexualität in sich. Das Ganze war natürlich als Schocktherapie gemeint, als Denksport, denn Thomson pflegte oft hinzuzufügen, daß der einzige Grund, weshalb nicht alle Athener homosexuell geworden seien, die Existenz der Sklaven gewesen sei: Nur das ökonomische System der Sklaverei habe dem Bürger ein gewisses Maß an Freizeit gegeben, und dieses Maß sei identisch mit dem Prozentsatz der Heterosexuellen in der Polis. Dies ist ein dialektisches Ad-absurdum-Führen gewisser bürgerlicher Denkprozesse und deshalb in seiner Ausbeutung des Paradoxons durchaus lohnend. Aber es ist auch mehr. Es zeigt die grundsätzlichen Unterschiede zwischen der athenischen und der orientalischen Einstellung zur Homosexualität. Im Orient: sexuelle Toleranz; Ausdehnung des Sexualverkehrs auf den Mann und den Knaben. Bei den Athenern: sexuelle Arroganz, Einschränkung des Geschlechtsverkehrs auf Knaben als einzig würdige Partner des Mannes. Wenn Plutarch meint, Herodot müsse unrecht haben, wenn er die griechische Homosexualität früher ansetzt als die persische, da die Perser Eunuchen gehabt hätten und die Griechen keine, so irrt er sich. Erstens stellt die Existenz von Eunuchen keinen Beweis für die Existenz von Homosexualität dar. Zweitens aber hat die orientalische Duldung der Homoerotik als zusätzliche Befriedigungsmöglichkeit nichts mit jener misogynen Form der Päderastie zu tun, die wir in der Geschichte der Menschheit zum ersten Mal bei den Griechen finden. Gerade das, was die Griechen als Rechtfertigung der Knabenliebe betrachteten, die Alibistruktur, die sie als Überbau der päderastischen Praktik errichtet haben, ist das, was sie suspekt macht.

In einem Lustspiel aus der hellenistischen Zeit erscheint der ganz und gar nicht lustige Satz: »Ich mag keinen Mann, der selbst des Mannes bedarf!« Die Anzahl der griechischen Ehefrauen, die diesen Gedanken gehegt haben mögen, muß sehr groß gewesen sein. Diogenes Laertios (IV, 17) sagt, daß die Athenerin sich von ihrem Manne lossagen konnte, wenn er Päderast war, aber ich kann weder in der Rechtsgeschichte noch in der Literatur der Griechen einen Bericht über eine aus diesem Grunde erfolgte Scheidung finden. Der berühmteste Fall einer mit einem Päderasten verheirateten Frau ist wohl der des Sokrates und der Xanthippe, die dann auch prompt von Platon und seinen Freunden als wahrhafter Weibsteufel dargestellt worden ist. In Wirklichkeit sah die Sache genau umgekehrt aus. Denn daß Xanthippe über den Umgang ihres Mannes mit Alkibiades und anderen Jünglingen nicht gerade glücklich war, können wir ihr kaum übelnehmen. In der langen Perspektive der Geschichte fühlt man sich deshalb versucht, zu sagen, daß es angemessener wäre, einen unmöglichen Ehemann einen »Sokrates«, statt eine unmögliche Ehefrau eine »Xanthippe« zu nennen. Denn sie war ganz und gar nicht »unmöglich«; sie war weder zanksüchtig noch intolerant. Mit einem Päderasten verheiratet zu sein, ist für fast jede Frau eine Tortur, aber Sokrates war nicht nur Päderast, sondern besaß eine so zermürbende intellektuelle Arroganz, daß die Geduld, mit der sie die Ehe aufrechterhielt, bewundernswert ist. Man denke an jene Szene, die Platon beschreibt, um Sokrates' Klugheit und Xanthippes Kurzsichtigkeit zu belegen. Er kommt nach Hause und gibt ihr einen Kuchen, den Alkibiades ihm geschenkt hat. Sie wirft ihn auf den Boden und zertritt ihn mit den Füßen. Mit der ihm eigenen Herablassung fragt Sokrates nun geduldig, ob ihr bewußt sei, daß sie sich selber geschädigt habe, da sie ja nun nicht nur ihn, sondern auch sich selber des Genusses des Kuchens beraubt habe. Sie antwortet: »Aus dem

Kuchen mache ich mir sowieso nichts. Aber aus dir. Und du solltest dir von solchem Gesindel keinen Kuchen schenken lassen!«
Es ist bezeichnend, daß wir in der nicht gerade spärlichen Literatur der bürgerlichen Gesellschaft zum Thema der griechischen Homosexualität nirgends die Erwähnung der einfachen Tatsache finden, daß langjährige Verhältnisse (meist fünf bis acht Jahre) zwischen einem Mann und einem Knaben hauptsächlich deshalb entstanden, weil das normale Verhältnis zwischen einem Mann und einer Frau in Athen und den anderen vaterrechtlichen *poleis* aus Gründen der Rechtlosigkeit der Frau undenkbar war. Es gab also nur wenige Möglichkeiten für den Griechen (von der Griechin ganz zu schweigen), heterosexuellen Verkehr zu haben: zu heiraten, mit einer Metökin zu schlafen, eine verheiratete Frau zu verführen, oder zu einer käuflichen Frau zu gehen.
Wenn ein Mann weder heiraten noch mit einer Fremden koitieren, weder die Frau eines anderen verführen noch mit einer Hetäre oder Prostituierten verkehren wollte, blieb ihm überhaupt nichts anderes übrig, als sich einen Knaben zu suchen. Der päderastische Verkehr entsprang also weniger einer angeborenen oder ererbten homosexuellen Neigung als dem Mangel an Alternativen. Wer im Geschlechtsverkehr nicht nur körperliche Entspannung, sondern auch geistige Befriedigung suchte, der mußte, einerlei ob er homosexuell veranlagt war oder nicht, sich der Knabenliebe zuwenden. Denn nur dort konnte er ein Wesen finden, das ihm möglicherweise ein gewisses Maß an geistigem Interesse entgegenbrachte.
Diskussionen über die Vor- und Nachteile der Päderastie im Vergleich mit der heterosexuellen Liebe ziehen sich durch die ganze griechische Literatur, von der Klassik bis ins 5. nachchristliche Jahrhundert. In der fälschlich dem Lukian zugeschriebenen Abhandlung *Erotes* kommen die Disputanten zu dem Schluß, daß die Ehe zwar notwendig, weil lebenserhaltend, die Knabenliebe aber das Vorrecht der Weisen sei, da vollendete Tugend bei Frauen undenkbar ist. In dem Roman *Leukippe und Kleitophon* beschreibt Achilles Tatios (II, 35 bis 38) eine ähnliche Diskussion. Menelaos meint, der Knabe entfache mehr Wollust als das Mädchen. Kleitophon erwidert, die Liebe zu Knaben sei von Natur her unstillbar und vergleicht sie mit den Qualen des Tantalos, vor dem das Wasser stets zurückgewichen sei, wenn er trinken wollte. Menelaos entgegnet, das sei gerade der Sinn der Sache. Der höchste Genuß sei der, den man nicht befriedigen könne. Beim Küssen des Knaben werde der Liebhaber nie satt, beim Küssen der Frau sei er bald übersättigt. Soviel er den Knaben dagegen auch küsse, immer fühle er noch Durst und das sei gut so. Kleitophon sagt, nur was befriedige, sei gut. Der Knabe könne nie befriedigen, es fehle ihm das Entscheidende. Außerdem seien seine Küsse kunstlos, seine Umarmungen ungeschickt, seine Bewegungen unzart. Menelaos entgegnet, zumindest sei die Liebe des Knaben ehrlich, bei der Frau dagegen sei alles falsch, Worte sowohl wie Gesten, und vor allem die Wirkung, die nur auf Duftstoffen, Schminken, Pudern, Farben, Tinkturen beruhe. Der Knabe dagegen kenne keine künstlichen Gerüche. Seiner Haut entströme ein natürlicherer Duft als allen Salben der Frauen. Seine Umarmungen seien nicht weichlich, schlaff, schlüpfrig. Sein straffer Körper halte

stand und kämpfe um die Lust. Man könne ihn – und nun kommt die Hauptsache! – *ohne Scheu* in der Ringschule umfassen und *öffentlich* in die Arme nehmen. Also wieder einmal ein soziales, nicht ein sexuelles, als das entscheidende Element! Während der Mann sich schämen müßte, wenn er seine Frau vor den Augen anderer Männer umarmte, vergibt er sich nichts, wenn er einen Knaben öffentlich in die Arme nimmt.
Straton, der die Genüsse beider Geschlechter zu schätzen wußte, schließt sich auch hier den Päderasten an. Der Knabe wisse besser zu küssen, meint er. Seine Haut dufte angenehmer. Er wisse ungenierter durch offene Worte zum Genuß einzuladen. Er gebe sich schon im Blick natürlicher als die Frau, die um so abschreckender wirke, je natürlicher sie zu scheinen versuche. Auch sei sie im After weniger lustempfindlich als der Mann. Der After schließe sich enger um das Glied als die Scheide. Auch besäße die Frau kein Glied, an das der Mann während des Analverkehrs seine Hand legen könne, um den anderen zu masturbieren. All dies in Epigramm XII, 7 der *Anthologia Palatina:* »Den Muskel am After besitze die Frau nicht, auch nicht den einfachen Kuß, noch den lieblichen Duft der natürlichen Haut, auch nicht das süße Zotengespräch, noch den unverfälschten Blick. Ist sie aber unterrichtet, dann ist sie noch schlimmer: Kalt von hinten und leer vorne; nichts ist da, wohin du die suchende Hand legen könntest!«
Auch Meleager, nachdem er beide Formen der Liebe abgewogen hat, entscheidet sich für den Knaben (*Anth. Pal.* XII, 86):

Kypris, die frauliche, schickt die frauenverlangende Liebe,
Eros dagegen beherrscht knabenbegehrende Glut.
Ja, wem folg ich? Dem Sohn? Der Mutter? Ich glaube, Kythere
Sagt wohl selber: »Recht hat immer der Frechdachs – der Bub.«

Ähnlich Longos in Buch IV seiner *Daphnis und Chloe* und vor allem Straton in Epigram XII, 245 der *Anthologia Palatina:* »Die blöden Tiere vögeln bloß. Wir, die Vernünftigen, haben ihnen das voraus, daß wir das Arschficken erfunden haben. Wer es immer noch mit einem Mädchen tut, stellt sich auf das Niveau des Tieres.«
Aristophanes dagegen läßt in seinen *Wolken* den Gerechten seinen Sohn gegen den Analverkehr warnen. Tue es in der altmodischen Art, von vorn, mit einem Mädchen, meint er:

Stets hast du dann, Sohn,
Vollkräftige Brust, frischblühende Farb',
Breitschultrigen Wuchs,
Hübsch großes Gesäß, hübsch kleines Geschöß!
Doch wenn du es treibst in der neuen Manier,
Bald hast du dann auch

Bleichsüchtige Farb', schmalschultrigen Wuchs
Schwindsüchtige Brust, stets Munddiarrhöe,
Gar kleines Gesäß, gar großes Geschöß,
Psephismen ohn' End'!

Solche Ansichten waren aber selten, denn die Päderastie war aus den Gründen, die wir im folgenden belegen wollen, zu einer halbstaatlichen Institution geworden, die sich nicht mehr aus dem Gesellschaftssystem entfernen ließ, ohne die herrschende Klasse selber zu stürzen. Hierbei ist es wichtig, stets daran zu denken, daß die griechische Form der Homosexualität sich nur in den seltensten Fällen am Ideal des Mannes orientierte und sich statt dessen fast ausschließlich auf den Knaben richtete. Das Wort Homosexualität in bezug auf die alten Griechen zu benutzen, ist deshalb nur insofern sinnvoll, als es den gleichgeschlechtlichen Impetus der Libido kennzeichnet. Dabei müssen wir aber stets im Auge behalten, daß die griechische Homosexualität im Gegensatz zur heutigen Bedeutung des Begriffs, keine Männerliebe war. Dies hatte nachdrückliche Auswirkungen. Gemeinhin wurde der Knabe für den Päderasten reizvoll, wenn er zwölf Jahre alt war, und verlor seinen Reiz, wenn sich Haare an Rumpf, Steiß und Schenkel entwickelten. Der Liebhaber seinerseits sollte nicht über vierzig sein. In der Praxis wurden die Grenzen aber oft in beiden Richtungen überschritten. Aischines war über 45, als er stolz vor Gericht verkündete: »Ich verachte die Reize der Liebe heute ebensowenig wie früher, das gestehe ich gern ... Schöne und wohlerzogene Knaben zu lieben ist der natürliche Wunsch aller sensiblen und freien Köpfe.« Pindar soll sogar 79 gewesen sein, als er in den Armen eines Knaben entschlief.

Eindeutig aber war die griechische Überzeugung, daß man den Knaben nicht vor der Geschlechtsreife benutzen dürfe. Straton sagte: »Wenn ein noch unreifer Knabe zu einer Zeit, da er der Liebe noch unkundig ist, sich hingibt, so bringt das dem Manne, der ihn dazu überredet hat, um so größere Schande« (*Anth. Pal.* XII, 228). Aber wann begann die Reife? Plutarch meint in seinem *Leben des Lykurg* (17), daß »Knaben, die das zwölfte Jahr erreicht hatten und einen guten Ruf besaßen, treue Liebhaber erhielten.« Dies bezog sich auf Sparta. In Athen begann die Geschlechtsreife nach Aristoteles mit 14 Jahren. »Samen zu bekommen beginnt der Knabe gewöhnlich mit zweimal sieben Jahren; zugleich beginnt die Behaarung der Schamteile.« Auch Heraklit, die Stoiker und der Arzt Galenos betrachteten das 14. Lebensjahr des Knaben als das Jahr der Reife. Sechzehnjährige Knaben nannte man daher *epi dietes ebontas,* »schon durch zwei Jahre Reifende«. Danach begann das Stadium der Ephebie, das die Päderasten als das schönste im Leben des Knaben betrachteten. Gleichzeitig – und dies ist wichtig, wenn wir die Rechtmäßigkeit der Päderastie in Athen ermessen wollen – begann aber auch das Stadium der gesetzlichen Mannbarkeit. Vom 16. Lebensjahr an war der Athener erwachsen, konnte über sich selber verfügen, fiel nicht mehr unter den Jugendschutz und konnte deshalb sexuelle Beziehungen zu Männern oder Frauen eingehen, ohne daß man diesen den Vorwurf machen konnte, Kinder oder Minderjährige zu verführen. Bereits mit 14 Jahren stand es dem Athener frei, Prostitutierte, Straßenmädchen, Hetären und andere, die sich zum Geschlechtsverkehr anboten, also auch Pathici, männliche Huren, ohne Furcht vor Strafe zu benutzen.

Die Päderasten verwandten statt des Wortes *ephebos,* »geschlechtsreifer Jüngling«, gern die Worte *pais,* »Knabe«, oder *bupais,* »großer Junge«. Der mannbare Jüngling hieß *eneliks* oder *eitheos,* »der noch nicht Vermählte«, bei den Leukadiern *laispais,* »der schon Geilende«, bei den Attikern *paidis-*

kos, »Knäblein«, in Kreta *apagelos,* »der in die Riege *(agela)* Eingereihte«, in Sparta *sideunas,* in Elis *kyrsanias,* in Kyrene *eksandrumenos.* Straton beschreibt die Reize des Zwölfjährigen (*Anth. Pal.* XII, 205):

Zart ist der Sohn meiner Nachbarn, ganz zart noch. Er reizt mich nicht wenig.
Wie verflixt er doch schon lacht, ganz als ob er bereits willig wäre.
Älter als zwölf ist er kaum. Noch wacht man nicht über ihn.
Sind die Trauben aber erst reif, hütet man Gitter und Schloß!

Wenn das Alter der Reife dann gekommen ist, spricht Straton anders (*Anth. Pal.* XII, 251):

Früher haben wir Küsse getauscht und was sonst noch
Der Liebe vorangeht. Denn ein Kind warst du, mein Diphilos.
Jetzt aber bitte ich um den Knabenkranz, der später
Nicht mehr so schön sein wird. Alles zu seiner Zeit!

In *Anth. Pal.* (XI, 21) sagt der gleiche Autor vom Penis des geliebten Knaben:

Agathons junge Lazerte war jüngst noch ein rosiger Finger.
Sieh nur, heute ist sie ein rosiger Arm!

Berühmt und oft zitiert worden ist Stratons Gedicht von den Altersstufen der geliebten Knaben (*Anth. Pal.* XII, 4). Ich übersetze frei:

An der Blüte des Zwölfjährigen erfreue ich mich.
Begehrenswert ist er mit dreizehn Jahren.
Wer zweimal sieben Jahre hat, trägt eine noch süßere Blüte.
Fängt das fünfzehnte Jahr er an, wird er unwiderstehlich.
Das sechzehnte Jahr ist das Jahr der Götter.
Das siebzehnte zu begehren, kommt Zeus allein zu.
Reizen dich aber Ältere noch, ist die Liebe kein Spiel mehr,
Denn was dann du noch suchst ist Erwiderung.

Dies ist in der Tat ein Vers von höchstem Interesse, denn die letzten zwei Zeilen lassen vermuten, daß der Knabe bis zum siebzehnten Jahr dem Manne allein als Spielzeug diente. Wurde er alt genug, um selber Befriedigung zu verlangen, wurde aus dem Spiel etwas anderes. Knapp fügt seiner Prosaübersetzung dieses Verses den Kommentar hinzu: »Knaben von 12 bis 17 Jahren scheint man also nur zum Genuß benutzt zu haben, ohne sich ihnen selber zum Genuß dargeboten zu haben.« Wenn das stimmt, mag es die Verbitterung der Knaben und ihr stetiges Verlangen, für die angebliche Liebe bezahlt zu werden, nur allzu gut erklären.

Skythinos spricht (*Anth. Pal.* XII, 22) von dem Reiz des Sechzehnjährigen:

Großes Leiden, ein schwerer Kampf und ein mächtiges
Feuer brachtest, Elissos, du mir, seit die zur Liebe geeigneten
Jahre du nun hast: sechzehn! Die rüstigen Jahre und mit ihnen
All die Schönheiten, die großen und kleinen, du!
Zum Lesen eine Stimme wie Honig, und wie Honig zum Küssen die Lippen.
Makellos auch das, was du hast, um mich in dich aufzunehmen.
Und du? Nur anschauen, sagst du, soll ich dich. Wie aber soll ich schlafen,
Ohne Kypris, der Heiligen, mit der Hand zu opfern?

Plutarch schreibt (*amat.* 5) dem Gesetzgeber Solon die folgenden Verse zu:

Bis zur lieblichen Blüte der Jugend küsse du Knaben!
Ihre Schenkel, ihr Mund, Gott, sie sind süß!

Gaston Vorberg deutet die Worte »bis zur lieblichen Blüte der Jugend« als: Bis zum ersten Bartflaum (*Ars Erotica Veterum,* S. 182, Fußnote 7). Dies scheint mir korrekt, denn ein anonymer Zweizeiler der *Anthologia Palatina* sagt sehr ähnlich (XI, 51):

Freund, genieße den Mai! Wie kurz ist die Blüte! Macht aus
Dem Böckchen nicht ein Sommer schon den struppigen Bock?

Beide Verse sagen also aus: Nutze die Zeit vor dem ersten Haarwuchs, denn sie ist die kostbarste, die vergänglichste. Das Verb *tragizein,* »wie ein Bock stinken«, bedeutet auch: »zum Manne werden«, denn es wurde von dem Knaben gesagt, der das erste Smegma absonderte. Der Mai ist die Zeit vor der Reife, der Herbst das Ende der Liebe, denn der »struppige« Bock ist der haarige Mann, und mit dem Haarwuchs des Mannes verschwand nach Meinung der Griechen der Reiz des Knaben. Alkaios sagt (*Anth. Pal.* XII, 30):

Dein Schenkel, Nikandros, beginnt von Haaren zu starren.
Paß auf, daß deinem Hintern nicht das gleiche geschieht,
Denn dann erst wirst du merken, wie die einstigen Freunde
Dich fliehn! Kümmere dich deshalb um deine unwiderbringliche
Jugend, solange, Nikandros, du einen Teil noch besitzest.

Zu den wenigen Autoren, die dieser Meimung widersprachen, gehörte Plutarch. In seinem *Erotikos* sagt er: »Man glaubt allgemein, daß ein einziges Haar stark genug sei, um die Liebe wie ein weiches Ei zu zerschneiden. Knabenliebhaber, sagt man, seien wie Nomaden, die im Frühling auf der grünen, blumigen Wiese ihr Zelt aufschlagen, um es wie feindliches Land zu verlassen, sobald der Sommer vorbei ist. Doch sollten wir uns vielleicht an jene berühmten Worte des Euripides erinnern, der zwischen Küssen und Umarmungen zu dem schönen Agathon sagte, als dieser schon bärtig war: ›Schönheit ist auch im Herbste schön!‹«
Nicht unähnlich spricht Philostratos zu seinem Geliebten (zitiert und übersetzt von Hans Licht in *Anthropophyteia* VIII, 221 f.): »Was zeigst du mir den Bart, mein Knabe? Du hörst nicht auf, nein fängst erst an, schön zu sein! Denn das blendende in der Schönheit geht schnell vorüber, flüchtig und unbeständig, doch das Solide und Dauerhafte bleibt bestehen. Den wahrhaft Schönen schadet die Zeit nicht, sondern hebt ihre Schönheit hervor und läßt sie mehr zutage treten, anstatt sie mißgünstig zu verkümmern. Sagt doch auch Homer, daß der Jüngling mit dem ersten Bartflaum am liebreizendsten sei, und er als Dichter verstand sich darauf, Schönheit zu sehen und zu schildern. Das würde er aber nicht gesagt haben, wenn er nicht selbst einst seinen Liebling am Kinne nahm und ihn küßte. Bevor auf deinen Wangen der Flaum sproßte, unterschieden sie sich in nichts von denen eines Weibes, da sie zart und durchsichtig waren; seit es aber geschah, erscheinst du männlicher und vollendeter. Oder möchtest du vielleicht den Eunuchen gleichen, deren Kinn unfruchtbar ist und hart und dem Steine ähnlich? Wahrlich, wegen dieses Mangels an Männlichkeit schämen sich jene Unglücklichen mehr als ihrer Verschneidung, da diese von der Kleidung bedeckt ist, während die Bartlosigkeit offen zutage liegt.«
Dies aber sind die Ausnahmen. Die Mehrheit der Autoren ist sich einig, daß

behaarte Knaben keine Knaben mehr sind, sondern Männer. Da nun, wie Aristoteles, Heraklit, Galenos und die Stoiker einstimmig berichten, dieses Stadium von den meisten Knaben im 14. Lebensjahr erreicht wurde, das 14. Jahr in den meisten *poleis* aber erst den Anfang der juristischen Mündigkeit darstellte, finden wir uns hier mit dem Dilemma konfrontiert, daß der Knabe in dem Alter, in dem er zum ersten Mal koitieren durfte, für den Päderasten bereits zu alt war. Diese Tatsache ist von Bedeutung, weil sie die Selbsttäuschung zeigt, der sich die meisten Päderasten hingaben, wenn sie scheinheilig meinten, es sei eine Schande, einen unreifen Knaben zu verführen, dann aber zugeben, daß der gereifte Knabe sie gar nicht mehr interessiert. Die Tragödie der griechischen Päderastie lag also erstens in der stetigen Selbsttäuschung, zweitens in der unvermeidlichen Übertretung des Verbots der Verführung Minderjähriger, vor allem aber in der Kurzlebigkeit der Knabenliebe. Während eine homosexuelle Beziehung zwischen Gleichaltrigen genauso lange dauern kann wie eine Ehe und unter geeigneten gesellschaftlichen Umständen auch ebenso glücklich oder unglücklich sein kann, lastet auf der Knabenliebe von Anfang an die Angst vor dem unvermeidlichen Ende. Hieraus ergab sich ein gewisser Todeswille, ein Versuch, dem Schicksal zuvorzukommen, der die ganze Literatur der griechischen Knabenliebe kennzeichnet.

Plutarch hat, wie wir gesehen haben, das klar erkannt, als er im *Erotikos* (761 B bis C) von den Päderasten schrieb: »Sie riskieren ihr Leben, wo es gar keinen Grund hierfür gibt. Der Thessalier Thero legte einmal seine Hand an eine Wand, zog sein Schwert, hackte sich den Daumen ab und forderte seinen Liebesrivalen heraus, das gleiche zu tun.« Als Timagoras einst seinen geliebten Knaben Meles fragte, was er für ihn tun könne, um seine Liebe zu beweisen, sagte dieser im Scherz: »Spring von der Akropolis.« Ohne zu zögern, sprang Timagoras. Als Meles sah, was er mit seinem Scherz angerichtet hatte, sprang er ihm nach. Den beiden toten Freunden errichteten die Athener ein Heiligtum des Anteros. Als Kleomachos gegen die Chalkider in den Krieg zog, fragte er seinen geliebten Knaben, ob er seinen Tod sehen wolle. Der bejahte es, küßte den Freund und setzte ihm den Helm auf den Kopf. Da erfüllte hoher Mut dem Älteren das Herz, sagt Plutarch (*amat.* 760c), und todverachtend sprengte er an der Spitze seiner Reiter gegen die Chalkider, den Sieg gewinnend und sich für den Freund tötend.

Die Griechen betrachteten diese und viele andere vergleichbare Beispiele als Beweis dafür, daß homosexuelle Freundespaare im Kampf unbesiegbar seien. Plato sagt: »Wenn es möglich wäre, daß ein ganzer Staat oder ein Heereslager aus Päderasten und ihren Lieblingen gebildet würde, so wäre eine bessere Verwaltung schlechterdings undenkbar, denn sie würden aus Rücksicht aufeinander sich von allem Schändlichen fernhalten und beständig miteinander in edlem Wettstreit liegen. Wenn es zu einer Schlacht käme, würden sie trotz ihrer geringen Zahl alle anderen besiegen. Denn ein Liebender möchte wohl eher von der ganzen Welt als von seinem Geliebten dabei betroffen werden, daß er seine Fahne verläßt oder die Waffen wegwirft, und würde es tausendmal vorziehen, vor seinen Augen zu sterben.

Denn seinen Liebling im Stich zu lassen, oder ihm in Lebensgefahr nicht beizustehen – nein! so gemein ist niemand, daß ihn nicht Eros selbst zur Tapferkeit begeisterte, so daß er es mit dem Mutigsten aufnimmt.«
Dieser Gedanke ist ganz und gar nicht absurd. Die Dorer und Boiotier führten ihn aus. Unter dorischem Einfluß bildete sich in Kreta und Sparta, unter phoinikischem Einfluß im boiotischen Theben der Gedanke, daß eine Stoßtruppe, die ausschließlich aus homosexuellen Paaren bestand, unschlagbar sei, denn ein jeder der Partner wäre lieber selber gestorben, als den Geliebten sterben zu lassen. So entstand in Kreta der Begriff des *parasthatheis,* des Geliebten, der einem im Kampfe zur Seite steht. Das spartiatische Hoplitencorpus war auf diesem Gedanken aufgebaut und blieb mit einer einzigen Ausnahme dreihundert Jahre lang unbesiegt. Bezeichnenderweise war die Truppe, die diese Siegesserie beendete, ihrerseits auf der gleichen Formel aufgebaut, die »Heilige Schar« der Thebaner, die Sparta im Jahre 371 bei Leuktra und zum zweiten Male im Jahre 362 bei Mantineia besiegte. Als Philipp von Makedonien die Thebaner im Jahre 338 bei Chaironeia bezwang, gelang ihm dies nur, indem er sämtliche Mitglieder auf dem Schlachtfelde tötete. Die griechische Sage spricht von den Tränen, die Philipp, selber ein Homosexueller, weinte, als er das Schlachtfeld mit den Körpern der Toten bedeckt sah, stets zwei Tote zusammenliegend und alle mit ihren Wunden auf der Vorderseite des Körpers.
Die ethische Glorifizierung der Päderastie als conditio sine qua non der höchsten Tapferkeit wurde auch dadurch gefördert, daß in verschiedenen griechischen Stadtstaaten »Tyrannen« von Päderasten getötet worden waren, allerdings in fast jedem Falle weniger aus patriotischen Motiven als aus Eifersucht oder sexueller Rache. So zum Beispiel Hipparchos, der Tyrann von Athen, der im Jahre 514 v. u. Z. von dem Liebespaar Harmodios und Aristogeiton erschlagen worden war, weil er dem Aristogeiton den Harmodios abspenstig zu machen versucht hatte. Da die Nachfahren dieser beiden »Helden« im Rathaus als Ehrenbürger bewirtet wurden, lernten Generationen von Athenern Päderastie mit Mut und Ehre zu identifizieren. Ein anonymes Trinklied, das die Taten der beiden Freunde feierte, erreichte in Athen den Status einer heutigen Nationalhymne. Und so ist es vielleicht bezeichnend, daß das erste politische Denkmal in der Geschichte Europas, die Doppelstatue der beiden Liebhaber, die von Antenor gefertigt und auf der Akropolis errichtet wurde, auch das erste Denkmal eines Päderastenpaars ist.
Periander, der Tyrann von Ambrakia, wurde in ähnlicher Weise aus Eifersucht und Rache von seinem Lieblingsknaben getötet, der dann prompt als Befreier der Heimatstadt gefeiert wurde. Auch Pitholaos, der Geliebte des Alexandros, wurde zum »Befreier von Pherae«, nachdem er seinen ehemaligen Liebhaber ermordet hatte. Ähnlich wurde auch König Archelaos von zwei ehemaligen Lieblingsknaben, Krateas und Hellanokrates, umgebracht. Der König hatte den beiden (die in späteren Fassungen als ein und dieselbe Person dargestellt wurden) versprochen, sie in ihre Heimatstädte zurückkehren zu lassen, wenn sie sich ihm hingäben. Da er sein Versprechen brach, töteten sie ihn. Auch Pausanias, der Mörder König Philipps von Makedo-

nien, der wahrscheinlich von Alexander und dessen Mutter zu der Tat angespornt worden war, hatte sexuelle Beziehungen sowohl zu Philipp selbst wie zu Alexander. Die drei Fassungen des Hintergrunds dieses Mords, die wir aus antiken Quellen besitzen, widersprechen einander in mancher Hinsicht. Nach Justinus (IX, 6) war Pausanias in seiner Jugend von dem Höfling Attalos während eines Gastmahls vergewaltigt und den anderen Gästen zum Analverkehr zugewiesen worden. Da Philipp den Attalos hierfür nicht bestraft hatte, habe Pausanias sich an Philipp selber gerächt. Diodor 16 und Plutarch in *Apoph.* dagegen meinen, Philipp habe den Pausanias selber anal vergewaltigt. Einerlei, wie es nun in Wahrheit zugegangen sein mag, sind sich alle drei Autoren darüber einig, daß homosexueller Analverkehr am makedonischen Hofe gang und gäbe war. Wichtiger als diese Erkenntnis ist jedoch die Tatsache, daß in jedem Falle der Mörder als Retter gefeiert wurde. So auch in Megara, wo Diokles, der sich bei der Befreiung der Stadt für seinen Geliebten geopfert hatte, alljährlich als Stadtheros gefeiert wurde, und in Samos, wo die Eleutherien jedes Jahr dem Andenken an die Befreiung der Stadt durch ein homosexuelles Paar geweiht waren.
Platon zieht hieraus die Folgerung, daß Eros, da er der älteste Gott sei, auch politisch der wirksamste und ethisch der bedeutendste sein müsse: »Wie nun Eros der älteste Gott ist, so verdanken wir ihm auch die größten Wohltaten. Ich wüßte wenigstens für einen Jüngling kein größeres Glück zu nennen als einen wackeren Mann, der ihn liebt, und für diesen kein größeres Glück als einen wackeren Geliebten. Denn was den Menschen ein Leitstern sein muß, die ein sittlich hohes Leben führen wollen, das finden sie weder bei ihren Verwandten noch in Amt und Würden oder im Reichtum so gut wie in der Liebe. Soll ich auch sagen, was dies ist? Das Schamgefühl bei häßlichen Dingen und das Streben nach dem, was schön und gut ist. Ohne dieses sittliche Gefühl kann weder die Gesamtheit des Staates noch der einzelne Bürger Großes und Schönes leisten. Ich behaupte aber: Wenn einer, der einen Jüngling liebt, dabei betroffen wird, etwas Häßliches zu tun oder von einem anderen solches sich gefallen zu lassen, der wird sich weder vor dem eigenen Vater noch dem Freunde, noch irgendeinem anderen Menschen deswegen so schämen wie vor seinem Liebling. Und ebenso sehen wir, daß der Liebling, wenn er bei irgend etwas Unedlem betroffen wird, sich am allermeisten vor seinem Liebhaber schämt.«
Die ethischen Ansprüche Platons und der anderen athenischen Päderasten werden allerdings ein wenig suspekt, wenn man ihre Anwendbarkeit auf jene Einwohner der Stadt überprüft, die nicht Mitglieder der herrschenden Klasse waren. Wenn die Knabenliebe wirklich veredelte, dann hätte man die Veredlung doch vor allem jenen zukommen lassen müssen, die nicht bereits sowieso dem Adel angehörten: den Unedlen und Unfreien. Aber das war keineswegs so. Im Gegenteil, wir wissen aus vielen Berichten, daß der homosexuelle Verkehr zwischen Freien und Unfreien mit schweren Strafen belegt war. Nur von einem Bürger, meinte man, könne der Knabe Gutes, Ehrwürdiges und Erhabenes lernen. Von einem Fremden oder Sklaven dagegen nichts als Niedrigkeit, Feigheit und Sklaventum. Zwar duldeten die Athener, daß die Metöken, die ortsansässigen Fremden, einem der Ihren, der sich aus

Liebe zu einem athenischen Knaben getötet hatte, ein Denkmal errichteten, aber das machte den Verkehr zwischen Fremden oder gar Unfreien einerseits und athenischen Bürgern andererseits nicht leichter. Straffrei dagegen war der Verkehr zwischen Metöken und Sklaven, der unter dem Zeichen »Gleich und gleich gesellt sich gern« (Plato) stand.

Diese athenischen Gesetze zur Regulierung der Päderastie, deren Überlieferung wir dem Redner Aischines (erste Hälfte des 4. Jahrhunderts v. u. Z.) verdanken, gehen angeblich auf Solon zurück. Plutarch sagt, Solon habe »unter Androhung schwerer Strafen« den Geschlechtsverkehr zwischen freien Athenern und Sklaven verboten, weil er die Päderastie »zu den edlen und löblichen Dingen zählt und gewissermaßen die Würdigen zu dem aufruft, wovon er die Unwürdigen ausschließt« (*Das Leben Solons* I, 3). Obgleich man nicht daran zu zweifeln braucht, daß solche Gesetze bestanden haben und vielleicht sogar tatsächlich auf Solon zurückgehen, ist es nun aber bezeichnend, daß wir keinen einzigen Beweis dafür haben, daß die angekündigten Strafen jemals in ihrer vollen Härte verhängt worden sind. »Wenn ein Athener einen freien Knaben mißbraucht hat, so klage der, der das Sorgerecht über ihn hat, bei den Thesmotheten und gebe die Buße an. Wen dann das Gericht verurteilt hat, der werde den Elfmännern übergeben und sterbe am selben Tage. Wenn er aber zu einer Geldstrafe verurteilt worden ist, soll er innerhalb elf Tagen zahlen, anderenfalls in Haft bleiben. Derselben Schuld fallen auch die an, die sich an Sklaven vergehen.« Nun mag dieser oder jener Athener tatsächlich wegen eines dieser Vergehen zu einer Geldstrafe verurteilt worden sein, aber es gibt keinen einzigen Fall in der griechischen Geschichte, in dem ein Athener wegen Päderastie mit einem Abhängigen oder Sklaven zum Tode verurteilt worden wäre.

Ähnlich steht es mit dem Solonischen Gesetzen zur Regulierung der homosexuellen Prostitution. »Wenn ein Athener als Lustknabe gedient hat, soll er nicht Archon oder Priester oder Volksanwalt werden dürfen. Auch soll er keine sonstigen Ämter bekleiden noch die heiligen Staatsfeste besuchen noch während des allgemeinen Kranztragens sich bekränzen noch geweihte Versammlungsstätten betreten. So er aber dies doch tut, soll er, falls er schuldig befunden wird, sich als Lustknabe verkauft zu haben, mit dem Tode bestraft werden.« Auch hier wissen wir von keinem einzigen Fall in der Geschichte Athens, daß ein Knabe tatsächlich wegen eines solchen Vergehens zum Tode verurteilt worden sei. (Aisch. *Tim.* 13 ff., 137, 138 ff.).

Noch zweifelhafter wird die Absicht des griechischen Gesetzgebers, wenn wir uns daran erinnern, daß der Staat von allen Bordellen eine Abgabe erhob und daß dies ebenso für die Knaben- wie für die Mädchenhäuser galt. Die *pornotelones,* die Hurenzinspächter in Athen, besaßen nicht nur komplette Listen mit Namen und Adressen aller steuerpflichtigen Hetären, Bordellinsassen und Straßenmädchen, sondern auch aller Knaben, die sich zum homosexuellen Verkehr hergaben. Solche Knaben konnte man nicht nur für ein paar Minuten, einen Abend oder eine Nacht kaufen, sondern auch auf längere Zeit mieten. Das erfahren wir aus einem Plädoyer des Lysias, der im Jahre 393 v. u. Z. einen der vorsätzlichen Körperverletzung angeklagten Athener zu verteidigen hatte. Dies war damals ein schwerwiegendes Vergehen, das mit Vermögenskonfiskation und Verbannung bestraft wurde. Der Angeklagte hatte aus Eifersucht wegen eines von ihm für 300 Drachmen gemieteten Strichjungen namens Theodotos einen Mann namens Simon angegriffen, der auch Ansprüche auf diesen Knaben erhob. Der Ausgang des Gerichtsverfahrens ist weniger wichtig als die beiläufige Erkenntnis, daß es durchaus legal war, einen Knaben zum Zweck des homosexuellen Verkehrs zu kaufen, solange der Knabe unter niemandes Sorgerecht stand. Auch den Knaben traf keine Strafe, solange er nicht den Versuch unternahm, Staatsfeste oder geweihte Versammlungen zu besuchen, sich zu bekränzen, Volksanwalt, Archon oder gar Priester zu werden.

Aber selbst diese Erkenntnis ist weitgehend illusorisch, denn Päderastie als solche war ja sowieso nicht strafbar. Nur Mißbrauch von Abhängigen, Mißbrauch Minderjähriger, homosexuelle Vergewaltigung, homosexueller Verkehr mit Sklaven und päderastische Prostitution unterlagen, wenn man athenischer Staatsbürger war und nur dann, bestimmten Strafen. Wo die Anklage auf Prostitution lautete, konnten beide Partner stets sagen, es sei aus Liebe geschehen. Allein das Verbot, Volksanwalt oder Archon zu werden, mutete die Athener als etwas seltsam an, da es seit Generationen nicht mehr möglich gewesen war, Archon oder Volksanwalt zu werden, *ohne* sich einem der Männer, welche die Wahl dieser Ämter beherrschten, hingegeben zu haben. Da es aber beschämend war, vor sich selber zugeben zu müssen, daß man sich nur der Karriere halber hingab, verstanden es beide Partner, sich selbst davon zu überzeugen, daß es eben doch »Liebe« gewesen war.

Die *poleis* waren so klein, daß zumindest innerhalb der herrschenden Klasse jeder jeden kannte. Wenn der Knabe Diognis mit dem großen Demetrios schlief, so sprach jeder darüber, wie Karystios uns in seinen *Erinnerungen* erzählt, und prophezeite dem Diognis eine große Karriere. Denn wenn sich ein Mann wie Demetrios mit ihm abgab, dann mußte wohl etwas besonderes an ihm sein. Umgekehrt war das Besondere, das ihm nun zu seiner Karriere verhalf, einfach die Tatsache, daß er mit Demetrios geschlafen hatte. »So sehr trachteten alle anderen Knaben Athens danach, mit Demetrios zu verkehren, daß die schönsten, wenn Demetrios vormittags spazieren ging, alle dorthin kamen, um von ihm gesehen zu werden.«

Es ist geradezu peinlich, in den Biographien der großen Männer zu lesen, mit welch kindlicher Naivität sie sich einbildeten, daß die Knaben sich ihrer Schönheit, ihres Geistes oder ihrer Potenz halber so um sie rissen. Einerlei wie klug sie als Staatsmänner, Philosophen, Dichter oder Redner waren, keiner von ihnen scheint selbstkritisch genug gewesen zu sein, um sich im Verkehr mit den geliebten Knaben als das zu sehen, was er diesen Knaben einzig und allein bedeutete: das notwendige Übel, das man in Kauf nahm, um selber als Staatsmann, Philosoph, Dichter oder Redner anerkannt zu werden. Wenn man obendrein noch Talent hatte, so half das natürlich auch. Aber Talent allein war zumindest im Athen der klassischen Zeit völlig nutzlos, wenn man nicht »in« war, das heißt: wenn man nicht Geliebter eines der großen Männer gewesen war.

Selbst die Philosophen gaben sich der Hoffnung hin, daß ihre Knaben sie ihrer Weisheit halber liebten. Es entbehrt nicht der Pikanterie, daß eines der letzten Gespräche des Sokrates den Namen des Strichjungen Phaidon trägt. Dieser von Platon niedergeschriebene, vielleicht auch zum Teil von ihm erfundene Dialog stellt nicht nur eines der bedeutendsten literarischen Dokumente der Antike dar, sondern sagt auch viel über die Selbstverständlichkeit der Päderastie in den Zirkeln aus, in denen Sokrates und Plato sich bewegten. Sokrates hatte den Knaben in einem Männerpuff kennengelernt und einen seiner wohlhabenden Freunde dazu bewegt, ihn loszukaufen. Daß er einen Pupenjungen auswählte, um ihm seine Gedanken über die Unsterblichkeit der Seele anzuvertrauen, wird nur den als absurd berühren, der nicht mit der Überzeugung der Sokratiker vertraut ist, daß Edelmut des Geistes sich in Adel der Glieder äußere. Wenn wir annehmen, daß Phaidon im Auge des Homoerotikers schön, graziös und reizvoll gewesen ist, so war das nach platonischen und sokratischen Maßstäben ein besserer Grund, ihm das gesammelte Wissen des Philosophen anzuvertrauen, als wenn er klug aber häßlich gewesen wäre. Daß Sokrates selber einer der häßlichsten Männer seiner Zeit war, machte die Sache natürlich für seine heterosexuellen Zeitgenossen um so pikanter.
Aischines sagt in seiner berühmten Rede: »Ich behaupte auf das bestimmteste, daß zwar die Liebe zu schönen und mäßigen Jünglingen der Menschheit Ehre macht und von Großherzigkeit zeugt, daß es aber Schamlosigkeit und schlechte Erziehung bezeugt, wenn jemand einen freien Knaben zum Geschlechtsverkehr kauft. Geliebt zu werden, ist eine Ehre; sich zu verkaufen, eine Schande.« Diese Fiktion eines grundsätzlichen Unterschiedes zwischen käuflichen und nichtkäuflichen Knaben war den griechischen Päderasten lebenswichtig, denn ihre ganze Selbstachtung hing von der Aufrechterhaltung der Illusion ab, daß sie zumindest von *manchen* Knaben um ihrer selbst willen geliebt wurden. Wie prekär und dehnbar die Grenze zwischen käuflich und nichtkäuflich jedoch in Wirklichkeit war, zeigen die folgenden Beispiele.
»Nicht allzu traurig liege neben mir, noch niedergeschlagen, mein Diphilos, noch sei ein Knabe aus der Herde!« fleht Straton seinen geliebten Knaben an (*Anth. Pal.* XII, 209), wobei er mit »Knaben aus der Herde« die käuflichen Knaben meint. Dieses Dilemma, daß nur die zur Päderastie ausgebildeten Knaben nicht niedergeschlagen waren, oder zumindest Lust und Liebe vorzutäuschen gelernt hatten, plagte alle Knabenliebhaber. So versucht Philostratos seinem Knaben, der ihn offenbar um Geld gebeten hatte, vergeblich klarzumachen, daß die großen Männer stets arm seien und die Liebe eines großen Mannes besser sei als das Geld des reichen Mannes: »Bettelarm war Sokrates, und doch bettete sich unter seinen ärmlichen Mantel mit ihm der reiche Alkibiades, denn Armut schändet nicht. Schau in das Theater: arm sind die Zuschauer. Schau in die Gerichtssäle: arm sind die Richter. Schau auf die Schlachtfelder: die Reichen mit den goldverzierten Waffen lassen die Reihen im Stich. Wir aber zeichnen uns aus. Und auch in unserem Verkehre mit euch schönen Knaben gibt es einen Unterschied. Der Reiche behandelt den, der ihm willig war, von oben herab, da

er ihn sich erkauft hat. Der Arme aber weiß ihm Dank, daß er sich seiner erbarmte. Der Reiche beansprucht die Gunst auf Grund seines eigenen Machtgefühls, der Arme auf Grund der Menschenfreundlichkeit des Gebenden. Der Reiche schickt einen Boten, einen seiner Schmeichler und Parasiten, einen Koch oder einen Aufwärter bei Tisch, der Arme aber kommt selbst. Um er kurz zu sagen: der Reiche nennt dich einen Buhlknaben, ich nenne dich meinen Herrn. Er nennt dich Sklave, ich Gott. Er nennt dich einen Teil seines Besitzes, ich dich mein alles. Wenn er sich dann in einen anderen verliebt, wird das gleiche Spiel von neuem beginnen. Der Arme aber liebt nur einmal. Glaubst du, daß er an deinem Bette sitzen wird, wenn du krank bist? Daß er sich schützend vor dich stellt, wenn die Speere fliegen? Daß er für dich sterben wird? Ich aber würde es tun, und dies ist mein Reichtum.« (Übersetzt von Hans Licht in *Anthropophyteia* VIII, 218 f.).

Philostrates' Hinweis auf Alkibiades entbehrt nicht der Ironie, denn trotz seines Reichtums stellt der schöne Athener ein Musterbeispiel dafür dar, wie die Lustknaben sich am Wohlstand ihrer Liebhaber zu bereichern pflegten. Als Alkibiades einmal Geld brauchte, und er brauchte fast immer Geld, ging er zu einem Liebhaber, dem reichen Anytos, der gerade ein Gastmahl für seine Freunde gab, und befahl seinen Dienern, die Hälfte der auf dem Büfett stehenden Prunkgefäße einzupacken und für seinen Freund Thrasyllos mitzunehmen. In liebenswürdigster Weise nahm er dann von Anytos Abschied. Als die Gäste des Anytos ihm rieten, Alkibiades wegen Diebstahls zu verklagen, sagte Anytos, verliebt wie er in Alkibiades war: »Ihr sagt, er sei ein Dieb und obendrein noch unbescheiden. Ganz im Gegenteil, meine Freunde, höchst bescheiden war er. Obwohl er alle Pokale nehmen konnte, hat er mir doch die Hälfte gelassen!« (FHG, III, 160, I aus Athen. XII, 534b).

Dies mag ein besonders krasser Fall gewesen sein, aber er charakterisiert die Flexibilität der Trennungslinie zwischen Liebe und Prostitution in der griechischen Päderastie. Obgleich es selten war, daß die Söhne der herrschenden Klasse von ihren Liebhabern Geld erhielten, waren sie materiellen Zuwendungen ganz und gar nicht abgeneigt. Im Gegenteil, solche Zuwendungen gehörten zum guten Ton: Gebäck, Haustiere, Jagdhunde, Tongefäße mit eingeritzten Widmungen, Kleidung, Waffen, Rüstungen, Pferde und Wagen. Waren die Eltern des Knaben freie Bürger, gehörten aber nicht der Aristokratie an, so lag die Bestechung darin, daß der Gönner die »Erziehung« des Knaben übernahm. Das heißt, er holte ihn in sein Haus, umgab ihn mit Luxus, trug alle Kosten seines Unterhalts und seiner Kleidung vom Kindes- bis zum Mannesalter, und gab ihn dann an seine Eltern zurück. Nicht nur hatten sie hierdurch die Unterhalts- und Erziehungskosten des Knaben gespart, sondern sie konnten auch sicher sein, daß nun die Laufbahn des Sohnes und damit das künftige Einkommen der Eltern gesichert war. Denn es galt als moralische Pflicht des Liebhabers, dem ehemaligen Geliebten den Weg zu ebnen. Bezeichnenderweise wurden solche Eltern aber niemals der Kuppelei bezichtigt. Und wenn sich der Gönner jemals der Tatsache bewußt war, daß er den Knaben auf diese Weise genauso gekauft hatte, als ob es ein Straßenjunge gewesen wäre, so verstand er stets, diese Erkenntnis schnell aus dem Bewußtsein zu verdrängen und sich vorzugaukeln, daß er allein um seiner Reize halber fünf oder mehr Jahre geliebt worden sei. Aristophanes, obgleich er selber nicht frei von päderastischen Neigungen war, gehörte zu den wenigen Griechen, die diese Illusion zu zerstören suchten. So läßt er im *Plutos* den folgenden Dialog abrollen (153, übersetzt von Droysen):

KARION
Und auch die Knaben sollen dies und das Weitere
Nicht um des Freundes, sondern des Geldes willen tun.

CHREMYLOS
Doch nicht die besseren, sondern nur die gemieteten,
Denn die besseren nehmen gar kein Geld an.

KARION
Was denn sonst?

CHREMYLOS
Der einen Zug Jagdhunde, jener ein gutes Pferd!

Noch deutlicher formuliert Straton den Übergang von angeblicher Liebe zu offener Prostitution (*Anthologia Palatina* XII, 212):

Weh mir, was soll die Träne im Aug', was bist du so traurig?
Sage doch, was dir fehlt, Junge, und was du begehrst!
Nun streckst du die Hand mir hin, die hohle, o Schande.
Also verlangst du Geld? Wer hat dir das beigebracht?
Bist nicht mehr mit Gebäck, mit Honigkuchen zufrieden,
Nicht mehr mit Nüssen, die bisher ich zum Spiele dir gab.
Jetzt also Geld wie ein Händler! Verflucht sei der,
Der diese Krämerseele dir gab und deine Liebe mir nahm!

Selbst Straton, Zyniker und Weltmann, der er war, fällt auf die Legende von der Liebe des Knaben hinein und weiß sich am Ende keinen anderen Rat, als einen fiktiven Konkurrenten zu beschuldigen, er habe dem Knaben die Idee eingeflößt, ihm, dem großen Liebhaber, Geld abzuknöpfen. Blind wie die Eitelkeit des in ein Mädchen verliebten Mannes auch sein mag, die Blindheit des verliebten Päderasten übertrifft sie noch bei weitem.

Nicht unähnlich der Geschichte des Alkibiades, der seines Liebhabers Pokale mitnahm, ist die Geschichte eines ungenannten Knaben, in den der große Sophokles sich eines Tages verliebte. Zusammen gingen sie »vors Tor« und legten sich »zur Liebe« ins Gras. Vorsorglich breitete der Knabe seinen zerschlissenen Mantel aus, und liebend faltete Sophokles seinen eigenen Mantel über sich und seinen Geliebten. Nach dem Samenerguß schlief der Dichter ein. Als er aufwachte, war der Knabe verschwunden, und mit ihm der Mantel des Dichters. Eingehüllt in den viel zu kurzen, ganz verdreckten Mantel des Knaben schlich sich der Dichter heim.

In welchem Maße die Eltern eines Tages vom Einkommen ihres Sohnes zu profitieren hofften, selbst wenn er vorläufig noch zu jung war, um auf den Strich zu gehen oder einen Gönner zu finden, deutet Dioskorides (*Anth. Pal.* XII, 14) an:

Wenn Demophilos erst zum reifen Jüngling geworden
Und an die Liebenden dann, Kypris, seine Küsse verteilt,
Wie er sie heute als Kind so unschuldig mir schenkt,
Dann wird seiner Mutter nachts die Tür niemals still mehr stehen!

Ich habe an anderer Stelle das griechische Sprichwort erwähnt: »Auch wenn der Fischer schläft, fangen sich Fische in der Reuse.« Als eine solche Reuse galt jeder gut aussehende Knabe, oder genauer gesagt: dessen Hintern. Hatten die Eltern durch Glück und Zufall einen attraktiven Jungen in die Welt gesetzt, so brauchten sie sich für den Rest ihres Lebens keine Sorgen mehr zu machen. Xenophon berichtet von dem spartanischen Heerführer Klearchos, er sei so patriotisch gewesen, daß es ihm nichts ausgemacht habe, seine Ersparnisse dem Kriegszug gegen die Perser zu widmen, statt sie für eine *paidika,* eine Knabenliebschaft, auszugeben. Daraus geht hervor, daß selbst unter den spartanischen Heerführern, also den »Besten der Besten«, die Knabenliebe eben doch nicht nur ein erzieherischer Ritus, sondern oft auch eine mit Geld bezahlte Sexualaffäre war. Es muß also in den Heldenzeiten Spartas Seite bei Seite mit der pädagogischen Päderastie auch eine homosexuelle Prostitution gegeben haben (*Anabasis* II, 6, 6).
Eine der besten Beschreibungen des tatsächlichen Verhältnisses zwischen dem Päderasten und seinem Knaben gibt Petronius, der berichtet, wie er, um sein Interesse an einem Knaben zu verbergen, sich als griesgrämiger Kinderfeind verstellt, so daß die Eltern ihn als »harten« Erzieher zu schätzen lernen.
»So durfte ich ihn in die Schule begleiten, sein Studium einrichten und ihn selbst erziehen. Besonders verpflichteten mich die Eltern, darauf aufzupassen, daß kein Knabenliebhaber ihn verführen möge, was ich mir natürlich sehr angelegen sein ließ. Einst lagen wir zu Tische, ein Fest hatte an diesem Tage die Schulen geschlossen, und blieben, weil wir ungewöhnlich vergnügt waren, lange beisammen, und aus Nachlässigkeit und Liebe zur Bequemlichkeit blieb ich und der Knabe liegen. Es war schon Mitternacht, als ich bemerkte, daß er immer noch wach war. Schüchtern murmelte ich darauf, als Gelübde zu Aphrodite: ›O allmächtige Göttin der Liebe, wenn ich diesen Knaben küssen darf, so daß er nicht aufwacht und nichts merkt, will ich ihm morgen in deinem Namen ein paar Täubchen schenken!‹
Kaum hatte der Knabe dies gehört, fing er prompt an zu schnarchen. Sanft nahte ich mich seinem atmenden Munde und stahl dem kleinen Heuchler ein paar Küsse. Am nächsten Morgen, befriedigt mit diesem Anfang, stand ich früh auf, kaufte ein paar schöne Täubchen, brachte sie ihm, der schon darauf zu warten schien, und bezahlte so der Göttin mein gestriges Gelübde.
Am Abend ging es dann genauso wie gestern. Diesmal sagte ich, als er bereits zu schlafen schien, leise vor mich hin: ›Wenn ich ihn dort berühren kann und er nicht aufwacht und protestiert, will ich ihm morgen zwei der tapfersten Kampfhähne schenken!‹ Als ob er meine Worte gehört hätte, schmiegte der Knabe sich an mich an, wohl fürchtend, ich könne über meinem Gelübde einschlafen. So erfüllte ich also einen Wunsch und genoß alle Wollust außer der einen, der letzten, der höchsten. Sobald es Morgen wurde, stand ich auf, brachte ihm, was ich versprochen hatte, und war froh darüber.
Die dritte Nacht wurde mir ebensowenig verwehrt. Ich wandte mich den Ohren des schönen Heuchlers zu und flüsterte: ›O ihr unsterblichen Götter,

wenn ich bei diesem schlafenden Knaben die höchste Lust genießen darf, so will ich ihm ein Pony schenken. Doch dies nur, wenn er von allem nichts merkt!‹ Mein Zögling lag da, als ob er tot wäre. Unter meinen Händen jedoch schwollen die Knospen seiner Brüste, mein Mund hing an seinem und unten genoß ich die höchste Wonne des Lebens.
Am nächsten Morgen blieb er wie immer im Bett liegen, hoffend daß ich mit erfülltem Versprechen zurückkäme. Aber es ist weniger verdächtig, ein Paar Tauben oder Hähne zu schenken als ein Pferd. Ich dachte an die Eltern und daß ein so großes Geschenk meine Philosophie verdächtig machen könnte. Ich ging also einige Stunden spazieren, kam zurück und brachte meinem Zögling nicht mehr als ein Küßchen mit. Da sah er mich groß an, schmiegte dann seinen Nacken schmeichlerisch an meinen und fragte:
›Nun, lieber Herr, wo ist denn mein Pony?‹
›Liebes Kind‹, sagte ich, ›ich wollte dir ja eins kaufen, aber es war keins zu haben. Warte ein paar Tage!‹
Der Knabe war zu klug, um nicht zu verstehen, was hier vorging, und sein Blick ward düster ... Nachts wollte ich mich mit ihm versöhnen, womit ich meine, ich wollte die Lust der gestrigen Nacht noch einmal genießen. Da die Sehnsucht in mir kochte, trug ich ihm aufs beweglichste vor, was in mir vorging. Er aber hatte nichts als Zorn für mich. ›Sei ruhig, du!‹ sagte er. ›Schlafe, oder ich erzähle meinem Vater alles!‹« (Petron. cap 85 ff.).
Der attische Sittenkodex unterschied zwar nominell zwischen *eromenoi,* den Knaben, die es aus »Liebe« taten, und den *hetairoi* und *pornoi,* den bezahlten Lustknaben, aber wie wir gesehen haben, diente diese Unterscheidung nur als Ausrede; sie hatte keinen juristisch verbindlichen Status. Im vorigen Kapitel haben wir uns bereits mit der Mehrzahl der griechischen Bezeichnungen des Lustknaben und seines Kunden befaßt, denn es ist kennzeichnend für die griechische Form der Päderastie, daß sie den Knaben fast ausschließlich als Anus mit Anhang sah. Die gewaltige Literatur der griechischen Knabenliebe mit all ihren ethischen, philosophischen und pädagogischen Ansprüchen läuft trotz ihres oft hohen literarischen Interesses auf nichts anderes hinaus als auf den Wunsch des Älteren, der Jüngere möge ihm seinen Anus zur Verfügung stellen. In der einzigen *polis,* in der ein begrenztes Maß an wirklich ernst zu nehmenden didaktischen Werten in dem Verkehr zwischen Männern und Knaben herrschte, in Sparta, sprach man am wenigsten von diesen Dingen. Und je öfter man die attische Literatur der Päderastie liest, um so zweifelhafter werden selbst die ethischen Ansprüche Platons.
Die meisten Ausdrücke für den Lustknaben waren also Synonyme für »Arschdarbieter«, so zum Beispiel *katapygon* (von *pyge,* »Steiß«), oder *glaphyron* (von *glaphyros,* »geglättet«, »poliert«), womit man auf die Sitte der Strichjungen anspielte, sich den Hintern zu enthaaren. Andere Ausdrücke wiesen auf den Penis des Knaben hin, der von dem Kunden während des Analverkehrs stets masturbiert wurde, so zum Beispiel *kollops,* womit man ursprünglich die dicke Haut am Halse der Schweine und Rinder bezeichnete, dann aber die durch das häufige Masturbieren keulenförmig verdickte Eichel des Lustjungen, und am Ende durch Metonymie diesen

selber. Wer solchen Knaben nachlief, wurde *kollopodioktes,* »Kollopsjäger«, genannt. Sich als Strichjunge betätigen hieß *kollopeuein.* Auf eine ähnliche Sprachwurzel geht das Wort *kinaidos* zurück (von *kinein,* »bewegen«, und *aidoia,* »Geschlechtsteile«), das man sowohl auf Strichjungen wie auf effeminierte Schauspieler anwandte, denn auf der griechischen Bühne wurden die Frauenrollen ja bis in die hellenistische Zeit hinein stets von Männern gespielt.

Das einfachste und gebräuchlichste Wort war *pornos,* »Prostitut«, das genaue Gegenstück zu *porne,* »Prostituierte«. Allein die Tatsache, daß die griechische Sprache, dieses Wort, das uns fehlt, besaß, deutet auf die Universalität der päderastischen Prostituion hin. Andere Ausdrücke leiteten sich von der angeblichen Verweichlichung der Lustknaben ab, so zum Beispiel *gynaikios* (von *gyne,* »Frau«) oder *malakion* (von *malakos* »weichlich«, »weibisch«); wiederum andere von der Gleichsetzung der Begriffe »Unzucht« und »Pedikatio«, so zum Beispiel *aischropathes* (von *aischropoiia,* »Unzucht«). So sprach man auch von einem *batalos,* angeblich nach einem homosexuellen Flötenspieler dieses Namens, einem *ephelkomenos* (was etwa *kinaidos* entspricht), oder einem *meiraks* (was etwa »männliches Mädchen« bedeutet). Ja sogar das Wort *agape* (»Liebesbeweis«), das von der christlichen Theologie später im Sinne von vergeistigter Liebe (im Gegensatz zum Begriff des *eros*) benutzt wurde, bezeichnete in der Umgangssprache Athens oft den Pupenjungen.

Von den Substantiven *kinaidos* und *batalos* leiteten sich die Verben *batalizesthai, batalizomai,* und *kinaidizesthai* ab: »sich als Strichjunge betätigen«. So auch *kinaidiaios* (»nach Strichjungenart«), *kinaidodes* (»einem Strichjungen ähnlich«) und *kinaidisma,* das Hinhalten des Hinterns zum Analverkehr. Sehr lustig ist die umgangssprachliche Bezeichnung des Knabenbordells als *ephebeion,* denn die eigentliche Bedeutung dieses Wortes im Ionischen war der Übungsplatz oder Aufenthaltsraum der Knaben in der Ringschule, im Dorischen der Knabentempel, zum Beispiel das Heiligtum der kultischen Knabenliebe auf der Insel Thera.

Neben den Gymnasien und Ringkampfschulen dienten die Barbierstuben (*koureia*), die Salbenläden (*myropeia*), die Wechselstuben (*trapezai*), die Badehäuser und fast alle am Markt gelegenen Werkstätten (*ergasteria*) als Treffpunkte der Päderasten. Hier suchten die *pathici,* die männlichen Huren, nach Kunden. Viele der Marktbudenbesitzer waren *proagogoi mastropoi,* Kuppler für männliche und weibliche Kunden. Die Absteigequartiere der Athener Päderasten lagen vor allem auf der Pnyx, einem Hügel westlich der Akropolis.

Wichtig und bisher nur in geringem Maße erforscht ist der Anteil der Ärzte an der Prostitution im Alten Hellas. In der Anklage gegen Timarchos sagt Aischines: »Sobald er das Knabenalter verlassen hatte, hielt er sich im Peiraieus auf, in der Praxis des Arztes Euthydikos, angeblich um dessen Gewerbe zu erlernen, in Wahrheit aber um dort Klienten zu finden, die sich seiner bedienten.« Denn die griechischen Ärzte dieser Epoche, der ersten Hälfte des 4. Jahrhhunderts v. u. Z., waren gleichzeitig Apotheker, Bademeister und oft auch Zuhälter (Becker-Göll, *Charikles* III, 61 ff.).

Aus der Anklage des Aischines gegen Timarchos erfahren wir ebenfalls, daß die Pupenjungen nicht nur in Männerpuffs und den eben erwähnten Treffpunkten zu finden waren, sondern sich auch als männliche Callgirls verdingten, als Callboys sollte man wohl sagen. Sie kamen in die Häuser der wohlhabenden Päderasten und bedienten dort oft nicht nur den Hausherrn, sondern auch seine eigens dazu geladenen Gäste. Aischines erwähnt den Athener Misgolas, der sich den Timarchos zu diesem Zwecke bestellt hatte.

Der wichtigste aller Treffpunkte und die eigentliche Arena der Päderastie war aber das Gymnasion mit der ihm angeschlossenen Ringschule, der Palaistra. Im Kapitel über Kindheit und Jugend im alten Griechenland haben wir uns bereits mit einem Teil dieser Materie befaßt. Hier sei nur noch kurz das Folgende hinzugefügt: Die oft vertretene Ansicht, daß Nacktheit bei den Griechen ein rein ästhetisches, von sexuellen Gedanken völlig freies Phänomen gewesen sei, stammt von jenen homophilen Autoren, die nicht den Mut zur homosexuellen Praktik gehabt und deshalb in die Welt der Griechen jene »platonische« Verehrung des nackten Körpers hineinprojiziert haben, die es dort niemals gab. In Wahrheit war die griechische Lust an der Nacktheit eine durchaus sexuelle Lust, und zwar genauso bei Heterosexuellen wie bei Homosexuellen beider Geschlechter. Wenn die Sportler von der 15. Olympiade an, also etwa seit dem Jahre 720 v. u. Z., nackt auftraten, so geschah das nicht nur zur freieren Bewegung des Körpers, sondern auf ausdrücklichen Wunsch der männlichen Homosexuellen, die auch darauf bestanden, daß keine Frauen die Wettkämpfe mit ihrer Anwesenheit »verunzierten«, d. h. daß Frauen ihnen keine Konkurrenz beim Wettbewerb um die Sieger machen sollten. Denn die Olympiaden waren nicht nur sportliche Wettbewerbe, sondern auch Fleischmärkte für den Geschlechtsverkehr zwischen Männern.

Selbst die Gymnasien, die Ausbildungsstätten griechischer Knaben, waren vor allem Treffpunkte der Päderasten. Die Sprachwurzel *gymnos,* »nackt«, zeigt an, daß hier die Knaben nicht nur ihre Leibesübungen, sondern auch sich selber nackt vorführten. Der Versuch mancher Autoren – so Winckelmann, Wieland, Licht –, die Gymnasien als rein ästhetische Institutionen auszuweisen, ist deshalb nicht ohne Pikanterie. Licht sagt: »Daß sämtliche Räume mit Kunstwerken aller Art, mit Altären und Standbildern des Hermes, Herakles und zumal des Eros, aber auch der Musen und anderen Gottheiten, geschmückt waren, muß kaum hervorgehoben werden. Zu der Schönheit der durch regelmäßige Leibesübungen harmonisch entwickelten Knaben-, Jünglings- und Manneskörper kam so noch der tägliche Anblick zahlreicher Wunderwerke der Kunst. Man versteht, wie sich die Griechen zu dem schönheitsfreudigsten Volk entwickeln mußten, das jemals auf Erden wandelte« (*Sittengeschichte Griechenlands,* Rowohlt Taschenbuchausgabe, Januar 1969, Seite 64). Da sprach der alte römische Architekt Vitruvius schon aufrichtiger, als er sagte: An den Seiten waren Bäder, Hallen und sonstige Räumlichkeiten, in denen sich Philosophen, Rhetoriker, Dichter und »alle die zahlreichen Freunde männlicher Schönheit« zusammenzufinden pflegten. Licht fügt hinzu – und hier macht der Ton die Musik –: »Nach

dem übereinstimmenden Zeugnis aller Quellen hielten die Griechen ihre Gymnasien frauenrein, das heißt kein weibliches Wesen durfte diese der Ausbildung des Männlichen geweihten Stätten je betreten.« Das Resultat, wie der Scholiast zu Aischines sagt, war dieses: selbst der Trinkwasserraum der Gymnasien und Palästren wurde zum Männerpuff: »Manche gingen nur unter dem Vorwande des Trinkens dahin und trieben Unsittlichkeiten.«
Viele Gräzisten haben die Frage gestellt: Wie war es je soweit gekommen? Die Antwort führt uns ins 6. Jahrhundert v. u. Z. zurück, wo die Urform des *gymnasions* wahrscheinlich aus einem von Bäumen beschatteten Sportplatz bestand, mit einer Laufbahn, *dromos* genannt, die später von einer *peribolos*-Mauer umgrenzt wurde. Im Laufe des 5. Jahrhunderts kam dann die Ringschule, die *palaistra,* hinzu: ein von Säulengängen umgebener quadratischer Teil des *gymnasions.* Vom 4. Jahrhundert an wurde die Laufbahn ebenfalls überdeckt und von langen Hallen eingefaßt. Davor baute man nun eine zweite, unüberdeckte Laufbahn, *paradromis* genannt. An die Säulengänge der Ringschule fügten sich Übungs- und Unterrichtsräume, dem Eingang gegenüber das *apodyterion,* ein Umkleideraum mit Bänken an den Wänden, zum Hof hin geöffnet, der unter dem Einfluß der Päderasten den Namen *ephebeion,* Jünglingstempel, erhielt. Daneben befand sich das *korykeion,* wo die Faustkämpfer ausgebildet wurden, das *elaioterion,* wo man sich ölte und salbte, das *konisterion,* wo sich die Athleten mit Sand einrieben, *lutron* (Waschraum), *pyriaterion* (Herdraum, wo man sich an kalten Tagen wärmte) und die *exedren,* zum Hof hin offenen Räume zum Aufenthalt und Unterricht. Manche Gymnasien enthielten auch einen Ballspielplatz, *spharisterion* genannt.
Der Kernpunkt der Entwicklungsgeschichte des Gymnasiums ist nun dieser: Statt daß die Sportplätze auf den Sport beschränkt geblieben wären, wurden sie einerseits zu philosophischen Institutionen, andererseits zu Kultstätten erhoben, und dadurch gewannen die päderastischen Praktiken, die sonst unwesentlich geblieben wären, den intellektuellen, ethischen und religiösen Status einer Staatsinstitution. Nicht nur die Akademie selber entstand aus dem Gymnasium, sondern auch Lykeion und Kynosarges, die Schulen des Aristoteles und des Antisthenes. Durch Altäre den Göttern geweiht, vor allem dem Hermes und dem Herakles, wurden die Gymnasien so zu Tempeln der Päderastie. Dort wurde nicht nur geturnt und gelernt, diskutiert und gebetet, sondern auch getanzt und musiziert. Eine schwarzfigurige Vase in Berlin (Antiquar. No 1684), die auch Licht im Ergänzungsband seiner *Sittengeschichte Griechenlands* aufführt (S. 73), zeigt einen nackten Jüngling, der vor einem ebenfalls nackten Mann tanzt. Der Ältere spielt Flöte, während aus dem erigierten Penis des Jüngeren der Same spritzt.
Ehe wir das Thema der päderastischen Prostitution abschließen, müssen wir kurz an die homosexuelle Gastprostitution erinnern, die zumindest in den homerischen Zeiten üblich gewesen sein muß. Aus der *Odyssee* erfahren wir, daß Telemachos, der Sohn des Odysseus, als er den alten Nestor in Pylos besucht, von diesem als Gastfreundschaft seinen eigenen Sohn Peisistratos zum Bettgenossen erhält. Während der Nacht, zusammen im Bett, verlieben sich die beiden ineinander. Das beweist nicht bloß die Zärtlichkeit ihrer

Ausdrucksweise (»du meines Herzens Geliebter«, 4, 71), sondern auch die Tatsache, daß Peisistratos am nächsten Morgen darauf besteht, den Geliebten nach Sparta zu begleiten.

Daß Telemach und Peisistratos wirklich zusammen schlafen, ergibt sich mit unzweifelhafter Sicherheit aus drei Stellen der *Odyssee:* 3, 400; 3, 303; 15, 4 ff. Besonders auf die erste Stelle ist Wert zu legen: »Nestor hieß nun den Telemach zu Bett gehen und neben ihn hieß er den Peisistratos sich betten, der ihm der einzige noch unvermählte Sohn im Hause war. Mit ihm selbst aber (mit Nestor) teilte seine Gemahlin das Lager«. Abgesehen von den sprachlichen Formen im Urtext läßt auch die Parallele (Nestor mit der Gattin schlafend) keinen Zweifel aufkommen. Wir haben hier eine Spur des Gastrechts in homosexueller Form.

Es ist bezeichnend sowohl für die Verbreitung als auch für die Selbstverständlichkeit der Päderastie in jener gewaltigen Zeitspanne zwischen der Heldenzeit und der Klassik, daß die Griechen immer neue Wörter erfinden mußten, um auszudrücken, daß ein Mann *kein* Päderast war. Während unsere Sprache ihre moraltheologische Verdammung der weiblichen Sexualität durch solche Vokabeln wie »mannstoll« kundtut und damit andeutet, daß die »normale«, die »anständige« Frau *nicht* toll nach Männern sei, besitzen wir kein einziges Wort für den vergleichbaren Zustand beim Mann, weil wir ihn als selbstverständlich betrachten und deshalb keinen Ausdruck wie »frauentoll« benötigen. Alle Ausdrücke für »geil« betrachten es als natürlich, daß der Geile geil auf *Frauen* ist.

Für den Griechen war das aber gar nicht natürlich. Im Gegenteil, man mußte irgendwie erklären, daß der Betroffene nicht im normalen Sinne geil, das heißt geil auf Knaben war, sondern daß er in einer ganz fremdartigen Weise geil war, nämlich *gynaimanes* oder *gynaikomanes, katagynes* oder *thelymanes* (verrückt nach Frauen); er litt an *gynaimania, gynaikomania* oder *thelymania* (Frauentollheit); er war ein *gynaikoierax,* ein *gynaikerastes* oder ein *gynaikophrenoleptes* (ein frauentoller Mann); er war also einfach verrückt: *gynaikomanein, gynaimanein, thelymanein* (verrückt nach Frauen sein).

Daß man es für nötig erachtete, im Gegensatz zum normalen Zustand der *misogyneia,* der Frauenfeindschaft, auch solche Wörter wie *philogynein, philogynia* (Frauenfreundschaft, Neigung zu Frauen), *philogynaikos, gynaikophiles, gynaikoerastes* (Frauenfreund, Frauenliebhaber) und *philogynaios* (frauenfreundlich) zu prägen, beweist, wie seltsam es den Griechen jener Jahre vorgekommen sein muß, wenn ein Mann ihrer eigenen Klasse, also weder ein Fremder noch ein Sklave, allen Ernstes an Frauen, statt an Jünglingen interessiert war. In die Kategorie dieser semantischen Beweise der Mentalität jener Jahre gehört auch das Wort *medos* (wörtlich: Meder), das wegen seines Gleichklangs mit *me dous* (einer, der sich nicht preisgibt) zu vielen Wortspielen Anlaß gab. Von den Einwohnern Mediens wurde nämlich gesagt, sie seien so »rückständig«, daß sie noch nicht einmal den Analverkehr entdeckt hätten. Wer also einen anderen einen *medos* nannte, der sagte damit gleichzeitig aus, daß der andere ein Provinzler sei.

Das griechische Vokabular der Päderastie enthüllt viel über die Mentalität

der Päderasten und ihrer Gegner. In dem von ihm bevorzugten Wortschatz vermied der Knabenliebhaber sorgfältigst jede Andeutung, daß es ihm um konkrete, fleischliche Dinge wie Arschficken, Wichsen und Schwanzlutschen ging. Selbst die Tatsache, daß bei diesem Verkehr ein Altersunterschied vorlag, über den man gelächelt hätte, wenn der ältere Partner eine Frau oder der jüngere ein Schulmädchen gewesen wäre, wurde peinlichst verschwiegen. So wurde der Eindruck erweckt, daß hier etwas Verfeinertes, »Platonisches«, stattfand, eine zarte Berührung der Seelen, die nie zu so vulgären Tätigkeiten hinabsank wie der Verkehr zwischen Mann und Frau. Der Arschficker hieß *eispnelas* (»der Anhauchende«), der Arschgefickte *aitas* (»der Aufmerkende«), oder *kleinos* (»der Herrliche«). Man vermied jede Enthüllung des Geschlechts und der geschlechtlichen Tätigkeit und sprach bei dem Arschficker einfach von dem »Liebenden« *(eron, erastes, philetor, philetes)* und bei dem Arschgefickten von dem »Geliebten« *(eromenes).* Nur in den herabsetzenden Ausdrücken der Umgangssprache, den Schimpfwörtern und dem Vokabular der männlichen Prostitution erblickt man die fleischliche Wirklichkeit durch die verhüllenden Euphemismen.
Mit einem Teil dieses Vokabulars habe ich mich bereits in früheren Kapiteln befaßt. Hier sei nur auf einige zusätzliche Ausdrücke hingewiesen, die aus der Sprache der Pupenjungen kommen und konkret aussagen, was wirklich stattfand: *chaunoproktia, euryproktia, lakkoproktia, kysochene, kysodoche.* Alle fünf Vokabeln bedeuten »Weitarschigkeit«, die Ausweitung des Afters oder Dickdarms als Resultat häufigen Analverkehrs, die dazu führt, daß man weder Kot noch Darmwind völlig beherrschen kann und deshalb entweder furzt oder scheißt, ohne es zu wollen. *Paidika mere,* die »Knabenteile«, waren nicht etwa, wie man vermuten würde, die Geschlechtsteile des Knaben, sondern das »Knabenkränzlein«, der After, der Afterschließmuskel und die Gesäßbacken. *Embasikoites* (vom *embasis,* Bett, und *koite,* aufsteigen) war der »Bettbesteiger«, der Strichjunge. *Polos* (»Pferdchen«, »Fohlen«) war ein höflicheres Wort für den käuflichen Knaben. *Maltha* (»Weichling«, »Wabbeltier«) nannten die Strichjungen ihre älteren Kunden. Von der gleichen Wurzel leiten sich die Ausdrücke *malakos, malthakos* (»verweichlicht«, »schwul«) ab. So auch: *malakia, malthakia, malakismos, malthakismos* (»Verweichlichung«, »Schwulität«) und *malakizesthai* (»schwul sein«).
Die Anzahl der Wörter, die das Ding zumindest insofern beim Namen nennen, als sie zugeben, daß das Liebesobjekt ein unreifer Mann ist, ist groß. Sie besitzen aber niemals jene Aura des Heiligen, des Auserwählten, wie die asexuellen Ausdrücke *aitas, aites, eispnelas, kleinos, philetor, eron, erastes, eromenos.* Der Knabenliebhaber heißt in diesem umgangssprachlichen Wortschatz: *paidepastes, paideros, paidomanes, paidopipes, paidophtheros, paidophilos, philephebos, philobupais, philomeiraks, philopais,* wobei sich die ersten sechs Wörter von *pais,* ›Knabe‹, ableiten. Einige dieser Ausdrücke sind lustig, so zum Beispiel *paidopipes,* »Knabenäugler«, für einen Mann, der sich nach jedem Knaben umdreht. »Knaben lieben«, also pedizieren, wird von den Wörtern *paidomanein, paidopastein, paidophilein, paidophthorein, paidotribein* ausgedrückt, wobei der letzte Ausdruck nicht

der Komik entbehrt, denn er bedeutet metaphorisch »erziehen«, wörtlich aber »Knaben reiben«, gehört also, wie gesagt, zu den ganz wenigen Vokabeln der Päderastie, die den Mut haben, das auszusprechen, worum es eigentlich geht.

Ta paidika war der »geliebte Knabe«. *Paiderasteia,* »Päderastie«, war der offizielle Ausdruck für Knabenliebe, aber man zog es vor, von *paidikos eros* zu sprechen. Die Gegner nannten es *paidomania,* »Leidenschaft für Knaben«, denn Leidenschaft war in den Augen der Griechen stets etwas Negatives. *Paidikos,* »knabenhaft«, genau wie *kalos,* »schön«, Wörter, die eigentlich nichts spezifisch Erotisches aussagen, sind von den Päderasten so oft verwendet worden, daß man sie heute nicht mehr in ihrem ursprünglichen Sinne verstehen kann; auf zahllosen Vasen, Tonscherben, Wänden steht das Wort *kalos,* das eigentlich ebenso gut bedeuten könnte, daß ein Mädchen schön sei, aber es bedeutet stets »reizvoll« im päderastischen Sinne. Und so auch *paidikos,* was eigentlich nichts anderes als eine Geschlechts- und Altersangabe ist, »zum Knaben gehörig«, aber für den Päderasten stets »reizvoll«, »schön«, »herrlich«, »berückend« bedeutete.

Beachtlich groß ist die Anzahl der Ausdrücke für die Geschlechtsteile des Knaben. Der Knabenpenis hieß: *chrysion* (wörtlich: »Goldchen«), *posthe, posthion* (eigentlich »Vorhaut«), *sathon* (»Schwänzling«), *saura, saure* (»Fröschlein« oder »Eidechse«), *rhododaktylos* (»Rosenfinger«), *kokko* (»Beere«), *dagys* (»Püppchen«). Einige dieser Ausdrücke sind umstritten, da sie aus einem verderbten und unkompletten Epigramm des Straton stammen, das sich in sehr verschiedener Weise übersetzen läßt. Otto Knapp hat es vor vielen Jahren einmal wörtlich so übertragen: »Die Geschlechtsteile des Knaben, o Diodoros, zerfallen in 3 Arten; und von diesen höre die Namen: Die noch unberührte Blüte nenne ...; die, welche eben beginnt anzuschwellen, Hode; die aber, welche schon unter der Bewegung der Hand sich regt, nenne Eidechse; wie du aber die noch vollkommenere nennen sollst, weißt du!« (*Anth. Graec.* XII, 3). H. Beckby gibt die folgende Versbearbeitung:

Unter den Gliedern der Knaben gilt's dreierlei Arten zu scheiden.
Wie man die einzelnen nennt, sei dir gesagt, Diodor.
Ist es noch niemals berührt, dann mußt du es Fröschlein bezeichnen;
Hähnchen wird es genannt, wenn es gerade erschwillt.
Regt es sich wider die Hand, dann mußt du Lazerte es heißen.
Wie man das reifere nennt, ist dir ja selber bekannt.

Otto Knapp kommentiert: »Es handelt sich um ein scherzhaftes derbes Gedicht, welches für 4 verschiedene Altersstufen 4 Namen der Geschlechtsteile bei Knaben nennt; da das Gedicht mehrfach verderbt ist, können wir die Pointen nicht mehr feststellen. Die 4 verschiedenen Reifestufen sind noch am klarsten: 1) die ganz unberührten Knaben, 2) die, welche bereits Erektionen haben, 3) die, welche schon onanieren, 4) die ›noch vollkommeneren‹ heißt wohl: die, welche bereits mit den Liebhabern sexuell verkehren« (*Anthropoph.* III, 254 f.).

Auch der Ausdruck *rhododaktylos,* »Rosenfinger«, stammt aus einem Epigramm des Straton (*Anth. Graec.* XII, 242):

Gestern noch, Alkimos, zeigtest du
Einen rosigen Finger mir.
Heute schon ist es
Ein rosiger Arm!

Die Päderasten sprachen ohne Ironie von den heranwachsenden Knaben als den *enorches laos,* den »Hodigen«, und nannten den, der einen Penis kaum größer als die Vorhaut eines Mannes hatte, *posthaliskos,* »Vorhäutler«. Besaß der Knabe aber bereits einen Penis von Mannesgröße, so nannte man ihn *andropathes* oder *androsathon,* »Männerschwanz«, nach *andros,* Mann, und *sathe,* Penis, oder einfach *sathon,* »Dickschwanz«. Wenn ein solcher Knabe bei stark entwickeltem Penis noch kein Schamhaar hatte, wurde er von den Päderasten besonders geschätzt. Die Tatsache, daß das Liebesobjekt des Päderasten zwar männlichen Geschlechts sein und möglichst große Genitalien haben sollte, in jeder anderen Weise aber dem Mädchen ähneln mußte, bartlos, ohne Körperhaar und mit möglichst einladenden Gesäßbakken, veranlaßte die kluge Hetäre Glykera zu fragen: »Warum liebt ihr eure Knaben nur, solange sie uns, den Frauen, ähneln?« (Klearch, fr. 36, FHG, II, 314).
Die Frage mag rhetorisch klingen, aber sie hat ihre Berechtigung, denn sie weist darauf hin, daß das Sexualobjekt des Päderasten, trotz aller gegenteiligen Beteuerungen, unbewußt doch das Substitut des Mädchens war. Dies spricht auch aus den zahllosen Redewendungen, in denen der Päderast und sein Liebesobjekt als Pseudofrauen dargestellt werden; *gynaikias, gynaikikos, gynnis, thelydrias,* die häufigsten Bezeichnungen des Päderasten im Vokabular der heterosexuellen Griechen, leiten sich alle entweder von der Wurzel *gyne,* »Frau«, oder *thelys,* »weiblich«, ab. Sie bedeuten also durch die Bank: »weibischer Mann«. So auch die Tätigkeit des Päderasten; *gignoskein gynaika, gynaikizein, theleuesthai, thelydrian, thelykeuesthai, thelynesthai, thelynein* sagen alle das gleiche aus: »sich wie eine Frau benehmen«, »sich als Frau hingeben«, »sich weibisch verhalten«. Wenn der heterosexuelle Grieche den Päderasten mit einem Adjektiv zu kennzeichnen versuchte, so nannte er ihn *gynaikos, gynaikoeides, gynaikodes, thelys, thelydriodes, thelykoeides, thelynoos, thelynos, thelypsichos:* »frauenartig«, »weibisch«, »effeminiert«. Die Päderastie hieß deshalb auch im Vokabular der normalen Griechen nicht etwa *paiderasteia,* »Knabenliebe«, sondern *apogynaikosis, gynaikeia nosos, theleia nosos, gynaikismos, thelysma, thelyptes, thrypsis,* alles Synonyme für »Effeminiertheit«, »Verweiblichung«.
Um sich den Frauen möglichst anzugleichen und sie an »Weiblichkeit« sogar zu übertreffen, ließen sich viele der griechischen Männerhuren, aber auch mancher ihrer Kunden, nicht nur alles Körperhaar und auch, wie wir bereits erwähnten, das Scham- und Afterhaar entfernen, sondern sie imitierten die Hetären, indem sie einen Kranz von Haar um den After und einen Haarkranz um den Penis stehen ließen, um den engeren Umkreis um so nackter erscheinen zu lassen. Daß das Haupthaar dabei extra lang getragen wurde, versteht sich von selbst. Sowohl die Lustknaben wie gewisse prominente Knabenliebhaber trugen eine an Transvestitismus grenzende Kleidung, so zum Beispiel der Dichter Agathon, der safranfarbige Frauengewän-

der, einen Haaraufsatz und weibliche Busenbänder trug. Er duftete »nach Eicheln beider Art«, sprach mit einer Fistelstimme und imitierte nicht nur in seinen Versen die Päderasten anderer Zeiten. In den *Thesmophoriazusen* läßt Aristophanes ihn sagen (V. 159 bis 167):

Unwürdig ist's, wenn bäurisch ein Poet,
Plump, struppig auftritt. Denk an Ibykos,
Anakreon von Teos, an Alkaios,
Die Schöpfer herrlich süßen Gleichklangs Fülle.
Stirnbänder trugen sie und schwelgten ionisch!
Und Phrynichos – du hast ihn doch gehört?
Schön war er selbst und immer schön gekleidet,
Drum waren seine Stücke auch so schön;
Denn was man ist, dem gleicht auch, was man schafft.

Das gezierte Auftreten des Agathon karikieren die Verse 134 ff.:

Ich will, o Jüngling, falls du einer bist,
Dich jetzt befragen:
Woher du Weibling? Welche Heimat sandte dich?
Was will der Aufzug? Welch Verwirren alles Brauchs?
Was sagt die Leier zum Safrankleid? Was Kithara
Zu Busenband und Schleif' und Schminknapf? Nimmer paßt's!
Was bist du selbst, Sohn? Wächst du als ein Mann heran?
Wo sind die Hoden? Wo der Wams, die Lakonerschuh'?
Doch wenn du Weib bist, sprich, wo ist dein Busen dann?
Was sagst du?

Was zwischen dem Knaben und seinem Liebhaber stattfand, beschreibt Pseudo-Lukian mit beachtlichem Realismus in seinen *Erotes:* »Es genügt nicht, den Geliebten zu erblicken, ihm gegenüber zu sitzen und seine Stimme zu hören. Statt dessen verlangt die Liebe nach stufenweiser Befriedigung. Die erste Stufe, zugegeben, ist das Anschauen, das Glück, den Geliebten überhaupt zu sehen. Dann aber wünscht sich der Liebende bald ein zweites: den Geliebten zu berühren, ihn zu umarmen. Von dem Augenblick an, wo er ihn nur mit den Fingerspitzen fühlt, durchrieseln Schauer der Lust den ganzen Körper. Ist diese Stufe erreicht, verlangt die Liebe aber sofort nach der nächsten: dem Kuß. Nicht zu leidenschaftlich, nicht stürmisch, sondern ganz ruhig nähern sich die Lippen und trennen sich noch vor der Berührung, ohne verdächtige Spuren zu hinterlassen. Dann erst dem sich nicht mehr Sträubenden anschmiegend, wird der Liebende in immer innigeren Umarmungen hinschmelzen, während die Lippen sich öffnen und keine der Hände mehr müßig bleibt. Denn die nicht mehr zufälligen Liebkosungen der bekleideten Körper schüren das Feuer. Sehnsüchtig greift die Rechte jetzt dem anderen an die Brust und spielt mit den Brustwarzen, die in der Erregung aufschwellen. Während sein eigener Schwanz vor Begierde strotzt, greift der Liebende mit den Fingern langsam nach dem Schwänzlein des anderen mit jenen ersten süßen Milchhaaren. Aber was soll ich noch sagen? Ist man erst so weit gekommen, macht sich der Liebende an das eigentliche Werk: auf den Schenkeln des Knaben präludierend, führt er die Musik, um mit dem Komiker zu reden, bis zum krönenden Finale.«
So gut klappte es aber nicht immer. Straton und Skythinos beklagen sich in

vier verschiedenen Epigrammen, daß einen die Natur gerade vor dem »krönenden Finale« nur allzu oft im Stich läßt: »Gestern hatte ich bei Nacht den Philostratos bei mir und konnte nicht, obwohl er mir sozusagen alles darbot. Behandelt mich nicht mehr als Mann, meine Freunde, sondern werft mich vom Turm hinab, da ich, so scheint es, ein Astyanax geworden bin!« (Straton in *Anth. Pal.* XII, 11). »Astyanax« war ein Wortspiel mit dem griechischen *styein,* »steif sein«. Ein *astyanax* ist also ein »Unsteifer«. Dasselbe Thema findet sich übrigens bei Tibull (*Priapeia* LXXXIII).

»Jetzt bist du aufgerichtet, Verfluchter, und steif, jetzt, wo er nicht mehr da ist!« flucht Straton am nächsten Tag. »Gestern aber, als er da war, geruhtest du nicht, dich zu rühren!« (Straton in *Anth. Pal.* XII, 216). Das gleiche Thema bei Ovid in *Amores* (Buch 3, VII, 67 ff.), bei Petronius (c. 132) und in Goethes *Tagebuch.*

»Aufgerichtet stehst du jetzt, Namenloser, und sinkst nicht, sondern bist schön gespannt, als ob du nie aufhören wolltest. Aber als Nemesenus sich niederbeugte, mir alles bietend, da hingest du tot herab. Sei gespannt, zerreiße dich selber, weine! Alles umsonst, von meiner Hand bekommst du kein Mitleid!« (Skythinos in *Anth. Pal.* XII, 232).

An Kummer gewöhnt und durch Erfahrung gewitzt, warnt Straton: »Wenn frühmorgens das Licht der Sonne aufstrahlt, ist es ratsam, nicht gleich den flammenden Hund mit dem Stier zu vereinigen, damit die weichgewordene Gabe der Demeter nicht die behaarte Gattin des Herakles befleckt« (Straton in *Anth. Pal.* XII, 7). Vierfaches Wortspiel: der »flammende Hund« ist der Penis; der »Stier« ist der Anus; die »Gabe der Demeter« die verdaute Nahrung, also der Kot; die »Gattin des Herakles« war Hebe; *hebe* ist aber auch das männliche Glied. Bedeutung also: Verkehre mit deinem Knaben nicht frühmorgens anal, damit du dir den Schwanz nicht mit Kot befleckst.

Offenbar war es unter Päderasten Sitte, zu zweit mit einem Knaben zu verkehren. Straton beschreibt das Dilemma eines Knaben, dessen zwei Liebhaber obendrein auch noch Brüder sind: »Sie lieben mich beide, die Brüder. Wen nehm ich mir bloß zum festen Freund? Ich mag sie beide. Einer geht weg, und der andere kommt; beim einen freut mich das Dasein. Ist er aber da, sehn ich den anderen herbei. Und dies mit beiden« (Straton in *Anth. Pal.* XII, 246).

In zwei fast gleichlautenden Epigrammen, von denen Ausonius eines plagiiert hat, beschreibt Straton den homosexuellen Triolismus: »Du siehst drei im Bett. Zwei davon sind aktiv, zwei passiv. Du meinst, das mache vier? Geirrt! Denn der Mittlere bedient die anderen, hinten dem Freund sich bietend, vorne den Freund bedienend« (*Anth. Pal.* XII, 210 u. 225).

Trotz dieses scheinbar glücklichen Zusammenlebens zu dritt hören wir viel von päderastischer Eifersucht in der Antike. Eifersuchtstragödien entwickelten sich dabei nicht nur zwischen den Dummen, Intoleranten und Ungebildeten, sondern auch zwischen den großen Männern, so zwischen Sokrates und Alkibiades um den oben in der Pracht seiner Frauenkleidung beschriebenen Agathon, den seine Zeitgenossen für bedeutender hielten als Aristophanes (der ihn in den *Thesmophoriazusen* porträtierte), Aristoteles (der ihn als tragischen Dichter verehrte) und Euripides (der ihn zur Hauptfigur seines *Chrysippos* machte). Platon hat ihn im *Gastmahl* geschildert und die Eifersuchtsszenen zwischen Sokrates und Alkibiades mit respektvoller Ironie beschrieben. Ein anderes Objekt der Eifersucht großer Männer war der junge Autolykos, von dem Xenophon sagte: »Wie wenn ein Licht in der Nacht aufleuchtete und aller Augen auf sich zieht, so lenkte auch die lichte Schönheit des Autolykos alle Blicke auf sich. Und niemand, der ihn sah, ging ohne Wunde im Herzen davon.« Er war der Geliebte des Kallias, der ihm, als er im Jahre 422 bei den großen Panathenäen im Pankration gesiegt hatte, jenes berühmte Festmahl gab, das Xenophon in seinem *Symposion* beschrieben hat.

Plutarch meint, daß die Feindschaft zwischen Themistokles und Aristides, die für Athen, Sparta und Persien schwerwiegende Folgen hatte, ausschließlich auf die Eifersucht über Stesilaos zurückzuführen sei, den sie beide geliebt hatten (Themistokles 3). Aristoteles sagt, daß gegen Amyntas (mit Beinamen »der Kleine«) von seinem Pagen Derdas ein Anschlag verübt wurde, weil Amyntas in der Öffentlichkeit mit der Gunst des Jünglings geprahlt hatte. Um zu beweisen, daß politische Konflikte »nicht wegen Bagatellen, wohl aber auf Grund von Bagatellen« entstehen, gibt Aristoteles noch ein weiteres Beispiel. Er erzählt: »Das zeigte sich in alten Zeiten auch in Syrakus. Dort wurde nämlich die Verfassung gestürzt auf Grund des Streites zweier Jünglinge, die beide zu den einflußreichsten der Stadt gehörten. Die Veranlassung war natürlich eine Liebesgeschichte. Als nämlich der eine Jüngling eine Reise machte, verführte der andere, obwohl er sein Freund war, dessen Liebling. Als jener, von der Reise zurückgekehrt, davon erfuhr, war er sehr entrüstet und verführte nun zum Entgelt die Frau seines Freundes. Die Machthaber nahmen teils für den einen, teils für den anderen Partei, und so spaltete sich wegen der privaten Händel der beiden Jünglinge die Bürgerschaft in zwei Parteien, was dann schließlich zum Umsturz der Verfassung führte.« (FGH II, 152, 149 u. 154 aus Aristot. pol. V, 8, 12 und 11. Derdas: FHG II 153, 156 aus Aristot. pol. V, 8, 10. Syrakus: FHG II 171, 220 aus Aristot. pol. V, 3, 1)

Daß auch Erpressung, sei es für Geld, für Macht oder nur zur Erzwingung sexueller Günste nicht unüblich unter den Päderasten des Alten Hellas war, wissen wir unter anderem von Straton aus dem bereits zitierten Epigramm über die Knaben, die er beim Onanieren überraschte und dazu zwang, auch ihn zu masturbieren: »Ich fand einmal Ärzte, bartlose, die Gott Eros quälte, und die sich deshalb ein altes Naturmittel einrieben. Als sie mich baten: ›Verrate uns nicht!‹ sagte ich: ›So sei's, aber bedienet mich auch!‹« (*Anth. Pal.* XII, 13).

In diesem Falle ging die Sache noch glimpflich aus, aber päderastische Vergewaltigung war nicht selten. Der juristische Begriff hierfür war *paidophthoria,* »Knabennotzucht«, aber in der Umgangssprache sagte man einfach *hybris,* »Zumutung«. Im idiomatischen Athenisch hieß der Knabenvergewaltiger *lykos,* »Wolf«, oder *paidokoraks,* »Knabenrabe«. Auch päderastischer Inzest scheint häufig gewesen zu sein. Selbst in der griechischen Mythologie finden wir Beispiele. Iolaos, der Lieblingsknabe des Herakles,

ist der Sohn seines Zwillingsbruders Iphikles. Der weitaus ernsteste Aspekt der Päderastie war jedoch die Eunuchisierung, die dazu dienen sollte, den Knaben mädchenhafter zu machen und das Stadium der Reife, vor allem den damit zusammenhängenden Haarwuchs, um Jahre hinauszuschieben.
Man erreichte dies teils durch Medikamente, teils durch chirurgische Eingriffe. Als erstes versuchte man den Haarwuchs im Gesicht, am Körper, unter den Achseln und an den Genitalien zu verhindern. Hierzu dienten Ameiseneier, Pferdeschaum, das Blut aus den Hoden junger Lämmer und andere zweifelhafte Mittel. Dann gab es Medikamente, die, auf die kindlichen Hoden aufgelegt, diese zum »Vertrocknen« bringen sollten. Vom Zerdrücken der Hoden sagt der Arzt Paulos: »Man setzt das Kind in eine Schüssel mit heißem Wasser und wenn die Teile durch die Wärme weich geworden sind, zerdrückt man, und zwar im Wasser selbst, mit den Fingern die Hoden, bis man sie nicht mehr fühlen kann.« Vom operativen Eingriff sagt der gleiche Autor: »Beim Ausschneiden muß der zu Eunuchisierende rücklings auf eine Bank gelegt werden. Dann faßt man mit den Fingern der linken Hand, fest zupackend, den Hodensack samt den Hoden und zieht ihn in die Länge; hierauf macht man rechts und links je einen Durchschnitt durch den Hodensack, worauf die Hoden herausspringen. Diese werden jetzt abgeschnitten, indem man sie aus ihren Gefäßen ringsum ausschält.«
Mit Rücksicht auf das Zerquetschen *(thlattein, thlassein)* oder Zerreiben *(thlibein)* der Hoden hieß ein so entmannter *thladias* oder *thlibias.* Mit Rücksicht auf das Schneiden *(temnein),* Ausschneiden *(ektemnein)* oder Abschneiden (*apokoptein,* eigentlich »abhauen«) hieß ein Entmannter der zweiten Gruppe *tomias* (der Beschnittene), *ektomias* (der Ausgeschnittene) oder *apokopos* (der Abgehauene). Da man das Ausschneiden einem Abreißen *(apospan)* gleichsetzte, hießen solche Entmannte auch *spadones, spadontes, apospades* oder *apospadontes.* Es kommt ferner der Ausdruck *entomias* vor, der zu *entemnein* (einschneiden) gehört, so daß man an das Einschneiden oder Durchschneiden des Samenstranges, die heute übliche Form der Sterilisation, denken möchte. Kastrieren durch Ausschneiden der Hoden hieß auch *eksorchizein* oder *orchotomein,* die Verschneidung *orchotomia* oder *ektome.* Vom Verb *eunuchizein,* »eunuchisieren«, kommt das Substantiv *eunuchistes,* »der Verschneider«. In Aiolien nannte man das Verschneiden *apaidoiusthai,* was eigentlich das Abtrennen des ganzen Gliedes bedeutete; den Verschnittenen danach *apokekommenos,* »der Abgehackte«. *Chloynes* war der Kastrat, nach dem beschnittenen Eber so benannt. Der effeminierte Mann hieß *gynandrosaner, bakelos, doidos, ithris, iksalos, kelor, sukinos, bagoas* oder *gallos,* was aber hauptsächlich für die rituell kastrierten Priester der Kybele benutzt wurde.
Die Bezeichnungenen *hemiandros* (Halbmann) und *hemigynaiks* (Halbfrau) bezogen sich auf die Zerstörung oder Beseitigung der männlichen Keimdrüsen. Wegen ihrer Verweiblichung nennt Theophylaktos die Eunuchen »erkünstelte Weibchen, doppelgeschlechtliche Halbmännchen«. Kyrillos nennt sie *atheloi* (Brüstelose), *anandroi* (Unmännliche) oder *siderokatadikoi* (durchs Eisen ihrer Lebenskraft Beraubte). Die große Anzahl dieser Ausdrücke – weitaus größer, als wir sie in irgendeiner Gegenwartssprache

finden – bezeugt die Häufigkeit der Operation. So berichtet Herodot, daß Periander, der Herrscher von Korinth (etwa 627 bis 587), dreihundert Knaben aus Korfu an den Hof des Königs von Lydien schickte, damit sie dort kastriert würden.

Es ist deshalb kaum erstaunlich, daß die Eunuchisierten oft einen unversöhnlichen Haß gegen ihre Verstümmler entwickelten. Weil ihn der Thrakerkönig Kotys als Knaben hatte verschneiden lassen, trat Adamas zu Parron und Herakleides über, die den Kotys dann ermordeten. Der berühmte Kastrat Hermeias, mit dem auch Aristoteles ein Verhältnis hatte, konnte trotz seines Erfolgs als höchstbezahltes Objekt des Analkoitus in Athen es nie ertragen, wenn irgend jemand in seiner Gegenwart die Wörter »Messer«, »Messerchen« oder »Schnitt« benutzte und wurde hysterisch, wenn er sie zufällig hörte. Er war Sklave des Geldwechslers Eubulos gewesen, kaufte sich frei, machte sich einen Namen als intelligente Männerhure, studierte bei Platon und Aristoteles, wo er mit den gelehrtesten Päderasten Athens zusammentraf, kehrte mit seinen Ersparnissen nach Atarne, wo er offenbar geboren war, zurück, beteiligte sich an der Tyrannis seines dortigen Herren und folgte ihm als Tyrann von Atarne und Assos. Zur Herrschaft gelangt, berief er den Aristoteles und Xenokrates zu sich, vermählte seine Adoptivtochter Pythia mit dem ersten und setzte den zweiten auf ein Altenteil. Als der persische Feldherr Memnon aus Rhodos den Hermeias in seine Gewalt bekam, schickte er ihn an den Hof des Perserkönigs, wo er mit dem Strange hingerichtet wurde. Seine beiden Städte besetzten die Perser, die die beiden Philosophen vertrieben.

Wegen seines Verhältnisses zu Hermeias und zur Pythia wurde Aristoteles in heftigen Schmähgedichten angegriffen, namentlich von Eubulides und Theokrit von Chios, dessen folgender Vierzeiler uns erhalten geblieben ist:

Leeren Kopfes weiht Aristoteles einem Eunuchen,
Einem Sklaven Rubuls, leer dem Hermeias ein Grab,
Er, der, ergeben dem Dienste des Bauchs, es vorzog zu wohnen
An des Borboros Strand statt in der Akademie.

Hesychios führt den Selbstmord des Aristoteles auf dieses Schmähgedicht zurück.

Die Perser, die sich so bitter an Hermeias rächten, waren selber die aktivsten Beschneider von Kaben und jungen Männern oder benutzten griechische Zwischenhändler, um die Beschneidung vorzunehmen. So hören wir von einem gewisse Panionios in Chios, der das Geschäft betrieb, Knaben zu kaufen, sie zu verschneiden und dann für viel Geld nach Sardes an die Perser zu verkaufen. Dabei verschnitt er einst auch den Hermotimos aus Pedasos, der später bei Xerxes höchstes Ansehen erlangte. Als nun Xerxes gegen Hellas zog, traf Hermotimos den Panionios in Atarne und lockte ihn mit seiner Frau und seinen Söhnen zu sich. Dann zwang er ihn, seine vier Sohne zu verschneiden, und dann mußten sie ihren Vater entmannen.

Die griechischen Inselbewohner, die unter persischer Herrschaft standen, mußten, wenn sie den verlangten Tribut nicht aufbringen konnten, oft ihre Söhne zum Verschneiden an die Perser verkaufen. Von fast jedem der Perserkönige des 6. und 5. Jahrhunderts sagt man, daß sie verschnittene

Knaben als Liebhaber benutzt hätten. So hatte Dareios mit dem Bagoas ein Verhältnis, worin ihm Alexander der Große folgte, als er den Dareios besiegt hatte. Aber nicht nur unter den Makedoniern und Ptolomäern überlebte die Sitte der Verschneidung junger Männer, sondern auch in Hellas selber, auf den ägäischen Inseln und in Rom. Noch dem Apollonios Molon, bei dem Caesar und Cicero Rhetorik studierten, warf man vor, daß er Knaben verschnitt. Er glaubte, sagt man, daß die Zerstörung des erogenen Zentrums die Reizbarkeit der Afterpartie steigere und daß kastrierte Knaben deshalb größere Lust bei der Pedikatio empfänden.

9 Matriarchat und Patriarchat im griechischen Theater

Bis in die alexandrinische Zeit wurden Frauenrollen auf der griechischen Bühne stets von Männern gespielt, wodurch das griechische Theater einen stark transvestitischen Einschlag erhielt. Obgleich der nominelle Grund dieser Maßnahme die Beschränkung des Theaters als Kultstätte auf männliche Kultdarsteller war, hatte sie ihren wahren Grund in dem älteren Primat der Frau. Der Mann hoffte sich einen Teil ihrer göttlichen Macht anzueignen, indem er ihre Kleidung anzog. Die Kostüme dieser transvestitischen Tragödiendarsteller waren also bunt, reich verziert und äußerst prunkvoll: Schleppkleider in grellen Farben, riesige Perücken, Frauenschuhe mit Plattformsohlen und Hacken. Thomson hat bewiesen, daß dieses ganze Transvestitenkostüm aus dem Kult des Dionysos stammt, der ja selber eine bisexuelle, transvestitische Gottheit war – ein weiteres Zeichen dafür, daß die Kunst der »auf hohem Kothurn einherschreitenden Bühne« ihren Ursprung in einem Frauenbund hatte.

Was dieser Theorie zu widersprechen scheint, bestätigt sie in Wahrheit: nämlich die Tatsache, daß der Komödienschauspieler mit einem langen, ledernen Phallos, einem großen Hängebauch und einem gepolsterten Frauenhintern ausstaffiert war. Nabel und Brustwarzen waren mit roter Farbe markiert. Der Chor trug einen Schurz aus Bocksfell, aus dem vorn der Phallos und hinten der Satyrschwanz heraushing. Wir würden heutzutage sagen: Wenn der Schauspieler Frauenkleidung, eine Frauenperücke und Frauenschuhe trägt, deklariert er sich als Frau. Wenn er einen Phallos trägt, erklärt er sich als Mann. Beides gleichzeitig geht nicht. Aber so dachte der Grieche nicht. Der Konflikt zwischen den beiden Loyalitäten, die diese ganze Kultur so schizoid machte, gab ihr auch ihre besondere Prägung. Und dieser Charakter ist die alles durchdringende Doppelgeschlechtlichkeit. Denn nicht nur der Phallos, sondern auch der Hängebauch, der große Hintern, das Bocksfell und der Bocksschwanz sind die Kennzeichnen des Gottes Dionysos und seiner Satyrn. Und dieser Gott ist gleichzeitig der Gott der höchsten Manneskraft und eine Halbfrau mit Busen, weiblichen Hüften und weiblichen Gesäßbacken.

Der Tatbestand scheint im ersten Augenblick noch komplizierter dadurch zu werden, daß es außer den phallostragenden Komödienschauspielern noch zwei weitere phallische Bühnentypen gab: die *ithyphalloi,* deren Glied stets in hochstehender, erigierter Form getragen wurde, und die *phallophoroi,* unmaskierte Schauspieler mit großen Lederphallen, mit Blumen oder Efeu bekränzt, in Wieselpelze gehüllt, die aus den Seiten- und Mitteltüren der Theater kamen, obszöne Lieder sangen und die Zuschauer neckten (Athen. XIV, 622b). Die *ithyphalloi* traten bekränzt in der Maske von Betrunkenen auf, trugen bunte Ärmel, helle Frauenunterkleider und das bis zum Knöchel reichende tarentinische Mädchengewand. In der Mitte der Orchestra wandten sie sich an die Zuschauer und verlangten Platz für den Gott mit dem aufrechtstehenden Glied.

Da dies ein Fruchtbarkeitskult war und der Landwirtschaft diente, erhielt er sich vor allem unter den Frauen und Töchtern der Bauern und wurde daher auf einer späteren Entwicklungsstufe einerseits mit einer mutterrechtlichen Volksbewegung gegen die vaterrechtliche Gesellschaft, andererseits mit einer revolutionären Bewegung der Bauernschaft gegen den Adel identifiziert. Dies führte zu einer allmählichen Entschärfung des Kultes, zu einer Säkularisierung der Riten, zur Zerschlagung des kultischen Geheimnisses, zur stufenweisen Entmachtung der Frau und endlich zur Übernahme der Zeremonien durch die Männer. Dabei wurde die orgiastische Prozession durch einen rituellen Hymnus ersetzt, aus dem dann der Dithyrambos entstand, während das Sakrament sich in ein Passionsspiel und dieses sich endlich in die Tragödie verwandelte. Die erste Entwicklung fand auf dem Peloponnes statt, die zweite in Attika. Beide wurden dabei von bäuerlichen in städtische Formen verwandelt.

Die Tyrannen, die ihre Macht aus dem Zerfall der ländlichen Aristokratie bezogen, bedienten sich bewußt dieser neuen Form, um die städtische Bevölkerung auf ihre Seite zu bringen. Deshalb war und blieb das Hauptthema des Dramas auch die Zerschlagung der ländlichen Sippenordnung und die Rechtfertigung der Städte mit ihren patriarchalischen Herrschern. Die meisten Stücke des klassischen Dramas – die *Oresteia,* die *Ödipustrilogie, Antigone, Medea* – handeln von jenen inzestuösen Vorgängen, jenen Vater-, Mutter- und Kindermorden, welche die Ablösung der ländlichen Ordnung durch die städtische und den Triumph des Vaterrechts über das Mutterrecht begleiteten.

All dies wird verständlich, wenn wir unsere Neigung, den Phallizismus als einen männlichen Kult zu betrachten, in historischer Perspektive überprüfen. Die Tatsache, daß nicht nur männliche Götter wie Dionysos, Priapos und Hermes mit Phalloi verehrt wurden, sondern daß es vor allem die ältesten Göttinnen waren, denen man phallische Opfer darbrachte (Gaia, Demeter, Artemis), beweist den Ursprung des Kults aus mutterrechtlicher Zeit. Denn die matrilineare Gesellschaftsordnung schließt, wie wir gesehen haben, keineswegs die Verehrung des männlichen Geschlechtsorgans aus, sondern ist die einzige, die eine solche Verehrung überhaupt ermöglicht, da der Phallos nur hier von dem Minuszeichen der Gewaltherrschaft des Mannes frei ist und deshalb uneingeschränkt als das freudespendende Organ gilt. Seine Verehrung läßt sich am besten in den nächtlichen Dionysien am Kithareion und Parnaß verfolgen.

George Thomson hat in einer brillanten Deutung das klassische Drama überzeugend aus den Riten der mutterrechtlichen Geheimbünde Griechenlands, der *thiasoi,* abgeleitet. Für ihn war der dionysische *thiasos* ein kultischer Frauenbund, der in abgewandelter Form die Struktur und die Funktion der totemistischen Sippe beibehielt, aus der er in der Spätzeit der Stammesgesellschaft hervorgegangen war. Der Kern seines Ritus war die Wiedergeburt eines von Frauen zerrissenen und verspeisten Mannes. Dies war in manchen Gegenden Griechenlands Orpheus, der Dionysospriester und Gründer des Orphismus, in anderen Dionysos selber. Die Initiation der Frauen in das Geheimnis des Bundes rekonstruierte die Tötung und Auferstehung des Gottes in drei Stufen: einer orgiastischen Prozession hinaus aufs Land, einem Sakrament, bei dem ein Opfer in Stücke gerissen und roh verzehrt wurde, und einer triumphalen Heimkehr.
Im Jahre 458 vor unserer Zeitrechnung erlebte Athen die Premiere des bedeutendsten dieser großen Bühnenwerke, der *Oresteia* oder *Orestie* des Aischylos. Der Dichter war im Jahre 525 oder 524 in Eleusis als Sohn eines wohlhabenden Grundbesitzers geboren, hatte in den Perserkriegen als Infanterist gedient, war 490 in der Schlacht von Marathon, mit der die Griechen die Macht der Perser gebrochen hatten, verwundet worden und hatte kurz nach der Jahrhundertwende sein Debüt als Schauspieler gemacht. Denn in jenen Jahren führten die Dichter stets ihre Stücke selber auf, indem sie sie inszenierten und auch die Hauptrolle spielten. Bis zur Zeit des Aischylos hatte die Konvention des griechischen Theaters darin bestanden, daß nur *ein* Schauspieler auftrat, der im Wechselgesang mit dem Chor die Ereignisse vortrug. Aischylos war einer der großen Theaterrevolutionäre, ja in gewissem Sinne der eigentliche Vater des Theaters, denn er setzte einen zweiten Schauspieler ein und verkleinerte gleichzeitig den Chor, so daß zum erstenmal aus dem Bühnenepos ein eigentliches Bühnendrama wurde.
Die *Orestie* oder, um ihr den korrekten griechischen Namen zu geben, die *Oresteia,* schälte die Geschichte einer einzigen Familie aus der gigantischen Landschaft des Trojanischen Krieges und seiner Nachwehen heraus. Agamemnon, König von Mykene, der oberste Heerführer der Griechen, wartet in Aulis mit der fast meuternden griechischen Flotte verzweifelt auf günstigen Wind. Der Priester Kallias sagt ihm, wenn er seine eigene Tochter Iphigenie opfere, werde der Wind sich ändern. Unter dem Vorwand, daß Achilles, der tapferste Held der Griechen, Iphigenie heiraten wolle, befiehlt er seiner Frau Klytaimestra, Iphigenie ins Lager zu bringen. Als die Wahrheit sich herausstellt und Achilles zugibt, daß er nicht die geringste Absicht habe, Iphigenie zu heiraten, und Agamemnon tatsächlich das fürchterliche Opfer vollzieht, kommt es zum Bruch zwischen den Ehegatten. Nicht nur beginnt Klytaimestra ihren Mann wegen der Heiratstäuschung zu verachten, sondern bald haßt sie ihn auch, weil er die Eitelkeit des Kriegsruhms höher schätzt als das Leben der Tochter und weil er in Troja mit nahezu jeder Frau schläft, die man ihm als Heerführer schenkt. Thersites sagt einmal zu ihm: »Viele der Weiber sind in deinen Gezelten, erlesene, die wir Achaier immer zuerst dir schenkten, so oft eine Stadt wir erobert.« Als er am Ende auch noch mit einer Mätresse aus Troja zurückkommt, bringt Klytaimestra ihn

um und wird ihrerseits von ihrem Sohn Orestes getötet, der den Vater rächen will.
Nun beginnt das eigentliche Stück, das die Form einer Gerichtsverhandlung hat. Angeklagt des Mordes an der Mutter ist Orest. Sein Verteidiger ist Apollon, der Gott des Lichts. Ankläger sind die Erinnyen, die Göttinnen der Rache. Als Geschworene dienen die anderen Götter. Richter ist Athene, die Schutzgöttin der Stadt Athen. Der Prozeß ist von außerordentlicher Spitzfindigkeit, und er endet mit Orests Freispruch. All dies wäre Melodrama, wenn Aischylos nicht mit einer Erkenntnistiefe, für die Genialität ein zu schwaches Wort ist, im Laufe des Prozesses die verborgenen Motive aller Anwesenden enthüllt hätte. Und das bedeutet nicht nur die Motive der Menschen, sondern vor allem die der Gottheiten. Was sich dabei herausstellt, ist ein tiefer Zwiespalt zwischen den »alten« und den »neuen« Göttern, zwischen den Muttergottheiten der alten Welt und ihren Wachtruppen, den Erinnyen, einerseits und den Vatergottheiten der Griechen andererseits. Hier die chthonischen, die unterirdischen Gottheiten der vorgriechischen Zeit, dort die himmlischen, die olympischen Götter der Griechen. Der Kampf dieser Gottheiten, den Aischylos nun vorführt, ist nicht mehr und nicht weniger als eine ins Mythische projizierte Chronik des Kampfs der vaterrechtlichen Griechen gegen die mutterrechtlichen Ureinwohner des Landes.
Eine der ersten Erkenntnisse hieraus, für die Athener seiner Zeit sicher nicht weniger überraschend als für uns, ist Aischylos' genialer Gedanke, daß Klytaimestra, da sie rund 800 Jahre vor seiner eigenen Zeit gelebt hat, besonders deshalb über die Opferung ihrer Tochter empört gewesen sein muß, weil Iphigenie nach dem Mutterrecht ja ausschließlich ihr, der Mutter, zugehörte und Agamemnon in dieser frühen Phase der Geschichte wahrscheinlich überhaupt keine Rechte über sie besaß. Ebenfalls von größter Brillanz ist Aischylos' Logik, daß Athene sich gegen Klytaimestra und für Orest entscheiden muß, da sie selber ja keine Mutter gehabt hat. Als Schutzgöttin der Heimatstadt des Vaterrechts entsprang sie ohne Hilfe einer Mutter aus dem Haupt des Gottvaters Zeus. Deshalb schuldet sie, im Gegensatz zu den Erinnyen, den alten Rachegöttinnen des Mutterrechts, den Müttern auch keine Rechenschaft. Während die alten Muttergötter Erdgötter, Götter der Materie waren (die Wörter »Mutter« und »Materie« haben bereits im Griechischen die gleiche Wurzel), sind die neuen Götter, die Götter des Olymp, Himmelsgötter, Lichtgötter. Deshalb also auch Apoll, der Lichtgott, als Verteidiger des Orest, des Muttertöters.
Die ganze Dialektik des Kampfes zwischen Mutter- und Vaterrecht spiegelt sich in dem Argument zwischen Orest und den Erinnyen wider. Orest beruft sich darauf, daß Klytaimestra ihm gegenüber einen doppelten Frevel begangen habe, indem sie nicht nur ihren Gatten, sondern auch seinen Vater getötet hat. Warum dann verfolgen die Erinnyen ihn und nicht sie, die weit Schuldigere? Die Antwort ist: »Sie war dem Mann, den sie erschlug, nicht blutsverwandt.« Diese, uns heute kaum verständliche Antwort, zeigt mit größter Klarheit die Logik einer mutterrechtlichen Ordnung. Denn den Erinnyen wiegt der Muttermord schwerer als der Gattenmord, weil sie die

Gesellschaftsordnung und deren Moral in matrilinearer Richtung sehen: Der Ehemann ist nur angeheiratet; die Mutter aber ist blutsverwandt.
Apoll widerspricht, denn er vertritt die neue Ordnung, die Institution der Monogamie, die Vorherrschaft des Vaters, des »Erzeugers«:

Nicht ist die Mutter ihres Kindes Zeugerin,
Sie hegt und trägt das auferweckte Leben nur;
Es zeugt der Vater, aber sie bewahrt das Pfand,
Dem Freund die Freundin, wenn ein Gott es nicht verletzt.
Mit sicherem Zeugnis will ich das bestätigen.
Denn Vater kann man ohne Mutter sein; Beweis
Ist dort die eigne Tochter (Athene) des Olympiers Zeus,
Die nimmer eines Mutterschoßes Dunkel barg,
Und edlern Sproß gebar doch keine Göttin.

Nach Apoll gibt also die Zeugung dem Vater das erste Recht, wohingegen nach der bis dahin geltenden Anschauung die Mutter, die dem Kinde ihr Blut und das Leben gibt, die alleinige Besitzerin des Kindes ist und der Vater ihres Kindes für sie ein Fremder bleibt. Daher antworten die Erinnyen auf die Anschauung Apolls:

Danieder stürzest du die Mächte grauer Zeit ...
Du, der junge Gott, willst uns, die Greisen, niederrennen.

Die Schöffen rüsten sich zum Spuch, halb stehen sie zum alten, halb zum neuen Recht, so daß Stimmengleichheit droht. Da nimmt Athene den Stimmstein vom Altar und, indem sie ihn in die Urne wirft, spricht sie:

Mein ist es, abzugeben einen letzten Spruch,
Und für Orestes leg' ich diesen Stein hinein;
Denn keine Mutter wurde mir, die mich gebar,
Nein, vollen Herzens lob' ich alles Männliche,
Bis auf die Ehe, denn des Vaters bin ich ganz.
Drum acht' ich minder sträflich jetzt den Mord der Frau,
Die umgebracht hat ihren Mann, des Hauses Hort.
Es sieg' Orestes auch bei stimmengleichem Spruch.

Die Erinnyen geben sich geschlagen, indem sie den Triumph der »Götter jungen Stammes« zugestehen: nicht etwa, weil die »Neuen« Recht hätten, sondern weil sie nun die Macht besitzen. Die *Oresteia* stellt also in mythischer Form den Übergang vom Mutterrecht zum Vaterrecht, die Protorevolution der griechischen Geschichte, dar.
Bachofen hat Mitte des vorigen Jahrhunderts eine bahnbrechende Deutung der *Oresteia* vorgenommen: »Nach dem Recht, das von Zeus stammt, dem Vater beider, Apolls und Athenens, wird Orest bei gleicher Stimmenzahl durch den *calculus Minervae* (den Stimmstein der Athene) freigesprochen im Blutgericht, dem ersten, das unter den Sterblichen gehalten worden ist. Aber das ist der neuen Götter neues Recht. ›Vernichter der uralten Moiren, Zertrümmrer der Urdämonen‹ wird Apoll genannt (v. 696). Der Halbchor der Erinnyen singt (v. 748):

O neue Götter, alt Gesetz und uraltes Recht,
Ihr reißt sie nieder, reißt sie fort aus meiner Hand.

Jede Stütze ist nun dem alten Rechtszustand der Menschheit geraubt, vernichtet die Grundlage alles Wohlergehens. Keiner rufe mehr: ›O Recht, o Thron der Erinnyen‹.« Dies ist auch das Thema des vorliegenden Buches. Es ist unmöglich, das Quellenmaterial und die Epigraphik des Alten Hellas in ihrer Gesamtheit zu durchforschen, ohne von der Erkenntnis überwältigt zu werden, daß die Geschichte der Griechen, ganz im Gegensatz zu allem, was man uns in der Schule beigebracht hat, viel weniger ein Triumph westlicher Ratio über den dumpfen Aberglauben des vorgeschichtlichen Ostens ist, als vielmehr ein Triumph des Mannes über die Frau, die im Alten Osten unvergleichlich viel höheren Status besaß. Man kann sich also kaum des Eindrucks erwehren, daß zumindest in *einer* Hinsicht, der sexuellen, die Geschichte der Griechen von der Urzeit bis zur Klassik die Geschichte eines Verfalls ist.

10 Matriarchat und Patriarchat in Sparta

Nichts fürchtete das griechische Patriarchat mehr als die Gynaikokratie, die »Frauenherrschaft«, deren warnendes Beispiel man in Sparta zu sehen vermeinte. Aber Sparta war weder ein Matriarchat noch eine Gynaikokratie. Es war nicht einmal ein rein matrilineares, rein matrilokales Gesellschaftssystem. Es war eine ganz einzigartige Mischung vater- und mutterrechtlicher Elemente, eine Synthese aus Hirtenpatrismen, wie wir sie bei den meisten Griechenstämmen vorfinden, und jenen eigentümlichen Steppenmatrismen, die auch bei anderen Indoeuropäern, so den Hethitern, Thrakern, Phrygern und Persern auftauchen. Dies nun überlagert von indigenen Matrismen, die einerseits von den Kretern, andererseits von den Messeniern und Lakoniern stammten, und hineingepreßt in eine militärische Zwangsjacke, die jeder matristischen Tradition widerspricht. Kein vergleichbares System hat je irgendwo anders bestanden. Wir können also von matristischen, mutterrechtlichen, ja sogar matriarchalischen Einzelelementen sprechen, keinesfalls aber von einem geschlossenen matristischen System. Wenn ich im Gegensatz zum vaterrechtlichen Athen vom »mutterrechtlichen« Sparta spreche, so bitte ich dies also mit den eben aufgeführten Einschränkungen zu verstehen.

Wie bei den Irokesen und Huronen, die erst unter dem Einfluß vaterrechtlicher Indianerstämme und aus der Notwendigkeit heraus, sich gegen die eindringenden Europäer zu verteidigen, das systematische Training der klagelosen Schmerzerduldung einführten, so war es auch bei den Spartiaten: All das, was wir in der Schule als »spartanische« Erziehung kennengelernt haben, entsprang einem verhältnismäßig späten Stadium der dorischen Stammesentwicklung und reflektiert bereits den Zusammenprall mit vaterrechtlichen Griechenstämmen. Die Notwendigkeit, sich gegen die Aggression patriarchalischer Kulturen zu verteidigen, hat die Dorer zum erstenmal dazu gezwungen, sich eine militärische Disziplin aufzuerlegen, die der matristischen Tradition völlig fremd ist. Wo wir das Prinzip der körperlichen Leistung vorfinden, können wir selbst bei matrilokalen, matrilinearen Stäm-

men stets sicher sein, daß wir es mit einer überkompensierten Reaktion auf patrilokale, patrilineare Stämme zu tun haben. So war es jedenfalls in Sparta, und darin liegt einer der bezeichnenden Widersprüche dieser Kultur.
Aus der Notwendigkeit der Verteidigung gegen patriarchalische Nachbarstämme ging auch das Gesetz hervor, daß Eltern nur bis zum vollendeten sechsten Jahre ihrer Söhne das Recht hatten, diese im Hause der Mutter aufzuziehen; danach mußten sie an die militärischen Ausbildungslager der Kinder, die sogenannten *agelai,* abgegeben werden, wo sie bis zum vollendeten 19. Lebensjahr verblieben. Mit zwanzig Jahren traten sie in die Kasernen der Männer ein, wo sie bis zum Ende der Militärdienstpflicht (wahrscheinlich bis zum 60. Lebensjahr) stationiert waren. Die militärische Ausbildung der Knaben erfolgte in drei Klassen. Erste Klasse: 7. bis 10. Lebensjahr; zweite Klasse: 11. bis 14. Jahr; dritte Klasse: 15. bis 19. Jahr. Jeder Knabe wurde einem einzelnen Lehrer übergeben, der lebenslange Verantwortung für ihn trug. Alles, was der Knabe auch nach seiner Entlassung aus der *agela* tat, wurde sowohl im guten wie im schlechten Sinne seinem Lehrer angelastet.
Diese Lehrer hießen *paidonomoi,* was wörtlich »Gesetzgeber des Knaben« bedeutet. Der *paidonomos* war also nicht nur dafür verantwortlich, daß sein Schüler sich ein bestimmtes Maß an Wissen erarbeitete, sondern auch für dessen Benehmen und vor allem für seine Tapferkeit. Benahm der Knabe sich »unehrenhaft« oder feige, wurde sein Lehrer hierfür bestraft. Den Knaben der jüngsten Klasse, der eine falsche Antwort gab oder mangelnden Mut bewies, biß der Lehrer in den Daumen. Diese in der Kindheit erworbenen Daumenbisse zeigten manche Spartiaten stolz ihr ganzes Leben lang, als ob es Liebesbisse gewesen wären. Und das waren sie ja auch wirklich, wie wir in unserer Beschreibung der päderastischen Didaktik bereits gesehen haben. Aber im Gegensatz zu Athen, wo die Päderastie Privatsache des Bürgers blieb, diente auch die Päderastie in Sparta der militärischen Ausbildung. Sexuelle Verbindungen zwischen Lehrer und Schüler wurden angestrebt, um die pädagogischen Lektionen möglichst tief in der Psyche des Knaben zu verankern.
Mit 14 Jahren nahm der Knabe bereits zusammen mit Erwachsenen an Truppenübungen teil und wurde zu Entbehrungen gezwungen, die ihn an das Lagerleben gewöhnen sollten. Mit 18 Jahren wurde er der rituellen Geißelung zu Ehren der Muttergöttin Artemis Orthia unterworfen. Plutarch berichtet, er habe mit eigenen Augen Knaben sterben sehen, ohne daß sie einen Laut von sich gaben. Hierbei wurden zuerst die der Göttin üblichen Opfer gebracht. Dann mußten sich die Knaben in Reih und Glied am Altare vor der Oberpriesterin hinstellen und sich vor deren Augen geißeln lassen. Die Dienerin der Göttin hielt während dieses Aktes eine kleine Statuette in der Rechten und senkte diese jedesmal, wenn ihrer Meinung nach noch nicht derb genug zugeschlagen wurde.
Hinter jedem Jüngling stand sein Lehrer und Auspeitscher, der dies als Ehrenamt betrachtete. Eine Ehre war es auch für jeden Knaben, bei diesem Feste auftreten zu dürfen. »Die Knaben«, sagt Plutarch, »werden einen

ganzen Tag lang vor dem Altar der Artemis bis zum Tode gegeißelt, und sie erdulden es mit einer Art von Wohlgefallen, ja selbst mit einem Anschein von Freude. Sie wetteifern sogar um den Sieg, und derjenige, welcher die längste Zeit aushält und imstande ist, die größte Anzahl von Streichen zu erdulden, trägt den Sieg davon. Und diese Feierlichkeit wird der Geißelstreit genannt, und der Brauch wird alljährlich wiederholt.«

Makonios bei Stobaios kommentiert den Vorgang in ähnlicher Weise: »Die Söhne der Lakedämonier liefern den augenscheinlichen Beweis, daß Geißelhiebe weder etwas Hartes noch etwas Schimpfliches sind, denn sie melden sich selbst dazu und setzen sogar eine Art Stolz darin.« Cicero berichtet, daß das gleiche noch in römischer Zeit stattfand: »Die Knaben werden zu Sparta vor dem Altar auf eine so grausame Art gegeißelt, daß ihnen das Blut von dem Körper herunterfließt. Ich habe, da ich zugegen war, es mehrere Male gehört, daß sie zu Tode gegeißelt worden sind, ohne daß einer von ihnen nur die geringste Klage hätte hören lassen oder eine Träne vergossen hätte.«

Berührt uns das blutige Ritual dieses Festes an sich schon abstoßend und befremdend zugleich, so mehren sich diese Empfindungen noch, wenn wir erfahren, daß auch der offizielle Liebhaber des Knaben der Geißel verfiel, sobald einer seiner Schüler einen Schrei hören ließ, »zur Strafe dafür, daß er seinen Zögling nicht genügend zu mannhafter Standhaftigkeit angehalten hätte«. Groß allerdings waren die Ehren, die der *bomonikes,* der, welcher als Sieger aus diesem Wettstreit der Schmerzen hervorgegangen war, davontrug. Man feierte ihn mit Musik und Gesang und kränzte sein Haupt; er wurde von allen zu seinem Erfolg beglückwünscht und offenbar auch von allen Kameraden beneidet.

Das einzig Gute, was man über die spartanische Erziehung sagen kann, ist daß sie nur die Knaben so grausam behandelte, den Mädchen aber (im betonten Gegensatz zu Athen) die bestmögliche Erziehung gab, die man sich mit den begrenzten Mitteln des bettelarmen Sparta leisten konnte. Mädchenschulen gab es zwischen dem 5. und 4. Jahrhundert außer in Sparta nur noch im aiolischen Lesbos, im mutterrechtlichen Kreta, und zum beginnenden Hellenismus in Teos, Pergamon und Thera. Allerdings diente die Erziehung der kleinen Frau, genau wie die des Knaben, in Sparta vor allem dem Staatsinteresse. Sie lief darauf hinaus, ihre Körperkräfte zu entwickeln, damit sie gesunde Kinder zur Welt bringen könne. Für sie gab es also separate Ausbildungslager, wo sie in Leibesübungen, Tanz, Musik und Gesang unterrichtet wurde. Der Unterricht im Lesen und Schreiben war genau wie bei den Knaben auf ein Minimum beschränkt.

Dieser Unterricht begann mit dem siebenten Lebensjahr. Bis dahin wuchsen Knaben und Mädchen gemeinsam auf. Auch nach dem siebenten Lebensjahr wurden sie weiterhin von Zeit zu Zeit in sportlichen Wettbewerben einander gegenübergestellt, und es war durchaus nicht selten (und galt für den Knaben auch nicht als Schande), daß ein Mädchen gewann. Selbst Ringkämpfe zwischen Knaben und Mädchen gehörten zur Norm der spartanischen Erziehung. Nur in Sparta und auf der Insel Chios trainierten Frauen auf den Sportfeldern und nahmen an sportlichen Wettbewerben aller Altersstufen teil.

Bis zum Alter von sieben Jahren gingen Knaben und Mädchen meist nackend; danach trugen sie ein kniefreies, ärmelloses Kleidungsstück, das für beide Geschlechter gleich war. Beim Zug in den Artemistempel führten die spartanischen Mädchen sogar in fast nacktem Zustand mimetische Tänze auf, die den Boden fruchtbar machen sollten. Die anderen Griechen hielten dies für unsittlich – nicht etwa, wie bürgerliche Forscher vermeint haben, weil den Griechen der nackte Körper unsittlich vorgekommen wäre, sondern weil sie die Frau als Eigentum des Mannes betrachteten und die Entblößung des spartanischen Mädchens deshalb als Bloßstellung ihrer ganzen männlichen Sippe empfanden.
Bachofen führt die ionische Kleidung, die den Frauenkörper völlig verhüllte, auf den Triumph des Vaterrechts über das Mutterrecht zurück. Das ist keine Theorie unseres Jahrhunderts, sondern beschäftige bereits die Griechen selber. Gegen Mitte des 5. Jahrhunderts vor unserer Zeit begann sich der »Vater der Geschichte«, der athenische Historiker Herodot (484 bis 424), über die Unterschiede zwischen der dorischen und der ionischen Mode den Kopf zu zerbrechen. Wieso duldeten die Ioner die Nacktheit des Mannes, nicht aber die der Frau? Weshalb verhüllten die Athener ihre Frauen in lang herabwallenden weißen Kleidern, während die Spartanerinnen ärmellose, seitlich offene und ganz kurze Kleider bevorzugten? Wieso lehnten die Athener jede Form von Schulterspangen ab, benutzten dagegen aber Ärmelspangen? Wieso benutzten die Spartanerinnen keine Ärmelspangen, dagegen aber Schulterspangen? Wieso waren die Schulterspangen in Aigina nahezu doppelt so groß wie in Sparta?
Einem Mann von geringerem intellektuellem Kaliber wären diese »oberflächlichen« Dinge kaum aufgefallen, ernsthafte Fragen hätte er ganz gewiß nicht an sie geknüpft. Herodot aber kam zu einer der wichtigsten Entdekkungen der griechischen Geschichte, indem er nach langem Suchen auf die Sage von den Epidauriern stieß, die einst Aigina erobert und die Aigineten versklavt hatten, trotzdem aber beinahe Hungers gestorben wären, weil ihre Ernte jedes Jahr fehlschlug. In ihrer Not wandten sie sich an die Wahrsagerin Pythia, die offenbarte, ihre Felder würden erst dann wieder fruchtbar werden, wenn sie den Göttinnen Damia und Auxesia Standbilder aus dem Holz eines heiligen Ölbaums errichteten.
Heilige Ölbäume besaßen aber nur die Athener. Als die Epidaurier nun nach Athen zogen, um Erlaubnis zum Fällen eines solchen Baumes zu erbitten, stimmten die Athener zwar zu, stellten aber die Bedingung, daß die Epidaurier ihrerseits den athenischen Göttern, vor allem dem Erechtheos, Opfer brachten. Dies geschah auch jahrelang, aber eines Tages rebellierten die Aigineten gegen ihre Unterdrücker und raubten deren Götterbilder. Dadurch sahen sich die Epidaurier der Pflicht enthoben, den athenischen Göttern weiterhin Opfer zu bringen. Die Athener bestanden jedoch auf ihren Vertrag und verlangten, daß die Epidaurier die aus athenischem Holz geschnitzten Götterbilder zurückerobern und nach Athen bringen sollten. Da dies den Epidauriern unmöglich war, erklärte Athen ihnen den Krieg, marschierte nach Aigina ein, entdeckte die Götterbilder und brach sie von ihren Sockeln, um sie mitzunehmen.

Die Götter betrachteten dies als Frevel und bestraften die Athener, indem sie das athenische Heer von den Aigineten umbringen ließen. Nur ein einziger Athener kam mit dem Leben davon. Als er nun aber in seine Heimatstadt zurückkam und den Frauen berichtete, was geschehen war, legten diese die Niederlage ihrer Männer als Feigheit aus und nahmen ihre Rache an dem Überlebenden, indem sie ihre Schulterspangen öffneten, ihre Kleider fallen ließen und den Boten mit den spitzen Nadeln ihrer Spangen erstachen. Bei jedem Stich rief eine jede den Namen ihres gefallenen Mannes aus, indem sie sagte: »Dies ist für...!« Deshalb, meint Herodot, hätten die Athener ihren Frauen verboten, jemals wieder Schulterspangen zu tragen. Die Aigineten dagegen hätten das Gesetz eingeführt, die Schulterspangen zu vergrößern, so daß sie den Frauen im Notfall als Waffe dienen konnten, und die abgelegten Spangen jedes Jahr den Göttinnen Damia und Auxesia zu weihen. »Und die Frauen der Aigineten behielten von jener Zeit im Angedenken des Siegs ihrer Männer die Sitte bei, bis zu meiner Zeit größere Schulterspangen zu tragen als in anderen Gauen« (Herodot 5, 82 bis 88).
Wahrscheinlich ahnte bereits Herodot, daß sich hinter dieser Legende mehr als ein geschichtliches Ereignis verbarg, doch der erste, der die Sache in unserer Zeit entschlüsselte, war Bachofen: »Der aphroditisch-erotische Sinn kann nicht bezweifelt werden. Die Weihung der Nadelspange (*perone, porpe,* von welchem das letztere den Ring an der Spange, das erstere die sie durchschneidende Nadel bezeichnet), welche das Gewand zusammenhält, hat mit der Weihung des weiblichen Gürtels dieselbe Bedeutung. Beides deutet auf die Hingabe der Jungfräulichkeit. Die Weihung der Spange bezeichnet den Übergang zum Muttertum, den Eintritt in die Ehe... Das geschlossene Kleid wird jetzt eröffnet. Die Spange, früher Symbol der Jungfräulichkeit, wird nun Bild der Ehe. Der von der Nadel durchschnittene Kreis ist selbst das Bild des zur Zeugung vereinigten Geschlechts. Mit dieser erotischen Beziehung stimmen alle Einzelheiten der herodotischen Erzählung überein. Vorerst die Mutternatur der beiden Gottheiten Damia und Auxesia, deren cerealische Beziehung nicht verkannt werden kann.« (*Gesammelte Werke,* Band II, S. 242 bis 243.) Tatsächlich sind beide Göttinnen Darstellungen des Muttertums, *thaleiai,* »Göttinnen der Fülle« (Plut. Symp. 9, 14), und geben sich als solche schon in ihren Namen zu erkennen. Auxesia ist von *auxano,* »mehren«, abgeleitet, einem Wort, das die Alten häufig zur Kennzeichnung der Wachstum verleihenden Naturkraft gebrauchten. In Damia dagegen liegt ein Stamm vor, der in einer großen Anzahl von Bezeichnungen wiederkehrt und stets die Erde, die Materie, die Mutter zur Grundlage hat. »Daher sind jene Götterbilder aus dem Stamme eines die Erdfruchtbarkeit in besonderem Grade darstellenden Baumes angefertigt.«
Sicherlich stimmt das. Wie so oft, nimmt Bachofen hier Erkenntnisse voraus, zu denen Freud und Jung erst ein halbes Jahrhundert später gelangten. Aber er läßt unerklärt, wieso die Frauen den überlebenden Mann ermordeten und wieso das Mordwerkzeug ausgerechnet der Dorn der Spange, also das Penissymbol sein sollte. Auch die Angabe, daß die Frauen den Boten töteten, weil sie nicht wußten, daß der Tod ihrer Männer von den

Göttern als Bestrafung eines Frevels verordnet worden war, ist nicht ganz überzeugend. Denn sebst wenn sie, wie Herodot vermeint, fälschlich glaubten, ihre Männer seien feige gewesen, gibt es keinen Grund, den Überlebenden für diese Feigheit verantwortlich zu machen und sich an ihm zu »rächen«.

Weshalb wurden die Athener denn eigentlich vernichtet? Weil sie gegen die alten Muttergottheiten gefrevelt hatten: Sie hatten versucht, die Muttergöttinnen von ihren Sockeln loszubrechen, um sie nach Athen, der Stadt des Vaterrechts, mitzunehmen. Es ist also wieder einmal ein Kapitel der Chronik vom Kampf der neuen Vatergötter gegen die alten Muttergöttinnen, vom Versuch der Vaterrechtler, das Reich der Mütter zu usurpieren. Die Göttinnen schlagen zurück, indem sie die Frauen zur Vernichtung des Mannes aufrufen. Und womit findet die Vernichtung statt? Mit des Mannes eigenem Genital: dem Penis. Die Szene ist bestechend: Die nackten Frauen mit ihren Schulterschnallen stechen dem Manne zuerst die Augen aus. Er wird kastriert, denn die Augen sind stets das Symbol der Virilität. Wenn Ödipus sich die Augen aussticht, so ist es auch dort ein Akt der Selbstkastration. Und womit sticht er sie sich aus? Mit der Schulterspange seiner Mutter! Das ganze ist ein Akt der Rache, aber auch ein Akt der Sühne. Und zum Sühneakt zog man sich in den alten Mutterkulten nackt aus.

Nacktheit war also bei den Spartiatinnen nicht nur eine Demonstration der Gleichberechtigung mit dem nackten Mann, sondern gleichzeitig auch noch das Echo eines kultischen Akts. Die Spartiatin, die in jeder Hinsicht frei über ihren Körper verfügen konnte, tat dies auch in dieser. Und da sie frei über sich verfügte, konnte sie auch sexuell mit jedem verkehren, der »würdig« war, das heißt: mit jedem jungen Mann, der Tapferkeit bewiesen hatte, einerlei ob er Spartiat war oder nicht. Genau das, was es in Athen überhaupt nicht gab, vorehelichen Geschlechtsverkehr mit einem Mädchen der eigenen Gesellschaftsschicht, war in Sparta die Norm. Die Mädchen heirateten deshalb in Sparta auch viel später als die ionischen und aiolischen Mädchen, oft nicht vor 24, während in Athen, Korinth und in den ionischen Kolonien Mädchen manchmal bereits mit 12 oder 14 heirateten. Die Jugend dauerte also lange. Jeder hatte Gelegenheit, sich vor der Ehe »auszutoben«, ja selbst nachher noch in begrenztem Maße außerehelich zu koitieren. Hagnon von Tharsus meint allerdings, es sei den Spartiatinnen vor der Ehe nur erlaubt gewesen, sich anal koitieren zu lassen, damit kein unehelicher Nachwuchs entstünde (Hagnon bei Athen. XIII 602e), aber ich halte das für eine nachträgliche Erfindung, da in Sparta uneheliche Kinder spartiatischer Mütter mit ehelichen Kindern absolut gleichgestellt wurden.

Wichtig war, daß es überhaupt Nachwuchs gab, daß er gesund und daß die Mutter eine Spartiatin war. Ob sie verheiratet und ob der Vater Spartiat war oder nicht, ging niemanden etwas an. Das Kind einer jeden Spartiatin galt als Spartiat, selbst wenn sein Vater ein Sklave gewesen wäre. Das Kind des Mannes jedoch wurde nur dann als Spartiat anerkannt, wenn auch die Mutter Spartiatin war. Als Nichtspartiat galt also jeder Sohn einer Nichtspartiatin, selbst wenn sein Vater der König von Sparta gewesen wäre. So funktioniert ein matrilineares Deszendenzsystem.

Der Hochzeit ging oft ein öffentlicher Ringkampf zwischen Mann und Frau voraus, der zwar einerseits die Gleichberechtigung der Geschlechter und damit ein matristisches Element darstellen mag, andererseits aber auch durch die Einführung des Wettkampfs, des Wettbewerbs, der *Leistung* ein unmißverständlich patristisches Element in die Gleichberechtigung der Geschlechter hineinträgt. Nach dem Ringkampf ging die Frau allein in ihr Haus, während der Mann sich zu seinen Sippengenossen in der Kaserne gesellte und dort weiterfeierte. Irgendwann im Laufe der Nacht zog er sich möglichst unbemerkt von seinen Kameraden zurück und ging zu seiner Frau, um die Ehe zu vollziehen.
Auch in den folgenden Jahren änderte sich das Leben der Eheleute nur wenig. Die Frau lebte ohne ihn, bis er vom Militärdienst befreit wurde. Erst dann zog er in ihr Haus. »Unter diesen Umständen muß das spartanische Heim aus dem Vater, der alt genug war, um vom dauernden Aufenthalt im Männerhaus befreit zu sein, aus der Mutter, den verheirateten und unverheirateten Töchtern und den Kindern beiderlei Geschlechts unter sieben Jahren bestanden haben« (George Thomson, *Aischylos und Athen,* Berlin 1957). Die Frau ging aus, wann und wohin sie wollte, schlief mit wem sie wollte und wurde nur zur Rechenschaft gezogen, wenn ihr Partner »ehrlos« war. Selbst dann konnte sie nicht von ihrem Ehemann, sondern nur von ihrer Sippe, also der Sippe ihrer Mutter, belangt werden. Da der Gatte bis zu seiner Entlassung aus dem Heer niemals am Tage nach Hause kam, hatte er keine Möglichkeit, die »Treue« seiner Gattin zu überwachen. Stellte er sich als impotent heraus, so hatte die Frau nicht nur das Recht, sondern die Pflicht, einen »Zeugungshelfer«, einen potenten Mann ihrer eigenen Wahl, zu suchen, um mit ihm Kinder zu zeugen. Meist schlug der Ehemann hierzu einen besonders geschätzten Freund vor.
Da alles im Staate dem Zweck der militärischen Macht untergeordnet war, hatte jeder Spartiat das Recht, an einen Freund heranzutreten, um ihn um Zugang zu dessen Frau zu bitten. »So durfte ein rechtschaffener Mann und Vater wohlgeratener Kinder, sobald er an der Ehefrau eines anderen Mannes großen Gefallen fand, sich von diesem die Erlaubnis des geschlechtlichen Verkehrs erbitten, um gleichsam auf einem fruchtbaren Acker eine Pflanzung anzulegen und tapfere Knaben zu erzeugen . . . Umgekehrt durfte der ältere Gatte einer jungen Frau, sobald er einen rechtschaffenen jungen Mann liebgewonnen und erprobt hatte, ihn bei der Gattin einführen« (Plutarch, *Lykurg* XV 11 bis 15). Polyandrie, die Ehe einer Spartiatin mit mehreren Männern, war zwar keine Norm, war aber durchaus erlaubt und wurde nicht selten praktiziert. Polygynie dagegen, die Ehe eines Spartiaten mit mehreren Frauen, war unbekannt und hätte auch gänzlich gegen das Prinzip der matrilinearen Deszendenz verstoßen.
Wie die Ehe vor dem dreißigsten Jahre, war die Ehelosigkeit nach dem 35. Jahr unter Spartiaten verpönt, denn heiraten war keine Privatsache, sondern eine Institution. Als ein junger Mann sich eines Tages weigerte, vor dem verdienten, aber ehelosen Feldherrn Dekyllidas aufzustehen, und sagte: »Du hast ja auch niemanden erzeugt, der später vor mir aufstehen wird«, wurden diese schnippischen Worte allgemein anerkannt. Der Hagestolz, der alte

Junggeselle, mußte eine bestimmte, ihn als solchen kenntlich machende Kleidung tragen und sich bei gewissen Gelegenheiten sogar nackend in der Öffentlichkeit zeigen, um seine moralische Blöße kundzutun. Plutarch sagt, er müsse im Winter nackt um den Marktplatz herummarschieren, ein Spottlied auf sich selber singen und dabei verkünden, man bestrafe ihn mit Recht.

Der spartanische Gesetzgeber Lykurgos bestrafte die Ehelosen angeblich damit, daß er ihnen die Teilnahme am Fest der nackten Knaben, den Gymnopaidien, verbot. Das betraf sowohl Männer, denen man damit die Gelegenheit zur Anknüpfung päderastischer Kontakte nehmen wollte, als auch Frauen, die nicht heiraten und Kinder gebären wollten, denn dann sollten sie auch keinen Spaß am Sex haben. Um dem Hagestolz seine Sünden möglichst deutlich anzukreiden, wurde er obendrein den Schlägen der Frauen ausgesetzt, die ihn an bestimmten Feiertagen auf offenem Markte ohrfeigen mußten.

Im Gegensatz zu Athen, wo die Frau ihren Mann mit »Herr« anreden mußte, nannte der dorische Ehemann seine Frau »Herrin«. Im Gegensatz zu Athen, wo die Frau keinen Rechtsstatus hatte, war die Spartiatin durchaus Rechtsobjekt, war prozeß- und eidesfähig und verwaltete von der Mündigwerdung an ihr eigenes Sippenvermögen. Denn der Besitz an Grund und Boden lag in den Händen der Sippen, und da die Sippen mutterrechtlich organisiert waren, lag er in der Hand der Frauen. Was bewegliches Privateigentum anlangte, in Sparta ein sehr beschränkter Begriff, hatten Männer und Frauen identische Rechte und Erbrechte. Obgleich der Hellenismus das Ende des strikten Verbots von Privatbesitz an Land mit sich brachte und eine größere Anzahl von Spartiaten hierdurch zu Großgrundbesitzern wurden, stellte es sich gegen Ende der Alexandrinischen Zeit heraus, daß immer noch mehr als zwei Drittel des Landbesitzes in ganz Lakonien den Frauen gehörte.

Als eine Athenerin einer Spartiatin einst vorwarf, die Frauen von Sparta versuchten, ihre Männer zu beherrschen, antwortete diese: »Im Gegenteil, wir sind die einzigen Frauen, die wirkliche Männer hervorbringen.« Und das war in gewissem Sinne auch wahr, denn im Gegensatz zu den Athenern kannten die Spartiaten keinerlei Probleme der »Männlichkeit«, keine Potenzängste, keine Angst vor der Frau und deshalb auch weder Frauenhaß noch Aggression. Das vaterrechtliche Athen war unerhört reizbar und reagierte geradezu neurotisch, wenn irgend jemand seine »Männlichkeit« in Frage stellte. Sparta dagegen kämpfte, wenn es angegriffen wurde, aber es griff niemals an. Trotzdem, oder vielleicht gerade deshalb, ging es viel früher unter als Athen.

Einer der Gründe, wenn auch nicht der maßgebliche, lag in der inhärenten Verwundbarkeit matristischer Gesellschaftsordnungen, an ihrem Unvermögen auf die Dauer der korrumpierenden Wirkung vaterrechtlicher Systeme zu widerstehen. Es mangelt den matristischen Kulturen kaum je an Tapferkeit. Es fehlt ihnen jedoch einerseits die Aggression vaterrechtlicher Kulturen, andererseits das Besitzstreben solcher Gesellschaftssysteme. Die Spartiaten waren sowohl unwillig wie auch unfähig, aus irgendeinem ihrer

Kriege ökonomische Vorteile zu ziehen. Das mag edel klingen, aber es nahm ihnen die Kraft, sich auf die Dauer gegen ökonomisch aggressive Gesellschaften wie die der Athener, Korinther oder Thebaner zu behaupten. Sie gewannen zwar die meisten Kriege, verloren dabei aber stets den Frieden.
Da die herrschende Klasse kein Geld besitzen durfte, gab es keinen finanziellen Ansporn zu Raubkriegen. Das Geld Spartas war in den Händen der Periöken und bestand aus häßlichen, sperrigen Eisenbarren, die so groß und so unhandlich waren, daß ein Psychoanalytiker unserer Tage sehr eindeutige Schlüsse über den Widerwillen der Spartiaten gegen diese Form des Kots gezogen hätte. Es gab weder Gold- noch Silbermünzen – nichts, das auf Liebe zum Geld schließen ließe. Interesse am Geld galt als entehrend. Jene Verdinglichung und Entfremdung, die wir heutzutage mit dem Kapitalismus assoziieren, war den Spartiaten bereits als Kennzeichen der Händlerstädte aufgefallen. So betrachteten sie zwar die Landbesitzer unter den anderen Griechenstämmen als ebenbürtig, sahen jedoch in gerade jenen Kräften, die Athen, Korinth, Theben und Milet groß gemacht hatten, in den Kaufleuten, minderwertige, ehrlose Menschen.
Sie hinderten ihre Periöken nicht daran, sich zu bereichern. Im Gegenteil, man erwartete von ihnen, daß sie sich mit dem schmutzigen Geld abplagten. Die Periöken trugen auch Schmuck, die Spartiaten lebten von Blutsuppe und Gerstenfladen. Die Frauen der Periöken benutzten Friseure und ließen sich massieren, die Frauen der Spartiaten erlaubten sich nur schlichte Haarknoten und kannten keine Schönheitspflege. Die Periöken nahmen warme Bäder, die Spartiaten betrachteten warme Bäder als zuchtlos. In Athen pflegte man zu sagen, daß in Sparta selbst die Heloten oft besser lebten als ihre Herren. Das war insofern wahr, als die Sklaven trotz ihrer Unfreiheit sich manchmal besseres Essen, wärmere Häuser und weichere Betten leisten konnten, als die Spartiaten sich selber gönnten. Sparta gehört also in seinem Sippen- und Stammessystem zu einem Zeitalter, in dem Privateigentum noch nicht existierte. Es gehörte mit seiner Sklavenökonomie aber bereits zu einem Zeitalter, in welchem selbst der Mensch zum Privateigentum des anderen Menschen geworden war. Eine so widersprüchliche Basis erzeugt unweigerlich einen ebenso widersprüchlichen Überbau. Daß das Sozialsystem ganz und gar nicht aus jener ins Zivilleben übertragenen Kommandostruktur bestand, die Platon und andere Athener in ihm sahen, geht unter vielem anderen auch daraus hervor, daß die Kinder der Spartiaten ihre eigenen Aufseher, die Eiren, wählten. Selbst das Heer war bezeichnenderweise weniger als in Athen auf strikte Weitergabe der Befehle von oben nach unten ausgerichtet. Im Gegenteil: nirgends in Griechenland war die Armee so eindeutig von unten nach oben strukturiert wie in Sparta. Daß der Prozeß der Willensbildung allerdings nur innerhalb der herrschenden Klasse stattfand, stellt die Kehrseite der Medaille dar.
Athen hat Sparta immer als eine Stadt von amusischen Menschen dargestellt, als gutmütige Athleten, die von den höheren Dingen des Lebens nichts verstanden. Das war, wie so vieles andere, Verleumdung. Schöpferische Tätigkeit musischer Art war unter Spartiaten weiter verbreitet als unter Athenern, die sich sehr bald in Kunstproduzenten und Kunstkonsumenten

aufspalteten, wobei die zweite Klasse Jahr für Jahr größer wurde. In Sparta dagegen sang und tanzte fast jeder, alt und jung, während Theaterveranstaltungen oft ebenso viele Leute auf die Bühne wie ins Publikum zogen. Was die Spartiaten dagegen nicht mochten, war Konsumkunst: alles, was nicht auf Mitwirkung aller Anwesenden aufgebaut war. Deshalb gab es auch keine Architektur in Sparta, die über das rein Nützliche hinausging.

Es ist durchaus verständlich, daß ein solcher Staat die Athener geradezu in Raserei brachte. Wären die Spartiaten wenigstens Pantoffelhelden gewesen, unterdrückte Männlein, mutlos, kraftlos, »effeminiert«, so wäre das ganz gewiß ein Trost für die athenischen Vaterrechtler gewesen. Denn dann hätte man triumphierend verkünden können: »Na, was habe ich euch gesagt? Muttersöhnchen! Schwächlinge!« Aber da genau das Gegenteil der Fall war, wußten die Athener weder ein noch aus. Die Literatur Athens über Sparta hat deshalb einen geradezu absurden Charakter. Aristoteles, der Athener, macht dem spartanischen Gesetzgeber Lykurgos noch fünfhundert Jahre nach dessen Tod bittere Vorwürfe, weil er in seinen Gesetzen nicht einmal *versucht* habe, etwas gegen das Matriarchat zu unternehmen. Dabei wird dem heutigen Leser sehr schnell klar, daß das, was Aristoteles unter Matriarchat verstand, nicht etwa das Recht der Mutter, sondern die Herrschaft der Frau war.

Dies ist ein so wichtiger Unterschied, daß wir ihn analysieren müssen. Das Mutterrecht, wie es die Dorer verstanden, unterschied sich vom Vaterrecht der Athener nicht etwa dadurch, daß hier die Frauen und dort die Männer herrschten, sondern durch die Absage an das Konzept der Vorherrschaft des einen Geschlechts über das andere. Dies gab beiden Geschlechtern in Sparta eine Sicherheit, eine Reife, die wir selbst bei den größten Athenern vermissen. Bezeichnend für das völlige Mißverständnis der spartanischen Gesellschaftsstruktur ist in diesem Zusammenhange Plutarchs Beschreibung des Status der Spartiatinnen: »Daher sollen sie denn auch sehr dreist und gegen ihre Männer selbst männlich und gebieterisch gewesen sein, indem sie nicht nur im Hause unumschränkt herrschten, sondern auch in den wichtigsten Angelegenheiten des Staats ihre Meinung mit aller Freiheit sagen durften« (Plut. *comp. Lyc.* Num. 3). Sagen *durften*! Der Gedanke, daß »dürfen« in Sparta nicht zu den Vokabeln des Dialogs zwischen Mann und Frau gehörte, war Plutarch fremd. Was die Athener, die in der Beziehung der Geschlechter nur die Alternative zwischen Herrschen und Beherrschtwerden sahen, nicht verstehen konnten, war die Tatsache, daß nur diejenigen Männer, die ihrer selbst völlig sicher sind, es sich leisten können, die Vorzüge der Frau anzuerkennen, ohne Angst um ihren eigenen Status zu empfinden. Nur in mutterrechtlichen Gesellschaften sind Männer jemals frei von der Zwangsvorstellung, ihre Männlichkeit Tag und Nacht unter Beweis stellen zu müssen.

Sparta war ganz und gar kein Paradies. Das lag an der Rückständigkeit der Produktionsmittel, an der Verachtung der Arbeit, an der Unterdrückung und Ausbeutung der Heloten und an der Unfähigkeit der gesellschaftlichen Ordnung, sich Neuerungen anzupassen. Das Dilemma einer solchen Gesellschaft, die tiefen sozialen Widersprüche der Ökonomie, der an Reaktion grenzende soziale und politische Konservativismus vereint mit ungewöhnlicher sexueller Freiheit, Ausbeutung von Staatssklaven Seite an Seite mit freiwilliger Armut der herrschenden Klasse: all dieses Widersprüchliche, Schillernde, Ambivalente, ja geradezu Schizophrene der spartanischen Gesellschaft beunruhigte und verwirrte ihre Nachbarn, wie es noch Jahrtausende später die Historiker irritiert und zu nachträglicher Aggression verleitet hat.

Halbwegs zwischen den Extremen Athens und Spartas befand sich der Rest Griechenlands. Daß die Frau im dorischen Megara fast die gleichen Rechte besaß wie im dorischen Sparta und im dorischen Gortyn, ist kaum verwunderlich. Daß sie in Lokris und im Rest Nordgriechenlands, in Boiotien (wo der dorische Einfluß stark war) und in Thessalien größere Freiheit hatte als in Attika, kann uns ebenfalls kaum überraschen. Aber daß es ihr auch auf den ionischen Inseln, zum Beispiel in Amorgos oder Tenos, unvergleichlich besser ging als im attischen Heimatland der Ioner, besagt schon viel über den horizonterweiternden Einfluß der Fremde. Und auch vielleicht ein wenig über den Einfluß der Nachbarn, denn die nächsten Inseln, Melos, Thera und Astypalaia, waren dorisch. Da war es schwer, den eigenen Frauen zu versagen, was die Nachbarinnen besaßen.

11 Die Emanzipation vom Patriarchat

Die Emanzipation vom Partiarchat war das Produkt des Krieges. Je häufiger und je länger die Kriege wurden, desto mehr oblag es der daheimgebliebenen Frau, den Staat zu führen. Wenn die Männer dann zurückkamen, war es nicht immer leicht, die Frau in die häusliche Isolation zurückzutreiben. Eine der frühesten Formen der Emanzipation bot das Gewerbe der Wirtshausbesitzerin, das aber für eine Frau der herrschenden Klasse undenkbar war, da die Schankwirtin als eine Art Kupplerin galt – und dies nicht ohne Grund: Die meisten Kellnerinnen waren Sklaven oder Fremde und mußten, wenn sie je hoffen wollten, ein Minimum an Unabhängigkeit zu gewinnen, mit den Gästen zu Bett gehen. Der Versuch geistiger Emanzipation war dagegen ohne ökonomische Basis von Anfang an zum Scheitern verurteilt. Trotzdem wurde er jahrhundertelang immer wieder von tapferen Frauen unternommen.

Die ersten wirklich bedeutenden Versuche dieser Art begannen Ende des 6. Jahrhunderts, als Arignote, die Tochter des Philosophen Pythagoras (580 bis 500), dessen Schülerin Theano und deren Tochter Myia sich als Philosophinnen einen Namen zu machen suchten. Trotz der ungewöhnlich hohen Intelligenz aller drei Frauen scheiterte der Versuch, weil er verfrüht war. Es ist ein Stück echter Tragik, die stolze Theano am Ende ihres Lebens auf die Frage nach der Funktion der Frau mit einem Zitat aus der *Ilias* antworten zu hören: »Daß sie den Webstuhl besorge und im Bett sich fleißig betätige« (I, 31).

Die Suche der Griechin nach ihrer Identität in einem von Männern beherrschten Hellas hat gewisse Ähnlichkeiten mit der heutigen Identitätskrise des vom Kolonialismus befreiten Mannes in einer von europäischen Wertmaßstäben regierten Welt. Was nützt ihm seine nominelle Freiheit, wenn alle Alternativen, sie zu realisieren, aus der Denkwelt der ehemaligen Kolonialherren stammen? Sein Über-Ich ist so unwiderruflich vom Kolonialismus geprägt worden, daß er sich selbst als freier Mann noch so benimmt, als sei er unfrei. Das Beste, was die Griechin des 6. Jahrhunderts erhoffen konnte, war dies: Es dem Manne gleichzutun und ihn vielleicht sogar dabei zu übertreffen. Was daraus entstand, war aber nicht Freiheit, sondern Nachahmung: statt einer selbständigen Frau, die Imitation eines Mannes. Indem Arignote, Theano und Myia eine Ausdehnung der Männerrechte auf die Frau verlangten, anerkannten sie die Rechtlichkeit der Männerwelt. Will die Frau aber jemals sich selber finden, darf sie die Welt des Mannes weder imitieren noch verbessern; sie muß sie statt dessen zerschlagen. Erst mit der Vernichtung der männlichen Wertmaßstäbe kann die Frau hoffen, ihre eigenen Werte zu finden. Aber für eine solche Überlegung war es zu früh in der Geschichte.

In welch traurigem Maße die griechische Frau der klassischen Zeit das Bild akzeptierte, das sich der Mann von ihr gemacht hatte, zeigt auch der Ausspruch der Lysistrata: »Ich bin zwar nur ein Weib, doch ist Verstand in mir« (Arist. *Lysist.* 1124). Nur! Wenn man bedenkt, daß hier die emanzipierteste, die mutigste Frau in allen Stücken des Aristophanes zitiert wird, muß man sich nicht wundern, daß andere Frauen nicht einmal an die Möglichkeit einer weiblichen Intelligenz glaubten. Man hatte die Frauen so lange und so völlig von jeder Erziehung ausgeschlossen; man hatte ihnen so oft und so intensiv suggeriert, daß sie töricht seien; man hatte die angebliche Torheit der Frau so eindeutig als ererbt und unüberwindlich dargestellt, daß die Frauen selber an ihre Dummheit wie an eine Erbsünde zu glauben begonnen hatten.

Es ist das unschätzbare Verdienst der Hetären, daß sie aus dieser Sackgasse herausbrachen, indem sie sich weigerten, die vermeintliche Schranke zu akzeptieren. Das war allerdings einfacher für sie als für die Ehefrauen. Denn obgleich sowohl Gattin wie Hetäre von der finanziellen Gunst des Mannes abhängig waren, lag der Unterschied doch darin, daß die Ehefrau unwiderruflich an einen einzigen Mann gebunden war, während die Hetäre, wenn ein Mann ihrer müde wurde, sich meist einem anderen zuwenden konnte. Und da sie in der Bereitschaft des Mannes, für ihre Reize zu zahlen, den täglichen Beweis der Dummheit des Mannes und der Überlegenheit der Frau vor Augen hatte, war es schwer, sie von der Dummheit der Frau und der Überlegenheit des Mannes zu überzeugen. So geschah es also, daß der erste Durchbruch der weiblichen Emanzipation bei den klügeren Hetären erfolgte.

Um 450 v. u. Z. kam Aspasia nach Athen und begann dort einen ganz ungewöhnlichen Einfluß auf die führenden Männer des Stadtstaats auszuüben. Perikles verließ seine erste Frau, heiratete Aspasia und zeugte mit ihr seinen Sohn Perikles den Jüngeren, den er später – im Widerspruch zu dem von ihm selber veranlaßten Adoptionsgesetz – legitimieren ließ. Von seinen politischen Gegnern wurde Aspasia als »Hetäre« angegriffen und wegen »Gottlosigkeit« und »Verführung freier Frauen zur Unzucht« vor Gericht gestellt. Mittlerweile hatte sie jedoch, wie wir gesehen haben, Sokrates kennengelernt und ihn mit ihrer außerordentlichen Intelligenz so beeindruckt, daß sein Fürspruch ihre Freilassung erwirkte. Prompt behaupteten ihre Gegner, daß sie auch mit ihm geschlafen und ihm seine frauenrechtlichen Ideen im Bett suggeriert habe. Andere sagten jedoch, daß Sokrates überhaupt erst unter Aspasias Einfluß zum Philosophen geworden sei. Jedenfalls hat sowohl das Leben wie das Denken der Aspasia die ganze athenische Philosophie des 5. Jahrhunderts maßgeblich beeinflußt.

Wir sehen das am deutlichsten im Werk des Sokrates-Schülers und Gründers der kynischen Schule, Antisthenes (455 bis 360), der für die Gleichberechtigung der Geschlechter eintrat. Platon konnte ihm hier, trotz seiner Bewunderung der Aspasia, nur in sehr begrenztem Maße folgen. Im *Staat* forderte er als Preis für die Gleichberechtigung der Frau in der Führungsschicht (auf anderen Ebenen konnte er sich eine Gleichberechtigung nicht vorstellen) die Frauengemeinschaft. Später, in den *Gesetzen,* ließ er beide Forderungen als über das Menschenmögliche hinausgehend fallen. Andererseits ist es bei dem ausgesprochen männerrechtlichen, stets vom Päderastischen her beeinflußten Denken Platons her sehr beachtlich, daß er im *Symposion* die bedeutendsten Gedanken der Diotima in den Mund legt. Daß die Diotima ein Spiegelbild der Aspasia ist, kann kaum jemand bezweifeln, der mit der Geschichte jener Jahre vertraut ist.

Auch das Denken des nächsten Jahrhunderts wurde ungewöhnlich stark von dem Durchbruch einiger weniger Frauen zu einem begrenzten Maß an Emanzipation und Respekt bestimmt. Da waren die fünf gelehrten Töchter des Sokrates-Schülers Diodoros Kronos – Menexene, Argaia, Theognis, Artemisia und Pantakleia –, denen Philon, der Lehrer des kyrenaischen Philosophen Karneades, eine eigene Untersuchung gewidmet hat. Da war Arete, die Tochter des Aristippos, des Begründers der kyrenaischen Schule, dessen sensualistisch-hedonistische Lehre sie an ihren Sohn Aristippos den Jüngeren weitergab. Man nannte ihn deshalb *ho metrodidaktos,* »den von der Mutter Unterwiesenen«. Da waren Platons Schülerinnen Lastheneia aus Arkadien und Axiothea aus Phleius, die Männerkleidung trugen, wenn sie bei Platon und seinem Schüler Speusippos Philosophie hörten. Um die Jahrhundertwende tauchten dann Hipparchia und Leontion auf.

Über das frühe Leben der Hetäre Leontion wissen wir wenig. Wahrscheinlich war sie keine gebürtige Athenerin, sondern eine Sklavin, die sich freigekauft hatte. Um 300 lernte sie den Philosophen Epikurus (341 bis 270) kennen, dessen Kreis auch Frauen offenstand. Sie beeindruckte alle nicht nur durch ihre Schönheit, sondern auch durch ihre hervorragende Intelligenz. Ihre Streitschrift gegen den Aristoteles-Schüler Theophrast stellte eine Sensation dar. Daß eine Hetäre so klug war, so gut schreiben konnte und so wenig Respekt vor dem Ruf männlicher Philosophen hatte, führte zu dem athenischen Ausspruch: »Da möchte man sich einen Baum zum Hängen suchen!« Sie wurde die Geliebte Epikurs und nach seinem Tode die Nebenfrau seines Schülers Metrodoros.

Hipparchia kam aus Maroneia in Thrakien. Ihr Bruder Metrokles erzählte ihr so begeistert von seinem Lehrer, dem Kyniker Krates aus Theben, daß sie sich umzubringen drohte, wenn er sie nicht Krates vorstellte. Er tat es, und sie wurde Krates' Frau, machte wie er vollen Ernst mit der kynischen Lehre und teilte sein Wanderleben in freiwilliger Armut. Daß eine Frau aus vornehmem Hause in dieser Weise die Konvention ihres Zeitalters sprengte, verletzte damaliges Empfinden aufs äußerste. Hipparchia verteidigte ihre Haltung in brillanten Apophthegmen. Damit war zumindest der Präzedenzfall der emanzipierten Frau geschaffen.

Nur der, der den jahrhundertelangen, zielbewußten Versuch der patristischen Sozialordnung Griechenlands, den Frauen jedwede Erziehung vorzuenthalten, in den griechischen Texten verfolgt hat, kann die Bedeutung dieses Falls ermessen. Er hat zweifellos auch das Denken anderer philosophischer Schulen beeinflußt, so das der Epikureer, die daraufhin auch Frauen den Zutritt zu ihren Zirkeln gewährten (man denke an die Philosophin Themisto aus Lampsakos!) und das der Stoa, die daraufhin wenigstens in der Theorie die natürliche Gleichheit der Geschlechter akzeptierte. Vor allem Chrysippos, der bedeutendste Vertreter der von Zenon gegründeten stoischen Lehre, setzte sich für frauenrechtliche Belange ein. Noch weiter ging Plutarch (etwa 46 bis 120) in seinem Plädoyer für die Gleichberechtigung der Frau. Hier sprachen aber zweifellos schon römische, nicht mehr ausschließlich griechische Erfahrungen mit.

Ivo Bruns hat die These vertreten, in Athen habe es im letzten Drittel des 5. Jahrhunderts v. u. Z. eine volkstümliche Bewegung zur Emanzipation der Frau gegeben. Die neuen Gedanken seien von Frauen verfochten worden, von Ausländerinnen und von Hetären, wobei er allgemein auf die ionischen Kultureinflüsse und besonders auf Aspasia hinwies, die als Gattin des Perikles eine einflußreiche Stellung besaß. Zu den »extremen Forderungen« dieser antiken Suffragettenbewegung habe die Zulassung zu den Staatsämtern und zum Kriegsdienst gehört – Ansprüche, die man durch die Attacken des Aristophanes auf solche Frauenforderungen klar erkennen könne. Einige der bedeutendsten Altertumsforscher, unter ihnen sogar der sonst so weltoffene Joseph Vogt, haben diese Theorie als absurd zurückgewiesen. Und doch scheint sie etwas Richtiges zu enthalten. Der Einfluß, den Aspasia auf das intellektuelle Leben Athens ausgeübt hat, ist nicht nur durch die Prozesse gegen sie selbst, sondern auch gegen Perikles und seine Freunde ersichtlich. Hätte die männerrechtliche Gesellschaft Athens die Argumente der Aspasia und ihrer Freunde nicht bitter ernst genommen, so hätte man sich die Prozesse gegen so wichtige Männer wie Perikles, Anaxagoras und Pheidias erspart.

Daß die Anklage der Unterschlagung öffentlicher Gelder nur ein Vorwand war, um die Reformen des Perikles zu zerstören oder zumindest aufzuhalten, bedarf heute kaum noch einer Hervorhebung. Es kann kein Zufall sein, daß Kleon, der Ankläger des Perikles, zur konservativsten Gruppe des athenischen Kleinbürgertums gehörte, und daß sein Antifeminismus sprichwörtlich war. Die Erfahrungen des langen Krieges gegen Sparta hatte die konservativen Neigungen der Athener bestärkt. Vogt meint, die Trauerrede des Perikles auf die Gefallenen des Krieges bewiese, daß er mit den emanzipatorischen Ideen der Aspasia nicht übereingestimmt oder daß es überhaupt keine solchen Bestrebungen im perikleischen Athen gegeben habe. Aber mir scheint, daß der Konservativismus dieser Rede nur die Atmosphäre des Krieges und das bekannt kluge Taktieren dieses Staatsmannes beweist. Nach Thukydides (II, 45, 2) soll Perikles gesagt haben: »Wenn ich auch das Verdienst der Frauen, die nun Witwen geworden sind, erwähnen soll, so will ich in einer kurzen Ermahnung alles sagen: groß ist euer Ruhm, wenn ihr nicht schwächer seid als eure Natur, und wenn über euch, im Lob und im Tadel, bei Männern am wenigsten die Rede ist.« Konservativ, ja. Vielleicht sogar reaktionär. Aber als Gegenbeweis gegen eine emanzipatorische Bewegung kaum zu verwenden.

Nirgends wird der Konflikt zwischen dem traditionellen Patrismus des athenischen Bürgertums und den neuen, emanzipatorischen Ideen des ausgehenden 5. Jahrhunderts v. u. Z. deutlicher als im Werk des Sokrates. Gerade weil sein Frauenhaß stadtbekannt war und die traditionelle Position der vaterrechtlichen Gesellschaft sein Werk in allen grundsätzlichen Zügen geprägt hat, sind die Abweichungen von seiner persönlichen Situation als Päderast und Ehemann der Xanthippe besonders eindrucksvoll. Vogt sagt, man könne im Werk des Sokrates »eine unerhört kühne Behandlung der Frauenfrage feststellen. In großartigen Gedankenspielen sind Lösungen gesucht worden, die auch die Philosophie und Dichtung der folgenden Zeit beschäftigt und in einem gewissen Ausmaß das praktische Verhalten späterer Geschlechter bestimmt haben.« Das ist wahr, aber es hatte Gründe, die Vogt als bürgerlicher Geschichtswissenschaftler nicht erwähnt oder zumindest nicht für erwähnenswert hält.

Sokrates lebte von 469 bis 399. Er war 38 Jahre alt, als der Peloponnesische Krieg ausbrach, die schwerste Krise der klassischen Zeit, die sowohl Sparta wie Athen zu zerfleischen drohte. Als der Krieg im Jahre 404 endete, war Sokrates 65 Jahre alt. Fünf Jahre später starb er. Da die Männer auf beiden Seiten jahrelang im Feld gestanden hatten, mußten die Frauen Tätigkeiten ausüben, die ihnen bis dahin verschlossen gewesen waren. Dies gab ihnen eine Sicherheit, die sie bisher nicht besessen hatten und zwang selbst Frauenfeinde wie Sokrates zum Durchdenken der These von der angeborenen Minderwertigkeit der Frau. Bald nach Sokrates' Tod, als der Schatten des Krieges und die Erinnerung an die Taten der Frauen in Vergessenheit geraten waren, versuchten die Männer prompt, die neu gewonnenen Freiheiten der Frauen einzuschränken, indem sie einen Magistrat ernannten, der sich ausschließlich um die Verhinderung der »Auswüchse« weiblicher Freiheit zu kümmern hatte: die bereits erwähnten Gynaikonomen oder Frauenaufseher.

Aber all das half nichts. Gegen Mitte des vierten Jahrhunderts verkündete Demosthenes, daß die schönsten menschlichen Wesen Frauen seien – ein Gedanke, der den Männern des klassischen Athen geradezu absurd vorgekommen wäre. In dem folgenden Jahrhundert begannen die Frauen, wie wir besonders aus der neuen Komödie erfahren, mehr und mehr von den Rechten zurückzugewinnen, die sie einst besessen hatte. Dies fand seinen Höhepunkt zur Zeit Alexanders des Großen und seiner Erben, zur Zeit des sogenannten Hellenismus, in der Knaben und Mädchen zum erstenmal gemeinsam zur Schule gingen. Theophrastos berichtet, daß in vielen Teilen Griechenlands Schönheitswettbewerbe für Mädchen stattfanden. Frauen traten als Philosophinnen, Musikerinnen und Künstlerinnen auf. Harfenistinnen gaben Konzerte. Die Dichterin Korinna lebte und arbeitete in diesen Jahren in Boiotien. Andere Frauen studierten bei den Philosophen des Hellenismus. Zwar wurden die Frauen der bürgerlichen Gesellschaft noch immer nicht zu den Festen der Männer eingeladen, aber sie konnten unbegleitet auf der Straße gehen und Männer treffen, mit denen sie nicht verwandt waren. Gewisse Höflichkeitsgesten, zum Beispiel der Handkuß, wurden in dieser Zeit eingeführt.

All dies hatte gute Gründe. Die hellenistische Zeit war gekennzeichnet durch den Zerfall des *oikos,* des Familienverbandes, der einst die Sippenordnung zerschlagen hatte und nun seinerseits unter dem Einfluß gewaltiger ökonomischer Veränderungen, vor allem eines drastischen Fortschritts in fast allen Produktionstechniken, zusammenbrach. Die hellenistische Zeit wurde deshalb von einem Individualisierungsprozeß bestimmt, der auch die Frau erfaßte. Größere Bewegungsfreiheit, bessere Erziehung, vor allem aber die erste Einschleusung von Frauen in den Produktionsprozeß kennzeichneten dieses Jahrhundert. Politische Rechte aber erhielt die Frau immer noch nicht.

Mit dem Zeitalter des Hellenismus endet die griechische Geschichte. Hellas wird Teil eines größeren Reiches, in dem orientalische Einflüsse bestimmend sind. Kurze Zeit danach beginnt Rom seine Hand nach Griechenland auszustrecken, und im Jahrhundert danach ist Griechenland kaum mehr als die Hochschule Roms: das Reservoir, aus dem das römische Weltreich seine Philosophen, Ärzte und Erzieher bezog und wohin es seine klügsten Köpfe zur Ausbildung schickte.

VI
Das Patriarchat in Rom: Die soziale Basis

Das Stimmrecht darf nie in die Hände der Menge, sondern muß in diejenigen der Besitzenden gelegt werden.

Cicero

Die Vorgeschichte des römischen Patriarchats ähnelt in mancher Hinsicht der Vorgeschichte Griechenlands: auch hier finden wir eine Anzahl indigener Bevölkerungen, die den langen Marsch vom Nahrungssammeln zur Jagd und von der Jagd zur Nahrungsproduktion zurückgelegt haben; auch hier finden wir auf jeder Entwicklungsstufe eine Verwandtschafts-, Sozial- und Sexualordnung, die der jeweiligen Aneignungs- oder Produktionsform weitgehend entspricht; auch hier finden wir dann im Zeitalter der ersten Nahrungsüberschüsse den Einmarsch fremder, hauptsächlich indoeuropäischer Stämme, die das Land erobern und sich den Mehrwert der Arbeit einheimischer Ackerbauern aneignen. Aber hier ist die Bereitschaft, selber Ackerbau zu betreiben, größer als bei den Griechen. Der Übergang zum Patriarchat erfolgt deshalb mit geringeren Schwierigkeiten. Es kommt niemals zu jenem Verfall der Produktion, der Verödung des Landes, dem Aussterben der Bevölkerung, der Verkümmerung der Kultur, die wir in Griechenland nach dem Fall von Mykene verfolgen können. Andererseits sind die Klassenkämpfe, die sich von Anfang an zwischen den verschiedenen Schichten der einst homogenen Stammesgesellschaft entwickeln, von größerer Härte; alles erfolgt klarer, mit größerer Direktheit, mit der geradezu textbuchartigen Präzision eines Lehrstücks.

1

Der Name »Italien« ist eine späte Prägung der Latiner; er leitet sich von dem Wort *vitulus,* »Kalb« ab und bedeutet wahrscheinlich »Söhne des Stiergottes«, eine totemistische Bezeichnung, die wir auch in den von Tieren abgeleiteten Namen mancher römischen Sippen *(gentes)* wiederfinden. Ursprünglich bezeichnete er nur die Südwestspitze der Apenninhalbinsel, später das gesamte Gebiet bis zu den Alpen. Hier lebte, lange bevor die neolithischen Einwanderer das Land für sich in Anspruch nahmen, eine beachtliche

Anzahl von indigenen Kulturen, deren Entwicklung wir dank der vorzüglichen Ausgrabungen der Italiener von den frühesten Skeletten der Vorneandertaler (Saccopastore) bis zum Einmarsch der Indoeuropäer (um 1000 v. u. Z.) mit ungewöhnlicher Klarheit verfolgen können. Die Spur führt von den *Sammlerkulturen* des Paläolithikums (Westgravettium in den Grimaldi-Höhlen der Riviera und den vergleichbaren Grotten in Kalabrien und Apulien, Circeum oder Küsten-Moustérien in der Grotta del Fosselone im Monte Circeo) über die mesolithischen *Jägerkulturen* des norditalienischen Campigniums und des sizilianischen Capsiums bis zu den neolithischen *Ackerbaukulturen* der Küstengebiete (Cardialkultur) Norditaliens (Chiozza, Lagozza, Molfetta, Quinzano), Mittelitaliens (Felici, Ripoli), Süditaliens (Serra d'Alto, Murgecchia, Murgia Timone, Grotta dei Pipistrelli) und Siziliens (Stentinello, Lipari).
Im Chalkolithikum entwickeln sich bereits *gemischte Feldbau- und Viehzuchtkulturen* in Norditalien (Terramara- und Remedellokulturen in der Po-Ebene), Mittelitalien (Rinaldonekultur südöstlich vom Bolsenasee), Süditalien (Ariano und Gaudo in Kampanien), Sizilien und Sardinien (Glockenbecherkultur, Ozierikultur, Conca d'Oro und domu de janas). Die Bronzezeit bringt überall in Italien *integrierte Bauernkulturen mit Ansätzen zur Urbanisierung* (Polada und Peschiera am Gardasee, Extraterramariculikultur in Mittel- und Süditalien, Apenninkultur von Bologna bis Ariano, Taranto und Lipari, Capo Graziano- und Milazzesekulturen von Lipara, Thapsos und Castelluccio in Sizilien, Nuraghekultur von Barumini in Sardinien).
Das eigentümliche Kennzeichen all dieser Kulturen ist nun, daß sie trotz der Existenz von Viehzucht noch matrilineare Deszendenz befolgen. Selbst in der Eisenzeit finden wir in fast allen noch nicht von den Römern beherrschten Teilen Italiens mutterrechtliche Bauern: die Melaunerkultur in Rätien, die Estekultur in der Po-Ebene, die Golaseccakultur in Piemont und der Lombardei, die Villanovakultur in Emilia-Romagna und der Toskana, die Pianello- und Novilarakulturen im östlichen Mittelitalien, die Specchiakultur in Apulien, die ausonische Kultur in Lipara, die Pantalicakultur in Sizilien, die Torrekultur in Korsika. Als Resultat glaubten die Römer noch bis spät in das sechste vorgeschichtliche Jahrhundert, sie seien das einzige vaterrechtliche Volk der Welt. In ihren Mythen und Legenden, in ihren Versuchen, die eigene Frühgeschichte zu rekonstruieren, haben sie uns auch einige der Namen dieser mutterrechtlichen »Urbevölkerungen« hinterlassen: Apuanier, Ausonier, Bagiennier, Deciater, Ingaunier, Intemelier, Ligurer, Oinotrier, Oxybier, Salluvier, Segobrier, Sikuler, Stoenier, Vedrantier. Die Wurzeln der meisten dieser Wörter zeigen, daß diese Stämme keine indogermanischen und ganz gewiß keine lateinischen Sprachen gesprochen haben können.

2

Was die Griechen nach der Balkanhalbinsel und hinunter bis nach Kreta und Sizilien getrieben hatte, das trieb auch die nomadischen Italiker nach der Apenninhalbinsel: die verlockenden Früchte des Mutterrechts – der

Ackerbau und sein Ertrag, der reiche Überschuß der mutterrechtlichen Pflugkultur und der noch reichere Mehrwert, den die neue Kultur der Städte in den Jahrhunderten des dramatischen Aufschwungs vom Neolithikum zur Eisenzeit erwirtschaftet hatte. Die Vorfahren der Römer waren so arm wie die Griechen. Sie besaßen Vieh, aber kein Land. Sie waren, wie die ersten Griechen, Wanderhirten, und sie kamen in mehreren »Schüben« aus dem östlichen Balkan, dem Donauraum und Illyrien. Zuerst, um 1100, kamen die Euganeer und Camuner, die in den Westalpen blieben. Dann, um 1050, kamen die Latiner, die südwärts wanderten, um jene Region zu besiedeln, die man nach ihnen später »Latium« nannte. Ihnen folgten die Falisker, die Falerii gründeten, das heutige Cività Castellana.

Um 1000 kam die große Gruppe der Osker, Umbrer, Sabeller und die ihnen verwandten Stämme: Äquer, Aurunker, Bruttier, Frentaner, Herniker, Hirpiner, Kampaner, Lukaner, Marrukiner, Marser, Päligner, Picenter, Prätuttier, Rutuler, Sabiner, Samniten, Vestiner und Volsker. Im Gegensatz zu den Latinern und Faliskern, die ihre Toten verbrannten und die Asche in Urnen vergruben, beerdigte die zweite Gruppe der Italiker ihre Toten. Man nennt deshalb die ersten »verbrennende« und die zweiten »bestattende« Italiker.

Als dritte Gruppe kamen die Illyrer aus dem Ostbalkanraum und besetzten die Ost- und Westküste der Adria. Dies waren die Apuler, Aravisker, Choner, Dalmater, Dardaner, Daunier, Istrer, Japuden, Japyger, Kalabrier, Liburner, Messapier, Peuketer, Sallentiner und Veneter. Um einen komplizierten Vorgang vereinfachend darzustellen, könnte man sagen, daß die Illyrer nicht nur Illyrien, die Westküste des heutigen Jugoslawien, sondern auch Venetien und die ganze Ostküste Italiens besiedelten. Die Umbro-Sabellische Gruppe nahm die Bergkette der Apenninen für sich in Anspruch, vom ligurischen Golf bis zur kalabrischen Halbinsel hinab. Die Latinisch-Faliskische Gruppe besetzte den Umkreis des heutigen Rom in einem Durchmesser von rund hundert Kilometern.

All diese Einwanderer waren Indoeuropäer, alle waren viehzüchtende Nomaden, und alle befanden sich auf der Übergangsstufe vom Mutter- zum Vaterrecht. Aber sie waren nicht die einzigen, die nach der Apenninhalbinsel gekommen waren, um die Landwirtschaft der einheimischen Bauern auszuplündern, denn nur knapp hundert Jahre nach dem Einmarsch der Indoeuropäer folgten ihnen um 900 v. u. Z. nichtindoeuropäische Stämme aus der Ägäis und Kleinasien, die Rasenner, wie sie sich selber nannten. Von den Griechen wurden sie Tyrrhener oder Tyrsener genannt, und die Römer bezeichneten sie als *etrusci,* Etrusker. »Nach griechischer Überlieferung waren die Etrusker aus irgendeiner Gegend der Ägäis nach Italien eingewandert. Herodot meint, von Lydien. Andere Schriftsteller beschreiben sie als Pelasger aus Thessalien oder von Lemnos und Imbros. Umgekehrt behaupteten die Etrusker von Caere, sie stammten von thessalischen Pelasgern ab« (George Thomson, a.a.O., S. 133).

Tyrrhenos ist ein Völkername, der sich von *Tyrrha,* einer Stadt in Lydien, herleitet. Diesen Namen trug ein Bruder des Tarchon, des Heerführers der nach Italien einwandernden Etrusker. Das ist die griechische Form für Tarquinius. Sein Vater Telephos erscheint in Italien als Ahnherr der Tarquinii, in Lydien als König von Teuthrania. Schließlich sind einige auf Lemnos entdeckte Inschriften in einer der etruskischen nahe verwandten Sprache abgefaßt.

»Die Etrusker hatten noch weitere Verbindungen zu Kleinasien – nicht nur mit Lydien, sondern auch mit Karien und Lykien. Das beweisen uns zahlreiche gleichlautende Ortsnamen. Darüber hinaus begegnen wir im gesamten ägäischen Becken und im Hinterland Kleinasiens bis nach Kilikien im Süden und bis zum Kaukasus im Norden solchen auf nichtgriechischen Elementen basierenden Ortsnamen (-nth-, -nd-, -ss-, -tt-), wie *Korinthos, Kelenderis, Myndos, Parnassos, Knossos, Hymettos* und *Adramyttion.* Das Wort *thàlatta* gehört zum gleichen Grundtyp. Sie sind naturgemäß am häufigsten in Karien und Lykien, wo die vorgriechischen Sprachen am längsten erhalten geblieben sind. Da sie aber weit über dieses Gebiet hinaus anzutreffen sind, muß das ägäische Becken einstmals ein einheitliches Sprachgebiet dargestellt haben, dessen Mittelpunkt in Kleinasien gelegen hat. Schließlich war die Sprache der Etrusker mit denen verwandt, die noch heute im Kaukasus gesprochen werden. Diese Entdeckung wurde vor fünfzig Jahren von Thomson gemacht und ist später von Marr bestätigt worden« (George Thomson, a.a.O., S. 135 f.).

Griechische Historiker berichten, daß die Etrusker »ihre Frauen gemeinsam« hatten und »die Kinder ihren eigenen Vater nicht kannten«. Es handelt sich bei dieser Ausdrucksweise einfach um eine vaterrechtliche Beschreibung des Mutterrechts. Sie sagt nicht mehr und nicht weniger aus, als daß die Etrusker eine matrilineare Sippengesellschaft und keine patrilineare Familienordnung besaßen. Aus diesem Grunde konnte auch ein Sklave durch die Ehe mit einer etruskischen Prinzessin König der Ewigen Stadt und der Bruder der Königin sein Nachfolger werden, nachdem er seine Stellung durch die Ehe mit ihrer Tochter gefestigt hatte.

Die Etrusker besetzten die Toskana und drangen südlich bis nach Neapel, nordöstlich bis zum Lago Maggiore vor. Sie gründeten Ostia, den späteren Hafen Roms, und bildeten das erste römische Königsgeschlecht, das der Tarquinier. Aber im Laufe des folgenden Jahrhunderts absorbierte die römische Kriegerzivilisation langsam die kulturell weit höher stehenden Etrusker und übernahm dabei deren Kultur. Von der Mitte des 5. Jahrhunderts v. u. Z. bis zum Eindringen der griechischen Kultur kann man nahezu alle künstlerischen, philosophischen und erotisch verfeinerten Aspekte der römischen Kultur auf die Etrusker zurückführen. Die ersten wirklich bedeutenden Kunstwerke der römischen Welt (um 450 v. u. Z.) sind die etruskischen Grab-Wandbilder, deren lebensfreudige Darstellungen uns heute noch mit außerordentlicher Direktheit ansprechen. Etruskische Tänzer und Flötenspieler führten um 364 v. u. Z. die Schauspielkunst in Rom ein.

Wie alle vaterrechtlichen Völker wehrten sich die Römer mit Waffengewalt gegen die friedliche, kaum irgendwelche Machtmittel anwendende Herrschaft der Mutterrechtler, die ihnen besonders schimpflich vorkam, weil sie durch eindeutige kulturelle Überlegenheit und nicht durch bewaffnete Unterdrückung erfolgte. Nachdem sie sich vom Königshaus der etruskischen Tarquinier befreit hatten, geschah ihnen aber genau das, was die Griechen erlebt hatten, nachdem sie die mutterrechtlichen Stämme der Ägäis unterjocht und sich dann als unfähig erwiesen hatten, eine eigene Ökonomie aufzubauen: sie gerieten von einer Hungersnot in die andere. Die schlimmsten Katastrophen folgten einander in Abständen von nur wenigen Jahren: 490, 477, 456, 453, 440, 411 und 392 v. u. Z.

3

Rund 150 Jahre nach der Einwanderung der ersten Etrusker, also um 750 v. u. Z., begannen die Griechen den Südzipfel Italiens und den größten Teil der sizilianischen Küste zu besiedeln. Hier entstanden im Laufe der nächsten Jahrhunderte die Kolonien Agragas, Akrai, Dikaiarcheia, Duketios, Elea, Gela, Herakleia am Siris, Himera, Hipponion, Kallipolis, Kamarina, Kasmenai, Katane, Kaulonia, Kroton, Kyme, Laos, Leontinoi, Lipara, Lokroi Epizephyrioi, Medma, Megara Hyblaia, Metapontion, Mylai, Naxos am Kap Schiso, Neapolis, Pandosia, Pithekussai, Poseidonia, Pyxus, Rhegion, Selinus, Siris, Skylletion, Sybaris, Syrakus, Taras, Temesa, Terina, Thapsos, Thurioi und Zanke. Dazu kamen die Faktoreien Atria und Spina an der Adria, Pyrgos in Mittelitalien, Alalia auf Korsika und Olbia auf Sardinien. Das merkwürdige Kennzeichen dieser griechischen Kolonien ist nun, daß auch hier eine außerordentlich große Zahl von mutterrechtlichen Sippen unter den Kolonisten waren, so daß die Römer anfangs den Eindruck empfingen, auch die Griechen seien ausnahmslos Mutterrechtler.
Besonders die Kolonien der Lokrer und Dorer hielten sich in striktester Form an alte matrilineare, matrilokale Verhaltensformen. So sagt Polybius von der lokrischen Kolonie Lokroi Epizephyrioi: »Alle ihre angestammten Ehren werden durch die Frauen weitergereicht, wie z. B. die hohe Stellung, deren sich die Nachkommen der Hundert Häuser erfreuen« (Polyb. XII, 5, 6). Die Hundert Häuser waren die hundert Ursippen, von denen sich der lokrische Adel in matrilinearer Folge ableitete. Auch in Italien behielten die Frauen dieser Sippen das oberste Opferamt bei den religiösen Zeremonien und errichteten die erste geschriebene Rechtsordnung in Europa, die uns den besten Einblick in die frühe Form des Mutterrechts gibt.
Spätere Generationen von vaterrechtlichen Griechen behaupteten von den Kolonisten, sie hätten die Heimat verlassen müssen, weil diese Frauen es in Abwesenheit ihrer Männer mit Sklaven getrieben hätten, und bezeichnenderweise sagten sie den spartiatischen Sippen, die Taras, das heutige Tarent, gründeten, das gleiche nach. Als die Spartiaten nach der Eroberung von Messenien, die mehr als ein Jahrzehnt in Anspruch genommen hatte, nach Sparta zurückkehrten, hatten die Frauen Kinder geboren, die von den Spartiaten, da sie nicht deren Väter sein konnten, *Partheniai,* »Jungfernsöhne« genannt wurden. Ephoros hat die schöne Legende, daß die im Felde stehenden Spartiaten zehn Jahre nach Kriegsbeginn einen Trupp junger Männer nach Hause geschickt hätten, um diese Kinder zu zeugen (FGH 70 F 216). Nach anderen Quellen hat man den Heloten, die die wirklichen

Väter dieser Kinder waren, nachträglich Bürgerrechte verliehen, um die Sache zu bereinigen, und hat sie *Epeunaktoi* (von *eunazo,* »befriedigen«), also »Befriediger« genannt. »Bisher hatten die Sprößlinge solcher Vereinigungen ein Anrecht auf das mütterliche Vermögen besessen. Jetzt aber, da die reiche Ebene Messeniens zur Besitzergreifung einlud, wurde das bisherige Verfahren aufgegeben. Somit wurden diejenigen, die nur auf mütterlicher Seite Spartiaten waren, gezwungen, ›stolz ihr Geburtsrecht auf dem Rücken tragend‹, ihr Glück jenseits des Meeres zu suchen. Die Gründung von Taras wie auch die von Lokroi war nur eine Episode in dem Konflikt, der im Mutterlande wegen des Erbrechts an Grund und Boden andauerte, – dem Kampf um das Land« (George Thomson, a.a.O., S. 157).

4

Um 400 fielen die Kelten, einer der wenigen mutterrechtlich orientierten Indogermanenstämme, von der Oberdonau her nach Süden in die Apenninhalbinsel ein und siedelten sich in der Po-Ebene an. Nach ersten Zusammenstößen mit den Römern bei Clusium (390 v. u. Z.) kam es zur Schlacht an der Allia (387 v. u. Z.), in der die Römer vernichtend besiegt wurden. Die Kelten zogen nach Rom und belagerten das Kapitol. Rom zahlte ein gewaltiges Lösegeld, und die Kelten zogen weiter, wobei sie das geschwächte Rom den Angriffen der umwohnenden Stämme aussetzten.
Die erste ausländische Macht, die sich dieser Situation bediente, war das mutterrechtliche Karthago. In den drei Punischen Kriegen, die Rom von 264 bis 146 in Anspruch nahmen und insgesamt 33 Jahre dauerten, wurde Rom so ausgeblutet wie Griechenland in den Perserkriegen. Wir befassen uns an anderer Stelle mit den ökonomischen Gründen dieser Kriege und ihren ökonomischen Folgen. Hier soll nur daran erinnert werden, daß das vaterrechtliche Rom sich von frühester Zeit an fast ausschließlich mutterrechtlichen Feinden gegenübersah und daß die extreme Form des römischen Patriarchats sich zweifellos aus der Reaktion auf diesen in der westlichen Geschichte absolut einmaligen Umstand erklären läßt.
Theodor Mommsen hat darauf hingewiesen, daß kein Kulturvolk seine eigene Vorgeschichte so erfolgreich verdrängt hat wie die Römer: »Für die Kunde der Anfangszustände der menschlichen Entwicklung bietet keine Nation so wenig Traditionelles wie die italische, deren einzig zur geschichtlichen Entwicklung gelangter Träger das latinische Rom ist. Nicht bloß ist die Stadt Rom, wo die wirkliche Überlieferung beginnt, bereits ein hochentwikkeltes, auch vom Einfluß der überlegenen griechischen Zivilisation schon ernstlich berührtes Gemeinwesen und das Haupt eines mächtigen national geeinigten Städtebundes, nicht bloß mangelt über die älteren römischen Zustände vollständig die nichtrömische Überlieferung, auch für die Römer selbst ist die Vorzeit wie untergesunken, und vergeblich sucht man sowohl in ihrer gestaltenlosen, fabelfeindlichen Götterwelt wie in den trotz der erzählenden Form streng nationalen Rechtslegenden ihrer Chroniken nach

Erinnerung an die Zustände des Keimens und Wachsens. Diese männliche Nation schaut nicht zurück in ihre Kindheit.«

Sie schaut nicht zurück, weil sie nicht daran erinnert werden will, daß die Sippen und Stämme, aus denen ihre Vorfahren sich zusammengesetzt hatten, zur Zeit der Einwanderung selber noch halbwegs mutterrechtlich organisiert waren. Nach römischer Legende fand die Gründung der Stadt rund 750 Jahre vor unserer Zeitrechnung durch drei Stämme statt – die *Ramnes,* die hauptsächlich aus Latinern bestanden, die *Tities,* ein sabinischer Stamm, und die *Luceres,* die Mitglieder all der anderen italischen Stämme, aber auch ein starkes etruskisches Element einschlossen. Jeder der Stämme (*tribus* genannt, weil er ein Drittel der ursprünglichen Stadtbevölkerung ausmachte) bestand seinerseits aus zehn Bruderschaften *(curiae),* und jede Bruderschaft bestand aus zehn Sippen *(gentes).* 300 Sippen kamen also zusammen, um ein Stammesbündnis zu bilden, das sich *populus romanus,* »Römisches Volk« nannte. Aus diesem Mythos geht hervor, daß die Römer selber meinten, sie hätten zu dieser Zeit noch in einem intakten Sippen- und Stammessystem gelebt, das in struktureller Hinsicht dem der matrilinearen Sippen entspricht, die wir bis jetzt analysiert haben. Was verstanden die Römer unter dem Begriff *gens,* »Sippe«? Festus sagt: »Gentile (Sippengenosse) heißt derjenige, der sowohl demselben Geschlecht entspringt, als auch mit demselben Sippennamen bezeichnet wird« (Festus, *gens Aelia*). Varro schreibt: »Wie die Nachkommen eines Aemilius ›Aemilier‹ und Sippengenossen sind, so bilden die Deklinationen des Namens Aemilius Sippenbezeichnungen« (*De Lingua Latina,* VIII, 4).

Der Sippenname, den wir bereits in unserer Betrachtung der griechischen Sippen mit dem Paß unserer Zeit verglichen haben, ist also auch nach Meinung der römischen Autoren eine Angelegenheit von kaum überschätzbarer Bedeutung. Jeder Römer, der zu einer der Gründersippen gehörte, trug drei Namen: seinen Sippennamen *(nomen),* seinen Vornamen *(praenomen)* und seinen Zunamen *(cognomen),* z. B. Gaius *(Vorname)* Iulius *(Sippenname)* Caesar *(Zuname).* Selbst die Wahl des Vornamens unterlag der Sippe, die eine begrenzte Anzahl von Vornamen zur Verfügung hatte, die nur ihr gehörten. Als Marcus Minlius seiner Sippe Schande machte, verbot sie allen Sippenmitgliedern, jemals wieder den Vornamen Marcus zu benutzen. Der Gesetzgeber untersagt deshalb nicht nur die Verwendung von Sippennamen, die einem nicht zustanden, sondern auch die von Vornamen, die einer Sippe vorbehalten waren.

Wer das Recht auf einen Sippennamen und den dazugehörigen Vornamen besaß, konnte überall in der Welt, wo er noch so entfernte Mitglieder seiner Sippe traf, auf nahezu unbegrenzte Unterstützung rechnen. Welcher Art diese Unterstützung war, haben wir bereits bei den Griechen gezeigt. Hier sei aber noch einmal daran erinnert, daß es nicht nur um das Recht auf Hilfe ging, sondern auch um die Pflicht der Hilfeleistung. Drei Beispiele mögen genügen, um sowohl die Art wie auch die Grenzen der Beistandspflicht zu erläutern.

Als Appius Claudius verhaftet wurde, legte seine ganze Sippe Trauerkleidung an und marschierte geschlossen im Protest zum Kapitol. Als Marcus

Furius Camillus wegen Unterschlagung von Kriegsbeute angeklagt wurde und seine Sippengenossen um Hilfe bat, sagten sie ihm, sie seien bereit, jede Summe aufzubringen, zu deren Zahlung er verurteilt werden solle, aber sie seien nicht bereit, ihn für unschuldig zu erklären. Als ein Vejenter ein Mitglied der Sippe Fabia beleidigte, zogen die Männer der Sippe in einen Privatkrieg gegen Veji und wurden Mann für Mann von den Vejentern niedergemetzelt. Die Römer priesen dies als ein besonders stolzes Beispiel der Sippentreue.

Da die Sippenordnung ihren Mitgliedern noch bis spät in die Zeiten der Republik höhere Loyalität abforderte als die Gesetze des Staates, ist es kaum verwunderlich, daß sie bald in Konflikt mit diesen geriet. Als sich beispielsweise zur Zeit des Zweiten Punischen Krieges (218 bis 201) die Sippen zur Auslösung ihrer kriegsgefangenen Sippenmitglieder zusammenschlossen, verbot der Senat diesen letzten Versuch der Sippensolidarität, da er denjenigen Römern, die nicht Mitglieder der betroffenen Sippen waren, Nachteile eingeräumt hätte.

Ein Teil des Glaubens, daß die Sippenordnung höher stünde als alle Rechte des Staates, beruhte einerseits auf der quasireligiösen Grundlage der Sippenordnung, andererseits auf der Gleichsetzung von Blutsverwandtschaft und Ethos. Im Lateinischen geht dieser Zusammenhang bereits aus den Sprachwurzeln hervor: *gentilis* (Blutsverwandtschaft) und *generosus* (Güte) haben die gleiche Wurzel (siehe Thomson, a.a.O., S. 66). Die Blutsverwandten betrachteten einander nicht nur als »Gleichberechtigte« (Recht ist ein viel späteres Konzept als das der Blutsverwandtschaft), sondern als *Gleiche,* durch gleiches Blut Verbundene. Alle Mitglieder einer römischen Sippe waren frei und hatten die gleichen Befugnisse, die ärmsten ebenso wie die reichsten, die berühmten wie die unbekannten, die erfolgreichen wie die erfolglosen. Sie hatten gleichen Anteil an jener Würde, den der Sippenname ihnen verlieh. »Freiheit, Gleichheit und Brüderlichkeit waren Kardinalprinzipien der römischen Gens ...« (Morgan, a.a.O., S. 251).

Vor der Zeit des Romulus wählte jede Sippe ihren Sippensprecher *(princeps),* der auch jederzeit wieder abwählbar war (Dionysius, *Antiquit. Rom.* II, 7). Jede Sippe, jede Bruderschaft und jeder Stamm besaß einen Rat, *comitium* genannt, der frei und unabhängig von Besitz über das Schicksal der Gruppe entschied. In späteren römischen Zeiten behielt vor allem der Bruderschaftsrat, *comitia curiata,* seinen Status bei. Der erste römische Senat entstand aus dem Rat der Sippenältesten (lateinisch *senatus,* von *senex,* alt). Das Volk kam zusammen, in Bruderschaften gruppiert, jede Bruderschaft nach Sippen geordnet, um in der Bruderschaftsversammlung, der *comitia curiata,* über das Gemeinwohl, vor allem über die Gesetze, abzustimmen. Niemand konnte Bürgerrechte beanspruchen, der nicht Mitglied einer Sippe und durch sie einer Bruderschaft war, und niemand besaß Stimmrecht, wenn er keine Sippenmitgliedschaft besaß.

5

Als die Italiker nach Italien einwanderten, besaßen sie selbstverständlich kein Land, und nachdem sie sich niedergelassen hatten, teilten sie das Land nach Stämmen, Bruderschaften und Sippen auf. Privatbesitz an Land gab es noch nicht. Erst nach der Urbanisierung wurde das Gemeindeland zum Teil unter Privatpersonen aufgeteilt, aber der größere Teil, der *Ager Romanus,* der »Römische Acker«, blieb nach wie vor Gemeinschaftseigentum. Es wird heute besonders von marxistischen Altertumsforschern als wahrscheinlich erachtet, daß die mythische Landverteilung durch Romulus nicht etwa einen einzigen Akt eines einzelnen Mannes, sondern die alljährliche Aufteilung des Stammeslandes in Sippeneinheiten beschreibt. Wir haben in unserer Untersuchung des entsprechenden Prozesses bei den Griechen bereits zu erklären versucht, weshalb mit dem Seßhaftwerden und dem unterschiedlichen Zuwachs der einzelnen Haushalte eine regelmäßig wiederholte Neuaufteilung des Sippenlandes nötig wurde. Aber diese Verteilung beinhaltet noch immer kein Privateigentum an Grund und Boden, sondern nur das jährlich zugesprochene Nutzrecht eines jeden Haushalts am Gemeinschaftsland.
Die Tatsache, daß das spätere römische Recht kein Privateigentum der Sippen an Grund und Boden, sondern nur einen sippenrechtlichen Hoheitsanspruch an Landbesitz kennt, bedeutet nicht, wie die Gegner der Stammeslehre meinen, daß es niemals einen Gemeinbesitz der Sippen an Grund und Boden gegeben habe, sondern beweist im Gegenteil, daß dieses Land einstmals Gemeinbesitz der Sippen gewesen sein muß und daß die Einrichtung des Privateigentums in Rom erst verhältnismäßig neuen Datums ist und sich anfangs nur auf bewegliche Gegenstände beschränkt haben kann. Die uralten Rechtsbegriffe *manicipatio* (wörtlich: das Ergreifen mit der Hand) und *vindicatio* (wörtlich: Herbringungsklage) können nur auf bewegliches Gut gemünzt worden sein und schließen deshalb die Wahrscheinlichkeit aus, daß es zur Zeit, als diese Begriffe geprägt wurden, Privatbesitz an Land gegeben hat. Auch der älteste uns bekannte römische Name für Hausvermögen, *familia pecuniaque* (Gesinde und Vieh), deutet darauf hin, daß Privatbesitz an Grund und Boden zur Zeit, als die frühesten römischen Rechtsbegriffe entstanden, noch nicht bekannt war. Endlich können wir aus dem altrömischen Rechtsbegriff *ercto non cito,* der das gemeinsame Eigentum mehrerer Teilnehmer an einer Sache erkennt, die Existenz von Gemeinbesitz zu einer Zeit entnehmen, in der noch kein Privatbesitz an Land bestand.
Auch das Sippenrecht auf einen gemeinsamen Begräbnisplatz blieb erhalten. So erhielt die patrizische Sippe Claudia bei ihrer Einwanderung nach Rom sowohl außerhalb wie innerhalb der Stadt ein Stück Land für diesen Zweck zugewiesen. Noch unter Augustus wurde der Kopf des im Teutoburger Wald gefallenen Varus im Sippengrabhügel beigesetzt. Erhalten blieb auch das Recht der Sippen auf gemeinsame religiöse Feiern, die niemand stören oder unterbrechen durfte und die einen tatsächlichen Gemeinschafts*besitz* der Sippen darstellten. Sie hießen *sacra gentilia,* die Riten der Blutsverwandtschaft.

Vom sonstigen Gemeinbesitz der Sippengenossen verblieb bis zum Ende der Republik nur noch eine subsidiäre Intestaterbfolge und damit zusammenhängend eine gleichfalls subsidiäre gesetzliche Vormundschaft. Hinterließ ein römischer Bürger keine blutsverwandten Erben, dann fiel sein Eigentum an den gradnächsten agnatischen Seitenverwandten, und wenn kein Agnat da war, an die Sippe. Dieses Erbrecht der Sippe kam erst in der späten Republik außer Übung. Ebenso wurde die Sippe zum Vormund eines Kindes, wenn keine Agnaten vorhanden waren. Dieses Vormundrecht der Sippe starb bereits in der jüngeren Republik ab.

6

Wir kommen jetzt zu der Frage, ob diese Sippen- und Stammesgesellschaft matrilinear oder patrilinear war. Eines ist jedenfalls sicher: das System war exogam. Niemand durfte innerhalb der eigenen Sippe heiraten. Von der großen Anzahl römischer Ehepaare, deren Namen uns überliefert sind, gehören Mann und Frau niemals zur gleichen Sippe: stets tragen sie verschiedene Sippennamen. Andererseits diente die *curia,* die Bruderschaft, ausdrücklich dem Zweck, die in ihr vereinigten Sippen wechselseitig mit Ehepartnern zu versorgen. Die Sippen waren also exogam, die Curien endogam. Die Wechselheiraten innerhalb einer jeden Curie knüpften sowohl die Sippen wie die Paare um so inniger aneinander, je klarer dieses endogam-exogame Prinzip erhalten blieb.
Nun ist es eine alte Erfahrung der Ethnologie, daß es nirgends auf der Welt zwischen Mitgliedern verschiedener Sippen eine Erbgemeinschaft gibt. Einerlei ob die Sippe matrilinear oder patrilinear ist, stets muß das Sippeneigentum innerhalb der Sippe vererbt werden. Ist die Sippe matrilinear, so erbt das Kind von der Mutter. Ist sie patrilinear, so erbt es vom Vater. In der matrilinearen Sippe sind die Kinder von der Erbschaft ihres Vaters, in der patrilinearen von der ihrer Mutter ausgeschlossen. Es ist unumstritten, daß in Rom während der geschichtlichen Zeit das zweite Modell herrschte: Die Frau mußte durch Einheirat in die patrilineare Sippe ihres Gatten ihre Rechte verlieren. Ihre Kinder verloren dadurch auch das Recht auf den Nachlaß ihres Onkels oder Großvaters mütterlicher Seite. Die Frau heiratete also außerhalb ihrer eigenen Sippe, ihre Kinder gehörten zur Sippe ihres Gatten.
In zahllosen Tatsachen hat sich jedoch die Existenz einer ehemaligen matrilinearen Abstammungsfolge niedergeschlagen. So bezeichnete das Wort *avunculus* (Onkel) jahrhundertelang nur den Mutterbruder, nicht aber den Vaterbruder, für den es ein separates Wort, *patruus,* gab. *Avunculus* leitet sich von *avus* (Ahne) ab und beweist deshalb in seiner Etymologie, daß es das ältere Wort ist und daß nur derjenige ursprünglich als echter Ahne empfunden wurde, der mit der Mutter blutsverwandt war. Verwandtschaft mit dem Vater galt nicht als Blutsverwandtschaft.
Alle drei Stämme, von denen die Urbürger Roms ihre Ab-»stammung« herleiteten, zeigten zur Zeit der Stadtgründung noch Spuren des Mutter-

rechts. Selbst der Name der Stadt war mutterrechtlichen Ursprungs: er ging auf die etruskischen Sippen Rumale und Rumina zurück. Romulus, der Sprößling dieser Sippen, war zugleich ihre Verkörperung, denn »er kannte nur seine Mutter, nie seinen Vater«.

Rom blieb stets *die* urbs, *die* Stadt, denn im Lateinischen wurden die Städte stets als Mütter verstanden, die Bürger hervorbrachten, wie eine Frau Kinder gebärt. Romulus fand den Nabel der Mutter, den »Erdnabel« (Bachofen), im Sumpfland des etruskischen Mythos, das dort stets als Symbol des Mutterleibs verstanden wurde. Auf dem Nabelstein der etruskischen Muttergöttin erbauten die Römer das Forum. Die ersten Stücke Bauland wurden von Frauen gestiftet: von Acca Laurentia, der Pflegemutter des Romulus, und von Gaia Tarratia, der Vestapriesterin, denn nur Frauen, die Besitzerinnen des Sippenlandes, konnten es verschenken.

Die Latier, nach denen wir die Sprache der Römer benennen, bezogen ihren eigenen Namen von der Muttergöttin Latia. Nach den Müttern ihrer sabinischen Vorfahren nannten die Römer sich »Quiriten«. Der Quirinal, der Hügel, auf dem sich die Stämme zur Gründung der Stadt zusammenschlossen, war das Heim einer sabinischen Muttergöttin. Die Bruderschaften der Römer, die *curiae,* waren ursprünglich wie bei den Griechen, Schwesterschaften, denn das Wort *curia* stammt von der Hauptstadt der Sabiner, *Cures,* und die Sabiner waren Mutterrechtler. Der berühmte »Raub der Sabinerinnen« war kein Frauenraub aus sexuellen Motiven, sondern einfach die Landnahme der vaterrechtlichen Römer durch Einheirat in die mutterrechtlichen Sippen der Sabiner. Da das Land den Sabinerinnen gehörte, konnten die Römer es nur erwerben, indem sie in die Sippen der Sabinerinnen einheirateten.

Keine Stadt war also zu ihrer Gründungszeit tiefer im Mutterrecht verankert als Rom. Die sagenhaften Könige Roms, mit denen die Verwaltung der Stadt begann, wurden ausnahmslos in matrilinearer Folge gekrönt. Tanaquil, die Königsgattin und Königsmutter, die drei Männer nacheinander auf den Thron setzte, entstammte der mutterrechtlichen Welt Etruriens. Bis zur Gründung der Republik blieb die Königslinie in weiblicher Hand. Die Könige empfingen ihren Rang durch Heirat mit einer Frau aus dem Herrschergeschlecht. Keiner der Könige folgte, wie es beim patrilinearen System üblich ist, seinem Vater. Dagegen heirateten drei der Könige – Numa, Servius Tullius und der jüngere Tarquinius – die Töchter ihrer Vorgänger. Das Königreich starb aus, weil der letzte König, Tarquinius Superbus, seinem Sohn die Krone zu vermachen suchte und dadurch das Matriarchat verletzte. Zu diesem Zweck schaffte er die beiden legitimen Thronfolger mütterlicher Linie, den Gatten und den ältesten Sohn seiner Schwester, aus dem Wege. Der jüngere Sohn, Lucius Junius Brutus, war es denn auch, der die Republik gründete und zusammen mit Tarquinius Collatinus deren erster Konsul wurde. Man bedenke: Nach dem Vaterrecht ist stets der älteste Sohn der wichtigste, nach dem Mutterrecht stets der jüngste. Derjenige, der nach altem Mutterrecht die Pflicht hatte, die Mutter zu rächen, war also Lucius Junius Brutus, und der tat es auch prompt, in dem er den Vater stürzte.

Die Legenden von den mythischen Königen des alten Rom führen uns in kaum verschlüsselter Form auf die mutterrechtlichen Ursprünge des Staates und ihre allmähliche Ausmerzung durch die Vaterrechtler, die Patrizier, zurück, *qui patres scire possunt,* »die ihre Väter kannten«, durch jene Männer also, die zum ersten Male ihre Abstammung auf ihre *Väter,* statt (wie bis dahin üblich) auf ihre *Mütter* bezogen. Wir dürfen uns den Übergang vom Mutter- zum Vaterrecht aber nicht als eine Mutation vorstellen; es war ein Prozeß langsamer Evolution, in dem die beiden Prinzipien jahrhundertelang nebeneinander existierten, ohne daß man sich stets des Widerspruchs zwischen ihnen bewußt gewesen sei. Der wichtigste Schritt auf diesem Wege war die Verwandlung der Sippe in die Familie.

Wir haben diesen Schritt bereits bei den Griechen erlebt und zu analysieren versucht. Erst bei den Römern sehen wir diesen Verwandlungsprozeß jedoch mit exemplarischer Deutlichkeit, denn das Wort »Familie« stammt ja aus dem Lateinischen, nicht aus dem Griechischen. Als Institution ist die Familie vom römischen Patriarchat an die katholische Kirche (Patrismus), von ihr an die evangelische Kirche (Puritanismus) und von dieser an das Bürgertum weitergegeben worden, wo es seine gegenwärtige Funktion als Erziehungsmittel zur Anpassung des Erwachsenen an den Staatsapparat und des Kindes an das Klassensystem erlangt hat.

Aus der Sprachwurzel des Wortes »Familie« können wir noch heute die negativen Assoziationen erkennen, mit der diese neue Institution von der Sippen- und Stammesgesellschaft betrachtet wurde. Es enthält im Lateinischen dieselbe Wurzel wie *famulus,* »Diener«, und stammt wahrscheinlich von dem oskischen *famel,* »Sklave«, ab. Da die Osker mutterrechtlich organisiert waren, betrachteten sie naturgemäß diese neue Einrichtung mit äußerstem Mißtrauen, denn erstens war es ein Konzept, das die ganze Denkform der Sippe zerschlug, und zweitens war es mit dem Schandmal der Sklaverei belastet, mit der es von Anfang an assoziiert war. Es zerschlug die Sippe, weil es eine bis dahin unbekannte Einheit von Vater, Mutter und Kindern postulierte. Gleichgültig, ob man die Abstammung in väterlicher oder mütterlicher Linie verfolgte, gehörten die Eltern in jeder Sippengesellschaft nun aber verschiedenen Sippen an. Sie konnten also nie eine Einheit bilden, solange man noch in Begriffen der Blutsverwandtschaft dachte. Zweitens erfolgte nahezu gleichzeitig mit der Einführung der patriarchalischen Familie auch die Einführung der Sklaverei, so daß die neue Zelle, die sich da in Opposition zu Sippe und Stamm etablieren wollte, nicht nur aus Eltern und Kindern, sondern auch aus den Familiensklaven bestand, die im gleichen Anwesen wohnten. Mommsen geht deshalb so weit, daß er das Wort *familia* als »Knechtschaft« übersetzt; nicht ohne Berechtigung, denn mit der Einführung der Familie beginnt tatsächlich die Knechtschaft der Frau. Deshalb kann die Befreiung der Frau auch nie ohne Zerschlagung der Familie erfolgen.

Die Entstehung der vaterrechtlichen Familie aus der mutterrechtlichen Sippe, also die historische Präzedenz des Mutterrechts, geht mit absoluter Eindeutigkeit aus der Tatsache hervor, daß die Römer das Wort *materfamilias* kannten, lange ehe sie den Begriff *paterfamilias* prägten. Plautus hat *materfamilias* öfter, *paterfamilias* nicht ein einziges Mal benutzt. Bachofen sagt hierzu: »Nach dem Mutterrecht gibt es wohl einen *pater,* aber keinen *paterfamilias. Familia* ist ein rein physischer Begriff und darum zunächst nur der Mutter geltend. Die Übertragung auf den Vater ist ein *improprie dictum,* das daher zwar im Recht angenommen, aber in den gewöhnlichen nichtjuristischen Sprachgebrauch später erst übertragen wurde... Hier gilt der Grundsatz *pater est quem nuptiae demonstrant* (der Vater ist derjenige, den die Ehe als solchen bezeichnet).« (*Gesammelte Werke,* Bd. II; *Das Mutterrecht,* S. 102–118).

Die Sabiner nannten den Schoß der Frau *sporium* (Saatfeld) und sprachen dem Vater keine größere Bedeutung als die des Sämanns zu, der das Korn ausstreut und dann weiterzieht. Trotz jahrhundertelanger Versuche der patristischen Juristen Roms, diesen mutterrechtlichen Ursprung des römischen Rechts zu negieren und ein durchstrukturiertes Vaterrecht an seine Stelle zu setzen, ließen sich die matrilinearen Grundsätze des römischen Rechtsdenkens niemals völlig ausrotten. Julian spricht mehrmals den Grundsatz aus: »Jede Frucht wird nach dem Recht des Bodens, nicht nach dem des Samens gewonnen.« Oder: »Beim Gewinn der Früchte wird mehr nach dem Recht des Körpers gesehen, aus dem sie gewonnen werden, als nach dem des Samens, aus dem sie entstehen.« Cujacius sagt: »Es ist geltendes Recht, daß das Kind einer Sklavin dem Stand der Mutter folge und die Stellung des Vaters in dieser Hinsicht nicht in Betracht komme.« Auch hier, wie bei der freien Bürgerin Roms, galt also das Naturrecht, das die Frau dem Saatfeld (lat: *solum*), den Mann aber nur dem Sämann (*sator*) gleichstellt: »Der Same nimmt des Bodens Natur an, niemals der Boden die des Samens.«

Der Vater galt also als juristische Fiktion, die Mutter dagegen als biologische Tatsache. »Die Mutter ist immer gewiß, auch wenn sie von aller Welt empfangen hat, der Vater dagegen ist nur der, den die Eheurkunde nennt« (Paulus, *Dig.* II, 4, 5). Das Mutterrecht ist *natura verum,* von Natur wahr, das Vaterrecht bloß *jure civili,* durch bürgerliches Recht war, wie Paulus sich ausdrückt. Daher sind auch die *uterini* (die leiblich von einer Mutter Geborenen) untereinander näher verbunden als die *consanguini, eodem patre nati* (die von dem gleichen Vater Gezeugten). Wir sehen auch hier wieder das Muttertum als das einigende, das Vatertum als das trennende Prinzip. »Was unter viele Väter verteilt wird, verbindet die Mutter zur Einheit« (Bachofen). Dieser Gedanke bestimmte auch das römische Konzept der Ehe. Man nannte sie ausdrücklich *matrimonium* (Mutterzustand), nicht *patrimonium,* ein Wort, das zwar existierte, aber etwas ganz anderes bezeichnete: das Erbteil, das der Vater dem Sohne weitergab, also ein historisch viel späteres Prinzip. *Matrimonium* war ein Konzept des Naturrechts, *patrimonium* ein Begriff des Zivilrechts.

Die römischen Vaterrechtler haben diese Grundsätze systematisch in ihr Gegenteil verwandelt. Während die Römerin sich selbst als das Permanente betrachtete, ihren Mann dagegen stets als Nomaden sah, als Fremdling, der seinen Samen säte und dann zu anderen Frauen weiterzog, stellten die römischen Juristen den Mann als das Primäre dar, als den Gründer der Familie.

Deshalb heißt es auch in der juristischen Terminologie römischer Vaterrechtler: *mulier familiae suae caput et finis est,* »die Frau ist ihrer Familie Anfang und Ende«. Das bedeutet: Einerlei, wie viele Kinder sie gebiert, sie gründet keine Familie. In historischer Perspektive ist das auch durchaus korrekt: Die Familie ist in der Tat eine vaterrechtliche Erfindung. Aber vor der Familie war die *gens,* die Sippe, und diese war matrilinear – bei den Latinern sowohl wie bei den Sabinern, bei den Umbriern sowohl wie bei den Etruskern.

Die römische Familie muß in historischer Sicht deshalb als ein vaterrechtliches Instrument zur Vernichtung der mutterrechtlichen Sippe definiert werden. Sie brach die horizontale Einheit Mutter-Vater-Kind aus der vertikalen Einheit Großmutter-Mutter-Tochter heraus und stellte sie ihr als Alternative gegenüber. Aus dieser Perspektive müssen wir das Vaterrecht vor allem als eine Institution zur Vererbung von Privateigentum betrachten. Denn die mutterrechtliche Sippe besaß, wie wir gesehen haben, noch kein Erbrecht, da sie noch kein Privateigentum kannte. Land und Kinder gehörten der Gemeinschaft. Erst die Pflugkultur und mit ihr die Produktion von Überschuß ermöglichte die Anhäufung von Privateigentum, und erst das Privateigentum brachte den Gedanken des Erbrechts hervor. Wären die ersten Produktionsüberschüsse im Zeitalter des Hackbaus erarbeitet worden, so hätte sich die Frage nach dem rechtmäßigen Erben sehr leicht beantworten lassen: Erbe wäre dann das Kind der Frau gewesen, denn die Frau war ja die Mutter des Hackbaus. Da aber der Mann die ersten Überschüsse im Zeitalter des von ihm erfundenen Pflugbaus erarbeitet hatte, war die Frage nach dem legitimen Erben nicht so leicht zu beantworten. Denn wie konnte der Mann jemals mit Sicherheit wissen, ob das Kind seiner Frau auch wirklich von ihm selber gezeugt worden war?

Die Antwort war ingeniös: Innerhalb einer bestimmten Frist nach der Geburt des Kindes (die Frist variierte bei den verschiedenen Stämmen) nahm der Vater das Recht in Anspruch, das Kind anzuerkennen oder abzulehnen. Erkannte er es als das seine an, so legte er es auf den Fußboden und hob es dann auf. Dieser Akt des Emporhebens zur Ehelichkeit und Freiheit hieß seit archaischen Zeiten *tollere liberum.* Von diesem Akt vaterrechtlicher Willkür, mehr noch als von den damals gewaltigen Gefahren der Säuglingssterblichkeit, hingen Leben und Zukunft des Kindes ab. Glaubte der Vater, das Kind stamme nicht von ihm, oder betrachtete er es einfach als lästig, dann setzte er es an einem einsamen Orte aus und überließ es seinem Schicksal. Hatte das Kind Glück, erbarmte sich ein anständiger Mensch seiner und zog es auf. Die meisten aber verhungerten oder verfielen der Sklaverei. Die Mutter hatte kein Recht des Einspruchs gegen diese legitime Form der Kindestötung. Das war der »Fortschritt«, den das Vaterrecht mit sich brachte.

In diesem Sinne ist der von den meisten Rechtsgelehrten als unwichtig betrachtete Akt des Emporhebens, der Anerkennung des Kindes durch den Vater, die erste und wichtigste Maßnahme des römischen Rechts. Sein Gegenstück ist die *adoptio,* die Annahme an Kindes Statt, ein Konzept, das in Zeiten des Mutterrechts undenkbar gewesen wäre. Denn kein Sippenmitglied konnte jemanden, der nicht sein eigen Fleisch und Blut war, in die Sippe aufnehmen; nur die Sippe in ihrer Gesamtheit konnte das tun, und selbst dann nur durch den Ritus von Tötung und Wiedergeburt. Die Sippe kannte kein Zivilrecht; sie war, wie die Mutter, der sie entstammte, ein naturrechtliches Phänomen: *Mater naturae vocabulum est, non civile, adoptio autem civilis,* »Mutter ist ein Ausdruck der Natur, nicht des bürgerlichen Rechts, Adoption jedoch ein rechtlicher« (Cujacius, Opp. V, 85e).

Das römische Vaterrecht strebte deshalb mit aller Macht eine Ausdehnung des Adoptionsprinzips an, denn nur dadurch konnte der Vater den mütterlichen Anspruch auf die naturgegebene Legitimität ihres Kindes verneinen. Nicht mehr das Naturrecht, sondern das Zivilrecht sollte darüber entscheiden, wen der Vater als sein Kind betrachten durfte. Genau wie er durch den Akt des Emporhebens ein bis dahin nicht als blutsverwandt anerkanntes Wesen zu seinem Kind machen konnte, wollte er nun das Recht haben, ein nicht blutsverwandtes Wesen (meist seine Geliebte oder, bei Päderasten, seinen Lieblingsknaben) zu seinem legitimen Kind und Erben deklarieren zu können. So zerstörte der vaterrechtliche Anspruch auf Vererblichkeit des Eigentums nicht nur Sitte und Anstand der alten Sippenordnung, sondern auch die eigene Schöpfung des Vaterrechts: die Familie selber. Denn man konnte nicht einerseits die Familie als Institution einer höheren sittlichen Ordnung preisen, als ideale Form des Zusammenlebens von Mann und Frau, als bestes System zum Wohle des Kindes, und andererseits die Position der Gattin untergraben, indem man ihre Kinder aussetzte und die außerehelichen Sexualpartner als »Kinder« adoptierte. Praktiken von solcher moralischen Verwahrlosung wären zu Zeiten der mutterrechtlichen Sippengemeinschaft undenkbar gewesen. Aber wer kümmerte sich in der vaterrechtlichen Gesellschaft Roms um die Gefühle der Frauen? Worum es ging, war Macht und Besitz. Und mit den Zwillingspraktiken der *tollere liberum* und *adoptio* hatte sich das Vaterrecht den perfekten Schachzug zur Mattsetzung des Mutterrechts ausgedacht.

»In der ganzen Geschichte der westlichen Welt findet sich kein Gegenstück zur patriarchalischen Familie des alten Rom. Dem Vater gehört der ganze Familienbesitz, und er beherrschte ihn; als eine Art Priester leitete er den Dienst an den Familiengöttern; und er selbst war gottähnlich durch die absolute Macht, das Leben seiner Kinder zu bestimmen oder zu vernichten. Das Zwölftafelgesetz, das um 450 v. u. Z. entstand, zeugt davon, daß der Vater während des ganzen Lebens seiner Kinder das Recht hatte, sie ins Gefängnis zu werfen, sie auszupeitschen, sie in Ketten zur Landarbeit zu treiben, sie als Sklaven zu verkaufen und sogar umzubringen, auch dann, wenn sie bereits hohe Staatsämter erreicht hatten« (Morton M. Hunt, *Der siebte Himmel,* Berlin 1963, S. 71). Die väterliche Gewalt endete nur mit dem Tod des Vaters. Wenn der Sohn bereits seine Mündigkeit erreicht hatte, ja selbst Vater oder gar Großvater war, stand er immer noch unter der uneingeschränkten Gewalt des Vaters. Nur wenn der Vater seine Freiheits- oder Bürgerrechte verlor, verlor er auch die Gewalt über seine Söhne. Die Tochter entging der väterlichen Gewalt nur dadurch, daß sie sich in die Gewalt eines anderen Mannes, nämlich ihres Gatten, begab.

Die exzessive Rechtsgewalt des *paterfamilias* läßt sich aus keiner juristischen Notwendigkeit folgern. Die Tatsache, daß das römische Recht diese Gewalt zwar immer wieder ausdrücklich bestätigte, sie andererseits aber durch neue Gesetze, durch sakralrechtliche Verbote und später gar durch die Sittenaufsicht des Zensors einzuschränken suchte, bezeugt einen Widerspruch, der sich nur historisch erklären läßt. Solche sinnwidrigen Exzesse des Vaterrechts entstehen stets dort, wo es vorher ein starkes Mutterrecht gegeben hat und finden ihre Erklärung in der Reaktionsbildung. So erhielt der *paterfamilias* das Recht über Leben und Tod seiner Frau und Kinder. Weder Frau noch Kinder hatten ein Recht auf eigenen Besitz. Selbst die Ehefrauen der Söhne unterlagen der Gewalt des Schwiegervaters. Das Ganze war also ein spiegelverkehrtes Ebenbild der alten mutterrechtlichen Stammesgesellschaft, mußte aber im Gegensatz zu dieser, da es widersinnig und impraktikabel war, überall durch Gewalt zusammengehalten werden.
Es versteht sich von selbst, daß ein solches System früher oder später an seinen inneren Spannungen zerbrechen und durch ein anderes System des Vaterrechts ersetzt werden mußte. »Ich erinnere mich«, schrieb Seneca im Jahre 55 unserer Zeit, »daß die Männer auf dem Forum auf Tricho, einen römischen Ritter, mit ihren Schreibstiften einstachen, weil er seinen Sohn zu Tode gepeitscht hatte.« Selbst die Autorität des Kaisers Augustus konnte ihn kaum vor den empörten Händen der Söhne retten. »Tricho erholte sich, aber die *patria potestas,* der dieser Angriff symbolisch gegolten hatte, tat das nicht. Innerhalb weniger Generationen nahmen die Herrscher den Vätern die meisten der Machtbefugnisse weg, die sie nominell noch über ihre Frauen und Kinder besessen, aber kaum mehr ausgeübt hatten, und übergaben sie an die vom Staat eingesetzten Gerichte. Der Niedergang männlicher Vorherrschaft, den Cato der Ältere im Jahre 195 v. u. Z. vorausgesehen hatte, wurde im Laufe des ersten Jahrhunderts unserer Zeit besiegelt« (Morton M. Hunt, *Der siebte Himmel,* Berlin 1963, S. 89).
Die Entstehung des römischen Staats stellt also die Übertragung der väterlichen Rechte auf ein eigens zu diesem Zweck erfundenes Instrument dar: öffentliche Gewalt im Gegensatz zur persönlichen Gewalt des Vaters. Dies war nötig, weil die väterliche Gewalt ein Überbleibsel der Sippengesellschaft mit ihrem ausschließlich aus der Blutsverwandtschaft abgeleiteten Rechtssystem war. Konnte sich die Sippengesellschaft nicht mehr halten, dann auch nicht mehr die *patria potestas.* Es dauerte aber bis in die Kaiserzeit, ehe der Staat den Vätern endgültig die Macht abnahm, die sie ihrerseits so mühsam den Müttern abgerungen hatten. Der voll entwickelte römische Staat der Kaiserzeit muß in diesem Sinne als das Eingeständnis der Väter aufgefaßt werden, daß das Patriarchat zumindest in seiner ursprünglichen Form gescheitert war.
Der oft von mangelnder Kenntnis der historischen Vorgänge getragene Gedanke eines mutterrechtlichen Staates als Alternative zum vaterrechtlichen Staat stellt also einen Widerspruch in sich selber dar, eine *contradictio in adjecto.* Das Mutterrecht entspricht einem Entwicklungsstadium der Produktionsmittel, in welchem der Staat weder notwendig noch möglich ist. Wo es keine Klassen und deshalb auch keinen Klassengegensatz gibt, kann kein

Staat entstehen. Das Mutterrecht, insofern wir uns überhaupt sein Überleben nach dem Verschwinden seiner ökonomischen Basis vorstellen können, ist grundsätzlich »staatszersetzend«. Präziser ausgedrückt: Da die Gleichberechtigung der Geschlechter nur in einer klassenlosen Gesellschaft erfolgen kann, bedeutet jedes konsequent vorgetragene Bemühen um eine Befreiung der Frau nicht nur einen Angriff auf das Patriarchat, sondern auf den Staat.

Die Römer waren sich dieser Tatsache durchaus bewußt, als sie die Doppeltheorie entwickelten, daß der einzige Staat der römische sei, weil alle anderen Völker Mutterrechtler und deshalb der Staatsgründung unfähig seien. Wo die Römer auch hinblickten, sahen sie matrilinear ausgerichtete Völker: Ägypter, Apuaner, Ausoner, Deciater, Dorer, Germanen, Ingaunier, Karthager, Kelten, Ligurer, Lokrer, Oinotrier, Oxybier, Sabiner, Sallurier, Segobrier, Sikuler, Skythen, Stoenier, Verdranter, Volsker. Und nur indem sie eines dieser Völker nach dem anderen besiegten, konnten sie sich beweisen, daß alle anderen minderwertig seien, weil sie keinen Staat aufbauen konnten, und daß sie keinen Staat aufbauen konnten, weil sie unter der Fuchtel ihrer Frauen standen. Deshalb also die schier manische Überkompensierung einer auf die Frau fixierten Lebensweise. Denn wer die Frau fürchtet, ist von ihr abhängiger als der, der sie liebt.

7

Livius sagt, es sei ein alter Trick *(vetus consilium)* der Städtegründer, die von ihren Sippen Verstoßenen und von ihren Stämmen Getrennten, die Entwurzelten und Wertlosen, durch Angebot von Land anzulocken und sie obendrein dadurch zu bestechen, daß man ihnen verspräche, ihre Nachfahren dürften sich Ureinwohner nennen. Genau das war das Rezept, das Romulus verfolgte, als er Rom gründete. Anfangs gliederte er sie in den »Stamm« der Luceres ein, der deshalb von den beiden anderen Stämmen, den Ramnes und Tities, als minderwertig betrachtet wurde. Sein Ältestenrat wurde von ihnen als »Väter der geringeren Sippen« tituliert. Aber bald fühlte sich auch dieser »dritte Stamm« den später Zugezogenen überlegen, denn sobald er die vorgeschriebene Anzahl von hundert »Sippen« erreicht hatte, wurden die Listen geschlossen. Wer danach zuzog, konnte nicht mehr in das Sippensystem der Römer aufgenommen werden und hatte einen anderen, einen neuen, einen bisher in der Sippengesellschaft nie vorgesehenen Status: er war rechtlos. Dies war die neue Klasse der »Plebejer«, der rechtmäßigen Bewohner Roms, die volle Bürgerrechte besaßen, aber nicht mehr in die Sippenordnung paßten. Sie waren das neue Element, das Rom maßgeblich von allen anderen Städten unterscheiden sollte.

Sie gehörten zu keiner *curia* und konnten deshalb nicht in der *comitia curiata,* der Volksversammlung, abstimmen. Sie waren militärdienstpflichtig, aber konnten weder im Militär noch im Beamtenapparat aufsteigen, da alle Stellungen in beiden Staatsdiensten vorläufig noch den Mitgliedern der Sippen, Curien und Stämme vorbehalten waren. All das geschah weniger

aus der Absicht, sich von den Neuankömmlingen abzugrenzen, als aus der Unfähigkeit, eine solche Lage überhaupt vorauszusehen. Im Jahre 367 v. u. Z. korrigierte Licinus die gröbsten Ungerechtigkeiten des Systems, indem er alle Staatsämter allen Staatsbürgern zugänglich machte, ob sie nun Mitglieder einer Sippe waren oder nicht. Aber das half nur wenig weiter. Bedeutsam wurden die Reformen erst, als sie genau wie in Griechenland eine Neuordnung nach *Ständen,* statt nach Sippen, und dann eine endgültige Einteilung nach *Einkommensgruppen* festlegten.
Die erste Reform stammte angeblich von Numa, dem Nachfolger des Romulus, der genau das gleiche wie Theseus in Athen versuchte, nämlich die Bevölkerung in Klassen aufzuteilen (acht an der Zahl). Plutarch, unsere wichtigste Autorität für diese Angabe, spricht davon, daß diese Unterteilung vor allem dazu dienen sollte, die Spannungen zwischen den Latinern und den Sabinern aus dem Wege zu räumen. Da er aber die neuen Klassen nicht mit den Machtbefugnissen der alten Sippen ausrüstete und nichts Analoges an die Stelle ihrer Autorität setzte, mißlang die Reform genau wie die des Theseus in Athen.
Servius Tullius (576 bis 533) führte dann die zweite Reform durch, die der des Solon in Athen entsprach: Er ersetzte die alten Stämme durch neue »Ortsstämme«, führte also eine regionale Aufteilung statt der alten Blutsverwandtschaft ein. Er stellte ein nach Zahlen ausgerichtetes Wahlsystem, die *comitia centuriata,* den Hundertschaftsrat, an die Stelle der alten, auf Blutsverwandtschaft aufgebauten *comitia curiata.* Und er teilte die Bürger nach ihrem Einkommen, statt nach ihrer Abstammung ein. Von nun an konnte also jeder, wenn es ihm gelang, genug Geld zu verdienen, zu Amt und Ehren gelangen. An die Stelle des Adels durch Geburt trat nun der Geldadel.
Er umgab die sieben Hügel Roms mit einer Mauer, teilte den innerhalb der Mauern liegenden Teil in Quadrate auf (Roma Quadrata) und verbot den Einwohnern, von einem Viertel in ein anderes zu ziehen. Wo der Steuerzahler nun einmal ansässig war, da sollten auch seine Kinder Steuern zahlen. Wo er wohnte, da wurde er auch zum Militärdienst aufgerufen. Das bedeutete eine Aufteilung nicht nur in Stadtviertel, sondern auch in Klassen. Von dieser Zeit an gab es das Viertel der Adligen, das der Reichen, das des Mittelstandes und das der Armen. Die Armen hatten im Verhältnis zu ihrer Zahl nur wenige Stimmen, der Mittelstand mehr, die Reichen noch mehr und der Adel am meisten. Cicero, der »Patriot und edle Römer«, billigte und empfahl diese Abstufung (*de Rep.* II, 22), indem er meinte: »Das Stimmrecht darf nie in die Hände der Menge, sondern muß in diejenigen der Besitzenden gelegt werden. Servius Tullius trug Sorge, dies zur Staatsordnung für uns zu machen. In jedem Staate sollte es so sein, daß die größte Zahl nicht das größte Gewicht habe.« Das war also römische Demokratie. Morgan sagt mit rührender Naivität über Servius Tullius und sein Werk: »Daß seine Verfassung ein Flickwerk war, das verdankte er der überlegenen Hinterlist der reichen Klassen, welche die wirkliche Macht an sich zu reißen suchten, aber vorgaben, die Rechte und Interessen aller zu wahren« (a.a.O., S. 288).
Von nun an wird die Geschichte Roms zur Geschichte jenes Klassenkampfs

zwischen Plebejern und Patriziern, der seinen Höhepunkt in den Ständekämpfen des fünften und vierten Jahrhunderts vor unserer Zeitrechnung und in den hundertjährigen Bürgerkriegen der Ära 133 bis 30 erreichte. Denn sowohl die Tatsache, daß sich die Plebejer schneller als die Patrizier vermehrten, wie auch die Notwendigkeit, ihnen zur Verteidigung der Stadt Waffen anzuvertrauen, prädestinierte sie zu den natürlichen Nachfolgern der Patrizier. Daß wir nicht bereits in Rom eine Machtübernahme erlebten, die der späteren Entmachtung der mittelalterlichen Feudalaristokratie durch das moderne Bürgertum entsprach, lag allein daran, daß es der Plebs nie gelang, die Produktionsmittel schöpferisch zu entwickeln und für ihre eigenen Zwecke zu nutzen.
So geschah es, daß die Macht der Curienversammlung zwar schrumpfte und die Sippen zu sozialen und kultischen Genossenschaften degradiert wurden, die Plebejer aber niemals zur herrschenden Klasse aufstiegen, sondern im Laufe der Jahrhunderte mit den Patrizieren fusionierten und ihren Machtanspruch zugunsten nomineller Rechte aufgaben. Dabei verdrängten sie die alten drei Stämme aus dem Staat und erzwangen eine rein regionale Aufteilung der Stadt in vier »Ortsstämme«, die nur noch dem Namen nach in der alten Stammesordnung verankert waren.
Der Druck, der am Ende die Sippengesellschaft und ihre mutterrechtliche Hinterlassenschaft beseitigte, kam also nicht nur von oben, sondern auch von unten. Die alte Stammesordnung, die *societas* (die, wie die Wortwurzel beweist, von ihren Mitgliedern als die einzig denkbare Gesellschaftsordnung, *die* Gesellschaft, empfunden wurde), wich der neuen Staatsordnung, der *civitas,* dem Bürgerrecht. So wie einst der Stammessprecher *(princeps tributis)* durch den König *(rex)* und später der Stammesrat *(comitia tributa)* durch den Ältestenrat *(senatus)* ersetzt worden war, so löste jetzt der Hundertschaftsrat *(comitia centuriata)* den Bruderschaftsrat *(comitia curiata)* und der Begriff des römischen Volkes *(populus romanus)* den des Bundes freier Stämme ab. Selbst der Sippenname geriet derart in Verfall, daß die freigelassenen Sklaven sich den Sippennamen ihrer Herren aneigneten.
Die neuen Werte, die nun anstelle der alten auf Gleichheit und gemeinsamer Abstammung beruhenden Gesellschaftsordnung traten, waren Besitz und das Recht auf Waffen. Die produktive Arbeit im Staat wurde denen auferlegt, die diese Werte nicht besaßen: den Sklaven und den Proletariern, zwei neue Klassen, die weder in der alten Sippengesellschaft noch unter den freien Bauern der Gründerjahre Roms zu finden gewesen waren. Der Sklave konnte weder über seinen Körper noch über seine Arbeitskraft verfügen, der Proletarier zwar über seinen Körper, nicht aber über seine Arbeitskraft. Denn obgleich auch er sich im Laufe der Jahrhunderte seine Gleichberechtigung erkämpfte, wurde ihm unter der Vorgabe, daß er wegen seiner Armut keinen Militärdienst zu leisten brauche, die Möglichkeit genommen, seinen Aufstieg mit Waffengewalt zu erzwingen.
So bildete sich die Staatsgewalt als Interessengemeinschaft der kriegsdienstpflichtigen Bürgerschaft heraus: als Allianz der Patrizier und der wohlhabenden Plebejer, eine Allianz, die nur solange wirksam war, als das Schreck-

gespenst eines von Proletariern unterstützten Sklavenaufstandes sie bedrohte. Zu keiner Zeit waren die Beziehungen zwischen Patriziern und Plebejern besser als in den Jahren der großen Sklavenaufstände (135 bis 132; 73 bis 71) und der proletarischen Rebellionen (58, 189, 390).

8

Es ist gewiß kein Zufall, daß nur die Mutterrechtler unter den römischen Juristen das Recht des Volkes auf Widerstand gegen die Staatsgewalt, ja sogar ausdrücklich auf Revolution geltend gemacht haben. Und es ist sicherlich auch kein Zufall, daß einer der bedeutendsten dieser Mutterrechtler, Ulpian (um 200 u. Z.), in einem mutterrechtlichen Land, in Phönizien, geboren und aufgewachsen war. Er leitete das *ius naturale,* das Naturrecht, das alle Zivilrechte überstimmt, aus dem traditionellen Sexualrecht der alten Mutterreligionen ab. Der Muttergöttin sei jedes Sonderrecht verhaßt, meint er (in *Dig.* I, 1, 3). Und damit meint er sowohl den Eigentumsanspruch des Mannes auf den ausschließlichen Besitz des Körpers seiner Gattin als auch den Besitzanspruch der Frau auf die eheliche »Treue« ihres Mannes. Der Grundsatz des Mutterrechts, das Recht eines jeden Menschen auf Geschlechtsverkehr mit allen anderen Menschen, wird hier noch einmal angesprochen und als Grundlage der Ablehnung jeder Form des Privateigentums zitiert: Alle Menschen haben das gleiche Recht auf Grund und Boden, auf das Meer, auf die Luft, auf einander; die Erde und alle auf ihr lebenden Menschen sind grundsätzlich eine *communitas omnium possessio,* ein Gemeinbesitz aller. Deshalb sei auch das *vim vi repellere,* das Recht, Gewalt durch Gewalt auszutreiben, ein unabdingbarer Grundsatz des Naturrechts.
Bachofen, der trotz seines politischen Konservativismus durch die Brillanz und Unbestechlichkeit seines Geistes immer wieder zu revolutionären Schlüssen getrieben wird, sagt hierzu: »Die vielfältige Hervorhebung eines ganz natürlichen Gesichtspunktes im Rechte verdient die höchste Beachtung. Sie erscheint als Reaktion gegen den staatlichen Gesichtspunkt, dem Rom alles unterordnete, und als Bestreben, der Herrschaft der Form mehr und mehr zu entgehen. Darin liegt nun in der Tat wiederum eine Annäherung an das mütterlich stoffliche Prinzip des alten rein physischen Naturrechts, und eine Bewahrheitung des Satzes, daß Ende und Anfang menschlicher Zustände eine innere Verwandtschaft tragen.« (Johann Jakob Bachofen, *Das Mutterrecht,* zitiert aus Kröners Taschenausgabe Band 52, Seite 228). Hiermit nimmt Ulpian nicht nur Vico, sondern auch Marx vorweg. Denn was er mit der Verwandtschaft von Anfang und Ende meint, ist der Konnex zwischen dem Urkommunismus, der *communitas omnium possessio,* und der Zukunft mutterrechtlicher Freiheit und Gleichheit, den er in den *Regulae* und den Kommentaren zum prätorischen Edikt und zu Sabinus anstrebt. Es wird selbst diejenigen, die nicht mit seinem Leben und seinen Werken vertraut sind, nach diesem Hinweis kaum überraschen, daß er im Jahre 228 von meuternden Prätorianern ermordet wurde.

Weshalb stellten die Römer dann aber das Recht als *Frau* dar? Augustus weihte der verkörperten Gerechtigkeit, der Göttin *Iustitia,* ein Heiligtum und ein Standbild, Hadrian ließ ihr zu Ehren Münzen prägen. Auch Ceres, die Fruchtbarkeitsgöttin, wurde vom Patriarchat als *Ceres Legifera,* als Gesetzgeberin, verehrt. Die *leges aere incisae,* die in Erz geschriebenen Gesetze, wurden im Tempel der Ceres, nicht in dem einer männlichen Gottheit aufgehoben. Auch die Weisheit wurde sowohl von den Griechen *(Sophia)* wie von den Römern *(Sapienta)* als Frau verehrt. Das Bürgertum hat all diese Figuren bis in unsere Tage übernommen. Zahllose Gerichtshöfe der westlichen Welt tragen das Bild einer Frau mit Waagschale, manchmal mit Schwert, oft mit verbundenen Augen. Zahllose Universitäten tragen trotz *numerus clausus* das Bild einer Weisheitsgöttin. Als Delacroix in der bürgerlichen Revolution die Figur der Freiheit darstellen wollte, wählte er eine Frau, die mit der Trikolore in der Hand den Männern über die Barrikaden vorauseilte. Im Hafen von New York, wo Freiheit weiß Gott nicht mehr leicht zu finden ist, steht die Freiheitsstatue, eine Frau mit Fackel, die den einst auf Ellis Island festgehaltenen Immigranten als Inbegriff des Hohns vorgekommen sein muß.

Nirgends tritt die Widersprüchlichkeit des Patriarchats deutlicher in Erscheinung als in diesen Gestalten, die aus dem Mutterrecht übernommen worden sind und dem Vaterrecht als Rechtfertigung für die Unterdrückung der Frau dienen; denn wenn man die Frau als Symbol verehrt, entledigt man sich der Pflicht, ihr auch als lebendem Wesen Ehre zu erweisen; wenn man sie als Gerechtigkeit, als Freiheit, als Weisheit symbolisiert, braucht man ihr in der Realität keine Freiheit, keine Gerechtigkeit zu geben und kann ihre Weisheit getrost mit Füßen treten. Hier deckt das Patriarchat also sein schlechtes Gewissen auf und zeigt gleichzeitig, wie man es durch Aufdekkung besänftigt.

9

Bereits zu Zeiten der Republik (510 bis 27 v. u. Z.) verschmolz der Patrizieradel, das letzte Überbleibsel der Sippenordnung, mit der neuen Klasse des Geldadels. Der kleinbäuerliche Betrieb, der in den Entwicklungsjahren der römischen Monarchie an die Stelle des sippengesellschaftlichen Gemeindelandes getreten war und ihn zu Zeiten der Republik völlig zu ersetzen begann, wurde seinerseits im 3. Jahrhundert vor unserer Zeitrechnung durch ritterliche und senatorische Großbetriebe, die Latifundien, ersetzt, in denen keine Bauern mehr, sondern nur noch Sklaven arbeiteten. Und obgleich die Vergrößerung der Landeinheiten manche fortschrittlichen Züge trug, zum Beispiel in der Spezialisierung auf Gartenkultur, Getreidebau und Viehzucht, waren die Schäden größer als die Vorteile. Erstens wurde die Stabilität der Gesellschaft durch die Entrechtung des Bauernstandes untergraben; zweitens verhinderten die Sklaven durch bewußte Verlangsamung des Arbeitstempos, mutwillige Zerstörung der Werkzeuge und systematische Vernachlässigung des Landes den potentiellen Fortschritt der Großwirtschaft; drittens zerstörte der Latifundienbau weite Gebiete Italiens, die dann der Malaria anheimfielen und unbewohnbar wurden; viertens stellte die ungerechte Verteilung des Gemeindelandes *(ager publicus)*, aus der die Latifundien entstanden waren, den Hauptgrund jenes hundertjährigen Bürgerkriegs dar, von dem Rom sich nie wieder ganz erholt hat.

Theoretisch durfte jeder römische Bürger eine bestimmte Anzahl Vieh auf dem Gemeindeland weiden. Praktisch gelang es aber der Nobilität, durch Zahlung eines geringen Pachtzinses immer größere Teile des Gemeindelandes an sich zu reißen, und dies nicht nur in Italien, sondern in allen von Rom eroberten Ländern. Durch Vertreibung der Bauern entstand das städtische Proletariat: Nicht nur landlose italische Bauern strömten in die Stadt, sondern auch entmachtete, vertriebene Bauern aus Ägypten, Nordafrika und anderen eroberten Gebieten. Unter Nero gelangten sechs Grundeigentümer durch solche Methoden in den Besitz der Hälfte der Provinz Afrika. Aber die Zeit, in der eine Sklavenökonomie noch fortschrittlich gewesen war wie die der großen Theokratien Ägyptens und des Zweistromlandes, war längst vergangen, und so können wir den Zerfall des Römischen Reiches nicht etwa in dem angeblichen Verfall der Sitten finden, den das Bürgertum unserer Tage als einzigen Grund der römischen »Dekadenz« zu sehen vermag, sondern müssen ihn in der Unmöglichkeit suchen, in den ersten Jahrhunderten der christlichen Zeitrechnung noch mit einer Sklavenökonomie ein Weltreich zu erhalten.

Hier soll aber auch nicht verschwiegen werden, daß manche römischen Bürger diese Ansichten des heutigen Bürgertums bereits vorbereitet hatten. Die »Väter des Vaterrechts« glaubten, daß der Verfall der Moral, den sie vor allem gegen Ende des Zweiten Punischen Krieges wahrnahmen, das Resultat orientalischer Verweichlichung gewesen sei. Genau wie Hans Sachs in Wagners *Meistersingern* gegen »welschen Dunst und welschen Tand« wettert, wehrten sich Cato, Seneca, Cicero und Juvenal gegen alles Ausländische, vor allem gegen griechische Bildung und griechische Kultur. Nach Plutarch sah Cato »eine Ehre darin, alle griechischen Formen der Bildung und Erziehung zu verschmähen«. Ähnlich sah Seneca in der durch ausländische Waren erweckten »Verschwendungssucht« den Grund der »schimpflichen Wollust«, die ihn irritierte:

Durch lange Zeiten angehäufte Laster
Ergießen sich auf uns. Es drückt ein schweres
Jahrhundert uns, worin Verbrechen herrschen.
Es rast Ruchlosigkeit, schimpfliche Wollust
Übt hemmungslos Gewalt. Verschwendungssucht
Rafft siegreich längst der Erde mächt'ge Schätze
Mit gier'gen Händen, um sie zu verprassen.

Sehr ähnlich Juvenal, der die Wurzel allen Elends darin sieht, daß der Frieden bereits zu lange gedauert habe. Nur ein neuer Krieg, meint er, könne Rom noch von dem Streben nach Wollust retten. Selbst das Verbrechen war in seiner Meinung das Resultat jener Verweichlichung, die allzu langer Frieden mit sich gebracht hatte. Er sagt (in VI, 291 ff.) deshalb:

Des so lange andauernden Friedens
Übel erdulden wir jetzt. Das Verderben der Sitten, ein Feind viel
Schlimmer denn Krieg, herrscht jetzt und rächt den bezwungenen Erdkreis.
Jegliche Art von Verbrechen und Wollust
Stellet sich ein, seit Rom nicht mehr arm ist.

Bei Velleius Paterculus heißt es sehr ähnlich: »Der ältere Scipio bahnte der römischen Macht, der jüngere dem Luxus den Weg. Als die Furcht vor Karthago gebannt war, kam der Übergang von der Tugend zum Laster nicht allmählich, sondern Hals über Kopf.« Natürlich ist all das romantische Verzerrung der Geschehnisse. Was sich wirklich ereignete, war, wie wir bereits gesehen haben, daß die Ausbeutung fremder Länder den Horizont eines rückständigen Bauernvolks in kurzer Zeit erweiterte, so daß selbst die am schwersten getroffen Römer – die Witwen und Kinder der Gefallenen, die verarmten Bauern, die wachsende Anzahl der Sklaven, das neue Proletariat der Städte – eine tägliche Erweiterung ihrer Erfahrungen erlebte; zum Teil tragische Erfahrungen, aber immerhin doch ein gewaltiger Fortschritt verglichen mit dem Dahindämmern der Zeit des Provinzialismus.

Die Moral des Patriarchats war der ethische Überbau einer gespaltenen Ökonomie: hier eine von jeglicher Arbeit freigestellte Herrscherklasse, die ihre einzige Verpflichtung im Kriegsdienst und der Bewahrung der männlichen Autorität sah; dort eine nahezu entmenschlichte, rechtlose Klasse von Sklaven, die den größten Teil der produktiven Arbeit im Staate leistete, aber mit Ausnahme der Gladiatoren keine Waffen tragen durfte; dazwischen ein ausgebeutetes, waffenloses Proletariat, dem man unter dem Vorwand, es sei zu arm zum Militärdienst, die Waffen verweigert hatte, weil man sonst ein Bündnis von Sklaven und Proletariern befürchten mußte: den bewaffneten Aufstand, der Roms lebenslänglicher Alptraum war. Konnte man unter diesen Umständen eine humane, einheitliche Moral erwarten? Wohl kaum. Oder nur dann, wenn man, wie Cato und Seneca, wie Cicero und Juvenal, in der Illusion lebte, daß man durch autoritäre Macht erzwingen kann, was nicht von selbst wachsen will.

Nicht »Luxus und Verschwendung«, sondern Armut und Unproduktivität zerstörten also die römische Gesellschaftsordnung: die Armut der Proletarier und die Unproduktivität des Sklavensystems. Die Unterdrückung der Menschlichkeit des Sklaven wirkte auf beide Partner in gleichem Maße verrohend und stumpfte sowohl den Sklaven wie dessen Besitzer gegen die Befriedigung freier, schöpferischer Arbeit ab. Genau wie es sich am Ende als unmöglich erwies, das diffuse Weltreich von Rom aus zu regieren, war es schon Jahrzehnte früher unmöglich geworden, die Latifundien und andere große Landgüter zentral zu bewirtschaften. Erst das feudale System, das sich aus dem Gotenreich entwickelte, vermochte der Landwirtschaft wieder auf die Beine zu helfen, indem es den Sklaven durch den Leibeigenen ersetzte. Zwar war auch er nicht »frei«, aber er hatte zumindest ein eigenes Interesse an den Feldern, die er bebaute und ermöglichte deshalb einerseits eine Dezentralisierung, andererseits eine Steigerung des Ertrags der Landwirtschaft.

Die Kelten- und Germanenstämme, die Rom eroberten und dem Reich ein

Ende machten, waren also nicht nur »Barbaren« und »Vandalen«, sondern auch – und dies vor allem! – freie Menschen, die innerhalb einer Gesellschaft mit weitgehender Gleichberechtigung der Frau lebten, einer Gesellschaft frei von Proletariern und Sklaven. Es war weder strategische noch taktiche Überlegenheit, sondern einfach der geringere Widerspruch zwischen frei und unfrei, zwischen arm und reich innerhalb der keltischen und germanischen Reihen, der sich der römischen Klassengesellschaft gegenüber als überlegen erwies. Auch waren die Germanen nicht »tapferer« oder »unverbrauchter« als die Römer. Sie waren einfach freier: sie wußten, wofür sie kämpften. Sie kämpften für sich selber. Wofür aber kämpfte der enteignete römische Bauer, den man in eine Uniform gezwängt hatte? Wofür kämpfte der entwurzelte Plebejer, der zu keiner Sippe, keiner Bruderschaft, keinem Stamm gehörte?

Die Römer waren die ersten, die das verlorengegangene Gefühl der Stammesloyalität bewußt durch eine neue Loyalität der Staatsangehörigkeit zu ersetzen suchten. Aber das gelang nur bei denjenigen, die durch diese Staatsangehörigkeit tatsächliche Vorteile erzielt hatten; es gelang nicht bei den Armen und Entrechteten. Die Geschichte Roms ist also einerseits die Geschichte des Untergangs der Sippengesellschaft, die dem Individuum das Gefühl völliger Geborgenheit gegeben hatte. Sie ist andererseits der Versuch, ihm eine neue Geborgenheit zu geben. Dieser Versuch gelang nur zum kleinen Teil und führte durch sein Mißlingen zur Herauslösung des einzelnen aus der Gemeinschaft und damit zur Atomisierung der menschlichen Gesellschaft. Die römische Rechtsgeschichte spiegelt diese Kenntnisnahme des isolierten Individuums mit besonderer Klarheit wider. Wer jemals Gelegenheit gehabt hat, auf einer bürgerlichen Universität Jura zu studieren, wird sich erinnern, wie ihm seine Lehrer diesen Aspekt immer wieder als Fortschritt dargestellt haben. In Wahrheit aber stellt er eine rechtliche Poverisierung dar, eine allmähliche Wegschabung des Rückhalts in der Gemeinschaft. Dies hat zu jener jahrhundertelangen Identitätskrise des atomisierten Individuums geführt, unter der wir heute noch leiden. Die Geschichte des bürgerlichen Nationalismus ist die Geschichte der Flucht aus jener Isolierung, jener Einsamkeit, die das römische Recht über uns brachte, als es uns gewaltsam aus dem Schutz unserer Sippe heraussezierte. Der manische, irrationale Charakter des Nationalismus entspringt dieser Angst vor der Einsamkeit und Isolierung.

Die Geschichte Roms zerfällt also weniger, wie die bürgerliche Geschichtsschreibung uns weismachen will, in die drei Stadien der Monarchie (von der Stadtgründung bis zum Jahr 510 vor unserer Zeitrechnung), der Republik (510 bis 27 v. u. Z.) und des Kaiserreichs (27 v. u. Z. bis 476 u. Z.), sondern in eine Reihe von Klassenkämpfen, in der sich vier deutlich abgegrenzte Phasen erkennen lassen:

1. Der Widerspruch zwischen Freien und Unfreien, der sich in den Jahrhunderten des römischen Königreichs entwickelte und in den großen Sklavenkriegen von 135 bis 132 und 73 bis 71 kulminierte.
2. Der Ständekampf der Jahre 500 bis 300 zwischen Patriziern und Plebejern, der mit ökonomischer, aber nicht mit sozialer Gleichberechtigung

der Plebs endete und die Solidarität der Plebejer erschütterte, indem er innerhalb der plebejischen Reihen größere Einkommensunterschiede entstehen ließ, als zwischen Patriziern und Plebejern am Anfang des Kampfes bestanden hatten.

3. Der Bürgerkrieg zwischen der hauptsächlich von Neureichen geführten »Nobilität« und den ins Proletariat hinabgesunkenen Plebejern, die sich mit den von Rom unterdrückten italischen Bauern verbanden und in langjährigen Kämpfen ihre Gegner so demoralisierten, daß das Reich im Jahre 476 den Kelten und Germanen widerstandslos in die Hände fiel.
4. Der Rechtskonflikt zwischen den wohlhabenden *honestiores* und den verarmten *humiliores* im spätrömischen Reich, der sich aus der Tatsache entspann, daß die Reichen den Armen ein Straf- und Strafprozeßrecht aufzwangen, das sie selber allzu leicht, jene aber allzu schwer bestrafte.

Pseudomarxistische Versuche, die römische Geschichte ausschließlich aus der Polarität zwischen Sklaven und Nichtsklaven deuten zu wollen, haben sich vor allem daran zerschlagen, daß die Feldsklaven der Königszeit wenig mit denen der Latifundien der Kaiserzeit gemein hatten und daß die Palastsklaven der Kaiser nicht zu den Armen oder Unterdrückten, sondern zu den mächtigsten Leuten ihrer Zeit gehörten. Zweifellos zerfiel das Reich, weil die Verwendung von Sklavenarbeit in Bergwerken, Mühlen und Landgütern unergiebig war und den Versuch der Entwicklung neuer Produktionsprozesse im Keime erstickte. Die Zersplitterung der Fronten ging ebenfalls auf den Mangel neuer Produktionsmethoden zurück, um die sich ein schöpferischer Klassenkampf polarisieren muß, wenn er zu einer neuen Ordnung führen soll.

Die Stagnation der Technik in der Kaiserzeit war durch die Unfreiheit der Handarbeiter bedingt. Ein riesiger Verschleiß von Arbeitskraft wurde benötigt, um minimale Erträge zu erzielen. Dies rief nicht nur die wiederholten Hungersnöte, Sklavenaufstände, Bürgerkriege und Ständekämpfe hervor, die wir erwähnt haben, sondern führte zu allgemeiner Demoralisierung auf allen Ebenen der Gesellschaft. Paradoxerweise waren es gerade die extremsten Verfechter der hierarchischen Gesellschaftsordnung, die am lautesten auf die korrumpierenden Einflüsse des Sklavensystems schimpften, ohne sich je des Widerspruchs bewußt zu sein, der sich in einer solchen Haltung äußerte.

Dabei hatten Männer wie Cato und Plinius recht, daß die physische Entlastung des Römers durch seine Sklaven zu einer Erschlaffung der Muskulatur, und die psychische Entlastung durch das Sklavensystem zu einer »Verweichlichung« der römischen Mentalität führen müsse. Daß Sklaven als Sänftenträger die Arbeit der Füße übernahmen, daß Sklaven als Ärzte die Pflege der ermatteten Organe übernehmen mußten, daß Sklaven als Vorleser die Funktion der Augen, als Namenrufer die Funktion der Erinnerung, als Diener die Funktion aller anderen Organe übernommen hatten: alles das schreckte die Anhänger der alten Bauernrepublik auf. Am Ende einer grimmigen Rede faßte Plinius (XIX 1, 19) diese Bedenken so zusammen: »Es geschieht uns recht. Niemand kümmert sich einen Dreck um sein eigenes Wohl. Wir gehen auf fremden Füßen, wir lesen mit fremden Augen, wir grüßen nach fremdem Gedächtnis, wir leben von fremder Arbeit. Die natürlichen Dinge haben ihren Wert verloren, und mit ihnen sind die wichtigen untergegangen. Wenn das Vermögen unser einziger Besitz wird, dann mögen die Götter sich unserer erbarmen!«

Plinius hatte ein reaktionäres Ziel im Auge, die Rückkehr zum Rom der Kleinbauern, ein Ziel, das sich nicht mit der Funktion eines Weltreiches vereinbaren ließ. Aber er sagte mehr, als ihm bewußt war. Denn das Sklavensystem, das er als verweichlichend empfand, war in der Tat zur Wurzel aller Korruption geworden. Aber dies nicht etwa, weil ein autoritäres Regime der Kleinbauern fortschrittlicher gewesen wäre, sondern weil es der herrschenden Klasse Roms nicht gelungen war, das Sklavensystem über jene Leistungen hinauszutreiben, die es in Ägypten und Mesopotamien erreicht hatte. Der riesige Verwaltungsapparat war unübersichtlich geworden, knirschte in allen Scharnieren, hatte keine einzige neue Form der Produktion hervorgebracht und hatte den Römern die griechische Überzeugung gegeben, daß Arbeit schändlich sei. Die einzige körperliche Tätigkeit, derer man sich nicht zu schämen brauchte, war Kriegsdienst, und selbst den gab man mehr und mehr an fremde Söldner ab.

Der Kernpunkt des Ganzen war also die Überzeugung, daß Arbeit Sklavensache sei, und dies raubte dem Römer jenes Interesse an der Verbesserung der Produktionsmittel, das die Triebkraft allen Fortschritts ist. Bei den Griechen, die auch nicht über den Schatten der Sklaverei hinwegspringen konnten, herrschte zumindest die Überzeugung, daß man Sklaven haben müsse, um mehr Zeit zum Denken zu gewinnen. Die griechische Philosophie war eine bewußte Rechtfertigung der Sklavenarbeit: ohne Sklaven keine Demokratie, ohne Demokratie keine Kunst, Wissenschaft, Kultur. Also bewußte Ausbeutung des Sklaven aus klar erkannten, objektiv fortschrittlichen Gründen. Die Römer dagegen dachten überhaupt nicht über die Sklaverei nach, akzeptierten sie als gegeben, befreiten zwar manche der Haussklaven, mit denen sie in Kontakt kamen, weil es sich ja kaum verbergen ließ, daß dies normale Menschen waren, nahmen es im übrigen aber als selbstverständlich hin, daß alles Lebensnotwendige von fremdartigen, primitiven, nicht als menschlich empfundenen Wesen, die man Sklaven nannte, erzeugt wurde.

So wuchs die Zahl der Sklaven mit der Zeit ins Ungeheuerliche, namentlich nach der Eroberung von Karthago und Korinth. Aus der hellenistischen Welt allein wurden in den Jahren 200 bis 150 rund 250 000 Menschen als Sklaven nach Rom eingeschleppt, die meisten in die Latifundien. Emilius Paulus brachte 150 000 Sklaven nach Rom. Marius soll 60 000 Kimbern und 90 000 Teutonen eingeführt haben. Flavius Josephus sagt, gegen Ende des ersten Jahrhunderts unserer Zeitrechnung habe Rom eine Million Sklaven in seinen Mauern beherbergt. K. J. Beloch schätzt die freie Bevölkerung Roms zur Zeit des Augustus auf rund 3 500 000, hiervon etwa 250 000 freie Nichtrömer, und dazu rund 2 000 000 Sklaven. Frank Tenney denkt an 10 000 000 freie Bürger und 4 000 000 Sklaven. P. A. Brunt, der in unserer Zeit die sorgfältigsten Berechnungen gemacht hat, hält beide Schätzwerte für übertrieben, nicht aber den Anteil (50 bis 60 Prozent) der Sklaven an der Gesamtbevölkerung. Wo kamen all diese Sklaven her? Aus:

1. Kriegsgefangenschaft
2. Seeräuberei
3. Schuldsklaverei
4. Kindesaussetzung und Verkauf eigener Kinder
5. Strafweise Herabsetzung in den Sklavenstand

Von diesen fünf Gruppen war die erste die weitaus größte, gleichzeitig wurde sie auch mit der tiefsten Verachtung behandelt, denn die Römer betrachteten es als ehrenrührig, sich gefangennehmen zu lassen. Man siegte oder man starb. Wer in Kriegsgefangenschaft geriet, schied aus den Reihen der ehrenhaften Bürger aus, einerlei wie klug, wie gebildet oder wie reich er war. War ein Römer in feindliche Gefangenschaft geraten, so wurde er damit nicht nur in den Augen seiner Eroberer, sondern auch in denen der Römer zum Sklaven. Starb er in der Gefangenschaft, galten seine Bürgerrechte von dem Tage seiner Gefangennahme als erloschen. Kehrte er je nach Rom zurück, behielt er den Status eines Sklaven.

Von einem Volk, das seine eigenen Bürger so behandelte, konnte man kaum erwarten, daß es mit den Bürgern anderer Staaten anders umsprang, wenn sie in seine Hände fielen. Dies erklärt einen für uns unverständlichen Widerspruch im römischen Denken: Einerseits betrachtete man den Sklaven als Nichtmenschen, als ein Wesen, das durch den Akt der Knechtschaft lebenslänglich und unwiderruflich zum Paria geworden war. Andererseits zögerte man aber auch nicht, dem Ausgestoßenen und Entrechteten anstandslos zuzugestehen, daß er aus edelster Familie stammen und klüger oder gebildeter sein könne als sein Besitzer.

Jahrhunderte später, als der Gedanke der Freilassung zum ersten Male auftauchte, setzte der juristische Akt der *manumissio,* der Entlassung aus der Hand *(manus)* des Sklavenhalters, deshalb bei dem Gedanken der ursprünglichen Ehrenhaftigkeit des Sklaven ein; er stellte auf jenen Zustand ab, in dem sich der Sklave befunden hatte, ehe er in Sklaverei geraten war. Nur so wurde bei dem strikt logisch denkenden römischen Recht die Auflösung der Unehrenhaftigkeit überhaupt möglich; sie wurde eben *nicht* aufgelöst. Statt dessen stufte man die Rechtsstellung des Menschen nach drei Gesichtspunkten ab: nach der Freiheit *(libertas),* nach dem Bürgerrecht *(civitas),* nach der Stellung in der Sippe *(gens)* oder später der Familie *(familias).* So sprach man auch von drei Stadien des Verlusts der Rechtsstellung:

1. Verlust der Freiheit *(capitis deminutio maxima)*
2. Verlust der Bürgerrechte *(capitis deminutio media)*
3. Verlust der Sippen- oder Familienrechte *(capitis deminutio minima)*

Die Wirkung aller drei Formen des Verlusts *(capitis deminutio)* war so schwerwiegend, daß die römischen Rechtsgelehrten sie oft mit dem Tode verglichen, und dies ebenso häufig bei Römern wie bei Nichtrömern. Wer die Bürgerrechte eines anderen Volkes besaß, war auch in Rom frei. Wem das Bürgerrecht abhanden gekommen war – und das geschah automatisch bei Gefangennahme –, der war nicht nur zum Sklaven, sondern zum Nichtmenschen geworden. Er gehörte von nun an einer rechtlosen Spezies an, die mehr mit dem Haustier oder dem unbeseelten Werkzeug als mit dem *homo sapiens* gemein hatte. Plautus sagt in *Die Zwillinge:*

Menächmus hält Versteigerung in acht Tagen, am
Frühen Morgen. Zum Verkauf sind Gebäude,
Grundstücke, Sklaven, Hausgerät aller Art.
Wer bietet, kann da kaufen gegen bares Geld.

So wurden Menschen ge- und verkauft. Die Kriegsgefangenen, eine amorphe Masse namenloser Wesen, wurden in die Bergwerke, Mühlen und Galeeren gesteckt, hauptsächlich aber in die Latifundien Unteritaliens und Siziliens, wo der Krieg das freie Bauerntum niedergeworfen und den Großgrundbesitzern billiges Ackerland zugespielt hatte.

Die nahezu ununterbrochene Serie von Kriegen, in die sich Rom zum hauptsächlichen Zweck der Sklavengewinnung eingelassen hatte, lieferte diesen Großgrundbesitzern einen bis zu den Zeiten des Tiberius nicht versiegenden Strom von Kriegsgefangenen, die als Sklaven eingesetzt werden konnten. Wo einst die Felder von freien Bauern mit Körnern bepflanzt worden waren, bauten die Sklaven nun im Auftrag ihrer Herrn Oliven und Reben für den Exportmarkt an. Genau wie die Felder der amerikanischen Sklavenhalter sich 2000 Jahre später auf Baumwolle, Zucker und Reis spezialisierten, strebte die römische Sklavenökonomie nun ein System an, das auf eine einzige Ernte im jahr, auf minimale Arbeitsunterbrechung, und auf einen genormten Arbeitsprozeß mit einem Minimum von Aufsehern ausgerichtet war. Außerdem hatten die Sklaven gegenüber den freien Bauern den Vorteil, daß sie nicht militärpflichtig waren, nicht abwandern durften und von einem Arbeitsplatz zum anderen getrieben werden konnten.

Auch als Handelsware wurden ungezählte Sklaven auf den römischen Markt geworfen, da die zahlreichen Piratenschiffe, die das Mittelmeer durchkreuzten, alle Menschen – Männer, Frauen und Kinder – mitnahmen, die unbewacht waren. Das galt für Römer sowohl wie für Ausländer. Endlich müssen wir an die vier innerrömischen Quellen der Sklaverei denken – Schulden, Kindesaussetzung, Verkauf von Kindern und Aberkennung der Freiheit. Eines der ältesten Gesetze Roms, das der Zwölf Tafeln, besagte bereits, daß ein Schuldner, der nach 20tägiger Frist seine Schuld nicht beglichen hatte, von seinem Gläubiger gefesselt und fortgeführt werden durfte. Zahlte er dann immer noch nicht, durfte der Gläubiger ihn verkaufen.

Vätern stand das Recht zu, ihre Kinder auszusetzen oder zu verkaufen: es war ein Grundrecht des Patriarchats und hing im engsten Sinne einerseits mit der unbegrenzten Macht des Mannes über Frau und Kinder, andererseits mit der Idee des Privateigentums zusammen, die eine der wichtigsten Waffen des Vaterrechts im Kampf gegen das Gemeinschaftseigentum der alten Gentilgesellschaft gewesen war. Diese Kindsklaven wurden ebenso wie die Schuldsklaven nicht ganz so tief verachtet wie die Kriegssklaven. ihre *ingenuitas,* ihre freie Geburt, erhob sie sozusagen zu einer Aristokratie der Unfreien.

Schließlich besaß der römische Staat das Recht, einen Bürger aus dem Stande der Freien auszustoßen und zur Sklaverei zu verdammen, wenn er sich der Schätzung entzog oder es verabsäumte, sich in die Rolle der Legionen eintragen zu lassen, sich also vom Kriegsdienst zu drücken versuchte. Auch die zum Tode Verurteilten verloren ihre bürgerlichen

Ehrenrechte; in spätrömischer Zeit wurde die Todesstrafe oft nicht mehr vollzogen, sondern man ließ es bei der *servi poena,* der Herabsetzung in den Sklavenstand. Wenn diese Strafe Frauen zur Zeit der Schwangerschaft traf, kamen die Kinder als Sklaven zur Welt, obwohl sie als Freie gezeugt worden waren.

Der Sklavenmarkt war also die unentbehrliche Voraussetzung der römischen »Kultur«. Schrumpfte die Sklavenzufuhr, so wirkte das »wie die Erschöpfung der Kohlenlager auf die Hochöfen wirken würde«, sagt Max Weber in seiner Arbeit über ›Die sozialen Gründe des Untergangs der antiken Kultur‹ (in: *Gesammelte Aufsätze zur Sozial- und Wirtschaftsgeschichte,* 1924). Dieser Zeitpunkt trat tatsächlich ein, als Tiberius die Eroberungskriege am Rhein aufgab. Arbeitermangel zeigte sich überall, die großen Latifundien verödeten, das fronpflichtige Kleinbauerntum konnte nicht mehr genug Nahrungsmittel liefern, die ganze Ökonomie fiel zurück in die Naturalwirtschaft.

Eine solche Gefahr durfte nie wieder eintreten. Deshalb gab man einerseits einigen bevorzugten Sklaven die Freiheit, so daß sie als selbständige Unternehmer Sklaven anheuern konnten; andererseits verschärfte man die Sklavenjagd in der Form neuerlicher Kriege und engte die minimale Bewegungsfreiheit der großen Sklavenmassen in den Latifundien, Bergwerken und Mühlen noch weiter ein. Sprachen die römischen Dichter und Philosophen dieser Jahre also von *humanitas,* so galt das ausschließlich für ihren eigenen Kreis, den der politisch berechtigten Bürger. Daß solche Begriffe auch auf diejenigen zutreffen könnten, von denen diese Bürger lebten – auf die Feld-, Minen-, und Fabriksklaven –, wäre selbst den fortschrittlichsten Denkern der Zeit nie eingefallen.

Wir erkennen den menschlichen Status, den sie ihren Sklaven beimaßen, sehr deutlich an dem ökonomischen Wert, den der Sklave in ihren Augen besaß. Die *lex Aquilia* des Jahres 286 v. u. Z. setzte die Tötung eines Sklaven mit der eines Herdentieres gleich und bestrafte die Tat mit einer Buße im Betrag des Höchstwertes, den der »Gegenstand« im letzten Jahre gehabt hatte, wobei sich die Zurückrechnung auf den Höchstwert aus der Überlegung erklärt, daß der getötete Sklave ja am Tage seines Todes nichts mehr wert war. Überhaupt ging man mit dem Leben der Sklaven zwar sparsam um, da der Sklave ja eben nur so lange Wert besaß, wie er am Leben war, aber weniger sparsam, wenn man mit den Wertmaßstäben mißt, die der Römer dem Leben des freien Bürgers beimaß. Noch in augusteischer Zeit wurden bei Ermordung eines freien Bürgers durch einen Unbekannten alle seine Sklaven ohne Prüfung ihrer Schuld oder Unschuld hingerichtet. In den *Institutiones* (I, 8, 1) lesen wir: »Die Sklaven stehen unter der Gewalt ihrer Herren, und bei allen Völkern steht diesen deshalb das uneingeschränkte Recht über Leben und Tod jener zu.« Daher braucht es uns auch nicht zu wundern, daß man keine Verpflichtung fühlte, für die Sklaven zu sorgen, wenn sie alt oder krank wurden. Cicero sagt, in Seenot sei es besser, einen alten Sklaven ins Meer zu werfen als ein gutes Pferd. Und Cato, jenes Musterbeispiel vaterrechtlicher Moral, sagte: »Man soll alte Rinder verkaufen, krankes Vieh, kranke Schafe, Wolle, Häute, alte Wagen, altes Eisen, alte

Sklaven, kranke Sklaven und überhaupt alles, was überflüssig geworden ist.«
Das änderte sich unter Claudius, der anordnete, daß das Eigentum eines Bürgers an seinem Sklaven erlischt, wenn er ihn im Krankheitsfall nicht pflegt. Den Behörden wurde gleichzeitig auferlegt, einen vor den Mißhandlungen seines Herrn flüchtenden Sklaven von Amts wegen an einen anderen Herrn zu verkaufen. Auch wurde es strafbar, einen Sklaven zu töten, nur um einen Esser loszuwerden. Nero entzog den Herren das Recht, ihre Sklaven in die Arena zu verkaufen, um sie durch Gladiatorenkampf oder wilde Tiere umbringen zu lassen. Hadrian verbot die Hinrichtung eines Sklaven durch Hausjustiz des Herrn. In den *Digesten* des *corpus iuris* haben wir aus der Mitte des 2. Jahrhunderts rund 70 kaiserliche Erlasse, die sich mit dem Schutz des Sklaven im Hause seines Herrn befassen. Viele von ihnen stehen im Zusammenhang mit dem Erbrecht und der Freilassung. So wird die in einem Testament gewünschte Freilassung eines Sklaven den Erben als Pflicht auferlegt. Zögern die Erben mit der Ausführung, haben die Behörden das Recht, sie zu erzwingen.
Obgleich diese Dinge in den Gesetzen standen, wurden sie aber nur selten befolgt. Der Durchbruch einer gewissen Liberalisierung in der Behandlung des Sklaven kam nicht vom Recht her, sondern von der Macht, die manche Sklaven der Kaiser bereits zu einer Zeit errungen hatten, als das Gesetz dem Unfreien überhaupt noch keine Rechte gab. Denn als Sklave eines Cäsaren konnte man »Rechte« ausüben, die man von Rechts wegen gar nicht besaß, und Reichtümer anhäufen, die man nach herrschendem Recht überhaupt nicht besitzen durfte. So kam es, daß freie Bürger Roms aus den besten Familien den Sklaven der Kaiser die Hände küßten, um sich ihren Beistand für eine Beförderung oder ein Amt zu sichern. Selbst Bewerber um Präturen und Konsulate begannen, bei kaiserlichen Sklaven wie dem Numenius oder Symphorus anzuklopfen.
Zu den bedeutendsten Stellungen, die Sklaven am Hofe einnehmen konnten, gehörten die der Dispensatoren, Rechnungsführer, Zahlmeister und Intendanten, aber auch der Sekretäre, Kämmerer, Mundschenke, Barbiere und Eunuchen. Die letzten übten vor allem bei den Frauen der Cäsaren großen Einfluß aus. Der Dispensator des armenischen Krieges, ein Sklave des Kaisers Nero, kaufte sich nach Beendigung des Krieges für 13 Millionen Sesterzen frei. Wie groß die Einnahmen anderer Dispensatoren waren, geht aus der Tatsache hervor, daß der spätere Kaiser Otho von einem Sklaven, dem er bei Galba eine solche Stellung beschafft hatte, eine Belohnung von einer Million Sesterzen erhielt.
Noch größere Macht und noch größeres Einkommen hatten manche der kaiserlichen Freigelassenen. Der Gallier Licinus, ein ehemaliger Sklave Cäsars, wurde unter Augustus kaiserlicher Kommissar seines Landes und einer der reichsten Männer des Weltreichs. Callistus, ein Günstling des Caligula, wurde als Freigelassener zum reichsten Mann am Hofe. Seneca sah oft seinen einstigen Herrn sich vergeblich an dessen Tür um Einlaß bemühen. Callistus, Pallas und Narcissus, drei Freigelassene des Kaisers Claudius, waren die mächtigsten Männer am Hofe und brachten am Ende die Kaiserin

Messalina um, mit der sie anfangs zusammengearbeitet hatten. Sie verhandelten nicht nur über Bürgerrechte, Ämter und Statthalterschaften, sondern auch über Straffreiheit und Todesurteile. Narcissus erhielt quästorische und Pallas sogar prätorische Abzeichen von Claudius, der seinen sämtlichen Prokuratoren auch Jurisdiktion in Fiskalsachen erteilte. Narcissus, wie auch Domitians Kammerdiener Parthenius, haben sogar den Offiziersdegen geführt, der nicht einmal den senatorischen Prokonsuln zukam. Im Jahre 61 wurde Polyclet, ein Freigelassener Neros, nach Britannien entsandt, um die rebellischen Stämme zur Ruhe zu bringen und als Schiedsrichter zwischen dem Legaten und dem Procurator dieser Provinz zu handeln. Ein anderer Freigelassener Neros, Helius, war Verwalter des kaiserlichen Privatvermögens in der Provinz Asia und wurde im Jahre 54 von Agrippina als Werkzeug der Ermordung des dortigen Prokonsuls Junius Silanus verwandt. Nero ließ ihn während seiner Griechenlandreise des Jahres 66/67 in Rom mit einer so unumschränkten Vollmacht zurück, daß er Konfiskationen, Verbannung und Todesurteile selbst gegen Ritter und Senatoren vollstrecken lassen konnte.

Dem Eunuchen Pelago gab Nero den Oberbefehl über die von einem Centurion geführte Soldatenabteilung, die Rubellus Plautus töten sollte. Die Freigelassenen Doryphorus und Epaphroditus waren Vorsteher des einflußreichen Amtes für Bittschriften unter Nero und häuften dabei ein gewaltiges Vermögen an. Dem Freigelassenen Halotus, dem man fälschlicherweise nachsagte, er habe Agrippina geholfen, den Kaiser Claudius mit Pilzen zu vergiften, gab Galba eine bedeutende Prokuratur. Icelus, ein Freigelassener des Galba, wurde von diesem in den Ritterstand erhoben und galt als Kandidat für die Präfektur des Prätoriums, der höchsten Stelle im Staat. Otho gab seinem Freigelassenen Moschus im Bürgerkrieg den Befehl über die Flotte. Vitellus gab dem Freigelassenen Asiaticus, mit dem er ein homosexuelles Verhältnis unterhielt, am Tage seiner Ernennung zum Kaiser den goldenen Ring, der ihn in den Ritterstand erhob. Und dem Cleander, einem Freigelassenen des Commodus, gelang endlich das, was Icelus bereits beinahe erreicht hatte: Er wurde Präfekt des Prätoriums von Rom, erhielt also die höchste Staatsfunktion nach dem Kaiser.

Die Reichtümer der Freigelassenen waren oft größer als die der Freigeborenen. Narcissus, der zwei Kaiser überlebte, besaß 400 Millionen Sesterzen, das größte aus dem Altertum überhaupt bekannte Vermögen, Pallas 300 Millionen, Callistus, Epaphroditus, Doryphorus kaum mindere Reichtümer. Als Claudius einst über Ebbe im kaiserlichen Tresor klagte, hieß es in Rom, er werde wieder flott werden, wenn er von seinen Freigelassenen in ihre Genossenschaft aufgenommen werden würde. Die Paläste dieser Freigelassenen standen dem Kaiserpalast in nichts nach und stellten die Häuser der Patrizier in den Schatten. Juvenal sagt, daß der Palast des Eunuchen Posides das Capitol an Prunk übertraf. Die »Bäder der Freigelassenen« waren sprichwörtlich für ihren Luxus. Ihre Parks waren die größten und schönsten der Stadt. Sie importierten die berühmtesten Köche und gaben die üppigsten Gastmähler.

Wo das Geld herkam, ist kein Geheimnis. Aber woher kam die Macht?

Plinius sagt: »Die meisten Fürsten waren zugleich Herren der Bürger und Sklaven der Freigelassenen. Durch die Ratschläge und Winke dieser wurden sie gelenkt, durch sie hörten, durch sie redeten sie. Durch sie, oder vielmehr bei ihnen, bewarb man sich um Präturen, Priestertümer und Konsulate.« Ihnen Ehre zu erweisen, wetteiferte der älteste Adel Roms, wie tief er auch diese aus verachteten Stämmen entsprossenen, mit dem Makel der Knechtschaft gezeichneten Menschen verabscheute. Die ungeheure Anomalie, daß Männer, die rechtlich unterhalb des freigeborenen Bettlers standen, faktisch das Weltreich regierten, geriet niemals in Vergessenheit. Wie erklärt man sich dann, daß das Patriarchat sein Wissen um diese Dinge so erfolgreich verdrängte?

Wie so viele andere Widersprüchlichkeiten Roms sind es auch hier die inneren Widersprüche der Gesellschaft, die zu dem scheinbaren Paradox der Sklavenherrschaft führten: Da der Kaiser sich nicht auf die Patrizier, ja nicht einmal auf seine eigenen Verwandten verlassen konnte, mußte er sich seine intimsten Verbündeten unter denen suchen, die derart von ihm abhängig waren, daß sie es nicht wagen konnten, gegen ihn zu rebellieren. Deshalb wurden auch verhältnismäßig wenige Freigelassene von ihren eigenen Herren wegen Aufsässigkeit oder Verrat getötet. Dagegen gehörte es fast zur Regel, daß jeder neue Kaiser zuerst einmal die mächtigsten Freigelassenen seines Vorgängers hinrichten ließ. Fälle wie die des Vaters des Claudius Etruscus, der als fast 90jähriger Freigelassener unter Domitian starb, nachdem er zehn Kaisern gedient hatte, sind also äußerst selten. Ludwig Friedländer sagt: ». . . während so vieler blutiger Regierungen war manches alte Geschlecht ausgerottet worden, gewaltsame Erschütterungen hatten den Erdkreis umgestaltet: und der alte Freigelassene ging in ungestörtem Genuß seines Ansehens und seiner ungeheuren Reichtümer einem friedlichen Ende entgegen« (*Darstellungen aus der Sittengeschichte Roms in der Zeit von August bis zum Ausgang der Antonine,* Leipzig 1901, Bd. I, S. 42).

Dies waren jedoch die Ausnahmen. Mit den meisten Freigelassenen ging es bergauf, bergab, und zwar so willkürlich, daß selbst die von manchen Freigeborenen beneideten Reichtümer keinen Trost für das tägliche Risiko des Rückfalls in die Unfreiheit, der Anklage oder gar des Todes boten. »Oft waren sie zum Verkauf nach Rom geführt worden und hatten mit geweißten Füßen auf dem Gerüst gestanden, wo die feilgebotenen Sklaven von Kauflustigen in Augenschein genommen und betastet wurden. Sie waren aus einer Hand in die andere gegangen, hatten alle Herabwürdigungen der Sklaverei erduldet, bevor sie durch Verkauf, Beschenkung oder Vererbung in das kaiserliche Haus kamen, oder als Freigelassene dahin übergingen. Talent und Brauchbarkeit oder Gunst des Zufalls richtete das Auge des Herrn auf sie und hob sie aus dem unermeßlichen Dienertroß empor, die einen schnell und plötzlich, die anderen langsam und stufenweise« (Friedländer, op. cit., S. 37). Ebenso schnell und ebenso plötzlich konnten sie aber wieder fallen. Und diese Unsicherheit gab dem Leben des Haussklaven, sei es im Palast des Kaisers oder im Hause des Bürgers, den Charakter eines Hasardspiels. Einerseits führte es zum Opportunismus, zur Speichelleckerei, zur Korruption, andererseits zur dauernden Angst.

Daß die Haussklaven der Reichen oft ein verhältnismäßig leichtes Leben hatten und daß griechische Sklaven, besonders als Hauslehrer und Ärzte, sogar ein hohes Maß an Bewegungsfreiheit genossen, ist bekannt. Daß selbst die angesehensten Ärzte und Erzieher aber trotz ihrer relativen Freiheit jederzeit von der Laune ihrer Herren abhängig waren, ruinierte ihre Gesundheit – von ihrer Moral ganz zu schweigen – oft noch schneller als die völlige Hoffnungslosigkeit des Feldsklaven, der zumindest vor dem nervenzerreibenden Wechsel zwischen Hoffnung und Enttäuschung bewahrt blieb.

VII
Das Patriarchat in Rom: Der sexuelle Überbau

Untergeordnet sei die Hausfrau, Priscus, dem Manne.
Anders stehen sich nicht Gatten und Gattinnen gleich.
Martial

1 Soziale Basis und sexueller Überbau

Keine Kultur ist besser als die Produktionsmittel, die sie entwickelt und nützt. Der lange Winterschlaf des Mittelalters war deshalb nicht allein die Folge der Demoralisierung Roms, denn diese Demoralisierung war ja ihrerseits die Folge des römischen Unvermögens, neue Produktionsmethoden zu entwickeln und zu nutzen. Was wir vom Sexualleben der Römer zu sagen haben, muß also teils in der Perspektive jener aufsteigenden Kurve, in der das Sklavensystem noch produktiv und fortschrittlich war, und zum anderen Teil in jener absteigenden Kurve gesehen werden, die den Verfall der Sklavenökonomie und das völlige Versagen des römischen Gesellschaftssystems zeigt, neue Produktionsmethoden zu erdenken und zu nutzen. Wenn wir nicht immer in der Lage sind, die Abhängigkeit des Sexuellen von den ökonomischen und sozialen Verhältnissen aufzuzeigen, so liegt das daran, daß die römischen Autoren, auf die wir uns stützen, zur herrschenden Klasse gehörten, oder ihr dienten, so daß die Primärquellen uns so gut wie nichts über das Geschlechtsleben der Proletarier und Sklaven mitteilen. Auch die Sexualgeschichte ist, wie alle anderen Formen der Geschichtsschreibung, vor allem die Geschichte der herrschenden Klasse.
Der Leser möge deshalb als Hintergrund zu dem sexuellen Überbau der römischen Geschichte, mit dem ich mich hier befasse, stets die Basis dieser Geschichte im Auge behalten, vor allem die Stadien der ökonomischen Entwicklung, auf die sich die Phasen der sexuellen Entwicklung gründeten. Denn im Gegensatz zu den Vorurteilen der bürgerlichen Geschichtsschreibung sind jene sexuellen *mores,* die von der postulierten »Reinheit« eines ideellen Sittenkodex abweichen, nicht etwa »Verrohungserscheinungen primitiver Menschen«, sondern Freizeitprodukte einer von produktiver Arbeit freigestellten Oberschicht. Jene subtilen Formen des Geschlechtsverkehrs, die von der Betonung und Ausdehnung des Vorspiels bis zur Wahl soge-

nannter perverser Paarungsformen reichen, entspringen nicht nur einer Mentalität, die der begrenzten Freizeit hart arbeitender Menschen fremd ist, sondern erfordern auch all das, was der arbeitende Mensch jener Jahre eben nicht besaß: störungsfreie, heiz- und kühlbare Wohnräume, ein sauberes Lager, ein Bad, Kosmetika, unbeschränkte Verfügung über Speisen und Getränke.

Um zu verstehen, wie groß der Unterschied zwischen frei und unfrei, arm und reich in jenen Jahren war und wie lange es dauerte, bis eine von Bauern abstammende Herrscherklasse Geschmack an jenen Subtilitäten des Geschlechtsverkehrs fand, die bis dahin nur von den herrschenden Klassen der orientalischen Sklavengesellschaft entwickelt worden waren, muß man die Entwicklungsgeschichte der römischen Landwirtschaft im Auge behalten. Die altväterliche Sexualmoral der Gründerjahre verschwand mit der Vertreibung der Bauern. Der wachsende Reichtum der Landbesitzer gab dieser neuen herrschenden Klasse Zeit und Gelegenheit zur Ausarbeitung sexueller Raffinessen. Die Verarmung der Landbevölkerung und ihre Verwandlung in ein städtisches Proletariat gab den herrschenden Klassen Roms ein wohlfeiles Reservoir entwurzelter und deshalb allem zugänglicher Sexualpartner. Die Einwanderung proletarisierter Bauern aus Kleinasien und Nordafrika brachte die herrschende Klasse in Berührung mit ihr bis dahin unbekannten Sexualbräuchen und erweiterte damit das Spektrum der zur Verfügung stehenden Raffinessen. In ähnlicher Weise unterminierte das sexuelle Angebot der stetig wachsenden Anzahl ausländischer Sklaven die Moral der herrschenden Klasse in drei Aspekten: erstens durch die Versuchung, sadistische Handlungen an ihnen vorzunehmen; zweitens durch die Einführung afrikanischer und asiatischer Sexualbräuche, die sich nicht mit dem Sittenkodex Roms vertrugen und ihn stufenweise zersetzten; und drittens durch die stete Gefahr der Erpressung, die aus dem Geschlechtsverkehr mit Sklaven und aus der Benutzung der Sklaven als Vertraute und Botengänger entsprang. So trug das Sexualleben Roms die unverwischbaren Züge der Produktionsprozesse, die das ökonomische und soziale Leben der Stadt prägten und veränderten.

2 Sklaverei im römischen Patriarchat

Die sexuelle Gewalt des römischen Patriarchen über seine Sklaven und Sklavinnen war nahezu unbeschränkt. Diese Rechtlosigkeit des Sklaven war einer der korrumpierendsten Faktoren der römischen Gesellschaft; denn was man tun darf, das tut man auch: das Bewußtsein, daß ein Mensch sich hier gegen keinerlei sexuelle Wünsche seines Herrn oder seiner Herrin wehren konnte, ermutigte den Römer, geschlechtliche Handlungen vorzunehmen, an die er nie gedacht hätte, wenn sein Sexualpartner frei und somit rechtlich geschützt gewesen wäre. Die Existenz des Sklaven war also ein täglicher Anreiz zur Perversion und zum Exzeß. Daß die Freiheiten, die sich die Römer ihren Sklaven gegenüber erlaubten, nach einer Weile auch auf das Geschlechtsleben der herrschenden Klasse übergriffen und in nicht geringem Maße zur Korruption dieser Klasse und damit zum Fall des Reiches führten, ist nur allzu oft gesagt worden. Wichtig hierbei ist aber nicht das angebliche Überhandnehmen der Homosexualität, sondern der Zerfall der sexuellen Willenskraft.

Freud hat das ganz vorzüglich in einem anderen Zusammenhang beschrieben, nämlich in der Darlegung seiner Gründe, weshalb er im Gegensatz zu den »liberalen« Sexualwissenschaftlern glaubte, daß Masturbation schädlich sei: »Sie verdirbt den Charakter durch *Verwöhnung*... indem sie bedeutsame Ziele mühelos, auf bequemen Wegen, anstatt durch energische Kraftanstrengung erreichen lehrt« (›Die »kulturelle« Sexualmoral und die moderne Nervosität‹, 1908, *Gesammelte Werke,* Bd. 7, S. 143). Genau das ist es, was den Römern mit ihren Sklaven geschah: Indem der Römer seine sexuellen Ziele mühelos, auf bequemem Wege, anstatt durch Bemühung um ein anderes, freies Wesen erreichen konnte, schändete er nicht nur die Menschlichkeit des Sklaven, sondern korrumpierte seine eigene Selbstdisziplin. Das wird am deutlichsten im Verkehr zwischen dem Hausherrn und einer eigens zu diesem Zweck gekauften Sklavin erkennbar. Sicherlich schläft auch in unserer Zeit mancher Mann mit seiner Angestellten, aber die Ausnutzung eines Dienstverhältnisses ist heute strafbar. Damals dagegen war es nicht nur unverheirateten Männern erlaubt, sondern auch bei verheirateten gang und gäbe. Ausonius sagt (CXLII):

Ist häßlich die Gattin und zierlich die Magd,
So hat man die Gattin und besorgt es der Magd.

Die Mägde waren selbstverständlich immer Sklavinnen, so daß das bekannte römische Schimpfwort »Mägdevögler« stets den Mann bezeichnete, der mit seiner Sklavin schlief. Martial benutzt es, wenn er den Alauda anklagt, seiner Magd nachzustellen (XII, 58). Horaz sagt (*Sermones* I, 2, 116 ff.):

Wenn Begierde dich plagt und dir
Magd oder Sklavin sich bietet, wirst du lieber
Dich in ungestilltem Verlangen verzehren?

Die Antwort war nein, vor allem weil man bei der Sklavin nicht zu befürchten brauchte, daß ein eifersüchtiger Ehemann einem den Spaß verdarb:

Und kosende Namen raun ich, wie's mir beliebt,
Und fürchte nicht mitten im Taumel,
Heimkommen könne der Gatte und aufbrechen die Tür.

Natürlich waren dies keine Liebesverhältnisse, so daß die Magd meist auch den Freunden und Gästen des Hausherrn zur Verfügung stehen mußte. Beim Gastmahl trockneten die Gäste sich oft ihre Hände am Haar der nackten Sklavin des Hausherrn. Als Crassus in den Wirren der Marianischen Revolution zu einem Gastfreund geflüchtet war, sandte ihm dieser als ersten Dienst zwei seiner Sklavinnen für sein Bett. Vögelte der Freund die Magd des Hausherrn ohne dessen Erlaubnis, so war auch dies nicht strafbar. Nur wenn er sie schwängerte, konnte er vor Gericht gebracht werden – und dann auch nur wegen »Sachbeschädigung«. Pompeji ist voll von Inschriften, die diesen oder jenen Mann des Beischlafs mit der Magd oder Sklavin eines anderen beschuldigen:

Gratus, der du Grega, die Magd des Lupus, des Feldwebels der Zweiten Legion vögelst, die in eurem Hause ist . . .

Ein Reskript aus dem Jahre 291 sagt: »Es hat sich zwar gezeigt, daß du von einem unkontrollierbaren Geschlechtstrieb beherrscht wirst, aber da du ihn an einer Sklavin und nicht an einer Freien ausgelassen hast, hast du zwar deinen guten Ruf geschädigt, bist aber nicht mit einem Makel behaftet.« Scipio Africanus der Ältere hatte Umgang mit einer Sklavin, und seine Gattin sah darüber hinweg – schwerlich blieb ihr etwas anderes übrig. Der alte Cato lebte nach dem Tode seiner Gattin mit einer Sklavin zusammen. C. Antonius, Ciceros Kollege im Konsulat, kaufte ein Mädchen auf dem Sklavenmarkt und nahm sie als »Freundin« in sein Haus mit. »Welchem verheirateten Mann, der sich an seiner Sklavin verging, wurde daraus ein Vorwurf gemacht?« fragt Augustin.

Was geschah aber im umgekehrten Falle? Machte man auch der verheirateten Frau, die sich an einem Sklaven verging, keinen Vorwurf? Im Königreich und in der frühen Republik war es dem freien Römer durch *usus* erlaubt, sowohl den Sklaven, der mit seiner Frau, Tochter, Mutter oder Schwester verkehrt hatte, wie auch diese Frauen zu töten, ohne vom Gericht zur Rechenschaft gezogen zu werden. So hören wir von einem Ritter, dessen Tochter mit ihrem Hauslehrer, einem Sklaven, verkehrt hatte. Der Ritter tötete beide, was vom Senat ausdrücklich als korrekter Brauch der *patria potestas,* der hausherrlichen Gewalt, bestätigt wurde. Nach den Digesten galt der Geschlechtsverkehr einer freigeborenen Römerin mit einem Sklaven als *stuprum* und wurde mit körperlicher Züchtigung oder Verbannung bestraft (*Dig.* 48, 5, 13 § 2. *Cod.* 9, 29, 25). Die *lex Iulia de adulteriis* bestimmte als Strafe für beide Teile die Beschlagnahme des halben Vermögens. Da der Sklave meist kein Vermögen besaß, bedeutete dies die Beschlagnahme des Vermögens der Frau.

Nach einem Senatsbeschluß des Jahres 54 wurde eine römische Bürgerin, die gegen den Willen ihres Gatten (aber auch bezeichnenderweise gegen den Willen des Besitzers des Sklaven, falls er nicht ihr Ehegatte war) mit einem Sklaven verkehrt hatte, selber zur Sklaverei verurteilt. Entstand aus dem Verkehr ein Kind, wurde es zum Sklaven deklariert. Als Vespasian im Jahre 69 die Regierung antrat, hatte, wie Sueton sagt, »Unzucht und Üppigkeit infolge des Mangels an Strafgesetzen so überhand genommen«, daß der Senat auf Antrag des Kaisers beschloß, den Claudianischen Erlaß wieder gesetzlich einzuführen: Frauen, die sich mit Sklaven eingelassen hatten, sollten weiterhin als Sklavinnen gelten. Konstantin verschärfte diesen Erlaß und ordnete an, daß eine Patrizierin, die mit einem Sklaven verkehrt hatte, getötet werden solle, während der Sklave zu Tode gepeitscht oder verbrannt werden müsse (DuBois, *Geschichte des Strafrechts,* S. 678). Der *Codex Theodosii* bestätigte dieses Gesetz (IX § 9, 1). Man sieht also: die männerrechtlichen Tendenzen des Christentums verbündeten sich mit denen des römischen Patriarchats und unterstützten dessen autoritäre Verirrungen.

3 Die Frau im römischen Patriarchat

In jener Zeitwende, in der sich Rom langsam aus einem Bauerndorf in eine Stadt verwandelte, entwickelte sich aus dem Kaufpreis, den der Bauer einst dem Vater seiner Braut gezahlt hatte, die Mitgift, die dieser nun an jenen zahlen mußte. Das drückte den veränderten ökonomischen Status der Frau aus. Statt die Arbeit ihres Mannes zu teilen, wie das bei Bauern üblich war, brauchte die Städterin »nur« noch Kinder zu gebären und zu erziehen, Mahlzeiten herzurichten und das Haus in Ordnung zu halten, vor allem aber den Mann im Bett zufriedenzustellen. Nach bürgerlichen Maßstäben ging es ihr also jetzt besser. In Wahrheit verlor sie durch die Arbeitseinschränkung sowohl den ehelichen wie den sozialen Status, den sie einst als ebenbürtige Produzentin des Lebensnotwendigen besessen hatte. Denn Arbeit war nicht nur eine Pflicht der vorrömischen Bäuerin, sondern auch ihr Recht gewesen, und mit diesem Recht hatte sie sich die Achtung des Mannes erworben.

Zusammen mit seiner Achtung verlor sie nun auch ihr Erbe, denn erben konnten jetzt nur noch die Söhne. Witwen und Töchter waren vom Erbrecht ausgeschlossen. Im Jahre 169 v. u. Z. wurde dies noch einmal ausdrücklich in einem neuen Gesetz festgelegt, der *Lex Voconia.* Domitian (81 bis 96) änderte dieses Gesetz insofern, als es von nun an nur noch »anrüchigen« Frauen verboten sein sollle, von ihren Gatten zu erben. Während der langen Geschichte der Republik blieb das Erbrecht jedoch allen Ehefrauen versagt. Und nicht nur dies. Der Machtanspruch des Mannes erstreckte sich sogar auf den Glauben seiner Frau, denn auch dieser hatte ökonomische Aspekte. Plutarch meinte, die Frau dürfe nur die Götter ihres Mannes verehren, denn Opfergaben kosteten Geld, und wenn die Frau anderen Göttern opfere, schmälere sie das Einkommen ihres Mannes. Der Volkstribun Valerius, der als liberal galt, versuchte oft, die weiter rechts stehenden Senatoren davon zu überzeugen, daß ihre Ängste vor einer neuerlichen Machtergreifung der Frau unberechtigt seien und schwor ihnen: »Beruhigt euch! Bei Lebzeiten eurer Angehörigen wird keine Frau je der Sklavenketten ledig!«

Die Behauptung bürgerlicher Altertumsforscher, dem Römer sei der Gedanke weiblicher Gleichberechtigung unbekannt gewesen, trifft also nicht zu. Es war eher umgekehrt. Der Römer erinnerte sich nur allzu genau der Zeiten, da seine Vorfahren nach jahrhundertelangem Kampf gegen die Sippenmütter endlich gleiche Rechte der Väter erreicht hatten. Nun galt es, die mühsam erkämpfte Gleichberechtigung in eine absolute Herrschaft über die Frau auszubauen. Der Gedanke der Gleichberechtigung lag also nur allzu nahe; so nahe, daß er die stets lauernde Gefahr einer Rückkehr zum Mutterrecht ausdrückte. Und diese Gefahr stellte das Kernproblem der römischen Gesellschaft dar; sie war die lebenslange, alles beherrschende Furcht, unter der jeder Römer litt; sie war das Trauma, das die gesamte römische Geschichte überschattete. Selbst die freundlichsten, von höchstem Respekt und größter Liebe zeugenden Aussagen der Römer über ihre Frauen drückten vor allem deren »Tugend« des Gehorsams aus. Auf den zahllosen Grabsteinen früh verstorbener Ehefrauen wird neben Fleiß,

Keuschheit und Treue immer wieder gelobt, daß die Verstorbene keinen Wunsch geäußert habe, der nicht auch ein Wunsch ihres Mannes gewesen sei, daß sie stets getan habe, was *er* wollte und sich nie gegen ihn aufgelehnt habe. Das also war es, was der Römer von seiner Frau erwartete.
Deshalb verlangte Cato auch von der Frau als ersten Beweis der Liebe ihre Unterwürfigkeit. Cicero sah die wichtigste Aufgabe des Zensors darin, den Männern beizubringen, wie man den Frauen Gehorsam abverlangt. Selbst Martial, der sich sonst seiner freiheitlichen Ansichten rühmte, trauerte den Zeiten nach, da Frauen noch Untertanen des Mannes gewesen waren (VIII, 12):

Nicht behagt's mir, die Frau meiner Gemahlin zu sein.
Untergeordnet sei die Hausfrau, Priscus, dem Manne,
Anders stehen sich nicht Gatten und Gattinnen gleich.

Politische Betätigung war der Frau untersagt, und zwar nicht nur in den Jahren der Republik, wo tatsächlich keine Frau irgendeine Rolle in der Politik spielte, sondern auch in denen des Kaiserreichs, die vor allem von den Intrigen der Cäsarenmütter und Cäsarenfrauen geprägt waren, denn selbst in diesen Jahren waren solche Tätigkeiten in höchstem Maße ungesetzlich. Wie es geschah, daß sie trotzdem stattfanden, werden wir bald sehen. Juristisch war die Frau jedenfalls sowohl während der Republik wie auch während des Kaiserreichs von allen staatlichen Aufgaben ausgeschlossen. Sie unterstand ihrem Ehemann auf Leben und Tod. Wenn er sie umbrachte, brauchte er niemandem Rechenschaft zu geben. Ohne Unterschied des Alters, also auch wenn sie längst mündig war, unterstand sie der Aufsicht eines Vormunds *(tutor mulieris)*, konnte ohne seine Zustimmung keine Geschäfte betreiben, war aber andererseits in ihrer juristischen Deliktfähigkeit unbeschränkt. Das heißt: sie besaß alle juristischen Nachteile und keine juristischen Vorteile. Noch im ersten Jahrhundert unserer Zeitrechnung, das in der bürgerlichen Geschichtsforschung als »aufgeklärt« gilt, wurde die Römerin ein zweites Mal – und dies ausdrücklich – als rechtlos deklariert. Selbst Bürgschaft durfte sie nun nicht mehr leisten. Versuchte sie es trotzdem, galt die Bürgschaft als ungültig.
Unter diesen Umständen war zu erwarten, daß das Frauenbild des Römers nicht nur negativ, sondern geradezu misogyn wurde. Cato der Ältere, jenes Musterbeispiel des Vaterrechtlers, hielt die Frau von Natur aus für unkorrigierbar schlecht. Nach seiner Ansicht bestanden die zwei wichtigsten Aufgaben des Mannes darin, sich erstens unter den unvermeidlich Schlechten die noch am wenigsten Schlechte auszusuchen, um sie dann, zweitens, durch straffe Führung und tägliche Unterweisung zu jener begrenzten Tugend zu führen, derer sie mit Geduld und Hilfe der Götter vielleicht noch fähig werden könne. Plutarch drückt das so aus: »Cato heiratete eine Person, die arm aber von guter Abstammung war, denn er glaubte, daß zwar alle Frauen, die vornehmen wie die wohlhabenden, von Arroganz und Dünkel beherrscht seien, die von edlen Männern Abstammenden jedoch vor schändlichen Dingen mehr Scham hätten und sich daher von ihren Gatten leichter zum Guten leiten ließen.«

Phaedrus, dessen kurze, parabelartige Gedichte uns heute ein wenig an Brecht erinnern, sieht selbst die liebende Frau als Gefahr für den Mann. So schreibt er von dem Manne, der sich glücklich vermeint, weil er gleich von zwei Frauen geliebt wird, und dabei entdecken muß, daß er dadurch seine Virilität verliert:

Da beide jenem Manne nun zu gleichen wünschten,
So rauften sie ihm nach und nach die Haare aus.
Und während jener glaubte, daß die Frau'n ihn putzten,
Ward er zuletzt ein Kahlkopf, denn das junge Mädchen
Zog ihm die grauen aus, die ältere die schwarzen.

Da jede Frau sowieso von Untugend und Selbstsucht geprägt sei, sei es ihm gleich, sagt Horaz, mit welcher er schliefe, solange sie nur die Technik des Beischlafs beherrsche:

. . . wenn mich
Nicht zu bezwingender Trieb der Natur entflammt, ist die nächste
Nackte mir recht, die beim Scheine der Lampe den Geilen befriedigt,
Wackelt sie nur mit dem Steiß und reitet hurtig auf mir dann.

Nachdem sie vom Manne zum Objekt seiner Lust degradiert worden war, blieb der Römerin nichts anderes übrig, als aus dieser Not eine Tugend zu machen. Da ihr Körper zu ihrem einzigen Kapital geworden war, versuchte sie ihn mit allen Mitteln zu erhalten und zu pflegen, was den Mann prompt zu der Kritik verführte, sie dächte an nichts anderes als an Schmuck, Kleidung und Kosmetik. Ovid, der es eigentlich besser wissen sollte, kam so zu der Überzeugung, daß alle Frauen verfügbar seien, wenn man ihnen nur Kleidung, Schmuck und Kosmetika kaufte. Und selbst diejenigen, die sich weigerten, seien doch froh, daß man sie zumindest gewollt habe:

Eher schwiegen die Vögel im Lenz, die Zikaden im Sommer,
Jagte ein Has' in die Flucht einen mänalischen Hund,
Als daß sich, zärtlich bestürmt, eine Frau versagte dem Manne.
Die auch, von welcher du nicht dächt'st, daß sie wolle: sie will!

Auf denn, und nicht steh an, auf alle Mädchen zu hoffen,
Wird von den vielen doch kaum eine Versagende sein.
Ob sie gewährt oder versagt, sie freut's doch, daß du sie batest!

So wurde aus der Not der Frau, sich nur durch das Bett den Weg nach oben erkaufen zu können, die Illusion des Mannes, daß die Frau verführt, ja sogar vergewaltigt werden wolle:

Wer, der gescheit, mischt zu schmeichelnden Worten nicht Küsse?
Gibt sie dir keine, so nimm, was sie dir selber nicht gibt!
Möglich, sie sträubt sich zuerst und schilt zudringlich und frech dich.
Wie sie sich sträubt, sie wünscht selber, sie werde besiegt.

Wer erste Küsse sich nahm und das übrige nicht nimmt sich,
Der hat verdient, daß er auch, was ihm gegeben, verliert . . .
Nenn es Gewalt, wenn du willst, denn Gewalt freut grade die Mädchen.
Was sie ergötzt, dazu wollen gezwungen sie sein.

Wenn sie, die bezwungen sich gab, unberührt davonkam,
Heuchelt sie gleich mit dem Blick Freude, berührt ist sie doch.
O, der Jüngling vertraut zu sehr auf die eigene Schönheit,
Der da wartet, bis ihn bittet das Mädchen zuerst.

Aus dieser Logik, daß die Frau vergewaltigt werden wolle, entnahm die römische Rechtsprechung das Recht des Ehemannes, seine Frau zu züchtigen. Daß dies der römischen Ehe einen latent sadomasochistischen Charakter gab, braucht kaum betont zu werden. Die Frau, die sich nicht freiwillig diesem Recht beugte, keinen Spaß an der Züchtigung fand und obendrein auch noch einen eigenen Willen zeigte, galt als böswillig und dumm. So läßt Plautus seinen Ehemann in den *Zwillingen* sagen:

. . . Du bist
Ein böses, dummes, ganz verrücktes Weib,
Sonst würd'st du selbst nicht mögen, was dein Mann nicht mag!
Das aber sag ich dir: Wenn du ein einziges Mal
Vom heut'gen Tage an es wieder mal so treibst,
Spazierst du als Geschiedne heim zum Herrn Papa.
Ein jedes Mal, wenn ich das Haus verlassen will,
Hältst du mich auf, rufst mich zurück und fragst mich aus,
Wohin ich geh, warum ich geh, und was ich tu,
Was ich besorge, was ich bringe, was ich will.
Hab ich mir einen Zollbeamten engagiert,
Der Rechenschaft von mir verlangt für jeden Quark,
Von allem, was ich tu und tuen will?
Ich hab dich gar zu sehr verwöhnt. Jetzt aber hör,
Wie es von heute an gehalten werden soll:
Ich gebe reichlich dir für Haus und Mägde Geld,
Für Haus- und für Gesellschaftskleider und für Schmuck
Und alles, weiß der Deibel, was du sonst noch brauchst.
Du aber nimmst gefälligst dich in acht und läßt
Von jetzt an deinen Mann unkontro-kontrolliert!
Damit du aber nicht umsonst mich so bewachst,
So schaff ich dir zum Tort mir heut ein Mädchen an
Und mache mir mit ihr ein Fest im Separé.

Während der Römer seiner Frau drohen kann, er werde »nur zum Tort« Ehebruch begehen, war der Römerin bei Todesstrafe verwehrt, Gleiches mit Gleichem zu vergelten. Es herrschte also, wie in allen vaterrechtlichen Gesellschaftsordnungen, das Prinzip der Doppelmoral. Catull, der weiß Gott kein Tugendbold war, verlangte in einem seiner Hochzeitsgedichte mit geradezu penetranter Arroganz, daß die Mädchen selbstverständlich all das nicht tun sollten, was er mit seiner verheirateten Freundin trieb:

Wie ein Blümchen verborgen erwächst im Gehege des Gartens,
Gegen die grasende Herde geschützt und gegen die Pflugschar,
Lüftchen umspielen und Sonne verpflegt und Regen erzieht es,
Knaben verlangen nach ihm, drum solle das Mädchen es schätzen.

Was mag das »es« wohl sein, von dem Catull so rührend schreibt? Es ist, man glaubt es kaum, das Jungfernhäutchen. Er fährt fort:

Aber sobald es, gepflückt mit der Fingerspitze, dahinwelkt,
Keinem der Knaben verlanget mehr nach ihm und keines der Mädchen:

So, die frei sich bewahret, der Ihrigen Freude, die Jungfrau,
Aber sobald sie verschenkt die züchtige Blüte des Häutleins,
Bleibt sie weder den Knaben, noch bleibt sie teuer den Mädchen.

Hätte Cato oder Seneca, Juvenal oder Cicero diesen rührseligen Lobspruch des Jungfernhäutchens geschrieben, so wäre man kaum erstaunt. Aber Catull! Die Doppelmoral hing also auch den fortgeschrittensten Römern an. Selbst Juvenal meinte, daß »Keuschheit« nur zu einer Zeit geherrscht habe, als die Römer noch in Höhlen gelebt hatten:

Wohl mag unter Saturns Herrschaft auf Erden die Keuschheit
Haben geweilet recht lang, als noch eine frostige Höhle
Enge Behausung bot und zugleich Altar und Herd war,
Auch noch Herren und Vieh mit gemeinsamem Schatten umfaßte,
Als noch das Weib vom Gebirg' ihr ländlich' Lager aus Blättern,
Stroh und den Fellen des Wilds von der Nähe bereitete, gar nicht,
Cynthia, dir zu vergleichen, in nichts, und Lesbia, dir nicht,
Welcher des Sperlings Tod trüb machte die leuchtenden Augen,
Sondern die Brüste zum Trunke bietend den stämmigen Kindern,
Und oft struppiger selbst als der Eicheln zerkauende Gatte.

Das Gedicht war gegen den »Luxus« und die »Verschwendung« der eigenen Zeit, vor allem aber gegen Properz und Catull gerichtet, denn Cynthia war die Freundin des ersten, Lesbia die des zweiten. Diese Romantik der Primitivität, die Illusion, daß nur Armut, Krieg und harte Strafen die Frau von ihrer »natürlichen« Neigung zur Unzucht abhalten können, ist ja ein Kennzeichen aller autoritären, vaterrechtlichen Gesellschaften.
Während man von dem Manne erwartete, daß er sich im Verkehr mit verheirateten und unverheirateten Frauen voreheliche Erfahrung verschaffte, verurteilte man die Frauen, die ihm zu dieser Erfahrung verholfen hatten. Noch im Jahre 18 unserer Zeit wurde dem römischen Ehemann ausdrücklich befohlen, seine Frau vor Gericht zu bringen, wenn sie ihn »betrogen« hatte. Er durfte ihr nicht vergeben, denn wenn er es unterließ, gegen sie Klage zu erheben, war ihr Vater verpflichtet, dies gegen seine eigene Tochter zu tun. Unterließ auch er die Klage, so war jeder römische Bürger verpflichtet, diesen Affront gegen das männliche Geschlecht durch öffentliche Anklage zu bereinigen. Als Lohn erhielt der Denunziant einen festgesetzten Teil ihres Vermögens. Ehebruch war also keine Privatangelegenheit, sondern eine Staatssache. Wurde die Frau des Ehebruchs schuldig befunden, nahm der Staat ihr die Hälfte ihrer Mitgift ab. Nichts macht den Charakter des Vaterrechts deutlicher als diese Anmaßung des patriarchalischen Systems, die »Ehre« des Mannes gegen die Ansprüche der Frau offiziell verteidigen zu müssen und obendrein noch daraus kassieren zu dürfen.
Um die »Reinheit« und »Treue« ihrer Ehefrauen zu bewahren, übernahmen manche römischen Ehemänner die orientalische Sitte, der Frau einen Ring durch die kleinen Schamlippen zu ziehen, so daß sie zwar urinieren, aber nicht koitieren konnte, bis er ihr den Ring abnahm. Andere Männer ließen den Halsumfang ihrer Gattin regelmäßig von einer Amme oder Sklavin überprüfen, da sie glaubten, daß ehebrecherischer Geschlechtsverkehr sich in einer Zunahme des Halsumfangs bemerkbar mache. Catull sagt:

Wird bei erwachendem Licht zum Gruß ihr nahen die Amme,
Kann sie den Hals ihr nicht mit dem gestrigen Faden umspannen.

Was das römische Patriarchat mehr als alles fürchtete und worunter es trotz aller Bestrebungen, Leidenschaft gar nicht erst aufkommen zu lassen, am schwersten litt, war also Eifersucht. Am Anfang seiner Zuneigung zu Lesbia dankt Catull dem Freunde Allius, daß er ihm sein Haus zur Verfügung stellt und die Geliebte dazu, »daß wir beide vereint uns dort erfreuten der Liebe«. Wie schön, ein Freund ohne Eifersucht! Nachdem Catull aber zum Ziele gekommen ist, treibt seine eigene Eifersucht ihn dazu, nicht nur die anderen Liebhaber seiner Geliebten, sondern auch deren armen Ehemann zu hassen. Noch bemüht er sich allerdings, seine Gefühle zu verbergen:

Zwar, ich weiß, es genügt ihr nicht ausschließlich Catullus,
Doch wir ertragen's, sie treibt's mäßig, die Diebin, und fein,
Und so fallen wir ihr nicht lästig mit törichter Strenge.
Muß doch Juno sogar, welche mit Jupiter teilt,
Oft ihr kochendes Herz bei den Schwächen bezwingen des Ehherrn,
Sie, die jeglichen Schlich kennt des losen Gemahls.
Darf sich der sterbliche Mensch mit den seligen Göttern vergleichen?
Soll ich nach Elternart ängstlich behüten das Kind?
Ist sie ja nicht vom Vater am Arme geleitet gekommen
In ein syrischen Duft atmendes festliches Haus,
Sondern verstohlene Gaben im Schweigen der Nächte nur lieh sie,
Die sie vom Schoße hinweg hatte dem Gatten geraubt.
Darum hab' ich genug, wenn mir der Tag nur des Heiles
Immer beschieden verbleibt, den sie bezeichnet mit Weiß.

Bald aber geht die Eifersucht mit ihm durch:

Unsre Lesbia, Cälius, meine Lesbia,
Jene Lesbia, die Catull geliebet
Mehr als alle die Seinen und sich selber:
In den Winkeln und auf der Gasse steht sie
Nun und schröpft die erlauchten Remusenkel.

Das war Übertreibung. Lesbia betrog ihn zwar, aber sie war keine Hure. Sie als Hure zu sehen, war genau jener Leidenschaftswahn, gegen den er uns und sich selber vorher gewarnt hatte. So läßt sie ihn am Ende sitzen. Nachträglich verleumdet er sie noch:

Sie lebe mir wohl und mag sich
Freun des Lebens mit ihren hundert Buhlen,
Die sie alle mit gleicher Brunst umhalset.
Keinen liebt sie wahrhaftig: einem
Bricht sie die Kraft der Lenden wie dem andern!

Wenn eine emanzipierte Frau also genau das tut, was der Dichter den Männern empfohlen hat, ist sie treulos und eine Hure. Nur der Mann darf sich der Frau gegenüber distanzieren, sich gegen Leidenschaft schützen. Tut die Frau aber das gleiche, so wirft Catull ihr vor, sie liebe niemanden wahrhaftig. Kann Selbsttäuschung weiter gehen?

Kaum. Aber sehr ähnlich ging es Properz. Er fand zwar Keuschheit unausstehlich, entdeckte aber trotzdem Eifersucht in sich selber und schrieb:

. . . Zwar reiß' ich Kleider nicht vom falschen Leib dir,
Noch rennt mein Zorn verschlossene Türen ein.
Nie würd' in Wut ich deine Flechten zausen,
Noch mich mit roher Faust an dir vergehn.
Solch Pöbelstreit mag Bauernvolk belieben,
Dem nie Dionysos die Stirn umwand.
Ich singe – keine Zeit soll's von dir tilgen –:
»Cynthia an Schönheit groß, an Treue klein.«
Glaub mir – magst du der Menge Klatsch verachten –,
Der Spruch treibt einst die Scham dir ins Gesicht!

Mit der stolzen Geste des selbstbeherrschten Mannes warnt er seinen Nebenbuhler vor dem, was ihm als Liebhaber der treulosen Cynthia bevorsteht:

Also, Cynthias Macht gib auf zu erproben, o Gallus!
Niemand, der sie beschwört, kam ohne Strafe davon.

Aber nach einer Weile gibt er zu, daß Eifersucht ihn zu einem seelischen und körperlichen Wrack gemacht hat:

Wunderst dich auch so oft nicht mehr, weshalb ich so blaß bin,
Oder mein Leib schwinde zum Schatten dahin.

Am Ende gibt er dann die ganze Wahrheit zu:

Mich kränkt selbst die gemalte Gestalt von Männern und Göttern,
Mich das Knäblein, das noch lallt aus der Wiege dich an.
Mich kränkt selber die Mutter, wenn dich zu häufig sie küsset,
Mich die Schwester, und schläfst du mit der Freundin im Bett.
Alles kränkt mich, ich bin furchtsam, du verzeihe die Furcht mir:
Bang argwöhn' ich, ein Mann steck' in dem Frauengewand.

Tut die Geliebte alles, was der Mann von ihr verlangt, oder tut sie es von sich aus, ohne daß er besondere Wünsche geäußert hätte, so liebt und ehrt er sie als ein geradezu göttliches Wesen. Aber sobald sie auch nur das geringste seiner Gebote übertritt oder, noch schlimmer, andere Neigungen als die seinen zeigt, ist er nicht nur böse mit ihr, sondern betrachtet dies als Beweis ihrer Minderwertigkeit. Das gilt für Terenz, Catull, Horaz, Properz, Ovid und Martial. Keiner der großen römischen Liebesdichter ist fähig, die Frau als ein gleichwertiges, selbständiges Wesen zu betrachten, mit eigenen Wünschen und dem Recht, sie auf eigene Weise zu befriedigen. Hier hört sowohl Verständnis wie Toleranz des römischen Liebhabers für seine Geliebte auf.

Aber durch die gesamte römische Liebeslyrik zieht sich noch ein zweiter Faden, der den Leser an die Wurzel des römischen Patriarchats führt: die unterschiedliche Bewertung des Aktiven und Passiven, das der Römer mit dem Männlichen und dem Weiblichen gleichsetzte. Alles, was »aktiv« war, galt als männlich und deshalb gut; alles, was »passiv« war, galt als weiblich oder weibisch und deshalb schlecht. Bei jeder Sexualhandlung, an der zwei oder auch mehr Menschen teilnahmen, galt der »Passive« als minderwertig. So war beispielsweise der Analverkehr durchaus erlaubt, aber nur der aktive, einführende Partner war ehrenhaft; der passive, »duldende« Partner wurde verhöhnt und verspottet. Ebenso beim Oralverkehr, wo der Irrumator als der aktive Teil galt und deshalb als ehrenhaft angesehen, während der

Fellator als passiv galt und deshalb als unehrenhaft betrachtet wurde. Wir würden heute den Irrumator als den passiven Partner betrachten, weil er geleckt wird, während wir den Fellator als aktiv empfinden würden, weil er ja leckt. Die Römer aber sehen im Fellator vor allem den Mund, das empfangende Organ, und betrachteten ihn deshalb analog zur Scheide, also zur Frau, die stets als der passive, also unehrenhafte Teilnehmer galt.
Daß eine Sexualethik, die jeden Akt zwischen zwei Personen als Kupplung zwischen einem ehrenhaften und einem unehrenhaften Partner betrachtet, unheilbar gespalten ist und deshalb echte Partnerschaft unmöglich macht, braucht kaum unterstrichen zu werden. Auch braucht man wohl nicht zu betonen, daß der Endeffekt eines solchen Dualismus Ekel sein muß. Da der passive Teil minderwertig ist, werden all seine Auswirkungen, auch seine Sekretionen, als schmutzig empfunden. Der Verkehr wird zur Besudelung. Die Frau wird nur noch als Menstruantin, der Mann nur noch als Koterzeuger empfunden, so bei Lucilius (*Satir. frag inc.* 54): »Bei ihr besudelst du dich mit dem Blut und bei ihm mit dem Kot.«
Wobei Blut aber als das gefährlichere Gift galt. Nichts fürchtete der Römer mehr als die Menstruation seiner Frau. Die Furcht vor der gezahnten Vagina, die den Mann in den Penis biß und ihn kastrierte, hing eng mit der panischen Furcht vor dem Menstrualblut zusammen. Plinius schrieb (in *Nat. Hist.* VII, 64): »Nicht leicht wird man etwas finden, das ungeheuerlichere Wirkungen als der Wochen- und Monatsfluß der Frauen hervorbringen kann. Denn kommen sie während der Zeit ihres Unwohlseins in die Nähe eines Gefäßes mit Wein oder schreiten darüber hinweg, so wird er augenblicklich sauer, mag er auch noch so jung sein. Die Feldfrüchte verdorren durch ihre Berührung und kommen um. Wenn sie in diesem Zustand irgendwelche Gräser berühren, so sterben diese ab; die Kräuter und jungen Knospen eines Gartens werden vom Rost befallen und verkohlen völlig, wenn sie auch nur daran vorübergehen.«
Das ist eindeutig die Frucht des schlechten Gewissens: Angst, daß die Unterdrückte sich rächen könne; sich rächen mit den einzigen Waffen, die er ihr noch nicht geraubt hatte: mit ihrer Sexualität. Menopotie, das Trinken von Menstrualblut, war offenbar nicht selten, was als Reaktionsbildung bei einer extrem männerrechtlichen Ordnung kaum überrascht. Seneca schreibt (in *De beneficiis* IV, 32): »Wie, als du, o Vorsehung, den Mamercus Scaurus Konsul werden ließest, wußtest du da etwa nicht, daß er die monatlichen Blutungen seiner Sklavinnen mit offenem Munde auffing? Hat er denn selbst ein Geheimnis daraus gemacht? Hat er denn für einen reinen Menschen gelten wollen?« Im 87. Brief schreibt Seneca: »In unseren Zeiten war Natalis ein Mensch von gottloser und durch unreine Dienste entehrter Zunge, in dessen Mund die Frauen ihre monatliche Reinigung vollzogen.«

4 Die Ehe im römischen Patriarchat

Das römische Recht war ein Klassenrecht. Wenn man als Jurastudent lernt, es habe im alten Rom vier verschiedene Formen der Eheschließung gegeben, weiß man mit diesem unerklärlichen Phänomen nichts anzufangen, bis man entdeckt – was in keinem bürgerlichen Lehrbuch des römischen Rechts zu finden ist –, daß es sich bei jeder der vier Eheformen um klassenspezifische Bräuche handelt, die dann im Laufe der Jahrhunderte von anderen Klassen übernommen worden sind und dadurch ihren Klassenursprung verschleiert haben.

Eine rechtsgültige Form der römischen Ehe konnte bis ins 5. Jahrhundert vor unserer Zeitrechnung überhaupt nur zwischen Angehörigen der herrschenden Klasse geschlossen werden. Für den Patrizier waren Ehen mit anderen Ständen undenkbar, weil diese Stände keine der drei erforderlichen Qualifikationen besaßen: Landbesitz, Stammbaum und Schutzgottheit. Dies schloß Liebesheiraten aus, und zwar nicht nur zwischen Patriziern und Plebejern, sondern auch innerhalb des Patriziats. Denn nach patrizischen Maßstäben war ein Mann, der eine Frau aus sexuellen Motiven heiraten wollte, nicht besser als ein Tier: Nur Tiere kopulierten aus sexuellem Drang. Der Mensch dagegen wurde erst dadurch zum Menschen, daß er eine so wichtige Angelegenheit wie eine Lebensgemeinschaft nicht dem vergänglichen Einfluß der Sinne anvertraute. Der Hochstehende hatte der Liebesleidenschaft zu entsagen, wenn sie der Ehe im Wege stand, wie Äneas es getan hatte, als er sich nach dem Spruch der Familie von Dido getrennt hatte.

Im Gegensatz zu unserer Vorstellung, daß finanzielle Motive die Reinheit der Eheschließung beeinträchtigen, argumentierte das römische Patriziat genau umgekehrt: Nur wer etwas besaß, war überhaupt erst ein Mensch; und nur wer des Besitzes halber heiratete, bewies edle Motive. Diese Überzeugung erklärt sich aus der Kampfposition des frühen Patriziats gegenüber dem Matriziat, das ja bekanntlich kein Privateigentum kannte. Eigentum war also die wichtigste Waffe der Patrizier, jener Männer, »die ihre Väter kennen«, die ihre Abstammung also nicht mehr von der Mutter, sondern von dem Vater ableiteten.

Zum Eigentum des Patriziers gehörten auch bestimmte Gottheiten, die als Werkzeuge des Patriziats im Kampf gegen Plebs und Matriziat dienten, so zum Beispiel die *Pudicitia Patricia,* die Göttin der patrizischen Keuschheit, ohne deren Segen keine Ehe gültig war. Nun begab es sich aber nach römischer Überlieferung, daß Virginia, die Tochter eines patrizischen Hauses, den undenkbaren Wunsch äußerte, einen Plebejer zu heiraten. Eine solche Lebensgemeinschaft konnte nicht verboten, sondern nur als illegal erklärt werden, weil die Göttin der patrizischen Keuschheit ja nur Patrizier einsegnen und nur deren Ehen gutheißen konnte. Die Antwort der Virginia machte römische Geschichte. Sie erfand eine *Pudicitia Plebeja,* eine Göttin der plebejischen Keuschheit, baute ihr einen Tempel und ließ ihre Ehe von ihr legalisieren.

Das Zwölftafelgesetz der Jahre 452 bis 449 versuchte, ein formelles Verbot der Ehe zwischen Patriziern und Plebejern zu errichten, wurde aber wenige Jahre später bereits aufgehoben, weil einer der Gesetzgeber sich selbst in eine junge Plebejerin verliebte und sie zu seiner Mätresse machen wollte. Sie war die Tochter eines Offiziers und mit einem Volkstribun verlobt. Um die »Familienehre« zu retten, erstach der Vater das Mädchen auf dem Forum.

Der Vorfall löste eine Militärrevolte aus, die die Patrizier dazu zwang, Ehen ihrer jungen Männer mit Plebejertöchtern (nicht aber Ehen von Patriziertöchtern mit Plebejern) zu gestatten.

Das Kriterium der patrizischen Ehe war die Einführung der Gattin in das Haus des Gatten und ihre Unterordnung unter dessen Hausgötter. Der Patrizier fühlte sich dabei als Priester und reichte der Gattin majestätisch und gnädig seine Hand *(manus)*: sie war fortan seiner Sippe *(gens)* und seinen Göttern eigen. Die Rolle, welche die Hand bei diesem Rechtsakt spielte, geht auch aus dem Ausdruck *manus mancipiumque* hervor, der die Vormundschaft des Vaters und des Gatten über die Frau ausdrückt und dem germanischen Munt entspricht. Durch diesen Akt der Eheschließung gelangte die Frau in die volle Familiengewalt, die *manus* des Mannes, und wurde dadurch zu seinem Mündel herabgesetzt. In jeder Generation wurde durch diesen Ritus von neuem der Triumph des Mannes über die Frau, des Vaterrechts über das Mutterrecht demonstriert.

Die Patrizier feierten diese Machtübernahme in einer Ehezeremonie, die man *confarreatio* nannte. Die höchsten Würdenträger – der Pontifex Maximus und der Jupiterpriester – mußten anwesend sein, außerdem zehn Mitglieder der alten Sippengesellschaft als Repräsentanten der zehn Curien. Nur Patrizier und Patrizierinnen besaßen das Recht, eine solche Trauung einzugehen, denn durch sie erhielt der Ehemann unbedingte Macht über Leben und Tod der Frau, die wie bei den Germanen ein Bestandteil des Sachrechts, des persönlichen Eigentums des Gatten war. Alle anderen Formen der Ehe galten jahrhundertelang in den Augen des Patriziers als illegal.

Es geschah aber trotzdem, oder vielleicht eben deshalb, daß bestimmte Patrizier (und vor allem deren zukünftige Ehefrauen) es vorzogen, sich nicht in so endgültiger und unwiderruflicher Weise zu binden. Dann ließen sie sich in einer aus dem Mittelstand stammenden Hochzeitszeremonie trauen, die man *coemptio,* »Kaufehe«, nannte und die im Gegensatz zur *confarreatio* kein sakraler, sondern ein säkularer Akt war, bei dem der Vater der Braut vor fünf Zeugen und in Gegenwart des Waagehalters (dessen Gestalt noch heute in der Figur der Justitita mit der Waage überlebt) seine Tochter dem Bräutigam symbolisch verkaufte. Er erhielt für sie einen symbolischen Kaufpreis, *nummo uno.* Sie dagegen gab ihrem zukünftigen Manne als Symbol der Mitgift drei Asse: den ersten als Kaufschilling, den zweiten als Opfer an die Hausgötter des Ehemannes, den dritten als Eintrittsgeld in das Haus des Mannes, der sie fragen mußte, ob sie *materfamilias* weden wolle. Bejahte sie dies, so galt die Ehe als geschlossen.

In der klassischen Zeit verfiel diese Form der Eheschließung und verschwand gegen Ende der Epoche vollends. Mittlerweile hatte sich jedoch unter den Plebejern eine dritte Form der Eheschließung aus reinem Gewohnheitsrecht *(usus)* entwickelt, die als geschlossen galt, wenn der Mann mit der Frau ein Jahr lang zusammengelebt hatte. Um selbst diese sehr elastische Bindung noch dehnbarer zu machen, galt die Regel, daß die Ehe *nicht* geschlossen war, wenn die Frau drei Nächte lang dem Hause des Mannes ferngeblieben war. Dies erlaubte beiden Partnern, nicht etwa versehentlich in den Zustand der Ehe einzutreten, nachdem sie zwar ein Jahr zusammengelebt hatten, danach aber doch lieber ihre eigenen Wege gehen wollten. Am Ende der vorklassischen Zeit verfiel auch diese Form und wurde in der frühklassischen Zeit bereits selten.

Alle drei Eheformen hatten dies gemeinsam, daß die Frau bei Eingang der Ehe in die Gewalt *(manus)* des Mannes geriet. Erst in der klassischen Zeit begann sich die gewaltlose Ehe durchzusetzen (*sine manu,* »ohne Handübergabe«), aber nicht als Resultat einer gezielten Emanzipationsforderung der Frau, sondern als Teil des Verfalls aller Gesetze. Was von manchen Althistorikern als Befreiung der Frau beschrieben worden ist, war meist etwas ganz anderes: die mangelnde Bereitschaft des Vaters, die Güter der Tochter an ihren Gatten auszuliefern. In dieser als »frei« beschriebenen Form der Ehe, in der die Ehefrau nicht als *materfamilias,* als Mutter der Familie, sondern als *uxor,* Gattin, galt, ging also nur die Mitgift an den Ehemann über – und selbst diese mit gewissen Einschränkungen. Starb der Vater der Gattin, unter dessen Vormundschaft sie bei dieser Eheform bis zu dessen Tod verblieb, so war sie ganz *sui juris* und konnte von nun an ihr eigenes Vermögen mit Hilfe eines Geschäftsführers verwalten, den sie jederzeit entlassen konnte, wenn er nicht tat, was sie wollte. Starb sie vor ihrem Vater, so ging ihr Besitz nicht an den Gatten, sondern an den Vater zurück. Es gab also auch für diese »freie« Form der Ehe gute patriarchalische Gründe.

Im Eherecht des 1. Jahrhunderts unserer Zeitrechnung zeigt sich eine weitere Auflockerung dadurch, daß zwar weiterhin der Vater den Mann für seine Tochter auswählte – eine Folge der sehr frühen Heiraten –, er aber in Fällen, wo die Tochter einen Gatten ausdrücklich ablehnte, keinen Zwang mehr ausüben konnte. Dies gilt seit Tiberius. Auch der Ehemann verlor einige seiner alten Rechte. Die alte Form der Eheschließung, die sie begründete, wurde selbst in konservativen stadtrömischen Familien nicht mehr angewandt, und das alte Prinzip, daß sie bei längerem Zusammenleben durch Gewohnheit begründet wird, fiel fort. Nur der Priester des Jupiter vom Kapitol mußte eine ihm in alten Formen angetraute Gattin haben. Man half sich dadurch, daß diese während der Zeitdauer einer heiligen Handlung als in der eheherrlichen Gewalt stehend betrachtet wurde; es war nicht anzunehmen, daß der betreffende Herr die halbe Stunde nützen würde, sie zu erschlagen oder in die Sklaverei zu verkaufen.

Der Leser dieses Buches, der sich nicht der Tatsache bewußt ist, daß unser gegenwärtiges Eherecht trotz seines nominell säkularen Charakters historisch vom Kirchenrecht geformt ist, wird den Status der römischen Ehe nur schwer verstehen können. Bis zu Augustus galt sie nämlich als eine vom Staat unberührte Privatsache. Zwar zwang der Staat den Ehemann, wenn seine Frau ihn betrog, rechtliche Schritte gegen sie einzuleiten, aber das diente nicht dem Schutz der Ehe, sondern dem des Patriarchats. Der Gedanke, daß die Ehe etwas anderes als eine reine Privatsache sei, entstand zum erstenmal gegen Anfang unserer gegenwärtigen Zeitrechnung, und zwar nicht nur im ethischen Denken der Christen, das im Mittelalter zu der Auffassung führte, die Ehe sei ein Sakrament und deshalb unauflöslich, sondern bereits in den Ehegesetzen des Augustus, die aber im Gegensatz zum späteren kanonischen Recht nicht von religiösen, sondern von bevölkerungspolitischen Grundlagen ausgingen; sie sollten der vor allem unter den Patriziern zunehmenden Abneigung gegen Ehe und Kinder entgegenwirken und verlangten deshalb, daß alle Männer von 25 bis 60 und alle Frauen von 20 bis 50 Jahren verheiratet sein müßten. Verwitwete und Geschiedene dieser Altersgruppen mußten wieder heiraten. Befreiungen galten nur für frei geborene Männer, die bereits drei oder mehr Kinder gezeugt hatten, und frei geborene Frauen, die mindestens dreimal geboren hatten. Freigelassene Sklaven dagegen mußten mindestens vier Kinder in die Welt gesetzt haben, wenn sie von der Ehepflicht entbunden werden wollten. Gleichzeitig wurde festgesetzt, daß Ehelose *(caelibes)* überhaupt nichts, Kinderlose *(orbi)* nur die Hälfte dessen erwerben konnten, was ihnen durch Erbfolge oder Vermächtnis zufiel. Was nach diesem Gesetz nicht erworben werden konnte, ging an andere Testamentserben oder Legatare über, die Kinder hatten.

Man beobachte, daß selbst diese ins Absurde umgeschlagene Gesetzgebung nicht etwa die Ehe als solche betrifft, sondern nur deren bevölkerungspolitische Folgen: die Kinder. Augustus brauchte Soldaten und Bauern, Administratoren und Offiziere: diesem Zweck dienten die Einschränkungen der bis dahin praktizierten Ehe- und Scheidungsfreiheit. Nur wenige Staatsbürger sind sich heute noch bewußt, daß das Recht des Staates, dem Bürger zu sagen, wen, wann und wo er heiraten und unter welchen Umständen er die Ehe wieder lösen darf, bis zu diesem Datum in der westlichen Welt unbekannt war. Zwar gab es überall gewisse Inzuchtsverbote, trotzdem blieben aber sowohl Eheschließung wie Ehetrennung vom Staat unberührt.

Bis Augustus seinen Anspruch geltend machte, das Eheleben der Staatsbürger unter seine Aufsicht zu stellen, gab es weder in Rom noch sonst irgendwo in der westlichen Welt einen entsprechenden Anspruch des Staates. Erst auf dem Umweg über das kanonische Recht übernahm der bürgerliche Staat den Gedanken, daß die Ehe ein Rechtsverhältnis mit fest abgegrenzten staatlichen Befugnissen sei. Demgegenüber war die römische Ehe überhaupt kein Rechtsverhältnis, sondern nur eine soziale Tatsache, die zwar juristische Reflexwirkungen auslösen konnte, in sich selber aber keinen rechtlichen Wert besaß. Der Bürger schuldete dem Staat keinerlei Rechenschaft, wen er heiratete und von wem er sich scheiden ließ. Eine Klage auf Feststellung, daß die Ehe besteht, hätte unter römischen Richtern schallendes Gelächter ausgelöst, und eine Klage auf Herstellung der ehelichen Lebensgemeinschaft hätte sie als grotesk berührt.

Dies bedeutete aber ganz und gar nicht, daß jeder nun tun und lassen konnte, was er wollte, denn obgleich die Ehe keinen zivilrechtlichen Status hatte, war sie doch mit einem Netz von Gewohnheits- und Sittenrechten umschlungen und hatte juristische Auswirkungen auf ökonomischem und strafrechtlichem Gebiet. So war das Verlöbnis in geschichtlicher Zeit ein schuldrechtlich wirkendes Eheversprechen; zusammen mit der Eheschließung wurde eine Geldsumme versprochen, die bei Unterbleiben der Eheschließung eingeklagt werden konnte. Im nachklassischen Recht tauchte

zusätzlich die *arra sponsalia* auf, eine Gabe des Bräutigams an die Braut, die von ihr vierfach zurückgegeben werden mußte, wenn die Ehe ohne guten Grund unterblieb.
Die Eheschließung verlangte Mündigkeit und geistige Gesundheit. Geisteskranke durften nicht heiraten, und in nachklassischer Zeit wurden auch Kastraten von der Ehe ausgeschlossen. Die Ehe mit oder unter Sklaven war zwar nicht verboten, hatte aber keine Rechtswirkung. Verwandte in auf- und absteigender Linie durften in vorklassischer Zeit bis zum 6. Grad, in klassischer Zeit bis zum 3. Grad einander nicht heiraten, wobei sich die Gradesnähe nach der Zahl der Zeugungen richtete, welche die Verwandtschaft vermittelten: Eltern und Kinder galten als Verwandte ersten Grades, Geschwister als Verwandte zweiten Grades usw. Seit Theodosius I., der von 379 bis 395 regierte, galt das Eheverbot auch für Geschwisterkinder, also für den 4. Grad. Justinian (527 bis 565) hob dies wieder auf und stellte den vorherigen Zustand her.
Die Schwägerschaft, also die Beziehung zu den Verwandten des Ehegatten, begründete ein Ehehindernis zuerst nur in gerader Linie, also zwischen Stiefeltern und Stiefkindern, Schwiegereltern und Schwiegerkindern, in nachklassischer Zeit aber auch gegenüber dem gewesenen Ehepartner des Bruders oder der Schwester. Unter Mark Aurel (161 bis 180) und Commodus (180 bis 192) wurde dem Vormund verboten, sein Mündel zu heiraten. Um erpreßte Ehen zu verhüten, verboten diese beiden Kaiser auch ihren Provinzialbeamten und -offizieren, Angehörige derselben Provinz zu heiraten. Offenbar wurde in diesen Jahren auch den Soldaten während ihrer Dienstzeit die Ehe verboten; Septimius Severus (193 bis 211) hob das Verbot wieder auf. Dieses Hin und Her ist weniger bedeutsam, als es uns heute erscheinen mag, weil es sowieso eine bereits geschlossene Ehe nicht mehr tangierte. Hatte ein Soldat einmal geheiratet, galt seine Ehe im schlimmsten Falle als »nicht geschlossen«, in keinem Falle jedoch wurde sie annulliert. Nach wie vor blieb also die Ehe als Institution frei vom Onus des Rechtsgeschäfts und des privatrechtlichen Formalakts.
Das Heiratsalter war durch Gewohnheitsrecht festgelegt. Mit dem vollendeten zwölften Jahr durfte die Römerin, mit dem vollendeten vierzehnten Jahr der Römer heiraten. Das hört sich nach unseren Maßstäben früh an, hat aber zwei gute Gründe. Das römische Mädchen menstruierte fast stets vor dem 12. Lebensjahr, der Knabe war fast stets vor dem 14. Jahr zeugungsfähig. Die fehlende geistige Reife wurde dadurch kompensiert, daß selbst bei den Plebejern stets die Eltern die Heirat arrangierten und die jungen Leute manchmal erst viele Jahre nach dem offiziellen Hochzeitsdatum die Ehe vollzogen. Schließlich blieb der Knabe nach römischem Recht ja bis zum Tode des Vaters unter dessen *patria potestas,* während das Mädchen ihre eigene Selbstbestimmung nominell nie erreichte, also stets unter der Vormundschaft ihres Vaters, ihres Ehegatten oder eines anderen älteren Mannes stand.
Meist war der Mann bei der Hochzeit fünf bis zehn Jahre älter als die Frau. Tacitus war 24, als er eine Dreizehnjährige heiratete. Die Mehrheit der Mädchen scheint zwischen 13 und 15, die Mehrheit der Jünglinge zwischen

18 und 25 geheiratet zu haben. In den Grabinschriften des Mittelstandes liegt die Eheschließung bei 55 Prozent vor oder im 15., nur bei 15 Prozent in oder nach dem 20. Jahr. Im Senatorenstand mag das Alter des Mannes dagegen kaum früher als 25 Jahre gelegen haben, da die Bekleidung des ersten Amtes, der Quästur, eine Bedingung der Eheschließung war und dieses Amt kaum vor dem 25. Lebensjahr erreichbar war.

Gering wie der Gewinn der Frau war, wenn sie aus der Gewalt ihres Vaters in die ihres Mannes überging, so war er doch groß genug, um fast jedem Mädchen als erster Schritt zur Freiheit wünschenswert zu erscheinen. Sie heiratete also weniger aus Liebe denn aus dem Wunsch heraus, ein Minimum an Selbständigkeit zu gewinnen. Selbst Catull, der das Vaterrecht mit manchem Zweifel bedacht hat, betrachtete die Frau doch primär als Anhängsel des Mannes. Erst durch ihre Heirat, wenn ein ansehnlicher Mann sich ihrer erbarmte, erwarb sie sich ein wenig Ansehen. Die unverheiratete Frau, meinte er, sei wie eine einsame Rebe, die niemandem auffiele. Erst wenn die Rebe sich am Stamme einer ansehnlichen Ulme emporranke, bemerke man sie. Blieb sie jedoch unverheiratet, so nütze sie niemandem:

Wie auf nacktem Gefilde die einsam stehende Rebe
Nie sich vom Boden erhebt, nie großzieht liebliche Trauben,
Sondern, erliegend der Last, den zarten Körper herabsenkt
Und mit dem Gipfel der Ranken die Wurzel nächstens berührt,
So beachtet sie keiner der Pflüger und keiner der Stiere.
Ist sie aber vermählt mit dem Stamme der Ulme,
Beachten viele der Pflüger sie da und viele der Stiere.
So die einsam bleibt, die freudlos altert, die Jungfrau.
Aber vermählt, wenn zur Zeit sich ein Freund, ein würdiger findet,
Ist sie lieber den Männern und unwert minder den Eltern.

Der Wille des Vaters war für die Tochter bindend; Widerspruch war ihr nur gestattet, und auch dies aus reinem Gewohnheitsrecht, wenn der Vater einen schimpflichen oder durch seinen Charakter unwürdigen Mann für sie wählte. Wie die Wahl des Gatten vor sich ging, erfahren wir von Plinius, der von einem Freunde gebeten wurde, einen passenden Gatten für eine Verwandte zu suchen. Plinius antwortete (*Brief* I, 14):

»Du bittest mich, nach einem Gemahl für deine Nichte auszuschauen. Wir brauchen wirklich nicht weit zu suchen, denn ich kenne einen Mann, der für deinen Zweck wie geschaffen ist. Er heißt Minicius. Er hat gute Beziehungen und stammt aus Brescia – du weißt, daß das ein guter, altmodischer Ort ist ... er ist ein tatkräftiger Mann und hat hohe Ämter gehabt ... Sein Vater verfügt über große Mittel, und wenn das auch vielleicht bei deiner Familie keine besondere Rolle spielt, so müssen wir doch bedenken, daß das Einkommen eines Mannes nicht nur unter gesellschaftlichen, sondern auch nach juristischen Gesichtspunkten zu den wichtigsten Maßstäben gehört.«

Der Ehemann wurde also hauptsächlich aus ökonomischen Motiven gewählt. Dabei kannten die Brautleute einander oft so wenig wie ein Brautpaar im ländlichen Indien. Seneca, der kein Feind des Vaterrechts war, nahm trotzdem Anstoß an diesem Aspekt der Willkür, aber bezeichnenderweise beklagte er sich nur darüber, daß der Mann hierdurch eine unpassende

Frau, nicht aber darüber, daß die Frau einen unpassenden Mann bekommen könne: »Jedes Tier und jeden Sklaven, alle Kleider und Küchengeräte prüfen wir genau, bevor wir sie kaufen; nur die Braut wird nicht in Augenschein genommen, damit sie dem Bräutigam nicht mißfallen kann, bevor er sie heimgeführt hat. Ist sie böse, dumm, mißgestaltet oder riecht sie aus dem Munde, welche Fehler sie auch immer hat, so lernen wir sie erst nach der Hochzeit kennen.«

Im Laufe der Kaiserzeit aber wurde es anders. Der Jurist Salvius Julianus charakterisiert den neuen Rechtszustand folgendermaßen: »Zu einer Heirat ist die Einigkeit der Kontrahenten und die Zustimmung des jungen Mädchens erforderlich.« Meist war die Heirat nun das Ergebnis von Unterhandlungen zwischen befreundeten Familien; aber wenn das Mädchen bis zum 16. oder gar 18. Lebensjahr noch nicht vergeben war, gerieten die Eltern meist in Panik und konsultierten einen der zahllosen römischen Heiratsvermittler. Deshalb gab es im Lateinischen auch keine Vokabeln für »freien« oder »werben«, sondern nur für »vermitteln«. Auch gab es kein Wort für »Braut« oder »Bräutigam«.

Nachdem die Väter sich geeinigt hatten, fand die Verlobung *(sponsalia)* statt. Der Verlobte *(sponsus)* gab der Verlobten *(sponsa)* einen eisernen Ring. Sie gab ihm keinen Ring, denn das hätte nach Gleichwertigkeit ausgesehen, und dieser Eindruck mußte vermieden werden. In Gegenwart von Zeugen mußten die beiden jungen Leute, die oft keine Ahnung hatten, was ihnen bevorstand, die Formel herunterleiern, durch die sie ihre Zustimmung zur Ehe gaben. Bei wohlhabenden Leuten war die Verlobungsfeier eine wichtige Angelegenheit, allerdings weniger für die Verlobten als für die Familie, die stets einflußreiche Leute zu dieser Gelegenheit einzuladen pflegte, da man mit gutem Gewissen keine Verlobungseinladung ausschlagen konnte. Bei einer solchen Feier lernte der ältere Plinius einst Lollia Paullina kennen, die ehemalige Gattin Caligulas, die einen im Lampenschein funkelnden Schmuck von Smaragden und Perlen trug. Wie sie ihm sofort aus ihren Rechnungen zu beweisen suchte, hatte der Schmuck 40 Millionen Sesterzen gekostet.

Der wichtigste Besprechungspunkt vor der Hochzeit war die Mitgift. Wir tun den Römern unrecht, wenn wir ihr geradezu zwanghaftes Interesse an der Dotation allein aus Geldgier ableiten. Die Mitgift war vielmehr ein Instrument des Vaterrechts zur Emanzipation von jenen Verfallsformen des Mutterrechts, die Bachofen »Hetärismus« genannt hat, weil die Frau in diesem Gesellschaftssystem den Mann durch die Verführungskraft ihres Körpers an sich bindet und von ihm hierfür bezahlt wird. Sollte der Hetärismus grundsätzlich ausgerottet werden, meint Bachofen, so war die Aussteuerung der Braut durch den Vater erforderlich. Denn erstens wurde hierdurch dargetan, daß der Vater der Braut und nicht die Braut selber der Verhandlungspartner des Bräutigams war, und zweitens wurde rituell demonstriert, daß der Bräutigam die Braut nicht ihrer körperlichen Reize halber bezahlte. Daher die römische Verachtung für die *indotata,* die Braut ohne Mitgift, die stets der Hetäre gleichgesetzt wurde.

Im Gegensatz zum griechischen Eherecht, wo die Mitgift Eigentum der Frau blieb und ihr in voller Höhe ausgezahlt wurde, wenn der Mann sich von ihr scheiden ließ oder kinderlos vor ihr starb, ging die Mitgift der Römerin sofort mit der Hochzeit in den Besitz ihres Gatten über und wurde ihr weder bei Scheidung noch bei dem Tod des Gatten je zurückgezahlt. Dies geschah nicht nur, weil man die Frau als grundsätzlich vermögensunfähig hielt, sondern weil damit betont werden sollte, daß der Mann kein Pantoffelheld war, der seine Frau aus Hörigkeit bezahlte. Daß er statt dessen von ihr bezahlt wurde, ging dem Römer niemals ein, denn die Gefahr des Hetärismus war ihm so gewärtig, daß sie sein Denken beherrschte und die Erkenntnis seines wirklichen Status verhinderte.

Natürlich gab es, besonders zur Zeit des Augustus, als die Ehe zu Pflicht wurde, Scheinheiraten, bei denen eine wohlhabende Frau einen armen Mann ehelichte, nur um sich danach ihren Liebhabern zu widmen, zu denen ihr Ehemann meist nicht gehörte. Hier wurde der Mann also tatsächlich von der Frau bezahlt. Ebenso wissen wir von zahllosen Verhältnissen wohlhabender Römerinnen mit ihren Verwaltern und Rechtsberatern, die manchmal auch zur Ehe führten – stets aber auf der gleichen Basis, daß die Frau der finanziell dominierende Partner blieb. Der Dichter Apuleius, der sich aus armen Verhältnissen zum Rechtsanwalt emporgearbeitet und dann eine sehr reiche Frau geheiratet hatte, wurde der Zauberei bezichtigt, denn man konnte sich nicht vorstellen, wie er das sonst geschafft haben könne.

Aber normalerweise hatte der Vater die Qual der Versorgung seiner Tochter. Nach dem Traumbuch des Artemidor sagt der Traum von einer Tochter stets einen kommenden Verlust voraus. Es sei dasselbe, meint der Autor, als ob man von einem Gläubiger träume, »denn auch die Forderung der Tochter ist eine unabweisbare, und wenn sie mit vielen Sorgen erzogen ist, geht sie mit der Mitgift davon, wie ein Gläubiger mit der geliehenen Summe«. Die Mitgift spielte eine besonders große Rolle bei den Patriziern, wo die Frauen das Recht, während der Ehe Geld auszugeben, aus der Höhe ihrer Mitgift ableiteten. Bei Plautus entschließt sich der wohlhabende Megadorus deshalb, eine arme Frau zu heiraten. Denn je weniger Mitgift sie mitbringt, um so sparsamer wird sie in der Ehe sein:

Ich habe vielen Freunden meinen Plan
Der Hochzeit mitgeteilt. Und alle loben
Die Tochter Euclios. Ich täte gut daran
Und klug! Wär jeder Reiche gleichen Sinnes
Wie ich, und führ' die Tochter eines Armen,
Die ohne Mitgift ist, als Frau ins Haus,
Dann gäb es unter Bürgern größere Eintracht,
Und weniger bisse uns der Neid als jetzt.
Die Frauen hätten mehr Respekt vorm Geld,
Wir wen'ger Aufwand, weil sie nicht verwöhnt.
. . . Wenn das geschähe,
Bemühten sie sich gleich um bessre Sitten
Als die, die hohe Mitgift ihnen jetzt erlaubt.

War die Mitgift geregelt, so verpflichtete sich der Brautvater, die Braut zur Hochzeit auszuliefern, und der Vater des Bräutigams versprach, den Sohn zur Hochzeit zu veranlassen. Wurde die Braut nicht ausgeliefert oder nicht geheiratet, konnte der geschädigte Elternteil wegen Vertragsbruchs Klage anstrengen. Ging alles gut, so wurde je nach dem Wohlstand der Eltern gefeiert.

Das Haar der Braut wurde am Vorabend in ein rotes Netz gehüllt, dann zog man ihr die saumlose Tunika an, umgürtete sie mit einem doppelten Wollgürtel und knotete ihn. Nun opferte die Braut auf dem Altar der Hausgötter *(lares)* die Spielsachen ihrer Kindheit und nahm damit Abschied vom sorglosen Leben. Am Hochzeitstag trug sie über ihrem Gewand einen safranfarbenen Überwurf und an den Füßen Sandalen in derselben Farbe. Um den Hals hängte sie sich eine Metallkette. Ihr Haar wurde mit Bändern zu sechs Zöpfen geflochten, die in einem Knoten vereint wurden. Die Stirn bedeckte ein feuerfarbener Brautschleier. Der Bräutigam legte die Toga an, das Gewand des freien Bürgers und das Sinnbild männlicher Würde.

Für den Tag der Feier wurden beide Häuser, das der Brauteltern wie das des Bräutigams, festlich geschmückt; bunte Teppiche wurden im Atrium aufgehängt, die Wände mit grünen Zweigen besteckt, die Säulen mit Kränzen und Blumen umwunden, und die Schränke mit den Ahnenbildern geöffnet, denn auch sie sollten die Übergabe der Braut an die Sippe des Mannes bekunden. Die Mutter schmückte selber die Braut oder ließ es unter ihren Augen geschehen.

Nach Cicero (*de div.* I, 16, 28) begann die eigentliche Hochzeit frühmorgens mit Auspizien, in alter Zeit mit Beobachtung des Vogelflugs, später durch Eingeweideschau des Opfertieres, um zu ermitteln, vor welchen Gefahren und ungünstigen Tagen sich das Paar besonders zu hüten habe. Inzwischen hatten sich die Gäste versammelt, um das Resultat der Auspizien zu erfahren. Jetzt erst wurde der Ehevertrag in Gegenwart von Zeugen unterschrieben, doch war dieser Kontrakt nach Quintilian kein wesentliches Erfordernis der Ehe (V, 11, 32). Es folgte die feierliche Erklärung der beiden Ehegatten, daß sie mit der Ehe einverstanden seien. War die Ehe nach *confarreatio* oder *coemptio* vollzogen, sprach die Frau nun die Worte: *quando tu Gaius, ego Gaia,* »Wo du bist, Erdling, will auch ich sein«, womit sie ausdrückte, daß sie sich in die Sippe *(gens)* des Mannes einfügte und sich seinem Willen zu beugen bereit war.

Nachdem die Gäste ihre Glückwünsche ausgerichtet hatten, wurden die Eheleute von der Brautführerin *(pronuba),* die gewöhnlich eine verheiratete Frau war und die Göttin Juno repräsentierte, vor den Altar geführt, um dort deren Hände zusammenzulegen. Damit hatte der Akt seinen Höhepunkt erreicht; nun brachten die Vermählten den Göttern ihr Opfer dar – in ältester Zeit, gemäß den Gebräuchen der *confarreatio,* Früchte und Mehlkuchen (*far* = Mehl, wie in *farina;* deshalb *confarreatio,* das gemeinsame Opfer von Küchlein aus geweihtem Mehl). Später, bei der *coemptio,* wurden Tieropfer gebracht, meist ein Schwein oder ein Rind. Während des Opfers saßen die Neuvermählten auf zwei durch ein Schaffell verbundenen Sesseln. Bei der *confarreatio* sprach der Hohepriester, bei der *coemptio* der *auspex nuptiarium* (Ehevertragszeuge) die Worte des Gebots vor, die das Paar nachsprach, während es den Altar umschritt. Es folgte die Beglückwünschung des jungen Paars seitens der übrigen Zeugen, dann das Hochzeitsmahl (Juvenal, II, 119).

Der letzte Akt des Hochzeitsfestes, die *deductio,* war die Überführung der Braut ins Haus des Gemahls, wodurch noch einmal ihre Unterwerfung unter seine Macht demonstriert werden sollte. Nach ältester Sitte mußte die junge Frau hierbei aus dem Schoß der Mutter gerissen werden (Festus, p. 289a), den Triumph des Vaterrechts über das Mutterrecht darstellend. In den frühen Zeiten der Republik fand die Brautüberführung stets nach Sonnenuntergang und bei Fackelschein statt. Auch nachdem man in späteren Zeiten die Zeremonie auf den Nachmittag verlegt hatte, blieb der Gebrauch von Fackeln erhalten. Bei wohlhabenden Leuten saßen die Brautleute in einem Wagen, bei ärmeren gingen sie zu Fuß. Wenn man sich einen Flötenspieler leisten konnte oder einen Freund besaß, der Flöte spielte, ging er voran. Man sang und tanzte zu Fescenninen, Fruchtbarkeitsliedern, die gezielt anzügliche Verse enthielten. Je nach den Namen und den Eigenschaften des Paares flochten die Sänger improvisierte Strophen in das traditionelle Versgefüge. Von Zeit zu Zeit warf der Bräutigam Nüsse unter die Zuschauer.

War der Hochzeitszug am Hause des Mannes angelangt, erforderte es die Sitte, daß die junge Frau den Türpfosten ölte und mit wollenen Binden umband. Vorher hatte der Bräutigam die Tür mit einem weißen Tuch und grünen Zweigen geschmückt. Nun trug er die Braut über die Türschwelle, damit sie nicht stolpere, was ein böses Omen für die Ehe gewesen wäre. Im Inneren des Hauses wurde sie von ihm in die Gemeinschaft des Feuers und des Wassers aufgenommen – durch gemeinsames Anzünden des Herdfeuers und Besprengen der Braut mit Wasser; damit war sie in die Gewalt seiner Hausgötter eingeführt.

Hatte der Hochzeitsschmaus nicht bereits im Hause der Brauteltern stattgefunden, wie es in alter Zeit üblich war, wurde dies nun im Hause der Neuvermählten nachgeholt, wobei die junge Frau an der Seite ihres Gatten lag. Dies wurde in der späteren Kaiserzeit üblich. Aber keine dieser Zeremonien, obgleich sie in der Mehrzahl der Fälle stattfanden, war gesetzlich vorgeschrieben. Manche Paare, die Kosten oder Umstände vermeiden wollten, ließen sich still auf dem Lande trauen. Gerade die ärmeren Römer verzichteten aber selten auf die Feierlichkeiten, da sie zu den wenigen Gelegenheiten gehörten, die Glanz in ein karges Leben brachten.

Selbst die Hochzeitsnacht, der sexuelle Vollzug der Ehe, unterstand bestimmten Bräuchen aus sippenrechtlicher Zeit. Die *pronuba* hatte das Ehebett zu richten und die Braut im Geschlechtsverkehr zu unterweisen. Die junge Frau betete jetzt zur Juno Virginiensis und zur Cincia, denen die Lösung des Gürtels geheiligt war. Erst dann durfte der Ehemann die Frau entkleiden. Nun setzte sie sich nackt auf den steinernen oder hölzernen Phallus, der den Gott Mutunus Tutunus symbolisierte, um die Entjungferung durch den Gott vornehmen zu lassen. In älterer Zeit geschah all dies, und auch der erste Koitus, vor Zeugen, in ältester Zeit mußte die Frau sogar mit den Agnaten des Gatten, den männlichen Hausgenossen, koitieren, ehe der Gatte an die Reihe kam. Dies geschah in der Übergangszeit vom Mutter- zum Vaterrecht, um die Muttergöttinnen zu versöhnen, die jegliche Ehe als

Bruch des Gesetzes der sexuellen Verfügbarkeit aller für alle betrachteten. Um sich das Recht der ausschließlichen sexuellen Nutzung eines einzigen Menschen zu erwerben, mußten beide Partner Opfer bringen: die Frau, indem sie mit allen Männern koitierte; der Mann, indem er dies zu erdulden hatte. Vielleicht entsprang die später nicht seltene Sitte, den Vollzug der Ehe in einem Bordell vorzunehmen, diesem Brauch. Wurde eine junge Frau in einem Lupanar entjungfert, zeigten an der Tür Lampen und Lorbeerzweige die Vermählungsfeier an.
Am nächsten Morgen begann der eheliche Alltag, indem die junge Frau den Hausgöttern des Mannes ihr erstes Opfer brachte. Hochzeitsreisen kannten die Römer nicht, obgleich die Wohlhabenden sich zweifellos oft nach der Hochzeit in ihr Landhaus zurückzogen. Die Frage, ob römische Ehen im großen und ganzen glücklich oder unglücklich waren, läßt sich nicht beantworten. Die uns erhaltenen Grabinschriften, die von der verstorbenen Frau als hervorragender Gattin und Mutter sprechen, beziehen sich meist nicht auf Frauen aus den oberen, sondern aus den mittleren und unteren Ständen. So lesen wir in einer Grabinschrift aus der Zeit der Republik: »Kurz, Wanderer, ist mein Spruch, halt an und lies ihn durch. Es deckt der schlichte Grabstein eine schöne Frau. Mit Namen nannten Claudia die Eltern sie. Mit eigener Liebe liebte sie den eigenen Mann. Zwei Söhne gebar sie. Einen ließ sie auf Erden zurück, den anderen barg sie in der Erde Schoß. Sie war von artiger Rede und von edlem Gang, besorgte ihr Haus und spann. Ich bin zu Ende. Geh.«
Eine Inschrift aus der Kaiserzeit lautet: ». . . Sie war der Schutzgeist meines Hauses, meine Hoffnung, mein einziges Leben. Was ich wünschte, das wünschte sie auch, sie mied, was ich mied. Keiner ihrer innersten Gedanken war mir je verborgen. Auch ermangelte sie nicht des Fleißes bei der Wollarbeit, sie war sparsam, doch freigebig aus Liebe zu ihrem Mann. Speise und Trank mundeten ihr nicht ohne mich. Trefflich war ihr Rat, klug ihr Sinn, edel ihr Ruf.«
Auf einem Sarkophag stehen die Worte: »Amymone, Frau des Marcius, liegt hier. Gut war sie und schön, eine fleißige Spinnerin, wirtlich, züchtig, keusch und fromm.« Eine andere Inschrift, die als *Laudatio Turiae,* Lob der Turia, bekanntgeworden ist, erzählt die Geschichte einer Ehe in Kriegszeiten, ein schier endloses Ordal von Trennungen und Prüfungen, denn der Mann focht während der Bürgerkriege auf republikanischer Seite gegen Cäsar und später gegen Antonius und Octavian. Endlich waren die Kriege vorbei, man verzieh ihm, und das Paar ließ sich nieder. Nun stellte es sich aber heraus, daß die Frau unfruchtbar war, woraufhin sie ihrem Mann die Scheidung anbot, damit er eine fruchtbare Frau nehmen könne. »Ich muß gestehen«, sagt er auf ihrem Grabstein, »dein Vorschlag hat mich so betrübt, daß ich fast den Verstand verlor.« Er redete ihr also den Gedanken aus, und so lebten sie, in Anhänglichkeit und ohne Kinder, bis zum Tode der Frau viele Jahre später.
Doch schreibt der trauernde Witwer, daß Ehen wie die seine in Rom eine ziemliche Seltenheit darstellten. Häufiger war offenbar der geradezu alltägliche Ehekrach, den Plautus in seinen Komödien beschreibt. Er sieht die

Römerin meist als habgierig, klatschsüchtig, neugierig und treulos – was unter den Umständen der Lieblosigkeit und geforderten Unterordnung der Frau kaum überraschend ist. Selbst Catull, den man nicht gerade als männerrechtlichen Traditionalisten im Sinne Catos und Ciceros betrachten kann, sah die Frau als unmündiges Wesen, das dem Ehemann uneingeschränkten Gehorsam schuldete. Nur in einer Beziehung war er zu Konzessionen bereit: Sobald sie Mutter geworden war, schuldete man ihr Respekt. Andererseits bedeutete dieser Respekt, daß die Tochter der Mutter ebenso unterworfen war wie dem Vater. So gehörte die jungverheiratete Frau in Catulls Meinung nicht etwa sich selber, sondern zu einem Drittel dem Vater, zum zweiten Drittel dem Ehemann und zum letzten Drittel der Mutter. Sie selber besaß keinen Anteil an ihrem Körper:

Doch, du Liebliche, darfst nicht streiten mit deinem Gemahle.
Unrecht wär's, zu streiten mit ihm, dem der Vater dich schenkte,
Er und die Mutter nicht minder, ein Kind muß den Eltern gehorchen.
Nur ein Drittel ist dein, dem Vater gehöret das andere,
Und das Dritte der Mutter. Du wirst mit zweien nicht streiten,
Die mit dem Brautschatz auch ihr Recht abtraten dem Eidam.

In seiner Komödie *Die Zwillinge* hat Plautus das Gespräch eines Vaters mit seiner Tochter niedergeschrieben, die sich bei ihm darüber beklagt, daß ihr Mann sie mit einer anderen betrüge und obendrein noch mit ihr schimpft, wenn sie ihn danach frage. Genau wie Catull gibt der Vater dabei dem Manne recht:

VATER
Wie oft schon hab' ich dir gesagt, daß du den Mann
Gewähren lassen sollst, nicht spionieren, was
Er treiben und wohin er gehen mag!

TOCHTER
Doch wenn
Er eine Liebschaft hat mit einer Dirne hier
im Nachbarhaus?

VATER
Da tut er recht, tut völlig recht!
Er soll, weil du so toll dich stellst, von mir aus sie
Noch derber lieben.

TOCHTER
Trinkt ja auch bei ihr!

VATER
Du meinst, daß er's um deinetwegen lassen soll,
Sei's dort, sei's wo's ihn sonst gelüstet? Himmel, das
Ist doch Vermessenheit! Du wirst am End' ihn gar
Dran hindern wollen, daß er wo zu Gaste gehn
Und selbst sich einen Gast zu Tische laden darf?
Verlangst du, daß dein Mann dein Untergebner sei?
Dann stell' doch lieber gleich den Wollkorb vor ihn hin
Und weis' ihm einen Platz bei deinen Mägden an,
Mit ihnen Woll' zu krempeln!

TOCHTER
So hab' ich also dich,
Vater, nicht *mir* zum Beistand hergerufen, nein,
Dem Mann? Du hältst zu ihm, du setzt dich für ihn ein?

VATER

Solange er dich gut in Schmuck und Kleidung hält,
Für deine Mägde und den Haushalt reichlich sorgt,
Da solltest du, mein Kind, auch recht vernünftig sein.

Als Musterbeispiel, wie sich eine verständnisvolle Römerin beim Ehebruch ihres Mannes benehmen solle, erwähnt Valerius Maximus (VI, 7, 1) die Tertia Aemilia, Gattin des älteren Scipio Africanus: »Wenn sie merkte, er habe an einer seiner Mägde Gefallen gefunden, tat sie so, als sähe sie es nicht, um nicht den Bezwinger der Welt, den Africanus, wegen Zügellosigkeit beschuldigen zu müssen.«

Im 2. und 1. Jahrhundert vor unserer Zeitrechnung betrachtete der Römer den Ehebruch, wie man heute vielleicht das Mogeln bei der Steuererklärung auffaßt: als eine harmlose Übertretung, ein Kavaliersdelikt, das man von einem »richtigen Mann« erwartete, damit er seine Zivilcourage bewiese. Nur durfte man sich dabei nicht erwischen lassen. Ovid meinte, der Ehebruch sei bereits dadurch gerechtfertigt, daß der betrogene Ehemann durch den Geschlechtsverkehr seiner Frau mit anderen Männern ja nichts Konkretes, Materielles verlöre:

Töricht ist auch ihr Gemahl.
Warum nur sucht er zu hüten,
Wovon er gar nichts verliert?

Deshalb sei es gerechtfertigt, ja geradezu geboten, den Ehemann über die Untreue seiner Frau im dunkeln zu lassen:

Laß ihn, den Narren, allein
Doch seiner Eifersucht frönen!
Laß ihn glauben, daß ihm
Treu ist, die vielen gefällt!

Hinter all dieser scheinbaren Liberalität Ovids verbirgt sich ein gerüttelt Maß an Misogynie, denn sie setzt voraus, daß die Frau, wenn der Mann gut zu ihr ist, ihn unweigerlich betrügen wird, so daß seine Güte die eigentliche Schuld für den Ehebruch trägt:

Ehbruch ziehst du herbei, da Gelegenheit du und Zeit gibst.
Was hat andres die Frau, als was du rietest, getan?
Was beginnen? Ihr Mann ist fort, ein geschmeidiger Gast da,
Und im ledigen Bett graut ihr zu liegen allein.
Zusehn mochte der Mann, die Gattin sprech ich von Schuld frei.
Sich zunutze gemacht hat sie die Güte des Mannes.

Ovid selber hatte drei Frauen und eine beachtliche Anzahl von Mätressen. In *Amores* (II, 12) prahlt er mit seinen Eroberungen verheirateter Frauen:

Sie, die der Gatte, der Wächter, die feste Tür, so viele Feinde
Wahrten, daß keinerlei Kunst konnt' überschreiten den Wall.
Das ist wahrhaftig ein Sieg, wohl würdig des höchsten Triumphes,
Ohne daß deshalb mit Blut ward eine Beute befleckt.
Niedrig war'n nimmer die Mauern, kein schmaler Graben die Festung
Schützte – mein Feldherrntalent brachte das Mädchen zu Fall!

Er gibt nicht nur Rat, wie man es anstellt, daß die eigene Ehefrau einem nicht auf die Schliche kommt, sondern wie man zwei Freundinnen, mit denen man gleichzeitig Affären hat, davon abhält, daß sie voneinander erfahren:

Wenn, was wohl du verbargst, trotzdem als geschehn an den Tag kommt,
Leugne du dennoch stets, liegt's auch am Tage, das ab.
Sei nicht mehr, als gewohnt, dann unterwürfig und schmeichelnd,
Solches Benehmen zeugt sehr für ein schuldiges Herz.
Sondern schone des Leibs dann nicht: in *einer* Umarmung
Lieget der Friede, sie tilg' anderer Liebe Verdacht.

Überhaupt ist mit sexueller Befriedigung der Frau der häusliche Friede stets erkaufbar, einerlei wie heftig der Streit vorher gewesen sein mag:

Wenn sie raset vor Wut, wenn als grimmige Feindin sie auftritt,
Bitt' um der Liebe Gunst dann, und du siehest sie sanft.

Daß der Mann mehr als einer Frau bedürfe, hält er für selbstverständlich:

Doch soll mein Urteilsspruch nicht zu einer einzigen Frau euch verdammen,
Das kann verlangen, bei Gott, selbst eine Ehefrau kaum.
Nein, amüsiert euch, doch bergt ein Vergehen sittsam im Dunkeln,
Rühmet euch nicht groß eurer Schuld, wenn es einmal geschehn.
Meide auch jedes Geschenk, das die andre könnt wiedererkennen,
Wähle zum Seitensprung niemals die nämliche Zeit.
Und daß dich nicht erwisch' im bekannten Verstecke die Freundin,
Darfst du mit jeder dich nicht treffen am selben Ort.

Der Rat war nötig, denn der Römer neigte dazu, mit seinen Eroberungen zu prahlen. In Pompeji und Herkulaneum fand man manche Sprüche wie diesen: »Hier entsinne ich mich, ein Mädel gevögelt zu haben. Nicht verrat ich's der Gattin, wenn sie vor Neugier auch platzt.«

Wie die Ehe selber, so war auch der Ehebruch eine Sache des Privat- und nicht des öffentlichen Rechts. Der Gatte konnte mit seiner im Ehebruch ertappten Gattin machen, was er wollte. In den Zeiten der Republik wurde sie meist vor ein Familiengericht gestellt, das über Leben und Tod entscheiden konnte. Das mindeste, was sie zu befürchten hatte, war mit Schimpf und Schande aus dem Haus des Gatten gejagt zu werden. Damit war ihr Leben ruiniert. Ihre Eltern nahmen sie nicht mehr auf, kein Mann heiratete sie, und ernähren konnte sie sich auch nicht, da es keine selbständige Frauenarbeit gab. Sie vegetierte also meist dahin, bis sie Hungers starb.

Der Gatte konnte sie natürlich ebensogut gleich hinrichten lassen. Es gab niemanden, der ihn daran hindern durfte. Cato sagte noch im 2. Jahrhundert v. u. Z.: »Wenn du deine Gattin im Ehebruch ertappst, so kannst du sie ungestraft und ohne Gericht töten. Treibst du selber aber Ehebruch oder wird mit dir Ehebruch betrieben, darf sie nicht wagen, dich auch nur mit dem Finger zu berühren.« (*Gell.* X, 23, § 5). Weiter kann Doppelmoral kaum gehen. Da es aber keinerlei gesetzliche Maßnahme gab, mit der man eine Frau des Ehebruchs anklagen konnte, sann Catos systematisches Patriarchenhirn doch noch auf eine Methode, die Ehebrecherin nach öffentlichem Recht, vorzugsweise nach dem Strafrecht, zu verdammen. Dabei ging er von dem Gedanken aus, daß Ehebruch so gut wie Mord am Ehemann, und zwar heimtückischer Mord, sei, so daß man die Ehebrecherin wie eine

Giftmörderin behandeln solle: »Jede Ehebrecherin ist eine Giftmischerin und sei als solche zu bestrafen« (*Quint.*, V, 11, 39). Man sieht: Keine Rechtsbeugung, einerlei wie widersinnig, war dem Vaterrecht fremd, wenn es darum ging, seine Macht über die Frau zu festigen.
Da die Frau als Privateigentum des Mannes galt, hatte der Mann natürlich auch das Recht, den Verführer der Frau wie einen Dieb zu behandeln. Das reichte von Schlägen über anale Vergewaltigung bis zur Entmannung und Tötung. Deshalb warnt Horaz vor den Gefahren des Ehebruchs und zieht seine kleinen Nuttchen den verheirateten Frauen vor (*Satire* I):

Die schönsten Namen geb' ich ihr und brauche nicht zu sorgen, daß
Mitten in der Schäferstunde der Mann vom Lande heimkehrt, die Tür erbrochen
Wird, die Hunde bellen, daß das ganze Haus ringsum von Lärm erschallt,
Das Mädchen leichenblaß vom Lager aufspringt, die vertraute Dienerin
Ihr Unglück laut bejammert und für ihre Knochen fürchtet, daß die
Ertappte um ihre Mitgift bangt, ich selbst um meinen Kopf. Im flatternden
Hemd, mit nacktem Fuß muß man fliehen, sonst kostet's Buße, oder schwere
Schläge oder mindestens den guten Ruf ...

In *Serm.* I, 2, 41 ff., zählt er andere Strafen auf, die dem Ehebrecher drohen:

Jählings stürzte sich jener vom Dach, der wurde mit Geißeln
Fast zu Tode gepeitscht, der fiel beim Fliehen in grauser
Rächer Gewalt, ein andrer bezahlte mit Gelde das Leben,
Diesen verlötet der Stallknecht des Hauses, man konnt' es erleben,
Daß mit dem Schwert sie einem die Hoden und lüsterne Rute
Ganz abschnitten ...

Martial gibt in II, 47 die folgenden Beispiele der Bestrafung ertappter Ehebrecher: »Sempronius Musca ertappte Caius Gallius beim Ehebruch und züchtigte ihn mit Geißelhieben. Caius Octavius, der bei Caius Memmius dieselbe Entdeckung machte, hieb ihn mit Riemen, Carbo Accenius wurde von Vibienus, und Pontius von Publius Gernius ertappt und entmannt. Der Gatte, der Cneius Furius Brocchus bei jenem Verbrechen antraf, gab ihn seinen Sklaven preis. Niemand tadelte diese Männer dafür, daß sie ihrem Zorne freien Lauf gelassen hatten.«
Die verhältnismäßig mildeste Strafe war noch, daß man dem ertappten Liebhaber, wie im alten Hellas, die Haare am Hintern mit glühender Asche abbrannte und ihm danach einen Rettich oder eine Meeräsche in den After trieb (*Juvenal.* X, 317):

Und dem Ertappten im Arsch schon sitzt der schmerzende Meeraal ...

Oder bei Catull. XV:

In das offene Tor gespreizter Beine
Stopf' man dir einen Aal hinein und Rettich ...

Dem psychoanalytisch geschulten Beobachter wird natürlich die immer wieder auftauchende Analsymbolik der Rache auffallen. Denn eine weitere Strafe, die privatrechtlich anerkannt und durch jahrhundertlange Tradition erhärtet war, bestand in der kollektiven analen Vergewaltigung des ertappten Täters durch die Agnaten des betrogenen Ehemanns. Man nannte dies *familiae stupeandrum.* Weitere Strafen bestanden im Abschneiden der Nase (stets ein Penissymbol und damit ein symbolischer Akt der Kastration) und der Irrumation des Ehebrechers. Daher ermahnt Martial auch in II, 47 den Gallus, die Netze einer berüchtigten Ehebrecherin zu vermeiden, damit er nicht, falls erwischt, von ihrem Manne irrumiert würde:

Meinst du, es hilft dir dein Arsch? Ihr Gemahl ist kein Päderast. Nur
Zweierlei hat für ihn Reiz: entweder Mund oder Fut!

Und zu dem Ehemann, der die Nase seines Rivalen abschnitt (III, 85):

Mensch, wer hieß dich, die Nase dem Ehebrecher zu verstümmeln?
Der Teil ist es ja nicht, der sich versündigt hat!
Narr, was hast du getan? Es verlor die Gattin dir hier nichts,
Da ja der Piephahn ganz heil bei deinem Deiphobus ist.

Finanziell gewitzte Ehegatten zogen es natürlich meist vor, dem ertappten Liebhaber eine Geldstrafe aufzubrummen oder sich, wenn der andere Mann Einfluß besaß, von ihm berufliche Vorteile, Aufnahme in den Ritterstand oder ähnliche Entschädigungen verschaffen zu lassen. Der erste Versuch, in das Chaos dieser privatrechtlichen Erpressungs- und Racheformen Ordnung zu bringen, wurde von Augustus, selbst ein Experte im Ehebruch, unternommen. Das Interessante an seinem Ehebruchsgesetz *lex Iulis de adulteriis* ist nicht etwa das, was es an Strafen ersann, sondern was es straffrei oder innerhalb der Sphäre des Privatrechts beließ. Selbstverständlich wurde die Frau bestraft: Wenn sie Geld hatte, mußte sie die Hälfte ihrer Mitgift und den dritten Teil ihres Vermögens aufgeben und wurde auf eine Insel verbannt. Auch dem Ehebrecher drohte Verbannung, die er aber meist durch Zahlung einer Geldbuße abwenden konnte. Gehörte er den »niederen« Schichten an oder besaß er kein Vermögen, so drohte ihm körperliche Züchtigung. Zu diesem Zweck schuf Augustus eine feste Strafkammer, die Mommsen »eine der eingreifendsten und dauerndsten strafrechtlichen Neuschöpfungen, welche die Geschichte kennt« genannt hat.

Gestraft wurde aber nur der Einbruch in eine fremde Ehe, nicht die Verletzung der eigenen. Der Gatte der verführten Frau war verpflichtet, sich scheiden zu lassen, sonst wurde er wegen Kuppelei bestraft. Der Kuppelei machte sich auch jeder andere Mann schuldig, der die wegen Ehebruchs geschiedene Frau heiratete (*Dig.* 48, 5, 30 I). Also wieder einmal Strafen, die hauptsächlich gegen die Frau gerichtet waren. Dem Gatten war nach wie vor erlaubt, den Ehebrecher zu töten, wenn es ein Freigelassener oder ein »minderwertiger« Mensch war. Also eine Klassenjustiz: der ertappte Patrizier durfte nicht getötet werden, der ertappte Plebejer mußte sein Leben opfern.

Die Widersprüche in den augusteischen Sexualgesetzen, die tatsächlich, wie Mommsen korrekt erfaßt hat, den ersten Versuch in der abendländischen Geschichte darstellen, das gesamte Sexualleben eines Volkes zu regulieren, werden erst dann verständlich, wenn man in den Gesetzen nicht etwa den Zweck sieht, die römische Moral zu festigen, sondern Nachkommenschaft zu zeugen – denn Rom brauchte Soldaten. Einerseits wurden also Belohnungen und Privilegien für Verheiratete und Kinderreiche ausgesetzt, während den Junggesellen Strafen angedroht wurden. Andererseits wurde das Konkubinat aus der Reihe der illegitimen Verbindungen herausgelöst und als legitim erklärt. Die dem Konkubinat entsprungenen Kinder erhielten volle Bürgerrechte und hatten Erb- und Unterhaltsansprüche gegenüber dem Vater.

Das Paradoxe dieses Gesetzes, das Augustus weitgehend unter dem Einfluß seiner Tochter Iulia erlassen hatte und das deshalb auch ihren Namen trug, war seine Anwendung gegen Augustus und Iulia selber. Denn es ermächtigte jeden Bürger, gegen eine Frau, welche die eheliche Treue gebrochen hatte, Anzeige zu erstatten, wenn der Gatte oder Vater die Anklage unterließ. Dieses Gesetz wurde nun von den politischen Gegnern der Iulia gegen sie zitiert, weil sie in der Zwischenzeit mit Sempronius Gracchus Beziehungen fortgesetzt hatten, die sie bereits zu Lebzeiten ihres Gemahls Agrippa aufgenommen hatte. Dadurch kam Augustus in die Lage Wotans, der seine eigene Schöpfung zerstören muß, wenn er die in seinen Speer eingeritzten Runen als Grundlage der Rechtsprechung aufrechterhalten will. Augustus war gezwungen, seine geliebte Tochter zu verbannen.

Obgleich der Zusammenbruch der alten Sitten und Bräuche, der bereits in der frühen Kaiserzeit begonnen hatte, den Status der Frau verbesserte, weil einfach niemand mehr die Willenskraft aufbrachte, die Frau so zu unterdrücken, wie die Gesetze es verlangten, zeigte auch das Scheidungsrecht bis zum Falle Roms jene mangelnde Gleichberechtigung der Geschlechter, die uns in allen anderen Aspekten des römischen Rechts entgegentritt. Nach Plutarch (*Rom.* 22) soll Romulus bereits ein Gesetz erlassen haben, »das der Frau untersagte, ihren Mann zu verlassen, dem Mann aber erlaubte, seine Frau wegen Giftmischerei, wegen Unterschiebung fremder Kinder, wegen Nachmachens der Schlüssel oder wegen Ehebruchs zu verstoßen«.

Solange die Frau in der Ehegewalt *(manus)* ihres Mannes war, konnte sie keine Scheidung erzwingen. Er jedoch konnte sich jederzeit, ohne irgendeine staatliche oder gerichtliche Instanz zu befragen, von ihr scheiden lassen. Einer der erlaubten und traditionellen Gründe war, daß sie ohne sein Wissen Wein getrunken hatte (*Gell.* IV, 3, u. X, 13; *Cic. Phil.* II, 28; *Valer. Maxim.* II, 1, 4; *Plin.* XIV, 12; *Dionys.* II, 25). Wollte er eine Aussprache mit ihr vermeiden, ging er einfach auf Reisen und schickte ihr einen Scheidungsbrief, dem sie nicht widersprechen konnte (*Cic. Ad Attic.* I,10). War die Ehe per *usus* geschlossen, so brauchte er bloß durch einen Freigelassenen sagen zu lassen: *Tuas res tibi agito* – »Nimm deine Sachen mit dir fort!« Juvenal, nicht gerade ein Frauenfreund, fand daß dies doch ein wenig zu weit ging und parodierte es in den folgenden Zeilen (VI, 146 ff.):

Schnüre dein Bündel, ertönt's von dem Freigelassenen, und gehe!
Du bist schon uns zur Last, weil du zu häufig dich schnäuzest, also geh'
Schleunigst und eil': Es ersetzt mit trockener Nase dich eine.

Und in der Tat wurden die Vorwände zur Scheidung immer ärmlicher, transparenter und schäbiger. So trennte sich Caius Sulpicius Gallus von seiner Frau, weil sie sich unbedeckten Hauptes auf der Straße gezeigt hatte: »Setzest du dich den Blicken anderer aus, so erweckst du in ihnen unnütze Wünsche, machst dich verdächtig oder bekennst dich als schuldig.« Quintus Antistius Vetus verstieß seine Gattin, weil er sie auf der Straße mit einem Freigelassenen reden sah. Publius Sempronius Sophus sagte sich von seiner

Frau los, weil sie ohne sein Wissen in den Zirkus gegangen war (*Val. Max.* VI, 3, 11 bis 14). Ein Senator wurde von einem Freund gefragt, weshalb er sich denn von seiner schönen, untadeligen Gattin trennen wolle, und antwortete: »Sieh dir meinen Schuh an. Schön und untadelig, nicht wahr? Und dennoch merkst du nicht, daß er mich drückt.«

Meist ließ sich der Mann aus dem einfachen Grunde scheiden, daß ihm seine langjährige Ehepartnerin zu alt geworden war. Juvenal beschreibt das in VI, 142 ff.:

Aber Sertorius liebt doch glühend die Bibula? Prüft man's
Näher, so gilt dem Gesicht und nicht der Gattin die Liebe.
Laß drei Runzeln entstehn und die Haut sich verwelkt erschlaffen,
Laß schwarz werden die Zähne und tiefer die Augen, schon ist's vorbei.

Aber der häufigste Scheidungsgrund war einfach Geld: Sowie ein Mann eine Chance sah, eine reiche Frau zu heiraten, verstieß er seine gegenwärtige Gattin und heiratete eine neue. So der Tugendbold und Moralprediger Cicero, der eine neue Mitgift brauchte. So auch der Vaterrechtler Cato, der seine Marcia, Mutter seiner drei Kinder, an den reichen, schwerkranken Hortensius verkuppelte, um sie dann nach dem Tode des Hortensius mit dessen riesigem Vermögen angereichert, wieder zurückzunehmen. Manche Männer ließen sich auch von ihren Gattinnen scheiden, um übelbeleumdete reiche Frauen zu heiraten und sich dann gleich wieder von diesen unter Berufung auf deren schlechten Lebenswandel, aber bereichert um deren Eigentum, scheiden zu lassen.

Andere ließen sich weniger des Geldes als der Laufbahn und der politischen Beziehungen halber scheiden. So heirateten Cicero zweimal, Ovid und der jüngere Plinius dreimal, Cäsar und Antonius viermal, Sulla und Pompeius fünfmal. Nachdem die Männer die Institution der Ehe auf diese Weise zur Farce gemacht hatten, wurde es schwer, der Frau das Recht der Scheidung vorzuenthalten, anfangs allerdings nur bei sehr triftigen Gründen, zum Beispiel bei Impotenz. Im Laufe der Jahre, etwa vom Ende des Zweiten Punischen Krieges bis zum Ende des 1. Jahrhunderts unserer Zeitrechnung, wurden weniger triftige Gründe akzeptiert.

Die öffentliche Meinung hielt nur diejenigen Frauen für sittlich, die nach einer Scheidung oder gar nach dem Tode ihres Gatten nicht wieder heirateten. Im römischen Königreich und der frühen Republik waren solche Frauen mit dem Kranze der Keuschheit belohnt worden. Noch Martial schrieb in einer Grabehrung (X, 63, 7, 8):

Seltner Ruhm eines eh'lichen Bettes ward hier mir beschieden:
Nur einen einzigen Schwanz hat meine Keuschheit gekannt!

Heiratete eine Witwe innerhalb von weniger als zehn Monten nach dem Tode ihres Mannes zum zweiten Male, so wurde sie nach älterem und klassischem Recht von der prätorianischen Infamie betroffen. In der nachklassischen Zeit geschah dies sogar, wenn die Heirat innerhalb eines Jahres nach dem Tode des ersten Gatten stattfand. Das gleiche galt für Frauen, die innerhalb weniger als einer Jahresfrist nach einer Scheidung von neuem heirateten. Domitian strich einen römischen Ritter aus der Richterliste, weil er seine geschiedene Frau wieder geheiratet hatte. Aber dies waren Ausnahmefälle. Normalerweise stand das Gesetz zwar im Gesetzbuch, aber niemand hatte genügend Zeit, Neigung oder Rechtsbewußtsein, darauf zu achten, daß die Gesetze auch befolgt wurden.

Der Grund lag nicht nur in jener Diskrepanz zwischen dem raffinierten Rechtsdenken der Legislative und dem Verfall der Exekutive, die wir wiederholt erwähnt haben, sondern auch in der Tatsache, daß die Kaiser nahezu alle sexuellen Rechtsverletzungen durchgehen ließen, solange sie zur Steigerung der Geburtenziffer führten. Denn größer als alle Probleme der Scheidung und Wiederheirat war das der Ehelosigkeit und das daraus erwachsende der Kinderlosigkeit, das die Kaiser, in ihrer Funktion als Heerführer und Kriegsminister, zur Verzweiflung trieb. Je leichter es wurde, sich außerhalb der Ehe sexuell zu vergnügen, desto unpopulärer wurde die Ehe. Die Zensoren versuchten, Junggesellen systematisch mit Vermögensnachteilen zu belasten, womit Cicero natürlich einverstanden war: »Die Zensoren sollen verhindern, daß man ehelos lebt« (*de leg.* III).

Nach Val. Max. (II, 9) begannen die Versuche der Behörden, den Geburtenschwund zu verhindern, bereits im 5. Jahrhundert v. u. Z. Nach Livius (*ep.* 59) und Gellius (I, 6) hat dann im Jahre 131 v. u. Z. der Zensor Quintus Caecilius Metellus Macedonicus jene berühmten Worte gesprochen, die so viel über die Gründe der römischen Ehelosigkeit besagen: »Wenn wir ohne Frauen leben könnten, würden wir das natürlich nur allzu gern tun. Aber da es nun einmal ein Gesetz der Natur ist, daß wir mit den Frauen nicht glücklich, ohne sie aber überhaupt nicht leben können, so müssen wir eben mehr für das Wohl des Staats als für unseren sexuellen Genuß sorgen« (Aulus Gellius, *Noctes Atticae* IV, 4, § 1 bis 4). Die Ehe war also das Opfer, das man dem Staate brachte, damit er Soldaten habe. Zum sexuellen Genuß war die Ehe nicht nur unnötig, sondern eher hinderlich.

Es ist bezeichnend für den Widerspruch von Theorie und Praxis im römischen Vaterrecht, daß Vaterrechtler wie Cicero und Seneca, die durchaus mit Metellus übereinstimmten, in der Praxis etwas ganz anderes taten. »Cicero, von Hirtius gefragt, ob er nicht nach seiner Trennung von der Terentia dessen Schwester heiraten wolle, sagte, er werde überhaupt nicht mehr heiraten, da er nicht gleichzeitig sich um die Philosophie und um eine Frau kümmern könne« (*Sen. fr.* XIII, 61). Seneca selber, der uns dies mitteilt, sagte: »Vollends aber zu heiraten, um Kinder zu zeugen, damit entweder unser Name nicht untergehe oder daß wir Stützen im Alter oder gar Erben haben mögen, das ist das Allerblödeste« (*fr.* III, 58).

Hinzu kommen aber zwei Punkte, die wir normalerweise nicht in den Geschichtsbüchern finden. Erstens enthielt von frühester Zeit an die Bevölkerung Roms mehr Männer als Frauen, gegen Beginn der Kaiserzeit rund 17 Prozent mehr. Zweitens war die Armut des großstädtischen Proletariats so gravierend, daß viele Familien unterhalb des Existenzminimums lebten und ihre Kinder in den ersten Jahren verhungerten. Plutarch schreibt (*de amore prolis* VII, S. 936): »Die Armen ziehen keine Kinder auf, da sie fürchten, daß sie, aufgezogen, schlechter als es sich geziemt, dran sein werden, nach Sklavenart oder gar nicht erzogen und aller Güter entbehrend.«

Das römische Gesetz, das an alles dachte, unterschied sorgfältig zwischen dem ehelichen Geschlechtsverkehr, *conjugium*, und dem Geschlechtsverkehr als staatserhaltender Funktion, *conubium*. Es dachte an alles – außer an das eine, das uns heute so wichtig scheint: die Liebe. Zumindest gab es keine Rechtfertigung und keinen moralischen Rückhalt für sie. Tacitus hat deshalb gesagt (*Hist.* I, 6): »Der echte Römer heiratete ohne Liebe und liebte ohne Feinheit und Hochachtung.« Das war das Resultat einer vaterrechtlichen Ordnung, die mit aller Macht gegen das immer noch rege Erbe des Mutterrechts zu kämpfen hatte. Denn nur dort, wo Gleichberechtigung der Geschlechter besteht, kann Liebe existieren.

5 Kindheit, Jugend, Adoption im römischen Patriarchat

Wir haben bereits auf vier rechtliche Maßnahmen hingewiesen, die den Status des römischen Kindes maßgeblich von dem in anderen Kulturen unterschieden:

1. Die *patria potestas*
2. Das Recht des Vaters, den Kindern seiner Frau die Anerkennung zu verweigern
3. Das Recht des Vaters, seine Kinder auszusetzen
4. Das Adoptionsrecht des Vaters.

Die *patria potestas* war eine Gewalt über Leben und Tod. Sie konnte nur durch Versterben des Vaters gebrochen werden und stellte damit den absoluten Machtanspruch des Vaterrechts dar.

Das *Recht auf Anerkennung* oder Ablehnung des Kindes war eine vaterrechtliche Maßnahme von äußerster Gewichtigkeit: ein Eingriff in die biologische Ordnung. Durch ihn abrogierte der Mann das Naturrecht. Von nun an war die Grundlage des Mutterrechts zerschlagen. Die Frau konnte sich nicht mehr damit brüsten, sie wisse stets, welches Kind das ihre sei, während der Mann das nie mit Sicherheit wissen könne. Denn von nun an verkündete der *Mann*, welches Kind das seine war: das, das *er* anerkannte. Die Natur war entmachtet, die Willkür zum Prinzip erhoben worden.

Das *Recht der Kindesaussetzung* bedeutete in der Praxis das Recht der Tochteraussetzung: Selbst die Ärmsten der Armen setzten nur selten einen Sohn aus, denn der Sohn konnte die Familie schon von früher Kindheit an unterstützen. Die Tochter dagegen konnte bestenfalls im Haushalt helfen, bis sie heiratsfähig war; dann mußte sie ausgestattet werden, und die Aussteuer fraß oft die gesamten Familienersparnisse auf. War die Familie also zu arm, um noch weitere Kinder zu ernähren, mußten meist die Mädchen dran glauben, in einem einsamen oder ausdrücklich zu diesem Zweck bestimmten Ort ausgesetzt zu werden, in der Hoffnung, daß sich ein wohlhabender Mensch ihrer erbarme. Sonst verhungerten sie. Der Staat schritt nicht gegen diese Praxis ein. Manche Städte versuchten, solche Praktiken durch Ortsstatuten zu unterbinden; es fehlte auch nicht an privaten Stimmen, die sich gegen die Aussetzung erhoben, aber die kaiserlichen

Dekrete begnügten sich damit, die Rechtsstellung solcher Findelkinder zu regeln.

Auch das *Adoptionsrecht* war ursprünglich als Kampfmaßnahme des Patriarchats gegen das Mutterrecht eingeführt worden. Es war die juristische Negation der Biologie. Es sollte besagen: »Ich, der Vater, benötige keine Frau, um Söhne zu zeugen!« Deshalb gab es auch kein Adoptionsrecht der Frau.

Wollte sie Kinder haben, sollte sie auf den Mann angewiesen bleiben. Wollte aber der Mann Kinder haben, sollte ihm das jederzeit möglich gemacht werden, ohne sich in die Gewalt seiner Gattin zu begeben. Das verunsicherte natürlich den Status der Frau als Gattin und Mutter, und so war es auch gemeint; denn im Gegensatz zu Hellas, wo die Frau zumindest durch ihre Fähigkeit, dem Gatten Nachwuchs zu gebären, eine unersetzliche Rolle in der Familie ausübte, konnte der römische Ehemann, wenn er ein eigenes Kind haben wollte, es außerehelich zeugen und dann adoptieren. Eine solche Praktik war dem naturrechtlichen Denken des Matriarchats völlig fremd, denn dort war das Kind nur mit der Mutter, nicht mit dem Vater verwandt, und wer nicht von Natur verwandt war, konnte auch nicht durch einen privaten Rechtsakt zum Verwandten gemacht werden. Jegliche Form der privaten Adoption war mutterrechtlich undenkbar. Nur die Sippe konnte einen Fremden aufnehmen, aber selbst das nur nach einem komplizierten Ritus von Tod und Wiedergeburt.

Das Adoptionsrecht des Mannes stellt also einen wichtigen Meilenstein auf dem Wege zur völligen Unterjochung der Frau dar und kennzeichnet das römische im Vergleich zum griechischen Recht als ein späteres und ausgebildeteres Stadium des Vaterrechts. Es erlaubte dem Römer außerdem, seine Geliebte legal als Adoptivtochter in den Haushalt einzubringen, so daß die Kinder, die er mit ihr zeugte, von vornherein als seine legitimen Enkel zur Welt kamen.

Die Iulianischen Gesetze, die Augustus in den Jahren kurz vor und nach Beginn unserer Zeitrechnung erließ, hatten den Zweck, die Geburtenziffer zu erhöhen, und ermutigten deshalb auch die Adoption ausgesetzter und unehelich geborener Söhne, die sonst vielleicht verhungert wären, ehe sie das militärpflichtige Alter erreicht hatten. Um die finanziellen Vergünstigungen zu erhalten, die der Staat den Pflegeeltern solcher Kinder gewährte, adoptierten tatsächlich viele Römer fremde Kinder, jagten sie aber dann wieder fort, sobald sie die staatlichen Subventionen erhalten hatten.

Die Kinderlosigkeit der römischen Bürger war, wie wir gesehen haben, das Kernproblem der Kaiserzeit. Einer der vielen Gründe hierfür war der Wunsch, die Reichen zu beerben – ein Wunsch, der organisch aus einer parasitären Gesellschaftsschicht erwachsen mußte, weil der Gedanke, sich Eigentum durch Arbeit zu verschaffen, überhaupt nicht in diesen Schichten bestand. Man hatte entweder das Glück, reich geboren zu werden, oder man gelangte durch Schmeichelei an den Reichtum anderer. Eine dritte Möglichkeit gab es nicht. So führte die Kinderlosigkeit zur Erbschleicherei, und die Erbschleicherei zur Kinderlosigkeit. Nero Petron schreibt: »In dieser Stadt erkennt niemand Kinder an, denn wer Leibeserben hat, wird weder zu Gastmählern geladen noch zu Lustbarkeiten zugelassen, sondern von allen Vorteilen ausgeschlossen, und führt unter den mit Schande Bedeckten ein unbekanntes Leben. Die aber nie geheiratet haben und keine nahen Verwandten besitzen, gelangen zu den höchsten Ehren und werden für die einzigen vortrefflichen Menschen und sogar für schuldlos gehalten.«

Daß Petrons Schilderung kein bloßes Phantasiegemälde war, zeigen die eben erwähnten Klagen über Scheinadoptionen, durch welche Kinderlose die Vorrechte der Familienväter erschlichen. Seneca, der oft mit großer Erbitterung von der Erbschleicherei spricht, richtete an eine Mutter, die ihren einzigen Sohn verloren hatte, folgende Trostschrift: »Um einen sehr unwahrscheinlich klingenden, aber doch wahren Trost anzuwenden, so gibt in unserer Stadt Verwaisung mehr Einfluß, als sie entreißt, und Einsamkeit führt das Alter, das sie seiner Stützen zu berauben schien, vielmehr so sicher zur Macht, daß viele Feindschaft gegen ihre Söhne heucheln, ihre Kinder abschwören und sich eine künstliche Verwaisung schaffen.« Der ältere Plinius nennt Erbschleicherei den einträglichsten Erwerb; auch nach ihm stand die Kinderlosigkeit in Ehre und höchstem Ansehen: Die Kinderlosen wurden von den Reichen zu Gast geladen, die Vornehmen schmeichelten ihnen, die Redner erteilten ihnen ihren Beistand umsonst. Wenn ihnen aber ein Kind geboren wurde, waren sie plötzlich freund- und machtlos.

Die Vorteile, die den Kinderlosen zuflossen, wenn sie eine Erbschaft zu vergeben hatten, wogen also die Nachteile, die ihnen durch die Ehegesetzgebung des Augustus erwuchsen, bei weitem auf. Sie konnten von den Erbschaftsjägern beinahe alles fordern und erwarten, von kleinen Aufmerksamkeiten bis zu Dienstleistungen, die mit persönlicher Aufopferung verknüpft waren. Sie wurden mit Geschenken überhäuft, man schickte ihnen Leckerbissen aller Art. Wenn sie krank waren, wurden sie gepflegt. Sie brauchten nichts mehr selbst zu erledigen, man wusch und schneuzte sie sogar. Für ihre Gesundung wurden Gebete gesprochen und Opfer gebracht. Juvenal erwähnt, daß im Falle ihrer Genesung selbst Menschen geopfert wurden. Wenn sie in einen Rechtshandel verwickelt waren, drängte man sich dazu, sie zu verteidigen. Gewöhnlich gewannen sie dann. So wurde z. B. Pompeius Silvanus im Jahre 58 wegen Mißbrauchs der Amtsgewalt als Prokonsul von Afrika angeklagt. Seine Ankläger waren zahlreich, aber durch seinen Reichtum und seine Kinderlosigkeit wurde er freigesprochen. Ironischerweise überlebte er diejenigen, die ihm dazu verholfen hatten, und die Hoffnung hegten, ihn zu beerben.

Auch wenn die Kinderlosen Vorlesungen hielten oder Verse machten, hatten sie immer eine Schar von Bewunderern um sich. Der kinderlose Philosoph Annäus Cornutus soll sein volles Auditorium hauptsächlich der Hoffnung seiner Zuhörer, ihn einmal zu beerben, verdankt haben. Auch die Frauen schenkten den Anträgen der Kinderlosen gern Gehör.

Das Geschäft der Erbschleicher war aber ein sehr ungewisses, da diejenigen, die sie zu beerben hofften, ihre Opferwilligkeit ausbeuteten und ihrerseits versuchten, sie zu überlisten. So stellten sie sich blaß und krank und hüstelten; Plinius erzählt uns von einem reichen Römer, der sich sogar zur Anlokkung von Erbschaftsjägern durch ein Medikament eine künstlich bleiche

Gesichtsfarbe verlieh. Mancher versetzte sich auch in die Vorteile der kinderlosen Reichen, ohne wirklich reich zu sein. Ein berühmter Fall war der des Hochstaplers Tullius: Seine Güter in Afrika, die Schiffe, die von Karthago unterwegs waren, die ungeheuren Sklavenheere, mit denen er Bewunderer anlockte, waren erfunden.
Die Äußerungen der Schriftsteller aus den verschiedenen Perioden dieses Zeitraums sind im wesentlichen gleich. Die einzige Stelle in der ganzen Literatur dieser Ära, in der die Kinderlosigkeit beklagt wird, findet sich in einem Gratulationsgedicht des Statius an den Ritter Vibius Maximus zur Geburt eines Sohnes. Juvenal erwähnt, als er ein Dankopfer für einen aus Seenot geretteten Freund anordnet, daß dieser drei Kinder habe. Er sei also ein Mann, an den sonst nicht leicht jemand auch nur das Opfer eines kranken Huhnes oder einer Krähe verschwenden würde.
Augustus, dessen Familien- und Ehegesetze sich grundsätzlich von allen früheren und späteren Sexualgesetzen der römischen Geschichte unterscheiden, bot den Frauen deshalb einen interessanten Kuhhandel an. Da die Frau bis zur augusteischen Zeit gesetzlich unter der Vormundschaft eines Mannes stehen mußte, schlug der Kaiser vor, sie von dieser Vormundschaft zu befreien, wenn sie mindestens drei (bei ehemaligen Sklavinnen: vier) Kinder in die Welt setzte. Hier war der Gesetzgeber also bereit, seine Funktion als Hüter des Patriarchats gegen die des militärischen Schirmherrn einzutauschen, um die Frau zum Gebären zu bestechen. Oder zumindest die Frauen der herrschenden Klassen, denn die ganze augusteische Gesetzgebung galt ja nur für die beiden Stände der Hauptstadt, nicht für den Mittelstand und die Masse des Volkes.
Wie brachten die Römer, die ja nicht gerade sexuell enthaltsam waren, es nun fertig, so wenige Kinder zu produzieren? Die Armen setzten ihre Kinder aus, so daß sie in den meisten Fällen verhungerten. Die Reichen benutzten *coitus interruptus* oder Analverkehr. Selbst Seneca erwähnt die zweite Methode, als ob sie die Norm sei. Außerdem gab es eine Unmenge von Beeren, Früchten, Säften und anderen Substanzen, denen die Römer empfängnisverhütende oder abtreibende Eigenschaften zuschrieben. Julius Paulus Sententiae schreibt, daß Abtreibung mit Zwangsarbeit in Bergwerken und Steinbrüchen, mit Verbannung oder gar Hinrichtung bestraft wurde (V, 23, 14), aber dies muß erst spät im Kaiserreich geschehen sein, denn zumindest bis zu Augustus war Abtreibung straffrei.
Ovid, der sich in mancher Hinsicht erhaben über die Vorurteile der patrizischen Gesellschaft fühlte, verfiel den gleichen patriarchalischen Regungen, wenn es an den empfindlichsten Punkt des patristischen Bewußtseins ging: an das Recht, den männlichen Samen in Kinder umzusetzen, wenn es *ihm* paßte. Zwar war er genauso von den Vorteilen der Kinderlosigkeit überzeugt wie seine Zeitgenossen, aber wenn seine Freundin von sich aus die Entscheidung traf, keine Kinder zu haben, wurde er böse. Der Leib der Frau war für ihn, wie für alle Männerrechtler, der Privatacker, auf dem er seine Saat aussäen und seine Ernte einheimsen wollte. Verweigert sie ihm dieses Recht, bezichtigt er sie des Egoismus, ohne wahrzunehmen, wie egoistisch die Beschuldigung war:

Wozu frommt es, daß frei
Vom Kriegsdienst bleiben die Frauen
Und nicht folgen dem Heer
Wollen mit Schild und mit Speer,
Wenn sie mit eigenem Dolch,
Ohne Krieg, die Wunden sich schlagen
Und blind waffnen die Hand
Zu ihrem eignen Verderb?
... Die es als erste gelehrt,
Die zarte Frucht zu vertilgen,
Hätte es wahrlich verdient,
Selber zu sterben daran.
Nur, damit dir der Leib
Entstellt nicht werde von Falten,
Willst du auf Leben und Tod
Wagen den heutigen Kampf?

... Warum durchwühlt ihr den Leib
Von unten mit schneidenden Waffen
Und gebt grausiges Gift
Noch nicht Geborenen ein?

... Keine Löwin gab
So ihren Jungen den Tod.
Zarte Mädchen tun das allein –
Doch nicht ohne Strafe:
Oft geht, die ihre Frucht
Tötete, selber zu Grund.
Geht zu Grund, und man trägt
Sie mit offenen Haaren zur Brandstatt,
Und wer vorübergeht,
Ruft: »Das geschah ihr mit Recht!«

Für die römische Frau war die Last unehelicher Kinder nicht leichter als heute. Phädrus beschreibt das sehr überzeugend:

Niemand besucht die Stelle gern, die Unheil brachte.
Eine Frau lag, als die schwere Stunde nahte,
Da sie gebären sollte, weinend auf dem Boden.
Da mahnte sie der Mann: »Was liegst du nicht im Bett?
Dort kannst du deine Last am besten niederlegen!«
Da sprach die Frau: »Schweig mir vom Bett! Wie kann ich dort
Mein Leiden enden, wo ich es begonnen habe?«

Um Sklaven und Freigelassene davon abzuhalten, sie zu befruchten, entwikkelten die Frauen der herrschenden Klasse zwei Techniken – die Infibulation und die Kastration. Bei der letzten unterschied man zwischen *castrati veri*, denen man beide Hoden entfernt hatte, dem *spado*, dem man eine Hode belassen hatte, und dem *thlibias* oder *thlasias* dem man zwar beide Hoden gelassen, sie aber durch Zerquetschen unfruchtbar gemacht hatte.
Martial schrieb (VI, 67):

Wozu soviel Verschnitt'ne die Gallia habe, so fragst du
Pannychus? Weil sie gefickt sein will, doch ohne Gefahr.

Manche Patrizier ließen sich sogar entmannen, um bei den Frauen mehr Anklang zu finden, denn wer einen guten Penis hatte, aber keine Gefahr der Befruchtung darstellte, war natürlich besonders beliebt. Unter dem Druck der augusteischen Gesetze, die von der Patrizierin verlangten, daß sie bis zu einem bestimmten Alter heiratete, ehelichten manche Frauen solche Kastraten. Damit gehorchten sie dem Gesetz, brauchten aber trotzdem keine Befruchtung zu befürchten. Domitian war der erste Kaiser, der die Entmannung verbot. Gleichzeitig setzte er den Preis verschnittener Sklaven systematisch herab, damit der Anreiz zum Profit beim Weiterverkauf verschwände. Ovid meinte, daß derjenige, der Männer zu Eunuchen mache, selber verdiene, eunuchisiert zu werden (*amorum liber* II, 3, 4):

Wer den Knaben zuerst der Mannheit Glieder verstümmelt,
Wer die Wunden gemacht, hätte sie selber verdient.

Daß eine so kinderfeindliche Gesellschaft, oder zumindest eine so kinderfeindliche Herrscherklasse, einen ganz bestimmten Typus von Nachwuchs fördert, braucht kaum betont zu werden. Die Kinder der Patrizier wurden nicht von ihren Müttern, sondern von Ammen genährt, nicht von ihren Vätern, sondern von Sklaven erzogen. Sie wurden im Sinne des Patriarchats rücksichtslos geschlagen, um ihnen die Unterwerfung unter die Macht (und die Ausübung der Macht, das heißt: die Unterwerfung anderer) von frühester Zeit an einzuprägen.

Den Knaben der herrschenden Klasse war der Verkehr mit Prostituierten nicht nur von sehr frühem Alter an erlaubt, sondern geradezu vorgeschrieben. Es ist bezeichnend, daß die Verfechter des Rechts des Knaben auf Geschlechtsverkehr mit Prostituierten besonders bei den Vaterrechtlern zu finden sind – bei Cato, Seneca, Cicero. Als ein »achtbarer« Jüngling einen Puff verließ, sagte Cato: »Recht so! Das heiße ich Tugend. Dorthin, ihr jungen Leute, sollt ihr gehen, sobald euch die Brunst erhitzt. Das ist besser, als ehrbare Frauen geil zu umschleichen.« (Horat. *Sermonum* I, 2, 31 bis 35). Ähnlich Cicero in seiner Rede für Marcus Coelius XX: »Wenn jemand glaubt, daß den Knaben der Verkehr mit Dirnen verboten sei, so mag er strenge Grundsätze haben, aber er geht nicht konform mit den freien Sitten der Gegenwart, und übrigens auch nicht mit denen unserer Vorfahren. Denn wann sind solche Dinge nicht passiert? Wann war das verboten? Wann getadelt? Wann durfte man das Erlaubte nicht tun?«

Ähnlich auch Seneca (*Contr.* IX, 12): »Er hat nichts ausgefressen, er hat nur mit einer Nutte gevögelt. Das geschieht nun einmal. Er ist jung. Eines Tages wird er heiraten.«

In den *Brüdern* sagt Terenz (I, 2, 21 f.):

Nicht ist's Verbrechen, glaub mir, wenn ein junger Mann
Mal hurt ...

Was sich wie liberal, human und aufgeklärt anhört, ist in Wahrheit aber wieder einmal eine Schutzmaßnahme des Vaterrechts: Ehefrau und Tochter, die beide als Besitz des Vaters, als sein Privateigentum aufgefaßt wurden, sollten unbeschädigt bleiben. Also diente die Hure als offizieller Blitzableiter. Da die jungen Mädchen aber schon vom 12. Lebensjahr an, die jungen

Männer bereits mit 14 heiraten durften, dauerte die Abhängigkeit von Huren nicht allzu lange. Zumindest nicht für die jungen Männer. Mit wem sich die jungen Mädchen vor der Ehe vergnügten, fragte niemand, denn sie sollten ja, wie in allen vaterrechtlichen Gesellschaften, »jungfräulich« in die Ehe eingehen.
Juvenal sagt, es sei für den römischen Lehrer nicht leicht gewesen, »die Hände so vieler Knaben und ihre beim Erguß zitternden Augen« zu bewachen. Also muß Masturbation bei römischen Knaben nicht nur üblich, sondern sogar im Klassenzimmer häufig gewesen sein (VIII, 238 bis 241). Alle römischen Autoren, die das Thema behandelt haben (und das sind nicht wenige), sind sich darüber einig, daß der Römer stets die linke Hand zur Masturbation benutzte, die deshalb auch *sinistra manus* oder *pelex laeva* genannt wurde, was zwar wörtlich »linke Hand« oder »linke Freundin«, im idiomatischen Sprachgebrauch aber einfach »Onanierhand« bedeutete – »Wichsgriffel«, wie wir heute sagen würden. Wieso aber die Linke?
Kein römischer Autor und auch kein moderner Forscher gibt eine Antwort. Bachofen dagegen sagt in einem anderen Zusammenhange: »Die erste Beobachtung, in welcher sich diese Folgerichtigkeit der gynaikokratischen Gedankenwelt bewährt, liegt in dem Vorzug der linken vor der rechten Seite. Das Links gehört der weiblichen leidenden, das Rechts der männlichen tätigen Naturpotenz. Die Rolle, welche die linke Isishand in dem vorzugsweise dem Mutterrecht huldigenden Nillande spielt, genügt, um den hervorgehobenen Zusammenhang klarzumachen. Andere Tatsachen strömen dann in großer Anzahl herbei und sichern ihm seine ganze Wichtigkeit, Universalität, Ursprünglichkeit und Unabhängigkeit von dem Einfluß philosophischer Spekulation. In Sitten und Gebräuchen des bürgerlichen und des kultischen Lebens, in Eigentümlichkeiten der Kleidung wie der Haartracht, nicht weniger in der Bedeutung einzelner Ausdrücke wiederholt sich stets dieselbe Idee, der *maior honos laevarum partium,* die ›höhere Würde der linken Seite‹, und ihre innere Verbindung mit dem Mutterrecht.« (Bachofen, G. W., Bd. II, 18)
Die Frage nach dem Grund der Symbole ist eine so außerordentlich komplizierte, daß ich es nicht wagen möchte, sie hier zu diskutieren. Eines jedoch ist sicher: durch die ganze uns bekannte Antike und durch einen großen Teil der uns bisher nur teilweise verständlichen Vorgeschichte des Mittelmeerbeckens und seines Hinterlandes zieht sich der Glaube an gewisse Merkmale: die linke Seite war die der Mutter, die rechte die des Vaters; Mädchen, glaubte man, gingen aus dem linken Hoden, Knaben aus dem rechten hervor. Die linke Seite war die der irdischen Welt, die rechte die des Himmels. Links war die Materie, rechts der Geist; links die Erde, rechts die Luft; links die Nacht, rechts der Tag; links der Mond, rechts die Sonne; links die geraden Zahlen, rechts die ungeraden. Den Göttern der Erde, also den alten Muttergottheiten, opferte man noch in Platons Zeit Tiere in gerader Zahl, den neuen Vatergottheiten solche in ungerader Zahl (Platon, *Gesetze* IV).
Die linke Seite war die Ehrenseite der mutterrechtlichen Götter, die rechte die der vaterrechtlichen. Im mutterrechtlichen Ägypten galt die linke Isis-

hand als die mütterliche, die nährende. Nur sie wurde in Prozessionen herumgetragen. In römischer Zeit nannte man sie *manus aequitas,* die Hand der Gleichheit oder Gerechtigkeit. Semiramis und Rhodogyne trugen nur auf der linken Kopfseite gekämmtes Haar. Demeter und Bona Dea führten ihr Zepter in der linken Hand. Die Glücksgöttin Nike stand stets links. Die Athenepriesterin brachte das Opfer stets mit dem linken Arm dar. Theseus, durch Aphroditens Beistand aus dem Labyrinth gerettet, stiftete der Göttin auf Delos einen Altar aus lauter linken Hörnern. Dionysos trug sein Band am linken Arm. Alles Poseidonische war linksbetont. Zur Linken floß im Hades Lethe, das Wasser des Vergessens. Die Pelopiden, die Nachkommen des Tantalossohnes Pelops, trugen das Zeichen ihrer väterlichen Abstammung, das weiße Mal ihres Schutzpatrons, auf der rechten Seite; das Gorgonenhaupt, das Zeichen ihrer Mutter, aber auf der linken Schulter. Der Seher Melampos, der im mutterrechtlichen Tiryus lebte, und seine Nachfolger, die Melampoiden, leiteten ihre Mantik von der linken Körperseite her. Iamos, der Sohn des vaterrechtlichen Apollon, und seine Nachfolger, die Iamiden, leiteten dagegen ihre Macht von der rechten Körperseite ab.

Ehrung durch die Linke galt allgemein den chthonischen, tellurischen Göttern, den Gottheiten des Irdischen, den Göttern der Mutter. Ehrung durch die Rechte galt fast ausnahmslos den olympischen, himmlischen Göttern, den vaterrechtlichen Gottheiten. Deshalb opferte man den alten Göttern die inneren Organe der linken, den neuen Göttern aber bei allen Opfertieren die Organe der rechten Seite (Platon, *Gesetze* IV). Nach altetruskischem, matriarchalischem Augurenrecht war der linke Vogel glückbringend; nach dem Triumph des römischen Vaterrechts, der rechte. Der Erretter einer Stadt erhielt in alter Zeit den Platz zur Linken des Standbildes der Stadtgöttin; zur späteren Zeit den Platz zur Rechten des Stadtgottes.

Die Wertbetonung der linken Seite konnte sowohl durch Bekleidung wie durch Entkleidung ausgedrückt werden. Nacktheit des linken Fußes galt als eines der ältesten Symbole der Mutter. Von den Hernikern, einem mutterrechtlichen griechischen Stamm, der vor den Vaterrechtlern nach Italien geflüchtet war, hieß es, sie gingen nur mit nackten linken Füßen in die Schlacht. Iason, Günstling der mütterlichen Hera, war am linken Fuß unbeschuht, weil er seine linke Sandale im Sumpf verloren hatte. Der Sumpf aber war immer das Symbol des Reichs der Mütter. Die Athenepriesterin brachte ihre Opfer stets mit nacktem linken Arm dar.

Während der Zeit des Übergangs vom Mutter- zum Vaterrecht fand ein bewußter Versuch statt, die Symbole in ihr Gegenteil zu verwandeln. Zwar gab man beispielsweise noch zu, daß die Macht des Zaubers in der linken Hand lag, betonte aber bereits, daß die rechte Hand die Macht habe, den Zauber aufzuheben. Nach Plutarch schrieb Platon, als Apostel des Vaterrechts, die rechte Seite den Göttern zu, die linke den Dämonen. Plutarch selber betrachtete die rechte Hand als die schaffende, die linke als die zerstörende. Selbst die Semantik der Vaterrechtszeit arbeitete für die Männer. Das lateinische Wort *sinister,* das früher »glücklich«, »günstig« bedeutet hatte, wurde nun umgekehrt, um »unglücklich«, »ungünstig«, »unheilvoll«, »verkehrt«, »ungeschickt«, »linkisch« zu bedeuten. Die linke Seite drückte eine

Zeitlang noch die sakralen Rechte aus, die rechte Seite aber bereits gänzlich das weltliche Recht, das *Recht* als solches. Auch im asiatischen Kulturkreis, vor allem im vaterrechtlichen China, ist die gleiche Beiordnung alles Guten zum Vaterrecht und alles Schlechten zum Mutterrecht zu finden: alles Rechte ist gut, alles Linke schlecht.

Es ist deshalb auch durchaus angemessen, daß in jedem Parlament der Konservative rechts, der Fortschrittliche links sitzt. In der römischen Augurensprache, die vom mutterrechtlichen Etrurien stammt, gilt links als günstig, rechts als ungünstig. Bei der Hochzeit wird die linke Hand der Braut vor Zeugen in die des Bräutigams gelegt, was die Römer *dextrarum conjunctio,* die Vereinigung der Linken, nannten. Ist es deshalb überraschend, daß die Römer, ein vor kurzer Zeit erst von der Toleranz des Mutterrechts zur Disziplin und Sexualunterdrückung des Vaterrechts übergewechseltes Volk, alle sexuellen Tätigkeiten als der Mutter zugehörig, alle Sexualverbote dagegen als dem Vater unterstehend empfanden? Das würde jedenfalls erklären, weshalb bei einer vom Vater verdammten, von der Mutter tolerierten Handlung wie der Masturbation stets die linke Hand, das Symbol der Mutter, und nicht die des Vaters benutzt wurde.

Diese Vermutung wird dadurch erhärtet, daß die Römer ihre linke Hand auch als *manus amica,* »Hand der Freundin«, oder gar als *manus fututrix,* »Hand der Beischläferin«, bezeichneten.

Martial, der zugibt, daß er onaniert (II, 43, 14) und oft in Sehnsucht die Linke benutzt habe (XI, 73, 4), tut es trotzdem mit schlechtem Gewissen. Denn wie alle Vaterrechtler betrachtet er das »Verschleudern« des Samens als Frevel gegen die Götter und klagt deshalb seinen Freund Ponticus durchaus im Sinne späterer Kirchenväter an, einen Menschen »vergeudet« zu haben (IX, 41):

Daß du, Ponticus, nie beiwohnest, sondern die Linke
Brauchest als Buhlin, die Hand statt der Geliebten dir dient,
Hältst du für nichts? Doch es ist ein gewaltiger Frevel, das glaub' mir,
So groß, daß dein Verstand kaum ihn zu fassen vermag . . .
Sei versichert, es sagt die Natur dir selber: »Es ist das,
Ponticus, was mit der Hand du vergeudest, ein Mensch!«

Diese Denkform wäre dem Mutterrecht, trotz dessen Ehrfurcht vor der Fruchtbarkeit, völlig fremd gewesen.

6 Geschlechtsverkehr im römischen Patriarchat

Die Angst vor dem »Verschleudern des Samens« hat ihr Gegenstück in der Angst vor der Impotenz, und diese stellt das Kernproblem des Mannes im Patriarchat dar. Deshalb stößt man in der Liebesliteratur der Römer immer wieder auf das kompensatorische Phänomen der Prahlerei mit der Größe des Penis und der Anzahl der geleisteten Emissionen. Eine »Leistungsgesellschaft« verlangt eben Leistungen, auch auf sexuellem Gebiet, und wer diese Leistung nicht erbringen kann, muß immer in der Furcht leben, zum

Versager abgestempelt zu werden. So verspricht Catull (XXXII) seiner Hypsithilla, es neunmal in der Nacht mit ihr zu tun. Ovid, von seinem dichterischen Vorfahren beeindruckt, rühmt sich, das gleiche mit seiner Corinna geschafft zu haben. Der Gegenkaiser Proculus, um nicht hinter den Literaten herzuhinken, bestätigt seinem Vetter Metianus: »Ich habe hundert sarmatische Mädchen in meine Gewalt bekommen. Von diesen habe ich zehn in einer Nacht begattet, allesamt aber innerhalb von fünfzehn Tagen entjungfert.«

Obgleich Ovid freimütig genug ist, sein gelegentliches Versagen zuzugeben, prahlt er doch dazwischen immer wieder mit seiner Leistungsfähigkeit, so in den *Amores* (II, 10, 25 ff.):

Und zu der Lenden Kraft wird Nahrung geben die Wollust.
Nimmer bei meinem Werk hab ich ein Mädchen getäuscht.
Oft, nachdem ich die Nacht durchbracht mit lüsternem Spiele,
War ich des Morgens früh tauglich und keineswegs schlapp.
Glücklich, wer in dem Zweikampf der Liebe verlieret sein Leben.
Geben die Götter, daß so ende mein Leben einmal!

Der Dichter wiederholt diesen Wunsch (in II, 10, 35 f.):

Mir aber sei's bestimmt, durch der Liebe Spiel zu ermatten,
Und einst raffe der Tod mitten im Werke mich weg!

Doch auch Ovid, wie wir gesehen haben, hatte seine leistungsschwachen Stunden, in denen er sein Glied dann prompt als einen entfremdeten, ihm nicht mehr verantwortlichen Gegenstand darstellt, der sich »schmählich« benimmt und ihm, dem virilen Ovid, hier Schande macht. Von einem »feindlichen Geschick« getroffen, liegt der fremde Gegenstand nun leblos da. Und damit die Zofen des betroffenen Mädchens nicht merken sollen, daß sie unberührt geblieben ist, wird die Schmach verheimlicht, indem die Herrin sich Wasser wie zur postkoitalen Reinigung bringen läßt. Kann das vaterrechtliche Theater seine Absurdität besser darstellen? (*Amores* III, 7).

Besonders deutlich werden die Gründe der temporären Impotenz römischer Männer von Martial aufgedeckt, indem er berichtet, er könne einfach nicht zur vollen Erektion kommen, wenn seine Lesbia das von ihm *verlange* (VI, 23):

Immer, o Lesbia, verlangst du, soll steif für dich stehen mein Finger.
Aber bedenk doch, das Ding hat ja kein Fingergelenk!
Wenn du mich auch bestürmst mit schmeichelnden Händen und Worten,
Ist doch ein Tyrann gegen dich selbst dein kommandierender Blick.

Wo die Frau die Führung übernimmt, reagiert der Römer also mit Impotenz. Deshalb betrachteten die römischen Ärzte auch jeden starken weiblichen Geschlechtsdrang als krankhaft. Sie gaben vor, in ihm ein Gebrechen des Uterus zu sehen, und nannten ihn deshalb *furor uterinus.* In einer Gesellschaft, die völlig von Sklaven abhängig ist, wird der Mann eben stets mit dem Herrn identifiziert, die Frau stets mit dem Sklaven. *Verlangt* der Sklave etwas, statt zu gehorchen, so macht er sich strafbar oder ist einfach verrückt. So erklärt es sich, daß ein und dieselbe Handlung, die überhaupt erst durch das sexuelle Zusammenwirken zweier Personen möglich wird, stets zwei

Deutungen hat: eine infame, die den duldenden, den weiblichen, den Teil des Sklaven trifft, und eine triumphierende, die dem männlichen, dem erobernden, dem Teil des Herrn zukommt.

Der Cunnilingus galt als infam, weil man ihn als einen hörigen Mann betrachtete, der sich vor der Frau erniedrigte, indem er an ihr und auf ihren Befehl eine widerwärtige, entehrende Handlung vornahm, die ausschließlich ihrem Vergnügen diente. Empfand er selber Vergnügen daran, so galt er als geisteskrank. Die Frau dagegen galt nicht als infam, sondern nur als eine Art Hexe, die Männer durch eine Form von Liebeszauber zu widernatürlichen Handlungen bewegen konnte. Die Cunnilinga dagegen galt als infam, da sie von dem doppelten Fluch der Lesbierin und der sklavischen Persönlichkeit getroffen wurde.

Die Fellatio galt nur insofern als infam, als sie den passiven Partner betraf; der aktive war nicht nur frei von Tadel, sondern galt als ehrenhaft, weil er ja einen männlichen Sieg über den unterjochten Partner demonstrierte. Das Seltsame an dieser Logik war nun, wie wir gesehen haben, daß sie den aktiven und den passiven Teil anders empfand, als wir es heute tun. Wir würden den Irrumator als den passiven Partner empfinden, weil er geleckt wird, während wir den Fellator als aktiv empfinden, weil er leckt. Die Römer aber dachten genau umgekehrt. Der Irrumator galt als aktiv, der Fellator als passiv, denn die Römer sahen in dem Fellator vor allem den Mund, das empfangende Organ, und betrachteten ihn deshalb analog zur Frau und deren Scheide. Der Irrumator dagegen wurde mit dem Penis gleichgesetzt und galt deshalb als der männliche, eindringende, erobernde Partner.

Das Verbum *irrumare* leitet sich nach Nonius (ed. Gothofredus S. 579) von dem altrömischen Wort für »Brust«, *ruma,* ab und bedeutet deshalb wörtlich »die Brust reichen« (die gleiche Sprachwurzel taucht übrigens in der Stadt Rom, der »Mutterbrust der Römer«, und in den Namen der Stadtgründer Romulus und Remus auf, die im mutterrechtlichen Sinne, obgleich sie Männer waren, als »Mütter der Stadt« aufgefaßt wurden). Wie die Mutter dem Kind die Brust reichte, so gab der Irrumator der Fellatrix seinen Penis. Die Worte Fellator und Fellatrix leiten sich, ebenfalls nach Nonius (S. 547), von *fellare,* »saugen«, »nuckeln« ab. Das ganze Bild der Fellatio entspricht also dem der säugenden Mutter und dem saugenden Kind. Daß es eben deshalb von den Römern als eine zum Teil infame Beziehung aufgefaßt wurde, besagt viel über die Angst der Römer vor der Mutterherrschaft.

Um dieser Erkenntnis aus dem Wege zu gehen, vermieden es die Römer mit großer Sorgfalt, das mutterrechtliche Vokabular zu benutzen. Statt *fellare,* »saugen«, »sich nähren«, sagten sie: »mit dem Mund zu Willen sein« *(ore morigerare),* »sich mit dem Munde Mühe geben« *(ore adlaborare)* oder »Männer um die Mitte lecken« *(lambere medios viros).* Für *irrumare,* »säugen«, »nähren«, sagten sie: »das Oberste verlangen« *(summa petere),* »das Höhere berühren« *(altiora tangere),* »am Kopf mitspielen« *(illudere capitibus),* »den Kopf nicht schonen« *(non parcere capiti),* »auf die Köpfe losspringen« *(insultare capitibus),* »den Mund verkeilen« *(os percidere),* »den Mund verletzen« *(offendere buccam),* »den Mund schänden« *(corrumpere buccam),* »die Zunge zusammendrücken« *(comprimere linguam).*

Die aktive Irrumatio, eine Art oraler Vergewaltigung, galt dagegen als ehrenhaft. Wenn Martial (in III, 96) droht, er werde dem Gargilius seinen Schwanz in den Rachen rammen, damit dieser ihn nicht mehr verleumden könne, droht er: »Wenn, Gargil, ich dich treffe, sollst du schweigen!« Das sind Worte, die von dem Gotte Priapus kommen könnten, wenn er den Obstdieben droht, er werde sie irrumieren. Man vergleiche *Priapeia* (LXXIV):

Bohren wird mein Glied sich mitten durch Mädchen und Knaben,
Doch von den Bärtigen will nichts als das Obere ich.

Priapeia (XXVIII):

Dich werde ich päderastieren mit meinem baumlangen Glied,
Und wenn auch das nicht zieht, gehe ich höher hinauf!

Hierher gehört auch die Drohung im *Amphitruo* des Plautus (I, 1, 192): »Und deine verfluchte Zunge will ich heute zusammendrücken!« Der Unehrenhafte bei einer solchen Form der oralen Notzucht ist nicht der Notzüchter, sondern sein Opfer, zum Beispiel der Postumus bei Martial (II, 72):

Postumus, gestern beim Mahl erzählt' man eine Geschichte,
Die ich bedaure, denn wer billigt Dinge wie die?
Daß dir dein Mund verkeilet worden sei.

Wenn Martial den Chrestus zwingt, den Schwanz seines jüdischen Sklaven zu lecken, ist das der Inbegriff der Entehrung für einen freien Römer (VII, 55):

Lecken sollst du – nicht meins, denn das ist keusch und schmächtig –,
Sondern jenes verfluchte Glied, das Tribut zu zahlen,
Kommt aus dem abgebrannten Jerusalem her.

Auch über die Frau, die dem Manne als Fellatrix dient, machten die Römer sich stets lustig, so Martial über die Glycera, die Frau des Lupercus, mit der dieser nur oral verkehrte (XI, 40):

Seine Glycera liebt Lupercus zärtlich
Und er einzig besitzet und beherrscht sie.
Daß er bei ihr nicht schlief den ganzen Monat,
Klagt er traurig, und sagt dem Aelianus,
Als ihn dieser befragte nach dem Grunde,
Seine Glycera leide grad an Zahnschmerz.

Ähnlich Horaz (in *Epod.* III, 17 bis 20):

Stehn ungebildetere Nerven wen'ger steif
Und reizt die Wollust wen'ger dich,
Damit sie zu erwecken aus der stolzen Ruh
Du mit dem Mund dich quälen mußt?

Wer felliert, tat es also nach Meinung des Römers nur widerwillig und unter Qualen. Man tat es nicht von selber, weil man den anderen liebte und die Sache einen Spaß machte, sondern weil man ihm »widerwillig zu Willen« war. So Sueton über die Atalante, die den Meleager felliert. Auch von dem Kaiser Commodus, der seine Geliebten angeblich gern fellierte, sagten seine Zeitgenossen, er sei »niederträchtig, boshaft, grausam, wollüstig, sogar im Munde befleckt und geschändet« (Lampridius, *Commod.* I). Der Irrumator dagegen wurde nur dann als unehrenhaft betrachtet, wenn er zu alt zum normalen Verkehr, zu senil oder bereits impotent war. In diesem Fall traf der Hohn der Römer aber nicht die Tätigkeit des Irrumierens, sondern allein den Subsitutcharakter der Tätigkeit. Da die Römer, wie die meisten Männerrechtler, für Schwäche kein Mitleid, sondern nur Verachtung hatten, traf die Verachtung hier das Alter, die Impotenz, die Senilität, nicht aber die Irrumatio, die nur deren Symptom war. So Martial (III, 75):

Lange zwar schon, o Lupercus, verlernte dein Penis das Stehen.
Dennoch strengst du dich an, Törichter, fähig zu sein.
Züchtige Wangen durch Gold zu verführen nun hast du begonnen.
So auch gereizt, wacht nicht Venus zum Leben dir auf!

Martial (XI, 46):

Wozu plagst du umsonst nur die armen Gesäß' und Geschösse?
Suche das Obere! Dort finden selbst Greise noch Trost.

Und wieder beim gleichen Autor (IV, 50):

Zu alt, den Mund zu schänden, ist niemand!

Man sieht, der Schändende ist die Frau, die dem Mann zu Willen ist, nicht der Mann, der sie zu der »Schande« zwingt. So auch bei Juvenal, der sich darüber lustig macht, daß die betrunkene Frau den Mann felliert, statt sich von ihm beschlafen zu lassen (VI, 299 bis 300):

Kümmert die trunkene Venus sich darum?
Weiß sie doch Penis und Kopf nicht einmal auseinanderzuhalten!

Wenn eine Frau einen Mann freiwillig felliert, kann sich das der Römer nur dadurch erklären, daß sie zu alt und häßlich ist, um durch andere Mittel Männer in ihr Bett zu locken. So Horaz in der 8. und in der 12. Epode. Auch die Wandinschriften in Herculaneum, Pompeji und anderen römischen Städten sprechen von der Fellatrix stets mit Verachtung: SABINA, DU LECKST, DU BIST EIN SCHWEIN ... MURTIS, DU ÜBLE LECKERIN ... NYMPHE, DU LECKERIN ... LECK DEN SCHWANZ DU, DU SOLLST DEN SCHWANZ ABLEKKEN ...

Vor der Irrumatio wurde der Penis oft mit Honig eingerieben (Hieron. *Mercurial.* IV). Nach dem Erguß wusch sich die Frau den Mund aus. So Martials Lesbia in II, 50:

Daß du den Mund befleckst und Wasser trinkest, das paßt sich,
Lesbia! Du brauchst da Wasser, wo nötig es ist.

Einen weitaus größeren Raum als die heterosexuelle Fellatio nimmt in der römischen Literatur der Oralverkehr zwischen Männern ein. Auch hier gilt die gleiche Regel wie beim Verkehr zwischen Frau und Mann: der Irrumator ist geachtet, wenn er nicht alt oder senil ist; der Fellator wird verachtet, weil er sich zu einer schmutzigen Tätigkeit hergibt. So Lampridius vom Kaiser Commodus im 10. Kapitel seiner Commodus-Biographie: »Schon als Knabe war er leckerhaft und schamlos.« Wenn Catull seinen Nebenbuhler Lesbius besonders lächerlich machen will, schreibt er ein Gedicht über ihn, das den anderen als passiven Fellator darstellt. Ebenso Martial (in II, 61):

Als undeutlicher Flaum auf deinen Wangen dir sproßte,
Hast du mit ekeler Zunge Männern die Mitte geleckt!

Catull macht sich in ähnlicher Weise über Gellius lustig (LXXX):

Wie es nur mag geschehn, daß dir dein rosiges Mündchen,
Gellius, immer so weiß wird wie gefrierender Schnee,
Wenn frühmorgens von Haus du fortgehst, oder die achte
Stunde aus Mittagsruh spät den Verzärtelten weckt?
Woher es kommt? Ich weiß nicht. Wie? sagt die flüsternde Fama,
Wahrheit, daß du des Mann's Mittelgeschäfte verschlingst?
Daher kommt's! Laut schreien ja Virros niedergerissene
Weichen, und dir um den Mund nebelnd das molkige Naß.

Martial spottet (in III, 87), daß Chione sich ihrer sexuellen Enthaltsamkeit rühme und in der Tat nie Geschlechtsverkehr gehabt habe. Allerdings nur keinen mit dem Schwanz, um so mehr dagegen mit dem Mund:

Niemals, Chione, erzählt das Gerücht, bist du beschlafen worden,
Und in der Welt gäb' es nichts reineres als dein Geschöß.
Doch du bedeckest beim Baden nicht den Teil, welchem es not tut:
Übertrage den Schurz, wenn du dich schämst, aufs Gesicht!

Ähnlich eine anonyme Wandkritzelei aus Pompeji, die sich auf den Samen bezieht, den der Fellator geschluckt hat: WER DEN SCHWANZ ANGESEHEN HAT, WAS GLAUBT MAN, DAS ER GEGESSEN HAT?

Auch unter Männern galt die Regel, daß der Irrumator, im Gegensatz zum Fellator, nur dann verachtet wird, wenn die Irrumatio das Produkt von Senilität oder Impotenz ist; wenn, wie Martial es ausgedrückt hat, »der Schwanz das Stehen verlernt hat« (III, 75). Deshalb greift Sueton den Tiberius auch nicht wegen der Tatsache an, daß er Kinder dazu verführt habe, ihn zu fellieren, sondern weil er dies aus Senilität und Altersschwäche tat: »Noch Ärgeres und Schmählicheres ist ihm nachgesagt worden, was sich kaum erzählen oder anhören, geschweige denn glauben läßt: nämlich er habe Knaben im zartesten Alter, die er seine ›Fischchen‹ nannte, angeleitet, ihm beim Baden an den Hüften herumzuschwimmen und zu spielen, ihn zu lecken und zu beißen: ja sogar, daß er sich von halbwüchsigen, aber noch nicht der Brust entwöhnten Kindern am Schamglied oder den Brustwarzen habe saugen lassen – lauter Arten der Wollust, zu denen ihn allerdings seine Körperbeschaffenheit und sein Alter geneigter machen wollten.«

Eine der Verleumdungen, mit denen die Römer den Fellator bestraften, war das Gerücht, daß er stets aus dem Munde röche. Deshalb gaben sie vor, seinem Atem zu entfliehen, wo immer er auftauchte, seine Küsse zu befürchten, als ob es Stinkbomben seien, und nie aus dem gleichen Becher zu trinken, aus dem er getrunken habe. So zum Beispiel Martial (II, 15):

Daß du keinem aus deinem Becher zutrinkst,
Tust du, Hermus, aus Rücksicht, nicht aus Hochmut.

Martial (VI 44):

Niemand tränke dann noch, Calliodorus, dir zu.

Seneca, *De beneficiis* (II, 21): »Obwohl dieser (Caius Cäsar) von Freunden Geldbeiträge für die Kosten der öffentlichen Spiele annahm, so wies er eine große Summe, welche Fabius Persicus schickte, zurück. Und als ihm Leute, die nicht nach den Beitragenden, nur nach den Beiträgen fragten, darüber Vorwürfe machten, daß er's ausgeschlagen hätte, so erwiderte er: ›Soll ich denn eine Wohltat annehmen von einem Menschen, von dem ich keinen Trunk annehmen würde?«

Martial (XII, 74):

Das ist auch etwas wert, daß du kannst zutrinken in diesen,
Wenn den Becher hernach, Flaccus, zerbrechen du mußt.

Macedonius in den *Analecta Brunkii* (III, 115):

Gestern kam mir ein Stück, ein Weib, das besonderen Rufes
Nicht sich erfreut. He, Knab', brich ihren Becher entzwei!

Martial (XI, 95):

Wenn du zu Küssen gerietest, die dir ein Fellator gegeben,
Denk, in das Badebassin tauchtest du, Flaccus, den Kopf

Martial (II, 42):

Zoilus, was verdirbst das Bassin du durch dein Gesäß uns?
Soll's noch besudelter sein, Zoilus, tauch' mit dem Kopf!

Martial (VI, 81):

Als ob du zürnest dem Volk, so badest du dich, Charidemus,
Brauchest das ganze Bassin, um dir zu waschen den Schoß.
Und nicht möcht' ich, daß so dein Haupt, Charidemus, du badest.
Aber da badst du das Haupt: bade dir lieber den Schoß!

Martial (I, 94):

Du sangest schlecht, als du wardst beschlafen, Aegle,
Gut singst du jetzt, nur kann man dich nicht küssen.

Seneca fragt in *De beneficiis* (IV, 30): »Was hat kürzlich dem Fabius Persicus, dessen Kuß auch Unkeusche vermeiden, zur Priesterwürde verholfen?« Damit weist er offenbar darauf hin, daß Fabius jemanden in höchster Position, vielleicht Cäsar selber, felliert habe, um sich dadurch die Priesterwürde zu erlecken. Martial dagegen vergleicht den Schmutz, den Manneja beim Fellieren im Munde gesammelt hat, mit Kot und meint, daß Mannejas Hündchen ihm nur deshalb das Gesicht ablecke, weil es den Kot seiner Liebhaber röche (I, 83):

Lippen und Antlitz leckt, Manneja, stets dir dein Hündchen.
Wundern kann ich mich nicht, leckt doch ein Hund gern am Kot.

Der Cunnilingus, wie wir sagten, galt grundsätzlich als unehrenhaft, weil er der Frau zum Genuß verhalf. Das allein genügte bereits, um ihn in männerrechtlichen Augen zum Pantoffelhelden, zum Schlappschwanz, zum Sklaven der Frau zu machen. Man glaubte bezeichnenderweise, daß Venus den Schimpf, der ihr und ihrem Geschlecht von den Männern angetan worden war, dadurch räche, daß sie manche Männer zu Cunnilingi mache. Darauf weist der furchtlose Spötter Martial hin, wenn er dem Sertorius vorwirft, Venus habe ihn zum Cunnilingus gemacht, weil er den Eryx, den Sohn der Venus, erschlagen habe (II, 84):

Daß mit der Zunge, Sertor, der Sizilier, Weiber bedienet,
Kommt wohl, Rufus, daher, daß er den Eryx erschlug.

Martial und Ausonius schildern übereinstimmend, wie aus einem Fellator (schlimm genug!) ein Cunnilingus werden kann (weil das Lecken, wenn es einmal zur Gewohnheit geworden sei, den Süchtigen immer tiefer in den Abgrund führe). Martial (III, 81):

Beaticus, du Kastrat, was hast mit der Fut du zu schaffen?
Diese Zunge, sie soll lecken den Männern die Mitt'!

Ausonius, *Epigr.* 78 (S. 341 Peiper):

Castor, der Männern das Ding in der Mitte zu lecken begehrte,
Aber die Leute nicht konnt' haben zu Hause bei sich,
Fand einen Ausweg, daß nicht als Fellator er Glieder verderbe:
Bei seiner eigenen Frau fing mit dem Lecken er an.

Von zwei Brüdern, der eine ein Fellator, der andere ein Cunnilingus, sagt Martial (III, 88):

Zwillinge sind diese Brüder, doch lecken verschied'nes Geschlecht sie.
Sind unähnlich sie sich, oder ähnlich? Sagt an!

Martial (IV, 43):

Coracinus, ich hieß dich nicht Kinäde,
Nimmer bin ich so dreist und unbesonnen.
Was ich aber gesagt, ist unbedeutend,
Da man's weiß, was ja selber du leugnen nicht wirst:
Coracinus, ich nannt' dich Cunnilingus!

Seinen Nebenbuhler Lesbius bezeichnete Catull hohnvoll als gewohnheitsmäßigen Scheidenlecker. Ebenso wirft Cicero dem Sextus Clodius wiederholt vor, er sei ein Cunnilingus (*pro domo,* X u. XVIII; *pro coelio* XXXII). Daher jenes beißende Wort »naschen« in der Rede *pro domo* XVIII: »Mein Sextus – erlaube mir, dich so zu nennen –, weil du ein Dialektiker bist und auch an der Philosophie gern naschst ...« In *pro domo* (XXXI) kommt er dann mit der vollen Anklage heraus, daß Sextus von Clodia, der Geliebten Catulls, zum Cunnilingus gemacht worden sei: »Frage den Sextus Clodius, laß ihn kommen! Er hat sich zwar versteckt, wir werden ihn aber finden. Und zwar (hier spricht er Publius Clodius, den »Lesbius« des Catull, an) bei deiner Schwester, wo er mit dem Kopf unterm Rock steckt!«
Ausonius hat in einer ganzen Reihe von Epigrammen den Schulmeister Eunus Syriscus als Cunnilingus angegriffen. Epigramm 82 trägt die Überschrift: AUF DEN LECKER EUNUS:

Eunus, was zieht dich wohl hin zu der Salbenverkäuferin Phyllis?
Sagt man doch, daß du sie leckst, aber nicht daß du sie fickst!

Ausonius, Epigramm 87, mit der Unterschrift: AUF DENSELBEN SCHULMEISTER UND SCHLECKER:

Eunus Syriscus, Schamgliederlecker,
Opischer Magister (denn das lehrt' ihn Phyllis),
Siehet das Weibergeschöß viereckig gestaltet.
Zieht er's auseinander, ist's der Buchstab' Delta.
Aber die beiden Wülste zu den Seiten der Schenkel
Und die Gaß' in der Mitte, wo der Spalt sich öffnet,
Nennet er Psi, denn dreizackig ist's gestaltet.
Wenn er seine Zunge hineinsteckt, ist es ein Lambda,
Und macht eine Figur, ganz wie ein Phi ist.
O, du Dummkopf, du glaubst, es stünde ein Rho dort,
Wo man doch ein langes Jota setzen müßte?
Dir elenden Schweinigel würde ein Tau gehören,
Und ein durchstrichnes Theta steh bei deinem Namen!

Da der »normale« Römer nichts als Verachtung für den Cunnilingus fühlte, nahm er ihn auch als Mann nicht ernst und empfand es deshalb nicht als Ehebruch, wenn er seiner Frau oder Freundin orale Aufwartungen machte. Deshalb sagt Martial (III, 96):

Deine Zunge nur buhlt mit meinem Mädchen,
Und du redest, als ob du sie beschliefest!

Wie den Fellator, betrachtete man auch den Cunnilingus oft als senil. Und nur wenn er Frauen nicht mehr mit seinem Glied befriedigen konnte, waren die Römer bereit, ihm innerhalb bestimmter Grenzen den Cunnilinctus zu vergeben: Martial (XI, 47):

Lattara, weshalb leckt er den Cunnus? Damit er nicht beischlaf'!

Martial (VI, 26):

Impotent wurde Sotades. Jetzt tut er lecken.

Martial (XII, 86):

Dreißig Knaben, soviel der Mägdlein auch, und nur ein Glied,
Und dem die Manneskraft fehlt, hast du. Was wirst du da tun?
Natürlich lecken, so wie Linus!

Martial (IX, 25):

Linus, der als verbuhlt nicht wenigen Mädchen bekannt ist,
Büßte die Manneskraft ein. Zunge, nun nimm dich in acht!

Den beschnittenen Kybelepriester Baeticus fragt Martial (III, 81):

Weshalb ist dir die Scham mit samischer Scherbe verschnitten,
Baeticus, wenn die Fut dir noch so angenehm ist?
Laß dir den Kopf doch kastrieren, dann bist du auch unten verschnitten,
Spottest Kybeles du doch: Bist mit dem Munde noch Mann!

Ein anderer Grund des Cunnilinctus, den die Römer würdigten, obgleich sie auch hier meist zum Spotte neigten, war Schwangerschaft. Man glaubte, daß Geschlechtsverkehr während der Schwangerschaft ungesund für Frau und Kind seien. Die übliche Hilfsmaßnahme war Analverkehr. Auch Oralverkehr wurde geduldet. Begeht aber der Schulmeister Eunius diesen Weg, macht Ausonius sich natürlich auch in dieser Situation über ihn lustig, und zwar mit einem Wortspiel, das die beiden Bedeutungen des Wortes *glossa,* »Zunge« und »Glosse«, systematisch durcheinanderbringt (*Epigr.* 86):

Eunus, während du leckst die Scham deinem schwangeren Weibe,
Lehrst du das Kind, das noch nicht da ist, schon Glossen verstehn?

Martial meint, daß der Cunnilinctus, auch wenn er nur aus Schwangerschaftsgründen vorgenommen wird, gefährlich sei, weil er zu Erkrankungen oder gar Lähmung der Zunge führen könne (XI, 61):

Mit der Zung' ein Ehmann, mit dem Mund ein Ehbrecher,
Befleckter als der Vorstadt-Huren Mund Nannejus,
Vor dem, wenn vom Suburer Fenster halbnackt ihn
Die Hurenwirtin sieht, sie ihr Bordell schließet,
Und den sie lieber unten küsset als oben,
Der eben noch durch jene Leibespfort' eindrang,
Und der mit kund'gem Worte sicher aussagte,
Ob Knab', ob Mädchen in der Mutter Bauch wäre:

– Freut, Ficker, euch, denn diese Sache geht euch an –
Kann seine fickende Zunge nicht mehr brauchen.
Denn während am geschwollnen Schoß er festhaftet
Und in des Leibes Innern Kinder schreien höret,
Lähmt ekle Krankheit seine gier'ge Buhlerzunge.
Er kann nun weder keusch, noch unkeusch beiwohnen.

Der Glaube, daß nicht nur die Fellatio, sondern auch der Cunnilinctus zu Mundgeschwüren, bleicher Gesichtsfarbe und üblem Mundgeruch führe, war allgemein verbreitet. Catull (80), Iuvenal (II, 50) und Martial (I, 77) weisen hierauf hin:

Charinus ist gesund, und siehet doch bleich aus.
Charinus trinket mäßig, und siehet doch bleich aus.
Charinus verdaut vortrefflich, und siehet doch bleich aus.
Charinus liebt die Sonne, und siehet doch bleich aus.
Charinus färbt die Haut, und siehet doch bleich aus.
Charinus leckt den Cunnus, und siehet doch bleich aus.

Martial (XII, 85):

Übel rieche der Mund den Knabenschändern,
Sagst du. Wenn es so ist, wie glaubst du,
Daß er den Cunnilingi riechen müsse?

Ausonius vergleicht auch im Epigramm 125, das auf Eunus, den Lecker, gemünzt ist, den Geruch der Scheidenabsonderung mit der Salgama, der Salzlake, die während des Winters zur Aufbewahrung von Früchten, Wurzeln und Kräutern dient. Martial erklärt, die Cunnilingi hätten, so wie die Fellatores, nach Bock gerochen (Martial XII, 59):

Dich erdrücket mit Küssen jeder Nachbar,
Dich der haarige Pächter, bockig duftend,
Ein Fellator dich auch und Cunnilingus.

Auf den angeblichen Bocksgeruch des Cunnilingus bezog sich auch jene Theaterszene, die in Rom zu Gelächter und Beifall führte, nachdem ein Mädchen, dessen Fut der Kaiser Tiberius lecken wollte, ihn »alter stinkender Bock« genannt hatte. Als nun wenige Tage später im Theater die Worte gesprochen wurden: »Der alte Bock beleckt den Ziegen die Natur«, brach das Publikum in spontanen Beifall aus (Sueton, *Tiberius,* 45).
Angeblich versuchten die Cunnilingi ihren Mundgeruch mit Parfüm zu beseitigen. Darauf spielt das bereits zitierte Epigramm des Ausonius an, das den Besuch des Eunius bei der Parfümhändlerin Phyllis beschreibt: Martial (VI, 55) sagt zum gleichen Thema:

Weil von Kassia und von Zimt du immer
Und vom Neste des Vogels Phönix triefest
Und nach Niceros Bleigefäßen duftest,
Lachst du mich, Coracinus, aus, der nicht riecht.
Lieber will ich nach nichts, als lieblich riechen!

Genau wie beim Oralverkehr, galt auch beim Analverkehr der Grundsatz, daß aktiv = männlich = ehrenhaft sei, während passiv = weibisch = ehrlos sein müsse. Während der patriarchalische Römer also nichts Schandhaftes in der Einführung des Glieds in den After eines Mannes, eines

Knaben oder einer Frau sah, betrachtete er das Einführenlassen als ausgesprochene Schande. Dies ging soweit, daß man anale Vergewaltigung nicht nur juristisch straffrei ließ, sondern diese Prozedur sogar als offizielle Strafmaßnahme für gewisse Vergehen, zum Beispiel für Ehebruch, benutzte, während der Wunsch, anal koitiert zu werden, zwar nicht bestraft, aber mit beißendem Hohn bedacht wurde, einerlei ob er von einer Frau oder einem Manne geäußert worden war. Deshalb auch das höhnische Epigramm des Martial (XI, 88) über Charisianus:

Lupus, Charisianus sagt, er müsse
Schon seit langem der Knaben sich enthalten.
Als den Grund ein Freund ihm entlocken wollte,
Gab er ihm zu Bescheid, er habe Durchfall.

Mit tiefer Verachtung spricht Juvenal (II, 20 H.) den Pathicus Sextus an:

Und nachdem du die Tugend gepredigt,
Hebst du den Steiß an. Ich soll dich
Achten, arschwackelnder Sextus?

Dagegen ist Juvenal zwar neugierig, nicht aber höhnisch, wenn er sich nach dem Vergnügen am *aktiven* Analverkehr (»wie sich's gehöret«) erkundigt (IX, 33 f.):

Ist's denn leicht und bequem, den Schwanz in den After zu treiben,
Wie sich's gehöret, und dort dem gestrigen Mahl zu begegnen?

Und völlig ohne Verachtung, im Gegenteil von einem gewissen Stolz erfüllt, ist Catull, wenn er (XVI, 1) und wieder (XVI, 14) droht: »Hinten werd ich und oben euch verlöten!« Denn dies, die aktive Pedikatio, galt als männlich, ja sogar als göttlich, denn es war die Drohung, die Priapus ausstieß, als er die Obstdiebe verscheuchen wollte. Als göttlich galt auch den Römern der Ursprung der Pedikatio, denn man führte sie auf den Gott Liber zurück. Arnobius erzählt im Buch V (c, 28 Mitte): »Man sagt, daß der Gott Liber, als er noch unter den Menschen weilte, mehr von der Unterwelt wissen wollte, als man ihm im Himmel erzählt hatte. Sein Wunsch war vor allem zu wissen, was unterhalb des Tartarus sich begebe. Die Erfüllung des Wunsches sei ihm aber durch Unkenntnis des Weges unmöglich gewesen. Prosumnus, der Freund des Gottes, kannte jedoch den Weg und versprach dem Gott, ihm die Pforte des Dis und den Zugang zum Acheron zu zeigen, wenn der Gott seinen Willen tun und sich ihm als Frau hingeben wolle. Der Gott schwur, er werde sich unterwerfen, aber erst nach der Rückkehr aus der Unterwelt, wenn Wunsch und Unternehmung erfüllt seien. Prosumnus zeigte ihm daraufhin den Weg und brachte ihn auf die Schwelle der Unterwelt. Während Liber nun den Styx, den Cerberus, die Furien und alle sonstigen Anwohner der Unterwelt beschaute, starb Prosumnus. Liber, der Unterwelt entstiegen, erinnerte sich jedoch des verstorbenen Freundes. Um den Vertrag zu erfüllen und seinen Schwur zu lösen, schnitt er von einem Feigenbaum den dicksten Ast ab, formte ihn zu einem männlichen Glied, befestigte es auf dem Grabhügel des Freundes, nahte sich ihm mit entblößtem Gesäß, schob sich darüber und saß fest. Dann die Geilheit eines Brünstigen vortäuschend, drehte er die Hinterbacken hin und her, dem Freunde darstellend, daß er als

Frau vom Holze erlitte, was er dem Freunde als Frau zu leisten versprochen hatte.«

Man sieht: Hier wird auf geschickte Weise durch eine der Tugenden, die das Männerrecht am höchsten verehrte, Freundestreue, auch die negative, die duldende, die »weibische« Seite der Pedikatio von jedem Makel befreit. Und so geschah es denn auch, daß zumindest innerhalb der Reihen der Analerotiker das *cevere,* die Fähigkeit, mit dem Hintern zu wackeln, als wertvollstes Talent des Pathicus geschätzt wurde. Auch Romulus, dem Gründer Roms, schreibt Persius (I, 87) diese Fähigkeit zu: »Wedelst, Romulus, du mit dem Arsche?«

Aber selbst bei den Pedikatoren brach die Verachtung für den passiven Analerotiker immer wieder durch, so auch bei Martial (IX, 69):

Wenn du mal fickst, Polycharmus, so pflegst du am Ende zu scheißen.
Wenn man dich arschfickt, Polycharm, was tust du denn dann?

Was man dem Pathicus immer wieder vorwarf war, daß er sich freiwillig Schmerzen zufügen ließ und obendrein auch noch daran Gefallen fand. Man gab vor, daß jede Form des Analverkehrs unweigerlich zu Hautrissen, Geschwüren am After, Feigwarzen, Verstopfung, Durchfall, fahler Hautfarbe, üblem Mundgeruch und ähnlichem führe. Wenn einer all dies erduldete und trotzdem noch mehr davon haben wollte, so galt er als verabscheuungswürdig. Das empfand sogar Martial, selber ein aktiver Pedikator (VI, 37):

Vom Gesäße, zerrissen bis zum Nabel,
Hat Charinus auch nicht ein Überbleibsel.
Und stets ist er doch brünstig bis zum Nabel.
O wie arge Begierde plagt den Armen:
Er ist ohne Gesäß und doch Kinäde!

Man versteht nun, wieso dem Knaben des Naevolus bei Martial (III, 71) immer der Hintern schmerzt und auf welchem Wortspiel sein kompliziertes Epigramm (IX, 47) beruht:

Du, der du kennst den Wert und die Wucht der verschiedenen Sekten,
Pannychus, teile mir mit, was für ein Dogma du lehrst.

Der Doppelsinn beruht darauf, daß das Wort *pondera,* hier mit »Wucht« übersetzt, gleichzeitig auch die männlichen Genitalien beschreibt, und daß das Wort *secta,* hier mit »Sekten« übersetzt, auch »Spaltung« oder »Riß« bedeutet, so daß man die gleichen Verse auch so übersetzen kann:

Du, der du den Effekt der vom Schwanz erzeugten Arschrisse kennst,
Pannychus, erzähle mir, welcher Geheimlehre du anhängst!

Man wußte nämlich, daß Pannychus sich als Nachfolger und Erbe der Geheimlehre des Pythagoras fühlte. Als Geheimlehre galt aber auch die Bruderschaft der Pedikatoren und Pathici. Juvenal schildert uns einen Arzt, der verständnisvoll lächelnd einem Patienten die Feigwarzen am After wegschneidet (II, 12, 13). Celsus beschreibt verschiedene durch Analverkehr erzeugte Leiden (A. Cornelii Celsi *de medicina libri octo.* Argentoati 1806). Varro erwähnt die *rubigo* als ein durch Analverkehr erzeugtes Geschwür (Varro bei Serv. Vgl. Georg. I, 151). Ausonius meint, man habe die durch Analverkehr erzeugten Hautrisse mit Bimstein behandelt (*Epigr.* 131, 4).

Um diese Gefahren zu vermeiden, oder sie zumindest zu vermindern, enthaarten sich die Pathici den After. Man nannte sie deshalb auch *depilati* (»Enthaarte«), *leves* (»Geglättete«) oder *resinati* (»mit Harz bestrichene«), dies weil man Harz zum Entfernen der Haare benutzte. Die Prozedur war nicht ungefährlich, denn das Harz mußte in heißem Öl aufgelöst werden, und dabei kam es oft zu Verbrennungen. So nannte man die Pathici auch »Verbrannte«. Unter den Gegenständen des Kaisers Commodus, die auf Pertinax' Befehl öffentlich versteigert wurden, befanden sich samnitische Gefäße zum Erwärmen von Harz, Pech und Öl (Iulius Capitolinus, *Pertinax* VIII). Diese Harz- oder Pechpflaster nannte man *dropax* oder *psilothron.* »Alles Harz löst sich in Öl auf. Ich schäme mich, bekennen zu müssen, daß jetzt sein größter Wert darin besteht, Männer zu enthaaren« (Plinius, *hist. nat.* XIV, 20). Man bediente sich zum gleichen Zwecke auch der *volsella,* einer Pinzette, oder so abenteuerlicher Mittel wie heißer Nüsse, Thunfischblut, Frösche, gerösteter Blutegel, Bibergeil und Honig (Plinius, *hist. nat.* XIV).
Es gab deshalb in Rom Spezialisten (*ustriculi,* »Absenger«) und Spezialistinnen, *ustriculae,* »Absengerinnen«, die diese Dienste für wohlhabende Männer verrichteten. Tertullian benutzt (*de pallio* IV) die Formulierung: »sich sogar der *ustriculae* bedienend«, wobei Salmasius (S. 284) den Witz macht: »Einst waren die *ustriculae* dazu da, dich der Haare zu berauben; heute berauben sie dich des Verstandes.«
Die Zahl der Stellen in der römischen Literatur, die sich mit der analen Kosmetik befassen, ist so groß, daß man sich nicht des Verdachtes erwehren kann, die Analerotik in Rom müsse weitaus größere Verbreitung gehabt haben als die Pedikatio. Denn man verband mit der Analregion nicht nur den Begriff der Unreinlichkeit und des üblen Geruchs, sondern gleichzeitig auch die Anziehungskraft eben dieser Gerüche, so daß viele, die nie im Leben aktiven oder auch passiven Analverkehr gehabt hatten und sich ihrer Neigungen also nie bewußt geworden waren, doch Analkosmetik betrieben und dadurch dem Medizinhistoriker den Eindruck vermitteln, sie seien auch nicht frei von analen Regungen gewesen.

Plautus meinte, wer sich nicht die Afterhaare entfernen ließe, verlöre seine Stimme oder zöge sich einen Kastratensopran zu (*Amphitruo,* S. 225):

Ich Unglücksmensch! Ich habe mir die Afterhaare nicht gerupft!
Nun trag ich eine Stimme, welche Flügel hat.

Persius spricht (IV, 36) von den »welken Lefzen«, die der Haarentferner vor dem Volke ausbreitet. Er meint dabei die enthaarten Hinterbacken, durch die der ausgeweitete After des Pathicus sichtbar wird. Das Enthaaren des Afters hatte aber auch etwas mit der Anziehungskraft des noch nicht behaarten Knabenkörpers zu tun, der den Päderasten immer als Ideal vorschwebte. Deshalb enthaarten sie sich und ihren Lieblingen nicht nur den After, sondern auch die Genitalien und oft den ganzen Rest des Körpers. So bei Martial (X, 65): »Täglich glättest du den ganzen Körper dir mit Dropax.« Persius fragt, wieso jemand sich sowohl das Gemächt wie die

Hinterbacken enthaare: Wolle er damit Frauen oder Männer anziehen? (IV, 37–41):

Kämmest und salbest ja immer die Borsten am Backen, warum denn
Muß vom Gemächte geschoren dir ragen gerade der Mehlwurm?
Wenn auch fünf Badknechte an diesem Gestrüppe sich mühten,
Und den gesottenen Hintern mit Zangen verzerrten und zwackten,
Doch wird kein Pflug hinreichen, das Farnkraut völlig zu tilgen.

Diese Stelle des Persius hat wohl auch dem Ausonius bei seinem 31. Epigramm vorgeschwebt, in dem er die gleiche Frage stellt, ob der Enthaarte mit seinem nackten Glied Frauen, oder mit seinem nackten Hintern Männer anlocken wolle:

Daß du mit siedendem Dropax die Weichen dir glättest, hat Ursach,
Weil ein geglättetes Glied Huren zu reizen vermag.
Nicht aber kann ich's begreifen, weshalb du dein Hammerwerk Pforzheim
Reibest mit Bimstein, warum deinen Popo du rasierst.
Oder es müßte denn sein, daß zweierlei Lüste dich jucken,
Daß du am Hintern als Weib fühlst und im Schwanze als Mann.

Martial (II, 62):

Daß du die Brust, daß die Schenkel du dir, daß die Arme du rupfest,
Daß das geschorene Glied gürtet gekürzetes Haar,
Das, Labienus, geschieht – wer wüßt's nicht? – für die Geliebte.
Wem zu Gefallen enthaart wird, Labien, dein Popo?

Derselbe (IX, 27):

Obgleich du, Chrestus, deinen Sack enthaart trägest
Und nacktem Geierhalse deine Scham gleichet
Und glatter als Kinädenhintre dein Haupt glänzet
Und nicht ein Haar auf deinen Schenkeln aufsprosset
Und oft mit Zangen von den Lippen rupfst die Haare:
Sind Numa, Curius, Quintius, Camill, Ancus,
Dir stets im Mund; und wen man sonst behaart nannte,
Drohend klangen dann deine Worte und hochtrabend,
Mit Theatern schimpftest du dann und dem Zeitalter.
Begegnet währenddessen dir ein Mannschänder,
So – winkst du ihn herbei.

Derselbe (IX, 57):

Nichts ist schäbiger als Hedyls Mantel.
Eins ist aber – er wird's gestehn – sein Hintrer,
Der noch mehr als sein Mantel abgeschabt ist.

Damit meint Martial nicht nur, daß Hedyls Hintern, genau wie sein Mantel, durch häufigen Gebrauch schäbig geworden sei, sondern auch daß beide ihre Haare, also ihren Flor, eingebüßt hätten. Hierher gehört auch der Hintern des Hyllus (Mart. II, 51), der noch mehr abgerieben ist als der letzte Denar, den er besitzt; dahin der gerupfte Leib des Kaisers Otho (Suetonius, *Otho,* Kap. XII), auch jene Anspielung auf den jüngeren Vibennius in dem Gedichte des Catullus (34): »Die haarigen Hinterbacken kannst du nicht für ein As verkaufen.« Deshalb bittet Galba den Icelus, daß er sich zuvor rupfen lasse, ehe er seine Verführungskünste ausübe (Suetonius, *Galba,* Kap. XXII).

Den Podex glätteten sich auch solche Männer, die sich im übrigen bemühten, mit struppigem Haupthaar und nie geschorenem Barte die gravitätische Würde der alten Philosophen zu markieren, so bei Martial (IX, 47):

Zenos Namen und den Demokrits und des dunkelen Plato
Und, wer im Bilde noch sonst starret von zottigem Haar,
Nennst du, als wärest du selbst des Pythagoras Schüler und Erbe,
Und dem des Samiers gleich wallet dein Bart dir herab.
Doch, was dem Lockigen fremd und schmachvoll ist den Behaarten,
Hast du den steifen Schwanz gerne im glatten Gesäß.

Juvenal (II, 8–13):

Äußerem traue man nicht; denn wo nicht füllten die Gassen
Sünder mit ernstem Gesicht? Du rügest das Laster und bist doch
Selbst der bekannteste Pfuhl in der Zahl der sokratischen Buhlen.
Freilich die Glieder so rauh und die stachelnden Borsten am Arme
Lassen ein trotzig Gemüt uns ahnen; doch hinten am glatten –
Schneidet der lachende Arzt frisch weg die geschwollenen Warzen.

Deshalb gibt Martial auch dem Charidemus den guten Rat, sich die Hinterbacken zu enthaaren, damit man ihn eher für einen Pathicus als für einen Fellator halten möge (VI, 56):

Weil von Borsten das Bein und die Brust von Zotten dir starret,
Denkst du, du könntest damit täuschen den Ruf, Charidem?
Glaube mir, rotte das Haar dir aus vom sämtlichen Körper,
Stelle auch Zeugen dafür, daß du dich hinten enthaart.
»Weshalb?« fragst du; du weißt, daß viel von vielen gesagt wird.
Lasse du sie, Charidem, denken, du seist ein Kinäd.

Da die Lustknaben in Rom ziemlich teuer waren, findet Martial es besonders beachtlich, daß Hyllus, der arm ist und jeden Denar dreimal umdrehen muß, ihn trotzdem lieber einem Lustknaben gibt, als sich Brot oder Fleisch zu kaufen (II, 15):

Wenn in dem ganzen Schrein du oft nur einen Denar hast,
Hyllus, und diesen dazu glatter noch als dein Gesäß,
Wird ihn der Bäcker doch nicht, ihn wird kein Garkoch erhalten,
Sondern einer, der stark pranget mit männlicher Kraft.
Denn dein Magen, der arme, muß schaun des Gesäßes Gelage
Und muß jämmerlich stets hungern, wenn dieses verschlingt.

Wer sich den Körper, insbesondere die Schenkel, die Scham und das Gesäß enthaaren ließ, galt als Lüstling, als einer, der sich geschlechtlich wie eine Frau gebrauchen ließ. So auch Augustus, der sich, um weicheres Haar zu bekommen, die Haare an den Schenkeln mit heißen Nußschalen absengen ließ (Sueton, *Octav.* 68). Solche Galanterien verachtete auch Julius Cäsar nicht. Suetonius, Kap. 45: »In bezug auf die Körperpflege war er besonders eigen; er ließ sich nicht nur (mit der Schere) die Haare vom Körper scheren und (mit dem Rasiermesser) fleißig rasieren, sondern sogar ausrupfen, was einige mißbilligten.«

Daß der Analverkehr mit der Frau, zumindest im Patriarchat, stets nur Ersatz für den mit dem Manne ist, läßt sich bei den römischen Autoren besonders eindeutig belegen (Mart. X, 81; XI, 43; XI, 99; XI, 104, 17 f.;

XII, 96. Apul. *Met.* III, 20 u. a.). Hat der Mann in den »normalen« Positionen die Grenzen seiner Potenz erreicht, geht es immer noch einmal weiter, wenn sie sich ihm »als Knabe« darbietet. So bei Martial (IX, 67):

Während der ganzen Nacht hab ich ein Mädchen besessen,
So leichtfertig, daß keins sie zu besiegen vermag.
Müde von tausend Arten verlangt' ich, was Knaben gewähren.
Eh' ich die Bitte getan, ward sie gewährt mir bereits.

Apuleius, (*Metamorph.* III, Kap. 20): »Während unseres Geschäkers waren unsere Lüste und Begierden wach geworden, und hatten unsere Sinne erregt. Wir entledigten uns jeglicher Hülle und überließen uns völlig entblößt dem Taumel der Wollust. Schon ermattete ich, als Fotis aus eigener Freigebigkeit mir ihr Knabenkränzlein darbot.«

Im *Zauberesel* des Lukianos aus Samosata sagt Lukios zur jungen Magd Palaistra, die in einem Topfe rührt: »Wie gleichmäßig du doch, reizende Palaistra, den Hintern zugleich mit dem Topfe hin und her wendest und herauskehrst. Wie wollüstig dabei die Backen erzittern, glücklich wer dort hineinkommt!«

Als Olympio seiner vermeintlichen Geliebten von vorne beizukommen sucht, findet er den Zugang versperrt. So erbittet er einen anderen Einlaß (Plaut. *Cas.* 5, 2, 42 f.).

Es ist bezeichnend für die unbewußten Schuldgefühle Martials seiner Frau gegenüber, daß er nie mit ihr anal koitieren kann, ohne das Gefühl zu haben, sie mit einem Knaben zu hintergehen. Verweigert sie ihm den Analverkehr, so beschwert er sich (XI, 104):

Du verweigerst mir das, was Cornelia dem Gracchus gewährte,
Julia ihrem Pompej', Brutus, dir, Portia bot.
Ehe den süßen Pokal gemischt der dardanische Mundschenk,
Diente anstatt Ganymeds Juno dem Jupiter oft.

Gewährt sie ihm aber den Wunsch, so klappt die Sache auch nicht (XI, 43):

Grimmig lärmst du und schiltst, da du mich beim Knaben betroffen,
Gattin, und sagst, du bötest das nämliche dar.
Wie oft sagte das auch dem verbuhlten Donnerer Juno!
Dennoch teilete der mit Ganymedes das Bett.
Auch der Tirynthier hat den Hylas niedergebeuget:
Glaubst du, daß keinen Popo Megera habe gehabt?
Daphnes Flucht hat Phoebus geschmerzt: der öbalische Knabe
Hat seine Flammen jedoch wieder zu löschen gewußt.
Wenn die Briseis auch oft im Bette ihm wandte den Rücken,
Zog ihr den zarten Freund Aecus' Enkel doch vor.
Spar's drum, Dinge von dir mit männlichem Namen zu nennen,
Gattin, und glaube, daß zwei weibliche Glieder du hast.

Martial erfindet dann (XII, 96) komplizierte Gründe, weshalb seine Frau ihm doch lieber nicht den Analverkehr erlauben solle. Das Ganze sagt viel über Martials eigentümliche Form der Bisexualität, noch mehr jedoch über deren gesellschaftliche Ursachen aus:

Da dir das Leben des Manns und seine Treue bekannt ist,
Und dein ehelich Bett keiner berühret und kränkt,

Weshalb quälen dich, gleich Konkubinen, du Törin, die Diener,
Deren Genuß nur kurz und ein flüchtiger ist?
Daß dir, mehr als dem Herren, ein Knabe leistet, beweis' ich:
Er macht's, daß du dem Manne bist das alleinige Weib.
Er gibt, was du als Frau nicht geben willst. »Doch, ich geb' es«,
Sagst du, »daß nicht des Gemahls Liebe verirre vom Bett.«
Anderes ist das: ich will die Chier, nicht die Mariske.
Beide verwechsele nicht, sieh als Mariske dich an.
Eine Gemahlin und Frau muß auch ihre Grenzen erkennen:
Lasse den Knaben ihr Teil, mache von deinem Gebrauch.

Die Wände Herculaneums und Pompejis sind voll von Wandkritzeleien, die auf den Analverkehr mit Frauen hinweisen: DOS MACHT'S MIT DEM HINTERN ... TÄUBCHEN CLYMENE, KACK, DAMIT WIR GUT SCHLAFEN KÖNNEN UND ICH ES DEN WEISSEN BACKEN, DEINEN GRÜBCHEN, BESORGEN KANN ... KACKERIN, NIMM DICH IN ACHT VOR DER STANGE ...
Andere zeigen das Wechselspiel zweier Gedanken. In einer Handschrift steht da: ICH WILL ARSCHFICKEN. Darunter in anderer Schrift: WER'S EINER LÄUFIGEN VON HINTEN MACHT, VERBRENNT SICH DEN SCHWANZ. Eine dritte Hand schreibt: WER DAS GESCHRIEBEN HAT, IST SELBER LÄUFIG. Eine vierte fügt hinzu: WER DAS GELESEN HAT, DEM GESCHIEHT'S BALD VON HINTEN.
Die Römer machten viel Wirbel (und sich selber etwas vor), wenn sie immer wieder betonten, sie verkehrten mit der Frau nur deshalb anal, weil sie deren Jungfernschaft schonen wollten (das wurde meist von der Hochzeitsnacht gesagt), weil es weniger gefährlich sei, bei Schwangerschaft anal zu verkehren, oder (was noch am überzeugendsten klingt) um Befruchtung zu vermeiden. Aber daß bei all diesen rationalen Motiven die Irratio der Analerotik das mitschwingende Motiv war, ist kaum zu bezweifeln.

7 Homosexualität im römischen Patriarchat

Die lateinische Literatur der männlichen und weiblichen Homosexualität ist nicht so allumfassend wie die der Griechen, aber sie nimmt innerhalb der erotischen Literatur des alten Rom doch einen weitaus größeren Platz als in der Literatur des heutigen Bürgertums ein. Die grundsätzlichen Unterschiede zwischen der römischen und griechischen Homosexualität, vor allem der des Mannes, liegen darin, daß der Römer nie versucht hat, die Homosexualität als besser, edler, würdiger anzupreisen, sondern sie bestenfalls als gleichwertig betrachtete. Auch haben die Römer nie jene philosophische Idealisierung der Päderastie vorgenommen, mit deren Hilfe die Griechen sich eingeredet hatten, sie sei die einzige dem Manne angemessene Form der Geschlechtsverbindung. Endlich herrschte bei den Römern eine weniger auf unreife Knaben und mehr auf den partizipierenden, reifen Mann ausgerichtete Homoerotik.
Auch bei dem römischen Lesbizismus finden wir keine Idealisierung des gleichgeschlechtlichen Verkehrs und auch keinen Versuch, ihn als Schule des jungen Mädchens im Sinne Sapphos aufzubauen, sondern nur eine

begrenzte Duldung, und selbst diese nur bei Frauen, nicht aber bei den Männern, die jede Form der weiblichen Homosexualität als Angriff auf ihr eigenes Geschlecht auffaßten: als Zweifel an der Fähigkeit des Mannes, die Frau zufriedenzustellen.

Da also der Römer frei von der griechischen Illusion war, Homosexualität sei eine elitäre Form des Geschlechtsverhaltens, sah er auch keinen Grund, den homosexuellen Verkehr mit Sklaven als entehrend zu betrachten. Es ist deshalb bezeichnend, daß die Annalen der römischen Homosexualität mit der Vergewaltigung von Sklaven beginnen. Der erste Bericht hierüber liegt aus der Ära der Dezemviratsgesetzgebung von 449 v. u. Z. vor, der zweite aus der Zeit des Samniterkrieges (326 bis 304), von der Livius berichtet (VIII, 28), ein Wucherer habe seinen Schuldgefangenen anal zu vergewaltigen versucht. Der Gefangene sei jedoch entkommen, und den Wucherer habe keine Strafe getroffen, da der Gefangene sich selber in die Sklaverei verkauft habe, um seine Schulden zu tilgen. Tatsächlich gab es bis zu Antonius kein Gesetz gegen die Vergewaltigung von Sklaven durch ihre Herren. Da der Sklave nicht als Mensch, sondern als »Sache« seines Herrn galt, betrachtete das Gesetz einen solchen Akt nicht als Rechtsverkehr zwischen Menschen und deshalb auch nicht als homosexuellen Akt. Charakteristisch ist die folgende, zeitlich nicht mehr fixierbare Anekdote: ein frei geborener Römer namens Calidius hatte ein Verhältnis mit der Frau seines Freundes. Als er eines Nachts von diesem in dessen Haus ertappt wurde und wegen Ehebruchs um sein Leben fürchten mußte, sagte er, er habe nur dessen Sklaven vergewaltigen wollen. Das war straffrei und durchaus einleuchtend.

Catull meinte, daß es die moralische Pflicht des Sklaven oder Freigelassenen sei, seinen Herrn sexuell zu befriedigen. So spricht er von dem Freigelassenen Aufilenus, auf den sein Freund Cälius scharf ist, und kommentiert:

Doch wem gönn' ich am meisten sein Glück? Dir, Cälius, du hast
Seltene Freundestreu' einst durch die Tat mir gezeigt,
Als mein innerstes Ich wahnsinnige Gluten versengten.
Cälius, möge das Glück fördern, was heiß du begehrst!

Juvenal dagegen meinte, ein Sklave, der das Feld beackere, sei weniger zu bedauern als einer, der seinen Herrn beackern müsse (45 f.). Jedenfalls bestand die Institution der zum homosexuellen Verkehr dienenden Lustknaben in Rom bis ins späte Kaiserreich.

Eine der übelsten Folgen dieser Verbindung von Sklaverei und Homosexualität war die Kastration von Sklaven, die der Erhaltung eines jugendlichen Teints, der Unterbindung von Haarwuchs und der Erzielung einer »schönen« (also knaben- oder mädchenhaften) Stimme dienen sollte. Der römische Verschneider solcher Lustknaben unterschied – wie bei den Griechen und ähnlich wie bei den zur Empfängnisverhütung beschnittenen Lustknaben der römischen Frauen – zwischen *castrati veri,* »wirklichen Eunuchen«, denen man beide Hoden entfernt hatte, und dem *thlasias* oder *thlibias,* dem man beide Hoden belassen, aber durch Zerquetschen unfruchtbar gemacht hatte. *Spado* nannte man denjenigen, dem man eine einzige Hode entfernt hatte. Von den Spadonen glaubte man, sie hätten alle Eigenschaften eines

richtigen Mannes beibehalten, seien aber zarter und anschmiegsamer als dieser. Erst Domitian, der übrigens selber eine Anzahl von kastrierten Lustknaben besaß, verbot die Kastration von Sklaven (Mart. IX, 8, 8).
Zweifellos hat das Vorbild der Herrscher die Form und den Verlauf der Homosexualität in Rom maßgeblich beeinflußt. Das gilt nicht erst für die Kaiser, sondern bereits für Cäsar und die Triumvirn. Andererseits bedeuten homosexuelle Handlungen bei den Cäsaren nicht notwendigerweise, daß diese Kaiser homosexuell oder auch nur bisexuell gewesen seien, und dies ist ein viel ernster zu nehmender Einwand als der läppische Vorwurf der Homosexualität gegen Menschen, die sich nicht anders benehmen können. Die ersten drei Jahrhunderte des Kaiserreichs waren ein ausgesprochenes Konsumzeitalter. Da die Produktionsmittel sich nicht mehr weiterentwickelten, schlug die Libido vom Schaffen ins Verzehren um. Auf sexuellem Gebiete bedeutete dies, daß fast jeder, der Geld hatte, so viele und so verschiedene sexuelle Erfahrungen zu sammeln suchte, wie er sich nur leisten konnte. Wie ein Neureicher unserer Tage, dem man gesagt hat, ein Mann der Welt müsse mit Austern, Kaviar und Schnecken vertraut sein, sich nun verpflichtet fühlen mag, auch geröstete Ameisen, gedünstetes Hundefleisch oder gehäutete Schlangen zu vertilgen, hat man bei den homosexuellen Affären der Kaiser oft das Gefühl, daß sie sich zu manchen dieser Aktivitäten geradezu zwingen mußten, um dem Lumpenproletariat Roms, von dem sie abhängig waren, jenen Herrschertypus darzubieten, von dem sie glaubten, er sei erwünscht.
Cäsar selber war zweifellos bisexuell und hatte keinen Grund, irgend jemandem vorzumachen, er sei lasterhafter, als er es wirklich war. Sueton meint(*Cäsar* 2), er habe als junger Mann dem König Nikomedes von Bithynien als Lustknabe gedient; und während Cäsar die meisten der anderen Anwürfe ignorierte, nahm er diesen ernst, weil er darauf hinauslief, daß ein Römer sich einen Asiaten gefügt hatte. Ganz spezifisch warf man ihm vor, er habe sich in Frauenkleidung dem König als »Rivale der Königin und Matratze des königlichen Bettes« angeboten. Die Speerspitze des Angriffs war also nicht die Homosexualität als solche, denn das war in Rom keine ehrenrührige Sache, sondern daß Cäsar sich mit einem Fremden eingelassen und dabei sogar die Rolle der Frau gespielt habe. Wegen einer Anzahl anderer Affären, sowohl homo- wie heterosexueller Art, die aber alle mehr seiner Laufbahn als seinem Vergnügen gedient hatten, nannten die Römer ihn »die Ehefrau aller Männer und den Ehemann aller Frauen« – eine halbbewundernde Anzüglichkeit, die ihn keineswegs daran hinderte, der mächtigste Mann im Staate zu werden.
Ich zitiere zweifelhafte Autoritäten wie Sueton und Lampridius, weil es mir nicht darum geht, ob die Cäsaren all die Dinge, die diese scharfzüngigen Autoren ihnen vorwarfen, wirklich getan haben, sondern weil ich zeigen will, wie die römischen Schriftsteller über ihre eigene Zeit und die ihrer Vorgänger dachten. Was wichtig ist, ist also nicht, ob Cäsar wirklich homosexuell war, sondern was ihm seine Zeitgenossen nachsagten: die spezifischen Formen der Homosexualität, die man von ihm berichtete und die Wertmaßstäbe, mit denen die Historiker des Patriarchats ihre eigenen Herr-

scher maßen. Auch dem Antonius warfen sie vor, er habe in seiner Jugend als Lustknabe gedient und »sich damit viel Geld zusammengevögelt« (Dio Cassio 45, 26. Cicero *Phil.* II, 18). Die Toga habe er zu einem Hurenkleid gemacht. Wie ein Straßenmädchen sei er »um einen festen und nicht kleinen Preis« käuflich gewesen: »Kein Knabe, der Wollust wegen erkauft, war je so sehr in seines Herrn Gewalt wie du freiwillig in der des Curio. Wie oft hat dich dessen Vater aus dem Hause geworfen? Wie oft Wächter aufgestellt, um dich von dem Eintritt an der Schwelle abzuhalten, während du unter dem Schutze der Nacht, Wollust vorgaukelnd, in Wahrheit aber angetrieben von dem Lohn, dich durch die Dachziegel herabließest?« Was man Antonius ebenso wie Cäsar vorwarf, war also nicht, daß er homosexuell gewesen sei, sondern, daß er es eben *nicht* war, sondern seinen Hintern zum Sprungbrett seiner Karriere habe machen lassen.

Dem Augustus warf man ähnlich vor, er habe sich seine Adoption durch seinen Onkel, mit welcher seine eigentliche Laufbahn begann, dadurch erworben, daß er ihm als Lustknabe gedient habe. Mark Anton war der bedeutendste Verfechter dieser Ansicht. Lucius, der Bruder des Marcus, warf ihm dagegen vor, er habe seinen Hintern nicht nur Cäsar, sondern auch Aulus Hirtius in Spanien für 300 000 Sesterzien preisgegeben. Sextus Pompeius schalt ihn einen weibischen Weichling. Und als einmal in einem Theaterstück von einem beschnittenen Kybelepriester gesagt wurde: »Siehe, wie schön er die Pauke schlägt«, brach das Publikum in Gelächter aus, denn die Worte waren doppelsinnig und konnten ebensogut bedeuten: »Siehe, wie schön der Schwule die Welt regiert!«

Caligula warf man vor, er habe bei Marcus Lepidus als Frau gedient und den Pantomimen Mnester zu seiner Frau gemacht. Valerius Catullus, ein junger Mann aus konsularischem Hause, klagte Caligula an, ihn nicht nur anal vergewaltigt, sondern auch krank gemacht zu haben (Sueton, *Cal.* 36), woraus manche Geschichten der Medizin entnehmen möchten, daß es in Rom Geschlechtskrankheiten gegeben habe – eine umstrittene Frage. Was man ihm aber am bittersten vorwarf war, daß er einige als Geiseln in Rom lebende Fürsten zum Analverkehr erpreßt oder gezwungen habe. Also galt auch hier die Regel, daß Homosexualität als solche nicht verwerflich war. Diente sie aber der Karriere oder der Ausbeutung anderer, war sie unehrenhaft.

Der erste Fall einer eindeutig pathologischen Persönlichkeit unter den Cäsaren tritt uns in Nero entgegen, der in seiner Jugend bereits von seinem Lehrer zur Homosexualität erzogen worden war (Cassius Dio) und seinen Stiefbruder Britannicus anal vergewaltigt hatte, als dieser erst 14 war (Tacitus, *Annalen* XIII). Und wer war dieser Lehrer? Niemand anders als der große Moralprediger des Vaterrechts, Seneca. Nachdem Nero zur Macht gekommen war, machte er sich die Welt zum homosexuellen Theater und das homosexuelle Theater, vor allem die Schauspieler, zu seiner bevorzugten Welt: »Den jungen Sporus, den er entmannen und mit allen Regeln der ärztlichen Kunst zur Frau machen ließ, heiratete er mit rotem Schleier und voller Mitgift nach feierlicher Vollziehung der Hochzeitszeremonien unter großem Gepränge in seinem Palast und ließ ihn wie seine Gemahlin behandeln. Es existiert darüber noch heute ein nicht ungeschickter Einfall eines Witzlings, es wäre ein Glück für die Menschheit gewesen, wenn Domitius, der Vater, eine solche Gemahlin gehabt hätte! Diesen Sporus kleidete er in die Tracht der Kaiserinnen, ließ ihn in einer Sänfte tragen und führte ihn auf den Festversammlungen und Messen von Griechenland und darauf auch zu Rom am Sigillarienfest unter vielen zärtlichen Küssen als Begleiter mit sich umher.«

»Seinen eigenen Leib gab er so sehr preis, daß er, nachdem fast kein Teil von ihm unbefleckt geblieben war, sich eine Art Spiel ausdachte, in welchem er, in das Fell eines wilden Tieres genäht, aus einem Käfig herausgelassen wurde und in diesem Aufzug sich auf die Schamteile von an einen Pfahl gebundenen Männern und Frauen stürzte, und, nachdem er seine Lust befriedigt hatte, sich von Doryphoros, einem Freigelassenen, fertigmachen ließ, den er seinerseits zum Mann nahm, wie er den Sporus zur Frau genommen hatte, wobei er auch die Töne und Aufschreie von Gewalt leidenden Jungfrauen nachahmte« (Sueton, *Nero,* 28 bis 29).

Tacitus sagt in den Annalen (XV, 37): »Er hatte jedwede Schändlichkeit erschöpft, welche ihn noch lasterhafter machen konnte; nur daß er wenige Tage darauf einem Menschen von jener grauenhaften Schar, mit Namen Pythagoras, sich feierlich antrauen ließ. Man hängte über des Kaisers Gesicht den Brautschleier, man sah die Zeugen, Mitgift, Brautbett und Hochzeitsfackeln; ja, alles ward zur Schau gestellt, was selbst beim Weibe die Nacht verhüllt.«

Von Galba sagt Sueton (II, 22): »Seine Lust fand er mehr am männlichen als am weiblichen Geschlecht, und zwar ausschließlich an hageren und altgewohnten Unzuchtsgenossen. Man sagte ihm nach, er habe in Spanien den Icelus, einen sehr alten ›Freund‹, als dieser ihm die Nachricht vom Tode Neros brachte, nicht nur vor aller Welt auf das leidenschaftlichste geküßt, sondern ihn auch auf der Stelle beiseite geführt, um sofort seine Gunst zu genießen.«

Kaiser Vitellius, den die Soldaten im Jahre 69 unserer Zeit zuerst willkommen geheißen hatten, nach wenigen Monaten aber erschlugen, begrüßte auf seinen Reisen jeden Soldaten mit einem Kuß. »Das war der Beginn einer Regierung, die er dann weiterhin der Willkür und Laune seines ersten besten Komödianten und Wagenlenkers und namentlich seines Freigelassenen Asiaticus überließ. Den letzteren hatte er als jungen Menschen mißbraucht und ihn, als er aus Überdruß an diesem Leben davongelaufen war, in Puteoli wiedergefunden, wo er das Gewerbe eines Limonadenverkäufers betrieb, worauf er ihn zuerst in Fesseln werfen ließ, ihn aber wieder befreite und wieder mit der früheren Gnade aufnahm« (Sueton, II. 12).

Titus sagte man nach, er habe einen ganzen Harem von verschnittenen Lustknaben gehabt, sei aber trotzdem von Natur heterosexuell gewesen und habe die Königin Berenice leidenschaftlich geliebt. Sein Nachfolger Domitian, der mit Ausnahme einer Anzahl von sadistischen Akten ein ziemlich normales heterosexuelles Leben führte, hatte trotzdem ein langes Verhältnis mit dem beschnittenen Mundschenk Eurinus, der sowohl von Martial wie von Statius besungen worden ist. Als junger Mann hatte er sich offenbar als

Mannhure betätigt. Sowohl Clodius Pollo wie Domitians Nachfolger Nerva gaben an, ihn für Geschlechtsverkehr bezahlt zu haben. Bei den eigentümlich nekrophilen Gastmählern, die er im Stil eines Todesmahls zu geben pflegte, traten stets nackte Knaben auf, die schwarz geschminkt waren und den Gästen am Ende der Mahlzeit sozusagen als Nachtisch geschenkt wurden (Sueton, *Domit.* 1; Cass. 67, 9).

Trajan, »der beste aller Fürsten«, reiste stets mit einem *paedagogium,* einem Knabenharem, herum, der ihn auch während seines siegreichen Orientfeldzugs begleitete. Sein Nachfolger, Hadrian, war einer dieser Knaben (Spartianus, *Hadrianus* 2). Hadrians Leidenschaft für den Jüngling Antinous stellt eine der großen Liebesgeschichten des Altertums dar. Obgleich Hadrian nicht unglücklich mit Sabina, der Nichte Trajans, verheiratet war und offenbar auch ein Verhältnis mit Trajans Gattin Plotina hatte, war seine eigentliche, lebenslängliche »Gattin« der kluge, schöne und ihm auch treue Jüngling Antinous, dessen früher Tod zu der Vergötterung und dem Kult des Antinous führte, auf den wir später zurückkommen werden.

Von dem Kaiser Commodius sagt Lampridius (5 und 10): »Er hat sich zum Werkzeug fremder Lust gebrauchen lassen und kein Glied an seinem ganzen Leibe, den Mund nicht ausgenommen, ist von den unkeuschen Berührungen beider Geschlechter freigeblieben.« Besonders liebte er einen Freigelassenen mit ungewöhnlich großem Glied, den er seinen »Esel« nannte (Onosandros): »Er hatte ihn sehr lieb, machte ihn zum reichsten Manne und zum Oberpriester des ländlichen Herkules.«

Der komplizierteste sexualpathologische Fall unter allen römischen Kaisern war der des Elagabal, bei dem allerdings orientalische Erziehung und eine Anzahl mutterrechtlicher Bräuche das Krankheitsbild so verwirren, daß es heute nicht mehr eindeutig diagnostiziert werden kann. Marcus Aurelius Antoninus Bassianus (dies war sein richtiger Name) kam als minderjähriger Priester aus Emesa in Kleinasien nach Rom. Aufgewachsen war er in einem orientalischen Kult von sexuellem Grundcharakter, erzogen von starken, mutterrechtlich orientierten Frauen, von Kindheit an verwickelt in Intrigen und Machtkämpfe, durch eine ehrgeizige Mutter, die ihn fälschlich als Produkt eines Ehebruchs mit dem Kaiser Caracalla ausgab, zum Kaiser hochgespielt, ein erfahrener Lustknabe, gleichzeitig aber auch ein unreifes Muttersöhnchen, ein Narziß, der sich selber für die Verkörperung des griechischen, doppelgeschlechtlichen Gottes Hermaphroditos hielt und sich den Namen Elagabal oder Heliogabal gab, weil er sich zu allem anderen auch noch für den syrischen Sonnengott hielt. Hier ging also vieles durcheinander. Wenn wir in Alexander dem Großen nicht viele, aber doch einige positive Aspekte der ostwestlichen Verknüpfung von Sitten, Bräuchen und Kulturen finden, so kann man in Elagabal kaum andere als negative Aspekte dieser Synthese entdecken.

Er tanzte nackt vor seinen Legionären, »heiratete« Männer, Frauen und Pferde, ehelichte eine Vestalin und stellte nahezu alles auf den Kopf, was in Rom bis dahin an kultischer Tradition erhalten geblieben war. Trotzdem war manches an seinem Regime auf alten, wenn auch mittlerweile verwirrten und verderbten Konzepten des Matriarchats aufgebaut. Aus Emesa hatte er

einen schwarzen, kegelförmigen Stein mitgebracht, der dem Monolith der Großen Mutter ähnelte und zweifellos das Zentrum eines alten, mutterrechtlich-phallizistischen Fruchtbarkeitskultes war. Wie fast alle Priester solcher Religionen fühlte er sich als Frau, wollte sich eigentlich nach dem Brauch der Kybelepriester entmannen lassen, ließ sich dann aber dazu überreden, es bei einer Beschneidung zu belassen, und trat bei allen Riten in weiblicher Kleidung auf. Sein Interesse an Männern mit besonders großem Glied braucht nicht ausschließlich homoerotischen Ursprungs zu sein, denn es ist auch Teil des phallizistischen Glaubens. Auch seine verschiedenen »Ehen« mit Männern gehen auf die mutterrechtlichen Wurzeln der »heiligen Hochzeit«, der kultischen Verbindung des mutterrechtlichen Hohepriesters mit der Hohepriesterin zurück.
Auch manche der scheinbar masochistischen Neigungen, die Cassius Dio beschreibt, ohne sie ergründen zu können, haben ihre tatsächlichen Wurzeln in den flagellantischen Bräuchen der alten Fruchtbarkeitskulte. Es ist also durchaus möglich, daß in den Beschreibungen der Sexualpathologie des Elagabal ein großer Teil mißverstandener Überlieferungen orientalischer Kulte verborgen liegen. Dio Cassio sagt zum Beispiel: »Heliogabalus ging nachts in die Schenken, durch falsches Haar unkenntlich gemacht, und versah den Dienst eines Hurenwirts. Er kam in berüchtigte Freudenhäuser, jagte die Dirnen hinaus, und vergnügte sich mit einem Lustknaben. In seinem Palast bestimmte er ein eigenes Zimmer für seine geilen Lüste. Er stand nackt wie eine Hure unter der Tür, zog den in goldenen Ringen hängenden Vorhang zurück und suchte die Vorübergehenden mit schmeichelnder, gebrochener Stimme anzulocken. Die Besucher mußten zahlen. Er prahlte mit diesen Einnahmen und behauptete, mehr Liebhaber als jeder andere zu haben, und auch mehr zu verdienen« (Dio Cass. 79, 13).
Er versprach den Ärzten hohe Belohnungen, wenn sie ihn durch einen Eingriff zur Frau machten (Dio Cass. 79, 16). Er wählte den Hierokles zum »Gatten« und ließ sich von ihm beim Ehebruch mit Männern ertappen und schlagen. Er küßte ihm die Geschlechtsteile (Dio Cass. 79, 15. Lamprid. *Heliogab.* 6).
Den Aurelius Zoticus aus Smyrna, einen Mann mit riesigem Penis, ernannte er zum Kammerherrn, noch ehe er ihn gesehen hatte, neigte vor ihm verschämt den Kopf, schlug die Augen nieder und wünschte von ihm »Gebieterin« genannt zu werden (Dio Cass. 79, 16).
Lampridius, Kap. 10: »Unter ihm stand Zoticus in solchem Ansehen, daß die ersten Hofbeamten insgesamt ihn als Gemahl ihres Gebieters betrachteten. Er vermählte sich auch förmlich in Gegenwart eines Ehestifters, übte den Koitus aus und rief dabei aus: ›Stoß zu, Magirus!‹ und dieses geschah, während Zoticus kränkelte.« Magirus wurde Zoticus nach dem Gewerbe seines Vaters, eines Kochs, genannt. Der eifersüchtige Hierokles, erzählt Dio, ließ dem Nebenbuhler einen schwächenden Trank beibringen. Zoticus blieb die ganze Nacht zum Liebesgeschäft unfähig und wurde weggejagt (Dio Cass. 79, 16).
Von allen seinen Geliebten ließ Elagabal sich schlagen, kratzen, beißen, stechen, so daß er Wunden am ganzen Körper trug. Cassius Dio sagt:

»Jenen, der ihm Schmerzen zufügte, liebte er aber nicht nur mit oberflächlichem Ungestüm, sondern ernstlich und mit nachhaltiger Leidenschaft, so daß er darüber nicht nur fern von Unwillen war, sondern im Gegenteil ihn deshalb nur noch mehr liebte und ihn sogar zum Cäsar ernennen wollte.« Er ließ seine Geliebten in alle Höhlen seines Körpers ihren Samen einspritzen, in die Achselhöhlen, die Schamfuge, die Kniekehlen, die Höhlung beim Steißbein, was Lampridius dazu veranlaßte (*Heliogabalus* 5), die Nachwelt zu fragen: »Wer hätte wohl einen Fürsten ertragen können, dem jede Öffnung seines Körpers zur Befriedigung seiner Wollust diente? Selbst bei einem unvernünftigen Tiere hätte man das nicht geduldet. So bestand seine Hauptbeschäftigung in Rom darin, daß er sich Kundschafter hielt, die ihm wohlbeschlagene Mannspersonen aufsuchen und solche in den Palast zur Befriedigung seiner Wollust bringen mußten. Er führte überdies in seinem Palast das Urteil des Paris auf, wobei er selber die Rolle der Venus übernahm, auf einmal seine ganze Kleidung fallen ließ, ganz nackend dastand, mit der einen Hand die Brust, mit der anderen die Schamteile bedeckend, und darauf niederkniete und den aufgehobenen Hintern einem Päderasten preisgab.« Ferner, Kap. 6: »In den Hierokles war er so sehr verliebt, daß er – was man ohne Erröten nicht sagen kann – ihm die Schamglieder küßte, und dabei behauptete, er feiere die heiligen Floralien.«
Er neigte offenbar auch zu verschiedenen Formen des Fetischismus, denn er bediente sich für seinen Bart desselben Haarentfernungsmittels, mit dem er kurz vorher die Schamhaare seiner Liebhaber entfernt hatte, und benutzte dasselbe Schermesser, womit er deren Körperhaare geschoren hatte (Lamprid., *Heliogabalus* 31). Daß seine »Hochzeiten« mit verschiedenen Männern keine Imitationen des Nero waren, sondern einem jener Zeit eigenen Glauben an die Doppelgeschlechtlichkeit des Menschen entsprangen, geht aus der Häufigkeit des Phänomens außerhalb des kaiserlichen Hauses hervor. Martial berichtet von einer solchen Hochzeit, die völlig nach den Bräuchen normaler Hochzeiten ablief. Sogar eine Mitgift war vereinbart worden (XII, 42):

Afer, dem rüstigen, hat Callistrat sich vermählet, der bärtige,
Ganz nach der Jungfrauen Brauch, die sich dem Manne vermählt.

Ich zitiere diese Krankengeschichten, weil sie mir spezifische Aspekte des Patriarchats zu beleuchten scheinen. Auch in mutterrechtlichen Gesellschaften gibt es Homosexualität, vor allem wegen der Anlehnung des Knaben an eine starke Mutter, aber die matristische Homosexualität hat eine völlig andere Kasuistik als die des Patriarchats. Elagabal war beispielsweise ein eindeutig matristischer Fall, als er in Rom ankam. Die ganze Pathogenese seiner Homoerotik deutet auf den matristischen Hintergrund der Gesellschaftsordnung, aus der er kam, und auf die unmißverständliche Mutterfixierung, die das Syndrom seiner Homosexualität erzeugt hatte. Aber der spezifische Kurs, den die Krankheit beschrieb, nachdem er in eine vaterrechtliche Gesellschaft eingegliedert worden war und sie sogar führen sollte, läßt sich nur durch die männliche Komponente der römischen Gesellschaft erklären: Patristische Homosexualität, wie die Athens, formt sich immer am Vorbild des Mannes; matristische Homosexualität, wie die in Sparta, formt

sich am Vorbild der Frau. Im Patriarchat wünscht der Homoerotiker, alle Frauen seien wie Männer. Im Matriarchat wünscht der Homoerotiker, alle Männer seien wie Frauen.
Die Römer pflegten zu sagen, daß die Päderastie und Homosexualität am Hofe aus der engen körperlichen Berührung zwischen Herren und bestimmten Sklaven entstanden sei. So dienten gewisse Sklaven dem Waschen und Baden, andere dem Massieren und Salben ihrer Herren. Da man stets nackt badete und vor dem Salben mit Striegel und Schaber bearbeitet wurde, war der Verkehr dieser Sklaven mit ihren Herren tatsächlich sehr intim. Der Badesklave warf dann die Leintücher über den gereinigten Körper des Herrn und entfernte damit die letzten Spuren von Schweiß und Öl. Darauf rasierte ein anderer Sklave die Haare an Brust, Armen und Beinen, oder verrieb sie mit Puder. Dieses Enthaaren gehörte zu den Vorbedingungen römischer Eleganz. Zuletzt wurde die Haut mit Schwanenfedern bearbeitet. Ist es überraschend, daß die Berührungen manchmal über das Maß des hygienisch Notwendigen hinausgingen?
In republikanischen Zeiten gab es kein Gesetz gegen die Vergewaltigung von Sklaven seitens ihrer Herren. Erst Kaiser Antoninus erhob Strafen gegen die Nötigung von Sklaven zur Unzucht. Selbst der Versuch, Sklaven zum homosexuellen Verkehr zu verführen, konnte eine *actio iniuariarum* nach sich ziehen. Dagegen fiel der Verkehr mit einem Freien unter den Begriff des *stuprum*, ohne daß jedoch die Gesetze ursprünglich eine Handhabe dagegen boten. Nur wenn Notzucht vorlag, konnte *de vi* geklagt werden. Sonst unterlag das Delikt der Hauszucht. Das heißt: der Vater konnte gegen jedes männliche Familienmitglied einschreiten, das einen Knaben oder einen Mann verführt hatte. Plautus geht ausdrücklich darauf ein, daß man frei geborene Knaben nicht verführen, unfreie aber benutzen dürfe: sowohl hetero- wie homosexuell:

Niemand verwehrt das Gehen auf offener Straße dir!
Wenn nur durch ein umzäuntes Grundstück du den Weg
Dir nicht erzwingst, von Ehefrauen, Witwen, unbescholtenen
Mädchen, freigeborenen Knaben fern dich hältst,
So magst du lieben, wen du willst.

Von unfreien Knaben braucht sich der junge Herr, der hier von seinem Sklaven aufgeklärt wird, also nicht fernzuhalten: sie darf er getrost verführen. Deshalb bewegen sich auch die Hinweise, die wir in den Wandinschriften und den Texten der Römer über ihre homosexuellen Verhältnisse mit Sklaven und Freigelassenen finden, in genau den gleichen sozialen Bahnen wie die entsprechenden heterosexuellen Verhältnisse: Die männlichen Huren, genau wie ihre weiblichen Gegenstücke, sind fast ausschließlich Sklaven, und zwar in der Mehrzahl Ausländer. Feste Verhältnisse innerhalb eines einzelnen Haushaltes bestehen sowohl mit dem Leibsklaven des Herrn wie auch mit einem bevorzugten Freigelassenen. Das erste entspricht dem Verhältnis des Herrn mit seiner Magd, die auch stets eine Sklavin war; das zweite dem mit seiner Konkubine, die fast stets eine Freigelassene war. Die sozialen Wurzeln der erotischen Verhältnisse zwischen Freien und Unfreien sind also die gleichen bei Homo- wie bei Heterosexuellen.

Was die erste Gruppe, die Mannhuren, anbelangt, so finden wir in den pompejanischen Wandkritzeleien eine große Zahl solcher Hinweise wie diese: »Ampliatus. Icarus vögelt dich. Salvius schrieb dies«, »Chryseros hat hier dreimal mit Successus gefickt«, »Jarinus hat hier mit Athletus gevögelt.« Auch präzisere Angaben finden sich hier: »Ich habe sechsmal gevögelt«, »Der nette Menander tut's für zwei Kupferasse«, »Trebonius, des Eucinus Sklave, wackelt mit dem Arsch«, »Wer den Accensus fickt, reibt sich nachher den Schwanz.« Die Namen der Angesprochenen beweisen, daß es sich um Sklaven handelt.
Andererseits war es nicht unüblich, daß der junge Römer aus gutem Hause von seinem Vater einen jungen Sklaven zum ausdrücklichen Zweck des Geschlechtsverkehrs zur Verfügung gestellt bekam. Der Sklave hieß dann *concubinus* und hatte einen ebenso festen Status im Haushalt wie die Konkubine des Vaters. So wird in einem Hochzeitslied Catulls, das er für den vornehmen Manlius Torquatus schrieb, ganz offiziell auf dessen *concubinus* hingewiesen, von dem er sich nun, wie es üblich ist, trennen muß, da mit der Hochzeit der gleichgeschlechtliche Verkehr aufzuhören habe. Übrigens enthält dieses Gedicht den sicher auch nicht untypischen Hinweis, daß der junge Sklave ganz und gar nicht homosexuell veranlagt war, sondern im Gegenteil allen Bauernmädchen nachzurennen pflegte.
Auch Trimalchio, der ehemalige Sklave und später freigelassene Veranstalter des berühmten Gastmahls im *Satyrikon* des Petronius, gesteht ganz freimütig: »Ich war vierzehn Jahre lang der Lieblingsknabe meines Herrn. Warum soll ich's nicht gestehen? Was der Herr befiehlt, dessen braucht man sich nicht zu schämen. Aber ich stellte auch die Herrin zufrieden. Ihr versteht mich. Ich schweige, weil ich mich nicht rühmen will.« In der *Mostellaria* des Plautus heißt es im Zwiegespräch der Sklaven (IV, 2): »Mich kennt der Herr!« – »Er wird doch wohl sein Ruhepolster kennen!«
Solche Knaben hießen *deliciae domini* oder *delicati;* sie wurden auf den Märkten angeboten. Die öffentliche Meinung nahm daran kaum Anstoß. Unangenehm aber fiel es auf, wenn solche Knaben über die Jugendblüte hinaus in dieser Stellung verblieben: das waren die *exoleti,* »die Ausgewachsenen«. Cicero behauptet z. B. von P. Clodius, er habe solche *exoleti* immer um sich gehabt. Ein typischer *delicatus* war der berühmte Asiaticus, der als Kind von einem Herrn wegen seiner Schönheit auf dem Sklavenmarkt gekauft worden war und sofort zur Päderastie benutzt wurde. Da er nicht homosexuell veranlagt war, entfloh er seinem Herrn und wurde Getränkeverkäufer in Puteoli, einem Armenviertel. Wieder eingefangen, wurde er sofort wieder von seinem Herrn anal mißbraucht, weigerte sich von neuem und wurde deshalb von seinem verärgerten Besitzer an einen Gladiator verkauft – was in der Praxis bedeutete, daß er früher oder später im Zweikampf getötet werden würde. Das verursachte seinem ehemaligen Herrn offenbar nach einer Weile Gewissensbisse. Er kaufte den jungen Asiaticus also wieder zurück, lebte eine Zeitlang mit ihm und gab ihm dann seine Freiheit. Irgendwie lernte Asiaticus nun als Freigelassener den späteren Kaiser Vitellius kennen und wurde dessen Geliebter. Am Tage seiner Thronbesteigung erhob der Kaiser Asiaticus in den Ritterstand.

Ein ehemaliger Lustknabe des Licinius Sura, des mächtigen Freundes Trajans, gelangte ebenfalls auf diesem Wege zu großem Reichtum. Im Jahre 61 wurde der Stadtpräfekt Pedanius Secundus von seinem *delicatus* ermordet, angeblich weil beide in einen jüngeren Sklaven verliebt waren. Überhaupt finden wir eine große Anzahl triolistischer Verhältnisse, teils rein homosexueller, teils bisexueller Art in den Chroniken des römischen Sexuallebens. Catull 99 deutet auf ein triolistisches Verhältnis zwischen sich, seinem Freund Cälius und dessen Sklaven Aufilenus hin:

Aufilenus entflammt dich, Cälius; Aufilena,
Quintius, dich. Kein Paar gibt's in Verona wie ihr.
Dieser erwählt sich den Bruder, die Schwester der andere. Das ist ja
Wahrlich ein Liebesbund brüderlich inniger Art.
Doch wem gönn' ich am meisten sein Glück? Dir, Cälius, du hast
Seltene Freundestreu' einst durch die Tat mir gezeigt.
Als mein innerstes Ich wahnsinnige Gluten versengten.
Cälius, möge das Glück fördern, was heiß du begehrst:

Im *Satyricon* des Petronius hilft der Sklave seinem Herrn ein junges Mädchen besonders effektiv zu vögeln, indem die Kleine auf dem Spieß des Herrn Platz nimmt, während der Sklave Corax unter das Bett geht und, die Hände auf den Boden gestützt, mit dem Hintern seinen Herrn auf- und niederschaukelt. Das Mädchen arbeitet im Gegentakt. Es ist klar, daß der Sklave nicht nur bei heterosexuellen Aktivitäten in dieser Weise mit seinem Herrn zusammengearbeitet hat (Satir. 140).

Außer den Haussklaven, die man sich als homosexuelle Partner hielt, gab es natürlich auch Mannhuren, die fast stets freigelassene Sklaven waren. Diese Lustknaben waren in Rom weitaus teurer als weibliche Prostitutierte. Cato entrüstete sich nicht etwa darüber, daß es eine solche Institution gab, sondern daß sie so viel kostete: Manche Knaben so viel wie ein ganzer Bauernhof. Wie Martial es mit seiner gewöhnlichen Schärfe (VI, 33, 4) ausgedrückt hat: Wer Pleite gemacht hatte, mußte sich mit Frauen begnügen. Den Lustknaben nannte man *puer meritorius,* »der verdienende Knabe«, *puer consuetus,* »der vertraute Knabe«, *puer usurarius,* »der wuchernde Knabe«, *pathicus,* »der Duldende« (der sich zum Analverkehr hergibt) und *cinaedus* (ein aus dem Griechischen stammendes Wort, das dort sowohl den Lustknaben wie bestimmte Kategorien von Schauspielern bezeichnete). Im Männerstaat Rom galt natürlich nicht etwa der Mann als unehrenhaft, der einen solchen Kinäden bezahlte, sondern nur der Kinäde, der das Geld empfing. Denn das »Empfangen« galt sowohl im sexuellen wie im finanziellen Sinne als »weibisch« und deshalb als entehrend.

Die männliche Prositution in Rom nahm in der späteren Kaiserzeit Ausmaße an, die uns heute kaum glaubhaft erscheinen. Neben der freien Prostitution, die vor allem an der Via Suburana, am Mons Esquilinus, am Vicus Patricius und an der Porta Trigemina betrieben wurde, gab es päderastische Bordelle in den Theater- und Zirkushallen. Wirtshäuser offerierten ihren Gästen junge Burschen, *pueri* genannt, als passive Lustknaben, und muskulöse, behaarte Männer, *drauci* oder *agentes in paedicatione,* als aktive Liebhaber. Reiche Aristorkaten hielten sich einen Harem, den die

Mode – ein charakteristisches Paradoxon – *paedagogia* nannte. Die Lustknaben, die dort ihre Dienste anboten, stammten meist aus Afrika und Kleinasien; die Alexandriner scheinen sehr gefragt gewesen zu sein, aber auch die Syrer und Nubier waren wegen ihrer Schönheit geschätzt. Die *pueri* und *drauci* gaben der römischen Päderastie einen obszönen und pöbelhaften Anstrich, der für die Sitten in der späten Kaiserzeit charakteristisch war.

Augustus benutzte die *lex Iulia de maritandis ordinibus,* als Ehegesetz formuliert, in Wahrheit aber der Vermehrung des zur Verteidigung verwendbaren Nachwuchses dienend, auch um die Päderastie und Homosexualität einzuschränken. Er tat dies weniger aus moralischen Gründen als in der durchaus berechtigten Befürchtung, daß der homophile Verkehr den potentiellen Nachwuchs beschränke. Deshalb schaffte er die *lex Scantia de nefanda Venere,* die seit dem 3. Jahrhundert v. u. Z. die Verführung und Verkuppelung von Knaben mit Geldbußen bestraft hatte, ab und setzte für die Verkuppelung freier Knaben die Todesstrafe ein. Die christlichen Kaiser gingen noch strenger gegen das *stuprum cum masculis* vor. Eine Zeitlang verbrannte man die schuldig befundenen Päderasten (*Cod. Theod.* IX, 7, 6; *Coll.* V, 3). Seit Iustitian enthauptete man sie (*Inst.* IV, 18, 4; *Nov.* 141, 77; *Cod. Theod.* IX, 7, 3).

Das Resultat war die Bildung einer Anzahl von homophilen Geheimgesellschaften beider Geschlechter, die teils unter dem Vorwand religiöser, teils unter dem politischer Aktivität florierten. Livius berichtet von einem Geheimbund, dem mehr als 7000 Männer und Frauen angehörten und der von der Bona-Dea-Priesterin Paculla Annia geleitet wurde: »Die Männer begingen mehr Unzucht unter sich als mit den Frauen.« Wer sich sträubte oder auszuscheiden versuchte, wurde als Schlachtvieh geopfert (Livius XXIX, 8 ff.). Juvenal erwähnt geheime Päderastengesellschaften, die der Bona Dea geschminkt und in weiblicher Kleidung opferten (II, 84 ff.). Umgekehrt war das Fest der Bona Dea in der ersten Mainacht ausschließlich der weiblichen Homosexualität gewidmet. Alles Männliche, selbst Bilder von Männern und männliche Tiere, mußte ferngehalten werden (Juvenal VI, 311). Das Band, das Catilina und seine Verschworenen zusammenhielt, war homoerotischer Natur. Als Erkennungszeichen diente das Kratzen des Kopfes mit dem kleinen Finger, ein altes, bereits in Griechenland benutztes Kinädenzeichen (Seneca, *Contr.* VII, 4 19). Im Jahre 52 v. u. Z. war eine solche Geheimgruppe bereits aufgeflogen, weil ein Konsul und die Volkstribunen von einem Mitglied der Gesellschaft, einem Unterbeamten, zu einem Gelage eingeladen worden waren, bei dem zwei Frauen miteinander koitierten und am Ende einen Knaben hinzuzogen. Die Überlegung war, daß hohe Beamte, nachdem sie einmal an einer solchen Orgie teilgenommen hatten, nicht mehr in der Lage sein würden, den Bund zu denunzieren.

Zwei Tendenzen kamen im römischen Patriarchat zusammen, um weibliche Homosexualität auszulösen: erstens die Verachtung des Mannes für die Frau, die nur unter Frauen einen Partner finden konnte, der sie respektierte; zweitens die männliche Homosexualität, die viele Frauen ihrer Männer beraubte. Juvenal beschreibt das Resultat mit zweifelhafter Autorität:

Geh und betrachte genau, was Tullia macht für Gesichter
Und was Maura der schwarzen, liebenden Milchschwester zuraunt...
Sie reiten miteinander sodann, und der Mond sieht ihre Bewegung...
Wohl sind der Bona Dea Mysterien bekannt, wenn die Flöte die Lenden
Aufregt, wenn von dem Horne zugleich betäubt und dem Weine
Rasen Priaps Mänaden mit wirbelndem Haar und erheben
Geiles Geheul. O wie groß ist dann bei ihnen die Lust nach
Liebe, wie die Stimme bei berstender Lust, o wie groß doch
Abgelagerten Weins über triefende Schenkel Beströmung!
Mägde der Kuppler entbietet zum Kampf Saufeia, den Kranz nimmt
Erst sie herab und gewinnt den Preis der schwebenden Hüfte,
Selber bewundernd den Schwung, womit Medulla den Steiß wiegt.
So gleicht mit der Geburt unter Herrinnen Stärke den Sieg aus.
Nichts zum Scherze wird dort geheuchelt, alles geschieht da
So wahrhaftig, daß leicht des Laomedon Sohn, den die Jahre
Längst schon gekühlt, und der Bruch des Nestors noch sich entzünden.

Seneca spricht in ähnlich voreingenommener Weise von den weiblichen Homoerotikern. In *Controversiae* (II) berichtet er von der Eifersucht eines Mannes auf die Freundin seiner Frau und klagt in dem bereits zitierten 95. Brief: »An Wollust geben sie den Männern nichts nach. Von Natur her der leidende Teil, sind sie – mögen sie Götter und Göttinnen verderben – auf so widernatürliche Art der Unzucht verfallen, daß sie sogar den Mann zu spielen versuchen.« Selbst Martial, sonst der verläßlichste aller Berichterstatter über die Erotik seiner Zeit, spricht mit einer eigentümlichen Mischung von Neid und Verbitterung, wenn er das Thema des Lesbizismus aufgreift. Von der Lesbierin Philaenis schreibt er (VII, 67):

Wird der Unzucht gehuldigt, nimmer befleckt sie
Sich an Männern den Mund – als männlich gält's nicht –
Nein, verschlinget der Mädchen Scham vollständig.
Mag Vernunft dir ein Gott, Philaenis, geben,
Die für männlich es hält, die Scham zu lecken!

Weiter von der gleichen Frau (IX, 40):

Das gelobte Philaenis: Wenn ihr Gatte,
Diodorus aus Pharus, heimwärts kehre,
Von der Romfahrt zu den Trapejaner Kränzen,
Sollt' ihr lecken ein unerfahrenes Mädchen,
Was auch junge Sabinerinnen lieben.

Martial schreibt an die Bassa (I, 90):

Weil ich, Bassa, dich nie umringt von Männern gesehen,
Und weil nie das Gerücht einen Geliebten dir gab,
Sondern den ganzen Dienst dir solche vom gleichen Geschlechte
Leisteten, ohne daß je Männer erschienen dabei,
Hatt' ich dich, muß ich gestehn, für Lucretia selber gehalten.
Aber, o Frevel, du warst, Bassa, Vöglerin selbst!

Später:

Wunderbares, wert des Thebanischen Rätsels, ersannst du:
Daß es Ehebruch gibt, wo es am Manne gebricht!

Und (VII, 71):

Du, Philaenis, Tribade der Tribaden,
Nennest Freundin mit Recht die, der du beiwohnst!

Und (VII, 67):

Von wilderer Lust erpackt als Männer
Schlingt elf Mädchen sie an einem Tag.

Auch aus Phaedrus' Legende vom Ursprung der Tribaden spricht der gleiche männliche Unverstand (IV, 15):

Es fragte einer, woher die Tribaden wohl
Und auch die Schwulen stammen. Antwort gab ein Greis:
Prometheus, der aus der Erde Menschen schuf,
Hat jene Teile, die verhüllt man schamhaft trägt,
Für sich besonders eines Tags geformt,
Um sie den fertigen Körpern anzupassen dann.
Nun traf es sich, daß Bacchus ihn zum Mahle lud,
Wo er vom edlen Nektar manchen Tropfen trank.
Spät kam er heim, ein bißchen schwankend schon.
Vom Wein umnebelt, und dem Schlaf schon nah
Fügt er des Weibes Glied dem Manneskörper an
Und gab dem Weiberleib des Mannes stolzes Glied.
So kommt die Wollust nun zu spärlichem Genuß.

Weibliche und männliche Homosexualität beherrschte das Theater. Juvenal beschreibt (II, 6), wie sehr die Frauen, vor allem die Lesbierinnen, von Schauspielerin beeindruckt waren, die Frauenrollen spielten:

Wenn der zarte Bathyllus sich schwingt im Tanze der Leda,
Kann nicht Tuscia zähmen den Schoß, auch Apula ächzt dann
Wie in den Armen eines Mannes, in Brunst sich verzehrend. Es sieht die
Thymele lang dort zu, und die bäurische Thymele lernt noch.

Rabenalt sagt: »Der Pantomime spielt den liebenden Mann und das liebende Weib in raschem Wechsel, ja fast in Simultaneität. Er drückt erotische Handlungen, die Empfindungen und Erregungen beider Geschlechter beim Liebesakt aus« (Arthur Maria Rabenalt, *Mimus Eroticus* Hamburg 1965, Bd. I, S. 241). Hier folgte die Bühne aber nur der Wirklichkeit, denn die Verwirrung der Geschlechtsbeziehungen »machte die Wahrheit zum Schein, den Schein zur Wahrheit, den Kaiser zum Komödianten, die Komödiantin zur Kaiserin, die Patrizierfrau zum dienenden Sklaven, den Sklaven zur Kurtisane, die Frau zur Knäbin, den Epheben zur Dirne usw., usw., in einer nicht mehr endenden Spirale, die durch alle Schichten des Proletariats, des Volkes, des Bürgertums, des Adels, durch alle Religionen, Sekten und Kultanhänger ging, durch alle Nationalitäten, Rassen und Stämme. Der Schauspieler fungierte in diesem sexuellen Weltbild, das ein wahres Vexierbild war, als Mann und Frau, als Liebhaber und Geliebte, die Schauspielerin desgleichen, sie war Sappho und Phryne. Der Komödiant und die Komödiantin stellten sexuelle Umbaumöbel dar, die mit wenigen Handgriffen so, aber auch anders zu gebrauchen waren. Sie wurden benützt wie Mehrzweckgegenstände« (ebd. 226 bis 227).

Die Schauspieler dienten also nicht nur den Männern als Geliebte, den

Frauen als Liebhaber, sondern vollstreckten in manchen Familien beide Funktionen für beide Ehepartner. Der deutsche Pionier der Sexualforschung, Magnus Hirschfeld, hat diese römischen Schauspieler aus seinen eigenen Erfahrungen mit japanischen und chinesischen Frauendarstellern in drei Gruppen einzuteilen versucht:

1. Heterosexuelle, die das Rollenspiel allein als künstlerische Herausforderung betrachten;
2. Transvestiten, die zwar aus der Verkleidung Genuß schöpfen, aber sich sexuell doch zum anderen Geschlecht hingezogen fühlen;
3. Homosexuelle, die sich auf der Bühne wie im Leben nur in der Rolle des anderen Geschlechts wohl fühlen.

Dabei betont Hirschfeld aber, daß die Übergänge fließend sind und daß ein Überwiegen der narzißtischen Komponente oft die Abgrenzung erschwert. Mit anderen Worten: der Schauspieler findet oft in der vollkommenen Darstellung auch den vollkommenen Genuß: sein Liebesleben verkümmert dabei.

Die Schauspieler und jene Transvestiten, die ihrer Mode folgten, kräuselten sich die Haare und schminkten sich auch außerhalb der Bühne. Martial (V, 61) berichtet, eine Duftwelle reise mit ihnen spazieren. Wir haben bereits die Stelle zitiert, in welcher er einen solchen Mann, den Cotilus, beschreibt, »der seine Locken in kunstvoller Ordnung trägt, stets nach Balsam und Zimtöl duftet, die Melodien alexandrinischer und spanischer Tänze summt, seine glattpolierten Arme wie ein Tänzer bewegt...« Selbst wenn ein solcher Mann keinen aktiven homosexuellen Verkehr hatte, betrachteten ihn seine Zeitgenossen, als wäre er ein Homosexueller. So Gellius, der in seinen *Attischen Nächten* das Bruchstück einer Rede des jüngeren Scipio Africanus zitiert (VII, 12): »Ein Mann, der täglich gesalbt vor dem Spiegel sich schmücken läßt, der mit rasierten Augenbrauen, geschorenem Bart und sogar mit rasierten Schenkeln einhergeht, der als junger Mann bei Gelagen in Begleitung junger Männer, mit einer langärmeligen Tunika bekleidet, sich auf das niedrigste Bett legt, der nicht nur den Wein, sondern auch die Liebkosungen des Mannes sucht, tut der etwas anderes, als was Brauch der Kinäden ist?«

Manche der Schauspieler trugen, wie die Strichjungen, farbige Frauenkleider aus durchsichtigem Material mit farbiger Unterwäsche (Sueton, *Otho* XII). Nach Tactius (*Ann.* II, 33) mußte unter Tiberius manchen Männern verboten werden, durchsichtige Seidenkleider zu tragen. Juvenal verspottet einen solchen Mann und rät ihm, doch lieber ganz nackt vors Volk zu treten. M. Terentius Varro beschreibt solche Männer in seinen *Eumeniden* und vergleicht sie mit Najaden. Als Gegenstück erwähnt er in den *Meleagri* die männliche Kleidung mancher Frauen und beschreibt eine wie Atalante aufgeschürzte Lesbierin. Auch die Mode, Strümpfe zu tragen, wurde um diese Zeit von Transvestiten eingeführt, welche die *fasciae crurales,* die Wickelgamaschen der Frauen, übernahmen. Aber während diese meist weiß waren, zeichneten sich die Transvestiten und Schauspieler durch ihre purpurfarbenen Beinkleider aus.

Als Resultat der wachsenden Geschlechtertrennung, die Männer mit Männern, Frauen mit Frauen verkuppelte, wuchs bei beiden die Mißachtung des anderen Geschlechts. Wir haben bereits den berühmt gewordenen Satz des Q. Metellus Macedonicus zitiert, daß jeder Mann von Natur her lieber ohne Frauen auskommen würde, dies aber manchen unmöglich sei. Deshalb müsse man heterosexuellen Vergnügungen abschwören und sich statt dessen dem Staatswohl widmen. Die gleiche Frauenfeindlichkeit finden wir bei Petron, der seine homosexuellen Protagonisten zwar von Zeit zu Zeit auch mit Frauen schlafen läßt, dabei den Frauen aber immer negative Eigenschaften zuschreibt, so zum Beispiel der Ehefrau des Trimalchio unbeherrschte Zanksucht: »Da fing sie an, auf Trimalchio zu schimpfen, nannte ihn einen schmutzigen, garstigen Mann, der seine Geilheit nicht im Zaume halten könne, und sagte schließlich: ›Du geiler Hund!‹ Trimalchio, durch diese Schimpfworte beschämt und im höchsten Grade beleidigt, warf ihr einen Becher grade ins Gesicht. Diese schrie nun ganz erbärmlich, als wenn er ihr ein Auge aus dem Kopfe geworfen hätte, und hielt ihre zitternden Hände vors Gesicht.«

Schließlich sagt Trimalchio von seiner Frau: »Was bildet sich die Hure ein, daß sie mich so behandeln will? Aus dem Backhaus hab' ich sie herausgezogen und unter die Menschen gebracht. Jetzt bläht sie sich wie ein Frosch auf. Aber sie speit sich selbst auf ihren Busen. Ein Stück Holz ist sie, kein Weib. Aber es hat seine Richtigkeit, ein Mistfink wird sich niemals in die große Welt schicken. Nicht eher will ich mich ruhig zu Bett legen, als bis ich diese großsprecherische Kassandra gedemütigt habe.«

8 Sadismus und Masochismus im römischen Patriarchat

Das Kernproblem des römischen Geschlechtslebens war der Sadismus und seine masochistische Inversion. Verglichen mit diesem alles überschattenden Problem war selbst die Homosexualität von relativer Unwichtigkeit. Der Sadismus ist die spezifische Sexualpsychose des Patriarchats, aber nirgends finden wir die Symptome in so eindeutiger Form wie in Rom. Nahezu alles in der ökonomischen Basis und dem kulturellen Überbau Roms war angelegt, um eine Eskalation sadistischer Tendenzen zu fördern. Das begann mit der Ökonomie einer Sklavengesellschaft, die den Körper des Sklaven und der Sklavin, von den Kindern der Sklaven ganz zu schweigen, wehrlos der Libido des Herrn und der Herrin auslieferte. Selbst Menschen, die unter anderen Umständen nie in die Versuchung geraten wären, sadistische Handlungen vorzunehmen, gerieten durch die allzu verführerische Verfügbarkeit des Sklaven täglich von neuem in den Sog sadistischer Verlockungen.

Dazu kam eine herrische, dem späteren Militärdienst untergeordnete, der Mutter entfremdete, von Sklaven oder ehemaligen Sklaven vorgenommene Erziehung, die körperliche Züchtigung nicht nur als legitimes Strafmittel, sondern als selbständiges Härtungsinstrument betrachtete und benutzte. Dazu kamen schließlich die langen Kriegsjahre, die verrohenden Erfahrungen des Felddienstes, die absolut schonungslose Form des Krieges, bei der nur selten Gefangene gemacht und der Feind oft in großer Zahl niedergemetzelt wurde.

All das spiegelte sich in den »Spielen«, der eigentümlichen, auf sadistischer Reizung des Publikums aufgebauten Dramatisierung der Folter und des Mords, aber auch im Theater, im Kult und sogar in der Rechtsprechung wider, die das alttestamentarische Prinzip der legalisierten Rache weiter entwickelte, als es je in einer anderen Kultur geschehen ist. Dazu kam schließlich das Beispiel der Cäsaren, die durch das Übermaß ihrer Macht geradzu prädestiniert waren, sadistischen Versuchungen anheimzufallen. Rückwirkend von dem Vorbild des Cäsars eskalierte sich der Sadismus dann in stetem Wechselspiel zwischen Herrscher und Beherrschten, bis beide die Herrschaft über ihn verloren hatten und zu seinem Sklaven geworden waren.

Appian beschreibt das übliche Schicksal des römischen Sklaven während des Krieges (*Bürgerkriege,* V, 35). Es handelt sich um die Belagerung von Perusia im Jahre 38 v. u. Z. Als die Nahrungsmittel knapp wurden, ließ man die Sklaven verhungern und begrub sie in langen Gräben, damit es keine Seuchen gäbe. Verbrennen konnte man die Leichen nicht, weil dann der Feind davon Kunde bekommen hätte.

Plautus macht in zahlreichen Stellen seiner Bühnenstücke klar, daß der Sklave um 200 v. u. Z. nicht nur ständige Prügel und Geißelungen zu befürchten hatte, sondern daß ihm auch täglich die Gefahr drohte, durch eine Laune seines Herrn ans Kreuz geschlagen zu werden. Diodor sagt, daß man in seiner Zeit die Sklaven wie Pferde mit glühenden Eisen markierte. Mit der Vermehrung der Sklaven wuchs die Grausamkeit. Ein römisches Sprichwort besagte: »Je mehr Sklaven, desto mehr Feinde.«

Das römische Recht verbot die Folterung des Menschen als Mittel der Rechtsfindung; aber Sklaven wurden gefoltert, denn sie galten ja nicht als Menschen. Eine Sklavenaussage ohne Folter gab es nicht. Man folterte grundsätzlich, einerlei ob der Sklave vertrauenswürdig war oder nicht, denn man konnte sich so etwas wie einen vertrauenswürdigen Sklaven gar nicht vorstellen. Das Maß des Mißtrauens entsprach aber dem Maß der Grausamkeit, die man dem Sklaven in der Vergangenheit zugefügt hatte. So verdoppelte sich der Sadismus unter dem Vorwand der Rechtsfindung. Fast alle uns aus den Hexenprozessen des Mittelalters bekannten Foltermethoden sind von den Römern erfunden und von den Christen übernommen worden, darunter die *fidiculae* (Stricke zum Ausrenken der Glieder), der *equuleus* (ein Bock, auf welchem dem sitzenden Sklaven durch angehängte Gewichte oder mittels Winden die Glieder aus den Gelenken gerissen wurden), ferner glühende Metallplatten, die man auf den Leib des Sklaven legte und viele andere solcher Werkzeuge. Alle diese Maßnahmen erreichten ihren Höhepunkt unter den christlichen Kaisern, wie zum Beispiel Konstantin, der den Sklaven die Zungen ausreißen und flüssiges Blei in den Mund gießen ließ.

In der *Punica* des Silius Italicus, einer Fortsetzung der *Aenaeis,* wird die Folterung eines Sklaven mit diesen Worten beschrieben (I, 172 ff.):

. . . Der Strafbank
Pein und den glühenden Stahl und die Hiebe geschwungener Geißel,

Welche zerreißen das Fleisch, dann Fäuste der Henker und jede
Schmerzende Qual, selbst Brand in die offene Wunde geworfen,
Muß er erdulden. Es wird, für Augen und Ohren der Herren,
Künstlich der Leib, soweit es die Schraube der Folter gestattet,
Länger und länger vonandergereckt, bis endlich dem Körper
Ausströmt völlig das Blut, und der Brand von zergehenden Gliedern
Bis an das Innere dringt. Zuletzt selbst dampfen die Knochen.

Galenus (*de plac. Hippocr. et Platon.* vi. extr.) schreibt: »So pflegen es jetzt auch die zu tun, die ihre Sklaven, wenn sie etwas verfehlt haben, bestrafen, indem sie den Entlaufenen die Schenkel sengen und aufschlitzen und verwunden, den Dieben aber die Hände, den Gefräßigen den Bauch und den Schwatzhaften die Zunge, kurz, den Betreffenden an dem Körperteil strafen, mit dem er seinen Frevel begangen hat.«

In den *Metamorphosen* des Apuleius wird ein Sklave nackt an einen Baum gebunden, mit Honig bestrichen und so den Ameisen überlassen, die »in unzähliger Menge über den armen Unglücklichen herfielen, und unter ihren kleinen, emsigen Bissen mußte er des langsamsten, erbärmlichsten Todes sterben, denn sie schroteten so lange, bis alles Fleisch von den Gebeinen herunter war« (VIII).

Cicero berichtet (*de div.* I, 26, 55) von einem Sklaven, der einen Querbalken aus schwerem Holz tragen mußte, an dem seine Arme festgebunden waren, während man ihn mit Ruten vorwärts peitschte, bis er tot zusammensank. Dieses Verfahren nannte man *more majorum,* »nach der Sitte der Vorfahren«. Cicero spricht ebenfalls davon, daß man Sklaven mit glühenden Zangen zu Tode zwickte. In seiner Abhandlung *de ira* schildert Cato uns Herren, die ihre Sklaven blenden lassen, sie zu Krüppeln machen, sie verstümmeln. Flaminius ließ Sklaven töten, um seine Gäste damit zu unterhalten. Augustus fand einmal den Umstand, daß ein Sklave seine Lieblingslerche verzehrt habe, so ungeheuerlich, daß nur der Tod am Kreuze dieses Verbrechen sühnen könne.

Tacitus beschreibt die Folterung einer Sklavin, der man Verschwörung gegen Nero vorwarf: »Als man sie am zweiten Tage zur Fortsetzung der Martern auf einem Tragstuhl heranschleppte – sie vermochte nämlich mit ihren ausgerenkten Gliedern sich nicht mehr aufrecht zu halten – schlang sie ihre Brustbinde wie einen Strick um die Lehnen des Sessels, steckte ihren Hals in die Schlinge, ließ sich mit dem ganzen Schwergewicht ihres Körpers fallen und hauchte so ihren bereits schwachen Lebensatem aus« (Tacitus *ann.* XV, 57).

Valerius erzählt den Fall eines Sklaven, »fast noch ein Knabe«, der aufs grausamste gefoltert wird, mit Geißelhieben, mit glühenden Metallplatten, mit Ausrenken der Glieder. Besonders grausame Herren fütterten ihre Muränen in den Fischteichen mit Sklaven. Seneca berichtet darüber (*de clem.* I, 18 von *de ira* 3, 40): »Augustus war bei Vedius Pollio zu Tische. Von dessen Sklaven hatte einer ein Kristallgefäß zerbrochen. Vedius gab den Befehl, ihn sofort umbringen zu lassen, aber er solle eines nicht gewöhnlichen Todes sterben: Man solle ihn den Muränen vorwerfen, deren er sehr große in seinem Fischteiche hielt.«

Die mildeste Strafe des Sklaven war ein Schlag mit der bloßen Hand oder mit dem ersten besten Gegenstand, der zur Hand war. Es gab aber auch solche ausdrücklich zur Bestrafung von Sklaven in jedem Patrizierhause herumliegenden Instrumente wie Ruten, Lederriemen, aus Pergament geflochtene Peitschen, Ochsenziemer oder Geißeln mit eingeknüpften Metallkugeln, Glassplittern oder Steinen. Außerdem verwandte man Stöcke aus Ulmenholz oder Birke, die wegen ihrer großen Elastizität als besonders schmerzhaft galten. Bei schweren »Vergehen« trat dann auch die gefürchtete spanische Geißel in Aktion, deren Stränge aus harten Lederstreifen geflochten waren und manchmal dazu dienten, den Sklaven zu Tode zu peitschen.

Da die »Emanzipation« der Römerin, wie wir an verschiedenen Beispielen zu zeigen versucht haben, keine Selbstbefreiung der Frau, sondern bestenfalls ein Versuch war, den Mann zu imitieren und sich seine Machtpositionen anzueignen, übernahm sie auch unwillkürlich die Sadismen, die er im Verkehr mit seinen Sklaven entwickelt hatte. Das kreideten die Römer ihren Frauen dann wiederum als Beweis der angeborenen weiblichen Schlechtigkeit an und zeterten in zahllosen Briefen und Schriften über die »typisch weibliche« Grausamkeit. Kaum ein römischer Schriftsteller hat es unterlassen, uns solche Beispiele zu überliefern. Galenus erzählt in seiner Schrift *Von der Erkenntnis und Heilung unserer Leidenschaften,* von einer Herrin, die im Zorn mit Zähnen, Fäusten und Füßen gegen ihre Sklaven wütet, ihnen die Augen ausschlägt oder mit dem Schreibgriffel aussticht. Die Mutter des Kaisers Hadrian soll im Zorn ihre Sklavinnen gebissen haben. Chrysostomus weiß von einer Herrin, die ihre nackt ausgezogene Sklavin an die Füße des Sofas band und sie so geißelte, daß die draußen Vorübergehenden das Geheul des armen Mädchens hörten.

Auch Ovid berichtet uns von manch »edler Römerin«, die sich ihren Sklavinnen gegenüber sadistisch benahm (*ars amandi* III, 257 ff.):

Ich haß' die Hexe, die die Mädchen plagt,
Mit Nadeln kratzt und sie mit Nägeln zwickt,
So daß die Magd in Blut und Tränen klagt
Und der im Herzen flucht, die ihre Hand geschmückt.

Ovid hält es für besonders erwähnenswert, daß seine eigene Geliebte zu den wenigen gehört, die ihre Sklavinnen nicht mit Nadeln zu stechen pflegte: »Niemals riß sie die Nadel heraus, um zu verwunden der Sklavin den Arm« (*Elegien* I, 14). Juvenal entwirft in der sechsten Satire das Bild einer Römerin. die ihre Sklaven schlägt, weil sie selber sexuell frustriert ist:

Wert der Bemühung ist's, von Grund auf kennenzulernen,
Was sie den Tag durch treiben und tun. Wies ihnen den Rücken
Nachts der Gemahl, dann war es geschehen um die Wägerin. Abziehen
Müssen das Kleid die Kumeten, zu spät kam, heißt's, der Liburner!
Und für des anderen Schlaf muß *der* abbüßen die Strafe.
Ruten zerbrechen auf *dem, der* wird von der Geißel getötet,
Der von der Peitsche. Man trifft, die ein Jahrgeld zahlen den Henkern.
Sie läßt geißeln und schminkt sich dabei, hört Freundinnen sprechen,
Oder betrachtet das Gold, das breit ein gesticktes Gewand trägt –

Und läßt geißeln. Sie liest weitläufige Seiten des Tagblatts –
Und läßt geißeln, bis matt sich die Geißelnden fühlen. »Nun gehe!«
Sichtlich befriedigt sagt sie, nachdem vollzogen das Richtamt . . .
Dann lüstet's ihr wieder, sie wünscht sich schöner geschmücket
Als gewöhnlich, und eilt, und erwartet man schon sie in Gärten
Oder noch lieber vielleicht in der Isischen Kupplerin Tempeln,
Ordnet die Flechten ihr *sie,* der selbst die Haare zerrauft sind,
Nackt an Schultern und nackt an Brüsten, Psekas, die arme.
»Weshalb ist die Locke zu hoch?« Und der Riemen von Rindshaut
Straft das Verbrechen sofort und die Tat des gekräuselten Haares.

Wie sich die Römerin nicht nur ihren eigenen Sklaven, sondern auch denen ihrer Liebhaber gegenüber benimmt, hat Properz in seinem Gedicht über Cynthia beschrieben, die sich an seinem Sklaven Lygdamus dafür rächt, daß sie den Dichter im Bett mit einer Rivalin entdeckt hat:

Als schon ihr Arm vom Schlagen fast erlahmte,
Zerrte sie kauernd links vom Bett den Lygdamus,
Bis er, geschleift, vor mir als Schutzgott betete . . .
»Wenn«, sprach sie, »deine Schuld ich dir verzeihen soll,
Vernimm, was meine Bedingungen sind:
. . . Verkauf vor allem Lygdamus, den Unruhestifter,
Verkauf ihn, stramm gefesselt jeden Fuß!«
So ihr Gesetz. »Ich werd gehorchen«, sprach ich.

Schließlich ein Beispiel aus Juvenals *Zwiegespräch zwischen zwei Gatten.* Zuerst spricht die Frau:

»Hefte den Sklaven ans Kreuz!« – »Was verbrach der Sklave des Todes
Würdiges? Wer ist Zeuge dafür? Wer klagte denn? Hör' ihn!
Gilt's bei Menschen den Tod, dann währt kein Zaudern zu lange.« –
»Alberner, also der Sklav' ist ein Mensch? Nichts hab' er getan? Dann
Sei's mein Befehl! Statt eines Grundes gelte mein Wille!«

Zweifellos hatte die Entfremdung zwischen Eltern und Kindern, die das patrizische Familienleben jahrhundertelang kennzeichnete, etwas mit der Grausamkeit des Römers zu tun, obgleich hierbei die Entfremdung zwischen Vater und Sohn meist größer war als zwischen Mutter und Tochter. Aber auch das Mädchen wurde in Rom von Geburt an einer Amme überlassen, wenn man sich eine solche leisten konnte, und kam später unter die Fuchtel eines »Erziehers«, der keine Qualifikation für sein Amt besaß und meist ein Sklave oder Freigelassener war. Ist es verwunderlich, daß diese Männer an den Söhnen und Töchtern ihrer Herren ausließen, was sie unter den Herren gelitten hatten?

Die römische Erziehung muß aus wenig anderem als aus Ohrfeigen und Kopfnüssen, Backpfeifen und Schlägen auf Hände und Füße bestanden haben, von dem täglichen Versohlen des Hinterns ganz zu schweigen. Selbst die Söhne der Cäsaren wurden geprügelt. Sueton erwähnt in seiner Biographie des späteren Kaisers Otho, er sei »von seinem Vater oft mit Peitschen geschlagen worden«. Die Instrumente, mit denen Kinder »gehärtet« wurden, einerlei ob sie etwas ausgefressen hatten oder nicht, waren der Rohrstock *(fustis),* die aus Gerten gebundene Rute *(ferula),* die aus weichem Leder gefertigte skythische Riemenpeitsche *(scutica)* und der lebenslängliche Nar-

ben hinterlassende Ochsenziemer (*flagrum* oder *flagellum*), der aus drei oder mehr Rindslederriemen bestand, die an einem hölzernen Handgriff befestigt waren.
Ein Wandbild in Pompeji zeigt uns eine typische Züchtigungsszene in einer römischen Schule. Ein Junge von etwa 14 oder 15 Jahren liegt völlig nackt bis auf ein kurzes Tuch um die Hüften so auf der Schulter eines vor ihm gebückt stehenden Jungen, daß dieser seine ausgestreckten Arme mit seinen Händen von oben her faßt, während ein anderer, hinter ihm kniender Junge seine Beine ausgestreckt festhält, so daß der Festgehaltene sich nicht rühren kann. Hinter ihm steht ein junger Mann und schlägt ihn mit einer Riemenpeitsche. Die festhaltenden Jungen ducken ihre Köpfe, als ob sie befürchten müßten, daß auch sie Schläge bekämen, wenn sie den anderen losließen. Man braucht kein Psychoanalytiker zu sein, um zu verstehen, daß eine solche Szene unweigerliche Folgen im Sexualleben aller Beteiligten hinterlassen muß. Fast alle homosexuellen und sadistischen Akte im späteren Leben gehen auf solche Urszenen zurück.
Wenn Ausonius seinen Enkel auf die Schule vorbereitet, warnt er ihn vor den »vielen Hieben, von denen die Schule widerhallt«, vor »dem Geschrei, den sausenden Hieben der Angst«, vor der »finsteren Miene« des Lehrers, der »das Zepter seiner Rute schwingt«. »Wenn du überall das Werkzeug der Schule, die Ruten siehst, wenn das weiche Leder trügerisch die Riemenpeitsche verhüllt, so sollst du vor all diesen Einrichtungen der Schule zum Erregen der Furcht keine Furcht bekommen!« Leicht gesagt, schwer getan. Das beste, was der Knabe tun konnte, war seine Furcht zu verbergen; verlieren konnte er sie nie. Das Reservoir der Verbitterung über diese Behandlung zapfte er dann sein Leben lang an, um sich an allen anderen, vor allem aber an Sklaven, Frauen und Feinden, für das zu rächen, was er in seiner Kindheit erlitten hatte.
Otto Kiefer sagt (*Kulturgeschichte Roms,* Berlin 1933, S. 70): »Unter der Geißel, dem Symbol des Machtwillens, wurden im alten Rom schon die Kinder erzogen. Es besteht wohl in jedem menschlichen Gemeinwesen ein inniger Zusammenhang zwischen den Idealen, die dieses Gemeinwesen beherrschen, und der Art, wie man seine Kinder erzieht; denn letzten Endes will man sie doch für diese Ideale erziehen. Wer also den Willen zur Macht auf seine Fahnen schreibt, der wird auch seine Kinder in diesem Sinne, also streng, unerbittlich, ohne jede Rücksicht auf eventuelle Anlagen des Kindes, erziehen. Der andersgerichtete Wille des Kindes aber muß dabei notwendigerweise unterdrückt werden, d. h. diese Erziehung muß Strafen anwenden, strenge, ja grausame ... man brauchte abgehärtete Krieger und kräftige Bauern, alles andere war unnötig, ja unerwünscht.«
Die »Abhärtung« fand von der Jugend bis ins Mannesalter durch Bestrafung statt. Im römischen Heer zerfleischte man dem Soldaten den Rücken mit Stockhieben oder prügelte ihn wie einen Hund mit Knüppeln tot, erschlug ihn mit der Spitzhacke oder kreuzigte ihn. Bei Flucht vor dem Feind wurde jeder zehnte Mann der Kohorte durch das Los ausgewählt und mit Knütteln totgeschlagen. Der Deserteur mußte von seinen Kameraden auf Geheiß der Offiziere in gleicher Weise totgeknüppelt werden. Oder man bewarf ihn mit

Steinen, bis er starb. Die einzige »Abhärtung«, die wirkte, war also die Leichenstarre.

Wenn die herrschende Klasse ihre eigenen Soldaten so behandelte, konnte man kaum erwarten, daß sie ihre Feinde höher respektierte. Der Kriegsgefangene hatte deshalb bei den Römern keinen Rechtsstatus. Sein Überwinder konnte nach Belieben über ihn verfügen, konnte ihn töten oder mißhandeln lassen. Die Bewohner eroberter Städte mußten sich wie Masochisten mit eigenen Worten zu Sklaven stempeln: »Ich gebe mich, meine Stadt, mein Land, das fließende Wasser, meine Götter, mein Vermögen, meinen Hausrat und alles, was den Göttern gehört, in die Gewalt der Römer.« Das war der erwartete Schuldspruch des Eroberten.

Oft genug geschah es jedoch, daß man die Besiegten gar nicht erst in die Sklaverei überführte, sondern sie gleich niedermachte. So wurden nach den Samniterkriegen viertausend Männer von den eigens dazu abkommandierten römischen Vernichtungskohorten abgeschlachtet (Strabo V, 4, 2). Bei der Eroberung der Samniterstadt Sora töteten die Römer jeden Mann, dessen sie habhaft werden konnten. Aus den alten Männern und Knaben, die sich ergeben hatten, suchten sie dann 225 aus, schleppten sie nach Rom, ließen sie öffentlich auf dem Forum auspeitschen und dann hinrichten – *summo gaudio plebis,* »zur höchsten Freude des Volkes«, wie Livius noch ausdrücklich hinzusetzt.

Die Führer des Gegners – so zum Beispiel Jugurtha, Vercingetorix, Simon Bar Giora – wurden in den unterirdischen Kerkern am Forum systematisch gepeinigt, ehe man sie öffentlich umbrachte. Den Führer der Juden, Simon Bar Giora, zerrte man nach der Zerstörung Jerusalems durch die Straßen Roms wie ein Opfertier, um ihn dann auf dem Felsrand des Kapitolberges mit Ruten zu peitschen und schließlich hinabzustürzen. »Als verkündet wurde, daß er dahin sei«, so berichtet uns Josephus, »da erscholl ein allgemeiner Jubelruf, und nun begann das Opfer.«

Im Sarmatenkriege tötete Aurelianus an einem Tage achtundvierzig Menschen mit eigener Hand, an anderen Tagen neunhundertfünfzig, so daß die Soldaten danach im Triumph sangen – und dieser Triumph ist das Beschämendste an der ganzen Sache:

Tausend, tausend, tausend haben WIR geköpft!
WIR – DER EINE – tausend köpften!
Tausendfach ein Lebehoch dem Mann, der tausend köpfte!
Soviel Wein gibt's auf der Erde nicht,
Wie der EINE Blut vergoß!

(FHG III aus Flav. Vop. Auel. 6).

Der Kernpunkt all dieser Geschichten ist nicht so sehr die Grausamkeit wie die *Freude* an der Grausamkeit. Irgend etwas muß an der Erziehung dieser Römer völlig danebengegangen sein, um so perverse Folgen zu erzeugen. Strafen und Gestraftwerden, wenn beides in früher Jugend erfolgt, ehe die Libido sich den Genitalwünschen untergeordnet hat, verursachen stets lebenslange Abweichungen von dem gesunden Sexualstreben des reifen Heterosexuellen. Es wäre naiv, anzunehmen, daß die Römer sich nicht dieser Dinge bewußt gewesen wären. Wenn sie trotzdem ihre Kinder so erzogen, daß genau diese Resultate erzeugt wurden, verfolgten sie damit bestimmte Ziele, die selbst den Autoritärsten unter uns widersinnig erscheinen mögen, den Römern aber als bewährte Mittel zum Zweck dienten.

Zu diesen Mitteln gehörte die oft erwähnte *patria potestas,* die lebenslange Gewalt des Vaters. Sie diente unter anderem dazu, jedweden Fortschrittswillen in der neuen Generation im Keime zu ersticken und dadurch eine extreme Form des Konservativismus zu erzeugen. Dionysius von Halikarnaß beschreibt (II, 26) politische Szenen, wie wir sie uns kaum vorstellen können: Erwachsene Männer, Senatoren, Zensoren, Rhetoren, werden von ihren Vätern von der Rednertribüne, aus dem Senat, aus den Beratungszimmern der höchsten Staatsorgane herausgezerrt und geohrfeigt, wenn sie irgend etwas sagen oder tun, das den Ansichten der Väter widerspricht. Naturgemäß geschah das besonders oft, wenn die Söhne fortschrittliche Meinungen vertraten: »Kraft dieses Gesetzes wurden oft angesehene Männer, die auf der Rednertribüne, zwar dem Senat zuwider, aber doch zugunsten des Volkes sprachen und deswegen in großem Rufe standen, von ihren Vätern herabgerissen und, der Strafe gewärtig, welche die Väter gegen sie aussprechen würden, von ihnen weggeschleppt.«

Wem diente diese Form der Vaterherrschaft? Vergil sagt: »Mögen sich andere Völker der Kunst und Wissenschaft widmen, *tu regere imperio populos, Romane, memento!* Du, Römer, gedenke die Völker zu beherrschen!« Das ist eindeutig. Hier führt eine klare Logik von der *patria potestas* zur Herrschaft der herrschenden Klasse. Aber hier liegt auch die Wurzel des Verfalls: Ein Volk, das so völlig des Fortschritts unfähig ist, kann zwar eine begrenzte Zeitlang Macht anhäufen, kann sie aber nicht halten und kann vor allem nie dafür sorgen, daß die Früchte der Macht dem ganzen Volke zugute kommen.

Es ist kein Zufall, daß das Symbol der römischen Macht, das auch von Mussolini als Symbol des Faschismus übernommen worden ist, die *fasces,* die gebündelten Ruten waren, aus denen ein Beil hervorragte. Hier wurde das Rutenbündel, das Züchtigungsinstrument des Knaben, also vom erwachsenen Manne zum Symbol seines Machtanspruchs erkoren. Deutlicher kann kein Symbolismus den Zusammenhang zwischen dem Sadismus des »Erziehers« und dem späteren Machtstreben des »Erzogenen« machen. Das Züchtigungsinstrument des Kindes wird zum Machtsymbol des Erwachsenen. Die Rute, mit welcher der Herr den Sklaven zur »Ordnung« zwingt, wird zum Symbol der Herrschaft des Patriziats, des Vaterrechts. Wenn Cicero im Traume den jungen Augustus als künftigen Herrscher Roms sieht, so drückt sich das dadurch aus, daß Jupiter dem Augustus eine Geißel in die Hand gibt (Sueton, *Augustus* 94). Selbst die Traumsymbolik gehorcht hier also dem Sadismus. Wenn Juvenal von der Machtergreifung des Augustus spricht, benutzt er die gleichen Worte wie Cicero: »Er unterwarf die Römer seiner Geißel« (*Sat.* X, 99).

Die Liktoren, die Leibgarden der herrschenden Klasse, trugen Rutenbündel, mit denen sie unliebsame Bürger züchtigten, als seien es Kinder. Jeden Tag konnte es der Römer erleben, daß jemand, der eigentlich, wenn er überhaupt

irgendeine Missetat begangen hatte, vor ein Gericht gehört hätte, statt dessen von den Liktoren durch die Straßen geprügelt wurde. Wenn römische Bürger vor den Rednertribünen Zwischenrufe machten, was übrigens ihr gutes Recht war, kam es oft vor, daß sie von den Liktoren ergriffen und wie kleine Kinder mit Ruten gezüchtigt wurden. Das geschah um so öfter, je ärmer der Geschlagene war. Juvenal sagt (*Sat.* III, 227 bis 231): »Ob du ein Wort zu erwidern versuchst, ob stumm du zurückweichst, ist gleichgültig: Man gibt dir die gleichen Prügel, man fordert sogar Bürgschaft von dir. Das ist des Armen Freiheit! Er, den man Unrechtens prügelt; er, der mit Fäusten Geschlagene, muß obendrein noch flehen, daß man ihn mit unzerschlagenen Zähnen laufen lasse.« Schauspieler und Gastwirte litten besonders unter der Willkür und dem Sadismus der Liktoren. Machte ein Schauspieler sich durch allzu große Offenheit oder Kritik gegenüber dem Patriziat bemerkbar, schickte ihm der Kritisierte oft ein paar Liktoren ins Haus, um ihn verprügeln zu lassen. Das gleiche galt für Wirte, die regelmäßig verprügelt wurden, wenn ein Mitglied der herrschenden Klasse meinte, man habe ihm beim letzten Besuch zu viel Geld abgenommen.
Die römische Justiz war also nicht nur eine Privatjustiz der herrschenden Klasse, die sich nur dann sorgfältig nach den Paragraphen des Gesetzes richtete, wenn ein Mitglied der eigenen Klasse angeklagt war, sondern sie war auch kaum mehr als eine Rationalisierung des Rachegedankens, bei der die Strafe öffentlich vollzogen werden mußte, so daß der Bürger abgeschreckt werde. Der Gedanke der Läuterung oder Resozialisierung fehlte völlig. Selbst Hinrichtungen fanden stets in der Öffentlichkeit statt. Nach einer Stelle bei dem älteren Seneca (*contr.* IX, 2, 10) rief man die Bürgerschaft durch ein Hornsignal zur Teilnahme auf. Den Hinrichtungen fernzubleiben, war zwar nicht verboten, galt aber als stillschweigende Billigung des Vergehens und konnte als Beweis gegen den Ferngebliebenen benutzt werden, sollte er selbst jemals einer ähnlichen Tat angeklagt werden. Das war besonders wichtig bei politischen Beschuldigungen.
Über die älteste Form der Hinrichtung in Rom sagt Mommsen: »Es wurden bei dieser Exekution dem Verurteilten die Hände auf den Rücken gebunden, er selbst an einen Pfahl gefesselt, entkleidet und gegeißelt, dann auf den Boden gestreckt und durch Beilschlag enthauptet.« An dieser Zeremonie ist nicht, wie Mommsen vermeinte, die Ähnlichkeit mit dem sakralen Akt des Tieropfers wichtig, sondern im Gegenteil die Abweichung von diesem, nämlich die Geißelung. Von frühester Zeit an hat sich das Vaterrecht hierbei von dem Rachegedanken leiten lassen. Der Tod allein genügte nicht. Vorher mußte das Opfer erst leiden. Jeder römischen Todesstrafe bis in die späten Zeiten des Kaiserreichs ging eine Folter voran, meist die Geißelung, oft aber auch schlimmere Tortur. Cäsar sagte in seiner berühmten Rede gegen die Verschwörung Catilinas: »Was die Strafe betrifft, können wir sagen, wie sich die Sache auch tatsächlich verhält, daß der Tod für Traurige und Unglückliche eine Erlösung, aber keine Marter ist. Warum hast du also nicht beantragt, daß man sie (die Genossen Catilinas) erst geißeln lasse?« Der berühmte Hinrichtungsspruch Caligulas, den spätere Historiker in Unkenntnis des tatsächlichen Zwecks des römischen Strafrechts ihm als persönlichen

Sadismus angekreidet haben, ist deshalb ein objektiver Teil des römischen Strafverständnisses: »Stoße zu, daß er den Tod auch fühle!«

Eine zweite Art der Todesstrafe, die ursprünglich nur für Sklaven galt, war die Kreuzigung. Dabei wurde der Verurteilte ursprünglich nicht ans Kreuz genagelt, sondern ihm wurde ein gabelförmiges Querholz über die Schulter gelegt, so daß der Kopf in die Gabel kam, die Arme aber an die zwei Querhölzer gebunden wurden. Dann begann die Geißelung, die erst aufhörte, wenn der Gequälte das Bewußtsein verlor. Dann weckte man ihn mit in Essig oder Ammoniak getauchten Schwämmen wieder auf, und die Geißelung ging weiter, bis er das nächste Mal das Bewußtsein verlor. Am Ende hing die Entscheidung, wie lange die Sache weitergehen solle, vom Publikum ab, zu dessen Abschreckung (und geheimer Belustigung) diese, wie alle anderen Formen der Hinrichtung, diente.

Die eigentliche Tötung fand mit Hilfe eines Marterinstruments statt, das man *patibulum,* »die Spreize«, nannte, einem zweiteiligen Halsblock, der beim Zuschließen den Gekreuzigten erwürgte. Das galt als mildeste Form der Strafe, da der Verurteilte hierdurch von seinen Qualen erlöst wurde. Gewöhnlich aber verlief die Sache blutiger: Der Querbalken wurde so aufgelegt, daß der Verurteilte lebendig hochgezogen wurde. Dann begann man ihm die Glieder einzeln zu zerschmettern. Lebte er danach noch, ließ man ihn bei lebendigem Leibe verwesen. Wie der fromme Isidorus so treffend sagt: »Die Strafe des *patibulum* ist geringer als die des Kreuzes, denn das *patibulum* tötet die Gekreuzigten sofort, aber das Kreuz selber martert die Angenagelten lange« (*orig.* V, 27, 34).

Seneca schreibt: »Ich sehe da Marterhölzer, und zwar nicht von einer Art, sondern von dem einen so, von dem anderen anders gebildet. Einige hingen die Leute mit dem Kopf nach unten, andere trieben den Pfahl durch die Geschlechtsteile, wieder andere dehnten die Arme am Galgen aus. Ich sehe Folterseile, ich sehe Geißelhiebe und ich sehe, daß man besondere Maschinen für jedes Glied und Gelenk erfunden hat« (*ad Marian* XX, 3).

Brandstifter wurden am lebendigen Leibe verbrannt (*Dig.* 48, 19, 8, 2). Hierher stammt wohl auch Neros neu erfundene Strafe der lebenden Fackel, ein mit Pech bestrichenes Hemd (Seneca *Ep.* 14), das dem Verurteilten über den Kopf gezogen und angezündet wurde. Juvenal spricht von Verurteilten, die »am Kienpfahl leuchten, wo mit durchbohrter Brust Aufdampfende stehen und brennen« (I, 155 ff.).

Eine schwere Strafe war das Säcken. So setzten die Zwölf Tafeln, das älteste überlieferte Gesetz des römischen Vaterrechts, fest, daß der Erntedieb gekreuzigt, der Mörder aber gesäckt werden solle. Hierbei wurde der Verurteilte zunächst bis zur Bewußtlosigkeit gegeißelt. In *Dig.* (48, 9, 9) heißt es, er solle *sanguineis virgis,* »mit blutigen Ruten«, gepeitscht werden. Dann wurde er zusammen mit einer Schlange (nach anderen, wahrscheinlich falschen Berichten: mit einem Hahn, Hund oder Affen) zusammen in eine Rindshaut genäht und in den Tiber oder das Meer geworfen.

Sklavendiebstahl, Hochverrat und Überlaufen zum Feind galten bezeichnenderweise als Verbrechen von gleichem Gewicht. Alle drei wurden durch Herabstürzen vom Tarpejischen Felsen bestraft. Auch hier jedoch galt die

gleiche Regel wie bei allen anderen Todesstrafen: Vor dem Tode mußte die Tortur walten, die auch hier in der Geißelung bis zur Bewußtlosigkeit bestand. Seit Augustus war die Hinrichtung durch Vorwerfen vor wilde Tiere eine Staatsstrafe, von der Mommsen sagt: »... sie war ebenso legitim wie die gewöhnliche Form der Hinrichtung«. Claudius setzte diese Strafe vor allem bei Betrug ein. Andere Strafen, die von den Kaisern eingesetzt wurden, waren: Rädern, Pfählen, Steinigen, Enthaupten, Zerreißen mit Seilwinden, Begraben bei lebendigem Leibe, Verbrennen bei lebendigem Leibe, Zutodezwicken mit glühenden Zangen, langsames Hineinseilen in siedendes Öl oder schmelzendes Metall. Der Grundgedanke all dieser Todesarten war die Rache: der Täter sollte möglichst in einer Form bestraft werden, die sein Verbrechen spiegelte. So mußten Giftmörder Gift trinken, wobei die römischen Ärzte den römischen Henkern halfen, möglichst schmerzende und langsam wirkende Gifte anzuwenden.
Wenn alles, was ich bisher in diesem Buche gesagt habe, den Leser nicht davon überzeugt hat, daß die männerrechtliche Gesellschaft Roms eine schwerkranke, von unbewältigten Sexualängsten getriebene Klassenherrschaft war, dann sollte ihn die spezifisch sexuelle Natur dieser Strafen zumindest nachdenklich stimmen. Den tiefsten Verfall der Menschlichkeit sehen wir allerdings in den »Spielen«, die einen vernichtenderen Zusammenbruch der Moral darstellen als selbst die Exterminationslager des Nationalsozialismus, weil sie nicht nur der systematischen Zerstörung von Menschenleben dienten, sondern *Freude* an der Zerstörung wecken und befriedigen sollten. Nichts Vergleichbares ist je in irgendeiner uns bekannten menschlichen Kultur geschehen.
Die Spiele sahen sechs Hauptformen des Schaumords vor: Zerfleischung durch wilde Tiere, Verbrennung bei lebendigem Leibe, Herabstürzung von einem Felsen, öffentliche Kreuzigung, öffentliche Folter, gegenseitige Tötung zweier Verurteilter im Schwertkampf, wobei der Überlebende das nächste und übernächste Mal wieder in die Arena gehetzt wurde, bis auch ihn das Schwert des Gegners traf. In bestimmten Arenen, zum Beispiel im Zirkus von Alexandria und in der Arena von Lyon, wurde stets öffentlich gefoltert, speziell bei den Juden- und Christenverfolgungen. Kaiser Claudius soll nach Sueton besonderen Gefallen an der öffentlichen Folter gefunden und sie nachdrücklich als Teil der Spiele eingesetzt haben: »Die peinlichen Foltern und die Strafen der Hochverräter ließ er auf der Stelle veranstalten und vor seinen Augen vollziehen. Als er einst in Tibur eine ›Hinrichtung in alter Weise‹ sehen wollte und die Verurteilten schon an den Pfahl gebunden, der Henker aber noch nicht erschienen war, ließ er einen solchen von Rom herbeiholen und ließ es sich nicht verdrießen, bis zum Abend auf diesen zu warten« (Sueton, *Claudius* 34). Stets wurden aus solchen Hinrichtungen, selbst wenn der Kaiser sie, wie hier, zu seinem Privatvergnügen stattfinden ließ, öffentliche Veranstaltungen gemacht. Das heißt: die Hinrichtungen fanden nicht in einem Gefängnis oder an einer verborgenen Richtstätte statt, sondern im Zirkus, im Amphitheater, im Forum Romanum, oder an einer eigens zum öffentlichen Festplatz herausgeputzten Richtstätte wie dem Tarpejischen Felsen.

Livius berichtet, wie unter dem Beifall des Publikums einmal 370 Überläufer von diesem Felsen gestürzt wurden. Sulla ließ nach seinem Sieg im Bürgerkrieg 8000 Römer zum Gaudi des Volkes umbringen, ein andermal 12 000 mit Wurfspeeren öffentlich erstechen. Von 90 Senatoren und 2600 Rittern wurde eine große Anzahl vor seine Füße geschleppt und zu Tode gestürzt, andere geschleift oder zertreten. Da es sich hier zum großen Teil um Verwandte der Zuschauer handelte, war dies eines der wenigen Feste, das nicht ganz den Beifall fand, den solche Spielchen gemeinhin ernteten, wenn die Opfer Fremde oder Sklaven waren (*Appian.* I, 95).
Von der Kreuzigung haben wir bereits gesprochen, aber da wir sie bisher nur als Strafe behandelt haben, soll hier nachgeholt werden, daß die Kreuze meist in der Arena errichtet wurden, so daß die Tötung bis zur letzten Zuckung des Körpers als eine von vielen Nummern im ganztägigen Programm des Zirkus »aufgeführt« wurde. Vorher mögen ein paar Menschen verbrannt oder gesteinigt, danach ein paar Dutzend von Tieren zerfleischt worden sein. Das ganze galt als Volksbelustigung, bei der auch Frauen und Kinder anwesend waren. Am Kreuz verwesende oder von Tieren angefressene Leichen waren den römischen Kindern so vertraut wie die Riemenpeitsche ihres Lehrers.
Bereits die Zwölftafelgesetze kannten Verbrennung als Strafe gegen Brandstifter, aber erst während des Kaiserreichs wurde sie in das Zirkusprogramm aufgenommen, und zwar vor allem als Strafe gegen Überläufer, Verräter und Gotteslästerer, zum Beispiel Christen und Juden. Für Tertullian war der »Wettlauf in brennenden Kleidern« eine Form des Vollzugs der Todesstrafe. Von Nero wissen wir, daß er vor seiner ersten spektakulären Christenverfolgung »Unternehmer, Schauspieldirektoren und Künstler zu einer Regiesitzung versammelte, um die Inszenierung nach allen Gesetzen echter Showmanship vor sich gehen zu lassen« (Rabenalt, a.a.O., S. 341). Das Resultat war jene Galanacht in den Vatikangärten, die unter der Devise eines mythologischen Festes stand. Das Fest selbst dauerte, wie es üblich war, mehrere Tage. Den feierlichen Auftakt bildete jene »italienische Nacht«, die von Neros menschlichen Fackeln illuminiert wurde: Man hatte 300 Christen an Pfähle gebunden und mit Tüchern umhüllt, die mit Teer und Öl getränkt waren. Der Pfahl endete unter dem Kinn des Opfers. Die Abstände wurden genau abgemessen, die Pfähle standen in den Zwischenräumen der Allebäume des ausgedehnten Parkes. Die Arme der Opfer blieben ungebunden, um bei den sich windenden Körpern mehr »Bewegung« hervorzurufen. Nero selbst erschien zu diesem freundlichen Gartenfest, das die Spiele in der Arena einleitete, als Apollo gekleidet. Seinen Wagen zogen zwölf Bacchantinnen. Nymphen verbrannten vor diesem weiblichen Gespann Weihrauch. Während die Christen verkohlten, streute man Rosenblätter vor den Wagen des apollinischen Cäsaren.
Die wichtigste Neuerung der römischen Spiele war jedoch der Schwertkampf, der für den Zuschauer besondere sadistische Reize hatte, weil hier vor seinen Augen nicht nur ein Mensch vom Leben zum Tode befördert wurde, sondern weil ein anderer aus schierer Todesangst dazu gezwungen wurde, zum Mörder zu werden. Die Justiz in den Städten sorgte dafür, daß

zu den Festen immer genügend Delinquenten vorhanden waren. Wenn es einmal an Ort und Stelle nicht genug Todesurteile gegeben hatte, machte sich der Festleiter auf die Reise und »erwarb« anderswo die nötigen Opfer. Die munizipalen Urkunden loben Beamte, die bei den Volksfesten der Gemeinde so und so viele Verbrecher »gaben«. Besonders die Provinzialstatthalter zeichneten sich hierbei aus. So behauptet Cicero, daß L. Piso Cäsonius als Proconsul von Macedonien dem P. Clodius zu seinen ädilicischen Spielen eine große Anzahl von Männern, die nichts verbrochen hatten, schickte, um sie zu Tode kämpfen zu lassen.

Der jüngere L. Balbus zwang einen römischen Bürger, zweimal unbezahlt als Gladiator zu kämpfen, und als er sich nicht anwerben lassen wollte und das Volk ihn in Schutz nahm, ließ er sich den Weg durch gallische Reiter freihauen und ihn lebendig verbrennen. Ähnliche Gewalttaten sind auch unter den Regierungen des Caligula und Claudius in Rom vorgekommen.

Wenn man nicht genug Zivilverbrecher zur Hand hatte, holte man sich gefangene Kriegsgegner aus den Provinzen. So wurde es zum Beispiel im Jahre 44 unter Claudius (D 1060, 30) mit gefangenen Briten gemacht, nach der Zerstörung Jerusalems durch Titus ebenso mit gefangenen Juden. Aber auch Konstantin machte es nicht anders, und seine Lobredner rühmen ihn sogar deshalb, da er doch »die massenhafte Vernichtung der Feinde zum Ergötzen des Volkes benutzt habe, denn welcher Triumph hätte schöner sein können?« (*Paneg.* VIII, 23, 3).

Die Spiele begannen gewöhnlich nicht, bevor der Kaiser in seiner Loge Platz genommen hatte. Dann erklang der barbarische Gruß: *Ave Caesar, morituri te salutant!* »Heil dir, Cäsar, die dem Tode Geweihten grüßen dich!« Danach wurden die Waffen der zum Tode Verurteilten geprüft, ob sie auch scharf genug zum Töten waren. Hielten sie der Prüfung nicht stand, wurden sie ausgewechselt. Mit stumpfen, ungeschärften Waffen wurde ein kurzer Scheinkampf zum Aufwärmen geführt, dann ertönte das Zeichen, und der Kampf auf Leben und Tod begann. Das Waffengeklirr wurde von Musik, von Hörnern und Orgeln, vom Schreien des Volkes, später vom Todesröcheln der Sterbenden, begleitet.

War ein Verurteilter besiegt und noch am Leben, stürzte er in die Arena, hob den linken Arm und bat mit ausgestreckten Fingern um Gnade. Hatte er sich mutig geschlagen und die Sympathie der Zuschauer gewonnen, dann schwenkten sie Tücher oder hielten den Daumen nach oben, um Gnade für ihn zu erbitten. Zeigte das Publikum mit dem Daumen nach unten, dann wollte es den Tod des Besiegten. Der Veranstalter der Spiele widersetzte sich nicht gern dem Wunsch des Volkes. Wenn auch er mit nach unten gedrehtem Daumen auf den besiegten Gladiator wies, tötete der Sieger unverzüglich seinen Gegner. Zeigte jedoch der nach oben gedrehte Daumen des veranstaltenden Magistrates Gnade an, richtete sich der Besiegte auf und verließ die Arena. Diesmal war er dem Tode entronnen... Geschah es, daß ein Verurteilter den anderen im Kampf tötete oder daß beide tödlich verletzt in die Arena sanken, rannten die Diener des Amphitheaters zu der im Sand liegenden Leiche, schlugen ihr mit einem kleinen Hammer gegen die Stirn, warfen einen Haken in den Körper und schleiften ihn hinaus. Falls noch ein

Funke Leben in ihm war, versetzte sie ihm draußen den Gnadenstoß. Seneca schreibt (*Ep. 7*): »Keine ergötzlichen Künste mehr, reines Gemetzel ist es jetzt. Sie haben nichts, um sich zu decken. Mit dem ganzen Körper dem Streiche bloßgestellt, führen sie keinen Hieb umsonst. Dergleichen sehen die meisten lieber als ordentliche Paare geschulter Fechter. Wieso auch nicht? Hier wehrt kein Helm, kein Schild den Stahl ab. Wozu denn Schutzwehren? Wozu Fechtkünste? All das hält ja nur den Tod auf... Mit Knüttelschlägen werden sie in das Blutbad getrieben, um mit nackt entgegengehaltener Brust die wechselseitigen Streiche zu empfangen.«

Die Zuschauer schlossen Wetten ab, lachten und vergnügten sich, während auf dem Kampfplatz die Waffen klirrten, der zu Tode Getroffene zusammenbrach, der blutige Sand in Eile zusammengekehrt und frischer für das neue Kämpferpaar gestreut wurde. »Nieder mit ihm! Brennt ihn! Schlagt ihn!« schrien die Zuschauer, und die hinter den Kämpfenden stehenden Aufseher trieben die Zurückweichenden mit der Peitsche, mit scharfen Schwertern und glühenden Eisen nach vorn. Es gab kein Entkommen. Wo anfangs zumindest noch die Illusion dargeboten worden war, daß es sich um ausgebildete Fechter handelte, wurden die Spiele später zur reinen Massenmetzelei. So kämpften im Jahr 174 v. u. Z. bereits 74 Mann drei Tage lang. Wie auf so vielen anderen Gebieten boten auch hier die Cäsaren ihrem Volk ein negatives Vorbild und wurden dann vom Volke, das sich an den Gedanken des Herrschers als Sadist gewöhnt hatte, zu weiteren Sadismen angetrieben. Claudius fand ein krankhaftes Vergnügen an den Todeskrämpfen der Sterbenden. »Bei jedem Spiel, das er selber oder ein anderer gab, ließ er auch die, welche durch Zufall zu Boden gefallen waren, niederstechen, namentlich die Netzfechter, um die Gesichtszüge der Sterbenden zu beobachten« (Sueton, *Claudius* 34). Titus ließ die Kämpfe zur Einweihung des Kolosseums hundert Tage dauern. Trajan übertrumpfte ihn und »feierte« seine Kriegserfolge durch Spiele, die Rom 123 Tage lang in Atem hielten. 10 000 Kriegsgefangene ließ er dabei in der Arena niedermetzeln. Tiberius und Mark Aurel, die beide die Spiele aufgeben wollten, wurden über diesen Entschluß beinahe gestürzt und mußten sie am Ende doch wieder stattfinden lassen. Die berühmte Devise der Cäsaren, *Panem et circenses.* »Brot und Spiele«, hatte sich wieder einmal bewährt. Sie sollte erst dann ihren Wert verlieren, als es kein Brot mehr gab.

Bezeichnender noch als die Spiele selber sind die Versuche der Römer, sie zu rechtfertigen. Seneca (*Ep.* 7) trägt die Argumente für und gegen die Spiele vor: »Die Armen, man treibt sie auf den Kampfplatz, bis er leer ist!« – »Aber er hat doch einen Straßenraub begangen!« – »Dann hätte man ihn eben hängen müssen.« – »Und der da hat einen Menschen getötet!« – »Wer tötet, verdient den Tod.« Cicero (*Tusc.* II, 17) faßt seine Meinung so zusammen: »Einzelne mögen unsere Spiele für grausam und unmenschlich halten. Wie sie sich heute abspielen, sind sie es vielleicht auch. Aber wenn ein Verbrecher mit dem Schwert in der Hand um sein Leben kämpft, dann gibt es für das Ohr vielleicht eine bessere Lektion über Schmerz und Tod, sicher aber nicht für das Auge.« Auch Tacitus, sonst ein außerordentlich weltoffener, über vielen Vorurteilen seiner Zeit stehender Historiker, der sogar das

Mutterrecht verstand und würdigte, kann sich den Widerwillen, den Kaiser Tiberius gegen die Spiele empfand, nicht erklären.
Athenaios schreibt (IV, 253 f. u. 254a), die Reichen Roms, die nicht auf die nächsten Spiele warten wollten, hätten sich manchmal zum Tode Geweihte in ihre Privathäuser geholt und während des Gelages zwei oder drei Paare bis zum Tode kämpfen lassen. Wenn einer abgeschlachtet war, klatschten die Zuschauer wie im Theater. Ist es verwunderlich, daß diese Schicht der gelangweilten Reichen, die auf der Grenze zwischen Sadismus und Masochismus lebte, nach einer Weile auch Masochisten produzierte, die sich freiwillig in die Arena begaben, um dort vom Schwert oder von wilden Tieren zerrissen zu werden?
Denn das Schwert begann die verwöhnten Gemüter nach einer Weile zu langweilen. Da mußten dann Tiere heran. Entweder ließ man die Verurteilten von wilden Bestien zerreißen, oder man hetzte Tiere aufeinander. Wurden bis dahin unbekannte Tiere in die Arena getrieben, zollten die Zuschauer dem Veranstalter Beifall. Jedes neu eroberte Land mußte deshalb seine seltensten und wildesten Tiere nach Rom senden. So sah man Löwen, Tiger, Panther, Leoparden, Krokodile, Auerochsen, Elefanten, aber auch Eber, Bären und Stiere aus den Wäldern Apuliens und Lucaniens, den Pontinischen Sümpfen und den Apenninen. Die Zahl der getöteten Tiere war erstaunlich. In den ersten Generationen der Kaiserzeit waren es in Rom allein mindestens 300 Löwen, 400 Leoparden, 500 Bären. Bei der Einweihung des Kolosseums allein sollen 9000 Tiere getötet worden sein. Wenn Tiere einander zerfetzten und zerfleischten, jubelten die Römer, als ob es wirklich ein »Spiel« sei. Aber wenn ein zum Tode Verurteilter sich nackend mit einem Knüppel gegen eine ausgehungerte Bestie zu verteidigen hatte, oder wenn nackte, hilflose, an Pfähle gebundene Männer und Frauen von wilden Tieren zerrissen wurden, war die Arena oft still wie das Grab. Nur die Schreie der Sterbenden und die Laute der Tiere waren zu hören.
Schon in der Zeit der Republik geschah es gelegentlich, daß ein mit dem Tode bestrafter Unfreier *bestiis dare,* »zum Zerfleischen durch Tiere«, an ein Amphitheater abgegeben wurde. Die ältesten Hinrichtungen dieser Art erwähnt Val. Maximus (II, 7, 13): »Es war der jüngere Africanus, der nach Vernichtung der karthagischen Macht die Überläufer von fremden Völkern bei den Spielen, die er in Rom veranstaltete, den wilden Tieren preisgab. Auch Lucius Paulus ließ nach seinem Sieg über Perseus Leute von gleicher Herkunft und Verschuldung Elefanten vor die Füße werfen, um sie zu zermalmen.« Im Laufe der Zeit wurde das Vorwerfen vor die Tiere die übliche Hinrichtungsform für Personen, die nicht der Notablenschicht angehörten.
Einerlei ob nun Tiere Menschen oder einander zerfleischten, das Publikum wollte Blut sehen. Der Dichter Statius, kein ungebildeter Rohling, erinnert sich dennoch mit Heiterkeit des Anblicks von Krüppeln, die man von wilden Tieren jagen und töten ließ. Bei den Christenverfolgungen wurden einige Opfer in Tierhäute genäht und vor der Menge hergetrieben, um in der Arena schließlich von abgerichteten Hunden gejagt und zerfleischt zu werden. Der jüngere B. Balbus ließ eine Reihe unbescholtener römischer Bürger wilden

Tieren vorwerfen, weil die Spiele herannahten und er keine Verbrecher finden konnte. Ähnliches soll unter Caligula und Claudius geschehen sein. Der letzte hatte an Tierkämpfen eine besondere Freude und verurteilte deshalb manche zu weitaus schwereren Strafen als sie verdient hatten, nur um einen Vorrat von Opfern für die Tierkämpfe anzulegen. Einmal ließ er die Zimmerleute und Maschinisten, die das Mißglücken eines Dekorationswechsels im Theater verschuldet hatten, den Tieren vorwerfen.

Der Mörder des Kaisers Aurelian, Mnethus, wurde zum Tod am Pfahl durch wilde Tiere verurteilt. Von Kaiser Valentinian erfahren wir bei Ammian (III, 3, 9), daß er sich zwei besonders wilde Bärinnen hielt, um Verbrecher durch sie zerfleischen zu lassen. »Diese Tiere hielt er in sorgsamer Pflege, indem er ihre Käfige neben seinem Schlafzimmer aufbauen ließ und ihnen zuverlässige Wärter gab, die sorgfältig darauf achten mußten, daß die Wildheit der Tiere nicht durch allzu viel Futter verloren ginge.«

Als Sulla sich um das Amt eines Prätors bewarb, wurde er von den Wählern abgelehnt, weil er das Amt des Ädilen überspringen wollte. Zumindest glaubte das Sulla. Die Römer erwarteten Festspiele von ihm, wußten sie doch, daß er im Kriege gegen Iugurtha Freundschaft mit einem afrikanischen Fürsten geschlossen hatte und deshalb leicht seltene Tiere beschaffen konnte. Sulla gab nun dem Volk, was es begehrte, ließ bis dahin unbekannte Bestien aus Afrika bringen und veranstaltete eine Tierhatz im Amphitheater, die ihresgleichen suchte. Das Volk wählte ihn prompt im nächsten Jahr zum Prätor. Augustus schreibt, daß er in sechsundzwanzig Fällen Tierkämpfe veranstaltete »zum Vergnügen des Volkes. Dabei sind rund 3500 wilde Tiere umgekommen.«

Der beunruhigendste Aspekt des römischen Sadismus war der Einbau des Schaumords in die Handlung eines Theaterstücks oder einer dramatisierten Szene aus der Mythologie. Dies geschah, indem der Schauspieler, der die Rolle bis zum Todespunkt gespielt hatte, in diesem Moment von einem »Verbrecher«, einem »Feind« oder einfach einem beliebigen Sklaven abgelöst wurde, der nun von Tieren zerfleischt, lebend verbrannt oder nach verschiedenen Torturen ans Kreuz geschlagen wurde. Das Publikum erlebte dann als Teil des Theaterstücks die echten Todesqualen eines Menschen. Es wird einem speiübel, wenn man sich das vorstellt.

Dramatisierte man beispielsweise die Herkuleslegende, verbrannte der Held am Ende im Nessosgewande. Sollte Aktäon dargestellt werden, wurde ein lebender Mensch auf der Bühne von Hunden zerfleischt. Sollte die Geschichte des Mucius Scaevola dargestellt werden, mußte jemand herhalten, dem man auf offener Bühne die Hand abbrannte. Sollten die Leiden des Attis dargestellt werden, schnitt man jemandem auf der Bühne den Penis ab und tötete ihn dann später. Sollte die Legende vom Tod des Orpheus vorgeführt werden, mußten Schauspielerinnen einen lebenden Menschen auf offener Bühne mit ihren Händen zerreißen. Sollte Prometheus dargestellt werden, beschmierte man ihm den Leib mit Blut und ließ einen hungrigen Adler seine Eingeweide herauspicken. Sollte die Legende von der Königin Dirke dramatisiert werden, band man eine Sklavin nackt auf die Hörner eines wilden Stiers.

Der Mythos der Alten war reich an solchen Szenen. Und wenn man an gar nichts Besseres denken konnte, beauftragte man einen Bühnenschriftsteller, irgend etwas Blutiges zu schreiben, das von Verurteilten gespielt werden konnte. Seneca, der »Erzieher« Neros, der für viele seiner späteren Grausamkeiten verantwortlich war, gab auch hier das Vorbild mit zehn Tragödien, von denen die meisten aus Sadismen bestehen. Seine *Medea* bringt im Gegensatz zu den Meisterwerken des Sophokles und Euripides all jene Greueltaten auf die Bühne, die diese Autoren wohlweislich »im Off« stattfinden ließen. Da tötet die Mutter auf offener Bühne ihren Knaben, dann einen zweiten, und wirft die Leichen dem Vater vor die Füße. Da mordet *Herakles* in ähnlicher Weise seine Kinder auf offener Bühne. Da tötet sich Jokaste im *Ödipus* auf der Bühne, indem sie sich das Schwert in den Leib stößt. Im *Thyestes* wird ein Kind zerstückelt und dem Vater als Mahlzeit serviert.

Als Szenen- und Handlungsbeschreibung ein Beispiel aus dem *Hippolytus* des Seneca: »Weit umher befleckt er die Felder mit Blut. Das zerschellte Haupt prallt von den Klippen ab. Dornsträuche reißen seine Haare aus. Ein Stein zerschmettert das schöne Antlitz. Seine unglücklichen Reize gehen durch andere Wunden verloren. Die Räder wälzen seine Glieder mit sich fort. Er stürzt auf den Stamm eines abgehauenen Pfahles und bleibt an dessen Spitze mit der Mitte des Leibes hängen. Kaum hat dieser Stoß die Pferde zum Zaudern genötigt, lösen sie sich schon wieder los und zerreißen ihren Gebieter. Den halb Entseelten zerfleischen nun die Hecken, stachlige Dornen rauher Gebüsche; jeden Teil des Stammes reißt ein Stück seines Leichnams an sich.«

Was waren das für Autoren, die sich so etwas ausdenken konnten? Jedenfalls war Seneca nicht der einzige, der so schrieb. Sein Neffe Lucan schreibt zwar keine Theaterstücke, jedoch ein Epos, dessen Sadismen nicht nur den Psychoanalytiker als krankhaft anmuten. Ein kurzes Beispiel (III, 635 ff.):

. . . Nicht langsam, wie sonst wohl aus Wunden,
Drang das Blut, nein, überall her aus geborstenen Adern,
Und den Strom des Lebens, das rinnt durch die Reihe der Glieder,
Fangen die Wasser auf. Wohl keines Getöteten Leben
Floß auf so breiter Straße dahin. Die Glieder, schon leblos,
Übergab in den Tod des Rumpfes äußerstes Ende.
Doch, wo die Lunge, die schwellende, liegt, wo das Eingeweid' glühet,
Da war lange der Tod gehemmt, und nach mächtigem Kampf erst
Drang er von da aus vollends hindurch zu den anderen Gliedern . . .
Noch unerhörte
Grause Todesart schaute man dort, als feindliche Schiffe
Einen schwimmenden Mann mit ehernen Schnäbeln durchbohrten.
Mitten spalteten ihm die Brust so gewaltige Stöße,
Und nicht mit dem zermalmten Gebein verhindern die Glieder
Erzes dröhnenden Hall. Der Mund aus zerrissenem Magen
Wirft, mit den Eingeweiden vermischt, noch Eiter und Blut aus . . .
Den Tyrrhenus, der hoch auf der Spitze des Vorderdecks,
Traf mit dem Wurfe der Eichel aus der balearischen Schleuder
Lygdamos und zerbrach mit dem heißen Blei ihm die Schläfe.

Aus der Höhlung gejagt, da alle Bande das Blut sprengt,
Treten die Augen hervor. Von ihres Lichtes Verlust steht
Er nun betäubt und meint, das seien die Schatten des Todes.

Ein zweites Beispiel des gleichen Autors (VI, 525 ff.):

. . .die innere Feuchte
Schwindet, nach ausgetrocknetem Mark hart werden die Leiber,
Da wütet mit grimmiger Gier sie gegen alle die Glieder,
Taucht in die Augen die Hand, frohlockt, die erkalteten Ringe
Auszugraben, benagt die bleichen Nägel der dürren
Finger, zerreißt den Strick um den Hals und die tödlichen Knoten
Mit dem eigenen Mund. Sie berupft die hängenden Leiber,
Kratzt an den Kreuzen, die vom Regen erweichten Gedärme
Reißt sie heraus und das Mark, durchglüht von den Strahlen der Sonne.
Auch wo ein Leichnam liegt auf bloßer Erde, da sitzt sie
Neben ihm früher als Vögel und Wild. Die Glieder zerfleischen
Will mit Strahl und Händen sie nicht, auf die Bisse der Wölfe
Wartet sie, um das Fleisch aus dem trockenen Rachen zu reißen.
Mord auch fürchtet sie nicht, wenn ihr Opfer von Lebenden Blut heischt
Und noch zuckendes Eingeweid' die entsetzliche Tafel.

Die Dichter Valerius Flaccus, Silius Italicus und Statius sind Vertreter des Epos aus der Zeit nach Nero. Vielfach zeigen ihre Dichtungen ähnliche Züge wie die Werke der neronischen Zeit. Als Beispiel einer solchen Schilderung, deren Hauptreiz das sadistische Element ist, die *Punica* des Silius Italicus:

. . . Es krachen
Unter der Schwere des Wurfs die zerschmetterten Knochen, zermalmt ist
Ganz das Gesicht; es entfließt in vereinigter roter Vermischung
Blutig der Nase das Hirn, und gedrängt aus ihrer Umkreisung,
Träufeln erloschen und schwarz von geschändeter Stirne, die Augen.

Der Dichter Statius lebte zur Zeit des Domitian. Er stammte aus Neapel, kam früh nach Rom und verstand es, sich in den Häusern der Reichen durch sein Improvisationstalent, also als eine Art Stegreifdichter, beliebt zu machen. Man hat nicht das Gefühl eines Sadisten in seinen Werken, sondern eher das eines klugen Geschäftsmannes, der den Markt für Sadismen aufspürte und ihn mit maßgeschneideter Ware belieferte. Drei kurze Beispiele aus seinem Epos *Thebais* mögen genügen. Die sexuellen Komponente des ersten Lustmords wird dadurch betont, daß Venus selber die Schwerter reicht und den Zorn der Frauen aufstachelt (V, 156 ff.):

. . . Venus reicht Schwerter und stachelt den Zorn auf.
Und kein gewöhnliches Blut wird geopfert: die Frau des Karopus
Bringt ihren Sohn, sie schicken sich an, durchbohren die Brust des
Staunenden Knaben, nach dem sie die gierigen Hände zugleich all'
Strecken, und schwören auf seinem noch rauchenden Blute die Tat, so
Süß ihrem Herzen: es schwebt um die Mutter der Schatten des Kindes.

Nun eine Stelle (V, 207 ff.), die den engen Zusammenhang zwischen Erotik und Tötung besonders eindeutig klarmacht. Halimus stirbt mit einer geradezu masochistischen Freude am Tode:

. . . Dem Helimus, welcher, bekränzt mit
Zweigen, auf einem erhöhten, von Teppichen prangenden Lager
Schlafend den Wein ausdünstete, naht die verwegene Gorge,
Deckt den Schlummernden auf und erspäht einen Ort zum Verwunden.
Doch ihn flieht der unselige Schlaf bei der Nähe des Todes.
In Verwirrung umarmt der Wache die Feindin, die sein noch
Trüber Blick nicht erkennt, doch trotzdem stößt ihm von hinten
Jene das Schwert in die Hüfte – so stark, daß es, als es herausfuhr,
Sie noch verletzte. Jetzt erst beschloß sie den Mord. Noch im Sterben
Sah er sie zärtlich an, sein letzter Seufzer und Blick rief:
»Gorge«, und fest hielt er den unwürdigen Nacken umschlungen.

Noch grausamer geht es weiter (V, 252 ff.):

Hier sind auf das Lager gepreßte Gesichter, die Griffe
Von in klaffender Brust befindlichen Schwertern, die Stücke
Mächtiger Lanzen, vom Schwert zerfetzte Kleider der Toten,
Umgeworfene Krüg', im Blute schwimmende Speisen,
Und Weinfluten, die sich – Giesbächen, mit Blut untermischt, gleich –
In die Becher zurück aus den Kehlen ergießen, zu schauen.
Dort sieht man eine Schar von Jünglingen, Greise, die kein Schwert
Hätte beschädigen dürfen, und ruh'nd auf den seufzenden Vätern,
Halb noch lebenden Knaben, die auf der Schwelle des Lebens
Schluchzend den Geist ausweh'n . . .

Als weiteres Beispiel des literarischen Zeitgeschmacks mag uns eine Stelle aus den *Verwandlungen* des Apuleius dienen, die uns den Sadismus der Zeit und seine sexuelle Färbung zeigt: »Laßt uns den Esel morgen erwürgen, ihn völlig ausnehmen, das Mädchen, das er uns hat davontragen wollen, nackt in seinen Bauch einnähen, so daß sie nur mit dem Gesicht hervorragt, mit dem übrigen Leib aber ganz in ihm eingefuttert ist. Darauf laßt uns diesen gefüllten Esel nehmen, und auf einen hohen, freien Felsen tragen und ihn da an den Strahlen der Sonne braten. Auf diese Weise leiden beide Verbrecher, was ihr ihnen mit so vieler Klugheit bestimmt hattet. Der Esel den Tod, den er schon längst verdient hat, das Mädchen aber die Bisse der wilden Tiere, wenn die Würmer ihre Glieder zernagen, die Glut des Feuers, wenn die allzu große Sonnenhitze ihre Hülle entzündet, alle Marter des Galgens, wenn Hunde und Vögel ihr die innersten Eingeweide aus dem Leibe reißen, und außerdem noch weit andere größere Qualen und Drangsale. Denn lebendig muß sie den Bauch eines verreckten Viehs bewohnen, muß beständig den unausstehlichen Gestank des Aases einatmen, muß vor Hunger elendiglich, allmählich hinsterben, ohne daß ihre freien Hände ihr den Tod zu geben vermögen.«
Noch deutlicher wird die von ihrem Triebziel fehlgeleitete Sexualität als Quelle des Sadismus in einer Stelle im X. Buch, wo mit Behagen geschildert wird, wie man eine angeklagte Frau dazu zwingt, öffentlich mit dem Esel zu verkehren, bevor man sie den wilden Tieren zum Fraß vorwirft. Selbst in der Komödie verlangten die Zuschauer Sadismen, vor allem sollte der Sklave immer wieder geschlagen werden. Bei Plautus geht das in einer endlosen Reihe von Variationen vor. Die Handlung wird von Stock und Peitsche regiert. Der Dialog strotzt von flagellantischen Hinweisen. Schon die Namen

und Bezeichnungen vieler Personen spielen hierauf an. So heißt ein Sklave Flagrio, von *flagrum,* die Geißel. Einen anderen nennt Plautus *gymnasium flagri,* Tummelplatz der Geißel, eine Sklavin gar Flagritibia. Plautus läßt auch durch einen Sklaven auf den römischen Glauben hinweisen, daß man sich geißeln müsse, um die Götter zu versöhnen. So sagt Sosa, der Sklave des Amphitruo, gleich in der ersten Szene der gleichnamigen Komödie:

> . . . Verdien' ich nicht den Stock?
> Da fällt mir eben ein, daß ich bei meiner Heimkehr doch die Pflicht
> Wohl habe, erst die Götter anzusprechen, Dank erstatten für
> Erwiesene Gnade. Freilich wollten sie mich lohnen nach Verdienst,
> So müßten sie zu meiner Ankunft einen Menschen schicken, der
> Das Maul mir recht vermöbelt, weil ich alles, was sie Gutes mir
> Erwiesen haben, in den Wind geschlagen habe, ohne Dank.

Namentlich die römischen Seeleute glaubten, man müsse sich selbst flagellieren oder flagellieren lassen, wenn man einen Sturm vermeiden wolle. Ähnliche Vorstellungen veranlaßten auch die Zauberer, deren es eine große Menge in dieser von Aberglauben und schlechtem Gewissen regierten Stadt gab, den Menschen, die ratsuchend zu ihnen kamen, die Selbstgeißelung zu empfehlen. Schien dem Ratsuchenden dies ein wenig zu drastisch, stellten sich die Zauberer für eine feste Gebühr pro Schlag zur Geißelung zur Verfügung. Dieser Gedanke war auch der »offiziellen« Mythologie und ihrem Kult nicht fremd, denn da sich der Mensch seine Götter nach seinem eigenen Bilde schafft, ist es kaum verwunderlich, daß sich die Römer manche ihrer Gottheiten als Flagellanten vorstellten.
Bezeichnenderweise verlieh man vor allem den weiblichen Gottheiten Geißeln, teils wohl in dunkler Erinnerung an den mutterrechtlichen Glauben, daß Schläge fruchtbar machen, vor allem aber wegen des schlechten Gewissens der Männerrechtler, die stets erwarteten, daß die weiblichen Gottheiten eines Tages die Unterdrückung der irdischen Frauen an den irdischen Männern rächen würden. So wurden die Furien, die Göttinnen der Rache, stets mit Geißeln in der Hand dargestellt, oft sogar mit einem Knüppel in der einen, einer Geißel in der anderen. Die Kriegsgöttin Bellona trieb die Rosse ihres Gefährten Mars stets mit einer blutigen Geißel an. Ihr zu Ehren geißelten sich die Gläubigen in ihrem Heiligtum. Das flagellantische Motiv tauchte auch in der Mythologie des Faunus auf, von dem die Sage ging, er habe seine Gattin zu Tode gepeitscht. Im Faunuskult peitschte man deshalb einander mit Myrtenzweigen aus. Endlich schwang auch die Göttin Discordia stets die Geißel, um Zwietracht unter die Menschen zu tragen.
Von den Priesterinnen der Göttin Vesta haben wir bereits gesagt, daß sie gegeißelt wurden, wenn sie das heilige Feuer ausgehen ließen, und daß man sie zu Tode geißelte, wenn sie sich während ihrer Amtszeit mit einem Manne verbanden. Selbst Venus, die Göttin der Liebe trug die Geißel als Attribut. Auf zahllosen Bildwerken haben die Römer sie dargestellt, während sie ihren Sohn Amor oder dessen Geliebte Psyche verprügelt. Plagte einen verliebten Römer der Stolz seiner Geliebten, oder wollte er sich in sonst irgendeiner Form an ihr rächen, so rief er deshalb oft die Göttin Venus an,

sie solle die Geliebte durch Schläge zur Hingabe bewegen, so zum Beispiel Horaz in der 26. Ode seines dritten Buches:

O Göttin, die du Zypern beseeligt einst,
Und Memphis, das sithonischen Schnee verkennt,
Berühre mit der hochgeschwungenen
Geißel nur einmal die stolze Chloe!

Die Frau als Sadistin ist deshalb ein stets wiederkehrendes Motiv der römischen Erotik. Properz sagt in der 15. Elegie des zweiten Buches:

Welchen ergötzlichen Kampf gab's gestern beim nächtlichen Mahle,
Schmähungen ohne Zahl stießest du zornig hervor!
Vor deiner Wut erbebte der Tisch, und Becher voll Weines
Warfst du mit wütender Hand gegen mein schuldloses Haupt ...
Ohne der Liebe Gewalt gibt es bei Frauen nicht Zorn.
Wenn sich der Zorn einer Frau in schmähendem Redefluß ausläßt,
... Wenn sie den Freund mit Spähern umgibt, wenn er ausgeht,
Oder ihm selbst nachstürzt, rasend, Bacchantinnen gleich, ...
Solcherlei Ärger zu deuten besitz' ich genügend Kenntnis,
All diese Zeichen, wie oft lehrte die Liebe sie mich!

Martial schwärmt (XI, 70, 3):

Kein Liebkosen vermag, kein Wort, noch kindliche Klage
Dich zu bewegen, ein Hals nicht, den du blutig geküßt!

Ähnlich Tibull (I, 8, 37 ff.):

Während in lodernder Glut Busen an Busen er preßt
Und ihm Küsse zu geben, dem Schmachtenden, feucht von der Zungen
Wettkampf, und mit den Zähnen Mäler zu prägen am Hals.

Aber viel öfter geschieht es, daß der Mann der Sadist ist, so auch Properz in einem anderen Teil der eben zitierten Elegie (III, 8):

An Liebe will ich leidenmachen
Will meine oder ihre Tränen sehen.

Ähnlich in II, 15:

Bestehst du drauf, mit Kleid bei mir zu liegen,
Spürst am zerriss'nen Rock du meine Hand.
Ja, reißt der Zorn mich hin, magst deiner Mutter
Vorweisen die verletzten Arme du.

Und wieder sehr ähnlich Ovid (I, 5):

Ich riß ab ihr das Kleid, und das lockere hinderte wenig,
Aber sie kämpfte doch, daß sie bedecke das Kleid.
Und da wie eine, die selbst nicht siegen wollte, sie kämpfte,
Ward sie durch eignen Verrat ohne Beschwerde besiegt.

Derselbe in I, 7:

Denn ein Wahnsinn erhob mir gegen die Herrin die Arme,
Und nun weint sie, verletzt von meiner rasenden Hand ...
Besser wär sie gefärbt vom Mal der rasenden Küsse
Und am Halse verletzt von eines Liebenden Zahn ...
War es dann nicht genug, daß das bebende Mädchen ich anschrie
Und – zum Teufel – ihr zerriß das Gewand vom obersten Rand
Bis zur Mitte? Denn mehr hätte der Gürtel verwehrt.

Fertig bracht' ich's nun, von der Stirn ihr zu reißen das Haupthaar
Und mit den Nägeln zu zeichnen ihr edles Gesicht.

In II, 4:

Wenn eine Frau mich und meine Dichtungen tadelt,
Möchte ich büßen dafür lassen der Tadelnden Leib.

In II,5:

Wahrlich, mich trieb's, ihr das Haar, so gepflegt, wie es war, zu zerraufen
Und mit den Nägeln zu gehen über das zarte Gesicht.

In III, 4:

Manchem gefällt eine Frau nur, die »Ich fürchte mich« sagt.

Da die Soziologie und Ökonomie Roms, wie wir zu erklären versucht haben, dadurch gekennzeichnet war, daß zwar intensive Klassenkämpfe stattfanden, diese aber stets in einem Kompromiß endeten, oder genauer gesagt: mit der Korruption der emporstrebenden Klasse, lieferten diese Bürgerkriege, anders als die des ausgehenden Mittelalters, keinen Ansporn, die Produktionsmittel maßgeblich zu verbessern. Einerlei, wer an der Macht war, die Sklavenökonomie blieb fast unverändert, mit dem Resultat, daß wir im Gegensatz zu allen wirklich dynamischen Gesellschaftsordnungen in Rom so gut wie kein Beispiel für einen positiven Einfluß der emporstrebenden auf die bis dahin herrschende Klasse finden. Und wo ein solcher, die Produktion fördernder Einfluß nicht stattfindet, macht sich fast stets das Gegenteil bemerkbar: der negative Einfluß der Herrscher auf die Beherrschten, und zwar vor allem im gesellschaftlichen Überbau: in der Wissenschaft, der Kultur, der Kunst, der Ethik, aber auch im Geschlechtsleben. So geschah es, daß sich nicht, wie in den frühen Stadien der Machtergreifung des Bürgertums und des Proletariats, das Gute von unten nach oben, sondern das Schlechte von oben nach unten verbreitete. Vier Beispiele – Tiberius, Caligula, Nero und Elagabal – mögen genügen.
Tiberius, der in seinen besten Jahren ein vorzüglicher, scharfsichtiger Administrator gewesen war und diesen Scharfsinn auch bis in sein Greisenalter bewahrte, wurde durch die von Augustus erzwungene Scheidung von seiner glücklich mit ihm lebenden Gattin Vipsania und die erzwungene Ehe mit Julia in eine sexuelle Zwangssituation geführt, deren Gründe wir nur vermuten können. Er ging nach Rhodos ins Exil, angeblich um eine entstellende Hautkrankheit, die zweifellos psychosomatischen Ursprungs war, zu kurieren und um Cäsar nicht im Wege zu stehen, in Wahrheit offenbar, weil er im Geschlechtsverkehr mit Julia impotent war und Vipsania noch immer nachtrauerte. Nach Cäsars Tod zerrieben ihn die endlosen Streitereien mit Livia und Agrippina der Älteren. Der Tod seines Sohnes Drusus minor und seiner Enkel hinterließen eine tiefe Schockwirkung. Die eigentliche Krise begann mit den Majestätsbeleidigungsprozessen, die seit dem Jahre 15 eingeführt und von Tiberius anfangs abgelehnt worden waren, da ihm jeglicher Personenkult widerstand. Als *crimen laesae maiestatis* galt vor allem die persönliche Beleidigung des Kaisers, und um die kümmerte sich Tiberius

einen Pfifferling. Aber nachdem er sich im Jahre 26 verbittert nach Capri zurückgezogen hatte, ließ er den Prozessen freien Lauf. Der Wendepunkt seines Lebens war ein Brief der Frau seines Günstlings Sejan, eines ehemaligen Sklaven, die den Inhalt durch ihren Selbstmord besiegelte. Aus diesem Schreiben erfuhr Tiberius, daß Sejan die Frau seines Sohnes Drusus verführt und gemeinsam mit ihr ihren Gatten vergiftet hatte. Sich selbst hatte Sejan durch Scheidung freigemacht und hoffte nun durch die Heirat mit der Witwe des Kaisersohns die Nachfolge des Tiberius anzutreten.
Dies löste eine völlige Verwandlung im Charakter des Kaisers aus. Da er meinte, er habe alle, die ihn liebten, verloren, sah er keinen Grund mehr, irgend jemanden mit seiner Rache zu verschonen. So begann, wie der Psychoanalytiker Hanns Sachs es ausgedrückt hat, »eine nicht enden wollende Kette von Anklagen, Verhören, Folterungen und Hinrichtungen, die den ganzen Rest dieses Greisenlebens erfüllte. Die ersten Opfer waren Livilla und alle, die zur Freundschaft des Sejan gehört hatten, aber Tiberius' Rache war damit nicht gestillt und keineswegs wählerisch. Einen alten Freund von Rhodos her, der auf seine Einladung hin zu Besuch gekommen war, ließ er versehentlich mitfoltern, und, da der Fehler nun einmal geschehen war, auch gleich hinrichten... Von Sejan und dessen Gefolgsleuten wandte er sich zurück an die alten Feinde, gegen die er einst Sejan gebraucht hatte. Auf die verbannte Agrippina häufte er Beleidigungen und Mißhandlungen (ein Offizier der Wache soll ihr ein Auge ausgeschlagen haben), bis sie, ihre Charakterstärke bis ans Ende beweisend, den freiwilligen Tod durch Verhungern wählte; ihren Sohn Drusus, den er als Gegenspieler des Sejan hatte benützen wollen, ließ er im Kerker auf dem Palatin unter den gräßlichsten Begleitumständen verhungern. Das allgemeine Mitleid mit diesen armen Opfern, deren Unschuld jedermann kannte, gab ihm die erwünschte Gelegenheit, die Schamlosigkeit seines Blutrausches zu genießen, und zugleich die höhnische Genugtuung darüber, daß niemand mehr da war, vor dem es der Mühe wert gewesen wäre, sich zu schämen. So wurde auf seinen Befehl unter dem Beifallsgemurmel der Senatoren ein eingehender Bericht über die Hungerqualen und Delirien verlesen, unter denen der Sohn des Germanicus gestorben war, und dem Kaiser die besondere Anerkennung für seine Milde votiert, weil der die Leiche der Agrippina – der in der allgemeinen Achtung zuhöchst stehenden Frau des Reiches – nicht auf die Seufzertreppe hatte werfen lassen. Im Kalender wurde ihr Geburtstag als Unglückstag bezeichnet« (*Bubi Caligula,* Wien 1932, S. 29).
»Viele zur Verantwortung Vorgeladene gaben sich teils zu Hause die Todeswunden, sowohl weil sie ihrer Verurteilung sicher waren, als auch hauptsächlich, um der Quälerei und Beschimpfung zu entgehen, teils nahmen sie mitten in der Kurie Gift. Aber nichtsdestoweniger wurden sie, nachdem man ihre Wunden verbunden, halbentseelt, im Todeskampf zuckend, in den Hinrichtungskeller geschleppt. Keinem Bestraften blieb das Schleifen mit dem Haken und das Hinabgestürztwerden in die Gemonien erspart; an einem Tag wurde beides an zwanzig Personen vollzogen, darunter Knaben und Frauen. Unreife Mädchen wurden, da es von alter Zeit her für Frevel

galt, Jungfrauen zu erdrosseln, zuvor vom Henker geschändet, dann erdrosselt. Wer freiwillig sterben wollte, wurde mit Gewalt gezwungen, leben zu bleiben. Denn den Tod achtete er für eine so geringe Strafe, daß er auf die Nachricht, ein Angeklagter, ein Mann namens Carmulus, habe sich vorweg den Tod gegeben, in die Worte ausbrach: ›Carmulus ist mir entschlüpft!‹, und als er einmal die Gefangenen musterte und einer von ihnen um Beschleunigung der Strafe bat, gab er zur Antwort: ›Ich habe mich noch nicht wieder mit dir ausgesöhnt!‹« (Sueton, *Tiberius* 61).

»Noch jetzt zeigt man auf Capri die Stätte seiner Henkerei, von wo er die Verurteilten nach langen, ausgesuchten Martern in seiner Gegenwart ins Meer hinabstürzen zu lassen pflegte, während unten ein auf sie wartender Haufe von Matrosen die Leichname mit Stangen und Rudern vollends zerschmetterte und ihnen den letzten, etwa noch übrigen Lebenshauch austrieb. Unter den Marterarten hatte er sich auch die ganz eigentümliche ausgedacht, daß er hinterlistigerweise die Leute sich stark mit Wein beschweren, und ihnen dann plötzlich das Schamglied dergestalt unterbinden ließ, daß sowohl die straff angezogenen Schnüre als auch der zurückgehaltene Urin ihnen die furchtbarsten Schmerzen machten« (Sueton. *Tiberius* 62).

Der enge Zusammenhang zwischen der Altershomosexualität des Tiberius und dem Sadismus seiner Greisenjahre geht sehr deutlich aus dem folgenden Fall hervor, den Sueton in *Tiberius* 44 erzählt: »Auch geht die Rede, er sei einmal beim Opfern von der Schönheit eines Knaben, der das Rauchfaß vorantrug, so entzündet worden, daß er sich nicht habe enthalten können, gleich nach vollbrachtem Opfer jenen abseits zu führen und ihn sowie dessen Bruder, einen Flötenspieler, zu mißbrauchen, worauf er später beiden, weil sie sich einander diese Unzucht vorgeworfen hatten, die Beine habe zerschlagen lassen.«

Hanns Sachs erklärt den noch tragischeren Sadismus des Tiberius-Nachfolgers Caligula in diesen Worten: »Jedes Kind, auch das gutartigste, geht durch ein Entwicklungsstadium hindurch, wo es den Papa – oder je nachdem auch die Mama, am besten beide – verhauen will, wo es mit seinem Säbel herumläuft, um jeden totzumachen, der bereit ist, auf das Spiel einzugehen, wo es seinen Puppen den Bauch aufschlitzt, und den Fliegen die Flügel ausreißt, um sie krabbeln zu sehen. Ein solches Kind, in dem sich der Vernichtungswille, der menschliches Erbteil ist, mit der Lust am Spiel vermischt, und gegenseitig durchdringt, so daß das Böseste und das Harmloseste zu einer untrennbaren Einheit werden – ein solches Kind war Caligula geblieben« (Sachs, a.a.O., S. 89).

»Dieses Festhalten an der kindlichen Mischung von Spiel und Grausamkeit gibt sich in zahllosen Zügen zu erkennen: Als das Fleisch zur Fütterung der für die Spiele herbeigeschafften wilden Tiere knapp wurde, ließ er ihnen Verbrecher zum Fraß vorwerfen. Das wäre nach römischer Auffassung noch nicht so schlimm gewesen, aber Caligula ging dabei mit betonter Leichtfertigkeit zu Werke. Statt sich um die Schuld der von dem fürchterlichsten Tod Überlieferten zu kümmern, rief er, unter dem Torbogen stehend, den Wächtern zu, sie sollten ›die von dem einen Glatzkopf da bis zu dem anderen

Glatzkopf dort‹ in die Käfige schmeißen. Ein anderes Mal verurteilte er 40 Angeklagte, die der verschiedensten Verbrechen beschuldigt waren, durch einen Spruch zum Tode und rühmte sich seiner Frau gegenüber, wieviel er geschafft habe, während sie ihr Mittagsschläfchen hielt. Man merkt, wie die Betonung der Schnelligkeit ihm Spaß macht, weil sie den Eindruck des Spielerischen bestärkt, – sehr im Gegensatz zu Tiberius, der auch im Morde langsam und gründlich war« (Sachs, a.a.O., S. 90 f.).

»Dennoch konnte er seinen natürlichen Hang zur Grausamkeit und Wüstheit schon damals nicht so im Zaume halten, daß er nicht ein eifriger Zuschauer bei Folterung und Hinrichtung der zum Tod Verurteilten gewesen wäre, Orte der Schlemmerei und Unzucht, vermummt durch falsches Haar und ein langes Gewand, fleißig besucht und an theatralischen Ballett- und Gesangskünsten den lebhaftesten Anteil genommen hätte, welches letztere Tiberius ihm gern nachsah, weil er den Versuch machen wollte, ob dadurch nicht vielleicht seine wilde Sinnesart gemildert werden könnte. Denn diese hatte der überaus scharfsichtige Greis so völlig durchschaut, daß er wiederholt bemerkte, Gaius sei zu seinem und aller Verderben am Leben geblieben sowie, er erziehe dem römischen Volk eine Natter und einen Phaeton für den Erdkreis« (Sueton, *Caligula,* 11).

»Viele Männer achtbaren Standes ließ er brandmarken und verurteilte sie dann zur Zwangsarbeit in Bergwerken oder sperrte sie selbst wie wilde Tiere in den Käfig ein, wo sie gezwungen waren, auf allen vieren zu kriechen, oder ließ sie mitten durchsägen. Und alles keineswegs immer wegen schwerer Verbrechen, sondern nur, weil sie etwa über ein von ihm gegebenes Fechterspiel geringschätzend sich geäußert, oder weil sie nie bei seinem Genius geschworen hätten. Die Väter zwang er, der Hinrichtung ihrer Kinder beizuwohnen, und einem, der sich mit Krankheit entschuldigte, schickte er eine Sänfte, einen anderen lud er unmittelbar von der Richtstätte des Sohnes zur Tafel und forderte ihn mit aller möglichen Freundlichkeit zu Heiterkeit und Scherzen auf. Einen Aufseher der Fechterspieler und Tierhetzen ließ er mehrere Tage hintereinander vor seinen Augen mit Ketten peitschen und tötete ihn nicht eher, als bis ihm der Geruch des in Fäulnis übergegangenen Gehirns lästig wurde. Den Dichter einer Atellanenkomödie verbrannte er wegen eines einzigen Verses, der eine zweideutige Anspielung enthielt, mitten in der Arena des Amphitheaters. Einen römischen Ritter, der den wilden Tieren vorgeworfen war und wiederholt seine Unschuld laut beteuerte, ließ er aus dem Amphitheater führen, ihm die Zunge ausschneiden und ihn so wieder in dasselbe zurückführen« (Sueton, *Caligula,* 27).

»Als er einmal sehnlich wünschte, einen Senator in Stücke gerissen zu sehen, stiftete er Menschen an, welchen denselben, als er in die Kurie trat, plötzlich mit dem Zuruf: ›Feind des Kaisers!‹ angreifen und, nachdem sie ihn mit ihren Schreibgriffeln durchbohrt, den übrigen zum Zerreißen geben mußten. Auch gab er sich nicht eher zufrieden, bis er die zerstückelten, durch die Straßen geschleiften Glieder und Eingeweide vor sich zusammengeschleppt sah« (Sueton, *Caligula,* 28).

»Nicht leicht ließ er jemand anders als mit vielen schwachen Streichen hinrichten, wobei seine immer wieder ausgesprochene und deshalb schon bekannte Mahnung an den Henker lautete: ›Triff so, daß er das Sterben fühle!‹ Als einmal aus Verwechslung des Namens ein anderer als der von ihm bestimmte hingerichtet worden war, sagte er: ›Auch der hat dasselbe verdient!‹« (Sueton, *Caligula,* 30).

»Selbst in den Stunden der Erholung, des Spiels und des Mahles verließ ihn diese Grausamkeit der Reden und Handlungen nicht. Oft wurden, wenn er frühstückte oder ein Gelage hielt, unter seinen Augen ernsthafte peinliche Verhöre mit Anwendung der Folter angestellt, oder mußte ein Soldat, der im Köpfen Meister war, irgendwelchen Gefangenen die Köpfe abschlagen. Zu Puteoli, bei der Einweihung jener von ihm, wie wir erzählt haben, ausgedachten Brücke, lud er viele Zuschauer, die am Ufer standen, zu sich ein und ließ sie dann plötzlich ins Meer stürzen. Einige, welche sich an die Steuerruder anklammerten, ließ er mit Stangen und Rudern ins Wasser zurückstoßen. Zu Rom übergab er bei einem öffentlichen Gastmahl einen Sklaven, der eine Silberplatte von einem der Sofagestelle entwendet hatte, sofort dem Henker, der ihm die Hände abhauen und um den Hals auf die Brust hängen und ihn so unter Vorantragung einer Tafel, auf welcher die Ursache seiner Bestrafung geschrieben stand, an den Tischen der Schmausenden umherführen mußte. Einen Mirmillo aus der Fechtschule, der mit Holzrapieren Fechtübungen mit ihm hielt, und sich freiwillig niederstoßen ließ, durchbohrte er mit einem wirklichen Eisendolch und stolzierte dann nach Weise der Sieger mit einem Palmzweig umher. Einmal, als das Opfertier bereits am Altar stand, erschien er als Opferschlächter aufgeschürzt, schwang die Opferaxt hoch in die Luft – und schlug den Opferstecher tot! Als er einmal bei einem fröhlichen Mahl plötzlich in wildes Gelächter ausbrach und die beiden Konsuln, welche neben ihm lagen, ihn sehr zuvorkommend fragten, weshalb er denn lache, erwiderte er: Worüber sonst, als daß es nur eines Winks von mir bedarf, um euch allen beiden auf der Stelle die Kehle abschneiden zu lassen?« (Sueton, *Caligula,* 32).

»Sooft er seiner Gemahlin oder seiner Geliebten den Hals küßte, pflegte er immer hinzuzufügen: ›Ein so schöner Nacken wird doch, sobald ich befehle, durchgeschnitten werden!‹« (Sueton, *Caligula,* 33).

»Schöne Menschen mit ausgezeichnetem Haarwuchs verunstaltete er, sooft ihm dergleichen in den Weg kamen, indem er ihnen den Hinterkopf rasieren ließ. Es war damals ein gewisser Aesius Proculus, Sohn eines Oberoffiziers, der wegen seiner ausgezeichneten Körpergröße und Schönheit Kolosseros hieß. Den ließ er plötzlich von seinem Sitz unter den Zuschauern wegreißen und auf die Arena führen, wo er ihn erst einem thrakischen Fechter und dann einem Hoplomachos als Kämpfer gegenüberstellte, und als er beide Male Sieger blieb, ließ er ihn auf der Stelle binden und mit Lumpen bekleidet durch die Straßen führen, den Weibern zeigen und dann erwürgen. Überhaupt gab es keinen Menschen noch so niedrigen Standes, und noch so armseliger Lage, den er nicht irgendwie zu schädigen suchte« (Sueton, *Caligula,* 35).

»Er bot keinen angenehmen Anblick, wenn er, eine hagere Gestalt mit vorgebeugtem Rücken, dastand und mit unruhigen Augen, die Zunge rastlos im Munde herumdrehend, die gekreuzten Hände in die langen, haarigen

Arme eingekrampft, das Gräßliche beobachtete – kein angenehmer Anblick, auch für seinen Onkel und Gönner Tiberius nicht.« (Sachs, a.a.O., S. 61).
Von Nero haben wir bereits erzählt, daß er seine Gattin Poppäa während ihrer Schwangerschaft mit einem Tritt in den Bauch tötete. Auch haben wir bereits Suetons Beschreibung des »Spiels« aufgeführt, das Nero sich ausgedacht hatte, um seine spezifisch zoosadistischen Neigungen zu befriedigen: Er ließ sich in das Fell eines wilden Tieres einnähen, in einen Käfig sperren (starke masochistische Elemente hier), und stürzte sich dann, sobald seine Diener die Käfigtüren geöffnet hatten, auf nackte, an Pfähle gebundene Männer und Frauen, deren Geschlechtsteile er mit den Zähnen zerfleischte. Danach ließ er sich von seinem Geliebten Doryphorus »fertigmachen« (Sueton, *Nero,* 29). Auch haben wir bereits kurz auf jene »Galanacht in den Vatikangärten« hingewiesen, in der er fast ein halbes Tausend Menschen öffentlich umbringen ließ, die meisten davon Christen oder als Christen Verleumdete. In der Arena hatte eine *ad ludes* verurteilte Christin namens Melanie die Ehre, die sagenhafte Königin Dirke darzustellen. Zu diesem Behufe wurde sie nackt auf die Hörner eines wütenden Stieres gebunden. Als der Stier, aufs äußerste gereizt, mit seiner Last in den Zirkus stürzte, wollte der stürmische Beifall kein Ende finden.
Von einigen der Sadismen Elagabals haben wir bereits berichtet. Hier sei nur noch kurz darauf hingewiesen, daß er seine Gäste, wenn er sie betrunken gemacht hatte, oft einschließen und dann wilde Tiere oder Schlangen zu ihnen hineinbringen ließ, die allerdings – was die Gäste nicht wußten – durch Ausbrechen der Zähne und Giftzähne unschädlich gemacht worden waren. Manche der Gäste sollen jedoch an Schock gestorben sein. Als das am Tage der Spiele durch die Straßen ziehende Publikum Elagabal einmal zu früh aus dem Schlaf weckte, hieß er seine Diener Schlangen unter das Volk zu werfen, diesmal mit intakten Giftzähnen. Da es noch dunkel war, sollen in der Panik viele Menschen, die nicht von den Schlangen gebissen worden waren, zu Tode getrampelt worden sein.
All das ist deprimierend genug. Aber das wichtigste Kennzeichen, und in mancher Hinsicht die traurigste Folge des römischen Sadismus war nicht er selber, sondern seine Inversion: der Masochismus, der sich vor allem bei römischen Männern bemerkbar machte. In ihm liegt möglicherweise der wichtigste Schlüssel zum Sexualleben der Römer. Zahllose Einzelheiten, die in keiner anderen Weise deutbar sind, werden sinnvoll, wenn man sie in dieses Spannungsfeld einordnet. Die obsessiven Versuche der Frauenunterdrückung werden in ihrem Fanatismus und ihrer Wankelmütigkeit – also in zwei Aspekten, die einander zu widersprechen scheinen – erst dann verständlich, wenn wir sie als zwei verschiedene Symptome der gleichen Krankheit erkennen: eines abgrundtiefen Masochismus. Was der Mann in der Nacht verlangte, war sowohl das Gegenteil wie auch das Kompliment dessen, was er am Tage tat. Je schwerer die tägliche Unterdrückung der Frau sein Unterbewußtsein mit Schuldgefühlen belastete, desto unwiderstehlicher wurde sein Wunsch nach einer nächtlichen Form der Buße. Das ist der Preis, den fast alle extrem autoritären Gesellschaftsformen zu zahlen haben, aber in kaum einer späteren Gesellschaftsordnung können wir ihn in so ausge-

prägter Form finden wie in der herrschenden Klasse Roms während der Kaiserzeit. Das geht aus zahllosen Quellen hervor, vor allem aber aus den Werken der Dichter des Kaiserreichs.

Catull, Horaz, Tibull, Properz, Ovid, Martial, Ausonius, die sonst wenig miteinander gemein haben, zeigen in dieser einen Hinsicht eine geradezu frappante Ähnlichkeit; und wenn wir bedenken, daß ihre Lebenszeit zusammengenommen eine Spanne vom Jahre 87 v. u. Z. bis 395 u. Z. einnimmt, also fast ein halbes Jahrtausend, können diese sexuellen Gemeinnenner nicht einfach als Zufälligkeiten abgetan werden. Catull fand seine Lesbia nur deshalb besonders reizvoll, weil sie verheiratet war und ihn obendrein mit anderen Liebhabern, von ihrem eigenen Bruder ganz zu schweigen, ständig betrog. Wenn Horaz auch in seinen Frauengedichten den Eindruck zu geben versucht, daß ein Mädchen so gut wie die andere sei und keine ihm Unbehagen verursache, zeigen seine Knabengedichte doch einen ausgesprochenen Erniedrigungswunsch. Tibull liebte nur Frauen, die ihn ausbeuteten. Properz stellt seine Affäre mit Cynthia als eine Angstpartie dar, die nur durch besonders gefährliche Stelldicheine, gegenseitigen Betrug und dauernde Streitereien reizvoll wurde. Ovid gibt routinierte Anleitungen zum Masochismus und schildert mehrfach den Dienst für die unbarmherzige Geliebte, vor deren Tür man als »Sklave« Wache stehen muß, während sie mit einem anderen koitiert. Martial attackierte seine Zeitgenossen im vollen Bewußtsein, daß jeder Angriff ihm Feinde einbringen mußte, und dies unter Männern sowohl wie unter Frauen, bei Mädchen sowohl wie bei Knaben. Sein angebliches Ideal, von dem er immer wieder spricht: Ruhe, Frieden und ländliche Einsamkeit, wurde am Ende nur durch einen ungewöhnlichen Glücksfall ermöglicht. Bis dahin hatte er nahezu alles in seiner Macht Stehende getan, um die Realisierung seiner Wünsche zu verhindern. Ausonius verlangte von der Frau, daß sie Streit vom Zaun bräche und Schläge austeile, sonst sei sie »nicht besser als eine Ehefrau«.

Alle malen sich den Verkehr der Geliebten mit ihrem Gemahl oder ihren anderen Freunden in allen Einzelheiten aus und scheinen in dem Kummer zu schwelgen, den diese Vorstellungen ihnen bereiten. Alle, am deutlichsten Ovid, geben textbuchreife Anweisungen zum Erdulden von sexuellen Erniedrigungen. »Pförtner«, sagt Ovid zu dem Sklaven, der das Haus seiner Geliebten bewacht, »öffne die Tür nur ein wenig, daß ich hineinschlüpfen kann. Schau, das genügt, ich bin vor Sehnsucht ganz dürr geworden. Leg mir deine Ketten an, damit ich zumindest in der Nähe meiner Herrin weilen kann!« Wer liebt, gleicht dem Soldaten. Beide durchwachen die Nacht, auf harter Erde lagernd. Dieser auf dem Posten, auf des Offiziers Geheiß, jener vor der Schwelle der Herrin. Wer es für schimpflich hält, Frauen zu dienen, der erkenne mich schuldig! Schmach ertrage ich gern, wenn Venus mich nur langsam quält, wenn meine Herrin schön ist. Aus dem Bilde ihrer Schönheit im Spiegel entnimmt sie ihre Überlegenheit. Doch darf sich auch das Winzige, der Mann, an das Gewaltige, die Frau, klammern. Du, Herrin, nimm mich also auf, ich nehme alle Bedingungen an. Die Bettgesetze diktiere du! Spotte meiner, und du wirst über mich herrschen! Für andere, die du in den Armen hieltest, stand ich wie ein Sklave Wache vor deiner Tür.

Mit ansehen mußte ich, wie dein Geliebter, wankend von den Anstrengungen der Nacht mit dir, aus der Türe trat. Auch daß er mich dann wartend sah, mußte ich ertragen. Jetzt ringt mein Herz zwischen Haß und Liebe. Ich trage dein Joch wie ein Stier das seine. Fliehe ich vor deiner Schlechtigkeit, so bringt deine Schönheit mich doch bald zurück!«

Ovid (II, 19):

Was kann mir bieten ein Glück, das bemüht ist, nie mich zu ängsten?
Nichts kann ich lieben, das nicht stets mich mit Stacheln verletzt!

Derselbe (I, 8):

Laß mich in deinem Bett die Spur eines anderen gewahren
Und an dem Halse das Mal, das dir ein anderer biß!

Derselbe (I, 7):

Du aber zögere nicht, dein Schmerz wird gelinder beim Strafen,
Mit deinen Nägeln sogleich in das Gesicht mir zu gehn.
Schone die Augen mir nicht, nicht schone beim Strafen die Haare.
Sind deine Hände zu schwach, soll ihnen helfen der Zorn!

Ganz ähnlich Properz (III, 8):

Gut so! Raufe nur wacker mein Haar! Deiner herrlichen Nägel
Spuren grabe getrost tief in mein Antlitz mir ein!
Drohe mir, daß du die Augen mit brennendem Feuer mir aussengst,
Reiße mir ab das Gewand, daß sich mein Körper entblößt ...
Sei mein Nacken der Zeuge von Wunden, die dir ich verdanke,
Mir ist das bläuliche Mal Zeichen erwiderter Gunst.

Besser ist der widersprüchliche Komplex des Sadomasochismus selten formuliert worden. Ähnliche Stellen finden wir jedoch bei Catull, Horaz, Tibull und Ausonius (*Epigr.* 39 und 78). Natürlich zeigen auch die Herrscher die Male der gleichen Krankheit. Caligula pflegte sich öffentlich über die Ungunst seiner Zeit zu beklagen, »daß dieselbe durch keine großen öffentlichen Unglücksfälle ausgezeichnet würde. Des Augustus Regierung sei durch die Niederlage des Varus, die des Tiberius durch den Einsturz der Schaubühne bei Fidenae denkwürdig geworden: die seine drohe in Vergessenheit zu geraten durch das überall herrschende Wohlergehen. Und so wünschte er denn wiederholt Niederlagen der Heere, Hungersnot, Pest, Feuersbrünste oder irgendein Erdbeben herbei« (Sueton. *Caligula* 31). Das ist Sadomasochismus extremster Form, in welchem sich das sexuelle Motiv zwar sorgfältig verbirgt, der Wunsch nach Niederlage aber objektiv um so deutlicher wird.

Daß Kaiser Vitellius den Speichel seiner Geliebten trank und als Allheilmittel betrachtete, ist nur allzu bekannt. Auch Elagabals Wunsch, sich durch das Auflegen der benutzten Enthaarungspflaster seiner männlichen und weiblichen Geliebten, in denen ihre Schamhaare klebten, zu erniedrigen, ist erwähnt worden. Er pflegte sich diese stinkenden Pflaster auf sein Gesicht zu legen und die Dünste einzuatmen. Dabei gab er vor, daß gebrauchte Pflaster besser wirkten als neue, eine bei Masochisten charakteristische Rationalisierung. Erwähnt haben wir auch, daß Elagabal sich von seinen Geliebten

leidenschaftlich gern schlagen, kratzen und stechen ließ. Cassius Dio meinte ja bekanntlich, daß der einzige Mensch, den der Kaiser je geliebt habe, jener Sklave gewesen sei, der ihn am meisten geschlagen und gepiesackt habe; diesem wollte er nicht nur die Freiheit geben, sondern ihn zum Cäsar machen.
Ich betone hier noch einmal, daß es mir nicht darum geht, ob Sueton und die anderen römischen Autoren, die ich hier zitiert habe, die Wahrheit über ihre Cäsaren gesagt haben, sondern darum, daß die Vorstellungen, die sie gegeben haben, ihren Lesern glaubhaft genug gewesen sein müssen, um ihren Erfolg zu sichern. All diese Sadismen und Masochismen müssen selbst unter den bürgerlichen Lesern so häufig, so »normal«, so alltäglich gewesen sein, daß niemand einen Grund fand, sie zu beanstanden. Verrohung ist der Schatten, den die *patria potestas* auf alle wirft, die von ihr betroffen werden, am meisten aber auf den machtausübenden Mann selber. Lust am Schmerz ist das medizinische Symptom dieser Verrohung.

9 Prostitution im römischen Patriarchat

Trotz der Tatsache, daß die Nährmutter des Romulus und Remus eine Prostituierte gewesen war, gaben die Römer vor, es habe bis spät in die Republik hinein nie römische Prostituierte gegeben: Innerhalb der heiligen Ringmauern der Stadt habe sich bis dahin keine Bürgerin Roms je für Geld einem Manne hingegeben. Zwar habe es fremde Dirnen gegeben, Sklavinnen, latinische Eselreiterinnen, aber römische Bürgerinnen – nie! Das ist um so absurder, als das römische Vaterrecht sich ja gerade dadurch von früheren, weniger drastischen Formen des Patriarchats unterschied, daß es die Frau nicht nur völlig unter die Gewalt des Mannes stellte, sondern sie als sein *Eigentum* definierte: Er hatte das Recht, sie zu verkaufen, sei es als Sklavin, sei es als Prostituierte. Das römische Vaterrecht trug also den Samen der Prostitution von vornherein in seiner Anlage: Wo die Frau als Eigentum des Mannes definiert wird, herrscht zwischen den Geschlechtern eine eindeutig finanzielle Beziehung, deren markanteste, aber nicht einzige Facette die Prostitution ist.
Auch war es das unumstrittene Recht des Hausherrn, seine Sklavin jederzeit auf den Strich zu schicken und ihre Einnahmen für sich zu kassieren, oder sie an den nächsten Puff zu verkaufen, oder auf dem Sklavenmarkt als Hure anzubieten, wo jeder interessierte Mann sie beliebig befingern durfte. Der ältere Seneca beschreibt eine solche Szene (*Controv.* I, 2): »Nackt stand sie auf dem Sklavengestell, so daß die Käufer sie inspizieren konnten. Alle Teile ihres Körpers wurden besichtigt und angefühlt.« Es war ein beliebter Sport der jungen Römer, auf den Sklavenmarkt zu ziehen und unter dem Vorwand, eine Sklavin kaufen zu wollen, deren Brüste und Geschlechtsteile abzutasten. Oft beteiligte sich auch der Verkäufer an diesen Spielchen, nicht immer mit dem erwünschten Erfolg. Martial sagt (VI, 66):

Eine Dirne von nicht zu gutem Ruf,
Wie sie in der Suburra Mitte sitzen,
Bot vor kurzem der Praeco Gallian feil.
Als man lange dafür geringen Preis bot,
Zog er, allen zu zeigen, daß sie keusch sei,
Sie, die sich mit den Händen sträubte, an sich,
Und küßte sie zwei-, drei-, viermal.
Was erlangt er durch den Kuß er habe, fragst du?
Der sechshundert geboten, trat vom Kauf zurück.

Vespasian war der erste Kaiser, der das Recht des Herrn aufhob, seine Sklavin auf die Straße zu schicken, um dort mit ihrem Körper für ihn Geld zu verdienen. Aber nach wie vor blieb es dem Herrn erlaubt, eine aufsässige Sklavin zur Strafe an ein Bordell zu verkaufen. So geschah es, daß sich die römische Prostitution anfangs völlig auf Sklaverei aufbaute. Der ältere Seneca (54 v. u. Z. bis 39 u. Z.) berichtet, daß die Prostitution seiner Zeit auf drei Gruppen von Frauen beruhte: Bürgerinnen, die von ihren Vätern oder Gatten in die Sklaverei verkauft worden waren; Sklavinnen, die zur Strafe an Bordellbesitzer verkauft worden waren; Ausländerinnen, die von Piraten geraubt und auf dem öffentlichen Sklavenmarkt in Rom als Prostituierte angeboten wurden (*Controv.* I, 2).
Plautus geht so weit, die Prostitution als spezifisch großstädtische Form des Geschlechtsverkehrs zu bezeichnen; Liebe sei die Geschlechtsbeziehung der Kleinbauern, Prostitution die des Großstädters: »Für eine Bauersfrau mag es wohl angebracht sein, einen einzigen Mann zu lieben und nur mit dem zu leben, dem man sie angetraut hat. Doch ein Mädchen unseres Standes gleicht der reichen Handelsstadt: sie kann sich ohne viele Männer nicht ernähren« (*Cistellaria* I, 1, 89 ff.).
Zu den Gründen für das Ausmaß der römischen Prostitution gehörten zweifellos die weitaus höheren Geburtenziffern für Knaben als für Mädchen, ein bisher nicht geklärtes Mißverhältnis, das durch die Aussetzung neugeborener Mädchen und die hohe Kindbettsterblichkeit der Mütter noch verschlimmert wurde. Die Bevölkerungsforscher schätzen, daß zur Zeit des Augustus auf jede erwachsene Römerin 1,2 bis 1,4 Männer kamen. Die Folge war, daß manche Männer auf Prostituierte angewiesen blieben und selbst dann nicht heiraten konnten, wenn sie es gewollt hätten.
Livius (X, 31) meint, die Prostitution sei so alt wie Rom selbst und auch stets in Rom erlaubt gewesen (X, 31). Nur der Patrizierin sei es stets verboten worden, ihren Körper zu verkaufen. Tat sie es trotzdem, so sei sie seit den Hannibalischen Kriegen mit Verbannung bestraft worden (XXV, 2). Im Jahre 19 hatte eine aus adligem Hause stammende Frau, Vistilia, die Gattin eines Prätors, sich selbst bei den Ädilen als Prostituierte anzumelden versucht und war prompt auf eine Felseninsel im Archipel verbannt worden (Tacit. II, 85). Der Grund dieses historischen Ansuchens der Vistilia, der in späteren Zeiten so viele Frauen folgten, daß das Verbannungsgesetz zusammenbrach, war die Tatsache, daß eine bei den Ädilen gemeldete Dirne nicht wegen Ehebruchs bestraft werden konnte (Ter. *Eun.* V. 4. 38 ff.; Quint V, 10, 39: VII, 3, 6). Vistilia versuchte also nicht deshalb, sich in die

Ädilslisten einzutragen, weil sie tatsächlich auf den Strich oder in den Puff gehen, sondern weil sie den augusteischen Strafen für Ehebruch entgehen wollte; weil sie, um es einfach auszudrücken, die gleichen außerehelichen Privilegien in Anspruch nehmen wollte, die jeder Römer besaß. Es war also ein Akt des Protests und der versuchten Emanzipation.
Unter Tiberius brach der vaterrechtliche Versuch, dieser Emanzipation mit Verbannungsdrohungen beizukommen, völlig zusammen, und unter Claudius wurde das Beispiel der Kaiserin Messalina maßgeblich für eine ganze Generation »neuer Frauen«. Dio Cassio sagt (LX, 30): »Messalina begnügte sich nicht damit, Ehebruch und Geschlechtsverkehr aller Art zu treiben, sondern ging in ihrer Unverfrorenheit so weit, daß sie im kaiserlichen Palast eine Art Bordell einrichtete, wo sie sich selber zur Verfügung stellte und die vornehmsten Frauen der Stadt verkuppelte.« Juvenal geht noch härter mit ihr um und meint, sie habe sich, mit der blonden Perücke der Straßendirne verkleidet, tatsächlich in den billigsten Hurenhäusern der Stadt preisgegeben (VI, 120 f.):

Und mit der blonden Perücke ihr Haar, ihr schwarzes, verdeckend,
Trat sie ins Hurenhaus ein, wo die lumpige Decke noch warm war.

Dann (130 ff.):

... von den Männern erschöpft, doch satt nicht, zog sie von dannen,
Häßlich die Wangen geschwärzt vom Schmutz und vom Ruße der Lampe,
Trug sie ins eigene Bett die Gerüche des schmutzigen Puffes.

Messalina ist viel verleumdet worden. Wir wissen heute nicht, welche dieser Anschuldigungen auf Wahrheit beruhen. Aber eins ist sicher: Je größer die Macht der Kaiser und ihrer Frauen wurde, um so deutlicher trat bei beiden der Wunsch nach sexueller Erniedrigung auf. Je grausamer, je autoritärer sich die Männer und Frauen der herrschenden Klasse in ihren Tagesgeschäften gebärdeten, desto dringender suchten sie während der Nacht jene Demütigung, die am leichtesten zu verschaffen war, indem man sich prostituierte oder auspeitschen ließ, die Füße der Sklaven und Sklavinnen abschleckte oder ihren Urin trank, sich also der sexuellen Willkür gerade derjenigen unterwarf, die man im nichtsexuellen Leben am schwersten mit Armut, Ausbeutung, Unterdrückung und Tortur bestrafte.
Das traf genauso auf die reichen Römer wie auf die reichen Römerinnen zu, denn die Kunden der Prostituierten kamen (im Gegensatz zu Griechenland, wo die Reichen zu den Hetären, die Armen zu den Straßenmädchen gingen) aus allen Klassen der Bevölkerung, von den mündigen Söhnen der Patrizierfamilien über die Nobilität (Bankiers, Schiffsmakler, Korn- und Ölhändler) bis zu den Plebejern der Mittelschicht (Ladenbesitzer, Handwerker, Metzger), den ärmeren Plebejern (Lohnarbeiter, Soldaten, Matrosen) und den Sklaven, denen der Zutritt zu den Bordellen erlaubt war. Einer der Gründe, weshalb die Reichen nicht ausschließlich zu den großen Kurtisanen, den käuflichen Schauspielerinnen und Tänzerinnen gingen, sondern auch die billigsten Huren besuchten, war dieses Syndrom der Selbsterniedrigung: die Sucht nach dem Schmutzigen und Unwürdigen, die stets eine unbewußte Form der Buße ist. Dieses masochistische Element war den Griechen völlig

fremd und stellte einen der bezeichnendsten Unterschiede zwischen der hellenischen und der römischen Form der Männerherrschaft dar. Der Grieche hatte nur selten ein schlechtes Gewissen, wenn er seine Frau unterdrückte oder betrog. Der Römer dagegen lebte in einer Zeit, in der die Emanzipation der Frau so weit fortgeschritten war, daß er die Möglichkeit der Gleichberechtigung beider Geschlechter nicht mehr erfolgreich aus seinem Bewußtsein verdrängen konnte. Der Preis dieser halbbewußten Erkenntnis war jene permanente Sucht nach Selbstbestrafung, mit der wir uns in unserem Absatz über den Sadomasochismus im Alten Rom befaßt haben.

Wir haben bereits gesehen, daß gerade die radikalsten Verfechter des Vaterrechts – Seneca, Cato, Cicero – die Prostitution nicht nur duldeten, sondern sie als den natürlichen, organischen Schutz der Ehe betrachteten. Mit irgend jemandem mußte der junge Mann schlafen; tat er es nicht mit Huren, die dazu da waren, täte er es wahrscheinlich mit den Töchtern oder Ehefrauen seiner eigenen Klasse, und das schien den Vaterrechtlern noch schlimmer, als sich der Knabenliebe zu widmen. Also hoch der Puff! Deshalb wandte sich auch kein einziges der strikten julianischen Gesetze, die Augustus zwischen 18 v. u. Z. und 9 u. Z. erließ, gegen die Prostitution. Im Gegenteil, wir können deutlich zwischen den Zeilen dieser Gesetze lesen, daß auch Augustus die Prostitution als besten Schutz gegen Ehebruch betrachtete. Als er Ovid verbannte und ihm die »Unsittlichkeit« seiner Verse vorwarf, erwiderte der Dichter mit Recht, er habe des Kaisers Bestrebungen zur Hebung der Sittlichkeit eher gefördert als behindert, denn die Frauen seiner Verse seien doch eindeutige Huren, Mätressen und Kurtisanen, mit denen der Kaiser den Verkehr ausdrücklich erlaubt, ja geradezu gefordert habe, um die Männer vom Ehebruch abzuhalten!

Die Prostitution war also ein notwendiges Gewerbe, aber im Gegensatz zu Hellas wurden die Frauen, die dieses Gewerbe betrieben, weder als Liebespriesterinnen noch als Wohltäterinnen angesehen. Zwar war der Mann, der sich seinen Geschlechtsverkehr kaufte, ganz und gar nicht unehrenhaft, aber die Frau, die darauf angewiesen war, vom Verkauf ihres Körpers zu leben, galt als äußerst unehrenhaft, durfte keinen Freigeborenen (später: keinen Senator) heiraten und nie die Stola der ehrenhaften Matrone tragen. Das Paradox der Situation lag aber darin, daß die Kleidung, die sie statt dessen tragen mußte, die des Patriziers war: die Toga. Damit wurde zweifellos ausgedrückt, daß die Frau die sich wie ein Mann benahm, also aktiv nach Geschlechtsverkehr Ausschau hielt, auch die Kleidung des Mannes verdiente. Man nannte sie deshalb *togata,* »die Togatragende«.

10 Die Emanzipation der Römerin

Es gibt nur eine Form der Emanzipation: die Auflösung der Geschlechtsunterschiede und ihrer sozialen Auswirkungen. Oder, um es präziser auszudrücken: die Auflösung der Klassen und ihrer sexuellen Auswirkungen. Von diesem strikten Standpunkt aus betrachtet gab es keine Frauenemanzipation in der gesamten Geschichte des römischen Patriarchats. Aber es gab gerade innerhalb der herrschenden Klasse eine beachtliche Bewegung gegen die Herrschaft des Mannes, und obgleich wir sie kaum als echte Emanzipation beschreiben können, wäre es doch ungerecht, sie zu übergehen, als ob nichts geschehen wäre, um das Los der römischen Frau zu verbessern.

Da die Römerin, selbst die der herrschenden Klasse, weder soziale noch politische Mittel des Protests besaß, protestierte sie mit dem einzigen Mittel, das ihr zur Verfügung stand: mit ihrem Körper. Gerade das, was die Männer so emsig zu verhindern suchten – Ehebruch – wurde damit zum Werkzeug der Frauenemanzipation, und dies zu einer Zeit, in der die meisten Frauen bereits die Hoffnung aufgegeben hatten, jemals wieder zur Macht zu kommen.

Man betrachtet diese von beiden Geschlechtern unerwartete und für beide gleicherweise überraschende Entwicklung am besten in zwei Stufen: Erstens als Geschichte der systematischen Entmachtung der Frau durch den Mann; zweitens als neuerlichen Machtgewinn der Frau, der aber mehr auf die Schwäche der männlichen Position als auf eine gezielte Machtergreifung der Frau zurückging. Er unterschied sich auch dadurch von einer echten revolutionären Bewegung, daß er sich nicht von unten nach oben, sondern in umgekehrter Richtung entwickelte. Das Verhältnis zwischen Mann und Frau spiegelte also das Verhältnis zwischen den Klassen wider, aber sozusagen seitenverkehrt: Je mehr den herrschenden Klassen Roms die Kontrolle über die Beherrschten entglitt, um so mehr englitten auch dem Manne die Zügel, mit denen er die Frau zu lenken suchte.

In den Jahren der Republik, in denen das Patriarchat sich erfolgreich konsolidiert hatte, ging es der Frau am schlechtesten. In der Kaiserzeit, als die römische Gesellschaft unter dem Widerspruch zwischen immer unproduktiverer Sklavenökonomie und immer komplizierterem Verteilungsapparat zusammenzubrechen drohte, ging es zumindest den Patrizierfrauen besser. Aber dies nicht als Resultat gezielter emanzipatorischer Bestrebungen, sondern als Nebenprodukt übermäßiger Machtkonzentration in den Händen der Cäsaren: Die Frauen profitierten an den Widersprüchen innerhalb der herrschenden Klasse.

Alles deutet darauf hin, daß die Frauen der Kaiserzeit den Triumph des Patriarchats längst als endgültig anerkannt hatten. Die Position relativer Macht, die manche Frauen trotzdem erreicht hatten, war ihnen als Spaltprodukt beim Zerfall der staatlichen Organe zugefallen. Das hatte bei den Kaiserfamilien angefangen und sich über die herrschenden Sippen bis hinab ins Proletariat, ja bis in die untersten Reihen der Sklaven verbreitet. Es war nicht dadurch geschehen, daß die Gesetze maßgeblich reformiert worden wären, sondern dadurch, daß einzelne Frauen, nachdem sie sich durch die Macht ihres Bettes emanzipiert hatten, das ganze Rechtssystem ignorierten. Es ist eines der von der bürgerlichen Rechtswissenschaft am besten gehüteten Geheimnisse, daß das römische Recht seine hochgepriesene Perfektion nur dadurch erzielte, daß es nicht klappte. Der römische Gesetzgeber sah sich täglich mit neuen Gesetzesverletzungen konfrontiert und mußte deshalb stetig neue Gesetze erdenken, um die Löcher der alten Gesetze zu stopfen. Aber je umfassender die Zielsetzung des Rechtssystems wurde, desto öfter wurden die einzelnen Gesetze übertreten, so daß das berühmte römische Recht dem Bürger Roms am Ende nichts mehr bedeutete und von niemandem mehr ernst genommen wurde.

Dies ist das Paradox aller patriarchalischen Systeme. Und wie es stets in solchen Systemen zugeht, erwarb auch in Rom die Frau um so größeren sexuellen Einfluß, je mehr man ihren rechtlichen Einfluß zu beschränken suchte. Ovid sagt:

Runzelt der Herr auch die Stirn,
Verzieht er auch drohend die Miene
Tut er am Ende ja doch,
Was die Gebieterin will.

Natürlich überlebten auch einige wenige Sitten aus der Zeit des Mutterrechts, und diese untermauerten die neugewonnene Stärke der Römerin. So wurde die Ehefrau, selbst in den Zeiten der Republik, von allen Familienmitgliedern, also auch von ihrem Gatten, *domina* (Herrin) genannt. Männer machten der Frau überall Platz. Sie anzurühren war nicht einmal vor Gericht erlaubt. Auf dem Quirinal, jenem alten Heiligtum der sabinischen Muttergöttin, befand sich nach wie vor das Versammlungslokal der Frauenkorporation, die alle Fragen der Etikette des Imperiums zu regeln hatte. Auf dem Forum stand der Tempel der Staatsgottheit, die ebenfalls eine alte Muttergöttin war: Vesta. Ihr Kult stammte aus Lavinium, jenem Ort, der durch die ganze Geschichte des Römischen Reiches hindurch ein mutterrechtliches Heiligtum blieb. Hierhin pilgerten die Konsuln, Prätoren und Diktatoren nach ihrem Amtsantritt, um der Feuergöttin ihr Opfer zu bringen. Das Schicksal Roms hing von der Durchführung dieses Mutterkultes ab. Die Priesterinnen der Vesta (einen männlichen Priester gab es nicht) mußten das heilige Feuer hüten. Erlosch es jemals, so galt Rom als verloren. Die Vestalinnen waren selbst zur Zeit des Tiefpunkts der Frauenrechte von der Vormundschaft befreit, hatten juristische Handelsfreiheit und konnten vor Gericht zeugen, ohne einen Eid ablegen zu müssen. So hielt also zumindest *eine* Gruppe römischer Frauen den vorpatriarchalischen Status der Frau aufrecht.

Die Stellung der Obervestalin war eine durchaus weltliche. Männer, die auf Beförderung hofften, wandten sich zuerst an sie, um ihren politischen Einfluß für sich zu gewinnen. Das erkennen wir aus den Statuen, die von solchen Männern zu ihren Ehren errichtet worden sind. Auf der einen dankt ihr der Stifter für die Erhebung in den Ritterstand, auf der anderen für ein Kohortentribunat, für die Überspringung eines Dienstgrades, für militärische Beförderung oder für eine Empfehlung an die Direktion der kaiserlichen Bibliotheken. Die politische Emanzipation der Römerin begann also mit der Macht der Obervestalin. Oder, genauer formuliert, das Bindeglied zwischen der Mutterreligion des alten Matriarchats und der weltlichen Emanzipation der Frau im Zeitalter des Zerfalls des römischen Männerrechts war die Vesta-Priesterin.

Wie aber wurde die Kontinuität der weiblichen Macht inmitten eines nominellen Regimes der Männer erhalten? Wieder einmal durch ein Paradox: Da die Männer sich der vaterrechtlichsten aller vaterrechtlichen Aktivitäten widmeten, dem Krieg, fiel die Staatslast den Frauen zu. Während der Latinerkriege (498 bis 493 und 340 bis 338), des Gallierkriegs (390 bis 387), der drei Samnitenkriege (343 bis 341, 326 bis 304, 298 bis 290), der Keltenkämpfe (285 bis 282), des Krieges mit Tarent (282 bis 272) und vor allem der beiden Punischen Kriege (264 bis 241, 218 bis 201) waren fast alle wehrhaften Männer im Ausland. Wohl oder übel mußten die Frauen die Staatsmacht übernehmen, und das verschaffte ihnen nicht nur neues Selbstvertrauen, sondern auch neue Erfahrung mit dem Rechtsverkehr, der Verwaltung und der Ökonomie des Patriarchats.

Durch Verwüstung der Länder im Süden verödete der Krieg das einstige Bauernland. Die Bauern wanderten also nordwärts und marschierten in die Stadt ein. Mittlerweile rückten Sklaven nach, weil die Großgrundbesitzer die von ihnen aufgekauften Bauernhöfe nur mit Sklavenarbeit erhalten konnten. Durch weiteren Einsatz von Sklaven entstand in Rom die erste Kriegsindustrie in der Geschichte des Westens. Diese Industrie erforderte Kapital, und damit wurde Rom zum Zentrum des Geldhandels. Eine neue, auf Bankwirtschaft aufgebaute Klasse bildete sich, die der alten Aristokratie den Vorrang im Staate streitig zu machen begann. An all diesen Entwicklungen nahmen die Frauen in Abwesenheit ihrer Männer teil, anfangs widerwillig, später mit bemerkenswerter Anpassungsfähigkeit und einem Fleiß, den die Männer ihnen nicht zugetraut hatten.

Es waren also wirtschaftliche Ursachen, die zum Ende der absoluten Herrschaft des Mannes führten. Fast alle römischen Historiker und Schriftsteller bezeichnen das Ende des Zweiten Punischen Krieges als Wendepunkt in der Geschichte des Patriarchats. Die Provinzstadt war zum Weltreich geworden, das Binnenland zur Seemacht, der karge Bauernstaat zum wichtigsten Einfuhrgebiet orientalischer Luxusartikel. Livius schrieb: »Der ausländische Luxus wurde von dem aus Asien zurückkehrenden Heer eingeführt« (XXXIX, 6). Das würde bedeuten: um 186 vor unserer Zeitrechnung. Von diesem Zeitpunkt an bis zum Ende des Kaiserreichs können wir einen stetigen Machtzuwachs der Frau beobachten. Nominell bestanden die alten Beschränkungen des weiblichen Eigentums auch nach dem Ende der Punischen Kriege weiter, in der Praxis aber hatten die Frauen der Reichen mittlerweile so viel eigenen Besitz angehäuft, daß der Staat beide Augen zudrückte und geschehen ließ, was geschehen war. Von nun an finden wir weibliche Großgrundbesitzer, weibliche Schiffsmakler, weibliche Bankiers, weibliche Fabrikbesitzer, weibliche Import- und Exportkaufleute. Zwar wurden die meisten dieser wohlhabenden, unabhängigen Frauen nach wie vor von einem Tutor oder Prokurator betreut, aber oft verstanden sie mehr vom Geschäft als ihr Berater und bedienten sich nur aus juristischen Gründen eines solchen »geschäftlichen Vormunds«.

Bald wurden Frauen, die drei oder mehr Kinder hatten, offiziell von der Tutorenpflicht entbunden. Im Kaiserreicht waren die Damen der kaiserlichen Familien sowieso von dieser Pflicht frei, ob sie Kinder hatten oder nicht. Claudius beseitigte auch die Agnatentutel, eine Art Vormundschaft der Familie. Aber schon lange vorher war der Tutor wirkungslos geworden, weil die Frau ihn einfach entließ, wenn er nicht tat, was sie wollte. Der Jurist Caius sagte, niemand wisse mehr, wozu der Tutor eigentlich da sei. Aber auch die Frauen des Mittelstandes befreiten sich von dem Einfluß ihrer Ehemänner und nahmen Berufe auf. Sie wurden Sekretärinnen, Beamte, Ärzte, Friseusen, Kosmetikerinnen, Schneiderinnen; gegen Ende des Kaiserreichs gab es kaum noch einen Beruf, der nicht auch von Frauen ausgeübt wurde.

Im Bewußtsein ihres neuen rechtlichen Status, der aber nirgends offiziell im Gesetz verankert war, begannen die Frauen zu prozessieren. Carfania, die Frau eines Senators, hatte dermaßen viele Prozesse laufen und verhielt sich vor Gericht derart provokant, daß der Prätor schließlich die von Frauen angestrengten Prozesse einschränkte. Plinius, von Beruf Anwalt, führte viele Rechtsstreitigkeiten für weibliche Mandanten, und zwar gerade auf den Gebieten, auf denen Frauen nominell überhaupt keine Rechte besaßen – Erbschaften, Kapitalinvestitionen, Vormundschaften, Adoptionen.

So blieb eigentlich nur noch ein Schritt übrig, um die mühselig errichtete Struktur des Patriarchats zu zerschlagen: der Eintritt der Frau in die letzten Reservate des Mannes – die Politik und den Krieg. Im Jahre 195 vor unserer Zeitrechnung kam es zum ersten Eingriff der Frau in das römische Staatswesen. Eine Gesetzesvorlage, die den Frauen vorschreiben wollte, was sie anziehen und wie viel sie ausgeben durften, wurde durch tägliche Frauendemonstrationen zu Fall gebracht. Nach Livius' Beschreibung zogen die rebellierenden Frauen Tag für Tag zum Forum Romanum und forderten die Rücknahme des Gesetzes. So wurde die Regierung am Ende zur Kapitulation gezwungen, was Cato dazu veranlaßte, das Ende der Republik zu prophezeien: »Unsere Vorfahren wollten, daß die Frauen nicht einmal private Angelegenheiten ohne männlichen Vormund betreiben könnten, daß sie völlig in der Herrschaft ihrer Väter, Brüder und Gatten stehen sollten. Wir dagegen dulden, daß sie von der Republik Besitz ergreifen und sich sogar in die Volksversammlung einmischen... Laßt der meuterischen Bande ruhig die Zügel, dann werdet ihr schon sehen, ob sie der Aufruhr ihre eigenen Schranken setzt. Ich jedenfalls glaube nicht daran... Was die Frauen wirklich wollen, ist ja nicht Freiheit, sondern Zügellosigkeit, und dies in allen Dingen... Wenn sie aber einmal angefangen haben, uns gleich zu stehen, werden sie uns bald überlegen sein.«

Kann man die Befürchtungen, die Ängste, das Trauma des Mannes deutlicher ausdrücken? Wie immer sprach Cato, dieser Prototyp des Vaterrechtlers, dieses *Non plus ultra* des Patriarchats, auch hier offen aus, was andere nur zu denken wagten: »Wenn jeder von uns nach dem Beispiel der Vorfahren seine Frau nur fest in die Hand nähme, hätten wir mit dem ganzen Pack nicht auch noch öffentlichen Ärger. Aber so, wie es steht, wird die Freiheit, die wir zu Hause verloren haben, auch noch in aller Öffentlichkeit auf dem Forum von weiblicher Unverschämtheit in den Dreck gezerrt und mit Füßen getreten. Und weil wir nicht einmal der eigenen Frau standhalten können, fürchten wir auch alle anderen!« (Livius, *Römische Geschichte* XXXIV, 11 bis 111).

Der neue Typ der Frau, der in die Politik und sogar in das Militärwesen Roms eingriff, tritt uns vor allem in den Gattinnen der römischen Statthalter entgegen, die oft als aktive Offiziere im Heer kämpften – Plancia, Tochter des Gründers von Lyon, Munatius Plancus, Gemahlin des im Jahre 17 zum Statthalter von Syrien ernannten Cnaeus Piso; Cornelia, Gemahlin des Statthalters von Pannonion, Calvius Sabinus; Agrippina, Frau des Germanicus; aber auch in manchen Cäsarenfrauen – in Fulvia, der Frau des Antonius, in Livia Drusilla, der Gemahlin des Octavian, in der jüngeren Agrippina, der Mutter Neros, in Julia Domna, der Mutter des Caracalla, und in Julia Maesa, der Großmutter des Elagabal.

Als Agrippina einmal das Kommando über die römischen Truppen in Germanien ergriff, um ihren kranken Gatten zu entlasten, gelang es ihr zwar, den Feind erfolgreich in die Flucht zu schlagen, aber Tacitus schrieb: »Es war natürlich ganz neu und mit den Sitten unvereinbar, daß eine Frau vor dem römischen Feldzeichen saß. Sie aber wollte als Mitinhaberin der von ihren Vorfahren geschaffenen Herrschaft gelten.« Fulvia galt als Urheberin des Perusinischen Krieges, der ausschlaggebend für die Laufbahn ihres Mannes war, und an dem sie aktiv als Offizier teilnahm.

Drei andere Frauen jener Jahre, die den neuen Typus der Emanzipierten verkörperten, waren Servilia, die Mutter des Cäsarenmörders Brutus, Sempronia, die Genossin des Catilina in seiner Verschwörung gegen den Senat, und Clodia, die Schwester des Volkstribunen Clodius Pulcher. Von der ersten und letzten wird später noch zu reden sein. Von der zweiten sagt Sallust: »Zu den Verschworenen gehörte Sempronia, die viele Beispiele männlicher Entschlossenheit gegeben hatte. Sie war durch Herkunft und äußere Erscheinung, durch Gatten und Kinder recht begünstigt. Sie verstand etwas von griechischer und römischer Literatur, aber ... alles war ihr wertvoller als Schicklichkeit und Sittsamkeit. Ob sie weniger ihr Geld oder ihren guten Ruf schonte, konnte man nicht leicht feststellen ... Sie hat oft ihr Wort gebrochen, Anvertrautes abgeleugnet, war Mitwisserin von Mordtaten ...« Man liest aus der Wahl der Worte, wie Sallust zwischen Ärger und Bewunderung hin und her gerissen wurde; hier war ganz offenbar ein neues Wesen, mit dem die Männer nicht fertig wurden.

Eine andere Frau reiste nach Afrika, um den dortigen Statthalter für die Opposition gegen Galba zu gewinnen. In Pompeji erschienen Frauennamen unter den Wahlaufrufen. Und all dies, ohne daß das Gesetz der Frau jemals ein Wahlrecht gegeben hätte. Frauenklubs und Frauenvereine bildeten sich nicht nur in Rom, sondern auch in Neapel, in Lanuvium, im römischen Ägypten. Ranges- und Stammesverhältnisse der Frauen wurden neu geregelt. Im jungen Kaiserreich wurde manchen Frauen der konsularische Rang verliehen, der ihnen Vorrang vor männlichen Präfekten gab. Elagabal ließ durch den *conventus matronarum,* den Frauenkonvent, alle Fragen des Rangs der Frauen regeln. So wurde die Frau der herrschenden Klasse zum Schmied ihres eigenen Schicksals.

Cornelius Nepos (100 bis 25) stellt in der Vorrede zu seinen Biographien den Unterschied zwischen den griechischen und den römischen Frauen seiner Zeit zusammen. Während die Griechin im hinteren Teil des Hauses wohnte, stets überwacht wurde, ihren Mann niemals zu Gastmählern im Freundeshause begleitete und nur in Begleitung das Theater besuchen durfte, nahm der Römer seine Frau meist zu Gastmählern mit oder betrachtete sie als Gastgeberin, wenn er Freunde zu sich ins Haus einlud. Sie ging allein zum Schauspiel, bewegte sich frei in der Stadt beim Einkauf und lebte im vorderen Teil des Hauses, wo niemand ihr Kommen und Gehen überwachte. Was Cornelius Nepos bei diesem Vergleich allerdings verschweigt, ist die Tatsache, daß er bei beiden Völkern nur von den Frauen der Reichen spricht. Aber es waren tatsächlich die herrschenden Klassen Roms, bei denen die von Nepos beschriebene Emanzipation begann. Und wenn er sie beschreibt, so vergißt er uns nur mitzuteilen, wie neuartig selbst in Rom diese relative Freiheit der Frau war.

Nachdem sie ihre Bewegungsfreiheit errungen hatten, begannen diese Frauen der Reichen sich jenen intellektuellen Aktivitäten zuzuwenden, die bis dahin das Privileg der Männer gewesen waren: Kunst, Literatur, Rhetorik, Philosophie. Auf den Bildern römischer Maler finden wir vom Ende des Zweiten Punischen Krieges an immer häufiger die Darstellung von Frauen beim Malen, Schreiben, Lesen und Debattieren. Nach Justinus wurde auch Bildhauerei von römischen Frauen betrieben. Vor allem aber finden wir von nun an eine beachtliche Anzahl von Autorinnen, angefangen mit Agrippina, der Mutter Neros, die ihre Memoiren schrieb und damit eine der schwersten Krisen des römischen Kaiserreichs auslöste.

Sulpicia, die Enkelin des Servius Sulpicius Rufus, war Lyrikerin. Die Frau des Dramatikers Varius wurde als Dichterin geschätzt. Perilla, Ovids Stieftochter, war eine Autorin von Format. Martial vergleicht die Dichterin Theophila, die Freundin des Canius Rufus, mit Sappho. Auf dem Memnonskoloß wird die Dichterin Cäcilia Trebulla in griechischen Versen gepriesen. Die Dichterin Julia Balbilla, eine Nachfahrin des Claudius Balbillus, war von senatorischem Stande. Eine ihr von der Stadt Tauromenium gewidmete Statue nennt sie »in Weisheit ausgezeichnet«. Der Kaiser Hadrian schätzte ihre Verse besonders.

Weniger tolerant war man den weiblichen Rednern und Philosophen gegenüber. So sagte man oft, die Frauen würden anmaßend und keck, wenn sie sich auf das Gebiet wagten, wo der scharfe, kritische Verstand zu regieren habe. Das beirrte aber nur wenige Frauen. Die von Martial als Dichterin gepriesene Theophila war in der epikureischen und stoischen Philosophie zu Hause und argumentierte so manchen Mann unter den Tisch. In einer dem Arzte Galen zugeschriebenen Schrift wird von der Philosophin Arria gesagt, sie sei von zwei Kaisern, Severus und Caracalla, wegen ihrer Leistungen hoch geschätzt worden. Die verwitwete Kaiserin Plotina hatte Epikur studiert, die Kaiserin Salonina war eine Schülerin Plotins. Und auch Plutarch unterstützte diese Emanzipationsbestrebungen der Römerin mit dem allerdings bezeichnenden Argument, daß der Frauen Sinn sich weniger eitel und töricht gebärden würde, wenn er sich nur den erhabenen Lehren der Philosophie zuwendete.

So begannen die ehrgeizigen Römerinnen mit einem ganzen Hofstaat von Malern, Dichter, Philosophen und Rhetorikern herumzuziehen, der ihnen nicht nur in Rom von Haus zu Haus folgte, sondern im Sommer auch mit ihnen nach Baiä und anderen Badeorten wanderte. Als mit Mark Aurel ein Philosoph auf den Thron stieg, wurde Philosophie zum obligaten Gesprächsthema. Daß die Römerinnen mit manchen ihrer intellektuellen Pagen auch schliefen, versteht sich von selbst. Im Gegensatz zu der bis vor kurzem noch häufig vertretenen Ansicht, daß die intellektuellen Interessen der Römerin nur eine oberflächliche Begleiterscheinung ihrer sexuellen Promiskuität gewesen seien, hat die neuere Geschichtsforschung jedoch ergeben, daß es genau umgekehrt war: Erst die ökonomische, soziale, politische und intellektuelle Emanzipation der Römerin gab ihr jene sexuelle Freiheit, die von der bürgerlichen Geschichtsforschung gern als Verfall der Moral dargestellt wird.

Wahr ist allerdings, daß gegen Ende der Republik und im frühen Kaiserreich eine Zerrüttung der ehelichen Zustände eintrat, aber dies mehr bei der herrschenden Klasse als beim Volk. Der Grund, wie Wilhelm Kroll gesagt hat, liegt zum Teil »in der Erschütterung aller Lebensverhältnisse durch die jahrzehntelang dauernden Bürgerkriege; aber doch nur zum Teil. Der Hauptgrund liegt darin, daß diese oligarchischen Kreise, die über eine gewaltige Machtfülle und enorme Reichtümer verfügten, über die bürgerliche Moral hinausgewachsen waren. Wurden die Frauen einerseits wie Marionetten im politischen Spiel hin und her gezogen, so übten sie andererseits einen nicht unerheblichen Einfluß aus, schon deshalb, weil sie oft die Verbindung zwischen zwei mächtigen Geschlechtern herstellten; solche Frauen setzten sich über die Schranken der Sitte kühn hinweg und führten ihr eigenes Leben.« (Wilhelm Kroll, ›Römische Erotik‹, in: *Zeitschrift für Sexualwissenschaft und Sexualpolitik,* Band XVII, Nr. 3, S. 151). Dies galt natürlich vor allem für die Frauen, Mütter, Töchter und Mätressen der Cäsaren.

Cäsar selbst war mindestens dreimal verheiratet und hatte eine große Anzahl von Mätressen, deren bedeutendste Kleopatra war. Seine erste Frau war Cornelia, die Tochter des Cinna; die zweite Pompeia, eine Enkelin des Sulla; die dritte Calpurnia, Tochter des Piso. Die emanzipierteste dieser Frauen war Pompeia, die ein stadtbekanntes Verhältnis mit Publius Clodius Pulcher hatte, jenem Glücksritter, der im Jahre 52 vor unserer Zeitrechnung auf der Straße erschlagen wurde. Da Cäsar sie von seiner Mutter bewachen ließ, kam sie auf die Idee, ihn unter dem Vorwand eines Festes der Bona Dea, bei dem nur Frauen anwesend sein durften, aus dem Hause zu schicken und Publius Clodius in Frauenkleidern ins Haus zu schmuggeln. Das von Crassus bestochene Gericht sprach ihn frei, Cäsar ließ sich aber trotzdem von Pompeia scheiden, da er, wie Plutarch berichtet, von seiner Frau verlangen müsse, daß sie nicht einmal von einem Verdacht getroffen werde.

Cäsars Nachfolger, Augustus, war ebenfalls dreimal verheiratet. Nach seiner Aussöhnung mit Antonius heiratete er, weil die beiderseitigen Heere darauf drangen, dessen Stieftochter Claudia. Nach einem Streit mit ihrer Mutter sandte er sie jedoch ins Elternhaus zurück und heiratete Scribonia, die Schwester des Scribonius, eines wichtigen Anhängers des älteren und jüngeren Pompeius, die ihm die Freundschaft und Unterstützung dieser

Männer einbringen sollte. Auch für sie war es bereits die dritte Ehe. Bevor er sie heiratete, hatte er aber bereits ein Verhältnis mit Livia, der Frau des Tiberius Claudius Nero begonnen, und als diese von ihm im sechsten Monat schwanger war, verstieß er die Scribonia, zwang Tiberius Claudius Nero zur Scheidung und heiratete Livia. Da es aber verboten war, die schwangere Frau eines anderen zu heiraten, befragte er vorher den Oberpriester, was er tun solle. Dieser antwortete salomonisch: »Wenn die Schwangerschaft von der Frau verborgen wird, darf keine Heirat stattfinden. Gibt sie die Schwangerschaft aber zu, so steht der Heirat nichts im Wege.« Jedenfalls steuerte ihre eigener Mann, statt sich gegen die Scheidung zu wehren, sie wie ein Vater aus, denn auch er erwartete sich von dieser Ehe persönliche Vorteile.

Man darf sich Frauen wie Pompeia, Scribonia und vor allem Livia aber nicht als willenlose Opfer ihrer Väter und Gatten vorstellen, man muß vielmehr voraussetzen, daß sie nicht nur wußten, was sie taten, sondern oft die eigentlichen Initiatoren dieser politischen Zweckehen gewesen sind. Livia stammte aus einem der ältesten Adelsgeschlechter, dem Hause der Claudier, während Augustus der Sohn eines Neureichen war. Andererseits hatte Cäsar ihm seinen Namen gegeben, und Livia, die klüger als ihre beiden Gatten war, wußte genau, welche Karriere Augustus vor sich hatte. Marañon betrachtet sie als sexuell frigid, gleichzeitig aber auch als eiskalte Rechnerin, die den Beischlaf mit Augustus nur deshalb geplant hatte, um ihn dadurch zur Heirat zu bewegen: »Vom eisigen Gipfel ihrer Frigidität herab, unberührt und gefeit gegen großzügige Seelenhingabe, die wahre Liebe bedingt, benützte sie ihre weiblichen Reize nur zugunsten ihres ehrgeizigen Trachtens.«

Die nächste der beachtlichen Kaisertöchter war Julia, die Tochter des Augustus aus seiner Ehe mit Scribonia. Auch sie heiratete dreimal. Als sie knapp 14 Jahre alt war, vermählte ihr Vater sie mit seinem 17jährigen Neffen Marcellus, den er sich ursprünglich als Erben seiner Macht erkoren hatte. Als Marcellus mit 18 starb, verkuppelte Augustus sie sofort an den mehr als doppelt so alten Feldherrn Agrippa, der zu diesem Zweck seine glückliche Ehe mit einer Tochter der Octavia auflösen mußte. Der Julia-Agrippa-Ehe entsprossen fünf Kinder, von denen die beiden Töchter Julia die Jüngere und Agrippina die Ältere wiederum die bedeutendsten waren. Nach Agrippas Tod heiratete Julia den Kaiser Tiberius. Das Urteil männlicher Zeitgenossen über Julia ist bezeichnend für die Schwierigkeiten der Männer jener Zeit, sich mit der Sexualität einer emanzipierten Frau abzufinden. Macrobius zum Beispiel preist einerseits ihre »milde Menschlichkeit und ihren gar nicht strengen Sinn, der ihr überall die Herzen gewann«, spricht aber im gleichen Satz von ihren »Lastern« und meint, daß ihr natürlich nur diejenigen wohlgesinnt sein konnten, die diese »Laster« nicht kannten. Und was waren dies für Laster? Die gleichen, die bei ihrem Vater und anderen Männern als Tugenden galten: ihre sexuellen Eroberungen. Was man den Männern des kaiserlichen Hauses nicht nur erlaubte, sondern ihnen geradezu als Beweis ihrer Herrscherkraft anrechnete – ihre Wirkung auf das andere Geschlecht –, wurde den Frauen verübelt. Man maß die Cäsaren und Cäsarinnen mit demselben Doppelmaßstab, den man auch den Männern und Frauen der anderen Klassen anlegte: den Männern war alles erlaubt, den Frauen nichts. Aber das sollte sich bald ändern.

Velleius Paterculus (II, 100) sagt von der älteren Julia: »Gänzlich uneingedenk dessen, was sie einem solchen Vater und ihrem Ehemann schuldig war, überschritt sie in ihren Ausschweifungen und Lüsten alle Grenzen der Schamlosigkeit. Sie machte die Hoheit ihrer Stellung zum Maßstab für ihre Frechheit, zu sündigen und sich alles als erlaubt zu gestatten, wonach ihr gelüstete.« Wenn männliche Selbsttäuschung dieser Art nicht so traurig wäre, könnte sie uns heute noch ein Lächeln ablisten. Denn erstens tat Julia auf sexuellem Gebiete nichts, was ihr Vater nicht auch getan hatte. Zweitens war es ja gerade ihr Vater gewesen, der sie aus krassem Eigennutz verkuppelt hatte, wie ein Zuhälter seine Hure, und dies obendrein an die denkbar ungeeignetsten Männer. Drittens hatte sie dem Agrippa, obgleich kein geistiges Interesse sie mit diesem alten Haudegen verband, pflichtgemäß fünf Kinder geboren. Viertens hatte sich Tiberius längst freiwillig von ihr zurückgezogen, weil er sich der Hautkrankheit schämte, die ihn von Kopf bis Fuß mit Geschwüren bedeckte. Wenn Julia sich unter diesen Umständen bei Männern ihres eigenen Alters und Niveaus Trost suchte, konnte man ihr da wirklich »Ausschweifungen«, »Schamlosigkeit«, »Frechheit« oder gar »Sünde« vorwerfen?

Wer diese Vorwürfe am bittersten erhob, war bezeichnenderweise ihr eigener Vater, dessen Sexualleben unvergleichlich viel freizügiger als ihres verlaufen war. Aber eben das war es ja, was er nicht verzeihen konnte. Von der eigenen Tochter jenes Spiegelbild vorgehalten zu bekommen, das niemand anders ihm vorzuhalten wagte, war unerträglich. So schaffte er sie sich vom Halse, indem er sie zuerst in Pandataria, später in Rhegium einkerkern ließ, wo sie im Alter von 52 Jahren elend starb. Wer aber hatte Augustus die Einzelheiten des Sexuallebens seiner Tochter zugetragen? Niemand anders als seine eigene Frau, Livia, die Todfeindin der Julia, mit der sie ihr Leben lang um die Macht gerungen hatte. So war es also nicht »Gerechtigkeit« oder gar »Moral«, sondern die Frigidität der Livia, die am Ende über Julias Leidenschaft obsiegt hatte. Denn Livia, die ihren Körper stets als Instrument ihrer politischen Bestrebungen benutzt hatte, besaß jene Distanz zu den Männern, mit denen sie schlief, deren Julia – die tiefere und menschlichere Frau – eben nicht fähig war.

Der Machtkampf dieser beiden Frauen wirkte auch nach ihrem Tode weiter, denn Julias Tochter Agrippina heiratete den Feldherrn Germanicus und gebar ihm den späteren Kaiser Caligula und die spätere Kaiserin Agrippina die Jüngere, Gattin des Claudius und Mutter des Nero, deren oft erwähnte Memoiren zum erstenmal den wirklichen Hintergrund dieses Kampfes aufdeckten. Agrippina die Ältere wurde von ihren Zeitgenossen als Mannweib bezeichnet, obgleich sie neun Kinder zur Welt gebracht hatte. Aber sie war eine jener neuen Frauen, die nicht von Emanzipation sprachen, sondern als Emanzipierte handelten. Sie begleitete ihren Mann auf all seinen Feldzügen, sprang oft für ihn ein, betrachtete sich als Offizier, verkehrte mit den Soldaten in der Sprache des Heeres und übernahm nach dem Tode ihres

Gatten die Führung ihres Familienhauses. In dieser Funktion verlangte sie von Tiberius, der mittlerweile Kaiser geworden war, er solle ihr erlauben, den Asinius Gallus zu heiraten – jenen Mann, der Tiberius' erste Frau, Vipsania, geheiratet hatte, nachdem Tiberius von Augustus gezwungen worden war, sich von ihr zu trennen. Als Tiberius schroff ablehnte, wurde Agrippina zu seiner Todfeindin. Am Ende verbannte er sie auf die Insel Pandataria, wo ihre Mutter bereits ihre unglücklichsten Jahre verbracht hatte.
Agrippina die Jüngere, Enkelin des Feldherrn Agrippa, hatte das Temperament und die militärischen Tugenden ihres Großvaters geerbt. Nachdem sie ihren Onkel, den alternden Kaiser Claudius, geheiratet hatte, gab sie ihrem Lande die erste stabile Regierung in vielen Jahrzehnten. Als Claudius starb, schrieben ihre Feinde ihr seinen Tod zu und verbreiteten das Gerücht, sie habe ihn mit einem Pilzgericht vergiftet. Ferrero hat dieses Gerücht besonders sorgfältig überprüft und ist zu der Entscheidung gekommen, daß Agrippina kein Interesse am Tode des Claudius gehabt haben konnte, da sie zu seinen Lebzeiten größere Macht als nach seinem Tode besessen hatte. »Diese ganze Vergiftungsgeschichte«, schreibt er, »gehört also vermutlich in das Kapitel aller dieser Beschuldigungen ähnlicher Art, unter denen einzelne Mitglieder der kaiserlichen Familie zu leiden hatten. Der schon 64jährige Claudius starb aller Wahrscheinlichkeit nach eines plötzlichen, aber natürlichen Todes, und zwar viel zu früh, vom Standpunkt der von Agrippina tatkräftig vertretenen Interessen des augusteischen Hauses aus.«
Die berühmteste und berüchtigtste der Cäsarenfrauen war Messalina, die dritte Frau des Claudius. Sie war eine Urenkelin der Schwester des Augustus und heiratete Claudius, als sie 15 und er 50 war. Daß sie sich bei diesem Altersunterschied von Zeit zu Zeit jüngeren Männern zuwandte, kann ihr wohl niemand verübeln. Man sagt ihr nach, sie habe unter vielen anderen auch Verhältnisse mit dem Schauspieler Mnester und dem Patrizier Caius Silius unterhalten, den zweiten sogar bigamistisch geheiratet, und außerdem noch mit einer Unzahl von Männern als öffentliche Hure verkehrt. Wieviel hiervon wahr ist, läßt sich bei der Parteilichkeit und Unverläßlichkeit fast aller römischen Autoren ihres Zeitalters heute nicht mehr feststellen. Aber der Eindruck, den diese völlig emanzipierte Frau bei ihren männlichen Zeitgenossen hinterließ, war eine Art Panik, aus der man den Gedanken herausliest: »Wenn dies die Frau von morgen ist, dann helfe Gott uns armen Männern!« So ließ man sie also ermorden. Nominell ging die Verschwörung gegen sie von dem Freigelassenen Narcissus aus, in Wahrheit führten die Fäden bis in die obersten Schichten des herrschenden Patriarchats, vielleicht in die Hände des späteren Kaisers Nero.
Nachdem Nero zur Macht gekommen war, ging es ihm aber nicht viel besser als seinen Vorgängern, von denen man mit der einzigen Ausnahme Cäsars und Augustus' sagen kann, daß sie alle angeblichen Schwächen der Frauen besaßen und von Frauen beherrscht wurden, die alle angeblich männlichen Tugenden besaßen. Kaum war Nero dem Einfluß seiner Mutter, der jüngeren Agrippina, entronnen, geriet er prompt unter den Einfluß einer Anzahl von Homosexuellen, deren bekanntester sein Lehrer Seneca war. Als

junger Mann vergewaltigte Nero, wie wir gesehen haben, bereits seinen Stiefbruder Britannicus und wurde erst als reifer Mann von der Sklavin Claudia Acte zu halbwegs normalem Geschlechtsverkehr erzogen. Im Jahre 53 heiratete er Claudia Octavia, die Tochter des Claudius und der Messalina, verliebte sich aber bald danach in Poppaea Sabina, die damals in zweiter Ehe mit dem späteren Kaiser Otho lebte, verstieß Claudia Octavia, schickte sie in die Verbannung, zwang Otho zur Scheidung und heiratete Poppaea Sabina im Jahre 62.
Von ihr sagt Tacitus (*Ann.* XIII, 45): »Diese Frau besaß alles, nur keine sittlichen Grundsätze. Sie war reich genug, um den Glanz ihrer Geburt und gesellschaftlichen Stellung aufrechtzuerhalten. Ihre Unterhaltungsgabe gewann ihr alle Herzen. Ihre geistigen Anlagen waren höchst bedeutend. Sie verstand es, die Außenseite der Sittlichkeit zu bewahren, während sie insgeheim sich einem sittenlosen Leben hingab ... Ihren Liebhabern gewährte sie dieselben Rechte wie ihren Ehemännern, aber nie ward sie dabei von ihrer eigenen oder von fremder Neigung beherrscht. Nur der Vorteil war es, der über den Genuß ihrer Gunst entschied.« Kurzum, das gleiche Bild wie bei fast allen Cäsarenfrauen: Was man bei ihren Männern als Virilität, Kaltblütigkeit und Besonnenheit gepriesen hätte, kreidete man den Frauen als Untugend an.
Die letzte der großen Cäsarenfrauen brachte es nicht einmal zur Gattin eines Cäsaren. Marcia, die frühere Geliebte des im Jahre 183 als Teilnehmer an der Verschwörung der Lucilla hingerichteten Ummidius Quadratus, ging in den Besitz des Kaisers Commodus über, als dieser den gesamten Haushalt des Hingerichteten übernahm, und stieg in kurzer Zeit zu seiner Favoritin in einem Harem von rund 300 Mädchen und 300 Knaben empor. Sie war Christin und versuchte Commodus davon zu überzeugen, daß es eines Kaisers unwürdig sei, sich als Gladiator zu betätigen. So wurde sie als seine rechtmäßige Gattin geehrt und genoß alle Auszeichnungen einer Kaiserin mit Ausnahme der Vortragung des Feuers. Viele Christen verdankten ihr Leben und Freiheit. Sie war das stabilisierende, »männliche« Element am Hofe eines effeminierten Kaisers und regierte, ohne die Regierungshoheit zu besitzen, erfolgreicher als manche Cäsaren. Nach dem Tode des Commodus ließ Didius Julianus sie hinrichten.
Dies waren nun die Frauen, an denen sich eine große Anzahl der Patrizierinnen und ein geringerer Prozentsatz der Frauen anderer Klassen der Kaiserzeit zu orientieren suchte. Kann es uns überraschen, daß die Männer von einem Verfall der Sitten und einer Demoralisierung der Frau sprachen, wenn in Wahrheit nichts anderes geschehen war, als daß einige wenige Frauen die Normen der Männer ihrer Zeit übernommen hatten? Sie waren vielleicht nicht besser als die Männer der herrschenden Klasse, aber sie waren ganz gewiß auch nicht schlechter.
Von Sempronia, die wir bereits im Zusammenhang mit der Verschwörung gegen Catilina erwähnt haben, sagt Sallust: »Sie konnte feiner Zither spielen und besser tanzen, als es für eine ehrsame Frau notwendig ist ... Ihr Geschlechtstrieb war so stark, daß sie häufiger um Männer warb, als von ihnen umworben zu werden ... Dabei war sie begabt, konnte Verse machen,

Männer zum Lachen bringen, verstand sowohl züchtig wie zärtlich oder frech zu reden. Kurz, sie hatte ebensoviel Witz wie Anmut... Aber alles lag ihr mehr am Herzen als Anstand und Ehrbarkeit. Es war nicht leicht zu sagen, ob Geld oder guter Ruf ihr gleichgültiger waren.«

Die berühmteste aller emanzipierten Römerinnen, zumindest was ihr Sexualleben anbelangt, war Clodia, die zweite Tochter des Appius Claudius Pulcher, Schwester des Volkstribunen Publius Clodius Pulcher, Frau des Quintus Caecilius Metellus Celer, Geliebte des Dichters Catull, des Tribunen Marcus Caelius Rufus und vieler anderer Männer von Bedeutung. Chr. Meier nennt sie »eine geistig bedeutende, hochinteressante, bezaubernde Frau, die... keine Konvention achtete und keinen Skandal scheute«. Aber das ist das Urteil eines emanzipierten Mannes unserer Zeit. Die Zeitgenossen Clodias urteilten anders. Ihre Neider nannten sie *quadrantaria,* »Viergroschenhure«, weil sie angeblich mit allen und jedem schlief. Das stimmte nicht. Im Gegenteil: Als Caelius, ihr Geliebter, sie verließ, stellte sie ihn vor Gericht – eine Ungeheuerlichkeit nach den Maßstäben römischer Männer.

Was die Männer provozierte, war also nicht ihre »Unsittlichkeit«, ihr Nonkonformismus, sondern das Gegenteil: die Tatsache, daß sie sich genau nach den Sitten des Mannes verhielt – obgleich sie doch nur eine Frau war! Frauen dieser Art waren so selbstsicher, auch im Geschlechtsverkehr, daß ihre Liebhaber sich manchmal wie Frauen, die Frauen aber stets wie Männer benahmen. So gibt es eine Stelle bei Properz, wo er seine schlafende Geliebte Cynthia betrachtet und sich nicht traut, sie zu wecken, weil er dann Krach mit ihr bekäme:

Doch wagt' ich nicht, der Herrin Rast zu stören
Aus Scheu vor Worten wohlbekannten Zorns.

Es gab nichts, was diese Frauen nicht im Bett taten. Die Illusion des Mannes, daß er die »reine« Geliebte nicht mit seinen sexuellen Wünschen belästigen dürfe, wäre diesen römischen Frauen grotesk vorgekommen, da sie es meist selber waren, welche die höheren sexuellen Ansprüche stellten. So sagt Ausonius von Crispa (Epigramm 79, Peiper S. 341):

Alles das praktiziert nun Crispa am eigenen Leibe,
Treibt Onanie, ist Fellatrix und läßt sich vorn und hinten –,
Daß sie einst sterbend mag sagen, es gäb' nichts, was sie nicht erfahren.

Wie es ein späterer Autor übersetzt hat: »Sie wichst, saugt und wird in beiden Höhlungen gemahlen.« Deshalb ist es auch sicherlich kein Zufall, daß die ersten Stimmen, die sich gegen die »Unsittlichkeit« der Frau ereiferten, aus jener Zeit stammen, in der die politische Emanzipation der Römerin begann. In eben dieser Zeit, gegen Mitte des 2. Jahrhunderts v. u. Z., begann der Konsul L. Piso Frugi zu klagen, die Keuschheit der Frau sei verschwunden (Plinius d. Ä. N. h. 17, 245). Auch Lucilius, der älteste Satiriker Roms, gestorben 102 v. u. Z., soll nach einer Notiz der Scholien zu Persius (III, 1) die »Ausschweifungen« und »Laster« der reichen Frauen getadelt haben. Über die Zeit der Scipionen (211 bis 129) lesen wir bei Velleius Paterculus (II, 1): »Der Macht der Römer bahnte der ältere Scipio den Weg, der Sittenverderbnis der jüngere. Denn da man von der Furcht vor Karthago befreit war und die Nebenbuhlerin um die Weltherrschaft aus dem Weg geräumt hatte, sank man nicht allmählich von der Tugend ins Laster, nein, man stürzte jählings und unaufhaltsam.« Schuld waren natürlich die Frauen. Sallust meint (Cat. 13), daß die Frauen seit den Zeiten Sullas ihre »Keuschheit« feilboten. Horaz klagt in der sechsten Römerode (*carm.* III, 6):

Mit Lust beginnt die Frau schon früh,
In aller Kunst des Bettes sich zu üben, ersinnt
Im Wiegenalter schon Unkeuschheit.

Im gleichen Sinne schreibt Properz (II, 32, 41 ff.):

Soll man bei solchem Gewühl von verhurten Frauen noch fragen,
Warum diese so reich, wer sie beschenkt und woher?
Allzu glücklich ist Rom bereits in unsren Tagen,
Wenn eine einzige Frau es nicht wie die andren treibt...
Eher ja könntest du wohl austrocknen die Strömung des Meeres
Oder mit menschlicher Hand heben die Sterne herab,
Als daß die Frauen von Rom du hinderst am Huren.

Ähnlich Martial:

Ich frage schon lange in der ganzen Stadt,
Ob keine Frau nein sagt: Keine sagt nein.
Als ob unerlaubt es wäre oder gar schimpflich,
Nein zu sagen: Keine sagt nein.
Also ist keine keusch? Tausend sind es.
Was tun denn nun die keuschen?
Sie sagen nicht ja. Aber auch nicht nein.

Ovid meinte: »Nur die ist keusch, um die keiner wirbt« (*Am.* I, 8, 43). Seneca sprach von »dem größten Übel unseres Zeitalters, der Unzüchtigkeit der Mehrzahl aller Frauen« (*ad Helviam* XVI, 3). Und im 95. Brief über die Römerinnen: »Nicht die Natur der Frauen ist verändert, sondern ihr Leben: Da sie es den Römern an Ausschweifungen gleichtun, so teilen sie auch die Leiden des männlichen Körpers... An Wollust geben sie selbst den Männern nichts nach. Von Natur der leidende Teil, sind sie – mögen sie Götter und Göttinnen verderben – auf so widernatürliche Art von Unzucht verfallen, daß sie selbst den Mann spielen.« Was die Römer also am meisten verärgerte, war die Tatsache, daß die Frauen nun selber die sexuelle Initiative ergriffen. *Nam quantula nostra voluptas!* rief Juvenal. Wie gering ist unsere Wollust, verglichen mit der der Frau! (VI, 254; vgl. auch XI, 168, 169).

Es ist bezeichnend, daß diese aus Neid und Ärger, aus Angst und wachsender Unsicherheit des Mannes stammenden Aussprüche hauptsächlich auf verheiratete Frauen, nicht auf junge Mädchen gezielt waren. Denn die Mädchen, die sich »hingaben«, waren nach der Meinung der Männer sowieso Huren oder Sklavinnen, und die, meinten sie, habe es immer gegeben. Aber daß verheiratete Frauen nun das gleiche wie ihre Männer tun wollten – sich zusätzliche Befriedigung außerhalb des Ehebettes verschaffen –, das war es, was die Gemüter der Männer erregte. Hinter dem Gejammer über die Unsittlichkeit der Frau verbarg sich die Angst, man werde die Gattin bald nicht mehr als Eigentum halten können. Die Gefahr drohte, daß das Eigentum sich eines Tages verselbständigen könne. Und das wäre dann wohl endgültig dem Patriarchat an den Kragen gegangen.

Die Frau der herrschenden Klasse war sich dieser Überlegungen des Mannes durchaus bewußt und benutzte die Ehe als Sprungbrett zur Freiheit. Denn mit Ausnahme jener Halbwelt von Tänzerinnen, Schauspielerinnen und anderen unverheirateten Frauen, meist Ausländerinnen oder Freigelassene, gab es für das junge Mädchen nach wie vor nur die Alternativen der »Jungfrau« und der »Hure«. Wenn ein Mädchen seine sexuelle Freiheit suchte, mußte es sich deshalb erst einmal verheiraten. Plötzlich wurde dann das junge Mädchen, oft nicht älter als 12 Jahre, aus der Stille und Abhängigkeit des elterlichen Hauses (zumindest bei den Reichen) in eine fast unbeschränkte Freiheit versetzt, eine Welt, in der sie von Dienern und Sklaven umschmeichelt, von verheirateten und unverheirateten Männern umworben, von den anderen Ehefrauen in die Geheimnisse des Ehebruchs eingeführt wurde. »In der kleinen Welt, die ein großes Haus mit seinen ausgedehnten Besitzungen, seinen Legionen von Sklaven, seinem Anhange von Klienten und Untergebenen bildete, entschied ihr Wille über Glück und Unglück, ja über Leben und Tod. Jünglinge und Männer in grauen Haaren, Gelehrte und Tapfere, Verdiente und Hochgeborene sah sie wetteifernd sich um ihre Huld bemühen. Welche Ansprüche auf Bewunderung sie auch besaß, mochte es Schönheit, Geist, Talent oder Bildung sein, sie war eines glänzenden Erfolges gewiß. In den Kreisen, in die sie nun eintrat, wurde der Eitelkeit und Gefallsucht die vollste Befriedigung, fand die Intrige den günstigsten Boden, die Leidenschaft die stärksten Anregungen, die Koketterie den unerschöpflichsten Wechsel, und wie hätten schwächere Naturen so vielen Versuchungen nicht erliegen sollen!« (Friedländer, op. cit., S. 257). »Nichts ist sicher«, sagt Seneca, »wonach unzählige Wünsche schmachten. Der eine reizt durch Schönheit, ein anderer durch Geist, ein dritter durch Witz, ein vierter durch Freigebigkeit. Was von allen Seiten angegriffen wird, wird irgendwie und irgendwann einmal erstürmt.« Die Gattin zu bewachen, meint Ovid, sei also völlig nutzlos, denn gerade die Bewachung reize den erfahrenen Ehebrecher zum Ehebruch:

Daß du Wächter gesetzt
Der liebebedürftigen Gattin
Hilft dir wenig. Sie muß
Selber sich Hüterin sein.
Dann nur ist sie dir treu,
Wenn sie treu ist, ohne zu fürchten ...
Die, der du zu fehlen erlaubt,
Fehlt seltener: Grad das Erlaubte
Läßt der Verführung Saat
Langsam nur sprossen empor ...
Was man bewacht, begehren wir mehr:
Gerade die Sorgfalt
Lockt den Dieb. Man liebt selten,
Was einem erlaubt.

Nicht ihre Schönheit reizt,
Sondern der Argwohn des Gatten:
Etwas muß doch an ihr sein,
Daß man so streng sie bewacht!
Nicht wird die treu, die der Gatte
Bewacht, sondern nur daß er fürchtet,
Das macht reizvoller sie, als sie ist.
Weil es ihn ärgert, erfreut
Uns das unerlaubte Vergnügen.

Deshalb betrachtete Ovid die Untreue der reizvollen Frau auch als unvermeidlich; nur eine reizlose Frau sei jemals treu. Wer also Treue verlange, solle eine häßliche Frau heiraten:

Wenn eine treue Frau du verlangest,
Was nützt dir eine schöne? Beides
In einem Körper findest vereinet du nie!

Ähnlich der jüngere Seneca, der Keuschheit als einen Beweis von Häßlichkeit betrachtete. Deshalb rät Ovid dem Gatten einer schönen Frau, sie nicht bewachen zu lassen, da sie sowieso einen Weg finden würde, die Bewachung zu umgehen:

Die nicht betrügt, weil sie nicht kann,
Die betrügt, wenn sie kann.
Sperrst du auch ein ihren Leib,
So bricht ihre Seele die Ehe.
Daß sie betrügen dich will,
Hindert dein Wächter sie nicht.
Nicht einmal ihren Leib
Vermagst du zu hüten, und schlössest
Alles du zu: ihr Freund
Fände zu ihr doch den Weg.

Das Klügste, meint er, sei es, den Ehebruch als unvermeidlich anzusehen und sich nicht über den Ehebrecher zu ärgern:

Rückständig ist ein Gemahl,
Der um einen Hausfreund sich aufregt:
Wie's in der Stadt zugeht,
Hat er noch gar nicht bemerkt.

Also sei es das beste, den Hausfreund nicht nur zu tolerieren, sondern ihn zu kultivieren, da er der einzige sei, der die Gattin in guter Laune halten könne – und obendrein brächte er ja auch noch Leben ins Haus, was auch nicht zu verachten sei (*Amores,* 137 bis 139):

Sei zu den Hausfreunden nett,
Und brächte sie noch so viele,
So mit der wenigsten Müh'
Hältst du in Gunst dich bei ihr.
So kannst du mit dich freu'n
Am Frohsinn munterer Jugend!

Aus dieser Perspektive gesehen, erhält auch der Ehebruch Helenas mit Paris ein neues Gesicht. Ovid schreibt (*Ars amatoria* II, 359 ff.):

Helena sündigt nicht, auch nicht ihr zärtlicher Gastfreund,
Er tut nur das, was du auch tätest und jedermann tät.
Du gabst Gelegenheit, du zwangst ihn, zum Diebe zu werden,
Ist deine Frau etwa nicht deinem Rate gefolgt?

Deshalb verliert die in den Armen eines Liebhabers überraschte Frau bei Juvenal auch keineswegs die Fassung: »Es war ja seit langem ausgemacht, daß du tun solltest, was dir beliebte, und ich ebenfalls nach meinem Gefallen leben könne.« Als Gabba bemerkte, daß Maecenas mit seiner Frau liebäugelte, schloß er deshalb klugerweise seine Augen und stellte sich schlafend. Als ein Diener ihm jedoch den Wein wegnehmen wollte, schrie er ihn an: »Idiot, Idiot, verstehst du nicht, daß ich nur für Maecenas schlafe?« (Plut. *Amat.* 16, Lucil. 1223). Capitolinus erzählt, daß Mark Anton, in diesem Sinn der klügste aller römischen Herrscher, die Geliebten seiner Gattin – Tertullius, Orphitus und Moderatus – zu Ehrenstellungen erhoben habe, statt sie zu bestrafen (Capitol. *M. Anton. Philosoph.* 29). Dies war sicher nicht unklug, denn wenn wir sehen, wie Tibull einem Freund, dessen Frau er einst verführt hat, nun beschreibt, wie ihm das damals gelungen sei, erkennen wir, daß der tolerante Herrscher sich manches erspart hat:

Damals brachte ich ihr Gründe bei, separat von dir zu schlafen,
Lehrte sie die Tür zu öffnen ohne lästiges Knarren der Angel.
Dann auch gab ich ihr Säfte, Kräuter, die Spur zu tilgen,
Die mit Liebesbissen segnet die Liebe . . .
Wache, denn oft habe mit Wein ich dich trunken gemacht,
Mir selber mit Wasser mischend den nüchternen Trank.
Doch um Böses zu tun, tat ich niemals Böses dir an – verzeih,
Denn nur Amor gebot es, und wer vermag es, den Göttern zu trotzen?
Ich bin der – jetzt bekenn' ich's –, den bellend dein Hund
In der Nacht einst verfolgte. Wozu hast du Armer dir auch
Ausgerechnet ein reizvolles Frauchen geangelt? Weißt den Schatz du
Nicht zu verschließen, verschließest umsonst du die Tür!

In Silius' *De bello punico* (X, 353) tut Juno das, was manche sterbliche Römerin tat, um ihren Gatten in Schlaf zu versenken, während sie selber ihren Liebhaber traf: sie mischte Opium in seinen Wein:

. . . den sie so oft benutzt, um ihres Gemahls
Augen zu schließen, wenngleich er den Schlaf sich selber nicht wünschte.
Ohne Verweilen gehorcht der Berufene, fertigen Mohnsaft
Hat er im Horne bereit und enteilt durch nächtliches Dunkel . . .

Ausonius spricht von einer Ehebrecherin, die ihren eifersüchtigen Gatten in Schlaf zu setzen versucht, ihn vielleicht sogar vergiften will, aber das Quecksilber, das sie seinem Wein beigegeben hat, wirkt als Gegengift: Gift und Schlafmittel werden gemeinsam ausgeschieden (*Epigr.* 10). Oft geschah es allerdings, daß der Liebhaber eifersüchtiger war als der Ehemann – entweder auf diesen oder auf einen Rivalen –, so daß der Hausfreund zum Schützer der ehelichen Treue wurde. Etwas Derartiges mag zu jenem Zeitpunkt des Verhältnisses zwischen Clodia und Catull eingetreten sein, als sie gleichzeitig mehrere Liebhaber hatte:

Zwar, ich weiß, es genügt ihr nicht ausschließlich Catullus,
Doch wir ertragen's, sie treibt's mäßig, die Diebin,

Und so wollen wir nicht lästig ihr fallen mit törichter Strenge.
Muß doch Juno sogar, die jegliche Schliche des losen Gemahls
Nur allzu gut kennt, ihr kochendes Herz bezwingen. Darf sich
Der sterbliche Mensch dann mit den himmlischen Göttern vergleichen?
Soll ich nach Elternart ängstlich behüten das Kind?

Seneca meinte, daß eine Römerin mit nur zwei Liebhabern relativ betrachtet ein Ausbund der Tugend sei. Wer sich nicht durch mindestens eine Liebschaft bemerkbar gemacht habe, würde für lesbisch gehalten werden. Es sei soweit gekommen, meinte er, daß die Frauen nur heirateten, um sich Liebhaber zuzulegen. Wo fände man eine Frau, die so vernachlässigt sei, daß sie sich mit einem einzigen Paar Männern begnügen müsse? So teilten die Frauen den Tag nach Liebhabern statt nach Stunden ein. Umgekehrt galt es als Schande für einen Mann, nicht mindestens einer Frau ein Jahrgeld zu zahlen. Wer das nicht tat, wurde nicht etwa als guter Ehemann, sondern als schwul oder als Sklavinnenvögler betrachtet, wobei das zweite als unehrenhafter galt. Denn ein Mann, der mit seiner eigenen Sklavin schlief, wurde als Geizhals empfunden.
Es gab tausend Gelegenheiten, um Frauen der eigenen Klasse kennenzulernen, so zum Beispiel das Ansprechen auf der Straße, eine damals völlig neue Sitte, von der Plutarch mit Erstaunen berichtet. Häufiger traf man sich beim Gastmahl, im Theater, bei den Gladiatorenspielen im Zirkus, bei Bootsfahren im Seebad, ja sogar beim Gebet im Tempel oder in der Kapelle. Livius führte diesen Sittenwandel, wie wir gesehen haben, auf den Zweiten Punischen Krieg zurück und schrieb von den zurückkehrenden Soldaten, daß sie durch orientalische Sitten verdorben worden seien (XXXIX, 6): »Diese Soldaten brachten zum ersten Mal Speisesofas mit Bronzefüßen, kostbare Teppiche, Vorhänge und andere kunstvolle Gewebe nach Rom, ferner runde, einfüßige Tische und Schenktische, die zu jener Zeit als besonders prächtiges Hausgerät galten. Damals wurden Saiten- und Harfenspielerinnen und allerlei Possenreißer zur Ergötzung bei den Gastmählern zugezogen. Die Gastmähler selbst begannen mit größerer Sorgfalt und mehr Aufwand vorbereitet zu werden.«
Tatsächlich war man bei den neuartigen Gastmählern dieser Zeit ähnlichen Eindrücken ausgesetzt wie im Theater, denn auf beiden »Bühnen« wurden von dieser Zeit an erotische Darbietungen üblich. Gar viele, sagt Plutarch, lassen bei ihren Mahlzeiten Handlungen aufführen, welche die Gemüter in höhere Erregung bringen als der Wein. Bei den Gelagen, sagt der ältere Plinius, schätzen die Gäste den Preis der Gastgeberin ab, während der Gastgeber den Wert der Preisgabe seiner Gemahlin kalkuliert. Die frühere Sitte, daß die Frauen sich nicht zu den Männern legten, sondern separat auf Stühlen saßen, hatte unter Augustus aufgehört. Jetzt lagen sie genau wie die Männer. Nur noch auf dem Kapitol, wo man den Göttern tägliche Mahlzeiten servierte, saßen die Göttinnen auf Stühlen, während die Götter in liegender Stellung ihr Essen empfingen. Es komme ja wohl, spottete Valerius Maximus, eher darauf an, daß die gute Sitte bei den Göttern, als daß sie bei den Menschen bewahrt bliebe.
Die Damen und Herren der eleganten Welt speisten in leichten Gewändern.

Da das Essen oft drei Stunden und länger dauerte, verbreiteten die an Kandelabern hängenden großen Öllampen solche Hitze, daß Männer und Frauen mehrmals während der Mahlzeit ihre Kleider wechselten. Dieser Kleiderwechsel gab dann wiederum Gelegenheit zu Scherzen und Paarungen. Wonach man wieder Hunger und Durst bekam. So dauerten manche Gelage die ganze Nacht hindurch. Seneca und Juvenal berichten in fast denselben Worten, daß als Resultat dieser neuen Sitten zum erstenmal in der römischen Geschichte Trunksucht bei der Frau auftrat. Um die Ungeheuerlichkeit dieses Phänomens zu verstehen, müssen wir bedenken, daß der Römerin vom Beginn des Patriarchats an ausdrücklich untersagt worden war, Wein zu sich zu nehmen, und daß diese rituellen Gesetze noch nicht widerrufen worden waren, als die folgenden Szenen stattfanden.
»Ehe sie ihr Essen anrührt«, schreibt Juvenal in den Satiren (hersg. von W. Plankl, München 1958), »schüttet sie ein zweites Gemäß in sich hinein, um ihren Appetit zum Heißhunger zu steigern; der Wein spült ihr den Magen aus und kehrt in einer Kaskade auf den Fußboden zurück – ganze Bäche springen über den Marmor dahin... Ihr Mann schließt die Augen und versucht, das steigende Erbrechen zurückzuhalten.« Ähnlich Seneca im 95. Brief: »Sie (die Frauen) durchwachen nicht weniger Nächte, trinken nicht weniger und wetteifern mit den Männern im Verbrauch des Öles und des Weines. Sie geben ebenso das, womit sie die widerstrebenden Eingeweide gefüllt haben, durch den Mund wieder von sich, und messen allen Wein nach dem Erbrochenen. Sie lecken ebenso Schnee zur Linderung für den erhitzten Magen.«
Neben den Gastmählern waren die Spiele die beliebtesten Anknüpfungspunkte neuer Verhältnisse. Ulrich Kahrstedt berichtet in seiner *Kulturgeschichte der Römischen Kaiserzeit* (S. 249), daß der erfahrene Lebemann stets kleine Beutel mit Staub zu den Spielen mitnahm, damit er vorgeben könne, einer interessant aussehenden Frau die Sitzbank zu reinigen und so mit ihr ins Gespräch zu kommen. Deshalb versäumte auch keine Dame der Gesellschaft die Saison im Amphitheater. Der Dichter Statius war verwundert, als seine Frau ihm sagte, sie wolle Rom trotz Arena und Zirkus verlassen. Claudius versuchte den Frauen jedweden Zutritt zu den Zirkuskämpfen und den Gladiatorenschulen zu verbieten. Eben deshalb wurden die Gladiatoren zu den beliebtesten Trophäen der Patrizierfrauen und führten damit zum Ende der sexuellen Klassensolidarität. Im Pompeji fand man Wandinschriften, auf denen die Gladiatoren als »Heilmittel der Liebe« angepriesen wurden. Da hieß es auf den Perystilsäulen eines Hauses, der thrakische Gladiator Celadus sei »die Sehnsucht der Frauen, der Stolz der Mädchen«, während der Netzkämpfer Crescence als »bester Arzt der Jungfrauenkrankheit« angepriesen wurde. Aus anderen Quellen ersehen wir, daß die Gladiatoren wegen ihres Mutes, des Geruchs von Schweiß und Leder, ihrer großen Muskeln oder ihrer großen Genitalien gesucht und gepriesen wurden. Faustina, die Gattin des Philosophenkaisers Mark Aurel, pflegte ihre Liebhaber vorzugsweise in der Arena zu suchen. Der Kaiser Commodus galt als Frucht eines solchen Verhältnisses.
Dabei bildete sich wiederum eine neue Form der Emanzipation heraus. Die

Frauen, die durch ihre Bekanntschaften mit den Männern der Arena eine gute Kenntnis der verschiedenen Sport- und Kampfformen entwickelt hatten, wollten nun auch an den Kämpfen selber teilnehmen. So lesen wir von weiblichen Faust- und Ringkämpfern, weiblichen Tier- und Schwertkämpfern, weiblichen Wagenlenkern, die ihre Quadriga erfolgreich durch die Ziellinie steuerten. Man fand es zur Zeit des Commodus nicht mehr verwunderlich, wenn eine Patrizierin sich vor den Augen des Volkes in der Arena mit einem Sklaven oder Freigelassenen herumschlug. Arthur Maria Rabenalt sagt im ersten Band seiner sechsbändigen Geschichte des erotischen Theaters, *Mimus Eroticus* (S. 231 f.): »In einer Zeit, in der ein Kaiser den einzigen Ehrgeiz hatte, als Zirkuskutscher Preise zu erringen, ist es fast als zwangsläufig zu betrachten, wenn die Zuschauerin die schweren Waffen ergreift, um einen blutigen Schaukampf zu veranstalten.« Die Gladiatorin hatte bereits unter Nero die Arena betreten, unter Kaiser Domitian nahm diese Attraktion im Zirkus an Beliebtheit zu. Der Höhepunkt der Frauenkämpfe im Amphitheater wurde aber unter Septimus Severus, dem römischen Punier erreicht. Unter dem Befehlshaber seiner Leibgarde Plautianus, der gleichzeitig Intendant der kaiserlichen Spiele war, wurde das Schauspiel in der Arena blutrünstiger als je zuvor und die weibliche Gladiatur war einer seiner wichtigsten Programmpunkte. Juvenal sagt hierzu (II, 6):

Purpurne Mäntel tragen die Frauen und triefen vom Öle.
Wem erzähle ich Neues, wer sah nicht am Pfahle die Kerben,
Die sie mit ihrem Rapiere geschlagen, hinterm Schilde hervor ihn
Reizend, in allen Regeln geübt; gewiß eine Frau, die es wert wär',
Mitzustreiten am Feste der Flora, es sei denn, sie trüge
Höh'res im Sinn und trainierte bereits für die große Arena.
Kann eine Frau, mit dem Helm auf dem Haupt, ihre Ehre noch wahren,
Wenn sie verrät ihr Geschlecht? Aus Liebe zur Kraft? Aber völlig
Will sie dem Manne nicht untertan werden. Zu klein sei der Liebesgenuß dann?
Hielte Auktion diese Gattin, was kämen für Dinge zum Vorschein,
Schwertgurt, Handschuh des Fechters, Helmbusch und Wehr für den
Linken Schenkel. Doch sollte sie sich noch entscheiden für andere Kampfart,
Würde sie, dir zur Freude, auch ihre Schienen versteigern.
Sind das dieselben, die selbst im leichtesten Kleid sich erhitzen,
Deren empfindliche Haut ein seidenes Fähnchen schon wundreibt?
Siehe, mit welchem Getue gelernte Stöße sie ausführt,
Wie der schwere Helm sie bedrückt, welche gewaltige Binde
Ihr um das Knie gebunden, aus festem Baste geflochten.
Legt sie die Waffen dann ab, so lache, wenn sie zum Topf greift!
Enkel des Lepidus, Fabius, blinden Metellus, des Gurges
Töchter, sagt an, wann hat die Frau eines Fechters je solche
Kleider getragen, wann keucht' des Asylus Frau vor dem Pfahle?

Auch am Theater nahm die emanzipierte Frau aktiven Anteil. Nicht nur galten die großen Schauspieler als Lieblinge der High-Society, nicht nur schliefen Paris und Mnester mit den Frauen der Cäsaren, sondern es waren auch Frauen, die langsam den Mann aus allen Frauenrollen verdrängten und am Ende sogar die Führung der Schauspieltruppen übernahmen. Die griechische Tradition, alle Frauenrollen von Männern spielen zu lassen, geriet

bereits während der Republik in Verfall. Rabenalt sagt von den Atellanen und dem Mimus, den wichtigsten Volksformen des römischen Theaters: »Aus diesen Gesichtspunkten gewinnen wir einen neuen Standpunkt für die Beurteilung des römischen Theaters der älteren Epoche, dessen an Griechenland anknüpfende Tradition sich in der Kaiserzeit allerdings mehr und mehr verlor, insofern Pantomimen, Ballette und Possen an die Stelle von Dramen und Komödien traten. In diesen Schaustellungen, die unseren modernen Revuen ähnlich gewesen sein müssen, traten dann auch Frauen, gelegentlich halb oder ganz nackt auf... Stärker noch als in den Atellanen trat ein ausgesprochen obszöner Charakter im sogenannten Mimus hervor. Hier wurden die weiblichen Rollen von Frauen gespielt, die in der Entblößung des Körpers Erkleckliches leisteten. Die unanständigen Gesänge aus diesen Stücken, die sich durch leicht faßliche Melodien dem Publikum einprägten, wurden überall auf den Straßen gesungen.«
Nicht nur Männer, sondern auch Frauen strömten zu diesen erotischen Veranstaltungen. Ovid sagt zur Entschuldigung der sexuellen Freiheit seiner Gedichte, sie seien noch lange nicht so frei wie die Mimen, denen doch nicht nur verheiratete Frauen, sondern gar junge Mädchen beiwohnten. Nach seiner Verbannung beobachtete er mit ohnmächtiger Wut, wie die Szenen seiner *Ars amandi,* derenthalben man ihn ans Schwarze Meer verbannt hatte, nun in Rom als Libretti erotischer Mimen dienten – und niemand zensierte sie. Juvenal schreibt:

Frauen sehen gelassen, an den Gatten gelehnet, dem zu,
Was ein jeder sich schämt zu erzählen, wenn Frauen dabei sind.
Aufreizung schon erschlaffter Liebe und Brennessel für
Den reichen Wüstling. Jedoch das Vergnügen daran ist viel größer
Immer beim anderen Geschlecht. Es gerät in stärkere Erregung,
Saugt mit Aug und Ohr, und bald regt sich's bei ihm in den Lenden.

Kahrstedt meint, daß es einen kaum erstaunen dürfe, Schauspielerinnen und Tänzerinnen gesellschaftlich akzeptiert zu finden, aber es sei doch selbst für die Kaiserzeit ein Novum gewesen, in Dura Europos eine Schauspielertruppe zu finden, die unter einem weiblichen Direktor eine Tournee durch Mesopotamien unternahm. So verband sich also sowohl in der Arena wie auf der Bühne die ökonomische Emanzipation äußerst eng mit der sexuellen.
Auch die ökonomische Befreiung der nicht berufstätigen Frau schlug sich in ihrer sexuellen Emanzipation nieder. Je mehr die Tochter wohlhabender Eltern, die Witwe oder geschiedene Frau eines reichen Mannes in den Genuß ihres Vermögens kam, um so freier verfügte sie über die Wahl ihrer Liebhaber. Am Anfang dieser Entwicklung standen die sprichwörtlichen Verhältnisse solcher Frauen mit den gesetzlichen Verwaltern ihres Vermögens. Cicero spottet in der Rede für Cäcina über Äbutius, der die Geschäfte und Prozesse der Witwe Casennia führte und ihr eine solche Meinung von sich beigebracht hatte, daß sie glaubte, ohne ihn könne nichts auf kluge Weise betrieben werden. Die Rolle, die er spiele, sei aus dem täglichen Leben bekannt: ein ergebener Diener der Frauen, Vertreter der Witwen, ein streitsüchtiger Verteidiger, albern und töricht unter Männern, unter Frauen rechtsgewandt und verschmitzt.

Seneca schildert in seinem Buch über die Ehe das Gefolge, das die junge Frau in ihr neues Haus mitbringt. Darunter ist auch der »Prokurator mit gekräuselten Locken, unter welchem Namen sich ein Liebhaber verbirgt«. Von dem »krausgelockten Männchen«, das der Frau »nicht von der Seite geht, unaufhörlich in ihr Ohr zischelt und stets ihren Sessel mit der rechten Hand umfaßt«, spricht auch Martial. Zu dem Ehemann einer reichen Frau, deren Vermögen von einem solchen Prokurator gesetzlich verwaltet wird, sagt der Dichter: »Er besorgt die Angelegenheiten deiner Frau? Deine eigenen Angelegenheiten besorgt er!« Der gesetzlich bestellte Tutor oder Prokurator lief deshalb stets Gefahr, zu einer Witzfigur zu werden. Wie Kahrstedt sagt: »Man glaubte nicht so recht, daß die beiden im Boudoir von Hypotheken redeten.«
In genau demselben Maße, in dem es der Frau gelang, zur Herrscherin über ihr eigenes Vermögen zu werden, überwand sie aber auch den Prokurator: Wenn er nicht tat, was sie wollte, feuerte sie ihn und stellte einen anderen an, und dies so lange, bis sie einen gefunden hatte, der ihr zu Willen war. Danach konnte sie sich sowohl Liebhaber wie Ehemänner kaufen. Ältere Damen bezahlten junge Männer für deren Bettdienste und vermachten ihnen ihr Geld. Juvenal (I, 41) höhnt, die Höhe der Erbschaft richte sich nach der Länge des Schwanzes. Aber auch die Dichter selber, nicht zuletzt Juvenal, lebten von der Gunst reicher Frauen. Martial hat seiner Gönnerin, der fünfzigjährigen Witwe Lucans, Polla Argentaria, sein an »Obszönitäten« nicht eben armes zehntes Buch gewidmet, offenbar in der Hoffnung, daß sie ihn finanziell unterstützen möge.
Auch Scheinehen, zu denen sich weniger begüterte Männer gegen Bezahlung hergaben, wurden oft von reichen Frauen geschlossen, um die Gesetze gegen Ehelosigkeit zu umgehen. Seneca hat dies in seinem Buch über die Ehe erwähnt und Martial spottet: »Deine Lälia, die dich des Gesetzes halber geheiratet hat, Quintus!« Tertullian spricht von der Geduld erkaufter Ehemänner, desgleichen Hieronymus von den gekauften Männern, die sich dazu hergeben, nur den Namen des Gatten zu führen, in Wahrheit aber fortgeschickt würden, sobald sie den geringsten Widerstand böten. Plautus sagt (in *Die Zwillinge*):

Die Frauen wollen die Männer lenken,
Zu reiche Mitgift macht sie toll.
Die Männer sind zwar auch nicht Engel,
Halten sich weiß Gott nicht frei von Schuld,
Doch klüger noch als das Gequengel
Ist, daß die Frau begebe sich in Geduld.

Deshalb führt er uns die Vorteile der Ehe mit einer mitgiftlosen Frau vor Augen (in *Die Goldtopfkomödie*):

Ich habe vielen Freunden meinen Plan
Der Hochzeit mitgeteilt. Und alle loben
Die Tochter Euclios. Ich täte gut daran
Und klug! Wär' jeder Reiche gleichen Sinnes
Wie ich, und führ' die Tochter eines Armen,
Die ohne Mitgift ist, als Frau ins Haus,

Dann gäb' es unter Bürgern größere Eintracht,
Und weniger bisse uns der Neid als jetzt.
Die Frauen hätten mehr Respekt vorm Geld,
Wir wen'ger Aufwand, weil sie nicht verwöhnt.
Dem größten Teil des Volkes wär' das recht,
Nur wen'ge Drohnen würden protestieren,
Für deren gierige Unersättlichkeit
Weder Gesetz noch Schuster einen Leisten fände.
So einer spräche: »Und die reichen Frauen,
Die mitgiftschweren, wen bekommen die,
Wenn solches Recht den Armen eingeräumt?«
Sie mögen nehmen, wen sie wollen; bleibt nur
Die Mitgift schön zuhaus. Wenn das geschähe,
Bemühten sie sich gleich um bessre Sitten
Als die, die Mitgift ihnen jetzt erlaubt.

Andererseits litten die reichen Frauen, die sich ihre Männer zu kaufen suchten, auch oft selber unter den Folgen eines so unwürdigen Systems. Genau wie es dem reichen Manne, der sich eine schöne junge Frau gekauft hatte, geschehen konnte, daß sie ihn mit jungen Männern oder gar jungen Frauen betrog, geschah es oft, daß die hübschen jungen Männer, die von reichen Witwen als Gatten oder Hausfreunde erworben wurden, mehr am eigenen als am Geschlecht der Gattin interessiert waren. Martial spricht einen solchen Bisexuellen, seinen Freund Bassus, an und wirft ihm vor, der Gattin seine wahren Neigungen verschwiegen zu haben, als er sich zur Ehe hingab (XII, 97):

Da eine junge Frau du hast . . .
Buhlst du, Bassus, nun mit Langgelockten,
Die du dir für der Gattin Geld verschafft hast.
Und so kommst du erschöpft zur Herrin wieder,
Die dich erkauft für viele Tausend hat . . .

In verschiedenen Oden hat Horaz die Folgen des Reichtums unabhängiger Frauen verflucht, stets mit der Begründung, daß eigener Geldbesitz die Frau nicht nur zum Ehebruch verführe, sondern daß die Männer, derer sie sich zu diesem Zweck bediene, den »niederen Schichten« angehörten, denn nur diese seien käuflich. So sagt er (III, 6, 25 bis 32):

Bald sucht sie schamlos jüngere Männer sich,
Wenn der Ehemann mit Freunden trinkt, wählt dabei
Nicht lange, wem sie im Dunkel
Ihre Gunst verschenkt.

Selbst in des Gatten Angesicht öffentlich
Folgt sie dem Kaufmann und dem hispontischen
Matrosen, der ihr winkt . . .

Eine weitere Folge der ökonomischen Selbständigkeit dieser Frauen der herrschenden Klasse war die Neigung zur mehrfachen Ehe. Statt sich einen jungen Mann als Liebhaber zuzulegen, heiratete man ihn, ließ sich scheiden, wenn er im Bett nichts taugte, und heiratete den nächsten. Seneca sagt (in *De Beneficiis* III, 16): »Sie berechnen ihr Alter nach der Anzahl ihrer Männer.« Martial ähnlich (VI, 7, 1, 3, 4): »Ist es der dreißigste Tag noch nicht, darüber gewiß nicht, und den zehnten Gemahl freit Telesilla bereits.« Juvenal (VI, 224 ff.):

Also beherrscht sie den Mann. Doch satt bald dieses Gebietes,
Wechselt die Häuser sie oft und verbraucht Brautschleier, von da dann
Flattert sie wieder hinweg und sucht das verschmähte Bett auf.
Jüngst erst waren die Türen geschmückt, Vorhänge gebreitet,
Frisch noch grünen die Zweige der Schwelle – und wieder entflieht sie.
Also summiert sich's allmählich. Es gibt acht Männer zusammen
In fünf Herbsten, ein Stoff in der Grabinschrift nicht zu vergessen.

Wenn Tertullian sagt, die Frauen heirateten nur, um sich scheiden zu lassen, so ist das zwar poetische Übertreibung, aber wie wir bereits in unserer Analyse des Lebens der Cäsarenfrauen gesehen haben, waren drei Ehen das Minimum sowohl bei den Männern wie bei den Frauen der herrschenden Klasse. Statilia Messalina war in fünfter Ehe mit Nero vermählt, Martial spricht von einer Frau, die siebenmal geheiratet hat, von einer anderen, die gerade dabei ist, den achten Mann zu ehelichen, von einer dritten, die im Verdacht steht, sieben Männer umgebracht zu haben. Antonius war viermal verheiratet, Sulla und Pompeius fünfmal. Ein Grabstein erwähnt die siebente Frau eines Bürgers, und Martial schreibt an Phileros: »Du begräbst schon die siebente Frau, Phileros, auf deinem Gute. Mehr Ertrag hat noch keinem ein Gut gebracht!«

Wir erwähnten bereits die Verhältnisse reicher Frauen mit Gladiatoren und Schauspielern. Nicht unähnlich waren die Liebschaften der Patrizierinnen mit Tänzern und Musikern. Eine verheiratete Frau legte Knabenkleidung an und ließ sich das Haar abschneiden, um dem Tänzer Stephanio aufzuwarten. Um den Tänzer Pylades stritten sich so viele Frauen, daß sie seine Gewänder zerrissen. Die Gemahlin des Kaisers Pertinax hatte ein stadtbekanntes Verhältnis mit einem Zitherspieler. Andere Musiker verkauften ihre Günste an die höchstbietende Frau. Die Instrumente der Musiker wurden als Fetische gesammelt und verehrt, geküßt und geliebkost. Um den Tänzer Bathyllus, der oft Frauenrollen darstellte, rissen sich beide Geschlechter.

»Je höher der Status, desto tiefer der Geschmack«, hat der Sexualforscher Magnus Hirschfeld einmal in einer seiner Abhandlungen über die Sexualität in der Antike gesagt. Damit meinte er, daß die reiche Römerin im »Rausch der ersten Freiheit« sich von den Männern ihrer eigenen Klasse abgewandt habe, um ihre Liebhaber am anderen Ende der gesellschaftlichen Skala zu suchen – nicht nur unter Schauspielern, Tänzern, Gladiatoren, Wagenlenkern, sondern sogar unter Sklaven. Ich halte diese Theorie für zweifelhaft, weil der Begriff »Sklave« im Rom der Kaiserzeit keine eindeutige Bezeichnung des gesellschaftlichen Status war und in geistiger Hinsicht überhaupt nichts aussagte. Als die Tochter des Atticus nach ihrer Vermählung mit Marcus Agrippa ein Verhältnis mit dem Sklaven Q. Cäcilius Epirota anknüpfte, bedeutete das nicht etwa, daß sie sich mit dem Haussklaven ihres Vaters ins Bett legte, sondern daß sie einen namhaften Gelehrten, den Freund des Cicero, schätzen und lieben gelernt hatte. Daß er der Sklave ihres Vaters (nach anderen Quellen vielleicht ein schon Freigelassener) war, bedeutete nicht, daß er weniger kultiviert war als sein Besitzer.

Ein anderer Freigelassener, Tiberius Claudius Hermes, wurde von seiner 25jährigen Herrin geheiratet. Als ähnliche Heiraten überhandzunehmen drohten, beschloß der Senat zur Zeit des Vespasian, daß freie Römerinnen, die Sklaven heirateten, auch als Sklavinnen gelten sollten. Dies führte aber nicht etwa zum Ende der Liebschaften zwischen freien Frauen und ihren Sklaven, sondern nur dazu, daß man die Sklaven nicht mehr heiratete. Martial sagt zu seinem Freund: »Deine Frau beschwert sich, daß du ihre Hausmagd vögelst. Aber da sie selber von deinem Sänftenträger gevögelt wird, habt ihr einander nichts vorzuwerfen.« In einem anderen Epigramm zählt er die Kinder der Marulla auf, einer römischen Freifrau, die von sieben verschiedenen Sklaven ihres Hauses je ein Kind bekommen hatte, das erste von ihrem maurischen Koch, das zweite von einem plattnasigen Athleten, das dritte vom triefäugigen Bäcker, das vierte vom zarten Liebling des Vaters, das fünfte vom langohrigen Kretin, das sechste vom schwarzen Flötenbläser, das siebte vom rothaarigen Hofverwalter: und alle sahen aus wie ihre Väter. »Es gibt gewisse Frauen«, sagt Petronius im *Satirikon,* »deren Leidenschaft nur nach der rohen Natur verlangt. Die Begierden wollen nicht eher heraus, bis sie einen schönen Sklaven erblickt.«

Nach Livius hat Quintus Fabius Gurges in seiner Eigenschaft als Ädil bereits im 3. Jahrhundert v. u. Z. mehrere Patrizierinnen mit Geldstrafen belegt, weil sie mit dem »Volk« verkehrt hatten. Von dem eingetriebenen Betrag ließ er der Göttin Venus einen Tempel bauen. So muß entweder die Strafe oder die Zahl der »verderbten« Frauen sehr hoch gewesen sein. Doch blieben die Strafen ohne Wirkung, denn während der Punischen Kriege ließen die Ädilen wieder mehrere Patrizierinnen aus der Stadt verweisen, weil sie »mit dem Volke Unzucht getrieben hatten«. Faustina, die Gattin des Mark Antonius, schlief vorzugsweise mit Matrosen, die sich vor dem Verkehr nicht waschen durften. Clodia, die Geliebte Catulls, wählte sich ihre Liebhaber unter den am Tiber badenden Söhnen der Armen aus. Martial spricht von adligen Frauen, die es vorziehen mit »hochgeschürzten Türhütern« zu schlafen. »Manche entzündet ein Klopffechter, ein bestaubter Mauleseltreiber ...«

Wilhelm Kroll sagt von den Frauen im Freundeskreise Catulls, es sei für die damaligen Zustände bezeichnend, daß die Grenze zwischen Patrizierin und Hure, zwischen Matrone und Kurtisane zu verschwimmen begänne: »Postumia, die beim Gelage in der Fidelitas, wo nur noch ungemischter Wein getrunken wird, das Präsidium übernimmt, kann eine Dame der Gesellschaft sein; um Matronen handelt es sich bei Aufilena und der Frau aus Brixia, die er durch die Namen ihrer Männer und Liebhaber deutlich genug kennzeichnet; von ihnen konnte man wie von Clodia sagen, daß sie das Leben von Dirnen führten.« (*Zeitschrift für Sexualwissenschaft und Sexualpolitik,* Berlin u. Köln, Bd. XVII, Heft 3, 25. Juli 1930.)

Unter Tiberius Gracchus wurde es Mode für gewisse Patrizierfrauen, sich als öffentliche Dirnen einschreiben zu lassen und statt der Stola, der Tracht der Matrone, die dunkle Toga der Dirne zu tragen (Sueton, Tiberius XXXV). Martial sagt: »Scharlach und veilchenfarben empfängt die Hure dich. Willst du ihr schenken, was sie verdient, so gib ihr deine Toga!« (II, 39, 1 f.).

Solche Dinge als »Dekadenzerscheinungen« der römischen Gesellschaft zu bezeichnen, wie bürgerliche Historiker dies oft und gern getan haben, wäre verfehlt, denn das römische Patriarchat war von Anfang an ein parasitäres Regime, das sich auf den Wurzeln der vorrömischen Gentilgesellschaft angesiedelt hatte und von ihrer Kraft lebte wie die Mistel vom Apfelbaum. Trotz der gewaltigen Leistungen des Römischen Reiches war es ein grundsätzlich unschöpferisches Gesellschaftssystem. Es eignete sich die Produktionsformen aller Völker an, mit denen es in Kontakt kam, und systematisierte die Produktion, fügte aber keine einzige ökonomische Entdeckung hinzu. Selbst die Latifundien, die mit Sklaven betriebenen Großformen der römischen Landwirtschaft, die man vielleicht als einen der wenigen römischen Beiträge zur Entwicklungsgeschichte der menschlichen Produktionsmittel bezeichnen könnte, waren teils aus dem hellenistischen Griechenland, teils aus den hydraulischen Kulturen Ägyptens und Mesopotamiens mit ihren gewaltigen Bewässerungsanlagen übernommen worden.

Die Römer bauten längere, bessere und breitere Straßen als alle anderen Völker; aber den Straßenbau haben sie nicht erfunden. Sie hielten sich größere und schlagkräftigere Heere als irgendein anderes Volk bis zu ihrer Zeit; aber sie erfanden selbst in der Militärwissenschaft nichts Neues. Sie schufen den größten Verwaltungsapparat, den es bis dahin gegeben hatte; aber die Einzelheiten des Apparats hatten sie von den Etruskern und Phöniziern übernommen. Mythologie, Kunst und Literatur der Römer stammten zum größten Teil von den Griechen, zum kleineren Teil von anderen Völkern. Wie sie sich die materiellen Güter dieser Völker angeeignet hatten, so eigneten sich die Römer auch deren Götter an. Das Ganze war ein Ausbeutungsmechanismus von bisher unerreichter Wirksamkeit.

Als dieser Mechanismus jenen Punkt erreicht hatte, an dem die Frauen der Patrizier die Privilegien ihrer eigenen Klasse aufzugeben begannen, um sich zu den Huren zu gesellen, war das also nicht »Dekadenz«, sondern Protest. Und Protest ist das Gegenteil von Verfall. Protest ist das sichere Anzeichen einer virilen Opposition – und in Rom war die »virile« Opposition stets weiblich. Im Widerspruch zu der geradezu närrischen Ansicht Mommsens, daß Rom »gesund« war, als es noch ein Bauernstaat war und mit der Unnachgiebigkeit eines Cato seine Frauen unterdrückte, muß hier im Rahmen der Geschichte der römischen Frau darauf hingewiesen werden, daß das genaue Gegenteil der Fall war: Niemals war Rom dekadenter als gerade zur Zeit der Republik, denn sie stellte den Tiefpunkt in der Geschichte ihrer Frauen dar: die »Gesundheit« eines gesellschaftlichen Systems zeigt sich auch in der Gleichberechtigung der Geschlechter.

In Rom, wie in allen anderen Kulturen, hat sich jeder Versuch der gesetzlichen Regelung des Sexuallebens stets als unzulänglich erwiesen. Das Geschlechtsleben einer jeden Gesellschaft ist so gut oder so schlecht wie die Gesellschaft selber. Es wird weder von den Gesetzen noch von der Moral bestimmt, sondern von der Produktivität der Gesellschaft, der Ausgeglichenheit ihrer Besitz- und Machtverhältnisse, vor allem aber von der Isonomie der Geschlechter. Eine Gesellschaftsordnung, die das eine oder andere Geschlecht beherrscht, unterdrückt, bevormundet oder in seiner Entfaltung behindert, kann weder den Herrschern noch den Beherrschten jene Befriedigung geben, die wir brauchen, wenn wir je die Last erniedrigender Arbeit durch die Freude schöpferischer Tätigkeit ersetzen wollen. Darin liegt die eigentliche Befreiung der Menschheit. Ohne Befreiung der Frau ist sie nicht möglich.

VIII
Die Zukunft

Wenn aber die Intelligenz der Menschheit auf die Höhe der großen Frage von den abstrakten Rechten des Eigentums – einschließlich sowohl der Beziehungen des Eigentums zum Staat, als auch der Rechte der Personen auf das Eigentum – sich erhebt, dann steht eine Änderung der gegenwärtigen Ordnung der Dinge zu erwarten.

Lewis Henry Morgan

Sollte in entfernter Zukunft die monogame Familie nicht imstande sein, die Ansprüche der Gesellschaft zu erfüllen, so ist unmöglich vorauszusagen, von welcher Beschaffenheit ihre Nachfolgerin sein wird.

Lewis Henry Morgan

Wir nähern uns jetzt mit raschen Schritten einer Entwicklungsstufe der Produktion, auf der das Dasein dieser Klassen nicht nur aufgehört hat, eine Notwendigkeit zu sein, sondern ein positives Hindernis der Produktion wird. Sie werden fallen, ebenso unvermeidlich, wie sie früher entstanden sind. Mit ihnen fällt unvermeidlich der Staat. Die Gesellschaft, die die Produktion auf Grundlage freier und gleicher Assoziation der Produzenten neu organisiert, versetzt die ganze Staatsmaschine dahin, wohin sie dann gehören wird: ins Museum der Altertümer, neben das Spinnrad und die bronzene Axt.

Friedrich Engels

Sozial- und Ehereform im bürgerlichen Sinn genügt nicht. Eine Sexual- und Eherevolution ist im Anzuge, entsprechend der proletarischen Revolution. Es ist naheliegend, daß der dadurch aufgerollte sehr verwickelte Fragenkomplex sowohl die Frauen wie auch die Jugend besonders beschäftigt. Sie leidet wie jene ganz besonders schwer unter den heutigen sexuellen Mißständen. Sie rebelliert mit dem vollen Ungestüm ihrer Jahre dagegen. Das begreift sich. Nichts wäre falscher, als der Jugend mönchische Askese zu predigen und die Heiligkeit der schmutzigen bürgerlichen Moral.

Lenin

1

Welche Folgerungen können wir aus den Ereignissen der griechischen und römischen Geschichte ziehen? Erstens, daß das Patriarchat mit den gleichen Methoden, mit denen es zur Macht gekommen ist, auch wieder entmachtet werden kann: Was nicht ewig ist, braucht auch nicht ewig so zu bleiben. Weiß man erst einmal, daß die Herrschaft des Mannes über Frau und Kind nicht »von Natur her«, sondern erst durch eine putschartige Machtergreifung knapp vor Beginn der geschichtlichen Zeit erfolgt ist, so hat man Grund zur Hoffnung, daß sie auch wieder überwunden werden kann. Zweitens können wir durch die Erforschung der sozialen und ökonomischen Umstände, unter denen die Frau einst in wirklicher Gleichberechtigung gelebt hat, einen Hinweis auf die sozialen und ökonomischen Umstände gewinnen, unter denen die Frau hoffen kann, eines Tages wieder in den Besitz ihrer Rechte zu gelangen. Schließlich kann die Frau aus dem Studium des matrilokalen, matrilinearen Gesellschaftssystems ihrer Vorfahren ein Bild dessen rekonstruieren, was sie war, ehe der Mann sie zum »schwachen Geschlecht« degradierte.

Diese Degradierung ist die Hauptwaffe im Propaganda-Arsenal des Patriarchats. Man denke an den Mythos der aus Adams Rippe geschaffenen Frau, der in dem medizinischen Aberglauben, daß die Frau sexuell betrachtet nur ein unvollkommener Mann sei, sein heutiges Gegenstück hat. So lernte fast jeder Medizinstudent bis vor kurzem, daß die äußeren weiblichen Geschlechtsorgane dekadente Formen der männlichen Embryonalanlagen seien: die Klitoris ein verkümmerter Penis, die großen Schamlippen ein gespaltener Hodensack, die Scheidenschwellkörper und die vordere Kommissur verunglückte Formen der Harnröhrenschwellkörper. Heute, da wir wissen, daß jeder Embryo bis zur fünften oder sechsten Woche weiblich ist, könnte man eher behaupten, der Penis sei eine wuchernde Klitoris, das Skrotum eine Schrumpfform der großen Schamlippen, die Harnröhrenzwiebel eine Umbildung der Scheidenvorhofschwellkörper. Jeder Embryologe kann das an den Frühstadien des Fötus beweisen, und doch lebt die von Freud propagierte Ansicht, daß der Fötus in dieser Zeit bisexuell sei, selbst in medizinischen Textbüchern weiter, als ob sich nicht jeder Arzt mit eigenen Augen vom Gegenteil überzeugen könne.

In dem gesamten Fortpflanzungskanal, aus dem sich der Embryo entwickelt, gibt es nur zwei Teile, die man beim besten Willen bisexuell nennen kann: den Müllerschen Gang, aus dem sich bei weiblicher Entwicklung unter anderm der Eileiter bildet, und den Wolffschen Gang, aus dem bei männlicher Entwicklung unter anderm der Samenleiter entsteht; aber selbst diese Gänge sind eher als dimorph, doppelgestaltig, denn als bisexuell oder neutral zu bezeichnen. Der Wolffsche Gang bildet sich aus den embryonalen Nieren, der Müllersche Gang aus den Ausstülpungen des Bauchfells. Alle übrigen Geschlechtswege und alle sekundären Geschlechtsorgane beginnen als monomorphe, eingestaltige, unmißverständlich weibliche Strukturen, die bei der Frau ihre Urform beibehalten und nur beim Manne von der sechsten Embryonalwoche an umgestaltet werden.

Das Geschlecht des Embryos steht von der Konzeption an fest, aber nur ein Chromosomentest kann es vor der sechsten Woche ergründen. Anatomisch besteht bis zur sechsten Embryonalwoche beim späteren Mann noch keine maskuline Differenzierung. Erst danach wandern die Keimzellen in der Endodermis, dem inneren Keimblatt des Dottersacks und des hinteren Teils des Verdauungskanals, in das gonadische Mark, die zukünftigen Hoden. Dort angesiedelt, stimulieren sie die Erzeugung einer testikularen Induktorsubstanz, die ihrerseits Markentwicklung und Verfeinerung der männlichen Hormone (Androgene) fördert. Die weibliche Sexualanlage verkümmert dann. Der Müllersche Gang, aus dem sich bei weiblicher Entwicklung der Eileiter bildet, und die Gonadenrinde, aus der bei weiblichem Kurs die Eierstöcke entstanden wären, bilden sich zurück. Staat dessen bildet sich unter Androgeneinfluß in dem anderen Teil des zweipaarigen Gangsystems der Wolffsche Gang als Samenleiter des Embryos. Bleibt das genetische Geschlecht in der sechsten Woche weiblich, so wandern die Keimzellen zur Gonadenrinde, bilden die Eierstöcke und stimulieren die Produktion des Zellkerns und der weiblichen Hormone (Östrogene).
Bezeichnenderweise sind diese Östrogene für die Fortdauer des Feminierungsprozesses aber nicht erforderlich, sondern leisten nur begrenzte Hilfestellung, während die Androgene für die Maskulinierung des Embryos unerläßlich sind. Fällt die Östrogenerzeugung durch irgendeinen anatomischen Defekt aus, so entsteht trotzdem ein normales weibliches Wesen. Stirbt aber der Androgenzufluß aus irgendeinem Grunde ab, so findet komplette Feminierung statt. Die Norm des Embryos ist also die weibliche. Nur durch enorme Androgenabsonderung wird der Embryo auf männlichem Kurs gehalten. Folglich ist auch die patriarchalische Beweisführung irrig, daß die Frau ein verunglückter Mann sei, weil die weiblichen Organe extrem leicht auf Androgene ansprechen, während die männlichen nur äußerst schwer auf Östrogene reagieren. Denn die Frau ist androgenempfindlich, weil ihr Organismus so gut wie keine Östrogene benötigt: er ist von Natur her weiblich; die weiblichen Hormone haben nur die Funktion eines Hilfsdienstes. Der Mann dagegen ist weitgehend östrogenunempfindlich, weil sein Organismus gewaltige Mengen von Androgenen absondert, die ihn männlich erhalten und dadurch die Östrogene neutralisieren.
Man kann das experimentell mit drei operativen Eingriffen belegen. Entfernt man die Wolffschen Gänge aus dem Embryonalkörper und erhält sie in vitro am Leben, so entwickeln sie sich zu Müllerschen Gängen. Das heißt: zu Ansätzen des Eileiters. Entfernt man die fötalen Gonaden, ehe in der sechsten Woche die Maskulinierung stattgefunden hat, so entwickelt sich der Embryo zu einem normalen weiblichen Wesen, dem nur die Eierstöcke fehlen, und zwar ungeachtet des genetischen Geschlechts. Die äußeren Genitalien und die von ihnen abgeleiteten Funktionen des urogenitalen Sinus bilden sich nach weiblichem Modell um. Der Müllersche Gang bleibt bestehen und funktioniert faktisch normal weiter, während der Wolffsche Gang sich rückbildet. Entfernt man aber einem weiblichen Embryo die Ansätze der Eierstöcke, so findet keine analoge Vermännlichung statt. Kastrierte Embryos beiderlei Geschlechts besitzen am Ende der normalen

Schwangerschaftszeit weibliche Genitalsysteme, die anatomisch voll ausgebildet und fast so gut entwickelt sind wie die normaler Frauen. Das griechische Wunschbild der Frau mit Penis ist also ein Monstrum; der wirkliche Hermaphrodit ist stets ein »Mann« mit Vagina.

Da dies ein Buch über die Sozialgeschichte der sexuellen Beziehungen und nicht über die Biologie der Geschlechter ist, kann ich nur beiläufig auf diese Phänomene eingehen. Aber es ist für jeden, der sich auch nur kurze Zeit wissenschaftlich mit Humanbiologie beschäftigt hat, unverkennbar, daß die Stereotypen der patriarchalischen Auffassung von dem Charakter und der Rolle der Geschlechter sich auf kein biologisches Beweismaterial stützen können. Unter den 46 Chromosomen, die das Erbgut des Menschen beherrschen, gibt es zwei, die das Geschlecht des Fötus bestimmen. Bei der Frau bestehen beide aus dem Grundtypus der menschlichen Gattung, den wir X nennen. Beim Manne dagegen gibt es nur ein einziges arterhaltendes X-Chromosom; das zweite ist ein verkümmertes X, das wir Y nennen. Es enthält in sich selbst nur geringe geschlechtsbestimmende Faktoren. Was den normalen Mann von der Frau unterscheidet, ist also nicht die Anwesenheit seines Y-Chromosoms, sondern die Abwesenheit des zweiten X. In diesem Sinne ist der Mann auch nur eine unfertige Frau, eine biologische Entgleisung, die in zahllosen biologischen Aspekten benachteiligt ist.

Mehr als dreißig Erbkrankheiten befallen den Mann, wenn nur einer seiner Eltern an ihnen leidet. Bei der Frau dagegen müßten beide Eltern an der gleichen Krankheit leiden (was äußerst selten ist), ehe sie diese Krankheiten von ihnen erbt. Hierzu gehören Albinismus, Hämophilie (Bluterkrankheit, die zum Beispiel bei den Habsburgern stets die Männer, nie aber die Frauen befiel), Glaucoma, Herzklappenfehler, Kurzsichtigkeit, Farbenblindheit, Nachtblindheit, Netzhautablösung. Mindestens vier andere Krankheiten können ausschließlich von dem Vater auf den Sohn vererbt werden, nie von der Mutter auf Sohn oder Tochter: Hypertrichose, Ichthyose, Keratoma dissipatum, und ein archaisches Überbleibsel: Schwimmhaut zwischen den Zehen.

Diejenigen Chromosomen, die weder X noch Y sind, nennt man Autosomen. Nun ist es bezeichnend, daß die Kombination von zwei X-Chromosomen genügt, um den Einfluß aller männlichen Gene in den 44 Autosomen zunichte zu machen. Das Y-Chromosom wird von den stärkeren X-Chromosomen einfach überrannt, und darin liegt einer der Gründe der größeren Widerstandsfähigkeit, des längeren Lebens und der besseren Streßverarbeitung der Frau. Männer können zwar kurzfristig größere Kräfte mobilisieren, ermüden aber auch früher und können sich bei langfristigen Anstrengungen, die unter besonders schwierigen Umständen wie zum Beispiel Kälte stattfinden, nie mit Frauen messen. Deshalb halten Frauen auch alle Langschwimmrekorde; unter den Ärmelkanalschwimmern befindet sich kein einziger Mann, der auch nur entfernt an die Zeiten der Frauen herangekommen ist.

Der Körper der Frau enthält proportional größere Quantitäten von Desoxyribonukleinsäure, dem genetischen Rohmaterial des Körpers. Dies gibt ihr die Kraft, Kinder zu gebären, Schmerzen zu ertragen und den monatlichen

Blutverlust wiedergutzumachen. Ihr Gehirn ist im Gegensatz zu der patriarchalischen Legende von der Dummheit der Frau proportional größer als das des Mannes (2½ Prozent des Körpergewichts bei der Frau, nur 2 Prozent beim Manne). Der Stirnlappen, der »Sitz der Intelligenz«, ist ebenfalls bei der Frau größer als beim Manne. Auch das Kleinhirn ist bei ihr größer. Wegen des größeren Durchmessers ihrer Halsschlagader und Arterien ist ihr Gehirn besser durchblutet als das des Mannes. In der Schule zeigen sich die Mädchen anfangs stets intelligenter als die Knaben. Das hört erst in jenem Alter auf, in dem die Mütter der bürgerlichen Gesellschaft ihnen klarmachen, ihre Intelligenz darauf zu richten, einen möglichst reichen Mann einzufangen und ihn nicht durch Anzeichen größerer Intelligenz zu verängstigen.

2

Wenn der Mann sagt, die Frau sei dumm, ist er stets der Schuldige, denn stets hält er sie für das verantwortlich, was er selbst verursacht hat. Wenn er ihr sagt, es sei ihre Pflicht, den heimischen Herd zu hüten, kann er sich kaum wundern, daß ihr am Ende die Erfahrungen fehlen, die man sich nur erwerben kann, wenn man eben *nicht* den heimischen Herd hütet. Wie wir gesehen haben, hat der Mann diesen Erfahrungsvorsprung bereits im Paläolithikum gestohlen, als er der Frau sagte, sie solle das Lager bewachen und versorgen, während er auf die Jagd ging. Jagen ist aber eine der besten Methoden zum Erwerb von Wissen. Je weiter sich der Jäger wegwagt, desto mehr lernt er. Seine Sinne werden geschärft, sein Orientierungsvermögen wächst. Alle paar Sekunden lernt er etwas, das seine Frau nicht einmal vom Hörensagen kennt. Er lernt sich an den Sternen, an den Spuren der Tiere, an der Notwendigkeit zu orientieren, seine Beute nicht mehr im Nahkampf, sondern aus der Entfernung zu töten. So lernte er in längeren Distanzen zu denken. Aber all dies war nicht das Resultat seiner biologischen Konstitution, sondern eine Art parasitärer Förderung seiner Sinne auf Kosten seiner Frau. Denn wenn er nicht immer wieder jene Versorgungs-, Trost- und Aufpäppelungsinstitution zur Verfügung gehabt hätte – das weibliche Nest –, hätte er für sich selber sorgen müssen. Und wenn er für sich selber zu sorgen gehabt hätte, seine eigene Brut aufgezogen, für sich selber gekocht und genäht hätte, wäre er nicht mehr in der Lage gewesen, die Frau zu unterdrücken, um sich auf ihre Kosten zu bilden und dann mit Hilfe der so erworbenen Bildung neue Methoden zu ihrer weiteren Unterdrückung auszuarbeiten.

So hat er in der modernen Industriegesellschaft die Frau durch Entfremdung und Entmenschlichung zu einer unbezahlten Energiequelle gemacht, an der er jeden Abend, jede Nacht und jeden Morgen seine Batterien auflädt, nachdem er erschöpft von der Arbeit nachhause gekommen ist: Was er als seine männliche Kraft betrachtet, ist also die Kraft der Frau, die ihn versorgt.

Für seine selbstauferlegte Verpflichtung, sich und allen anderen beweisen zu

müssen, wie stark er ist und wie gut er seine Affekte verbergen kann, zahlt er einen hohen Preis: Sein Lebensprozeß läuft infolge des höheren Energieverbrauchs rascher ab als der der Frau. Alles, was er als weibliche Schwäche betrachtet – Geschwätzigkeit, Tränen, Zärtlichkeit –, ist lebenserhaltendes Benehmen. Wir müssen unsere Spannungen so schnell wie möglich durch physische Reaktionen abbauen, wenn sie uns nicht unwiderruflichen Schaden zufügen sollen. Wer sein Leid zähneknirschend und klaglos erträgt, verbraucht größere Energien als der, der weint. Wer sofort sagt, was er will, baut seine Spannungen besser ab als der, der seine Worte sorgfältig überdenkt und dann nichts oder das Gegenteil von dem sagt, was er wirklich fühlt. Nahezu jede Verhaltensregel des Patriarchats läuft auf solche selbstzerstörerischen, widernatürlichen Praktiken hinaus.
Die bürgerliche Wissenschaft betrachtet das Verhalten des Mannes im Patriarchat als »natürlich«, »männlich«, »normal«, sie faßt als reinen Biologismus auf, was zum großen Teil gesellschaftlich bedingt ist. Der Mann stirbt früher, weil er sich schneller verbraucht, heißt es da. Weshalb verbraucht er sich aber schneller? In jeder Streßsituation sondert der männliche Körper bestimmte Hormone (Testosterone) ab, die den Zweck haben, die Blutgefäße zu verengen, den Blutdruck zu erhöhen und dadurch eine der zwei Alternativen zu ergreifen, die den Mann ursprünglich vor seinem Gegner schützten: entweder wegzulaufen oder den Gegner niederzuschlagen. Da beide Alternativen in der patriarchalischen Gesellschaft unserer Tage aber verpönt sind, muß der Mann seine natürliche Neigung unterdrücken. Resultat: der Blutdruck erhöht sich, ohne einen Auslaß zu finden. Je häufiger solche Streßsituationen auftauchen, desto früher tritt genau das ein, was der biologische Mechanismus verhindern soll: der Tod. Bei Frauen dagegen bietet die sozial erlaubte Regung, entweder zu weinen oder wegzulaufen, einen gewissen Schutz vor der Selbstzerstörung. Außerdem sondert der weibliche Körper aber auch Östrogene ab, die dem gefäßverengenden Effekt des Testosterons entgegenwirken und die Frau dadurch vor dem Herzinfarkt bewahren.
Für den, der nicht gelernt hat, dialektisch zu denken, liegen hier also rein biologische Mechanismen vor; der Mann, meint er, sei von frühester Urzeit her auf Aggression programmiert, die Frau dagegen auf Nachgeben, Weglaufen oder Schreien. Genau das ist aber nicht der Fall, wie wir gesehen haben. In der Zeit, in der beide Geschlechter in gleicher Weise am Nahrungssammeln beteiligt waren, gab es keinen grundsätzlichen Unterschied im Hormonhaushalt. Auch heute noch produzieren *beide* Geschlechter sowohl Testosterone wie Östrogene, wenn auch in unterschiedlichen Mengen. Beim Mann wird das Testosteron von den Hoden, bei der Frau von den Eierstöcken und bei beiden Geschlechtern zusätzlich von der Nebennierenrinde gebildet. Der Effekt beider Hormone ist bei beiden Geschlechtern der gleiche. Wenn er beim Mann unter bestimmten Umständen infarktbildend, lebensverkürzend, bei der Frau dagegen lebensverlängernd, infarktverhindernd wirkt, so ist dies nicht das Resultat geschlechtsspezifischer Hormonhaushalte, sondern der sozialen Bedingungen, unter denen die Hormonproduktion arbeitet.

Es ist auch nicht so, daß »die Zivilisation« den Mann daran hindere, sich »natürlich« zu benehmen, also auf den anderen einzuschlagen, wenn dieser ihn ärgert, sondern es sind die gesellschaftlichen Umstände, die den Ärger produzieren. Es ist die widersinnige, selbstzerstörerische Autoritätsstruktur des Patriarchats, die den täglichen Ärger erzeugt. Es sind die klassenspezifischen Umstände einer ausbeuterischen Gesellschaftsordnung, die den Hormonhaushalt beider Geschlechter pervertieren, bezeichnenderweise bei den Ausbeutern in fast ebenso hohem Maße wie bei den Ausgebeuteten. Daß angreifen mutiger sei als sich zu verteidigen, gilt im Patriarchat als selbstverständlich. Daß sich verteidigen mutiger sei als nachzugeben, scheint dem Vaterrechtler so einleuchtend, daß er es für absurd halten würde, die Frage auch nur zu diskutieren. Aber in jedem Kriege der Geschichte haben die Völker, die den Aggressor widerstandslos einmarschieren ließen, besser abgeschnitten als die, die sich in lange Widerstandskriege verwickelt haben. Die alten mutterrechtlichen Völker der Ägäis, die zum Erstaunen der patriarchalischen Griechen jede der einwandernden Horden durchmarschieren ließen, sie sogar versorgt und sich mit den Einwanderern gepaart haben, leben im Blut der Griechen, in ihrer Kultur und ihrer Kunst, ihrer Mythologie und ihrer Religion weiter, während die Griechen einander in endlosen Kriegen zerfleischten, bis das ganze Volk zermürbt, dezimiert, vernichtet in die Hände der Römer fiel. Haben diese Kriege sich gelohnt? Falls ja, für wen?

Während der Bombenangriffe des Zweiten Weltkrieges stellte es sich bei den Engländern genau wie bei den Deutschen heraus, daß die Frauen durchwegs besser durchhielten, ihre Angst zwar zeigten, aber schneller überwanden und so gut wie keine psychischen Schäden davontrugen, während die Männer, die ihre ganzen Energien mobilisieren mußten, um ihre Furcht zu verbergen, noch Jahre später an den Folgen der zurückgehaltenen Ängste zusammenbrachen. Durch die Schmerzerfahrung der Geburt sind die Frauen auf weitaus größere Schmerzerduldung vorbereitet als die Männer. Der Mann kann sich nur als Held zeigen, indem er angreift, das heißt indem er Schmerzen zufügt. Die Frau dagegen zeigt ihr Heldentum, indem sie die Schmerzen erträgt. In den Konzentrationslagern haben die Frauen überall die Foltern und Qualen leichter ertragen als die Männer. Und dies nicht nur, weil die Frau mit Schmerzen besser fertig wird als der Mann, sondern auch, weil sie nicht auf die moralische Notwendigkeit des Zurückschlagens programmiert ist und deshalb mit dem Streß des Nicht-Zurückschlagen-*Könnens* besser fertig wurde als der Mann. In jeder Streßsituation hat die Frau deshalb eine bessere Überlebenschance als der Mann. Ihre Reaktion, entweder wegzulaufen oder die Sache über sich ergehen zu lassen und dabei zu schreien, ist die einzig gesunde. Es ist die Überlebenschance desjenigen, der überleben *will*. Das Patriarchat dagegen mit seiner Devise, daß es besser sei, als Löwe zu sterben, denn als Schaf zu leben, verunglimpft sowohl Schaf wie Löwe und enthüllt dabei jene innere Verzweiflung, die sich im Wunsch der Selbstzerstörung äußert.

3

Der Selbstzerstörungswille des Patriarchats ist untrennbarer Teil seiner selbst. Man denke an die patriarchalische Gleichung von Liebe und Tod. Liebe ist »der kleine Tod«. Alle Liebesgeschichten, wenn man sie nur weit genug verfolgt, enden mit dem Tod des Liebenden oder der Geliebten. Die Liebe brennt nur, solange sie aus Sehnsucht besteht. Wird sie erfüllt, so stirbt sie. In unzähligen Legenden des Patriarchats sterben die Liebenden, um ihre Liebe zu erfüllen. Plutarch hat den Gedanken geäußert, daß das Prinzip der Liebe in der Verwundung liege, weshalb Amor auch den Pfeil führe. Dies ist ein zutiefst vaterrechtliches Konzept, das der Logik entspricht, die Frau sei der Acker, der Mann sei der Pflug; erst durch die »Verwundung« der Erde entstünde die Ernte.

Im Patriarchat verliebt man sich »auf den ersten Blick«. Zwei Menschen sind »vonNatur her« für einander bestimmt. Finden sie einander nicht, so bleiben sie lebenslang unglücklich. All das ist dem Mutterrecht fremd. Jeder gesunde Mann kann mit jeder gesunden Frau Zufriedenheit finden, jede gesunde Frau mit jedem gesunden Mann. Liebe ist, was erfüllt wird. Liebe ist hier und jetzt. Liebe beginnt, nachdem man miteinander geschlafen und dadurch einander schätzen gelernt hat. (Im Patriarchat kopuliert man absurderweise erst, nachdem man sich verliebt hat, und ist dann selbstverständlich enttäuscht, weil es nicht so schön ist, wie man sich das vorher vorgestellt hat.) In der Welt der Mütter dagegen ist alles konkret, hiesig, irdisch. Das matristische System ist, um ein Wort von Karl Marx zu paraphrasieren, »das gelöste Rätsel der Geschichte«, die Lösung eines mit keinen anderen Mitteln lösbaren Widerspruchs zwischen Mensch und Natur, zwischen Gesellschaft und Individuum, zwischen den bewußten und unbewußten Bereichen der Psyche.

Es mag sinnvoll sein, einmal die strukturellen Elemente der matristischen Ordnung denen des Vaterrechts gegenüberzustellen, um zu sehen, wie viele dieser Elemente man in eine weibliche Gesellschaftsordnung der Gegenwart übernehmen könnte. Ich halte eine solche Bestandsaufnahme für die wichtigste und dringendste Grundlage einer jeden emanzipatorischen Frauenbewegung unserer Tage, weil hierdurch eine Konfrontation der positiven, aufbauenden, produktiven Aspekte der sozialistischen Frauenbewegung mit den aggressiven, zerstörerischen, also unbewußt patriarchalischen Elementen der bürgerlichen Emanzipation ermöglicht wird. Der Radikalismus der bürgerlichen Frauenbewegung, der sich im Kampf gegen den Mann erschöpft und dabei übersieht, daß es »den« Mann überhaupt nicht gibt, sondern nur den vom Patriarchat geformten, seiner eigentlichen Natur bereits entfremdeten Mann, ist ein oberflächlicher, ein nur scheinbarer Radikalismus, weil er dem Patriarchat nichts Kreatives gegenüberzustellen vermag. Erst wenn die Frauenbewegung dem Patriarchat ein geschlossenes, in jeder Hinsicht vom Männerrecht emanzipiertes Weltbild entgegenzustellen hat, kann sie hoffen, nicht nur bürgerliche, sondern auch proletarische Frauen, vor allem aber auch die proletarischen Männer für sich zu gewinnen, denn ohne deren Unterstützung ist und bleibt sie eine entwurzelte

Minderheit, die nie einen Deut an der Realität der Klassengesellschaft ändern wird.

Strukturelle Elemente der matrilinearen Sippengesellschaften der Alten Welt	Strukturelle Elemente des griechisch-römischen Patriarchats
Gesellschaftsordnung als Analogon der Mutter	Gesellschaftsordnung als Analogon des Vaters
Biologische Struktur der Gesellschaftsordnung: Wer blutsverwandt ist, gehört zum Stamm.	Politische Struktur der Gesellschaftsordnung: Wer Staatsbürgerschaft besitzt, gehört zum Staat.
Keine territoriale Begrenzung der Gemeinschaft: Wer blutsverwandt ist, gehört zur Gemeinschaft, einerlei wo er wohnt.	Territoriale Begrenzung der Gemeinschaft: Wer innerhalb der Grenzen wohnt und Bürgerschaftsrechte besitzt, gehört zur Gemeinschaft.
Zusammengehörigkeit	Vereinzelung
Verkittung der Gesellschaft	Aufspaltung der Gesellschaft
Kollektivismus	Individualismus
Zusammenarbeit	Konkurrenz
Gegenseitiger Beistand	Jeder für sich
Produktionsmittel als Gemeinschaftseigentum	Privateigentum an den Produktionsmitteln
Gleichmäßige Versorgung aller ohne Ansehen ihrer Leistung: Analogon zur mütterlichen Versorgung des Kindes.	Belohnung und Strafe im Verhältnis zur Leistung: Analogon zur väterlichen Auffassung, daß das Kind für Gutes belohnt und für Schlechtes bestraft werden muß.
Betätigung als Wunsch, etwas Bleibendes zu erzeugen: Analogon zum Wunsch der Mutter, ein Kind zu haben, das sie überlebt.	Betätigung als Abreaktion von Neid und Frustrierung: Analogon zum Wunsch des Vaters, ein Kind zu haben, dem all das vergönnt sein möge, was er verpaßt hat.
Hingabe	Ausbeutung
Sicherheit	Erwerb
Sozialwirtschaft	Marktwirtschaft
Dezentralisation	Zentralisation
Selbständigkeit	Autorität
Initiative	Befehl und Gehorsam
Keine Bürokratie	Bürokratie
Keine Exekutive	Exekutive
Keine Legislative	Legislative
Keine Beamten	Beamtenapparat
Keine Polizei	Polizeiapparat
Keine Gerichtshöfe	Gerichtsapparat
Keine Gefängnisse	Apparat des Strafvollzugs

Fast alle Verstöße gegen Mitglieder der Gemeinschaft (Ausnahme: Totschlag) werden durch Gaben oder Dienstleistungen der Sippe des Schädigers an die Sippe des Geschädigten geregelt. Das Verfahren ist sinnvoll, weil es der Gemeinschaft keine Kosten verursacht und dem Betroffenen Entschädigung zukommen läßt. Das Motiv ist edel: Wiedergutmachung.	Langwieriger, kostspieliger Instanzenweg von Anzeige über Ermittlung. Verhaftung und Gerichtsverfahren bis zur Haft, Geldstrafe oder Hinrichtung. Das Verfahren ist widersinnig, weil die Gemeinschaft dafür bezahlen muß und der Geschädigte keine Wiedergutmachung erhält. Das Motiv ist unedel: Rache.
Vergebung	Bestrafung
Vorbeugung	Vergeltung
Verteidigung	Aggression
Prophylaxe	Therapie
Liebe	Pflicht
Kreativität	Leistung
Akzent auf Produktivität	Akzent auf Konsum
Arbeit als Freude an der Kreativität: Analogon zur Tätigkeit des Bastlers, Künstlers, Denkers.	Arbeit als unvermeidliches Übel: Analogon zur patriarchalischen Überzeugung, daß man auch lernen müsse, Dinge zu tun, die einem keinen Spaß machen.
Arbeit als Befriedigung	Arbeit als Mittel zum Geldverdienen
Anteilnahme als Motiv aller Überlegungen: »Warum geht es mir so viel besser als dem da?«	Neid als Motiv aller Überlegungen: »Warum geht es mir nicht so gut wie dem da?«
Angleichung der Geschlechter	Polarisierung der Geschlechter
Zusammenarbeit der Geschlechter	Kampf der Geschlechter
Keine Herrschaft des einen Geschlechts über das andere	Herrschaft des Mannes

Liebe, Geduld, Ausdauer, Hegen und Nähren sind die Grundsteine der mütterlichen Welt. Angst, Neid, Schuld und Scham sind die des Patriarchats. Macht, »Recht«, Autorität und Gehorsam sind die Eckpfeiler des Gebäudes, auf denen alle patriarchalischen Gesellschaften ruhen, auch die unsrige. Es ist bezeichnend, daß Kafkas Welt im *Prozeß* und im *Schloß* ganz von Männern beherrscht wird. Frauen, soweit sie überhaupt auftauchen, sind »entweder eminent phallisch oder masochistisch-unterwürfig, um sich so dem›Apparat‹ anzupassen« (Karl Stern, *Die Flucht vor dem Weib,* Salzburg 1968, S. 200).
Der patriarchalische Apparat ist zentralisiert, die matrilineare Sippengesellschaft war dezentralisiert. Morgan beklagt »die Zersplitterung, die mit den Gentileinrichtungen unzertrennlich verbunden ist« (a.a.O., S. 255). Darin liegt aber nicht nur eine Schwäche, sondern auch eine gewisse Stärke, denn sie gibt Kraft, Lebensmut, Ruhe, Ausgeglichenheit, Zufriedenheit,

Freiheit von Neurosen und Psychosen. Andererseits gibt die zentralisierte Organisation dem Patriarchat bei bewaffneten Konflikten mit dezentralisierten Stammesgesellschaften fast stets die Oberhand. Denn jedwede Form der kriegerischen Aktivität, einschließlich der bewaffneten Verteidigung, widerspricht dem Mutterrecht. Und darin liegt einer der Gründe des rapiden Aussterbens matristischer Kulturen. Wie eine Krebszelle alle gesunden Zellen um sich herum angreift und verschlingt, so fraß das Patriarchat sofort nach seinem Auftauchen die umliegenden matristischen Gesellschaften auf. Der Grund seiner Aggression war die Unzufriedenheit seiner Bürger. Und gegen Aggression sind matristische Kulturen weitgehend wehrlos, weil ihre Mitglieder zufrieden und deshalb friedlich sind.
Wenn wir auf Phänomene wie Sparta oder die Huronen und Irokesen Nordamerikas stoßen, wo eine weitgehend matrilineare, matrilokale Gesellschaftsordnung sich mit militärischer Kultur verbindet, können wir sicher sein, daß es sich hier um Gesellschaften handelt, die nicht mehr auf der Freiheit und Gleichheit der alten Stammesordnung beruhen (was ja im Falle Sparta bereits aus der Existenz und Unterjochung der Heloten hervorgeht), sondern sich im Konflikt mit vaterrechtlichen Kulturen und als Reaktion auf diese gebildet haben. Auch die Legenden von Amazonenheeren entspringen nicht dem mutterrechtlichen Zeitalter, sondern stammen aus der Zeit der großen Unruhen nach der Einführung des Patriarchats, den finstersten Zeiten Griechenlands, in denen die letzten Rebellionen der Mutterrechtler Mykene erschütterten, wo die Frauen auf der Insel Lemnos die Männer umbrachten und die Söhne (wie in der Titanenlegende) im Auftrag der Mütter die Väter kastrierten. Dies sind Verfallserscheinungen. Eine Gynaikokratie, eine »Herrschaft« der Frau, gibt es ebenso wenig wie ein Matriarchat, eine »Herrschaft« der Mutter, denn das Prinzip des Herrschens ist eine männliche Erfindung, entstammt dem Vaterrecht und widerspricht den Organisationsformen der »mutterrechtlichen« Stammesgesellschaften. Dort regiert man sich selber. Es gibt nur Sprecher der Sippen und Stämme, und diese sind jederzeit abwählbar. Es gibt keine Exekutivgewalt, und deshalb auch keine Herrschaft.
Wie diese Gesellschaft frei von Unterdrückung ist, so ist sie es auch im Verhältnis der Geschlechter. Im Gegensatz zum Patriarchat mit seiner extremen Polarisierung der Geschlechter, die sich sogar in der Kleidung niederschlägt, war auch in allen matrilinearen Gesellschaftsordnungen die Kleidung der Geschlechter außerordentlich ähnlich. Im Patriarchat dagegen hat man es stets als geradezu unsittlich betrachtet, wenn die Frau »männliche« Kleidung oder der Mann »weibliche« trug. Es ist deshalb auch kein Zufall, daß in der bürgerlichen Welt unserer Tage die ältere, konservativere Generation den fortschreitenden Prozeß der sexuellen Angleichung unter den jüngeren, progressiveren Mitgliedern ihrer eigenen Klasse mit pathetischer Angst beobachtet. Das lange Haar des Mannes, die Hosen der Frau, die Unisex-Kleidung und die Unisex-Sitten der Jüngeren drücken eine Liberalisierung des Patriarchats und einen wachsenden Respekt der Geschlechter füreinander aus. Daß diese Liberalisierung nur oberflächlich ist, daß wirkliche Gleichberechtigung nur auf der Ebene der ökonomischen Befrei-

ung erfolgen kann, daß die ökonomische Befreiung aber eine biologische Veränderung hervorrufen und ihrerseits von dieser Veränderung getragen werden wird, das ist die Kernthese des vorliegenden Schlußkapitels unserer Geschichte des frühen Patriarchats.

4

Während wir überall im Pflanzen- und Tierreich Beispiele der Parthenogenese, der Fortpflanzung ohne männliche Mitwirkung finden, gibt es nirgends Beweise einer Ephebogenese, einer männlichen Zeugung ohne Beihilfe eines Mutterwesens. Von primitiven Fadenwürmern und Rädertieren, über Salzkrebse und Blattläuse bis zu komplizierten Wespen und Schmetterlingen erzeugt die Natur überall Leben ohne Mitwirkung einer männlichen Gattung. Daphniskrebse bringen von März bis August unbefruchtete Sprößlinge hervor. Erst danach erzeugen sie Männchen, mit denen sie sich paaren. Die Natur läßt also keinen Zweifel zu: Am Anfang war die Frau. In evolutionärer Reihenfolge taucht der Mann zum erstenmal als Sohn auf. Die erste heterosexuelle Begattung ist der Inzest der Mutter mit ihrem Sohn.
In diesem Sinne stellt die Bibel eine der ersten bewußten Geschichtsklitterungen dar: sie unterschlägt die Urmutter, die Erstgeschaffene, und ersetzt sie durch die Legende vom erstgeschaffenen Mann. In der babylonischen Kosmogonie, die von den Juden übernommen und mit geringen Änderungen im ersten Buch Mose perpetuiert wurde, sind es eben diese Änderungen, die unsere Aufmerksamkeit erregen. Denn sie spiegeln den Kampf einer männlichen Priesterkaste gegen das bis dahin herrschende Priesterprivileg der Frau wider und zeigen hier die Nutzung des geschriebenen Wortes für einen ganz spezifischen Zweck: den Aufbau der Legende vom Primat und der sozialen Überlegenheit des Mannes.
Wenn die moderne Verhaltensforschung uns aber irgend etwas Eindeutiges mitgeteilt hat, dann die Erkenntnis, daß das männliche Wesen nirgends in der gesamten höheren Tierwelt sozial interessiert ist. Die Lebenslinie des Männchens endet im Begattungsakt, und oft ist es bereits tot, wenn sein Same im Weibchen keimt. Aber auch dort, wo seine Lebenslinie weiterläuft, so bei den höheren Wirbeltieren, fungiert das Männchen bestenfalls als Schützer, nirgends aber als Urheber oder Träger der Herde. Er ist der saisonale und auswechselbare Begleiter der Mutterherde, der eines Tages dem jüngeren und kräftigeren Nebenbuhler weichen muß und oft seine Tage als Einzelgänger beschließt. In den Hautflüglerstaaten, den sozial höchstentwickelten Tierverbänden, läuft die männliche Linie bis zum Paarungsakt. Denn exzessive Geilheit und Freßgier des Männchens verlangen von der Gemeinschaft, daß es nur bis zur Paarung geduldet und danach so bald wie möglich getötet wird. Bienen- und Ameisengemeinschaften sind Matriarchate. Überall in der Tierwelt hat sich die Erkenntnis durchgesetzt, daß die Gemeinschaft nur dann überleben kann, wenn sie mutterrechtlich orientiert ist und den Anteil des Männchens an der Gemeinschaft auf ein Minimum begrenzt.

Nirgends verbünden sich Männchen zu anderen als zu Raubzwecken, nirgends gibt es eine Soziabilität der männlichen Geschlechtstiere außer etwa in der gemeinsamen musikalischen Werbeaktion der Zikaden und Frösche. Stets erscheint der Rammler, der Rüde, der Hengst, der Bulle im Alleingang und verscheucht seine Rivalen. Bei allen Werbehandlungen um das Weibchen bekämpfen die höheren Säugetiere einander. Die ganze Geschichte der Menschheit erzählt von männlicher Aggression; ja, die menschliche Geschichte kann überhaupt nur als Geschichte der Aggression verstanden werden. Die einzige Zeit der Nichtaggression, des friedlichen Zusammenlebens, war die vom Patriarchat systematisch in ihr Gegenteil verteufelte Vorgeschichte, die Geschichte des Mutterrechts und des Gemeinschaftseigentums. Nur wo die Frau es dem Manne gleichzutun versucht hat oder in der Illusion, sich hierdurch höheres Ansehen zu verschaffen, den Mann in seinen männlichen »Tugenden« zu übertreffen versucht hat, ist auch sie aggressiv geworden.
Das Patriarchat leitet seinen Herrschaftsanspruch von der Behauptung ab, daß das männliche Geschlecht größer, stärker und klüger als das weibliche sei. Was Größe und Kraft anlangt, so sind diese beim Menschen aber nicht gattungsmäßig, sondern durch Zuchtwahl bedingt, sind also das Produkt einer verhältnismäßig kurzen Zeitspanne. Je älter die menschlichen Skelettfunde sind, desto schwieriger wird es, die Geschlechter an der Größe und Stärke der Knochen zu unterscheiden. Erst seit der Institution des Patriarchats hat sich jene extreme Polarisierung der Geschlechter herausgebildet, die das Vaterrecht nun seinerseits als »natürlich« postuliert. Beachtlich ist jedoch, daß sich in der heutigen Ära des Zusammenbruchs des Patriarchats bereits wieder eine meßbare Angleichung des Skelettbaus, der Muskelanlage und der Körpergröße beider Geschlechter herausgebildet hat.
Wichtiger noch als die sexuelle ist hierbei die ökonomische Partnerwahl, denn der Bauer wählt sich einen anderen physischen und psychischen Typus zur Frau als der Städter, der Arbeiter einen anderen als der Unternehmer, der Intellektuelle einen anderen als der Playboy. Umgekehrt wählt sich die Frau, deren Leben von der physischen Kraft des Mannes abhängig ist, um von ihm ernährt und beschützt zu werden, einen anderen Mannestypus als die, deren Lebensunterhalt von der *geistigen* Kraft des Gatten abhängig ist. Jede Gesellschaftsordnung und jede Klasse innerhalb einer jeden Gesellschaft fördert durch die Eigentümlichkeiten ihrer Tätigkeit einen meßbar unterschiedlichen Typus, der dann sehr bald und ohne daß sich der Sexualpartner seiner eigentlichen Motive bewußt wäre, auch sexuelle Reize auslöst. So wird der ökonomisch adäquate Partner fast immer von der Libido in einen sexuell adäquaten Partnertypus transformiert. Das ist aber oft eine trügerische Transformation, denn da der physische Typus des Menschen nichts über dessen sexuelles Temperament aussagt, geschah es zumindest im Zeitalter der vorehelichen »Keuschheit« nur allzuoft, daß der Partner, der die sexuellen Reize ausgelöst hatte, sie in der Ehe nicht befriedigen konnte.
In der bürgerlichen Gesellschaft geschieht das vor allem deshalb, weil der Typus des Mannes, der sich »durchsetzt« und »Erfolg« hat, der also andere Männer besser manipulieren und ausbeuten kann als sein Konkurrent, fast

nie mit dem Typus identisch ist, der Frauen versteht und befriedigt. Sexualanthropologische Messungen des letzten Jahrzehnts lassen sogar vermuten, daß zumindest in der westlichen Gesellschaft der Gegenwart Virilität und Potenz bei »weiblich« aussehenden und fühlenden Männern größer ist als bei ihrem »männlicheren« Gegenstück, während das sexuelle Interesse der Frau am anderen Geschlecht, die Intensität des sexuellen Wunsches und die sexuelle Gabe, Wünsche des Mannes zu antizipieren und befriedigen, bei »männlich« aussehenden und fühlenden Frauen am größten ist. Der Grund mag darin liegen, daß die Fähigkeit, den Sexualpartner zu befriedigen, vor allem aus der Empathie, dem Talent des sich Einfühlens in die Sexualität des anderen stammt, und das ist fast stets beim »weiblichen« Mann und der »männlichen« Frau größer als bei der weiblichen Frau und dem männlichen Manne. Auch zeigt die wissenschaftliche Typologie der Homosexualität genau das Gegenteil der populären Vorstellung von der »Tunte« und dem »kessen Vater«: unter homosexuellen Männern ein Übergewicht von physisch »männlichen« Typen und bei lesbischen Frauen eine Präponderanz von spezifisch »weiblichem« Knochenbau. Wenn die Vermutung, daß man das am besten versteht, von dem man am meisten in sich trägt, sich bestätigen läßt, dann wäre es ja auch ganz und gar nicht überraschend, daß extreme Sexualdifferenzierung beim Menschen der Sexualbefriedigung eher abträglich als zuträglich ist.

Trotzdem stößt man selbst unter progressiven Männern und Frauen immer wieder auf heftige Opposition, wenn man das Selbstverständliche sagt: daß die Geschlechter nicht nur gleiche Rechte und gleiche ökonomische Entfaltungsmöglichkeiten haben müssen, sondern daß zur Realisierung dieser Möglichkeiten eine weitgehende biologische Annäherung der Geschlechter unerläßlich sei. »Vive la différence!« sagt selbst der Fortschrittliche dann mit jenem Augenblinzeln, das da andeuten soll, wir seien alle erfahrene Männer. Genau das sind wir aber nicht, wenn wir noch immer den kleinen Unterschied preisen, ohne uns seiner gesellschaftlichen Auswirkungen bewußt zu sein. Jeder Ethnologe, der Feldarbeit in nichteuropäischen Kulturen geleistet hat, weiß zu berichten, daß Kulturen, deren Wunschvorstellungen um das Bild des möglichst männlichen Mannes und der möglichst weiblichen Frau kreisen, stets von Männern beherrschte Kulturen sind, einerlei ob ihr Deszendenzsystem matrilinear, patrilinear oder bilinear ist.

Beim sogenannten Geschlechtstotemismus (Australien, Semang) stehen sich Männer und Frauen mit ihren Abstammungstieren feindselig gegenüber, verhöhnen sich gegenseitig und suchen dem anderen Geschlecht durch Töten seines Totemtieres zu schaden. Bei den tropischen Pflanzervölkern reicht dieser Antagonismus von der fast völligen Trennung der Geschlechter (Melanesien) zu einer Teilung aller Nahrungsmittel, aller Tiere, aller Pflanzen in männliche und weibliche Arten (Jivaro und Canella in Ekuador). Nur das eine oder das andere Geschlecht darf diese oder jene Pflanze säen, ernten und essen. Ißt die Frau das männliche Tier, so stirbt sie. Unzählig sind diese Speisegebote und -verbote, da die Nahrung als magische Aufbausubstanz der Persönlichkeit angesehen wird. Um das Männliche im Mann aufzubauen, ihn aber gleichzeitig auch vor dem Weiblichen zu schützen, wird ihm zum Beispiel auf den Neuen Hebriden (Santo, Malekula) verboten, weibliche Schweine oder Hühnereier zu essen. In der typisch selbstzerstörerischen Aktionsform dieser Angstsitten führt eine solche Einschränkung der Nahrung unweigerlich zur Unterernährung und dem langsamen Aussterben der Kultur, die von ihnen befallen ist.

Die Angst zeigt sich auch in der räumlichen Trennung der Geschlechter und der Bildung von Männerbünden, die dann prompt zu Verteidigungsmaßnahmen der Frauen in der Form von Frauenbünden führen. Das wirkt sich im Bau von separaten Männer- und Frauenhäusern aus. Während in großen Teilen Afrikas, Polynesiens, Australiens und Nordasiens der Geschlechterantagonismus und die Geschlechterfurcht sich in getrennten Mahlzeiten auswirken, finden wir die getrennten Wohnverhältnisse vor allem in Melanesien und Neuguinea. Bei den Digul-Völkern Neuguineas sind sogar die Geräte streng nach Männer- und Frauentabus geordnet und dürfen nicht vom anderen Geschlecht berührt werden. Auf dem Wege zur Arbeit in den Feldern gehen Männer und Frauen separat und sprechen nicht miteinander. Zuhause sind sie im gleichen Raum durch eine Wand mit einer kleinen Öffnung zum Durchreichen der Nahrung getrennt. Nur das Allernötigste wird gesprochen. Stirbt die Frau, so wird sie im Frauenteil des Raumes aufgebahrt. Selbst dann kommt der Mann nicht herüber, um sie zu betrauern. Man braucht kaum zu betonen, daß sich bei so strikter Trennung die Geschlechter nicht nur feindlich gegenüberstehen, sondern einander fremd werden.

Wie in geschlechtstotemistischen Kulturen spielen sich auch in Neu-Irland zwischen Männern und Frauen rituelle Verspottungen und oft ins Ernste umschlagende Spiele ab, zum Beispiel Schlägereien zwischen Männern und Frauen bei der Geburt des ersten Kindes. Alles Weibliche wird von den Männern in solchen Kulturen als unheilvoll und gefährlich betrachtet. Der Geruch von Frauen vertreibt die Bonito-Fische in den Salomonen. Das Berühren weiblicher Kleidung schwächt den Kayan-Dayak im Krieg und bei der Jagd. Der Medizinmann der Aranda in Zentralaustralien verliert seine Kraft, wenn er nicht ein Feuer zwischen sich und seine Frau legt. Das Berühren der Nabelschnur seiner Tochter bringt dem Tenetehara-Indianer in Brasilien Jagdpech. In Hunderten von Kulturen gilt das Menstrualblut der Frau als Gefahr für den Mann.

Und trotzdem finden wir gerade in den Kulturen, die besondere Angst vor der Frau zeigen und besondere Feindschaft zwischen den Geschlechtern bekunden, eine besonders starke Geschlechterdifferenzierung in Schmuck, Bemalung und Kleidung. Das klingt widersinnig, denn wenn die Geschlechter einander hassen, scheint keine Notwendigkeit zu bestehen, sich füreinander attraktiv zu machen. Aber Geschlechterdifferenzierung ist stets mehr als Schönheitspflege oder Betonung der sexuellen Schlüsselreize. Geschlechterdifferenzierung ist stets auch ein Versuch, das eigene Geschlecht als überlegen und das andere als minderwertig zu kennzeichnen. Wo Gleichberechtigung der Geschlechter herrscht, benötigt man keine Betonung der Geschlechtsmerkmale. Genau wie paarweis lebende Tiere mit ausgesprochener »Gleichberechtigung« der Geschlechter (zum Beispiel

Tiger oder Störche) verhältnismäßig geringe Sexualdifferenzierungen besitzen, während Gattungen mit starker Männchendominanz und ausgesprochener Haremswirtschaft, zum Beispiel Paviane oder Seebären, besonders starke sexuelle Differenzierungsmerkmale aufweisen, so geschieht es auch beim Menschen, daß gerade dort, wo die geringste Gleichberechtigung vorliegt, die sexuellen Unterschiede am stärksten betont werden.
Der Zoologe Buddenbrock-Hettersdorf hat deshalb schon vor geraumer Zeit die schöne patriarchalische Vermutung geäußert, daß Gleichberechtigung der Geschlechter zum Aussterben der Gattung führen müsse, da die »geschlechtliche Zuchtwahl« sexuelle Differenzierungen benötige, sexuelle Differenzierung sich aber nur dort herausbilde, wo auch soziale Differenzierung bestehe. Mir scheint diese Behauptung nicht so peinlich, wie sie von manchen Zoologen betrachtet worden ist, denn ich deute sie im umgekehrten Sinne. Es mag durchaus sein, daß sexuelle Gleichberechtigung erst dann erreicht werden kann, wenn wir bereits das Maximum der ernährbaren Bevölkerung überschritten haben, denn erst dann mag die Trägheit des bürgerlichen Menschen seiner Umwelt gegenüber überwunden werden können. In diesem Sinne mag sich dann sexuelle Gleichberechtigung als Regelsystem zur Verhinderung einer Übervölkerung des Erdballs auswirken. Fast alle Tierarten schränken ja bekanntlich ihre Fortpflanzung ein, wenn ihr Revier zu eng wird. Wieso nicht auch der Mensch?
Aber Einschränkung der Fortpflanzung ist nicht notwendigerweise mit Einschränkung der Paarung gleichzusetzen. Das erhellt besonders deutlich aus der sozialen Funktion der Homosexualität, die fast stets als ökologischer Mechanismus wirkt. Die eben erwähnten Männer- und Frauenbünde in primitiven Gesellschaften haben ihr Gegenstück in den militärischen und paramilitärischen Bewegungen unserer Zeit: in den Burschenschaften, in der Jugendbewegung, im Pfadfindertum und allen anderen nach Geschlechtern getrennten Organisationen, die sich als homophile, geburtenreduzierende Institutionen auswirken. Homosexualität, wie wir sie im alten Hellas mit seiner kargen Nahrungsmittelversorgung und im alten Rom mit seiner katastrophalen Überbevölkerung gefunden haben, mag durchaus eine Reaktion des Organismus gewesen sein, die mit Hilfe der biologischen Rückkopplungsmechanismen zur Einschränkung der Natalität geführt hat.
Der Kreis schließt sich nun, wenn wir auch die Betonung der erogenen Zonen in diesem Zusammenhange sehen. Denn eine solche Betonung, wenn sie ihren Zweck erfüllt, führt zur Paarung. Je höher der Anreiz, desto größer die Anzahl der Paarungen. Je mehr Paarungen, desto mehr Geburten. Je mehr Geburten, desto mehr Münder. Je mehr Münder, desto weniger Essen. Je weniger Essen, desto weniger Überlebende. Um dies zu verhindern, setzt sich meist ein anderer Zyklus in Bewegung: Geschlechterdifferenzierung führt zu Geschlechtertrennung, Geschlechtertrennung führt zum Zusammenschluß mit Geschlechtsgenossen, Zusammenschluß mit Geschlechtsgenossen führt zur Homophilie, die Homophilie reduziert die Geburtenziffer, die reduzierte Geburtenziffer spart Nahrung, und dieser Vorgang dauert an, bis sich das ökologische Gleichgewicht wiederhergestellt hat.
Eine solche Erkenntnis darf uns aber nicht zum Fatalismus verführen, zur

Überzeugung, daß die Natur schon alles von selbst regeln wird, denn diese Überzeugung führt stets zum Nichtstun, zur sozialen Gleichgültigkeit, zum Abstumpfen des Gewissens. Der bewußte Eingriff in die Gesellschaftsordnung ist selber Teil des biologischen Rückkopplungssystems, mit dessen Hilfe die menschliche Gesellschaft ihre langfristige Gesetzmäßigkeit erreicht. Sexuelle Abweichungen als Teil eines biologischen Regelsystems mögen auf den unteren Stufen der menschlichen Entwicklung notwendig sein. Wollen wir aber jemals ein höheres Stadium der Sozialentwicklung erklimmen, so müssen wir bewußt und gezielt unsere Geburten regulieren. Dies ist in keinem Laisser-faire-System, in keiner »freien« und auch in keiner »sozialen« Marktwirtschaft, sondern nur in einer geplanten Ökonomie möglich. Aber auch Planwirtschaft ist nur ein Übergangssystem. Sobald wie möglich müssen wir aus dem demokratischen Zentralismus in die dezentralisierte, sich selbst verwaltende Gesellschaft der Freien, der Gleichberechtigten und der Gleichmächtigen vorstoßen. Denn nur dort kann die Frau ihr Recht und ihre Erfüllung finden.

5

Ich habe dieses Buch mit der Legende vom verlorenen Paradies begonnen, und ich beende es mit dem Mythos von der Wiederkunft des Goldenen Zeitalters. In den Ländern Vorderasiens, deren geschichtliche Zeit noch maßgeblich von den Erinnerungen an die Sippen- und Stammesgesellschaften der Vorgeschichte geprägt worden ist, hat sich der Glaube an die Wiederkunft am klarsten ausgebildet und am längsten erhalten. Das Christentum hat ihn in der Form der Auferstehung und Wiederkehr des Messias von den Juden übernommen. In den apokalyptischen Schriften des Neuen Testaments überlebt er als Widerkunft des göttlichen Reiches nach der Zerschlagung der Welt des Satans. Die Eschatologie (vom griechischen *eschatos*, »zuletzt«), die christliche Lehre von den letzten Dingen, hat nicht nur das Denken Vorderasiens, sondern auch das des Westens stark beschäftigt. Der Chiliasmus (vom griechischen *chilioi*, »tausend«), der Glaube an ein tausendjähriges Reich des Friedens und der Freude, herrschte von Justin und Tertullian bis ins späte Mittelalter.
Es ist bezeichnend, daß der Glaube in seiner tiefsten, reinsten Form bei den revolutionären Bauern des sechzehnten Jahrhunderts auftauchte. Dort bedeutete er genau das, was er noch heute im Vorderen Orient aussagt: die Hoffnung auf eine Wiederkehr jener Mütterlichkeit, Sicherheit, Geborgenheit, Gleichheit und gegenseitigen Hilfe, die es seit den Sippengesellschaften der Vorzeit nirgends mehr gegeben hat. Aber hier, bei den Wiedertäufern um Thomas Münzer, gesellte sich zu dem Glauben an die historische Notwendigkeit der Parusie (von griechischen *parusia*, »Anwesenheit«), der Wiederkehr des Guten, auch die Überzeugung, daß es nur dann wiederkommt, wenn man etwas dafür tut. In der Theologie der Anabaptisten wird die Erwartung, daß der Mensch etwas zu seiner Befreiung tue, als Teil der göttlichen Vorsehung betrachtet und in diese einbezogen. Das Kommen des

Reichs Gottes ist zwar Vorsehung, aber die Vorsehung wird nur wahr, wenn der Mensch sie realisiert. Das entspricht weitgehend der Rolle der Arbeiterklasse im marxistischen Bild von der historischen Notwendigkeit der Revolution, dem Absterben des Staates und dem Aufbau einer klassenlosen Gesellschaft. Auch hier ist es Teil der historischen Notwendigkeit, daß der Mensch aktiv in die Vollendung seines Schicksals eingreift.
Das ganze vorliegende Buch beruht auf der strukturellen Form von ökonomischer Basis und sexuellem Überbau. Nirgends wird aber behauptet, daß der Überbau sich mechanisch aus den ökonomischen Verhältnissen ergebe, denn überall errichtet der Mensch als Herr seines Schickals sein eigenes politisches, philosophisches, kulturelles und sexuelles Lebensgebäude. Seine Herrschaft bewegt sich jedoch innerhalb der Grenzen, welche die Entwicklung seiner Produktionsmittel ihm gesetzt hat und die er sich selbst durch die Entwicklung seiner Produktionsinstrumente setzt. Die ökonomische Situation ist also nicht nur aktive Ursache, und das Sexualverhalten ist nicht allein passive Wirkung, sondern beide beeinflussen einander wechselseitig. Die menschliche Entscheidungs- und Willenskraft spielt in dieser Dialektik eine maßgebliche Rolle. Sie wird diese Rolle auch im Kampf gegen das Patriarchat spielen. Zwar wird die klassenlose Gesellschaft, die das Patriarchat eines Tages ersetzen muß, weitgehend von den Entwicklungen der heutigen und morgigen Produktionsmittel bedingt, aber diese Entwicklung bedingt auch das Bewußtsein der Notwendigkeit eines solchen Kampfes und die Willenskraft, ihn zielbewußt durchzuführen. Das meine ich, wenn ich von der Gesetzmäßigkeit der Geschichte spreche.
Einer der ersten Denker, der eine solche Gesetzmäßigkeit aufspürte, war Giovanni Battista Vico (1668 bis 1744), dessen Theorie von der Wendeltreppenform des Fortschritts sowohl Morgan wie Marx, sowohl Spengler wie Toynbee, und schließlich auch Sigmund Freud beeinflußt hat. Obgleich Freud die Wechselwirkung zwischen Psyche und Umwelt sehr deutlich erkannte und die Bildung des Ichs und Über-Ichs auf die Einflüsse der Umwelt zurückführte, neigte er dazu, dem Individuum den chronologischen Vorrang vor der Gesellschaft einzuräumen. Jede seiner Chronologien beginnt mit der Geburt des Kindes und endet mit dem Tode des Erwachsenen. Zwar wird das Kind lebhaft von dem Einfluß seiner Eltern geformt und formt als Erwachsener seinerseits seine Umwelt. Aber die Frage, wer denn nun die Psyche der Eltern des Kindes geformt hat, wird weder gestellt noch beantwortet. Das früheste Konzept ist die Urhorde, und hier reagieren die Söhne bereits aktiv gegen die Herrschaft des Vaters. Wer aber hat die Psyche des Vaters geformt?
Die Antwort ist, daß der Mensch als Einzelwesen überhaupt noch kein Mensch ist. Der Übergang vom Tier zum Menschen erfolgt durch die Bildung der menschlichen Gesellschaft. Eine Gruppe noch tierischer Wesen erhebt sich zur Humanität durch die Art ihres Zusammenwirkens. Jedes der Einzelwesen ist noch Tier. In ihrer Zusammenwirkung aber sind sie schon Menschen. Natürlich spiegelt auch die Gruppe die psychische Struktur ihrer einzelnen Mitglieder wider, aber sie spiegelt nicht die Wirkung der individuellen Psyche, sondern die der vereinten, als Parallelogramm der psychischen

Kräfte agierenden Persönlichkeiten. Dies trifft genauso auf die »Urhorde« wie auf jeden späteren und größeren Sozialorganismus zu.
Der therapeutische Wert der Psychoanalyse ist nach meinen Erfahrungen selbst unter den günstigsten Bedingungen minimal. Der Wert der Freudschen Theorie als herausforderndes, Antworten und Gegenbeweise erheischendes Denkmodell kann dagegen kaum überschätzt werden. Es mag deshalb von Nutzen sein, zur Beleuchtung dieser Kernfrage die psychoanalytische Theorie des menschlichen Reifungsprozesses heranzuziehen. Freud sah diesen Prozeß ja bekanntlich als eine dialektische Reihe, in der sich Wirkung und Gegenwirkung zu einer Synthese vereinigen, die dann ihrerseits zur nächsten These wird. Jede der vier Reifungsstufen mit Ausnahme der ersten, die sozusagen die Arena der späteren Auseinandersetzungen bildet, ist das Produkt psychischer Widersprüche, die sich auch nach der Pubertät niemals gänzlich auflösen und die eigentliche Dynamik des psychischen Lebens liefern. Die vier Stufen sind:

1. Eine archaische Urstufe, in der die Psyche des neugeborenen Kindes noch völlig undifferenziert ist, in der sich die Klassen der späteren Libidohierarchie noch nicht voneinander abgespalten haben, in der sich die Psyche des Kindes auf dem Stadium des Urkommunismus befindet. Die ganze Hautoberfläche ist mit gleicher Intensität für alle Reize empfänglich. Die Sensitivität des Körpers ist noch weitgehend amorph oder, wie Freud es genannt hat, *polymorph.*
2. Eine Stufe, in der das psychische Leben des Säuglings völlig von seiner Beziehung zur Nahrungsaufnahme geformt wird. Alles konzentriert sich auf die Mundregion, aus der das Kind sowohl Nahrung wie Lust empfängt. Diese Stufe nannte Freud *oral,* »den Mund betreffend«.
3. Eine Stufe, in der das Kind lernt, sich durch Ausstoßen oder Zurückhalten seines Stuhlgangs Lust oder Unlust zu verschaffen und durch gehorsames In-den-Topf-Machen oder ungehorsames In-die-Windeln-Machen lernt, wie man die Umwelt zufriedenstellen oder provozieren kann. Diese Phase nannte Freud *anal-sadistisch,* weil sie einerseits mit der Herausbildung des analen Nervensystems, andererseits mit der Lust am Verärgern der Eltern verknüpft ist.
4. Eine pubertäre Phase, in der das Kind lernt, die früher empfundenen Mund- und Afterreize dem Primat der Geschlechtsteile und ihrer Befriedigung unterzuordnen.

Freud sieht den Reifungsprozeß des Menschen also ganz eindeutig als eine historische Allegorie, in der die Entwicklung des Klassensystems vom Urkommunismus über die Stadien der Sklaverei und des Feudalismus zur »reifen« Gesellschaftsordnung des Kapitalismus vorgezeichnet ist. Andererseits stellt sich ihm die psychische Ordnung als eine Klassenstruktur dar, in der die niederen, früher entstandenen Klassen im Interesse des Gesamtorganismus sich der später entstandenen Klasse unterordnen müssen. Obgleich er die Schwächen des bürgerlichen Systems nur allzu klar erkannte, schien ihm die Unterordnung des Proletariats doch eine zur Erlangung gesellschaftlicher Reife unerläßliche Notwendigkeit zu sein. Denken wir Freuds Logik aber einen Schritt weiter durch, so enthüllt sich die neu entstandene Klasse, der sich die älteren Klassen im Interesse des organischen Reifungsprozesses unterordnen müssen, nicht als das Bürgertum, das ja weitaus älter als das Proletariat ist, sondern als das Proletariat selber. Freud hat also in sein Modell der Libidoentwicklung mehr hineingelegt, als er sich selber bewußt gewesen ist: eine psychologische Begründung der Notwendigkeit einer Diktatur des Proletariats.

Aber die Diktatur des Proletariats läßt sich nur dann rechtfertigen, wenn sie sich möglichst bald negiert und dadurch zur klassenlosen Gesellschaft führt. Herbert Marcuse hat deshalb Freuds Konzept einer Unterordnung der prägenitalen Triebe unter den Primat der Genitalität eine Tyrannei genannt und jene Menschen, die sich ihre kindliche, rebellische Oral- oder Analerotik ins Erwachsenenleben hinübergerettet haben, als potentielle Revolutionäre bezeichnet. Ich halte dies für eine gefährliche Metaphorik und stimme mit Norman O. Brown überein, der Marcuse vorgeworfen hat, die Libidostruktur der Oral- und Analerotiker sei mindestens ebenso tyrannisch wie die des »normalen« Menschen, denn auch hier unterdrücke eine der vier Entwicklungsphasen zwei der anderen. Die einzige Stufe, auf der keine Unterdrückung stattfände, sei die erste, die polymorphe, die panerotische Phase. Die wirkliche Befreiung der menschlichen Sexualität könne also allein in einer Rückkehr auf höherer Ebene zu der polymorphen Phase liegen, denn nur diese sei gänzlich frei von hierarchischen Bestrebungen.

Und in der Tat ist dieses Bild der Ontogenese auch als Phylogenese außerordentlich überzeugend, denn es sagt weder mehr noch weniger aus, als wir mit Hilfe historischer und prähistorischer Untersuchungen im gesamten Corpus dieses Buches darzutun versucht haben: daß die menschliche Gesellschaft, wenn sie nicht in die Barbarei zurücksinken will, ein ganz eindeutiges Ziel anvisieren muß: eine Wiederherstellung der klassenlosen Gesellschaft der Vorgeschichte auf höchster Ebene der elektronischen und atomaren Technik. Ein solches Ziel ist aber mit Hürden umgeben, die sich nicht mit radikalem Abenteurertum nach Art der »Neuen« Linken aus der Welt schaffen lassen. Wenn das Bild der psychoanalytischen Triebstruktur, das – ich wiederhole es – niemals größeren Wert als den eines Denkmodells haben darf, uns zu präziserem Nachdenken über die Perspektiven der Gesellschaft unserer Nachfahren anregt, dann sind die Folgerungen beachtlich in ihrer langfristigen Implikation.

Freud sah, zweifellos mit Recht, den sexuellen Reifungsprozeß des Menschen zwischen Geburt und Pubertät als Kontraktion der sexuellen Sensibilität auf die Erogenzonen: erst auf die Mundregion, dann auf die Analzone und schließlich auf die Genitalien. Jeder Fortschritt dieses Kontraktionsprozesses bedeutet aber im soziologischen Sinne einen Herrschaftsanspruch einer Teilregion des menschlichen Körpers über alle anderen Regionen. Wollen wir uns je von der Tyrannei des einen über die anderen befreien, so müssen wir auch die Sexualität von der Tyrannei der Erogenzonen befreien. Dies bedeutet, daß die Sexualität der Zukunft eine polymorphe Zärtlichkeit sein wird, nicht aber jener »Kampf der Geschlechter«, der sich aus der extremen Polarität von Mann und Frau in der Klassengesellschaft entwickelt hat und die sexuelle Widerspiegelung des Klassenkampfes ist.

Nicht nur werden die Geschlechter gleiche Rechte haben und ähnliche Sozialrollen ausfüllen, sondern sie werden einander auch psychisch und physisch ähnlicher werden.

Wie in jeder uns bekannten Gesellschaftsordnung soziale Polarisierung stets zur sexuellen Polarisierung geführt hat, so wird soziale Entpolarisierung auch unweigerlich zur Entpolarisierung der Geschlechter führen. Schon heute sind die Beziehungen zwischen einer sehr »männlichen« Frau und einem sehr »weiblichen« Mann zufriedenstellender als zwischen einem sehr männlichen Mann und einer sehr weiblichen Frau. Und dies aus dem simplen Grunde, daß nur derjenige, der sich dank seiner psychosexuellen Anlage in den anderen versetzen kann, dessen Wünsche erraten und befriedigen kann. Ebensowenig, wie die klassenlose Gesellschaft eine entindividualisierte sein darf, sondern im Gegenteil erst zur vollen Entfaltung der Individuen führen soll, so ist es gattungsgeschichtlich denkbar, daß wir in einer Gesellschaft freier Individuen auch entscheiden werden, ob wir als Mann oder Frau leben wollen. Wenn wir vermuten, daß eine klassenlose Gesellschaft auch eine »geschlechtslose« sein wird, so meinen wir damit also keineswegs, daß sie eingeschlechtig, sondern daß sie sexuell variabel sein wird.

Unter marxistischen Humanbiologen, Genetikern und Hormonforschern besteht seit geraumer Zeit kein Zweifel mehr, daß der Sexualdimorphismus, die Zweiteilung der Menschheit in Männer und Frauen, weitgehend gesellschaftlichen und nicht biologischen Ursprungs ist. Wir sprechen schon seit langem nicht mehr davon, daß die Geschlechtszugehörigkeit des Menschen aus seinen primären und sekundären Geschlechtsteilen entnommen werden kann, sondern haben gelernt, mindestens neun verschiedene Faktoren zu unterscheiden, die den tatsächlichen sexuellen Status des Menschen bestimmen:

1. Die Struktur der äußeren Geschlechtsteile, die von dem Laien als allein bestimmend für die Geschlechtszugehörigkeit des Menschen aufgefaßt wird.
2. Die Struktur der inneren Geschlechtsteile, die selbst von Medizinern bis vor kurzem als einziger zusätzlicher Faktor der Geschlechtsbestimmung herangezogen wurde.
3. Die gesellschaftliche Erziehung, die das soziale Geschlecht des Menschen bestimmt.
4. Die klassenspezifische Geschlechtsrolle, die dem Menschen in seiner Beziehung zum anderen Geschlecht zugewiesen wird und dadurch sein psychisches Geschlecht bedingt.
5. Die Zusammensetzung seiner Gene, die sein genetisches Geschlecht bestimmt.
6. Die Zusammensetzung seiner Chromosome, die sein chromosomales Geschlecht bedingt.
7. Seine Zellkernstruktur, die sein nukleares Geschlecht beeinflußt.

8. Die Wirkung seiner Hormone, die seine endokrine, innersekretorische Geschlechtszugehörigkeit auslöst.
9. Die Form seiner Keimdrüsen, die sein gonadales Geschlecht ausdrückt.

Jeder Mensch kann in acht dieser Faktoren weiblich und im neunten männlich sein; er kann in vier Aspekten männlich und in fünf anderen weiblich sein. Jede beliebige Zusammensetzung der geschlechtsbestimmenden Faktoren ist denkbar. Unter diesen Bedingungen von einer einzigen Geschlechtlichkeit zu sprechen widerspricht nicht nur jeglicher wissenschaftlichen Erfahrung, sondern enthüllt auch gleichzeitig eine grundsätzlich reaktionäre Weltanschauung. Der Abbau der Geschlechtsunterschiede, den ich als unvermeidlichen Aspekt einer klassenlosen Gesellschaft betrachte, ist also nicht eine willkürliche, eigensinnige Form der Utopie, sondern eine Anschauung, die ich mit fast allen marxistischen Philosophen unserer Tage teile.
Prof. Dr. Dr. Walter Hollitscher sagt in *Sexualität und Revolution* (Frankfurt am Main 1973, S. 33): »Auch prognostisch ist die Frage nicht uninteressant, ob etwa im Zuge der arbeitsmäßigen Verhaltensangleichung von Mann und Frau der zur Zeit vorhandene Sexualdimorphismus eine Abschwächung erfahren wird, weil etwa tüchtige Frauen keinen Auslesenachteil gegenüber anatomisch besonders gebärfähigen haben – eher sogar einen Auslesevorteil, weil sie als Partner oft bevorzugt werden. Manche erwägen, ob dabei in bezug auf tertiäre und sekundäre Geschlechtsmerkmale der Dimorphismus sich in Richtung auf ein ›Unisex‹ hin verschieben könnte, so daß Mann und Frau einander ähnlicher werden. Das ist, vergleichend-anatomisch genommen, keineswegs absurd, da in der frühen Primatenverwandtschaft des Menschen Gattungen mit geringerem oder geringem Sexualdimorphismus nicht selten sind – was natürlich biologisch und nicht kulturell bedingt war.«
Auch jenes seltsame Zwittergeschöpf, die »hedonistische Linke« (Susan Sontag in Amerika, Peter Gorsen, Frank Böckelmann, Bazon Brock in Deutschland), hat seit langer Zeit die Unabwendbarkeit einer Geschlechsangleichung vertreten. Susan Sontag sagt: »Wenn wir nicht wollen, daß die sexuelle Befreiung ein Ziel ohne Sinn wird, müssen wir die Sexualität selbst neu definieren. Denn weder die sexuelle Betätigung an sich noch vermehrte Erfahrungen sind befreiend. Eine wirklich befreiende Ethik auf diesem Gebiet muß das Dogma der Vorrangigkeit der Heterosexualität (mit genitaler Zielsetzung) verwerfen. Eine nicht repressive Gesellschaft, eine Gesellschaft, in der die Frauen auf der subjektiven und objektiven Ebene den Männern gleich sind, wird zwangsläufig eine ›androgyne‹ (doppelgeschlechtliche) Gesellschaft sein« (Neues Forum, Heft 230/231, März 1973). Ähnlich Frank Böckelmann in ›Aspekte der Männlichkeit‹, Bazon Brock in ›Eine Zukunft des Geschlechts im unaufhörlichen Abschied von Ödipus‹ und Peter Gorsen in ›Intersexualismus und Subkultur‹ (alle drei in *Maskulin-Feminin*, München 1972).
Nicht nur wird die vom Patriarchat erzwungene Überpolarisierung der Sexualität mit ihren Folgen des unschlichtbaren Kampfs der Geschlechter

und der unabbaubaren Sexualspannung gemildert werden, so daß wir mehr Energie zu kulturellen Tätigkeiten aufbringen können, sondern die Geburtenziffer wird unweigerlich sinken und dadurch einen großen Teil der Neurosen abbauen, die heute aus dem allzu engen Zusammenleben allzu vieler Menschen entstehen.

6

Es ist kein Zufall, daß wir diese Fragen zum ersten Male an einem ganz bestimmten Punkt unserer Entwicklung beantworten müssen: dem Punkt, an dem die Erde von Übervölkerung bedroht ist. Solange Fruchtbarkeit noch eine Tugend war, solange das Überleben unserer Gattung noch von mangelnder Vermehrung bedroht war, war auch die Ablehnung der Geburtenbeschränkung berechtigt. Aber von dem Augenblick an, wo jede zusätzliche Geburt das Überleben einer vielfachen Zahl anderer Menschen zu gefährden begann, schlug der Glaube an das inhärent Gute der Vermehrung in sein Gegenteil um. Heute grenzt es ans Kriminelle, weitere Geburten zu erzwingen, sei es auch mit dem Appell an die Heiligkeit und Unverletzlichkeit des Lebens. Es gibt keinen medizinischen Zweifel daran, daß der Großteil aller heutigen Krankheiten auf zwei Ursachen zurückgeht: zu dichte Besiedlung der Erde und Verseuchung aller biologisch wichtigen Substanzen. Das zweite ist das Resultat des ersten. Im Gegensatz zu der populären Vorstellung, daß man durch »Umweltschutz« diesen Prozeß rückgängig machen könne, ist er irreversibel. Wir können bestenfalls die Verschlechterungsrate verkleinern, aber aufheben können wir sie nicht, und den bereits angerichteten Schaden wiedergutmachen können wir mit keinem Mittel der Welt.
Wenn es heute ein Gebot gebe, das Vorrang vor allen anderen Geboten hätte, dann wäre es also die drastische Reduktion der Geburtenziffer. Eine Kirche, die sich heute noch gegen eine Einschränkung der Natalität sträubt, sündigt gegen Gottes Wort. Wir haben nur noch kurze Zeit auf dieser Erde zu leben. Jede Vermehrung der Menschheit verkürzt diese Zeit. Jede Geburt tötet viele Tausende, die noch nicht geboren sind. »Mehr« ist nicht mehr »besser«. »Groß« ist nicht mehr »fortschrittlich«. Industrialisierung ist nicht überall und unter allen Bedingungen dem Wohl der Menschheit zuträglich. Der Umschlag der Quantität in die Qualität ist negativ geworden. Fast alle Wertmaßstäbe, die gestern noch gültig waren, sind im Angesicht dieser Tatsachen ungültig geworden. Darunter auch der Wertmaßstab dessen, was im Verhältnis der Geschlechter zueinander gut und schlecht ist.
Schlecht ist, was die Verseuchung vermehrt. Und was vermehrt die Verseuchung? Die Vermehrung des Menschen. Fruchtbarkeit ist also keine Tugend mehr. Fruchtbarkeit ist zu einem Vergehen gegen die Gemeinschaft geworden. Und in einem Zeitalter, in dem dies zur unbestreitbaren Wahrheit geworden ist, müssen wir zum erstenmal in der menschlichen Geschichte ernsthaft über den Abbau der »natürlichen« Sexualattribute des Menschen sprechen.

Nichts ist natürlicher am Menschen als seine Veränderlichkeit. Wir können uns heute ein Leben auf dem Meeresboden oder im Weltraum vorstellen. Die technischen Schwierigkeiten sind nicht unüberwindbar. Wir werden Menschen mit Kiemen statt Lungen entwickeln, und wir werden Menschen entwickeln, deren Organismus nicht mehr von der Schwerkraft abhängig ist. Der Schritt von hier zur Abschaffung der Menstruation ist nicht groß, und die Erforschung einer Alternative zum Austragen des Kindes im Mutterleib sollte kaum überwältigende Schwierigkeiten bereiten.

Denen, die uns da einreden wollen, alles sei immer so gewesen und könne sich nicht ändern, kann man nicht oft genug erwidern, daß rund 99 Hundertstel der Menschheitsgeschichte das Gegenteil beweisen. Erst im Neolithikum, der Jungsteinzeit, finden wir nach 5 Millionen Jahren der sexuellen Gleichstellung mit zeitweiligem Vorrang der Frau die ersten Versuche der Machtergreifung des Mannes. Wenn es also eine Logik gebe, die aus der Länge der Herrschaftszeit des einen oder anderen Geschlechts die Folgerung ziehen dürfte, dieses Geschlecht sei »von Natur her« zur Herrschaft bestimmt, so wäre es ohne Zweifel das weibliche. Aber was an der These von der »naturgegebenen Überlegenheit« des Mannes unwissenschaftlich ist, ist eben nicht, daß dieser Anspruch für den Mann geltend gemacht wird, sondern daß er überhaupt erhoben wird. Denn es ist das Kennzeichen der menschlichen Gattung, daß sie in höherem Maße als irgendein anderes Tier in der Lage ist, sich zu verändern. Hier liegt der gefährliche Denkfehler mancher Verhaltensforscher, die aus der Existenz gewisser Verhaltensmuster bei Tieren die Folgerung ziehen, daß ein ähnliches Verhalten auch für den Menschen »natürlich« sei. Das einzig »Natürliche« am Menschen ist aber seine Fähigkeit, sich neuen Gegebenheiten anzupassen.

Die Überzeugung von der Veränderlichkeit aller Dinge ist der Maßstab, mit dem man mißt, ob eine Ansicht fortschrittlich ist oder nicht. Wer meint, die Welt sei immer so gewesen und müsse deshalb auch immer so bleiben, blokkiert von vornherein jeden Versuch der Verbesserung unseres Lebens. Wer aber gelernt hat, daß es nichts gibt, was nicht veränderlich ist, der hat auch gelernt, daß Geschlechtsunterschiede nicht endgültig sind. Einerlei wie lange es dauern mag, einerlei in welcher Form es eines Tages geschehen wird, eines ist sicher: die endgültige Befreiung der Frau kann nur in der Befreiung von der Geschlechtlichkeit liegen. Die klassenlose Gesellschaft der Zukunft kann nur eine geschlechtslose Gesellschaft sein. Sie kann weder anal noch oral und auch ganz gewiß nicht genital beherrscht werden. Sie muß polymorph sein, oder sie führt das Prinzip der Herrschaft, das wir eben durch die soziologische Tür hinausbefördert haben, durch die Hintertür der Sexualität wieder ein.

7

Sobald die Frau ihre Kraft nicht mehr als Gebärmaschine zu verschleißen braucht, wird sie zum erstenmal in der menschlichen Geschichte all ihr Hegen, Nähren und Sorgen der ganzen Umwelt widmen können. Die

Mütterlichkeit wird das Biologische transzendieren und sich als soziale Kraft manifestieren.
Haben wir die Geschlechtsunterschiede erst einmal weitgehend abgebaut, so wird sich der Körper der Frau dem des Mannes angleichen, sehr bald aber auch der Körper des Mannes dem der Frau. Das bedeutet keinen Abbau des Geschlechtsverkehrs, sondern nur dessen Entlastung von den Bürden der Menstruation und Schwangerschaft. Es bedeutet, daß die Frau endlich jene sexuelle Befriedigung erlangen kann, die sie bisher nur in den matrilinearen Gesellschaften der Vorgeschichte erreicht hat.
Die Ärzte des neunzehnten Jahrhunderts, jener Blütezeit des bürgerlichen Vaterrechts, meinten bekanntlich (oder machten sich und anderen zumindest vor), es sei eine Beleidigung der Frau, ihr vorzuwerfen, sie benötige sexuelle Befriedigung. Das liberalere Patriarchat unserer Tage hat dagegen nur allzuoft verkündet, es sei durchaus das Recht der Frau, befriedigt zu werden, aber was damit gemeint war, war meist eine Variante des Lutherschen Diktums von 2 × 1 pro Woche: einmal rein, einmal raus. fertig ist der kleine Klaus. »Mach ihr doch'n Kind, dann hat die liebe Seele Ruh!« gilt auch heute noch als beliebter Rat unter Männern, wenn eine Frau ein wenig zu munter ist. Ihr sexueller Wunsch wird systematisch in die sogenannte Mütterlichkeit abgedrängt. Während das Gebären und Aufziehen eines Kindes der Mehrzahl aller Frauen tatsächlich eine gewisse sexuelle Befriedigung gibt, kann es diese aber niemals *ersetzen.* Der sexuelle Bedarf der Frau ist nicht kleiner als der des Mannes, sondern größer.
Selbst unter Männern, die ernsthaft versuchen, ihre Frauen zufriedenzustellen, herrscht jedoch noch immer die irrige Ansicht, daß die Sexualbiologie der Frau ähnlich wie die des Mannes operiere. Nach dem Orgasmus, meint der Mann, sei man zufrieden, das sage einem ja der gesunde Menschenverstand. Seit Masters und Johnson aber im Laborexperiment entdeckt haben, daß die weiblichen Sexualorgane grundsätzlich anders arbeiten als die des Mannes (*Die sexuelle Reaktion*, Frankfurt am Main 1967, S. 35 bis 210), wissen wir, daß der »gesunde Menschenverstand« des Mannes hier irrt. Denn während beim Manne sowohl durch Samenproduktion wie durch Erektionsfähigkeit der Anzahl der Orgasmen (und damit der Befriedigung) bestimmte (auch für den virilsten Mann unüberwindliche) Grenzen gesetzt sind, bestehen solche Grenzen bei der Frau nur in der physischen Ermüdung, nicht in der Befriedigung. Jede Ausdehnung der Schwellkörper in den weiblichen Sexualorganen erzeugt Stauung und Ödematisierung: ein wahrnehmbares Sichneuanfüllen der Gewebe mit klarer, wässeriger Flüssigkeit. Diese Flüssigkeit staut sich in den Beckenbindegeweben und dringt durch die Scheidenwände, um das vaginale Transsudat, die Scheidengleitsubstanz, zu bilden. Jede Ödematisierung erzeugt weitere Gewebespannung. Die Zufuhr von Ödemsekret in das Becken ist unerschöpflich. Daraus folgt, daß je mehr Orgasmen eine Frau erlebt, desto stärker werden sie. Noch präziser formuliert: je mehr Orgasmen sie hat, desto mehr kann sie haben. Masters und Johnson haben mit Hilfe elektrischer Vibratoren, die dem natürlichen Ermüdungsprozeß des Penis nicht unterlegen sind, nachgewiesen, daß fast jede Frau zu 50 konsekutiven Orgasmen fähig ist. Mehr noch: daß sie

dieser Orgasmen *bedarf* und erst nach einer solchen Erfahrung zum erstenmal entdeckt, was ihr ihr ganzes Leben lang gefehlt hat.
Masters hat der Ärztin Mary Jane Sherfey in einer persönlichen Kommunikation mitgeteilt, die meisten Frauen seien »gewöhnlich« mit drei bis fünf Orgasmen zufrieden, und dies scheint seinen eigenen Experimentalresultaten zu widersprechen. Aber Sherfey kommentiert: »Zwischen Befriedigung und Sättigung besteht ein großer Unterschied. Eine Frau kann ohne die geringste orgastische Erfahrung durchaus zufrieden sein. Erfährt sie aber häufige sexuelle Stimulierung ohne genügende Befriedigung, so wird es kaum ohne schädliche Reaktionsbildung abgehen . . . Ich bin der Meinung, daß man von einem Manne kaum sagen wird, er werde ›gewöhnlich‹ mit drei oder vier Ejakulationen zufrieden sein: der Mann *ist* mit ihnen zufrieden. Die Frau dagegen findet sich bestenfalls damit ab, und selbst dies nur, weil sie sich des Ausmaßes ihrer orgastischen Potenz überhaupt nicht bewußt ist« (Mary Jane Sherfey, *Die Potenz der Frau,* Köln 1974, S. 215 f.).
Wir können die Stichhaltigkeit dieser Beobachtung sehr deutlich aus dem Verhalten jener Primatenweibchen entnehmen, die nicht den Zwängen des menschlichen Patriarchats unterstehen und deshalb mit einer ganzen Horde von Männchen, einem nach dem anderen, kopulieren und selbst nach totaler Ermüdung aller verfügbaren Männchen noch nach weiteren Orgasmen suchen. Fünfzig Paarungen am Tag sind für solche Weibchen durchaus normal und konstituierten mit großer Wahrscheinlichkeit auch die Norm in den mutterrechtlichen Gesellschaftsordnungen der Vorzeit. Sherfey meint, daß die Beschneidung aus dieser Zeit und diesen Kulturen stamme, da sie die Reizfähigkeit des männlichen Gliedes mindere und der Frau deshalb erlaube, den erigierten Penis länger in sich zu haben, als das bei unbeschnittenen Männern möglich sei (Sherfey, a.a.O., S. 87, 142). »Die Einführung dieser Sitte mag auf die Frauen im frühen Mesolithikum zurückgehen, doch müssen die Männer beachtlichen Widerstand gegen einen so barbarischen Akt symbolischer Kastration geleistet haben, der damals sicherlich oft zu faktischer Entmannung geführt haben mag und dem als Folge von Infektionen und Blutvergiftungen viele Männer zum Opfer gefallen sein müssen . . . Wahrscheinlich erfolgte die Beschneidung in der Regel nur in denjenigen Zentren, wo Frauen ungewöhnliche Macht ausübten.«
Eines geht eindeutig aus den Arbeiten von Masters und Johnson hervor: Die Domestizierung der Frau war nur durch sexuelle Entwöhnung möglich. Der Mann hat der Frau also nicht nur ihre Rechte und Freiheiten geraubt, sondern hat sie vor allem sexuell bestohlen. Er hat ihr nicht nur die Befriedigung genommen, die ihr Körper verlangt, sondern hat ihr obendrein auch noch das Bewußtsein ihrer Unzufriedenheit geraubt. Den psychischen Energieaufwand, mit dem das Patriarchat die Verwandlung der Sippe in die Familie, der freien Frau in das Dienstmädchen, der sexuell aktiven Frau in die häusliche Gebärmaschine betrieben hat, entnahm es aus der Libido der Frau. Freud meint, daß »die Kultur« (und damit meint er stets die *patriarchalische* Kultur) das Produkt des Triebverzichts sei, daß die Kultur also mit »sublimierter« Libido gespeist worden sei. Wenn das stimmen sollte, dann war es fast ausschließlich die *weibliche* Libido, die den

Prozeß der Kulturerzeugung durch Triebverzicht finanziert hat, denn der Mann brauchte kaum je auf Befriedigung seiner Libido zu verzichten. Wenn seine Ehefrau ihn nicht befriedigte, ging er zu einer anderen. Nur die Frau mußte verzichten. Der Mann konnte stets mehrere Frauen haben, die eine legal, die anderen illegal oder zumindest inoffiziell. Die Frau aber hatte bestenfalls einen Mann, und da dieser sie wegen der angeborenen Grenzen seiner Potenz kaum je befriedigen konnte, wäre es um so dringlicher gewesen, ihr das zu gönnen, was sie benötigte: mehrere Männer.
Sherfey sagt: »Genau wie die Vagina nicht zur Geburt von großköpfigen Babys geeignet ist, ist auch die orgastische Kapazität der Frau nicht für monogame, seßhafte Kulturen bestimmt. Es ist widersinnig, zu erwarten, daß sich diese sexuelle Leistungsfähigkeit auch nur teilweise innerhalb der Grenzen unserer Kultur ausdrücken kann ... Diese Befunde legen ein reichliches Zeugnis dafür ab, daß weder Männer noch Frauen, aber insbesondere nicht Frauen, biologisch für einen einzigen Partner, für eine monogame Ehestruktur, oder für die lange Reifezeit, die unsere heutige Gesellschaft beiden auferlegt, gebaut sind« (Sherfey, a.a.O., S. 218 f.).
Dies ist auch einer der Kernpunkte unserer Geschichte des Patriarchats. Wie auch immer die zukünftige Gesellschaft aussehen mag, in der Frauen und Männer endlich jene Erfüllung finden werden, die das Patriarchat ihnen rund fünf Jahrtausende lang versagt hat, eines ist sicher: es kann nie wieder eine Kultur der Monogamie, nie wieder der Familie, nie wieder des Einzelhaushalts einer einzelnen Frau mit einem einzelnen Manne und ihren Kindern sein. Lewis Henry Morgan schrieb bereits 1876: »Sollte in entfernter Zukunft die monogame Familie nicht mehr imstande sein, die Ansprüche der Gesellschaft zu erfüllen, so ist unmöglich vorauszusagen, von welcher Beschaffenheit ihre Nachfolgerin sein wird.« Daß sie nun seit langem die Ansprüche der Gesellschaft nicht mehr erfüllt, darüber gibt es heute keine Zweifel mehr. Daß sie eine Nachfolgerin haben wird, sah bereits Morgan voraus. Aber erst die Frauenbewegung der Zukunft wird uns zeigen, wie dieses neue Ding auszusehen hat.

8

Hierbei ist eins bereits heute sicher: Nichts fällt dem Manne schwerer, als sich mit der emanzipierten Frau abzufinden, und dies gilt nicht nur für die Erzreaktionäre des Patriarchats, sondern auch für die fortschrittlich gesinnten Männer, die sich ehrlich bemühen, der Frau zu der Freiheit zu verhelfen, die ihr gebührt. Untersuchungen in den antiautoritären, sozialistischen und anarchistischen Kommunen der sechziger und siebziger Jahre unseres Jahrhunderts (San Franzisko und Berlin) haben ergeben, daß selbst Männer, die von der Gleichberechtigung der Frau überzeugt sind und sich aktiv an der Emanzipationsbewegung beteiligt haben, oft mit Impotenz reagieren, wenn emanzipierte Frauen sich ihnen gegenüber genauso benehmen, wie sich der unemanzipierte Mann fast jeder Frau gegenüber benimmt. Das sexuelle Verhalten des Mannes und seine Reaktionen auf die sexuell emanzipierte Frau haben also Wurzeln, die dem Kontrollmechanismus des Bewußtseins widerstehen, weil sie in tiefe Schichten des Unbewußten hinabreichen.

Das läßt sich nicht nur empirisch im kontrollierten Laboratoriumsexperiment und in der statistischen Sozialforschung mit Hilfe von Kontrollgruppen erhärten, sondern ergibt sich auch ziemlich überzeugend aus den unbewußten Ausdrucksformen männlicher Emanzipatoren. Eine Studie des Vokabulars der Apo-Autoren und anderer studentischer Vertreter der »Neuen Linken« wäre in dieser Hinsicht zweifellos von beachtlichem Interesse. Hier sei nur auf einige besonders krasse Beispiele hingewiesen: Wenn Andreas Baader seine Mitarbeiterinnen als »Votzen« tituliert, hat er für jeden Sozialisten das Recht verloren, noch als Genosse zu gelten. Der extrem rüde Ton, der in einigen »Aufklärungswerken« der Linken als eine Art Überkompensation gegen die Sentimentalitäten der bürgerlichen Aufklärungsliteratur benutzt wird, dient ebenfalls eher der Anbiederei als der Aufklärung. Das sind Entgleisungen, die aus der Illusion bürgerlicher Intellektueller entstanden sind, man könne das Vertrauen des Proletariats gewinnen, indem man es »proletarischer« als die Proletarier treibt.

Aber selbst bei den Vätern des wissenschaftlichen Sozialismus, den weitaus klügsten und emanzipiertesten Männern ihrer Zeit, kommen solche Entgleisungen vor, bezeichnenderweise gerade in den Werken, in denen sie sich mit besonderem Nachdruck für die Rechte der Frau eingesetzt haben. So schreibt Friedrich Engels im *Ursprung der Familie, des Privateigentums und des Staats* (1884), in der klassenlosen Gesellschaft der Zukunft werde es für die Frau keinerlei Gründe mehr geben, »aus irgendwelchen anderen Rücksichten als wirklicher Liebe sich einem Mann hinzugeben, noch dem Geliebten die Hingabe zu verweigern aus Furcht vor ökonomischen Folgen«. Selbst dieser große Apostel der Gleichberechtigung konnte sich das Idealverhältnis der Geschlechter also nicht anders vorstellen denn als »Hingabe« der Frau an den Mann und hoffte dabei nur, daß die Frau sich aus wirklicher Liebe »hingeben« möge und die »Hingabe« nicht aus Furcht vor ökonomischen Folgen zu verweigern brauche. Auch hier fungiert der Mann also noch als herrschender, als einzig aktiver Partner; die Frau ist überhaupt keine Partnerin, sondern kann bestenfalls (genau wie bei den Reaktionären, die Engels verdammte) die Hingabe *freiwillig* vornehmen. Aber *hingeben* muß sie sich immer noch. Wie tief müssen die Wurzeln des Patriarchats liegen, wenn das Konzept der aktiven, ihre sexuellen Wünsche gleichberechtigt realisierenden Frau selbst bei den am klarsten denkenden Männern des 19. Jahrhunderts undenkbar war!

Das zeigt sich auch deutlich in jener selbstzerstörerischen Frauenfeindschaft, die viele Jahrzehnte lang das Denken mancher Gewerkschaften beherrscht hat und heute noch in den Gehirnen gerade jener männlichen Arbeitnehmer herumspukt, die am meisten von einer ökonomischen Befreiung der Frau zu profitieren hätten. Da die Frau vom ersten Eintritt in das Arbeitsreservoir der industriellen Revolution an schlechter bezahlt wurde als der Mann, stellte sie für ihn eine lohndrückende »Schmutzkonkurrenz« dar, die fast überall zu der gewerkschaftlichen Forderung führte, die Frau müsse aus der

Fabrik heraus und wieder ins »Heim« hinein. Aber auch im »Heim« fand die gleiche lohndrückende Ausbeutung der Frau statt. Um die Wende vom 19. zum 20. Jahrhundert waren Arbeitszeiten der Heimarbeiterinnen von 14 bis 16 Stunden keine Seltenheit. Schließlich führte die Verbilligung der Frauenarbeit dazu, daß die Männer sowohl in der Fabrik- wie in der Heimarbeit entlassen und statt dessen Frauen angestellt wurden.
»Nun nimmt aber auch die Frauenarbeit immer mehr überhand, insbesondere in der Textilindustrie, die ihre Tausende von Dampfwebstühlen und Spindelmaschinen von billigen Frauen- und Kinderhänden bedienen läßt. Hier hat sich das frühere Verhältnis umgekehrt. Frau und Kind gehen in die Fabrik, und nicht selten sitzt der brotlos gewordene Mann zu Hause und besorgt die häuslichen Verrichtungen... In Nordamerika, das bei seiner rapiden kapitalistischen Entwicklung alle Übel europäischer Industriestaaten in viel größerem Umfang erzeugt hat, hat man für den Zustand, den diese Verhältnisse hervorriefen, einen sehr charakteristischen Namen. Man nennt Industrieorte, in denen hauptsächlich die Frauen beschäftigt sind, während die Männer zu Hause sitzen, she-towns, wörtlich ›Siestädte‹, Frauenstädte« (Bebel, *Die Frau und der Sozialismus*, 61. Aufl., Berlin 1964, S. 158 f.).
Statt daß die Arbeiterbewegung sich nun gezielt gegen die Unternehmer wandte, die solche Zustände erzeugt hatten, wandte sie sich gegen die Frau und beschuldigte sie, die Ehe zu zerstören, indem sie dem Manne bei der Arbeit Konkurrenz mache. Ein großer Teil der Gewerkschaftsbewegung vertrat die Ansicht, daß die einzige Lösung der »Frauenfrage« darin bestünde, den Männern so hohe Löhne zu zahlen, daß die Frauen wieder zu Kind und Küche zurückkehren könnten. Selbst Karl Marx, der sich damals noch nicht völlig vom Bürgertum dissoziiert hatte, sprach sich in der *Kritik des Gothaer Programms* (1875), für eine »Beschränkung der Frauenarbeit« aus, da sie »für das weibliche Geschlecht sittenwidrig« sei, Erst als die Frauen ihr Schicksal innerhalb der Arbeiterbewegung selber in die Hand nahmen, vor allem aber durch die mutige, klar sehende Agitation der bedeutendsten Frau in der Geschichte der Gewerkschaftsbewegung, Clara Zetkin, wurden diese zumindest unbewußt patriarchalischen Tendenzen der Arbeiterbewegung überwunden. Beim Pariser Internationalen Arbeiterkongreß des Jahres 1899 prägte sie jene Grundsätze, die noch heute unerreicht sind und besonders deutlich den Unterschied zwischen der proletarischen und der bürgerlichen Frauenbewegung beleuchten. Während die letztere immer wieder Sonderrechte für Frauen wegen ihrer besonderen physischen und psychischen Konstitution forderte, wandte sich Clara Zetkin mit äußerster Schärfe gegen alle Sonderrechte der Frau, weil sie in dieser Forderung eine Anerkennung der patriarchalischen Prämisse sah, daß Frauen »anders« und deshalb minderwertig seien. »Wir erkennen gar keine besondere Frauenfrage an«, rief sie in den Kongreßsaal. »Wir erkennen keine besondere Arbeiterinnenfrage an! Vom Standpunkt des Prinzips aus protestieren wir Frauen nachdrücklich gegen eine Beschränkung der Frauenarbeit. Da wir unsere Sache durchaus nicht von der Arbeitersache im allgemeinen trennen wollen, werden wir also keine besonderen Forderungen formulieren; wir verlangen

keinen anderen Schutz als den, welchen die Arbeit im allgemeinen gegen das Kapital fordert!«

Das ist ein matristisches Argument. So und nur so kann die Frau sich selber und damit auch den Mann emanzipieren. So und nur so kann der Mann der Frau helfen, sie und damit auch sich selber zu befreien. Jedes Pochen auf eine Sonderstellung der Frau ist eine verkappte Bestätigung der patriarchalischen These von der Minderwertigkeit der Frau. Ob man sagt, die Frau sei »besser« als der Mann, oder man meint, sie sei »schlecher«, läuft auf genau das gleiche hinaus: auf einen Verrat an der These der Gleichberechtigung der Geschlechter. Wer Sonderrechte der Frau verlangt, bevormundet sie und entwürdigt sie dadurch. Was die Frau an ihrer Entfaltung hindert, ist genau das, was auch den Mann in seiner Entfaltung beschränkt. Nur wer das beseitigt, was *beide* frustriert, beseitigt die Frustration als solche und damit auch ihre tieferen Gründe: das Patriarchat mit seinem inhärenten Prinzip der biologischen Hierarchie, der Unabänderlichkeit der Geschlechtsunterschiede.

9

Von allen strukturellen Elementen, die das Patriarchat von den ihm vorausgegangenen Kulturen unterscheiden, ist das Element der Leistung das wichtigste. Es ist bezeichnend für die Kohärenz der vaterrechtlichen Tradition, daß das bürgerliche Patriarchat unserer Tage ausgerechnet in der griechischen Olympiade ihr Modell und ihre Rechtfertigung gesucht hat, denn hier tritt uns das Leistungsprinzip in verklärter Form entgegen. Hier zeigen die Besten der Welt, durch zahllose Leistungsproben ausgewählt, in spielerischer, nur der eigenen Freude dienender Form, ohne materiellen Gewinn und ohne Hoffnung auf materiellen Gewinn, die höchsten Leistungen und werden dafür mit Ruhm und Ehre belohnt. Das zumindest ist die Fabel, und genauso möchte die bürgerliche Gesellschaft die Leistungen ihrer eigenen Elite verstanden wissen. Hier, in der »Unternehmer«-Klasse, sind die Leistungsstärksten versammelt, die in lebenslangem Ausscheidungskampf selbstlos und ohne privaten Vorteil gegeneinander gespielt haben, bis sich die Besten der Besten durch die Zahl ihrer angehäuften Dollars als absolute Sieger erwiesen haben. Das ist das »Leistungsprinzip«, das die herrschende Klasse dem Arbeiter vorlegt: »Auch du kannst reich und glücklich werden, wenn du nur tüchtig arbeitest und keine Zeit mit nutzlosen Streiks verlierst!« Aber so wie dieses Bild in keiner Weise den Realitäten der bürgerlichen Gesellschaft und ihrer Machtkämpfe entspricht, so verzerrt es auch die Realität hinter den Kulissen der Olympiade, wo nichts aus spielerischer Freude, alles dagegen aus national finanziertem Leistungsstreben geschieht. Das, was die Spiele zu sein vorgeben, nämlich *Spiele*, sind sie eben nicht. Denn der Gedanke des Spiels und der der Leistung widersprechen einander. Spiel ist gesund, regenerativ, ermunternd, kräftigend. Leistungssport dagegen ist zerstörerisch, ungesund, von Neid und Aggression geprägt, sowohl psychisch wie somatisch schädlich. Kein Mensch kann einen anderen »besiegen«, ohne ihn zu »schlagen«. Das ist Sadismus. Der Wunsch, dieses oder jenes »besser« zu machen als der andere, entspringt einem geschädigten, unsicheren Ich, das sich durch Zerstörung des anderen Ichs aufbauen will und nur im Leid des anderen sein eigenes Glück finden kann.

Uns ist von den ersten Schulzensuren bis zu dem Numerus clausus, der unser Recht des Zutritts zu den Universitäten beherrscht, von der »Bewerbung« um unseren ersten Arbeitsplatz bis zum »Erfolg« in unserer »Karriere« der Gedanke der Leistung so oft als positiv eingeprägt worden, daß wir gewaltiger Anstrengungen bedürfen, um uns umzustellen und den negativen Kern des Leistungsgedankens wahrzunehmen. Da wir unser Leben auf Leistungsstolz aufgebaut haben, stellt jede Kritik des Leistungsstolzes den Sinn unseres Lebens in Frage. Deshalb weigern wir uns mit aller Kraft, anderen einzugestehen, daß all die Opfer, die wir der Leistung wegen erbracht haben, nicht nur sinnlos, sondern sogar moralisch anrüchig sein könnten.

Aber in Wahrheit kann das Modell einer funktionierenden menschlichen Gesellschaft niemals das des Kampfes, der Konkurrenz, des Neids und der Aggression, sondern nur das des Schöpfungsprozesses sein, das wir am besten in der Tätigkeit des Forschers, Wissenschaftlers, Bastlers und Künstlers beobachten können. Kein Forscher forscht, um einen anderen Forscher zu »schlagen«. Kein Schriftsteller schreibt, weil er sich im Wettbewerb mit einem anderen Schriftsteller wähnt und ihn »besiegen« will. Kein Maler malt, weil er mehr »leisten« will als sein Nachbar. Kein Komponist komponiert, um unter Beweis zu stellen, daß er »bessere« Noten schreiben kann als andere Komponisten. Der schöpferische Mensch benötigt keine Vernichtung anderer schöpferischer Menschen, weil seine ganze Kraft auf das Schaffen gerichtet ist. Er leidet weder an Angst vor dem Nachbarn noch an jener Furcht vor der eigenen Inferiorität, die früher oder später zur Aggression und zur Rechtfertigung der Gewalt führen muß. Dahin aber führt das Leistungsprinzip mit unabwendbarer Logik, weil es das eigentliche Gewaltprinzip ist: das Prinzip, das jeden Menschen im Wettkampf mit jedem anderen Menschen wähnt und unter dem Vorwand, daß man sich ja wohl verteidigen müsse, unweigerlich zum Angriff auf den Nachbarn führt.

Karl Marx hat das sehr gut in der Kritik des Gothaer Programms ausgedrückt, wo er das Prinzip des »gerechten« Lohns für erbrachte »Leistung« als eine vom Kapitalismus geprägte Falschmünzerei bezeichnet hat, die »in jeder Beziehung, ökonomisch, sittlich, geistig, noch behaftet ist mit den Muttermalen der alten Gesellschaft, aus deren Schoß sie hervorkommt. Demgemäß erhält der einzelne Produzent – nach den Abzügen – exakt zurück, was er ihr gibt«, eine als soziale Gerechtigkeit verkleidete Glorifizierung des Krämertums. In scharfem Gegensatz hierzu sieht Marx die klassenlose Gesellschaft. Hier ist nicht mehr »Leistung« das Ziel, sondern Kreativität. Hier ist die menschliche Arbeit nicht mehr eine Bürde, die man widerwillig auf sich nimmt, weil man sonst nicht wüßte, wovon man leben soll; hier ist statt dessen der Lebensunterhalt eines jeden Menschen grundsätzlich gesichert und steht in keinem Zusammenhang mit seiner »Leistung«, so daß die Arbeit für ihn endlich jene Bedeutung erreichen kann, die sie heute bereits für den Wissenschaftler und Künstler hat: die der größten aller menschlichen Befriedigungen.

Wenn die knechtende Unterordnung der Individuen unter die Arbeitsteilung und damit auch der Gegensatz geistiger und körperlicher Arbeit verschwunden ist, wenn die Arbeit also von einer Last zu einem Lebensbedürfnis geworden ist, wenn der Mensch so viel oder so wenig arbeitet, wie es ihm Spaß macht und trotzdem (oder eben deshalb) so viel für seinen Lebensunterhalt erhält, wie er gern haben möchte; wenn endlich das Krämerdenken aufhört, das jede Tätigkeit in Bezug zu *Geld* stellt, dann und erst dann kann die Gesellschaft auf ihre Fahnen schreiben: »Jeder nach seinen Fähigkeiten, jedem nach seinen Bedürfnissen!« Das ist der Kern des Marxismus. Das ist aber auch genau das, was jede gesunde Mutter sowieso an ihren Kindern praktiziert, bis sie vom Vater »aufgeklärt« wird, daß der »richtige« Grundsatz heißen müsse: »Soviel Liebe, wie du *verdienst,* soviel *Belohnung,* wie du *geleistet* hast!«
Zur Unterscheidung von dieser These, die den ökonomischen und juristischen Kern des Vaterrechts darstellt, muß die Frau, wenn sie sich jemals vom Patriarchat befreien will, die These der Mütterlichkeit aufstellen, die den ökonomischen und ethischen Kern aller matristischen Kulturen der Vergangenheit gebildet hat. Der Ausarbeitung eines Programms, das sich auf diese These stützt, soll das vorliegende Buch dienen. Indem es alles zusammengetragen hat, was die heutige Vorgeschichtswissenschaft von den vorpatriarchalischen Kulturen der Alten Welt weiß, will es der emanzipatorischen Frauenbewegung Material zur Vorbereitung eines Arbeitsprogramms liefern. Und indem es die Strategie analysiert, mit der das Patriarchat zur Macht gekommen ist, will es Hinweise auf die Taktik geben, mit der die Macht des Patriarchats gebrochen werden kann. Was mit einer bestimmten Hebelkraft verbogen worden ist, läßt sich mit der gleichen Hebelwirkung wieder gerade biegen.

10

Die Tragödie des Patriarchats ist nicht nur die Selbstzerstörung des Mannes als Resultat seines Versuches, die Frau zu seiner Sklavin zu machen, sondern die Zerstörung des weiblichen Bewußtseins seiner selbst, die Ausmerzung aller Erinnerungen der Frau an ihre vorpatriarchalische Vergangenheit, die Blockierung der Erkenntnis, was sie einst war, heute ist und morgen wieder sein kann.
Da gibt es heute noch Frauen, und dies nicht nur unter den bürgerlichen, die allen Ernstes verkünden, es sei schon am besten, wenn alles so bliebe, wie es ist. Sie haben sich derart mit dem Patriarchat assoziiert, daß sie nicht einmal mehr merken, wie unfraulich sie geworden sind, wie weit sie sich mit all ihrem Bestreben, die Frau Frau bleiben zu lassen, in ein Sprachrohr des Mannes verwandelt haben. Andere Frauen betrachten die Unterdrückung ihres Geschlechts als ein Phänomen von der Art des Wetters: alle reden drüber, aber niemand tut etwas, ums zu ändern. Das ist aber ein Prozeß, der nicht erst in der bürgerlichen Welt unserer Tage begonnen hat, sondern bereits im griechischen Patriarchat einsetzte. Morgan sagt in der zweiten,

durchgesehenen Auflage seiner *Urgesellschaft* (Stuttgart 1908, S. 400): »So mächtig hatten die Gebräuche von Jahrhunderten den Gemütern der griechischen Frauen ein Gefühl ihrer Inferiorität eingeprägt, daß sie dasselbe bis in die späteste Zeit der Selbständigkeit Griechenlands nicht loszuwerden vermochten.« Dies ist der Kernpunkt des Emanzipationsproblems. Nicht in der Unterdrückung als solcher, sondern in deren psychischen Folgen, in der Zerstörung der Würde, des Selbstbewußtseins und endlich des Bewußtseins dessen, was eine Frau überhaupt *ist*, liegt der Grund des Scheiterns so vieler Emanzipationsversuche der Frau. Denn wenn sie nicht mehr weiß, was sie eigentlich ist, kann sie nur noch versuchen, sich innerhalb der männlichen Gesellschaft zu bewähren, sich mit männlichen Mitteln Ansehen und Macht zu verschaffen. Damit realisiert sie aber nicht ihr weibliches Potential, sondern negiert ihren Charakter als Frau und macht sich freiwillig zur Imitation des Mannes. »Gleichberechtigung« in der patriarchalischen Gesellschaft bedeutet stets Angleichung an die Wertmaßstäbe des Patriarchats, und diese zerstören nicht nur die Frau, sondern auch den Mann selber, weil das Patriarchat nicht nur die Diktatur des Mannes über Frau und Kind, sondern auch die Ideologie eines ausbeuterischen Produktionssystems ist, das alle Beteiligten korrumpiert: nicht nur die Unterdrückten, sondern auch die Unterdrücker, nicht nur die Ausgebeuteten, sondern auch die Ausbeuter.

Wenn die Frau versucht, sich im Patriarchat Gleichberechtigung zu verschaffen, macht sie sich also zum Handlanger eines Ausbeutungssystems, das den Gemeinnenner von Sklaverei, Feudalherrschaft und Kapitalismus darstellt: den Gemeinnenner der Klassenherrschaft. Will sie sich und ihre Kinder je von der Tyrannei der Klassenausbeutung befreien, muß sie nicht nur das Patriarchat, sondern auch das Produktionssystem zerschlagen, das ihm zugrunde liegt. Die Befreiung der Frau kann nur durch die Befreiung der Gesellschaft erfolgen, die Befreiung der Gesellschaft aber nur durch die Befreiung der Klassen.

Es ist kein Zufall, daß die einzigen Gesellschaftsformen, in denen die Frau je Vollendung und Erfüllung gefunden hat, die klassenlosen Sippen- und Stammesgesellschaften sind, und es ist auch kein Zufall, daß diese Gesellschaften frei von Privatbesitz an den Produktionsmitteln gewesen sind. Will die Frau sich je selber finden, so muß sie helfen, eine Gesellschaftsform frei von Klassen und frei von Privatbesitz an den Produktionsmitteln aufzubauen. Jeder Versuch der Eingliederung in das patriarchalische System korrumpiert die Frau. Nicht durch Angleichung an das Patriarchat, nicht durch »Machtergreifung« innerhalb des patriarchalischen Systems, und ganz gewiß nicht durch »Gleichberechtigung« mit dem Patriarchen, sondern nur durch Zerschlagung des patriarchalischen Systems kann sie sich und ihre Kinder befreien. Daß sie dabei auch den Mann befreien wird, kann beiden Geschlechtern erst dann klar werden, wenn sie zum ersten Male seit den Zeiten der Sippen- und Stammesgesellschaft wieder entdeckt haben werden, daß Selbstachtung und gegenseitige Achtung identisch sind.

Nachwort

Die Arbeit an diesem Buch hat fast die gesamte Freizeit meines erwachsenen Lebens eingenommen. Das sind mehr als vierzig Jahre, und eines der Resultate dieser allzu langen Arbeitszeit – und auch des Mißgeschicks, das frühere Fassungen des Werks befallen hat – ist, daß ich nicht mehr mit Sicherheit sagen kann, welche der Standard-Übersetzungen aus dem Griechischen und Lateinischen ich bei den Vorbereitungen auf meinen Karteikarten notiert und dann bei der Fertigstellung des Buches in den Text übertragen habe. Ich bedauere das und bitte sowohl die Übersetzer wie die Leser um Verzeihung für diese Unterlassungssünde. Rund die Hälfte der Übersetzungen sind meine eigenen, und eben weil ich es nicht leicht gefunden habe, manchen antiken Autoren Gerechtigkeit widerfahren zu lassen, weiß ich die Leistungen der Übersetzer zu schätzen, die bessere Arbeit als ich selbst geleistet haben. Ich wiederhole also, daß ich mir der Schwäche des Buches, nicht alle Übersetzer mehr angeben zu können, bewußt bin. Mein Versuch, die Übersetzungen nachträglich aufzuspüren, ist in manchen Fällen gelungen, in vielen anderen jedoch gescheitert, insbesondere, da es sich oft um einzelne Sätze, ja um Satzfetzen, und manchmal sogar nur um Einzelworte handelt.

Die erste Fassung des Buches entstand in London, Cambridge und Ottawa während der Jahre 1934 bis 1947. Eine zweite Fassung, ebenfalls in englischer Sprache, entstand in London zwischen 1950 und 1958. Diese Fassung hat unter Freunden und Kollegen in den Jahren 1958 bis 1960 zirkuliert. Die meisten ihrer Korrekturen sind in der gegenwärtigen Fassung enthalten. Im Jahre 1960 begann ich mit einer Übersetzung ins Deutsche, aus der sich bald eine unabhängige Arbeit entwickelte, die weitgehend von beiden englischen Fassungen abwich. 1970 ging die zweite englische Fassung in der Post verloren. Die gegenwärtige englischsprachige Ausgabe ist eine Bearbeitung der deutschen Übersetzung. Sie enthält also neben dem englischsprachigen Quellenmaterial, das ich in den Jahren 1934 bis 1958 durchgearbeitet habe, auch die deutschen Quellen, die ich seit 1960 benutzt habe. Viele der Korrekturen, die meine amerikanischen, englischen und deutschen Freunde vorgeschlagen haben, sind auch hier berücksichtigt worden, aber in einem Punkt habe ich der vielleicht berechtigten Kritik zuwidergehandelt: in der Frage, ob man das Patriarchat als ein Gesellschaftssystem bezeichnen darf, oder ob es eine Abstammungslehre, ein Verwandtschaftssystem oder allenfalls eine Form der Sippen- und Familienordnung ist.

Zur Erklärung meines Verhaltens in dieser wichtigen Frage muß ich anführen, daß ich acht Stufen der menschlichen Sozialentwicklung anerkenne, mit einer neunten bereits am Horizont erkennbar: prägentile Gesellschaft, Gentilordnung, asiatische Produktionsweise, Sklaverei, Feudalismus, Kapitalismus, Diktatur des Proletariats, Sozialismus, Kommunismus. Ich messe dem Patriarchat also keine Selbständigkeit im Widerspruch zu diesen tatsächlichen Gesellschaftsordnungen bei und betrachte es in diesem Sinne auch nicht als ein unabhängiges Sozialsystem. Andererseits scheint es mir weitaus mehr zu sein als das, was man im Englischen und Amerikanischen »a system of kinship« nennt.

Für *kinship* gibt es keine adäquate deutsche Übersetzung. »Blutsverwandschaft« wäre technisch korrekt, hat aber im Deutschen völlig andere Anklänge als im Englischen und stößt außerdem auf die Tatsache, daß in der deutschen Ethnologie kein Forschungsgebiet besteht, welches sich mit der langen Tradition des Kinship-Studiums in England und Amerika vergleichen ließe. Statt dessen haben wir die Stammesforschung, die bis zum heutigen Tag unter dem Schatten der Nazi-Zeit steht. Wenn ich trotz einer im deutschen Sprachraum kaum vermeidlichen Anrüchigkeit des Vokabulars dieses Forschungszweigs die Worte »Sippe« und »Stamm« statt der griechischen Ausdrücke *genos* und *phyle* oder ihrer lateinischen Synonyme *gens* und *tribus* verwende, so tue ich es, weil ich bereits in meinem Vokabular auf die Analogien zwischen der griechischen und der römischen Stammesordnung hinweisen will. Andererseits befürchtete ich, daß seitenlange Hinweise auf die Bedeutung der »Blutsverwandtschaft« mich in gefährliche Nähe des Blut-und-Boden-Mythos der NS-Zeit gebracht hätten. Deshalb habe ich, wo ich im Englischen *system of kinship* sage, im Deutschen nicht »System der Blutsverwandtschaft«, sondern »Sozialsystem« oder »Gesellschaftsordnung« gesagt. Damit soll aber nicht behauptet werden, daß Kinship-Systeme Sozialordnungen auf dem Niveau der Sklavenökonomie oder der asiatischen Produktionsweise seien, sondern nur, daß sich nach dem Zusammenbruch der Gentilgesellschaft innerhalb der neuen Sklavenökonomie eine Sozialordnung gebildet hatte, die auch bestimmte Aspekte späterer Klassengesellschaften, zum Beispiel den Gedanken der Autorität im Feudalismus und den der Leistung im Kapitalismus, maßgeblich beeinflußt hat.

Meine These einer vorgeschichtlichen Chronologie, die sich auf die Entwicklung der Produktionsmittel und ihres Überbaus im sozialen und sexuellen Leben stützt, kann kaum Anspruch erheben, mehr zu sein als eine Überprüfung der Pionierarbeiten auf diesem Gebiete (Morgan, Engels, Briffault) im Lichte der Forschungen meines Lehrers Vere Gordon Childe und seiner Schüler. Ich habe zu diesem Zweck die gesamte bürgerliche Ur- und Vorgeschichtsforschung unseres Jahrhunderts durchgekämmt, um die Einwände zu überprüfen, die von bürgerlicher Seite gegen diese These vorgebracht worden sind, und ich habe aus dem gleichen Grunde so viel von der östlichen Ur- und Vorgeschichtsforschung durchgearbeitet, wie ich in Übersetzungen auftreiben konnte.

Hier soll nicht verschwiegen, hier soll sogar unterstrichen werden, daß die Morgan-Engels-These heute in der westlichen Welt so gut wie keine Anhänger hat und von den meisten westlichen Archäologen und Ethnologen mit einem an Panik grenzenden Widerstand abgelehnt wird. Nur vereinzelte westliche Ethnologen wie Eleanor Burke Leacock, Peter Worseley, Claude

Meillassoux und Emmanuel Terray, Altsprachenforscher wie George Thomson und Vorgeschichtler wie Childe haben meine Ansichten geprägt. Hier soll aber auch nicht verschwiegen werden, daß die östlichen Vorgeschichts- und Altertumsforscher, ohne deren Werk mein eigenes Buch undenkbar wäre, sicherlich auch Einzelheiten meiner These widersprechen würden. Für diese Teile des Buches muß ich allein Verantwortung tragen.

Aber im Gegensatz zu bürgerlichen Wissenschaftlern geht es mir nicht darum, meine Arbeit zu verteidigen, als sei sie eine persönliche Leistung, sondern um die Frage, wie es möglich ist, daß Forscher im Westen und Osten zu so unterschiedlichen Meinungen über das gleiche Sachmaterial gelangt sind. Könnte es nicht sein, daß eine Erkenntnis, die den Primat des Mannes so eindeutig in Frage stellt, auf Ablehnungsmotive stößt, die über das Wissenschaftliche hinausgehen? Man muß, so scheint es mir, entweder meine These oder die bürgerliche Gesellschaft ablehnen. Und da nicht nur der materielle Lebensunterhalt des westlichen Akademikers von der bürgerlichen Ordnung abhängt, sondern auch seine Überzeugungen, sein Affektleben, seine Beziehungen zu seiner Frau und seinen Kindern, benutzt das Ich, dem Forscher selber unbewußt, alle erdenklichen Argumente, um seine Angst vor der Einsamkeit in einer nicht mehr von Forschungsinstituten, Stiftungen und Universitäten unterstützten Welt zu verschleiern und sie als sachliches Argument gegen die Morganschen These erscheinen zu lassen.

Beispiele für die Vorherrschaft unterschwelliger patriarchalischer Denkformen liefern einige der besten bürgerlichen Prähistoriker unserer Zeit. So schreibt Karl J. Narr in der Einleitung zum ersten Band seines Handbuchs der Urgeschichte, »die Überzeugung von der Priorität des Mutterrechts vor dem Vaterrecht, der Horde vor der Familie, der Magie vor der Religion« sei eine aus der Nachwissenschaft ins allgemeine Bildungsgut abgesunkene und »längst überholte oder gar widerlegte« Konstruktion.

Wer mit der Materie vertraut ist, weiß natürlich, daß eher das Gegenteil der Fall ist: die Behauptung, daß das Mutterrecht *nicht* vor dem Vaterrecht, die Horde *nicht* vor der Familie, die Magie *nicht* vor der Religion bestanden habe, war in den vierziger und fünfziger Jahren modern und ist seit mindestens zwanzig Jahren überholt und widerlegt. Wenn ein Forscher von dem intellektuellen Format eines Karl Narr sie trotzdem noch erhebt, so läßt sich das kaum anders denn als Rationalisierung eines unbewußten Widerstandes gegen den Primat der Frau erklären.

In Deutschland kommen allerdings noch andere Triebkräfte hinzu, die bei den jüngeren Wissenschaftlern mit gutem Recht zu einem ausgesprochenen Mißtrauen gegen die Theorien ihrer einstigen Lehrer geführt haben. In den ersten Nachkriegsjahren, als diese deutschen Forscher nach anderthalb Jahrzehnten Hitlerischer Rassentheorien zum erstenmal wieder in Verbindung mit Archäologen und Ethnologen anderer Länder traten, bestand bei ihnen die nur allzu verständliche Neigung, den Positivismus der Angelsachsen zu übernehmen, da er eine echte Alternative zu dem unverantwortlichen Theoretisieren der völkischen »Rassenforscher« darzustellen schien. Unglücklicherweise grassierte aber in gerade jenen Jahren in der angelsächsischen Welt die Ansicht, daß Evolutionssysteme »veraltet« seien. Damit zog der

Gedanke, daß es so etwas wie Modeerscheinungen in der Forschung gäbe, in das Denken deutscher Paläanthropologen, Archäologen, Urgeschichtsforscher und Abstammungstheorektiker ein. Als die Engländer und Amerikaner längst wieder zur ernsten Forschung zurückgekehrt waren, proklamierte der Nachwuchs der deutschen Ur- und Vorgeschichtsforscher aber noch immer, daß Evolutionstheorien altmodisch seien und verkündete als letzte Erkenntnis, daß man »vorsichtig«, »behutsam« und »pragmatisch« vorzugehen habe, nicht »verallgemeinern« dürfe und sich vor allem gegen das »Theoretisieren« verwahren müsse. Aber »Verallgemeinern« und »Theoretisieren« ist ja nun einmal, for better or for worse, das, worin wissenschaftliche Forschung sich äußert: die Suche nach Gesetzmäßigkeit. Die »pragmatische« Alternative – das inkohärente Sammeln von Fakten und Daten – hat kaum größere wissenschaftliche Bedeutung als die obsessive Sammelsucht des Schizophrenen und unterscheidet sich auch in ihrer psychologischen Motivation nur geringfügig von dieser.

Bei Archäologen, die den Sinn ihrer Arbeit im Entdecken und Ausgraben von Artefakten suchen, bei Paläontologen, die Knochenfunde aufspüren und deren Deutung anderen überlassen, bei Ethnologen, die jede Form der Forschung mit Ausnahme der Feldarbeit als »Schreibtischethnologie« betrachten, bei all diesen stört mich das nicht sehr. Aber wenn ein Denker von wirklichem Format wie Lévi-Strauss jede Form der Evolutionsforschung ipso facto als Evolutions*theorie* kategorisiert und sie zusammen mit den Diffusionstheorien des neunzehnten Jahrhunderts in den Abfalleimer der Geschichte kehren will, sträuben sich mir die Haare.

Es ist unmöglich, Lévi-Strauss zu lesen, ohne von seinem Wissen, seiner Intelligenz, seiner stilistischen Eleganz, der formalen, wie ein gewaltiges Epos gebauten Architektur seiner Hauptwerke beeindruckt zu sein. Aber genau das, wodurch er berühmt geworden ist, jene als Ethnologie verkleidete Kabbalistik, die er »strukturelle Anthropologie« nennt, scheint mir seiner Intelligenz unwürdig. Sie ist bestenfalls Gedankenspielerei auf dem Niveau eines höheren Kreuzworträtsels, aber mit der Erkenntnis primitiver Kulturen hat sie etwa so viel zu tun wie mit der Ausarbeitung von Jigsaw Puzzles oder Schachproblemen. Die Anziehung, die sie auf die jüngeren Ethnologen vieler Länder ausgeübt hat, stellt zwar seiner Intelligenz ein hohes Zeugnis aus, dokumentiert andererseits aber auch jene Angst vor den politischen Auswirkungen ethnologischer Erkenntnisse, die den bürgerlichen Lehrbetrieb gerade auf den Gebieten der Ethnologie und Archäologie kennzeichnet. Da haben wir einerseits seit Boas die Flucht in den Partikularismus, andererseits in der Schule Margaret Meads das Ausweichen in unverbindliche Psychologismen, schließlich bei den wenigen Ethnologen, die zumindest versuchen, eine langfristige evolutionäre These aufzustellen, die Angst vor dem Schatten der Giganten des neunzehnten Jahrhunderts, von denen man sich möglichst distanzieren muß, um die Selbständigkeit der eigenen These unter Beweis zu stellen.

Aber es gibt nun einmal nicht sehr viele alternative Wahrheiten; man muß entweder *die* Wahrheit finden und mit neuem Beweismaterial untermauern, oder man fällt der Versuchung anheim, nur der Originalität halber Theorien zu verkünden, von denen man weiß (wenn man nur den Mut hat, der eigenen Erkenntnis gegenüber nicht die Augen zu schließen), daß sie falsch sind. So benehmen sich manche bürgerliche Ethnologen heute wie jene Regisseure an deutschen Repertoirebühnen, die jedes Jahr eine Anzahl von Klassikern inszenieren müssen und ihre »Originalität« dabei nur insofern beweisen können, wie sie den Autor mißdeuten.

Jeder Vorgeschichtsforscher, der nicht durch affektive oder finanzielle Bindungen zum Gegenteil bewogen wird, kann die Wahrheit der Morganschen Schlüsse an einer Überfülle von anthropologischen, archäologischen und sprachwissenschaftlichen Daten überprüfen. Professor George Thomson hat in einem der letzten großen Meisterwerke der Morganschen Schule, in *Studies in Ancient Greek Society; The Prehistoric Aegaean* (London 1949, 1954; deutsch *Frühgeschichte Griechenlands und der Ägäis,* 1960) mit Beispielen aus 280 Sprachen die Verläßlichkeit der Morganschen Thesen und ihre Bedeutung für die Chronologie der vorgeschichtlichen Paarungsformen noch einmal mit überwältigender Überzeugungskraft belegt. Es ist mir unverständlich, mit welchem Beweismaterial die bürgerliche Ethnologie diese Schlüsse widerlegen will. Mir ist jedenfalls weder in der Literatur der Vor- und Frühgeschichtsforschung noch in der der Anthropologie und Ethnologie ein solcher Beweis bekannt geworden. Schweigen scheint mir keine Beweisführung zu sein.

Es bleibt mir nur noch die angenehme Pflicht, mich bei all den Freunden und Kollegen zu bedanken, die mir in den fast vierzig Jahren der Arbeit an diesem Buche geholfen und Mut zugesprochen haben, vor allem meiner Frau, die mit den scharfen Augen der langjährigen Lektorin Korrektur gelesen, mir mit ihren Erfahrungen als Redakteurin beigestanden, mich vor zahllosen Kurzsichtigkeiten gewarnt und vor manchen Fehlleistungen im letzten Augenblick gerettet hat.

Für medizinische Beratung, vor allem auf den Gebieten der Embryologie, Genetik und Endokrinologie, danke ich Dr. Barbara Bross, Verfasserin der Textbücher *Complete Sexual Fulfillment* (New York 1967) und *The Pleasures of Love* (London 1965, deutsch: *Flitterwochen – und was dann?* 1967).

Psychologisches Institut der
Universität Salzburg, Sommer 1975

Literaturverzeichnis

Wenn man sich fast vierzig Jahre mit einem Buch befaßt und dann die Literatur zusammenstellt, die man in diesen vier Jahrzehnten durchgekaut hat, sieht man sich plötzlich mit der Gefahr konfrontiert, daß die Bibliographie länger wird als das Buch. Um das zu vermeiden, habe ich mich entschlossen, all die Grundwerke unerwähnt zu lassen, von denen man annehmen kann, daß jeder, der sich an ein solches Buch heranwagt, sie gelesen haben muß. Das sind erstens die Ausgrabungsberichte über die Fundstellen in Griechenland, Italien und Vorderasien (Kapitel 2 und 3). Hier habe ich alles gelesen, was in Buchform und in den Periodika deutscher und englischer Sprache erschienen ist. Dazu eine kleinere Anzahl italienischer und französischer Berichte. Schließlich nahezu alles, was an russischer, tschechischer, rumänischer, bulgarischer und jugoslawischer Literatur über diese Thematik ins Deutsche und Englische übersetzt worden ist.
Zweitens habe ich die Gesamtheit der altgriechischen Literatur und eine kleine Gruppe neugriechischer Quellen (Kapitel 4 und 5) und drittens den größeren Teil der römischen Literatur (Kapitel 6 und 7) im Urtext und einen kleinen Teil in deutscher oder englischer Übersetzung durchgearbeitet. Da jeder, der mit dem einen oder anderen dieser Fachgebiete vertraut ist, die Quellen sowieso kennen wird, habe ich sie nicht noch einmal aufgeführt. Ich beschränke mich statt dessen auf Werke des 19. und 20. Jahrhunderts und gruppiere sie nach den Themen, die ich behandelt habe. Innerhalb eines jeden Themengebietes ist die Anordnung im großen ganzen alphabetisch, aber wenn zwei Bücher einander besonders ergänzen, habe ich Ausnahmen gemacht und sie nacheinander aufgeführt. Wo die alphabetische Reihenfolge der Autoren verlassen wird, kann der Leser also schließen, daß ich seine Aufmerksamkeit auf den Zusammenhang zwischen bestimmten Werken lenken will.
In ihrer thematisch gegliederten Form will die Liste das Auge des Lesers an jene Gebiete heranführen, die ihn besonders interessieren mögen. Dabei soll nicht unerwähnt bleiben, daß ein großer Teil der aufgeführten Werke meinen eigenen Ansichten widerspricht. Es ist aber in einem Buch wie dem vorliegenden unerläßlich, daß man auch jene Autoren aufführt, die Bahnbrechendes für den Gegner geleistet haben. Ich habe mich jedenfalls bemüht, alles zu lesen, was über mein Gebiet geschrieben worden ist, und habe eine repräsentative Liste derjenigen Autoren zusammengestellt, die sich mit der von mir berührten Materie vor meiner Zeit auseinandergesetzt haben.
Schließlich stellt die Bibliographie eine Danksagung an meine eigenen Lehrmeister dar – an jene Sozialisten, jene Emanzipatoren, jene Pioniere im

Kampf gegen das Patriarchat, die meine Überzeugung geprägt haben und im Text meines Buches mit und ohne Anführungszeichen zitiert worden sind. Ein Buch wie das vorliegende kann niemals beanspruchen, das Werk eines einzelnen zu sein. Es ist vielmehr von der Natur der Sache her eine Kollektivarbeit und darf niemals vorgeben, mehr als diese zu sein.

In diesem Zusammenhang muß auch betont werden, was dem Fachmann selbstverständlich, dem Laien aber nicht vertraut sein mag: daß die wichtigste Information, die man beim Schreiben eines Buches über die Vor- und Frühgeschichte benötigt, nicht aus Büchern, sondern aus Fachzeitschriften stammt. Wegen der langen Anlaufzeit eines Buches und wegen der Verzögerungen, die beim Korrekturlesen, beim Drucken, Binden und Vertrieb unvermeidbar sind, erscheinen Bücher, die sich mit archäologischen und verwandten Themen beschäftigen, meist um Jahre später als die ersten Nachrichten zur gleichen Thematik in den Fachjournalen. Das gilt sowohl für die von Feldarchäologen verfaßten Berichte über ihre eigenen Grabungen wie auch für die von Schreibtischarchäologen verfaßten Sekundärwerke, aus denen der Laie sein Wissen bezieht – oft mit einer Verspätung von einem Jahrzehnt oder mehr.

Ich habe deshalb in einigen der folgenden Sachgruppen auch die Fachjournale angegeben die sich mit diesem Spezialgebiet befassen. Meist behandeln die Fachzeitschriften jedoch eine breitere Informationsskala, als ihr Titel erwarten läßt. So enthalten archäologische Zeitschriften oft auch Arbeiten aus den Gebieten der Altphilologie oder Mythenforschung, während die Journale der klassischen Altertumswissenschaft von Zeit zu Zeit auch Studien über archäologische Techniken oder vergleichende Religionswissenschaft enthalten mögen. Es ist also unmöglich, Fachzeitschriften präzise in Fachgruppen einzuordnen. Deshalb ist die Lektüre der Fachjournale sehr zeitraubend. Ich mußte oft Hunderte von Exemplaren durchkämmen, bis ich auf eine einzige Zeile stieß, die mir Information über die Themen dieses Buches lieferte: über das Geschlechtsleben der Vor- und Frühgeschichte, über die Geschichte der Frau in Hellas und Rom, über die sozialen und ökonomischen Gründe des Sexualverhaltens in Prähistorie und Antike.

Die Bibliographie hat den folgenden Aufbau:

I. Vorgeschichte

A. Die ersten Menschen
1. Fossilfunde
a. Paläanthropinfunde

B. Vorgeschichtsforschung und Archäologie
1. Lexika und Handbücher zur Vorgeschichtsforschung
2. Lexika und Handbücher zur Archäologie
3. Periodika zur Vorgeschichte
4. Periodika zur Archäologie
5. Einzelwerke zur Vorgeschichtsforschung
6. Einzelwerke zur Archäologie

7. Methodologische Studien
   a. Paläanthropologie
   b. Paläanthropometrie
   c. Paläobiologie
   d. Paläobotanik
   e. Paläochemie
   f. Paläethnologie
   g. Paläogeologie
   h. Paläographie
   i. Paläoklimatologie
   j. Paläolinguistik
   k. Paläökologie
   l. Paläontologie
   m. Paläopathologie
   n. Paläopsychologie
   o. Paläozoologie
   p. Siedlungsarchäologie
   q. Taxonomie und Typologie
   r. Werkzeugkunde
8. Hilfswissenschaften
   a. Computeranalyse
   b. Metallurgie
   c. Mikroskopie
   d. Petrographie
   e. Photogrammetrie
   f. Röntgenologie
   g. Statistik

C. Chronologie der Vorgeschichte
1. Datierung
   a. Stratigraphie
   b. Radiokarbondatierung
2. Periodisierung
3. Perioden
   a. Quartär
   b. Diluvium
   c. Prälithikum
   d. Tardiglacium
   e. Lithikum
   f. Paläolithikum
   g. Mousterium
   h. Chatelperronium
   i. Szeletium
   j. Aurignacium
   k. Perigordium
   l. Gravettium
   m. Solutreum
   n. Magdalenium
   o. Mesolithikum
   p. Capsium
   q. Neolithikum
   r. Megalithikum
   s. Leptolithikum
   t. Chalkolithikum
   u. Metallzeit
   v. Kupferzeit
   w. Bronzezeit
   x. Eisenzeit

D. Zur Frage einer evolutionären Geschichtsforschung
1. Zur Evolution der Kultur

2. Zur Entwicklung der Zivilisation
3. Zur Beziehung zwischen genereller und spezifischer Evolution

E. Ökonomische Untersuchungen
1. Nahrung, Kleidung, Wetterschutz
a. Nahrung
b. Kleidung
c. Wetterschutz
2. Entdeckung des Feuers
3. Entwicklung der Produktivkräfte
a. Entwicklung der Arbeit
b. Entwicklung der Produktionsmittel
4. Entwicklung der Wildbeuterkulturen
5. Entwicklung der Jagd
6. Entwicklung der Fischerei
7. Entwicklung der Landwirtschaft
8. Entwicklung der Viehzucht
9. Entwicklung des Eigentums
a. Kollektiveigentum
b. Privateigentum
10. Entwicklung des Erbrechts
11. Entwicklung des Handels

F. Sozialwissenschaftliche Untersuchungen
1. Entwicklung der Seßhaftigkeit
2. Entwicklung der Klassen

G. Mythologische Untersuchungen
1. Der Paradiesmythos
2. Mutteridole der Vorgeschichte
3. Entwicklung der Mutterreligionen
4. Entwicklung der Fruchtbarkeitskulte
a. Vegetationskulte
b. Tierkulte
1. Schlangenkult
2. Stierkult
3. Bärenkult
4. Andere Tierkulte
c. Sonnenkult
d. Mondkult
e. Wasserkult
f. Feuerkult
g. Phallizismus
h. Heilige Hochzeit
i. Kultische Keuschheit
j. Tötung und Auferstehung des Gottkönigs

H. Sexualwissenschaftliche Untersuchungen
1. Die Frau in der Vorgeschichte
2. Zur Frage der Urpromiskuität
3. Exogamie und Inzesttabu
4. »Gruppenehe« und »lockere Monogamie«
5. Entwicklung der Kinship-Systeme
a. Klassifikatorische Systeme
b. Unilineare Systeme
c. Matrilineare und matrilokale Systeme
d. Andere Deszendenzsysteme
6. Zur Frage des Mutterrechts
a. Pionierwerke und ihre Autoren
1. Johann Jakob Bachofen

3. Zum vorderasiatischen Einfluß auf Europa
4. Zu den Völkerwanderungen der Frühzeit

C. Ökonomische Basis
1. Entwicklung der Produktivkräfte
a. Entwicklung der Arbeit
b. Entwicklung der Produktionsmittel
c. Entwicklung der Landwirtschaft
d. Entwicklung der »asiatischen« Produktionsweise
e. Entwicklung der Sklaverei
2. Entwicklung des Handels
3. Entwicklung der Finanz

D. Soziale Grundlagen
1. Entwicklung der Städte
2. Entwicklung des Staates
3. Entwicklung der Klassen und des Klassenkampfs
4. Entwicklung des Rechts
5. Entwicklung des Privatlebens
a. Kleidung
b. Schmuck
c. Haartracht

E. Sexueller Überbau
1. Entwicklung der Frau als Individuum
2. Entwicklung des Sexualverhaltens
a. Entwicklung einer erotischen Kunst in der Klassengesellschaft
b. Entwicklung einer erotischen Literatur
c. Entwicklung sadomasochistischer Tendenzen
d. Entwicklung der Amazonenfigur im Konflikt zwischen mutter- und vaterrechtlichen Traditionen
e. Entwicklung des hermaphroditischen Konzepts im Konflikt zwischen mutter- und vaterrechtlichen Bestrebungen
3. Entwicklung der Ehe
4. Entwicklung der Familie

III. Griechenland

A. Geographie

B. Chronologie
1. Vorgeschichte
2. Die griechischen Wanderungen
a. Ursprung der Griechen
b. Von den Griechen berührte und eroberte Völker
3. Struktur der griechischen Stammesgesellschaft
a. Achaier
b. Dorer
c. Ioner
d. Andere Stämme
4. Frühgeschichte
a. Bronzezeit
b. Das »homerische« Zeitalter
c. Tiryns
d. Pylos
e. Mykene
5. Griechische Geschichte
a. Athen

b. Sparta
c. Andere Poleis
d. Hellenismus

C. Ökonomische Basis
1. Entwicklung der Produktivkräfte
a. Entwicklung der Arbeit
b. Entwicklung der Produktionsinstrumente
c. Entwicklung der Landwirtschaft
d. Entwicklung der Sklaverei
e. Entwicklung der Finanz
2. Entwicklung des Handels

D. Soziale Grundlagen
1. Entwicklung der Städte
2. Entwicklung des Staates
3. Entwicklung der Klassen und der Klassenkämpfe
4. Entwicklung der Politik
5. Entwicklung des Rechts
6. Entwicklung der moralischen Konzepte
7. Entwicklung der Philosophie
8. Entwicklung des Privatlebens
a. Kleidung
b. Schmuck
c. Haartracht

E. Sexueller Überbau
1. Entwicklung der Frau als Individuum
2. Entwicklung des Sexualverhaltens
a. Entwicklung der Körperkultur
b. Entwicklung einer erotischen Klassenkunst
c. Entwicklung der erotischen Literatur
d. Entwicklung des erotischen Theaters
e. Entwicklung sadomasochistischer Tendenzen
f. Entwicklung bisexueller Tendenzen
g. Entwicklung der Päderastie und Homosexualität
h. Entwicklung der Prostitution
3. Entwicklung der Ehe
4. Entwicklung der Familie

IV. Rom

A. Geographie
1. Italien
2. Rom

B. Chronologie
1. Die Einwanderung der Vaterstämme
a. Der Ursprung der Stämme
b. Nachbarn und eroberte Völker
2. Struktur der italischen Stammesgesellschaft
3. Vorgeschichte Roms
a. Vorgeschichte Italiens
b. Vorgeschichte einzelner Regionen
4. Geschichte Roms
a. Gründung und Frühgeschichte
b. Königszeit
c. Republik
d. Kaiserreich

Ökonomische Basis
1. Entwicklung der Produktivkräfte
   a. Entwicklung der Arbeit
   b. Entwicklung der Produktionsmittel
   c. Entwicklung der Landwirtschaft
   d. Entwicklung der Sklaverei
      1. Herkunft der Sklaven
      2. Sklavenrebellionen
      3. Situation der Freigelassenen
   e) Entwicklung der Finanz
2. Entwicklung des Handels

D. Soziale Grundlagen Roms
1. Entwicklung des Staates
2. Entwicklung der Klassen und der Klassenkämpfe
3. Entwicklung der Politik
4. Entwicklung des Rechts
5. Entwicklung des Privatlebens
   a. Kleidung
   b. Schmuck
   c. Haartracht und Kosmetik
   d. Essen und Trinken

E. Sexueller Überbau
1. Entwicklung der Frau als Individuum
2. Entwicklung des Sexualverhaltens
   a. Entwicklung einer erotischen Kunst der Römer
   b. Entwicklung der erotischen Literatur in Rom
   c. Entwicklung des erotischen Theaters
   d. Entwicklung sadomasochistischer Tendenzen
   e. Entwicklung homosexueller Tendenzen
   f. Entwicklung der Prostitution
3. Entwicklung der römischen Ehe
4. Entwicklung der römischen Familie

F. Der Zerfall Roms und der Untergang der antiken Welt

I. *Vorgeschichte*

I. A. *Die ersten Menschen*

Bergounioux, F. M. und A. Glory, Les premiers hommes. Paris 1952[4]
Goldman, I., First Men. The Story of Human Beginnings. New York 1955, 1962[2]
MacCurdy, G. G., Early Man. London 1937
Starr, Ch. G., Early Man. New York 1973

I. A. 1. *Fossilfunde*

Boule, M. und H. V. Vallois, Les hommes fossiles. Paris 1952[4]
Day, M. H., The Fossil History of Man. Oxford 1972
Day, M. H., Guide to Fossil Man. London 1964
Oakley, K. P. und B. G. Campbell, Catalogue of Fossil Hominids. London 1966

I. A. 1. a. *Paläanthropinfunde*

Augusta, J., Filip, J. und Z. Burian, Neandertalci. Prag 1958
Patte, E., Les Néandertaliens. Paris 1955

Asmus, G., Zur Stellung des Neandertalers in der Menschheitsgeschichte. In: Eiszeitalter und Gegenwart 1, 1951
Rust, A., Über Kulturen des Neandertalers im Nahen Osten. Neanderthal Centennary, Wenner-Gren Foundation 1958

I. B. *Vorgeschichtsforschung und Archäologie*

I. B. 1. *Lexika und Handbücher zur Vorgeschichtsforschung*

Ebert, M., Reallexikon der Vorgeschichte. Berlin 1924–1932
Filip, J., Enzyklopädisches Handbuch zur Ur- und Frühgeschichte Europas. Prag 1966, Stuttgart 1967–1969
Forrer, R., Reallexikon der prähistorischen, klassischen und frühchristlichen Alterthümer. Berlin 1907
Gerlach, G. und R. Hachmann, Verzeichnis vor- und frühgeschichtlicher Bibliographien. Berlin 1971
Hirschberg, W., Wörterbuch der Völkerkunde. Stuttgart 1965
Müller-Karpe, H., Handbuch der Vorgeschichte. München 1966 ff.
Narr, K. J., Handbuch der Urgeschichte. Bern 1966 ff.
Schmid, E., Knochenatlas für Prähistoriker, Archäologen und Quartärgeologen. Amsterdam 1972

I. B. 2. *Lexika und Handbücher zur Archäologie*

Menghin, O., Handbuch der Archäologie, München 1954²
Neger, A., Archäologisches Lexikon zur Bibel. München–Wien–Zürich 1972
Otto W. und R. Herbig, Handbuch der Archäologie im Rahmen des Handbuchs der Altertumswissenschaft. München 1939 ff. Hierzu Vladimir Milojčič in: Deutsche Literaturzeitung 73, 1952, 292–295
Reincke, G., Archäologische Bibliographie, Jg. 1971. Berlin 1973
Barber, E. J. W., Archaeological Decipherment. A Handbook. Princeton 1974
Bray, W. und D. Trump, A Dictionary of Archaeology. London 1970. Deutsch: Lexikon der Archäologie. München 1973
Cottrell, L., The Concise Encyclopedia of Archaeology. London 1960
Cozens, W., Short Dictionary of Archaeology. New York 1967
Whitehouse, D. und R., Archaeological Atlas of the World. London 1974
Council for British Archaeology, Handbook of Scientific Aids and Evidence for Archaeologists. London 1970
Dechelette, J., Manuel d'archéologie préhistorique, celtique et gallo-romaine, Bd. 1. Archéologic préhistorique. Paris 1924
Reau, L., Dictionnaire polyglotte des termes d'art et d'archéologie (1953). Nachdruck Osnabrück 1974
Dictionnaire archéologique des techniques. Paris 1963

I. B. 3. *Periodika zur Vorgeschichte*

Actes des Congrès Internationaux des sciences préhistoriques
Archives de L'Institut de Paléontologie humaine
Atti della . . . Riunione scientifica
Ausgrabungen und Funde. Nachrichtenblatt für Vor- und Frühgeschichte
Biuleten Komissi po Izuchenija chetvertnogo Perioda
Bolletino del Centro Camuno di Studi Preistorici
Bulletin de la Société d'Etudes et de Recherches préhistoriques et Institut pratique de Préhistoire
Bulletin de la Société Préhistorique française
Bulletin de la Société Royale Belge d'Anthropologie et de Préhistoire
Bulletin du Musée d'Anthropologie préhistorique de Monaco
Congrès préhistorique de France
Cuadernos de historia primitiva
Forschungen zur Vor- und Frühgeschichte
L'Homme préhistorique
Informationsblätter zu Nachbarwissenschaften der Ur- und Frühgeschichte

Informes y mémorias (Com. gen. de excavaciones arqueol.)
Izvestija Akademii Nauk Turkmenskoi SSR
Jahrbuch der Schweizerischen Gesellschaft für Ur- und Frühgeschichte
Jahrbuch für prähistorische und ethnographische Kunst
Mémoires de la Société Préhistorique Française
Prace i Materialy
Quartär
Quaternaria
Rivista di Szienze preistoriche
Schriften zur Ur- und Frühgeschichte

I. B. 4. *Periodika zur Archäologie*
Acta archaeologica. Academia Scientiarum hungaricae
Acta archaeologica carpattica
Acta praehistorica et archaeologica
Actes des Congrès internationaux d'Archéologie Classique
American Journal of Archaeology
Ampurias. Revista de arqueologia, prehistoria y etnologia
Archäographie
Archaeologia Austriaca
Archaeologia or Miscellaneous Tracts Relating to Antiquity
Archaeologia Classica
Archaeologia Polona
Archaeologia Polski
Archaeological Review
Archaeological Site Index to Radiocarbon Dates
Archaeologicke rozhledy
Archäologische Bibliographie
Archäologische Zeitung
Archäologischer Anzeiger
The Archaeologist's Year Book
Archäologisch-epigraphische Mittheilungen aus Österreich-Ungarn
Archäologisches Korrespondenzblatt
Archaeology
Archaeometry
Archaiologika Analekta es Athenon
Archaiologike Ephemeris
Arheolŏki vestnik
Archaiologikon Deltion
Arheološki Vestnik
Athens Annuals of Archaeology
Atti della Pontif. Accad. Romana di Archeologia
British Archaeological Abstracts
Bulletin archéologique du Comité des Travaux historiques et scientifiques
Cahiers Archéologiques
Council for Old World Archaeology. COWA-Bibliography
Current Archaeology
Dialoghi di Archaeologia
Ethnographisch-archäologische Forschungen
Ethnographisch-Archäologische Zeitschrift
Etudes Archéologiques
Fontes archaeologica Posnanienses
The International Journal of Nautical Archaeology and Underwater Exploration
Jahrbuch des Deutschen Archäologischen Instituts
Jahresheft des Österreichischen Archäologischen Instituts in Wien
Kratkie Soobščenija Instituta Arkheologii
Kratkie Soobščenija Instituta Istorii Materialy Kultury
Materiale i Issledovanii po Arkheologii
Materiale şi cercetări arkheologice

archéologie et d'histoire
e la Société Archéologique et Historique de la Charente
gen des Deutschen Archäologischen Instituts, Athenische Abteilung
igen des Deutschen Archäologischen Instituts, Römische Abteilung
ngen des deutschen archäologischen Verbandes
nenta Archaeologica. Acta praehist., protohist. et hist.
umenti Inediti publicati dell'Istituto di corrispondenza archeologica
scula archaeologica
čet Imperatoskoj archeologičeskoj kommissnu
amátky Archeologické
Prähistorische Zeitschrift
Proceedings of the Prehistoric Society
Revue Archéologique
Rocznik polskiego towarzystwa archeologicznego
Sbornik Muzeja Arkheologii i Etnografi
Soviet Anthropology and Archeology
Sovietskaja Arkheologija
Sprawozdania Archeologiczne
Travaux du Centre d'Archéol. Médit. de l'Acad. Polon. des Sciences: Etudes et Travaux
Trudy Instituta Istorii, Arkheologii i Etnografi Akademii Nauk Tadzhikstan SSR
Trudy tadžikskoj archeologičeskoj ekspeticii
Wiadomosci archeologiczhe
World Archaeology
Zeitschrift für Archäologie
Zephyrus. Cronica del Seminario de Arqueológia y de la Sección arqueológia del Centro de estudios Salmantinos

I. B. 5. *Einzelwerke zur Vorgeschichtsforschung*

Bergounioux, F. M., La préhistoire et ses problèmes. Paris 1958
Behm-Blancke, G. (Redaktionsleitung), Aus Ur- und Frühgeschichte, Bd. 2. Berlin 1964
Burkitt, M. C., Prehistory. Cambridge 1921, 1925²
Capitan, L., La préhistoire. Paris 1931
Clark, G., Aspects of Prehistory. Los Angeles 1971
Clark, G., World Prehistory: A New Outline. Cambridge 1961, 1969², 1971³
Dunnell, R. C., Systematics in Pre-History. New York 1972
Edwards, I. E. S., Gadd, C. J. und N. G. L. Hammond (Hrsg.), Prolegomena and Prehistory (Cambridge Ancient History I, T. I). Cambridge 1970, 1972³
Franzew J. P. (Hrsg.), Von den Anfängen bis zur Mitte des 1. Jt. v. u. Z. (Weltgeschichte, Bd. I). Ak. d. Wissenschaften der UdSSR 1962, 1963²
Grohmann, R. und H. Müller-Beck, Urgeschichte der Menschheit. Stuttgart 1966³
Hawkes, J. und L. Woolley, History of Mankind, Bd. I: Prehistory. Paris–London–New York 1936
Narr, K. J. (Hrsg.), Handbuch der Urgeschichte, Bd. 1: Ältere und mittlere Steinzeit. Bern 1966
Narr, K. J., Das Studium der Ur- und Frühgeschichte. Darmstadt 1973
Otto., K.-H. (Redaktionsleitung), Aus Ur- und Frühgeschichte I, Berlin 1962
Patroni, G., La preistoria. Milano 1937, 1951²
Roe, D., Prehistory: An Introduction. London 1970, 1971²
Sonneville-Bordes, D. de, Urgeschichte. München–Paris–Genf 1975
Wahle, E., Studien zur Geschichte der prähistorischen Forschung. Heidelberg 1950
Forschungen zur Vor- und Frühgeschichte, Festschrift Friedrich Behn. Leipzig 1955

I. B. 6. *Einzelwerke zur Archäologie*

Clark, G., Archaeology and Society. London 1939, 1960²
Clarke, D. L., Analytic Archaelogy. London 1968, 1971²
Clarke, D. L. (Hrsg.), Models in Archaeology. London 1972
Coles, J. M., Archaeology by Experiment. London 1973
Coles, J. M. und E. S. Higgs, The Archaeology of Early Man. London 1969
Marcadé, J. (Gesamtleitung), Archaeologia Mundi. München–Paris–Genf (36 Bde.) 1965 ff.

Zoes, A., (Archäologische Lehren I: Vom Erscheinen des Menschen bis zu den ersten Kulturen des Orients), griechisch. Athen 1967

I. B. 7. *Methodologische Studien*

Acham, K. u. a., Methoden der Geschichtswissenschaft und der Archäologie. München–Wien 1974
Allibone, T. E., Wheeler, Sir M., Edwards, E. E. S., Hall, E. T. und A. E. A. Werner, The Impact of Natural Sciences on Archaeology. London 1970
Arzichowski, A. W., Archäologie, a. d. Russ. (Große Sowjet-Enzyklopädie, Reihe Gesch. u. Philos. Heft 33). Berlin 1955
Bindford, S. R. und L. R., New Perspectives in Archeology. Chicago 1968
Brothwell, D. R. und E. S. Higgs (Hrsg.), Science in Archaeology. London 1969²
Childe, V. G., Archaeology and Anthropology. Southwestern J. of Anthropology 2, 1946, 343 ff.
Daniel, G., The Origins and Growth of Archaelogy. Harmondsworth 1968
Deuel, L., Flights into Yesterday. The Story of Aerial Archaelogy. New York 1969
Dowman, E., Conservation in Field Archaeology. London 1971
Eriksson, S. A. und P. Åström, Fingerprints and Archaeology. Lund 1976
Fowler, P. J. (Hrsg.), Archaeology and the Landscape. London 1972
Goodyear, F. H., Archaeological Site Science. London 1971
Klein, L. S., Characteristic Methods in the Current Critique of Marxism in Archeology. Soviet Anthropology and Archeology 7, Nr. 4, Frühling 1969
Kornilov, K. N., Smirnow, A. A. und B. M. Teplov, (Archäologie) russ. Moskau 1948
Leone, M. P. (Hrsg.), Contemporary Archaeology. Carbondale, Ill. 1972
Pyddoke, E. (Hrsg.), The Scientist and Archeology. London 1964
Schulz, E., Die archäologische Landschaft. München 1974
Smirnov, A. P., On the Question of the Archaeological Culture. Soviet Anthropology and Archeology 5, Nr. 1, Sommer 1966
Stjernquist, B., Archaeological Analysis of Prehistoric Society. Lund 1971
Stjernquist, B., Technical Analysis as a Factor in Archaeological Documentation. Lund 1972
Strong, D. E. (Hrsg.), Archaeological Theory and Practice. London–New York 1973
Tite, M. S., Methods of Physical Examination in Archaeology. London–New York 1973
Watson, P. J., Le Blanc, S. A. und Ch. L. Retman, Explanation in Archaeology. New York–London 1971
Wilkes, B. St. J., Nautical Archaeology. Newton Abbot 1971
Wilkinson, E., Mullins, C. E. und A. Tabbach, Technische und naturwissenschaftliche Beiträge zur Feldarchäologie. Köln 1974
Wolley, C. L., Mit Hacke und Spaten. Die Erschließung versunkener Kulturen. Leipzig 1950²

I. B. 7. a. *Paläanthropologie*

Pittioni, R., Über die Zusammenarbeit der »anthropologischen Disziplinen« vom Standpunkt der Urgeschichte. In: Theorie und Praxis der Zusammenarbeit zwischen den anthropologischen Disziplinen. Horn 1961
Pradhan, M. C. u. a. (Hrsg.), Anthropology and Archaeology: Essays in Honour of Verrier Elwin 1902–1964. Bombay 1969

I. B. 7. b. *Paläanthropometrie*

Chochol, J., Analyse anthropologique des os humaines des sépultures à incinération. In: Referáty o prácovních výsledichích čs. archeologu za r. 1955 (Lilice 1956) I, 1956, 16–25
Grimm, H., Möglichkeiten und Grenzen der Untersuchung von vor- und frühgeschichtlichem Skelettmaterial durch den Anthropologen. Jahresschrift für mitteldeutsche Vorgeschichte 45, 1969, 15–24. In gekürzter Form auch in: Aus Ur- und Frühgeschichte I, Berlin 1962, 41–45
Legoux, P., Détermination de l'âge dentaire de fossiles de la lignée humaine. Paris 1966
Morant, G. M., Studies of Palaeolithic Man: IV. A Biometric Study of the Upper Palaeolithic Skulls of Europe and their Relationships to Earlier and Later Types. Annals of Eugenics 4, T. 1 und 2, April 1930, 109–214
Reed, C. A., Osteo-Archaeology. In: Science in Archaeology. London 1963/65
Grimm, H., Welche Aussagen gestattet die anthropologische Untersuchung von Leichenbränden? In: Aus Ur- und Frühgeschichte II. Berlin 1964, 35–42
Schaefer, U., Grenzen und Möglichkeiten der anthropologischen Untersuchungen von Leichen-

bränden. In: Bericht über den V. Intern. Kongreß f. Vor- und Frühgeschichte (Hamburg 1958), 1961, 717–724

I. B. 7. c. *Paläobiologie*

Brothwell, D. R. (Hrsg.), The skeletal Biology of Early Human Populations. London 1968
West, R. G., Pleistocene Geology and Biology. London 1968

I. B. 7. d. *Paläobotanik*

Dimbleby, G. W., Plants and Archaeology. London 1967
Hopf, M., Botanik und Vorgeschichte. Jb. R. G. Zentralmus. Mainz IV, 1957, 1–22
Leroi-Gourhan, A., Flores et climats du Paléolithique récent. Monaco 1959
Renfrew, J. M., Palaeoethnobotany: The Prehistoric Food Plants of the Near East and Europe. London 1973
Grimm, P., Pollenanalyse und Frühgeschichte. Ausgrabungen und Funde 2, 1957, 4–7
Schmitz, H., Pollenanalyse und Siedlungsgeschichte. Die Umschau, 53, 1953, 355 ff.
Straka, H., Pollenanalyse und Vorgeschichte. Natur und Volk 86, 1956, 301–310
West, R. G., Studying the Past by Pollenanalysis. Oxford 1971

I. B. 7. e. *Paläochemie*

Caley, E. R., Archaeological Chemistry. Washington, D. C. 1949
Geilmann, W., Chemie und Vorgeschichtsforschung. Die Naturwissenschaften 37, 1950, 97 bis 102, 121 bis 128
Hedvall, J. A., Chemie im Dienst der Archäologie. Göteborg 1962

I. B. 7. f. *Paläethnologie*

Krupinski, T., (Das Problem der ethnischen Differenzierung des Menschen des oberen Paläolithikums), polnisch. Materialy i Prace, Antropologiczne 64, Wroclaw 1963
Miklucho-Maklaj, N. N., (Anthropologie und Ethnografie), russisch, in des Autors Gesammelte Werke III, T. 1. Moskau 1951
Mongajit, A. L., Archeological Cultures and Ethnic Units. Soviet Anthropology and Archeology 7, Nr. 1, Sommer 1968
Paleontologica umana et paletnologia. Supplemento al volume I, Annali del Università di Ferrara, Sez. 15, 1962
Tret'iakov, P. N., The Ethnogenetic Process and Archeology. Soviet Anthropology and Archeology 1, Nr. 4, Frühling 1963

I. B. 7. g. *Paläogeologie*

Aitken, M. J., Archaeological Applications of Geophysical Methods. In: Atti del VI. Congresso Internazionale delle scienze Preistoriche e protostoriche 1962, 21–32
Flint, R. F., Glacial Geology and the Pleistocene Epoch. New York 1949
Hampl, F. und F. Fritsch, Geoelektrische Messungen in ihrer Anwendung für die Archäologie. Technische Beiträge zur Archäologie I, 1959, 104–114
Jazunski, W., (Gegenstand und Aufgaben der historischen Geographie), russisch. Istorik marksist 5, 1941
Jazunski, W., (Die historische Geographie als wissenschaftliche Disziplin), russisch. Referat auf der Sitzung der Sektion Geschichte der Geographie und Historische Geographie der Moskauer Abt. d. Allruss. Geogr. Ges. am 18. Okt. 1947
King, C. A. M., Glacial and Periglacial Geomorphology. London 1968
Palmer, L. S., Geoelectrical Surveying of Archaeological Sites. Proceedings of the Prehistoric Society 26, 1960, 64–75
Stäblein, G., Glazialmorphologie. Darmstadt 1975

I. B. 7. h. *Paläographie*

Cohen, M., La grande invention de l'écriture et son évolution. Paris 1958
Gorge, M., Les pré-écritures et l'évolution des civilisations (18 000 bis 8000 av. J.-C.). Paris 1974
Jefferey, L. H., The local Scripts of Archaic Greece. Oxford 1961
Jensen, H., Die Schrift in Vergangenheit und Gegenwart. Berlin 1958

König, M. E. P., Interprétation des représentations paléolithiques d'après les plus anciens textes de l'histoire. 15e congrès préhistorique de France, Poitiers-Angoulême, 15 bis 22 juillet 1956, 632–661
Varagnac, A., L'homme avant l'écriture. Paris 1959

I. B. 7. i. *Paläoklimatologie*
Bouchud, J., Essai sur le renne et la climatologie du Paléolithique moyen et supérieur. Périgueux 1966
Guillien, Y., De la climatologie de l'âge du renne. Bull. SPF 47, 1950, Nr. 4, 162–165
Schwarzbach, M., Das Klima der Vorzeit. Stuttgart 1961²

I. B. 7. j. *Paläolinguistik*
Fester, R., Protokolle der Steinzeit. Kindheit der Sprache, München 1974.
Haas, M. R., The Prehistory of Languages. Den Haag 1969
König, M. E. P., Am Anfang der Kultur. Die Zeichensprache der frühen Menschen. Berlin 1972
Krahe, H., Sprache und Vorzeit. Heidelberg 1954
Merlingen, W., Sprachwissenschaft und Urgeschichte. In: Theorie und Praxis der Zusammenarbeit zwischen den anthropologischen Disziplinen (Symposion 1959)
Paget, R. A., The Origin of Language with Special Reference to the Paleolithic Age. Journal of World History I, 2, 1953, 399 ff.
Pisani, V. P., Paleontologia linguistica. Cagliari 1939
Schrader, O., Sprachvergleichung und Urgeschichte. 1883, 1890²

I. B. 7. k. *Paläökologie*
Adams, R., Early Civilizations Subsistence and Environment. In: Kraeling, C. H. und R. M. Adams (Hrsg.), City Invincible. Chicago 1960
Butzer, K. W., Environment and Archaeology. An Ecological Approach to Prehistory. London 1972²
Gripp, K. u. a., Frühe Menschheit und Umwelt, 2 Teile. Köln–Graz–Wien 1971
Raikes, R., Weather, Water and Prehistory. London 1967
Schmitz, H., Klima, Vegetation und Besiedlung. Archaeologia Geographica 3, 1952, 15–22

I. B. 7. l. *Paläontologie*
Brothwell, D. R., Digging up Bones. London 1963
Simpson, G. B., Leben der Vorzeit. Einführung in die Paläontologie. München 1972

I. B. 7. m. *Paläopathologie*
Dastugue, J., Pathologie des hommes fossiles de L'abri de Cro-Magnon. L'Anthropologie 71, Nr. 5–6, 1967, 479–492
Grimm, H., Altern, Lebensdauer, Krankheit und Tod bei vorgeschichtlichen und frühgeschichtlichen Bevölkerungsgruppen. Wissenschaftliche Annalen 5, 1956, 171–180
Janssens, P., Paleopathology. Diseases and Injuries of Prehistoric Man. London 1970
Pales, L., Etat actuel de la Paléopathologie. Contribution à l'étude de la pathologie comparative. Paris 1930
Vallois, H. V., La durée de la vie chez l'homme fossile. L'Anthropologie 47, 1937, 499–532
Wells, C., Bones, Bodies and Disease. Evidence of Disease and Abnormality in Early Man. London 1964

I. B. 7. n. *Paläopsychologie*
Alimen, M. H. und M. Goustard, Le développement de l'intelligence et les structures paléo-biopsychologiques. Bull. SPF 59, 389–406
Corominas, J. M., Mentalidad humana durante el Paleolitica superiore. Congrès international des Sc. préhistorist, et protohist. 4e Session, Madrid 1954, 373–380
Eichstedt, E. von, Die Methoden der Paläopsychologie. Homo 4, 1953
Gavela, B., Sur un aspect particulier de la conscience intuitive chez l'Homo Sapiens fossilis. Société d'Etudes et de Rech. Préhist. et Institut Pratique de Préhist., Les Eyzies, Bull. no. 6, 1956, 70–73
König, M. E. P., Comment l'homme préhistorique pensait-il? Congrès Préhistorique de la France, 16e Session, Monaco 1959 (Paris 1965), 773–775

I. B. 7. o. *Paläozoologie*
Chaplin, R. E., The Study of Animal Bones from Archaeological Sites. London 1971
Müller, H.-H., Möglichkeiten der Auswertung von ur- und frühgeschichtlichen Tierknochen. Jahresschrift für mitteldeutsche Vorgeschichte 45, 1961, 25–34
Ryder, M. L., Animal Bones in Archaeology. Oxford 1968

I. B. 7. p. *Siedlungsarchäologie*
Ebert, Siedlungsarchäologie. In: Reallexikon der Vorgeschichte
Nitz, H.-J. (Hrsg.), Historisch-genetische Siedlungsforschung. Darmstadt 1974

I. B. 7. q. *Taxonomie und Typologie*
Bordes, F., Typologie du Paléolithique ancien et moyen. Bordeaux 1961
Bordes, F., A propos de typologie. L'Anthropologie 69, 1965, 369–377
Campbell, B. G., Quantitative Taxonomy and Human Evolution. In: L. S. Washburn (Hrsg.), Classification and Human Evolution. Chicago 1963
Debec, G. F., (Systematisierung und Nomenklatur der Fossilmenschen), tschechisch. Kratkie Soobščenija Instituta Istorii Materialy Kultury 1948, Nr. 23, 13–21
Laplace, G., Essai de typologie systématique. Annali del l'Università di Ferrara 1964, Sezione 15, supplemento 2
Laplace, G., Pourquoi une typologie analytique? L'Anthropologie 70, 1966, Nr. 1–2, 193–201

I. B. 7. r. *Werkzeugkunde*
Gramsch, B., Erkenntnisgrenzen bei der Auswertung steinzeitlicher Flintgerätfunde. In: Aus Ur- und Frühgeschichte I, Berlin 1962, 48–54
Harper, K., Acheulian Flake Tools. Proceedings of the Prehistoric Society 1937
Korobkov, I. I., On the Methodology of Classifying Cores. Soviet Anthropology and Archeology 2, Nr. 4, Frühling 1964

I. B. 8. *Hilfswissenschaften*

I. B. 8. a. *Computeranalyse*
Ankes, C. und R. Gundlach (Hrsg.), Archäologische und elektronische Datenverarbeitung. Pullach 1970 ff. (jährlich)

I. B. 8. b. *Metallurgie*
Coghlan, H. H., Notes on the Prehistoric Metallurgy of Copper and Bronze in the Old World. London 1951
Junghans, S. u. a., Metallanalysen kupfer- und frühbronzezeitlicher Bodenfunde aus Europa. Berlin 1960
Otto, H., Methoden zur Untersuchung vor- und frühgeschichtlicher Metalle. Ausgrabungen und Funde 6, 1961, 316–320
Tylecote, R. F., Metallurgy in Archaeology. London 1962

I. B. 8. c. *Mikroskopie*
Biek, L., Archaeology and the Microscope. Lutterworth 1963
Netolitzky, F., Das Mikroskop in der Archäologie. In: Bericht über den IV. Intern. Kongreß für Archäologie 1939, 154–156

I. B. 8. d. *Petrographie*
Guenther, E. W., Sedimentpetrographische Untersuchung von Lössen. Köln–Graz–Wien 1961
Otto, H., Mineralogische und petrographische Untersuchungen an vor- und frühgeschichtlichen Gegenständen. Ausgrabungen und Funde 6, 1961, 314–316

I. B. 8. e. *Photogrammetrie*
Grütter, H., Die Photogrammetrie im Dienste der Archäologie. Ur-Schweiz 26, 1962, 1–5

I. B. 8. f. *Röntgenologie*
Gottardi, G., Pederzolli, L. und E. Tongiorgi, La determinazione roentgenografica del contenuto in fluoro dell'apatite delle ossa fossili. Rivista di Scienza Preistoriche 12, 1957, 1–37

Hundt, H. J., Röntgenfotografie im Dienste der Archäologie. Die Umschau 60, 1960, 239–241
Hundt, H. J., Über die Untersuchung vor- und frühgeschichtlichen Fundmaterials durch Röntgenstrahlen. In: Bericht über den V. Intern. Kongreß für Vor- und Frühgeschichte (Hamburg 1958), 1961, 415–416

I. B. 8. g. *Statistik*

Bohmers, A. und A. Wouters, Statistics and Graphs in the Study of Flint Assemblages. Palaeohistoria 5, Groningen
Brodar, M., (Bemerkungen über die statistischen Methoden der Klassifikation paläolithischer Kulturen), serbokroatisch. Arheološki Vestnik, Acta Archaeologica, Ljubljana, 1962–1963, 13–14, 51–59
Delporte, H., Sur l'utilisation des méthodes statistiques et graphiques pour l'étude du paléolithique. Bull. SPF 60, 1963, 340–351
Hodson, H. R., Kendall, D. G. und P. Tautu, Mathematics in the Archaeological and Historical Sciences. Edinburgh 1971

I. C. *Chronologie der Vorgeschichte*

Jelinek, J., The Oldest Finds of the Primitive Type Homo Sapiens Fossilis and their Chronology. 6e Congre?s intern. des Sc. anthrop. et ethnol., Paris 1960, résumés des Communications, 132
Schmidt, A., (Über die Chronologie der klassenlosen Gesellschaft), russisch. Probleme der Geschichte der materiellen Kultur (Staatsakademie der Geschichte der materiellen Kultur) 1–2, 1933, 7–15
Thomas, H. L., Near Eastern, Mediterranean and European Chronology. The Historical. Archaeological, Radiocarbon, Pollenanalytical and geochronological Evidence. Lund 1967

I. C. 1. *Datierung*

Dimbleby, G. W., Pollen Analysis as an Aid to the Dating of Prehistoric Monuments. Proc. Prehist. Soc. XX, 1964, 231–236
Evernden, J. F. und G. Curtis, The Application of Potassium-Argon Dating to Pleistocene Volcanics. In: Report on the 5th Intern. Congress for Prehistory and Early History, (Hamburg 1958), 1961, 257 f.
Fedorov-Davydov, G. A., On the Dating of Types of Artifacts from Burial Assemblages. Soviet Anthropology and Archeology 5, Nr. 2, Herbst 1966
Ivanova, I. K., Das geologische Alter des fossilen Menschen, aus dem Russischen von Dr. Pollems. Stuttgart 1971
Koitschina, B. A., (Die Probleme absoluter Datierung in der Archäologie), russisch. Moskau 1972
Michels, J. W., Dating Methods in Archaeology. New York–London 1973
Oakley, K. P., Frameworks for Dating Fossil Man. London 1964, 1969[3]
Richter, K., Möglichkeiten, Grenzen und Ergebnisse der Fluordatierung. In: Berichte über den V. Intern. Kongreß f. Vor- und Frühgeschichte (Hamburg 1958), 1961, 700
Reinerth, H., Die Jahrring- und Warvenforschung. Manus 32, 1940, 527–570
Zeuner, F. E., Dating the Past: An Introduction to Geochronology. London 1946, 1971[2]

I. C. 1. a. *Stratigraphie*

Guenther, E. W., Feinstratigraphische Untersuchung von Lößprofilen. In: Actes du IV. Congrès International du Quaternaire 1953, 1–7
Movius, H. L., Loess Stratigraphy and Upper Palaeolithic Radiocarbon Dates in Europe. Brive 1957
Rogatchev, A. N., Nouvelle données sur la stratigraphie du Paléolithique supérieur de la plaine d'Europe Orientale. In: Okladnikov, A. P., Paléolithique et Néolithique de l'URSS, Annales de Centre d'Etudes et de Documentation Paléon. 1956, Nr. 18, 28–43
Schmid, E., Sedimentanalyse und Höhlenforschung. In: Bericht über den V. Intern. Kongreß f. Vor- und Frühgeschichte, (Hamburg 1958) 1961, 726–730

I. C. 1. b. *Radiokarbondatierung*

Braidwood, R. S., Über die Anwendung der Radiokarbon-Chronologie für das Verständnis der ersten Dorfkultur-Gemeinschaften in Südwestasien. Anz. d. phil.-hist. Klasse der österr. Ak. d. Wissenschaften XIX, 1958, 249

Braidwood, R. S., Further Remarks on Radioactive Carbon Age Determination and the Chronology of the Late Prehistoric and Protohistoric Near East. In: Vorderasiatische Archäologie, Festschrift Moorgat, Berlin 1964, 57 ff.

Godwin, H., Walker, D. und E. H. Willis, Radiocarbon Dating and Post Glacial Vegetational History. Proc. Royal Soc., B, CXLVII 1957, 352–366

Kohl, G. und H. Quitta, Radiokarbondaten archäologischer Proben I. Ausgrabungen und Funde 8, 1963, 281–301

Olsson, I. U. (Hrsg.), Radiocarbon Variations and Absolute Chronology. In: Proceed. of the 12th Nobel Symposium held at the Inst. of Physics at Uppsala Univ. Stockholm 1970

Quitta, H. und G. Kohl, Neue Radiokarbondaten zum Neolithikum und zur frühen Bronzezeit Südosteuropas und der Sowjetunion. Z. f. Arch. 3, Berlin 1969, 223–225

Quitta, H., Radiocarbondaten und die Chronologie des mittel- und südosteuropäischen Neolithikums. Ausgrabungen und Funde 12, H. 3, Berlin 1967, 115–125

Renfrew, C., Before Civilization. The radiocarbon revolution and prehistoric Europe. London 1973

Schwabedissen, H. und K. O. Münnich, Zur Anwendung der C-14-Datierung und anderer naturwissenschaftlicher Hilfsmittel in der Ur- und Frühgeschichtsforschung. Germania 36, Heft 1 bis 2, 1958, 133–149

I. C. 2. *Periodisierung*

Böhm, J., (Studie zur Periodisierung der Urgeschichte), tschechisch. Pamatky Archeologicke 44, Nr. 1, 1953

Boriskovskij, P. I., (Fragen der Periodisierung des Paläolithikums), russisch. Sovietskaja Archeologija 21, 1954, 30–47

Gorbaceva, N. P., (Zur Frage der Abänderung der Morganschen Periodisierung), russisch. Sovietskaja Etnografija 1, 1952

Koswen, M. O., (Über die Periodisierung der Urgeschichte), russisch. Sovietskaja Etnografija 3, 1952

Majewski, K., (Die soziologische und politische Periodisierung der ägäischen Kultur), polnisch. Archeologia I, 1947, 203–207. Französisch: ders., La question de »mode de production asiatique« dans la civilisation égéenne à la lumière des sources, archéologique. Breslau–Warschau–Krakau 1969, 56–64

Passek, T. S., (Periodisierung der Tripolje-Siedlungen), russisch. Materialien und Untersuchungen zur Archäologie der UdSSR 10, 1949 (mit ausführlicher Bibliographie)

Pertschitz, A. I., (Entwicklung der Eigentumsformen in der Urgesellschaft als Grundlage der Periodisierung der Entwicklungsgeschichte), russisch. Sovietskaja Etnografija 4, 1955, 31 bis 32

Sellnow, I., Grundprinzipien einer Periodisierung der Urgeschichte. Ein Beitrag auf Grundlage ethnographischen Materials. Berlin 1961

Tolstow, S. P., Zur Frage der Periodisierung der Urgesellschaft. Sowjetwissenschaft 2, 1948

Welskopf, E., Probleme der Periodisierung der Altgeschichte; die Einordnung des Alten Orients und Altamerikas in die weltgeschichtliche Entwicklung. Z. f. Geschichtswissenschaft V, 1957, 296–313

I. C. 3. *Perioden*

Foss, M. F., (Über die Termini Neolithikum, Bronzezeit und Kultur), russisch. Kurze Mitteilungen des Instituts für die Geschichte der materiellen Kultur 29, 1949, 33–47

Klejn, L. S., Die Konzeption des »Neolithikums«. »Äneolothikums« und der »Bronzezeit« in der archäologischen Wissenschaft der Gegenwart, aus dem Russischen, in: Neolithische Studien I, Berlin 1972, 7–30

I. C. 3. a. *Quartär*

Wright, W. B., The Quaternary Ice Age. London 1937

Quartär. Jahrb. f. Erforschung des Eiszeitalters und seiner Kulturen (Hrsg. Zotz, L. F.). Bonn 1938 ff.

I. C. 3. b. *Diluvium*

Cornwall, R. W., Ice Ages: Their Nature and Effects. London 1970

Facon, R., Les données pour la chronologie de la période froide. Bull. SFP 52, 1955, Nr. 3 bis 4, 219–222

Groß, H., Der gegenwärtige Stand der Geochronologie des Spätpleistozäns in Mittel- und Westeuropa. Quartär 14, 1962–63, 49–68

Heinzelin, J. de, Observations on the Absolute Chronologie of the Upper Pleistocene. In: African Ecology and Human Evolution. Wenner-Gren Foundation for Anthropological Research (Viking Fund Publications Nr. 36), New York 1963, 285–303

Kaiser, K. (Hrsg.), Eiszeitforschung. Darmstadt 1975

Overhage, P., Menschenformen im Eiszeitalter. Frankfurt 1969

Zeuner, F., The Pleistocene Period, its Climate, Chronology and Faunal Succession. London 1959

I. C. 3. c. *Prälithikum*

Smolla, G., Gab es eine prälithische Periode in der Kulturgeschichte der Menschheit? Tribus, NF 2–3, 1953, 75–103

I. C. 3. d. *Tardiglacium*

Gams, H., Récents progrès sur le Tardiglaciaire. L'Anthropologie 56, 1952, 280–290

Guillien, Y., Néoglaciaire et Tardiglaciaire. Géochimie, Palynologie, Préhistoire. Annales de Géographie 71, 1962, Nr. 383, 1–35

I. C. 3. e. *Lithikum*

Menghin, O., Weltgeschichte der Steinzeit. Wien 1931

Müller-Karpe, H., Geschichte der Steinzeit. München 1974

I. C. 3. f. *Paläolithikum*

Müller-Karpe, H., Handbuch der Vorgeschichte, Bd. 1, Altsteinzeit. 1966

Narr, K. J., Zur Frage altpaläolithischer Kulturkreise. Anthropos 48, 1953

Rust, A., Die jüngste Altsteinzeit. In: Historia Mundi I (Hrsg. V. F. Valjevec). München 1952

Zotz, L. F., Altsteinzeitkunde Mitteleuropas. Stuttgart 1951

Celebonovic, M. und G. Grigson, The Old Stone Age. London 1957

Kozlowski, J. K., (Studien über die Unterscheidung der Kulturen im Oberpaläolithikum Zentraleuropas), polnisch. Zeszyty Naukowe. Uniwersytetu Jagielloúnskiego 109, prace Archeologicne, zeszyt 7, Krakau 1965

Breuil, H. und R. Lantier, Les hommes de la pierre ancienne. Paris 1951

Bibikov, S. N., (Einige Fragen über die Bevölkerung Westeuropas im Paläolithikum), russisch. Sovietskaja Arkheologija 1959, fasc. IV, 19–28

Boriskovkij, P. I., (Über die Periodisierung des Paläolithikums), russisch. Sovietskaja Arkheologija 21, 1954, 30–37

Cerdyncev, V. V., (Festlegung des absoluten Alters des Paläolithikums), russisch. Sovietskaja Arkheologija 25, 1956, 64–86

Kozlowski, J. K., (Versuch der Klassifizierung der »pointes foliacée« Kulturen des oberen Paläolithikums in Europa), polnisch. Zeszyty Nankowe Universytetu Jagielloúskiego. Rozprawy i studia 31, Krakau 1961

Nicolaescu-Plopsor, C. S., (Studien über das Frühpaläolithikum), rumänisch. Materiale şi cercetări arkeologice 3, 1957, 281–291

Nicolaescu-Plopsor, C. S., (Die periglaziaren Phänomene und die Stratigrafie des Paläolithikums), rumänisch. Studii şi cercetări de Istorie Veche 12, Bukarest 1961, Nr. 1, 65–74

Rogacev, A. N., (Einige Fragen der Chronologie des oberen Paläolithikums), russisch. Sovjetskaja Arkheologija 17, 1953, 149–160

Ulbrich-Kudelska, I., (Der Mensch des oberen Paläolithikums), russisch. Lwow 1926

Zamjatnin, S. N., (Über die Entscheidung örtlicher Unterschiede in der Kultur der paläolithischen Zeit), russisch. In: Herkunft der Menschen und Siedlungen der Menschheit im Altertum. Moskau 1951

I. C. 3. g. *Mousterium*

Peyrony, D., Nouvelles observations sur le Moustérien final et l'Aurignacien inférieur. Association Française pour l'Avancement des Sciences, Congrès de Montpellier 1922, 511–514

I. C. 3. h. *Chatelperronium*

Leroi-Gourhan, A., Le Châtelperronien: problème ethnologique. Miscelanea en Homenaje al Abate Henri Breuil 2, Barcelona 1965, 75–81

I. C. 3. i. *Szeletium*
Prošek, F., Le Szélétien en Slovakie. Slovenská archeologia I, 1953, Preßburg 1954
Valoch, K., Etude statistique du Szélétien. L'Anthropologie 61, 1957, Nr. 1–2, 84–89

I. C. 3. j. *Aurignacium*
Banesz, L., (Einige Gedanken über den Ursprung, die Unterteilungen und die Ausdehnung des Aurignaciums in Europa), tschechisch. Slovenská Archeológia 13 bis 2, 1965, 261–318

I. C. 3. k. *Perigordium*
Cheynier, A., Le Périgordien n'est qu'une théorie. Bull. Soc. hist. et arch. du Périgord 90, 1962, 23–26
Coulonges, L., Le Périgordien glaciaire et post-glaciaire. Société d'Etudes et de Rech. Préhist. et Inst. Pratique de Préhist. Les Eyzies, Bull. Nr. 8, 1958, 25–26
Delporte, H., Etude paléo-topographique d'un habitat du périgordien supérieur. Bull. SPF 59, 1962, 345–353
Lacorre, F., Sur le Périgordien II. Bull. SPF 53, 1956, 140–143
Pradel, L., Sur les synchronisme du Périgordien et de l'Aurignacien. Bull. SPF 58, 1961, Nr. 8 bis 10, 621–627
Sonneville-Bordes, D. de, A propos du Périgordien I du Périgord. Bull. SPF 57, 1960. Nr. 9 bis 10, 536–537

I. C. 3. l. *Gravettium*
Lacorre, F., La Gravette, le gravétien et le bayacien. Laval 1960

I. C. 3. m. *Solutreum*
Breuil, H., Le Solutréen. In: Festschrift für Lothar Zotz, Bonn 1960, 93–98
Magnien, E., Solutré et son site préhistorique. Mâcon 1962

I. C. 3. n. *Magdalenium*
Allain, J., Réflexions sur la chronologie du Magdalénien. Bull. SPF 56, 1958, Nr. 9, 539–545
Kozlowski, J. K., Quelques problèmes de la subdivision chronologique du Magdalénien en Europe Centrale. Archaelogia Polona 7, Breslau–Warschau–Krakau 1964, 180–192
Kozlowski, J. K., Quelques remarques sur l'origine et l'extension du Magdalénien en Europe Centrale. Folia quaternaria 10, 1962, 1–27
Lwoff, S., Iconographie humaine et animale du Magdalénien III. Bull. SPF 54, 1957, Nr. 10, 620 bis 633
Sonneville-Bordes, D. de, Contributions récentes à la connaissance du Magdalénien. L'Anthropologie 60, 1956, Nr. 3–4, 369–378

I. C. 3. o. *Mesolithikum*
Breuil, H., Die ältere und mittlere Steinzeit. In: Historia Mundi (Hrsg. F. Valjavec). München 1952

I. C. 3. p. *Capsium*
Mencke, E., Zur Altersfrage des Capsien. Kiel 1935

I. C. 3. q. *Neolithikum*
Childe, V. G., The New Stone Age. In: H. L. Shapiro (Hrsg.), Man, Culture and Society. New York 1956, 94–110
Childe, V. G., Old World Prehistory: Neolithic. In: A. L. Kroeber, Anthropology Today. Chicago 1953
Cole, S., The Neolithic Revolution. London 1953²
Klejn, L. S., Tabaczynski u. a., Neolithische Studien. a. d. Russ., Berlin 1972
Malmer, M., Jungneolithische Studien. Bonn 1962
Milojčič, V., Die Tontafeln von Tartaria (Siebenbürgen) und die absolute Chronologie des mitteleuropäischen Neolithikums. Germania 43, Berlin 1965, 261–268
Müller-Karpe, H., Handbuch der Vorgeschichte 2, Neolithikum. München 1969
Smolla, G., Neolithische Kulturerscheinungen. Bonn 1960
Tachenberg, K., Jungsteinzeit. In: Historia Mundi 2. Bern 1953

L'Europe à la fin de l'âge de la pierre. Actes du Symposium consacré aux problèmes du Néolithique européen. (Prag–Liblice–Brünn, 5. bis 12. Oktober 1959), Prag 1961

I. C. 3. r. *Megalithikum*
Daniel, G., The Megalith Builders of Western Europe. London 1958
Thom, A., Megalithic Lunar Observatories. London 1971

I. C. 3. s. *Leptolithikum*
Delporte, H., Les Origines du Leptolithique Européen. Bericht über den 5. Intern. Kongreß f. Vor- und Frühgeschichte (Hbg. '58), Hbg. 1961, 235–241
Laplace, G., Recherches sur l'origine et évolution des complexes leptolithiques. Paris 1966

I. C. 3. t. *Chalkolithikum*
Piggott, St., Le Néolithique occidentale et le Chalcolithique. L'Anthropologie 57, 401 bis 443; 58, 1954, 1–28
Piggott, St., Neolithic and Bronze Age in East Europe. Antiquity 34, 1960, 285–294

I. C. 3. u. *Metallzeit*
Brew, J. O., The Metal Ages: Copper, Bronze and Iron. In: H. L. Shapiro (Hrsg.), Man, Culture and Society. New York 1956, 111–138
Reinhardt, L., Urgeschichte der Welt. Die Kulturen der vor- und frühgeschichtlichen Metallzeit, 2 Bde. Wien 1924

I. C. 3. v. *Kupferzeit*
Müller-Karpe, H., Kupferzeit, 3 Bde. (Hdb. d. Vorgesch., Bd. 3). München 1974
Tserpes, Th., (Die Kupferkulturen), griechisch. Athen 1960

I. C. 3. w. *Bronzezeit*
Åberg, N., Bronzezeitliche und früheisenzeitliche Chronologie. Stockholm 1933
Fox, C., Life and Death in the Bronze Age. London 1959
Montelius, C., Die Chronologie der älteren Bronzezeit. Braunschweig 1910

I. C. 3. x. *Eisenzeit*
Åberg, N., Bronzezeitliche und früheisenzeitliche Chronologie, T. II: Hallstattzeit. Stockholm 1931
Read, Ch. H., A Guide to the Antiquities of the Early Iron Age of Central and Western Europe. London 1905

I. D. *Zur Frage einer evolutionären Vorgeschichtsforschung*
Avebury, J. L., Prehistoric Times as Illustrated by Ancient Remains and the Manners and Customs of Modern Savages. London 1865, New York 1872
Caspari, C., Die Urgeschichte der Menschheit mit Rücksicht auf die natürliche Entwicklung des frühesten Geisteslebens, 2 Bde., Leipzig 1877
Childe, V. G., What happened in History. Harmondsworth 1942, deutsch 1952
Childe, V. G., What Is History? New York 1953
Grohmann, R. und H. J. Müller-Beck, Urgeschichte der Menschheit. Stuttgart 1952²
Haensell, F., Das Problem der Ur-Völkerforschung. Grundzüge einer ethnologischen Urgeschichte. Frankfurt–Wien 1955
Koppers, W., Der historische Gedanke in Ethnologie and Prähistorie. Wiener Beiträge zur Kulturgesch. u. Linguistik IX, 1952, 11 ff.
Kühn, H., Aufstieg der Menschheit. Frankfurt 1955
Lipps, J. E., Vom Ursprung der Dinge. Leipzig 1951
Marett, R. R., The Making of Man. London 1927
McLennan, J. F., Studies in Ancient History. London 1876, 1886², 1896³
Mumford, L., Speculations on Prehistory. Am. Scholar 36, 1, Winter 1966–1967
Schmidt, W., Rassen und Völker in Vorgeschichte und Geschichte des Abendlandes, 2 Bde. Luzern 1946
Thurnwald, R., Funktion und Entwicklung. Archiv für Anthropologie, Völkerforschung und kolonialen Kulturwandel 26, 1940

I. D. 1. *Zur Evolution der Kultur*

Benedict, R., The Growth of Culture (bearbeitet v. M. Mead). In: H. L. Shapiro (Hrsg.), Man, Culture and Society. New York 1956, 182–195

Bornemann, F., Die Urkultur in der kulturhistorischen Ethnologie. Wien 1938

Childe, V. G., Stufen der Kultur. Dresden 1952

Childe, V. G., Vorgeschichte der europäischen Kultur. Hamburg 1960

Dixon, R. B., The Building of Cultures. London 1928

Fuchs, St., The Origin of Man and his Culture. New York 1963

Lippert, J., Die Kulturgeschichte der Menschheit in ihrem organischen Aufbau. Stuttgart 1867

Narr, K. J., Urgeschichte der Kultur. Stuttgart 1961

Pittioni, R., Die urgeschichtlichen Grundlagen der europäischen Kultur. Wien 1949

Schmidt, W., Handbuch der Methode der kulturhistorischen Ethnologie. Münster 1937

Smith, Sir G. E., The Migrations of Early Cultures. London 1915

Smith, G. E., The Diffusion of Culture. London 1933

Tylor, E. B., Die Anfänge der Cultur. Untersuchungen über die Entwicklung der Mythologie, Philosophie, Religion, Kunst und Sitte, 2 Bde. Leipzig 1873

White, L. A., Kroeber's »Configurations of Cultural Growth«. Am. Anthropologist 48, 1946

White, L. A., The Science of Culture. New York 1949

Renfrew, C. (Hrsg.), The Explanation of Culture Change: Models in Prehistory. London 1973

I. D. 2. *Zur Entwicklung der Zivilisation*

Amal'rik, A. S. und A. L. Mongajit, (Auf der Suche nach versunkenen Zivilisationen). russisch. Moskau 1966

Avebury, Sir J. L., Die Entstehung der Civilisation und der Urzustand des Menschengeschlechts, erläutert durch das innere und äußere Leben der Wilden. Jena 1875

Childe, V. G., The Dawn of European Civilization. London 1925, 1957[6]; Frogmore 1973

Maine, Sir H., The Early History of Institutions. London 1875

Masson, U. M., (Natur und Ursprung der Zivilisation). russisch. Priroda 3, 1969, 2–14

McNeill, W. H. und J. W. Sedlar (Hrsg.), The Origins of Civilizations. New York 1968

Smith, Sir G. E., The Growth of Civilization. London 1924

Steward, J. H., Cultural Causality and Law: A Trial Formulation of the Development of Early Civilizations. Am. Anthropologist 51, 1949

Toynbee, A. J., The Geneses of Civilization (A Study of History 1–2). 2). London 1935[2], 1962[3]

Tylor, E. B., Forschungen über die Urgeschichte der Menschheit und die Entwicklung der Civilisation. Leipzig 1866, 1883[2]

Woolley, Sir L., The Beginnings of Civilization. In: Hawkes, J. and L. Woolley, History of Mankind, Cultural and Scientific Development, London 1963, 357–854

I. D. 3. *Zur Beziehung zwischen genereller und spezifischer Evolution*

Artanovskij, S. N., The Marxist Doctrine of Social Progress and the »Cultural Evolution« of Leslie White. Soviet Anthropology and Archeology 3, Nr. 3, Winter 1964

Childe, V. G., Social Evolution. London 1951, New York 1951; deutsch: Soziale Evolution. Frankfurt 1968

Darlington, C. D., The Evolution of Man and Society. New York und London 1969

Garn, S. M. (Hrsg.), Culture and the Direction of Human Evolution. Detroit 1964

Goury, G., Origine et évolution de l'homme. Paris 1948

Hallowell, A. I., Personality Structure and the Evolution of Man. Am. Anthrop. 52, 1950

Keller, A. G. Societal Evolution: A study of the Evolutionary Basis of the Science of Society. New York 1931

Konrad, H., Das natürliche System der menschlichen Gesellschaft oder die Entstehung der Arten im periodischen System der sozialen Elemente. Wien 1922

Lapange, G., V. de, Les sélections sociales. Paris 1896

Leacock, E. B., Introduction to »Social Stratification and Evolutionary Theory: A Symposium«. Ethnohistory 5, No. 3, 1958

Lowie, R. H., Evolution in Cultural Anthropology: A Reply to Leslie White. Am. Anthropologist 48, 1946

Mead, M., Continuities in Cultural Evolution. New Haven 1964

Montagu, M. F. A. (Hrsg.), Culture and the Evolution of Man. New York 1962

Montagu, M. F. A., The Direction of Human Development. Biological and Social Bases. New York 1955
Murdock, G. P., Evolution in Social Organization. In: B. Meggers (Hrsg.), Evolution and Anthropology. Washington, D.C., 1959, 126–145
Sahlins, M. D. und E. R. Service, Evolution and Culture. Ann Arbor 1960
Schmidt, P. W., Kritik der evolutionistischen Schule (S. 34 bis 40). Die evolutionistischen Gesellschaftstheorien (S. 136 bis 141). In: Werden und Wirken der Völkerkunde. Regensburg 1924
Service, E. R., Cultural Evolutionism. New York 1971
Service, E. R., Primitive Social Organization: An Evolutionary Perspective. New York 1962
Smith, G. E., Essays on the Evolution of Man. London 1927
Spuhler, J., The Evolution of Man's Capacity for Culture. Detroit 1959
Steward, J., Evolution and Process. Anthropology Today, 1953
Steward, J., Review of L. White's »The Evolution of Culture«. Am. Anthropologist 62, 1960, 144–148
White, L. A., Diffusion versus Evolution: An Anti-Evolutionist Fallacy. Am. Anthropologist 47, 1945
White, L. A., Energy and the Evolution of Culture. Am. Anthropologist 45, 1943
White, L. A., Evolution in Cultural Anthropology: A Rejoinder. Am. Anthropologist 49, Nr. 3, Juli/September 1947, 400 ff.
White, L. A., The Evolution of Culture. 3 Bde. New York 1959 ff.
White, L. A., Evolutionary Stages, Progress and the Evaluation of Cultures. Southwestern J. of Anthr. 3, 1947
Washburn, S. L. and F. C. Howell, Human Evolution and Culture. In: Sol Tax (Hrsg.), Evolution after Darwin, Bd. 2: The Evolution of Man. Chicago 1960

I. E. *Ökonomische Untersuchungen*

Das ökonomische Grundgesetz der Urgemeinschaft. In: Lehrbuch Politische Ökonomie. Berlin 1972, S. 57
Hahn, E., Das Alter der wirtschaftlichen Kultur der Menschheit. Heidelberg 1905
Franz, L., Wirtschaftsformen der Vorzeit. Brünn 1943². Hierzu K. Majewski in Archeologia II, Warschau 1948, 365
Somlo, F., Der wirtschaftliche Urzustand. Monatsschrift für Soziologie, März 1909
Laum, B., Das Urbild der Volkswirtschaft. Tübingen 1957
Kuczynski, J., Urgeschichte. In: Allgemeine Wirtschaftsgeschichte von der Urzeit bis zur sozialistischen Gesellschaft. Berlin 1951
Clark, J. G. D., Prehistoric Europe: The Economic Basis. London 1952
Higgs, E. S. (Hrsg.), Papers in Economic Prehistory. Cambridge 1972
Sahlins, M., Stone Age Economics. Chicago 1972
Heichelheim, F. M., An Ancient Economic History from the Palaeolithic Age to the Migrations of the Germanic, Slavic and Arabic Nations. 3 Bde. Leyden 1958–1965
Tabaczyńskii, St., (Das mitteleuropäische Neolithikum. Wirtschaftliche Grundlagen), polnisch. Breslau–Warschau–Krakau 1970
Cunow, H., Allgemeine Wirtschaftsgeschichte. Eine Übersicht über die Wirtschaftsentwicklung von der primitiven Sammelwirtschaft bis zum Hochkapitalismus, 4 Bde. Berlin 1926–1931
Wittfogel, K. A., Die natürliche Ursache der Wirtschaftsgeschichte. Archiv f. Sozialwissenschaft und Sozialpolitik 67, 1932, 466–492, 597–609, 711–731
Meillassoux, C., Versuch einer Interpretation des ökonomischen Phänomens in den archaischen Subsistenzgesellschaften. In: K. Eder (Hrsg.), Die Entstehung von Klassengesellschaften. Frankfurt 1973, 31–68
Forte, D. und M. Douglas, Primitive Economics. In: H. L. Shapiro (Hrsg.), Man, Culture and Society. New York 1956, 330–344
Polanyi, K., Primitive, Archaic and Modern Economics. New York 1968
Dalton, G., Archaic Economies. In: Essays in Economic Anthropology. Seattle 1965, 1–25
Steward, J., The Economic and Social Basis of Primitive Bands. In: R. Lowie (Hrsg.), Essays in Anthropology, presented to A. L. Kroeber. Berkeley 1936, 331–345
Thurnwald, R., Economics in Primitive Communities. London 1932
Cognetti de Martiis, S., Le Forme primitive nella evoluzione economica, 4 Bde. Turin 1881
Röpcke, J., Primitive Wirtschaft, Kulturwandel und die Diffusion von Neuerungen. Tübingen 1970

I. E. 1. *Nahrung, Kleidung, Wetterschutz*

I. E. 1. a. *Nahrung*

Hahn, I., Nahrungserwerb und Arbeit in der Urzeit. Berlin o. J.

Salmon, P., L'alimentation préhistorique. L'Homme 3, Nr. 4, 1886, 97–103

Lechler, G., Nutrition of Paleolithic Man. Papers of the Michigan Academy of Science, Art and Letters 30, 1944, 449–510

Jude, P. E., La vie et les menus des Paléolithiques. Bull. de la Société d'Etudes et de Recherches Préhistorique 10, Juli 1961, 85–91

Braidwood, R. J., From Food-Gathering to Food-production. Agricultural History 27, Nr. 2, 1954

I. E. 1. b. *Kleidung*

Klepper, E., Das Büchlein der Gewandung. Von der Frühzeit bis zum Ausgang der Antike. Berlin 1963

Lartet, E., Sur l'emploie des aiguilles à coudre dans les temps anciens. Matériaux pour l'histoire de l'Homme. 2e Série, Nr. 8, 1870, 349–367

Obermaier, H., The treatment of Skins and Clothing Problems during Quaternary Times. Research and Progress 6, 1940, Nr. 4, 50–156

Schlabow, K., Gewebe und Gewand zur Bronzezeit. Neumünster 1962

Schlabow, K., Trachten der Eisenzeit. Neumünster 1967

I. E. 1. c. *Wetterschutz*

Childe, V. G., Cave Man's Buildings. Antiquity 93, 1950, 4–11

Lewin-Dorsch, H., Wohnungsbau. In: Die Technik in der Urzeit. Stuttgart 1912

Hančar, F., Der jungpaläolithische Wohnbau und sein Problemkreis. Mitt. d. Anthrop. Ges. 80, 1950

I. E. 2. *Entdeckung des Feuers*

Arambourou, R. und P. E. Jude, La conquête du feu au Paléolithique. Bulletin de la Société d'Etudes et de Recherches Préhistoriques 5, 1955, 16–19

Oakley, K. P., L'utilisation du feu par l'Homme. Le processus de l'Hominisation. Paris 1958

Oakley, K. P., On Man's Use of Fire, with Comments on Tool-Making and Hunting. In: S. L. Washburn (Hrsg.), Social Life of Early Man. London 1962

I. E. 3. *Entwicklung der Produktivkräfte*

Die Produktionsweise der Urgemeinschaft. In: Lehrbuch Politische Ökonomie. Berlin 1972, 49 bis 64

Childe, V. G., Man Makes Himself. London 1936. Deutsch: Der Mensch schafft sich selbst. Dresden 1959

Die Produktivität der Urgemeinschaft. In: Lehrbuch Politische Ökonomie. Berlin 1972, 51 bis 53

Jonas, W., Linsbauer, V. und H. Marx, Die Produktionskräfte in der Geschichte, Bd. I: Von den Anfängen in der Urgemeinschaft bis zum Beginn der industriellen Revolution. Berlin 1969

Jonas, W., Über Probleme der Geschichte der Produktivkräfte. Berlin 1964

Marx, K., Formen, die der kapitalistischen Produktion vorhergehen. Berlin 1972

Dobb, M., Marx on Pre-Capitalist Economic Formations. Science and Society 30, 1966

Harstick, H. P. (Hrsg.), Karl Marx über Formen vorkapitalistischer Produktion, 2 Bde. Frankfurt 1973–1975

Hobsbawm, E. J., Karl Marx on Pre-Capitalist Formations. London 1964

Danilova, L. V., Controversial Problems of the Theory of Precapitalist Societies. In: Soviet Anthropology and Archaeology 9, Nr. 4, Frühling 1971

Godelier, M., Sur les sociétés précapitalistes. Paris 1970

Günther, R., Herausbildung und Systemcharakter der vorkapitalistischen Gesellschaftsformationen. Z. f. Geschichtswissenschaft 17, 1969

Marr, N. und A. G. Prijužin, (Probleme der Geschichte der vorkapitalistischen Gesellschaftsordnungen), russisch. Moskau-Leningrad 1934

Tschajonow, A., Zur Frage einer These der nichtkapitalistischen Wirtschaftssysteme. Archiv f. Sozialwissenschaften 51, 1924, 578 bis 613

I. E. 3. a. *Entwicklung der Arbeit*

Die Urhorde als erste Form menschlicher Beziehungen im Arbeitsprozeß (S. 54). Der unmittelbar gesellschaftliche Charakter der Arbeit (S. 56). Die Entstehung der gesellschaftlichen Arbeitsteilung. In: Lehrbuch Politische Ökonomie. Berlin 1972

Engels, F., Der Anteil der Arbeit an der Menschwerdung des Affen. Berlin 1972[16]

Trigger, B. G., Engels on the Part played by Labour in the Transition from Ape to Man: An Anticipation of Contemporary Anthropological Theory. Canadian Review of Sociology and Anthropology 4, Nr. 3

Udy, S., Work in Traditional and Modern Society. Englewood Cliffs, N. J. 1970

Endres, R. und St. (Hrsg.). Der Aufstieg der Menschheit – ein Ergebnis der Arbeit. Wien 1963

Hahn, E., Die Entstehung der wirtschaftlichen Arbeit. Heidelberg 1908

Van der Ven, F., Sozialgeschichte der Arbeit, 3 Bde. Bd. 1: Vor- und Frühgeschichte. München 1972

Wittfogel, K. A., Die geschlechtliche Arbeitsteilung und ihre gesellschaftlichen Folgen in der aneignenden Wirtschaft. In: Adorno u. a., Studien über Autorität und Familie II, Paris 1936, 479–483

Schmoller, G., La division du travail étudiée du point de vue historique. Revue d'Economie politique 3, 1889

Durkheim, E., La division du travail social. Paris 1893

Bouglé, C. Revue générale des théories récentes sur la division du travail. Année sociologique 6, 1901–1902, 82

I. E. 3. b. *Entwicklung der Produktionsmittel*

Die Herstellung und Anwendung der ersten Arbeitsinstrumente durch die Menschen der Urgesellschaft (S. 51). Die Weiterentwicklung der Arbeitsinstrumente (S. 52). In: Lehrbuch Politische Ökonomie. Berlin 1972

Noiré, L., Das Werkzeug und seine Bedeutung für die Entwicklungsgeschichte der Menschheit. Berlin 1880

Oakley, K. P. Man the Toolmaker. London 1963[5]

Oakley, K. P., Tools Makyth Man. Antiquity 31, 1957, 199–209.

Washburn, S. L., Speculations on the Interrelations of the History of Tools and biological Evolution. In: J. N. Spuhler (Hrsg.), The Evolution of Man: Capacity for Culture. Detroit 1959

Washburn, S. L., Tools and Human Evolution. Scientific American, Sept. 1960

Thurnwald, R., Die Auswirkungen der Technik auf das soziale Leben, sowie das Problem des Fortschritts. Mitteilungen der Anthropologischen Gesellschaft in Wien 57, 1927, H. 3 und 4

Childe, V. G., Archeological Ages as Technological Stages. J. of the Royal Anthropological Institute 74, 1944, 1–19

Capocaccia, A., Storia della Tecnica dalla Preistoria all'anno Mille. Turin 1973

Cunow, H., Technik und Wirtschaft des Urmenschen. Berlin 1927

Lewin-Dorsch, H., Die Technik in der Urzeit und auf primitiven Kulturstufen. Stuttgart 1912

Feldhaus, F. H., Die Technik der Vorzeit, der geschichtlichen Zeit und der Naturvölker. Wiesbaden 1914, 1970[3]

Semenov, S. A., Prehistoric Technology (aus dem Russischen). New York 1964

Singer, C. J., Holmgard, E. S. und A. R. Hall, (Hrsg.), Prehistoric Technology. In: History of Technology I. Oxford 1954

Forbes, R. J. Studies in Ancient Technology. Leiden 1955

Honoré, P., Es begann mit der Technik. Stuttgart 1969; Reinbek, 1970

Hirschberg, W., Janata, A., Bauer, W. P. und Ch. F. Feest (Hrsg.), Technologie und Ergologie in der Völkerkunde. Mannheim 1966

Knowles, F. H. S., Stone-worker's Progress. Oxford 1953

Feustel, R., Technik der Steinzeit, Archäolithikum-Mesolithikum. Weimar 1973

Pfeiffer, L., Die steinzeitliche Technik und ihre Beziehung zur Gegenwart. Jena 1912

Pfeiffer, L., Die Werkzeuge des Steinzeitmenschen. Jena 1920

Bordaz, J., Tools of the Old and New Stone Age. Newton Abbot 1971

Heinzelin, H. B. de, Manuel de typologie des industries lithiques. Bruxelles 1962

Cheynier, A., Les industries proto-magdaléniens. Bull. SFP 1951, Nr. 3–4, 189–192

Pradel, L., Classification des burins avec notation chiffrée. Bull. SPF 63, 1966, 485–500

Lacaille, A. D., The Scraper in Prehistoric Culture. Glasgow Archaeological Society 11, 1941

Lacaille, A. D., The Evolution of the Knife in the Old Stone Age. In: Science, Medicine and History, Oxford 1953
Ophoven, M. und J. Hamal-Nandrin, Le couteau à l'âge pierre. Bull. Soc. Royale Belge d'Anthr. et de Préh. 58, 1947
Boë, J., Armatures en os préhistoriques et leurs parallèles ethnographiques. L'Anthropologie 45, 1935, 591–600
Branigan, K., Aegean Metalwork of the Early and Middle Bronze Age. London 1974
Salisbury, R., From Stone to Steel. Cambridge 1962
Dougherty, R. C. und J. R. Caldwell, Evidence of Early Pyrometallurgy in the Kerman Range of Iran. In: Science 153, 26. 8. 1966, S. 984 f.
Limet, H., Le travail du métal au pays de Sumer au temps de la 3e dynastie d'Ur. Paris 1960
Junghans, S. u. a., Kupfer und Bronze in der frühen Metallzeit Europas. 12 000 Analysen in 4 Teilen. Berlin 1968 ff.
Neuninger, H. und R. Pittioni, Frühkeramische Kupfergewinnung in Anatolien. Archaeologia Austriaca 35, Wien 1964, 98–110
Rothenberg, B., Timna, das Tal der biblischen Kupferminen. Bergisch-Gladbach 1973
Rothenberg, B., Ancient Copper Industries in the Western Arabah. Palestine Exploration Quarterly 94, London 1962, 5 ff.
Coghlan, H. H., Notes on Prehistoric and Early Iron in the Old World. Pitt-Rivers Museum, Occasional Papers on Technology 8, 1956
Johannsen, O., Geschichte des Eisens. Düsseldorf 1953²
Meissner, B., Woher haben die Assyrer das Silber bezogen? Orientalist. Lit.-Zeitung 15, 1912
Vandebosch, A., La poterie Paléolithique. Soc. belge d'études géologiques et archéologiques 5, 1911–1912, 7–11
Rutot, A., La poterie pendant l'époque troglodytique. Bull. SPF 4, 1907, 523–533
Franchet, L., La céramique primitive. Paris 1911
Ruben, W., Die Mühle – älteste Maschine der Menschheit. Berlin 1952. Hierzu Andreas Wackmeyer, Geschichte in der Schule 6, 1953, 387–388
Jahu, M., Der älteste Bergbau in Europa. Berlin 1960
Freise, Fr., Die geographische Verbreitung und wirtschaftliche Entwicklung des Bergbaus in Vorder- und Mittelasien während des Altertums. Z. f. prakt. Geologie 15, Berlin 1907, 101 bis 117

I. E. 4. *Entwicklung der Wildbeuterkulturen*
Birdsell, J. B., On Population Structure in Generalized Hunting and Collecting Populations. Evolution, June 1958
Cheynier, A., Comment vivait l'Homme des cavernes à l'âge de Renne? Paris 1965
Kern, F., Die Wildbeuter, der Beginn der Weltgeschichte. München 1953
Schmidt, P. W., Die Urkulturen: ältere Jagd- und Sammelstufe. In: Historia Mundi I, Bern 1952

I. E. 5. *Entwicklung der Jagd*
Laughlin, W. S., The Importance of Hunting in Human Evolution, presented to the Man-the-Hunter Conference. Chicago, April 1966
Steward, J. H., Hunting as a Factor in the Evolution of Social Structures, presented to the Man-the-Hunter Conference, Chicago, April 1966
Lee, R. B. und I. De Vore (Hrsg.), Man, the Hunter. Chicago 1968
Service, E. R., The Hunters. Englewood Cliffs, N. J. 1966
Coon, C. S., The Hunting Peoples. London 1972
Narr, K. J., Das höhere Jägertum. Jüngere Jagd- und Sammelstufe. In: Historia Mundi I, Bern 1952
Abramova, Z. A., (Über die Jagd im oberen Paläolithikum), russisch. Sovjetskaja Arkheologija 4, 1964, 177–180
Soergel, W., Die Jagd der Vorzeit. Jena 1922
Lindner, K. Die Jagd der Vorzeit. Berlin-Leipzig 1937
Brandner, M., Die Jagd von der Vorzeit bis heute. München 1972
Friedrich, A., Die Forschung über das frühzeitliche Jägertum. Paideuma 2, 1941
Cornwall, I. W., Prehistoric Animals and their Hunters. London 1968
Raphael, M., Die altsteinzeitliche Jagdkultur. Maschinenschrift Nr. 18, Nachlaß Max Raphael, Paris

Raphael, M., Jägerkultur des Paläolithikums. Maschinenschrift Nr. 16, Nachlaß Max Raphael, Paris
Clark, G., The Stone Age Hunters. London 1967
Pericot, L., The Social Life of Paleolithic Hunters as shown by Levantine Art. In: S. L. Washburn (Hrsg.), Social Life of Early Man, London 1962
Pradel, L. A la recherche de la nature des chasseurs paléolithiques. Congrès Préhistorique de France. 15e Session, 1956, 815–825
Malvesin-Fabre, G., La chasse aux temps préhistoriques. Chasses du sud-ouest 2, Nr. 11, Nov. 1946
Leroi-Gourhan, A., Hommes de la préhistoire, les chasseurs. Paris 1955
Garrod, D. A. E., Palaeolithic Spear Throwers. Proc. of the Preh. Soc. for 1955, S. 31
Korfmann, M., Schleuder und Bogen in Südwestasien. Von den frühesten Belegen bis zum Beginn der historischen Stadtstaaten. Bonn 1972
Albrecht, G., Hahn, J. und W. G. Torke, Merkmalanalyse von Geschoßspitzen des mittleren Jungpleistozäns in Mittel- und Osteuropa. Stuttgart 1972
Allchin, B., The Stone-Tipped Arrow. London 1966

I. E. 6. *Entwicklung der Fischerei*
Salmon, P., L'Ichtyophagie et la pêche préhistorique. Paris 1887
Saint-Perier, R. de, Engins de pêche paléolithiques. L'Anthropologie 30, 1920, 17–22
Sauvage, H. E., Essai sur la pêche pendant l'époque du Renne. Matériaux pour l'histoire de l'Homme, 2e série, 6, 1875, 308–215
Thomazi, A., Histoire de la pêche des âges de la pierre à nos jours. Paris 1947

I. E. 7. *Entwicklung der Landwirtschaft*
Schwabedissen, H., Vom Jäger zum Bauern der Steinzeit. Neumünster 1967
Pohlhausen, H., Jäger, Hirten, Bauern in der aralokaspischen Mittelsteinzeit. Bericht der Römisch-Germanischen Kommission 35, 1954, 1–20
Prausnitz, M. W., From Hunter to Farmer and Trader. Studies in the lithic industries of Israel and adjacent countries from the mesolithic to the chalcolithic age. Bonn 1970
Tringham, R., Hunters, Fishers and Farmers of Eastern Europe 6000–3000 B. C. London 1971
Stigler, R., u. a., The Old World from Early Man to Agriculture. London 1975
Struever, S., Prehistoric Agriculture. Garden City, New York 1971
Sauer, C. O., Agricultural Origins and Dispersals. Am. Geog. Soc. I bis III, 1952, 1–100
Frazer, J. G., Woman's Part in the Origin of Agriculture. In: Man, God and Immortality, London 1927, 95 f.
Gromov, G. G., und I. und F. Novikov, Some Questions of Agro-Ethnographic Research. Soviet Anthropology and Archeology 8, Nr. 2, Herbst 1969
Helback, H., The Domestication of Food Plants in the Old World. Science 130, Nr. 3372, August 1959, 365–373
Lips, E., Die Erntevölker, eine wichtige Phase in der Entwicklung der menschlichen Wirtschaft. Berlin 1953
Adams, R. M., The Origins of Agriculture. In: Horizons of Anthropology (Hrsg. Sol Tax), Chicago 1964, 120–131
Wright, G. A., Origins of Food Production in Southwestern Asia: A survey of Ideas. Current Anthropology 12, Nr. 4–5, 1971, 447–478
Braidwood, R. J., Seeking the World's first Farmers in Persian Kurdistan. A Full-Scale Investigation of Prehistoric Sites near Kermanshah. Illustr. London News 22. 10. 1960, 695 f.
Braidwood, R. J., Preliminary Investigations Concerning the Origins of Food Production in Iranian Kurdistan. Advancement of Science 214, 1960
Braidwood, R. J., Further Investigations of the Paleo-ecological Aspects of the Appearance of Food Production on the Hilly Flanks of the Fertile Crescent in southwestern Asia. Report to the National Science Federation 1962
Braidwood, R. J., Campbell, H., Redman, C. L. und P. J. Watson, Beginnings of Village-Farming Communities in Southeastern Turkey. Prod. Nat. Ac. Sciences USA 68, 1971, 1236–1240
Masson, V. M., The earliest Farmers of Mesopotamia (on the Problem of Origins). Soviet Anthropology and Archeology 11, Nr. 1, Sommer 1972
Merpert, N. Y. und R. M. Munchaev, Early Agricultural Settlements in Northern Mesopotamia. Miami 1972

Mortensen, P., On the Chronology of Early Village-Farming Communities in Northern Iraq. Sumer XVIII, 1962, 73–80
Mortensen, P., Additional Remarks on the Chronology of Early Village-Farming Communities in the Zagros Area. Sumer XX, 1964, 28–36
Prausnitz, M. W., The first agricultural Settlements in Galilee. Israel Exploration Journal 9, Nr. 3, Jerusalem 1959, 166–174
Masson, V. M., The First Farmers in Turkmenia. Antiquity 35, 1961, 203–213
Masson, V. M., The Neolithic Farmers of Central Asia. Proceetings of the 6th Int. Cong. of Prehistoric and Protohistoric Sciences, Moskau 1962
Murray, J., The First European Agriculture. A Study of Osteological and Botanical Evidence until 2000 B. C., Edinburgh 1970
Milojčič, V., Die erste präkeramische bäuerliche Siedlung der Jungsteinzeit in Europa. Germania 34, Berlin 1956, 208 ff.
Häusler, A., Fragen der ältesten Landwirtschaft in Osteuropa. Wiss. Z. d. Martin-Luther Univ., Halle–Wittenberg VIII, 4/5 1959, 755
Semenov, S. A., (Die Hacke im oberen Paläolithikum), russisch. Kurze Mitteilungen des Instituts für die Geschichte der materiellen Kultur 1950, Nr. 31, 168–173
Hahn, E., Niederer Ackerbau oder Hackbau. Globus XCVII, 1909
Steinmetz, S. R., Eine Berichtigung zu Eduard Hahns Aufsatz »Niederer Ackerbau oder Hackbau«. Globus XCVIII, 1910
Hahn, E., Von der Hacke zum Pflug. Leipzig 1914
Werth, E., Grabstock, Hacke und Pflug. Ludwigsburg 1954
Hahn, E., Die Entstehung der Pflugkulturen. Heidelberg 1909
Leser, Paul, Die Entstehung und Verbreitung des Pfluges. Münster 1931
Löwenthal, J., Zur Erfindungsgeschichte des Pfluges. Z. f. Ethnol 48, 1916, 11 ff.
Brentjes, B., Untersuchungen zur Geschichte des Pfluges. Wiss. Z. d. Martin-Luther Univ., Halle, 10, 1953
Steensberg, A., Ancient Harvesting Implements. Copenhagen 1943
Passek, T. S., Die ersten Ackerbauern. In: Lebende Vergangenheit, Prähistorische Ausgrabungen. Berlin 1954
Pavlů, I. (Organisation der Neolithischen Ackerbaugesellschaft im Lichte der archäologischen Quellen), tschechische Diplomarbeit, Univ. Prag, 1961
Roscher W., Nationalökonomik des Ackerbaus und der Urproduktion. Berlin 1859
Solheim, W. G., An Early Agricultural Revolution. Scientific American, April 1972
Masson, V. M., The Problem of the Neolithic Revolution in the Light of New Archeological Dates. Soviet Studies in History 11, Nr. 2, Herbst 1972
Masson, V. M., (Von der Entstehung des Ackerbaus bis zur Herausbildung der frühen Klassengesellschaften), russisch. In: Doklady i Soobščenija archeologov SSR. Moskau 1966, 150–166

I. E. 8. *Entwicklung der Viehzucht*

Wissmann, H. von, Ursprungsherde und Ausbreitungswege von Pflanzen- und Tierzucht und ihre Abhängigkeit von der Klimageschichte. Bonn 1957
Hehn, V., Kulturpflanzen und Haustiere in ihrem Übergang aus Asien nach Griechenland und Italien . . ., Berlin 1870, 1911[8]. Nachdruck Hildesheim 1963
Reed, C. A., Osteological Evidences for prehistoric Domestication in Southwestern Asia. Z. f. Tierzucht und Züchtungsbiologie 76, 1961, 31–38
Damade, H., Considérations sur les origines de la domestication des animaux en Europe Occidentale. Bull. SPF 56, 1959, Nr. 11–12, 673–674
Reed, C. A., A Review of the Archaeological Evidence on Animal Domestication in the Near East. In: Prehistoric Investigations in Iraqi Kurdistan (Hrsg. R. J. Braidwood u. a.). Lond. 1960
Jackson, J. W., Prehistoric Domestic Animals. Proc. First Int. Congress of Prehist. and Protohist. Sciences, 1934
Thevenin, R., Origine des animaux domestiques. Paris 1947
Reinhardt, L., Kulturgeschichte der Nutztiere. München 1912
Zeuner, F. E., A History of Domesticated Animals. London 1963. Deutsch: München 1967
Schmidt, P. W., Zu den Anfängen der Herdentierzucht. Z. f. Ethnologie 76, 1951
Pirchner, F., Tierzucht. In: Neue Anthropologie 3, München 1972, 93–133
Zeuner, F. E., The Goats of Early Jericho. Palestine Exploration Quarterly 86, 1952, 70–86
Mourant, A. E. und F. E. Zeuner (Hrsg.), Man and Cattle. London 1963

Nobis, G., Vom Wildpferd zum Hauspferd. Fundamenta. Monographien zur Urgeschichte. Köln–Graz–Wien 1971
Lundholm, B., Abstammung und Domestikation des Hauspferdes. Zoologista Bidrag fran Uppsala, Jg. 27
Schlieben, A., Die Pferde des Alterthums (1876). Nachdruck Wiesbaden 1969
Hančar, F., Das Pferd in prähistorischer und frühhistorischer Zeit. Wiener Beiträge zur Kulturgeschichte und Linguistik XII, 1955
Hermes, G., Das gezähmte Pferd im neolithischen und frühbronzezeitlichen Europa? Anthropos 30, 1935, 803–823; 1936, 115–129
Hermes, G., Das gezähmte Pferd im alten Orient? Anthropos 31, 1936, 364–394
Hermes, G., Der Zug des gezähmten Pferdes durch Europa. Anthropos 32, 1937, 105–146
Schüle, W., Glockenbecher und Hauspferd. In: J. Boessneck (Hrsg.), Archäologisch-biologische Zusammenarbeit in der Vor- und Frühgeschichtsforschung. Münchener Kolloquium 1967, Deutsche Forschungsgemeinschaft, Forschungsberichte 15, Wiesbaden 1969, 88 ff.
Koppers, W., Pferdeopfer und Pferdekult der Indogermanen. In: Die Indogermanenfrage. Salzburg 1936
Gandert, O. F., Ursprung und Geschichte des Pferdes bei den Germanen. Mannus 17, 1925, 122 ff.
Much, R., Waren die Germanen Wanderhirten? Z. f. dt. Altertum 36, 1892
Földes, L. (Hrsg.), Viehwirtschaft und Hirtenkultur. Ethnographische Studien. Budapest 1969
Flor, Fr., Haustiere und Hirtenkulturen. Wiener Beiträge zur Kulturgesch. und Linguistik I, 1930, 1 ff.
La Baume, W., Die ältesten europäischen Haustiere. Verh. d. deutschen zool. Ges., Kiel 1949
Brentjes, B., Wildtier und Haustier im Alten Orient. Berlin 1962
Brentjes, B., Die Haustierwerdung im Orient. Wittenberg 1965
Hahn, E., Die Haustiere und ihre Beziehungen zur Wirtschaft. Leipzig 1896
Müller, H.-H., Stand der Erforschung der neolithischen Haustiere. In: Schlette, Fr. (Hrsg.), Evolution und Revolution im Alten Orient und in Europa, Berlin 1971, 95–100
Clutton-Brock, J., Near Eastern Canids and the Affinities of the Natufian Dogs. Z. f. Tierzucht und Züchtungsbiologie 76, 1962, H. 2–3
Zeuner, F. E., Dog and Cat in the Neolithic of Jericho. Palestine Exploration Quarterly 90/91, London 1958/1959, 52 ff.

I. E. 9. *Entwicklung des Eigentums*

Gans E., Über die Grundlage des Besitzes. Berlin 1839
Dargun, L., Ursprung und Entwicklungsgeschichte des Eigentums. Z. f. vgl. Rechtsw. 5, 1883–84, 1 ff.
Felix, L., Entwicklungsgeschichte des Eigentums (1883–1903). Neudruck Aalen 1963
Wundt, W., Die Entwicklung des Eigentums. In: W. Wundt, Völkerpsychologie 8; Die Gesellschaft, Leipzig 1917, 65–165
Pertschitz, A. I., (Entwicklung der Eigentumsformen in der Urgesellschaft als Grundlage der Periodisierung der Entwicklungsgeschichte), russisch. Sovietskaja Etnografija 4, 1955, 31 bis 32; erweitert in Trudy Instituta Etnografii, Moskau–Leningrad 1960, 151–172
Schmidt, W., Das Eigentum in den Urkulturen. Münster 1937
Negro, F., Das Eigentum: Geschichte und Zukunft. Versuch eines Überblicks. München 1963
Laveleye, E. de, De la propiété et de ses formes primitives. Paris 1874. Deutsch: Das Ureigentum, Leipzig 1879
Letourneau, Ch., L'évolution de la propriété. Paris 1889
Kovalevski, M., Tableau des origines et de l'évolution de la famille et de la propriété. Stockholm 1890
Lafargue, P., La propriété, origine et évolution. Paris 1895
Petrucci, R., Les origines naturelles de la propriété, 2 Bde. Brüssel–Leipzig–Paris 1905
Hobhouse, L. T., The Historical Evolution of Property in Fact and in Idea. In: L. T. Hobhouse (Hrsg.), Property: Its Duties and Rights, London 1913
Lowie, R. H., Property. In: R. H. Lowie, Primitive Society I, New York 1925, 205–256
Westermarck, E., The Right of Property. In: The Origin and Development of the Moral Idea II, London 1926, 1–71
Schott, R., Die Rechtsgründe für den Eigentumserwerb an Nahrungsmitteln bei Wildbeutervölkern. Stuttgart 1954

Lips, J., Die Anfänge des Rechts an Grund und Boden bei den Naturvölkern. In: Festschrift f. P. W. Schmidt 1928
Rachfahl, L., Zur Geschichte des Grundeigentums. Conradsche Jahrbücher für Nationalökonomie und Statistik 3, 1900, XIX, 5 ff.
Schurtz, H., Die Anfänge des Landbesitzes. Z. f. Sozialw. III, 1900, 245–255; 352–361
Fustel de Coulanges, N.-D., Le problème des origines de la propriété foncière. Revue des Questions historiques 1889
Lewinski, J. St., The Origin of Property and the Formation of the Village Community. London 1913
Clay, R., The Tenure of Land in Babylonia and Assyria. London 1938

I. E. 9. a. *Kollektiveigentum*

Kollektivarbeit und Kollektiveigentum an den Produktionsmitteln (S. 56). Die gleichmäßige Verteilung der Produkte (S. 57). In: Lehrbuch Politische Ökonomie. Berlin 1972
Reich, W., Urkommunismus. In: W. Reich, Der Einbruch der Sexualmoral. Kopenhagen–Oslo 1935, 50 ff.
Eildermann, H., Urkommunismus und Urreligion, geschichtsmaterialistisch beleuchtet. Berlin 1921
Kagarov, E. G., (Überreste des Urkommunismus in der Gesellschaftsordnung der alten Griechen und Germanen), russisch. Moskau–Leningrad 1937
Koppers, W., Kommunaleigentum. In: Privat- und Kommunaleigentum auf den frühesten Entwicklungsstufen der Menschheit. Wien 1919
Zwiedinek-Südenhorst, O. von, Kollektivismus und Kapitalwirtschaft in der Vor- und Frühgeschichte. Sitzungsberichte der Bayer. Ak. d. Wiss., Philosoph.-histor. Klasse 1949, H. 3
Viollet, P., Du caractère collectif des premières propriétés immobilières. Bibliothèque de l'Ecole des Chartes 33, 1872, 445 ff.
Laveleye, E. de, La propriété collective du sol. Brüssel 1886
Spence, Th., Das Gemeineigentum am Boden. Aus d. Englischen v. F. v. Eichmann. Einleitung v. A. Adler. Leipzig 1904
Simkhovich, V. Die Feldgemeinschaft in Rußland. Jena 1898
Tschuprov, A., Die Feldgemeinschaft. Straßburg 1902
Kovalevsky, M. M. (Die Feldgemeinschaft und Karl Marx' Kritik an ihr), russisch 1880. Hierzu L. S. Gamayunow und R. A. Ulyanovsky in Trudy 25. Mezhdunarodnogo Kongressa Vostokovedov (1960) IV, 1963, 38–44
Mead, M., Cooperation. In: Cooperation and Competition among Primitive Peoples. New York 1937, London 1937

L. E. 9. b. *Privateigentum*

Der Übergang zur individuellen Wirtschaft und die Entstehung des Privateigentums (S. 60). Das Anwachsen der Vermögensungleichheit (S. 61). In: Lehrbuch Politische Ökonomie. Berlin 1972
Engels, F., Der Ursprung der Familie, des Privateigentums und des Staates. Berlin 1953[6]
Nippold, W., Die Anfänge des Eigentums bei den Naturvölkern und die Entstehung des Privateigentums. Den Haag 1954
Frazer, J. G., Private Property. In: Psyche's Task, London 1913, 20–43
Schlatter, R., Private Property. The History of an Idea. London 1951
Bloch, M., The Rise of Dependent Cultivation and Seignorial Institutions. Cambridge Economic History I, 1941

I. E. 10. *Entwicklung des Erbrechts*

Averkieva, Y. P., On the Earliest Forms of Inheritance. 6th World Congress of Sociology (Evian, Sept. 1966) Moskau 1966
Klima, J., Untersuchungen zum altbabylonischen Erbrecht. Prag 1940
Kreller, H., Erbrechtliche Untersuchungen auf Grund der graeco-ägyptischen Papyrusurkunden. Leipzig und Berlin 1919

I. E. 11. *Entwicklung des Handels*

Die Entstehung des Warenaustauschs. In: Lehrbuch Politische Ökonomie, Berlin 1972, 58 f.

Sahlins, M. D., La première société d'abondance. Les Temps Modernes 24, 1968, 641 bis 680
Sahlins, M. D., On the Sociology of Primitive Exchange. In: M. Barton (Hrsg.), The Relevance of Models for Social Anthropology. London 1963
Sahlins, M. D., Exchange Value and the Diplomacy of Primitive Trade. In: Essays in Economic Anthropology, Seattle 1965, 95–129
Stjernquist, B., Models of Commercial Diffusion in Prehistoric Times. Lund 1967
Somlo, F., Der Güterverkehr in der Urgesellschaft. Brüssel–Leipzig 1909
Tabaczynski, St., Gesellschaftsordnung und Güteraustausch im Neolithikum Mitteleuropas, (aus dem Polnischen). Neolithische Studien I, Berlin 1962, 31–96
Jahn, M., Gab es in der vorgeschichtlichen Zeit bereits einen Handel? Berlin 1956
Renfrew, C., Dixon, J. E. und J. R. Cann, Obsidian und Early Cultural Contact in the Near East. In: Proc. of the Prehist. Soc. 34, Cambridge 1968, 319–331
Oppenheim, A. L., The seafaring Merchants of Ur. Am. Oriental Society Journal 74, Nr. 1, Januar–März 1954
Delitzsch, F., Handel und Wandel in Altbabylonien. Stuttgart 1910
Leemans, W. F., The Old Babylonian Merchant: His Business and his Social Position. Leiden 1950
Merrillees, R. S., Trade and Transcendence in the Bronze Age Levant. Göteborg 1974
Schmülling, Th., Der phönizische Handel in den griechischen Gewässern. Münster 1884

I. F. *Soziale Untersuchungen*

Schultz, A. H., Some Factors influencing the Social Life of Primates in General and of early Man in particular. In: S. L. Washburn (Hrsg.), Social Life of Early Man, London 1961
Morgan, L. W., Ancient Society, or Researches in the Lines of Human Progress from Savagery, through Barbarism to Civilization. New York 1877; neu hrsg. v. E. Burke, New York 1963
Koppers, W., Die Anfänge des menschlichen Gemeinschaftslebens im Spiegel der neueren Völkerkunde. München–Gladbach 1921
Schmidt, P. W., Grundfragen der Gesellschaftslehre auf der Urstufe. In: Werden und Wirken der Völkerkunde. Regensburg 1924
Guhr, G., Otto, K.-H. und H. Grünst, Die Ur- und Frühgeschichtsforschung im Rahmen der Gesellschaftswissenschaften. Ethnographisch-Archäologische Zeitschrift 1 ff., 1962
Otto, K.-H., Ur- und Frühgeschichtsforschung als Gesellschaftswissenschaft. In: Aus Ur- und Frühgeschichte I, Berlin 1962, 13–31
Alonso del Real y Ramos, C., Sociologia pre y protohistorica. Madrid 1961
Alonso del Real y Ramos, C., Notas de sociologia Paleolitica. Cahiers d'histoire Mondiale 7, Nr. 3, 1963, 675–700
Breuil, H., Sociologie préhistorique. Age de la pierre. Centre international de Synthèse. 2e Sem. intern. de synthèse. 1er fasc: Les Origines de la Société, o. J. (1930), 45–58
Schlette, Fr., Die Aussagekraft neolithischer Siedlungen in sozialökonomischer Hinsicht. In: Aus Ur- und Frühgeschichte II, Berlin 1964, 82–88
Soudský, B., Sozialökonomische Geschichte des älteren Neolithikums in Mitteleuropa. In: Aus Ur- und Frühgeschichte II, Berlin 1964, 62–81
Efimenko, P. P., (Die prähistorische Gesellschaft), ukrainisch, Kiew 1935. In erweiterter Form mit dem Titel »Die Urgemeinschaft«, russisch, Leningrad–Moskau 1939
Koswen, M. O., Abriß der Geschichte und Kultur der Urgesellschaft (übers. aus dem Russischen). Berlin 1957
Krzynicki, Ludnik, (Die Urgesellschaft, ihr Ausmaß und ihr Wachstum), polnisch. Warschau 1937
Perschitz, A. J., Mongajit, A. L. und W. P. Alexejew, (Geschichte der Urgesellschaft), russisch. Moskau 1960
Sorokin, W. S., (Einige Fragen zur Geschichte der Urgesellschaft), russisch. Sowjetskaja Etnografija 3, 1952, 149 ff.
Die Widersprüche der Urgemeinschaft. In: Lehrbuch Politische Ökonomie, Berlin 1972, S. 60
Clark, G. und S. Piggott, Prehistoric Societies. London 1966, Harmondsworth 1970
Childe, V. G., The Pre-History of European Society. London 1958
Childe, V. G., Early Forms of Society. In: History of Technology (Hrsg. C. J. Singer), I, Oxford 1954, 38 ff.
Taylor, W. C., The natural History of Society in the Barbarian and Civilized State, 2 Bde. London 1840

Gurevich, A. I., Individual and Society in the Barbarian States. In: Soviet Archeology 10, Nr. 4; 11, Nr. 1
Sahlins, M. D., The Origin of Society. Scientific American 203, Sept. 1960, 76 bis 86
Coulborn, R., The Origin of Civilized Societies. Princeton 1959
Washburn, S. L. (Hrsg.), Social Life of Early Man. Chicago 1961. Hierzu: V. Alekseev in Soviet Anthropology and Archeology 1, Nr. 4, Frühling 1963
Shapiro, M., Stages of Social Development. Marxism Today, Sept. 1962, 284 ff.
Wheeler, W. M., Emergent Evolution and the Development of Societies. New York 1928
Murdock, G. P., Evolution in Social Organization. In: B. Meggers (Hrsg.), Evolution and Anthropology, Washington 1959, 126–145
Service, E. R., Primitive Social Organization: An Evolutionary Perspective. New York 1962
Lowie, R. H., Social Organization. New York 1949
Lowie, R. H., Primitive Society. New York 1920
Hartland, E. S., Primitive Society. London 1921
Steward, J. H., Determinism in Primitive Society? Scientific Monthly 53, 1955
Howitt, A. W. und L. Fison, On the Deme and the Horde. Journal of the Anthr. Inst. 14, 1885

I. F. 1. *Entwicklung der Seßhaftigkeit*

Tobias, P. V., The Distinctiveness of Homo habilis. Nature 209, 1966, 951–957
Bittel, K., Zur ältesten Besiedlungsgeschichte. Istanbuler Forschungen 17, 1950
Schlette, F., Die ältesten Haus- und Siedlungsformen des Menschen auf Grund des steinzeitlichen Fundmaterials Europas und ethnologischer Vergleiche. Ethnographisch-Archäologische Forschungen 5, Berlin 1958
Sinos, St., Die vorklassischen Hausformen in der Ägäis. Mainz 1971
Waterbolk, H. I. und P. J. R. Modderman, Die Großbauten der Bandkeramik. Palaeohistoria 6 bis 7, 1958–1959, 163 ff.

I. F. 2. *Entwicklung der Klassen*

Sigrist, Ch., Regulierte Anarchie. Untersuchungen zum Fehlen und zur Entstehung politischer Herrschaft in segmentären Gesellschaften. Freiburg 1967
Schmidt, A., (Über die Chronologie der klassenlosen Gesellschaft), russisch. Probleme der Geschichte der materiellen Kultur 1–2, 1933, 7–15
Kryčevski, K., (Marx' Meinungen über die klassenlose Gesellschaft), russisch. Probleme der Geschichte der materiellen Kultur 3–4, 1933, 15–26
Deborin, A. M. u. a., (Fragen zur Geschichte der Gesellschaft in der Zeit vor der Herausbildung der Klassen), russisch. Moskau und Leningrad 1936
Bücher, K., Arbeitsteilung und soziale Klassenbildung. Frankfurt 1946
Schmoller, G., Das Wesen der Arbeitsteilung und die soziale Klassenbildung. Jb. f. Gesetzgebung, Verwaltung und Volkswirtschaft 14, 1890
Eder, K. (Hrsg.), Die Entstehung von Klassengesellschaften. Frankfurt 1973
Landtmann, G., The Origin of the Inequality of Social Classes. London 1938
Rousseau, J.-J., Discours sur l'origine et les fondements de l'inégalité parmi les hommes, Paris 1754. Deutsch: Über den Ursprung und die Grundlagen der Ungleichheit unter den Menschen. Berlin 1955
Millar, J., Observations Concerning the Distinction of Ranks in Society. London 1771
Millar, J., An Inquiry into the Circumstances which Gave Rise to Influence and Authority in the Different Members of Society. London 1779. Deutsch: Leipzig 1772 und 1798. Neu übersetzt: Vom Ursprung des Unterschieds in den Rangordnungen und Ständen der Gesellschaft. Frankfurt 1967
Meiners, C., Geschichte der Ungleichheit der Stände unter den vornehmsten europäischen Völkern. Hannover 1792
Dahrendorf, R., Über den Ursprung der Ungleichheit unter den Menschen. Tübingen 1966[2]
Hörning, K. H., Gesellschaftliche Entwicklung und soziale Ungleichheit. Frankfurt 1973
Bohannan, L., A Comparative Study of Social Differentiation in Primitive Society. Diss. Oxford 1951
Bastide, R., Formes élémentaires de la stratification sociale. Paris 1965
Leacock, E. B., Introduction to »Social Stratification and Evolutionary Theory: A Symposium«. Ethnohistory 5, Nr. 3, 1958

I. G. *Mythologische Untersuchungen*
Levy, G. R., Religious Conceptions of the Stone Age and their Influence upon European Thought. London 1958
Gallwitz, H., Religion und Magie in der Altsteinzeit. Berlin–Friedenau 1960
Raphael, M., Wiedergeburtsmagie in der Altsteinzeit (162 S.). Maschinenschrift aus dem Nachlaß Max Raphael Nr. 20, Paris
Winthuis, J., Mythos und Kult der Steinzeit. Stuttgart 1935
Breuil, H. Pratiques religieuses chez les humanités quaternaires. Scienza e civiltà, Roma 1951, 47–75
Leroi-Gourhan, A., La religion des cavernes: Magie ou métaphysique? Sciences et Avenir 228, Février 1966, 106–111
James, E. O., Prehistoric Religions. London 1957. Deutsch: Religionen der Vorzeit, Köln 1960
Leroi-Gourhan, A., Les religions de la préhistoire. Paris 1964
Mainage, Th., Les religions de la préhistoire. L'âge paléolithique. Paris 1921
Maringer, J., Vorgeschichtliche Religion. Religionen im steinzeitlichen Europa. München 1956
Nougier, L. R., La Préhistoire. Essai de Paléosociologie religieuse. Paris 1963
Patte, E., Les hommes préhistoriques et la religion. Paris 1960
Schirmeisen, K., Mythos und Prähistorie. Landskron 1931
Bergounioux, F. M. und J. Goetz, Die Religionen der vorgeschichtlichen Völker. 1960
Clemen, C., Urgeschichtliche Religion. Die Religionen der Stein-, Bronze- und Eisenzeit, I/II, Bonn 1932–1933
Götz, F., Der primitive Mensch und seine Religion. Gütersloh 1963
Durkheim, E., Les formes élementaires de la vie religieuse. Paris 1912
Anissimov, A. F., (Entwicklungsetappen der urgeschichtlichen Religion), russisch. Moskau 1967
Cunow, H., Der Ursprung der Religion und des Gottesglaubens. Berlin 1913
Koppers, W., Der älteste Mensch und seine Religion. In: F. König, Christus und die Religionen der Erde I, 1951
Luquet, G. H., Art and Religion of Fossil Man. Oxford 1930
Rust, A., Das urreligiöse Verhalten und das Opferbrauchtum des eiszeitlichen Homo sapiens. Neumünster 1974
Siegmund, G., Der Glaube des Urmenschen. Bern und München 1964
Frazer, J. G., The Golden Bough, 9 Bde. London 1890. Deutsch: Der goldene Zweig, 1968
Hawkes, J., Geburt der Götter. Bern–Stuttgart 1972
Wölfel, J. P., Religionen des vorindogermanischen Europa. Wien o. J.
Jensen, A. E., Die mythische Weltbetrachtung der alten Pflanzervölker, Eranos Jahrbuch XVII, Zürich 1949, 421–473
Döbert, R., Zur Logik des Übergangs von archaischen zu hochkulturellen Religionssystemen. In: K. Eder, Die Entstehung von Klassengesellschaften, Frankfurt 1973, 330 bis 370
Premier Symposium Intern. sur les religions de la préhistoire. Valcamonica 1972

Lexika
Gottschalk, H., Lexikon der Mythologie der europäischen Völker. Berlin 1973
Haussig, H. W., Wörterbuch der Mythologie, 6 Bde. Stuttgart 1962 ff.
Hederich, B., Gründliches mythologisches Lexikon (1770). Nachdruck: Darmstadt 1967
Majer, F., Allgemeines mythologisches Lexicon, Abt. 1: Die nichtaltklassischen Mythologien I/II. Weimar 1803–1804
Vollmer, W., Vollständiges Wörterbuch der Mythologie aller Völker, Stuttgart 1859²
Collignon, M., Manual of Mythology (übersetzt u. erweitert von J. E. Harrison). London 1890
Hastings, J., Encyclopedia of Religion and Ethics, 13 Bde. Edinburgh 1908–1926
Jobes, G., Dictionary of Mythology, Folklore and Symbols. New York 1961–1963
Leach, M. (Hrsg.), Standard Dictionary of Folklore, Mythology and Legend, 2 Bde. New York 1949–1950
MacCulloch, J. A. (Hrsg.), Mythology of all Races, 13 Bde. New York 1964
Sykes, E., Everyman's Dictionary of non-classical Mythology. London 1961
Lurker, M. (Hrsg.), Bibliographie zur Symbolik, Ikonographie und Mythologie. Baden-Baden 1968 ff.

I. G. 1. *Der Paradiesmythos*
Dacqué, E., Das verlorene Paradies. O. O. 1952³

Hennig, R., Wo lag das Paradies? Berlin 1950
Kramer, S. N., The Indus Civilization and Dilmun, the Sumerian Paradise Land. In: Expedition 6, Nr. 3, Philadelphia 1964, 44–52
Petriconi, H., Die verlorenen Paradiese. In: Romanistisches Jahrbuch 10, 1959, 167
Veit, W., Studien zur Geschichte des Topos der Goldenen Zeit von der Antike bis zum 18. Jahrhundert. Diss. Köln 1961
Ferguson, J., Utopias of the Classical World. London 1975

I. G. 2. *Mutteridole der Vorgeschichte*

Abramova, Z. A., (Ein Beitrag zur Frage der weiblichen Repräsentationen des Magdaleniums), russisch. Kratkie soobščenija o dokladakh i polevykh, isseldovanijakh Instituta arkheologii 76, 1959, 103–107
Absolon, K., The Diluvial anthropomorphic statuettes and drawings, especially the so-called venus statuettes discovered in Moravia. In: Artibus Asiae 12, 1949, Nr. 3
Absolon, V., Nouvelles découvertes de statuettes modelées dans l' Aurignacien de Moravie. Mélanges Begouen, Toulouse 1939, 249–255
Antonelli, U., Una statuetta feminile di Savignano sul Panaro e il problema delle figure dette steatopigi. Bulletino di Paletnologia Italiana 45, 1925
Battaglia, R., Qualche osservazioni sulla venere del Panaro. Rivista di Antropologia 27, 1926
Begouen, H., A propos des vénus Paléolithiques. J. de Psychologie normale et pathologique 31, Nr. 9, 1934, 792–797; Nr. 10, 1935, 1–7
Begouen, H., La deuxième vénus de Vistonitzé (Moravie). Revue Anthropologique 1932, 194 bis 195
Bétirac, B., Les vénus de la Magdalénienne. Bull. Soc. Préhist. Française LI, 1954, Nr. 4, 125 bis 126
Bibikova, S. N., (Weibliche Tonfigurinen der frühen landwirtschaftlichen Stämme Südosteuropas), russisch. Sovietskaja Arkheologija XV, 1951
Blanc, A. C., Sulle Veneri »del Trasimeno« e di Willendorf. Quaternaria I, 1954, 187–191
Bordes, F., Fitte, P. und P. Laurent, Gravure féminine du Magdalénien IV de la gare de Couze (Dordogne). L'Anthropologie 67, 1969, Nr. 3–4, 269–282
Breuil, H., Bas-relief feminin de la Magdaleine (Penne, Tarn). Quaternaria I, Roma 1954, 49 bis 53
Breuil, H. und D. Peyrony, Statuette féminine aurignacienne de Sireuil (Dordogne). Revue Anthropologique XL, 1930, Nr. 1–3
Breuil, H., Une deuxième pierre gravée de figures féminines stylisées de la grotte de la Roche (Dordogne). L'Anthropologie 61, 1957, Nr. 5–6, 574 f.
Degani, M., Sulla statuetta femminile scoperta a chiozza di Scandiano (Reggio Emilia). Bulletino di Paletnologia Italiana (n.s.) 8, 1944–1945, parte I, 1–14
Delporte, H., Une nouvelle statuette paléolithique: la vénus de Tursac. L'Anthropologie 63, 1959–1960, Nr. 3–4, 233–247
Delporte, H., La vénus de Tursac. Bull. de la société d'Etudes et de Rech. Préhistoriques, Les Eyzies 1959, Nr. 9
Delporte, H., La vénus de Tursac. Congrès Préhistorique de France, 16e session, Monaco 1959 (Paris 1965), 517–520
Delporte, H., Problèmes d'interprétation de la vénus de Tursac. Quartär 12, 1960, 119–129
Delporte, H., La vénus de Tursac. Centenaire de la Préhistoire en Périgord, Nr. spécial du Bull. Soc. hist. et arch. du Périgord 1965, 41–46
Delporte, H., Observations paléographiques sur la vénus de Tursac. Bull. SPF 59, 1962, fasc. 11 bis 12, 813–818
Delporte, H., Observations sur les vénus paléolithiques de Russie. Miscelanea en Homenaje al Abate H. Breuil I, 1964, 381–404
Delporte, H., La vénus de Krasni Iar (Sibérie). Bull. SPF 6, 1964, Nr. 5, CIX–CX (Résumé et disc.)
Delporte, H., La statuette féminine de Krasni Iar (Sibérie) et le Paléolithique Supérieur de Sibérie. Bull. SPF 62, 1965, fasc. I, 118–129
Drößler, R., Die Venus der Eiszeit. Leipzig 1967
Felgenhauer, F., Willendorf in der Wachau. Monographie der paläolithischen Fundstellen I–VII. Mitteilungen der prähistorischen Kommission d. Österr. Ak. d. Wiss. 8/9, 1956–1959
Fleury, C., Quelques considérations sur la pseudo-stéatopygie des vénus Aurignaciennes.

Archives Suisses d'Anthr. Générale 3, 1919, Nr. 2–4, 183–199
Graziosi, P., La venere di Chiozza. Studi Etruschi 17, 1943
Graziosi, P., Su di una statuetta steatopygia Preistorica rinvenuta a Savignano sul Panaro in Prov. di Modena. Archivio per l'Anthropologia e la Etnologia 54, 1924, fasc. 1–4
Hančar, F., Die Venusstatuette von Jelisejeviči (Kreis Brjansk). In: Jahrb. f. Prähistorische und ethnographische Kunst 18, 1949–1953, 1–6
Hančar, F., Zum Problem der Venusstatuetten im eurasischen Jungpaläolithikum. Prähistorische Zeitschrift 30–31. 1939–1940, 1 f.
James, E. O., Venusfiguren, in: Religionen der Vorzeit. Köln 1960, 141 f.
James, E. O., Weibliche Figuren des Neolithikums und Chalkolithikums, in: Religionen der Vorzeit, Köln 1960, 150–156
Königswald, G. H. R. von, Die Göttin ohne Gesicht. Miscelanea en Homenaje al Abate H. Breuil I, 1964, 487–494
Marinatos, S., (Die Steatopygie im prähistorischen Griechenland), griechisch. Praktika tes en Athenais Archaidogikes Hetaireias 1947, 13–20
Masson, V. M. und V. I. Sarianidi, (Die Symbole auf den zentralasiatischen Figurinen der Bronzezeit), russisch. Vestnik Drevnei Istorii 1, 1969
Mauduit, J., Nouvelles statuettes paléolithiques en Sibirie. Bull. SPF 45, 1948, Nr. 3, S. 66
Movius, H. L. und H. V. Vallois, Crâne proto-magdalénien et vénus du Périgordien final trouvés dans l'abri Pataud, Les Eyzies (Dordogne). L'Anthropologie 63, 1959, Nr. 3–4
Movius, H. L., Bas-relief carving of a female figure recently discovered in the final Périgordian horizon at the abri Pataud. Les Eyzies. Festschrift f. Lothar Zotz 1960, 377–387
Narr, K. J., Weibliche Symbolplastik der älteren Steinzeit. Antaios II, 2, 1961, 132–157
Nougier, L. R. und R. Robert, Les figurations anthropomorphes de Rouffignac. La Nature 3258, 1956
Okladnikov, A. P., (Die paläolithischen Frauenstatuetten), russisch. Materialy i Issledowanija po Arkheologii SSR 79, 1960, 281–288
Passemard, L., Les statuettes féminines paléolithiques dites »vénus stéatopyges«, Nîmes 1938
Piette, Ed., Sur un buste de femme taillé dans la racine d'une dent d'équide et trouvé dans la grotte Magdalénien du Mas-d'Azil. In: Matériaux pour l'Histoire de l'Homme 5 (3e série) 1888, 378 f.
Pontier, G., Découverte d'une statuette de femme dans la station de Lumbres. Bull. SPF 25, 1928, 450 f.
Regnault, F., La statuette de Sireuil et la Reine de Pount ne sont pas stéatopyges. Bull. SPF 28, 1931, 262 f.
Reinach, S., Statuette de femme nue découverte dans une des grottes de Menton. L'Anthropologie 9, 1898, 26–31
Reinach, S., Une nouvelle statuette féminine en ivoire de mammouth. L'Anthropologie 34, 1924, 346–350
Roche, J. de la, Le Culte de la Femme genitrix chez les hommes quaternaires. Bull. SPF 34, 1937, 529–543
Royer, P., Au sujet de la statuette préhistorique de Savignano sul Panaro. L'Homme Préhistorique 1927, 9–23
Saint-Périer, R. de, Statuette de femme stéatopyge découverte à Lespugne (Haute-Garonne). L'Anthropologie 32, 1922, 361–381
Tokarev, S. A., (Ein Beitrag zur Frage der Bedeutung weiblicher Repräsentationen im Paläolithikum) russisch, Sovjetskaja Arkheologija 2, 1961, 12–20
Van Buren, Clay Figurines of Babylonia and Assyria. Chicago 1940
Vaufrey, R., La statuette féminine de Savignano sur le Panaro (Province de Modène). L'Anthropologie 36, 1926, 249–432

I. G. 3. *Entwicklung der Mutterreligionen*

Borneman, E., Mutterreligion. In: Lexikon der Liebe II, München 1968, 1969², 94–105; Sexuallexikon, Frankfurt 1969, 353–359; Lexikon der Liebe und Erotik, Stuttgart und Hamburg o. J., 353–359
Abraham, K., Einige Bemerkungen über den Mutterkultus und seine Symbolik in der Individual- und Völkerpsychologie. Zentralblatt für Psychoanalyse und Psychotherapie 1, 1911, 549–440
Ihm, M., Der Mütter- und Matronenkultus und seine Denkmäler. Bonn 1887
Leese, Die Mutter als religiöses Symbol. Tübingen 1934

Barag, G., The Mother in the religous Concepts of Judaism. American Imago 4, 1946, 32–53
Zeligs, D. F., The Role of the Mother in the Development of Hebraic Monotheism. In: The Psychoanalytic Study of Society I, 1960, 287–310
Gynz-Rekowski, G. von, Symbole des Weiblichen in Gottesbild und Kult des alten Testaments. Zürich 1963
Roellenbleck, E., Magna Mater im alten Testament. Darmstadt 1949. Nachdruck Darmstadt 1974. Hierzu C. Müller-Braunschweig in Internationale Zeitschrift für (ärztliche) Psychoanalyse 1 (2), 1950, 184; Oskar Pfister in Psyche 4, 1950, 60–62; E. Vowinckel-Weigert in Psychoanalytic Quarterly 19, 1950, 260–264
Weigert-Vowinckel, E., The Cult and Mythology of the Magna Mater from the standpoint of Psychoanalysis. Psychiatry 1, August 1938, 347–378
Böttcher, H. M., Die große Mutter. Düsseldorf 1968
Neumann, E., Die große Mutter. Eine Phänomenologie des Unbewußten. Zürich 1956. Nachdruck Olten 1974
Picard, Ch., Die große Mutter von Kreta bis Eleusis. Eranos Jahrbuch VI, Zürich 1938, 91–119
Brenner, A. B., The Great Mother Goddess. Puberty Initiation Rites and the Covenant of Abraham. Psychoanalytic Review 37, 1950, 320–340
Helck, W., Betrachtungen zur großen Göttin und den ihr verbundenen Gottheiten. München–Wien 1971
Stiglitz, R., Die Großen Göttinnen Arkadiens. Der Kultname Megalis Theai und seine Grundlagen. Wien 1967
Masson-Oursel, P., La Grande Déesse. Psyché-Paris 2, 1947, 708 ff.
Przyluski, J., La Grande Déesse. Paris 1950
Przyluski, J., La Grande Déesse dans l'art syrien. Revue d'Assyriologie et d'Archéologie orientale 1934
Przyluski, J., Le culte de la Grande Déesse. Revue de l'Histoire des Religions, Juli–August 1933
Przyluski, J., La déchéance de la Grande Déesse. Revue de l'Histoire des Religions, Sept.–Dez. 1934
Przyluski, J., La Grande Déesse en Etrurie. Revue Hittite et Asianique, Okt. 1935
Przyluski, J., Les noms de la Grande Déesse. Revue de l'Histoire des Religions, März–Juni 1932
Przyluski, J., The Great Goddess in India and Iran. IHQ Sept. 1934
Cles-Redon, S. von, The Realm of the Great Goddess. London und New York o. J.
Virolleaud, Ch., Die Große Göttin in Babylonien. In: Eranos Jahrbuch VI, Zürich 1938, 121–130
Virolleaud, Ch. Die Große Göttin in Ägypten. In: Eranos Jahrbuch VI, Zürich 1938, 131–141
Virolleaud, Ch., Die Große Göttin in Phönizien. In: Eranos Jahrbuch VI, Zürich 1938, 141–160
Franz, L., Die Muttergöttin im Vorderen Orient und in Europa. Der Alte Orient 35, H. 3, 1937
Collum, V. C. C., The Tressé Iron-Age Megalithic Monument, its Quadruple Sculptured Breasts and their Relation to the Mother Goddess' Cosmic Cult. London 1935
James, E. O., The Cult of the Mother Goddess. London and New York 1959
James, E. O., Die Muttergöttin, in: Religionen der Vorzeit. Köln 1960, 159–168
Langdon, St., Die Mutter-Göttin. Kapitel II in des Autors Tammuz und Ishtar. Oxford 1914
Nielsen, D., Die altsemitische Muttergöttin. Zeitschrift der Deutschen Morgenländischen Gesellschaft 1938, 526–551
Przyluski, J., Die Mutter-Göttin als Verbindung zwischen Lokal-Göttern und dem Universal-Gott. In: Eranos Jahrbuch VI, Zürich 1938, 35–58
Przyluski, J., Ursprünge und Entwicklung des Kultes der Mutter-Göttin. In: Eranos Jahrbuch VI, Zürich 1938, 11–34
Gimbutas, M., The Gods and Goddesses of Old Europe, 7000 bis 3500 B. C., Myths, Legends and Cult Images. London 1974
James, E. O., Der Göttinnenkult. In: Religionen der Vorzeit. Köln 1960, 230 ff.
Masson, V. M. und Sarianidi, V. I., (Sieben Göttinnen der frühen Bodenbauer), russisch. Moskau 1969
Schreier, J., Göttinnen. Ihr Einfluß von der Urzeit bis zur Gegenwart. Wien 1968
Graves, R., The White Goddess. London 1946, 1961[2]
Crawford, O. G. S., The Eye Goddess. London 1957
Langdon, S. H., The Goddess of Life and Wisdom. Am. J. of Semitic Languages 258–294
Seillière, E. de, De la Déesse Nature à la Déesse Vie. Paris 1931
Jones, C. H., The Earth Goddess. London 1938

Róheim, G., Mother Earth and the Children of the Sun. In: Jubilee Congress of the Folk-Lore Society. London 1928, 238–264
Borneman, E., Erdmutter. In: Lexikon der Liebe, München 1968, 1969², 278 f. Sexuallexikon, Frankfurt 1969, 148. Lexikon der Liebe und Erotik, Stuttgart–Hamburg o. J., 148
Dieterich, A., Mutter Erde. Ein Versuch über Volksreligion. 3. Aufl. besorgt von Eugen Fehrle. Leipzig 1905, 1925². Nachdruck Darmstadt 1967
Harnik, J., Zum Wahrheitswert des Symbols: Erde = Mutter. Zentralblatt für Psychoanalyse und Psychotherapie 2, 1912, 224 f.
Alexiou, S., (Die minoische Göttin mit den erhobenen Händen), griechisch. Kretika Chronika 12, 1959, 179–299
Tzedakis, J., A Minoan »Goddess« Idol from Sakhtouria. Annual of the British school of Athens 62, 1967, 203 ff.
Coriat, I. H., A Note on the Sexual Symbolism of the Cretan Snake Goddess. Psychoanalytic Review 4, 1917, 167 f.
Contenau, G., La déesse nue babylonienne. Paris 1914
Virolleaud, Ch., La déesse Anath. Paris 1938
Enman, A., Kypros und der Ursprung des Aphrodite-Kults. O. O. 1886
Przyluski, J., Ardvisur et Aphrodite. Revue de l'Histoire des Religions, März–Juni 1934
Fodor, A., Asherah of Ugarit. American Imago 9, 1952, 118–146
Dussaud, R., Astarté, Pontos et Ba'a. Comptes Rendus de l'Académie des Inscriptions et Belles-Lettres 1947, 201 ff.
Tjumenev, A. I., Das Wirtschaftspersonal des Tempels der Göttin Bau in Lagasch zur Zeit Urukaginas. Sowjetwissenschaft, Gesellschaftswissenschaftliche Abteilung, H. 4, 1950
Hartwig, P., Bendis. Leipzig–Berlin 1897
Berg, P.-L. van, Corpus cultus Deae Syriae. Partie 1: Répertoire des sources grecques et latines. Partie 2: Etude critique des sources mathographiques grecques et latines. Leiden 1972
Clemen, C., Lukians Schrift über die syrische Gottheit, o. O. 1938
Picard, Ch., Die Ephesia von Anatolien. In: Eranos Jahrbuch VI, Zürich 1938, 59–90
Hubert, H., Le mythe d'Epona, Mélanges vendryes 187 ff.
Kraus, Th., Hekate: Studien zu Wesen und Bild der Göttin in Kleinasien und Griechenland. Heidelberg 1960
Hansen, D. P. und G. F. Cales, The Temple of Inanna, Queen of Heaven of Nippur. Archaeology 15, Nr. 2, 1962
Andrae, W., Die archaischen Ischtartempel in Assur. 39. Veröffentlichung der Deutschen Orient-Gesellschaft, Leipzig 1922
Andrae, W., Die jüngeren Ischtar-Tempel in Assur (1935). Nachdruck 1967
Plessis, J., Etude sur les textes concernant Ishtar-Astarte. Paris 1921
Langdon, St., Tammuz and Ishtar. Oxford 1914
Dunand, F., Le culte d'Isis dans le bassin oriental de la Méditerrannée, 3 Bde.: 1. Le culte d'Isis et les Ptolémées, 2. Le culte d'Isis en Grèce, 3. Le culte d'Isis en Asie Mineure
Hopfner, Th., Plutarch über Isis und Osiris, 2. Bde. Prag 1940–1941
Tran Tam Tinh, V. und Y. Labrecque, Isis Lactans. Corpus des monuments grecoromains d'Isis allaitant Harpocrate. Leiden 1973
Felletti Maj, B. M., Cibele. In: Enciclopedia dell'arte antica classica e orientale II, 1959, 572
Graillot, H., Le Culte de Cybèle. Paris 1912
Roloff, K.-H., Kybele. In: Lexikon der Alten Welt, 1965, 1625 ff.
Rapp, Kybele. In: W. H. Roscher, Ausführliches Lexikon der griechischen und römischen Mythologie. Leipzig 1884–1937, II, 1, 1638–1672
Salis, A. von, Kybele. In: Jahrbuch des Deutschen Archäologischen Instituts 28, 1913, 1–23
Schwemm, Kybele. In: Paulys Realencyclopädie der classischen Altertumswissenschaft. Neue Bearbeitung begonnen von G. Wissowa, fortgeführt von W. Kron, K. Mittelhaus und K. Ziegler, IX, 2, Stuttgart 1922, 2250–2298
Showerman, G., Cybele. In: Encyclopedia of Religion and Ethics IV. New York 1910
Giannoulidon, K., (Die ägyptische Göttin »Mazdet« in der prähellenistischen Welt), griechisch. Platon 10, 1958, 142–145
Höfer/Drexler, Meter. In: W. H. Roscher, Ausführliches Lexikon der griechischen und römischen Mythologie, II, 2, Leipzig 1884–1937, 2849–2931
Römer, W. H. Ph., Einige Beobachtungen zur Göttin Nini(n)sina auf Grund von Quellen der Ur-

III-Zeit und der altbabylonischen Periode. In: Festschrift W. Freiherr von Soden, Neukirchen-Vluyn 1969, 279–305
Christon, Chr. und Th., Potnia. Eine Untersuchung über Ursprung, Erscheinungsformen und Wandlungen der Gestalt einer Gottheit. Thessaloniki 1968
Rozwadowski, J., Don-Tanaïs et les Cimmériens. RO II, 142 ff.
Gaster, Th. H., Thespis. New York 1950
Langdon, St. und K. Fotheringham, The Venus Tablets of Ammizaguada. Oxford 1928

I. G. 4. *Entwicklung der Fruchtbarkeitskulte*
Begouen, H., A propos de l'idée de fécondité dans l'iconographie préhistoire. Bull. SPF 26, 1929, 197 ff.
Briffault, R., Fertility Rites. Encyclopedia of the Social Sciences VI
Bettelheim, B., Fertility, The Basic Rite. In: Symbolic Wounds. Puberty Rites and the Envious Male. New York 1962², 82–89
Frazer, J. G., The Influence of the Sexes on Vegetation. (Kapitel XI von: The Golden Bough). London 1890
Frazer, J. G., The Worship of Nature, 2 Bde. London 1926
Longworth, T. C., The Worship of Love. London 1954
Rocco, S., The Masculine Cross and Ancient Sex Worship. New York 1974
Howard, C., Sex Worship. Washington, D. C. 1898, Chicago 1909²
Cutner, H., A Short History of Sex Worship. London 1940
Howard, C., Sex and Religion. London 1925
Marr, S. G., Sex in Religion. London 1936
Goldberg, B. Z., The Sacred Fire: The Story of Sex in Religion. New York 1930; New York 1962
Schroeder, Th. A., Outline for a Study of the Erotogenesis of Religion. J. of Religious Psychology V, 1912, 394–401
Murray, M., The Genesis of Religion. New York 1964
Lewis, J. M., Ecstatic Religion. Harmondsworth 1971
Goodland, R., A Bibliography of Sex Rites and Customs. London 1931
Knight, R. P., The Symbolic Language of Ancient Art and Mythology. New York 1876
Knight, R. P. and Th. Wright, Sexual Symbolism: A History of Phallic Worship. New York 1957
Goldsmith, E. E., Life Symbols as Related to Sex Symbolism. New York 1924
Crawley, E., Love Gods. In: Studies of Savages and Sex. London 1929, 95 ff.
Crawley, E., The Orgy. In: Studies of Savages and Sex. London 1929, 105–112
Borneman, E., Orgie. In: Lexikon der Liebe. München 1968, 1969², II, 148–151; Sexuallexikon. Frankfurt 1969, 383 f.; Lexikon der Liebe und Erotik. Stuttgart und Hamburg o. J., 383 f.
Biggs, R. D., Ancient Mesopotamian Potency Incantations. New York 1967
Charet, J., Réflexions sur la magie de la chasse. Bull. SPF 44 bis 47, 1947–1950
Verheyleweghen, J. et F., A propos de »rites de chasse« pratiqués par les dernières chasseurs de rennes du paléolithique supérieur. Bull. de la soc. royale Belge d'Anthropologie et de Préhistoire 72, 1961, 159–174

I. G. 4. a. *Vegetationskulte*
Frazer, Sir J. G., Spirits of the Corn and of the Wild, 2 Bde. London 1912³
Gubernatis, A. de, La mythologie des plantes ou les légends du règne végétal. Paris 1878, 1882²
Lorenz, E., Chaos und Ritus. Über die Herkunft der Vegetationskulte. Imago 17, 1931, 433 bis 494. Als Buch: Wien 1932
Mannhardt, W., Antike Wald- und Feldkulte, 2 Bde. Berlin 1877, 1905², Darmstadt 1963
Bauerreiss, R., Arbor Vitae. Der Lebensbaum und seine Verwendung in Liturgie, Kunst und Brauchtum des Abendlandes. München 1938
Fergusson, J., Tree and Serpent Worship. London 1873
Frazer, J. G., The Worship of Trees. In: The Golden Bough, gekürzte Fassung. London 1957, 144–157
Frazer, J. G., The Worship of the Oak. Kapitel 15 von: The Golden Bough. London 1890
James, O. E., The Tree of Life. Leiden 1966
Philpot, J. H., The Sacred Tree or the Tree in Religion and Myth. London 1897
Widengren, G., The King and the Tree of Life in Ancient Near Eastern Religion. Uppsala 1951
Holmberg, V., Der Baum des Lebens. Helsinki. Annales Academiae Scientiarum Fennicae, Serie B, XVI, 1922 f.

Evans, A. J., The Mycenean Tree and Pillar Cult. Hellenic Studies 21, 1901, 99–204
Boetticher, C., Der Baumkultus der Hellenen. 1856
Weiner, L., Altgriechischer Baumkultus. Leipzig 1919

I. G. 4. b. *Tierkulte*

Gubernatis, A. de, Die Thiere in der indogermanischen Religion, übers. v. M. Hartmann. Leipzig 1874
Heichelheim, F., Tierdämonen. Paulys Realencyclopädie 6 A 1, 1937, 862–931
Klinger, W., Das Tier im antiken und modernen Aberglauben. Kiew 1911
Naumann, I., Zum Schutzgeisterglauben: Tod und Tierglaube. Der Mensch und sein Sympathietier. In: Hans Naumann, Primitive Gemeinschaftskultur. Jena 1971, 98–116
Sälzle, K., Tier und Mensch, Gottheit und Dämon. Das Tier in der Geistesgeschichte der Menschheit. München 1965
Richmann, W., Tiere in den Zauberpapyri. Phil. Diss. Berlin 1946
Oulié, M., Les animaux dans la peinture de la Crète préhellénique. Paris 1915

I. G. 4. b. 1. *Schlangenkult*

Breuil, H. und R. de Sain-Périer, Les Serpents. In: Les Poissons, les batraciens et les reptiles dans l'art quaternaire. Archives de l'institut du Paléontologie humaine 2, 1927
Coriat, I. H., A Note on the Sexual Symbolism of the Cretan Snake Goddess. Psychoanalytic Review 4, 1917, 367 f.
Dean, EAN, J. B., The Worship of the Serpent. London 1830
Fergusson, J., Tree and Serpent Worship. London 1873
Küster, E., Die Schlange in der griechischen Kunst und Religion. Gießen 1913
Muehly, S., Die Schlange im Mythus und Cultus der klassischen Völker. O. O. 1967
Sayce, A. H., Serpent Worship in Ancient and modern Egypt. Contemporary Review 1893

I. G. 4. b. 2. *Stierkult*

Alibert, D. und A. Aymar, Une figuration humaine cornue de l'époque Magdalénienne au Montauban. Bull. SPF 18, 1921, 336 f.
Dikaios, P., The Bronze Statue of a Horned God from Enkomi. Archäol. Anzeiger 77, 1962, 1 bis 39
Dikaios, P., A unique second millenium Bronze Statue of a Horned God, newly discovered in Cyprus. Ill. London News, August 27th 1949, 316 ff.
Marinatos, S., (Der »Keraiates« von Enkomi), griechisch. Archailogikon Deltion 18, 1963, 95 bis 99
Patiri, G., La corna emblematiche in uso sin dall' età paleolitica. Archivio per l'Antropologia e la Etnologia. Florenz 1909, 230–243
Alexakis, I., (Theseus und Minotauros), griechisch. In: Kretike Hestia, Fasc. 122, 1962
Bunker, H. A., The Bouphonia or Ox-Murder: A Footnote to Totem and Taboo. In: G. Róheim, Psychoanalysis and the Social Sciences. New York 1947, I, 165–169
Conrad, J. R., Le culte du taureau, de la préhistoire aux corridas espagnoles. Paris 1961
Cumont, F., Le Taurobole et le Culte de Bellone. Revue d'histoire et de littérature religieuse VI, 1901, 2
Dulaure, J. A., Vom Ursprung des Stierkults. In: Die Zeugung. Leipzig 1909, 18–29
Fraser, A., The Bull. Reading 1972
Giannoulidon, K., (Melissa und Dionysos, Kinder des Stiers), griechisch. Athena 63, 1959, 313 bis 318
Kunisch, N., Die stiertötende Nike. Typengeschichtliche und mythologische Untersuchung. München 1964
Lommel, H., Mithra und das Stieropfer. Paideuma 3, 1949, 207 ff.
Otto, E., Beitrag zur Geschichte der Stierkulte in Ägypten. 1938
Platon, N., Sir Arthur Evans and the Creto-Mycenaen Bullfight. Greek Heritage I, Fasc. 4, 1964, 91 ff.
Hooke, S. H., (Hrsg.), The Labyrinth. London 1935

I. G. 4. b. 3. *Bärenkult*

Koppers, W., Der Bärenkult in ethnologischer und prähistorischer Bedeutung. Palaeobiologica V, 1933

Zotz, L. F., Bärenkult? Forschungen und Fortschritte 32, H. 11. Berlin 1958, 343 f.
Narr, K. J., Bärenzeremoniell und Schamanismus in der Älteren Steinzeit Europas. Saeculum X, 3, 1959, 236 f.
Vezian, J., A propos de L'ourson de Montespan, le rôle magique de la peau dans L'Ethnographie. Revue Anthropologique 4–6, 1926
Begouen, H. und H. Breuil, Les ours déguisés de la caverne des Trois-Frères (Ariège). In: Festschrift Wien 1928, 777–780
Ehrenberg, K., Über Höhlenbären und Bärenhöhlen. Verhandlungen der zool.-bot. Ges. in Wien 95, 1955

I. G. 4. b. 4. *Andere Tierkulte*

Gaudron, G., Symbolisme du Cerf dans l'Antiquité. Congrès Préhistorique de France, 15e Session, 1956, 510–523
Koby, F. E., Le Bouquetin dans la Préhistoire. Actes de société Juracienne d'Emulation 1957, 29–64
Vayson de Pradenne, A., Les figurations d'oiseaux dans l'art quaternaire. Jahrb. für Prähistorische u. Ethnographische Kunst 1934
Breuil, H. und R. de Saint-Périer, Les poissons, les batraciens et les reptiles dans l'art quaternaire. Paris 1927
Rumpf, A., Die Meerwesen auf den antiken Sarkophagreliefs. Berlin 1939

I. G. 4. c. *Sonnenkult*

Dorson, R. M., The Eclipse of Solar Mythology. In: Myth – A Symposion, hrsg. von Th. A. Seboek. Bloomington, Ind. 1958
Schauenberg, K., Helios. Archäologisch-mythologische Studien über den antiken Sonnengott. Berlin 1955
Wili, W., Die römischen Sonnengottheiten und Mithras. Eranos Jahrb. X. Zürich 1943, 125 ff.

I. G. 4. d. *Mondkult*

Heiland, F., Sonnen- und Mondkultus im Altertum. Vortrag im Zeiß-Planetarium Jena, 1952
Hentze, C., Mythes et symboles lunaires. Antwerpen 1932
Preuß, K. Th., Das Problem der Mondmythologie im Lichte der lokalen Spezialforschung. Archiv für Religionswissenschaft XXIII. Leipzig-Berlin 1925
Róheim, G., Mondmythologie und Mondreligion. Wien 1927
Harding, M. E., The Moon Mother. In: Woman's Mysteries, Ancient and Modern. London, New York, Toronto 1935, 72–99
Neumann, E., Über den Mond und das matriarchalische Bewußtsein. Eranos-Jahrbuch XVIII. Zürich 1950, 323 ff.

I. G. 4. e. *Wasserkult*

Borneman, E., Fruchtwasser. In: Lexikon der Liebe, München 1968, 1969², I, 357. Sexuallexikon, Frankfurt 1969, 189 bis 190. Lexikon der Liebe und Erotik. Stuttgart und Hamburg o. J., 189 f.
Borneman, E., Totenbad. In: Lexikon der Liebe. München 1968, 1969², II, 453. Sexuallexikon. Frankfurt, 1969, 545. Lexikon der Liebe und Erotik. Stuttgart und Hamburg o. J., 545
Borneman, E., Wasser. In: Lexikon der Liebe. München 1968, 1969², II, 538–539. Secuallexikon, Frankfurt 1969, 591; Lexikon der Liebe und Erotik. Stuttgart u. Hamburg o. J., 591
Muthmann, F. Mutter und Quelle. Studien zur Quellenverehrung im Altertum. Mainz 1973
Ninck, M., Die Bedeutung des Wassers im Kult und Leben der Alten. Eine symbolgeschichtliche Untersuchung. Philologus XIV/II, 1921
Rudhardt, J., Le thème de l'eau primordiale dans la mythologie grèque. Bern–München 1971
Schwabe, J., Lebenswasser und Pfau – zwei Symbole der Wiedergeburt. Symbolon I, 1960, 138 ff.
Wünsche, K., Sagen vom Lebensbaum und Lebenswasser. Leipzig 1905

I. G. 4. f. *Feuerkult*

Frazer, J. G., Myths of the Origin of Fire. London 1930
Huth, O., Der Feuerkult der Germanen. Archiv für Religionswissenschaft 36, H. 1, 1939
Wernert, P., Le rôle du feu dans les rites funéraires des Hommes fossiles. Revue générale des Sciences, 30 Avril 1937

I. G. 4. g. *Phallizismus*

Abarbanel, A. und G. B. Wilbur, Phallicism and Sexual Symbolism. In: Encyclopedia of Sexual Behavior, New York 1961, II, 819–826
Bertling, C. T., Magie en phallisme. Amsterdam 1934
Campbell, R. A., Phallic Worship. St. Louis 1887
Dulaure, J. A., Les divinités génératrices ou du culte du phallus chez les anciens et les modernes. Paris 1805. Deutsch: Die Zeugung in Glauben, Sitten und Bräuchen der Völker. Leipzig 1909
Dulaure, J. A., Vom Phalluskult in der Urzeit. In: Die Zeugung, 202 ff. Nachträge von H. Ihm, 314 f.
Dulaure, J. A., Index zum Phalluskult. In: Die Zeugung, 324 ff.
Russell, B., Phallic Worship, Asceticism and Sin. In: Marriage and Morals, London 1929, Kap. IV
Scott, G. R., Phallic Worship. London 1941; Nachdruck New York 1952, London 1964
Stone, L. A. (Hrsg.), The Story of Phallicism, 2 Bde. New York 1927
Strelitz, P., Der Phalluskultus. Geschlecht und Gesellschaft 6, 1911, 10
Vanggaard, Th., Phallos. Symbol und Kult in Europa. München 1971
Westropp, H. M., Primitive Symbolism as illustrated in phallic Worship. London 1885
Westropp, H. M. und C. S. Wake, The Worship of Priapus. New York 1874
Knight, R. P., A Discourse on the Worship of Priapus. Privatdruck 1786. Hierzu C. A. Böttiger in Amalthea III, 408–418; Choulant in Heckers Annalen XXXIII, 1836, 414–418
Brandt, P., Ithyphallos. In: Handwörterbuch der Sexualwissenschaft (Hrsg. M. Marcuse) Bonn 1926, 314 ff.
Reitzenstein, F. v., Phalloktenismus. In: Handwörterbuch der Sexualwissenschaft (Hrsg. Max Marcuse) Bonn 1926, 551 ff.
Girod, P. und E. Massenat, Sur une sculpture en bois de renne, de l'époque magdalénienne, représentant deux phallus réunis par la base. C. R. des séances de l'Académie des Sciences, 17. Déc. 1888
Montandon, R., A propos du phallus en bois de renne de l'abri Blanchard, commune de Sergeac (Dordogne). L'Homme préhistoire 1913, 337–341
Passemard, E., Un objet phalloide en os de la caverne d'Isturitz, Association Française pour l'Avancement des Sciences, Liège, 1924

I. G. 4. h. *Heilige Hochzeit*

Frazer, J. G., The Marriage of the Gods, Kap. 12 von: The Golden Bough, London 1890
Riemschneider, M., Augengott und Heilige Hochzeit. Leipzig 1953
Klinz, A., Hieros Gamos. o. O. 1933. Hierzu Charles Picard in: Revue de l'Histoire des Religions 1936, 107–110
Eliade, M., La terre-mère et les hiérogames cosmiques. Eranos Jahrbuch XXII. Zürich 1953, 57 bis 95
Krauss, F. S., Beischlafausübung als Kulthandlung. Anthropophyteia III, 1906, 20–33
Amrain, K., Sakraler Koitus (in Indien). Anthropophyteia VII, 1910, 245
Bataille, G., Religiöse Prostitution, in ders., Der heilige Eros, Neuwied 1963
Buschan, G., Über Tempelprostitution. Zeitschrift für Sexualwissenschaft und Sexualpolitik XVIII, H. 7, 11. Februar 1932, 452–458
Fürstauer, J., Tempelprostitution. In: Eros im Alten Orient. Stuttgart, 1965, 120, 158, 166, 177, 200 ff.
Borneman, E., Tempelprostitution. In: Lexikon der Liebe, München 1968, 1969², II 440–441; Sexuallexikon, Frankfurt 1969, 538–539. Lexikon der Liebe und Erotik, Stuttgart und Hamburg o. J., 538 f.
Hartland, E. S., Concerning the Rite at the Temple of Mylitta. In: Anthropological Essays presented to E. B. Tylor 1907, 189–202
Heyne –, De Babyloniorum instituto ut mulieres ad Veneris templum prostarent. In: Commentat. Soc. Reg. Göttingen XVI, 30–42
Jacobs, Fr., Über eine Stelle bei Herodot. In: Vermischte Schriften VI, 23–50
Pallis, S. A., The Babylonian akitu Festival. Kopenhagen 1926
Conzelmann, H., Korinth und die Mädchen der Aphrodite. Göttingen 1967
Hirt, A., Die Hierodulen (Beilagen von Böckh und Buttmann) Berlin 1818 ff.
Kreuser, J. Der Hellenen Priesterstaat, mit vorzüglicher Rücksicht auf die Hierodulen. Mainz 1822

I. G. 4. i. *Kultische Keuschheit*
Fehrle, E., Die kultische Keuschheit im Altertum. Religiöse Versuche VI. Gießen 1910
Coveel, De sacerdotio veterum virginum. Abo 1704.8.
Pestalozza, U., Sacerdoti e sacerdotesse impuberi nei culti di Athena e di Artemide. In: Studi e materiali d. Storia delle religioni. Roma 1933

I. G. 4. j. *Tötung und Auferstehung des Gottkönigs*
Frazer, J. G., The Dying God, London 1911³
Frazer, J. G., The Killing of the Divine King. Kapitel 24 von »The Golden Bough«. London 1890
Frazer, J. G., The Slaying of the Man-God / The Eating of a God / The Dying God as Redeemer / The Theory of Deicide / The Sacrifice of a God for the Salvation of the World. In: Man, God and Immortality. London 1927, 403–409.
Dana, J., Gods who Die. New York 1935
Jensen, A. E., Die getötete Gottheit. Weltbild früher Kulturen. Stuttgart 1966²
Zimmer, H., The King and the Corpse. (Hrsg., J. Campbell) New York 1947 und 1961
Dillon, M., The Cycles of the Kings. Oxford 1946
Engnell, I., Studies in Divine Dingship in the Ancient Near East. Uppsala 1943
Frankfurt, H., Kingship and the Gods. Chicago 1948, 1971²
Frazer, J. G., The Magic Art and the Evolution of Kings (= The Golden Bough I–II). London 1923–1927
Haberland, E., Das heilige Königtum. o. O. 1966
Marinatos, S., (Von Zeus abstammende Könige), griechisch. In: Studies presented to David Moore Robinson, Washington 1951, I, 126–134
Nachtigall, H., Das sakrale Königtum bei Naturvölkern und die Entstehung früher Hochkulturen. Z. f. Ethn. 83, 1957–1958, 34–44
Róheim, G., Animism, Magic and the Divine King. New York 1930, 1973
Frazer, J. G., Lectures on the Early History of the Kingship. London 1905
Hocart, A. M., Kingship. Oxford 1927, 1969²
Hook, S. H. (Hrsg.), Myth, Ritual and Kingship. Oxford 1958
Wolff-Windegg, Ph., Die Gekrönten. Sinn und Sinnbild des Königtums. Stuttgart 1958

I. H. *Sexualwissenschaftliche Untersuchungen*
Westermarck, E., Eine menschliche Paarungssaison in der Urzeit. In Westermarck, Geschichte der Menschlichen Ehe. Jena 1893, 19–32
Hellwald, Fr. von, Der Geschlechtsverkehr in der Urzeit. In: Die menschliche Familie. Leipzig 1889, 121–144
Raphael, M., Notizen über Geschlechtsverhältnisse in der Höhlenkultur (2 S.). Nachlaß Max Raphael, Mappe Nr. 26/6
Fox, R., The Evolution of Human Sexual Behavior. New York Times Magazine 24. 3. 68, 79–97
Hampson, J. L. und J. C. Hampson, The Ontogenesis of Sexual Behavior in Man. In: W. C. Young (Hrsg.), Sex and Internal Secretions II. London 1961³

I. H. 1. *Die Frau in der Vorgeschichte*
Häusler, A., Zum Verhältnis von Männern, Frauen und Kindern in Gräbern der Steinzeit. In: Arbeits- und Forschungsberichte zur sächsischen Bodendenkmalpflege 14/15, 1966, 25–73
Kornemann, E., Die Stellung der Frau in der vorgriechischen Mittelmeerkultur. Heidelberg 1927
Mead, M., Prehistory and the Woman. Bernard College Bulletin, April 30, 1969, Supplement.
La femme dans la préhistoire. Recueils de la Société Jean Bodin XI. Brüssel 1950
Thurnwald, R., Die Frau. In: Reallexikon der Vorgeschichte IV, 1, 1926
Thurnwald, R., Fraueneinfluß. In: Reallexikon der Vorgeschichte IV, 1, 1926
Kaberry, Ph. M., Aboriginal Woman, Sacred and Profane. London und Philadelphia 1939
Masson, O. T., Woman's Share in Primitive Culture. New York 1897, 1900², 1924³
Schmidt, P. W., The Position of Women with Regard to Property in Primitive Society. American Anthropologist 37, 1935, 244–256
Müller-Lyer, F., Phasen und Ursachen der sozialen Stellung der Frau. In: Phasen der Liebe. München 1913, 180–199
Rank, B., Zur Rolle der Frau in der Entwicklung der menschlichen Gesellschaft. Imago 10, 1924, 278–295

Letourneau, Ch., La condition de la femme dans les diverses races et civilisations. Paris 1903
Bebel, A., Die Frau in der Vergangenheit, Gegenwart und Zukunft. Zürich 1893
Meiners, Ch., Geschichte des weiblichen Geschlechts, 4 Bde. Hannover 1788–1800

I. H. 2. *Zur Frage der Urpromiskuität*

Gilbert, L. H., Primitive Promiscuity and Group Marriage. Sociological Review 18, 1926
Peal, S. E., The Morong, as possibly a Relic of Pre-Marriage Communism. Journal of the Anthropological Institute, 22, 1893, 244–261
Thurnwald, R., Promiskuität. In: Reallexikon der Vorgeschichte 10, 1927–1928, 320
Günther, H. F. K., Die Promiskuität. In: Formen und Urgeschichte der Ehe. Göttingen 1951³, 94–109
Descamps, P., La promiscuité est-elle primitive? Revue de l'Institut de Sociologie V, 1, 1934
Plischke, H., Die Promiskuitätslehre als völkerkundliches Problem. Jap.-Deutsche Z. f. Wissensch. u. Technik 2, H. 12, 1924
Westermarck, E., Kritik der Promiskuitätslehre. In: Westermarck, Geschichte der menschlichen Ehe. Jena 1893, 46–130

I. H. 3. *Exogamie und Inzesttabu*

Sade, D. S., Inhibition of Son-Mother-Mating among free-ranging Rhesus Monkeys. Science and Psychoanalysis 12, 1968
Aberle, D. F., u. a., The Incest Tabòo and the Mating Pattern of Animals. American Anthropologist 65, April 1963, 253–265
Durkheim, E., La prohibition de l'inceste et ses origines. L'Année sociologique I, 1898, 1–70
Frazer, J. G., A Conjecture as to the Origin of the Aversion to Incest. In: Man, God and Immortality, London 1927, 148–153
Slater, M. K., Ecological Factors in the Origin of Incest. American Anthropologist 61, 1959, 1042–1059
Fox, R., Incest, Inhibition and Hominid Evolution. Presented to the Wenner-Gren Symposium, Burg Wartenstein, August 1968
White, L. A., The Definition and Prohibition of Incest. In: The Science of Culture, New York 1949, 1969², 303–329
Whyte, G. D., The Incest Taboo. Man X, 1910, 157 ff.
Raglan, Lord, Le tabou de l'Inceste. Paris 1935
Cohen, Y. A., Bases of the Incest Taboo. In: Childhood to Adolescence. Chicago 1964, 159 bis 198
Layard, J., The Incest Taboo and the Virgin Archetype. Eranos Jahrbuch XII. Zürich 1945, 253 ff.
Parsons, T., Das Inzesttabu in seiner Beziehung zur Sozialisierung des Kindes. In: Ders.,: Soziologische Theorie. Neuwied 1964, 109–135
Sidler, N., Zur Universalität des Inzesttabus. Eine kritische Untersuchung der These und der Einwände. Stuttgart 1971–1972
Crawley, E., Sexual Taboo. In: The Mystic Rose. Revised and enlarged by Theodore Besterman. New York 1960, 42–87
Knight, M. M., Peters, I. L. und Ph. Blanchard, Taboo and Genetics. New York 1920, London 1921
Freud, S., Totem und Tabu (1912), GW IX, Frankfurt 1969
Hartland, E. S., Totemism and Exogamy. Folk-Lore XXII, 1911
Frazer, J. G., Totemism and Exogamy. London 1910
Kortmulder, K., An ethnological Theory of the Incest Taboo and Exogamy. Current Anthropology 9, 1968, 437–449
Raglan, Lord, Incest and Exogamy. J. of the Royal Anthropological Institute 61, 1931, 167–180
Seligman, B. Z., The Problem of Incest and Exogamy: A Restatement. American Anthropologist 52, 1950, 305–316
Müller-Lyer, F., Exogamie. In: Die Zähmung der Nornen. München 1920, 18–24
Thomas, N. W., The Origin of Exogamy. Anthropological Essays presented to E. B. Tylor. London 1907, 343–354
McLennan, J. F., Exogamy and Endogamy. The Fortnightly Review, New Series 21, 1877, 884 ff.

Lowie, R., Exogamy and the Classificatory Relationship. Proc. of the National Academy of Sciences, 1915, 346–349
Gomme, G. L., Exogamy and Polyandry. Archaeological Review I, 1888, 391 ff.

I. H. 4. »*Gruppenehe*« *und* »*lockere Monogamie*«

Post, A. H., Die Geschlechtsgenossenschaften der Urzeit und die Entstehung der Ehe. Oldenburg 1875
Post, A. H., Hausgenossenschaften und Gruppenehen. In: Ausland 1891, 821–825, 841–846
Kohler, J., Gruppenehe. In: Zur Urgeschichte der Ehe. Stuttgart 1897, 65–162
Kohler, J., Nochmals über Gruppenehe und Totemismus. Z. f. vg. Rechtsw. XI, 1908
Thurnwald, R., Gruppenehe. In: Reallexikon der Vorgeschichte IV, 2, 1926
Günther, H. F. K., Die Gruppenehe. In: Formen und Urgeschichte der Ehe. Göttingen 1951³, 113–124, 133 f., 159–260
Grau, R., Die Gruppenehe, ein völkerkundliches Problem. Diss. Leipzig 1931
Fison, L. und A. W. Howitt, Kamilaroi and Kurnai: Group Marriage and Relationship. Intr. by L. H. Morgan. Melbourne 1880
Wake, C. S., The Nature and Origin of Group Marriage. Journal of the Royal Anthropological Institute 8, 1884
Thomas, N. W., Kinship Organization and Group Marriage. Cambridge 1906
Gilbert, L. H., Primitive Promiscuity and Group Marriage. Soc. Review 18, 1926
Frazer, J. G., Exogamy and Group Marriage. In: Man, God and Immortality. London 1927, 112 bis 113
Frazer, J. G., Group Marriage and Group Relationship. In: Man, God and Immortality. London, 1927, 160–163
Frazer, J. G., The Levirate and Group Marriage. In: Man, God and Immortality. London 1927, 164–167
Frazer, J. G., The Levirate and the Sororate as Relics of Group Marriage. In: Man, God and Immortality. London 1927, 267
Frazer, J. G., The Barter of Sisters as a Source of Group Marriage. In Man, God and Immortality. London 1927, 168 f.
Semenov, I. I., Group Marriage, Its Nature and Role in the Evolution of Family and Marital Relations. Proc. of the 7th Int. Congress of Anthropological and Ethnological Sciences IV, Moskau 1964

I. H. 5. *Entwicklung der Kinship-Systeme*

Reynolds, F., Kinship and the Family in Monkeys, Apes and Man. Man 3, 1968, 2, 209–223
Fox, R., Sexual Selection and the Evolution of human Kinship Systems. In: R. Campbell (Hrsg.), Sexual Selection and the Descent of Man. Chicago 1972
Malinowski, B., The Psychology of Sex and the Foundations of Kinship in Primitive Societies. Psyche, Oct. 1923
Fox, R., Kinship and Marriage. An Anthropological Perspective. Harmondsworth 1967
Frazer, J. G., The Alternative of Father–Kin and Mother–Kin. In: Man, God and Immortality. London 1927, 125 ff.
Needham, R. (Hrsg.), Rethinking Kinship and Marriage. London 1972
Rivers, W. H. R., Kin and Kinship. In: Encyclopedia of Religion and Ethics VII, 1914, S. 700 ff.
Malinowski, B., Kinship. Man 30, 1930, 19–29
Lowie, R. H., Kinship. In: Encyclopedia of the Social Sciences VIII, 146 ff., 1932
Goody, J. (Hrsg.), Kinship. Harmondsworth 1971
Bohannan, P. und J. Middleton, Kinship and Social Organization. New York 1968
Buchler, I. R. und H. A. Selby, Kinship and Social Organization. London 1968
Barnes, J. A., Physical and Social Kinship. Philosophy of Science 28, 1961
Bradfield, R. M., The Social Morphology of Kin-Based Societies. In: M. B. Bradfield, A Natural History of Associations. New York 1973
Gellner, H., The Concept of Kinship. Philosophy of Science 27, 1960
Goody, J. (Hrsg.), The Character of Kinship. Cambridge 1973
Hsu, F. L. K., Kinship and Culture. Chicago 1971
Goody, J., Comparative Studies in Kinship. London 1969
Kriukov, M. V., Types of Kinship Systems and Their Historical Interrelationship. In: Soviet Anthropology and Archeology 11, Nr. 2, Herbst 1972

Barnes, J. A., Three Styles in the Study of Kinship. London 1971
Needham, R., Remarks and Inventions. Sceptical Essays about Kinship. London 1974
Radcliffe-Brown, A. R., The Study of Kinship Systems. Journal of the Royal Anthropological Institute 71, 1941
Schneider, D., The Nature of Kinship. Man, Nov. bis Dec. 1964, 180 f.
Lévi-Strauss, C., Les Structures élémentaires de la parenté. Paris 1949
Lévi-Strauss, C., The Principles of Kinship. In: Jack Goody (Hrsg.), Kinship, Harmondsworth 1971, 47–63
Davis, K. und W. L. Warner, Structural Analysis of Kinship. American Anthropologist N.S. 37, 1935
Josselin de Jong, J. P. B. de, Lévi-Strauss's Theory on Kinship and Marriage. Medelingen van het Rijksmuseum voor Volkenkunde 10. 1952
Korn, F., Elementary Structures Reconsidered. Lévi-Strauss on Kinship. London 1973
Service, E. R., The Evolution of Kinship Terminologies, American Anthropologist 62, 1969, 747 bis 763
Goody, J., The Analysis of Kin Terms. In: J. Goody (Hrsg.), Kinship. Harmondsworth 1971
Radcliffe-Brown, A. R., Kin Terms and Kin Behavior. In: J. Goody (Hrsg.), Kinship. Harmondsworth 1971, 307–316
Wittfogel, K. A., Die Struktur der Produktivkräfte und die Struktur der Verwandtschaftsbeziehungen in der primitiven Gesellschaft. In: Horkheimer u. a., Studien über Autorität und Familie II, Paris 1936, 479–500
Thurnwald, R., Verwandtschaft. In: R. Thurnwald, Werden, Wandel und Gestaltung von Familie, Verwandtschaft und Bünden. Berlin 1932
Krichevskij, E. J., (Die Verwandtschaftssysteme als Quelle zur Rekonstruktion der gesellschaftlichen Organisationsform . . .), russisch. In: A. M. Deborin u. a., (Fragen zur Geschichte der Gesellschaft in der Zeit vor der Herausbildung der Klassen). Moskau–Leningrad 1936
Günther, H. F. K., Die Formen der Verwandtschaft. In: Formen und Urgeschichte der Ehe. Göttingen 1951³, 192–199
Müller, E. W., Der Begriff »Verwandtschaft« in der modernen Ethnosoziologie. Meisenheim 1972–1973
Layard, J., Familie und Sippe. In: Institutionen in primitiven Gesellschaften, Frankfurt 1968², 59–75
Spier, L., A Suggested Origin for Gentile Organization. American Anthropologist 24, 1922
Shdanko, T. A., Die Tagung des wissenschaftlichen Beirates beim ethnographischen Institut d. Ak. d. Wiss. d. UdSSR zur Diskussion von Problemen der Geschichte der Gentilgesellschaft. Sowjetwissenschaft, Gesellschaftliche Abteilung 1950, H. 3
Die Gentilordnung und ihre ökonomischen Grundlagen (S. 55 bis 57). Der Niedergang und der Zerfall der Gentilgemeinschaft (S. 60). In: Lehrbuch Politische Ökonomie. Berlin 1972

I. H. 5. a. *Klassifikatorische Systeme*

Fison, L., The Classificatory System of Relationship. Journal of the Royal Anthropological Institute 21, 1892
Thomson, Sir B. H., Concubitancy in the Classificatory System of Relationship. Journal of the Royal Anthropological Institute 24, 1895, 371–387
Durkheim, E. und M. Mauss, De quelques formes primitives de classification. Année sociologique 6, 1901–1902
Rivers, W. H. R., On the Classificatory System of Relationship. In: Anthropological Essays for E. B. Tylor. London 1907
Kroeber, A. L., Classificatory Systems of Relationship. Journal of the Royal Anthropological Institute 39, 1909
Lowie, R. H., Exogamy and the Classificatory System of Relationships. American Anthropologist, N.S. 17, 1915
Frazer, J. G., The Classificatory System. In: Man, God and Immortality. London 1927, 153–172

I. H. 5. b. *Unilineare Systeme*

Fried, M. H., The Classification of corporate unilineal Descent Groups. In: Journal of the Royal Anthropological Institute 87, 1959, 1–29
Fortes, M., The Structure of Unilineal Descent Groups. In: Jack Boody (Hrsg.), Kinship, Harmondsworth 1971, 263–275

Befu, H. und L. Plotnicov, Types of Corporate Unilineal Descent Groups. American Anthropologist 64, 1962, 313–327

I. H. 5. c. *Matrilineare und matrilokale Systeme*

Hartland, E. S., Matrilineal Kinship and the Question of its Priority. American Anthropological Association Memoirs IV, Nr. 1, Lancaster 1917

Lowie, R. H., The Matrilineal Complex. Publications in American Archaeology and Ethnology, Berkeley, 15, 1919

Leach, E. R., The Structural Implications of Matrilateral Cross-Cousin Marriage. J. of the Royal Anthropological Institute 81. 1951

Leacock, E. B., Matrilocality in a Simple Hunting Economy, Southwest Journal of Anthropology 11, Nr. 1, 1955

Schneider, D. M. und K. Gough (Hrsg.), Matrilineal Kinship. Berkeley 1961

Van Velsen, J., Matrilineal Descent. In: J. van Velsen, The Politics of Kinship. Manchester 1964, 41 ff.

Fox, R., Matrilineage and Matriliny. In: R. Fox, Kinship and Marriage. Harmondsworth 1967, 18, 21, 43 f., 47, 49 ff.

Richards, A. I., Matrilineal Systems. In: J. Goody (Hrsg.), Kinship. Harmondsworth 1971, 276 bis 289

I. H. 5. d. *Andere Deszendenzsysteme*

Seligmann, B., Asymmetry in Descent. Journal of the Royal Anthropological Institute 58, 1928

Davenport, W., Nonunilinear Descent and Descent Groups. American Anthropologist 61, 1959, 557–572

Benedict, R., Marital Property Rights in bilateral Society. American Anthropologist 38, 1936

Pehrson, R. N., Bilateral Kin Groupings. In: Jack Goody (Hrsg.), Kinship. Harmondsworth 1971, 299–306

Frazer, J. G., The Classificatory System and the Dual Organization. In: Man, God and Immortality. London 1927, 159 f.

Lévi-Strauss, C., Gibt es dualistische Organisationen? In: Strukturelle Anthropologie. Frankfurt 1971, 148–182

I. H. 6. *Zur Frage des Mutterrechts*

Maine, Sir H. S., Ancient Law. London 1861; New York 1873

Maine, Sir H. S., Dissertations on Early Law and Customs. London 1871, 1883²

Atkinson, J. J., Primal Law. London 1903

Diamond, A. S., Primitive Law. London 1935. Primitive Law, Past and Present. London 1971

Krader, L. (Hrsg.), Anthropology and Early Law. New York 1966

Post, A. H., Der Ursprung des Rechts. Oldenburg 1876

Post, A. H., Die Grundlagen des Rechts und die Grundzüge seiner Entwicklungsgeschichte. Oldenburg 1884

Post, A. H., Anfänge des Rechts. In: Die Kultur der Gegenwart, Hrsg. v. Hinneberg, T. II, Abt. VII, 1914

Wilutzky, P., Prähistorisches Recht. In: Vorgeschichte des Rechts II. Berlin 1903, 74 ff.

Dauvillier, J., Problèmes juridiques de l'époque paléolithique. Publ. de l'Institut de droit Romain de l'Université de Paris, Mélange H. Lévy-Bruhl. Paris 1959, 351–359

I. H. 6. a. *Pionierwerke und ihre Autoren*

I. H. 6. a. 1. *Johann Jakob Bachofen*

Bachofen, J. J., Gesammelte Werke, Hrsg. K. Meuli. Basel 1948 ff. (10 Bde.; 5 und 9 noch nicht erschienen)

Bachofen, J. J., Das Mutterrecht. Eine Untersuchung über die Gynäkokratie der alten Welt nach ihrer religiösen und rechtlichen Natur. Stuttgart 1861; Basel 1897²

Bachofen, J. J., Über das Weiberrecht. Verhandlungen der 16. Versammlung deutscher Philologen, Schulmänner und Orientalisten. Stuttgart 1856, 40–63

Baeumler, A., Wider die Philologen unter Bachofens Verächtern. Wissen und Leben 17, Nr. 14, 1924

Baeumler, A., Bachofen und Nietzsche. Neue Schweizer Rundschau 1929

Baeumler, A., Das mythische Weltalter. Bachofens romantische Deutung des Altertums. München 1965

Barth, H., J. J. Bachofen. In: Große Schweizer. Freiburg i. Br. 1938
Bernoulli, C. A., J. J. Bachofen. In: Wissen und Leben, 1. Juli-Heft 1923
Bernoulli, C. A., J. J. Bachofen und das Natursymbol. Basel 1924
Bernoulli, C. A., J. J. Bachofen als Religionsforscher. Leipzig 1924
Bernoulli, C. A., Bachofen und die Philologie. In: Annalen 2, 1928, 401 ff.
Christoffel, H., Parallelen (zwischen Bachofen und Freud). Basler Nachrichten 1936, Nr. 123
Croce, B., Il Bachofen e la storografia afilologica. In: Critica 1928, 418 ff.
Dornseiff, F., Bachofens Gesammelte Werke (Rezension). Deutsche Literaturzeitung 74, 1953, 129 ff.
Fehrle, E., J. J. Bachofen und das Mutterrecht. Neue Heidelberger Jahrbücher, Neue Folge 1927, 101 ff.
Grotjahn, M., Rezension von Adrien Turels Werk: Bachofen-Freud. Psychoanalytic Quarterly 9, 1940, 434–437
Howald, E., Wider J. J. Bachofen. In: Wissen und Lernen, 1. Juli-Heft 1923
Kellesz-Krauz, C. von, J. J. Bachofen. Die Neue Zeit 1902
Kerényi, K., Bachofen – Nietzsche und Ariadne: Präludien. In: Der höhere Standpunkt. München 1971, 9–52
Kerényi, K., Bachofen und die Zukunft des Humanismus. Zürich 1945
Kohler, J., J. J. Bachofen. Zeitschrift für vgl. Rechtswissenschaft VIII, 1889, 148–155
Muschg, W., Bachofens Sprachkunst. Annalen 1, 1927, H. 9
Philipp, W., Weibwertung oder Mutterrecht? Eine grundsätzliche Arbeit über Rasse und Gesittung, Bachofens Geisteserbe und die Keltenfrage. Schriften der Albertus-Universität, Hrsg. v. ostpreußischen Hochschulkreis. Geisteswissenschaftliche Reihe Bd. 35. Königsberg und Berlin 1942
Rusanov, N., J. J. Bachofen. Russkaja Mysl., Paris 1889
Salin, E., Bachofen als Mythologe der Romantik. Schmollers Jahrb. 50, II. Halbbd., 5. H., 1926, 839 ff.
Schmidt, G., J. J. Bachofens Geschichtsphilosophie. München 1929
Turel, A., Bachofen – Freud: Zur Emanzipation des Mannes vom Reiche der Mütter. Bern 1929

I. H. 6. a. 2. *Lewis Henry Morgan*

Morgan, L. H., Systems of Consanguinity and Affinity in the Human Family. Washington 1870
Morgan, L. H., Ancient Society. New York 1877. Deutsch: Die Urgesellschaft. Stuttgart 1891
Morgan, L. H., Vorwort zu Fison und Howitt, Kamilaroi and Kurnai, Melbourne 1880
Fortes, M., Kinship and the Social Order: The Legacy of L. H. Morgan. London 1969
Gorbaceva, N. P., (Zur Frage der Abänderung der Morganschen Periodisierung), russisch. Sovjetskaja Etnografija 1, 1952
Harding, T. und E. Leacock, Morgan and Materialism. Current Anthropology 5, 1964, 109–110
Krichevskij, E. J., (L. H. Morgan). russisch. In: Deborin u. a. (Hrsg.), (Fragen zur Geschichte der Gesellschaft in der Zeit vor der Herausbildung der Klassen). Moskau–Leningrad 1936
Leacock, E. B., Introduction to L. H. Morgan, Ancient Society. New York 1963
Lowie, R. H., Lewis Henry Morgan in Historical Perspective. In: Essays in Anthropology, presented to A. L. Kroeber. Berkeley 1936, 169–181
Lucas, E., Die Rezeption Lewis H. Morgans durch Marx und Engels. Saeculum 15, 1964, 153 bis 176
Mitin, M. B. (Hrsg.), (Karl Marx' Verhältnis zu L. H. Morgans Buch »Die Urgesellschaft«). russisch. Moskau–Leningrad, Marx-Engels Archiv 9
Resek, C., Lewis Henry Morgan: American Scholar. Chicago 1960
Semenov, I. I., The Doctrine of Morgan, Marxism and Contemporary Ethnography. Soviet Anthropology and Archeology IV, Nr. 2, 1965
Stern, B. I., Lewis Henry Morgan. In: Encyclopaedia of the Social Sciences 11, 1933
Stern, B. J., Lewis Henry Morgan, Social Evolutionist. Chicago 1931
Terray, E., Morgan und die zeitgenössische Anthropologie. In: Zur politischen Ökonomie der »primitiven« Gesellschaften. Frankfurt 1974, 7–92
Tolstoy, P., Morgan and Soviet Anthropological Thought. American Anthropologist 54, 1952, 8–17

I. H. 6. a. 3. *Friedrich Engels*

Engels, F., Der Ursprung der Familie, des Privateigentums und des Staats. Berlin 1953[3]

Bernstein, E., Vorrede zur italienischen Ausgabe von Engels' Ursprung der Familie. Deutsch in: Socialistische Monatshefte 4, 1900
Codino, F., Einleitung zu F. Engels, L'Origine della famiglia, dell proprietà privata e dello Stato. Roma 1963
Leacock, E. B., Einführung zu F. Engels, The Origin of the Family, Private property and the State. New York 1972. London 1972
Lucas, E., Die Rezeption L. H. Morgans durch Marx und Engels. Saeculum 15, 1964, 2, 153–176
Reed, E., In Defense of Engels on Matriarchy. In: L. Jenness (Hrsg.), Feminism and Socialism. New York 1972, 108–112
Frédéric Engels et l'Origine de la Famille. Sondernummer der Zeitschrift La Pensée (Nr. 66). Paris, März–April 1956

I. H. 6. a. 4. *Robert Briffault*
Briffault, R., The Mothers. The Matriarchal Theory of Social Origins, 3 Bde. London 1927, New York 1931. Gekürzt: London 1959
Driberg, J. H., Rezension von Briffaults »The Mothers«. Man 27, Nr. 120, 181 f.
Fromm, E., Robert Briffaults Werk über das Mutterrecht. Zeitschrift für Sozialforschung 2, 1933, 382
Goldenweiser, A., Robert Briffault. The Nation 126, 1928, 696 f.

I. H. 6. a. 5. *George Thomson*
Thomson, G., Aeschylus and Athens. London 1941, 1945², 1966³. Deutsch: Aeschylus und Athen, Berlin 1957
Thomson, G., Studies in Ancient Greek Society: The Prehistoric Aegean. London 1949. Deutsch: Frühgeschichte Griechenlands und der Ägäis, Berlin 1960. Nachdruck Berlin 1973
Thomson, G., The First Philosophers. London 1955, 1961², 1972³, Deutsch: Die ersten Philosophen. Berlin 1968. Nachdruck. Berlin 1974
Thomson, G., Brief an die Redaktion der russischen Zeitschrift »Vestnik Drevnei Istorii«, Moskau 1954, Nr. 4
Jandas, J., (Rezension von Thomsons »Aeschylus und Athen«), tschechisch. Listy Filologicke II, 1954, Nr. 78, 127 ff.
Selins, K. K., (Rezension von Thomsons »Aeschylus und Athen«), russisch. Vestnik Drevnei, Istorii II, Moskau 40, 1952, 178 ff.

I. H. 6. b. *Andere Werke*
Borneman, E., Mutterrecht. In: Lexikon der Liebe. München 1968, 1969², II, 89 bis 94. Sexuallexikon. Frankfurt 1969, 350–353. Lexikon der Liebe und Erotik. Stuttgart und Hamburg o. J., 350–353
Günther, H. F. K., Mutterrecht. In: Formen und Urgeschichte der Ehe. Göttingen 1953³, 162–171, 188–191, 260–266
Kohler, J., Mutterrecht. In: Zur Urgeschichte der Ehe. Stuttgart 1897
Kornemann, E., Mutterrecht. Paulys Realenzyklopädie, Supplement 6, 1935, 565
Rivers, W. H. R., Mother Right. In: Encyclopedia of Religion and Ethics. VIII, 1915, 856 ff.
Schmidt, W., Das Mutterrecht. Studia Instituti Anthropos 10, Wien–Mödling 1955. Hierzu H. Baumann, P. W. Schmidt und das Mutterrecht. Anthropos LIII, 1958
Thurnwald, R., Mutterrecht. In: Reallexikon der Vorgeschichte III, 1927
Bloch, E., Über Beziehungen des Mutterrechts (Antigone) zum Naturrecht. In: Sinn und Form 6, 1954, 237–261
Boden, F., Mutterrecht und Ehe. Berlin und Leipzig 1906
Dargun, L., Mutterrecht und Raubehe und ihre Reste im germanischen Recht und Leben. Breslau 1883
Fromm, E., Die Bedeutung der Mutterrechtstheorie für die Gegenwart. (1970) In: E. Fromm, Analytische Sozialpsychologie und Gesellschaftstheorie. Frankfurt 1970, 1971², 71–76
Fromm, E., Die sozialpsychologische Bedeutung der Mutterrechtstheorie (1934). In: E. Fromm, Analytische Sozialpsychologie und Gesellschaftstheorie. Frankfurt 1970, 1971², 77–114
Giraud-Theulon Fils, La mère chez certain peuples dans l'Antiquité. Paris 1867
Haekel, J., Zum Problem des Mutterrechts. Paideuma 5, Juni 1953, 298–322
Hellbusch, S., Zur Frage des Mutterrechts. In: Völkerforschung 1954, 29–44

Hellwald, F. von, Geschlechtsgenossenschaft und Muttergruppe. In: Die menschliche Familie. Leipzig 1889, 145–175
Jensen, A. E., Gab es eine mutterrechtliche Kultur? Studium Generale 3, H. 8. Berlin–Heidelberg 1959, 418–433
Kern, F., Mutterrecht – einst und jetzt. Theologische Zeitschrift 6, 1950, 3 ff.
Krische, P., Das Rätsel der Mutterrechtsgesellschaft. München 1927
Lippert, J., Mutterfolge und Mutterrecht. In: Geschichte der Familie. Stuttgart 1884, 8–38
Lippert, J., Gesellschaftsformen im Bereich des Mutterrechts. In: Kulturgeschichte der Menschheit. Stuttgart 1887, II, 23–72
Lippert, J., Der Eintritt der Männerherrschaft und des Vaterrechts. In: Kulturgeschichte der Menschheit. Stuttgart 1887, II, 73–139
Mayer-Pirnat, E., Zur Frage des Mutterrechts in der religiösen Tradition der Römer. In: Neue Beiträge zur Geschichte der Alten Welt II (Hrsg. E. Ch. Welskopf). Berlin 1965, 339–348
Malinowski, B., Forschungen in einer mutterrechtlichen Gemeinschaft. Zeitschrift für Völkerpsychologie und Soziologie 1928, I, T. 1 u. 3
Malinowski, B., Der Komplex des Mutterrechts. In: Geschlecht und Verdrängung in primitiven Gesellschaften. Reinbek 1962, 1970², 77–83
Malinowski, B., Komplex und Mythos unter dem Mutterrecht. Psyche, Januar 1925. Gekürzter Nachdruck. In: Geschlecht und Verdrängung in primitiven Gesellschaften. Reinbek 1962, 1970², 87 f.
Malinowski, B., Mutterrechtliche Familie und Ödipuskomplex. Imago 10, 1924, 228–277. Als Buch: Wien 1925
Meyer, H., Friedelehe und Mutterrecht. Zeitschrift der Savignystiftung. Germ. Abt. 47, 1927
Müller-Lyer, F., Dienstehe und Mutterrecht. In: Phasen der Liebe. München 1913, S. 111
Pancritius, M., Aus mutterrechtlicher Zeit. Anthropos I, 25, 1930, 889 ff.
Reich, W., Die sexuelle Ökonomie in der mutterrechtlichen Gesellschaft. In: Der Einbruch der sexuellen Zwangsmoral. Frankfurt 1972, 29–58
Ronhaar, J. H., Woman in Primitive Motherright Societies. Groningen und London 1931
Schlosser, K., Entwicklungstendenzen des Mutterrechts bei Naturvölkern. Forschungen und Fortschritte 31, 1957
Schmidt, W., Totemismus, viehzüchterischer Nomadismus und Mutterrecht. Anthropos 10/11, 1915–1916
Schmidt, W., Ehe und Familie im vermännlichten Mutterrecht. In: Kultur und Sprache (Hrsg. v. W. Koppers), Wiener Beiträge zur Kulturgeschichte und Linguistik IX, Wien 1952, 259–279
Koschaker, P., Fratriarchat, Hausgemeinschaft und Mutterrecht in Keilschrifttexten. Z. f. Assyriologie und vorderasiatische Archäologie 41, 1933, 1–89
König, F. W., Mutterrecht und Thronfolge im alten Elam. Festschrift d. Nationalbibl. in Wien 1926, 529–552
Thiel, J. H., Zum vorgriechischen Mutterrecht. Klio 24, 1931, 383 ff.
Rose H. J., Prehistoric Greece and Mother-Right. Folklore 38, 213 ff.
Rose, H. J., On the Alleged Evidence for Mother-Right in Early Greece. Folklore 22, 1911

I. H. 6. c. *Mutterrecht und Paternität*

Jones, E., Das Mutterrecht und die sexuelle Unwissenheit der Wilden. Imago 13, 1927, 199–222. Hierzu O. Fenichel in Imago 13, 1927, 130–133
Reitzenstein, Freiherr F. von, Der Kausalzusammenhang zwischen Geschlechtsverkehr und Empfängnis in Glaube und Brauch der Natur- und Kulturvölker. Zeitschr. f. Ethnologie 41, 1909, 644–683
Friedrich, A., Das Bewußtsein eines Naturvolkes von Haushalt und Ursprung des Lebens. In: Kulturanthropologie (Hrsg. Mühlmann u. Müller), Köln 1966, 186–195
Frazer, J. G., The Savage Theory of Conception/ The Primitive Conception of Paternity. In: Man, God and Immortality. London 1927, 88–91
Hartland, E. S., Primitive Paternity, 2 Bde. London 1909–1910
Malinowski, B., The Father in Primitive Society. London 1927
Malinowski, B., Die Vaterschaft in der mutterrechtlichen Gesellschaft. In: Geschlecht und Verdrängung in primitiven Gesellschaften. Reinbek 1962, 1970², 36–42
Wilke, G., Mutter und Kind. Ein Beitrag zur Frage des Mutterrechts. Manus 21, 1929

I. H. 6. d. *Zur Frage des »Matriarchats«*

Matriarchat. In: Lehrbuch Politische Ökonomie. Berlin 1972, 55

Bogaiewski, B., (Ein Beitrag zur Frage des Matriarchats). russisch. Isvestija Gos. Akademija Istorii Materialnoi Kultury I, 1931, 34 ff.
Cunow, H., Die ökonomischen Grundlagen der Mutterherrschaft. Die Neue Zeit, 17, 1898 (5. Forts.)
Frazer, J. G., The Dream of Gynaecocracy. In: Man, God and Immortality. London 1927, 127 bis 130
Friedrichs, K., Zur Matriarchatsfrage. Z. f. Ethnologie 20, 1888
Friedrichs, K., Über den Ursprung des Matriarchats. Z. f. vgl. Rechtswissenschaft 8, 1889
Gehlen, A., Matriarchat, Neue Deutsche Hefte 1973
Graafland, A. F. P., De verbreiding van het matriarchaat. Het landschap Indragiri Bijdragen XXXIX. S'Gravenhage 1890
Halle, F. W., Matriarchalische Nachklänge. In: Frauen des Ostens. Zürich 1938, 30–56
Hartley, C. G., The Age of Mother Power. The Position of Woman in Primitive Society. New York 1914
Hellwald, F. von, Entwicklungsbedingungen und Wesen des Matriarchats. Einrichtungen und Sitten im Matriarchat. Die Bündnisformen im Matriarchat. In: Die menschliche Familie. Leipzig 1889, 197–240
Koswen, M. O., (Matriarchat), russisch. Moskau und Leningrad 1948
Kovalevski, M., La famille matriarcale au Caucase. L'Anthropologie 4, 1893
Nemecek, O., Matriarchy. In: Virginity. New York 1958
Neumann, E., Die Überwindung des Matriarchats durch das Magisch-Kriegerische. In: E. Neumann, Das Kind. Zürich 1963, 155–174
Spat, C., De Plaats van het matriarchat in de sociale cultuur. Tijdschrift voor Geschiedenis, Land- en Volkenkunde 1913
Taylor, A., The Matriarchal Family System. The Nineteenth Century 40, 1896, 81–96
Willy, A., Das matriarchalische Familienbild, In: Mensch, Geschlecht, Gesellschaft (Hrsg. Hans Giese). Konstanz 1969. Gekürzte Taschenbuchausgabe in 2 Bdn., München o. J., I, 119–127
Lekatsas, P., (Das prähellenische Matriarchat und die Oresteia), griechisch. Athen 1949
Hirvonen, K., Matriarchal survival and certain trends in Homer's female characters. Helsinki 1968
Strommenger, E., Eine altmesopotamische Würdenträgerinnenstatue der Farah Ur-I-Zeit. In: Festschrift zum 100jährigen Bestehen der Berliner Ges. f. Anthrop., Ethn. u. Urgesch. II, Berlin 1970, 232–235
Artzi, P., The Correspondence of Sibtu, Queen of Mari, in ARM x. Orientalia NS 40, 1971, 75 bis 89
Babelon, J., Impératrices Syriennes. Paris 1957
Böhl, F. M. Th., Die Tochter des Königs Nabonid. In: Symbolae ad Iura Orientis Antiqui Pertinentis Paulo Koschaker dedicatae. Leiden 1939, 151–178
Donner, H., Art und Herkunft des Amtes der Königinnenmutter im Alten Testament. In: Festschrift Johannes Friedrich, Heidelberg 1959, 105–145
Lehmann-Haupt, C. F., Die historische Semiramis und ihre Zeit. Tübingen 1910
Eilers, W., Semiramis. Entstehung und Nachhall einer altorientalischen Sage. Wien 1971
Macurdy, G. H., Queen Eurydice and the Evidence for Woman-Power in Early Macedonia. Am. J. of Philology. XLVIII, 1927, 201 ff.
Macurdy, G. H., Hellenistic Queens: A Study of Woman-power in Macedonia, Seleucid Syria and Ptolemaic Egypt. 1932
Macurdy, G. H., Vassal Queens and Some Contemporary Women in the Empire. John Hopkins Studies in Archaeology, Nr. 22, 1937

I. H. 7. *Entwicklung des Vaterrechts*

Howitt, A. W. und L. Fison, From Motherright to Fatherright. Journal of the Anthropological Institute 12, 1883
Dargun, L. von, Mutterrecht und Vaterrecht. Leipzig 1892
Wittfogel, K. A., Der Übergang von der mutterrechtlichen zur vaterrechtlichen Gesellschaft. In: Horkheimer u. a., Studien über Autorität und Familie II, Paris 1936, 500–503
Kohler, J., Vom Mutterrecht zum Vaterrecht. Der Tag, 24. 1. 1919
Lublinsky, I., Vom Mutterrecht zum Vaterrecht. Berlin 1933
Malinowski, B., Die vaterrechtliche und die mutterrechtliche Familie. In: Geschlecht und Verdrängung in primitiven Gesellschaften, Reinbek 1962, 1970², 21–29

Cunow, H. von, Entwicklung der Mannesherrschaft bei den Hirtenvölkern. In: Liebe und Ehe im Leben der Völker. Berlin 1929, 146–173
Lippert, J., Die Zeit des Vaterrechts. In: Die Geschichte der Familie. Stuttgart 1884, 93–217
Thurnwald, R., Vaterrecht. In: Reallexikon der Vorgeschichte 14, 1928/29, 98 ff.
Günther, H. F. K., Vaterrecht. In: Formen und Urgeschichte der Ehe. Göttingen 1951³, 153–161

I. H. 7. a. *Patrilinearität*

Radcliffe-Brown, A. R., Patrilineal and matrilineal Succession. In: Iowa Law Revue 20, 1935, 286–303
Murdock, G. P., Correlations of matrilineal and patrilineal Institutions. In: Murdock (Hrsg.), Studies in the Science of Society. New Haven 1937

I. H. 7. b. *Patrilokalität*

Adams, L., »Virilocal« and »uxorilocal«. Man 48, art. 13
Schlesier, E., Grundlagen und Verlauf eines endogenen Wandels vom Matri- zum Patriklan. In: Die Grundlagen der Klanbildung, Göttingen 1956, 9–68

I. H. 7. c. *Phratrien und Fratriarchat*

Andrewes, A., Philochoros on Phratries. Journal of Hellenic Studies 81, 1969, 115
Andrewes, A., Phratries in Homer. Hermes 89, 1961, 129–140
Koschaker, P., Fratriarchat, Hausgemeinschaft und Mutterrecht in Keilschrifttexten. Z. für Assyrologie and vorderasiatische Archäologie 41, 1933, 1–89
Skaist, A., The authority of the brother at Arrapha and Nuz (Nuzi). Journal of the American Oriental Soc. 89, 1969, 10–17

I. H. 7. d. *Männerbünde und Frauenbünde*

Hölker, G., Männerbünde. In: Handwörterbuch d. Soziologie (Hrsg. A. Vierkandt). Stuttgart 1931, 1962²
Thurnwald, R., Männerbünde. In: R. Thurnwald, Werden, Wandel und Gestaltung von Familie, Verwandtschaft und Bünden. Berlin 1932
Baeumler, A., Männerbund und Wissenschaft. Berlin 1934
Schurtz, H., Alterklassen und Männerbünde. Berlin 1902
Wikander, S., Der arische Männerbund. Studien zur indoiranischen Sprach- und Religionsgeschichte. Diss. Upsala und Lund 1938
Wolfram, R., Weiberbünde. Z. f. Völkerkunde 42, 1932, 143 ff.

I. H. 7. e. *Patriarchat*

Borneman, E., Patriarchat. In: Lexikon der Liebe. München 1968, 1969², II, 179 bis 181. Sexuallexikon, Frankfurt 1969, 400–401. Lexikon der Liebe und Erotik, Stuttgart und Hamburg o. J., 400 f.
Hellwald, F. von, Ausbildung des Patriarchats. In: Die menschliche Familie. Leipzig 1889, 347 bis 365
Lippert, J., Geschichte der Patriarchatfamilie und ihrer Zersetzung. In: Kulturgeschichte der Menschheit II, Stuttgart 1887, 505–524
Mace, D. und V., The Reign of the Patriarch. In: Marriage East and West, London 1960, 22–40
McLennan, J. F., The Patriarchal Theory. London 1885
Neumann, E., Vom Matriarchat zum Patriarchat. In: E. Neumann, Das Kind, Zürich 1963, 105 bis 150
Neumann, E., Das Patriarchat. In: Das Kind, Zürich 1963, 198–223
Nemecek, O., Patriarchy. In: Virginity, New York 1958, 8–18
Neustupný, E., (Der Anfang des Patriarchats in Zentraleuropa), tschechisch, Prag 1967
Saninade, Histoire de la puissance paternelle sur la personne de l'enfant. Montpellier 1893
Schreier, J., Die Entstehung des Patriarchats. In: Göttinnen. Wien 1968, 41–82
Thurnwald, R., Patriarchat. In: Reallexikon der Vorgeschichte X, 1927/28, 52
Tiger, L., Dominance in Human Societies. Annual Review of Ecology and Systematics 1, 1970, Nr. 1
Nash, A. S., Die patriarchalische Familie in der Antike. In: Mensch, Geschlecht, Gesellschaft (Hrsg. H. Giese) München o. J., 1, 134
Patriarchat (S. 55). Die Entstehung der patriarchalischen Sklaverei (S. 60). In: Lehrbuch Politische Ökonomie. Berlin 1972

I. H. 8. *Von der Sippe zur Familie*

Giraud-Teulon, A., Les origines de la famille. Genf–Paris 1874
Kautsky, K., Die Entstehung der Ehe und der Familie. 1883
Engels, F., Der Ursprung der Familie, des Privateigentums und des Staats. Stuttgart 1886
Lafargue, P., Studie über die Entstehung der Familie. Die Neue Zeit 1887
Starcke, C. N., Die primitive Familie in ihrer Entstehung und Entwicklung. Leipzig 1888
Kovalevski, M., Tableau des origines et de l'évolution de la famille et de la propriété. Stockholm 1890
Post, A. H., Studien zur Entwicklungsgeschichte des Familienrechts. Oldenburg u. Leipzig 1890
Engels, F., Zur Urgeschichte der Familie. Die Neue Zeit 9, 1891
Mucke, J. R., Horde und Familie in ihrer urgeschichtlichen Entwicklung. Eine neue Theorie auf statistischer Grundlage. Stuttgart 1895
Thurnwald, R., Die Entstehung von Staat und Familie. Blätter für vergleichende Rechtswissenschaft 16, 1911
Cunow, H., Zur Urgeschichte der Ehe und Familie. Ergänzungsheft zur Neuen Zeit 14, 1912
Gemelli, R. P., Origine de la Famille. Paris 1923
Schmidt, P. W., Familie und Staat auf der Urstufe. In: Werden und Wirken der Völkerkunde. Regensburg 1924
Frazer, J. G., Les Origines de la Famille et du Clan. Annales du Musée Guimet. Bibliothèque d'Etudes 30, 1932
Thurnwald, R., Werden, Wandel und Gestaltung von Familie, Verwandtschaft und Bünden. Bd. 2 von: Die menschliche Gesellschaft in ihren ethnosoziologischen Grundlagen 1932
Plischke, H., Die Familie bei den Naturvölkern. Deutscher Pfeiler, 1923, 496 ff.
Wittfogel, K. A., Gesellschaftlicher Charakter der Ehe und Familie bei den aneignenden Primitiven. In: Horkheimer u. a., Studien über Autorität und Familie II, Paris 1936, 484 f.
Wittfogel, K. A., Ökonomie und Familie in der primitiven Gesellschaft. In: Horkheimer u. a., Studien über Autorität und Familie II, Paris 1936, 479–502
Lévi-Strauss, C., The Family. In: H. L. Shapiro (Hrsg.), Man, Culture and Society. New York 1960, 261–285

II. *Von der Vorgeschichte zur geschichtlichen Zeit*

II. A. *Frühgeschichtliche Untersuchungen*

II. A. 1. *Chronologie*

Åberg, N., Bronzezeitliche und früheisenzeitliche Chronologie, T. III: Kupfer und Frühbronzezeit. Stockholm 1932
Bickerman, E. J., Chronology of the Ancient World. London 1968
Ehrich, R. W. (Hrsg.), Relative Chronologies in Old World Archaeology. Chicago–London 1954
Ehrich. R. W. (Hrsg.), Chronologies in Old World Archaeology. Chicago–London 1965
Hayes, W. C., Rowton, M. B. und F. H. Stubbings, Chronology: Egypt, Western Asia and the Aegean Lands. London 1962

II. A. 2. *Geschichte*

Lauffer, S., Kurze Geschichte der antiken Welt, 2 Bde. München 1971
Meyer, E., Geschichte des Altertums, 5 Bde. Stuttgart 1884–1902. Nachdruck Basel–Stuttgart u. Darmstadt 1954
Meyer, E., Forschungen zur alten Geschichte, 2 Bde. Halle a. S. 1892–1899
Mischulin, A. W., Geschichte des Altertums. Berlin und Leipzig 1948, 1949², 1950³, 1951⁴. Hierzu K. Sturm in: Geschichte in der Schule 1, 1948, 3, 42–46
Ranowitsch, A. B., Aufsätze zur Alten Geschichte. Berlin 1961
Rostovtzeff, M. I., Geschichte der Alten Welt, 2 Bde., Wiesbaden 1942, 1961²
Struwe, W. W., Geschichte der Alten Welt – Chrestomathie. A. d. Russ. Berlin 1954
Starr, Ch. G., A History of the Ancient World. Oxford 1965
Taeger, F., Das Altertum. Geschichte und Gestalt. 2 Bde. Stuttgart 1942³

II. A. 3. *Handbücher und Lexika*

Andresen, C. u. a., (Hrsg.), Lexikon der Alten Welt. Zürich–Stuttgart 1965

Bury, J. B., Cook, S. A. u. a. (Hrsg.), The Cambridge Ancient History (12 Bde.), Cambridge 1923 ff.
Cary, M. u. a., The Oxford Classical Dictionary. Oxford 1949
Forrer, R., Reallexikon der prähistorischen, klassischen und frühchristlichen Altertümer. Berlin 1907
Harvey, Sir P. (Hrsg.), The Oxford Companion to Classical Literature. Oxford 1937
Hiltbrunner, O., Kleines Lexikon der Antike. Bern 1964
Hübner, E., Bibliographie der klassischen Altertumswissenschaft. 1889. Nachdruck Hildesheim–New York 1974
Irmscher, J. (Hrsg.), Lexikon der Antike. Leipzig 1971
Klauser, T., Reallexikon für Antike und Christentum, Stuttgart 1941 ff.
Kroh, P., Lexikon der antiken Autoren. Stuttgart 1972
Lamer, H. u. a., Wörterbuch der Antike. Fortges. v. P. Kroh. Stuttgart 1966
Lemprière, J., Bibliotheca Classica; or, A Classical Dictionary. London 1797
Lübker, F., Reallexikon des klassischen Altertums. Hrsg. v. J. Geffken u. E. Ziebarth. 8. vollst. umgearb. Aufl. Leipzig 1914
Müller, I. von, Otto, W. und H. Bengtson, Handbuch der Altertumswissenschaft. München 1885 ff., Nördlingen 1923 ff., München 1955 ff.
Pauly, A., Realencyclopaedie der classischen Altertumswissenschaft. Zürich 1971
Radice, B., Who's Who in the Ancient World. London 1971, New York 1971, Harmondsworth 1973
Vorberg, G. E., Glossarium eroticum. Stuttgart 1932, Hanau 1968^2
Wissowa, G., Kroll, W., Mittelhaus, K., Ziegler K. und W. John, Paulys Realencyclopädie der classischen Altertumswissenschaft. Stuttgart 1893, 1914 $ff.^2$, 1963^3; 10 Suppl. bde. 1903 bis 65
Ziegler, K. und W. Sontheimer (Hrsg.), Der kleine Pauly. Lexikon der Antike. Stuttgart 1964 ff.

II. A. 4. *Epigraphik*

Rehm, A., Die griechischen und italienischen Inschriften (neu bearbeitet von G. Klaffenbach). In: Hb. der Archäologie. München 1969, 366–374, 379–386
Schtajerman, J. M., Die antike Epigraphik in der Sowjetunion. Sowjetwissenschaft 1. 1949, 65–87
Acta der (bisher sechs) Kongresse für griechische und lateinische Epigraphik
Année Epigraphique. Paris 1888 ff.
Bulletin Epigraphique
Chiron. Mitteilung d. Komm. f. Alte Gesch. u. Epigraphik des Deutschen Archäologischen Instituts 1970 ff.
Comptes-Rendus de l'Académie des Inscriptions et Belles lettres. Paris 1857 ff.
Epigraphica. Mailand 1938 ff.
Monuments et Mémoires publiés par l'Académie des Inscriptions et Belles lettres. Paris 1894 ff.

II. B. *Regionale Untersuchungen*

Alimen, H., Atlas de Préhistoire. Paris 1965
Kinder, H. und W. Hilgemann, dtv-Atlas zur Weltgeschichte. Bd. I: Ur- und Frühgeschichte. München 1964, 1971^2, 1–21
Nougier, L. B., Géographie humaine préhistorique. Paris 1959
Putzger, F. W., Historischer Schulatlas von der Altsteinzeit bis zur Gegenwart. Bielefeld–Berlin–Hannover 1956^{69}
Westermanns Atlas zur Weltgeschichte. Bd. I: Vorzeit und Altertum. Braunschweig 1956
Whitehouse, D. u. R., Archaeological Atlas of the World. London 1975
Bartholomew, J. G., A Literary and Historical Atlas of Europe. London o. J.; New York o. J.
Bengtson, H. u. V. Milojčić, Großer historischer Weltatlas, 1. T.: Vorgeschichte und Altertum. München 1954^2
Droysen, G., Allgemeiner historischer Handatlas. Bielefeld und Leipzig 1886
Grant, M., Ancient History Atlas. London 1971
Kiepert, H., Atlas Antiquus. Berlin o. J.
Lehmann, E. und H. Weisse, Historisch-geographisches Kartenwerk. Leipzig 1958
McEvedy, C., The Penguin Atlas of Ancient History. Harmondsworth 1967
Murray's Classical Atlas. London 1917^2

Thomson, J. O., Classical Atlas. London 1961
Van der Heyden, A. A. M. u. H. H. Scullard, Atlas of the Classical World. London 1959

II. B. 1. *Vorderasien*

Schaeffer, C. F. A., Stratigraphie comparée et chronologie de l'Asie occidentale, IIÍ et IÍ millénaires. London 1948
Peyrony, D., Le Périgordien, L'Aurignacien, et le Solutréen en Eurasie, d'après les dernières fouilles. Bull. SPF 45, 1948, Nr. 9, 305–328
Awdijew, W. I., Geschichte des Alten Orients. A. d. Russ. Berlin 1953 (russ. Ausgabe Moskau 1948)
Brentjes, B., Von Schanidar bis Akkad. Sieben Jahrtausende orientalischer Weltgeschichte. Leipzig 1968, 1972²
Brentjes, B., Die orientalische Welt von den Anfängen bis Tschingis-Khan. Berlin 1970
Childe, V. G., New Light on the Most Ancient East. London 1958⁷
Korostovtsev, M. A., On the Concept »The Ancient East«. Soviet Studies in History 9, Nr. 2, Herbst 1970
D'iakonov, I. M., The Commune in the Ancient East as Treated in the works of Soviet Researchers. Soviet Anthropology and Archaelogy 2, Nr. 1. Sommer 1963
Struve, V.V., Some Aspects of the Social Development of the Ancient Orient. Soviet Studies in History 4, Nr. 4, Frühling 1966
Boulos, J. Les peuples et les civilisations de Proche Orient. Essai d'une histoire comparée des Origines à nos jours, Bd. I: Des origines à 1600 avant J.-C. Den Haag 1968
Brentjes, B., Die Entwicklung im Vorderen Orient vom 9. bis 4. Jahrtausend. In: F. Schlette (Hrsg.), Evolution und Revolution im Alten Orient und in Europa. Berlin 1971, 23–37
Klengel, H. (Hrsg.), Beiträge zur sozialen Struktur des Alten Vorderasien. Berlin 1971
Moortgat, A., Einführung in die vorderasiatische Archäologie. Darmstadt 1972
Moortgat, A., Vorderasien im Altertum. München 1950
Nagel, W., Die Bauern- und Stadtkulturen im vordynastischen Vorderasien. Berlin 1964
Schachermeyer, F., Die vorderasiatische Kulturtrift. Saeculum 5, 1954, 268–291
Schmöker, H., Geschichte des Alten Vorderasien. Leiden 1957
Semper, M., Rassen und Religionen im Alten Vorderasien. Heidelberg 1931
Vajman, A. A., (Vorderasiatischer Sammelband I u. II), russisch. Moskau 1966
Hrozný, B., Western Asia. In: Ancient History of Western Asia, India and Crete. Prag 1934
Braidwood, R. J., The Earliest Village Communities of Southwestern Asia. J. of World History I, 1953, 278 ff.
Braidwood, R. J., The Earliest Village Communities of Southwestern Asia reconsidered. Atti del VI congresso Internazionale delle scienze Preistoriche e Protostoriche. I relazioni generali, 1962
Mellaart, J., The Earliest Settlements in Western Asia, from the 9th to the End of the 5th Millenium B. C. Cambridge 1967
Singh, P., Neolithic Cultures of Western Asia. London–New York 1974
Delaporte, L., Les peuples de l'Orient Méditerranéen. I. Le Proche-Orient Asiatique. Paris 1938
Drioton, E. u. J. Vandier, Les peuples de l'Orient méditerranéen. Paris 1952³
Eduards, I. E. S., Gadd, C. J. und E. Sollberber (Hrsg.), History of the Middle East and the Aegean Region, ca. 1800–1830 B. C. Cambridge Ancient History, Cambridge 1973³, Bd. 2, T. 1

II. B. 1. a. *Anatolien*

Pfannenstiel, M., Die altsteinzeitlichen Kulturen Anatoliens. Archäologisches Institut des Deutschen Reiches. Berlin 1941
Alkim, U. B., Anatolien von den Anfängen bis zum Ende des zweiten Jahrtausends v. Chr. München 1968
Lloyd, S., Early Highland Peoples of Anatolia. London 1967
Lloyd, S., Early Anatolia: The Archaeology of Asia Minor before the Greeks. Harmondsworth 1956
Bittel, K., Grundzüge der Vor- und Frühgeschichte Kleinasiens. Tübingen-Heidenheim 1945, 1950²
Braidwood, R. J., The Near East and the Foundation of Civilizations. London 1952

Mellaart, J., Earliest Civilizations of the Near East. London 1965
Starr, C. G., Early Man. New York 1973
Contenson, H. de, Notes on the Chronology of Near Eastern Neolithic. Bull. of the Am. School for Oriental Research, 184, Dez. 1966, 2–6
Burney, C. A., Eastern Anatolia in the Chalcolithic and Early Bronze Age. Anatolian Studies VIII, 1958, 157–199
Childe, V. G., The Final Bronze Age in the Near East. Proc. of the Preh. Soc. XIV, 1948
Mellaart, J., The End of the Early Bonze Age in Anatolia and the Aegean. American Journal of Archeology 62, 1958, Nr. 1, 9–35
Arik, R. C., Les fouilles d'Alača Hüyük. Ankara 1937
Mellaart, J., Catal Hüyük. Stadt aus der Steinzeit. Bergisch-Gladbach 1967
Todd, I. A., Asikli Hüyük. A protoneolithic Site in Central Anatolia. A Studies 16, 1966, 139 bis 163
Bostanči, E. J., A new palaeolithic and neolithic Facies: Belbasi Rockshelter on the Mediterranean Coast of Anatolia. Türk Tarikh Kurumu Belleten, 25, 102, Ankara 19, 1962, 252–292
Bostanči, E. J., Researches on the Mediterraenan Coast of Anatolia. A new palaeolithic Site at Beldibi near Antalya. Anatolia 4, Ankara 1959, 129 ff.
Lloyd, S. u. J. Mellaart, Beycesultan Excavation. Fourth preliminary report. Anatolian Studies 8, London 1957, 93–125
French, D. J., Excavations at Can Hasan. Anatolian Studies 12, London 1962, 27 ff.
Mellaart, J., The Royal Treasure of Dorak. A first and exclusive Report of a Clandestine Excavation which led to the most Important Discovery since the Royal Tombs of Ur. Ill. London News 18. 11. 1959, 754 u. Suppl. 1 ff.
Mellaart, J., Excavations at Hacilar, 2 Bde. Edinburgh 1971
Boehlau, J. und K. Schefold (Hrsg.), Larisa am Hermos. Die Ergebnisse der Ausgrabungen 1902 bis 34. Stockholm–Berlin 1938
Leaf, W., Troy. Oxford 1912
Blegen, C. W., Caskey, J.-L. u. M. Rawson u. a., Troy I–II. Princeton 1950–1951
Mellaart, J., Notes on the Architectural Remains of Troy I and II. Anatolian Studies 9, London 1959, 131 ff.
Cook, J. M., The Troad. London 1973

II. B. 1. b. *Karien und die Leleger*
Aly, W., Karer und Leleger. Philologus 68, 1909, 428 bis 444
Bean, G. E., Jenseits des Mäander. Karien mit d. Vilayet Mugla (Kleinasien, Bd. III). Stuttgart 1974
Bockisch, G., Die Karer und ihre Dynasten. Klio 31, 1969
Eckstein, Les Cares ou Cariens de l'antiquité. Revue Archéologique 1857, 322; 1858, 445 ff.
Kretschmer, P., Die Leleger und die ostmediterraneische Urbevölkerung. Glotta 32, 1953, 161 bis 204
Pharaklas, N., (Über die Ansiedlung der Lelegler in Boiotien), griechisch. Archaiologika Analekta ex Athenon 2, Fasz. 1, 1969, 96 f.

II. B. 1. c. *Kilikien und die Hypachäer*
Kretschmer, P., Die Hypachäer. Glotta 21, 1933, 213–257; Nochmals die Hypachäer ... Glotta 24, 1935, 203–251

II. B. 1. d. *Lydien*
Dussaud, R., La lydie et ses voisins aux hautes époques. Paris 1930
Dussaud, R., Prélydiens, Hittites et Achéens. Paris 1953. Hierzu Alfred Heubeck in Orientalische Literaturzeitung 50, 1955, 131–134
Haufmann, G. M. A., Sardis und Lydien. Wiesbaden 1960
Radet, O., La Lydie et le monde grec au temps des Mermnades. Paris 1893

II. B. 1. e. *Lykien*
Bachofen, J. J., Das lykische Volk und seine Bedeutung für die Entwicklung des Altertums. Freiburg 1862
Haynes S., Land of the Chimaera. An Archaeological Excursion in the South-West of Turkey. London 1974

Kretschmer, P., Der Name der Lykier und andere kleinasiatische Völkernamen. Kleinasiatische Forschungen 1, 1930, 1–17
Kretschmer, P., Die Stellung der lykischen Sprache. Glotta 27, 1939, 256–261; 28, 1939, 101 bis 116

II. B. 1. f. *Mesopotamien*

Brentjes, B., Land zwischen den Strömen. Leipzig 1963
D'iakonov, I. M., Ancient Mesopotamia, Moskau 1969
Hawkes, J., Mesopotamia. In: The First Great Civilizations. Life in Mesopotamia, the Indus Valley and Egypt. London 1973
Mallowan, M. E. L., Wiege der Kultur: Mesopotamien und der Iran. In: S. Piggot, Die Welt, aus der wir kommen. München–Zürich 1961, 83 ff.
Woolley, C. L. A., Mesopotamien und Vorderasien. Baden-Baden 1961
Porada, E., The relative Chronology of Mesopotamia I. Chicago 1966
Parrot, A., Assur. München 1961
Weidner, E., Die Assyriologie 1914–1922. Leipzig 1922
Olmstead, A. I., A History of Assyria. New York 1960²; London 1960²
Parker, R. A. u. W. H. Dubberstein, Babylonian Chronology, 626 B.C.–A.D. 45. Chicago 1942; Providence, R. I. 1956
Oates, J., Babylon. London 1965
Unger, E., Babylon. Die heilige Stadt nach der Beschreibung der Babylonier. Berlin 1931, 1970²
Wetzel, F., Schmidt, E. und A. Mallwitz, Das Babylon der Spätzeit. Berlin 1957
Crawford, V. E., Nippur, the Holy City. Archaeology, 12. New York 1959, 75 ff.
Kramer, S. N., Geschichte beginnt mit Sumer. Berichte von den Ursprüngen der Kultur. München 1959
Lenzen, M., Die Sumerer. Berlin 1948
Moortgat, A., Die Entstehung der sumerischen Hochkultur. Leipzig 1945
Parrot, A., Sumer. München 1959
Wolley, C. L. A., Ur of the Chaldees. London 1954
Lenzen, H., Vorläufige Berichte über die Ausgrabungen in Uruk-Warka (25 Bde. bis 1974). Abh. d. Dt. Orient Ges.
Lenzen, H. J., Die Ausgrabungen in Uruk von 1960 bis 1964. Archiv für Orientforschung XXI, Graz 1966, 138–148
Klima, J., Gesellschaft und Kultur des alten Mesopotamien. Prag 1964
Edzard, D. O. (Hrsg.), Gesellschaftsklassen im Alten Zweistromland und in den angrenzenden Gebieten. XVIII. Rencontre assyriot. intern. München 1970

II. B. 1. g. *Minyer und Pelasger*

Müller, K. O., Orchomenos und die Minyer. Breslau 1844²
Cara, P. C. A. de, Gli hethei-pelasgi, 3 Bde. Rom 1894–1902
Cunow, H., Das Wirtschaftsleben der Pelasger. In: Allgemeine Wirtschaftsgeschichte II, Berlin 1927, 33 ff.
Munro, J. A. R., Pelasgians and Ionians. Journal of Hellenic Studies 54, 1934, 109–128
Lochner-Hüttenbach, F., Die Pelasger. 1960; dazu G. Neumann, Gnomon 34, 1962, 370–374

II. B. 1. h. *Palästina*

Anati, E., Palestine before the Hebrews. London 1962, New York 1963
Garrod, D. A. E., The Natufian Culture. The Life and Economy of a Mesolithic People in the Near East. Proceed. of the British Academy 43, 1957
Kenyon, K. M., Archaeology in the Holy Land. New York 1960
Yeivins, S., A Decade of Archaeology in Israel 1948–1958. Istanbul 1960
Howell, E. C., Upper Pleistocene Stratigraphy and Early Man in the Levant. Proceed. of the American Philosophical Society 103, 1959
Stekelis, M., Le Tahounien à la lumière des fouilles de Nahal Oren. Bericht über den 5. Intern. Kongr. f. Vor- und Frühgeschichte (Hamburg 1958), Berlin 1961, 768–778
Sellin, E. und C. Watzinger. Jericho. Die Ergebnisse der Ausgrabungen. Osnabrück 1912. Nachdruck 1973
Kenyon, K. M., Digging up Jerusalem. London 1974
Loud, G., Megiddo II. Chicago 1948

Bate, D. M., Garrod, D. A. E. u. T. D. McCowan, The Stone Age of Mount Carmel, 2 Bde. Oxford 1937–1939
Neuville, R., Le Paléolithique et le Mésolithique du Désert de Judée. Archives de l'Institut de Paléontologie Humaine, Mémoire 24. 1951
Corsuant, W., Dictionnaire d'archéologie biblique. Neuchâtel 1956
Treble, H. A., A Classical and Biblical Reference Book. London 1948

II. B. 1. i. *Persien*
Braidwood, R. J. u. B. Howe, The Iranian Prehistoric Project. Science, 133, 23. 6. 1961, 2008 ff.
Hinz, W. und R. Borger, Altiranische Funde und Forschungen. Berlin 1969
Van den Berghe, L., Archéologie de l'Iran Ancien. Leiden 1959, 1968²
Cappieri, M., The Iranians of the Copper/Bronze Ages. Miami 1973
Ghirsman, R., Iran. Parther und Sasaniden. München 1962
Ghirsman, R., Iran, Protoiranier, Meder, Achämeniden. München 1964
D'iakonov, I. M., (Die Geschichte der Meder), russisch Moskau Leningrad 1956

II. B. 1. j. *Phönizien*
Movers, F. C., Die Phönizier, 2 Bde. in 6 Teilen. Berlin 1849 ff.
Pietschmann, R., Geschichte der Phönizier. Berlin 1889
Contenau, D. G., La civilisation phénicienne. Paris 1926, 1949²
Harden, D., The Phoenicians. Harmondsworth 1971
Masson, O. und M. Sznycer, Recherches sur les Phéniciens à Chypre. Genf–Paris 1972

II. B. 1. k. *Phrygien*
Friedrich, J., Phrygien. In: Paulys Realencyclopädie 20, 1 (1941), 882–891
Haspels, C. H. E., The Highlands of Phrygia. Sites and Monuments. Princeton 1971
Kretschmer, P., Die phrygische Episode in der Geschichte von Hellas. In: Miscellanea academica Berolinensia II, 1, Berlin 1950, 173–194
Velkov, V., Phryger. In: Thraker und Phryger nach den Epen Homers. In: Studia balcanica 5. Sofia 1971
Institut français d'Archéologie de Stamboul, Phrygie. Exploration archéologique. Paris 1951–1965

II. B. 1. l. *Seevölker*
Eisler, R., Die Seevölkernamen in den altorientalischen Quellen. Caucasia 1928, 73 ff.
Nibbi, A., The Sea Peoples: A Re-examination of the Egyptian Sources. Oxford 1972
Hall, H. R., The Caucasian Relations of the Peoples of the Sea. Klio 22, 1928, 335–344

II. B. 1. m. *Syrien*
Bossert, H. Th., Altsyrien. Tübingen 1951
Klengel, H., Geschichte Syriens im 2. Jt. v. u. Z., 3 Bde. Berlin 1965–1970
Jirku, A., Die Ausgrabungen in Palästina und Syrien. Halle 1956
Braidwood, R. J. und L. S. Braidwood, Excavations in the Plain of Antioch I. Oriental Institute Publications Nr. 61, Chicago 1960
Parrot, A., Mari. Paris 1953
Friedrich, J., Ras Schamra. Leipzig 1933
Oppenheim, M. von, Der Tell Halaf. Eine neue Kultur im ältesten Mesopotamien. Leipzig 1908
Schaeffer, C. S., Ugaritica I–IV. Paris 1939–1962

II. B. 2. *Europa*
Boardman, J. A., Brown, M. A. und T. G. E. Powell (Hrsg.), The European Community in Later Prehistory. London 1971
Hawkes, C. F. C., The Prehistoric Foundations of Europe to the Mycenaean Age. London 1940, 1973²
Piggott, S., Vorgeschichte Europas vom Nomadentum zur Hochkultur. München 1972
Uslar, R. v. und K. J. Narr (Hrsg.), Studien aus Alteuropa, 2 Teile. Köln–Graz 1964–1965

II. B. 2. a. *Mitteleuropa*
Kozlowski, J. K., Etudes sur la différentiation de la culture dans le paléolithique supérieur de l'Europe centrale. Kraków 1965

Chmielenski, W., Middle Palaeolithic Traditions in Upper Palaeolithic Cultures of Central and Eastern Europe. Archaeologia Polona 7, 1964, 193–198
Delage, F., Gisements paléolithiques dans l'Europe Orientale et Centrale. Revue de l'école d'Anthropologie de Paris, 1909, 238 f.
Gimbutas, M., Bronze Age Cultures in Central and Eastern Europe. Den Haag–Paris–London 1965

II. B. 2. b. *Osteuropa*

Kohn, A. und C. Mehlis, Materialien zur Vorgeschichte des Menschen im östlichen Europa. 2 Bde. Jena 1879 ff.
Efimenko, P. P., (Beitrag zur Frage der Natur der historischen Entwicklung während des oberen Paläolithikums in Osteuropa). Sovjetskaja Arkheologija 26, 1956, 28–53
Gimbutas, M., The Prehistory of Eastern Europe. Cambridge, Mass. 1956
Gimbutas, M., The Stone Age of North-Eastern Europe. Journal of World History III, 2, 1956, 409 ff.
Gimbutas, M., The Relative Chronology of Neolithic and Chalcolithic Cultures in Eastern Europe, North of the Balkan Peninsula and the Black Sea. In: R. W. Ehrlich (Hrsg.), Chronologies in Old World Archaeology. Chicago–London 1965, 459 ff.
Gimbutas, M., Osteuropa. In: Vorgeschichte. Fischer Weltgeschichte I. Frankfurt 1966, 109 ff., 125 ff.
Hančar, F., Der altsteinzeitliche Mensch im Lichte neuer östlicher Funde. Wiener Prähistorische Zeitschrift 27, Wien 1940
Rogatchev, A. N., Nouvelles données sur la stratigraphie du Paléolithique supérieur de la plaine d'Europe orientale. In: Okladnikov, A. P.: Paléolithique et Néolithique de l'URSS. Annales du centre d'études et de documentation paléontologique 1956, Nr. 18, 28–43

II. B. 2. c. *Südosteuropa*

Boriskovskij, P. I., (Versuch über das Paläolithikum Zentraleuropas und des Südostens), russisch. Sovietskaja Arkheologija 27, 1957, 29–70
Milojčič, V., Chronologie der jüngeren Steinzeit Mittel- und Südosteuropas. Berlin 1949

II. B. 2. d. *Balkanhalbinsel*

Skutil, J., L'époque quaternaire dans les Balkans. Bulletin de la Société Préhistorique Française 28, 1931, 234 ff.
Skutil, J., L'occupation la plus ancienne de la péninsule balkanique. Atti del lo congresso internazionale di Preistoria e Protoistoria Mediterranea, Firenze, Napoli, Roma 1950, 66–69
Milojčič, V., Präkeramisches Neolithikum auf der Balkanhalbinsel. Germania 38, Berlin 1960, 320–334
Benač, J., Studien zur Stein- und Kupferzeit im nordwestlichen Balkan. Bericht der Römisch-Germanischen Kommission 42, 1961, 1–170
Garašanin, M. V., Der Übergang vom Neolithikum zur frühen Bronzezeit auf dem Balkan und an der unteren Donau. L'Europe à la fin de l'âge de la pierre, 1969, 31–35
Georgiev, G. I., La toponymie ancienne de la péninsula balkanique et la thèse méditerranéenne. Linguistique Balkanique 3, Fasc. 1, Sofia 1961
Actes des Congrès Internationaux des Etudes Balcaniques et Sud-Est européennes. Sofia 1969
Studia Balcanica

II. B. 2. d. 1. *Epeiros*

Korkuti, M., Shiqiperia arkeologijike. Tirana 1971

II. B. 2. d. 2. *Makedonien*

Garašanin, M. V., Neolithikum und Bronzezeit in Serbien und Makedonien. Bericht der Römisch-Germanischen Kommission 39, 1958, 1 ff.
Hammond, N. G. L., A History of Macedonia, I: Historical Geography and Prehistory. Oxford 1972
Heurtley, W. A., Prehistoric Macedonia. Cambridge 1939
Theocharis, D., Prehistory of Eastern Macedonia and Thrace. Athen 1971

II. B. 2. d. 3. *Thessalien*

Milojčič, V., Die deutschen Ausgrabungen auf der Argissa Magula in Thessalien I, 1962

Milojčič-von Zumbusch, J. u. V. Milojčič, Die deutschen Ausgrabungen auf der Otzaki-Magula in Thessalien. Bd. 1: Das frühe Neolithikum, 2 Tle. Bonn 1971
Mylonas, G. E., Excavations at Olynthus: The Neolithic Settlement. London 1929
Rodden, R. J., Excavations at the Early Neolithic Site at Nea Nikomedeia, Greek Macedonia, 1961 Season. Proceedings of the Prehistoric Society 28, 1962, 267–288
Tsundas, C., The Prehistoric Acropolis of Dimini and Sesklo. London 1899
Theocharis, D., (Die Anfänge der Zivilisation in Sesklo), griechisch. Praktika Akademias Athenon 32, 1958, 151–159
Theocharis, D., (Aus dem präkeramischen Thessalien), griechisch. Thessalika 1, Fasc. 1, 1958, 70–86
Theocharis, D., (Aus dem neolithischen Thessalien: I), griechisch, Thessalika 4, 1962, 64–83
Wace, A. J. B. u. M. S. Thompson, Prehistoric Thessaly. Cambridge 1912
Xourmouiadis, G., Ta neolithika eidolia thes Thessalias. Volos 1973

II. B. 2. d. 4. *Thrakien*
Danov, C., Altthrakien. Berlin–New York 1973
Georgiev, G. I., Kulturgruppen der Jungstein- und der Kupferzeit in der Ebene von Thrazien (Südbulgarien). L'Europe à la fin de l'âge de la pierre, 1961, 45–100
Slatkowskaja, T. D. und A. I. Meljukowa (Redaktion), (Die Thraker im nördlichen Schwarzmeergebiet), russisch, Moskau 1969
Wiesner, J., Die Thraker. Stuttgart 1963

II. B. 2. e. *Donaukulturen*
Buttler, W., Der Donauländische und der Westische Kulturkreis der jüngeren Steinzeit. Handbuch der Urgeschichte Deutschlands, II. Berlin–Leipzig 1938
Childe, V. G., The Danube in Prehistory. London 1929
Kalicz, N., Südliche Beziehungen im Neolithikum des südlichen Donaubeckens. In: F. Schlette (Hrsg.), Evolution und Revolution im Alten Orient und in Europa, Berlin 1971, 145–157
Krichevskij, E. J., (Aus der Geschichte der Donauniederung), russisch. Kurze Mitteilungen über Vorträge und Gattungsforschungen des Instituts der Geschichte der materiellen Kultur. Moskau–Leningrad VIII, 1940
Popovitch, V., Une civilisation égéo-orientale sur le Moyen Danube. Revue archéologique II. Paris 1965, 1–56
Vertès, L., Die Altsteinzeit der südlichen Donaugebiete. Quartär 12, 1960, 53–100
Werner, R., Geschichte des Donau-Schwarzmeerraumes im Altertum. In: W.-D. von Barloewen (Hrsg.), Abriß der Geschichte antiker Randkulturen. München–Oldenburg, 1961, 83 ff.
Srejović, D. und H. Quitta, Lepenski Vir. Eine vorgeschichtliche Geburtsstätte europäischer Kultur. Bergisch-Gladbach 1973
Marinescu-Bîlcu, S., (Die Prăcucuteni-Kultur auf dem Gebiet von Rumänien), Bucuresti 1974
Kutzian, J., The Körös Culture. Budapest 1944
Banner, J. u. J. Korek, Die Péceler Kultur. Archaeologica Hungarica, Series Nova 35. Budapest 1956
Patek, E., Die Urnenfelderkultur in Transdanubien. Archaeologica Hungarica. Budapest 1968
Banner, J. und I. Jakabffy, Bibliographie archéologique du bassin danubien. 2 Bde. Budapest 1961–1968

II. B. 2. f. *Mittelmeerkulturen*
Sauter, M. R., Préhistoire de la Méditerranée. Paris 1948
Wiesner, J., Vor- und Frühzeit der Mittelmeerländer. 1: Das östliche Mittelmeer, 2: Das westliche Mittelmeer. Berlin 1943. Hierzu: G. Rathke in: Altertumskunde und Unterricht. Berlin u. Leipzig 1948, 89–96
Kornemann, E., Weltgeschichte des Mittelmeerraums, 2 Bde. München 1948–1949
Rose, J. H., The Mediterranean in the Ancient World. London 1924
Grant, M., Mittelmeerkulturen in der Antike. München 1974
Taeger, F., Das Altertum. Geschichte und Gestalt der Mittelmeerwelt. Stuttgart 1974
Schmitt, R., Die Völker und Sprachen des Mittelmeerraums im Altertum. Darmstadt (in Vorbereitung)

II. B. 2. f. 1. *Adria*
Valmin, N., Das adriatische Gebiet in der Vor- und Frühbronzezeit. Lund 1939

Iliria. Studime dhe materiale arkeol. – Etudes et matériaux archéol. Bd. 1 bis 2. Tirana 1971
Miroslavljević, V., Rendić-Miocević, D. und M. Suić, Adriatica praehistorica et antiqua. Miscellanea Gregorio Novak dicata. Zagreb 1970

II. B. 2. f. 2. *Ägäis*
Schachermeyr, F., Das ägäische Neolithikum. Lund 1964
Glotz, G., La civilisation égéenne. Paris 1923
Lichtenberg, R. von, Die ägäische Kultur. Leipzig 1918²
Majewski, K., (Die ägäische Kultur), polnisch. Lwow 1933
Dussaud, R., Les civilisations préhelléniques dans le bassin de la Mer Egée. Paris 1910
Thomopoulos, J., Importance et problèmes de la toponymie préhellénique de la Mer Egée. Onomata 1954, 3–17
Thomson, G., Studies in Ancient Greek Society. The Prehistoric Aegean. London 1949. Deutsch: Frühgeschichte Griechenlands und der Ägäis. Berlin 1960. Nachdruck Berlin 1973
Hood, S., The Home of the Heroes. The Aegean before the Greeks. London 1967
Buchholz, H.-G., Probleme der ägäischen Bronzezeit. Darmstadt (in Vorbereitung)
Albright, W. F., The Aegean and the Near East (Hrsg. S. Weinberg). Baltimore 1956
Majewski, K., (Die soziologische und politische Periodisierung der ägäischen Kultur), polnisch. In: Archeologia I, 1947, 203–207
Bogaïewski, B., (Der gegenwärtige Stand der Forschungen über die ägäische Kultur in Westeuropa und Amerika, verglichen mit den sowjetischen Forschungszielen), russisch. Nachrichten der Staatlichen Akademie für die Geschichte der materiellen Kultur, Fasc. 101. Leningrad 1934

II. B. 2. f. 3. *Kreta*
Platon, N., Kreta. München–Genf 1968
Zois, A., Krete – epoche tou lithou. Athen 1973
Hutchinson, R. W., Prehistoric Crete. London 1962; Harmondsworth 1962, 1963²
Mylonas, G., Crete on the Dawn of History. Missouri Studies 1946, 81–103
Bogaïewski, B. L. (Die urkommunistische Produktionsweise in Kreta und Mykene), russisch. Nachrichten der Staatlichen Akademie für die Geschichte der materiellen Kultur 101, Leningrad 1934
Press, L., (Habitat und Architektur Kretas vom Neolithikum bis zur Bronzezeit. Rekonstruktion der gesellschaftlichen Beziehungen nach den archäologischen Quellen), russisch, Moskau 1961
Marinatos, S., O archaios, kretikos politismos. En Athenais 1927, 141 ff.
Alexiou, S., Platon, N., Guanella, H. und L. von Matt, Das antike Kreta. Zürich 1967
Schachermeyer, F., Die minoische Kultur des alten Kreta. Stuttgart 1964
Evans, A. J., The Palace of Minos at Knossos, 4 Bde. London 1921–1936
Willetts, R. F., Ancient Crete. A Social History. London 1965
Faure, P., La vie quotidienne en Crète au temps de Minos. Paris 1973
Press, L., (Das Alltagsleben auf Kreta unter König Minos), polnisch. Warschau 1972
Willetts, R.-F., Everyday Life in Ancient Crete. London 1969
Strategakis, I., (Geschichte Kretas. Achaier und Dorer. 1500 v. Chr. bis 66 n. Chr.), griechisch. Athen 1967
Popham, M. R., The Last Days of the Palace at Knossos. Lund 1964
Popham, M. R., The Destruction of the Palace at Knossos. Lund 1970

II. B. 2. f. 4. *Kykladen*
Åberg, N., Die Kykladen. In: Bronzezeitliche und früheisenzeitliche Chronologie, T. IV, Stockholm 1933, 57–137
Kontoleon, N., (Die archäologische Exploration der Kykladen während der letzten Jahre), griechisch. Kykladika 1, 1957, 83–89
Renfrew, C., The Emergence of Civilisation: The Cyclades and the Aegean in the Third Millenium B. C. London 1972
Sapouna-Sakellarakis, E., Kykladische Zivilisationen. Athen 1972
Aliprantes, D., (Der Beitrag der Kykladen zur griechischen Zivilisation), griechisch. Epeteris Hetaireias Kykladikon Meleton 1, 1961, 487–507
Marinatos, S., (Die Kykladen als Faktor der mediterranen Zivilisation), griechisch. Epeteris Hetaireias Kykladikon Meleton 2, 1962, 234–243

Scholes, K., The Cyclades in the Later Bronze Age. Annual of the British School at Athens 51, 1956, 9–40
Bent, J. Th., Aegean Islands. The Cyclades or Life among the Insular Greeks. 1895; Nachdruck 1966

II. B. 2. f. 5. *Kypros*

Buchholz, H.-G. und V. Karageorghis, Altägäis und Altkypros. Tübingen 1971
Dikaios, P., Archaeology in Cyprus 1939–1945. Journal of Hellenic Studies. London, 65, 1947, 104 f.
Dikaios, P. und R. Stewart, The Stone Age and the Early Bronze Age in Cyprus. The Swedish Cyprus Expedition, Bd. IV, T.1A. Lund 1962
Karageorghis, V., Notes on some Mycenaean Survivals in Cyprus during the first Millenium B. C. Kadmos I, 1962, Fasc. 1, 71–77
Karageorghis, V., (Die Beziehung zwischen Zypern und Kreta im 21. Jh. v. Chr.), griechisch. In: Pepragmena tou B'Kretologikon Synedriou (1966), 1968, 180–185
Karageorghis, V., (Die Stellung Zyperns im Studium der mykenischen Zivilisation), griechisch. Kypriakai Spoudai 22, 1958, 3–10
Karageorghis, V., Zypern. München 1968
Stewart, J. R., Corpus of Early Cypriote Material. Lund 1975

II. B. 2. f. 6. *Kythera*

Coldstream, J. N., u. G. L. Huxley (Hrsg.), Kythera. London 1972

II. B. 2. f. 7. *Malta*

Evans, J. D., The Prehistoric Antiquities of the Maltese Islands: a Survey. London 1971
Murray, M. A., Excavations in Malta. London 1929
Trump, D. H., Malta. An archaeological Guide. London 1971

II. B. 2. f. 8. *Rhodos*

Dietz, S. und S. Trolle, Arkaeologen Rhodos. København 1974

II. B. 2. f. 9. *Sizilien*

Stauffenberg, A. S. Graf von, Trinakria. Sizilien und Großgriechenland in archaischer und frühklassischer Zeit. München–Wien 1963

II. B. 3. *Zum vorderasiatischen Einfluß auf Europa*

Lach, D. F., Asia in the Making of Europe. Chicago 1965
Bouzek, J., Aegean, Anatolia and Europe: Culture Interrelations during the 2nd Millenium BC. Lund 1976
Wilke, G., Kulturbeziehungen zwischen Indien, Orient und Europa. Würzburg 1913
Quitta, H., Der Balkan als Mittler zwischen Vorderem Orient und Europa. In: F. Schlette (Hrsg.), Evolution und Revolution im Alten Orient und in Europa, Berlin 1971, 38–63
Much, M., Die Trugspiegelung orientalischer Kultur in den vorgeschichtlichen Zeitaltern Nord- und Mitteleuropas. Jena 1907
Efimenko, P. P., (Kleinasiatische Elemente in den Monumenten des oberen Paläolithikums an der Nordküste des Schwarzen Meers . . .), russisch. Sovjetskaja Arkheologija 1960, Nr. 4, 14–25
Bachofen, J. J., Der Mythos vom Orient und Occident. Eine Metaphysik der Alten Welt. München 1956[2]
Frazer, J. G., Oriental Religions in the West. Kapitel 37 von The Golden Bough, London 1890
Gruppe, O., Die griechischen Culte und Mythen in ihren Beziehungen zu den orientalischen Religionen, Bd. 1, Einleitung. 1887. Nachdruck Hildesheim–New York 1973
Ramsay, W. M., Asianic Elements in Greek Civilization. London 1927
Altheim, F., Weltgeschichte Asiens im griechischen Zeitalter, 2 Bde. Halle 1947–1948. Hierzu: A. M. Lange in Pädagogik 3, 1948, 277–282
West, M. L., Early Greek Philosophers and the Orient. Oxford 1971
Otten, H., Vorderasiatische Mythen als Vorläufer griechischer Mythenbildung. Forschungen und Fortschritte 25, 1949, 145 ff.

Kraeling, C. H., Anthropos and Son of Man. A Study in the Religious Syncretism of the Hellenic Orient. New York 1927
Astour, M. C., Hellenosemitica. An Ethnic and Cultural Study in West Semitic Impact on Mycenian Greece. Leiden u. Köln 1965
Reitzenstein, R. u. H. H. Schaeder, Studien zum antiken Synkretismus. Aus Iran und Griechenland. Leipzig 1926. Darmstadt 1965
Burn, A. R., Persia and the Greeks. London 1962

II. B. 4. *Zu den Völkerwanderungen der Frühzeit*

Childe, V. G., Prehistoric Migrations in Europe. Oslo 1950
Crossland, R. A. u. A. Birchall, Bronze Age Migrations in the Aegean. London 1974
Bachofen, J. J., Die ältesten Völkerbewegungen. In: Gesammelte Schriften 1. Basel 1943
Brandenstein, W., Die erste indogermanische Wanderung. Klotho II, Wien 1936. Hierzu J. W. Hauer in Archiv f. Religionswissenschaft 36, 1939, 10 f. u. 44 ff.
Schachermeyr, F., Wanderungen und Ausbreitung der Indogermanen im Mittelmeergebiet. In: Arntz, H. (Hrsg.), Germanen und Indogermanen, Heidelberg 1936, I, 229
Wahle, E., Die Indogermanisierung Mitteleuropas. In: Handbuch der deutschen Geschichte I, Hrsg. von Gebhardt-Grundmann, Stuttgart 1954, 28–43
Schmidt, W., Die Herkunft der Indogermanen und ihr erstes Auftreten in Europa. Kosmos 45, 1949, 116–118, 159 f.
Brjussov, A. J., Le problème indoeuropéen et la civilisation de haches de combat. Atti del VI Congresso Internazionale dell Scienze Preistoriche e Protoistoriche II. Florenz 1965, 72–77
Sulimirski, T., Die schnurkeramischen Kulturen und das indoeuropäische Problem. In: La Pologne au VIIe Congrès International des Sciences Historiques, I, Warschau 1933, 287 bis 308
Paret, O., Die Bandkeramiker und die Indogermanenfrage. Welt als Geschichte 8, 1942, 53–68
Kritschewski, E. J., (Das Frühneolothikum und der Ursprung der Tripolje-Kultur), russisch. In: (Paläolithikum und Neolithikum der Ukraine) I, Kiew 1949
Häusler, A., Die Gräber der älteren Ockergrabkultur zwischen Ural und Dnepr. Berlin 1974
Arne, T. J., Early Central-Asiatic Folk-Movements. An archaeological and anthropological Contribution to the Study of the Indo-European Question. (Unveröffentlichte Dissertation)
Narr, K., Die europäisch-sibirische Kontakt- und Außenzone und die frühen Indogermanen. In: Saeculum Weltgeschichte I. Freiburg–Basel–Wien 1965, 564 ff.
Feist, S., Kultur, Ausbreitung und Herkunft der Indogermanen. Berlin 1913
Hirt, H., Die Heimat der indogermanischen Völker und ihre Wanderungen (1892). In: Indogermanica, Forschungen über Sprache und Geschichte Alteuropas, hrsg. von H. Arntz, Halle 1940, 56–76
Kühn, H., Herkunft und Heimat der Indogermanen. In: Proceedings of the First International Congress of prehistoric Sciences. (London 1932). London 1934
Much, M., Die Heimat der Indogermanen im Lichte der urgeschichtlichen Forschung. Berlin 1902, 1904²
Reche, O., Rasse und Heimat der Indogermanen. München 1936
Heberer, G., Rassengeschichtliche Forschungen im indogermanischen Urheimatgebiet. 1943
Dressler, W., Methodische Vorfragen bei der Bestimmung der »Urheimat«. Die Sprache 11, 1965, 25–60
Nehring, A., Studien zur indogermanischen Kultur und Urheimat. In: Die Indogermanen- und Germanenfrage. Wiener Beiträge zur Kulturgeschichte und Linguistik IV, 1936, 7–229. Hierzu F. Specht in Kuhns Zeitschrift 67, 6 ff.
Hirt, H., Die Indogermanen, ihre Verbreitung, ihre Urheimat und ihre Kultur. Straßburg 1905, 1907²
Pokorny, J., Substrattheorie und Urheimat der Indogermanen. In: Mitteilungen der Anthropologischen Gesellschaft in Wien LXVI, 1936, 69–91
Scherer, A. (Hrsg.), Die Urheimat der Indogermanen. Darmstadt 1968
Neckel, G., Die Frage nach der Urheimat der Indogermanen (1935). In: Vom Germanentum. Ausgewählte Aufsätze und Vorträge, Leipzig 1944, 407–422
Güntert, H., Die Frage der Urheimat in neuer Beleuchtung. Z. für deutsche Bildung 1932, H. 1
Müller, F., Johannes Schmidt über die Urheimat der Indogermanen. Ausland Nr. 23, 1891
Schmidt, J., Noch einmal die Urheimat der Indogermanen. Ausland 27, 1891
Müller, F., Noch einmal die Urheimat der Indogermanen. Ausland 31, 1891

Marstrander, S., Die Urheimat der Indoeuropäer. In: Die Urheimat der Indogermanen, hrsg. v. A. Scheer. Darmstadt 1968, 417–425 Ursprünglich in englischer Sprache in: Det kongelige Norske Videnskabers Selskabs Forhandlinger 30, 1957, Nr. 13, 82–87
Merlingen, W., Zum Ausgangsgebiet der indogermanischen Sprachen. In: Archaelogia Austriaca 18, 1955, 92 ff.
Marstrander, S., Det indo-europeiske urhejm. Naturen 8, 1953, 238 ff.
Aalto, P., The original Home of the Indo-European Peoples. Sitzungsbericht der Finnischen Akademie 1963 (1965), 97–113
Charpentier, J., The Original Home of the Indoeuropeans. Bulletin of the School of Oriental Studies 1926, 146 ff.
Carruba, O., Origini et preistoria degli Indoeuropei d'Anatolia. Rivista dei filologia e di istruzione classica, serie terza 97, 1969, 5 ff.
Pictet, A., Les Origines Indo-Européennes ou les Aryas primitivs. Essai de paléontologie linguistique, 2 Bde. 1859–1863, 1877²
Poeschel, Th., Die Arier. 1878
Childe, V. G., The Aryans. London und New York 1926
Penka, K., Origines Ariacae. Wien 1883
Penka, K., Die Herkunft der Arier. Wien 1886
Taylor, C. I, The Origins of the Aryans. London 1890
Ratzel, F., Über den Ursprung der Arier in geographischem Lichte. Verhandlungen des 7. internationalen Geographenkongresses. Berlin 1899, II, 575 ff.
Brunnhofer, H., Urgeschichte der Arier in Vorder- und Centralasien, 3 Bde. 1889–93
Gleunie, H., The Eurasian Mediterranean and Aryan Origins. Academy 971, 1890, 569 ff.
Kammenhuber, A., Die Arier im Vorderen Orient. Indogermanische Bibliothek III. Heidelberg 1968

II. C. *Ökonomische Basis*

Alföldy, G., Die Wirtschaft der griechischen und römischen Antike. Wiesbaden 1975
Brentano, L., Das Wirtschaftsleben der antiken Welt. Jena 1929
Heichelheim, F. M., Wirtschaftsgeschichte des Altertums. Leiden 1938
Junge, R., Weltgeschichte der Standortentwicklung der Wirtschaft in der Klassengesellschaft, 1: Die Standortentwicklung ca. 3000 bis 146 v. u. Z., 3 Tle. Berlin 1961
Lauffer, S., Privatwirtschaft und Staatswirtschaft in der Antike. In: Dialog Schule-Wissenschaft. Klassische Sprachen und Literaturen. Bd. 5, München 1970
Lauffer, S., Einführung in die antike Wirtschaftsgeschichte. Darmstadt 1975
Meyer, E., Die wirtschaftliche Entwicklung des Altertums. In: Jahrbuch für Nationalökonomie und Statistik, 3. Folge, 9. Bd., 1895. Auch in: Kleine Schriften. Halle a. S. 1910, 121 ff.
Toutain, J., L'économie antique. Paris 1927
Finley, M. I., The ancient Economy. London 1973
Mišulin, A. V., (Über die Reproduktion in der antiken Gesellschaftsformation), russisch. Nachrichten der Staatlichen Akademie für die Geschichte der materiellen Kultur 13, 8
Protokolle der Internationalen Konferenzen marxistischer Altertumsforscher (Der 6. Kongreß fand 1962 in Sofia statt)

II. C. 1. *Entwicklung der Produktivkräfte*

Die Produktionsweise der Sklavenhalterordnung. In: Lehrbuch Politische Ökonomie. Berlin 1972, 65–84
Welskopf, E. Ch., Die Produktionsverhältnisse im Alten Orient und in der griechisch-römischen Antike. Deutsche Akademie der Wissenschaften zu Berlin, Schriften der Sektion für Altertumswissenschaft 5, 1957
Žebeley, S. A. und S. I. Kovalev (Hrsg.), (Die antike Produktionsweise in den Quellen), russische Nachrichten der Staatlichen Akademie für die Geschichte der materiellen Kultur 78, 1933
Kovalev, S. I., (Die Lehre von Marx und Engels über die Produktionsweise in der Antike), russisch. Nachrichten der Staatlichen Akademie für die Geschichte der materiellen Kultur 12, 9 f.
Štepa, K., (Marx und Engels und die Probleme der antiken Produktionsweise), ukrainisch. In: Veröffentlichung des Instituts für materielle Kulturgeschichte der Akademie der Wissenschaften der Ukraine, Kiew 1934

Kowaljew, S. J. (Hrsg.), Karl Marx und Friedrich Engels über die Antike. Leningrad 1932
Sannwald, R., Marx und die Antike. Staatswissenschaftliche Studien, N. F. 27, Zürich 1957
Irmscher, J., Karl Marx studiert Altertumswissenschaft. Wissenschaftliche Zeitschrift der Universität Leipzig 3, 1953/1954, ges. u. sprachw. Reihe 207–215

II. C. 1. a. *Entwicklung der Arbeit*

Mossé, C., The Ancient World at Work. London 1969, 1971²
Blümner, H., Die gewerbliche Tätigkeit der Völker des klassischen Altertums. Leipzig 1869, Leipzig 1969 (Nachdruck)
Wilsdorf, H., Bergleute und Hüttenmänner im Altertum. Freiberger Forschungshefte. Berlin 1952. Hierzu Jahrow in Urania 17, 1954, XV

II. C. 1. b. *Entwicklung der Produktionsmittel*

Diels, H., Antike Technik. Leipzig–Berlin 1920², 1924³. Faksimileausgabe der 2./3. Aufl. Osnabrück 1965
Feldhaus, F. M., Die Technik der Antike und des Mittelalters. Potsdam 1930. Erw. Nachdruck Hildesheim 1971
Forbes, R. J., Studies in Ancient Technology. Leiden 1955–1964 (8 Bde.), 1964²–1971² (9 Bde.)
Hodges, H., Technology in the Ancient World. Harmondsworth 1970
Neuburger, A., Die Technik des Altertums. Leipzig 1919, 1921², 1922³, 1929⁴
Neuburger, A., The Technical Arts and Sciences of the Ancients. London 1930, 1969²
Pregél, K., Die Technik im Altertum. Wissenschaftliche Beilage zum Jahresbericht 1895/96 der technischen Staatslehranstalt zu Chemnitz. Chemnitz 1896
Beloch, J., Die Großindustrie im Altertum. Wolfs Zeitschrift für Sozialwissenschaft II, 1899. 18 ff.
Freise, F., Die geographische Verbreitung und wirtschaftliche Entwicklung des süd- und mitteleuropäischen Bergbaus im Altertum. Z. f. Bergwesen, Hütten- und Salinenwesen 55, 1907, 199 bis 268
Krawczuk, A., (Eine Auswahl schriftlicher Quellen zu den Werken des Bergbaus und der antiken Welt. Bd. 1: Zink und Messing), polnisch. Warschau 1957
Wilsdorf, H., Bergleute und Hüttenmänner im Altertum bis zum Ausgang der Römischen Republik. Berlin 1952
Ward-Perkins, J. B., Quarrying in Antiquity. Technology, Tradition and Social Change. London 1971
Wilsdorf, H., Holz-Erz-Salz und das Transportproblem im Montanwesen. Freiburger Forschungsheft D 28, Bergbau-Wald-Flöße, 1–157
Moritz, L. A., Grain-mills and Flour in Classical Antiquity. Oxford 1958
Bezborodov, M. A., Chemie und Technologie der antiken und mittelalterlichen Gläser. Mainz 1975

II. C. 1. c. *Entwicklung der Landwirtschaft*

Weber, M., Agrarverhältnisse im Altertum. Gesammelte Aufsätze zur Sozial- und Wirtschaftsgeschichte. Tübingen 1924
Wiskemann, H., Die antike Landwirtschaft und das von Thünen'sche Gesetz. Leipzig 1859
Stevens, C. E., Mediterranean Agriculture. In: Cambridge Economic History of Europe, Bd. 1, Kap. 2. Cambridge 1966²
Laviosa Zambotti, P., Le più antiche culture agricole europee. Mailand 1943
Dembo, L. I., (Die Grundrechtsverhältnisse der antagonistischen Klassengesellschaft), russisch. Leningrad 1954

II. C. 1. d. *Entwicklung der »asiatischen« Produktionsweise*

Felber, R., »Asiatische« oder feudale Produktionsweise in China. Z. f. Geschichtswissenschaft 29, 1971, H. 1
Godelier, M., Der Begriff der asiatischen Produktionsweise. Berlin 1974
Haloun, G., Die Revolution der chinesischen Urgeschichte durch die Chinesen. Japanisch-deutsche Z. f. Wissenschaft u. Technik vom 7. 7. 1925
Lewin, G., Zu einigen Problemen der »Asiatischen Produktionsweise« in der gesellschaftlichen Entwicklung Chinas. Wissenschaftliche Z. der Karl Marx-Univ. Leipzig XIII, 1964, Gesellschaft- und sprachwissenschaftliche Reihe 2. 251–256

Pečirka, J., Referat über die asiatische Produktionsweise gehalten auf der 7. intern. Konferenz marxistischer Forscher im April 1964 in Leningrad. Vestnik Drevnej Istorii 3, 1964, 227 ff.
Rathmann, L. (Hrsg.), Die nichtkapitalistische Entwicklung. Berlin 1972
Sofri, G., Über die asiatische Produktionsweise. Frankfurt 1972
Suret-Canale, J., Referat über die asiatische Produktionsweise gehalten auf dem Intern. Kongreß der Anthropologen und Ethnologen in Moskau. Vestnik Drevnej Istorii 3, 1964, 74 f.
Tökei, F., Die Formen der chinesischen patriarchalischen Sklaverei in der Chou-Zeit. Opuscula Ethnologica Memoriae Ludovici Bìró Sacra, Budapest 1959, 291–318
Tökei, F., Zur Frage der asiatischen Produktionsweise. Neuwied 1969
Varga, E., Über die asiatische Produktionsweise. In: Jahrbuch f. Wirtschaftsgeschichte, t. IV, 1967
Welskopf, E. C., Probleme der Periodisierung der Alten Geschichte. Die Einordnung des Alten Orients und Altamerikas in die weltgeschichtliche Entwicklung. Z. f. Geschichtswissenschaft, V, Berlin 1957, H. 2
Welskopf, E. C., Die Produktionsverhältnisse im Alten Orient und in der griechisch-römischen Antike. Berlin 1957
Wittfogel, K. A., Die Orientalische Despotie. Köln 1962
Wittfogel, K., Die Theorie der orientalischen Gesellschaft. Paris, Z. f. Sozialforschung 1938, 7, 90–122
Zusammenfassung der sowjetrussischen Diskussionen über die Produktionsweise der kretisch-mykenischen Gesellschaftsordnung. Vestnik Drevnej Istorii 2, 1940, 204–218

II. C. 1. e. *Entwicklung der Sklaverei*

Backhaus, W., Marx, Engels und die Sklaverei. Düsseldorf 1972
Günther, R., Einige Bemerkungen zur historischen Gesetzmäßigkeit in der Sklavenhalterordnung. In: E. Ch. Welskopf (Hrsg.), Neue Beiträge zur Geschichte der Alten Welt I, 141–148
Kovalev, S. I., (Zu den Hauptproblemen der sklavenhalterischen Formationen), russisch. Nachrichten der Staatlichen Akademie für die Geschichte der materiellen Kultur 64, 7 ff.
Meiman, M. N., Die wirtschaftlichen Grundlagen der Sklavenhaltergesellschaft (a. d. Russ.). In: Beiträge zur Geschichte der Sklavenhaltergesellschaft. Berlin 1952, 6–18
Nieboer, H. J., Slavery as an Industrial System. Leiden 1900, 1910²
Pfaff-Giesberg, R., Geschichte der Sklaverei. Meisenheim 1955
Welskopf, E. C., Bemerkungen zum Wesen und zum Begriff der Sklaverei. In: Z. f. Geschichtswissenschaft V, 1957, H. 3
Westermann, W. L., Sklaverei. In: Pauly, Suppl. 1935, 894–1068
Brockmeyer, N., Antike Sklaverei. Darmstadt 1972
Finley, M. I., Slavery in Classical Antiquity. Cambridge 1960
Jones, A. M., Slavery in the Ancient World. Econ. Histo. Rev. 9, 1956, 185 ff. Hierzu: V. Andreev in Vestnik Drevnej Istorii 4, 1960, 131–139
Kuzovkov, D. V., (Über die Umstände, unter denen die Unterschiede in der Entwicklung der Sklaverei und ihr höchster Entwicklungsstand in der Antiken Welt hervorgingen), russisch. Vestnik Drevnej Istorii, 1954
Meyer, E., Die Sklaverei im Altertum. In: Kleine Schriften 1910
Oliva, P., Die Bedeutung der antiken Sklaverei. Acta Antiqua 3, 1960, 309 ff.
Tjumenev, A. I., (Geschichte der sklavenhalterischen Gesellschaften in der Antike), russisch. Moskau—Leningrad 1935
Vittinghoff, F., Die Theorie des historischen Materialismus über den antiken »Sklavenhalterstaat«. Saeculum 11, 1960, 89 ff.
Vogt, J., Wege zur Menschlichkeit in der antiken Sklaverei. Tübingen 1958
Vogt, J., Sklaverei und Humanität. Wiesbaden 1965
Wallon, H., Histoire de l'esclavage dans l'antiquité. Paris 1879²
Welskopf-Henrich, L., Beiträge der sowjetischen Geschichtswissenschaft zur Geschichte der Sklavenhaltergesellschaft. Zeitschrift für Geschichtswissenschaft 1, 1953, 127–149
Klíma, J., Zur Stellung der mesopotamischen Sklaven. In: E. Ch. Welskopf (Hrsg.), Neue Beiträge zur Geschichte der Alten Welt I, 19–30
Mendelsohn, I., Slavery in the Ancient Near East. New York 1949
Harmatta, J., Das Problem der Sklaverei im altpersischen Reich. In: E. Ch. Welskopf, (Hrsg.), Neue Beiträge zur Geschichte der Alten Welt I, 3–12

Pečirka, J., Die sowjetischen Diskussionen über das Verhältnis von Orient und Antike im Rahmen der Sklavenhalterformation. In: Eirene, Prag 1964
Lauffer, S., Die Sklaverei in der griechisch-römischen Welt. XIe Congrès Internationale des Sciences Historiques, Stockholm 1960, Rapports 2, 71 ff.
Westermann, W. L., The Slave Systems of Greek and Roman Antiquity. American Philosophical Society. Philadelphia 1955. Hierzu: G. E. M. de St. Croix in Classical Review n. s. 7, 1957, 57 ff.
Koehne, C., Geschlechtsverbindungen der Unfreien. Breslau 1888
Die Entstehung der patriarchalischen Sklaverei (S.›60). Die Sklaverei des alten Orients (S. 75). Die antike Sklaverei (S. 75). In: Lehrbuch Politische Ökonomie – Berlin 1972
Actes du colloque 1971 sur l'Esclavage (à Besançon). Paris 1972

II. C. 2. *Entwicklung des Handels*
Braunert, H., Wirtschaft und Handel. In: Lexikon der Alten Welt. Zürich 1965
Gummerus, X., Industrie und Handel. In: Pauly-Wissowa I, 18
Polanyi, K., Arensberg, C. M. und H. W. Pearson, Trade and Market in the Early Empires. Glencoe, Ill. 1957
Sergeev, V. S., (Feudalismus und Handelskapitalismus in der antiken Welt). Moskau 1926
Speck, E., Handelsgeschichte des Altertums. Leipzig 1901
Stern, E. von, Warenaustausch, Wirtschaftsfragen und Versorgungsprobleme im klassischen Altertum. Halle a. S. 1917

II. C. 3. *Entwicklung der Finanz*
Cavaignac, E., Population et capital dans le monde Méditerranéen antique. Strasbourg 1923
Salvioli, J., Der Kapitalismus im Altertum. Stuttgart 1912
Altheim, F., u. R. Stiel, Finanzgeschichte der Spätantike. Frankfurt 1957

II. D. *Soziale Grundlagen*
Brockmeyer, N., Sozialgeschichte der Antike. Stuttgart 1972
Finley, M. I. (Hrsg.), Studies in Ancient Society. London 1974
Deutsche Historische Gesellschaft. Sozialökonomische Verhältnisse im Alten Orient und im klassischen Altertum. Berlin 1961
Beloch, K. J., Die Bevölkerung der griechisch-römischen Welt. 1886
Kahrstedt, U., Die Bevölkerung des Altertums. In: Handwörterbuch der Staatswissenschaften II, 1924, 655–676
Pöhlmann, R. von, Die Überbevölkerung der antiken Großstädte . . . Leipzig 1884; Nachdruck 1967
Weber, M., Die sozialen Gründe des Untergangs der antiken Kultur. In: Gesammelte Aufsätze zur Sozial- und Wirtschaftsgeschichte, 1974, 307 f.

II. D. 1. *Entwicklung der Städte*
Der Übergang zur Dorf- oder Marktgenossenschaft. In: Lehrbuch Politische Ökonomie. Berlin 1972, S. 60
Müller, A. und W. Nagel, Ausbreitung des Bauern- und Städtertums sowie Anfänge von Haustierzucht und Getreideanbau im Orient und Europa. Berliner Jahrbuch für Vor- und Frühgeschichte 8, 1968, 1 ff.
Sée, G., Naissance de l'urbanisme dans la vallée du Nil. Ivry 1973
Sitterding. M., Fragen zur Entstehung der Stadtkulturen in West-Asien und Südosteuropa. Prähistorische Zeitschrift 34, Berlin 1961, 1–107
McAdams, R., The Evolution of Urban Society: Early Mesopotamia and Prehistoric Mexico. Chicago 1966, 1971
Schneider, A., Die Anfänge der Kulturwirtschaft: Die sumerische Tempelstadt. Essen 1920
Gadd, C. J., The Cities of Babylonia. Cambridge 1964
Mallowan, M. E. L., The Development of Cities from al-Ubaid to the End of Uruk 5. Cambridge 1967
Nagel, W., Die Bauern- und Stadtkulturen im vordynastischen Vorderasien. Berlin 1961–1964
City Invincible: A Symposium on Urbanization and Cultural Development in the Ancient Near East. Chicago 1960

Die Stadt, Geschichte ihrer Entstehung und Entwicklung. In: Große Sowjet-Enzyklopädie 21, Geschichte und Philosophie, Berlin 1953
Ucko, P. J., Tringham R., u. G. W. Dimbleby (Hrsg.), Man, Settlement and Urbanism. Proceed. of a Meeting of the Research Seminar in Archeology. London 1972
Adams, R., The Evolution of Urban Society. Chicago 1965
Braidwood, R. J., u. G. R. Willey, Courses toward Urban Life. Chicago 1962
Menghin, O., Die Bauwerke der jüngeren Stein- und Bronzezeit. In: Handbuch der Archäologie. München 1950, 91–176
Bell, E., Prehellenic Architecture in the Aegean (1925). Nachdruck Washington, D. C., o. J.
Fustel de Coulanges, N. D., La Cité antique. Paris 1878[7]; deutsch 1907

II. D. 2. *Entwicklung des Staates*

Schmidt, W., Der Staat der Urgesellschaft, Organisation des Urstaats, Wertung des Urstaats. In: Werden und Wirken in der Völkerkunde. Regensburg o. J., 174–193
Thurnwald, R., Stufen der Staatsbildung bei den Urzeitvölkern. Z. f. vergl. Rechtswissenschaft 25, 1911
Geiß, H., Die Herausbildung des Staates in der minoischen Periode – Möglichkeiten und Tendenzen. In: J. Herrmann u. F. Sellnow (Hrsg.), Beiträge zur Entstehung des Staates, Berlin 1973, 92–103
Klengel, H., Einige Erwägungen zur Staatsentwicklung in Mesopotamien. In: Beiträge zur Entstehung des Staates, 36–55
Brentjes, B., Zu einigen Schlußfolgerungen von Karl Marx und Friedrich Engels zur Entstehung des Staates im Alten Orient. In: Beiträge zur Entstehung des Staates, 27–35
Miliband, R., Marx und der Staat. Berlin 1971
Sultan, H., Gesellschaft und Staat bei Karl Marx und Friedrich Engels. Jena 1922. Nachdruck Gießen 1973
Sellnow, W., Marx, Engels und Lenin zu den Problemen der Staatsentstehung. In: Herrmann/Sellnow: Beiträge zur Entstehung des Staates. Berlin 1973, 13–26
Engels, F., Der Ursprung der Familie, des Privateigentums und des Staats. Berlin 1953[6]
Leacock, E. B., Einführung zu der amerikanischen Ausgabe von Engels' »Ursprung der Familie, des Privateigentums und des Staats«. New York 1972
Herrman, J. u. I. Sellnow (Hrsg.), Beiträge zur Entstehung des Staates. Berlin 1973
Hirsch, J. (Hrsg.), Probleme einer materialistischen Staatstheorie. Frankfurt 1973
Meyer, E., Einführung in die antike Staatskunde. Darmstadt 1974[2]
Sellnow, I., Bürgerliche Theorien über Staat und Staatsentstehung, in: Herrmann/Sellnow, Beiträge zur Entstehung des Staates, 235–254
Sellnow, I., Gesellschaft–Staat–Recht. Zur Kritik der bürgerlichen Ideologien über die Entstehung von Gesellschaft, Staat und Recht. Berlin 1963
Sellnow, I., Zur Rolle der Volksmassen im Prozeß der Staatsentstehung. In: Beiträge zur Entstehung des Staates, 134–146
Der Staat. Begriff, Wesen und Inhalt. Große Sowjet-Enzyklopädie. Reihe Wirtschaft und Recht. Berlin 1957
Der Staat in der Sklavenhalterordnung. In: Lehrbuch Politische Ökonomie. Berlin 1972, S. 76
Carneiro, R. L., A Theory of the Origin of the State. In: Science 169, 1970 733–738. Teilweise übers. in K. Eder (Hrsg.): Die Entstehung von Klassengesellschaften, Frankfurt 1973, 153 bis 174
Fried, M. H., On the Evolution of Social Stratification and the State. In: S. Diamond, (Hrsg.), Culture in History. New York 1960
Krader, L., The Formation of the State. Englewood Cliffs, N. J. 1968
Lowie, R. H., The Origin of the State, New York 1927, 1929[2]
Meyer, E., Über die Anfänge des Staates und sein Verhältnis zu den Geschlechterverbänden und zum Volkstum. 1907
Milke, W., Staatstypus und Verwandtschaftsterminologie. Z. f. Ethn., 73, 1941, 4 f.
Wertder, P. von, Staatstypus und Verwandtschaftssystem. Afrika XII, 1939

II. D. 3. *Entwicklung der Klassen und des Klassenkampfs*

Benvéniste, E., Traditions indo-iraniennes sur les classes sociales. Journal asiatique 230, 1938, 529–549

Edzard, D. O. (Hrsg.), Gesellschaftsklassen im Alten Zweistromland und in den angrenzenden Gebieten. München 1970
Uttschenko, S. L., Über Klassen und Klassenstruktur der antiken Sklavenhaltergesellschaft. In: Sowjetwissenschaft 1954, 281–288
Mühlmann, W. E., Vorkapitalistische Klassengesellschaft. Z. f. Ethn. 81, 1956, 25–38
Mauke, M., Die Klassentheorie von Marx und Engels. Frankfurt 1970
Kagarow, E. G., (Formen der gesellschaftlichen Bewegungen in der antiken Welt), polnisch. Eos 23, Wroclaw, 177 ff.
Nickel, J., Sozialpolitik und soziale Bewegung im Altertum. Paderborn 1892
Beer, M., Social Struggles in Antiquity. Boston 1923
Brentjes, B., Einige Quellen zur Geschichte der Klassenkämpfe im Alten Orient. Klio 46, 1966
Oertel, F., Die soziale Frage im Altertum. Neues Jahrbuch für Wissenschaft und Jugendbildung 3, 1927, 1 ff.
Pöhlmann, R. von, Geschichte der soziale Fragen und des Sozialismus in der antiken Welt. München 1925[3]
Kahrstedt, U., Besprechung von R. von Pöhlmann, Geschichte der sozialen Frage und des Sozialismus in der antiken Welt. Göttinger Gelehrten-Anzeiger 188, 1926, 97 ff.

II. D. 4. *Entwicklung des Rechts*

Gognet, A. Y., De l'Origine des Loix, des Arts et des Sciences et de leur progrès chez les anciens peuples. Paris 1758
Mommsen, Th., Zum ältesten Strafrecht der Kulturvölker. Leipzig 1905
Bernhöft, F., Über die Grundlagen der Rechtsentwicklung bei den indogermanischen Völkern. Z. f. vergl. Rechtswissenschaft 1878, Bd. 2
Eckstein, W., Das antike Naturrecht in sozial-philosophischer Beleuchtung. Wien 1928
Kunkel, W. und H. J. Wolff, Festschrift für Ernst Rabel, Bd. 2: Geschichte der antiken Rechte und allgemeinen Rechtslehre. Tübingen 1954. Hierzu: A. Steinwenter in Savigny Zeitschrift, Rom. Abt. F 2, 1955, Abt. 410–416
Lipine, L. A., Les anciennes Lois de la Mésopotamie. Receuil de Palestine I, 1954, 63 ff.
Eilers, W., Die Gesetzesstele Chamurabis. Leipzig 1932
Johns, C. H. W., The Oldest Code of Laws in the World promulgated by Hammurabi, King of Babylon, BC 2285–2245. Edinburgh 1903
Cuq, E., Etudes sur le droit babylonien, les lois assyriennes et les lois hittites. Paris 1929
Augapfel, J. Babylonische Rechtsurkunden aus der Regierungszeit Artaxerxes I. und Darius II. Wien 1917
Driver, G. R. und Sir J. C. Miles (Hrsg.), The Babylonian Laws, Bd. 1. Legal commentary, Bd. 2, Transliterated Text. Oxford 1952, 1955, 1957[2].
Walther, A., Das altbabylonische Gerichtswesen. Leipzig 1915
Koschaker, P., Babylonisch-assyrisches Bürgschaftsrecht. Leipzig 1911
Driver, G. R. u. J. C. Miles, The Assyrian Laws. Oxford 1935
Falkenstein, A., Die neusumerischen Gerichtsurkunden. 3 Tle, München 1956–1957.
San Nicolò, M., Beiträge zur Rechtsgeschichte im Bereiche der keilschriftlichen Rechtsquellen. Oslo 1931
Koschaker, P., Keilschriftrecht. Z. d. deutschen Morgenl. Ges. 89, 1935
Kramer, S. N., Ur-Nammu Law Code. Orientalia 23, 1954
Steele, F. R., Code of Libit-Ishtar. American Journal of Archeology 52, 1948, 425 ff.
Bruns, G. u. E. Sachau, Syrisch-römisches Rechtsbuch. Leipzig 1880
Sachau, E., Syrische Rechtsbücher, 3 Bde. Berlin 1914
Szlechter, E., Le contrat de société en Babylonie, en Grèce et à Rome. Paris 1947
Marxistische Beiträge zur Rechtsgeschichte. Humboldt Universität. Berlin 1968
Revue Internationale des Droits de l'Antiquité. Brüssel 1948 ff.

II. D. 5. *Entwicklung des Privatlebens*

Blanck, H., Einführung in das Privatleben der Griechen und Römer. Darmstadt 1972
Cowell, F. R., Leben im Altertum: Der Alltag in Hellas und Rom. (Bd. 7 der »Welt der Antike«) München 1964
Lionnet, A., Palaion. Die Alte Welt. Das Privatleben der Alten. Berlin 1853
Pernice, E., Griechisches und römisches Privatleben. Leipzig und Berlin 1932

II. D. 5. a. *Kleidung*
Lens, A., Das Kostüm der meisten Völker des Alterthums, hrsg. v. G. H. Martini. Dresden 1784
Boehn, M. v., Antike Mode. München 1927
Henzey, L., Histoire du Costume antique. Paris 1922
Lartet, E., Sur l'emploi des aiguilles à coudre dans les temps anciens. In: Matériaux pour l'histoire de l'Homme, 2e série, Nr. 8, 1870, 349–367
Houston, M. G., Ancient Greek, Roman and Byzantian Costume and Decoration. London 1931, 1947²

II. D. 5. b. *Schmuck*
Greifenhagen, A., Schmuck der alten Welt. Berlin 1974
Barini, C., Ornatus muliebris. Turin 1958
Becatti, G., Oreficerie antiche dalle minoiche alle barbariche. Rom 1955
Coche de la Ferté, E., Les bijoux antiques. Paris 1956
Higgins, R. A., Greek and Roman Jewellery. London 1962

II. D. 5. c. *Haartracht*
Wolf, G., Geschichte der Frisur in allen Zeiten. Darmstadt 1952
Spycket, A., La coiffure féminine en Mésopotamie des origines à la Ire dynastie de Babylon. Revue d'Assyriologie et d'Archéologie orientale 48, 1954, 169–177 und 49, 1955, 113–128

II. E. *Sexueller Überbau*

II. E. 1. *Entwicklung der Frau als Individuum*
Bartholomae, Ch., Die Frau im sasanidischen Recht. In: Kultur und Sprache 5, Heidelberg 1924
Boltéro, J., La Femme en Mésopotamie et Israel. In: P. Grimat (Hrsg.), Histoire mondiale de la Femme III. Paris 1965
Descamps, P., La situation de la femme chez les anciens sémites. Revue Internationale de Sociologie 37, 1919, 1–11
Gordon, C. H., Fifteen Nuzi Tablets relating to Women. Le Muséon 48, 1935, 113–132
Gordon, C. H., The Status of Women reflected in the Nuzi Tablets. Zeitschrift für Assyriologie. Neue Folge 9, 1936, 146–169
Mendelsohn, I., The conditional sale into Slavery of Freeborn Daughters in Nuzi and the Law of Exodus 21, 7–11. Journal of the American Oriental Society 55, 1935, 190–195
Grimal, P. (Hrsg.), La Femme dans l'Asie Occidentale Ancienne (Histoire Mondiale de la Femme, Bd. III). Paris 1965
Harris, R., The Naditu Woman. In: Studies Presented to A. L. Oppenheim, Chicago 1964, 106 bis 135
Klíma, J., Die Stellung der ugaritischen Frau. Archiv Orientální 25, 1957, 313–332
Marx, V., Die Stellung der Frau in Babylon gemäß den Kontrakten aus der Zeit von Nebukadnezar bis Darius (604 bis 485). Beiträge zur Assyriologie 4, 1902, 1–77
Muntingh, L. M., The Social and Legal Status of a free Ugaritic Female. Journal of Near Eastern Studies 26, 1967, 102–112
Römer, W. H. Ph., Frauenbrief über Religion, Politik und Privatleben in Mari. Kevelaer 1971
Seibert, I., Die Frau im alten Orient. Leipzig 1973
Burck, E., Die Frau in der griechisch-römischen Antike. München 1969
Birt, Th., Frauen der Antike. Leipzig 1932
Gomme, A. W., The Position of Women in the Fifth and Fourth Centuries. Classical Philology 20, 1925, 1 ff.
Kornemann, E., Große Frauen des Altertums. Wiesbaden 1952, 1958², 1961³
Leipoldt, J., Die Frau in der antiken Welt und im Urchristentum. Leipzig 1954. Hierzu: E. Falscher in: Theologische Literaturzeitung 80, 1955, 750 f.; Ch. Hauffe in Glaube und Gewissen 195, 90 ff.
Seltmann, Ch., Geliebte der Götter. Eine Kulturgeschichte der Frau im Altertum. Stuttgart 1958
Sonnet-Altenberg, H., Hetären, Mütter, Amazonen. Frauenschicksale aus der antiken Welt. Heidenheim 1963
Wiese, L. A., Über die Stellung der Frauen im Altertum und in der christlichen Zeit. Berlin 1854
Zinserling, V., Die Frau in Hellas und Rom. Leipzig und Stuttgart 1972

Alexander, W. H., The History of Women from Earliest Antiquity. Dublin 1779
Heme am Rhyn, O., Die Frau in der Kulturgeschichte. Berlin 1892
Women in Antiquity. Special Issue of Arethusa (Bd. 6, Nr. 1, 1973), the periodical of the Dept. of Classics. State University of New York at Buffalo

II. E. 2. *Entwicklung des Sexualverhaltens*

Finkelstein, J. J., Sex Offences in Sumerian Laws. Journal of the American Oriental Society 86, 1966, 355–372
Weidner, E., Hof- und Harems-Erlasse assyrischer Könige aus dem 2. Jahrtausend v. Chr. Archiv für Orientforschung 17, 1954–1956, 257–293
Ebeling, E., Liebeszauber im Alten Orient. Mitteilungen der Altorientalischen Gesellschaft I, 1925, Nr. 1
Fürstauer, J., Eros im Alten Orient. Stuttgart 1965
Meißner, B., Der Kuß im Alten Orient. Sitzungsberichte der Preußischen Akademie der Wissenschaften, philosophisch-historische Klasse 28, 1934
Moran, W. L., The Scandal of the »Great Sin« at Ugarit. Journal of Near Eastern Studies 18, 1959, 280 f.
Blersch, K., Wesen und Entstehung des Sexus im Denken der Antike. Tübinger Beiträge zur Altertumswissenschaft 29, 1937, 4 ff.
Den Boer, W., Eros en Amor. Man en Vrouw in Griekenland en Rom. Den Haag 1962
Hopfner, Th., Das Sexualleben der Griechen und Römer von den Anfängen bis ins 6. Jahrhundert nach Christus. Prag 1938
Licht, H., Beiträge zur antiken Erotik. Dresden o. J. (1924)
Müller, J., Das sexuelle Leben der alten Kulturvölker. Leipzig 1902
Pollock, R., Geschlecht und Eros in der Antike. In: H. Giese (Hrsg.), Mensch, Geschlecht, Gesellschaft, München o. J. (1968) I, 128–134
Reitzenstein, Freiherr F. v., Liebe und Ehe im europäischen Altertum. Stuttgart 1911
Schlichtegroll, C. F. v., Das Liebesleben im klassischen Altertum. Leipzig o. J.
Vorberg, G., Über das Geschlechtsleben im Altertum. Stuttgart 1925
Wood, R., Sex Life in Ancient Civilizations. In: Encyclopedia of Sexual Behavior (Hrsg. A. Ellis u. A. Arbarbanel). New York 1961, I, 119–131
Lesky, E., Die Zeugungs- und Vorbeugungslehren der Antike und ihr Nachwirken. Wiesbaden 1951. Hierzu: H. Diller in Deutsche Literaturzeitung 75, 1954, 471–474
Balss, H., Die Zeugungslehre und Embryologie der Antike. Quellen u. Studien zur Geschichte der Naturwissenschaft und Medizin 5, 1936, 193–274
Rosenbaum, J., Geschichte der Lustseuche im Altertume . . . Berlin 1904[7]. Nachdruck Leipzig 1971
Licht, H., Reiz-, Stärkungs- und Präventivmittel in der Antike. In: L. Schidrowitz (Hrsg.), Sittengeschichte des Intimsten. Wien und Leipzig 1929, 193–232
Dedo, De antiquorum superstitione amatoria. o. O. 1904
Forbergius, F. C., Antonii Panormitae Hermaphroditus, primus in Germania edidit et apophoreta adjecit. Coburgi 1824. Ins Deutsche übertragen v. Fr. Wolff-Untereichen, o. O. 1908. Nachdruck o. O. u. J. (1968 Hanau?)
Forberg, F. C., De Figuris Veneris. Paris 1907
Vorberg, G., Glossarium eroticum. Stuttgart 1928–1932 (12 Lieferungen)
Vorberg, G., Luxu et Voluptate. Schmiden 1966

II. E. 2. a. *Entwicklung einer erotischen Kunst in der Klassengesellschaft*

Fiedler, F., Antike erotische Bildwerke in Houbens Museum zu Xanten. Wesel 1839
Fuchs, E., Geschichte der erotischen Kunst. Neubearbeitung Berlin 1908
Homefield, W., Altrömische und altägyptische erotische Darstellungen. Anthropophyteia IX, 1912, 270 f.
Vorberg, G., Antiquitates eroticae. o. O. u. J. (1910)
Vorberg, G., Ars erotica veterum. Stuttgart 1926
Vorberg, G., Die Erotik der Antike in Kleinkunst und Keramik. München 1921
Waas, E. u. E. Kuntz, Erotische Grafik von der Antike bis heute. Bonn 1966
Fuhrmann, H., Gespräche über Liebe und Ehe auf Bildern des Altertums. Mitteilungen des Deutschen Archäologischen Instituts, Römische Abteilung 55, 1940, 78 ff.
Rabenalt, A. M., Mimus Eroticus: Die erotische Schauszene in der antiken Welt. Hamburg 1965

II. E. 2. b. *Entwicklung einer erotischen Literatur*
Gasse, H., Liebesdichtungen der Griechen und Römer. Bremen 1963
Villeneuve, B. de, Le livre d'amour des anciens. Paris 1927
Vosseler, M., Die Nachtfeier der Venus: Die Liebesgötter der Antike in literarischen Zeugnissen des Altertums. München 1960

II. E. 2. c. *Entwicklung sadomasochistischer Tendenzen*
Collas, G. Fr. (d. i. C. F. Schlichtegroll), Der Flagellantismus im Altertum. Leipzig 1932

II. E. 2. d. *Entwicklung der Amazonenfigur im Konflikt zwischen mutter- und vaterrechtlichen Traditionen*
Bennet, F. M., Religious Cults associated with the Amazons. New York 1912
Brandt, P., Amazonen. In: M. Marcuse (Hrsg.), Handwörterbuch der Sexualwissenschaft. Bonn 1926, 25 f.
Engle, B. S., The Amazons in Ancient Greece. Psychoanalytic Quarterly 11, 1942, 512–532
Grambo, R., (Amazonen), schwedisch. Fabula VII, 1974, Nr. 1
Hennig, R., Über die voraussichtlich völkerkundlichen Grundlagen der Amazonensagen und deren Verbreitung. Zeitschrift für Ethnologie 72, 1940, Nr. 4–6, 362–371
Hultkrantz über Amazonen. Ethnos 1961, 83 ff.
Klügmann, A., Die Amazonen in der attischen Literatur und Kunst. Stuttgart 1875
Koswen, M. O., Die Amazonen im Kaukasus. Moskauer Rundschau 19, April 1931
Leonhard, W., Hittiter und Amazonen. o. O. 1911
Mordtmann, A. D., Die Amazonen. Hannover 1862
Sir Galahad (d. i. Helene Diener), Mütter und Amazonen. Berlin-Grunewald 1962[2]
Sonnet-Altenberg, H., Hetären, Mütter, Amazonen. Heidenheim 1963
Stricker, X., Die Amazonen in Sage und Geschichte, Berlin 1868

II. E. 2. e. *Entwicklung des hermaphroditischen Konzepts im Konflikt zwischen mutter- und vaterrechtlichen Bestrebungen*
Begouen, H. u. H. Breuil, De quelques figures hybrides de la caverne des Trois-Frères (Ariège). Revue Anthropologique 4–6, 1934, 115–119
Zotz, L., Les idoles paléolithiques de l'être androgyne. Bulletin de la Société Préhistorique Française 48, 1951, 333–340
Zotz, L., Ein altsteinzeitliches Zweigeschlechterwesen. Forschungen und Fortschritte 25, 1949, Nr. 11–12
Bertholet, A., Das Geschlecht der Gottheit. Tübingen 1934
Baumann, H., Das doppelte Geschlecht. Berlin-Lichterfelde 1955
Dümmler, F., Die doppelgeschlechtlichen Götter und der Kleidertausch. Philologus 56, 1897, 22 ff. Auch in: Kleine Schriften II 229 ff.
Klimowsky, E. W., Das mann-weibliche Leitbild in der Antike. München 1972
Römer, L. S. A. M. v., Über die bisexuelle Urnatur des Menschen in Sage und Religion. Jahrbuch für sexuelle Zwischenstufen 5, 1903, 711 ff.
Halley des Fontaines, J. Ch. L., Contribution à l'étude de l'androgynie. La notion dans quelques mythes et quelques rites. Méd. Thesis. Paris 1938
Eliade, M., Androgyny and Wholeness. In: Myths, Dreams and Mysteries. London 1960 (nicht identisch mit der französischen Urfassung)
Schulze, W., Das androgyne Ideal und der christliche Glaube. Lahr-Dinglingen (Diss. Heidelberg 1940) 1940
Hovorka, O. v., Verstümmelungen des männlichen Gliedes bei einigen Völkern des Alterthums . . . Mitteilungen der Anthropologischen Gesellschaft in Wien 24, 1894
Dingwall, E., Male Infibulation. London 1925
Montagu, M. F. A., Infibulation and Defibulation in the Old and New Worlds. American Anthropologist n. s. 147, 1945
Wistrand, C. G., Female Infibulation. Studia Ethnographica Upsaliensa 20, 1964
Fritschek, F., Mulier circumcisa. Mitteilungen der Anthropologischen Gesellschaft in Wien 91, 1961
Blaton, S., Phallic Women. Psychoanalytic Quarterly 16, 1947, 214–244
Green, A., Sur la mère phallique. Revue française de psychanalyse 32, 1968, 1–38

Hermann, I., The Giant Mother, the Phallic Mother, Obscenity. Psychoanalytic Review 36, 1949, 302–307
Leuba, J. H., Mère phallique et mère castratrice. Revue française de psychanalyse 12, 1948, 287 bis 296. Hierzu F. Besold in Internationale Zeitschrift für (ärztliche) Psychoanalyse 1, 1950, 180 f.
Róheim, G., Aphrodite, or the Woman with a Penis. Psychoanalytic Quarterly 14, 1945, 350 bis 390

II. E. 3. *Entwicklung der Ehe*

Post, A. H., Die Geschlechtsgenossenschaft der Urzeit und die Entstehung der Ehe. Oldenburg 1875
Kohler, J., Zur Urgeschichte der Ehe. Stuttgart 1897
Schmidt, P. W., Eingehung der Ehe auf der Urstufe. In: Werden und Wirken der Völkerkunde. Regensburg 1924, 158 ff.
Westermarck, E., Der Ursprung der Ehe. In: E. Westermarck, Geschichte der menschlichen Ehe. Jena 1893, 1–18
Durkheim, E., Origine du mariage dans l'espèce humaine d'après Westermarck. Revue philosophique 1895
Dargun, L. v., Zum Problem des Ursprungs der Ehe. In: Zeitschrift für Naturwissenschaft und Urgeschichte des Menschen 11, 1879
McGee, W. J., The Beginnings of Marriage. American Anthropologist 9, 1896
Achelis, Th., Die Entwicklung der Ehe. Berlin 1893
Unger, J., Die Ehe in ihrer welthistorischen Entwicklung. Wien 1850. Nachdruck Frankfurt am Main 1968
Friedrichs, K., Familienstufen und Eheformen. Zeitschrift für vergleichende Rechtswissenschaft 10, 1892
Oepke, A., Ehe. In: Reallexikon für Antike und Christentum IV, 650 ff.
Wahrmund, L. und E. Weiss, Das Institut der Ehe im Altertum. Weimar 1933
Günther, H. F. K., Die Entführungsheirat (S. 76); Die Raubheirat (S. 81–84) in: H. F.K. Günther, Formen und Urgeschichte der Ehe. Göttingen 1951[3]
Hellwald, F. v., Der Frauenraub und seine Folgen. In: F. v. Hellwald, Die menschliche Familie. Leipzig 1889, 275–305
Müller-Lyer, R., Raubehe. In: F. Müller-Lyer, Phasen der Liebe. München 1913, 106 ff.
Kulischer, J. M., Interkommunale Ehe durch Raub und Kauf. Zeitschrift für Ethnologie 10, 1878
Kohler, J., Studien über Frauengemeinschaft, Frauenraub und Frauenkauf. Zeitschrift für vergleichende Rechtswissenschaft 5, 1883
Westermarck, E., Raubehe und Kaufehe. In: E. Westermarck, Geschichte der menschlichen Ehe, Jena 1893, 384–418
Westrup, X., Über den sogenannten Brautkauf des Altertums. Zeitschrift für vergleichende Rechtswissenschaft 42
Hellwald, F. v., Der Frauenkauf. In: F. v. Hellwald, Die menschliche Familie. Leipzig 1889, 306 bis 346
Günther, H. F. K., Die Kaufheirat. In H. F. K. Günther, Formen und Urgeschichte der Ehe. Göttingen 1951[3], 77–80
Müller-Lyer, F., Kaufehe. In: F. Müller-Lyer, Phasen der Liebe, München 1913, 111 ff.
Müller-Lyer, F., Dienstehe. In: F. Müller-Lyer, Phasen der Liebe, München 1913, 110 f.
Gunther, H. F. K., Die Dienstheirat. In: H. F. K. Günther, Formen und Urgeschichte der Ehe. Göttingen 1951[3], 76
Frazer, J. G., The Marriage of Cross Cousins; The Origin of Cross-Cousin Marriage. In: J. G. Frazer, Man, God and Immortality. London 1927, 172–180
Frazer, J. G., The Levirate and the Sororate. In: J. G. Frazer, Man, God and Immortality. London 1927, 163 f.
Greengus, S., The old Babylonian Marriage Contract. Journal of the American Oriental Society 89, 1969, 505–532
Greengus, S., Old Babylonian Marriage Ceremonies and Rites. Journal of Cuneiform Studies 20, 1966, 55–72
Kramer, S. N., Sumerian Sacred Marriage Songs and the Biblical »Song of Songs«. Mitteilungen des Instituts für Orientforschung 15. Berlin 1969, 262–274
van Praag, A., Droit matrimonial Assyro-Babylonien. Amsterdam 1945

van Selms, A., Marriage and Family Life in Ugaritic Literature. London 1954
Yaron, R., A Royal Divorce at Ugarit. Orientalia n. s. 32, 1963, 21–31
Burrows, M., The Basis of Israelite Marriage. New Haven 1938
Klíma, O., Zur Problematik der Ehe-Institution im Alten Iran. Archiv Orientální 34, 1966, 554 bis 569
Seyfarth, W., Ehen zwischen freien Frauen und Sklaven. Ein Beitrag zur Entwicklung der Beziehungen zwischen den Freien und der Sklavenklasse in den ersten sechs Jahrhunderten unserer Zeit. Byzantinistische Beiträge 1964, 41 ff.
Thierfelder, H., Die Geschwisterehe im hellenistischen und römischen Ägypten. 1960
Landsberger, B., Jungfräulichkeit. Ein Beitrag zum Thema »Beilager und Eheschließung«. Symbolae Iuridicae et Historicae Martino David Dedicate. Leiden 1968, 41–105

II. E. 4. *Entwicklung der Familie*

Lippert, J., Die Geschichte der Familie. Stuttgart 1884
Stern, B. J., The Family, Past and Present. New York und London 1938
Wittfogel, K., Wirtschaftsgeschichtliche Grundlagen der Entwicklung der Familienautorität. In: Adorno u. a. (Hrsg.), Autorität und Familie, Paris 1936, II 473–522
Ebeling, E., Familie. In: Reallexikon der Assyriologie und vorderasiatischen Archäologie III, 1971, 12
Bethe, E., Ahnenbild und Familiengeschichte bei Römern und Griechen. München 1935
Zimmerman, C. G., Introduction to the Graeco-Roman Family Systems. In: C. G. Zimmerman, Family and Civilization, New York 1947, 211–236

III. *Griechenland*

Devambez, P., R. Flacelière, P.-M. Schuhl und R. Martin, Dictionnaire de la civilisation grecque. Paris 1966
Picard, Ch., Manuel d'archéologie grecque. 4 Bde. Paris 1935–1954
Polybius-Lexikon. Erklärung altgriechischer Begriffe. Berlin 1956 ff.
Riesenfeld, H. u. B., Repertorium lexicographicum Graecum. Stockholm 1954
Cagnat, R. u. a. (Hrsg.), Inscriptiones Graecae ad res Romanas pertinente. 4 Bde. in 22 Tln., Paris 1906–1928
Collitz u. a., Sammlung der griechischen Dialektinschriften. Göttingen 1884–1915
Dittenberger, W., Orientis Graeci Inscriptiones Selectae. Leipzig 1903–1905
Dittenberger, W., Sylloge Inscriptionum Graecarum. Leipzig 1915–1924[3]
Fraenkel, M., Die Inschriften von Pergamon. Berlin 1890–1895
Friedländer, P., Epigrammata. Greek Inscriptions in Verse from the Beginnings to the Persian Wars. Berkeley u. Los Angeles 1948
Guarducci, M., Epigrafia greca. 2 Bde. Rom 1967
Hondius, J. J. E. u. E. A. Raubitschek, Supplementum Epigraphicum Graecum. Leiden 1923 ff.
Kern, O., Inscriptiones Graecae. Bonn 1913
Kirchner, J., Imagines inscriptionum Atticarum. Berlin 1935, 1948[2]
Klaffenbach, G., Griechische Epigraphik. Göttingen 1966[2]
Larchfeld, W., Griechische Epigraphik. München 1914[3]
Larfeld, W., Handbuch der griechischen Epigraphik. 2 Bde. in 3 Tln. Leipzig 1898–1902
Latyshev, B., Inscriptiones orae septentrionalis Ponti Euxini. St. Petersburg 1885–1901, 1916[2]
Meiggs, R. u. D. Lewis, A. Selection of Greek Historical Inscriptions to the End of the 5th Century B. C., Oxford 1969
Michel, C., Recueil d'inscriptions grecques. Brüssel 1900
Mihailov, G., Inscriptiones Graecae in Bulgaria repertae. Sofia 1956
Peck, W., Attische Grabschriften 1: Eine Nachlese zum letzten Band der Inscriptiones Graecae II/III[2]. Berlin 1954
Peck, W., Griechische Versinschriften. Berlin 1955 ff.
Pfohl, G., Inschriften der Griechen. Epigraphische Quellen zur Geschichte der antiken Medizin. Darmstadt 1974
Plassard, A., Inscriptions de Délos. Paris 1950. Hierzu G. Klaffenbach in Deutsche Literaturzeitung 72, 1951, 104–107
Schwyzer, E., Dialectorum Graecorum exempla epigraphica potiora. Leipzig 1923

Solmsen, F., Inscriptiones Graecae ad illustrandos dialectos selectae. Leipzig 1903, 1930[4]
Tod, M. N., A Selection of Greek Historical Inscriptions. 2 Bde. Oxford 1933, 1948
Corpus Inscriptionum Regni Bosporani. Moskau–Leningrad 1965 ff.
Inscriptiones Graecae consilio et auctoritate Academiae Litterarum (Regiae) Borussicae (später für ed. minor: Ac. scientiarum Germanicae). Ed. maior: Bände I–V, VII, IX, XII, XIV, Berlin 1873–1939. Ed. minor. ebd. 1913 ff.

III. A. *Geographie*

Philippson, A., Land und See der Griechen. Bonn 1947. Hierzu Otto Maull in Deutsche Literaturzeitung 71, 1950, 133 f.
Philippson, A., und E. Kirsten, Die griechischen Landschaften. 4 Bde. in 8 Tln. Frankfurt am Main 1950–1959. Hierzu Joachim H. Schultze in Deutsche Literaturzeitung 71, 1950, 563 bis 564; 73, 1952, 178–180; 75, 1954, 292
Schoder, R. V., Ancient Greece from the Air. London 1974
Warmington, E. H. (Hrsg.), Greek Geography. London 1934

III. B. *Chronologie*

Alexiou, St., (Neue Elemente zur Chronologie und Geschichte der Ägäis) griechisch. Kretica Chronika 6, 1953, 9–41
Weinberg, S., The Relative Chronology of the Aegean. In: Ehrich, R. W. (Hrsg.), Relative Chronologies in Old World Archaeology, Chicago u. London 1954
Burn, A. R., Dates in Early Greek History. Journal of Hellenic Studies 55, 1935, 130–146

III. B. 1. *Vorgeschichte*

Stubbings, F. H., Prehistoric Greece. London 1972
Dakaris, S., E. Higgs u. R. Hey, The Climate, Environment and Industries of Stone Age Greece. Proceedings of the Prehistoric Society 30, 199–244
Leroi-Gourhan, A., J. Chavaillon u. N. Chavaillon, Paléolithique du Péloponèse. Bull. SPF 60, 1963, 249–265
Syriopoulos, K., (Die Vorgeschichte des Peloponnes), griechisch. Athen 1964. Hierzu A. Sordinas in American Journal of Archaeology 69, 1965, 277 ff.
Syriopoulos, K., (Die Vorgeschichte Zentralgriechenlands), griechisch. Athen 1968
Leroi-Gourhan, A., J. Chavaillon u. N. Chavaillon, Premières résultats d'une prospection de divers sites préhistoriques en Elide occidentale. Ann. Géolog. Pays. Hellén. 14, 324–329
Mylonas, G. E., He neolithike epoche en Helladi. Athen 1928
Caskey, J. L., The Early Helladic Period in the Argolid. Journey of the American School of Classical Studies 29, 1960, 285–303
Åberg, N., Die mittelhelladische Entwicklung. In: N. Åberg, Bronzezeitliche und früheisenzeitliche Chronologie IV, Stockholm 1933, 19–56
Spyropoulos, Th. G., Hysteromykenaikoi helladikoi thesauroi. Athen 1972
Gropengiesser, H., Die Gräber von Attika vormykenischer und mykenischer Zeit. Diss. Heidelberg 1907

III. B. 2. *Die griechischen Wanderungen*

Haley, J. B. u. C. W. Blegen, The Coming of the Greeks. American Journal of Archaeology 32, 1928, 141–145
Wilamowitz-Moellendorf, U., Über die ionische Wanderung (1906). In: Kleine Schriften. Berlin 1971[2], 152–176
Sakellariou, M., La migration grecque en Ionie. Paris 1958
Miltner, F., Die dorische Wanderung. Klio 27, 1934, 54–68
Fuchs, S., Die griechischen Fundgruben der frühen Bronzezeit und ihre auswärtigen Beziehungen. Ein Beitrag zur Frage der Indogermanisierung Griechenlands. Berlin 1937
Krahe, H., Die Indogermanisierung Griechenlands und Italiens. Hierzu Studii şi cercetări de istorie veche 1 Anul VIII, 1957
Acta des 2. Internationalen Kolloquiums über ägäische Vorgeschichte: Die erste Ankunft indoeuropäischer Elemente in Griechenland (Vorsitz: G. Mylonas). Athen 1972

III. B. 2. a. *Ursprung der Griechen*
Myres, J. L., Who Were the Greeks? Berkeley 1930
Poulianos, A., (Der Ursprung der Hellenen), russisch und griechisch. Maschinenschrift.

III. B. 2. b. *Von den Griechen berührte und eroberte Völker*
D'Arbois de Jubainville, Les premiers habitants de l'Europe d'après les écrivains de l'antiquité et les travaux des linguistes. Paris 1894²
Gernière, J. de la, Contribution à l'étude des relations entre Grecs et indigènes sur la Mer Ionienne. Mélange d'archéologie et d'histoire 1970, 621–636
Dunbabin, T. J., The Greeks and their Neighbours. London 1957
Schefold, K., Die Griechen und ihre Nachbarn. Berlin 1967

III. B. 3. *Struktur der griechischen Stammesgesellschaft*
Angell, J. L., A Racial Analysis of the Ancient Greeks. American Journal of Physical Anthropology 1944, 329–376
Durham, M. E., Some Tribal Origins, Laws and Customs of the Balkans. London 1928
Seebohm, H. E., The Structure of Greek Tribal Society. London 1895
Jarde, A., La formation du peuple grec. Paris 1923

III. B. 3. a. *Achaier*
Prentice, W. K., The Achaeans. American Journal of Archaeology 33, 1929, 206–218
Sakellariou, M., Les Achéens. Atti del VI Congresso Internazionale de le delle Scienze Preistoriche e Proto-storiche (1962). Rom 1965, 98–101
Dussaud, R., Préludiens, Lydiens et Achéens. Paris 1953
Huxley, G. L., Achaeans and Hittites. London 1960
Schachermeyr, F., Hethiter und Achäer. Leipzig 1935
Kretschmer, P., Achäer in Kleinasien. Glotta 33, 1954
Carruba, O., Ahhijawa e altri nomi di popoli e di paesi dell'Anatolia occidentale. Athenaeum n. s. 42 (Malcovati Festschrift) 1964, 269 ff.
Schachermeyr, F., Zur Frage der Lokalisierung von Achiawa. In: Minoica (Festschrift J. Sundwall) 1958, 365–380
Porzig, W., Sprachgeographische Untersuchungen zu den Achäern. Indogermanische Forschung 71, 1954, 166–169

III. B. 3. b. *Dorer*
Solmsen, F., Vordorisches in Lakonien. Rheinisches Museum 62, 1907
Andronikos, M., (Die »dorische« Invasion und die archäologischen Funde), griechisch. Hellenika 13, 1954, 221–240
Kretschmer, P., Die Dorer. Glotta 30, 1943, 154–161
Müller, K. O., Die Dorer. 2 Bde. Breslau 1844. Nachdruck 1967
Lagercrantz, O., Die drei dorischen Phylennamen. In: Streitber Festgabe 1924, 213–223. Hierzu P. Kretschmer in Glotta 15, 1927, 194
Will, E., Doriens et Ioniens. Strasbourg 1956
Levi, M. A., Dori ed Eraclidi. Rendiconti dell'Istituto Lombardo 96, 1962, 479 f.
Vitalis, G., Die Entwicklung der Sage von der Rückkehr der Herakliden. Diss. Greifswald 1930

III. B. 3. c. *Ioner*
Cuny, A., Le nom des Ioniens. Revue Hittite et Asianique 7, 1945–1946, Nr. 45, 21 f.
Roebuck, C., Tribal Organisation in Ionia. Transactions and Proceedings of the American Philological Association 92, 1961, 495–507
Sakellariou, M., Les tribes ioniennes-attiques. Europa 1967, 294–302
Huxley, G. L., The Early Ionians. London 1966
Cassolo, F., La Ionia nel mondo miceneo. Rom 1957
Cook, J. M., The Greeks in Ionia and the East. London 1962, 1965²
Bilabel, F., Die ionische Kolonisation. Philol. Suppl. 14, 1920, Nr. 1
Anstead, D. I., The Ionian Islands. London 1863

III. B. 3. d. *Andere Stämme*
Kiechle, F., Die ethnische Zugehörigkeit der Bevölkerung Boiotiens in mykenischen Zeiten. In: Lakonien und Sparta 1963, 258–265

Lerat, L., Les Locriens de l'Ouest. 2 Bde. Paris 1952
Tsoulos, B. (Die Vorgeschichte der Messener und Lakedaimonier), griechisch. Messeniaka Grammata 2, 1967, 527–530

III. B. 4. *Frühgeschichte*

Starr, C. G., The Origins of Greek Civilization 1100–650 B. C., New York 1962
Zervos, Chr., Naissance de la civilisation en Grèce. 2 Bde. Paris 1962–1963
Schachermeyr, F., Die ältesten Kulturen Griechenlands. Stuttgart 1955. Hierzu N. Platon in Kretika Chronika 10, 1957, 154–165, und V. Dumitrescu in Studii şi cervetări de istorie veche 2. Anul IX 1958
Stubbings, F. H., Préhistoric Greece. London 1973
Theocharis, D., (Die prähistorischen Grundlagen der griechischen Zivlisation), griechisch. Archaiologika Analekta ex Athenon 2, Fasz. 1, 1969, 131–141; Fasz. 2, 1969, 277–284
Christopoulos, G. A., Bastias, J. C. u. a., Historia tou hellenikou ethnous. Bd. 1: Prohistoria kai protohistoria; Bd. 2: Arkhaikos hellenismos. Athen 1971–1972

III. B. 4. a. *Bronzezeit*

Åberg, N., Bronzezeitliche Chronologie: Griechenland. Stockholm 1933
Childe, V. G., The Bronze Age. Cambridge 1930
Finley, M. I., Early Greece: The Bronze and Archaic Ages. London 1970
Fuchs, S., Die griechischen Fundgruppen der frühen Bronzezeit. Diss. Heidelberg 1937. Hierzu Fr. Matz in Gnomon 1939, 65 ff., und F. Specht in Zeitschrift für vergleichende Sprachforschung 66, 1939, 71 ff.
Hall, H. R., The Civilization of Greece in the Bronze Age. London 1928
Vermeule, E. T., Greece in the Bronze Age. London 1972[5]
Zafiropoulo, J., Histoire de la Grèce à l'âge du Bronze. Paris 1964

III. B. 4. b. *Das »homerische« Zeitalter*

Bouzek, J., Homerisches Griechenland im Lichte der archäologischen Quellen. Praha 1969
Kagarov, E. G., (Die Gesellschaftsordnung der Griechen in der homerischen Zeit), russisch. Sovjetskaja etnografija 1, 1937, 54 ff.
Lencman, J. A., (Das nachhomerische Epos als Quelle für die Sozial- und Wirtschaftsgeschichte des frühen Griechenland), russisch. Vestnik Drevnej Istorii 4, 1954, 52–71
Nikolaou, P., (Die homerische Gesellschaft in den homerischen Gedichten), griechisch. Famagusta 1960
Finley, M. I., Die Welt des Odysseus, Darmstadt 1974

III. B. 4. c. *Tiryns*

Verdelis, N., Tiryns. In: The Land of the Atrides. London 1964
Deutsches Archäologisches Institut, Athen. Tiryns: Forschungen und Berichte (bisher sechs Bände) Mainz 1938 ff.

III. B. 4. d. *Pylos*

Balta, Ch. A., He Pylos apo ton archaiotaton Chronou mechri tou emeron Pausaniou. Athen 1968
Hiller, St., Studien zur Geographie des Reiches um Pylos nach den mykenischen und homerischen Texten. Wien 1972
Lang, M. L., The Palace of Nestor at Pylos in Western Messenia. 3 Bde. Princeton 1969–1973
Tegyey, J., Die Organisation des pylischen Staates. Acta antiqua 15, 1967, 257 f.
Deroy, L. u. M. Gérard, La cadastre mycénien de Pylos. Rom 1965
Lindgren, M., The People of Pylos. Uppsala 1973
Tritsch, F. J., The Women of Pylos. In: Minoica (Festschrift J. Sundwall) 1958, 406–445

III. B. 4. e. *Mykene*

Tomlinson, R. A. Argos and the Argolid from the End of the Bronze Age to the Roman Occupation. London 1971
Hope Simpson, R., A Gazetteer and Atlas of Mycenaean Sites. London 1965. Hierzu A. Sakellariou in Hellenika 21, 1968, Fasz. 1, 180 f.

Schachermeyr, F., Welche geschichtlichen Ereignisse führten zur Entstehung der mykenischen Kultur? Archiv orientální 17, 1949, 331–345
Bockisch, G. u. H. Geiß, Beginn und Entwicklung der mykenischen Staaten. In: J. Herrmann u. I. Sellnow (Hg.), Beiträge zur Entstehung des Staates, Berlin 1973, 104–122
Mylonas, G., Mycenae and the Mycenaean Age. Princeton 1966
Platon, N., Griechenland: Mykenische Periode. Genf–München 1974
Wace, A. J. B., Mycenae: An Archaeological History and Guide. Princeton 1949. Hierzu G. Mylonas in Archaeology 3, 1950, 61
Palmer, L. R., Mycenaeans and Minoans: Aegean Prehistory in the Light of the Linear B Tablets. London 1965²
Bartonek, A., Zur sozialökonomischen Struktur der mykenischen Gesellschaft. In: E. Ch. Welskopf (Hrsg.), Neue Beiträge zur Geschichte der Alten Welt I, Berlin 1964, 149–162
Papazoglou, F., (Das mykenische und homerische Griechenland. Das Problem der Sequenz der Sozialordnungen), russisch. Vestnik Drevnej Istorii 1, 1961, 23–41
Marinatos, S., Mykenentum und Griechentum. Proceedings of the Second International Congress of Classical Studies I, 1958, 317–323
Ruipérez, M. S. (Hrsg.), Proceedings of the 5th International Colloquium on Mycenaean Studies held at Salamanca 1970. Salamanca 1972. Siehe auch die Acta der früheren Internationalen Colloquien über mykenische Studien.

III. B. 4. f. *Der nachmykenische Verfall*
Mylonas, G., Mycenae's Last Century of Greatness. Sydney 1968
Papademetriou, J. u. W. Taylour, The Last Days of Mycenae. Illustrated London News, Sept. 1961, 490 ff.
Ålin, P., Das Ende der Mykenischen Fundstätten auf dem griechischen Festland. Studies in Mediterranean Archaeology 1, 1962
Desborough, V. R. d'A., u. N. G. L. Hammond, The End of Mycenaean Civilization and the Dark Age. Oxford 1963
Desborough, V. R. d'A., The Last Mycenaeans and their Successors. Oxford 1964
Desborough, V. R. d'A., The Greek Dark Ages, London 1972
Snodgrass, A. M., The Dark Age of Greece, Edinburgh 1972
Toynbee, A., The Post-Mycenaean Völkerwanderung. In: Some Problems of Greek History, London 1970

III. B. 5. *Griechische Geschichte*
Historia tou hellenikou ethnous. Bd. 3: Klassikos hellenismos. 2 Tle. Athen 1973
Beloch, K. J., Griechische Geschichte. 4 Bde. Straßburg 1893–1904, 1912–1927²
Bengtson, H., Griechische Geschichte (= Handbuch der Altertumswissenschaft III). München 1950, 1960², 1969³. Hierzu Ernst Hohl in Deutsche Literaturzeitung 72. 1951, 511–516
Berve, H., Griechische Geschichte, Freiburg 1951²
Ciccotti, E., Griechische Geschichte. Gotha 1920
Curtius, E., Griechische Geschichte. Berlin 1887–1889
Glotz, G. u. R. Cohen, Histoire Grecque. 3 Bde. Paris 1931–1948
Grote, G., A History of Greece. 12 Bde. London 1846–1856, 1869–1870². Deutsch: 6 Bde. Leipzig 1850–1856
Rostovtzeff, M., Griechenland (Geschichte der Alten Welt I). Wiesbaden 1941, 1961²
Thirlwall, C., A History of Greece. 8 Bde. London 1835–1847
D'jakow, W. N. u. S. I. Kowaljew, Geschichte des alten Griechenland. Übs. a. d. Russ., Berlin 1960
Sergeiev, V. S. (Die Geschichte des alten Griechenland), russisch. Moskau–Leningrad 1948
Das alte Griechenland. In: Große Sowjet-Enzyklopädie 30, Berlin 1954

III. B. 5. a. *Athen*
Biris, K. E., Hai toponymiai tes poleos kai ton perichoron ton Athenon. Athen 1971
Kirsten, E., Beiträge zur historischen Landeskunde von Attika und Megaris. In: A. Phillipson (Hrsg.), Die griechischen Landschaften, Frankfurt am Main 1952, Bd. II, Tl. 3: Attika
Travlos, J., Bildlexikon zur Topographie des antiken Athen. Tübingen 1971
Wachsmuth, C., Neue Beiträge zur Topographie von Athen. Leipzig 1897

Petersen, I. C. W., Quaestiones de historia gentium Atticarum. Diss. Schleswig 1880
Toepffer, J., Attische Genealogie. Berlin 1889
Kahrstedt, U., Staatsgebiet und Staatsangehörige in Athen. Stuttgart–Berlin 1934
Clerc, M., Les métèques athéniens. Paris 1893
Urdahl, L. B., Foreigners in Athens. Diss. Chicago 1959
Kagarow, E. G. (Engels' Meinung über den Ursprung des athenischen Staates im Lichte der neuesten historischen Forschungen), russisch. I. Ak. d. Wissenschaften d. UdSSR 1931, 6 ff.
Ostwald, M., Nomos and the Beginnings of the Athenian Democracy. Oxford 1–9
Koerner, R., Die Entwicklung der attischen Demokratie nach dem Peloponnesischen Kriege. In: E. Ch. Welskopf (Hrsg.), Hellenische Poleis, Berlin 1973, I, 132–146
Tarkiainen, T., Die athenische Demokratie. München 1972
Jones, A. H. M., Athenian Democracy. Oxford 1957
Jones, A. H. M., The Economic Basis of Athenian Democracy. Past and Present 1, Februar 1952, 13–31
French, A., The Growth of the Athenian Economy. London 1964
Young, R. S., An Industrial District of Ancient Athens. Hesperia 20, 1951
Gomme, A. W., The Population of Athens in the 5th and 4th Centuries B. C., Oxford 1933
Jacoby, F., Atthis: The Local Chronicles of Ancient Athens. Oxford 1949
Meiggs, R., The Athenian Empire. Oxford 1972
Thompson, H. u. R. E. Wycherly, The Athenian Agora. Princeton 1931 ff. (15 Bände bis 1973)
Rhodes, P. J., The Athenian Boulé. Oxford 1972
Mossé, C., Die politischen Prozesse und die Krise der athenischen Demokratie. In: E. Ch. Welskopf (Hrsg.), Hellenische Poleis I, Berlin 1973, 160–187
Mossé, C., La fin de la démocracie athénienne. Paris 1962

III. B. 5. b. *Sparta*

Kiechle, F., Messenische Studien. Diss. Erlangen 1957
Kroymann, J., Sparta und Messenien. Berlin 1937
Kiechle, F., Lakonien und Sparta. München 1963
den Boer, W., Laconian Studies. Amsterdam 1954
Porala, P., Prosographie der Lakedämonier. Berlin 1913
Ehrenberg, V., Spartiaten und Lakedaimonier. Hermes 59, 1924, 23 ff.
Ehrenberg, V., Sparta. In: Paulys Realencyclopädie Reihe 3, 1929, 1373 ff.
Berve, H., Sparta. Leipzig 1937. Nachdruck Leipzig 1945
Chrimes, K. M. T., Ancient Sparta. Manchester 1949
Michell, H., Sparta. Cambridge 1952
Christou, Chr., (Das antike Sparta), griechisch. Sparta 1960
Roussel, P., Sparte. Paris 1962²
Huxley, G. L., Early Sparta. London 1962
Jones, A. H. M., Sparta. Oxford 1967
Forrest, W. G., A History of Sparta 950 bis 192 B. C., New York 1968
Neumann, J., Die Entstehung des spartiatischen Staates in der lykurgischen Verfassung. Historische Zeitschrift 96 (n. F. 60) 1906, 1 ff.
Bockisch, G., Die Entstehung des Staates der Lakedaimonier. In: J. Herrmann u. I. Sellnow (Hrsg.), Beiträge zur Entstehung des Staates, Berlin 1973, 123–133
Dum, G., Entstehung und Entwicklung des spartanischen Ephorats. Innsbruck 1878.
Meier, Th., Das Wesen der spartanischen Staatsordnung nach ihren lebensgesetzlichen und bodenrechtlichen Voraussetzungen. Klio Beihefte 42, 1939. Nachdruck Aalen 1962
Andrewes, A., The Government of Classical Sparta. In: Ancient Society and Institutions. Oxford 1966
Nilsson, M. P., Die Grundlagen des spartanischen Lebens. Klio 12, 1912, 308 ff.
Kahrstedt, U., Die spartanische Agrarwirtschaft. Hermes 54, 1919, 279 ff.
Hampl, F., Die lakedämonischen Periöken. Hermes 72, 1937, 1–49
Jeannet, C., Les institutions sociales de Sparte. Paris o. J.
Oliva, P., Sparta and her Social Problems. Amsterdam–Prag 1971
Luria, S., Zum politischen Kampf in Sparta gegen Ende des 5. Jahrhunderts. Klio 21, 1927, 404 bis 420

Bockisch, G., Die sozial-ökonomische und politische Krise der Lakedaimonier und ihrer Symmachoi im 4. Jahrhundert v. u. Z. In: E. Ch. Welskopf (Hrsg.), Hellenische Poleis, Berlin 1973, I, 199–230
Toynbee, A., The Rise and Decline of Sparta. In: A. Toynbee, Some Problems of Greek History. London 1970
Jeanmaire, H., Couroi et courètes. Essai sur l'éducation spartiate. Lille 1939
Lionnet, A., Gymnastik der Mädchen in Sparta. In: Palaion, Berlin 1853, 444
Devereux, G., Psychoanalyse et Histoire. Un application à l'histoire de Sparte. Annales 20, 1965, 18–44

III. B. 5. c. *Andere Poleis*

Amit, M., Great and Small Poleis. Brüssel 1973

III. B. 5. d. *Hellenismus*

Historia tou hellenikou ethnous. Band IV: Megas Alexandros. Athen 1973. Band V: Hellenistikoi chronoi. Athen 1974
Droysen, J. G., Geschichte des Hellenismus. 3 Bde. Berlin 1836, 1877². Nachdruck Tübingen 1952
Kaerst, J., Geschichte des Hellenismus. Leipzig–Berlin 1927 ff.
Grönbech, V., Der Hellenismus. Göttingen 1955, S. 190
Toynbee, A., Hellenism. London 1959
Ranowitsch, A. B. (Der Hellenismus und seine geschichtliche Rolle), russisch. Moskau 1950. Deutsch: Berlin 1958, 1973²
Ranowitsch, A. B., Hauptprobleme der Geschichte des Hellenismus. Sowjetwissenschaft, Gesellschaftswissenschaftlichc Abteilung Heft 6, 1954, 838–858
Struwe, W. W., Griechenland und der Hellenismus (a. d. Russ.). Berlin 1954
Charbonneaux, J., R. Martin u. F. Villard, Das hellenistische Griechenland 330–350 v. Chr. München 1971
Cohen, R., La Grèce et l'hellénisation du monde antique. Paris 1948
Ehrenberg, V., Der hellenistische Staat. Leipzig 1958
Kreißig, H., Die Polis in Griechenland und im Orient in der hellenistischen Epoche. In: E. Ch. Welskopf (Hrsg.), Hellenische Poleis II, Berlin 1973, 1074–1084
Kreißig, H., Fragen der sozialökonomischen Basis im Hellenismus des Ostens. In: Jahrbuch für Wirtschaftsgeschichte I, Darmstadt 1955
Rostovtzeff, M., Gesellschafts- und Wirtschaftsgeschichte der hellenistischen Welt. 3 Bde. Darmstadt 1955–1956
Einaudi, L., Greatness and Decline of Planned Economy in the Hellenistic World. Bern 1951

III. C. *Ökonomische Basis*

Will, E., Trois quarts de siècle de recherches sur l'économie grecque antique. Annales 9, 1954, 7–22
Bolkestein, H., Economic Life in Greece's Golden Age. Leiden 1958
Cavaignac, E., L'économie grecque. Paris 1951
Hasebroek, J., Griechische Wirtschafts- und Gesellschaftsgeschichte bis zur Perserzeit. Tübingen 1931. Nachdruck Hildesheim 1966
Kulischer, I. M. (Studien zur Wirtschaftsgeschichte des alten Griechenland), russisch. Moskau 1925
Majewski, K., (Die materielle Kultur des alten Griechenland), polnisch. Warszawa 1956
Michell, H., The Economics of Ancient Greece. Cambridge 1940, 1957²
Souchon, A., Les théories économiques de la Grèce antique. Paris 1898, 1906²
Tjumenev, A. I., (Studien zur Wirtschafts- und Sozialgeschichte im alten Griechenland), russisch. 3 Bde. Moskau–Leningrad 1920–1922
Zimmern, A., The Greek Commonwealth: Politics and Economics. Oxford 1911. Nachdruck London 1961
Büchsenschütz, B., Besitz und Erwerb im griechischen Alterthume. Halle 1869
Kränzlein, A., Eigentum und Besitz im griechischen Recht des 5. und 4. Jahrhunderts v. Chr. Berlin 1963
Köster, K., Die Lebensmittelversorgung der altgriechischen Polis. Berlin 1939

Tabasz, Z., (Archäologische Quellen zur Herstellung der Nahrungsmittel im alten Griechenland), polnisch. Warszawa 1958

Francotte, H., Le pain à bon marché et le pain gratuit dans les cités grecques. Mélanges de droit public grec. Rom 1964

III. C. 1. *Entwicklung der Produktivkräfte*

Die Produktivkräfte der Sklavenhaltergesellschaft. In: Lehrbuch der politischen Ökonomie. Berlin 1972, 67

III. C. 1. a. *Entwicklung der Arbeit*

Stiglitz, R., Die Einstellung des Griechentums zur ländlichen Arbeit. Phil. Diss. Wien 1950

Aymard, A., L'idée de travail dans la Grèce archaique. Journal de psychologie 1948, 29–45

Farrington, B., Head and Hand in Ancient Greece. London 1947

Glotz, G., Le travail dans la Grèce ancienne. Paris 1920

Bilinkski, B., (Die Arbeit im antiken Griechenland: Die hesiodeische Auffassung vom Altertum I), polnisch. Archeologia 2, 1948, 31–103

III. C. 1. b. *Entwicklung der Produktionsinstrumente*

Wasowiczówna, A., (Die Holzverarbeitung im alten Griechenland), polnisch. Warszawa 1957 ff.

Burton Brown, T., The Coming of Iron to Greece. London 1955

Gray, D. H. P., Metal Working in Homer. Journal of Hellenic Studies 1954

Pleiner, R., Iron Working in Ancient Greece. Prague 1969

Ardaillon, E., Les mines du Laurion dans l'antiquité. Paris 1897

Hopper, R. I., The Attic Silver Mines in the Fourth Century B. C. Annual of the British School at Athens 48, 1953

Hopper, R. I., The Mines and Miners of Ancient Athens. Greece and Rome 2. 1961, 138–151

Francotte, H., L'industrie dans la Grèce ancienne. 2 Bde. Brüssel 1900–1901

Guiraud, P., La main-d'œuvre industrielle dans l'ancienne Grèce. Paris 1900

Oertel, F., Zur Frage der attischen Großindustrie. Rheinisches Museum 79, 1930, 230–253

Brumbaugh, R. S., Ancient Greek Gadgets and Machines. New York o. J. (1967)

Mechanika Greka. Eine polnische Publikationsreihe der fünfziger Jahre, die sich mit allen Aspekten der griechischen Mechanik auseinandergesetzt hat. Warszawa 1947 ff.

III. C. 1. c. *Entwicklung der Landwirtschaft*

Otto, W., Ein griechischer Kultmythos vom Ursprung der Pflugkultur. In: Das Wort der Antike, Stuttgart 1962, 140–161

Esmein, A., La propriété foncière dans le poèmes homériques. Nouvelle revue historique du droit français et étranger 14, 1890, 821–845

Ridgeway, W., The Homeric Land System. Journal of Hellenic Studies 6, 1885, 319–339

Adler, G., Solon und die Bauernbefreiung in Attika. Vierteljahresschrift für Staats- und Volkswissenschaft Juli 1895

Bisinger, J., Der Agrarstaat in Platons Gesetzen. Klio Beiheft 17, 1925

Laufer, S., Die platonische Agrarwirtschaft. Hierzu K. Majewski in Roczniki Dziejòw spolecznych i Gospodarczych IV, Warszawa 1937, 320–324

Asheri, D., Distribuzioni di terre nell'antica Grecia. Turin 1966

Lotze, D., Studien zur Rechtsstellung unfreier Landbevölkerungen in Griechenland bis zum 4. Jahrhundert v. Chr. Berlin 1959

Audring, G., Über Grundeigentum und Landwirtschaft in der Krise der athenischen Polis. In: E. Ch. Welskopf (Hrsg.), Hellenische Poleis. Berlin 1973, I, 108–131

Ranowitsch, A. B., (Die abhängigen Bauern im hellenistischen Kleinasien), russisch. Vestnik Drevnej Istorii 2, 1947, 28–39

III. C. 1. d. *Entwicklung der Sklaverei*

Himmelmann, N., Archäologisches zum Problem der griechischen Sklaverei. Wiesbaden 1971

Luria, S. J. (Zur Frage des Sklavereicharakters in der mykenischen Sklavenhaltergesellschaft), russisch. Vestnik Drevnej Istorii 2, 1957, 8–24

Lejeune, M., Textes mycéniens relatifs aux esclaves. Historia 8, 1959

Lencman, J. A., Die Sklaverei im mykenischen und homerischen Griechenland (a. d. Russ.). Wiesbaden 1965. Hierzu N. N. Pikus in Vestnik Drevnej Istorii 1, 1965, 163–166

Lencman, J. A., (Über den historischen Platz der homerischen Sklaverei), russisch. Vestnik Drevnej Istorii 2, 1952, 28–59

Richard, W., De servis apud Homerum. Berlin 1851

Beringer, W., Zu den Begriffen für »Sklaven« und »Unfreie« bei Homer. Historia 10, 1961, 265 bis 268

Schlaifer, R., Greek Theories of Slavery from Homer to Aristoteles. Harvard Studies in Classical Philology 47, 1936, 184 ff.

Beringer, W., Studien zum Bild vom unfreien Menschen in der griechischen Literatur von den Anfängen bis zum Ende des klassischen Dramas. Diss. Tübingen 1956

Oliva, P., (Die unentwickelte Form der Sklaverei im antiken Griechenland), russisch. In: Protokolle der 4. Konferenz der marxistischen Altertumsforscher. Sofia 1962

Mossé, C., La formation de l'état esclavagiste en Grèce. La Pensée n. s. 66, März/April 1965, 67 ff.

Klees, H., Herren und Sklaven. Die Sklaverei im oikonomischen und politischen Schrifttum der Griechen der klassischen Zeit. Wiesbaden 1974

Morrow, G. R., Plato's Law of Slavery. Illinois Studies in Language and Literature 25, 1939, Nr. 3

Sobolevskij, S. I., (Die Sklaven in den Komödien des Aristophanes), russisch. Vestnik Drevnej Istorii 4, 1954, 9 ff.

Westermann, W. L., Athenaeus and the Slaves at Athens. In: Athenian Studies Presented to W. S. Ferguson. Harvard Studies in Classical Philology Supplement 1, 1940, 451–470

Langer, C., De servi persona apud Menandrum. Diss. Bonn 1919

Petre, Z., (Die Sophisten und das Problem der Sklaverei), bulgarisch. In: Protokolle der 4. Internationalen Konferenz der marxistischen Altertumsforscher. Sofia 1962

Borneman, E., Frei und Unfrei. Das Verhältnis zwischen Herren und Sklaven. In: E. Borneman, Griechenland (Die Völker der Erde IX). Brugg–Stuttgart–Salzburg 1975, 164–173

Finley, M. I., The Servile Statuses of Ancient Greece. Revue internationale des droits de l'antiquité 7, 1960, 165–189

Ehrenbrod, L., (Die hellenische Theorie der Sklaverei). Archeologia 4, 1950–1951, 57–62

Richter, W., Die Sklaven im griechischen Altertum. Breslau 1886

Gschnitzer, F., Studien zur griechischen Terminologie der Sklaverei. Wiesbaden 1963 ff.

Lambertz, M., Die griechischen Sklavennamen. Programm Wien 1907

Lencman, J. A., (Über die altgriechischen Termini, die Sklaven bezeichnen), russisch. Vestnik Drevnej Istorii 2, 1951, 47–69

Lotze, D., Hektemoroi und vorsolonisches Schuldrecht. Philologus 102, 1958, 1 ff.

Fritz, K. v., The Meaning of *hektemoros*. American Journal of Philology 61, 1940, 54 ff., 64, 1943, 24 ff.

Lencman, J. A., (Die Sklaven in den Gesetzen Solons), russisch. Vestnik Drevnej Istorii 4, 1958, 51–69

Lewis, N., Solon's Agrarian Legislation. American Journal of Philology 62, 1941, 144 ff.

Lotze, D., Studien zur Rechtsstellung unfreier Landbevölkerungen in Griechenland bis zum 4. Jahrhundert v. Chr. Berlin 1959

Reitemeier, J. F., Geschichte und Zustand der Sklaverei und der Leibeigenschaft in Griechenland. Berlin 1789

Swoboda, H., Über die griechische Schuldknechtschaft. Zeitschrift der Savigny-Stiftung für Rechtsgeschichte, romanistische Abteilung 26, 1905, 190 ff.

Ziebarth, E., Beiträge zur Geschichte des Seeraubs und Seehandels im alten Griechenland. Hamburg 1929

Kuch, H., Kriegsgefangenschaft und Sklaverei bei Euripides. Berlin 1974

Micknat, G., Studien zur Kriegsgefangenschaft und Sklaverei in der griechischen Geschichte. Jahrbuch der Akademie der Wissenschaft und Literatur, Abhandlungen der geistes- und sozialwissenschaftlichen Klasse 11, 1954. Hierzu J. A. Lencman in Vestnik Drevnej Istorii 1956, 107–111

Sargent, L. R., The Use of Slaves by Athenians in Warfare. Classical Philology 22, 1927, 201 ff.

Morrow, G. R., The Murder of Slaves in Attic Law. Classical Philology 32, 1937, 210 ff.

Oehler, J., Gymnesioi. Paulys Realencyclopädie 7, 1912, 2085 ff.

Oehler, J., Katonakophoroi. Paulys Realencyclopädie 11, 1, 1921, 26

Oehler, J., Korynephoroi. Paulys Realencyclopädie 11, 2, 1922, 1460

Ruge, W., Mariandynoi. Paulys Realencyclopädie 14, 1930, 1747 ff.

Miltner, F., Penesten. Paulys Realencyclopädie 19, 1937, 494 f.
Oehler, J., Heloten. Paulys Realencyclopädie 8, 1912, 203 ff.
Singalevič, S. P., (Die Heloten im alten Sparta), russisch. Trudy Marijskogo gosudarst vennogo pedinstituta 8, 1950, 127–154
Diesner, H.-J., Bemerkungen zum Helotenproblem. Wissenschaftliche Zeitschrift Greifswald 3, 1953–1954, Gesellschafts- und sprachwissenschaftliche Reihe 43 f.
Diesner, H.-J., Sparta und das Helotenproblem. In: Festschrift für Adolf Hofmeister II, Greifswald 1956
Struwe, V. V., (Plebejer und Heloten), russisch. Izvestija gosudarstvennoj Akademii Istorii materialnoj kultury 100, 1933, 363–373
Fischer, K.-H., Der große Helotenaufstand von 464–460 v. u. Z. Wissenschaftliche Zeitschrift der Universität Halle 2, 1952, gesellschaftswissenschaftliche und sprachwissenschaftliche Reihe 620–624
Mišulin, A. V., (Zur Erforschung der Sklavenaufstände im alten Griechenland). Vestnik Drevnej Istorii 2, 1939, 21–30
Finley, M. I., Was Greek Civilization based on Slave Labour? Historia 8, 1959, 145–164
Die Produktionsweise der Sklavenhalterordnung. In: Lehrbuch Politische Ökonomie. Berlin 1972, 65–84
Lauffer. S., Die Bergwerksklaven von Laureion. Teil 1: Arbeits- und Betriebsverhältnisse. Teil 2: Gesellschaftliche Verhältnisse. Akademie der Wissenschaft und Kultur, Abhandlungen der sozialwissenschaftlichen Klasse 1955, 12; 1956, 11. Hierzu L. M. Gluskina in Vestnik Drevnej Istorii 1959, 181–191, und H. Wilsdorf in Deutsche Literaturzeitung 81, 1960, 30–38
Arnold, K.-H., Die athenische Sklavenhalterdemokratie. Jur. Diss. Berlin 1955
Jacob, O., Les esclaves publics à Athènes. Liège 1928
Kazakevič, E. L., (Sklaven als Vermögensform in Athen im 4. Jahrhundert v. Chr.). Vestnik Drevnej Istorii 2, 1928, 90–113
Kazakevič, E. L., (Über die Agentensklaven in Athen). Vestnik Drevnej Istorii 3, 1961, 3–21
Kutorga, M. S., (Gesammelte Werke I: Die soziale Stellung der Sklaven und der Freigelassenen in der Republik Athen), russisch. St. Petersburg 1894, 153–560
Sargent, R. L., The Size of the Slave Population at Athens during the Fifth and Fourth Centuries B. C. Urbana, Ill., 1924
Silverio, O., Untersuchungen zur Geschichte der attischen Staatssklaven. Diss. München 1900
Biezunska-Malowist, I., Formen der Sklavenarbeit in der Krisenperiode Athens. In: E. Ch. Welskopf, Hellenische Poleis. Berlin 1973, I, 27–45
Welskopf, E. Ch., Probleme der Sklaverei in der Krisenperiode Athens. Ebd. 86–91
Welskopf, E. Ch., Gedanken und politische Entscheidungen der Zeitgenossen der Krisenperiode Athens über Charakter und Entwicklung der Sklaverei. Ebd. 46–85
Krjuger, O. O., (Die Bewegungen der antiken Sklaven in vorhellenistischer Zeit), russisch. Izvestija Gosudarstvennoj Akademii Istorii Materialnoj Kultury 101, 1934, 116–138
Biezunska-Malowist, I., (Einige Probleme der Sklaverei in der hellenistischen Periode), polnisch. Eos Suplement 20, Warszawa–Wroclaw 1949
Blavatskaja, T. V., E. S. Golubcova und A. I. Pavlovskaja, Die Sklaverei in hellenistischen Staaten im 3. bis 1. Jahrhundert v. Chr. A. d. Russ. Wiesbaden 1972

III. C. 1. e. *Entwicklung der Finanz*

Andreades, A., A History of Greek Public Finance. Cambridge, Mass. 1933 ff.
Böckh, A., Der Staatshaushalt der Athener. Berlin 1886 ff.
Bogaert, R., Banques et banquiers dans les cités greques. Leyden 1968
Bogaert, R., Die Krise der Banken in Athen im 4. Jahrhundert v. u. Z. In: E. Ch. Welskopf (Hrsg.), Hellenische Poleis I. Berlin 1973, 521–530
Cavaignac, E., Etudes sur l'histoire financière d'Athènes au Ve siècle. Paris 1908
Davies, J. K., Athenian Propertied Families 600–300 B.C., Oxford 1971
Fine, J. V. A., Horoi: Studies in Mortgage, Real Security and Land Tenure in Ancient Athens. Athen 1951. Hierzu H. J. Wolff in Savigny Zeitschrift, romanistische Abt. 70, 1953, 411 bis 425
Finley, M. I., Studies in Land and Credit in Ancient Athens 500–200 B.C. New Brunswick, N. J. 1951. Hierzu H. J. Wolff in Savigny Zeitschrift, romanistische Abt. 70, 1953, 411–425
Lauffer, S., Zur Finanzpolitik der athenischen Demokratie. Festgabe Walter Will. Köln 1966, 116 ff.

Schönert-Geiß, E., Die Geldzirkulation Attikas im 4. Jahrhundert v. u. Z. In: E. Ch. Welskopf (Hrsg.), Hellenische Poleis I. Berlin 1973, 531–550
Schwahn, W., Gehalts- und Lohnzahlung in Athen. Rheinisches Museum 79, 1930, 170–177
Tjumenev, A. I., (Gab es einen Kapitalismus im alten Griechenland?), russisch. Petersburg 1923
Wace, A. J. B., The Treasury of Athens. Antiquity 14, 1940, 233–249
Zlatuska, Z. Pachtgeld und Pachtdauer im Bereich der Laurischen Silberbergwerke im 4. Jahrhundert v. u. Z. In: E. Ch. Welskopf (Hrsg.), Neue Beiträge zur Geschichte der Alten Welt I. Berlin 1964, 309–314

III. C. 2. *Entwicklung des Handels*
Hasebroek, J., Staat und Handel im alten Griechenland. Tübingen 1928
Hüllmann, K. D., Handelsgeschichte der Griechen. Bonn 1839
Speck, E., Handelsgeschichte des Altertums II: Die Griechen. Leipzig 1901
Roehlig, J., Der Handel von Milet. Diss. Hamburg 1933
Casson, L., The Grain Trade in the Hellenistic World. Transactions of the American Philological Association 85, 1954
Perrot, G., Le commerce des céréales en Attique au quatrième siècle avant notre ère. In: G. Monod u. G. Fagniez, Revue Historique IV. Paris 1877
Perrot, G., Le commerce de l'argent et le crédit à Athènes au 4e siècle avant J. Chr. La Banque de Pasion et de Phormion. Mémoire d'archéologie, d'épigraphie et d'histoire. Paris 1875

III. D. *Soziale Grundlagen*
Andrewes, A., Greek Society. London 1967. Harmondsworth 1971
Harrison, J. E., Themis: A Study in Greek Social Origins. Cambridge 1912
Lencman, J. A., (Das nachhomerische Epos als Quelle für die Sozial- und Wirtschaftsgeschichte des frühen Griechenland). Vestnik Drevnej Istorii 4, 1954, 52–71
Kagarov, E. G., (Die Gesellschaftsordnung der Griechen in der homerischen Zeit), russisch. Sovjetskaja etnografija 4, 1937, 54 ff.

III. D. 1. *Entwicklung der Städte*
Tritsch, F., Die Stadtbildungen des Altertums und die griechische Polis. Klio 22, 1928, 1–83
Freeman, K., Greek City States. London 1950. Hierzu K. Svoboda in Deutsche Literaturzeitung 73, 1952, 736 f.
Wycherley, R. E., How the Greeks Built Cities. London 1962
Giuliano, A., Urbanistica delle città greche. Mailand 1966
Glotz, G., La cité grecque. Paris 1928
Kirsten, E., Die griechische Polis als historisch-geographisches Problem des Mittelmeerraumes. Bonn 1956
Toynbee, A., An ekistikal Study of the Hellenic City-State. Athens 1971
Welskopf, E. Ch. (Hrsg.), Hellenische Poleis. 4 Bde. Berlin 1973
Ehrenberg, V., Polis und Imperium. Zürich u. Stuttgart 1964
Jurewicz, O. u. H. Kuch (Hrsg.), Die Krise der griechischen Polis. Berlin 1970
Archaies Hellenikes Poleis. Athen. Bis 1973 waren 23 Bände erschienen

III. D. 2. *Entwicklung des Staates*
Weber, W., Die Staatenwelt des Mittelmeers in der Frühzeit des Griechentums. Stuttgart 1925
Andreades, A. M., Geschichte der griechischen Staatswirtschaft. 2 Bde. München 1931
Busolt, G. u. H. Swoboda, Griechische Staatskunde. 2 Bde. München 1920–1926
Ehrenberg, V., Der Staat der Griechen. 2 Bde. Leipzig 1957–1958
Gschnitzer, F., Zur griechischen Staatskunde. Darmstadt 1969
Kahrstedt, U., Staatsgebiet und Staatsangehörigkeit in Athen. Stuttgart 1934
Tomberg, F., Polis und Nationalstaat. Neuwied 1973

III. D. 3. *Entwicklung der Klassen und des Klassenkampfes*
Tjumenev, A. J., (Die Auflösung der Gentilverfassung und die soziale Revolution des 7. und 6. Jahrhunderts v. u. Z. in Griechenland), russisch. In: Marr u. Prijužin, Probleme der Geschichte der vorkapitalistischen Gesellschaftsordnungen. Moskau–Leningrad 1934

Stein, L., Das erste Auftauchen der sozialen Frage bei den Griechen. In: Die soziale Frage im Lichte der Philosophie. Stuttgart 1897
Oertel, O., Klassenkampf, Sozialismus und organischer Staat im alten Griechenland. Bonn 1942
Welskopf, E. Ch., Soziale Gruppen- und Typenbegriffe: Klasse, Stand, Schicht, Privatmann, Individualität. Hellenen und Barbaren, Polis und Territorialstaat. In: E. Ch. Welskopf (Hrsg.), Hellenische Poleis IV. Berlin 1973, 2141–2176
Wason, M. O., Class Struggle in Ancient Athens. London 1947. Nachdruck New York 1973
Mossé, C., Classes sociales et régionalisme à Athènes au début du 4e siècle. L'antiquité classique 33, 1964, 401–412
Oliva, P. u. J. Burian, Soziale Probleme im Hellenismus und im römischen Reich. Acta der Konferenz Liblice 1972. Prag 1973

III. D. 4. *Entwicklung der Politik*

Barker, E., Greek Political Thought. London 1918, 1970^{5}
Mossé, C., Les institutions politiques grecques. Paris 1967
Sealey, R., Essays in Greek Politics. New York 1966
Sinclair, T. A., A History of Greek Political Thought, London 1951, 1959^{2}
Vernant, J. P., Espace et organisation politique en Grèce ancienne. Paris 1965
Weber-Schäfer, P., Das politische Denken der Griechen. München 1969

III. D. 5. *Entwicklung des Rechts*

Berneker, E. (Hrsg.), Zur griechischen Rechtsgeschichte. Darmstadt 1968
Ehrenberg, V., Die Rechtsidee im frühen Griechentum. Stuttgart 1921. Nachdruck Darmstadt 1966
Jones, J. W., The Law and Legal Theory of the Greeks. Oxford 1956
Weiß, E., Griechisches Privatrecht. 2 Bde. Leipzig 1923 ff.
Baunack, J. u. T., Die Inschriften von Gortyn. Leipzig 1885
Kohler, J. u. E. Ziebarth, Das Recht von Gortyn und seine Beziehungen zum gemeingriechischen Rechte. Göttingen 1912
Lewy, H., Altes Stadtrecht von Gortyn auf Kreta. Berlin 1885
Bonner, R. J. und G. Smith, The Administration of Justice from Homer to Aristotle. 2 Bde. Chicago 1930–1938
Beauchet, L., Histoire du droit privé de la république athénienne. 4 Bde. Paris 1897
Harrison, A. R. W., The Law of Athens. 2 Bde. London 1971
Oliver, J. H., The Athenian Expounders of the Sacred and Ancestral Law. Baltimore 1950. Hierzu H. J. Wolff in Zeitschrift der Savigny Stiftung für Rechtsgeschichte 68, 1951, romanistische Abteilung 537–541
Hansen, M. H., The Sovereignty of the People's Court in Athens in the 4th Century B. C. and the Public Action against Unconstitutional Proposals. Odense 1974
Dareste, R., B. Haussoullier u. T. Reinach, Recueil des inscriptions juridiques grecques. 6 Bde. Paris 1891–1904
Prott, J. v. und L. Ziehen, Leges Graecorum Sacrae e titulis collectae. Leipzig 1896–1906
Wilhelm, A., Griechische Inschriften rechtlichen Inhalts. Athen 1951

III. D. 6. *Entwicklung der moralischen Konzepte*

Adkins, A. W. H., Moral Values and Political Behaviour in Ancient Greece, from Homer to the End of the 5th Century B. C. London 1971
Dover, K. J., Greek Popular Morality in the Time of Plato and Aristotle. Oxford 1947
Jones, W. H. S., Greek Morality. London 1906
Schmidt, L., Die Ethik der Alten Griechen. 2 Bde. Berlin 1882

III. D. 7. *Entwicklung der Philosophie*

Zeller, E., Die Philosophie der Griechen in ihrer geschichtlichen Entwicklung. 3 Tle. in 6 Bdn. Leipzig 1844–1852. Nachdruck Hildesheim 1963
Guthrie, W. K. C., A History of Greek Philosophie. 3 Bde. Cambridge 1962 ff.
Thomson, G., The First Philosophers. London 1955, 1961^{2}, 1972^{3}. Deutsch: Die ersten Philosophen. Berlin 1961. Nachdruck Berlin 1974

III. D. 8. *Entwicklung des Privatlebens*

Borneman, E., Das Leben im Haus und in der Gemeinschaft. In: Griechenland (Die Völker der Erde IX). Brugg–Stuttgart–Salzburg 1975, 174–193

Groß, W. H., Griechisches Privatleben im Altertum. München 1963

Mahaffy, J. P., Social Life in Greece from Homer to Meander. London 1875

Mireaux, E., So lebten die Griechen zur Zeit Homers. Stuttgart 1956

Robinson, C. E., Everyday Life in Ancient Greece. Oxford 1933, 1958²

Webster, T. B. L., Everyday Life in Classical Athens. London 1969

Welskopf, E. Ch., Probleme der Muße im alten Hellas. Berlin 1962

III. D. 8. a. *Kleidung*

Borneman, E., Nacktheit. In: Griechenland (Die Völker der Erde IX). Brugg–Stuttgart–Salzburg 1975, 205–208

Abrahams, E., Greek Dress. London 1908. Neu bearbeitet von Lady Evans unter dem Titel: Ancient Greek Dress. Chicago 1964

Barker, A. W., Domestic Costumes of Athenian Women in the 5th and 4th Centuries B. C. American Journal of Archaeology 26, 1922, 410–425

Bieber, M., Entwicklungsgeschichte der griechischen Tracht. Berlin und Leipzig 1934. Nachdruck Berlin 1967

Bieber, M., Griechische Kleidung. Berlin und Leipzig 1928. Nachdruck Berlin 1974

Borneman, E., Kleidung. In: Griechenland (Die Völker der Erde IX). Brugg–Stuttgart–Salzburg 1975, 196–205

Borneman, E., Strophion. In: Lexikon der Liebe, München 1968, 1969² II, 411 und I 119. Sexuallexikon, Frankfurt am Main 1969, 65 und 522. Lexikon der Liebe und Erotik, Stuttgart und Hamburg o. J. 65 und 522

Evans, M. M., Chapters on Greek Dress. London 1893. Nachdruck Chicago 1964

Gullberg, E. und P. Åström, The Thread of Ariadne: A Study of Ancient Greek Dress. Göteborg 1970

Rößler, D., Gab es Modetendenzen in der griechischen Tracht am Ende des 5. und 4. Jahrhunderts v. u. Z.? In: E. Ch. Welskopf (Hrsg.), Hellenische Poleis III, Berlin 1973, 1539–1569

Studnicka, F., Beiträge zur Geschichte der altgriechischen Tracht. Wien 1886

Weber, H., Griechische Frauentrachten im 4. Jahrhundert v. d. Zeitwende. Würzburg–Aumühle o. J. (1938?)

III. D. 8. b. *Schmuck*

Blanck, I., Studien zum griechischen Halsschmuck der archaischen und klassischen Zeit. Mainz 1974

Boardman, J. und M. Hirmer, Greek Gems and Finger Rings. New York 1970

Jacobsthal, P., Greek Pins and the Connexions with Europe and Asia. Oxford 1956

Ziomecki, J. (Die Glyptik im alten Griechenland. Ein Abriß der Untersuchungen über die Technik der Bearbeitung von Edel- und Halbedelsteinen). Polnisch. Warszawa 1960

III. D. 8. c. *Haartracht*

Lionnet, A., Bart und Haartracht bei den Griechen. In: Palaion, Berlin 1853, 379

III. E. *Sexueller Überbau*

Borneman, E., Mann und Frau: Konfrontation zwischen Mutter- und Vaterrecht. In: Griechenland (Die Völker der Erde IX). Brugg–Stuttgart–Salzburg 1975, 118–163

Vogt, J., Von der Gleichwertigkeit der Geschlechter in der bürgerlichen Gesellschaft der Griechen. Akademie der Wissenschaft und der Literatur zu Mainz, Abhandlungen der geistes- und sozialwissenschaftlichen Klasse 1960, 2

III. E. 1. *Entwicklung der Frau als Individuum*

O'Faolain, J. und L. Martines, Not in God's Image: Women in History from the Greeks to the Victorians. London 1970, New York 1973

Donaldson, J., Woman: Her Position and Influence in Ancient Greece and among the Early Christians. New York 1907

Bieber-Lux, D., Die Frau in der griechischen Sage und Geschichte. Berlin 1927

Kakridis, J. Th., The Role of Woman in the Iliad. Eranos Jahrbuch LIV, 1956, 21 ff.
Burger, F., Die griechischen Frauen. München 1926
Koechly, H., Über . . . die gesellschaftliche Stellung der Frauen bei den Griechen. In: Akademische Vorträge und Reden I, Zürich 1859, 153 ff.
Paoli, U. E., La donna greca nell'antichità. Florenz 1953. Deutsch: Die Frau im Alten Hellas. München 1955
Radermacher, L., Die Stellung der Frau innerhalb der griechischen Kultur. Mitteilungen des Vereins der Freunde des humanistischen Gymnasiums in Wien 27, 1929, 6 ff.
Gomme, A. W., The Position of Women in Athens in the 5th and 4th Centuries. Classical Philology 20, 1925, Nr. 1, 1 ff. Nachdruck in: Essays in Greek History and Literature, London 1937
Lallier, R., De la condition de la femme dans la famille athénienne au 5e et 4e siècle. Paris 1875
Shear, T. L., Koisyra: Three Women of Athens. Phoenix 17, Toronto 1963, 99 ff.
Jenzer, A., Wandlungen in der Auffassung der Frau im ionischen Epos und in der attischen Tragödie bis auf Sophokles. Diss. Basel 1933
Erbse, H., Sokrates und die Frauen. Gymnasium 1965
Post, L. A., Woman's Place in Menander's Athens. Transactions and Proceedings of the American Philological Association 71, 1940, 420 ff.
Benecke, E. F. M., Antimachus of Colophon and the Position of Women in Greek Poetry. London 1896
Vatin, Cl., Recherches sur . . . la condition de la femme mariée à l'époque hellénistique. Paris 1970
Herfst, P., Le travail de la femme dans la Grèce ancienne. Diss. Utrecht 1922
Heiberg, J. L., Die Frauenfrage im alten Athen. Kopenhagen 1916
Braunstein, O., Die politische Wirksamkeit der griechischen Frau. Berlin 1911
Bruns, I., Frauenemancipation in Athen (Kiel 1900). In: Vorträge und Aufsätze, München 1905
Luria, S., Frauenpatriotismus und Sklavenemanzipation in Argos. Klio 26, 1933, 211 ff.
Post, L. A., Feminism in Greek Literature. Classical Review 248, 1927, Nr. 1, 354 ff.
Wright, E. A., Feminism in Greek Literature from Homer to Aristotle. London 1923
Poestion, J. C., Griechische Dichterinnen. Wien 1876
Wehrli, C., Les gynéconomes. Museum Helveticum 19, 1962, 33–38

III. E. 2. *Entwicklung des Sexualverhaltens*

Borneman, E., Geschlechtsverkehr. Motivation griechischer Sexualpraktiken. In: Griechenland (Die Völker der Erde IX). Brugg–Stuttgart–Salzburg 1975, 259–287
Dover, K. J., Eros and Nomos. Bulletin of the London Institute for Classical Studies 2, 1964, 31 bis 42
Marcadé, J., Eros Kalos. Genf 1962
Munin, W. (Hrsg.), Eros in Hellas. Düsseldorf–Köln 1965
Flacelière, R., L'amour en Grèce. Paris 1960
Keller, A., La Grèce antique amoureuse. Paris 1908. Deutsch: Die Liebe im alten Griechenland. Wien 1910
Bruns, I., Attische Liebestheorien. In: Vorträge und Aufsätze, München 1905
Driesmann, H., Das Geschlechtsempfinden der Griechen. Magazin für Literatur 1900, Nr. 51 bis 52. Hierzu Praetorius im Jahrbuch für sexuelle Zwischenstufen 3, 1901, 393
Lieberg, G., Die Lehre von der Lust in den Ethiken des Aristoteles. München 1958
Licht, H., Sittengeschichte Griechenlands. 3 Bde. Zürich 1925–1928
Licht, H., Sexuelle Reizmittel und Verjüngungskuren in Altgriechenland. Zeitschrift für Sexualwissenschaft 13, Juli 1926, 134–137
Normann, F., Die von der Wurzel *phil* gebildeten Wörter in der Vorstellung von der Liebe im Griechischen. Diss. Münster 1952
Robinson, D. M. und E. J. Fluck, A Study of the Greek Love Names. Baltimore 1937
Dulaure, J. A., Vom Phalluskult bei den Hellenen. In: Die Zeugung, Leipzig 1909, 52–62. Nachtrag von H. Ihm, ebd. 303–306, 308
Goyanes Capdevila, J., La simbolica sexual en la mitología greco-romana. Gaceta Médica Español 29, 1955, 132–136

III. E. 2. a. *Entwicklung der Körperkultur*

Borneman, E., Körperpflege. In: Griechenland (Die Völker der Erde IX). Brugg–Stuttgart–Salzburg 1975, 206–217

Lukas, G., Die Körperkultur in frühen Epochen der Menschheitsentwicklung. Berlin 1969
Bulle, H., Der schöne Mensch im Altertum. Eine Geschichte des Körperideals bei Ägyptern, Orientalen, Griechen. München 1962³
Popplow, U., Leibesübungen und Leibeserziehung in der griechischen Antike. Berlin 1959
Nebel, G., Agon und Wettkampfarten. In: Pindar und die Delphik. Stuttgart 62–70
Weiler, I., Der Agon im Mythos. Darmstadt 1974
Meuli, K., Der Ursprung der olympischen Spiele. Die Antike 18
Cornford, F. M., The Origin of the Olympic Games. In: J. E. Harrison, Themis. Cambridge 1912, 212 ff.

III. E. 2. b. *Entwicklung einer erotischen Klassenkunst*

Vorberg, G., Ars erotica veterum. Stuttgart 1926. Erweiterter Nachdruck Hanau 1968
Bielefeld, E., Erostasie. Wissenschaftliche Zeitschrift der Universität Greifswald 1951/1952, gesellschafts- und sprachwissenschaftliche Reihe 1, 53–54
Greifenhagen, A., Griechische Eroten. Berlin 1957
Richer, P., Le nu dans l'art V: L'art grec. Paris 1926
Seltman, Ch., The Statues of Women in Athens. Greece and Rome, Series 2, 1954/1955, 119 ff.
Ahrem, M., Das Weib in der antiken Kunst. Jena 1914
Clark, L. P. und H. R. Cross, A Psychohistorical Study of the Sex Balance in Greek Art. New York 1924

III. E. 2. c. *Entwicklung einer erotischen Literatur*

Englisch, P., Geschichte der erotischen Literatur Griechenlands. Anthropophyteia 10, 1913, 209 bis 224
Gasse, H., Liebesdichtungen der Griechen und Römer. Bremen, Sammlung Dieterich 299
Kytzler, B., Erotische Briefe der griechischen Antike. München 1967
Licht, H., Die Erotik in den epischen Gedichten der Griechen. Zeitschrift für Sexualwissenschaft 9, Juni 1922, 65–74
Weinreich, O., Der griechische Liebesroman. Zürich 1963
Koerte, A., Das Liebesmotiv in Epos und Drama der Griechen. Forschungen und Fortschritte 6, 1930, 160 ff.
Radermacher, L. und F. John, Altgriechische Liebesgeschichten, Historien und Schwänke. Berlin 1970
Jax, K., Die weibliche Schönheit in der griechischen Dichtung. Innsbruck 1933
Licht, H., Drei erotische Kapitel aus den Tischgesprächen des Athenaios. Sexualprobleme 5, November 1909, 812 ff.
Page, D. L., Sappho und Alceaus: An Introduction to the Study of Ancient Lesbian Poetry. Oxford 1955
Lobel, E. und D. L. Page, Poetarum Lesbiorum Fragmenta. Oxford 1955. (Zu Sappho und der lesbischen Dichtung siehe auch Abteilung III. E. 2. g)
Beckby, H., Anthologia Graeca. 4 Bde. München 1957–1958, 1968²
Stadtmueller, H., Anthologia Graeca epigrammatum Palatina cum Planudeo. 3. Bde. Leipzig 1894, 1899, 1906

III. E. 2. d. *Entwicklung des erotischen Theaters*

Borneman, E., Theater: Ursprung und Hintergrund. In: Griechenland (Die Völker der Erde IX). Brugg–Stuttgart–Salzburg 1975, 220–230
Rabenalt, A. M., Mimus Eroticus I: Antike. Hamburg 1965
Brommer, F., Satyrspiele. Berlin 1959²
Buschor, E., Satyrtänze und frühes Drama. München 1943
Hommel, H., Zum Satyrdrama Agen. Hermes 75, 1940, 237–240
Steffen, W., Zum Satyrdrama Agen. In: Aus der altertumswissenschaftlichen Arbeit Volkspolens, Berlin 1959, 36–43
Steffen, W., Satyrographorum Graecorum fragmenta. Poznań 1952
Webster, T. B. L., Satyr-Play. In: Monuments Illustrating Tragedy and Satyr-Play. London 1968²
Werner, O., Griechische Satyrspiele von Euripides, Sophokles und Aischylos. Stuttgart 1968, 1970²

III. E. 2. e. *Entwicklung sadomasochistischer Tendenzen*

Borneman, E., Sadomasochismus. In: Griechenland (Die Völker der Erde IX). Brugg–Stuttgart–Salzburg 1975, 279–283

Glotz, G., L'ordalie dans la Grèce primitive. Paris 1904

Reinach, S., La flagellation rituelle. In: Culte, Mythe et Religions I, 180 ff.

III. E. 2. f. *Entwicklung bisexueller Tendenzen*

Borneman, E., Hermaphrodit. In: Lexikon der Liebe II, München 1968, 1969², 444 f. Sexuallexikon, Frankfurt am Main 1969, 236. Lexikon der Liebe und Erotik, Stuttgart und Hamburg o. J., 236

Brandt, P., Hermaphroditos. In: M. Marcuse (Hrsg.), Handwörterbuch der Sexualwissenschaft, Bonn 1926, 270 ff.

Couve, L., Hermaphroditos. In: Daremberg/Saglio, Dictionnaire des Antiquités III, 1904

Delcourt, M., Hermaphrodite. Paris 1956

Hermann, P., Hermaphroditos. In: W. H. Roscher, Ausführliches Lexikon der Griechischen und Römischen Mythologie I, 2319 ff.

Jessen, X., Hermaphroditos. In: Paulys Realencyclopädie 8, 1912

Heinrich, C. F., Commentatio academica qua Hermaphroditorum artis antiquae . . . Hamburg 1805

Kroll, W., Kinaidos. In: Paulys Realencyclopädie 11, 1922, 459–462

Jeanmaire, H., Couroi et Courètes. Paris 1939

Richter, G. M. A., Kouroi. Archaic Greek Youths. A Study of the Kouros-Type in Greek Sculpture. London 1970³

Schneider, L. A., Die Asymmetrie griechischer Köpfe vom 5. Jahrhundert bis zum Hellenismus. Wiesbaden 1973

Wagner, R., Harmonikale Proportionsstudien an griechischen Statuen. Icking 1971

III. E. 2. g. *Entwicklung der Päderastie und Homosexualität*

Eglinton, J. Z., Greek Love. New York 1964. Deutsch: Griechische Liebe. Hamburg 1967

Meier, M. H. E., Geschichte der griechischen Liebe in der Antike Paris 1952

Klein, W., Die griechischen Vasen mit Lieblingsinschriften. Leipzig 1898

Symonds, J. A., A Problem in Greek Ethics, being an Inquiry into the Phenomenon of Sexual Inversion. London 1901, 1908²

Hösli, H., Die Männerliebe der Griechen. Münster 1836–1838

Knapp, O., Die Homosexuellen nach hellenischen Quellenschriften. Anthropophyteia 3, 1906, 254–260

Gould, Th., Platonic Love. London 1903

Kelsen, H., Die platonische Liebe. Imago 19, 1933, 34–98, 225–256

Lagerborg, R., Die platonische Liebe. Leipzig 1926. Hierzu O. Pfister in Imago 12, 1926, 527; Eduard Hitschman, ebd. 561; Heinrich Meng in Zeitschrift für Psychoanalytische Pädagogik 4, 1930, 267 f.

Robin, L., La théorie platonienne de l'amour. Paris 1908

Gesner. J. M., Socrates sanctus paederasta. Abhandlungen der Göttinger Akademie 1742. Auch in Gesners Opuscula. Breslau 1743 ff.

Kiefer, O., Sokrates und die Homosexualität. Jahrbuch für sexuelle Zwischenstufen 9, 1908, 197 ff.

Taeger, Fr., Alkibiades. Gotha 1920

Kroll, W., Knabenliebe. In: Paulys Realencyclopädie 11, 1922, 897–906

Bethe, E., Die dorische Knabenliebe. Rheinisches Museum für Philologie, n. F. 62, 1907, 438 bis 475

Kroll, W., Freundschaft und Knabenliebe. München 1927

Nebel, G., Polis und Knabenliebe. In: Pindar und die Delphik. Stuttgart 1961, 96–101

Licht, H., Der *paidon eros* in der griechischen Dichtung. 9 Tle.: Jahrbuch für sexuelle Zwischenstufen 8, 1906, 619–684; 9, 1908, 213–321; Anthropophyteia 7, 1910, 128–179; 8, 1911, 216–224; 9, 1912, 219–316; Zeitschrift für Sexualwissenschaft 9, 1922, 65–74.
Teil 7 (Die Erotes des Lukian) als separater Band, München 1920. Teil 8 (Lukianos von Samosata) als separater Band, Bonn 1921

Meyer, E., Vom *paidon eros* der Antike zur Homosexualität der Gegenwart. Zeitschrift für Sexualwissenschaft 16, 1929, 225–235

Borneman, E., Pädophilie. In: Griechenland (Die Völker der Erde IX), Brugg–Stuttgart–Salzburg 1975, 283 f.
Brandt, P., Päderastie (im Altertum). In: M. Marcuse (Hrsg.), Handwörterbuch der Sexualwissenschaft. Bonn 1926, 535–539
Kroll, W., Päderastie. In: Paulys Realencyclopädie
Meier, M. H. E., Päderastie. In: Ersch/Gruber, Allgemeine Encyclopädie der Wissenschaften und Künste. Leipzig 1837
Nebel, G., Päderastie. In: Pindar und die Delphik. Stuttgart 1961, 87–91
Brandt, P., Tribadie. In: M. Marcuse (Hrsg.), Handwörterbuch der Sexualwissenschaft. Bonn 1926, 778 f.
Kroll, W., Lesbische Liebe. In: Paulys Realencyclopädie 12, 1925, 2100 ff.
Borneman, E., Lesbos. In: Lexikon der Liebe II, München 1968, 1969², 9 bis 10. Sexuallexikon, Frankfurt am Main 1969, 309 f. Lexikon der Liebe und Erotik. Stuttgart und Hamburg o. J., 309 f.
Borneman, E., Sapphismus. In: Lexikon der Liebe II. München 1968, 1969². Sexuallexikon, Frankfurt am Main 1969, 477–478 Lexikon der Liebe und Erotik. Stuttgart und Hamburg o. J., 477 f.
Braddock, J., Sappho's Island. London 1970
Brandt, P., Sappho. Leipzig o. J. (1905)
Brandt, P., Sappho. In: M. Marcuse (Hrsg.), Handwörterbuch der Sexualwissenschaft, Bonn 1926, 677 f.
Edmonds, J. M., Sappho in the added Light of the new Fragments. London 1912
Heintze, H. von, Das Bildnis der Sappho. Mainz und Berlin 1966
Hill, P. M., The Poems of Sappho. London 1953
Jachmann, G., Sappho und Catull. Rheinisches Museum für Philologie 107, 1964, 1–33
Koechly, H., Über Sappho, mit Rücksicht auf die gesellschaftliche Stellung der Frauen bei den Griechen. In: Akademische Vorträge und Reden I, 1859, 153 ff.
Martenau, H., Sappho und Lesbos. Leipzig 1931
Ramien, Th., Sappho und Socrates. Leipzig 1922
Robinson, D. M., Sappho and her Influence. Boston 1924
Rupé, H., Sappho. Griechisch und Deutsch. München 1944
Schadewaldt, W., Sappho, Welt und Dichtung, Dasein in der Liebe. Potsdam 1950
Schöne, A., Untersuchungen über das Leben der Sappho. Symb. phil. II. Bonn 1867, 371 ff.
Treu, M., Sappho: Carmina. München 1958
Weickert, C., Das lesbische Kymation. Leipzig 1913
Weigall, A., Sappho auf Lesbos. Bearbeitet von Dr. R. Weiland Freeman. München 1965
Welcker, F. G., Sappho von einem herrschenden Vorurteil befreit. In: Kleine Schriften II, Bonn 1845, 80 ff.
Whardon, H. I., Sappho. London 1885
Willamowitz-Möllendorff, U., Sappho und Simonides. Berlin 1913

III. E. 2. h. *Entwicklung der Prostitution*

Borneman, E., Prostitution. In: Griechenland (Die Völker der Erde IX). Brugg–Stuttgart–Salzburg 1975, 285 ff.
Cunow, H., Prostitution bei den Griechen. In: Liebe und Ehe im Leben der Völker. Berlin 1929, 189–192
Dufour, F. S. P., Geschichte der Prostitution I: Griechen. Berlin-Lichterfelde-Ost o. J.
Dupouy, E., Prostitution in Antiquity. Cincinnati 1895
Herter, H., Die Soziologie der antiken Prostitution. Jahrbuch für Antike und Christentum 3, 1960, 70–111
Sudhoff, K., Prostitution (in Griechenland). In: M. Marcuse (Hrsg.), Handwörterbuch der Sexualwissenschaft. Bonn 1926, 595–598
Herter, H., Dirne. In: Reallexikon für Antike und Christentum 3, 1154 ff.
Brandt, P., Hetären. In: M. Marcuse (Hrsg.), Handwörterbuch der Sexualwissenschaft: Bonn 1926, 273–276
Schneider, K., Hetairai. In: Paulys Realencyclopädie 8, 1918, 1331–1372
Kiefer, O., Über die griechischen Hetären. In: Geschlecht und Gesellschaft 11, 10
Hauschild, H., Die Gestalt der Hetäre in der griechischen Komödie. Diss. Leipzig 1933

Navarra, O., Mérétrices. In: Daremberg/Saglio, Dictionnaire des antiquités 3, 1904, 1823 bis 1839

Laurentii, J., De adulteris et meretricibus tractatus. In: Gronov, Thesaurus antiquitatum Graecorum 8, 1403–1416

Schiassi, G., De temporum quaestionibus ad Atticas IV saeculi meretrices et eiusdem comicas fabulas pertinentibus. Rivista di Filologia e di Istruzione classica 1951, 217 ff.

Maas, P., Philainis. In: Paulys Realencyclopädie 19, 1938, 2122

Paoli, U. E., Die Geschichte der Neaira und andere Begebenheiten aus der alten Welt, a. d. It. Bern 1952

Conzelmann, H., Korinth und die Mädchen der Aphrodite. Göttingen 1967

III. E. 3. *Entwicklung der Ehe*

Borneman, E., Die Ehe. In: Griechenland (Die Völker der Erde IX). Brugg–Stuttgart–Salzburg 1975, 231–246

Erdmann, W., Die Ehe im alten Griechenland. München 1934

Lassaulx, E. von, Zur Geschichte und Philosophie der Ehe bei den Griechen. Abhandlungen der bayrischen Akademie der Wissenschaften 7, 1853, 23 ff.

Bernhöft, F., Ehe- und Erbrecht der griechischen Heroenzeit. Zeitschrift für vergleichende Rechtswissenschaft 11, 1895

Wolff, H. J., Eherecht und Familienverfassung in Athen. Beiträge zur Rechtsgeschichte 1961, 155

Bozza, F., Il matrimonio nel diritto attico. Ann. Catania 1, 1934

Brindesi, F., Il matrimonio. In: La famiglia attica. Florenz 1961

Lee, D. R., Marriage in the Greek New Comedy. In: Child Life and Marriage in the New Comedy and in the Comedies of Plautus. Madison, Wis., 1919

Magnien, V., Vocabulaire grec refletant les rites du mariage. Mélanges Desrousseaux 1937, 293 bis 299

Politès, N. G., Gamelia symbola. Athen 1906

Buddenhagen, F., Peì gámon. Diss. Basel 1919

III. E. 4. *Entwicklung der Familie*

Brindesi, F., La famiglia attica. Florenz 1961

Glotz, G., La solidarité de la famille dans le droit criminel en Grèce. Paris 1904

Lacey, W. K., The Family in Classical Greece. London 1968

Lionnet, A., Das Familienverhältnis bei den Griechen. In: Palaion, Berlin 1853, 280–288

Roveri, A., La vita familiare nella Grecia antica. In: Enciclopedia Classica 3, 1959, 379 ff.

Savage, Ch. A., The Athenian Family. Diss. Baltimore 1907

Zimmerman, C. G., The Greek Family. In: Family and Civilization. New York 1947, 236–322

Becker, W. G., Platons Gesetze und das griechische Familienrecht. München 1931

Harrison, A. R. W., The Law of Athens 1: The Family and Property. Oxford 1968

Slater, Ph. E., The Glory of Hera: Greek Mythology and the Greek Family. Boston 1971

Borneman, E., Kindheit und Erziehung: Griechische Jugend im Entwicklungsalter. In: Griechenland (Die Völker der Erde IX). Brugg–Stuttgart–Salzburg 1975, 247–257

Lionnet, A., Sitte in bezug auf die Kinder in Griechenland. In: Palaion, Berlin 1853, 316–326

IV. *Rom*

Devoto, G., Gli antichi Italici. Florenz 1931, 1951[2]

Helbig, W., Führer durch die öffentlichen Sammlungen klassischer Altertümer in Rom. Tübingen 1963 ff.

Marquardt, J. und Th. Mommsen, Handbuch der römischen Altertümer. 7 Bde. Leipzig 1871–1882, 1876–1886[2] 1887[3]

Pitiscus, S., Lexicon Antiquitatum Romanorum, Leovardiae 1713

Dizionario Epigrafico di Antichità Romane

Enciclopedia Italiana di Scienze, Lettere ed Arti. 36 Bde. Mailand–Rom 1929–1949. 3 Ergänzungsbände 1938–1961

Buecheler, F., Carmina Latina Epigraphica. 2 Bde. Leipzig 1895–1897. Ergänzungsband 1926

Dessau, H., Inscriptiones Latinae Selectae. 3 Bde. in 5 Tln. Berlin 1872–1916 Nachdruck Berlin 1954–1955

Garucci, X., Inscriptions gravées au trait sur les murs de Pompéi. Brüssel 1854

Magaldi, E., Le Iscrizioni parietali pompeiane. Rom 1931
Meyer, E., Einführung in die lateinische Epigraphik. Darmstadt 1973
Sanders, G., Carmina Latina Epigraphica. Darmstadt 1972
Corpus Inscriptionum Latinarum. 16 Bde. Leipzig–Berlin 1862 ff.
Inscriptiones Italicae. Academiae Italicae consociatae editerunt. Rom 1931 ff.
Epigraphica. Mailand 1938 ff.
Acta der Kongresse für griechische und lateinische Epigraphik

IV. A. *Geographie*

IV. A. 1. *Italien*
Nissen, H., Italische Landeskunde. 2 Bde. in 3 Tln. Berlin 1883–1902
Altheim, F., Italien und Rom. 2 Bde. Amsterdam 1941–1944
Gamurrini, G. F. u. a., Carta archeologica d'Italia 1881–1897. Florenz 1972
Bachofen, J. J., Das westliche Mittel-Italien. In: Gesammelte Schriften I, Basel 1843
Barfield, L., Northern Italy Before Rome. London 1971
Trump. D., Central and Southern Italy Before Rome. London 1966
Moscati, S., A. M. Bisi und E. Acquaro, Italia archeol. Centri greci, punici, etruschi, italici. Novara 1973

IV. A. 2. *Rom*
Gell, W. und E. H. Bunbury, The Topography of Rome and its Vicinity. London 1846[2]
Jordan, H. und Ch. Hülsen, Topographie der Stadt Rom im Altertum. 3 Bde. 1871–1907
Lugli, A., Carta archeologica del territorio di Roma. 1962
Nash, E., Bildlexikon zur Topographie des antiken Rom. 2 Bde. Tübingen 1961–1962

IV. B. *Chronologie*
Barillaro, E., Tavola chronologica delle culture preistoriche e protostoriche in Italia. Athen–Neapel 1968
Åberg, N., Bronzezeitliche und früheisenzeitliche Chronologie I: Italien. Stockholm 1930
Peroni, R., Studi di cronologia hallstattiana. Rom 1973
Montelius, O., Die vorklassische Chronologie Italiens. Stockholm 1912
Escalon de Fonton, M., A propos de quelques datations C 14 pour la Préhistoire . . . de l'Italie. Bull. SPF 63, 1966, no 2, C. R. des Séances mensuelles L–LI

IV. B. 1. *Die Einwanderung der Vaterstämme*
Laviosa-Zambotti, P., Movimenti culturali ed etnici in Italia durante l'età del rame e del bronzo. Protolani ed Osco-Umbri. Rivista di Antropologia 1949, 3–33
Laviosa-Zambotti, P., La successione delle gravitazioni indoeuropee verso il Mediterraneo e la genesi della civiltà europea. Academia fiorentina di scienze morali, La Colombaria 16, 1947–1950
Matz, Fr., Die Indogermanisierung Italiens. Neue Jahrbücher 1938, 367 ff.; 1939, 32 ff.
Schuchhardt, C., Die Urillyrier und ihre Indogermanisierung. Abhandlungen der Preußischen Akademie der Wissenschaften zu Berlin, philosophisch-historische Klasse Nr. 4, 1937, 3 ff.
Dumézil, G., L'héritage indo-européen à Rome. Paris 1949
Helbig, W., Die Italiker in der Poebene. Leipzig 1879
Lepore, E., Ricerche sulla penetrazione romana in Apulia e Lucania fino alla III samnitica. Bari o. J.

IV. B. 1. a. *Der Ursprung der Stämme*
Gordon, P., Les origines de Rome. Psyché–Paris 4, 1949, 983–1002
Schwarz, E., Die Urheimat der Veneter. Forschungen und Fortschritte 27, 1953, 179 f.
Cons. Naz. delle Ricerche, Civiltà arcaica dei Sabini. Le scoperte delle necropoli di Colle del Forno. Rom 1973

IV. B. 1. b. *Nachbarn und eroberte Völker*
Biancofiore, F., La Civiltà Micenea nell' Italia meridionale. 2 Bde. Rome 1963–1967
Lo Porto, F. G., Italici e Micenei alla Luce delle scoperte archeologische pugliese. Atti e Memorie del I Congresso di Micenologia, Roma 1967. 3 Bde. Rom 1968

Italici in Magna Grecia. Atti I Convegno di Studi sulla Magna Grecia, Taranto 1962. Neapel 1963
Marinatos, S., La Sicilia e la Grecia nell'età preistorica. Kokalos 5, 1959, 3–10
Lo Porto, F. G., Civiltà indigena e penetrazione greca nella Lucania orientale. Rom 1973
Magaldi, E., Lucania Romana. 2 Bde. Rom 1948
Bloch, R., Recherches archéologiques en territoire volsinien. De la protohistoire à la civilisation étrusque. Paris 1972
Salmon, E. T., Samnium and the Samnites. Cambridge 1967
Barruol, G., Les peuples préromains du Sud-Est de la Gaule. Revue archéologique de Narbonnaise, Suppl. 1, 1969
Bertrand, X. und S. Reinach, Les Celtes dans les vallées du Pô et du Danube. Paris 1894
Pokorny, J., Zur Urgeschichte der Kelten und Illyrer. Zeitschrift für celtische Philologie 20, 1935, 315 ff.
Kossinna, G., Die Nordillyrer (Veneter). Mannus 4, 1912, 287 ff.
National Museum Beograd and Historical Museum of Transylvania, The Illyrians and Dacians, Beograd-Cluj 1971
Mackendrick, P., The Dacian Stones Speak. Chapel Hill 1974

IV. B. 2. *Struktur der italischen Stammesgesellschaft*
Alföldi, A., Early Rome and the Latins. Ann Arbor 1964
Guarducci, M., L'istituzione della fratria. Memorie dei Lincei VI, 1937, 6
Scotti, L., Il solco primigenio e le primitive sedi degli Italici. Piacenza o. J. (1926)
Zancani Montuoro, O., Gente vestitá di bronzo. Rendiconti dell' Accademia dei Lincei 1968, 249–254

IV. B. 3. *Vorgeschichte Roms*
Blanc, A. C., Sur le Pleistocène de la région de Rome. Stratigraphie, Paléoéchologie, Archéologie préhistorique, Actes du 4e Congrès International du Quaternaire, Rom–Pisa 1953
Blanc, A. C., On the Pleistocene Sequence of Rome. Palaeoecology and Archaeological Correctives. Quaternaria 3, 1957
Leonardi, P. und A. Broglio, Richerche sul Paleolitico Emiliano. Preistoria dell' Emilia e Romagna. Bologna 1962

IV. B. 3. a. *Vorgeschichte Italiens*
Graziosi, P., Les industries paléolithiques à dos rabattu et le passage du Paléolithique au Mésolithique en Italie. Bull. SPF 1–2, 1951, 55–61
Laplace, G., Les subdivisions du Leptolithique Italien. Etude de typologie analytique. Bulletino di paletnologia Italiana n. s. 15, vol 73, 1964, 25–63
Palma di Cesuola, A., Contributi alla conoscenza delle industrie epigravettiane nell'Italia Centro-Meridionale. Rivista di Scienze Preistoriche 17, 1962, fasc. 1–4, 1–75
Peet, T. E., The Stone and Bronze Ages in Italy and Sicily. London 1909
Messerschmidt, Fr., Bronzezeit und frühe Eisenzeit in Italien. Berlin und Leipzig 1935
Randall-MacIver, D., The Iron Age in Italy. Oxford 1927
Genière, J. de la, Recherches sur l'âge du fer en Italie méridionale. Sala Consilina, Neapel, 1968
Montelius, O., Die frühe Zivilisation in Italien seit der Einführung der Metalle. Stockholm 1910
Radmilli, A. M., Piccola guida delle preistoria italiana. Florenz 1965²
Matz, Fr., Bericht über die neueren Forschungen zur Vorgeschichte Italiens. Neue Jahrbücher 1938/1939; Klio 1940, 140 f.
Laviosa-Zambotti, P., Italia antes de los Romanos. Cuadernos de historia primitivia 6, no 1–2, 1951, 11–29
Randall-MacIver, D., Italy Before the Romans. Oxford 1928
Sereni, E., Villes et campagnes dans l'Italie préromaine. Annales 22, 1967, 23–49
Rose, H. J., Primitive Culture in Italy. London 1926
Lepore, E., L'Italia nella formazione della communità romano-italica. Klearchos 1963
Pais, E., Italia Antica. 2 Bde. Bologna 1922

IV. B. 3. b. *Vorgeschichte einzelner Regionen*
Bernabò-Brea, L., Leggenda e Archeologia nell protostoria siciliana. Kokalos 11/12, 1964/1965, 12 ff.

Bovio-Marconi, J., Incisioni rupestri dell' Addaura (Palermo). Bulletino di Paletnologia Italiana n. s. 8, 1952/1953
Pelagatti, P. und G. Voza, Archeologia nella Sicilia sud-orientale. Neapel 1973
Cannas, V. M., I Nuraghi aleri e nastasi e le nuove scoperte archeol. nel territorio di Tertenia. Cagliari 1972
Almegro, M., Excavaciones de 1954 en la ›Caverna dei Pipistrelli‹. Rivista de Studi Ligurii 1955, 5–31
Battaglia, R., Preistoria del Veneto e della Venezia Giulia. Bulletino di Paletnologia Italiana 1959, 67–83
Cannarella, D., Relazione preliminare sullo scavo della Grotta Azzurra di Samaforza (Trieste). Bulletino di Paletnologia Italiana 13, 1961, 213 ff.
Leonardi, P., Il paleolitico dell'Italia padana. Atti del 1er convegno interregionale Padano di Paletnologia. Mailand 1956, 13–40
Leonardi, P. und A. Broglio, Le Paléolithique de la Vénérie. Annali del Università di Ferrara n. s. 15, supplemento al volume 1, 1962
Pauli, L., Studien zur Golasecca-Kultur. Heidelberg. Mitteilungen des Deutschen Archäologischen Instituts, römische Abteilung, Ergänzungsheft 19, 1971
Venzo, S., Le attuali conoscenze sul Pleistoceno Lombardo con particolare riguardo al Bergamasco. Mailand 1955
Piana Agostinetti, P., Documenti per la protostoria della Val d'Ossola. Mailand 1972
Kilian, K., Früheisenzeitliche Funde aus der Südostnekropole von Sala Consilina. Heidelberg 1970
Maiuri, A., All ricerca di Pompei preromana. Neapel 1973

IV. B. 4. *Geschichte Roms*

Bachofen, J. J. und F. D. Gerlach, Geschichte der Römer. Basel 1851
Beloch, J., Römische Geschichte. Berlin und Leipzig 1926
Bengtson, H., Grundriß der römischen Geschichte. München 1973^{3}
Drumann, W. und P. Groebe, Geschichte Roms. 6 Bde. Berlin–Leipzig, 1834–1944, 1899–1929^{2}. Nachdruck Hildesheim 1964
Kornemann, E., Römische Geschichte. 2 Bde. Stuttgart 1954^{3}. Hierzu Helmut Ristow in Zeichen der Zeit 9, 1955, 198 f.
Maschkin, N. A., Römische Geschichte. Berlin 1953. Hierzu Schneider in Neue Schule 8, 1953, 44, 20; Johannes Irmscher in Geschichte in der Schule 7, 1954, 492 f.
Mommsen, Th., Römische Geschichte. 5 Bde. Berlin 1854–1856, 1885; 1902–1904^{2}, 1921^{2}
Myres, J. L., History of Rome, London 1902
Niebuhr, B. G., Römische Geschichte. 3 Bde. Berlin 1811–1832
Pareti, L., Storia di Roma e del mondo romano. Torino. 2 Bde. 1952

IV. B. 4. a. *Gründung und Frühgeschichte*

Momigliano, A., An Interim Report on the Origins of Rome. Journal of Roman Studies 53, 1963, 95–121
Gjerstad, E., Early Rome. 6 Bde bis 1973. Lund 1963 ff.
Alföldi, A., Die Struktur des voretruskischen Römerstaates. Heidelberg 1974
Palmer, R. E. A., The Archaic Community of the Romans. Cambridge 1971
Bömer, Fr., Rom und Troja. Untersuchungen zur Frühgeschichte Roms. Baden-Baden 1951
Wachsmuth, W., Die ältere Geschichte des römischen Staates. Halle 1819
Roma in età arcaica. Atti VIII Convegno Studi sulla Magna Grecia, Taranto 1968. Neapel 1969

IV. B. 4. b. *Königszeit*

La Penna, A., Tarpea, Tito Tazio, Lucomedi. Stud. Class. et Orient. 6, 1956, 112–133
Bachofen, J. J., Die Sage von Tanaquil. Heidelberg 1870
Hencken, H., Tarquinia and Etruscan Origins. London 1968
Hencken, H., Tarquinia: Villanovians and Early Etruscans. 2 Bde. Cambridge, Mass. 1968
Randall-MacIver, D., Villanovans and Early Etruscans. Oxford 1924
Paget, R. F., Central Italy. The Prehistoric Villanova. London 1973
Sundvall, J., Villanovastudien. Helsingfors 1928
Ciattini, A., V. Velani und F. Nicosia, Itinerari etruschi. Pistoia 1971
Stoltenberg, H. L., Woher kamen die Vorfahren der Etrusker? Forschungen und Fortschritte 26, 1950, 62

Bianchi Bandinelli, R. und A. Giuliano, Etrusker und Italiker vor der römischen Herrschaft. München 1974
Mansuelli, G. A., Etruria and Early Rome. London 1966
Buffa, M., Nuova Raccolta di Iscrizioni Etrusche. Florenz 1935
Buonamici, G., Epigrafia Etrusca. Florenz 1932
Pauli, C., O. A. Daniellson und G. Herbig, Corpus Inscriptionum Etruscarum. 2 Bde. Leipzig 1893–1936. Suppl. Band 1919–1921

IV. B. 4. c. *Republik*

Pianial, A., Les origines de Rome et de la République. Brüssel 1973
Gabba, E., Les origines de la république romaine. Vandoeuvres–Genf 1966
Mazzarino, S., Dalla monarchia allo stato repubblicano. Richerche di storia romana arcaica. Catania 1947. Hierzu W. Ensslin in Deutsche Literaturzeitung 73, 1952, 297–301
Heitland, W. E., The Roman Republic. 3 Bde. London 1909
Rice-Holmes, T., The Roman Republic. 3 Bde. London 1923
Vogt, J., Die römische Republik. Freiburg 1932, 1973^6
Loewenstein, K., Die römische Republik. Modell des nicht-demokratischen Konstitutionalismus. In: Doeker/Steffani, Klassenjustiz und Pluralismus. Hamburg 1973, 266–279
Knapowski, R., Der Staatshaushalt der römischen Republik. In: F. Altheim, Untersuchungen zur römischen Geschichte II, 1961
Wirszubski, Ch., Libertas als politische Idee im Rom der späten Republik und des frühen Prinzipats. Darmstadt 1967
Maschkin, N. A., Zwischen Republik und Kaiserreich. Ursprung und sozialer Charakter des augusteischen Prinzipats (a. d. Russ.). Leipzig 1954

IV. B. 4. d. *Kaiserreich*

Dessau, H., Geschichte der römischen Kaiserzeit. 2 in 3 Bdn. Berlin 1924–1930
Kahrstedt, U., Kulturgeschichte der römischen Kaiserzeit. Bern 1958^2
Seyfarth, W., Geschichte der römischen Kaiserzeit. Berlin und Darmstadt 1974
Stein, E., Geschichte des spätrömischen Reiches. Wien–Paris 1928, 1949^2
Jones, A. H. M., J. R. Martindale und J. Morris, The Prosopography of the later Roman Empire. 2 Bde. Cambridge 1970–1971

IV. C. Ökonomische Basis

Duncan-Jones, R., The Economy of the Roman Empire. Quantitative Studies. London 1973
Dureau de la Malle, L'économie politique des Romains. 2 Bde. Paris 1840
Frank, T., An Economic History of Rome, London 1927
Frank, T., Economic Survey of Ancient Rome. 5 Bde. London 1933–1940
Hoffmeister, K., Die wirtschaftliche Entwicklung Roms. Wien 1899
Jones, A. H. M., The Roman Economy. Studies in Ancient History. Oxford 1972
Rostovtzeff, M., The Social and Economic History of the Roman Empire. 2 Bde. bearbeitet von P. M. Frazer. Oxford 1957^2
Rostovtzeff, M., Gesellschaft und Wirtschaft im römischen Kaiserreich. 2 Bde. übersetzt v. L. Wickert. Leipzig 1931, 1935, 1953
Vinogradoff, P., Social and Economic Conditions of the Roman Empire in the 4th Century. In: Cambridge Mediaeval History I, 1924, 545–567
Kaser, M., Eigentum und Besitz im älteren römischen Recht. Weimar 1943. Hierzu Fr. Wieacker in Zeitschrift der Savigny-Stiftung für Rechtsgeschichte 67, 1950, Romanistische Abteilung 529–546
Kaser, M., Die natürlichen Eigentumserwerbsarten im altrömischen Recht. Zeitschrift der Savigny-Stiftung für Rechtsgeschichte, romanistische Abteilung 219–260
Kaser, M., Neue Studien zum altrömischen Eigentum. Zeitschrift der Savigny-Stiftung für Rechtsgeschichte 68, 1951, romanistische Abteilung 131–190
Scialoja, V., Teoria della proprietà nel diritto romano. Rom 1928–1932
Martha, J., Les transformations économiques et morales de la société romaine au temps des guerres puniques. Revue internationale de l'enseignement 25, 1893, 113–132
Biezuńska-Malowist, I., (Die Krise der herrschenden Klassen in Rom am Ende der Republik und ihr Einfluß auf die Ideologie der damaligen Schriftsteller), polnisch. Meander 8, 1953, 341 ff.

Schrot, G., Wirtschaftliche und soziale Veränderungen in der Spätantike. In: E. Ch. Welskopf (Hrsg.), Neue Beiträge zur Geschichte der Alten Welt II, Berlin 1965, 119–132
Szilágyi, J., Zur Entwicklung des Preis- und Lohnverhältnisses in der römischen Kaiserzeit. Ebd. 133–140
Kohns, H. P., Versorgungskrisen und Hungerrevolten im spätantiken Rom. Bonn 1961
Alföldi, A., Studien zur Geschichte der Weltkrise des 3. Jahrhunderts n. Chr., Darmstadt 1967
Altheim, Fr., Die Krise der Alten Welt im 3. Jahrhundert n. d. Z. und ihre Ursachen. 3 Bde. Berlin 1943
Calderini, A., I Severi. La crisi dell'Impero nel III secolo. Bologna 1949. Hierzu W. Ensslin in Deutsche Literaturzeitung 72, 1951, 77–84
Held, W., Die Vertiefung der allgemeinen Krise im Westen des römischen Reichs. Berlin 1974

IV. C. 1. *Entwicklung der Produktivkräfte*

Der Widerspruch zwischen den Produktivkräften und den Produktionsverhältnissen in Rom (S. 79). Die Heranbildung neuer Produktionsverhältnisse in Rom (S. 80). Das Koloniat (S. 80 f.). In: Lehrbuch Politische Ökonomie, Berlin 1972

IV. C. 1. a. *Entwicklung der Arbeit*

Louis, P., Ancient Rome at Work. London 1927, 1965²
Tybaldo-Bassia, X., Des classes ouvrières à Rome. Paris 1892
De Robertis, F. M., I rapporti di lavoro nel diritto romano. Mailand 1946
Macqueron, J., Le travail dans l'antiquité romaine. Aix-en-Provence 1958²
Nörr, D., Zur sozialen und rechtlichen Bewertung der freien Arbeit in Rom. Zeitschrift der Savigny-Stiftung für Rechtsgeschichte 82, 1965, romanistische Abteilung, 67–105
Erdmann, W., Freie Berufe und Arbeitsverträge in Rom. Ebd. 66, 1948, 567–571
Schrot, G., Untersuchungen zur Geschichte des Handwerks im republikanischen Rom. Habil. Leipzig 1963
Der Gegensatz zwischen körperlicher und geistiger Arbeit in Rom. In: Lehrbuch Politische Ökonomie, Berlin 1972, 77

IV. C. 1. b. *Entwicklung der Produktionsmittel*

De Robertis, F. M., La organizzazione e la tecnica produttiva. La forze di lavoro e i salari nel mondo romano. Neapel 1946
Mispoulet, X., Régime des mines à l'époque romaine. Nouvelle revue historique 1907, 345 ff.
Davies, O., Roman Mines in Europe. Oxford 1935
Wilsdorf, H. und W. Quellmalz, Bergwerke und Hüttenanlagen der Agricolazeit. Berlin 1971
Schiøler, Th., Roman and Islamic Water-Lifting Wheels. Odense 1973

IV. C. 1. c. *Entwicklung der Landwirtschaft*

Schulten, A., Die römischen Grundherrschaften. Weimar 1896
Fustel de Coulanges, N. D., Le domain rural chez les Romains. Revue des deux mondes 77
Gummerus, H., Der römische Gutsbetrieb als wirtschaftlicher Organismus nach den Werken des Cato, Varro und Columella. Leipzig 1906
Rigobert, G., Einige Fragen der altrömischen Agrarpolitik. Zeitschrift für Geschichtswissenschaft 3, 1955, 278–283
White, K. D., Roman Farming. London 1971
White, K. D., Farm Equipment in the Roman World. London 1974
White, K. D., The Productivity of Labour in Roman Agriculture. Antiquity 39, 154, 102
Schwarze, K., Versuche der Bodenreform der römischen Republik. Zeitschrift für Geschichtswissenschaft 2, 1954, 687–700
White, K. D., A Bibliography of Roman Agriculture. Reading 1970

IV. C. 1. d. *Entwicklung der Sklaverei*

Beauchet, L., Servi. In: Daremberg/Saglio, Dictionnaire des antiquités, Paris 1910
Chalandron, G., De servis apud Plautum. Leiden 1875
Richter, W., Seneca und die Sklaven. Gymnasium 65, 1958, 196 ff.
Spranger, P. P., Historische Untersuchungen zu den Sklavenfiguren des Plautus und Terenz. Akademie der Wissenschaft und der Literatur, Abhandlungen der geistes- und sozialwissenschaftlichen Klasse 1960, 8.

Der Grundwiderspruch der auf Sklaverei beruhenden Produktionsweise (S. 77). Der Widerspruch der auf Sklaverei beruhenden Großwirtschaft und der Wirtschaft der Kleinproduzenten (S. 78). Der geschichtliche Platz der auf Sklaverei beruhenden Produktionsweise (S. 83). In: Lehrbuch Politische Ökonomie, Berlin 1972
Kuzishchin, V. I., Problems of Slave-Labour in Roman Agriculture. Moskau 1970
Kiechle, Fr., Sklavenarbeit und technischer Fortschritt im römischen Reich. Wiesbaden 1969
Westermann, W. L., Industrial Slavery in Roman Italy. Journal of Economic History 2, 1942, 149 ff.
Yeo, C. A., The Economics of Roman and American Slavery. Finanz. Archiv 13, 1952, 445 ff.
Blair, W., An Inquiry into the State of Slavery amongst the Romans from the Earliest Period till the Establishment of the Lombards in Italy. Edinburgh 1833
Buckland, W. W., The Roman Law of Slavery. Cambridge 1908. Nachdruck Cambridge 1970
El'nickij, L. A., (Entstehung und Entwicklung der Sklaverei in Rom vom 8. bis zum 3. Jahrhundert v. u. Z.). Russisch. Moskau 1964
Westrup, C. W., The Roman Slave in Early Times. Kopenhagen 1956
Schneider, A., Zur Geschichte der Sclaverei im alten Rom (1892). Nachdruck Frankfurt am Main 1970
Barrow, R. H., Slavery in the Roman Empire. London 1928
Štaerman, E. M., Die Blütezeit der Sklavenwirtschaft in der römischen Republik. a. d. Russ. Wiesbaden 1969
Štaerman, E. M. (Die Lage der Sklaven zur Zeit der späten Republik), russisch. Vestnik Drevnej Istorii 2, 1963, 96 ff.
Schmidt, J., Vie et mort des esclaves dans la Rome antique. Paris 1973
Zeise, R., Die Ursachen des Untergangs des weströmischen Sklavenhalterstaates. Geschichte in der Schule 6, 1953, 325–329
Pigulewskaja, N. W., Die Problematik des Verfalls der Sklavenhaltergesellschaft und der Entstehung der Feudalordnung im Nahen Osten. Sowjetwissenschaft, gesellschaftswissenschaftliche Abteilung Heft 3, 1953
Der Verfall der Sklaverei (S. 81). Überreste der Sklavereiverhältnisse (S. 82). In: Lehrbuch Politische Ökonomie. Berlin 1972

IV. C. 1. d. 1. *Herkunft der Sklaven*

Bang, M., Die Herkunft der römischen Sklaven. Mitteilungen des Deutschen Archäologischen Instituts, römische Abteilung 25, 1910, 223 ff.; 27, 1912, 181 ff.
Gordon, M., The Nationality of Slaves under the Roman Empire. Journal of Roman Studies 14, 1924, 91 ff.

IV. C. 1. d. 2. *Sklavenrebellionen*

Westermann, W. L., Slave Maintenance and Slave Revolts. Classical Philology 40, 1945, 1 ff.
Bücher, K., Der Aufstand der unfreien Arbeiter 143–129 v. Chr., Frankfurt am Main 1874
D'jakonov, A. P. (Die Chronologie des ersten Sklavenaufstands auf Sizilien). Russisch. Vestnik Drevnej Istorii 3–4, 1940, 62 ff.
Green, P., The First Sicilian Slave War. Past and Present 20, November 1961, 10–29
Vavřinek, V., (Die Revolte des Aristonikos). Tschechich. Rozpravy Československé Akademie VĚD 67, 1957
Brion, M., La révolte des gladiateurs. Paris 1952
Brisson, J.-P., Spartacus. Paris 1959
Mischulin, A. W., Spartacus. Abriß der Geschichte des großen Sklavenaufstandes. Herausgegeben von S. L. Uttschenko. Berlin 1952
Muszkat-Muszkowski, J., Spartacus, eine Stoffgeschichte. Diss. Leipzig 1909
Oliva, P., Die charakteristischen Züge der großen Sklavenaufstände zur Zeit der römischen Republik. In: E. Ch. Welskopf (Hg.), Neue Beiträge zur Geschichte der Alten Welt II, Berlin 1965, 75–88
Die Sklavenaufstände. In: Lehrbuch Politische Ökonomie. Berlin 1972, 81

IV. C. 1. d. 3. *Situation der Freigelassenen*

Treggiari, S., Roman Freedman during the late Republic. Oxford 1969
Duff, A. M., Freedmen in the Early Roman Empire. Oxford 1928
Chantraine, H., Freigelassene und Sklaven im Dienst der römischen Kaiser. Wiesbaden 1967

Weaver, P. R. C., Familia Caesaris. A Social Study of the Emperor's Freedmen and Slaves. Cambridge 1971
Instinsky, H. U., Marcus Aurelius Prosenes – Freigelassener und Christ am Kaiserhof. Wiesbaden 1964

IV. C. 1. e. *Entwicklung der Finanz*

Davis, W. S., The Influence of Wealth in Imperial Rome. London 1910
Wachtel, K., Zur sozialen Herkunft des Bankiers im Römischen Reich bis zum Ende des 3. Jahrhunderts. In: Neue Beiträge zur Geschichte der Alten Welt II, 141–146
S. 232

IV. C. 2. *Entwicklung des Handels*

Speck, E., Handelsgeschichte des Altertums III: Die Römer. 2 Bde. Leipzig 1905–1906

IV. D. *Soziale Grundlagen Roms*

Alföldy, G., Die Gesellschaft der römischen Antike. Wiesbaden 1974²
MacMullen, R., Roman Social Relations 50 BC to AD 284. New Haven und London 1974
Schottländer, R., Römisches Gesellschaftsdenken. Weimar 1969
Jurewicz, O., Plautus, Cato der Ältere und die römische Gesellschaft. In: Aus der altertumswissenschaftlichen Arbeit Volkspolens. Berlin 1959, 52–72

IV. D. 1. *Entwicklung des Staates*

Bachofen, J. J., Die Grundlagen des römischen Staatsrechts. In: Gesammelte Schriften II bis III. Basel 1843
Klein, R., Das Staatsdenken der Römer. Darmstadt 1973²
Marquardt, J., Römische Staatsverwaltung. Darmstadt 1957³
Meyer, E., Römischer Staat und Staatsgedanke. Zürich 1948. Hierzu E. Hohl in Deutsche Literaturzeitung 72, 1951, 76 f.
Schultz, C. L. F., Grundlegung zu einer geschichtlichen Staatswissenschaft der Römer. Köln 1883

IV. D. 2. *Entwicklung der Klassen und der Klassenkämpfe*

Münzer, F., Römische Adelsparteien und Adelsfamilien. Stuttgart 1920. Nachdruck Darmstadt 1963
Stein, A., Der römische Ritterstand. München 1963
Arnheim, M. T. W., The Senatorial Aristocracy in the Later Roman Empire. Oxford 1972
Gelzer, M., Die Nobilität. 2 Tle. 1912, 1915
Yavetz, Z., Plebs and Princeps. Oxford 1969
Beŝcoliev, V. und W. Seyfarth, Die Rolle des Plebs im spätrömischen Reich. Berlin 1969
Štaerman, E. M., (Moral und Religion der unterdrückten Klassen des römischen Imperiums), russisch. Moskau 1961
Garnsey, P., Social Status and Legal Privilege in the Roman Empire. Oxford 1970
Lewandowski, M., La question sociale à Rome au temps des Gracques. Paris 1896
Most, J., Die sozialen Bewegungen im alten Rom und der Cäsarismus. Berlin 1878
Bloch, L., Soziale Kämpfe im alten Rom. Leipzig 1913
Gallini, C., Protesta e integrazione nella Roma antica. Bari 1970
Brunt, P. A., Social Conflicts in the Roman Republic. London 1970
Uttschenko, S. L., Der weltanschaulich-politische Kampf in Rom am Vorabend des Sturzes der Republik. Berlin 1956
Štaerman, E. M. (Sklaven und Freigelassene in den sozialen Kämpfen der ausgehenden Republik). Russisch. Vestnik Drevnej Istorii 1, 1962, 24 ff.
Zeller, M., Die Rolle der unfreien Bevölkerung Roms in den politischen Kämpfen der Bürgerkriege. Diss. Tübingen 1962
Hennebert, A., Histoire de la lutte entre les patriciens et les plébéiens à Rome. Paris 1845
Jal, P., La guerre civile à Rome. Paris 1963
Cowell, F. R., The Revolution of Ancient Rome. London 1962
M. W. A., Die römische Revolution vor dem Urtheile der Unparteiischen. Augsburg 1852
Syme, R., The Roman Revolution. Oxford 1939, 1960². Deutsch: Die römische Revolution, Stuttgart 1957

Walbank, F. W., The Awful Revolution. Liverpool 1970
Kagarov, E. G. (Friedrich Engels und das Problem des römischen Volkes). Russisch in: A. M. Deborin u. a. (Fragen zur Geschichte der Gesellschaft in der Zeit vor der Herausbildung der Klassen). Moskau–Leningrad 1936
Der Gegensatz zwischen Stadt und Land (S. 78). Die Zuspitzung des Klassenkampfes (S. 82). In: Lehrbuch Politische Ökonomie. Berlin 1972

IV. D. 3. *Entwicklung der Politik*

Cassola, F., I gruppi politici romani nel III sec. a. C., Rom 1962
Earl, D., The Moral and Political Tradition of Rome. London 1967
Staveley, E. S., Greek and Roman Voting and Elections. London 1971

IV. D. 4. *Entwicklung des Rechts*

Berger, A., Encyclopedic Dictionary of Roman Law. Philadelphia 1953. Hierzu Fr. Pringsheim in Zeitschrift der Savigny-Stiftung für Rechtsgeschichte 71, 1954, romanistische Abteilung 398–402, und Fr. Wieacker in Deutsche Literaturzeitung 76, 1955, 846 ff.
Heumann, H. G., Handlexikon zu den Quellen des römischen Rechts. Jena 1891^7
Seckel, E., Heumanns Handlexikon zu den Quellen des römischen Rechts. Jena 1926
Wenger, L., Die Quellen des römischen Rechts. Wien 1953. Hierzu M. Kaser in Z. der Savigny-Stiftung für Rechtsgeschichte 71, 1954, romanistische Abteilung 403–411, und Fr. Wieacker in Deutsche Literaturzeitung 76, 1955, 565–569
Riccobani, S. u. a., Fontes Iuris Romani Anteiustiniani. 3 Bde. Florenz 1908, 1940–1943^2
Caes, L. und R. Henrion, Collectio bibliografica operum ad ius Romanum pertinentem. Brüssel 1950 ff.
Westrup, C. W., Introduction to early Roman Law. 4 Bde. Copenhagen und London 1944–1950. Hierzu R. Düll in Zeitschrift der Savigny-Stiftung für Rechtsgeschichte 65, 1947, romanistische Abteilung 357–363; 68, 1951, 568–575
Kaser, M., Das altrömische Jus. Göttingen 1949. Hierzu Fr. Wieacker in Zeitschrift der Savigny-Stiftung für Rechtsgeschichte 67, 1950, romanistische Abteilung 529–546 und G. Wesenberg in Deutsche Literaturzeitung 72, 1951, 320–330
Kaser, M., Das römische Privatrecht. 2 Bde. München 1955–1959
Mommsen, Th., Römisches Staatsrecht. 3 Bde. Tübingen 1871–1888. Nachdruck 1952
Mommsen, Th., Römisches Strafrecht. Leipzig 1899. Nachdruck Darmstadt 1955
Arangio-Ruiz, V., La società in diritto romano. Neapel 1950. Hierzu Fr. Wieacker in Zeitschrift der Savigny-Stiftung für Rechtsgeschichte 69, 1952, romanistische Abteilung 488–506
Kunkel, W., Herkunft und soziale Stellung der römischen Juristen. Weimar 1952. Hierzu Fr. Wieacker in Deutsche Literaturzeitung 74, 1953, 472–476
Wieacker, Fr., Vom römischen Recht. Wirklichkeit und Überlieferung. Leipzig 1944, 1961^2. Hierzu M. Kaser in Deutsche Literaturzeitung 69, 1948, 28–32
Borneman, E., Lex Iulia de adulteriis; Lex Iulia de maritandis ordinibus; Lex Papia Poppaea. In: Lexikon der Liebe II, München 1968, 1969^2, 11 f. Sexuallexikon, Frankfurt am Main 1969, 310. Lexikon der Liebe und Erotik, Stuttgart und Hamburg o. J., 310

IV. D. 5. *Entwicklung des Privatlebens*

Balsdon, J. P. V. D., Life and Leisure in Ancient Rome. London 1969
Carcopino, J., Das Alltagsleben im alten Rom zur Blütezeit des Kaisertums. Innsbruck 1950
Cowell, F. R., Everyday Life in Ancient Rome. London 1963
Daniel, W. B. Mc., Roman Private Life and its Survivals. London 1925
Dill, S., Roman Society in the last Century of the Western Empire. London 1905^2
Fowler, W. W., Social Life at Rome in the Age of Cicero. London 1908, 1922^2, 1963^3
Grimal, P., La vie à Rome dans l'antiquité. Paris 1953
Helm, R., Römisches Alltagsleben im 1. und 2. Jahrhundert n. Chr., Zürich 1964
Leffingwell, G., Social and Private Life in the Times of Plautus and Terence. New York 1918
Marquardt, J., Das Privatleben der Römer. 2 Bde. Leipzig 1882, 1886^2. Nachdruck Darmstadt 1964
Paoli, U. E., Das Leben im alten Rom. Bern 1958, 1961^2
Ürögdi, G., Die Zustände im alten Rom. Frankfurt am Main 1969
D'Arms, J. H., Romans on the Bay of Naples. A Social and Cultural History of the Villas and their Owners from 150 BC to AD 400. Cambridge, Mass. 1970

Meiggs, R., Roman Ostia. London 1960, 1974^2
Etienne, R., Pompeji. Das Leben einer antiken Stadt. Stuttgart 1974
Tanzer, H. H., The Common People of Pompeii. Baltimore 1939

IV. D. 5. a. *Kleidung*

Boettiger, C. A., Sabina, oder Morgenszenen im Putzzimmer einer reichen Römerin. Leipzig 1803, 1806^2; München-Gladbach 1878^3
Gleichen-Rußwurm, A. von, Elegantiae. Geschichte der vornehmen Welt im klassischen Altertum. Stuttgart o. J.
Wilson, L. M., The Clothing of the Ancient Romans. Baltimore 1938
Wilson, L. H., The Roman Toga. Baltimore 1924
Lionnet, A., Männliche Bekleidung bei den Römern. In: Palaion, Berlin 1853, 359–367
Lionnet, A., Weibliche Bekleidung in Rom. Ebd. 368–375
Lionnet, A., Die Garderobenzimmer der Römerin. Die Morgentoilette. Ebd. 382–393

IV. D. 5. b. *Schmuck*

Breglio, L., Catalogo delle oreficerie del Museo nazionale di Napoli. Rom 1954
Siviero, R., Gli ori e le ambre del Museo nazionale di Napoli. Florenz 1954
Macreth, D., Roman Brooches. Salisbury 1973
Marshall, F. H., Catalogue of the Finger Rings, Greek, Etruscan and Roman in the ... British Museum. London 1907. Nachdruck London 1968
Marshall, F. H., Catalogue of the Jewellery, Greek, Etruscan and Roman in the ... British Museum. London 1911. Nachdruck London 1969
Lionnet, A., Schmucksachen. In: Palaion, Berlin 1853, 389–393

IV. D. 5. c. *Haartracht und Kosmetik*

Lionnet, A., Bart- und Haartracht bei den Römern (S. 378). Die Haartracht der Damen (S. 358 bis 387). Die Kosmetik (S. 387–389). In: Palaion, Berlin 1853

IV. D. 5. d. *Essen und Trinken*

Barber, R., Cooking and Recipes from Rome to the Renaissance. London 1973
Lionnet, A., Die Tafeleinrichtung bei den Römern. Das Triclinium. Tafelgeschirr und Speisesäle. Mahlzeiten. Gastmahle. Trinkgelage. In: Palaion, Berlin 1853, 458–473
Kleberg, T., In den Wirtshäusern und Weinstuben des antiken Rom. Berlin 1966^2
Borneman, E., Caupona. Ganeum. Popina. Taberna. In: Lexikon der Liebe, München 1968, 1969^2, I 149, I 367, II 242, II 535. Sexuallexikon, Frankfurt am Main 1969, 81, 195, 432, 536. Lexikon der Liebe und Erotik, Stuttgart und Hamburg o. J., 81, 195, 432, 536

IV. E. *Sexueller Überbau*

IV. E. 1. *Entwicklung der Frau als Individuum*

Assa, J., Les grandes dames romaines. Paris 1958
Ferrero, G., Die Frauen der Cäsaren. Stuttgart 1912, 1921^3
Pfister, K., Die Frauen der Cäsaren. Berlin–Zürich–Wien 1951
Sandels, Fr., Die Stellung der kaiserlichen Frauen aus dem julisch-claudischen Hause. Diss. Gießen. Darmstadt 1912
Stahr, A., Römische Kaiserfrauen. Berlin 1865, 1880^2
Perowne, S., The Caesars' Wives. London 1974
Serviez, T. R. N. de, The Roman Empresses. London 1752. Nachdruck in 2 Bdn. New York 1913
Browning, R., Justinian and Theodora. London 1971
Ihm, H., Theodora, Gemahlin Justinians. Anthropophyteia 10, 1913, 281 f.
Stadelmann, H., Messalina. 2 Bde. Dresden 1924
Dracoulides, N. N., Le Messalinisme. Etude psychanalytique sur l'impératrice Messaline. Progrès Médical, Athen, Mai–Juli 1951
Stahr, A., Agrippina, die Mutter Neros. Berlin 1867, 1880^2
Willich, H., Livia. Leipzig 1911
Königer, H., Gestalt und Wert der Frau bei Tacitus. Diss. Erlangen, Nürnberg 1966
Jax, K., Der Frauentypus der römischen Dichtung. Innsbruck 1938

Assa, J., La donna nell'antica Roma. Mailand 1960
Balsdon, J. P. V. D., Roman Women, their History and Habits. London 1962, New York 1963
Fischl, H., Die Frau im alten Rom. München 1935
Malcovati, H., u. a., Donne di Roma antica. Quaderni di studi Romani 1945–1946
Müller, W., Rom, Römer und Römerinnen. 2 Bde. Berlin 1820
Balsdon, J. P. V. D., Women in Imperial Rome. History Today 1, 1960, 24 ff.
Mattingly, H., The Women of the Roman Empire. Christ Church 1961
Schulz, O., Die Frau im römischen Kaiserreich. o. O. 1931
Avino, M. d', The Women of Pompeii. Neapel 1967
Finley, M. I., The Silent Women of Rome. In: M. I. Finley, Aspects of Antiquity, Harmondsworth 1972, 124–136
Lionnet, A., Tagesbenutzung der Römerinnen. In: Palaion, Berlin 1853, 415–418
Adcock, F. E., Women in Roman Life and Letters. Greece and Rome 14, 1945, 1 ff.
Gagé, J., Matronalia. Essais sur les dévotions et les organisations culturelles des femmes dans l'ancienne Rome. Brüssel 1963
Hancarville, P. F. H. d', Denkmäler des Geheimkults der römischen Damen. Basel 1960
Förtsch, B., Die politische Rolle der Frau in der römischen Republik. Stuttgart 1935
Herrmann, C., Le rôle judiciaire et politique des femmes sous la République Romaine. Brüssel–Berchem 1964
Laband, X., Die rechtliche Stellung der Frau im altrömischen und im germanischen Recht. Zeitschrift für Völkerpsychologie 3, 1864
Zagelmeier, F., Die rechtliche Stellung der Frau im römischen Familienrecht. o. O. 1928
Teufer, J., Zur Geschichte der Frauenemanzipation im alten Rom. Leipzig 1913
Biondi, B., Aspetti morali della tutela. In: Festschrift Fritz Schulz I, Weimar 1951, 52–73

IV. E. 2. *Entwicklung des Sexualverhaltens*

Friedländer, L., Darstellungen aus der Sittengeschichte Roms. 4 Bde. Leipzig 1862–1864. Nachdruck Aalen 1963
Grimal, P., Römische Kulturgeschichte. München 1961
Kähler, H., Rom und seine Welt. Bilder zur Geschichte und Kultur. 2 Bde. München 1958–1960
Kiefer, O., Kulturgeschichte Roms. Berlin 1933
Lewandowski, H., Römische Sittengeschichte. Stuttgart 1964
Marcadé, J., Roma Amor. Genf 1961
Kroll, W., Römische Erotik. Zeitschrift für Sexualwissenschaft 17, 1930, 145–178
Paldamus, H., Römische Erotik. Greifswald 1833
Pike, E. R., Love in Ancient Rome. London 1965
Dulaure, J. A., Vom Phalluskult bei den Römern. In: J. A. Dulaure, Die Zeugung . . ., Leipzig 1909, 62–72. Nachträge von H. Ihm, ebd. 306–309

IV. E. 2. a. *Entwicklung einer erotischen Kunst der Römer*

Blümner, H., Die römischen Privataltertümer. München 1911
Graut, M. u. a., Eros in Pompeji. Das Geheimkabinet des Museums von Neapel, München 1975.
Della Corte, M., Amori et amanti di Pompeii antica. Antologia erotica Pompeiiana. Rom 1958
Richer, P., Le nu dans l'art VI: L'art romain. Paris 1926
Vorberg, G., Museum eroticum Neapolitanum. o. O. u. J. (1910). Nachdruck Schmiden 1966

IV. E. 2. b. *Entwicklung der erotischen Literatur in Rom*

Pierrugues, P.-E., Glossarium eroticum linguae latinae. Paris 1826
Rambach, C., Thesaurus eroticus linguae latinae. Stuttgart 1833
Blondeau, N. und F. Noel, Dictionnaire érotique latin-français. Paris 1885
Reitzenstein, R. von, Zur Sprache der lateinischen Erotik. Sitzungsberichte der Heidelberger Akademie 1912, 9 ff.
Pabon, J., El griego lengua de la intimidad entre los Romanos. Emerita 7, 1939
Fischer, C., Priapea. Die Gedichte des Corpus Priapeorum. Salzburg 1969
Lieberg, G., Puella Divina, die Gestalt der göttlichen Geliebten bei Catull. Amsterdam 1962
Grassmann, V., Die erotischen Epoden des Horaz. München 1966
Birt, Th., Die Cynthia des Properz. Leipzig 1922
Brandt, P., Ovidii Nasonis Amorum libri tres. Leipzig 1891

IV. E. 2. c. *Entwicklung des erotischen Theaters*
Beare, W., Plautus and the Fabula Atellana. Classical Review 44, 1939, 165–168
Benoist, L., De personis muliebribus apud Plautum. Paris 1862
Bertoin, E., De Plautinis et Terentianis adolescentibus amatoribus. Paris 1879
Flury, P., Liebe und Liebessprache bei Menander, Plautus und Terenz. Heidelberg 1968
Gurlitt, L., Erotica Plautina. München 1921
Kistrup, I., Die Liebe bei Plautus und den Elegikern. Diss. Kiel 1963
Pescatori, G., I difetti delle donne in Plauto e Terenzio. La nostra scuola 10–12, 1900
Ribbeck, O., Comicorum Romanorum praeter Plautum et Terentium Fragmenta. Leipzig 1885, 1893², Nachdruck Hildesheim 1962
Rabenalt, A. M., Mimus Eroticus I: Antike. Hamburg 1965

IV. E. 2. d. *Entwicklung sadomasochistischer Tendenzen*
Auguet, R., Cruelty and Civilization: The Roman Games. London 1972
Grant, M., Gladiators. London 1967
Lafaye, G., Gladiateur. In: Daremberg/Saglio, Dictionnaire des antiquités II, 1563–1599
Schneider, K., Gladiator. In: Paulys Realencyclopädie Suppl. III, 1918, 760–784

IV. E. 2. e. *Entwicklung homosexueller Tendenzen*
Hirschfeld, M., Die Homosexualität im Altertum. In: L. Schidrowitz (Hrsg.), Sittengeschichte Weibes. Berlin 1920². 739–809
Hirschfeld, M., Die Homosexualität im Altertum. In: L. Schidrowitz (Hg.), Sittengeschichte des Lasters, Wien–Leipzig 1927, 255–288

IV. E. 2. f. *Entwicklung der Prostitution*
Cunow, H., Prostitution bei den Römern. In: H. Cunow, Liebe und Ehe im Leben der Völker, Berlin 1929, 198 f.
Dufour, P., Geschichte der Prostitution I: Römische Republik; Römisches Kaiserreich. II: Rom bis zum Mittelalter. Berlin–Lichterfelde o. J.
Sudhoff, K., Prostitution (in Rom). In: M. Marcuse (Hrsg.), Handwörterbuch der Sexualwissenschaft, Bonn 1926, 598

IV. E. 3. *Entwicklung der römischen Ehe*
Köstler, R., Raub- und Kaufehe bei den Römern. Zeitschrift der Savigny-Stiftung für Rechtsgeschichte 65, 1947, romanistische Abteilung 43–68
Rasi, P., Consensus facit nuptias. Mailand 1946
Bromberg, A. R., Concordia: Studies in Roman Marriage under the Empire. Harvard Studies in Classical Philology 66, 1962, 249 ff.
Lee, D. R., Marriage in the Comedies of Plautus. In: Childlife and Marriage in the Greek New Comedy and in the comedies of Plautus. Madison, Wis. 1919
Durry, M., Sur le mariage romain. Gymnasium 63, 1956, 187 ff. Auch in: Revue Internationale des droits de l'antiquité 3, 1956, 227–243
Lionnet, A., Ehebündnisse in Rom. In: Palaion, Berlin 1853, 295–302
Rossbach, A., Untersuchungen über die römische Ehe. Stuttgart 1853
Rossbach, A., Römische Hochzeits- und Ehedenkmäler. Leipzig 1871. Nachdruck Aalen 1973
Williams, G., Some Aspects of Roman Marriage Ceremonies and Ideals. Journal of Roman Studies 48, 1958, 16 ff.
Westrup, C. W., Recherches sur les formes antiques de mariage dans l'ancien droit romain. Oversigt over det kongelige Danske Videnskabernes Selskab Forhandlinger, Hist.-fil. Meddel. 30, I, 1943, 1–86
Corbett, P. E., The Roman Law of Marriage. Oxford 1930, 1969²
Csillag, P., Das Eherecht des augusteischen Zeitalters. Klio 50, 1968, 111–138
Kohler, J., Die Ehe mit und ohne Mundium. Zeitschrift für vergleichende Rechtswissenschaft 6, 1886
Volterra, E., La conception du mariage d'après les juristes romains. Padua 1940
Orestano, R., La struttura giuridica del matrimonio romano. Mailand 1951
Castello, C., In tema di matrimonio e conculinato nel mondo romano. Mailand 1940
Hellebrand, W., Ein Beitrag zur Problematik *matrimonium* und *mos.* Zeitschrift der Savigny-Stiftung für Rechtsgeschichte 70, 1953, romanistische Abteilung 247–276

Kunkel, W., Matrimonium. In: Paulys Realencyclopädie
Lauria, M., Matrimonio: Dote in diritto romano. Neapel 1952
Lévy, J. P., Les impenses dotales en droit romain classique. Paris 1937. Hierzu H. Kreller in Zeitschrift der Savigny-Stiftung für Rechtsgeschichte 65, 1947, romanistische Abteilung 378 bis 383
Wolff, H. J., Dos und erneuerte Ehe. In Zeitschrift der Savigny-Stiftung für Rechtsgeschichte 66, 1948, romanistische Abteilung 31–44
Wolff, H. J., Doctrinal Trends in post-classical Roman Marriage. Ebd., 67, 1950, 261–319
Durry, M., Le mariage des filles impubères à Rome. Comptes rendus de l'Académie des Inscriptions 1955, 84–91
Durry, M., Le mariage des filles impubères chez les anciens Romains. Anthropos 50, 1955, 432 bis 434
Durry, M., Le mariage des filles impubères dans la Rome antique. Revue internationale des drois de l'antiquité 2, 1955, 263–273
Hopkins, M. K., The Age of Roman Girls at Marriage. Population Studies 18, 1964/1965, 309 bis 327
Seyfarth, W., Ehen zwischen freien Frauen und Sklaven. Byzantinistische Beiträge 1964, 41 ff.
Lefèbvre, Ch., Le mariage et le divorce à travers l'histoire romaine. Nouvelle Revue historique du Droit français et étranger 42, 120 ff.
Levy, E., Der Hergang der römischen Ehescheidung. Weimar 1925
Meyer, P., Der römische Konkubinat nach den Rechtsquellen und den Inschriften. Leipzig 1895

IV. E. 4. *Entwicklung der römischen Familie*

Kaser, M., Zur altrömischen Hausgewalt. Zeitschrift der Savigny-Stiftung für Rechtsgeschichte 67, 1950, romanistische Abteilung 474–497
Burck, E., Die altrömische Familie. In: Das neue Bild der Antike 2, 1924
Betti, E., Das Wesen des altrömischen Familienverbandes (Hausgemeinschaft und Agnatengenossenschaft). Zeitschrift der Savigny-Stiftung für Rechtsgeschichte 71, 1954, romanistische Abteilung 1–74
Lotze, D., Zur Rekonstruktion der frührömischen Großfamilie. In: E. Ch. Welskopf (Hrsg.), Neue Beiträge zur Geschichte der Alten Welt II, Berlin 1965, 63–68
Westrup, C. W., The Patriarchal Joint Family. In: Introduction to Early Roman Law 1, Kopenhagen und London 1944
Bethe, E., Ahnenbild und Familiengeschichte bei Römern und Griechen. 1935. Nachdruck Osnabrück 1974
Lacombe, P., La famille dans la société romaine. 5 Bde. Paris 1889
Lionnet, A., Das Familienverhältnis bei den Römern. In: Palaion, Berlin 1853, 276–279
Zimmerman, C. G., The Roman Family. In: Family and Civilization, New York 1947, 323 bis 384
Gaudemet, I., Les transformations de la vie familiale au bas empire et l'influence du christianisme. Romanitas 4, 1962, 58 ff.
Rawson, B., Family Life among the Lower Classes at Rome in the first two Centuries of the Empire. Classical Philology 61, 1966, 71 ff.
Longo, C., Diritto di famiglia. Mailand 1946
Sachers, E., Das Recht auf Unterhalt in der römischen Familie der klassischen Zeit. In: Festschrift Fritz Schulz 1, Weimar 1951, 310–363
Prévost, M.-H., Les adoptions politiques à Rome sous la République et le Principat. Paris 1949

IV. F. *Der Zerfall Roms und der Untergang der antiken Welt*

Altheim, F., Niedergang der Alten Welt. Eine Untersuchung der Ursachen. 2 Bde. Frankfurt am Main 1952. Hierzu W. Schubert in Orientalistische Literaturzeitung 49, 1954, 202–205, und H. v. Campenhausen in Theologische Literaturzeitung 80, 1955, 444–447
Hartmann, L. M., Der Untergang der antiken Welt. Wien 1903
Jones, A. H. M., The Decline of the Ancient World. London 1966
Pfister, K., Der Untergang der antiken Welt. Leipzig 1941
Seeck, O. v., Geschichte des Untergangs der antiken Welt. 6 Bde. Stuttgart 1920–1923. Nachdruck Darmstadt 1966
Koch, H., Der Untergang des römischen Reiches in der Deutung des Historischen Materialismus. In: K. Christ (Hrsg.), Der Untergang des römischen Reiches, Darmstadt 1970

Namen- und Sachregister

Zusammengestellt von Bernadette Eckert

Nachwort zur Taschenbuchausgabe

Dieses Buch trägt den Stempel der sieben Lehrer, die mich maßgeblich beeinflußt haben: Clara Zetkin, Wilhelm Reich, Bronislaw Malinowski, Vere Gordon Childe, George Thomson, Melville Herskovits und Géza Róheim. Über Zetkin und Reich brauche ich hier nicht zu sprechen, da sie auch der heutigen Generation zur Genüge bekannt sind. Über die anderen will ich ein paar Worte sagen. Im Jahre 1935, als ich 20 war, begann ich bei Bronislaw Malinowski, dem Vater der Sozialanthropologie, in London zu studieren. Er war ein ganz vorzüglicher Lehrer, locker, improvisierend, geistreich, epigrammatisch in der Diktion, witzig im Dialog, furchtlos den Behörden, den akademischen Gegnern und der ganzen Universitätshierarchie gegenüber. Keine seiner Vorlesungen folgte dem angekündigten Thema, keine hielt den angekündigten Zeitplan ein, keine bewegte sich in irgendeiner erkennbaren akademischen Disziplin. Aber seine Studenten liebten und verehrten ihn, und er respektierte sie, gab ihnen eine in jenen Jahren einmalige Freiheit, hörte Argumenten geduldig zu, war ohne jeden Autoritätsanspruch, erwartete aber auch ein Maß an freiwilliger Arbeit, intelligenter Diskussion und simplem Fleiß, das etwas Elitäres an sich hatte. Aus dieser Studentengruppe sind hervorgegangen: Jomo Kenyatta, Prinz Peter von Griechenland, David Abercrombie, Paul Robesons Gattin Essie und die drei Anthropologinnen Audrey Richards, Lucy Mair und Elspeth Huxley.
Seine Grundthesen, die mehr von seinen Schülern als von ihm selbst als »Funktionalismus« popularisiert worden sind, gingen von der Annahme aus, daß jede Gesellschaftsordnung ein funktionierender Organismus sei, in dem jede Person, jede Institution, jede Handlung und deshalb eigentlich auch jeder Gedanke und jede Emotion »funktionell« seien, also einen Grund hätten und eine konkrete Funktion ausübten. Das war in gewissem Sinne gesunder Materialismus, aber es war in einem anderen Sinne auch naivster Idealismus, reine Metaphorik und oft schiere Metaphysik. Denn er war der Erkenntnis unfähig (oder weigerte sich, sie zu akzeptieren), daß die Gesellschaft eben *nicht* funktionell ist, daß sie sehr schlecht »funktioniert«, daß dauernd und überall Dinge danebengehen, daß jede herrschende Klasse, einerlei wie fortschrittlich sie anfangs auch gewesen sein mag, den Fortschritt des Gemeinwesens am Ende behindert. Kurzum, er war ein logischer Denker, der Logik ins Absurde trieb, ein unkurierbarer Gesellschaftstheoretiker, der jeder gesellschaftlichen Theorie mißtraute, ein funktionalistischer Gesetzgeber, der den Gedanken einer dialektischen Gesetzmäßigkeit der Gesellschaftsentwicklung als Narretei abtat und deshalb auch jene mutterrechtlichen Thesen, die Engels von Bachofen und Morgan übernommen hatte, als »völlig veraltet und gänzlich unwahr« betrachtete.
Diese drastische, geradezu provokatorische Ablehnung durch einen Mann, dessen Wissen, Erfahrung und intellektuelles Kaliber ich zu schätzen gelernt hatte, gab mir einen gewaltigen Schock, einen heilsamen Schock, denn sie provozierte in mir jenen Impuls, der mich vierzig Jahre lang dazu getrieben hat, Material zu sammeln, um festzustellen, wer hier recht hat. Ich war nur deshalb zu Malinowskis Vorlesungen gegangen, weil er in mutterrechtlichen Kulturen gearbeitet und neue Theorien der matrilinearen, matrilokalen Deszendenz entwickelt hatte. Gerade bei ihm hatte ich mir ein Echo auf meine von Bachofen, Morgan und Engels geformten Überzeugungen versprochen. Ausgerechnet von ihm zu hören, daß alles falsch und veraltet sei, konstituierte eine der schwersten Krisen meines Lebens, eigentlich nur noch mit denen vergleichbar, die der deutsch-sowjetische Nichtangriffspakt im Jahre 1939 und die russische Invasion der ČSSR im Jahre

1968 in mir ausgelöst haben. Um mein Gleichgewicht wiederzufinden, mußte ich herausbekommen, was wirklich in der europäischen Vorgeschichte geschehen war und wie sich das Verhältnis der Geschlechter tatsächlich entwickelt hatte.
Das Gespräch fand gegen Ende des Sommersemesters 1935 in Malinowskis Londoner Privathaus statt. Das Haus war, wie immer, voll von Studenten, uneingeladenen Besuchern, ausländischen Gästen und simplen Schmarotzern, die sich von ihm durchfüttern ließen. Seine ruhige, geduldige Gattin Elsie war in ihr eigenes Haus geflohen, das sie irgendwo am Stadtrand, keiner von uns wußte genau wo, unterhielt und wo sie regelmäßig verschwand, wenn das Londoner Town House zum Irrenhaus wurde. Ich erinnere mich, daß ich damals meine Aktentasche vergaß, weil ich so blind in die Nacht hinausgestolpert war. Ich kann mich nicht mehr erinnern, durch welche Straßen ich gewandert bin, aber gegen Morgen fand ich mich im Hyde Park, nicht weit von Speakers' Corner, und ging dann ins Lyons Corner House am Marble Arch, um Porridge mit braunem Zucker und dicker Sahne zu essen und meine kalten, eingeschlafenen Glieder zu beleben.
Am nächsten Tag holte ich mir die Aktentasche ab, und im folgenden Semester zog ich nach Edinburgh, wo Vere Gordon Childe, der australische Vorgeschichtsforscher, Prähistorische Archäologie lehrte. Von sozialistischen Freunden hatte ich gehört, daß er der einzige in ganz Großbritannien sei, der eine halbwegs marxistische Stellung zur Urgeschichte einnahm. Childe war damals 43 Jahre alt und auf der Höhe seiner Kräfte. Er war um 1892 in Sidney geboren, hatte dort Altsprachen studiert und war 1914 nach Oxford gekommen, um dort bei Sir Arthur Evans, dem Kreta-Forscher, und bei J. L. Myres, der sich um die Erforschung des Grenzgebiets zwischen klassischer Philologie und moderner Ethnologie verdient gemacht hatte, am Queen's College weiterzustudieren. 1919 war er nach Australien zurückgekehrt, um Privatsekretär des Ministerpräsidenten von Neusüdwales zu werden. 1922–1924 hatte er genau jene Regionen bereist, mit denen sich später mein *Patriarchat* befassen sollte: Kleinasien, Griechenland, Italien, die Mittelmeerinseln und Europa südlich der Donau. Um 1925 wurde er, wenn ich mich recht erinnere, dann zum Bibliothekar des Royal Archaeological Institute in London ernannt, und zwei Jahre später erhielt er aus Edinburgh den Ruf, den neuerrichteten Abercromby Chair für Prehistoric Archaeology einzunehmen.
1927 war sein erstes bedeutendes Buch, *The Dawn of European Civilization,* in London erschienen. Als er den Ruf nach Edinburgh erhielt, war er knapp 35, nach damaligen Verhältnissen ein ungewöhnlich junges Alter für einen Lehrstuhl von solcher Bedeutung. Er hatte auf den Orkney Inseln und in Schottland gegraben, hatte eine kohärente Theorie der Vorgeschichte entwickelt, die sich auf einer klaren Unterscheidung zwischen sozialökonomischer Basis und kulturellem Überbau gründete, und war in nahezu jeder Hinsicht, besonders aber im Temperament, das Gegenteil Bronislaw Malinowskis. Bei Childe herrschte sorgfältige empirische Forschung, langsames, kumulatives Ansammeln des Beweismaterials, ruhige, nahezu pedantische Abwägung der Alternativen, und dann erst der peinlich akkurate Aufbau eines Gerüsts von Schlußfolgerungen.
In seiner Überzeugung einer geschichtlichen Gesetzmäßigkeit der Entwicklung war er allerdings ebenso unnachgiebig wie Malinowski in seiner Illusion, daß es keine solche Gesetzmäßigkeit geben könne. Für Childe war das Studium der Vorgeschichte entweder die Suche nach Gesetzmäßigkeit oder bloße Zeitver-

schwendung. Entweder man interpretierte, was man ausgegraben hatte, als Teil einer Sequenz, deren evolutionäre Logik es zu erforschen galt, oder man sollte besser zuhause bleiben und gar nicht erst mit dem Buddeln anfangen. Seine extreme Sorgfalt beim Einholen und Abwägen der Evidenz war also nur Mittel zur kühnen Aufstellung von Hypothesen, die es dann zu verifizieren und zu falsifizieren galt. Mit einem solchen Manne zusammenzuarbeiten war sowohl eine Freude wie eine Ehre. Ich verdanke ihm nahezu alles, was ich über die Vorgeschichte und deren Deutung gelernt habe.

Nahezu alles, sage ich, denn ich muß hier meine Schuld einem anderen Forscher gegenüber kundtun, dem Gräzisten George Thomson, den ich durch eine Verquickung unglücklicher Umstände weder während seiner Amtszeit als Fellow von King's College, Cambridge, noch später während seiner Lehrtätigkeit als Professor des Griechischen an der Universität von Birmingham kennenlernen konnte, dessen Bücher aber auf mich einen mindest so großen Einfluß wie die Vorlesungen Childes in Edinburgh (und später am Archäologischen Institut der Universität London) ausgeübt haben. Thomson, der von anderen Gräzisten in einer schandhaften Weise ignoriert worden ist, war zweifellos der bedeutendste marxistische Denker auf dem Gebiete der Altphilologie, den die westliche Welt hervorgebracht hat. Daß die DDR seine drei Hauptwerke, *The Prehistoric Aegean* (1949, 1954), *The First Philosophers* (1955, 1961, 1972) und *Aeschylus und Athens* (1941, 1946, 1966), in so vorzüglich übersetzten und edierten Ausgaben herausgebracht hat (*Frühgeschichte Griechenlands und der Ägäis,* Berlin 1960; *Die ersten Philosophen,* Berlin 1968; *Aischylos und Athen,* Berlin 1957), ist mit Dank und Hochachtung zu quittieren. Daß die auf diesem Gebiet arbeitenden Forscher der DDR ihn mit Schweigen und einem gewissen Zweifel an der Sorgfalt seiner Arbeit übergangen haben, bedauere ich zutiefst.

Was Thomson, wegen der Ächtung, die ihm von bürgerlicher Seite widerfahren ist, und wegen gravierenden Mangels an Studienmitteln nicht mit jenem Reichtum an Einzelheiten belegen konnte, der den Forschungsinstituten der UdSSR und der Volksrepubliken zur Verfügung steht, vermag vielleicht nur der zu würdigen, der, wie ich selbst, sein ganzes Leben lang jede Forschungsarbeit aus eigenen Mitteln finanzieren mußte. Da bleibt stets und unvermeidlich jener letzte Schritt unmöglich, den man gern getan hätte, wenn man nur Zeit und Ruhe und Unterstützung gehabt hätte. In wie hohem Maße die Mängel mancher Forschungsarbeit Mängel an Geld und Zeit, nicht aber Mängel an Sorgfalt und Fähigkeit sind, das vermögen sich die an wohlfinanzierten Forschungsinstituten der bürgerlichen Welt arbeitenden Wissenschaftler kaum vorzustellen. Wer mit Mitteln der Regierungen und Stiftungen, mit der unbezahlten Schützenhilfe von Studenten, Assistenten und Doktoranden arbeitet, der macht sich kein Bild von der Geld- und Zeitnot, in der ein »freier«, von den Erträgen seiner Bücher lebender Forscher oder ein von allen bürgerlichen Kollegen angefeindeter, vom Zugang zu Stiftungsgeldern blockierter marxistischer Forscher der westlichen Welt arbeiten muß. Ich selbst könnte davon ein langes, trauriges Lied singen.

Daß Thomson trotz dieser Probleme drei so meisterhafte Werke schaffen konnte, stellt ihm ein Zeugnis großen Fleißes, gewaltiger Beharrlichkeit und schärfster Intelligenz aus. Seine Deutung der vorgriechischen, frühgriechischen, klassischen und hellenistischen Welt bleibt trotz der großen Vorstöße der Kollegen in der UdSSR, China und den Volksrepubliken nach wie vor das Profundeste, das von marxistischer Seite über diese Thematik geschrieben worden ist.

Ich hörte seinen Namen zum ersten Male von meinem früh verstorbenen Freund Christopher St. John Sprigg, der unter dem Namen Christopher Caudwell einige der besten Arbeiten über marxistische Ästhetik und marxistische Wissenschaftstheorie geschrieben hat und kaum 29 Jahre alt im Februar 1937 im spanischen Bürgerkrieg gefallen ist. Thomson, 1903 geboren, und Sprigg, Jahrgang 1907, lernten einander kennen, als sie beide im gleichen Jahre (1935) der englischen Kommunistischen Partei beitraten. Thomson, der stark vom keltischen Volksdenken, insbesondere von den mutterrechtlichen Mythen und Bräuchen seiner Vorfahren beeinflußt war, lebte von 1926 bis 1927 und von 1929 bis 1934 in Irland, wurde 1937 Ordinarius in Birmingham und zog sich nach acht Jahren verdienstvoller Mitarbeit im ZK der englischen KP aus führenden Parteiämtern zurück, nachdem er sechs Monate lang an der Universität Peking studiert, chinesisch gelernt und eine gemeinsame Zitatensammlung von Marx und Mao veröffentlicht hatte (*From Marx to Mao-Tse-Tung,* London 1972). Er teilt meine Meinung, daß die größte Katastrophe, die die Arbeiterklasse seit dem Zweiten Weltkrieg befallen hat, der Streit zwischen der UdSSR und der Volksrepublik China ist, und daß auch die Mitglieder der Zweiten Internationale alle ihre Energien darauf konzentrieren sollten, den Bruch zwischen den Parteien der Arbeiter zu heilen.
Ich habe nicht die Absicht, hier die Unterschiede in den strategischen und taktischen Fragen der Alltagspolitik aufzuzählen, die mich bei weitgehender Übereinstimmung doch hier und da von Thomson trennen, aber ich will auf den einen Punkt seiner Arbeiten zur Vor- und Frühgeschichte des Patriarchats hinweisen, wo sich unsere Wege getrennt haben. Er schließt sich, wie ich, an Morgan und Engels an, hat (wie ich auch) zusätzlich manches von George Briffault (*The Mothers,* 3 Bde., London 1927) übernommen und gründet viele seiner Argumente auf einer historisch-materialistischen Deutung der Mythologie und einer dialektisch-materialistischen Deutung der Altsprachen, die einen großen Teil der gegenwärtigen Semantik der Sowjetsprachforscher vorweggenommen hat. Aber zusätzlich zu all diesen Quellen, die ich akzeptiere, baut er einen Teil seiner Argumente auf einer Deutung des Totemismus auf, die mir zweifelhaft und nicht immer zufriedenstellend erscheint. Ich habe diesen ganzen Komplex, der bei ihm einen Kernpunkt des Arguments darstellt, in meiner eigenen Arbeit ausgeklammert. Nicht etwa weil mir alles, was Thomson hierüber sagt, unüberzeugend erscheint, sondern weil ich meine, daß wir unser Argument auch ohne Rückgriff auf die Totemistik überzeugend präsentieren können.
Nach meiner Kriegsgefangenschaft und meiner Freilassung und Einbürgerung in Kanada lernte ich den Afrikanisten Melville J. Herskovits, Ordinarius für Ethnologie an der *Northwestern University* in Evanston, Illinois, kennen. Ich hatte ihm eine längere, für Erich von Hornbostel geschriebene Arbeit über den Einfluß der amerikanischen Sklavenordnung auf die Afrikanismen verschiedener Stämme zugesandt, und er hatte mir erlaubt, zwei Semester bei ihm und Richard A. Waterman zu studieren. Was mir dabei wichtig schien, war der Schwerpunkt, den er auf die soziale Deutung des Geschlechtslebens einer jeden Kultur legte. Für ihn, wie für Malinowski, war Sexualwissenschaft nicht Triebforschung, sondern Soziologie. Hätte ich nicht von dem Biologen Julian Huxley, der damals Generaldirektor der UNESCO war, den Ruf erhalten, nach Paris zu kommen, um mit John Grierson zusammen eine neue Abteilung aufzubauen, die das Grenzgebiet zwischen Ethnologie, Anthropologie und den Massenmedien erschließen sollte,

so wäre ich wahrscheinlich bei Herskovits in Evanston geblieben und hätte eines Tages seinen Lehrstuhl übernommen.
Da ich nun aber konstitutionell unfähig bin, meine »Karriere« zu planen, blieb meine Berührung mit Herskovits relativ unwichtiger als die mit Géza Róheim, der mir drei Jahre lang seine Wochenenden geopfert hatte, so daß ich samstags aus Kanada zu ihm fliegen und Sonntag abends wieder nach Hause fahren konnte. In meiner *Psychoanalyse des Geldes* habe ich mich mit der Ethnoanalyse im allgemeinen und mit Róheims Theorien im besonderen auseinandergesetzt. Im Gegensatz zu der Kritik, die ich dort an Róheims Thesen geübt habe, will ich hier noch einmal betonen, wie sehr ich ihn als Mensch geliebt habe und wie dankbar ich ihm mein ganzes Leben lang für seine Güte, seine Großzügigkeit und seine Geduld sein werde.
Da er versucht hatte, aus der österreichischen Psychoanalyse, der deutschen Ethnologie, der englischen Sozialanthropologie und der amerikanischen Kulturanthropologie eine einheitliche Wissenschaft mit holistischen Ganzheitsansprüchen zusammenzufügen, war mir anfangs entgangen, wie hoch der Stellenwert des menschlichen Geschlechtslebens in seinem Bild der Wissenschaft stand. Da mein eigenes Geschlechtsleben mir nie Kopfzerbrechen gemacht hatte und ich trotz meiner jugendlichen Mitarbeit in Wilhelm Reichs Berliner Sexualkliniken nie über Sexualwissenschaft nachgedacht hatte, wurde mir erst viele Jahre später klar, daß meine sieben Lehrer eines gemeinsam gehabt hatten: sie maßen der Sexualität eine bedeutsamere Rolle zu, als es damals auf ihren respektiven Fachgebieten üblich war. Daraus habe ich die Folgerung gezogen, daß es mein Erbe ist, diesen Gemeinnenner meiner Lehrer als mein eigenes Fachgebiet zu kultivieren.
Im Gegensatz zu Morgan und Malinowski, die sich als Ethnologen verstanden, und im Gegensatz zu Reich und Róheim, die sich als Analytiker betrachteten, im Gegensatz aber auch zu Childe, der sich als Vorgeschichtsforscher sah, und zu Thomson, der sich als Altphilologe sieht, sehe ich meine Tätigkeit eindeutig als die eines Sexualforschers an. Deshalb habe ich die Österreichische Gesellschaft für Sexualforschung gegründet. Deshalb gehöre ich auch dem Vorstand der Gesellschaft zur Förderung sozialwissenschaftlicher Sexualforschung und der Deutschen Gesellschaft für Sexualforschung an und hoffe, daß es mir noch vergönnt sein möge, an einem Lehrstuhl für Sexualgeschichte, Sexualanthropologie oder Sexualsoziologie mitwirken zu dürfen. Kein solcher Lehrstuhl besteht heute in irgendeinem deutschsprachigen Land. Auch für Feministik, jenem Gebiet, das die Amerikaner »Women's Studies« nennen, gibt es bei uns keinen Lehrstuhl. Der ganze unerhört aktive Bereich der Frauenbewegung mit ihren Forschungsgebieten der Frauengeschichte und Frauenkunde, der nach meinem Dafürhalten nur an einem Lehrstuhl für Sexualgeschichte oder Sexualsoziologie gelehrt werden kann, wird von keiner deutschsprachigen Universität betreut. Das scheint mir eine traurige Nachzüglerei gegenüber den Vereinigten Staaten, Japan, Holland und Schweden.
Das Ziel meiner eigenen Arbeit bleibt nach wie vor die Gestaltung eines Werkzeugs, das der Frauenbewegung dienen kann, wie *Das Kapital* der Arbeiterbewegung gedient hat: als historische Perspektive, als Wegweiser zur Zukunft, als Waffe im täglichen Kampf.
Dieser Gedanke hat einige der Leser (und besonders der Leserinnen) irritiert, weil sie ihn als Anmaßung aufgefaßt haben. Aber er war nicht dem Größenwahn

entsprungen, sondern dem Gegenteil: der Überzeugung, daß diejenige soziale Gruppe, die am meisten unter der Ausbeutung leidet, auch diejenige sein muß, der im Kampf gegen die Ausbeuter der Führungsanspruch gebührt. Das sind heute die Frauen im allgemeinen und die proletarischen Frauen im besonderen. Im Motto des Buches hatte ich deshalb der Hoffnung Ausdruck gegeben, daß das Buch der Frauenbewegung *dienen* könne, und auf Seite 19 des Vorworts hatte ich noch einmal spezifiziert: das Buch »dient« den Zielen der Frauenbewegung und »ordnet sich ihren Forderungen unter«. Es war enttäuschend, daß einige Leser den Text so sorglos gelesen hatten, daß sie das Gegenteil dessen, was drinstand, hineinprojiziert haben.

Um herauszufinden, ob Engels oder Malinowski recht hatte, bestand meine Quellenforschung mehr als zwanzig Jahre lang aus der rudimentären Fleißaufgabe, alle Ausgrabungsberichte in allen Sprachen, die ich lesen konnte, systematisch durchzuarbeiten und alle darin enthaltenen Daten zu exzerpieren, die sich (a) mit der Ökonomie, (b) mit den Abstammungs- und Verwandtschaftsordnungen, (c) mit dem Sexualleben der Vorgeschichte befaßten. Ich ging von der Arbeitshypothese aus, daß es zwischen diesen drei Faktoren eine Beziehung geben müsse, wenn man je eine historisch-materialistische Deutung des menschlichen Geschlechtslebens aus den Funden ableiten wolle. Worin die Beziehung bestehen könne, wußte ich nicht und wollte ich auch nicht spekulativ vorwegnehmen.

Ich hatte im Jahre 1935, kurz nach meinem letzten Gespräch mit Malinowski und kurz vor Anfang meiner Studien bei Childe, mit dem Exzerpieren begonnen, hatte im Jahre 1948 die Ausgrabungsberichte der Vergangenheit aufgeholt und begann von dieser Zeit an einen Wettlauf mit den neu im Druck erscheinenden Berichten, die ja ein Vielfaches der bereits veröffentlichten Grabungsresultate ausmachten. Im Jahre 1950 wurde mir dann klar, daß ich stets hinter der Flut neuer Berichte zurückbleiben würde und daß ich jetzt beginnen müsse, meine Exzerpte auszuwerten, wenn ich hoffen wollte, noch in meiner eigenen Lebenszeit Folgerungen zu veröffentlichen.

Im Jahre 1973 bestand das Buch aus rund 5000 Schreibmaschinenseiten, von denen eine jede sich zu rund einem Viertel aus dem eigentlichen Text und zu drei Vierteln aus Quellenangaben und Nachweisen zusammensetzte. Im Durchschnitt lief dies auf drei Quellenangaben pro Zeile hinaus. Bei neun Worten pro Zeile war also rund jedes dritte Wort mit einer Quelle belegt oder in einem Nachweis verankert. Vom akademischen Standpunkt wäre das ein sehr schönes Buch gewesen, aber vom verlegerischen Standpunkt aus war es unlesbar und bedeutete, nachdem es von zwölf großen Verlagen als »unrealistisch« abgelehnt worden war (es wäre ein Buch in zehn Bänden von je 500 Seiten geworden), daß ich es völlig umschreiben mußte. Etwa in dem Sinne, daß aus je zehn Seiten eine einzige herauskomprimiert werden konnte und daß die Quellen (rund 100 000 Eintragungen im Original: 5000 Seiten mit rund 20 Nachweisen pro Seite) drastisch reduziert und ans Ende des Buches verlegt wurden. Zu dem übriggebliebenen Text habe ich dann 170 zusätzliche Seiten geschrieben, um das Buch vom verlegerischen Standpunkt aus »interessanter« zu machen. Es ist vielleicht kennzeichnend für die Schicksalsschläge der Kritik, daß die Rezensenten sich fast ausschließlich mit diesen 170 nachträglich verfaßten Seiten (in der vorliegenden Fassung S. 9–142 und 511–549) beschäftigt haben. Das eigentliche Buch (S. 99–510) ist in nur 11 von 82 Besprechungen überhaupt erwähnt worden.

Um das Paradox des Für und Wider noch absurder zu machen: Wegen einer einzigen von mir verschluderten Schreibmaschinenseite (S. 778 des Manuskripts) ist auf Druckseite 512 die Einführung des Kapitels »Die Zukunft« weggefallen, die sich mit den Diskussionen der letzten Jahrzehnte zwischen der autonomen und der proletarischen Frauenbewegung beschäftigte und die Erklärung enthielt, daß die nun folgenden Seiten 512–543 nicht mehr zu meinem Forschungsgebiet gehören, sondern nur eine Zusammenfassung der wichtigsten Gedanken sind, die ich in Diskussionen zwischen feministischen und sozialistischen Frauengruppen gehört und mitgeschrieben habe, vor allem die Diskussionen um Shulamith Firestones Thesen von der geschlechtslose" Zukunft des emanzipierten Staates. Resultat: Sowohl das höchste Lob wie auch der schärfste Tadel am Buch hat sich ausgerechnet an diesen Stellen festgebissen, für die ich eigentlich nur als Reporter, nicht als Urheber verantwortlich bin.

Das zeigte sich besonders deutlich in der feministischen Ablehnung gerade jener Stellen des Buches, die nicht von mir, sondern von führenden feministischen Denkerinnen stammten. Totale Unkenntnis selbst der gängigsten feministischen Quellenliteratur ist unter den feministischen Aktivistinnen der Gegenwart leider so häufig, daß man als Mann häufig angegriffen wird, wenn man sie wiedergibt. Denn die Quellen werden von den meisten Feministinnen überhaupt nicht als solche erkannt und werden deshalb prompt als anti-feministisch gedeutet, wenn sie von einem Mann zitiert werden. So verlangten beispielsweise einige Feministinnen im Jahre 1979 von mir, ich sollte den Vorstand einer pro-feministischen Forschungsgesellschaft verlassen, weil ich einen anti-feministischen Artikel geschrieben hätte. Keine der Frauen hatte gemerkt, daß der beanstandete Artikel sich ausschließlich aus Zitaten feministischer Autorinnen zusammensetzte. Selbst wo ich in meinen Büchern nichts anderes getan hatte, als die Ansichten von Frauen wiederzugeben, wurde mir also vorgeworfen, ich redete Unsinn, da ich gar keine Ahnung haben könne, was Frauen fühlten, dächten und täten. Männer sollten sich gefälligst mit Männern befassen und die Sache der Frau in den Händen der Frauen lassen.

Das empfand ich als ungerecht, denn ein Leben ohne Frauen ist für mich nicht lebenswert. Mir zu verbieten, über das zu schreiben, was mir lebenswichtig ist, scheint mir ein Zeichen genau jenes autokratischen Verhaltens zu sein, das die Feministinnen mit Recht am Patriarchat beanstanden. Ich hatte mir nie angemaßt, die »Sache der Frau« aus den Händen der Frauen zu nehmen, sondern wollte der Frauenbewegung nur Informationsmaterial zur Verfügung stellen. Ich wollte den miteinander verfeindeten und miteinander konkurrierenden Frauengruppen so viele Fakten und Daten liefern, daß jede das für sie Wichtigste aus dem Topf herausfischen konnte. Denn mir schien – und mir scheint auch heute noch –, daß alle, die an einer wirklichen Emanzipation der Geschlechter mitarbeiten wollen, Frauen *und* Männer, zuerst einmal präzises Informationsmaterial über die Strategie und Taktik zur Hand haben müssen, mit der das Patriarchat seinen frappanten Machtanstieg erkämpft hat. Deshalb hatte ich mich besonders intensiv mit einer Analyse der Machtergreifung des Patriarchats befaßt. Sie hatte mich zur Überzeugung gebracht, daß kein Geschlecht sich von der Tyrannei des anderen befreien kann, ohne dieses gleichzeitig freizusetzen. Ich kann mir bis zum heutigen Tage nicht vorstellen, wie wir Männer uns von den Zwängen und Neurosen, die wir selbst erzeugt haben, befreien wollen, außer wenn wir uns mit unseren Opfern, den Frauen, solidarisch erklären und mit ihnen gemeinsam den Kampf gegen das Patriarchat führen.

Aber auch in dieser Hinsicht stellte sich meine Hoffnung, daß die Feministinnen eine solche Unterstützung ihres Kampfes begrüßen würden, als verfehlt heraus. Denn sie sahen in mir nicht den Verbündeten, sondern den Konkurrenten. Die Kritik lief darauf hinaus, daß es typisch patriarchalische Arroganz sei, sich einzubilden, man könne als Mann den Frauen helfen. Das sei patronisierende Herablassung, eine verkappte Form der Verachtung. Niemals wurde diskutiert, ob das, was ich erarbeitet hatte, nutzvoll im Kampf gegen die männerrechtliche Gesellschaft sei. Im Gegenteil, daß ich überhaupt versucht hatte, etwas Nutzvolles beizutragen, wurde mir am bittersten verargt. Dazu kam der Vorwurf, daß ich als Mann in einer weiblichen Domäne gewildert hätte, daß ich den natürlichen Besitzerinnen dieser Jagdgründe »die besten Böcke« weggeschossen hätte. Nach einer besonders hitzigen Diskussion im Auditorium Maximum der Technischen Universität Berlin brüllte mir eine Frau ins Ohr: »Mußte das sein? Hättst du uns nicht zumindest die frauenrechtlichen Gesellschaften überlassen können? Was bleibt uns denn zu erforschen übrig, wenn ihr uns *alles* klaut!« Ähnlich bei einer Diskussion in Nürnberg, wo eine Frau fast in Tränen sagte: »Wenn das Buch von einer Frau geschrieben worden wäre, dann wär's zu unserer Bibel geworden!« Und auf meine Frage, was mein Geschlecht denn mit dem Wert oder Unwert meiner Erkenntnisse zu tun habe: »Weil es ein *Raub* ist, ein Raub an der *Frau*! Weil Sie so ziemlich alle Quellen abgegrast haben und uns damit wieder mal die Hoffnung genommen ist, unsere *eigene* Bibel zu schreiben.«

Das schien mir so absurd, daß ich es eine Zeitlang als individuelle Verirrung, als Äußerung eines geistig nicht ganz stabilen Menschen betrachtete und auch nicht weiter drüber nachdachte. Als im Laufe der Diskussionen um das Buch aber immer wieder das gleiche Argument auftauchte, und als die Taktik, mich bei Vorträgen vom Mikrophon fernzuhalten oder das Mikrophon von Gegnerinnen besetzen zu lassen, zur Norm wurde, ließ es sich nicht mehr verbergen, daß ich es mit organisiertem Widerstand zu tun hatte. Aber Widerstand wogegen?

Anfangs dachte ich, da ich die Argumente wörtlich nahm, gegen mich als Mann. Bald aber stellte es sich heraus, daß der Kummer tiefer saß und daß der eigentliche Grund in meiner lebenslangen Assoziation mit der sozialistischen Frauenbewegung lag. Da die Feministinnen fast ausschließlich aus kleinbürgerlichen, bürgerlichen und akademischen Kreisen stammen und ihren Ursprung auf die »neue« Linke, vor allem die Weiberräte im SDS zurückführen, sind sie der »alten« Linken, aus der ich komme, nicht nur gram, sondern betrachten sie als Konkurrenz. Die in den Gewerkschaften und den sozialistischen oder kommunistischen Parteien organisierten Frauen, die meist aus proletarischen Schichten stammen, sind ihnen derart fremd, daß Diskussionen zwischen diesen beiden Flügeln der Frauenbewegung heute fast unmöglich geworden sind. Die Kugeln, die mich trafen, waren also überhaupt nicht gegen mich gerichtet gewesen, sondern waren Blindgänger im Kampf zwischen bürgerlichen Frauen, die den Mann in seiner biologischen Natur als Bedrohung empfinden, und proletarischen Frauen, die nicht den Mann als biologisches Wesen, sondern das Patriarchat als Facette der bürgerlichen Ausbeutung bekämpfen.

Da mir das sehr spät erst klargeworden war, befand ich mich in einer ziemlich argen Depression, als die ersten lobenden, ja geradezu enthusiastischen Rezensionen im *Stern*, dem *Österreichischen Rundfunk*, dem *Salzburger Tagblatt*, der Wiener *Volksstimme* und der österreichischen Monatsschrift *Weg und Ziel* herauskamen. Statt nun aufzublicken und bessere Zeiten zu erhoffen, deprimierten mich diese Rezensionen aber noch mehr, denn mit Zetkin, Freud und Einstein verglichen zu werden, schien mir ebenso unverdient wie der Tadel der Feministinnen.

Aus all diesen Gründen gehörten die ersten Monate nach der Veröffentlichung des Buches zu den schmerzlichsten meines Lebens. Mit dem mir von meinen Eltern vererbten Optimismus hatte ich erwartet, daß eine Arbeit, an der jemand mit Verzicht auf die übliche Entlohnung ganze vierzig Jahre lang gesessen hatte, auch von ihren Gegnern als schiere Arbeitsleistung honoriert werden würde. Denn daß jemand so lange und so intensiv an einem einzigen Werk arbeitet, geschieht ja heute sehr selten. Aber gerade *das* wurde mir übelgenommen. In vielen Rezensionen stieß ich auf Ausdrücke wie »erdrückende Materialfülle«, »Übermaß an Dokumentation«, »in seiner Länge allein schon eine Zumutung«, »für den Leser des neunzehnten Jahrhunderts zugeschnitten, als man noch Zeit zum Lesen hatte« und »einfach zu voll, zu sorgfältig, zu komplett«. Von allen Einwänden gegen das Buch hat mich dieser am meisten bedrückt. Denn wenn Sorgfalt, Fleiß und Vollständigkeit als *Untugenden* gelten, dann hat unsere Gesellschaftsordnung wirklich ausgespielt.

So polarisierte sich der Streit um das Buch nach einer Weile nicht etwa, wie ich erwartet hatte, in einen zwischen Sozialisten und Antisozialisten, und nicht einmal, wie ich zu fürchten gelernt hatte, zwischen Anhängern der sozialistischen und der »autonomen« Frauenbewegung, sondern in ein Argument zwischen jenen, die an wissenschaftliche Arbeit glauben, und jenen anderen, die da meinen, man könne in Gesprächen, informellen »Begegnungen« und »bewußtseinsverändernden Gruppen« zu einem objektiven Verständnis der Welt gelangen oder die Welt gar mit Hilfe solcher selbstbefriedigenden, keine Arbeitsenergie erfordernden Mittel verändern. Das immer wieder von »autonomen« Frauen- und Männergruppen gegen mich erhobene Argument, ein Buch von 671 Seiten mit einer Arbeitszeit von vierzig Jahren sei bereits deshalb ein Unding, weil es nur auf Kosten von menschlichen Kontakten entstanden sein könne (also unmenschlich sei), scheint mir einen Verzicht auf rationales Denken zu bekunden. Arbeit wird bei einer solchen Denkweise simplifizierend als »unmenschlich«, als »unnatürlich«, Faulheit dagegen als »menschlich«, als »natürlich« dargeboten. So wird dann unter dem Vorwand der Emanzipation vom Patriarchat der ganze patriarchalische Unsinn von der Frau als Natur und dem Mann als Zivilisation beibehalten.

Was mich jedoch von allen Reaktionen lobender und tadelnder Kritiker am meisten irritiert hat, war der Versuch, ihre eigenen Ansichten in mein Buch hineinzuprojizieren und diese dann lobend oder tadelnd als meine darzustellen. Am schlimmsten war das bei der sonst so klugen Ursula Krechel in der *Frankfurter Rundschau,* bei Hoffmann und von der Marwitz in der Homosexuellenzeitschrift *Schwuchtel* und bei Gerhard Frick in der *Neuen Zürcher Zeitung*. Gegen meine Angriffe auf das antike Patriarchat wehrte sich Frick, als ob er persönlich angeschossen worden wäre, weil diese Angriffe nach Fricks Meinung »das Perverse . . . der angeblich damit verbundenen Homosexualität belegen sollen«. Weibliche Wesen sind deshalb für Frick auch prompt »Leitkühe«, und das Mutterrecht stellt sich ihm als eine Zeit der »von Müttern und Leitkühen angeführten Horden und Herden« dar. Gegen meine »Verleumdung« der vorgeschichtlichen Männer protestiert er, weil ich sie als »Lämmer« (sein Wort) dargestellt hätte.

Die Projektionen ihrer Wunsch- oder Haßbilder kamen also von beiden Seiten, den Antifeministen genau wie von den Feministinnen. Die kluge Feministin Ursula Krechel, in einem teils lobenden, teils tadelnden Artikel in der *Frankfurter Rundschau,* schleuderte private Argumente gegen ein Buch, das keine der Behauptungen enthielt, die sie so enthusiastisch widerlegte. Unter den Privatattacken war auch eine gegen meine Frau (die sie nie im Leben kennengelernt oder auch nur mit eigenen Augen gesehen hatte). Viele Monate später zeigte mir meine Frau einen Brief, den sie daraufhin an Frau Krechel gerichtet hatte und der, wie sie melancholisch sagte, »nicht einmal die Gnade einer Empfangsbestätigung aus Frau Krechel herausgelockt hat.« Mit ihrer Erlaubnis zitiere ich einige Stellen aus diesem Schreiben:

»Da Sie mich in der Rezension des *Patriarchat* persönlich angesprochen haben, will ich auch persönlich antworten: nicht als Leserbrief an die FR, sondern als Gespräch zwischen Frauen. Wenn Sie Ernest vorwerfen, er hätte das Buch nie schreiben können, wenn ich ihn nicht 40 Jahre lang versorgt hätte, oder daß ich es nicht hätte schreiben können, weil er nicht die Geduld gehabt hätte, mich dabei zu versorgen, so tun Sie uns beiden unrecht. Ich habe mir im Jahre 1950, als 38jährige Frau und Mutter eines 3jährigen Kindes, spinale Kinderlähmung zugezogen. Ernest hat sofort den Haushalt und das Kind übernommen. Ich habe seitdem (soundsoviele) Bücher übersetzt und seit (soundsovielen) Jahren jeden Monat im Alleingang eine kleine Zeitschrift redigiert. Ohne seine Hilfe wäre das unmöglich gewesen. Wir helfen einander im Haushalt, und wir helfen einander bei der Schreiberei. Mir scheint es deshalb keineswegs patronisierend, wenn er mir für meine Hilfe dankt. Ich patronisiere ihn auch nicht, wenn ich ihm für seine danke.

Sie sagen, Sie sehen mit Ausnahme der Frauenbewegung (*welcher* Frauenbewegung?) keine gesellschaftliche Gruppe, die die Abschaffung des Patriarchats betriebe. Ich sehe viele, zum Beispiel die Gewerkschaft, der ich angehöre, und alle bestehen aus Frauen *und* Männern. In dem Versuch, das Problem der Frau mit Hilfe sexuell segregierter Gruppen zu lösen, sehe ich das Spiegelbild der Männerbündelei. Es ist unsere verfluchte Pflicht, dem Kampf mit dem Manne *nicht* aus dem Wege zu gehen, indem wir Trost in den Armen unserer Schwestern suchen. Wenn wir uns als segregierte Frauenbewegung aus der zweigeschlechtlichen Gesellschaft heraussegregieren, überlassen wir den patriarchalischen Männern und Frauen die uneingeschränkte Herrschaft. Jede segregierte Frauenbewegung ist eine Flucht vor dem Manne, eine Flucht vor der Verantwortung, eine Flucht aus der Gesellschaft.

Ehe ich als Frau der Gesellschaft eine Alternative zum Patriarchat vorlegen kann (und was bleibt von der Frauenbewegung übrig, wenn sie das *nicht* kann?), muß ich aber erst einmal wissen, wer ich war, ehe das Patriarchat mich zu dem degradierte, was ich heute bin. Deshalb scheint es mir, daß Ernest recht hat, wenn er meint, wir Frauen können unseren Kampf gegen das Patriarchat überhaupt erst beginnen, wenn wir wissen, was wir waren, ehe wir zum »schwachen« Geschlecht herabgesetzt wurden. Und das können wir nur aus dem Studium der vorpatriarchalischen Gesellschaft erlernen.

Mit besten Grüßen, Ihre Eva Borneman

Meine Haltung zu den Journalistinnen und Journalisten, die mich grundlos gelobt und grundlos getadelt haben, ist unvermeidlicherweise zwiespältig: ich ärgere mich natürlich darüber, daß dem Leser ein unscharfes Bild meiner Arbeit vermittelt wird, aber ich freue mich auch, daß die Arbeit überhaupt über meinen Fachbereich hinaus an das große Publikum herangetragen worden ist. Ein kenn-

zeichnender Aspekt des perversen Verhältnisses zwischen Autor und Leser in der spätbürgerlichen Gesellschaft ist ja der, daß der aggressive Verriß eines Buches stets größere Verkaufserfolge einbringt als die korrekte, sachliche Rezension. So haben wir beispielsweise feststellen können, daß die hoch emotiven Angriffe (Gerhard Frick in Zürich, Richard Kaufmann in München und Köln) mehr Exemplare in diesen drei Städten verkauft haben als die ausgeglichenen Rezensionen anderer Kritiker, die ihnen vorausgingen und folgten.
Obgleich auch sie keineswegs frei von Kritik waren, habe ich mich über die integren Besprechungen der Professoren Igor A. Caruso (*Betrifft Erziehung*), Gunnar Heinsohn (*Päd. Extra*), Walter Hollitscher (*Weg und Ziel*), Wolf Lepenies (*FAZ*) und Manfred Wagner (*ORF*) gefreut. Die emanzipatorischen Rezensionen von Antje Kunstmann (*Die Frau*), Doris Stoisser (*Österreichische Frauenzeitung*), Barbara Mohn (*Nürnberger Nachrichten*) und Elisabeth Pelzer (*Volksstimme,* Wien) haben mir Trost gegeben. Dankbar bin ich auch für die sehr kritischen, aber auch sehr sorgfältigen Rezensionen von Anton Bammer in *Hephaistos,* Hans-Jürgen Heinrichs in *Psyche* und Klaus Ottomeyer in *Das Argument.* Verärgert bin ich über Richard Kaufmanns Bemerkung im *Kölner Stadtanzeiger*: »Bornemans Verhältnis zum Objekt seiner Studien, der Frau, ist das eines Konvertiten, der ursprünglich Puritaner war und aus irgendwelchem Grund plötzlich umgedreht wurde. Die Fixierung seiner lebendigen Arbeit auf genitale Probleme, der missionarische Eifer, den er in fast jedem Satz bekundet, läßt keine andere Deutung zu.« Kann sich Kaufmann wirklich keine Männer vorstellen, die Frauen stets geliebt haben und denen der Geschlechtsverkehr stets Freude gemacht hat?
Ich hatte keine Ahnung, wie tief im Unbewußten so vieler sich als liberal verstehender Journalisten die Sexualängste sitzen, bis ich von fast dreißig Männern und Frauen über *Das Patriarchat* interviewt worden war. Dabei kam nur ein einziges wirklich objektives und faktisches Interview zustande. Es erschien in der Zeitschrift *Vorgänge* Nr. 19, 15. Jahrgang 1976, Seite 53–59. Mit den dort gestellten Fragen möchte ich diesen Rückblick auf die Jahre, die seit dem Erscheinen des *Patriarchat* vergangen sind, beenden.

Vorgänge: Ernest Borneman, Sie haben ein Buch über das Geschlechtsleben der Frühgeschichte geschrieben und daraus bestimmte Schlüsse für die Befreiung der Frau gezogen. Treffen diese Folgerungen auch auf die Emanzipation des Mannes zu?
Borneman: Ich hoffe es. Heute kann das noch niemand voraussagen. Aber es scheint mir, daß kein Geschlecht sich befreien kann, ohne das andere gleichzeitig freizusetzen. Was die Frau im bürgerlichen Patriarchat zum unterdrückten Geschlecht gemacht hat, ist auch das, was den Mann dort zum Unterdrücker macht. Nur wer die Unterdrückung als solche beseitigt, setzt die Geschlechter frei.
Vorgänge: Könnten Sie das näher erklären?
Borneman: Mir scheint, daß die Geschichte der Machtergreifung männerrechtlicher Gesellschaftsordnungen im europäischen Neolithikum den Mechanismus enthüllt, der auch heute noch das unglückliche Verhältnis der Geschlechter in der bürgerlichen Gesellschaftsordnung bestimmt. Es sind nicht Biologismen wie Penis und Vagina, Penetration und »Vaginalorgasmus«, die dieses Verhältnis zu einem Besitzverhältnis reduziert haben, sondern bestimmte historische Formen der Produktion und des Eigentums. In den Subsistenzkulturen des europäischen

Paläolithikums gab es wahrscheinlich keinen Eigentumsanspruch des Mannes über Frau und Kind, weil das ganze Konzept des Eigentums noch nicht bestand. In den matrilinearen, matrilokalen Hackbaukulturen des Frühneolithikums gab es zwar eine führende Rolle der Frau und Mutter, aber keine Ausbeutung des Mannes und der Kinder, weil es noch kein mehrwerterzeugendes Privateigentum und deshalb auch kein Privateigentum der Frau an Männern und Kindern gab. Erst mit der Erfindung der Pflugkultur und ihrer Fusion mit der Viehzucht seßhaft gewordener Wanderhirten entstand mehrwertschaffendes Privateigentum an Land, Vieh und landwirtschaftlichen Erträgen. Damit begann sowohl die ökonomische Ausbeutung der einen Klasse durch die andere wie auch die sexuelle Ausbeutung des einen Geschlechts durch das andere.
Vorgänge: Das ausbeutende Geschlecht war aber stets das männliche?
Borneman: Manche Feministinnen meinen, sich auf Mathilde Vaerting stützend, daß dem Patriarchat ein Matriarchat vorausgegangen sei, in dem die Männer ebenso beherrscht und ausgebeutet worden seien, wie es die Frauen in der heutigen bürgerlichen Ordnung sind. Abgesehen davon, daß der ganze Anspruch der Frauen, sie könnten es besser machen als die Männer, dahin wäre, wenn diese Behauptung stimmte, so ist sie leider nur eine rückprojizierte Umkehrung der bürgerlichen Gesellschaft, die Mathilde Vaerting in der ausbeuterischen Situation der Weimarer Republik erlebt hatte. Tatsächlich kann man weder in den schriftlichen Quellen noch in der Mythendeutung Hinweise auf ein vorgeschichtliches Matriarchat finden. Was bei oberflächlicher Beobachtung wie Mutterherrschaft aussehen mag, stellt sich fast stets – so zum Beispiel in bestimmten Phasen der altägyptischen Entwicklung – als Patriarchat mit uxorialer Herrscherfolge heraus. Ausbeutung ist zwar kein Privileg des Mannes, aber sie ist auch keine geschlechtsspezifische Kategorie. Es ist reiner Zufall, daß bei der Herausbildung europäischer Klassengesellschaften der Mann zum herrschenden, zum ausbeutenden Geschlecht wurde. Das hing mit der männlichen Erfindung des Pflugs zusammen, der produktiver als die von Frauen erfundene Hacke war. Aber es hätte genausogut umgekehrt sein können. Das Verhältnis der Geschlechter zueinander wird weitgehend von der Tatsache bestimmt, daß das ökonomisch stärkere Geschlecht sich auch sexuelle Dominanz anmaßt.
Vorgänge: Gab es also niemals eine Dominanz der Frau?
Borneman: Doch, genau das gab es. In den frühen Wildbeuterkulturen, wo die Frau als Nahrungssammlerin mehr Nahrung nach Hause brachte als der mit primitiven Werkzeugen jagende Mann, war sie der dominante Partner, und in den Hackbaukulturen des Neolithikums geschah das gleiche noch einmal. Kulturen, die auf dem Hackbau beruhen, zeigen noch heute durchwegs eine Bevorzugung der Frau. Es ist aber auch ein charakteristischer Zug dieser Kulturen, der wahrscheinlich mehr mit ihrer Ökonomie als mit irgendwelchen sexualspezifischen Attributen der Frau zu tun hat, daß wir in solchen Gesellschaften keine Ausbeutung des Mannes, sondern weitgehende Gleichberechtigung der Geschlechter und ein ungewöhnlich harmonisches Geschlechtsleben vorfinden.
Vorgänge: Ist es wirklich erwiesen, daß keine geschlechtsspezifischen Gründe für die Dominanz des einen oder anderen Geschlechts bestehen?
Borneman: Es gibt zwar logische Gründe, weshalb viehzüchtende Nomaden meist patrilineare, patrilokale Deszendenzsysteme entwickeln und dadurch den Mann und Vater begünstigen. Aber es gibt keinen logischen Grund, weshalb der Ackerbau patriarchalisch sein muß. Im Gegenteil, die Landwirtschaft ist nach-

weislich eine weibliche Erfindung und hat in der Form des Hackbaus auch jahrtausendelang das weibliche Geschlecht und die Abstammung in mütterlicher Linie begünstigt. Sobald aber die unheilige Trias von mehrwerterzeugender Produktion, Klassengesellschaft und Privateigentum an den Produktionsmitteln entsteht, wird das beherrschte Geschlecht genauso ausgebeutet, verachtet und unterdrückt wie die beherrschte Klasse. Ob das herrschende Geschlecht dabei aus Männern oder Frauen besteht, ist rein zufällig. In beiden Fällen kann die Ausbeutung des einen durch den anderen erst dadurch aufgehoben werden, daß die Produktionsmittel vergesellschaftet werden und damit der Stimulus zur Ausbeutung der einen Klasse durch die andere ebenso fortfällt wie der zur Ausbeutung des einen Geschlechts durch das andere. Natürlich müssen wir, wie Sartre und Simone de Beauvoir korrekt argumentieren, auch *nach* der Vergesellschaftung der Produktionsmittel weiter für die Emanzipation der Geschlechter kämpfen, denn von selbst geschieht nichts. Aber eine Emanzipation der Frau oder des Mannes *ohne* Vergesellschaftung der Produktionsmittel ist undenkbar.
Vorgänge: Und wieso gibt es, wie auch Sozialisten zugeben, nach wie vor Formen der sexuellen Diskrimination in Ländern, die sich sozialistisch nennen?
Borneman: Weil ein langer Weg von der Vergesellschaftung der Produktionsmittel zum eigentlichen Ziel des Sozialismus, der klassenlosen Gesellschaft, führt. Deshalb scheint mir das Argument, daß es in sozialistischen Ländern noch immer Geschlechtsunterdrückung gebe, nichts Neues und nichts Überraschendes auszusagen. Eine sozialistische Gesellschaft stellt zwar gegenüber der kapitalistischen einen beachtlichen Fortschritt dar, vor allem was Gleichberechtigung im Gesetz, am Arbeitsplatz und im Lohnsystem anbelangt. Aber solange die Kleinfamilie mit ihrer auch durch Kindergärten, Kommunalküchen und sozialistische Internate kaum aufzuhebenden Doppelbelastung der Frau weiterbesteht, bleibt noch viel zu tun. Erst die Abschaffung der Kleinfamilie, die Auflösung des nuklearen Haushalts einer einzigen Frau mit ihrem Mann und ihren Kindern kann uns weiterführen. Solche grundsätzlichen Metamorphosen des Zusammenlebens, die selbstverständlich auch grundsätzliche Verwandlungen des Geschlechtsverkehrs und der Reproduktionsformen mit sich bringen, sind von der Natur der Sache her aber erst in einer klassenlosen Gesellschaft möglich.
Vorgänge: Ist gerade diese These einer Emanzipation der Geschlechter durch Überwindung gewachsener, »natürlicher« Formen der Sexualität aber nicht von einigen Kritikern Ihres Buches besonders heftig angegriffen worden? Zwei Autoren von einigem Format, Arno Plack im *Spiegel* und Hans Krieger in der *Zeit,* haben Ihnen in sonst sehr wohlwollenden Rezensionen vorgeworfen – und dies in nahezu identischen Worten –, man könne sich nicht *wider* die Natur, sondern nur *mit* ihr emanzipieren. Plack schrieb: »Wie sollen Mütter, die ihre Babys gar nicht ausgetragen haben und sie auch nicht mehr stillen können, noch so viel Zärtlichkeit aufbringen, wie die Kinder brauchen, um nicht neurotisch zu werden?« Und Hans Krieger fragte: »Wie aber sollte eine Kultur der Zärtlichkeit entstehen, wenn ihre Grundlage, der leibliche Kontakt, schon dem Fötus verwehrt wird?«
Borneman: Als erstes: Ich habe weder für eine Aufhebung der Mütterlichkeit noch der Geschlechtlichkeit plädiert. Das ist mir mittlerweile mehrmals von Leuten unterschoben worden, die zwar diese beiden Rezensionen, nicht aber das Buch gelesen haben. Ich habe nur aus der allen Sexualanthropologen geläufigen Beobachtung, das sexuelle Polarisierung meist mit sozialer Polarisierung zusam-

menfällt, den Schluß gezogen, daß soziale Entpolarisierung wahrscheinlich auch eine sexuelle Entpolarisierung mit sich bringen wird. Jene patriarchalischen Zwillingsideale, der möglichst männliche Mann und die möglichst weibliche Frau, werden nur von jenen Gesellschaftsordnungen angestrebt, die auch eine möglichst uneingeschränkte Herrschaft der einen Klasse über die andere anstreben. Sollten wir je eine klassenlose Gesellschaft erreichen, so scheint es mir selbstverständlich, daß es auch eine Gesellschaft sein wird, in der die Geschlechter einander nicht mehr durch Überbewertung der eigenen Geschlechtsattribute dominieren werden. Sie werden einander sowohl psychisch wie physisch ähneln. Ich halte es für durchaus denkbar, ja für logisch kaum widerlegbar, daß wir eines Tages in einer klassenlosen Kultur doppelgeschlechtliche Anlagen entwickeln werden, so daß jeder von uns nach seiner psychischen Neigung entscheiden kann, ob er zeugen oder empfangen will, ob er als Frau oder als Mann leben und geschlechtlich verkehren möchte. Schon heute ist es klar, daß geschlechtliche Beziehungen zwischen einer relativ »männlichen« Frau und einem relativ »weiblichen« Manne zufriedenstellender sind als zwischen einem sehr männlichen Mann und einer sehr fraulichen Frau. Und dies aus dem einfachen Grunde, daß nur derjenige, der sich dank seiner psychosexuellen Anlage in den anderen versetzen kann, die Wünsche des anderen erraten und sie befriedigen kann. Dem gleichen Syndrom unterliegt ja auch der Reiz homosexueller Beziehungen.

Vorgänge: Bedeutet das, daß nach Ihrer Ansicht Frauen selbst in sozialistischen Gesellschaften noch durch Monatsblutungen und durch den Akt des Gebärens benachteiligt sind?

Borneman: Nicht durch den *Akt* des Gebärens, sondern durch den *Zeitverlust,* den die Frau gegenüber dem Manne erleidet, wenn sie neun Monate oder mehr aus dem Berufsleben, dem Produktionsprozeß, der ganzen gesellschaftlichen Erfahrung ausscheidet. Der Mann erschmuggelt sich auch in sozialistischen Gesellschaften vorläufig noch einen Bildungsvorsprung und einen Machtzuwachs, indem er die Zeit, die seiner Frau durch das Gebären verlorengeht, für sein eigenes Fortkommen ausnutzt. Das braucht aber nicht immer so zu bleiben. Bis vor kurzer Zeit galt es ja auch als unüberwindbares weibliches Handikap, daß die Frau das Kind stillen mußte. Aus dieser einst »organischen«, »biologischen« Notwendigkeit ist die Illusion entstanden, daß nur die Mutter das Kleinkind nähren könne und daß die ganze Erziehung des Kleinkindes deshalb ausschließlich Sache der Mutter sei. Heute kann auch der Vater das Kind nähren. Was gestern noch als untrennbarer Teil der »Mütterlichkeit« galt, hat sich also als Sache der Technologie herausgestellt. Ähnlich wird es mit dem Gebären gehen, ob uns das nun paßt oder nicht. Ich spreche hier also keineswegs im Tone eines Plädoyers, sondern ich führe einige historisch-materialistische Überlegungen weiter, die von Haldane, Needham, Prenant, Sève, Hollitscher, vor allem aber von V. P. Denikhow und V. A. Negowskij bereits vor langer Zeit angeregt worden sind.

Vorgänge: Haben sich diese Forscher ebenso scharf gegen die anderslautenden Folgerungen der Verhaltensforschung und der strukturellen Anthropologie ausgesprochen, wie Sie es getan haben?

Borneman: Gegen die Verhaltensforschung habe ich mich zumindest im *Patriarchat* überhaupt nicht ausgesprochen. Ich habe etwas Schlimmeres getan, was Arnold Gehlen mir besonders übelgenommen hat: ich habe sie ignoriert. Was die strukturelle Anthropologie anbelangt, so habe ich im *Patriarchat,* wie auch bei anderen Gelegenheiten, großen Respekt für Claude Lévi-Strauss und bestimmte Aspekte seiner Arbeit ausgesprochen. Andere Aspekte seiner Tätigkeit, die er übrigens mittlerweile selbst revidiert hat, empfinde ich als Gedankenspielerei auf dem Niveau eines höheren Kreuzworträtsels.

Vorgänge: Welche Aspekte sind das?

Borneman: Das sind die teleologischen, antimaterialistischen, antidialektischen Facetten seiner früheren Werke. Wie er selbst jetzt zugibt, errichten Menschen nicht etwa deshalb ein Inzestverbot, weil sie, wie Gehlen meint, durch Außenheirat in Tauschbeziehungen mit angeheirateten Sozialpartnern treten wollen, sondern sie treten dank ihrer materiellen Bedingungen in Tauschbeziehungen zueinander, und dies fördert die Herstellung exogamer Sexualbeziehungen. Die Basis ist stets ökonomisch, der Überbau sexuell. Wenn der Mensch nicht koitiert, so mag er neurotisch werden, aber er bleibt meist am Leben. Kriegt er aber nichts zu essen, so stirbt er. Was ihn vor dem Tode bewahrt, ist die Basis. Alles andere ist Überbau. Wo Lévi-Strauss den Überbau vor die Basis setzt, hört er auf, Materialist zu sein.

Vorgänge: Trifft das auch zu, wenn Sie, wie es sich für einen Marxisten wohl gehört, den Menschen als gesellschaftliches Wesen und nicht als Individuum unter die Lupe nehmen?

Borneman: Betrachte ich ihn als gesellschaftliches Wesen in jedem gegebenen Moment der Geschichte, so bleibt das Verhältnis von Basis zu Überbau das gleiche. Wenn ich die Gesellschaft als historische Kategorie betrachte, was ich tun muß, kann dagegen aus der Tatsache, daß die Menschheit als Gattung aussterben müsse, wenn sie nicht koitiere, der Fehlschluß abgeleitet werden, den auch Wilhelm Reich gezogen hat, daß die Reproduktion bedeutsamer sei als die Produktion. Es ist ein Fehlschluß, weil auch die reproduzierende Frau und der reproduzierende Mann ökonomische Geschöpfe sind, die nur dann Nachwuchs produzieren können, wenn sie leben. Und leben können sie nur, wenn sie genug Nahrung und in unserer Region auch genug Kleidung und genug Wetterschutz besitzen. Der Denkfehler, daß die Reproduktion das primäre, die Produktion das sekundäre sei, taucht auch in Hannelore Mabrys Rezension des *Patriarchats* auf. Sie hat das, glaube ich, von Mariarosa dalla Costa übernommen, wo der Akt des Gebärens als erster Akt der Produktion erfaßt wird. Und da er als ökonomische Leistung ohne Mitwirkung des Mannes gewertet wird, erscheint die Frau als Urproduzentin, als diejenige, die »den Produzenten produziert«. Das geht zurück auf den Fehler, der Engels im Vorwort zur ersten Auflage (1884) des *Ursprungs der Familie, des Privateigentums und des Staats* unterlaufen ist. Dort schrieb er: »Nach der materialistischen Auffassung ist das in letzter Instanz bestimmende Moment in der Geschichte: die Produktion und Reproduktion des unmittelbaren Lebens. Diese ist aber selbst wieder doppelter Art. Einerseits die Erzeugung von Lebensmitteln, von Gegenständen der Nahrung, Kleidung, Wohnung und den dazu erforderlichen Werkzeugen; andererseits die Erzeugung von Menschen selbst, die Fortpflanzung der Gattung.« Cunow und sogar Kautsky haben den Denkfehler sofort angeprangert, und in der autorisierten Ausgabe des Dietz Verlags in Berlin erscheint deshalb auch der redaktionelle Hinweis: *»Hier ist Engels eine Ungenauigkeit unterlaufen, insofern er die Fortpflanzung der Gattung und die Erzeugung von Existenzmitteln nebeneinanderstellt als die Bedingungen, die die Entwicklung der Gesellschaft und der gesellschaftlichen Einrichtungen bestimmen. In seinem Werk . . . zeigt jedoch Engels selbst an Hand der Analyse des* *konkreten Materials, daß die materielle Produktionsweise der Hauptfaktor ist, der die Entwicklung der Gesellschaft und der gesellschaftlichen Einrichtungen bedingt.«*

Vorgänge: Sind diese akribischen Auseinandersetzungen mit Fragen der höheren Theorie wirklich nötig zur Emanzipation der Geschlechter hier und heute?

Borneman: Sie sind absolut unerläßlich. Der Sozialismus hat nicht nur deshalb den größeren Teil der Erde erobert, weil er trotz all seiner Kinderkrankheiten in mancher Hinsicht heute schon besser klappt als alle früheren Gesellschaftssysteme, sondern weil er eine historische und theoretische Orientierung hat, die vielen anderen Bewegungen fehlt und dort nur durch radikales Vokabular ersetzt wird. Keine politische oder auch sexuelle Bewegung kann sich heute noch durchsetzen, wenn sie theoriefeindlich ist und ohne historisches Wissen arbeitet. Wer improvisierend – hier ein Stückchen, dort ein Stückchen – die Welt zu verändern sucht, der ist mit Sicherheit zum Scheitern verurteilt. Nur wer sich aus Kenntnis der Vergangenheit eine Kenntnis der Zukunft erwirbt, kann die Gegenwart praktisch verändern.

Vorgänge: Sind unsere Kenntnisse der Vorgeschichte und der Antike, die Sie vor allem als Legitimation Ihrer Emanzipationsvorstellungen benutzen, nun aber so verläßlich, daß wir darauf eine komplette Philosophie der Emanzipation aufbauen können? Man hat Ihnen zum Beispiel vorgeworfen, die These einer universellen vorgeschichtlichen Stufe des sogenannten Mutterrechts habe sich bereits im vorigen Jahrhundert als falsch erwiesen. Halten Sie eine solche These tatsächlich heute noch aufrecht?

Borneman: Keineswegs. Wer mir vorwirft, ich hätte je etwas ähnliches behauptet, hat meine Bücher schlecht gelesen. Ich beschränke mich in meinen Untersuchungen auf eine ganz begrenzte Region, die im Norden von der Donau, im Süden vom 35. Breitengrad (Kreta), im Westen von Italien, im Osten vom 55. Längengrad (Persien) begrenzt ist. Einige Frauen aus der autonomen Frauenbewegung haben mir das bereits übelgenommen, weil dadurch Ägypten ausgeschaltet wird, wo nach Mathilde Vaerting ein echtes Matriarchat bestanden habe. Ich habe Ägypten aber aus dem simplen Grunde ausgelassen, daß die ökonomischen Gemeinnenner, die man in der von mir untersuchten Region vorfindet, in Nordafrika ebensowenig zutreffen wie im vorgeschichtlichen Spanien oder prähistorischen Skandinavien, vom ganzen Rest der Welt zu schweigen. In dieser relativ kleinen Region und in der relativ kurzen Zeitspanne, die dem Buch zugrundeliegt – von etwa 800 000 vor unserer Zeit bis zum Falle Roms – sind die Beweise für eine Zahl von regionalen Kulturen mit ähnlicher Sequenz der Produktionsstufen und ähnlicher Reihenfolge der sich auf ihnen aufbauenden Geschlechterbeziehungen dagegen absolut überwältigend. Mit jeder neuen Ausgrabung, mit jedem neuen Resultat der vergleichenden Mythenforschung wächst das Beweismaterial. Man darf nur nicht vorgeben, es habe eine *einzige* Kultur in dieser Gesamtregion gegeben, wo sich alles in gleicher Form und zur gleichen Zeit abgespielt habe. Dies wird mir immer wieder unterstellt, allerdings meist nur von prähistorisch ungeschulten Laien.

Vorgänge: Andere Kritiker, so Richard Kaufmann im *Kölner Stadtanzeiger* und der *Süddeutschen Zeitung,* oder *Marielouise Jurreit* im *Vorwärts,* haben Ihre Bemerkung im Vorwort Ihres Buches, daß die Deutung vorgeschichtlicher Funde stets nur ein Denkmodell sein könne, zum Anlaß genommen, um Ihr ganzes Buch als Fantasie zu verdammen. Kaufmann klassifiziert es als »Träumerei«.

Borneman: Er geht eigentlich noch weiter und nimmt meine Bemerkung zum Anlaß, um kühn zu behaupten, der ganze Wissenschaftszweig, dem ich mit rund tausend anderen Wissenschaftlern rings um den Globus herum angehöre, existiere nicht. Und Marielouise Jurreit, noch kühner, meint im *Vorwärts,* daß kausale Zusammenhänge zwischen »Privateigentum, Sklaverei und Rechtlosigkeit der Frauen«, also die ganze Grundlage der marxistischen Vorgeschichtsdeutung, auch nur ein Denkmodell und deshalb Fantasie seien. Dazu schreibt sie den schönen, profund idealistischen Satz: »Das innerliche Erleben von Menschen wird niemals Gegenstand der Erkenntnis sein können.« Und fügt dann hinzu, offenbar merkend, in welche Gesellschaft sie sich damit begeben hat: »Sofern es sich um schriftlose Kulturen der Vorgeschichte handelt.« Wie wahr, wie wahr! Natürlich kann man sich nie zur Gänze in einen anderen Menschen hineinversetzen. Je fremder, je ferner, je älter die Kultur ist, zu der der andere gehört, desto schwieriger wird es, ihn zu verstehen. Alles, was mit der Sozialstruktur, den Eigentumsverhältnissen, dem Sexualleben und dem Glauben anderer Gesellschaftsordnungen zu tun hat, trägt deshalb stets den Charakter eines Denkmodells. Aus diesem Grundaxiom der Wissenschaftstheorie nun aber zu entnehmen, daß man keine Vorgeschichtsforschung betreiben könne, weil sowieso alles »Träumerei« sei, entspricht der Logik, daß man keine Naturwissenschaft betreiben könne, weil die Natur keine materielle Realität besäße, sondern nur im Kopf des Naturforschers existiere. Marx sei Dank ist das nicht so. Was das Experiment für den Naturforscher ist, das ist das Modell für den Vorgeschichtsforscher. Beide dienen dem Prozeß der Verifizierung und Falsifizierung. Ein Prähistoriker, der keine Modelle erstellt, ist einer, der sich der Denkarbeit entzieht. Damit wird er auch unfähig, Modelle für die Zukunft aufzustellen, die gesellschaftsverändernd wirken können. Wenn wir die Geschlechter emanzipieren wollen, und das ist ja auch der Zweck dieses Hefts der *Vorgänge,* dann geht das nur mit Hilfe langjähriger historischer Perspektiven, wie wir sie im Marxismus und in jenen Arbeiten sozialistischer Psychologen finden, die sich mit der Psychoanalyse auseinandersetzen, um deren ahistorische, bürgerliche Aspekte zu überwinden und ihnen eine historisch-materialistische Psychologie entgegenzustellen.
Vorgänge: Hat man Ihnen aber nicht gerade vorgeworfen, daß Sie in Ihrer Entstehungsgeschichte des Patriarchats sowohl marxistische als auch psychoanalytische Begriffe verwendet haben?
Borneman: Das stimmt, aber das ist kein Einwand, sondern eine Bestätigung dessen, was ich eben sagte. Sigmund Freud ist *der* große bürgerliche Psychologe, mit dem man sich kritisch auseinandersetzen muß, wie Marx es mit Hegel, *dem* großen bürgerlichen Philosophen, getan hat. Man kommt an Freud nicht vorbei. Man muß ihn allerdings vom Kopf auf die Füße stellen, und das versuchen seit geraumer Zeit Wissenschaftler wie Wilhelm Reich, Erich Fromm, Herbert Marcuse, Igor Caruso, Helmut Dahmer, H. J. Sandkühler, Alfred Lorenzer, Klaus Holzkamp, Erich Wulff, Michael Schneider, Thomas Leithäuser, Wolf Lepenies, Helmut Nolte und viele andere von sehr verschiedenen Standpunkten aus. Auch ich habe das im *Patriarchat,* in den *Studien zur Befreiung des Kindes* und in meiner *Psychoanalyse des Geldes* versucht. Das hat besonders jene Kritiker verwirrt, die mir einerseits vorgeworfen haben, meine Bücher enthielten *zu viel* Psychoanalyse, wodurch mein Marxismus negiert werde, mir andererseits aber auch zur Last gelegt haben, ich hätte *zu wenig* Psychoanalyse benutzt, da meine

Auseinandersetzung mit Freud zwar psychoanalytische Vokabeln benutze, aber keine »echte« Psychoanalyse sei. Das zweite stimmt natürlich, das erste natürlich nicht.

Vorgänge: Einerlei wie sich das Dominanzsyndrom nun im Patriarchat entwickelt haben mag, sei es sozialen oder biologischen Ursprungs, hat es sich beim Mann nicht doch schon so tief eingeprägt, daß es mit anderen als aggressiv feministischen Mitteln kaum noch überwunden werden kann?

Borneman: Das Wort »Feminismus« hat bei so vielen Leuten so viele Bedeutungen, daß ich es nicht benutzen möchte, ohne zu wissen, was wir beide damit meinen. Da ich in der sozialistischen Frauenbewegung arbeite und zu den wenigen Überlebenden gehöre, die in direkter Sequenz von der sozialdemokratischen und kommunistischen Frauenbewegung der Weimarer Republik abstammen, unterstütze ich jede Bewegung, die der Frau hilft, sich vom Patriarchat zu befreien. Da die Geschichte der Frau obendrein mein Lehrfach ist, bin ich zu der Überzeugung gelangt, daß das Patriarchat eine ökonomische und politische Struktur ist, die nur mit politischen und ökonomischen Mitteln beseitigt werden kann. Manche Feministinnen teilen diese Meinung, andere nicht. Mit den ersten verstehe ich mich natürlich besser als mit den zweiten.

Vorgänge: Was führt Sie zu der Überzeugung, daß biologische, angeborene sexuelle Eigenschaften der Geschlechter eine so geringe Rolle sowohl bei der Entstehung als auch bei der Zerschlagung des Patriarchats spielen?

Borneman: Das, was ich bereits angeführt habe, aber auch die historisch belegte Tatsache, daß es für Frauen der herrschenden Klasse stets leichter gewesen ist, Männer der unterdrückten Klasse auszubeuten und zu beherrschen, als für Männer der unterdrückten Klasse, Frauen der herrschenden Klasse zu beherrschen. Herrschaft ist stets eine soziale Kategorie, keine sexuelle. Wo wir Aspekte der männlichen Herrschaft auch innerhalb der beherrschten Klasse finden, zum Beispiel dreifache Ausbeutung der Arbeiterfrau als Lohnarbeiterin, Mutter und Hausfrau, da sind dies stets sexuelle Niederschläge sozialer Verhältnisse, und nicht, wie es bei oberflächlicher Betrachtung erscheinen mag, sexuelle Attribute des einen (»aktiven«) oder anderen (»passiven«) Geschlechts. Daß dies eher soziale als sexuelle Kategorien sind, erkennt man auch daran, daß zu den eifrigsten Advokaten des Patriarchats stets Frauen der herrschenden Klasse gehört haben.

Vorgänge: Haben Sie solche Frauen aber nicht selbst unterstützt, als Sie in einem Leserbrief an den *Stern* eine Lanze für Esther Vilar gebrochen haben?

Borneman: Das geschah, ehe ich Frau Vilar kennengelernt hatte und dabei entdecken mußte, daß sie all das, was ich für eine geradezu geniale Satire im Sinne von Swift und Shaw gehalten hatte, tatsächlich ernst meinte. Ich hatte es für ein subtiles Paradox gehalten, das der bürgerlichen Gesellschaft ein seitenverkehrtes Spiegelbild vorhalten sollte, damit wir uns aus der gewohnten Sicht lösen und dadurch die Absurdität der patriarchalischen Logik erkennen. Als ich merkte, daß sie ihre Paradoxe für wahr hielt, sank mein Interesse an ihrer Arbeit.

Vorgänge: Was, konkret, soll der Mann nun tun, um sich innerhalb des Patriarchats zu emanzipieren?

Borneman: Innerhalb des Patriarchats kann er sich ebensowenig emanzipieren, wie die Frau das kann. Er kann sich nur aus dem Patriarchat *heraus*-emanzipieren, und das kann er nur tun, indem er es in Zusammenarbeit mit der Frau – nach meiner Ansicht nur im *Gefolge* der Frau – zerschlägt. Die Führung im Kampf gegen eine sterbende, obstruktive, aber immer noch mit allen Waffen um ihr Überleben kämpfende Gesellschaftsordnung obliegt stets denen, die am meisten unter ihr leiden. Deshalb die Widmung meines Buches als Arbeit im *Dienste* der Frau. Deshalb auch die Erklärung auf Seite 19, daß das Buch den Zielen der Frauenbewegung *dient* und sich ihren Zielen *unterordnet*.

Vorgänge: Was meinen Sie mit »der« Frauenbewegung? Gibt es wirklich nur eine einzige Frauenbewegung? Oder gibt es mehrere?

Borneman: Als Sozialist meine ich natürlich die sozialistische Frauenbewegung. Aber im Gegensatz zu Ansichten, die mir immer wieder unterschoben werden, halte ich *jede* Form der Frauenbewegung für wertvoll und unterstützenswert, denn eine jede ist ein Sammelbecken, in dem sich erst einmal die affektiv antipatriarchalischen Frauen zusammenfinden. Früher oder später wird sich aus den vagen, anfangs nur emotiven Widerständen zum Patriarchat eine rationale, durch Lernen, Lesen und Handeln geschärfte Opposition zur bürgerlichen Gesellschaft und schließlich die klare Sicht einer alternativen sozialistischen Gesellschaftsordnung bilden, die nach meiner Erwartung viele Aspekte der sogenannten mutterrechtlichen Kulturen der Vorgeschichte auf der höheren Ebene der heutigen und morgigen Produktionsmittel zeigen wird.

Vorgänge: Wie meinen Sie das?

Borneman: Die bürgerliche Gesellschaft benimmt sich wie ein schlechter Vater: Sie behandelt ihre Bürger, wie ein solcher Vater seine Kinder behandelt: sie fordert Leistungen, belohnt sie mit Geschenken, bestraft Widerstand oder Leistungsmangel mit schmerzhaften Auflagen, bedroht mangelnden Gehorsam mit Liebesentzug, verstößt oder enterbt den Bürger, wenn er sich nicht fügt. Es ist ein neurotisches und neurotisierendes System, das sich selbst nur mit neurotischen Mitteln perpetuieren kann. Die matrilinearen, matrilokalen Subsistenzkulturen der europäischen Frühgeschichte benahmen sich dagegen wie eine gute Mutter, die jedes Kind mit gleicher Liebe behandelt, einerlei wie viel oder wie wenig es leistet, einerlei ob es sich unterordnet oder seinen eigenen Weg geht. Die gute Mutter unterstützt alles, was der Entfaltung des Kindes dient, seine Fähigkeiten fördert, seine Bedürfnisse befriedigt: »Jeder nach seinen Fähigkeiten, jedem nach seinen Bedürfnissen.« Das ist der Kern des Marxismus. Das ist aber auch das, was jede gute Mutter sowieso tut. Deshalb sehe ich die klassenlose Gesellschaft der Zukunft auch als eine *mütterliche* Gesellschaft. Wie die voll entwickelte klassenlose Gesellschaft der Zukunft viele Gemeinsamkeiten mit den primitiven klassenlosen Gesellschaften des Paläolithikums aufweisen wird, so muß die mütterliche Gesellschaft der Zukunft auch Gemeinsamkeiten mit den mütterlichen Subsistenzordnungen der Altsteinzeit besitzen.

Vorgänge: Wolf Lepenies, in seiner respektvollen, aber auch kritischen *FAZ*-Rezension Ihres Buches, hat vor gewissen moralisierenden Tendenzen gewarnt, indem er daran erinnert hat, daß Marx und Engels sich mit der Vorgeschichte beschäftigt haben, weil sie den allgemeinen Entwicklungsgesetzen der Gesellschaft auf die Spur kommen wollten, nicht aber um den Proletariern mit nostalgischen Hinweisen auf die Gentilgesellschaft zu empfehlen, den Klassenkampf als Rekapitulation des Urputschs zu führen.

Borneman: Da stimme ich völlig mit Lepenies überein. *Das Patriarchat* versucht, den gesellschaftlichen Entwicklungsgesetzen des Geschlechtslebens beizukommen. Nirgends empfiehlt es den Geschlechtern, den Kampf gegen das Patriarchat mit Heimweh nach dem Mutterrecht zu führen. Es argumentiert jedoch, daß die

Geschlechter nur dann aus dem Käfig des Patriarchats ausbrechen können, wenn sie Beweise zur Hand haben, daß es nichtpatriarchalische Gesellschaftsordnungen gegeben hat. Nur wenn beide Geschlechter durch historisches Studium gelernt haben werden, was sie waren, ehe das Patriarchat sie spaltete und die einen zum »starken«, die anderen zum »schwachen« Geschlecht degradierte, können sie sich verstehen – und damit die Kraft zur Überwindung der Rollen finden, die sie heute spielen, ohne sich des Rollenspiels auch nur halbwegs bewußt zu sein. Mit sogenannten »Selbsterkenntnisgruppen«, die ihre Kenntnisse nur aus der narzißtischen Perspektive des eigenen Ichs beziehen, ist das nicht zu schaffen. Kenntnis der objektiven Realitäten der Gegenwart und Vergangenheit ist erste Vorbedingung der Emanzipation. Und sie erfordert harte Arbeit. Mit Diskussionsgruppen ist das auch nicht zu schaffen. Man muß lernen, lernen, lernen. Und das bedeutet: lesen, lesen, lesen.

Bitte umblättern:

auf den nächsten Seiten informieren wir Sie über weitere interessante Fischer Taschenbücher.

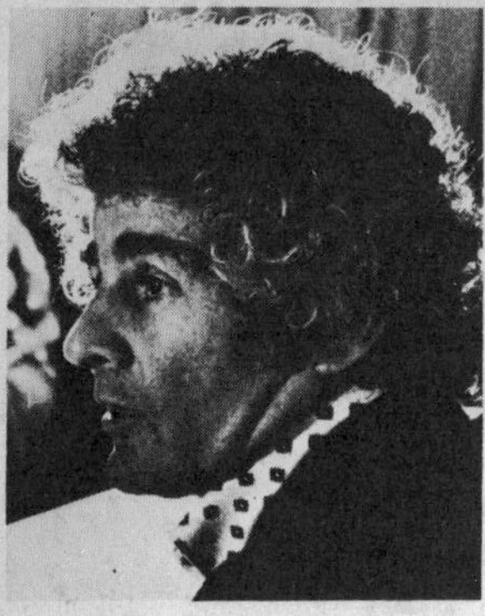

Arthur Janov

Anatomie der Neurose
Die wissenschaftliche Grundlegung der Urschrei-Therapie.
269 Seiten, Broschur DM 24,–
Fischer Taschenbuch Band 6322

Das befreite Kind
Grundsätze einer primärtherapeutischen Erziehung.
333 Seiten, Broschur DM 25,–
Fischer Taschenbuch Band 6345

Revolution der Psyche
Anwendungen und Erfolge der Primärtherapie.
294 Seiten, Broschur DM 24,–

Der Urschrei
Ein neuer Weg der Psychotherapie.
476 Seiten, Broschur DM 26,–
Fischer Taschenbuch Band 6286

Nossrat Peseschkian

Positive Psychotherapie
Theorie und Praxis einer neuen Methode
452 Seiten, Leinen

Psychotherapie des Alltagslebens
Training zu Partnerschaftserziehung
und Selbsthilfe.
Mit 250 Fallbeispielen.
Fischer Taschenbuch Bd. 1855

Der Kaufmann und der Papagei
Orientalische Geschichten
als Medien in der Psychotherapie
Fischer Taschenbuch Bd. 3300

S. Fischer
Fischer Taschenbücher